에듀윌과 함께 시작하면,
당신도 합격할 수 있습니다!

자소서와 면접, NCS와 직무적성검사의 차이점이 궁금한
취준을 처음 접하는 취린이

대학 졸업을 앞두고 취업을 위해 바쁜 시간을 쪼개며
채용시험을 준비하는 취준생

내가 하고 싶은 일을 다시 찾기 위해
회사생활과 병행하며 재취업을 준비하는 이직러

누구나 합격할 수 있습니다.
이루겠다는 '목표' 하나면 충분합니다.

마지막 페이지를 덮으면,

에듀윌과 함께
취업 합격이 시작됩니다.

취업 대세 에듀윌!
Why 에듀윌 취업 교재

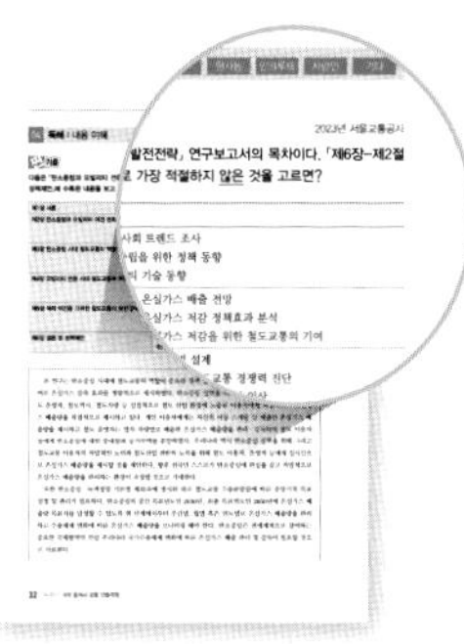

기출맛집 에듀윌!
100% 찐기출복원 수록

주요 공·대기업 기출복원 문제 수록
과목별 최신 기출부터 기출변형 문제 연습으로 단기 취업 성공!

공·대기업 온라인모의고사
+ 성적분석 서비스

실제 온라인 시험과 동일한 환경 구성
대기업 교재 기준 전 회차 온라인 시험 제공으로 실전 완벽 대비

합격을 위한
부가 자료

교재 연계 무료 특강
+ 교재 맞춤형 부가학습자료 특별 제공!

취업 교육 1위
에듀윌 취업 무료 혜택

교재 연계 강의

• PSAT형 실전모의고사 전 문항 풀이 무료특강(20강)

※ 무료 특강 이벤트는 예고 없이 변동 또는 종료될 수 있습니다.

교재 연계 강의 바로가기

교재 연계 부가학습자료

다운로드 방법

STEP 1 에듀윌 도서몰 (book.eduwill.net) 로그인 ▶ STEP 2 도서자료실 → 부가학습자료 클릭 ▶ STEP 3 [수문끝] 검색

• 자료해석 분석 & OX노트(PDF)

1:1 학습관리 교재 연계 온라인스터디

참여 방법

STEP 1 신청서 작성 ▶ STEP 2 스터디 교재 구매 후 인증 (선택) ▶ STEP 3 오픈채팅방 입장 및 스터디 학습 시작

※ 온라인스터디 진행 혜택은 교재 및 시기에 따라 다를 수 있습니다.
※ 오른쪽 QR 코드를 통해 신청하면 스터디 모집 시기에 안내 메시지를 받을 수 있습니다.

온라인스터디 신청

모바일 OMR 자동채점 & 성적분석 서비스

실시간 성적분석 방법

STEP 1 QR 코드 스캔 ▶ STEP 2 모바일 OMR 입력 ▶ STEP 3 자동채점 & 성적분석표 확인

※ 혜택 대상 교재는 본문 내 QR 코드를 제공하고 있으며, 교재별 서비스 유무는 다를 수 있습니다.
※ 응시내역 통합조회
에듀윌 문풀훈련소 → 상단 '교재풀이' 클릭 → 메뉴에서 응시확인

• 2023, 2022, 2021 대한민국 브랜드만족도 취업 교육 1위 (한경비즈니스)/2020, 2019 한국브랜드만족지수 취업 교육 1위 (주간동아, G밸리뉴스)

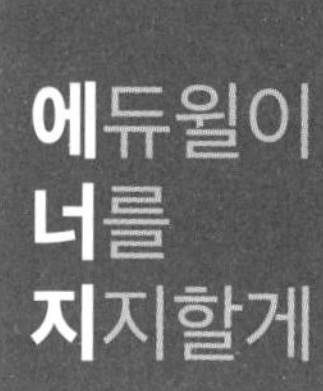

ENERGY

세상을 움직이려면

먼저 나 자신을 움직여야 한다.

– 소크라테스(Socrates)

최신판

에듀윌 공기업 PSAT형 NCS 수문끝

수리·문제해결·자원관리

PSAT형 NCS의 모든 것!

합격을 위한! 알짜!
정보만 모았다

NCS 수리 · 문제해결 · 자원관리능력이 왜 중요한가요?

수리 · 문제해결 · 자원관리능력 P. 6~7

공기업 · 공공기관에서 시행하는 NCS 필기시험에서는 다른 영역들과 비교해 출제 비중이 높은 영역이 있습니다. 자세한 내용은 '수리 · 문제해결 · 자원관리능력'을 통해 확인할 수 있습니다.

PSAT란 무엇인가요?

PSAT 정보 P. 8

높은 난도를 바탕으로 변별력 있게 출제하기 위해 NCS 필기시험에 PSAT가 도입됨에 따라 PSAT에 대한 수험생들의 관심이 여전히 높습니다. 자세한 내용은 'PSAT 정보'를 통해 확인할 수 있습니다.

PSAT 문제는 어떻게 구성되어 있나요?

PSAT 영역별 문제 구성

P. 9~11

NCS 수리·문제해결·자원관리능력과 문제 형태 및 유형이 유사한 PSAT 영역별 기출문제에 대한 자세한 내용은 'PSAT 영역별 문제 구성'을 통해 확인할 수 있습니다.

NCS 대비에 왜 PSAT가 필요한가요?

PSAT 학습의 필요성

P. 12~14

NCS 필기시험에서 PSAT형 문제가 높은 비중으로 계속해서 출제되고 있으며, PSAT 기출을 활용한 문제도 출제되었습니다. 자세한 내용은 'PSAT 학습의 필요성'을 통해 확인할 수 있습니다.

PSAT형으로 출제되는 기업은 어떤 기업인가요?

주요 기업별 출제 유형

P. 15

NCS 필기시험을 PSAT형으로 출제하는 공기업·공공기관의 비중이 높습니다. 자세한 내용은 '주요 기업별 출제 유형'을 통해 확인할 수 있습니다.

수리·문제해결·자원관리능력

01 주요 공기업 출제 영역

주요 공기업을 포함한 대부분의 공사·공공기관에서는 의사소통·수리·문제해결능력이 공통으로 출제됩니다.

구분	의사소통능력	수리능력	문제해결능력	자원관리능력	정보능력	기술능력	자기개발능력	대인관계능력	조직이해능력	직업윤리
한국철도공사	○	○	○							
서울교통공사	○	○	○	○	○	○	○	○	○	○
부산교통공사	○	○	○	○	○					
한국도로공사	○	△	○	△	○	△			△	
한국가스공사	○	○	○	○	○					
한국전력공사	○	○	○	△	△	△				
한전KPS	○	○	○	○		○				
한국수력원자력	○	○	○	○	△	△			△	
한국중부발전	○	△	△	△	△	△			△	
한국남부발전	○	○	○	○	△	△		○	○	○
한국서부발전	○	○	○	○		○				
한국동서발전	○	○	○							
한국수자원공사	○	○	○	○						
한국토지주택공사	○	○	○							
국민건강보험공단	○	○	○							
농협은행	○	○	○		○					
지역농협	○	○	○	○					○	

※ 2023년 채용공고 기준
※ △는 직군에 따라 출제되거나 출제되지 않을 수 있음을 의미함

02 수리·문제해결·자원관리능력 출제 비중

1 수리·문제해결능력

주요 공기업을 포함한 대부분의 공사·공공기관에서 시행하는 NCS 필기시험의 주요 출제 영역은 의사소통능력, 수리능력, 문제해결능력입니다. 그중에서도 수리능력과 문제해결능력은 전체 NCS 필기시험 문항에서 평균 60% 이상의 높은 비중을 차지하여 NCS 합격에 있어 매우 중요한 영역입니다.

2 자원관리능력

자원관리능력의 경우에는 문제해결능력과 유사한 영역으로 수리능력과 문제해결능력만 출제되는 기업에서는 자원관리능력이 문제해결능력에 포함되어 출제되는 경우가 대부분입니다. 주요 출제 영역뿐 아니라 다른 영역까지 출제되는 기업에서는 자원관리능력이 높은 확률로 포함되어 있어 전체 문항에서의 비중 또한 높다고 할 수 있습니다.

03 수리·문제해결·자원관리능력 출제 유형

1 수리능력

- 응용수리 – 방정식, 경우의 수, 확률 등 응용계산형
- 자료해석 – 자료계산, 도표해석, 자료변환, 보고서 연계 등 자료형

2 문제해결능력

- 논리추론 – 명제, 참·거짓, 조건 대응, 배열 배치 등 조건형
- 자료형 – 복합자료 연계, 상황이해 및 분석 등 자료형
- 지문형 – 규정, 법조문, 비문학, 사례 적용 등 지문형

3 자원관리능력

- 시간·비용 – 요일, 일정, 최소 시간, 비용 등 복합자료형
- 인적·물적자원 – 인적자원관리, 물적자원관리 등 복합자료형

▶ 공사·공공기관에서는 PSAT 유형의 출제 비중이 매우 높다!

PSAT 정보

01 PSAT 정의

PSAT(Public Service Aptitude Test, 공직 적격성 평가)는 공무 수행에 필요한 기본적 지식과 소양, 자질 등을 종합적으로 평가하는 국가시행시험입니다.

PSAT는 언어논리, 자료해석, 상황판단의 3개 영역으로 구성되며, 5급 공채, 7급 공채와 민간경력자 시험이 있습니다.

PSAT는 제시된 지문이나 그래프, 표와 같은 자료에 대한 '정보를 파악하고 분석하는 방식'이 NCS와 유사해 문제에 접근하는 방법이나 전략 면에서 NCS 학습에 적합한 시험이라고 할 수 있습니다.

특히, NCS의 수리 · 문제해결 · 자원관리능력 문항은 PSAT의 자료해석 · 상황판단 영역과 매우 유사한 소재와 유형(자료, 조건, 선택지, 풀이 방법)으로 출제되고 있습니다.

02 시험 종류별 PSAT 난도 및 특징

PSAT는 5급 공채, 7급 공채와 민간경력자 시험에서 활용됩니다. 세 시험 모두 3개 영역을 평가한다는 점은 같지만, 자료의 양, 영역별 문항 수, 시험 시간이 다르다는 점에서 난도 차이가 있습니다. 전체적인 PSAT 난도는 다음과 같습니다.

민간경력자 PSAT 25문항/60분	≤	7급 공채 PSAT 25문항/60분	<	5급 공채 PSAT 40문항/90분

최신 출제경향을 보면, NCS 문제의 난도는 PSAT와 비교해 전반적으로 민간경력자 · 7급 공채 PSAT보다 어렵고, 5급 공채 PSAT보다 쉽습니다. 그러나 NCS는 시험 풀이 시간이 매우 촉박하므로 수험생의 체감 난도는 민간경력자 · 7급 공채 PSAT보다 높을 수 있습니다.

PSAT 영역별 문제 구성

2023 7급 공채 자료해석 17번 기출 → NCS 수리능력 자료해석 유형과 유사!

다음 [표]는 A지역 산불피해 복구에 대한 국비 및 지방비 지원금액에 관한 자료이다. 이에 대한 [보기]의 설명 중 옳은 것을 모두 고르면?

[표1] A지역 산불피해 복구에 대한 지원항목별, 재원별 지원금액 (단위: 천만 원)

지원항목 \ 재원	국비	지방비	합
산림시설 복구	32,594	9,000	41,594
주택 복구	5,200	1,800	7,000
이재민 구호	2,954	532	3,486
상 · 하수도 복구	10,930	260	11,190
농경지 복구	1,540	340	1,880
생계안정 지원	1,320	660	1,980
기타	520	0	520
전체	55,058	( )	( )

[표2] A지역 산불피해 복구에 대한 부처별 국비 지원금액 (단위: 천만 원)

부처	행정안전부	산림청	국토교통부	환경부	보건복지부	그 외	전체
지원금액	2,930	33,008	( )	9,520	350	240	55,058

| 보기 |

㉠ 기타를 제외하고, 국비 지원금액 대비 지방비 지원금액 비율이 가장 높은 지원항목은 '주택 복구'이다.

㉡ 산림청의 '산림시설 복구' 지원금액은 1,000억 원 이상이다.

㉢ 국토교통부의 지원금액은 전체 국비 지원금액의 20% 이상이다.

㉣ 전체 지방비 지원금액은 '상 · 하수도 복구' 국비 지원금액보다 크다.

① ㉠, ㉡　② ㉠, ㉢　③ ㉡, ㉢
④ ㉡, ㉣　⑤ ㉢, ㉣

2023 5급 공채 상황판단 38번 기출 → NCS 문제해결능력 자료형 유형과 유사!

다음 글과 [상황]을 근거로 판단할 때, 가원이가 A무인세탁소 사업자로부터 받을 총액은?

A무인세탁소의 사업자가 사업장 내 기기의 관리상 주의를 소홀히 하여 세탁물이 훼손된 경우, 아래와 같은 배상 및 환급 기준을 적용한다.

- 훼손된 세탁물에 대한 배상액은 '훼손된 세탁물의 구입가격×배상비율'로 산정한다. 배상비율은 물품의 내구연한과 사용일수에 따라 다르며 아래 [배상비율표]에 따른다.
- 물품의 사용일수는 사용개시일에 상관없이 구입일부터 세탁일까지의 일수이다.
- 사업자는 훼손된 세탁물에 대한 배상과는 별도로 고객이 지불한 이용요금 전액을 환급한다.

[배상비율표]

내구연한	배상비율			
	80%	60%	40%	20%
1년	0 ~ 44일	45 ~ 134일	135 ~ 269일	270일 ~
2년	0 ~ 88일	89 ~ 268일	269 ~ 538일	539일 ~
3년	0 ~ 133일	134 ~ 403일	404 ~ 808일	809일 ~

[상황]

가원이는 2022. 12. 20. A무인세탁소에서 셔츠, 조끼, 치마를 한꺼번에 세탁하였다. 그런데 사업자의 세탁기 관리 소홀로 인하여 세탁물 모두가 훼손되었다.

A무인세탁소의 이용요금은 세탁 1회당 8,000원이며, 가원이의 세탁물 정보는 다음과 같다.

구분	내구연한	구입일	사용개시일	구입가격
셔츠	1년	2022. 10. 10.	2022. 11. 15.	4만 원
조끼	3년	2021. 01. 20.	2022. 01. 22.	6만 원
치마	2년	2022. 12. 01.	2022. 12. 10.	7만 원

① 124,000원 ② 112,000원 ③ 104,000원
④ 96,000원 ⑤ 88,000원

2023 5급 공채 상황판단 36번 기출 → NCS 자원관리능력 인적·물적자원 유형과 유사!

다음 글과 [상황]을 근거로 판단할 때, △△대회 개최지로 선정될 곳은?

甲위원회는 △△대회를 개최하기 위해 후보지 5곳(A~E)에 대하여 다음과 같은 세 단계의 절차를 거쳐 최종 점수가 높은 상위 2곳을 개최지로 선정하기로 하였다.

- 1단계: 인프라, 안전성, 홍보효과 항목에 대해 점수를 부여한다.
- 2단계: 안전성 점수에는 2배의 가중치를, 홍보효과 점수에는 1.5배의 가중치를 부여한 후, 각 항목별 점수를 합산한다.
- 3단계: △△대회를 2회 이상 개최한 적이 있는 곳에 대해서는 합산 점수에서 10점을 감점한다.

[상황]

- 1단계에서 부여된 각 평가 항목의 점수는 다음과 같다.

구분	A	B	C	D	E
인프라	13	12	18	23	12
안전성	18	20	17	14	19
홍보효과	16	17	13	20	19

- △△대회를 2회 이상 개최한 적이 있는 곳은 C, D이다.

① A, B　　② A, C　　③ A, E
④ B, D　　⑤ B, E

PSAT 학습의 필요성

01 NCS와 PSAT의 연관성

NCS 필기시험에 지속적으로 PSAT형 문제가 출제되고 있습니다. PSAT형 문제는 모듈형과 다른 형태로 NCS 학습모듈 위주의 단순 이론 암기형 문제에서 벗어나 문서의 작성과 처리, 수치 자료에 대한 분석 능력 등을 측정하는 문제를 말합니다. 특히, PSAT 자료해석과 상황판단은 NCS 수리능력, 문제해결능력, 자원관리능력 문제와 구성 및 형태가 유사하며, 난도 및 문제의 해결 방법 역시 비슷하여 PSAT 학습의 필요성이 계속해서 중요시되고 있습니다.

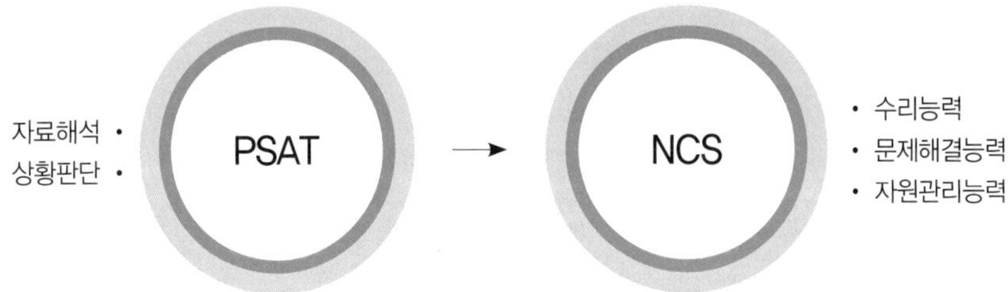

02 NCS 기출과 PSAT 문제 연계

2023년 한국철도공사 NCS 필기시험에서는 전 문항이 PSAT형으로 출제되었고, 서울교통공사 NCS 필기시험의 경우에는 주요 출제 영역에서 높은 비중으로 PSAT형 문항이 출제되었습니다.
2020년 상반기에 한국철도공사 NCS 오후 필기시험에서 PSAT 5급 공채 상황판단 기출문제와 매우 유사한 문제가 고난도로 출제되었고, 2018년 하반기 국민건강보험공단 및 한국철도공사 NCS 필기시험에서도 PSAT 5급 공채 및 민간경력자 자료해석 기출문제와 유사한 문제가 출제되었습니다.
NCS 필기시험에서 PSAT형 문제의 출제 비중은 계속해서 높을 것으로 예상되므로, NCS를 학습할 시 PSAT 기출을 병행해야 합니다.

5급 공채 PSAT 기출문제와 NCS 기출문제 비교

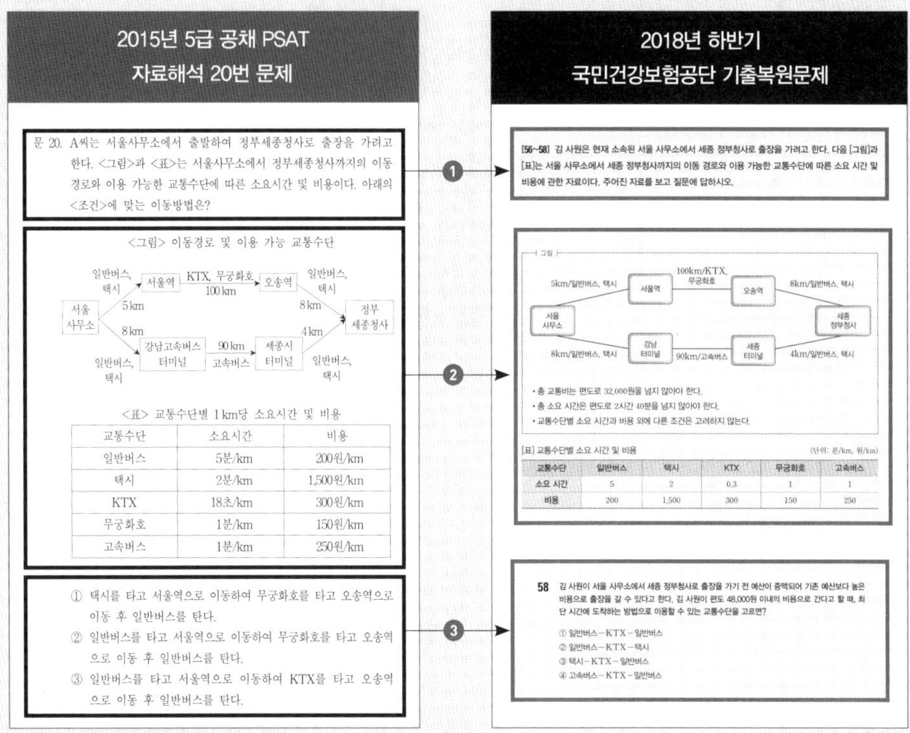

2015년 5급 공채 PSAT
자료해석 20번 문제

문 20. A씨는 서울사무소에서 출발하여 정부세종청사로 출장을 가려고 한다. <그림>과 <표>는 서울사무소에서 정부세종청사까지의 이동 경로와 이용 가능한 교통수단에 따른 소요시간 및 비용이다. 아래의 <조건>에 맞는 이동방법은?

<그림> 이동경로 및 이용 가능 교통수단

<표> 교통수단별 1km당 소요시간 및 비용

교통수단	소요시간	비용
일반버스	5분/km	200원/km
택시	2분/km	1,500원/km
KTX	18초/km	300원/km
무궁화호	1분/km	150원/km
고속버스	1분/km	250원/km

① 택시를 타고 서울역으로 이동하여 무궁화호를 타고 오송역으로 이동 후 일반버스를 탄다.
② 일반버스를 타고 서울역으로 이동하여 무궁화호를 타고 오송역으로 이동 후 일반버스를 탄다.
③ 일반버스를 타고 서울역으로 이동하여 KTX를 타고 오송역으로 이동 후 일반버스를 탄다.

2018년 하반기
국민건강보험공단 기출복원문제

[56~58] 김 사원은 현재 소속된 서울 사무소에서 세종 정부청사로 출장을 가려고 한다. 다음 [그림]과 [표]는 서울 사무소에서 세종 정부청사까지의 이동 경로와 이용 가능한 교통수단에 따른 소요 시간 및 비용에 관한 자료이다. 주어진 자료를 보고 질문에 답하시오.

그림

- 총 교통비는 편도로 32,000원을 넘지 않아야 한다.
- 총 소요 시간은 편도로 2시간 40분을 넘지 않아야 한다.
- 교통수단별 소요 시간과 비용 외에 다른 조건은 고려하지 않는다.

[표] 교통수단별 소요 시간 및 비용 (단위: 분/km, 원/km)

교통수단	일반버스	택시	KTX	무궁화호	고속버스
소요 시간	5	2	0.3	1	1
비용	200	1,500	300	150	250

58 김 사원이 서울 사무소에서 세종 정부청사로 출장을 가기 전 예산이 증액되어 기존 예산보다 높은 비용으로 출장을 갈 수 있다고 한다. 김 사원이 편도 48,000원 이내의 비용으로 간다고 할 때, 최단 시간에 도착하는 방법으로 이용할 수 있는 교통수단을 고르면?

① 일반버스 - KTX - 일반버스
② 일반버스 - KTX - 택시
③ 택시 - KTX - 일반버스
④ 고속버스 - KTX - 일반버스

❗ 이렇게 출제됩니다!

❶ **출제 소재 유사:** 정부세종청사까지의 효과적 이동방법
❷ **자료 형태 유사:** 그림, 표 자료 간 복합추론·분석
❸ **선택지 유사:** 주어진 조건 하에서 최단 시간에 도착하는 교통수단 찾기

민간경력자 PSAT 기출문제와 NCS 기출문제 비교

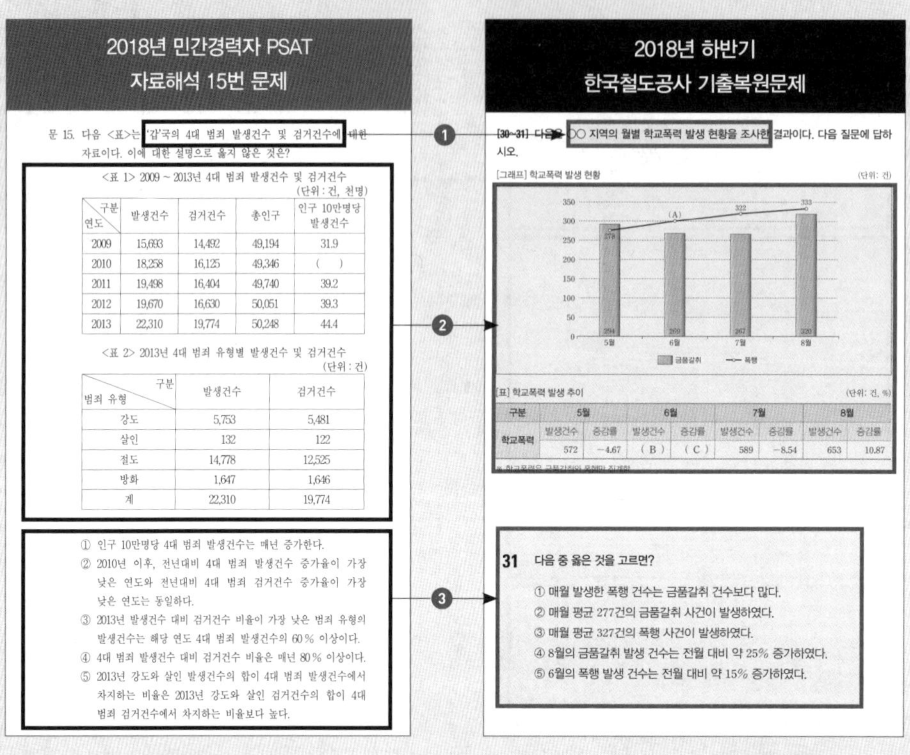

2018년 민간경력자 PSAT 자료해석 15번 문제

문 15. 다음 <표>는 '갑'국의 4대 범죄 발생건수 및 검거건수에 대한 자료이다. 이에 대한 설명으로 옳지 않은 것은?

<표 1> 2009 ~ 2013년 4대 범죄 발생건수 및 검거건수

(단위 : 건, 천명)

구분 \ 연도	발생건수	검거건수	총인구	인구 10만명당 발생건수
2009	15,693	14,492	49,194	31.9
2010	18,258	16,125	49,346	(　　)
2011	19,498	16,404	49,740	39.2
2012	19,670	16,630	50,051	39.3
2013	22,310	19,774	50,248	44.4

<표 2> 2013년 4대 범죄 유형별 발생건수 및 검거건수

(단위 : 건)

구분 \ 범죄 유형	발생건수	검거건수
강도	5,753	5,481
살인	132	122
절도	14,778	12,525
방화	1,647	1,646
계	22,310	19,774

① 인구 10만명당 4대 범죄 발생건수는 매년 증가한다.
② 2010년 이후, 전년대비 4대 범죄 발생건수 증가율이 가장 낮은 연도와 전년대비 4대 범죄 검거건수 증가율이 가장 낮은 연도는 동일하다.
③ 2013년 발생건수 대비 검거건수 비율이 가장 낮은 범죄 유형의 발생건수는 해당 연도 4대 범죄 발생건수의 60% 이상이다.
④ 4대 범죄 발생건수 대비 검거건수 비율은 매년 80% 이상이다.
⑤ 2013년 강도와 살인 발생건수의 합이 4대 범죄 발생건수에서 차지하는 비율은 2013년 강도와 살인 검거건수의 합이 4대 범죄 검거건수에서 차지하는 비율보다 높다.

2018년 하반기 한국철도공사 기출복원문제

[30~31] 다음은 ○○ 지역의 월별 학교폭력 발생 현황을 조사한 결과이다. 다음 질문에 답하시오.

[그래프] 학교폭력 발생 현황 (단위: 건)

[표] 학교폭력 발생 추이 (단위: 건, %)

구분	5월		6월		7월		8월	
학교폭력	발생건수	증감률	발생건수	증감률	발생건수	증감률	발생건수	증감률
	572	−4.67	(B)	(C)	589	−8.54	653	10.87

31 다음 중 옳은 것을 고르면?

① 매월 발생한 폭행 건수는 금품갈취 건수보다 많다.
② 매월 평균 277건의 금품갈취 사건이 발생하였다.
③ 매월 평균 327건의 폭행 사건이 발생하였다.
④ 8월의 금품갈취 발생 건수는 전월 대비 약 25% 증가하였다.
⑤ 6월의 폭행 발생 건수는 전월 대비 약 15% 증가하였다.

이렇게 출제됩니다!

❶ **출제 소재 유사:** 4대 범죄 발생건수 vs 학교폭력 발생 현황
❷ **풀이 방식 유사:** 표 자료상 빈칸 정보 유추 및 복합 추론
❸ **선택지 유사:** 주어진 조건 하에서 비교/분석 결과 찾기

▶ PSAT 학습이 곧 NCS 고득점의 키워드이다!

주요 기업별 출제 유형

주요 공기업을 포함한 공사·공공기관에서 시행하는 NCS 직업기초능력평가의 필기시험은 모듈형, PSAT형, 피듈형으로 구분되는데, 이 중 PSAT형으로 출제되는 기업의 비중이 높은 편입니다.

구분	출제 유형		
	모듈형	PSAT형	피듈형
한국철도공사		○	
서울교통공사			○
부산교통공사			○
한국도로공사		○	
한국가스공사		○	
한국전력공사		○	
한전KPS			○
한국수력원자력		○	
한국중부발전			○
한국남부발전			○
한국서부발전			○
한국동서발전			○
한국수자원공사		○	
한국토지주택공사		○	
국민건강보험공단		○	
농협은행		○	
지역농협			○

※ 기관별 상황에 따라 출제 유형이 달라질 수 있음

계산연습

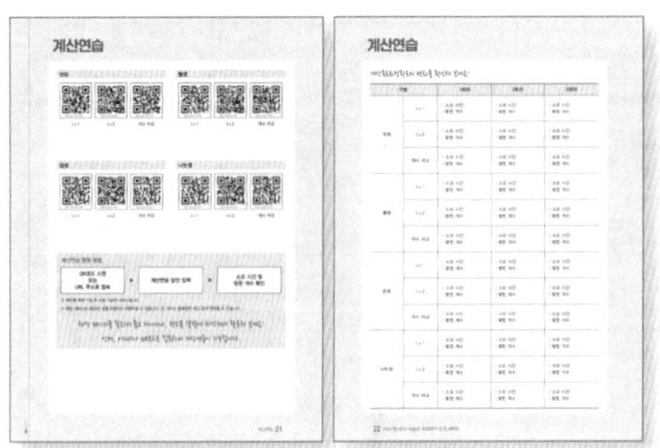

덧셈 · 뺄셈 · 곱셈 · 나눗셈 계산연습

덧셈 · 뺄셈 · 곱셈 · 나눗셈별 Lv.1, Lv.2, 대소비교로 구성된 계산연습 문제를 제공합니다. '계산연습'에 수록된 QR 코드를 통해 시간, 장소에 관계없이 핸드폰으로 계산연습이 가능합니다. 또한, 기록표를 활용하여 계산속도와 정확도의 변화를 체크할 수 있습니다.

실력점검 TEST

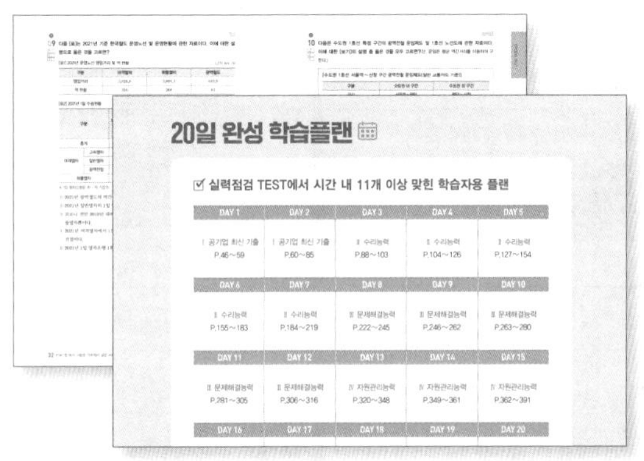

실력에 따른 학습플랜 제공

다양한 난도로 구성된 실력점검 TEST를 통해 현재 실력을 확인하고, 실력에 따른 학습플랜을 활용할 수 있도록 하였습니다.

공기업 최신 기출

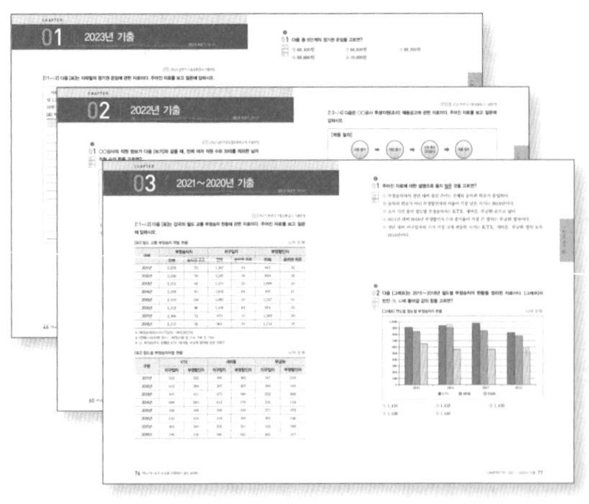

2020~2023년 기출문제

한국철도공사, 서울교통공사, 한국전력공사 등 주요 공기업의 2020~2023년 NCS 수리 · 문제해결 · 자원관리능력 기출변형 문제를 수록하여 최신 기출유형을 파악할 수 있도록 하였습니다.

✔ 수리 · 문제해결 · 자원관리 유형별 학습

1 NCS 최신빈출

NCS 필기시험에서 자주 출제되는 유형의 문제들을 수록하여 수험생들이 체계적으로 실전에 대비할 수 있도록 하였습니다.

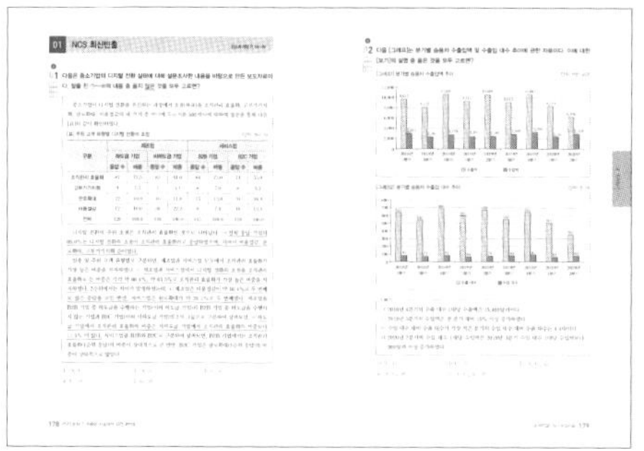

2 PSAT 기출변형 Lv.1 → Lv.2 → Lv.3

최신 NCS 출제 경향에 맞게 변형한 PSAT 기출문제를 난도별로 수록하여 실력을 향상시킬 수 있도록 하였습니다.

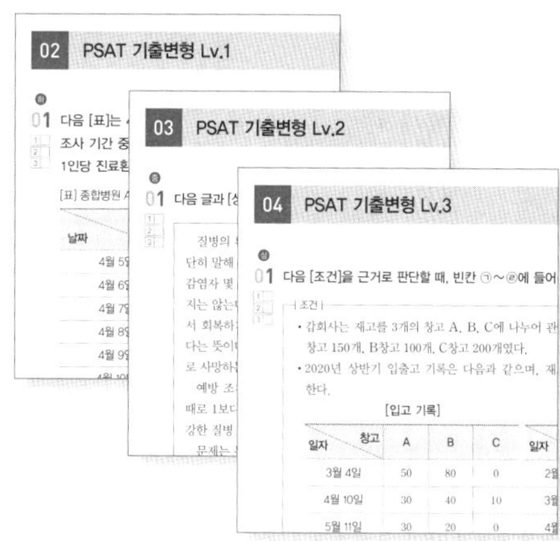

✔ 실전모의고사 4회분

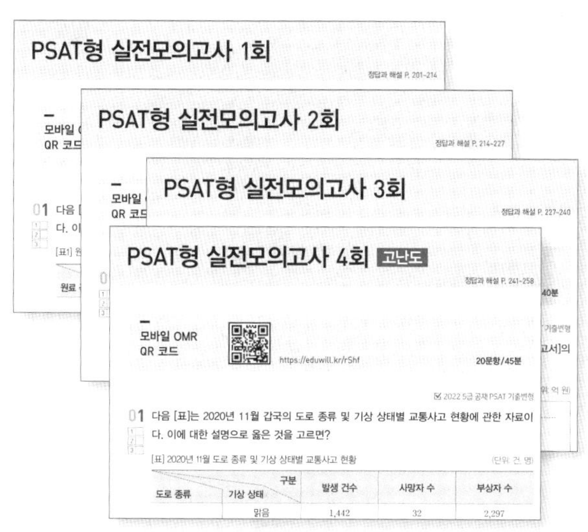

PSAT형 실전모의고사

PSAT 기출 변형문제로 구성한 실전모의고사 4회분을 제공하여 실제 시험처럼 연습하고 마무리할 수 있도록 하였습니다. 특히, 실전모의고사 4회는 1~3회와 비교해 고난도 문항으로 구성하여 고득점을 노리는 수험생들이 실력을 점검하고 대비할 수 있도록 하였습니다.

※ 문항별 3회독 체크표에 표시하여 반복 학습을 권장합니다.
※ PSAT형 실전모의고사에 수록된 QR 코드를 통해 OMR 채점 및 성적분석 서비스를 제공합니다.

노력을 이기는 재능은 없고

노력을 외면하는 결과도 없다.

– 이창호 프로 바둑 기사

계산연습

덧셈

Lv.1

Lv.2

대소 비교

뺄셈

Lv.1

Lv.2

대소 비교

곱셈

Lv.1

Lv.2

대소 비교

나눗셈

Lv.1

Lv.2

대소 비교

계산연습 활용 방법

QR 코드 스캔 또는 URL 주소로 접속 ▶ 계산연습 답안 입력 ▶ 소요 시간 및 맞힌 개수 확인

※ 에듀윌 회원 가입 후 사용 가능한 서비스입니다.

※ 해당 서비스는 2025년 12월 31일까지 이용하실 수 있습니다. 단, 서비스 종료일은 예고 없이 변경될 수 있습니다.

해당 페이지를 잘라서 들고 다니거나, 핸드폰 앨범에 저장해서 활용해 보세요!

언제, 어디서나 QR 코드로 접속하여 계산연습이 가능합니다.

절취선

계산연습

계산속도&정확도의 변화를 확인해 보세요!

구분		1회차	2회차	3회차
덧셈	Lv.1	• 소요 시간: • 맞힌 개수:	• 소요 시간: • 맞힌 개수:	• 소요 시간: • 맞힌 개수:
	Lv.2	• 소요 시간: • 맞힌 개수:	• 소요 시간: • 맞힌 개수:	• 소요 시간: • 맞힌 개수:
	대소 비교	• 소요 시간: • 맞힌 개수:	• 소요 시간: • 맞힌 개수:	• 소요 시간: • 맞힌 개수:
뺄셈	Lv.1	• 소요 시간: • 맞힌 개수:	• 소요 시간: • 맞힌 개수:	• 소요 시간: • 맞힌 개수:
	Lv.2	• 소요 시간: • 맞힌 개수:	• 소요 시간: • 맞힌 개수:	• 소요 시간: • 맞힌 개수:
	대소 비교	• 소요 시간: • 맞힌 개수:	• 소요 시간: • 맞힌 개수:	• 소요 시간: • 맞힌 개수:
곱셈	Lv.1	• 소요 시간: • 맞힌 개수:	• 소요 시간: • 맞힌 개수:	• 소요 시간: • 맞힌 개수:
	Lv.2	• 소요 시간: • 맞힌 개수:	• 소요 시간: • 맞힌 개수:	• 소요 시간: • 맞힌 개수:
	대소 비교	• 소요 시간: • 맞힌 개수:	• 소요 시간: • 맞힌 개수:	• 소요 시간: • 맞힌 개수:
나눗셈	Lv.1	• 소요 시간: • 맞힌 개수:	• 소요 시간: • 맞힌 개수:	• 소요 시간: • 맞힌 개수:
	Lv.2	• 소요 시간: • 맞힌 개수:	• 소요 시간: • 맞힌 개수:	• 소요 시간: • 맞힌 개수:
	대소 비교	• 소요 시간: • 맞힌 개수:	• 소요 시간: • 맞힌 개수:	• 소요 시간: • 맞힌 개수:

실력점검 TEST

수리 · 문제해결 · 자원관리

문항 수	15문항
풀이 시간	30분

수리

01 **둘레의 길이가 3,150m인 공터를 갑, 을 두 사람이 어느 한 지점에서 서로 반대 방향으로 동시에 출발하여 계속 돌려고 한다. 갑은 시속 4km, 을은 시속 3.5km로 움직일 때, 두 사람은 출발한 지 몇 분 후에 두 번째로 만나는지 고르면?**(단, 출발 이전에 만난 것은 만나지 않은 것으로 간주한다.)

1
2
3

① 25.2분 ② 31.4분 ③ 40.8분
④ 50.4분 ⑤ 62.8분

하

문제해결

02 **다음 결론이 반드시 참이 되게 하는 전제2를 고르면?**

1
2
3

전제1	야구를 좋아하는 사람은 응원 문화를 좋아한다.
전제2	
결론	노래방을 좋아하지 않는 사람은 야구를 좋아하지 않는다.

① 노래방을 좋아하는 사람은 응원 문화를 좋아한다.
② 노래방을 좋아하지 않는 사람은 응원 문화를 좋아한다.
③ 노래방을 좋아하지 않는 사람은 응원 문화를 좋아하지 않는다.
④ 노래방을 좋아하는 사람 중에 응원 문화를 좋아하는 사람이 있다.
⑤ 노래방을 좋아하지 않는 사람 중에 응원 문화를 좋아하지 않는 사람이 있다.

03 다음은 어느 요가 센터의 이용 약관 및 한 씨의 등록 현황에 관한 자료이다. 한 씨는 요가 센터에 등록하여 이용하던 중 개인 사정이 생겨 2023년 5월 20일에 요가 센터를 그만두게 되었고, 잔여 일수에 대하여 환불을 받고자 한다. 한 씨가 환불받을 금액을 고르면?

1 2 3

요가 센터 이용 약관

1. 프로그램 이용 요금

프로그램	기간(개월)	요금(원)
코스 A+코스 B	3	200,000
	6	330,000
	12	450,000
코스 B	3	180,000
	6	300,000
	12	400,000

2. 환불 규정
   - 이용 시작일 이전: 총 결제금액의 10% 공제 후 환불
   - 이용 시작일 이후: 취소일까지의 이용 일수에 해당하는 금액과 총 결제금액의 10%를 공제 후 환불

※ 단, 코스 A + 코스 B의 하루 이용 요금은 2,500원, 코스 B의 하루 이용 요금은 2,000원임

[한 씨의 요가 센터 등록 현황]

- 등록 일자: 3월 20일(6개월 등록)
- 이용 시작 일자: 3월 22일
- 프로그램명: 코스 A + 코스 B

① 147,000원　② 157,000원　③ 167,000원　④ 177,000원　⑤ 187,000원

하

04 **다음은 A공기업의 노사협의회에 관한 사항 중 일부이다. 이에 대한 설명으로 옳은 것을 고르면?**

1 2 3

제3조(협의회 구성) 협의회는 다음과 같이 구성한다.

1. 사용자위원
   가. 중앙 노사협의회는 사장과 사장이 위촉한 위원으로 구성하며, 그 수는 8명 이내로 한다.
   나. 사업소 노사협의회는 사업소장(본사는 인사처장)과 사업소장(본사는 인사처장)이 위촉한 위원으로 구성하며, 그 수는 7명 이내로 한다.
2. 근로자위원
   가. 중앙 노사협의회는 중앙위원장과 중앙위원장이 위촉한 위원으로 구성하며, 그 수는 8명 이내로 한다.
   나. 사업소 노사협의회는 본부 위원장과 본부 위원장이 위촉한 위원으로 구성하며, 그 수는 7명 이내로 한다.
3. 복수노조가 생기고 근로자의 과반수로 조직된 노동조합이 없는 경우에는 본 노사협의회 규정에도 불구하고 근로자 참여 및 협력 증진에 관한 법률에 따른다.

제4조(위원의 임기) ① 위원의 임기는 3년으로 하되 연임할 수 있다.

② 보궐위원의 임기는 전임자의 임기의 남은 기간으로 한다.

③ 위원은 그 임기가 만료된 경우라도 그 후임자가 선출될 때까지 계속 그 직무를 담당한다.

제16조(노사간담회) ① 사업소 내의 원활한 노사 협조를 위하여 노사협의회가 설치된 사업소의 예하 사업소 최상위 단위 조직에 노사간담회를 구성·운영하며, 인재개발원 및 방사선보건연구원은 사업소 노사간담회를 별도로 운영한다.

② 노사간담회의 위원은 상기 제1항의 회사 조직의 장 및 노조 지부위원장을 포함한 노사 각 3인 이상으로 한다. 단, 본사는 주무처(실)장이 담당한다.

제17조(고충처리위원) ① 근로자의 고충을 청취하고 이를 처리하기 위하여 본사 및 상시사용 근로자 30인 이상 전사업소에 다음과 같이 노사 각 1인의 고충처리위원을 둔다.

1. 본사: 인사처장 및 중앙노조 사무처장
2. 사업소: 사업소 고충처리위원은 노사협의회 및 노사간담회 설치 조직에 노사 각 1인씩을 둔다. 단, 회사 측 고충처리위원은 해당 단위 조직의 차하위자 중 1인으로 하고 노조 측은 해당 단위 조직의 위원장으로 하되, 세부 운영기준은 별도로 정할 수 있다.
3. 기타 사업소장이 2직급 이하인 사업소: 사업소장 및 노조 지부위원장

② 위원은 업무처리를 위하여 노사 각 1인의 간사를 둔다.

제18조(고충처리위원의 임무) 고충처리위원의 임무는 다음과 같다.

1. 직원의 고충 청취 및 접수
2. 고충내용에 따라 해결방안 강구 및 결과통보
3. 해결 곤란한 중요사항은 본사에 건의하거나 노사협의회에 부의

제19조(고충처리의 절차) ① 직원이 고충사항이 있을 때에는 고충처리위원에게 구두 또는 고충처리시스템으로 신고하고 신고된 사항은 고충처리위원의 협의로 지체 없이 처리하여

야 한다.

② 고충처리위원의 고충처리에 필요한 사항을 해당부서에 협조 요청할 경우 해당부서장은 이에 적극 협조하여야 한다.

③ 사업소 고충처리위원이 처리하기 곤란한 사항은 본사 고충처리위원에게 건의하고 본사 고충처리위원이 처리하기 곤란한 사항에 대하여는 중앙 노사협의회에 부의·처리한다.

④ 고충처리위원은 직원으로부터 고충사항을 청취 또는 접수한 때에는 10일 이내에 조치사항 및 기타 처리결과를 그 직원에게 통보하여야 한다.

제20조(고충처리장소, 시간 및 위원의 명시) ① 고충처리는 가능한 한 위원의 사무실을 활용하되 점심시간 및 휴식시간을 활용할 수 있도록 하여야 한다.

② 고충처리사무실 입구에는 "고충처리위원실"이라는 표시를 부착할 것이며 고충처리위원은 고충처리 시 고충처리위원임을 증명하는 명찰을 착용한다.

① 중앙 노사협의회의 사용자위원과 근로자위원의 수는 동일하다.
② 노사위원의 임기는 최대 3년이다.
③ 상시사용근로자가 40명인 사업소의 고충처리위원은 총 2명이다.
④ 고충처리장소는 사무실과 별도의 장소에 설치해야 하며 처리시간은 근무시간을 피해야 한다.
⑤ 사업소 고충처리위원이 처리하기 곤란한 사항은 중앙 노사협의회에 건의한다.

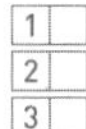

05 다음은 어느 공기업의 징계 및 포상에 관한 규정의 일부이다. 해당 규정을 근거로 판단할 때, 주어진 [상황]의 (A), (B)에 들어갈 금액으로 적절한 것을 고르면?

1 2 3

제12조(징계처분자)

② 징계처분을 받은 자에게는 6월 또는 12월 성과급 지급 시 지급 월의 연봉 월액을 기준으로 다음과 같이 감액 지급한다.

징계의 구분	경고 2회	견책	감봉(1~3개월)	감봉(4~6개월)	정직
감액률	5%	10%	20%	30%	50%

③ 반기 중 2회 이상 징계처분을 받은 자에게는 그중 무거운 징계 하나만을 적용한다.

제24조의2(포상 인센티브)

① 포상을 받은 자에게는 3월, 6월, 9월, 12월 중 포상을 받은 달과 가장 인접한 달의 급여 지급 시 다음과 같이 포상금을 지급한다.

포상의 구분	특등급	1등급	2등급
지급액	500,000원	300,000원	200,000원

② 분기 중 2회 이상 포상을 받은 자에게는 그중 높은 등급 하나만을 적용한다.

[상황]

- 연봉 월액이 300만 원인 김 대리는 1월에 감봉(1~3개월) 조치를 받고, 특등급 포상을 받아 6월에 성과급 및 급여 지급 시 (A) 만큼을 덜 받게 된다.
- 연봉 월액이 350만 원인 이 대리는 7월에 특등급 포상을 받고, 10월에 1등급 포상을 받아 12월 급여 지급 시 (B) 만큼을 더 받게 된다.

	(A)	(B)
①	10만 원	30만 원
②	10만 원	60만 원
③	30만 원	30만 원
④	60만 원	30만 원
⑤	60만 원	60만 원

06 다음 [표]는 10~30대 남녀 조사대상 수와 그들을 대상으로 조사한 SNS 선호도에 관한 자료이다. 이에 대한 설명으로 옳은 것을 고르면?

1 2 3

[표1] 조사대상 수 (단위: 명)

구분	10대	20대	30대
여성	180	160	180
남성	120	160	220
합계	300	320	400

[표2] 성별 연령대별 SNS 선호도 (단위: %)

구분		연령대		
		10대	20대	30대
여성	A	15	10	10
	B	55	65	60
	C	30	25	30
남성	A	5	10	20
	B	40	30	20
	C	55	60	60

① 남녀 모두 B의 선호도는 연령대가 높을수록 낮다.
② A를 선호하는 10~30대 여성 중 10대의 비율은 15%이다.
③ C를 선호하는 30대 여성이 C를 선호하는 10대 여성보다 많다.
④ A를 선호하는 20대 남성은 B를 선호하는 20대 남성 수의 30%이다.
⑤ C를 선호하는 30대 남성은 B를 선호하는 30대 여성보다 많다.

중 수리

07 다음 [표]와 [그래프]는 20XX년 어느 지역의 월별 기상관측 자료이다. 이에 대한 설명으로 옳지 않은 것을 고르면?

1 2 3

[표] 월별 기상

구분	평균습도 (%)	평균기온 (℃)	강수량 (mm)	강수일별 평균 강수량 (mm/일)
1월	68	−8	6	0.75
2월	61	−3	21	3.5
3월	61.5	2	27	5.4
4월	62	12	147	9.8
5월	69	16	33	3
6월	72.3	13	66	5.5
7월	73	23	210	15
8월	82	28	713	31
9월	72.5	22	264	16.5
10월	79	21	14	2
11월	72	11	39	3
12월	68.5	−1	72	9

※ (강수일별 평균 강수량)(mm/일)= $\frac{\text{(강수량)}}{\text{(강수일수)}}$

[그래프] 월별 평균습도와 평균기온의 분포

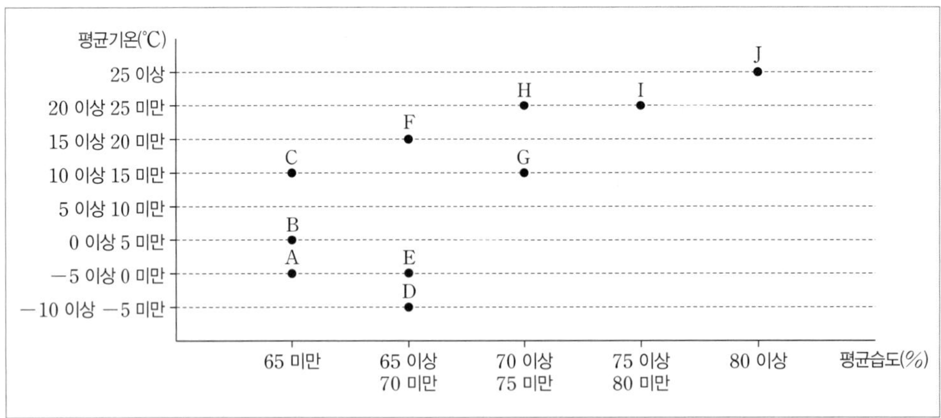

① 강수일수가 세 번째로 많은 달의 평균습도는 세 번째로 낮다.

② 강수량이 가장 많은 월의 평균기온이 가장 높다.

③ 6, 11월의 평균습도와 평균기온을 나타낸 것은 G이다.

④ E의 강수일수는 I의 강수일수보다 1일 더 많다.

⑤ D와 J의 평균기온 차는 20℃이다.

중

자원관리

08 다음은 영업팀 직원 A~E의 주간 업무 일정과 직원 A~E에 대한 정보이다. 이를 바탕으로 [조건]에 따라 2023년 하반기 교육대상을 선정하여 교육을 진행한다고 할 때, 가능한 요일과 교육 시작 시간을 고르면?

1 2 3

[영업팀 직원 A~E의 주간 업무 일정]

- A는 팀장이고, 팀장은 매일 오전 9시부터 1시간 동안 팀장 회의에 참석한다.
- B는 매일 오전 9시부터 오전 10시까지 기존 거래처 관리 업무를 한다.
- C는 매일 오전 10시부터 오전 11시까지 신규 거래처 관리 업무를 한다.
- B는 화요일마다, D는 목요일마다 총판관리를 위한 외근을 나간다.
- D는 매주 월요일 시장조사 후 오후 2시에 출근한다.
- E는 매주 수요일 오후 3시부터 오후 4시, 금요일 오전 10시부터 오전 11시에 고객 불만 접수 처리 업무를 한다.
- B, D가 외근을 나가면 E가 B, D의 업무를 대행한다.
- A, C는 매주 월요일 오후 3시부터 5시까지 신사업을 위한 전략 기획을 한다.
- 기존 또는 신규 거래처 관리 업무를 마친 직후에는 견적서를 작성해야 하며, 1시간 소요된다.
- 외근 다음날 오후 5시부터 6시까지는 외근 결과 보고서 작성 업무를 한다.

[직원 A~E에 대한 정보]

구분		A	B	C	D	E
입사 후 경력		11년	9년	8년	4년	3년
직급		차장	과장	과장	대리	사원
직원 평가 점수	(가)	9점	5점	8점	10점	7점
	(나)	5점	7점	6점	6점	4점

| 조건 |

(1) 교육대상(아래 조건 중 하나 이상에 해당하는 직원)
- 부장 또는 팀장
- 입사 후 경력이 5년 미만인 직원
- 직원 평가 점수 합이 12점 이하인 직원

(2) 교육은 기존 주간 업무 일정에 지장을 주지 않아야 하며 2시간 동안 진행된다.

① 월요일, 11:00
② 화요일, 14:00
③ 수요일, 16:00
④ 목요일, 14:00
⑤ 금요일, 11:00

09 다음 [표]는 2021년 기준 한국철도 운영노선 및 운영현황에 관한 자료이다. 이에 대한 설명으로 옳은 것을 고르면?

1 2 3

[표1] 2021년 운영노선 영업거리 및 역 현황 (단위: km, 개)

구분	여객열차	화물열차	광역철도
영업거리	3,826.8	3,004.3	643.9
역 현황	316	268	81

[표2] 2021년 1일 수송현황

구분		1일 열차운행(회)	1일 평균 수송량(만 명, 만 톤)		1일 평균 매출(백만 원)	
			실적	코로나 전(前)(2019년)	실적	코로나 전(前)(2019년)
총계		3,266	277.0	372.5	7,071	10,088
여객열차	고속열차	239	11.6	17.8	3,342	5,291
	일반열차	394	12.6	20.5	930	1,446
	광역전철	2,434	245.5	326.1	1,991	2,478
화물열차		199	7.3	8.1	808	873

※ 1일 열차운행은 화~목 기준임

① 2021년 광역철도의 역간 평균 영업거리는 약 80km이다.

② 2021년 일반열차의 1일 열차운행 횟수는 여객열차 전체의 약 11%를 차지한다.

③ 코로나 전인 2019년 대비 2021년 1일 평균 매출 실적 비중이 총계보다 높은 항목은 화물열차뿐이다.

④ 2021년 여객열차에서 1일 평균 수송량 대비 1일 평균 매출 실적이 가장 큰 항목은 광역전철이다.

⑤ 2021년 1일 열차운행 1회당 평균 매출 실적이 두 번째로 큰 항목은 화물열차이다.

중

10 **다음은 수도권 1호선 특정 구간의 광역전철 운임제도 및 1호선 노선도에 관한 자료이다. 이에 대한 [보기]의 설명 중 옳은 것을 모두 고르면?**(단, 운임은 평균 역간거리를 이용하여 구한다.)

1☐ 2☐ 3☐

[수도권 1호선 서울역～신창 구간 광역전철 운임제도(일반 교통카드 기준)]

구분	수도권 내 구간	수도권 외 구간
구간	서울역～평택	평택～신창
평균 역간거리	2.3km	5.2km

구분	구간	운임
기본운임 적용	～10km 이하	1,250원
추가운임 적용	10km 초과～60km 이하	5km까지마다 100원
	60km 초과～	8km까지마다 100원

※ 전철 운임은 수도권 전철 전 구간을 일원화하여 역간거리 비례제로 책정되며, 급행과 일반 전철의 운임은 똑같이 책정함

[1호선 노선도(서울역～신창)]

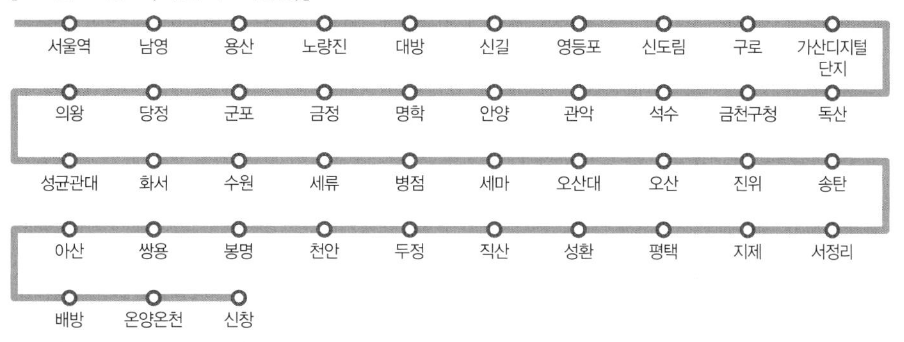

※ 서울역에서부터 11번째 역은 독산, 21번째 역은 성균관대, 31번째 역은 서정리, 41번째 역은 배방임

| 보기 |

㉠ 서울역에서 출발한다고 할 때, 용산까지의 운임과 대방까지의 운임은 동일하다.
㉡ 평택에서 봉명까지의 운임은 서울역에서 신길까지의 운임보다 300원 비싸다.
㉢ 병점에서 두정까지의 운임은 1,650원이다.
㉣ 서울역에서 직산까지의 운임은 2,550원이다.

① ㉠, ㉡ ② ㉠, ㉢ ③ ㉡, ㉣
④ ㉠, ㉡, ㉣ ⑤ ㉡, ㉢, ㉣

11 다음 [표]는 P회의장의 요일별, 시간대별 이용요금에 관한 자료이다. 어느 기업에서 신입직원으로 구성된 A~D팀을 교육하기 위한 P회의장 이용계획이 다음과 같을 때, 이에 대한 설명으로 옳은 것을 고르면?

1 2 3

[표] P회의장의 요일별, 시간대별 이용요금 (단위: 천 원)

구분	기본				확장
	월~목요일	금요일	토요일	일요일·공휴일	
1타임 (08:00~10:00)	15	16	25	20	기본요금의 40% 추가
2타임 (10:00~12:00)	15	16	25	20	
3타임 (12:00~14:00)	15	16	30	20	
4타임 (14:00~16:00)	18	20	30	15	
5타임 (16:00~18:00)	18	20	30	15	

(1) 회의장은 한 번에 최대 20인까지 이용가능하며, 확장을 하면 최대 30인까지 이용할 수 있다.

(2) [표]에 표기된 회의장 각 타임 이용요금은 1시간당 요금이다.
 예) 월요일 1타임 요금은 15,000(원)×2=30,000(원)이다.

(3) 회의장은 요금표의 타임(2시간) 단위로 이용가능하며, 이용요금은 타임당 요금으로 지불한다.

[A~D팀의 P회의장 이용계획]

구분	인원(명)	이용요일	이용시간	이용횟수(회)
A	18	일요일	16:00~18:00	8
B	25	월요일	10:00~12:00	6
C	20	수요일	12:00~16:00	4
D	10	금요일	11:00~12:00	10

① 이용계획대로 이용할 경우, A~D팀 중 두 팀의 이용요금은 30만 원 이상이다.

② 이용계획대로 이용할 경우, 가장 적은 이용요금을 지불하는 팀은 B팀이다.

③ A팀이 이용계획을 일요일 4타임과 5타임으로 변경하고, 이용횟수를 4번으로 바꾼다면 이용요금은 증가한다.

④ C팀이 이용계획을 수요일 12:00~14:00로 변경하고, 이용횟수를 8번으로 바꾼다면 이용요금은 줄어든다.

⑤ D팀이 이용계획을 금요일 11:00~13:00로 변경하고, 이용횟수를 5번으로 바꾼다면 이용요금은 절반으로 줄어든다.

상

12 다음 [표]는 2019년과 2022년 전과범죄자, 미성년범죄자, 외국인범죄자의 범죄 중 마약류 상용여부에 관한 자료이다. 이에 대한 설명으로 옳지 <u>않은</u> 것을 고르면?

1 2 3

[표] 전과범죄자, 미성년범죄자, 외국인범죄자의 범죄 중 마약류 상용여부 (단위: 명)

구분		2019년		2022년	
		계	마약류	계	마약류
전과범죄자	계	696,593	4,093	588,838	3,616
	강력범죄	13,701	38	11,101	33
	절도범죄	55,685	45	51,070	26
	폭력범죄	159,208	71	135,898	70
	지능범죄	115,336	81	87,110	78
	풍속범죄	19,843	6	13,448	9
	특별경제범죄	38,246	16	23,344	10
	마약범죄	5,716	3,716	6,206	3,260
	보건범죄	8,399	4	25,128	3
	교통범죄	153,183	38	131,666	54
	기타범죄	127,276	78	103,867	73
미성년범죄자	계	65,907	49	60,634	81
	강력범죄	2,358	0	1,808	0
	절도범죄	17,111	4	14,772	0
	폭력범죄	19,638	3	16,622	2
	지능범죄	10,652	4	9,011	1
	풍속범죄	1,644	0	3,872	0
	특별경제범죄	730	0	371	0
	마약범죄	71	36	199	77
	보건범죄	25	0	348	0
	교통범죄	7,081	1	6,611	0
	기타범죄	6,597	1	7,020	1
외국인범죄자	계	36,400	630	30,804	908
	강력범죄	905	3	851	3
	절도범죄	3,158	2	2,347	2
	폭력범죄	8,769	4	6,721	2
	지능범죄	4,388	6	4,180	16
	풍속범죄	737	0	589	1
	특별경제범죄	1,237	0	844	2

	마약범죄	1,027	604	1,678	872
	보건범죄	1,436	0	1,976	1
	교통범죄	7,690	3	6,554	1
	기타범죄	7,053	8	5,064	8

① 2019년 대비 2022년 마약범죄자는 전과범죄자, 미성년범죄자, 외국인범죄자 모두에서 증가하였다.

② 2019년과 2022년 모두 전과범죄자, 미성년범죄자, 외국인범죄자의 범죄 중 폭력범죄가 가장 많았다.

③ 2019년 대비 2022년에 전과범죄자 중 마약류 상용 범죄자 비율은 감소하였다.

④ 2019년 대비 2022년에 총 범죄자 수가 10% 이상 감소한 것은 전과범죄자, 외국인범죄자이다.

⑤ 전과범죄자, 미성년범죄자, 외국인범죄자 중 2022년에 마약류 상용 범죄자 비율이 가장 높은 항목은 외국인범죄자이다.

상

13 다음 [그래프]와 [표]는 수도권과 비수도권의 프랜차이즈 가맹점 수, 종사자 수, 매출액에 관한 자료이다. 주어진 자료를 바탕으로 2023년 전국 프랜차이즈의 전년 대비 가맹점당 매출액 증가율을 고르면?

1
2
3

[그래프] 수도권과 비수도권의 프랜차이즈 가맹점 수, 종사자 수 (단위: 개, 명)

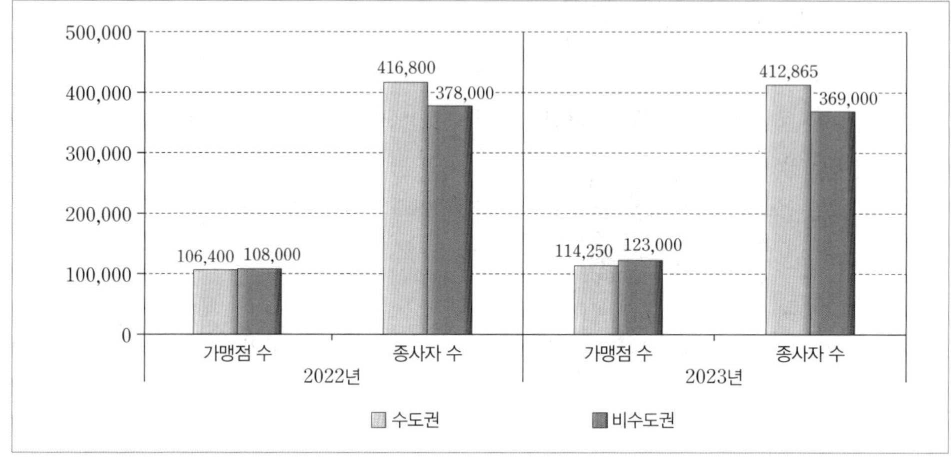

[표] 종사자 1인당 매출액 (단위: 백만 원)

구분	2022년	2023년
수도권	92	100
비수도권	88	90

※ (종사자 1인당 매출액)$=\frac{(\text{매출액})}{(\text{종사자 수})}$

① 약 -4% ② 약 4% ③ 약 -5%

④ 약 5% ⑤ 약 -6%

중

14 다음 [표]는 연간 유지보수 비용을 산정하기 위한 종합 유지보수 점수의 기준과 유지보수 대상 시스템별 특성 및 프로그램 개발비에 관한 자료이다. 연간 유지보수 비용이 가장 많은 시스템과 가장 적은 시스템의 연간 유지보수 비용을 각각 a원, b원이라 할 때, a−b의 값을 고르면?

1 2 3

[표1] 종합 유지보수 기준

구분	기준	점수(점)
유지보수 횟수	연간 5회 미만	0
	연간 5회 이상 10회 미만	20
	연간 10회 이상	30
처리 건수	연간 1만 건 미만	0
	연간 1만 건 이상 5만 건 미만	10
	연간 5만 건 이상	20
타 시스템 연계 정도	연계 없음	0
	2개 연계	10
	3개 이상 연계	20
분산처리	통합하의 분산처리	10
	순수 분산처리	20

[표2] 유지보수 대상 시스템별 특성 및 프로그램 개발비

시스템	유지보수 대상 시스템의 특성				프로그램 개발비(천만 원)
	유지보수 횟수	처리 건수	타 시스템 연계 정도	분산처리	
A	5회	10만 건	−	통합하의 분산처리	40
B	4회	3만 건	3개	순수 분산처리	45
C	11회	8만 건	−	순수 분산처리	42
D	8회	5만 건	2개	통합하의 분산처리	45

- 종합 유지보수 점수는 유지보수 대상 시스템(A~D)의 각 특성별 점수의 합이다.
- (유지보수 난이도)$=10+0.05\times$(종합 유지보수 점수)
- (연간 유지보수 비용)$=$(유지보수 난이도)$\times$(프로그램 개발비)$\times\frac{1}{100}$

① 8,500,000　② 8,800,000　③ 9,000,000　④ 9,200,000　⑤ 9,500,000

중

15 **다음 [표]는 연도별 택시요금 변화와 K씨의 택시 이용 횟수에 관한 자료이다. 이에 대한 [보기]의 설명 중 옳은 것을 모두 고르면?**

1 2 3

[표1] 연도별 택시요금 변화

(단위: 원, m)

구분	2007년	2011년	2015년	2019년	2023년
기본요금	1,000	1,400	1,800	2,500	3,200
초과요금 기준거리	360	300	250	160	140

※ 1) 택시요금은 최초 2km까지의 기본요금과 2km를 초과한 후 기준거리에 도달할 때마다 매번 100원씩 가산되는 초과요금의 합임. 예를 들어, 2007년에 택시 3km 이용 시, (택시요금)=(기본요금(1,000원))+(초과요금(200원))임
2) 요금체계 변경은 주어진 변경 연도의 1월 1일에 이루어졌음

[표2] 연도별 K씨의 택시 이용 횟수

(단위: 회)

구분	전체	2km 이하 이용 횟수	2km 초과 거리별 이용횟수					
			140m 미만	140m 이상 160m 미만	160m 이상 250m 미만	250m 이상 300m 미만	300m 이상 360m 미만	360m 이상 480m 미만
2007년	12	4	1	2	1	1	1	2
2011년	8	1	0	1	0	3	1	2
2015년	7	0	4	0	1	1	1	0
2019년	8	1	1	1	2	1	0	2
2023년	10	1	3	1	1	0	4	0

보기

㉠ 주어진 기간 중 K씨가 기본요금만을 지불하고 택시를 이용한 횟수는 27회이다.

㉡ 2007년에 K씨가 지불한 택시요금 중에서 기본요금의 합은 2019년보다 9,000원 이상 더 낮다.

㉢ 주어진 기간 중 K씨가 지불한 택시요금이 가장 많은 해와 가장 적은 해의 택시요금 차이는 20,000원 이상이다.

① ㉠　　② ㉡　　③ ㉠, ㉡

④ ㉠, ㉢　　⑤ ㉡, ㉢

20일 완성 학습플랜

☑ 실력점검 TEST에서 시간 내 11개 이상 맞힌 학습자용 플랜

DAY 1	DAY 2	DAY 3	DAY 4	DAY 5
Ⅰ 공기업 최신 기출 P. 46~59	Ⅰ 공기업 최신 기출 P. 60~85	Ⅱ 수리능력 P. 88~103	Ⅱ 수리능력 P. 104~126	Ⅱ 수리능력 P. 127~154
DAY 6	**DAY 7**	**DAY 8**	**DAY 9**	**DAY 10**
Ⅱ 수리능력 P. 155~183	Ⅱ 수리능력 P. 184~219	Ⅲ 문제해결능력 P. 222~245	Ⅲ 문제해결능력 P. 246~262	Ⅲ 문제해결능력 P. 263~280
DAY 11	**DAY 12**	**DAY 13**	**DAY 14**	**DAY 15**
Ⅲ 문제해결능력 P. 281~305	Ⅲ 문제해결능력 P. 306~316	Ⅳ 자원관리능력 P. 320~348	Ⅳ 자원관리능력 P. 349~361	Ⅳ 자원관리능력 P. 362~391
DAY 16	**DAY 17**	**DAY 18**	**DAY 19**	**DAY 20**
Ⅳ 자원관리능력 P. 392~403	Ⅴ PSAT형 실전모의고사 P. 406~429	Ⅴ PSAT형 실전모의고사 P. 430~455	Ⅴ PSAT형 실전모의고사 P. 456~483	Ⅴ PSAT형 실전모의고사 P. 484~509

30일 완성 학습플랜(A)

☑ 실력점검 TEST에서 시간 내 7~10개 맞힌 학습자용 플랜

DAY 1	DAY 2	DAY 3	DAY 4	DAY 5
Ⅰ 공기업 최신 기출 P. 46~59	Ⅰ 공기업 최신 기출 P. 60~75	Ⅰ 공기업 최신 기출 P. 76~85	Ⅱ 수리능력 P. 88~93	Ⅱ 수리능력 P. 94~103
DAY 6	**DAY 7**	**DAY 8**	**DAY 9**	**DAY 10**
Ⅱ 수리능력 P. 104~114	Ⅱ 수리능력 P. 115~126	Ⅱ 수리능력 P. 127~140	Ⅱ 수리능력 P. 141~154	Ⅱ 수리능력 P. 155~168
DAY 11	**DAY 12**	**DAY 13**	**DAY 14**	**DAY 15**
Ⅱ 수리능력 P. 169~183	Ⅱ 수리능력 P. 184~197	Ⅱ 수리능력 P. 198~219	Ⅲ 문제해결능력 P. 222~231	Ⅲ 문제해결능력 P. 232~245
DAY 16	**DAY 17**	**DAY 18**	**DAY 19**	**DAY 20**
Ⅲ 문제해결능력 P. 246~262	Ⅲ 문제해결능력 P. 263~280	Ⅲ 문제해결능력 P. 281~295	Ⅲ 문제해결능력 P. 296~305	Ⅲ 문제해결능력 P. 306~316
DAY 21	**DAY 22**	**DAY 23**	**DAY 24**	**DAY 25**
Ⅳ 자원관리능력 P. 320~333	Ⅳ 자원관리능력 P. 334~348	Ⅳ 자원관리능력 P. 349~361	Ⅳ 자원관리능력 P. 362~374	Ⅳ 자원관리능력 P. 375~391
DAY 26	**DAY 27**	**DAY 28**	**DAY 29**	**DAY 30**
Ⅳ 자원관리능력 P. 392~403	Ⅴ PSAT형 실전모의고사 P. 406~429	Ⅴ PSAT형 실전모의고사 P. 430~455	Ⅴ PSAT형 실전모의고사 P. 456~483	Ⅴ PSAT형 실전모의고사 P. 484~509

30일 완성 학습플랜(B)

☑ 실력점검 TEST에서 시간 내 7개 미만 맞힌 학습자용 플랜

DAY 1	DAY 2	DAY 3	DAY 4	DAY 5
Ⅰ 공기업 최신 기출 P. 46~59	Ⅰ 공기업 최신 기출 P. 60~75	Ⅰ 공기업 최신 기출 P. 76~85	Ⅱ 수리능력 P. 88~93 P. 96~103	Ⅱ 수리능력 P. 132~140 P. 176~183
DAY 6	**DAY 7**	**DAY 8**	**DAY 9**	**DAY 10**
Ⅲ 문제해결능력 P. 222~228	Ⅲ 문제해결능력 P. 232~245 P. 288~295	Ⅳ 자원관리능력 P. 320~333	Ⅳ 자원관리능력 P. 362~374	Ⅱ 수리능력 P. 94~95 P. 104~114
DAY 11	**DAY 12**	**DAY 13**	**DAY 14**	**DAY 15**
Ⅱ 수리능력 P. 141~154	Ⅱ 수리능력 P. 184~197 Ⅲ 문제해결능력 P. 229~231	Ⅲ 문제해결능력 P. 246~262	Ⅲ 문제해결능력 P. 296~305	Ⅳ 자원관리능력 P. 334~348
DAY 16	**DAY 17**	**DAY 18**	**DAY 19**	**DAY 20**
Ⅳ 자원관리능력 P. 375~391	Ⅱ 수리능력 P. 115~126	Ⅱ 수리능력 P. 155~168	Ⅱ 수리능력 P. 198~211	Ⅲ 문제해결능력 P. 263~280
DAY 21	**DAY 22**	**DAY 23**	**DAY 24**	**DAY 25**
Ⅲ 문제해결능력 P. 306~313	Ⅳ 자원관리능력 P. 349~358	Ⅳ 자원관리능력 P. 392~401	Ⅱ 수리능력 P. 127~131 P. 169~175	Ⅱ 수리능력 P. 212~219 Ⅲ 문제해결능력 P. 281~287
DAY 26	**DAY 27**	**DAY 28**	**DAY 29**	**DAY 30**
Ⅲ 문제해결능력 P. 314~316 Ⅳ 자원관리능력 P. 359~361 P. 402~403	Ⅴ PSAT형 실전모의고사 P. 406~429	Ⅴ PSAT형 실전모의고사 P. 430~455	Ⅴ PSAT형 실전모의고사 P. 456~483	Ⅴ PSAT형 실전모의고사 P. 484~509

공기업 최신 기출

수리 · 문제해결 · 자원관리

CHAPTER

01 2023년 기출

정답과 해설 P. 13~20

수리 2023 상반기 서울교통공사 기출변형

[01~02] 다음 [표]는 지하철의 정기권 운임에 관한 자료이다. 주어진 자료를 보고 질문에 답하시오.

지하철의 정기권 운임은 1단계부터 14단계까지 구분된다. 1단계는 55,000원(교통카드 기준 운임 1,250원×44회)이며, 2~14단계는 (교통카드 기준 운임×44회) 금액에 15%를 할인한 금액을 10원 단위에서 반올림한 금액이 적용된다.

[표] 거리비례용 종별 운임 (단위: 원)

종별	교통카드 기준 운임	정기권 운임
1단계	1,450 이내	55,000
2단계	1,550	58,000
3단계	1,650	61,700
4단계	1,750	
5단계	1,850	
6단계	1,950	
7단계	2,050	
8단계	2,150	
9단계	2,250	
10단계	2,350	
11단계	2,450	
12단계	2,550	
13단계	2,650	
14단계	2,750	

01 다음 중 5단계의 정기권 운임을 고르면?

1 2 3

① 68,400원 ② 68,800원 ③ 69,200원
④ 69,600원 ⑤ 70,000원

중

02 1단계부터 14단계까지 정기권 운임을 살펴볼 때, 처음으로 90,000원 이상이 되는 단계를 고르면?

1 2 3

① 7단계 ② 9단계 ③ 10단계
④ 11단계 ⑤ 13단계

[03~04] 다음 [표]는 직원 K씨가 작성한 여객열차 운영정보에 관한 자료이다. 주어진 자료를 보고 질문에 답하시오.

[표1] 영업고시 기준 (단위: 역)

구분	소계	보통역	간이역		조차장	신호장	신호소
			역원 배치	역원 무배치			
여객 및 화물	36	35	—	1	—	—	—
여객	445	269	1	175	—	—	—
화물	45	12	31	1	1	—	—
기타	165	7	—	120	2	32	4

[표2] 사업본부별 편제 기준 (단위: 역)

구분	소계	보통역	간이역		조차장	신호장	신호소
			역원 배치	역원 무배치			
여객 및 화물	300	283	—	15	1	1	—
여객	269	198	3	68	—	—	—
화물	80	2	3	73	1	1	—
기타	39	2	—	25	3	4	5

03 주어진 자료에 대한 설명으로 옳지 않은 것을 고르면?

1 2 3

① 신호소는 영업고시 기준 및 사업본부별 편제 기준의 구분과 관계없이 기타에 속한다.
② 사업본부별 편제 기준에서 여객 및 화물 중 보통역이 차지하는 비중은 95% 미만이다.
③ 기타를 제외한 3개 항목의 소계의 평균은 영업고시 기준보다 사업본부별 편제 기준이 더 낮다.
④ 간이역에서 역원이 배치되지 않은 역은 영업고시 기준이 사업본부별 편제 기준보다 더 많다.
⑤ 사업본부별 편제 기준에서 전체에 대한 보통역의 비중은 65% 이상이다.

Ⅰ 공기업 최신 기출

04 주어진 [표1]의 여객열차 운영정보가 다음 [보기]와 같이 변동되었고, 아래의 [표3]과 같은 통계 자료를 얻을 수 있었다. ⓐ–ⓑ의 절댓값으로 옳은 것을 고르면?(단, 소수점 둘째 자리 이하는 버림한다.)

1 2 3

보기

㉠ '여객 및 화물'에서 역원 배치 간이역과 조차장이 각각 2역 증가하였다.
㉡ '화물'에서 보통역이 3역, 역원 배치 간이역이 1역, 신호소가 1역 증가하였다.

[표3] 영업고시 기준 전체 역 합계 대비 항목별 비중 (단위: %)

여객 및 화물	여객	화물	기타
ⓐ	63.5	ⓑ	23.5

① −2.8 ② −1.4 ③ 1.4 ④ 2.8 ⑤ 4.2

[05~06] 다음은 회의실 대관 업체의 대관비 및 부대비용 사용요금과 해당 회의실을 대관하려는 예약자 A~F의 예약 내역에 관한 자료이다. 주어진 자료를 보고 질문에 답하시오.

[회의실 대관 업체의 대관비 및 부대비용 사용요금]

<table>
<tr><th rowspan="2">대관 시간대</th><th colspan="2">대관비(시간당)</th><th colspan="2">부대비용</th></tr>
<tr><th>월~목
(1인당 요금)</th><th>금
(1인당 요금)</th><th>커피
(한 잔당 가격)</th><th>빔 프로젝터 대여
(시간당 요금)</th></tr>
<tr><td>07:00~10:00</td><td>8,000원</td><td>10,000원</td><td rowspan="5">1,500원</td><td rowspan="5">5,000원</td></tr>
<tr><td>10:00~13:00</td><td>10,000원</td><td>12,000원</td></tr>
<tr><td>13:00~17:00</td><td>12,000원</td><td rowspan="2">18,000원</td></tr>
<tr><td>17:00~20:00</td><td>16,000원</td></tr>
<tr><td>20:00~24:00</td><td>8,000원</td><td>12,000원</td></tr>
</table>

[예약자 A~F의 예약 내역]

예약자	이용 인원	예약 시간	커피 주문 여부	빔 프로젝터 대여 여부
A	4명	(화) 15:00~20:00	○	○
B	6명	(목) 10:00~14:00	○	×
C	3명	(금) 09:00~13:00	○	×
D	5명	(목) 19:00~22:00	○	○
E	7명	(화) 10:00~14:00	×	×
F	3명	(금) 18:00~24:00	○	×

※ 빔 프로젝터를 대여한 경우에는 예약한 전체 시간 동안 사용했고, 커피를 마신 경우에는 이용 인원 1명당 1잔씩 마셨음

05 예약자 A~F 중에서 대관비와 부대비용을 합친 총비용이 가장 큰 예약자를 고르면?

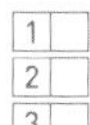

① A　　② B　　③ D　　④ E　　⑤ F

중

06 주어진 자료에 대한 설명으로 옳지 <u>않은</u> 것을 고르면?

① 대관 업체의 매출은 금요일이 화요일보다 적다.

② 예약자 A와 예약자 D의 부대비용 차이는 8,500원이다.

③ 예약 시간이 가장 긴 예약자의 대관비와 부대비용을 합친 총비용은 27만 원 미만이다.

④ 커피를 주문한 예약자 중 대관비와 부대비용을 합친 총비용이 두 번째로 큰 예약자는 B이다.

⑤ 만약 B가 같은 이용 인원과 같은 시간대로 금요일에 예약을 했다면, 대관비와 부대비용을 합친 총비용은 35만 원 이상이다.

[07~08] 교육용 기자재를 납품하는 회사인 A사는 4개 생산업체에 교육용 기자재 생산을 의뢰하여 납품한다. 주어진 자료를 보고 질문에 답하시오.

A사는 ××대학교로부터 전자교탁 500대를 제작해줄 것을 의뢰받았다. 2월 1일부터 생산을 시작할 예정이며, 신학기가 얼마 남지 않아 최대한 빨리 완료하고자 한다.

[생산업체 정보]

구분	1대당 생산 소요 시간	생산인력 수	1대당 생산 비용
B사	4시간	7명	50만 원
C사	5시간	10명	40만 원
D사	4시간	5명	30만 원
E사	3시간	9명	60만 원

[조건]

- 모든 생산업체는 하루에 8시간 동안 일한다.
- 근무일은 B사와 C사가 월요일~토요일이고, D사와 E사가 월요일~금요일이다.
- [생산업체 정보]의 1대당 생산 소요 시간은 1명이 생산했을 때의 소요 시간으로, 여러 명이 작업할 경우 생산 소요 시간이 줄어든다. 예를 들어, 1대당 생산 소요 시간이 2시간일 때 생산인력 수가 2명이면 1대당 생산 소요 시간은 1시간이다.
- 해당 요일에 생산이 가능한 업체는 모두 생산에 동원된다고 가정한다.

[2월 달력]

일	월	화	수	목	금	토
			1	2	3	4
5	6	7	8	9	10	11
12	13	14	15	16	17	18
19	20	21	22	23	24	25
26	27	28				

하

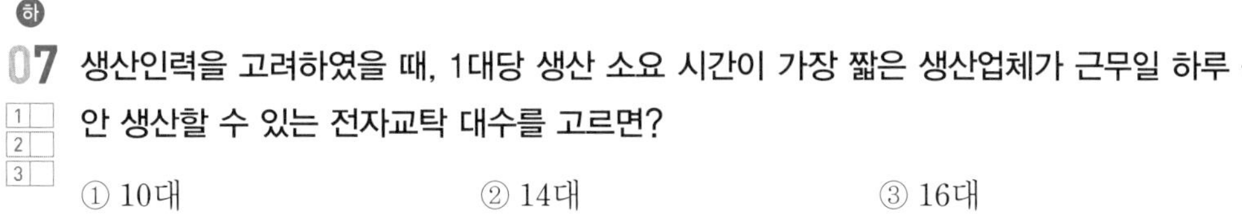

07 생산인력을 고려하였을 때, 1대당 생산 소요 시간이 가장 짧은 생산업체가 근무일 하루 동안 생산할 수 있는 전자교탁 대수를 고르면?

① 10대 ② 14대 ③ 16대
④ 20대 ⑤ 24대

상

08 비용을 가장 적게 들여 생산했을 때, A사가 생산업체에 지급해야 하는 총비용을 고르면?

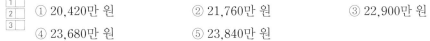

① 20,420만 원 ② 21,760만 원 ③ 22,900만 원
④ 23,680만 원 ⑤ 23,840만 원

[09~10] 다음 [표]는 환경 관련 통계 자료이다. 주어진 자료를 보고 질문에 답하시오.

[표] 환경 관련 통계 자료

구분		2020년	2021년	2022년
소음 · 진동 배출시설 (개소)	합계	43,518	43,022	42,874
	정온지역 부문	885	835	840
	정온지역 외 부문	42,633	42,187	42,034
에너지 발전량 (GWh)	합계	551,482	575,494	594,069
	원자력 부문	160,184	158,015	176,054
	석탄 부문	196,333	197,966	193,231
	LNG 부문	145,911	168,378	163,575
	기타 부문	49,054	51,135	61,209
에너지 사용량 (천 TJ)	합계	9,653	9,757	9,735
	산업 부문	6,012	6,244	6,185
	건물 부문	1,698	1,621	1,714
	수송 부문	1,205	1,080	1,003
	기타 부문	738	812	833
온실가스 배출량 (백만 톤 CO_2 eq.)	합계	656	660	677
	에너지 부문	570	565	583
	산업공정 부문	48	52	51
	농업 부문	21	19	18
	폐기물 부문	17	24	25
일일 폐수 방류량 (천 m^3)	합계	3,999	3,982	4,149
	화학 부문	1,189	1,296	1,244
	종합 부문	1,901	1,826	1,884
	물리 및 기타 부문	909	860	1,021
폐기물 발생량 (만 ton)	합계	19,021	19,144	19,064
	생활폐기물 부문	1,730	1,675	1,692
	사업장폐기물 부문	8,087	8,490	8,504
	건설폐기물 부문	8,644	8,381	8,266
	지정폐기물 부문	560	598	602

09 주어진 [표]에 대한 설명으로 옳지 않은 것을 고르면?

1 2 3

① 합계의 수치가 꾸준히 증가하는 대항목은 2개이다.
② 2022년 일일 폐수 방류량은 2년 전 대비 150,000m^3 증가하였다.
③ 연도별 폐기물 발생량에서 가장 많은 비중을 차지하는 부문은 항상 동일하다.
④ 온실가스 배출량 항목에서 농업 부문과 폐기물 부문의 증감 추이는 서로 반대이다.
⑤ 연도별 에너지 발전량에서 석탄 부문은 항상 원자력 부문보다 높은 비중을 차지한다.

하

10 다음은 [표]를 바탕으로 각 부문의 전년 대비 증가량을 [그래프]로 나타낸 것이다. [그래프]에 대한 설명으로 옳지 않은 것을 고르면?

1 2 3

[그래프A] 에너지 사용량 (단위: 천 TJ)

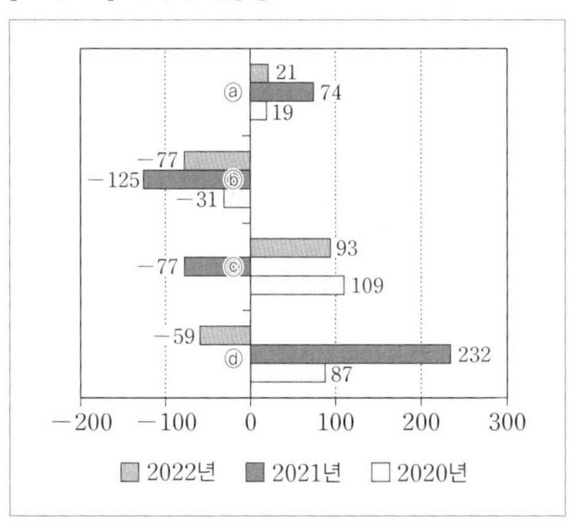

[그래프B] 온실가스 배출량 (단위: 백만 톤 CO_2 eq.)

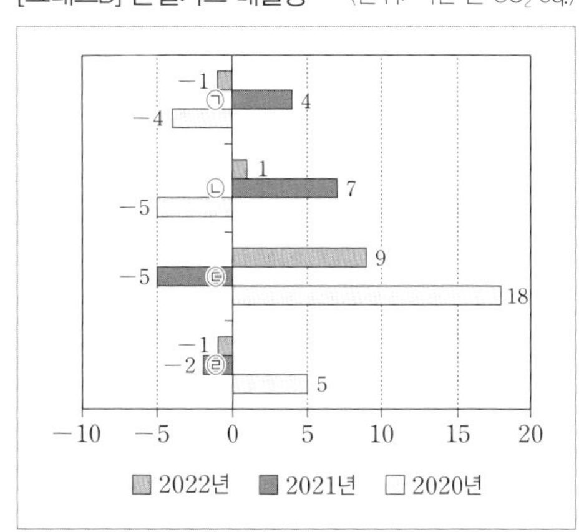

① [그래프B]의 ㉠ 부문 2022년 수치는 50백만 톤 CO_2 eq. 미만이다.
② [그래프A]의 ⓓ 부문 2019년 수치는 6,000천 TJ 미만이다.
③ 두 그래프에서 실제 수치가 해마다 꾸준히 감소하는 부문이 있다.
④ [그래프A]에서 ⓑ는 수송 부문을 나타낸다.
⑤ [그래프B]의 ㉢ 부문 증가량이 잘못 표기되어 있다.

[11~13] 다음은 시설기술단 및 산하기관의 유지보수 체계에 관한 자료이다. 주어진 자료를 보고 질문에 답하시오.

[유지보수 체계도]

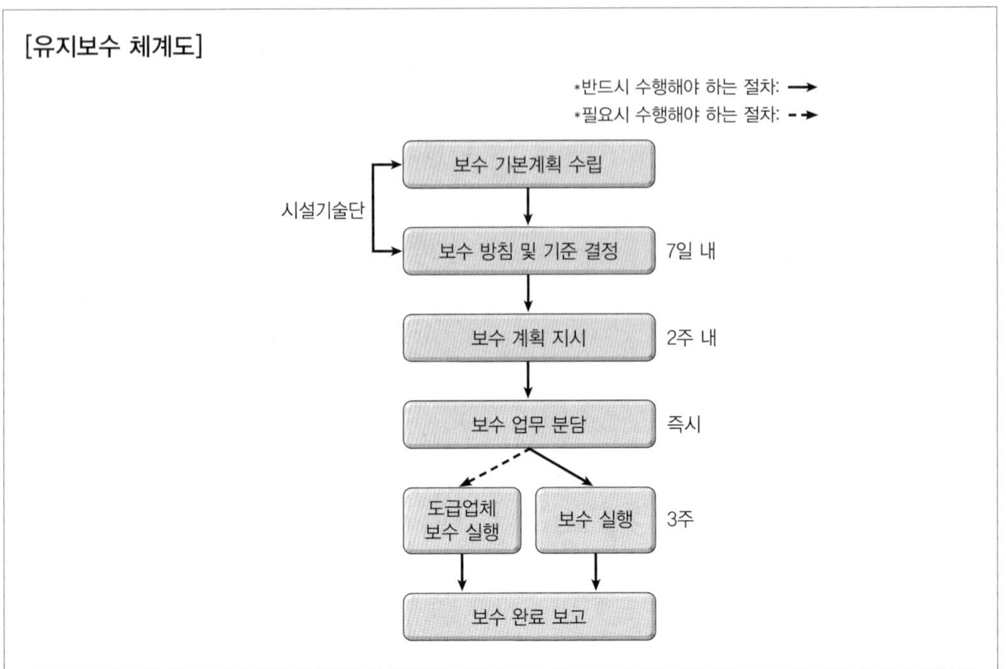

시설기술단	산하기관	도급업체
고속시설사업단	장비운영사업소	도급업체, 도급공사
지역본부	시설사업소	도급업체, 도급공사
시설장비사무소	장비사업소	–

- 도급업체가 없는 경우 산하기관이 보수 실행을 진행한다.
- 시설기술단 및 산하기관은 도급업체를 7일 내로 선정 완료해야 한다.
- 도급업체와의 계약은 최대 60일을 초과할 수 없다.
- 도급업체가 보수 실행을 진행하는 경우, 보수 완료일은 도급업체의 계약종료일로 갈음한다.
- 보수 완료 보고는 보수 실행이 완료된 후 10일 내로 완료되어야 한다.

11 **주어진 자료에 대한 설명으로 옳지 않은 것을 고르면?**

1 2 3

① 시설 유지보수에 관한 도급업체가 없는 경우도 있다.

② 보수 방침 및 기준이 결정되면 14일 이내에 보수 계획에 관한 지시사항이 전달되어야 한다.

③ 도급업체는 보수 실행 완료 후 별도의 보고 사항이 있을 경우에만 보수 완료 보고를 하면 된다.

④ 산하기관이 보수를 실행하였을 때는 별도의 사항이 없더라도 반드시 보수 완료에 관하여 보고해야 한다.

⑤ 시설장비사무소에서는 별도의 도급업체가 지정되지 않아 산하기관에 보수를 요청해야만 한다.

중

12 **시설장비사무소가 보수 계획 지시 절차를 2023년 11월 24일부터 시작했을 때, 보수 완료 보고가 된 날짜를 고르면?**(단, 법정공휴일에도 업무를 진행하며, 단계별 시행 주체는 수행 가능한 기간을 모두 할애하여 업무를 진행했다고 가정한다.)

1 2 3

① 2023년 12월 8일　② 2023년 12월 22일　③ 2023년 12월 29일

④ 2024년 1월 4일　⑤ 2024년 1월 8일

중

13 **지역본부의 산하기관인 시설사업소는 도급업체로부터 2023년 7월 18일에 보수가 완료되었다는 보고를 받았다. [유지보수 체계도]를 기준으로 할 때, 6월 5일에 진행한 절차를 고르면?**(단, 법정공휴일에도 업무를 진행하며, 단계별 시행 주체는 수행 가능한 기간을 모두 할애하여 업무를 진행했다고 가정한다.)

1 2 3

① 보수 방침 및 기준 결정　② 보수 계획 지시

③ 보수 업무 분담　④ 보수 실행

⑤ 보수 완료 보고

[14~15] 다음은 H사의 신입사원 채용에 관한 서류전형 채점 기준 및 지원자 현황을 나타낸 자료이다. 주어진 자료를 보고 질문에 답하시오.

1. 채점 기준

구분	매우 우수	우수	보통	미흡	매우 미흡
교육사항	5개 과목 이상 이수	4개 과목 이수	3개 과목 이수	2개 과목 이수	1개 과목 이수
경력사항	24개월 이상	18개월 이상 24개월 미만	12개월 이상 18개월 미만	6개월 이상 12개월 미만	6개월 미만

※ 자기소개서 항목은 정성평가로 진행됨

2. 채점항목별 배점

구분	매우 우수	우수	보통	미흡	매우 미흡
교육사항	30점	25점	20점	15점	10점
경력사항	20점	18점	16점	14점	12점
자기소개서	30점	25점	20점	15점	10점

※ 총점은 교육사항, 경력사항, 자기소개서, 가산점 항목의 점수를 모두 더해 계산함

3. 가산점

구분	항목	가산점
일반	장애인	5점
	국가유공자	4.5점
	관련 기관 근무경력 및 자사 인턴경력	3점
	저소득층	2점
	지역 주민	1점
자격증	컴퓨터활용능력 1급 / 한국사검정능력 1급	3점
	워드프로세서 1급 / 컴퓨터활용능력 2급	2.5점
	한국사검정능력 2급	2점
	디지털정보활용능력 1급	1.5점
	워드프로세서 2급	1점

※ 가산점은 최대 10점까지만 인정됨
※ 자격증의 경우 가산점이 가장 큰 1개 자격증의 가산점만 인정됨

4. 지원자 현황

지원자	교육사항	경력사항	자기소개서	자격증	비고
A	3개 과목 이수	3년 3개월	우수	디지털정보활용능력 1급	관련 기관 근무
B	2개 과목 이수	2년 4개월	매우 우수	컴퓨터활용능력 2급 / 워드프로세서 2급	장애인
C	6개 과목 이수	8개월	보통	한국사검정능력 1급	지역 주민
D	4개 과목 이수	12개월	미흡	한국사검정능력 2급	장애인 / 저소득층
E	3개 과목 이수	1년 7개월	매우 우수	워드프로세서 2급	국가유공자

중

14 다음 중 서류전형에서 가장 낮은 점수를 받는 지원자를 고르면?

1 2 3

① A ② B ③ C ④ D ⑤ E

하

15 다음 인사팀장과 경영지원팀장의 대화 내용을 바탕으로 할 때, 경영지원팀에 선발될 수 있는 가장 적절한 지원자를 고르면?

1 2 3

인사팀장: 경영지원팀에서 근무하려면 어떤 조건이 필요할까요?
경영지원팀장: 우선, 1년 이상의 경력자이면 좋겠습니다.
인사팀장: 관련 기관에서 근무한 경력이 필요할까요?
경영지원팀장: 꼭 그렇지는 않습니다. 다만, 컴퓨터 관련 자격증이 필요합니다.
인사팀장: 컴퓨터 관련이라면 어느 자격증이라도 상관이 없을까요?
경영지원팀장: 네, 종류는 무관합니다.
인사팀장: 혹시 뭐 또 다른 조건은 없을까요?
경영지원팀장: 자기소개서 점수가 되도록 높은 성실한 지원자이면 좋겠습니다. 그리고 교육사항이 적어도 3개 과목 이상이면 좋겠네요.

① A ② B ③ C ④ D ⑤ E

02 2022년 기출

정답과 해설 P. 20~27

상

수리 2022 상반기 한국철도공사 오후 기출변형

01 ○○상사의 직원 정보가 다음 [보기]와 같을 때, 전체 여자 직원 수와 30대를 제외한 남자 직원 수의 합을 고르면?

1 2 3

보기

- 전체 직원은 20대, 30대, 40대, 50대로 구성되어 있다.
- 20대 여자 직원과 40대 여자 직원의 합은 총 19명이다.
- 전체 직원 중 남자 직원은 44%이다.
- 여자 직원 중 50대 직원은 12.5%이다.
- 전체 직원 중 30대 직원은 40%이다.
- 30대 여자 직원은 30대 남자 직원의 3배이다.

① 80명 ② 84명 ③ 88명

④ 90명 ⑤ 92명

[02~04] 다음은 ○○공사 후생지원(조리) 채용공고에 관한 자료이다. 주어진 자료를 보고 질문에 답하시오.

[채용 절차]

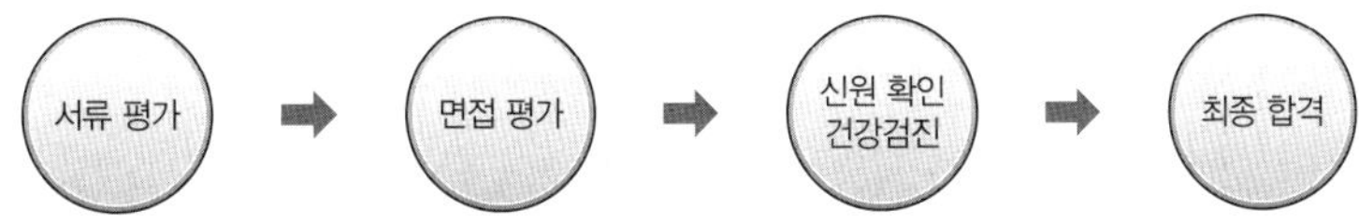

[서류 평가]

- 자격증 점수와 경력 점수의 합계가 높은 순으로 서류 평가 통과자를 결정한다.
- 서류 평가에서 최종 합격 인원의 10배수를 선발한다.
- 서류 평가 통과 인원이 동점자로 인해 최종 합격 인원의 10배수를 초과할 경우, 동점자를 전원 선발한다.
- 자격증 점수와 경력 점수 산정은 다음 기준에 따른다(단, 자격증은 점수가 가장 높은 1개만 인정하며, 경력은 유효한 경력 기간 모두 인정함).

자격증 점수 (한식, 양식, 일식, 중식 자격증에 한함)				경력 점수 (50인 이상 단체급식조리 경력에 한함)				
조리 기능장	조리 기사	조리 산업기사	조리 기능사	7년 이상	5년 이상 7년 미만	3년 이상 5년 미만	1년 이상 3년 미만	6개월 이상 1년 미만
50점	40점	30점	20점	50점	40점	30점	20점	10점

※ 단, 본인이나 부모가 국가유공자인 경우, 자격증 점수와 경력 점수 합계에서 10% 가산함

[면접 평가]

- 서류 평가 통과자를 대상으로 NCS 기반 블라인드 면접 평가를 실시한다.
- 면접 평가는 5개 항목을 각각 상·중·하 3단계로 평가하며, '상'은 3점, '중'은 2점, '하'는 1점을 부여한다.
- 면접 평가 항목은 다음과 같다.

평가 항목	만점
직무에 대한 이해도	3점
직무 및 회사에 대한 관심	3점
문제해결능력 및 창의성	3점
조직적응력 및 협동심	3점
공공기관 재직자로서의 품위·태도	3점
합계	15점

[최종 합격]

- 서류 평가 통과자 중 서류 평가와 면접 평가 합산 점수가 높은 순으로 최종 합격을 결정한다.
- 단, 신원 확인과 건강검진에서 결격사유가 있는 경우, 불합격 처리한다.

중

02 주어진 ○○공사 후생지원(조리) 채용공고에 대한 [보기]의 설명 중 옳지 않은 것을 모두 고르면?

1 2 3

| 보기 |

㉠ 최종 합격자는 서류 평가와 면접 평가 합산 점수로만 선정한다.
㉡ 채용 인원수가 3명이라면, 서류 평가 통과자는 최대 30명이다.
㉢ 가산점이 없다면, 서류 평가에서 받을 수 있는 점수는 최대 100점이다.
㉣ 정원이 45명인 기관에서의 조리 경력이 6년이면 경력 점수는 40점이다.

① ㉠, ㉢　　② ㉠, ㉣　　③ ㉡, ㉢
④ ㉠, ㉡, ㉣　　⑤ ㉡, ㉢, ㉣

하

03 다음 [보기]는 주어진 채용에 지원한 박 씨에 관한 정보이다. 박 씨의 서류 평가와 면접 평가 합산 점수를 고르면?

1 2 3

| 보기 |

- 양식 조리산업기사 자격증 보유
- 중식 및 일식 조리기사 자격증 보유
- 300명 규모의 중학교 급식조리 경력 3년 10개월
- 30인 규모 중소기업 급식조리 경력 5년 2개월
- 면접 평가 결과 5개 항목 중 '상' 1개, '중' 2개, '하' 2개
- 조부(祖父)가 6·25전쟁 국가유공자

① 68점　　② 71점　　③ 73점
④ 75점　　⑤ 79점

중

04 다음 [상황]은 주어진 채용에 지원한 최 씨에 관한 정보이고, ○○공사는 후생지원(조리) 채용에서 최종 합격자 2명을 선발한다고 한다. 주어진 [상황]을 바탕으로 다음 [보기] 중 최 씨가 갖추었을 때, 서류 평가를 통과할 수 있는 것의 개수를 고르면?

1 2 3

> [상황]
> 최 씨를 제외한 나머지 응시자들의 서류 평가 결과, 20등의 서류 평가 점수는 70점이다. 최 씨는 현재 양식 조리산업기사 자격증을 보유하고 있고, 50인 이상 단체급식조리 경력은 4년 2개월이다.

보기

- ㉠ 한식 조리기사 자격증
- ㉡ 일식 조리기능사 자격증
- ㉢ 면접 평가 점수 10점 이상
- ㉣ 본인 또는 부모가 국가유공자
- ㉤ 50인 이상 다른 기관의 단체급식조리 경력 1년

① 1개 ② 2개 ③ 3개
④ 4개 ⑤ 5개

[05~06] 다음 [표]는 기업경기실사지수 및 경제심리지수에 관한 자료이다. 주어진 자료를 보고 질문에 답하시오.

[표1] 제조업 기업경기실사지수(BSI) (단위: 포인트)

구분	장기평균	2022년 4월	2022년 5월	2022년 6월
매출	91	106	105	98
채산성	84	79	79	75
자금사항	85	85	85	81
인력사항	94	83	80	81

※ 장기평균: 2003년 1월~2021년 12월의 평균

[표2] 비제조업 기업경기실사지수(BSI) (단위: 포인트)

구분	장기평균	2022년 4월	2022년 5월	2022년 6월
매출	84	95	98	95
채산성	84	89	88	87
자금사항	85	89	89	87
인력사항	89	80	83	80

※ 장기평균: 2003년 1월~2021년 12월의 평균

[표3] 2022년 경제심리지수(ESI) (단위: 포인트)

<table>
<tr><th colspan="3">구분</th><th>2022년 4월</th><th>2022년 5월</th><th>2022년 6월</th><th>2022년 7월</th></tr>
<tr><td colspan="3">ESI</td><td>105.7</td><td>106.7</td><td>102.5</td><td>98.6</td></tr>
<tr><td></td><td colspan="2">전월 대비 지수 차</td><td>+2.3</td><td>+1.0</td><td>−4.2</td><td>−3.9</td></tr>
<tr><td rowspan="7">전월 대비 ESI 증감 수치</td><td rowspan="3">제조업</td><td>수출 전망</td><td>+0.4</td><td>+0.1</td><td>−0.8</td><td>−0.4</td></tr>
<tr><td>가동률 전망</td><td>+0.2</td><td>+0.1</td><td>−0.3</td><td>−0.1</td></tr>
<tr><td>자금사정 전망</td><td>+0.6</td><td>+0.2</td><td>−0.5</td><td>−1.1</td></tr>
<tr><td rowspan="2">비제조업</td><td>업계 전망</td><td>+0.5</td><td>+0.4</td><td>−1.1</td><td>−0.2</td></tr>
<tr><td>자금사정 전망</td><td>+0.6</td><td>0.0</td><td>−0.7</td><td>−0.4</td></tr>
<tr><td rowspan="2">CSI</td><td>가계수입 전망</td><td>0.0</td><td>−0.3</td><td>−0.3</td><td>−1.2</td></tr>
<tr><td>소비지출 전망</td><td>0.0</td><td>+0.5</td><td>−0.5</td><td>−0.5</td></tr>
</table>

 주어진 [표1]과 [표2]에 대한 [보기]의 설명 중 옳은 것을 모두 고르면?

1 2 3

보기

㉠ 2022년 6월의 제조업 매출 BSI는 장기평균 대비 8% 이상 증가하였다.
㉡ 제조업의 경우, 2022년 5~6월 기간 중 BSI가 전월 대비 증가한 항목은 없다.
㉢ 2021년 매월 제조업과 비제조업 인력사항 BSI는 2022년 4~6월보다 높다.
㉣ 2022년 4~6월 제조업 자금사항 BSI의 평균은 비제조업의 자금사항 BSI의 평균보다 4 포인트 이상 낮다.
㉤ 2022년 4~6월 기간 중 제조업 채산성 BSI는 매월 장기평균보다 낮지만, 비제조업의 경우는 매월 장기평균보다 높다.

① ㉠, ㉤ ② ㉡, ㉢ ③ ㉣, ㉤
④ ㉠, ㉣, ㉤ ⑤ ㉡, ㉢, ㉣

 주어진 [표1], [표2], [표3]에 대한 설명으로 옳은 것을 고르면?

1 2 3

① 2022년 3월의 ESI는 108.0포인트이다.
② 2022년 3월 대비 7월 자금사정 전망 ESI는 제조업이 비제조업보다 더 많이 감소하였다.
③ 2022년 3월 대비 7월 제조업 수출 전망 ESI는 1포인트 이상 감소하였다.
④ 2022년 4~6월 동안 제조업 매출 BSI가 감소한 시기에는 제조업 수출 전망 ESI도 감소하였다.
⑤ 2022년 3월 대비 7월의 비제조업 자금사정 전망 ESI 변동 폭은 CSI 소비지출 전망 변동 폭보다 크다.

[07~08] 다음은 2021년 상반기 E~I의 5개 지하철역별 운영실적 현황 및 평가 방법에 관한 자료이다. 주어진 자료를 보고 질문에 답하시오.

[표] 2021년 상반기 역별 운영실적 현황 (단위: 억 원, 개, 천 명)

구분	E역	F역	G역	H역	I역
매출액	1,236	896	472	2,437	1,169
흑자 점포 수	15	11	4	38	16
전체 점포 수	29	30	44	45	36
2020년 하반기 이용객	3,845	3,159	1,745	6,342	2,448
2021년 상반기 이용객	4,122	3,225	1,987	7,725	2,844

[역별 운영실적 평가 방법]

- 다음 3개 기준에 따라 1~4점으로 점수를 부여한다.

구분	1점	2점	3점	4점
매출액	500억 원 미만	500억 원 이상 1,000억 원 미만	1,000억 원 이상 2,000억 원 미만	2,000억 원 이상
역내 상점 지수	0.1 미만	0.1 이상 0.4 미만	0.4 이상 0.7 미만	0.7 이상
이용객 증가율	5% 미만	5% 이상 10% 미만	10% 이상 15% 미만	15% 이상

※ $(\text{역내 상점 지수})=\frac{(\text{흑자 점포 수})}{(\text{전체 점포 수})}$

※ $(\text{이용객 증가율})(\%)=\frac{(\text{2021년 상반기 이용객})-(\text{2020년 하반기 이용객})}{(\text{2020년 하반기 이용객})}\times 100$

- 3개 기준에 따른 점수의 합계가 높은 순서대로 S등급, A등급, B등급, C등급, D등급으로 평가한다. 단, 점수의 합계가 같은 경우, 매출액 점수가 높은 역이 높은 등급에 해당한다.

 역내 상점 지수에 대한 [보기]의 설명 중 옳은 것을 모두 고르면?

1 2 3

| 보기 |

㉠ E역의 역내 상점 지수 점수는 3점이다.
㉡ F역의 역내 상점 지수는 0.4보다 높다.
㉢ G역의 역내 상점 지수는 가장 낮다.
㉣ H역의 역내 상점 지수 점수는 가장 높다.
㉤ I역의 역내 상점 지수 점수는 2점이다.

① ㉠, ㉡, ㉤　② ㉠, ㉢, ㉣　③ ㉡, ㉢, ㉣
④ ㉡, ㉣, ㉤　⑤ ㉢, ㉣, ㉤

08 다음 중 A등급에 해당하는 역과 C등급에 해당하는 역을 바르게 나열한 것을 고르면?

1 2 3

① I역, F역　② E역, G역　③ G역, H역
④ H역, I역　⑤ F역, E역

[09~10] 다음은 유급휴가비 지급 방식 및 재무팀과 인사팀 직원들의 올해 연차 사용일에 관한 자료이다. 주어진 자료를 보고 질문에 답하시오.

[유급휴가비 지급 방식]

- 유급휴가비는 올해 발생한 연차 중에서 올해 말일까지 사용하지 않고 남은 미사용 연차 일수에 비례하여 내년 초에 휴가비를 지급하는 제도이다.
- 모든 직원은 1개월 만근 시 연차 1일이 발생하며, 발생한 연차는 올해가 끝나기 전까지 자유롭게 사용할 수 있다.
- 12월은 만근 여부와 관계없이 12월 초에 연차 1일이 자동으로 발생한다.
- 올해 발생한 연차는 해가 바뀌면 모두 소멸한다.
- 작년에서 이월된 연차는 없다.
- 유급휴가비는 직급별로 미사용 연차 1일당 다음과 같이 지급된다.

직급	부장	과장	대리	사원
유급휴가비	5만 원	4만 원	3만 원	2만 원

[재무팀과 인사팀 직원들의 올해 연차 사용일]

[재무팀]

구분	직급	올해 연차 사용일
김OO	부장	7일
나OO	과장	5일
정OO	대리	3일
박OO	대리	2일
신OO	사원	0일

[인사팀]

구분	직급	올해 연차 사용일
주OO	부장	4일
차OO	과장	6일
전OO	과장	5일
이OO	대리	2일
성OO	사원	4일

※ 단, 재무팀과 인사팀의 모든 직원은 올해 매월 만근하였음

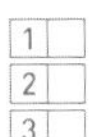 재무팀 직원이 내년 초에 받을 유급휴가비에 대한 설명으로 옳은 것을 고르면?

① 김 부장의 금액이 가장 낮다.

② 30만 원을 넘는 사람은 아무도 없다.

③ 가장 많은 금액을 받는 팀원은 나 과장이다.

④ 정 대리는 팀 내에서 두 번째로 많은 유급휴가비를 받게 된다.

⑤ 내년 초에 신 사원이 받게 될 유급휴가비는 25만 원 이상이다.

 재무팀과 인사팀에 대하여 내년 초에 받게 될 유급휴가비의 팀별 총액의 차이를 고르면?

① 2만 원　② 4만 원　③ 6만 원

④ 8만 원　⑤ 10만 원

[11~12] 다음 [표]는 2018~2021년 국내 지식재산 출원 동향에 관한 자료이다. 주어진 자료를 보고 질문에 답하시오.

[표1] 연도별 국내 특허 출원 동향 (단위: 건)

구분	2018년	2019년	2020년	2021년
중소벤처기업	46,652	50,493	57,438	62,843
대기업	33,693	37,538	37,536	37,322
대학/공공연	27,218	26,944	27,947	30,020
개인	41,096	43,130	43,544	41,298
외국인	47,809	47,518	46,306	51,735
기타	13,524	13,352	13,988	14,780
합계	209,992	218,975	226,759	237,998

[표2] 연도별 국내 상표 출원 동향 (단위: 건)

구분	2018년	2019년	2020년	2021년
중소벤처기업	58,017	66,154	83,548	96,881
대기업	9,244	9,053	9,925	10,516
대학/공공연	1,114	1,118	1,532	1,396
개인	86,415	97,057	116,808	130,005
외국인	29,860	31,352	27,719	30,138
기타	15,691	16,773	18,401	16,885
합계	200,341	221,507	257,933	285,821

[표3] 연도별 국내 디자인 출원 동향 (단위: 건)

구분	2018년	2019년	2020년	2021년
중소벤처기업	21,345	22,272	23,621	23,187
대기업	3,502	3,992	4,422	3,663
대학/공공연	1,184	1,003	1,126	1,155
개인	29,713	29,279	30,591	28,784
외국인	4,951	5,091	4,789	4,815
기타	2,985	3,402	3,034	3,183
합계	63,680	65,039	67,583	64,787

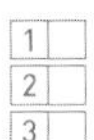

11 주어진 [표1]과 [표2]에 대한 설명으로 옳은 것을 고르면?

① 2019~2021년 외국인의 국내 상표 출원 건수의 평균은 연 30,000건 이상이다.

② 2019년과 2020년에 기타를 제외한 5개 항목의 국내 특허 출원 건수의 평균은 매년 42,000건 미만이다.

③ 2019~2021년 동안 전년 대비 국내 특허 출원 건수와 국내 상표 출원 건수의 증감 추이가 동일한 항목은 2개이다.

④ 2019~2021년 동안 개인의 국내 특허 출원 건수와 상표 출원 건수가 전년 대비 모두 증가한 해는 햇수로 1개이다.

⑤ 2019~2021년 동안 중소벤처기업은 국내 특허 출원 건수가 전년 대비 가장 많이 증가한 해에 국내 상표 출원 건수도 전년 대비 가장 많이 증가하였으며, 이때의 국내 상표 출원 건수 증가율은 25% 이상이다.

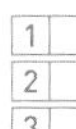

12 주어진 [표1], [표2], [표3]에 대한 설명으로 옳지 않은 것을 고르면?

① 2018~2021년 전체 국내 디자인 출원 건수의 연간 평균은 65,000건 이상이다.

② 2019년과 2020년 대기업의 국내 디자인 출원 건수는 모두 전년 대비 10% 이상 증가하였다.

③ 2019~2021년 동안 대학/공공연의 국내 상표 출원 건수는 매년 국내 디자인 출원 건수보다 많다.

④ 2020~2021년 동안 전체 국내 디자인 출원 건수 중 개인이 차지하는 비중은 전년 대비 모두 증가하였다.

⑤ 2018~2021년 동안 중소벤처기업의 국내 특허 출원 건수와 디자인 출원 건수의 합이 상표 출원 건수보다 적은 해는 햇수로 2개이다.

[13~14] 다음 [표]와 [그래프1]은 전국의 가맹점 현황에 관한 자료이다. 주어진 자료를 보고 질문에 답하시오.

[표] 전국의 가맹점 수 현황

(단위: 개, %)

구분	2018년	2019년	2020년		
			비중	전년 대비 증가 폭	전년 대비 증가율
합계	210,099	215,188	100.0	19,684	9.1
체인화 편의점	41,359	41,394	19.7	4,970	(F)
문구용품 및 회화용품 소매업	1,688	1,675	0.7	−1	−0.1
의약품 및 의료용품 소매업	3,632	3,836	(A)	236	6.2
안경 및 렌즈 소매업	3,184	3,169	1.4	91	(G)
한식 음식점업	29,209	30,927	15.1	4,422	14.3
외국식 음식점업	7,561	7,476	3.5	824	11.0
제과점업	7,354	7,390	3.3	311	4.2
피자, 햄버거, 샌드위치 및 유사 음식점업	11,576	12,468	6.0	1,604	(H)
치킨전문점	25,110	25,687	(B)	1,616	6.3
김밥, 기타 간이음식점 및 포장 판매점	13,077	13,371	6.7	2,441	18.3
생맥주 및 기타 주점업	11,676	9,965	4.2	(E)	(I)
커피 및 기타 비알코올 음료점업	17,615	18,350	(C)	2,992	16.3
자동차 전문 수리업	7,038	7,044	(D)	−1,550	−22.0
두발 미용업	3,897	3,933	1.8	193	4.9
가정용 세탁업	4,575	4,832	2.0	−112	(J)
기타 프랜차이즈	21,548	23,671	10.8	1,675	7.1

[그래프1] 전국 가맹점의 2019년 매출액

(단위: 백만 원)

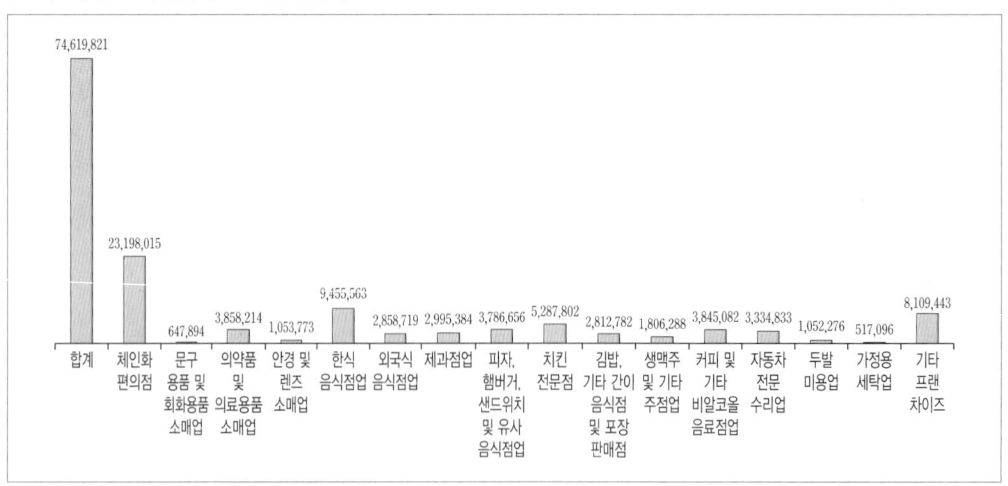

13 주어진 [표]에 대한 설명으로 옳지 않은 것을 고르면?

1
2
3

① 2020년 치킨전문점의 비중은 2019년 대비 감소하였다.
② 2019~2020년 가맹점 수가 전년 대비 매년 감소한 업종은 2개이다.
③ 2020년 자동차 전문 수리업의 비중은 의약품 및 의료용품 소매업의 비중보다 높다.
④ 2020년 가맹점 수의 전년 대비 증감률은 안경 및 렌즈 소매업이 가정용 세탁업보다 높다.
⑤ 2019년 커피 및 기타 비알코올 음료점업의 비중은 전년 대비 0.1%p 이상 증가하였고, 2020년의 비중은 전년 대비 0.7%p 이상 증가하였다.

중

14 다음 [그래프2]는 전국 가맹점의 2020년 매출액에 관한 자료이다. 주어진 [표]와 [그래프1], [그래프2]에 대한 설명으로 옳지 않은 것을 고르면?

1
2
3

[그래프2] 전국 가맹점의 2020년 매출액 (단위: 백만 원)

① 2020년 매출액이 전년 대비 증가한 업종은 총 7개이다.
② 2019년과 2020년의 매출액 1~6위 업종은 동일하지 않다.
③ 2020년 한식 음식점업의 매출액 비중은 전년 대비 감소하였다.
④ 2020년 피자, 햄버거, 샌드위치 및 유사 음식점업의 매출액 비중은 가맹점 수 비중보다 낮다.
⑤ 2019년 대비 2020년 체인화 편의점의 매출액 감소 폭과 자동차 전문 수리업 매출액 감소 폭의 합은 7,000억 원 이상이다.

15 **다음은 일반 건강검진과 의료급여 생애전환기검진 안내문이다. 주어진 안내문과 [표]를 바탕으로 현재 건강검진 대상자 5명에 대한 설명으로 반드시 옳지 않은 것을 고르면?**(단, [표]는 각 건강검진 대상자의 일부 검진 항목만 제시되었다.)

1 2 3

■ 일반 건강검진
- ○ 대상자: 지역세대주, 직장가입자, 20세 이상 세대원과 피부양자, 20~64세 의료급여 수급권자
- ○ 검진 주기: 매 2년마다 1회, 비사무직은 매년 실시
- ○ 공통 검사 항목
  1. 진찰, 상담, 신장, 체중, 허리둘레, 체질량지수, 시력, 청력, 혈압 측정
  2. AST(SGOT), ALT(SGPT), 감마지티피
  3. 공복혈당
  4. 요단백, 혈청 크레아티닌, 혈색소, 신사구체여과율(e−GFR)
  5. 흉부방사선촬영
  6. 구강검진
- ○ 성·연령별 검사 항목
  1. 이상지질혈증(총콜레스테롤, HDL콜레스테롤, LDL콜레스테롤, 트리글리세라이드) 검사: 남자 24세부터 4년 주기, 여자 40세부터 4년 주기
  2. B형간염검사: 40세(보균자 및 면역자는 제외)
  3. 치면세균막검사: 40세
  4. 골다공증: 54·66세 여성
  5. 정신건강검사(우울증): 20·30·40·50·60·70세, 해당 연령을 시작으로 10년 동안 1회
  6. 생활습관평가: 40·50·60·70세
  7. 노인신체기능검사: 66·70·80세
  8. 인지기능장애검사: 66세 이상, 2년 주기

■ 의료급여 생애전환기검진
- ○ 대상자: 66세 이상의 의료급여수급권자
- ○ 검진 주기: 매 2년마다
- ○ 공통 검사 항목: 진찰, 상담, 신장, 체중, 허리둘레, 체질량지수, 시력, 청력, 혈압 측정
- ○ 성·연령별 검사 항목
  1. 골다공증: 66세 여성
  2. 정신건강검사(우울증): 70세
  3. 생활습관평가: 70세
  4. 노인신체기능검사: 66·70·80세
  5. 인지기능장애검사: 66세 이상, 2년 주기

[표] 현재 건강검진 대상자 현황

구분	A	B	C	D	E
나이	60대	40대	20대	60대	50대
검진 항목	노인신체기능검사	B형간염검사	정신건강검사	골다공증	골다공증
비고	–	–	–	의료급여 수급권자	–

① A씨의 검진 항목에는 인지기능장애검사는 있지만, 생활습관평가는 없다.

② B씨는 B형간염 면역자가 아니고, 검진 항목으로 치면세균막검사도 있다.

③ C씨가 남성이라면, 이상지질혈증검사를 4년 뒤에 받을 수 있다.

④ D씨의 검진 항목에는 노인신체기능검사도 있다.

⑤ E씨의 검진 항목에 이상지질혈증검사도 있다.

03 2021～2020년 기출

정답과 해설 P. 28～32

수리 2021 하반기 서울교통공사 기출변형

[01~02] 다음 [표]는 갑국의 철도 교통 부정승차 현황에 관한 자료이다. 주어진 자료를 보고 질문에 답하시오.

[표1] 철도 교통 부정승차 적발 현황 (단위: 천 명)

구분	부정승차자		미구입자		부정할인자	
	전체	승차권 위조	전체	승차권 위조	전체	승차권 위조
2011년	2,210	75	1,367	43	843	32
2012년	2,256	78	1,587	46	669	32
2013년	2,312	82	1,214	53	1,098	29
2014년	2,339	85	1,842	64	497	21
2015년	2,419	104	1,092	23	1,327	81
2016년	2,412	98	1,438	63	974	35
2017년	2,388	72	879	43	1,509	29
2018년	2,117	52	963	34	1,154	18

※ (부정승차자)=(미구입자)+(부정할인자)
※ (전체)=(승차권 위조)+(부정사용 및 검표 거부 등 기타)
※ 단, 부정승차자 현황은 KTX, 새마을, 무궁화 열차에 한한 자료임

[표2] 철도별 부정승차자별 현황 (단위: 천 명)

구분	KTX		새마을		무궁화	
	미구입자	부정할인자	미구입자	부정할인자	미구입자	부정할인자
2011년	522	322	498	302	347	219
2012년	612	298	587	267	388	104
2013년	487	411	475	398	252	289
2014년	698	203	612	178	532	116
2015년	426	489	389	459	277	379
2016년	533	410	510	398	395	166
2017년	385	589	332	521	162	399
2018년	390	432	368	405	205	317

01 주어진 자료에 대한 설명으로 옳지 않은 것을 고르면?

① 부정승차자의 전년 대비 증감 추이는 전체와 승차권 위조가 동일하다.

② 승차권 위조가 아닌 부정할인자의 비율이 가장 낮은 시기는 2015년이다.

③ 조사 기간 동안 철도별 부정승차자는 KTX, 새마을, 무궁화 순으로 많다.

④ 2011년 대비 2018년 부정할인자 수의 증가율이 가장 큰 열차는 무궁화 열차이다.

⑤ 전년 대비 미구입자의 수가 가장 크게 변동한 시기는 KTX, 새마을, 무궁화 열차 모두 2015년이다.

하

02 다음 [그래프]는 2015~2018년 철도별 부정승차자 현황을 정리한 자료이다. [그래프]의 빈칸 ㉠, ㉡에 들어갈 값의 합을 고르면?

[그래프] 연도별 철도별 부정승차자 현황 (단위: 천 명)

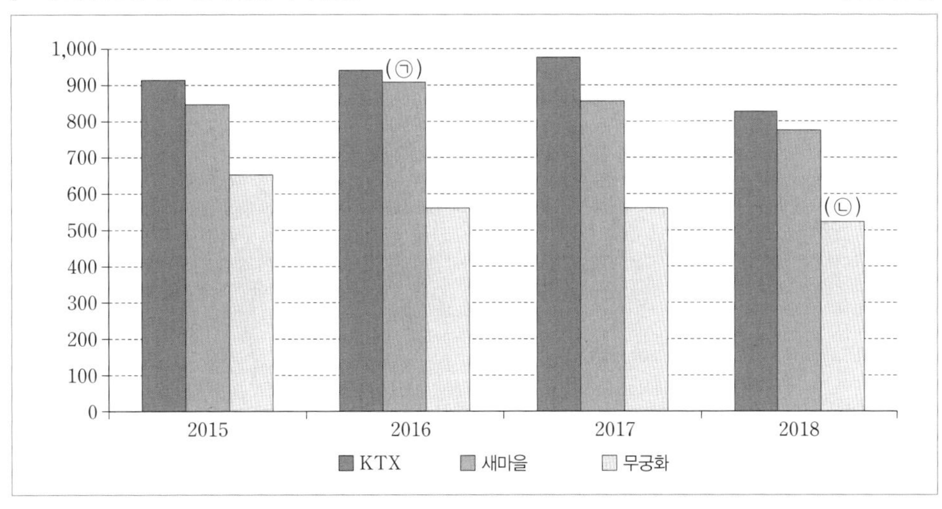

① 1,430 ② 1,432 ③ 1,435

④ 1,438 ⑤ 1,440

[03~04] M사는 직원 워크숍을 위해 K숙소의 예약 관련 정보를 다음과 같이 확인하였다. 주어진 자료를 보고 질문에 답하시오.

1. 객실 정보

구분	A타입	B타입	C타입	D타입	E타입
대여료	400,000원	300,000원	250,000원	200,000원	150,000원
수용 인원	20명	30명	25명	15명	10명
방 개수	3개	4개	5개	6개	2개
비고	개별난방 취사 가능	개별난방 취사 가능	개별난방	개별난방 취사 가능	개별난방

※ K숙소는 총 5개의 타입이 있으며, 객실 정보는 타입별로 하나의 타입당 객실의 정보를 정리한 자료임
※ 단, 대여료의 20%를 선 입금해야 예약 완료됨

2. 환불 규정

- 사용 예정일 전 5일 이내: 선 입금액의 70% 환불
- 사용 예정일 전 3일 이내: 선 입금액의 50% 환불
- 사용 예정일 전 2일 이내: 선 입금액의 30% 환불
- 사용 예정일 전 1일 이내: 선 입금액의 20% 환불
- 예약 당일 환불 시 전액 환불

※ 환불 요청일에 관계없이 환불 수수료 1,000원 별도 부과(환불액에서 차감)
※ 천재지변이나 불가항력으로 인해 환불을 하는 경우 전액 환불하며, 이 경우 환불 수수료 500원 별도 부과
※ 천재지변은 강풍, 태풍, 호우주의보 발령 시를 의미하며, 이에 따른 예약 취소는 반드시 전화로만 요청 가능

하

03 워크숍 진행을 담당하는 박 대리는 다음과 같은 팀장의 지시에 따라 객실을 예약하고자 한다. 박 대리가 입금해야 할 대여료 예약금을 고르면?

1 2 3

> [팀장의 지시]
>
> 박 대리, 이번 워크숍에는 총 18명이 참가할 예정이에요. 남자가 10명이고, 여자가 8명이니 방은 최소 2개가 있는 객실이었으면 좋겠네요. 그리고 적어도 취사가 가능한 객실이면 좋겠고, 방마다 모두 개별난방이 적용되는 곳이 좋겠어요. 가장 최소한의 비용으로 예약을 준비해 주세요.

① 30,000원　② 40,000원　③ 50,000원
④ 60,000원　⑤ 80,000원

중

04 다음은 K숙소의 홈페이지 게시판에 게재된 예약자의 문의사항과 K숙소 직원의 답변 내용이다. 빈칸에 들어갈 내용으로 가장 적절한 것을 고르면?

1 2 3

> 질문: 이번 주 금요일에 사용할 예정으로 어제 오전에 예약을 했는데요, 기상 예보를 보니 금요일엔 하루 종일 비가 온다고 하더라고요. 많은 양은 아닌 것 같지만 야외 활동을 못 할 것 같아서 예약을 취소하려고 합니다. 선 입금액은 얼마나 돌려받을 수 있을까요?
>
> 게시글 작성일: 21일 화요일 오전 9시
>
> 답변: 네, 그럴 경우 환불 규정에 따라 (　　　　　　　　　　)
>
> 게시글 작성일: 21일 화요일 오후 2시

① 예약 후 1일이 경과하였으므로 전액 환불이 가능합니다.
② 선 입금하신 예약금의 50%에서 환불 수수료 1,000원을 차감한 금액을 환불해 드립니다.
③ 선 입금하신 예약금의 70%에서 환불 수수료 500원을 차감한 금액을 환불해 드립니다.
④ 예약 후 1일이 경과하였으므로 환불 수수료 1,000원을 차감한 후 전액 환불이 가능합니다.
⑤ 천재지변이나 불가항력으로 인하여 환불을 신청하시는 경우에 해당되어 전액 환불이 가능합니다.

[05~06] 다음 [그래프]는 우리나라와 주요국의 연도별 위조지폐 발견 추이에 관한 자료이다. 주어진 자료를 보고 질문에 답하시오.

[그래프1] 우리나라의 위조지폐 발견 추이(전체)

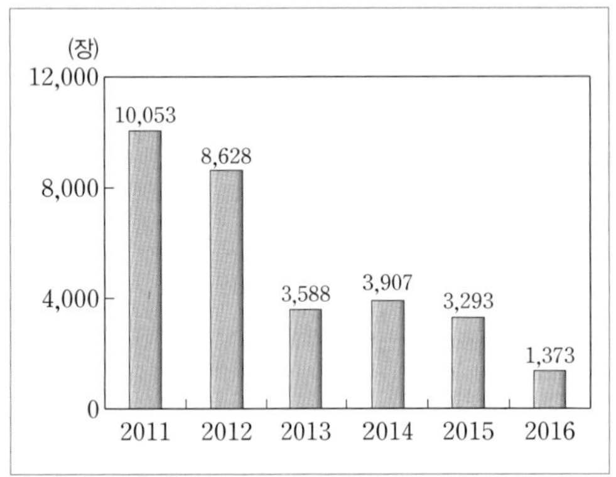

[그래프2] 우리나라의 위조지폐 발견 추이(권종별)

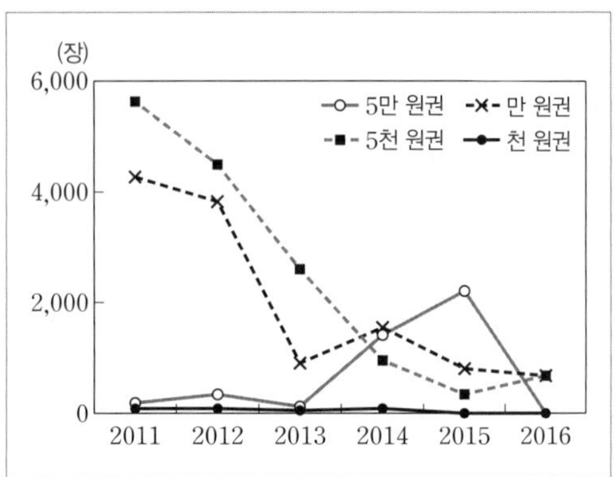

[그래프3] 우리나라의 유통 은행권 백만 장당 위조지폐 발견 추이

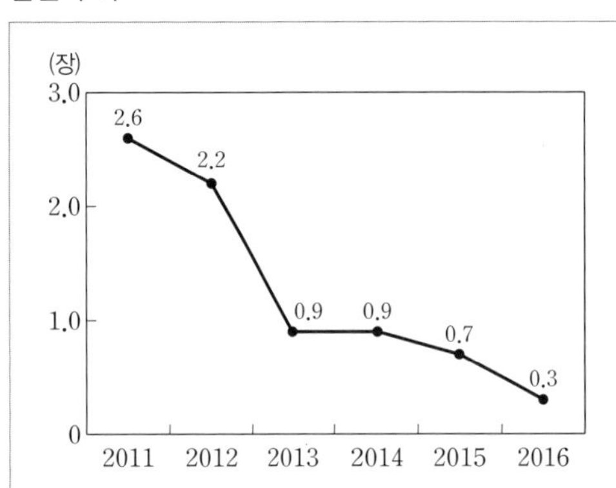

[그래프4] 2016년 주요국의 유통 은행권 백만 장당 위조지폐 발견 추이

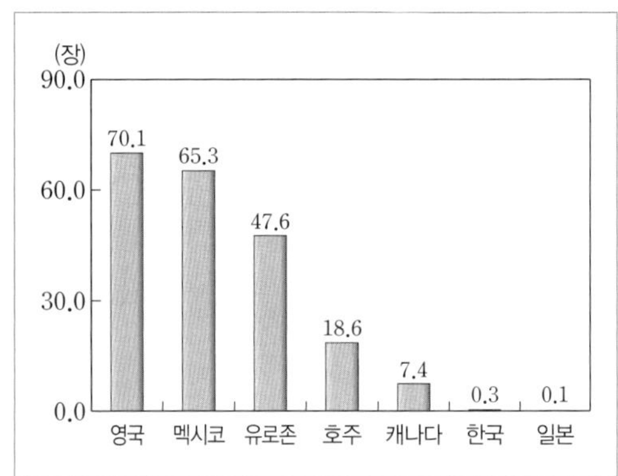

중

05 주어진 자료에 대한 [보기]의 설명 중 옳은 것은 모두 몇 개인지 고르면?

보기

㉠ 우리나라의 전년 대비 발견된 위조지폐 수의 변동량은 2012년이 2016년보다 더 많다.

㉡ 천 원권을 제외한 나머지 권종별 위조지폐 발견 수량은 2011~2014년 동안 매년 감소하였다.

㉢ 2011년 대비 2016년의 위조지폐 발견 수량이 가장 많이 감소한 권종은 5천 원권이다.

㉣ 2016년 우리나라에서는 유통 은행권 2,000만 장에서 평균 6장의 위조지폐가 발견되었다.

㉤ 2016년 국가별 전체 유통 은행권에서 위조지폐가 발견될 확률은 호주가 캐나다의 2배 이상이다.

① 1개 ② 2개 ③ 3개

④ 4개 ⑤ 5개

06 주어진 [그래프]를 작성하기 위해 사용한 근거 자료로 적절하지 않은 것을 고르면?

① 우리나라의 연도별 위조지폐 발견 수량 전년 대비 증가 폭 추이

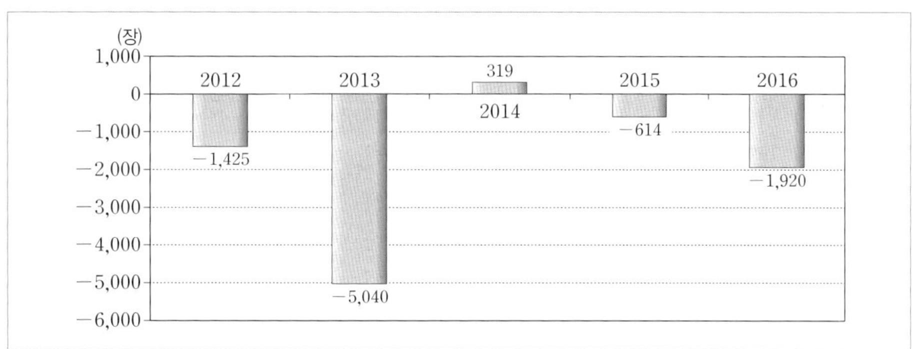

② 우리나라의 유통 은행권 2,520만 장당 위조지폐 발견 추이

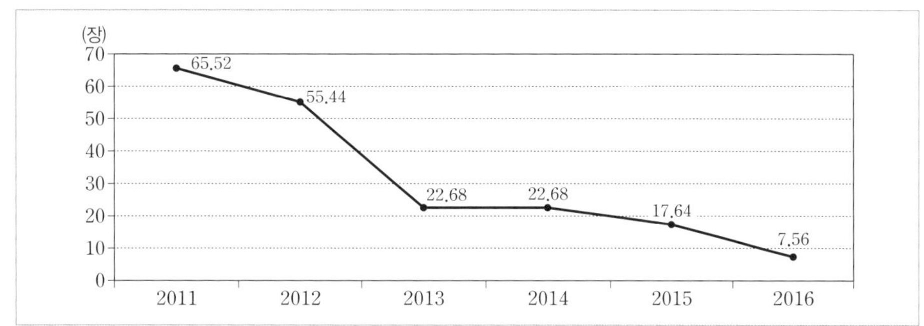

③ 주요국의 유통 은행권 백만 장당 위조지폐 발견 추이 (단위: 장)

구분	영국	멕시코	유로존	호주	캐나다	한국	일본
2016년	70.1	65.3	47.6	18.6	7.4	0.3	0.1

④ 우리나라의 권종별 위조지폐 발견 추이

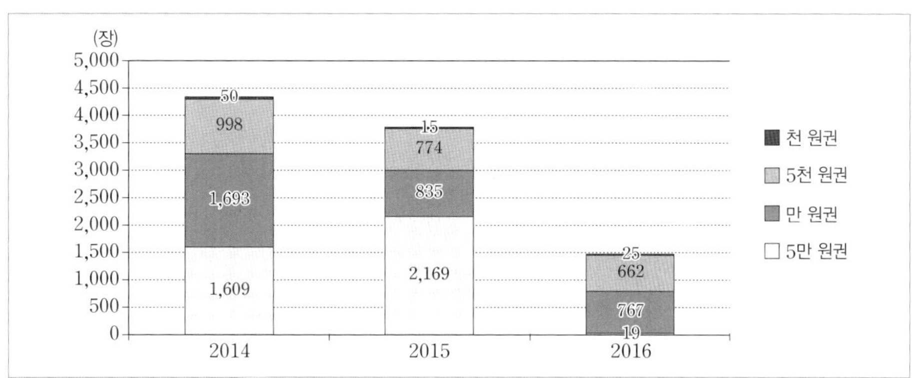

⑤ 우리나라의 연도별 위조지폐 발견 수량 증가율 추이 (단위: %)

구분	2012년	2013년	2014년	2015년	2016년
증가율	−14.2	−58.4	8.9	−15.7	−58.3

[07~08] 다음은 S공사 영업팀의 매출 현황과 등급 분류 기준에 관한 자료이다. 주어진 자료를 보고 질문에 답하시오.

[영업팀별 매출 실적]

구분	전년 매출	올해 매출
영업 1팀	5,500만 원	6,000만 원
영업 2팀	4,000만 원	4,500만 원
영업 3팀	6,500만 원	8,000만 원
영업 4팀	4,500만 원	6,000만 원
영업 5팀	5,000만 원	6,000만 원

[영업팀별 매출 목표]

구분	본부 기준	팀 기준
영업 1팀	6,500만 원	전년 대비 10% 증가
영업 2팀	5,300만 원	전년 대비 15% 증가
영업 3팀	7,500만 원	전년 대비 20% 증가
영업 4팀	6,000만 원	전년 대비 30% 증가
영업 5팀	6,000만 원	전년 대비 20% 증가

[등급 분류 기준]

S등급	목표 대비 110% 이상 달성
A등급	목표 대비 100% 이상 달성
B등급	목표 대비 90% 이상 달성
C등급	목표 대비 90% 미만 달성

07 다음 중 본부 기준 매출 목표에 따른 올해 매출의 등급이 가장 낮은 팀을 고르면?

1 2 3

① 영업 1팀 ② 영업 2팀 ③ 영업 3팀
④ 영업 4팀 ⑤ 영업 5팀

08 주어진 [조건]에 따라 올해 매출에 대해 한 팀에게만 성과급을 지급할 경우, 성과급을 받는 팀을 고르면?

1 2 3

| 조건 |

- 본부 기준 목표치 이상을 달성하면 3점을 부여한다.
- 팀 기준 목표치 이상을 달성하면 1점을 부여한다.
- 매출이 전년 대비 1,000만 원 이상 증가하였다면 4점을 부여하고, 1,500만 원 이상 증가하였다면 5점을 부여한다.
- 점수 합계가 가장 높은 팀에게 성과급을 지급하되, 동점이 나올 경우에는 전년 대비 매출 증가율이 가장 높은 팀에게 지급한다.

① 영업 1팀 ② 영업 2팀 ③ 영업 3팀
④ 영업 4팀 ⑤ 영업 5팀

다음은 ○○연구소의 채용공고문이다. 주어진 자료를 바탕으로 추론할 수 없는 것을 고르면?

1 2 3

○○연구소 채용공고문

[모집 분야]

구분	모집 인원
SW 개발 직무	총 8명(원급(학사급) 4명, 주임급(석사급) 4명)

[자격 요건]

- 원급: 학사학위 이상 취득, 전문학사학위 취득 후 2년 이상 경력
- 주임급: 석사학위 이상 취득, 학사학위 취득 후 2년 이상 경력, 전문학사학위 취득 후 4년 이상 경력

[지원 절차]

지원서 접수	⇨	서류심사	⇨	인성면접	⇨	임원면접	⇨	합격자 발표
8월 11일~8월 25일		9월 9일		9월 16일		9월 25일		9월 30일

[제출 서류]

- 이력서 1부
- 자기소개서 1부
- 업무와 관련한 포트폴리오 제출(단, 입사 지원 시 labcareer.com에 업로드)
- 최종 학력증명서 1부(졸업 예정증명서 · 수료증명서 불인정)
- 입사지원서에 기재한 경력에 대한 경력증명서(재직증명서 포함) 각 1부
  - 자격 요건상의 조건에 충족되는 경력에 한함
  - 경력증명서에는 근무 기간 및 직위, 해당 업무, 발급 담당자 연락처를 반드시 기재
  - 진위 여부 확인을 위해 공고일 기준 3개월 이내 발행본에 한해 인정
- 서류심사 합격자는 입사지원서에 기재한 자격증 사본 일체를 인성면접 전 이메일 제출

※ 포트폴리오를 제외한 제출 서류는 학교명, 재학 기간, 사진, 성별, 연령 등 블라인드 처리 후 PDF 파일로 작업하여 이메일 제출(블라인드 미처리 서류 제출자는 서류전형 탈락)
※ 제출 서류 원본은 최종 합격자에 한하여 최종 합격 시 제출

※ 기타 궁금하신 사항은 damdang@lab.com으로 문의해 주십시오.

① 자기소개서와 최종 학력증명서는 이메일로 제출해야 한다.

② 최종 합격 시 자격증 등의 제출 서류는 원본으로 제출해야 한다.

③ 업무와 관련한 포트폴리오를 제출할 때에는 사이트에 직접 업로드해야 한다.

④ 학교명이 기재된 학력증명서를 제출 시 서류전형에서 불이익을 받을 수 있다.

⑤ 서류심사 시 경력증명서는 이메일로 제출해야 하며, 서류 합격 시 원본으로 제출해야 한다.

10 다음은 의류 생산 공장의 생산 코드에 관한 자료이다. 이에 대한 설명으로 옳지 않은 것을 고르면?

1 2 3

[의류 생산 코드]

의류 종류 코드		색상 코드		생산 국가 도시 코드	
TS	티셔츠	WH	흰색	AMA	미국 뉴욕
BS	바지	BB	검은색	AMB	미국 LA
SC	스커트	YE	노란색	AMC	미국 애리조나
CO	코트	RE	빨간색	CNA	중국 텐진
JA	재킷	PU	보라색	CAB	중국 북경
BL	블라우스	GE	녹색	CAC	중국 항저우
GD	카디건	BL	파란색	KRA	한국 인천
JE	저지	OR	주황색	KRB	한국 군산
DR	드레스	GO	금색	KRC	한국 창원

[코드 부여 방식]

[의류 종류]－[색상]－[생산 개수]－[생산 국가 도시]－[제조 연월]

예 TS－YE－500－KRA－1101: 2011년 1월에 한국 인천에서 노란색 티셔츠 500장 생산

[상품별 생산 코드]

BL-OR-034-KRC-1201	JE-BL-345-CAC-1205	BS-BL-230-KRC-1211
SC-RE-093-CAB-1507	CO-RE-056-AMC-1506	SC-RE-160-AMC-2010
GD-BB-230-AMC-2003	SC-GO-353-CAC-1310	CO-YE-064-CAB-2203
TS-GO-137-CNA-2112	BS-BB-675-KRB-2110	JE-BB-125-KRB-1607
CO-WH-088-KRB-1905	SC-GE-034-KRC-2008	JE-WH-456-KRC-2111
BL-OR-257-AMA-1308	BL- BB-562-AMB-1807	JA-GE-082-AMA-1809
DR-YE-542-KRC-1710	DR-WH-123-CAC-1911	SC-RE-134-CAB-1410
JA-BB-034-AMB-2212	SC-RE-100-KRC-2007	TS-RE-643-AMC-1602
SC-PU-786-KRC-2112	JA-GE-098-KRC-1612	BL-WH-023-CAC-2107
BS-GO-021-KRB-1602	BS-OR-087-CAB-2208	DR-RE-234-KRC-1903

① 2020년 이후에 생산된 상품의 개수는 12개이다.

② 2018년 9월에 생산된 상품의 생산 개수는 80개 이상이다.

③ 2016년에 생산된 상품 중에서 카디건에 해당하는 상품은 없다.

④ 색상이 빨간색인 상품의 개수는 흰색인 상품보다 많으며, 모두 2019년 이전에 생산되었다.

⑤ 2020년 7월에 생산된 상품의 생산 국가와 다른 국가에서 생산된 상품의 개수는 17개이다.

수리능력

CHAPTER

01 응용수리

필수이론

1 방정식

(1) 거리/속력/시간

- (거리)(s)=(속력)(v)×(시간)(t)

5km/h의 속력으로 4시간 이동한 경우 거리는? 5×4=20(km)

- (속력)(v)=$\frac{(거리)(s)}{(시간)(t)}$

4시간 동안 12km 이동한 경우 속력은? $\frac{12}{4}$=3(km/h)

- (시간)(t)=$\frac{(거리)(s)}{(속력)(v)}$

7km/h의 속력으로 21km 이동한 경우 시간은? $\frac{21}{7}$=3(h)

(2) 농도

- (용액의 질량)=(용매의 질량)+(용질의 질량)
- (농도)(%)=$\frac{(용질의\ 질량)}{(용액의\ 질량)}\times 100=\frac{(용질의\ 질량)}{(용매의\ 질량)+(용질의\ 질량)}\times 100$

(3) 일률

- (일률)=$\frac{(일의\ 양)}{(시간)}$ → (일의 양)=(일률)×(시간)

  → (시간)=$\frac{(일의\ 양)}{(일률)}$ (※ 문제 적용 시 일의 양을 1로 설정)

(4) 비용

- (이익률)(%)=$\frac{(이익)}{(원가)}\times 100$
- (할인율)(%)=$\frac{(할인액)}{(정가)}\times 100$
- (총이익)=(개당 이익)×(총판매량)

2 경우의 수

(1) 순열

서로 다른 n개의 원소에서 r개를 중복 없이 선택하여 순서에 상관있게 나열하는 것

• ${}_{n}\mathrm{P}_{r}=\dfrac{n!}{(n-r)!}$

(2) 조합

서로 다른 n개의 원소에서 r개를 순서에 상관없이 선택하는 것

• ${}_{n}\mathrm{C}_{r}=\dfrac{n!}{r!(n-r)!}$

(3) 여러 가지 경우의 수

① n개의 카드를 일렬로 나열하는 경우의 수: $n!$

• $n!=n\times(n-1)\times(n-2)\times(n-3)\times\cdots\times2\times1$

② 직원 n명을 원형 탁자에 배열하는 경우의 수: $(n-1)!$

3 확률

(1) 확률

• (사건 A가 일어날 확률) $\mathrm{P}(A)=\dfrac{(\text{사건 }A\text{가 일어나는 경우의 수})}{(\text{발생 가능한 전체 경우의 수})}$

• 확률(P)의 범위: $0\leq\mathrm{P}\leq1$(0은 반드시 일어나지 않을 확률, 1은 반드시 일어날 확률을 의미)

(2) 합의 법칙/곱의 법칙

• 합의 법칙

사건 A가 일어날 확률이 P, 사건 B가 일어날 확률이 Q라면, 두 사건 A, B가 동시에 일어나지 않을 때 사건 A 또는 사건 B가 일어날 확률은 $(\mathrm{P}+\mathrm{Q})$이다.

• 곱의 법칙

사건 A가 일어날 확률이 P, 사건 B가 일어날 확률이 Q라면, 두 사건 A, B가 동시에 일어날 확률은 $(\mathrm{P}\times\mathrm{Q})$이다.

(3) 여사건

• (사건 A가 일어나지 않을 확률) $\mathrm{P}(A^{C})=1-$(사건 A가 일어날 확률) $\mathrm{P}(A)$

(4) 조건부확률

확률이 0이 아닌 두 사건 A, B에 대하여, 사건 A가 일어났다는 조건 하에 사건 B가 일어날 확률

• $\mathrm{P}(B|A)=\dfrac{\mathrm{P}(A\cap B)}{\mathrm{P}(A)}$

$\rightarrow \mathrm{P}(A\cap B)=\mathrm{P}(A)\cdot\mathrm{P}(B|A)=\mathrm{P}(B)\cdot\mathrm{P}(A|B)$

01 NCS 최신빈출 Lv.1

정답과 해설 P. 33~37

하

01 비커 A에는 농도가 30%인 소금물이 담겨있고, 비커 B에는 농도가 20%인 소금물이 20g 담겨있다. 두 비커에 있는 소금물을 섞은 뒤 추가로 물을 넣었더니 농도가 22%인 소금물 100g이 되었을 때, 추가로 넣은 물의 양을 고르면?

1 2 3

① 10g ② 15g ③ 20g
④ 25g ⑤ 30g

하

02 A기업은 올해 대규모 공채를 통해 작년 대비 남자 직원 수가 25% 증가, 여자 직원 수가 20% 증가하여 전체 직원 수가 총 113명 증가했다. 올해 전체 직원 수가 612명일 때, 올해 남자 직원 수와 여자 직원 수의 차를 고르면?

1 2 3

① 48명 ② 50명 ③ 52명
④ 54명 ⑤ 56명

중

03 P회사의 어느 팀은 월요일부터 일요일까지 매일 한 명씩 당직을 선다. 이 팀은 여자가 3명, 남자가 4명이고, 여자끼리는 같은 주에 연속으로 당직을 서지 않을 때, 팀원들이 당직을 서는 경우의 수를 고르면?(단, 월요일을 한 주의 시작 요일로 보며, 같은 주에 이틀 이상 당직을 서는 사람은 없다.)

1 2 3

① 1,152가지 ② 1,296가지 ③ 1,440가지
④ 1,584가지 ⑤ 1,728가지

중

04 숫자 1~5까지 하나씩 적힌 공이 각각 2개씩, 총 10개의 공이 들어 있는 주머니에서 임의로 3개의 공을 동시에 꺼내려고 한다. 이때, 공에 적힌 숫자는 같지 않으면서 가장 큰 수가 4일 확률을 고르면?

1 2 3

① $\frac{1}{6}$　② $\frac{1}{5}$　③ $\frac{1}{4}$
④ $\frac{1}{3}$　⑤ $\frac{1}{2}$

중

05 어느 회사의 전체 직원 320명을 대상으로 진행한 회사 생활에 대한 만족도 설문 조사에서 남자 직원의 60%가 '매우 만족'이라고 답하였고, 여자 직원의 50%가 '매우 만족'이라고 답하였다. 이 설문 조사에서 '매우 만족'이라고 답한 직원 중 임의로 1명을 선택할 때, 이 사람이 남자 직원일 확률을 p_1, 여자 직원일 확률을 p_2라 하자. $p_1=2p_2$일 때, 이 회사에 근무 중인 남자 직원의 수를 고르면?

1 2 3

① 120명　② 140명　③ 160명
④ 180명　⑤ 200명

중

06 호석이는 북한산을 등산하였다. 올라갈 땐 A코스로, 내려갈 땐 B코스로 내려갔다. A코스로 시속 1.5km로 올라간 뒤, 산 정상에서 휴식을 하였고, B코스로 내려갈 땐 시속 4km로 내려갔다. A코스와 B코스의 길이를 합하면 14km이고, 휴식 시간 30분을 포함해 총 6시간 30분 동안 등산을 하였다. 이때, A코스의 길이를 고르면?

1 2 3

① 4km　② 6km　③ 8km
④ 10km　⑤ 12km

중

07 다음 [보기]와 같이 A는 오늘 하루 최대 일정량의 카페인을 섭취할 수 있다. 현재 시간 이후 A가 마실 수 있는 인스턴트 커피, 핸드드립 커피의 잔 수로 가능한 경우의 수를 고르면? (단, 인스턴트 커피 0잔, 핸드드립 커피 0잔의 경우도 가능하다.)

1 2 3

보기

- A는 현재까지 200mg의 카페인을 섭취하였다.
- A는 오늘 최대 400mg 이하의 카페인을 섭취할 수 있다.
- 인스턴트 커피 한 잔에는 50mg의 카페인이 포함되어 있다.
- 핸드드립 커피 한 잔에는 75mg의 카페인이 포함되어 있다.

① 6가지 ② 8가지 ③ 10가지
④ 12가지 ⑤ 14가지

중

08 어느 회사의 작년 전체 직원 수는 500명 이하이고, 사무직 직원과 기술직 직원의 비는 6:5였다. 올해 사무직 직원과 기술직 직원을 동일하게 더 채용하였더니 전체 직원 수가 600명 이상이 되었고, 사무직 직원과 기술직 직원의 비는 8:7이 되었다. 올해 채용한 기술직 직원 수가 a명 이상 b명 이하일 때, b−a를 고르면?(단, 퇴사한 직원은 없다.)

1 2 3

① 10 ② 11 ③ 12
④ 13 ⑤ 14

09 S기업의 신입사원 80명은 3월 내에 A교육과 B교육을 반드시 이수해야 한다. 3월 15일에 교육 이수 여부를 확인해 보니, 모든 신입사원이 두 교육 중 한 교육 이상을 이수하였고, 두 교육 중 한 교육만 이수한 신입사원은 두 교육을 모두 이수한 신입사원보다 10명이 더 적었다. 또한 B교육을 이수한 신입사원은 A교육만 이수한 신입사원의 3배였다. 앞으로 B교육을 이수해야 하는 신입사원은 총 몇 명인지 고르면?

1
2
3

① 15명　② 20명　③ 25명
④ 30명　⑤ 35명

Ⅱ 수리능력

10 어느 학과에서는 졸업을 위해 반드시 졸업 시험에 통과해야 한다. 졸업 시험은 총 3차로 이루어져 있다. 1차 시험은 전원이 모두 치러야 하고, 1차 시험을 통과하지 못한 학생은 2차 시험을, 2차 시험도 통과하지 못한 학생은 3차 시험을 치러야 한다. 1차 시험을 통과할 확률은 $\frac{3}{5}$이고, 2차 시험을 통과할 확률은 $\frac{5}{6}$, 3차 시험을 통과할 확률은 $\frac{6}{7}$이다. 해당 학과의 학생이 총 5명이라고 할 때, 이 중 2명이 2차 시험을 치르고, 1명이 3차 시험을 치르게 될 확률을 고르면?

1
2
3

① $\frac{12}{125}$　② $\frac{18}{125}$　③ $\frac{24}{125}$
④ $\frac{6}{25}$　⑤ $\frac{36}{125}$

상

01 서로 다른 주사위 2개를 동시에 던져서 나온 눈의 수의 합이 짝수이거나 또는 적어도 하나의 눈의 수가 4일 확률을 고르면?

① $\frac{2}{9}$ ② $\frac{1}{3}$ ③ $\frac{4}{9}$ ④ $\frac{5}{9}$ ⑤ $\frac{2}{3}$

상

02 어느 지역은 비가 온 날의 다음 날에 비가 올 확률이 $\frac{1}{3}$이고, 비가 오지 않은 날의 다음 날에 비가 올 확률이 $\frac{2}{5}$이다. 이 지역에서 월요일에 비가 왔을 때, 같은 주 목요일에 비가 올 확률을 고르면?

① $\frac{10}{27}$ ② $\frac{253}{675}$ ③ $\frac{17}{45}$ ④ $\frac{86}{225}$ ⑤ $\frac{52}{135}$

상

03 둘레가 600m인 운동장을 은지는 5m/s, 은경이는 7m/s의 속력으로 돌고 있다. 만약 은지와 은경이가 같은 지점에서 출발하여 서로 반대 방향으로 달릴 때, 세 번째로 만나는 지점은 은지가 출발점으로부터 xm만큼 떨어진 지점이다. 은지와 은경이가 같은 지점에서 출발하여 서로 같은 방향으로 달릴 때, 세 번째로 만나는 지점은 은경이가 출발점으로부터 ym만큼 떨어진 지점이다. 이때, x+y의 값을 고르면?(단, 거리는 운동장 트랙을 따라 측정한다.)

① 320 ② 350 ③ 360 ④ 400 ⑤ 450

04 택시 정류소에서 일정 시간마다 택시가 한 대씩 빠져나간다. 오전 8시에 택시 한 대가 빠졌을 때 남은 택시의 대수는 200대였고, 오후 12시 30분에 택시 한 대가 빠졌을 때, 남은 택시의 대수는 110대였다. 오후 1시부터 택시 정류소에 일정 시간 간격으로 택시가 한 대씩 다시 들어오기로 하였다. 오후 2시에 택시 정류소에 택시 한 대가 빠지고, 다시 한 대가 들어왔을 때 남은 택시의 대수는 96대였다. 이때, 오후 2시 10분에 택시 정류소에 남아 있는 택시는 총 몇 대인지 고르면?

① 91대 ② 92대 ③ 93대
④ 94대 ⑤ 95대

상

05 다음 [보기]는 S회사 체육 대회의 줄다리기 대진표이다. 줄다리기에는 총 8개 부서가 참가하였고, 개발팀은 A조, 인사팀은 B조, 전산팀은 C조, 홍보팀은 D조에 배정되었다. 나머지 4개 부서를 추첨으로 배정하여 시합을 할 때, 재무팀과 인사팀이 경기를 하게 될 확률을 고르면?(단, 비기는 경우는 없고, 각 부서의 승리 확률은 $\frac{1}{2}$로 동일하다.)

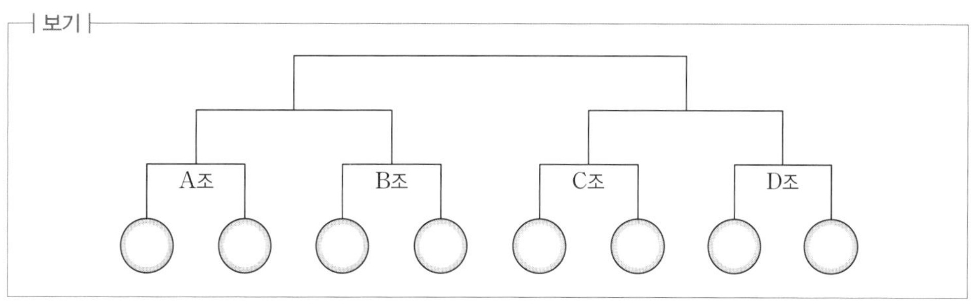

① $\frac{1}{4}$ ② $\frac{9}{32}$ ③ $\frac{5}{16}$
④ $\frac{11}{32}$ ⑤ $\frac{7}{16}$

CHAPTER

02 자료계산

필수이론 & 전략

1 비율과 변화율

(1) 비율

- $(\text{비율})(\%)=\dfrac{(\text{해당 비교 값})}{(\text{전체 모집단 기준 값})}\times100$
- $(\text{구성비})(\%)=\dfrac{(\text{해당(부분) 값})}{(\text{전체 값})}\times100$

(2) 변화율

- $(\text{변화율})(\%)=\dfrac{(\text{변화된 양})}{(\text{기준 양})}\times100$

$$=\frac{b-a}{a}\times100=\left(\frac{b}{a}-1\right)\times100$$

(a: 이전 값, b: 이후 값)

→ 비율과 변화율은 NCS 자료해석 유형에서 자주 출제되는 내용으로 계산을 통해 해결하거나 분수의 분모와 분자 값의 크기를 비교하여 대소 관계를 파악하는 문제가 다수 출제된다. 특히, 퍼센트(%)는 비율이나 변화율 자체를 나타낼 때 사용하는 단위이고, 퍼센트포인트(%p)는 백분율 수치 간의 차이를 나타낼 때 사용하는 단위로 실전에서 헷갈리지 않도록 주의한다.

2 양적 변화와 비율적 변화

(1) 양적 변화

양적 변화는 주로 수치의 증감량, 증감 폭 등 변화량에 관한 표현이다.

(2) 비율적 변화

비율적 변화는 주로 전년 대비 증감률, 수치의 증감률 등 변화율에 관한 표현이다.

3 비교법

(1) 곱셈 비교

- 증가율 비교법

작은 수를 기준으로 큰 수의 증가율을 비교하여 판단하는 방법

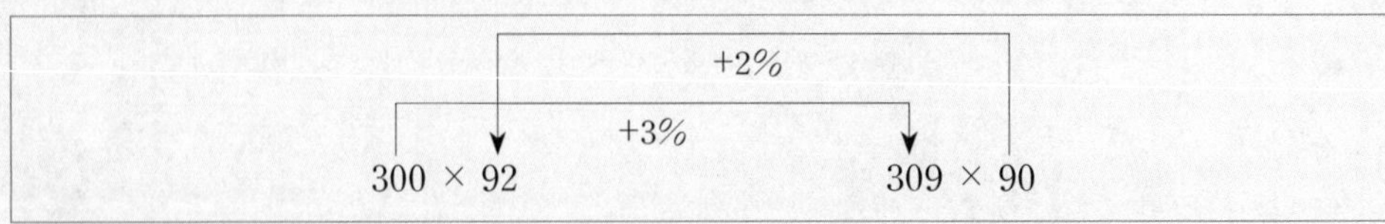

예시를 보면, 90에서 92는 약 2% 증가한 반면, 300에서 309는 3% 증가하였으므로 직접 계산할 필요 없이 오른쪽의 수(309×90)가 더 큰 값임을 알 수 있다.

(2) 분수 비교

• 분모와 분자 간 수치 비교법

주어진 분수에서 각 분수의 분모와 분자의 수치를 비교하여 대소 관계를 판단하는 방법

예 $\frac{6}{13}>\frac{5}{14}$

예시의 분수에서 분모를 보면, 13과 14 중 14가 더 크다. 분자를 보면, 6과 5 중 6이 더 크다.

분수는 분모가 작을수록, 분자가 클수록 값이 크므로 별도의 계산 없이 $\frac{6}{13}>\frac{5}{14}$임을 알 수 있다.

• 약분을 통한 비교법

어림셈으로 분자를 1로 만들고, 분모의 값을 바탕으로 대소 관계를 판단하는 방법

→ 분모의 값이 작을수록 크다.

예 $\frac{13}{66}<\frac{42}{170}$

위의 예시의 분수는 대략 $\frac{1}{5}$과 $\frac{1}{4}$로 나타낼 수 있으며, $\frac{1}{5}<\frac{1}{4}$이므로 $\frac{13}{66}<\frac{42}{170}$임을 알 수 있다.

• X자 곱셈법

두 분수를 기준으로 각각의 분모와 분자를 곱한 결괏값으로 분수의 대소 관계를 판단하는 방법

$$\frac{B}{A} \times \frac{D}{C}$$

$AD<BC$이면 $\frac{B}{A}>\frac{D}{C}$이고, $AD>BC$이면 $\frac{B}{A}<\frac{D}{C}$이다.

예 $\frac{14}{23}>\frac{4}{7}$

예시의 분수의 대소 관계를 비교하기 위해 X자 곱셈법을 이용하면, $23\times4=92$, $14\times7=98$이다. $92<98$이므로 분모를 통분하거나 분수를 직접 계산할 필요 없이 $\frac{14}{23}>\frac{4}{7}$임을 알 수 있다.

4 변화율 응용

(1) 곱셈 관계

$A=B\times C$ → A의 비율(비중)$=B$의 비율(비중)$\times C$의 비율(비중)

(2) 나눗셈 관계

$A=B\div C$ → A의 비율(비중)$=B$의 비율(비중)$\div C$의 비율(비중)

중

01 다음 [표]는 수면제 A~D를 사용한 불면증 환자 갑~무의 숙면 시간을 측정한 자료이다. 이에 대한 [보기]의 설명 중 옳지 않은 것을 모두 고르면?

1 2 3

[표] 수면제별 불면증 환자 갑~무의 숙면 시간 (단위: 시간)

수면제 \ 환자	갑	을	병	정	무	평균
A	5.0	4.0	6.0	5.0	5.0	( )
B	4.0	( )	5.0	5.0	6.0	4.8
C	6.0	5.0	4.0	7.0	( )	5.6
D	6.0	4.0	5.0	5.0	6.0	( )

보기

㉠ 평균 숙면 시간이 짧은 수면제부터 순서대로 나열하면 B, A, C, D 순이다.
㉡ 수면제 C의 평균 숙면 시간보다 수면제 C의 숙면 시간이 긴 환자는 3명이다.
㉢ 수면제 B와 수면제 D의 숙면 시간 차이가 가장 큰 환자는 을이다.
㉣ 환자 을과 환자 무의 숙면 시간 차이는 수면제 C가 수면제 B보다 크다.

① ㉠, ㉡
② ㉠, ㉢
③ ㉡, ㉣
④ ㉠, ㉢, ㉣
⑤ ㉡, ㉢, ㉣

02 다음 [표]는 2014~2019년 에너지원별 전력 생산량과 수입액에 관한 자료이다. 이에 대한 설명으로 옳은 것을 고르면?

1 2 3

[표1] 연도별 에너지원별 전력 생산량 (단위: 천 TOE)

구분	2014년	2015년	2016년	2017년	2018년	2019년
무연탄	66	60	62	66	72	68
천연가스	16	0	0	16	27	32
수력	190	146	132	100	93	101
원자력	2,862	3,091	(A)	(B)	(C)	(D)
신재생	1,259	1,290	1,274	1,251	1,231	1,294
합계	4,393	4,587	4,144	3,893	3,637	4,157

[표2] 연도별 에너지원별 수입액 (단위: 백만 달러)

구분	2014년	2015년	2016년	2017년	2018년	2019년
석탄	693	704	830	785	1,070	1,381
원유	4,136	3,793	4,042	3,930	4,413	4,694
석유제품	1,357	1,275	1,221	1,179	1,416	1,374
천연가스	586	651	786	1,233	1,326	1,520
우라늄	25	80	39	57	97	70
합계	6,797	6,503	6,918	7,184	8,322	9,039

① 빈칸 (A)~(D)의 값을 큰 순서대로 나열하면 (D)−(A)−(B)−(C) 순이다.

② 조사 기간 동안 매년 수입액이 증가한 에너지원은 없다.

③ 2015년 대비 2018년 우라늄의 수입액 증가율은 20% 미만이다.

④ 2017년 전체 전력 생산량 중 원자력이 차지하는 비중은 60% 미만이다.

⑤ 전체 에너지원별 수입액에서 원유가 차지하는 비중은 2015년보다 2014년이 더 크다.

중

03 1 2 3 **다음 [표]는 과목 등급 산정 기준과 과목별 이수 단위 및 재현이의 과목별 석차에 관한 자료이다. 주어진 [표]와 [평균 등급 산출 공식]에 따라 산정한 재현이의 5개 과목 평균 등급을 M이라 할 때, M의 범위를 고르면?**(단, 과목 석차 백분율과 평균 등급은 소수점 셋째 자리에서 반올림한다.)

[표1] 과목 등급 산정 기준

등급	과목 석차 백분율
1	0% 초과 4% 이하
2	4% 초과 11% 이하
3	11% 초과 23% 이하
4	23% 초과 40% 이하
5	40% 초과 60% 이하
6	60% 초과 77% 이하
7	77% 초과 89% 이하
8	89% 초과 96% 이하
9	96% 초과 100% 이하

※ (과목 석차 백분율)(%)$=\frac{\text{(과목 석차)}}{\text{(과목 이수 인원)}}\times 100$

[표2] 과목별 이수 단위 및 재현이의 과목별 석차 (단위: 등, 명)

과목 \ 구분	이수 단위	석차	이수 인원
국어	4	220	400
영어	4	56	400
수학	8	27	400
사회	3	156	270
과학	3	63	130

[평균 등급 산출 공식]

$$\text{평균 등급}=\frac{\text{(과목별 등급}\times\text{과목별 이수 단위)의 합}}{\text{과목별 이수 단위의 합}}$$

① $1 \leq M < 2$ ② $2 \leq M < 3$ ③ $3 \leq M < 4$
④ $4 \leq M < 5$ ⑤ $5 \leq M < 6$

04 다음 [표]와 [그래프]는 형법범과 특별법범의 범죄 발생 시간대별 범죄 발생 건수와 비율에 관한 자료이다. 범죄는 형법범과 특별법범으로 나뉘고, 2010년 심야 시간대에 발생한 특별법범 발생 건수는 2009년 심야 시간대에 발생한 폭력범 발생 건수의 2.5배라고 할 때, 2010년 심야 시간대에 발생한 총 범죄 발생 건수를 고르면?

1 2 3

[표1] 시간대별 총 범죄 발생 건수 (단위: 건)

구분	2009년	2010년
심야(00:00~04:00)	838,368	(　　)
새벽(04:00~07:00)	94,166	87,811
오전(07:00~12:00)	242,713	231,321
오후(12:00~18:00)	316,751	298,739
초저녁(18:00~20:00)	113,412	113,618
밤(20:00~24:00)	414,798	396,339

[표2] 시간대별 형법범과 특별법범 발생 비율 (단위: %)

구분	2009년		2010년	
	형법범	특별법범	형법범	특별법범
심야(00:00~04:00)	50	50	60	40
새벽(04:00~07:00)	52	48	54	46
오전(07:00~12:00)	47	53	53	47
오후(12:00~18:00)	46	54	51	49
초저녁(18:00~20:00)	51	49	54	46
밤(20:00~24:00)	39	61	40	60

[그래프] 2009년 심야 시간대 형법범 세부 분류별 발생 비율 (단위: %)

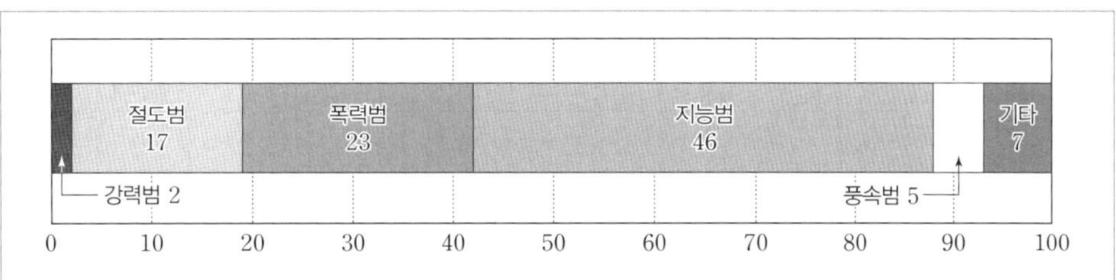

① 557,804건　② 571,059건　③ 602,577건

④ 625,317건　⑤ 650,725건

05 다음 [표]와 [그래프]는 미국 주 정부의 판매세와 11월 원 달러 환율에 관한 자료이다. A는 해외직구를 통하여 TV를 구매하려고 한다. [보기]의 내용을 바탕으로 구입하려는 물건의 원화 금액을 고르면?(단, 달러의 경우, 소수점 셋째 자리에서 반올림하고, 원 단위 미만은 절사한다.)

1 2 3

[표] 미국 각 주 판매세 (단위: %)

구분	주 판매세	지방 판매세
앨라배마 주	4.00	5.22
알래스카 주	0.00	1.76
애리조나 주	5.60	2.80
캘리포니아 주	7.25	1.43
콜로라도 주	2.90	4.82
워싱턴 D.C	6.00	0.00
플로리다 주	6.00	1.08
조지아 주	4.00	3.32
하와이	4.00	0.44
일리노이 주	6.25	2.57
미시간 주	6.00	0.00
뉴욕	4.00	4.52
노스캐롤라이나 주	4.75	2.23
오하이오 주	5.75	1.48
팬실베니아 주	6.00	0.34
사우스캐롤라이나 주	6.00	1.46
테네시 주	7.00	2.55
텍사스 주	6.25	1.94
버지니아	5.30	0.43
워싱턴	6.50	2.73

[그래프] 11월 원 달러 환율 (단위: 원)

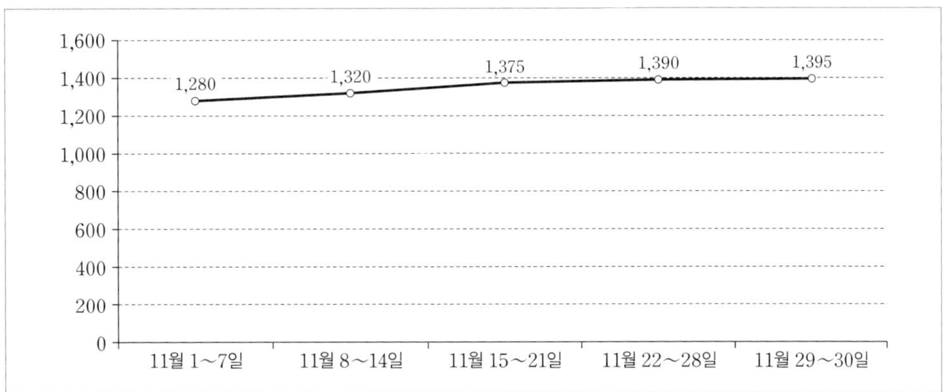

보기

- A는 블랙프라이데이(11월 25일) 딜을 통해 TV를 구매하려고 한다.
- A가 구매하려는 TV는 65″ 스마트 TV로 미국 내 판매가는 $3,786.30이다.
- 블랙프라이데이 행사로 해당 TV는 60% 할인을 한다.
- 최종 가격에 주 판매세와 지방 판매세가 합산되어 추가된다.
- 플로리다 주에 있는 배송 대행지의 주소를 이용하여 구매하여 한국으로 배송받을 예정이다.

① 2,254,232원 ② 2,631,478원 ③ 2,789,367원
④ 2,817,791원 ⑤ 3,381,335원

Ⅱ 수리능력

정답과 해설 P. 43~49

하

☑ 2023 7급 공채 PSAT 기출변형

01 다음 [표]는 4월 5일부터 4월 11일까지 종합병원 A의 날짜별 진료 실적에 관한 자료이다. 조사 기간 중 진료의사 수가 세 번째로 적은 날과 진료환자 수가 가장 많은 날의 진료의사 1인당 진료환자 수의 차이를 고르면?

1 2 3

[표] 종합병원 A의 날짜별 진료 실적

(단위: 명)

구분 / 날짜	진료의사 수	진료환자 수	진료의사 1인당 진료환자 수
4월 5일	23	782	( )
4월 6일	26	( )	38
4월 7일	( )	580	( )
4월 8일	25	700	28
4월 9일	30	1,050	35
4월 10일	15	285	( )
4월 11일	4	48	12
계	143	4,433	—

① 5명　② 6명　③ 8명
④ 10명　⑤ 11명

02 다음 [표]는 2022년 갑국 주요 수입 농산물의 수입경로별 수입량에 관한 자료이다. 이를 근거로 육로수입량 비중을 농산물별로 비교할 때, 육로수입량 비중이 두 번째로 큰 농산물과 두 번째로 작은 농산물로 옳게 짝지어진 것을 고르면?

1 2 3

[표] 2022년 갑국 주요 수입 농산물의 수입경로별 수입량

(단위: 톤)

수입경로 / 농산물	육로	해상	항공
콩	2,593	105,340	246,117
건고추	2,483	78,437	86,097
땅콩	2,260	8,219	26,146
참깨	2,024	12,986	76,812
팥	2,020	7,102	42,418

※ 1) (농산물별 수입량)=(농산물별 육로수입량)+(농산물별 해상수입량)+(농산물별 항공수입량)

2) $(\text{농산물별 육로수입량 비중})(\%)=\frac{(\text{농산물별 육로수입량})}{(\text{농산물별 수입량})}\times 100$

① 땅콩 — 콩 ② 땅콩 — 건고추 ③ 참깨 — 건고추
④ 팥 — 콩 ⑤ 팥 — 건고추

Ⅱ 수리능력

03 다음 [그림]은 2021년 7월 갑 지역의 15세 이상 인구를 대상으로 한 경제활동인구조사 결과를 정리한 자료이다. 주어진 [그림]을 바탕으로 10(A)+(B)+3(C)의 값을 고르면?

1 2 3

[그림] 2021년 7월 경제활동인구조사 결과

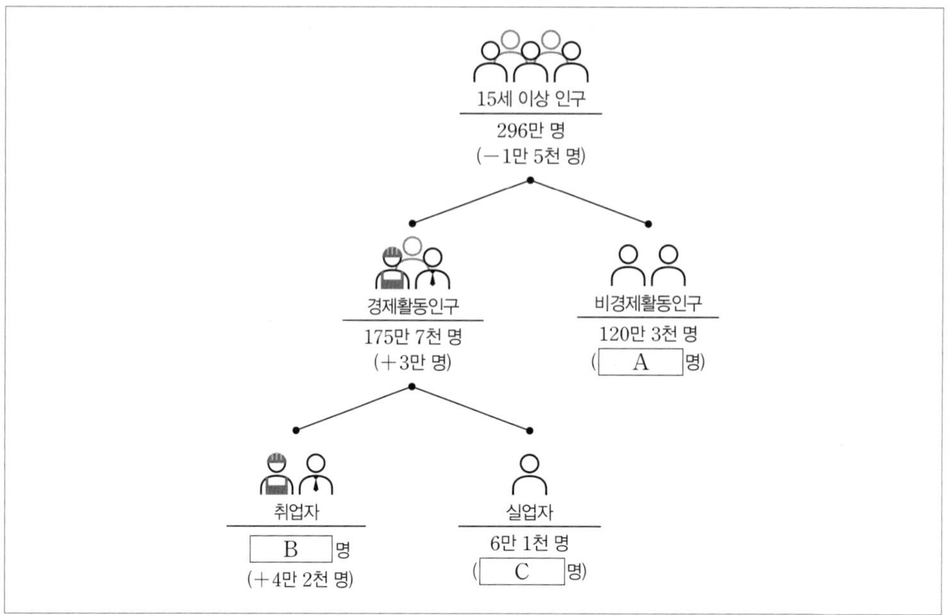

※ 단, (　　)는 2020년 7월 대비 증감 인구수임

① 121만　　② 122만　　③ 123만

④ 124만　　⑤ 125만

04 다음 [표]는 갑국의 6~9월 무역지수 및 교역조건지수에 관한 자료이다. 주어진 자료를 바탕으로 소득교역조건지수가 낮은 월부터 순서대로 나열한 것을 고르면?

1 2 3

[표1] 6~9월 무역지수

구분 / 월	수출		수입	
	수출금액지수	수출물량지수	수입금액지수	수입물량지수
6월	110.06	113.73	120.56	114.54
7월	103.54	106.28	111.33	102.78
8월	104.32	108.95	116.99	110.74
9월	105.82	110.60	107.56	103.19

※ $(\text{수출(입)물가지수})=\frac{(\text{수출(입)금액지수})}{(\text{수출(입)물량지수})}\times 100$

[표2] 6~9월 교역조건지수

구분 / 월	순상품교역조건지수	소득교역조건지수
6월	91.94	( )
7월	( )	95.59
8월	( )	98.75
9월	91.79	( )

※ $(\text{순상품교역조건지수})=\frac{(\text{수출물가지수})}{(\text{수입물가지수})}\times 100$

※ $(\text{소득교역조건지수})=\frac{(\text{수출물가지수})\times(\text{수출물량지수})}{(\text{수입물가지수})}$

① 6월－7월－8월－9월
② 6월－9월－7월－8월
③ 7월－8월－6월－9월
④ 7월－8월－9월－6월
⑤ 9월－6월－7월－8월

Ⅱ 수리능력

☑ 2021 7급 공채 PSAT 기출변형

05 다음 [표]는 최근 이사한 100가구의 이사 전후 주택 규모에 관해 조사한 결과 자료이다. 이에 대한 [보기]의 설명 중 옳지 않은 것을 모두 고르면?

1 2 3

[표] 이사 전후 주택 규모 조사 결과

(단위: 가구)

이사 후 \ 이사 전	소형	중형	대형	합
소형	15	10	( )	30
중형	( )	30	10	( )
대형	5	10	15	( )
계	( )	( )	( )	100

※ 단, 주택 규모는 '소형', '중형', '대형'으로만 구분하며, 동일한 주택 규모는 크기도 같음

보기

㉠ 이사 전후 주택 규모가 달라진 가구 수는 전체 가구 수의 40% 미만이다.
㉡ 이사 후 주택 규모가 커진 가구 수는 이사 후 주택 규모가 작아진 가구 수보다 많다.
㉢ 주택 규모가 대형인 가구 수는 이사 전과 이사 후가 같다.
㉣ 주택 규모가 이사 전 소형에서 이사 후 중형으로 달라진 가구 수와 이사 전 대형에서 이사 후 소형으로 달라진 가구 수의 차이는 5가구이다.

① ㉠, ㉡ ② ㉠, ㉣ ③ ㉡, ㉣
④ ㉢, ㉣ ⑤ ㉠, ㉡, ㉢

06 다음 [표]와 [조건]은 5월 갑국의 관측 날씨와 가~라팀의 예보 날씨 및 정확도, 임계성공지수에 관한 자료이다. 주어진 [표]와 [조건]을 바탕으로 정확도가 가장 낮은 팀의 값을 a, 임계성공지수가 가장 높은 팀의 값을 b라 하였을 때, a×b의 값을 고르면?

[표] 5월 갑국의 관측 날씨와 팀별 예보 날씨

구분 \ 날짜		1일	2일	3일	4일	5일	6일	7일	8일	9일	10일	11일	12일
관측 날씨		☔	☔	☀	☀	☔	☀	☀	☀	☀	☔	☀	☀
예보 날씨	가	☔	☔	☀	☀	☀	☀	☀	☀	☀	☔	☔	☀
	나	☔	☔	☔	☀	☔	☔	☀	☀	☔	☔	☔	☀
	다	☔	☔	☀	☀	☀	☀	☀	☀	☔	☀	☀	☀
	라	☔	☀	☀	☀	☀	☀	☀	☀	☀	☀	☀	☀

| 조건 |

- 각 팀의 예보 날씨와 실제 관측 날씨 분류표

예보 날씨 \ 관측 날씨	☔	☀
☔	H	F
☀	M	C

※ 단, H, F, M, C는 각각의 경우에 해당하는 빈도를 뜻한다. 예를 들어 가팀의 H는 3임

- 정확도 $= \frac{H+C}{H+F+M+C}$
- 임계성공지수 $= \frac{H}{H+F+M}$

① $\frac{1}{6}$ ② $\frac{3}{10}$ ③ $\frac{2}{5}$

④ $\frac{1}{2}$ ⑤ $\frac{3}{5}$

07 다음 [표]와 [정보]는 A~J지역의 지역 발전 지표에 관한 자료이다. 이를 근거로 빈칸 (가)~(마)에 들어갈 수 있는 값으로만 바르게 나열한 것을 고르면?

1 2 3

[표] A~J지역의 지역 발전 지표

(단위: %, 개)

지표 / 지역	재정 자립도	시가화 면적 비율	10만 명당 문화시설 수	10만 명당 체육시설 수	주택 노후화율	주택 보급률	도로 포장률
A	83.8	61.2	4.1	111.1	17.6	105.9	92.0
B	58.5	24.8	3.1	(다)	22.8	93.6	98.3
C	65.7	35.7	3.5	103.4	13.5	92.2	(마)
D	48.3	25.3	4.3	128.0	15.8	96.6	100.0
E	(가)	20.7	3.7	133.8	12.2	100.3	99.0
F	69.5	22.6	4.1	114.0	8.5	91.0	98.1
G	37.1	22.9	7.7	110.2	20.5	103.8	91.7
H	38.7	28.8	7.8	102.5	19.9	(라)	92.5
I	26.1	(나)	6.9	119.2	33.7	102.5	89.6
J	32.6	21.3	7.5	113.0	26.9	106.1	87.9

[정보]

- 재정자립도가 E보다 높은 지역은 A, C, F이다.
- 시가화 면적 비율이 가장 낮은 지역은 주택 노후화율이 가장 높은 지역이다.
- 10만 명당 문화시설 수가 가장 적은 지역은 10만 명당 체육시설 수가 네 번째로 많은 지역이다.
- 주택 보급률이 도로 포장률보다 낮은 지역은 B, C, D, F이다.

	(가)	(나)	(다)	(라)	(마)
①	58.6	20.9	100.9	92.9	95.4
②	60.8	19.8	102.4	92.5	92.1
③	63.5	20.1	115.7	92.0	92.5
④	65.2	20.3	117.1	92.6	96.3
⑤	65.8	20.6	118.7	93.7	91.7

중

08 다음 [표]는 갑국 신입사원에게 필요한 10개 직무 역량 중요도의 산업 분야별 현황에 관한 자료이다. 이에 대한 [보기]의 설명 중 옳은 것을 모두 고르면?

1 2 3

[표] 직무 역량 중요도의 산업 분야별 현황 (단위: 점)

산업 분야 / 직무 역량	신소재	게임	미디어	식품
의사소통능력	4.34	4.17	4.42	4.21
수리능력	4.46	4.06	3.94	3.92
문제해결능력	4.58	4.52	4.45	4.50
자기개발능력	4.15	4.26	4.14	3.98
자원관리능력	4.09	3.97	3.93	3.91
대인관계능력	4.35	4.00	4.27	4.20
정보능력	4.33	4.09	4.27	4.07
기술능력	4.07	4.24	3.68	4.00
조직이해능력	3.97	3.78	3.88	3.88
직업윤리	4.44	4.66	4.59	4.39

※ 단, 중요도는 5점 만점임

보기

㉠ 신소재 산업 분야를 제외한 남은 산업 분야의 중요도 상위 2개 직무 역량은 문제해결능력과 직업윤리이다.

㉡ 산업 분야별 직무 역량 중요도의 최댓값과 최솟값 차이가 가장 큰 분야의 자원관리능력 중요도 점수는 4점 미만이다.

㉢ 각 산업 분야에서 중요도가 가장 낮은 직무 역량은 조직이해능력이다.

㉣ 4개 산업 분야 직무 역량 중요도의 평균이 가장 높은 직무 역량은 문제해결능력이다.

① ㉠, ㉡　② ㉠, ㉢　③ ㉢, ㉣
④ ㉠, ㉡, ㉣　⑤ ㉡, ㉢, ㉣

Ⅱ 수리능력

하

09 다음 [그림]은 2020년 A기관의 조직 및 운영 현황에 관한 자료이다. 이에 대한 설명으로 옳지 않은 것을 고르면?(단, 인원수 계산은 소수점 첫째 자리에서 반올림한다.)

1 2 3

[그림] 2020년 A기관의 조직 및 운영 현황

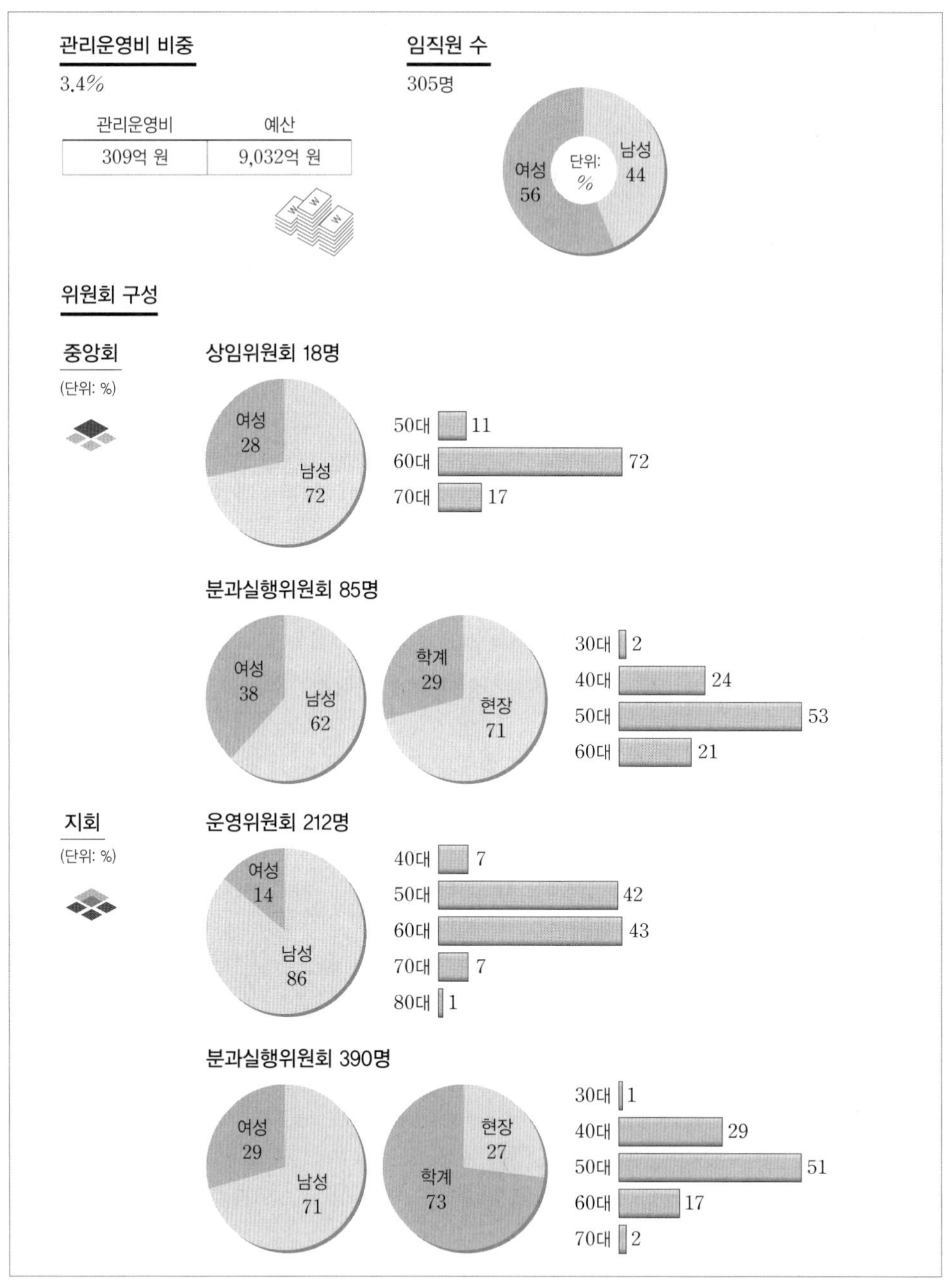

※ 중앙회는 상임위원회와 분과실행위원회로만 구성되고, 지회는 운영위원회와 분과실행위원회로만 구성됨

① 중앙회 분과실행위원회 중 현장 인원수는 50대 이상 인원수보다 많다.
② 지회 운영위원회 중 남성 인원수와 40대 인원수의 합은 200명 미만이다.
③ 중앙회 상임위원회 중 여성 인원수는 50대, 70대 인원수를 합한 값과 같다.
④ 지회 분과실행위원회 중 60대 인원수는 중앙회 분과실행위원회 중 현장 인원수보다 많다.
⑤ 관리운영비의 64%가 여성 임직원에게 사용된다고 할 때, 여성 임직원 1명에게 사용되는 평균 관리운영비는 1.1억 원 이상이다.

10 다음 [표]는 도입과 출산을 통한 반달가슴곰 복원 현황에 관한 자료이다. 이에 대한 [보기]의 설명 중 옳은 것을 모두 고르면?

1 2 3

[표] 도입과 출산을 통한 반달가슴곰 복원 현황

(단위: 개체)

구분		생존			폐사	전체	폐사 원인
			자연 적응	학습장			
도입처	러시아	13	5	8	9	22	자연사: 8 올무: 3 농약: 1 기타: 3
	북한	3	2	1	4	7	
	중국	3	0	3	1	4	
	서울대공원	6	5	1	1	7	
	청주동물원	1	0	1	0	1	
	소계	26	12	14	15	41	
출산 방식	자연 출산	41	39	2	5	46	자연사: 4 올무: 2
	증식장 출산	7	4	3	1	8	
	소계	48	43	5	6	54	
계		74	55	19	21	95	—

※ 1) (도입처(출산 방식)별 자연 적응률)(%) $= \frac{\text{(도입처(출산 방식)별 자연 적응 반달가슴곰 수)}}{\text{(도입처(출산 방식)별 전체 반달가슴곰 수)}} \times 100$

2) (도입처(출산 방식)별 생존율)(%) $= \frac{\text{(도입처(출산 방식)별 생존 반달가슴곰 수)}}{\text{(도입처(출산 방식)별 전체 반달가슴곰 수)}} \times 100$

3) (도입처(출산 방식)별 폐사율)(%) $= \frac{\text{(도입처(출산 방식)별 폐사 반달가슴곰 수)}}{\text{(도입처(출산 방식)별 전체 반달가슴곰 수)}} \times 100$

| 보기 |

ㄱ 도입처가 서울대공원인 반달가슴곰의 생존율은 자연 출산 반달가슴곰의 생존율보다 낮다.

ㄴ 도입처가 북한인 반달가슴곰의 폐사 원인 중 올무가 없다면 적어도 한 개체의 폐사 원인은 자연사이다.

ㄷ 도입을 통한 반달가슴곰의 폐사율은 전체 반달가슴곰의 폐사율보다 높다.

ㄹ 출산을 통한 반달가슴곰의 자연 적응률은 도입을 통한 반달가슴곰의 자연 적응률의 3배 이상이다.

① ㄱ, ㄷ　② ㄴ, ㄹ　③ ㄷ, ㄹ

④ ㄱ, ㄷ, ㄹ　⑤ ㄴ, ㄷ, ㄹ

03 PSAT 기출변형 Lv.2

정답과 해설 P. 49~57

중

☑ 2023 7급 공채 PSAT 기출변형

01 다음 [표]는 2022년 A~E국의 연구개발 세액감면 현황에 관한 자료이다. 이에 대한 설명으로 옳지 않은 것을 고르면?

1 2 3

[표] 2022년 A~E국의 연구개발 세액감면 현황 (단위: 백만 달러, %)

구분 국가	연구개발 세액감면액	GDP 대비 연구개발 세액감면액 비율	연구개발 총지출액 대비 연구개발 세액감면액 비율
A	3,613	0.20	4.97
B	12,567	0.07	2.85
C	2,104	0.13	8.15
D	4,316	0.16	10.62
E	6,547	0.13	4.14

① GDP는 C국이 E국보다 작다.

② 연구개발 총지출액이 가장 큰 국가는 B국이다.

③ GDP 대비 연구개발 총지출액 비율은 A국이 B국보다 낮다.

④ 연구개발 세액감면액이 가장 작은 국가의 연구개발 총지출액은 25,000백만 달러 이상이다.

⑤ GDP가 가장 큰 국가와 가장 작은 국가의 연구개발 총지출액 대비 연구개발 세액감면액 비율의 차는 5.3%p이다.

중

02 다음 [표]는 A~E지점을 연이어 주행한 갑~병 자동차의 구간별 연료 소모량 및 평균 속력에 관한 자료이다. 이에 대한 설명으로 옳지 않은 것을 고르면?

1 2 3

[표] 갑~병 자동차의 구간별 연료 소모량 및 평균 속력 (단위: km, L, km/h)

구간 \ 구분 \ 자동차(연료)	거리	갑(LPG)		을(휘발유)		병(경유)	
		연료 소모량	평균 속력	연료 소모량	평균 속력	연료 소모량	평균 속력
A → B	100	7.0	100	5.0	100	3.5	110
B → C	50	4.0	90	3.0	100	2.0	90
C → D	70	5.0	100	4.0	90	3.0	100
D → E	20	2.0	100	1.5	110	1.5	100
전체	240	( )	( )	( )	( )	( )	( )

※ 1) L당 연료비는 LPG 1,000원, 휘발유 1,700원, 경유 1,500원임

2) (주행 연비)(km/L) $= \frac{\text{(주행 거리)}}{\text{(연료 소모량)}}$

① 전체 구간 주행 시간은 병이 가장 짧다.

② 전체 구간 주행 연료비는 을이 가장 많고, 병이 가장 적다.

③ 전체 구간 주행 연비는 병이 가장 높고, 갑이 가장 낮다.

④ 갑의 A → B 구간 주행 연비는 을의 B → C 구간 주행 연비보다 낮다.

⑤ 국제 원유 가격 변동으로 인해 L당 휘발유가 100원 상승하고 경유가 200원 상승할 경우, 을의 B → D 구간 주행 연료비는 병의 C → E 구간 주행 연료비보다 5,000원 이상 높다.

03 다음 [표]는 2019년 12월 호텔 A~D의 운영 실적에 관한 자료이다. 이에 대한 [보기]의 설명 중 옳지 않은 것을 모두 고르면?

1 2 3

[표] 2019년 12월 호텔 A~D의 운영 실적

(단위: 개, 만 원)

호텔	판매 가능 객실 수	판매 객실 수	평균 객실 요금
A	3,500	1,600	40
B	3,000	2,100	30
C	1,250	1,000	20
D	1,100	990	10

※ 1) (객실 수입)=(판매 객실 수)×(평균 객실 요금)

2) (객실 판매율)(%)=$\frac{\text{(판매 객실 수)}}{\text{(판매 가능 객실 수)}}\times 100$

보기

㉠ 객실 수입이 가장 많은 호텔의 판매 가능 객실 수는 두 번째로 많다.

㉡ 객실 판매율은 호텔 C가 호텔 D보다 낮지만, 객실 수입은 호텔 C가 호텔 D보다 많다.

㉢ 판매 가능 객실당 객실 수입이 가장 적은 호텔은 C이다.

㉣ 판매 가능 객실 수가 많은 호텔일수록 객실 판매율이 낮다.

① ㉠, ㉡ ② ㉠, ㉢ ③ ㉠, ㉣

④ ㉡, ㉢ ⑤ ㉡, ㉣

Ⅱ 수리능력

중

☑ 2022 5급 공채 PSAT 기출변형

04 다음 [표]는 갑국의 2017~2021년 소년 범죄와 성인 범죄 현황에 관한 자료이다. 이에 대한 [보기]의 설명 중 옳은 것을 모두 고르면?

1 2 3

[표] 연도별 소년 범죄와 성인 범죄 현황 (단위: 명, %)

구분 / 연도	소년 범죄			성인 범죄			소년 범죄자 비율
	범죄자 수	범죄율	발생지수	범죄자 수	범죄율	발생지수	
2017년	63,145	1,172	100.0	953,064	2,245	100.0	6.2
2018년	56,962	1,132	96.6	904,872	2,160	96.2	5.9
2019년	61,162	1,246	106.3	920,760	2,112	94.1	( )
2020년	58,255	1,249	( )	878,991	2,060	( )	6.2
2021년	54,205	1,201	102.5	878,917	2,044	91.0	5.8

※ 범죄는 소년 범죄와 성인 범죄로만 구분함

※ 소년(성인) 범죄율은 전체 소년(성인) 인구 10만 명당 소년(성인) 범죄자 수를 의미함

※ 소년(성인) 범죄 발생지수는 2017년 소년(성인) 범죄율을 100.0으로 할 때, 해당 연도 소년(성인) 범죄율의 상대적인 값임

※ $(\text{소년 범죄자 비율})(\%) = \frac{(\text{소년 범죄자 수})}{(\text{소년 범죄자 수})+(\text{성인 범죄자 수})} \times 100$

| 보기 |

㉠ 2021년 전체 성인 인구는 2017년보다 많다.

㉡ 소년 범죄 발생지수가 가장 높은 해는 2019년이다.

㉢ 2021년 전체 범죄자 수는 2017년 대비 10% 이상 감소하였다.

㉣ 성인 범죄 발생지수가 가장 낮은 해에 소년 범죄자 비율도 가장 낮다.

① ㉠, ㉢　② ㉠, ㉣　③ ㉡, ㉢

④ ㉠, ㉡, ㉣　⑤ ㉡, ㉢, ㉣

05 다음 [표]는 갑국 대학 기숙사 수용 및 기숙사비 납부 방식 현황에 관한 자료이다. 이에 대한 [보기]의 설명 중 옳은 것을 모두 고르면?

1 2 3

[표1] 2019년과 2020년 대학 기숙사 수용 현황 (단위: 명, %)

대학 유형 \ 연도·구분		2020년 수용가능 인원	2020년 재학생 수	2020년 수용률	2019년 수용가능 인원	2019년 재학생 수	2019년 수용률
전체(196개교)		354,749	1,583,677	22.4	354,167	1,595,436	22.2
설립 주체	국공립(40개교)	102,025	381,309	26.8	102,906	385,245	26.7
	사립(156개교)	(　)	1,202,368	21.0	251,261	1,210,191	20.8
소재지	수도권(73개교)	122,099	672,055	18.2	119,940	676,479	(　)
	비수도권(123개교)	232,650	911,622	25.5	234,227	918,957	25.5

※ $(\text{수용률})(\%) = \frac{(\text{수용가능 인원})}{(\text{재학생 수})} \times 100$

※ 단, 수용률은 소수점 둘째 자리에서 반올림한 값임

[표2] 2020년 대학 기숙사비 납부 방식 현황 (단위: 개교)

대학 유형 \ 납부 방식·기숙사 유형		카드납부 가능 직영	카드납부 가능 민자	카드납부 가능 공공	카드납부 가능 합계	현금 분할납부 가능 직영	현금 분할납부 가능 민자	현금 분할납부 가능 공공	현금 분할납부 가능 합계
전체(196개교)		27	20	0	47	43	25	9	77
설립 주체	국공립(40개교)	20	17	0	37	18	16	0	34
	사립(156개교)	7	3	0	10	25	9	9	43
소재지	수도권(73개교)	3	2	0	5	16	8	4	28
	비수도권(123개교)	24	18	0	42	27	17	5	49

※ 각 대학은 직영, 민자, 공공 중 한 가지 유형의 기숙사만 운영함

보기

㉠ 수도권 대학의 2020년 수용률은 전년보다 낮다.
㉡ 사립 대학의 2020년 수용가능 인원은 전년 대비 1,300명 이상 증가하였다.
㉢ 카드납부와 현금 분할납부가 모두 가능한 국공립 대학은 반드시 존재한다.
㉣ 전체 직영 기숙사 중에서 카드납부가 가능한 기숙사의 비율은 35% 이상이다.

① ㉠, ㉡　② ㉠, ㉣　③ ㉡, ㉢
④ ㉡, ㉣　⑤ ㉢, ㉣

☑ 2022 7급 공채 PSAT 기출변형

06 다음 [표]는 2019~2021년 갑국의 장소별 전기차 급속충전기 수에 관한 자료이다. 이에 대한 설명으로 옳은 것을 고르면?

1 2 3

[표] 장소별 전기차 급속충전기 수

(단위: 대)

구분	장소 \ 연도	2019년	2020년	2021년
다중이용시설	쇼핑몰	807	1,701	2,701
	주유소	125	496	(　)
	휴게소	(　)	(　)	2,099
	문화시설	757	1,152	1,646
	체육시설	272	498	604
	숙박시설	79	146	227
	여객시설	64	198	378
	병원	27	98	152
	소계	2,606	5,438	8,858
일반시설	공공시설	1,595	(　)	(　)
	주차전용시설	565	898	1,275
	자동차정비소	119	303	375
	공동주택	(　)	102	221
	기타	476	499	522
	소계	2,784	4,550	6,145
전체		5,390	9,988	15,003

① 급속충전기 수는 휴게소가 문화시설보다 매년 많다.

② 전체 급속충전기 수 대비 다중이용시설 급속충전기 수의 비율은 매년 증가한다.

③ 공공시설 급속충전기 수는 주차전용시설과 쇼핑몰 급속충전기 수의 합보다 매년 많다.

④ 기타를 제외하고, 2019년 대비 2021년 급속충전기 수의 증가율이 가장 큰 장소는 공동주택이다.

⑤ 2020년 대비 2021년 다중이용시설 급속충전기 수의 증가율은 일반시설 급속충전기 수의 증가율의 1.5배 미만이다.

07 다음 [표]는 2013년과 2016년에 A~D국가 전체 인구를 대상으로 통신 가입자 현황을 조사한 자료이다. 이에 대한 설명으로 옳은 것을 고르면?

1 2 3

[표] 2013년과 2016년 국가별 통신 가입자 현황 (단위: 만 명)

국가 \ 연도/구분	2013년				2016년			
	유선 통신 가입자	무선 통신 가입자	유·무선 통신 동시 가입자	미 가입자	유선 통신 가입자	무선 통신 가입자	유·무선 통신 동시 가입자	미 가입자
A	( )	4,100	700	200	1,600	5,700	400	100
B	1,900	3,000	300	400	1,400	( )	100	200
C	3,200	7,700	( )	700	3,000	5,500	1,100	400
D	1,100	1,300	500	100	1,100	2,500	800	( )

※ 단, 유·무선 통신 동시 가입자는 유선 통신 가입자와 무선 통신 가입자에도 포함됨

① D국의 2013년 대비 2016년 인구 비율이 1.5라면, 2016년 미 가입자는 100만 명이다.

② 2013년 유선 통신만 가입한 인구와 무선 통신만 가입한 인구의 합은 B국이 D국의 3배 미만이다.

③ B국의 2013년 대비 2016년 무선 통신 가입자 수의 비율이 1.5라면, 2016년 인구는 6,500만 명이다.

④ C국의 2013년 인구 100명당 무선 통신 가입자가 77명이라면, 유·무선 통신 동시 가입자는 1,600만 명이다.

⑤ A국의 2013년 인구 100명당 유선 통신 가입자가 40명이라면, 2013년 A국의 유선 통신 가입자는 C국보다 1,000만 명 이상 적다.

Ⅱ 수리능력

중

☑ 2019 5급 공채 PSAT 기출변형

08 다음 [표]는 우리나라의 근로장려금과 자녀장려금 신청 현황에 관한 자료이다. 이에 대한 설명으로 옳지 않은 것을 고르면?

1 2 3

[표1] 연도별 전국 근로장려금 및 자녀장려금 신청 현황

(단위: 천 가구, 십억 원)

구분	근로장려금만 신청		자녀장려금만 신청		근로장려금과 자녀장려금 모두 신청			
	가구 수	금액	가구 수	금액	가구 수	금액		
						근로	자녀	소계
2011년	930	747	1,210	864	752	712	762	1,474
2012년	1,020	719	1,384	893	692	882	765	1,647
2013년	1,060	967	1,302	992	769	803	723	1,526
2014년	1,658	1,419	1,403	975	750	715	572	1,287
2015년	1,695	1,155	1,114	775	608	599	451	1,050

※ 1) 장려금은 근로장려금과 자녀장려금으로만 구성됨
2) 단일 연도에 같은 종류의 장려금을 중복 신청한 가구는 없음

[표2] 2015년 지역별 근로장려금 및 자녀장려금 신청 현황

(단위: 천 가구, 십억 원)

구분	근로장려금만 신청		자녀장려금만 신청		근로장려금과 자녀장려금 모두 신청		
	가구 수	금액	가구 수	금액	가구 수	금액	
						근로	자녀
서울	247	174	119	95	83	86	57
인천	105	72	79	52	40	39	30
경기	344	261	282	188	144	144	106
강원	71	44	42	29	23	23	17
대전	58	35	38	26	21	20	16
충북	59	36	41	29	20	20	16
충남	70	43	46	33	24	23	19
세종	4	3	4	2	2	2	1
광주	62	39	43	31	24	23	18
전북	91	59	54	40	31	30	25
전남	93	58	51	38	29	28	24
대구	93	64	59	39	33	32	23
경북	113	75	68	47	36	34	27
부산	126	88	70	45	37	35	26
울산	26	15	20	13	10	10	7
경남	109	74	79	54	40	39	30
제주	24	15	19	14	11	11	9

① 2011~2014년 동안 장려금을 신청한 가구 수와 금액은 매년 증가하였다.

② 2015년 근로장려금을 신청한 가구의 가구당 근로장려금 신청 금액은 인천과 부산이 전국보다 많다.

③ 2015년 자녀장려금만 신청한 가구 중 경기 지역 가구가 차지하는 비중과 광주 지역 가구가 차지하는 비중의 차이는 20%p 이상이다.

④ 근로장려금과 자녀장려금을 모두 신청한 가구의 가구당 장려금 총 신청 금액이 가장 많은 연도는 2012년이고, 가장 적은 연도는 2014년이다.

⑤ 2015년 각 지역에서 근로장려금과 자녀장려금을 모두 신청한 가구의 가구당 근로장려금 신청 금액은 근로장려금만 신청한 가구의 가구당 근로장려금 신청 금액보다 많다.

09 다음 [표]는 2011~2020년 산불 건수 및 산불 가해자 검거 현황과 2020년 산불 원인별 산불 건수 및 가해자 검거 현황에 관한 자료이다. 이에 대한 설명으로 옳은 것을 고르면?

1 2 3

[표1] 2011~2020년 산불 건수 및 산불 가해자 검거 현황

(단위: 건, %)

연도＼구분	산불 건수	가해자 검거 건수	검거율
2011년	277	131	47.3
2012년	197	73	(　)
2013년	296	137	46.3
2014년	492	167	33.9
2015년	623	240	38.5
2016년	391	(　)	(　)
2017년	692	305	(　)
2018년	496	231	46.6
2019년	653	239	36.6
2020년	620	246	39.7
계	(　)	1,973	(　)

[표2] 2020년 산불 원인별 산불 건수 및 가해자 검거 현황

(단위: 건, %)

산불 원인＼구분	산불 건수	가해자 검거 건수	검거율
입산자 실화	(　)	32	(　)
논밭두렁 소각	49	45	(　)
쓰레기 소각	65	(　)	(　)
담뱃불 실화	75	17	22.7
성묘객 실화	9	6	(　)
어린이 불장난	1	1	100.0
건축물 실화	54	33	61.1
기타	150	52	34.7
전체	(　)	246	39.7

※ 1) 산불 한 건은 1개의 산불 원인으로만 분류함

2) 가해자 검거 건수는 해당 산불 발생 연도를 기준으로 집계함

3) $(\text{검거율})(\%) = \frac{(\text{가해자 검거 건수})}{(\text{산불 건수})} \times 100$

① 2016년 검거율은 51% 미만이다.

② 2011~2020년 연평균 산불 건수는 500건 이상이다.

③ 2020년에는 기타를 제외하고 산불 건수가 적은 산불 원인일수록 검거율이 높다.

④ 2020년 전체 산불 건수 중 입산자 실화가 원인인 산불 건수의 비율은 35%이다.

⑤ 산불 건수가 가장 많은 연도의 검거율은 산불 건수가 가장 적은 연도의 검거율보다 낮다.

중

☑ 2019 5급 공채 PSAT 기출변형

10 다음 [표]는 2018년 갑국 도시 A~F의 폭염 주의보 발령 일수, 온열 질환자 수, 무더위 쉼터 수, 인구수에 관한 자료이다. 이에 대한 [보기]의 설명 중 옳은 것을 모두 고르면?

1 2 3

[표] 도시별 폭염 주의보 발령 일수, 온열 질환자 수, 무더위 쉼터 수, 인구수 (단위: 일, 명, 개, 만 명)

구분 / 도시	폭염 주의보 발령 일수	온열 질환자 수	무더위 쉼터 수	인구수
A	90	55	92	100
B	30	18	90	53
C	50	34	120	89
D	49	25	100	70
E	75	52	110	80
F	24	10	85	25
전체	( )	194	597	417

보기

㉠ 무더위 쉼터가 100개 이상인 도시 중 인구수가 가장 많은 도시는 C로 전체 인구수의 20% 이상을 차지한다.

㉡ 인구수가 많은 도시일수록 온열 질환자 수가 많다.

㉢ 온열 질환자 수가 가장 적은 도시와 인구수 대비 무더위 쉼터 수가 가장 많은 도시는 동일하다.

㉣ 폭염 주의보 발령 일수가 전체 도시의 폭염 주의보 발령 일수의 평균보다 많은 도시의 무더위 쉼터 수의 평균은 100개 이상이다.

① ㉠, ㉡　　② ㉠, ㉢　　③ ㉡, ㉣

④ ㉠, ㉢, ㉣　　⑤ ㉡, ㉢, ㉣

정답과 해설 P. 57~61

상

2019 5급 공채 PSAT 기출변형

01 다음 [표]는 2014~2018년 갑국의 범죄 피의자 처리 현황에 관한 자료이다. 이에 대한 설명으로 옳지 않은 것을 고르면?

1 2 3

[표] 연도별 범죄 피의자 처리 현황 (단위: 명)

구분 / 연도	처리	처리 결과		기소 유형	
		기소	불기소	정식재판 기소	약식재판 기소
2014년	33,654	14,205	( )	( )	12,239
2015년	26,397	10,962	( )	1,972	( )
2016년	28,593	12,287	( )	( )	10,050
2017년	31,096	12,057	19,039	2,619	( )
2018년	38,152	( )	( )	3,513	10,750

※ 1) 모든 범죄 피의자는 당해 연도에 처리됨
2) 범죄 피의자에 대한 처리 결과는 기소와 불기소로만 구분되며, 기소 유형은 정식재판 기소와 약식재판 기소로만 구분됨
3) $(기소율)(\%)=\frac{(기소\ 인원)}{(처리\ 인원)}\times 100$

① 2016년 불기소 인원은 정식재판 기소 인원의 7배 이상이다.

② 2018년 기소 인원은 2014년보다 증가하였지만, 기소율은 감소하였다.

③ 2015년 이후 처리 인원이 전년 대비 증가한 연도에는 불기소 인원도 증가한다.

④ 2017년과 2018년 불기소 인원의 차이는 2014년과 2017년 불기소 인원의 차이의 10배 미만이다.

⑤ 처리 인원 중 정식재판 기소 인원과 약식재판 기소 인원의 합이 차지하는 비율은 매년 50% 미만이다.

02 다음 [표]는 2013~2017년 A~E국의 건강보험 진료비에 관한 자료이다. 이에 대한 설명으로 옳지 않은 것을 고르면?

1 2 3

[표1] A국의 건강보험 진료비 발생 현황 (단위: 억 원)

구분		2013년	2014년	2015년	2016년	2017년
의료 기관	소계	341,410	360,439	390,807	419,353	448,749
	입원	158,365	160,791	178,911	190,426	207,214
	외래	183,045	199,648	211,896	228,927	241,534
약국	소계	120,969	117,953	118,745	124,897	130,844
	처방	120,892	117,881	118,678	124,831	130,775
	직접조제	77	72	66	66	69
합계		462,379	478,392	509,552	544,250	579,593

[표2] A국의 건강보험 진료비 부담 현황 (단위: 억 원)

구분	2013년	2014년	2015년	2016년	2017년
공단부담	345,652	357,146	381,244	407,900	433,448
본인부담	116,727	121,246	128,308	136,350	146,145
합계	462,379	478,392	509,552	544,250	579,593

[표3] 국가별 건강보험 진료비의 전년 대비 증가율 (단위: %)

구분	2013년	2014년	2015년	2016년	2017년
B	16.3	3.6	5.2	4.5	5.2
C	10.2	8.6	7.8	12.1	7.3
D	4.5	3.5	1.8	0.3	2.2
E	5.4	−0.6	7.6	6.3	5.5

① 2016년 건강보험 진료비의 전년 대비 증가율은 A국이 C국보다 작다.

② B국의 2012년 대비 2014년 건강보험 진료비의 비율은 1.2 이상이다.

③ 2013~2017년 동안 A~E국 모두 2017년에 건강보험 진료비가 가장 많다.

④ 2013~2017년 동안 A국 의료 기관의 입원 진료비 중 공단부담 금액은 매년 4조 원 이상이다.

⑤ 2014~2017년 동안 A국의 건강보험 진료비 중 약국의 직접조제 진료비가 차지하는 비중은 전년 대비 매년 감소한다.

03 다음 [표]는 2018~2020년 프랜차이즈 기업 A~E의 가맹점 현황에 관한 자료이다. 이에 대한 [보기]의 설명 중 옳지 않은 것을 모두 고르면?

1 2 3

[표1] 2018~2020년 기업 A~E의 가맹점 신규개점 현황 (단위: 개, %)

구분 / 연도 / 기업	신규개점 수			신규개점률	
	2018년	2019년	2020년	2019년	2020년
A	249	390	357	31.1	22.3
B	101	89	75	9.5	7.8
C	157	110	50	12.6	5.7
D	93	233	204	35.7	24.5
E	131	149	129	27.3	19.3

※ $(\text{해당 연도 신규개점률})(\%)=\frac{(\text{해당 연도 신규개점 수})}{(\text{전년도 가맹점 수})+(\text{해당 연도 신규개점 수})}\times100$

[표2] 2018~2020년 기업 A~E의 가맹점 폐점 수 현황 (단위: 개)

연도 / 기업	2018년	2019년	2020년
A	11	12	21
B	27	53	140
C	24	39	70
D	55	25	64
E	4	8	33

※ (해당 연도 가맹점 수)=(전년도 가맹점 수)+(해당 연도 신규개점 수)−(해당 연도 폐점 수)

보기

㉠ 2019년에 비해 2020년 가맹점 수가 감소한 기업은 B와 C이다.
㉡ 2018년 C의 가맹점 수는 800개 미만이고, D의 가맹점 수는 400개 미만이다.
㉢ 2020년 가맹점 수는 E가 가장 적고, A가 가장 많다.
㉣ 2018년 폐점 수 대비 신규개점 수의 비율이 가장 높은 기업의 2019년 폐점 수 대비 신규개점 수는 20개 이상이다.

① ㉠, ㉡ ② ㉠, ㉢ ③ ㉡, ㉢
④ ㉡, ㉣ ⑤ ㉢, ㉣

Ⅱ 수리능력

04 다음 [표]는 A~C가 참가한 사격 게임의 라운드별 적중률 현황에 관한 자료이다. 주어진 [표]와 [조건]을 근거로 1~5라운드 후, A의 총 적중 횟수의 최솟값과 B의 총 적중 횟수의 최솟값과 C의 총 적중 횟수의 최댓값의 합을 고르면?

1 2 3

[표] 참가자의 라운드별 적중률 현황 (단위: %)

라운드 / 참가자	1	2	3	4	5
A	20.0	( )	40.0	37.5	( )
B	100.0	50.0	( )	12.5	12.5
C	( )	62.5	80.0	( )	62.5

※ 단, 사격 게임 결과는 적중과 미적중으로만 구분함

조건

- 1라운드와 3라운드에는 각각 5발을 발사하고, 2라운드, 4라운드, 5라운드에는 각각 8발을 발사한다.
- 각 참가자의 라운드별 적중 횟수는 최소 1발부터 최대 5발까지이다.
- 참가자별로 1발만 적중시킨 라운드 횟수는 2회 이하이다.
- 각 라운드마다 참가자들의 적중 횟수가 동일하지 않다.

① 43　② 44　③ 45　④ 46　⑤ 47

05 다음 [그림]과 [조건]은 직장인 갑, 을, 병이 마일리지 혜택이 있는 알뜰교통카드를 사용하여 출근하는 방법 및 교통비에 관한 자료이다. 이에 근거하여 월간 출근 교통비를 가장 많이 지출하는 직장인과 가장 적게 지출하는 직장인의 교통비 금액 차이를 고르면?

[그림] 직장인 갑, 을, 병의 출근 방법 및 교통비 관련 정보

직장인	이동 거리 A [m]	출근 1회당 대중교통요금[원]	이동 거리 B [m]	월간 출근 횟수[회]	저소득층 여부
갑	600	3,200	200	15	O
을	500	2,300	500	22	X
병	400	1,800	200	22	O

조건

- 월간 출근 교통비

$$=\left\{\text{출근 1회당 대중교통요금}-(\text{기본 마일리지}+\text{추가 마일리지})\times\left(\frac{\text{마일리지 적용 거리}}{800}\right)\right\}$$

$\times$(월간 출근 횟수)−(회사 지원액)

- 기본 마일리지는 출근 1회당 대중교통요금에 따라 다음과 같이 지급한다.

출근 1회당 대중교통요금	2천 원 이하	2천 원 초과 3천 원 이하	3천 원 초과
기본 마일리지	250원	350원	450원

- 추가 마일리지는 저소득층에만 다음과 같이 지급한다.

출근 1회당 대중교통요금	2천 원 이하	2천 원 초과 3천 원 이하	3천 원 초과
추가 마일리지	100원	150원	200원

- 마일리지 적용 거리(m)는 출근 1회당 도보·자전거로 이동한 거리의 합이며, 최대 800m까지만 인정한다.
- 회사 지원액은 다음 기준대로 계산한 후에, 직급 가중치(사원 1.0, 대리 1.2, 과장 1.5)를 곱하여 최종 산출한다.

구분	직급	지원액	기타 특이사항
갑	대리	출근 횟수당 500원	−
을	과장	20회까지 횟수 관계없이 10,000원	21회부터 출근 횟수당 500원 추가
병	사원	출근 횟수당 200원	−

① 650원　② 755원　③ 1,350원　④ 3,025원　⑤ 5,525원

03 도표해석

필수이론 & 전략

1 대표 유형

다음 [표]는 2020년 3월 1~15일 갑의 몸무게, 섭취 및 소비 열량, 만보기 측정값, 교통수단에 관한 자료이다. 이에 대한 [보기]의 설명 중 옳은 것을 모두 고르면?

[표] 일별 몸무게, 섭취 및 소비 열량, 만보기 측정값, 교통수단 (단위: kg, kcal, 보)

구분 날짜	몸무게	섭취 열량	소비 열량	만보기 측정값	교통수단
1일	80.0	2,700	2,800	9,500	택시
2일	79.5	2,600	2,900	11,500	버스
3일	79.0	2,400	2,700	14,000	버스
4일	78.0	2,350	2,700	12,000	버스
5일	77.5	2,700	2,800	11,500	버스
6일	77.3	2,800	2,800	12,000	버스
7일	77.3	2,700	2,700	12,000	버스
8일	79.0	3,200	2,700	11,000	버스
9일	78.5	2,300	2,400	8,500	택시
10일	79.6	3,000	2,700	11,000	버스
11일	78.6	2,200	2,400	7,700	택시
12일	77.9	2,200	2,400	8,200	택시
13일	77.6	2,800	2,900	11,000	버스
14일	77.0	2,100	2,400	8,500	택시
15일	77.0	2,500	2,500	8,500	택시

| 보기 |

㉠ 택시를 이용한 날의 만보기 측정값은 9,500보 이하이다.
㉡ 버스를 이용한 날 중에서 몸무게가 바로 전날보다 감소한 날이 증가한 날보다 5일 이상 많다.
㉢ 섭취 열량이 소비 열량보다 큰 날의 만보기 측정값은 11,000보 이상이고, 몸무게는 바로 전날보다 1kg 이상 증가하였다.
㉣ 만보기 측정값이 10,000보 이상인 날은 섭취 열량이 2,400kcal 이상이다.

① ㉠, ㉡　② ㉠, ㉢　③ ㉡, ㉣
④ ㉠, ㉢, ㉣　⑤ ㉡, ㉢, ㉣

(1) 문제 구성

① 문제의 발문, ② 자료(표, 그래프 등), ③ 선택지/보기의 3단계 구성

①: 발문을 통해 옳은 것인지, 옳지 않은 것인지 확인

②: 대칭·비대칭 구조, 교차 형태의 표/막대그래프, 꺾은선 그래프 주로 출제. 자료의 제목과 항목, 단위 확인

③: 복잡한 계산 없이 쉽게 풀 수 있는 것부터 해결

(2) 출제 유형

① 비율 및 변화율 등 자료계산형 지문

② 주어진 자료에서 파악할 수 있는 정보인지를 묻는 추론·판단형 지문

2 풀이 전략

대표 유형의 문항을 바탕으로 정확하고 빠르게 해결할 수 있는 실질적인 풀이 전략을 살펴보도록 한다.

(1) 문제의 발문&자료의 항목 파악

- 발문
  - 옳은 보기를 찾는 문제이다.
- 자료의 항목
  - 몸무게, 섭취 열량, 소비 열량, 만보기 측정값, 교통수단

(2) 선택지 구조 확인

- ①, ②, ④에 ㉠이 수록 - 3개/③, ④, ⑤에 ㉣이 수록 - 3개
  - ㉠의 정오에 따라 정답은 ①, ②, ④ 또는 ③, ⑤로 결정된다.
  - ㉣의 정오에 따라 정답은 ③, ④, ⑤ 또는 ①, ②로 결정된다.

※ [보기]가 주어진 문제는 항상 '소거법' 이용

(3) 빠르게 해결할 수 있는 보기부터 접근

- 계산 없이 주어진 자료의 수치를 바탕으로 비교하여 해결할 수 있는 ㉠과 ㉣부터 해결

  ㉠ 1일, 9일, 11일, 12일, 14일, 15일의 만보기 측정값은 9,500보 이하이다. (○)

  → ㉠은 옳은 보기이므로 선택지 ③, ⑤ 소거

  ㉣ 4일의 만보기 측정값은 12,000보이지만, 섭취 열량은 2,350kcal이다. (×)

  → ㉣은 틀린 보기이므로 선택지 ④ 소거

- ㉡과 ㉢의 정오에 따라 정답이 결정되므로 ㉡과 ㉢ 중 하나의 보기만을 선택하여 해결

  ㉡ 택시를 이용한 날이 6일이므로 버스를 이용한 날은 15−6=9(일)이고, 몸무게가 바로 전날보다 감소한 날과 증가한 날의 차이는 6−2=4(일)이다. (×)

  ㉢ 섭취 열량이 소비 열량보다 큰 날은 8일과 10일로 모두 11,000보이고, 해당 날의 몸무게와 전날의 몸무게 차이를 계산하지 않아도 1kg이 넘는다는 것을 알 수 있다. (○)

∴ ㉡은 틀린 보기이고 ㉢은 옳은 보기이므로 정답은 ②이다.

중

01 다음 [그래프]는 우리나라의 연도별 인구 현황 및 장래인구 추계에 관한 자료이다. 이에 대한 설명으로 옳지 않은 것을 고르면?

1 2 3

[그래프1] 연도별 총인구 및 인구성장률 추계 (단위: 만 명, %)

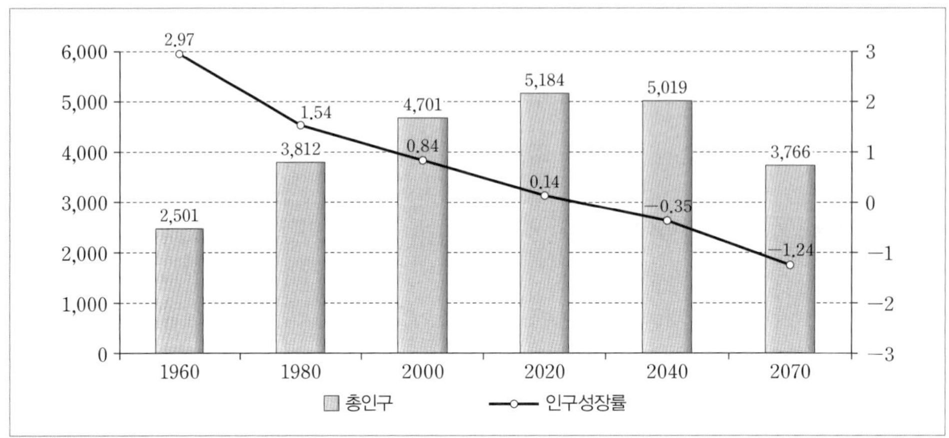

[그래프2] 연도별 출생아 수 및 사망자 수 추계 (단위: 만 명)

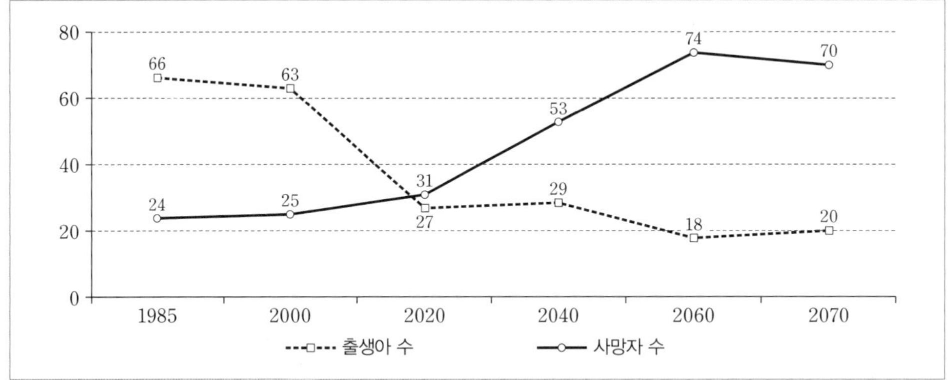

[그래프3] 연도별 인구구성비 추계 (단위: %)

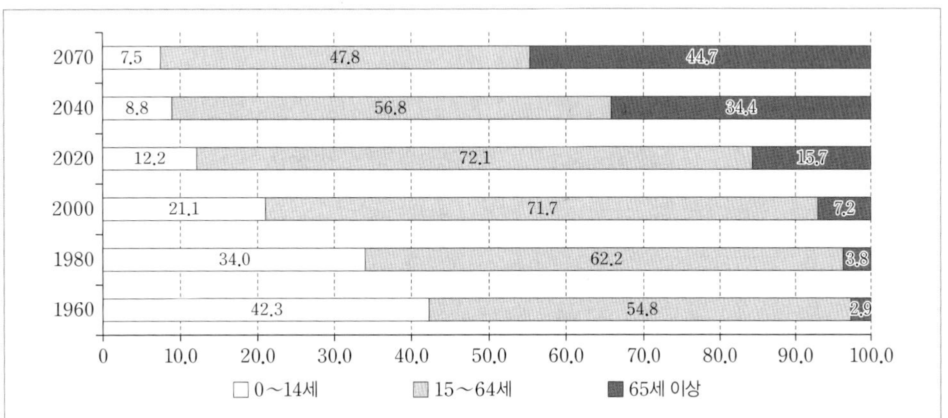

① 조사 기간 동안 2070년까지 65세 이상 인구는 꾸준히 증가한다.

② 15세 이상 65세 미만의 생산연령인구는 1980년 대비 2040년에 20% 이상 증가하였다.

③ 조사 기간 중 2000년부터 2070년까지 사망자 수의 평균은 출생아 수의 평균보다 20만 명 미만으로 높다.

④ 제시된 인구성장률이 전년 대비 자료라면, 2069년 총인구는 1979년 총인구보다 60만 명 미만으로 많다.

⑤ 2020년 대비 2070년의 출생아 수는 약 74.1% 수준으로 감소하였고, 사망자 수는 약 2.26배 수준으로 증가하였다.

02 다음 [표]는 W회사의 2018~2020년 손익 및 재무 현황을 정리한 자료이다. 이에 대한 설명으로 옳은 것을 고르면?

1 2 3

[표] 연도별 손익 및 재무 현황

(단위: 억 원, %)

구분		2018년	2019년	2020년	2019년 대비 2020년 증가	
					금액	비율
손익	영업 수익	10,485	10,658	11,187	529	5.0
	A사업	6,849	6,899	6,892	−7	−0.1
	B사업	1,445	1,584	1,999	415	26.2
	C사업	799	789	834	45	5.7
	D사업	474	521	599	78	15.0
	기타	918	865	863	−2	−0.2
	영업 비용	9,409	9,627	10,201	574	6.0
	인건비	6,272	6,465	6,907	442	6.8
	영업 이익	1,076	1,031	986	−45	−4.4
	순이익	945	552	845	293	53.1
재무	총자산	9,476	8,103	8,669	566	7.0
	자기자본	7,006	6,183	6,697	514	8.3
	자본금	2,914	2,886	2,905	19	0.7

※ (총자산)=(부채)+(자기자본)

※ (영업 이익률)(%)$=\frac{(\text{영업 이익})}{(\text{매출액})}\times100$

※ (순이익률)(%)$=\frac{(\text{순이익})}{(\text{매출액})}\times100$

※ 단, 비율은 소수점 둘째 자리에서 반올림한 값임

① 2018년 영업 이익률은 2020년 순이익률보다 10%p 이상 높다.

② 조사 기간 동안 W회사의 영업 이익률 대비 순이익률은 매년 1보다 크다.

③ 2018년 총자산에서 부채가 차지하는 비중은 자기자본에서 자본금이 차지하는 비중보다 높다.

④ 영업 수익 중 A사업을 통해 발생한 수익은 B, C, D사업을 통해 발생한 수익의 합보다 매년 2배 이상 많다.

⑤ 영업 수익 하위 항목 중 기타를 제외하면, 2019년에 전년 대비 수익이 증가한 사업 분야는 2020년에도 전년 대비 계속 증가하였다.

03 다음 [그래프]와 [표]는 2012~2020년 우리나라의 관광객 및 관광 수지 현황을 나타낸 자료이다. 이에 대한 [보기]의 설명 중 옳지 않은 것을 모두 고르면?

1 2 3

[그래프] 연도별 관광 수지 현황 (단위: 백만 달러)

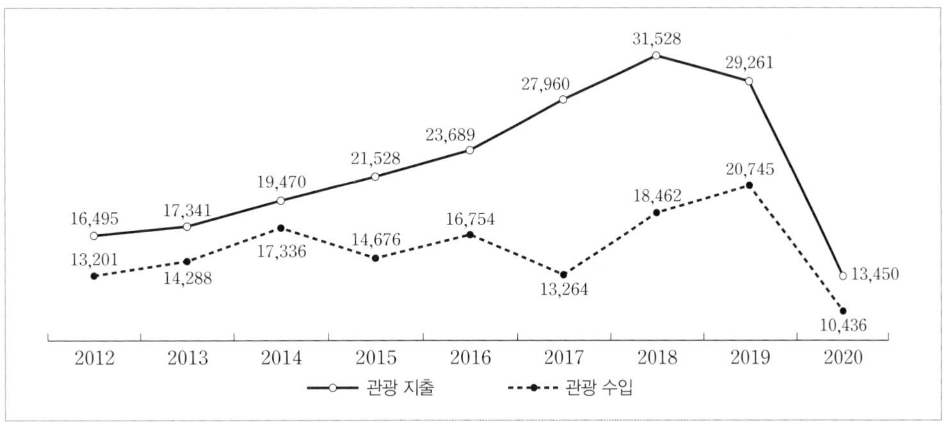

※ (관광 수지)=(관광 수입)−(관광 지출)

[표] 연도별 관광객 및 관광 수지 현황 (단위: 천 명, 백만 달러)

구분	방한 외래 관광객	국민 해외 관광객	수입액	지출액
2012년	11,140	13,737	13,201	16,495
2013년	12,176	14,846	14,288	17,341
2014년	14,202	16,081	17,336	19,470
2015년	13,232	19,310	14,676	21,528
2016년	17,242	22,383	16,754	23,689
2017년	13,336	26,496	13,264	27,960
2018년	15,347	28,696	18,462	31,528
2019년	17,503	28,714	20,745	29,261
2020년	2,519	4,276	10,436	13,450

보기

㉠ 조사 기간 동안 관광 수지가 가장 낮은 해는 2017년이다.

㉡ 2013~2020년 동안 관광 수지가 전년 대비 흑자를 보인 해는 햇수로 4개이다.

㉢ 방한 외래 관광객 수와 국민 해외 관광객 수의 차이가 가장 큰 해는 2017년이다.

㉣ 2020년에는 방한 외래 관광객 수와 국민 해외 관광객 수 모두 전년 대비 각각 85% 이상 감소하였다.

① ㉠, ㉡ ② ㉠, ㉢ ③ ㉡, ㉢

④ ㉡, ㉣ ⑤ ㉢, ㉣

04 **다음 [표]는 2021~2022년 우리나라 주요 산업별 사업체 수와 종사자 수에 관한 자료이다. 이에 대한 [보기]의 설명 중 옳은 것을 모두 고르면?**(단, 구성비와 증가율은 소수점 둘째 자리에서 반올림한 값이다.)

1 2 3

[표1] 연도별 주요 산업별 사업체 수

(단위: 개, %)

구분	2021년		2022년		증가율
		구성비		구성비	
제조업	437,024	10.7	440,766	10.6	0.9
건설업	142,840	3.5	146,293	3.5	2.4
도소매업	1,027,109	25.0	1,028,323	24.6	0.1
운수업	400,282	9.8	409,288	9.8	2.2
숙박 · 음식점업	766,315	18.7	785,706	18.8	2.5
부동산업	160,152	3.9	168,481	4.0	(A)
전문 · 과학 · 기술업	112,301	2.7	118,129	2.8	5.2
교육서비스업	189,800	(B)	193,790	4.6	2.1
보건 · 사회복지업	147,452	3.6	150,659	3.6	2.2
사업시설 · 지원업	70,542	1.7	73,282	1.8	3.9
전체	4,103,172	100.0	4,176,549	100.0	1.8

[표2] 연도별 주요 산업별 종사자 수

(단위: 명, %)

구분	2021년		2022년		증가율
		구성비		구성비	
제조업	4,105,871	18.5	4,123,817	18.1	0.4
건설업	1,481,673	6.7	1,504,466	6.6	1.5
도소매업	3,250,867	14.6	3,289,652	14.5	1.2
운수업	1,145,752	5.2	1,155,965	5.1	0.9
숙박 · 음식점업	2,326,716	10.5	2,384,828	10.5	2.5
부동산업	520,591	2.3	537,841	2.4	3.3
전문 · 과학 · 기술업	1,073,828	4.8	1,132,049	5.0	(C)
교육서비스업	1,630,311	7.3	1,672,443	7.4	2.6
보건 · 사회복지업	1,902,052	8.6	2,033,034	8.9	6.9
사업시설 · 지원업	1,187,986	5.3	1,192,036	5.2	0.3
전체	22,234,776	100.0	22,723,272	100.0	2.2

[표3] 조직 형태별 사업체 수 및 종사자 수 (단위: 개, 명, %)

구분	사업체 수			종사자 수		
	2021년	2022년		2021년	2022년	
			증가율			증가율
개인사업체	3,245,411	3,276,822	1.0	8,272,436	8,413,151	( )
회사법인	594,173	624,739	(D)	9,934,168	10,022,163	( )
회사이외법인	130,272	136,653	4.9	3,366,656	3,546,321	( )
비법인단체	133,316	138,335	3.8	661,516	741,637	12.1

| 보기 |

㉠ 빈칸 (A)~(D)의 값 중 가장 큰 것은 (C)이다.

㉡ 2021년 1개 사업체당 종사자 수는 도소매업보다 숙박 · 음식점업이 더 많다.

㉢ 2021년 대비 2022년에 사업체 수가 5,000개 이상 증가한 산업의 수는 5개이다.

㉣ 조직 형태별로 구분할 때, 회사이외법인의 2021년 대비 2022년 종사자 수 증가율이 두 번째로 높다.

① ㉠, ㉣ ② ㉡, ㉢ ③ ㉢, ㉣

④ ㉠, ㉡, ㉢ ⑤ ㉠, ㉡, ㉣

상

05 **다음 [표]는 2014~2020년 노동 생산성 관련 지수를 조사한 자료이다. 이에 대한 [보기]의 설명 중 옳은 것을 모두 고르면?**(단, 계산 시 소수점 둘째 자리에서 반올림한다.)

1 2 3

[표] 연도별 노동 생산성 관련 지수

구분	2014년	2015년	2016년	2017년	2018년	2019년	2020년
노동 생산성 지수	96.1	91.4	(A)	(B)	103.1	102.4	(E)
산출량 지수	100.8	(C)	104.6	112	119	(D)	127.1
노동 투입량 지수	104.9	110.6	111.8	(　)	115.4	121.4	(　)
근로자 수 지수	102.8	105.3	107.5	109.4	111	113.5	(　)
근로 시간 지수	102	105	104	102	104	107	(　)

※ 모든 지수의 기준치는 2013년을 100으로 했을 때를 의미함

※ (노동 생산성 지수)$=\frac{(\text{산출량 지수})}{(\text{노동 투입량 지수})}\times100$

※ (노동 투입량 지수)$=\frac{(\text{근로자 수 지수})\times(\text{근로 시간 지수})}{100}$

| 보기 |

㉠ (A)<100이고, (B)>100이다.

㉡ (C)+23<(D)이다.

㉢ 근로 시간 지수와 근로자 수 지수가 각각 4년 주기로 일정한 추세의 증감이 2020년까지 반복되었다면, 빈칸 (E)의 값은 103.7이다.

① ㉠　② ㉡　③ ㉢　④ ㉠, ㉡　⑤ ㉠, ㉡, ㉢

정답과 해설 P. 65~71

하

☑ 2020 민간경력자 PSAT 기출변형

01 다음 [그래프]는 W경제포럼이 발표한 25개 글로벌 리스크의 분류와 영향도 및 발생 가능성 지수에 관한 자료이다. 이에 대한 설명으로 옳지 않은 것을 고르면?

1 2 3

[그래프] 글로벌 리스크의 분류와 영향도 및 발생 가능성 지수

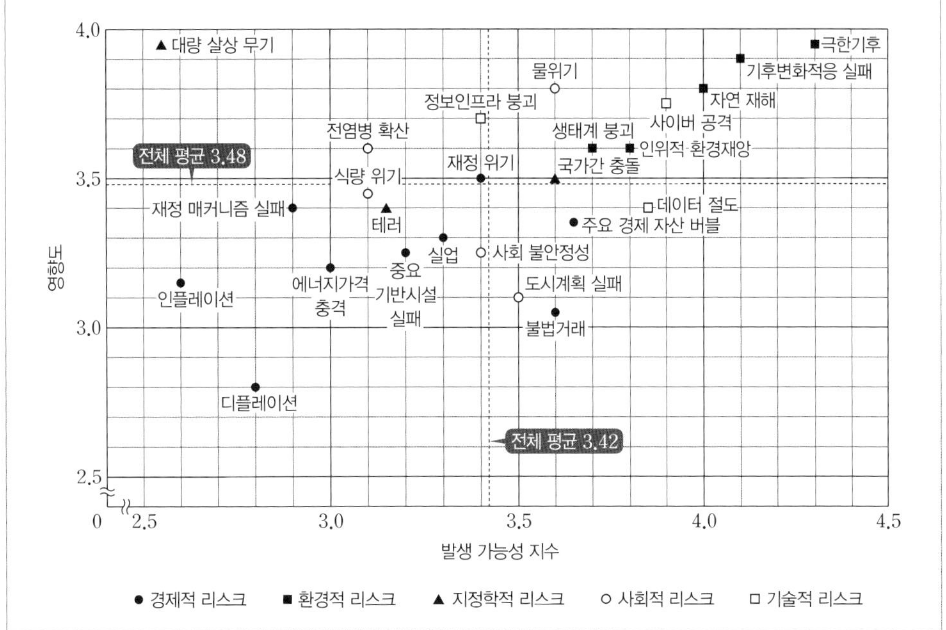

① 에너지가격 충격의 영향도 대비 발생 가능성 지수의 비는 1 이하이다.

② 모든 환경적 리스크의 발생 가능성 지수 대비 영향도의 비는 1 이하이다.

③ 모든 환경적 리스크는 영향도와 발생 가능성 지수가 각각의 전체 평균 이상이다.

④ 영향도와 발생 가능성 지수의 차이가 가장 큰 글로벌 리스크는 대량 살상 무기로, 영향도 대비 발생 가능성 지수의 비가 가장 크다.

⑤ 영향도와 발생 가능성 지수가 각각의 전체 평균 이하인 경제적 리스크의 수는 영향도나 발생 가능성 지수가 각각의 전체 평균 이상인 경제적 리스크의 수보다 많다.

하

02 다음 [정보]와 [그림]은 갑국의 2010년, 2020년 구획별 토지 이용 유형 현황을 보여주는 자료이다. 이에 대한 [보기]의 설명 중 옳은 것을 모두 고르면?

1 2 3

> [정보]
> - 갑국은 36개의 정사각형 구획으로 이루어져 있고, 각 구획의 토지 면적은 동일하다.
> - 갑국 각 구획의 토지 이용 유형은 도시, 수계, 산림, 농지, 나지로만 구성된다.

[그림] 2010년, 2020년 구획별 토지 이용 유형 현황

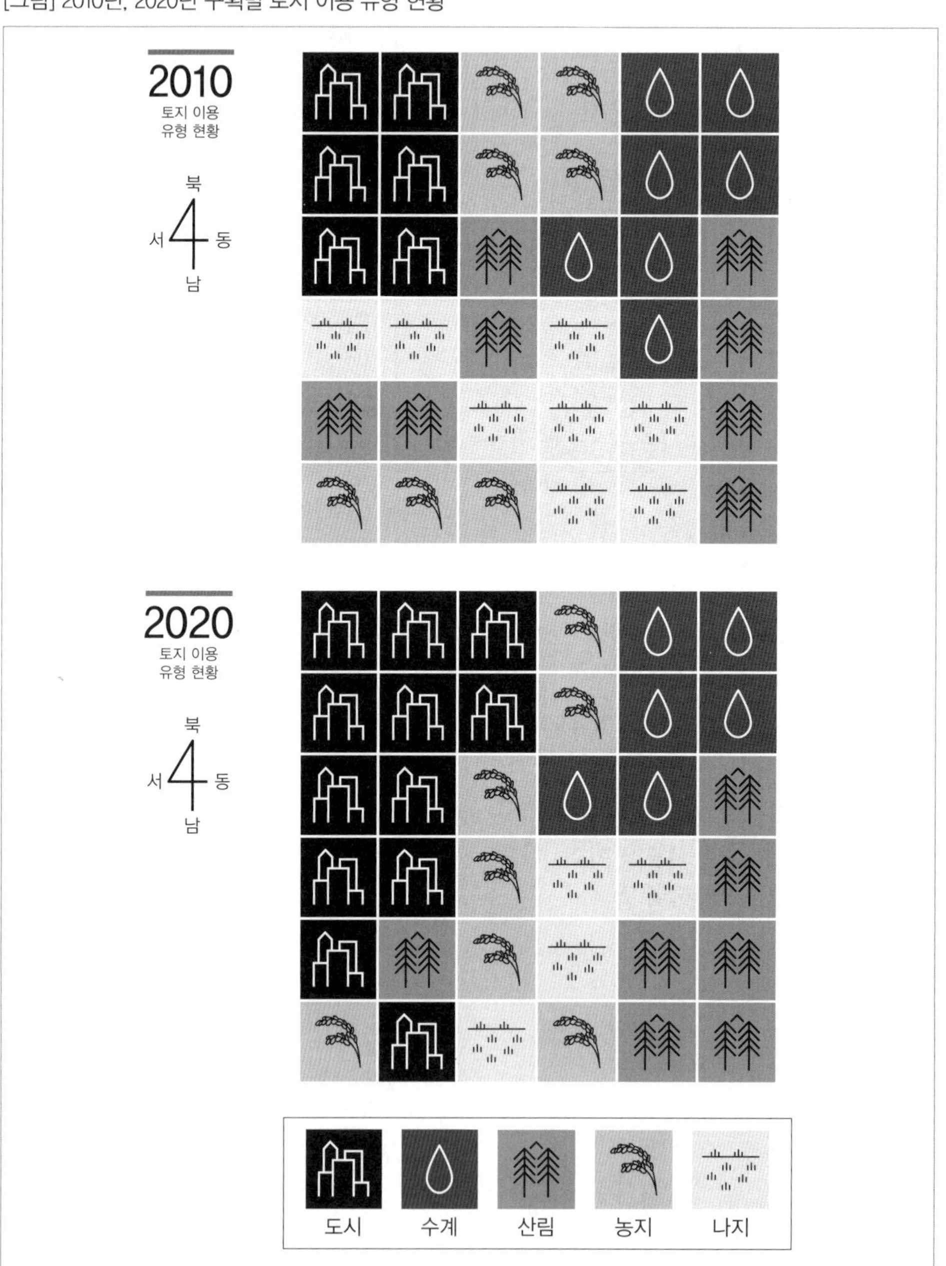

보기

㉠ 2010년에 농지였던 구획은 2020년에 총 2가지 유형이 되었다.

㉡ 5개의 토지 이용 유형 중 2020년 면적이 2010년보다 넓은 유형의 수가 좁은 유형의 수보다 적다.

㉢ 5개의 토지 이용 유형 중 2020년에 동일 유형의 토지가 가로, 세로 방향으로 모두 연결된 유형은 수계 단 하나이다.

㉣ 2010년에 산림이었던 구획이 2020년에도 산림으로 남은 비율은 2010년에 나지였던 구획이 2020년에는 다른 유형으로 변경된 비율보다 낮다.

① ㉠, ㉡　② ㉡, ㉣　③ ㉢, ㉣

④ ㉠, ㉡, ㉢　⑤ ㉡, ㉢, ㉣

Ⅱ 수리능력

03 다음 [표]는 2022년 갑국의 운전면허 종류별 응시자 및 합격자 수에 관한 자료이다. 이에 대한 설명으로 옳지 않은 것을 고르면?

1 2 3

[표] 갑국의 운전면허 종류별 응시자 및 합격자 수 (단위: 명)

종류 \ 구분		응시자			합격자		
			남자	여자		남자	여자
전체		71,976	56,330	15,646	44,012	33,150	10,862
1종		( )	( )	1,316	16,550	15,736	814
	대형	4,199	4,149	50	995	991	4
	보통	24,388	23,133	1,255	15,346	14,536	810
	특수	920	909	11	209	209	0
2종		( )	( )	14,330	27,462	17,414	10,048
	보통	39,312	25,047	14,265	26,289	16,276	10,013
	소형	1,758	1,753	5	350	349	1
	원동기	1,399	1,339	60	823	789	34

※ (합격률)(%) $=\frac{\text{(합격자 수)}}{\text{(응시자 수)}}\times 100$

① 2종 보통 면허 불합격률은 30% 이상이다.

② 2종 면허 응시자 수는 1종 면허 응시자 수의 2배 미만이다.

③ 전체 응시자의 합격률은 전체 남자 응시자의 합격률보다 높다.

④ 1종 면허 남자 응시자 수는 2종 면허 남자 응시자 수보다 적다.

⑤ 여자의 1종 대형 면허 합격률은 여자의 2종 소형 면허 합격률보다 낮다.

04 다음 [표]는 학생 갑~무의 중간고사 3개 과목 점수에 관한 자료이다. 이에 대한 [보기]의 설명 중 옳은 것을 모두 고르면?

1 2 3

[표] 갑~무의 중간고사 3개 과목 점수

(단위: 점)

과목 \ 학생 / 성별	갑	을	병	정	무
	남	여	( )	여	남
국어	90	85	60	95	75
영어	90	85	100	65	100
수학	75	70	85	100	100

보기

㉠ 국어 평균 점수는 80점 이상이며, 수학 평균 점수와 5점 차이가 난다.

㉡ 3개 과목 평균 점수가 두 번째로 높은 학생과 가장 낮은 학생의 평균 점수 차이는 10점 이상이다.

㉢ 국어, 영어, 수학 점수에 각각 0.4, 0.2, 0.4의 가중치를 곱한 점수의 합이 가장 큰 학생은 정이다.

㉣ 갑~무의 성별 수학 평균 점수는 남학생이 여학생보다 높다.

① ㉠, ㉢ ② ㉠, ㉣ ③ ㉡, ㉢

④ ㉠, ㉢, ㉣ ⑤ ㉡, ㉢, ㉣

05 다음 [표]는 재해위험지구 갑, 을, 병 지역을 대상으로 정비사업 투자의 우선순위를 결정하기 위한 자료이다. 편익, 피해액, 재해발생위험도 3개 평가 항목 점수의 합이 큰 지역일수록 우선순위가 높다. 이에 대한 설명으로 옳지 않은 것을 고르면?

1 2 3

[표1] 갑~병 지역의 평가 항목별 등급

평가 항목 / 지역	편익	피해액	재해발생위험도
갑	C	A	B
을	B	D	A
병	A	B	C

[표2] 평가 항목의 등급별 배점 (단위: 점)

평가 항목 / 등급	편익	피해액	재해발생위험도
A	10	15	25
B	8	12	17
C	6	9	10
D	4	6	0

① 재해발생위험도 점수가 높은 지역일수록 우선순위가 높다.
② 피해액 점수와 재해발생위험도 점수의 합이 가장 큰 지역은 갑이다.
③ 갑 지역의 편익 등급이 B로 변경되면, 우선순위가 가장 높은 지역은 갑이다.
④ 편익:피해액:재해발생위험도의 점수를 3:5:2의 비율로 적용해도 우선순위는 변경되지 않는다.
⑤ 우선순위가 가장 높은 지역과 가장 낮은 지역의 피해액 점수 차이는 재해발생위험도 점수 차이보다 작다.

06 다음 [표]는 2017~2022년 갑국의 병해충 발생면적에 관한 자료이다. 이에 대한 [보기]의 설명 중 옳은 것을 모두 고르면?

1 □
2 □
3 □

[표] 연도별 갑국의 병해충 발생면적

(단위: ha)

병해충 \ 연도	2017년	2018년	2019년	2020년	2021년	2022년
흰불나방	35,964	32,235	29,325	29,332	28,522	32,627
솔잎혹파리	35,707	38,976	( )	27,530	27,638	20,840
솔껍질깍지벌레	4,043	7,718	6,380	( )	3,566	3,497
참나무시들음병	1,733	1,636	1,576	1,560	1,240	( )
전체	77,447	( )	69,812	63,446	60,966	58,451

보기

ㄱ 2019~2022년 동안 발생면적이 매년 감소한 병해충은 두 종류이다.
ㄴ 조사 기간 동안 전체 병해충 발생면적은 지속적으로 감소하고 있다.
ㄷ 2019년 솔잎혹파리 발생면적은 조사 기간 중 세 번째로 솔껍질깍지벌레 발생면적이 넓은 해의 참나무시들음병 발생면적의 20배 이상이다.
ㄹ 2022년 병해충 발생면적의 전년 대비 증가율은 참나무시들음병이 흰불나방보다 낮다.

① ㄱ
② ㄷ
③ ㄴ, ㄹ
④ ㄷ, ㄹ
⑤ ㄱ, ㄷ, ㄹ

Ⅱ 수리능력

07 다음 [그래프]와 [표]는 지역별 고령 인구 및 고령 인구 비율의 현황과 전망에 관한 자료이다. 이에 대한 [보기]의 설명 중 옳은 것을 모두 고르면?

1
2
3

[그래프] 2019년 지역별 고령 인구 및 고령 인구 비율 현황 (단위: 천 명, %)

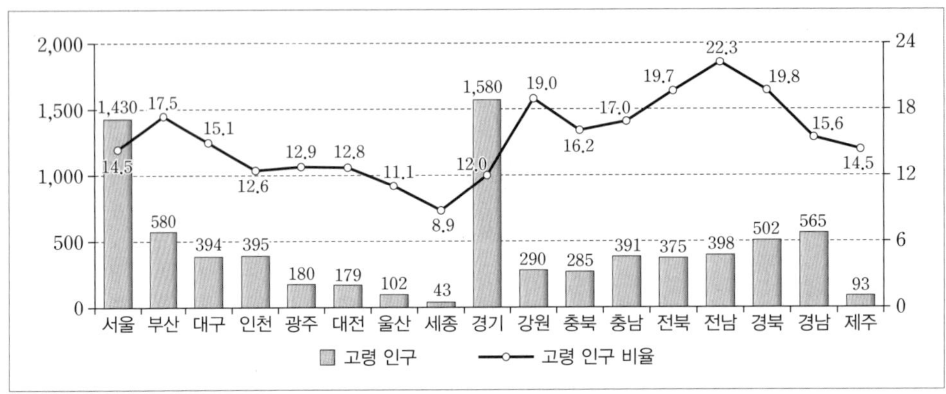

※ (고령 인구 비율)(%) $=\frac{(\text{고령 인구})}{(\text{인구})}\times 100$

[표] 지역별 고령 인구 및 고령 인구 비율 전망 (단위: 천 명, %)

지역 \ 연도/구분	2025년		2035년		2045년	
	고령 인구	고령 인구 비율	고령 인구	고령 인구 비율	고령 인구	고령 인구 비율
서울	1,862	19.9	2,540	28.4	2,980	35.3
부산	784	24.4	1,004	33.4	1,089	39.7
대구	494	21.1	691	31.2	784	38.4
인천	550	18.4	867	28.4	1,080	36.3
광주	261	18.0	377	27.3	452	35.2
대전	270	18.4	392	27.7	471	35.0
울산	193	17.3	302	28.2	352	35.6
세종	49	11.6	97	18.3	153	26.0
경기	2,379	17.0	3,792	26.2	4,783	33.8
강원	387	25.6	546	35.9	649	43.6
충북	357	21.6	529	31.4	646	39.1
충남	488	21.5	714	30.4	897	38.4
전북	441	25.2	587	34.7	683	42.5
전남	475	27.4	630	37.1	740	45.3
경북	673	25.7	922	36.1	1,064	43.9

경남	716	21.4	1,039	31.7	1,230	39.8
제주	132	18.5	208	26.9	275	34.9
전국	10,511	20.3	15,237	29.5	18,328	37.0

※ 특별시: 서울
※ 광역시: 부산, 대구, 인천, 광주, 대전, 울산
※ 특별자치시: 세종
※ 도: 경기, 강원, 충북, 충남, 전북, 전남, 경북, 경남
※ 특별자치도: 제주

보기

㉠ 2045년 서울의 인구는 2019년보다 적다.
㉡ 2045년 고령 인구 비율이 40% 미만인 도는 5곳이다.
㉢ 2025년, 2035년, 2045년 각각의 고령 인구 비율 하위 3개 지역은 모두 동일하다.
㉣ 2019년 고령 인구 비율이 가장 높은 지역의 2035년 고령 인구는 전국 고령 인구 대비 5% 미만이다.

① ㉠, ㉡　② ㉠, ㉢　③ ㉠, ㉣
④ ㉡, ㉢　⑤ ㉡, ㉣

Ⅱ 수리능력

08 다음 [그래프]와 [표]는 갑국을 포함한 주요 10개국의 학업성취도 평가에 관한 자료이다. 이에 대한 설명으로 옳은 것을 고르면?

1 2 3

[그래프] 1998~2018년 갑국의 성별 학업성취도 평균 점수 (단위: 점)

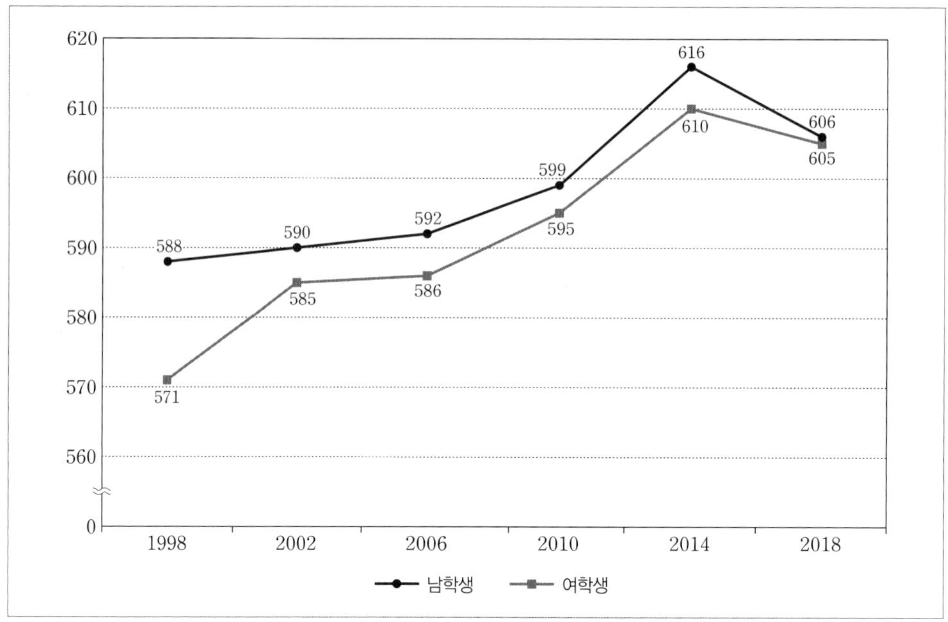

※ 단, 학업성취도 평균 점수는 소수점 첫째 자리에서 반올림한 값임

[표] 2018년 주요 10개국의 학업성취도 평균 점수 및 점수대별 누적 학생 비율 (단위: 점, %)

구분 국가	평균 점수	학업성취도 점수대별 누적 학생 비율			
		625점 이상	550점 이상	475점 이상	400점 이상
A	621	54	81	94	99
갑	606	43	75	93	99
B	599	42	72	88	97
C	594	37	75	92	98
D	586	34	67	89	98
E	538	14	46	78	95
F	528	12	41	71	91
G	527	7	39	78	96
H	523	7	38	76	94
I	518	10	36	69	93

※ 단, 학업성취 수준은 수월 수준(625점 이상), 우수 수준(550점 이상 625점 미만), 보통 수준(475점 이상 550점 미만), 기초 수준(400점 이상 475점 미만), 기초 수준 미달(400점 미만)로 구분됨

① 갑국의 평균 점수는 2018년이 2014년보다 높다.

② 2018년 우수 수준의 학생 비율은 E국이 B국보다 낮다.

③ 2018년 주요 10개 국가의 수월 수준의 학생 비율과 평균 점수는 비례한다.

④ 2014년의 갑국 남학생과 여학생의 평균 점수 차이는 1998년의 절반 이상이다.

⑤ 2018년 주요 10개 국가 중 기초 수준 미달의 학생 비율이 가장 높은 국가는 F국이다.

09 다음 [표]는 성인 남녀 1,500명을 대상으로 탈모 증상 경험 여부와 탈모 증상 경험자의 탈모 증상 완화 시도 여부 및 방법에 관해 설문조사한 결과 자료이다. 이에 대한 설명으로 옳지 않은 것을 고르면?

1 2 3

[표1] 탈모 증상 경험 여부

(단위: 명, %)

구분			응답자 수	탈모 증상 경험 여부	
				있음	없음
성별		남성	743	28.8	71.2
		여성	757	15.2	84.8
연령대		20대	259	4.6	95.4
		30대	253	12.6	87.4
		40대	295	21.4	78.6
		50대	301	25.6	74.4
		60대	392	37.0	63.0
성별·연령대	남성	20대	136	5.1	94.9
		30대	130	16.2	83.8
		40대	150	30.0	70.0
		50대	151	35.8	64.2
		60대	176	49.4	50.6
	여성	20대	123	4.1	95.9
		30대	123	8.9	91.1
		40대	145	12.4	87.6
		50대	150	15.3	84.7
		60대	216	26.9	73.1

※ 1) 단, 무응답과 복수 응답은 없음
2) [표1]의 '탈모 증상 경험 여부' 수치는 소수점 둘째 자리에서 반올림한 값임

[표2] 탈모 증상 경험자의 탈모 증상 완화 시도 여부 및 방법 (단위: 명, %)

구분		응답자 수	탈모 증상 완화 시도 방법					시도 하지 않음
			모발 관리 제품 사용	민간 요법	치료제 구입	병원 진료	미용실 탈모 관리	
성별	남성	214	38.8	14.0	9.8	8.9	4.2	49.1
	여성	115	45.2	7.0	2.6	4.3	11.3	44.3
연령대	20대	12	50.0	0.0	16.7	16.7	16.7	0.0
	30대	32	62.5	12.5	6.3	9.4	9.4	25.0
	40대	63	52.4	7.9	6.3	12.7	7.9	36.5
	50대	77	46.8	15.6	10.4	5.2	10.4	39.0
	60대	145	26.2	11.7	6.2	4.1	2.8	62.8
부모의 탈모 경험 여부	있음	236	47.0	14.8	8.1	7.2	8.9	41.1
	없음	93	24.7	4.3	7.5	7.5	1.1	62.4
탈모 증상의 심각성	심각함	150	45.3	16.0	13.3	13.3	10.0	34.0
	심각하지 않음	179	36.9	7.8	2.8	2.2	2.8	58.1

※ 1) 단, 무응답은 없으며, 탈모 증상 완화 시도 방법에 대한 복수 응답을 허용함
2) [표2]의 '탈모 증상 완화 시도 방법'과 '시도하지 않음' 수치는 소수점 둘째 자리에서 반올림한 값임

① 남녀 각각 연령대가 높을수록 탈모 증상 경험자의 비율도 높다.

② 탈모 증상 경험자의 연령대가 낮을수록 탈모 증상 완화를 시도한 응답자의 비율이 높다.

③ 탈모 증상이 심각하다고 한 응답자 중 부모의 탈모 경험이 있다고 한 응답자는 57명 이상이다.

④ 탈모 증상 경험자 중 탈모 증상 완화 시도 방법으로 미용실 탈모 관리를 받았다고 한 응답자의 수는 남성이 여성보다 많다.

⑤ 탈모 증상 경험자 중 50대 응답자의 비율은 20% 이상이고, 부모의 탈모 경험이 있다고 한 응답자의 비율은 70% 이상이다.

☑ 2022 7급 공채 PSAT 기출변형

10 다음 [표]는 2021년 A시에서 개최된 철인3종경기 기록을 정리한 자료이다. 이에 대한 설명으로 옳지 않은 것을 고르면?

1 2 3

[표] A시 개최 철인3종경기 기록

(단위: 시간)

종합 기록 순위	국적	종합	수영	T1	자전거	T2	달리기
1	러시아	9:22:28	0:48:18	0:02:43	5:04:50	0:02:47	3:23:50
2	브라질	9:34:36	0:57:44	0:02:27	5:02:30	0:01:48	3:30:07
3	대한민국	9:37:41	1:04:14	0:04:08	5:04:21	0:03:05	3:21:53
4	대한민국	9:42:03	1:06:34	0:03:33	5:11:01	0:03:33	3:17:22
5	대한민국	9:43:50	(　)	0:03:20	5:00:33	0:02:14	3:17:24
6	일본	9:44:34	0:52:01	0:03:28	5:25:59	0:02:56	3:20:10
7	러시아	9:45:06	1:08:32	0:03:55	5:07:46	0:03:02	3:21:51
8	독일	9:46:48	1:03:49	0:03:53	4:59:20	0:03:00	(　)
9	영국	(　)	1:07:01	0:03:37	5:07:07	0:03:55	3:26:27
10	중국	9:48:18	1:02:28	0:03:29	(　)	0:03:47	3:22:25

※ 1) 기록 '1:01:01'은 1시간 1분 1초를 의미함
2) 'T1', 'T2'는 각각 '수영'에서 '자전거', '자전거'에서 '달리기'로 전환하는 데 걸리는 시간임
3) 경기 참가 선수는 10명뿐이고, 기록이 짧을수록 순위가 높음

① 달리기 기록 상위 3명 중 대한민국 국적인 선수는 2명이다.

② 자전거 기록 하위 3명의 T1 기록 순위는 모두 7위 안에 든다.

③ 수영 기록이 한 시간 이하인 선수는 T2 기록이 모두 3분 미만이다.

④ 종합 기록 순위 10위인 선수의 수영 기록 순위는 수영 기록과 T1 기록의 합산 기록 순위와 다르다.

⑤ 종합 기록 순위 2~10위인 선수 중 종합 기록 순위가 한 단계 더 높은 선수와의 종합 기록 차이가 1분 미만인 선수는 3명뿐이다.

정답과 해설 P. 71~79

중

☑ 2020 민간경력자 PSAT 기출변형

01 다음 [표]는 2017~2019년 갑 대학의 A~E 장학금 유형별 지급 현황에 관한 자료이다. 이에 대한 [보기]의 설명 중 옳은 것을 모두 고르면?

1 2 3

[표] 연도별 갑 대학의 장학금 유형별 지급 현황 (단위: 명, 백만 원)

학기		장학금 유형 / 구분	A	B	C	D	E
2017년	1학기	장학생 수	112	22	66	543	2,004
		장학금 총액	404	78	230	963	2,181
	2학기	장학생 수	106	26	70	542	1,963
		장학금 총액	379	91	230	969	2,118
2018년	1학기	장학생 수	108	21	79	555	1,888
		장학금 총액	391	74	273	989	2,025
	2학기	장학생 수	112	20	103	687	2,060
		장학금 총액	404	70	355	1,216	2,243
2019년	1학기	장학생 수	110	20	137	749	2,188
		장학금 총액	398	70	481	1,330	2,379
	2학기	장학생 수	104	20	122	584	1,767
		장학금 총액	372	70	419	1,039	1,904

※ 단, 갑 대학의 학기는 매년 1학기와 2학기만 존재함

| 보기 |

㉠ 2019년에 모든 장학금 유형에서 2학기 장학생 수와 장학금 총액은 1학기 장학생 수와 장학금 총액 이하이다.

㉡ 2017년 1학기와 2019년 2학기의 유형별 장학생 1인당 장학금 순위는 동일하다.

㉢ B유형을 제외하고 모든 유형에서 장학생 수가 가장 많은 학기가 동일하다.

㉣ 2018년 1학기에 비해 2학기 장학금 총액이 가장 많이 증가한 장학금 유형의 1학기와 2학기 장학금 총액 차이는 2억 1천 8백만 원이다.

① ㉠, ㉡ ② ㉠, ㉢ ③ ㉠, ㉣

④ ㉡, ㉣ ⑤ ㉢, ㉣

Ⅱ 수리능력

중

02 다음 [표]는 상표심사 목표조정계수와 상표심사과 직원의 인사 발령에 관한 자료이다. 이에 대한 [보기]의 설명 중 옳은 것을 모두 고르면?

1 2 3

[표1] 상표심사과 근무 월수별 상표심사 목표조정계수

교육 이수 여부	직급	자격증 유무	1개월 차	2개월 차	3개월 차	4개월 차	5개월 차	6개월 차	7개월 차 이후
이수	일반직 5·6급	유	0.3	0.4	0.6	0.8	0.9	1.0	1.0
		무	0.3	0.3	0.4	0.6	0.8	0.9	
	경채 5·6급		0.2	0.3	0.3	0.5	0.5	0.5	
미이수			직급과 자격증 유무가 동일한 교육 이수자의 근무 월수에 해당하는 상표심사 목표조정계수의 70%						

※ (상표심사 목표점수)(점)=150(점)×(상표심사 목표조정계수)

[표2] 상표심사과 인사 발령 명단

이름 \ 구분	교육 이수 여부	직급	자격증 유무
최연중	이수	일반직 6급	무
권순용	이수	경채 6급	무
정민하	미이수	일반직 5급	유
안필성	미이수	경채 5급	무

| 보기 |

㉠ 근무 3개월 차 상표심사 목표점수가 높은 사람부터 순서대로 나열하면 정민하, 최연중, 권순용, 안필성이다.

㉡ 정민하가 최연중보다 상표심사 목표점수가 높은 근무 월수는 3개월 차뿐이다.

㉢ 근무 5개월 차 대비 근무 6개월 차 상표심사 목표점수의 증가율은 정민하가 최연중보다 크다.

㉣ 정민하와 안필성이 교육을 이수한 후 발령받았다면, 두 사람의 상표심사 목표점수 차이가 50점 이상 나는 근무 월수는 3개월 차 이상부터이다.

① ㉠, ㉡ ② ㉠, ㉢ ③ ㉡, ㉣

④ ㉠, ㉡, ㉢ ⑤ ㉡, ㉢, ㉣

03 다음 [표]는 갑 지역 조사 대상지에 대한 A, B 두 기관의 토지 피복 분류 결과를 상호 비교한 자료이다. 이에 대한 설명으로 옳은 것을 고르면?

1 2 3

[표] A, B기관의 토지 피복 분류 결과

(단위: 개소)

구분			B기관						
	대분류		농업 지역		산림 지역			수체 지역	소계
		세부 분류	논	밭	침엽수림	활엽수림	혼합림	하천	
A기관	농업 지역	논	840	25	30	55	45	35	1,030
		밭	50	315	20	30	30	15	460
	산림 지역	침엽수림	85	50	5,230	370	750	20	6,505
		활엽수림	70	25	125	3,680	250	25	4,175
		혼합림	40	30	120	420	4,160	20	4,790
	수체 지역	하천	10	15	0	15	20	281	341
	소계		1,095	460	5,525	4,570	5,255	396	17,301

① 두 기관이 서로 같은 세부 분류로 분류한 대상지는 전체의 80% 미만이다.

② B기관이 밭으로 분류한 대상지 중 25% 이상을 A기관은 산림 지역으로 분류하였다.

③ 두 기관 모두 농업 지역으로 분류한 대상지는 B기관이 농업 지역으로 분류한 대상지의 80% 이상이다.

④ A기관이 산림 지역으로 분류한 대상지 중 B기관이 침엽수림으로 분류한 대상지는 30% 이상이다.

⑤ A기관이 하천으로 분류한 대상지 중 B기관이 하천으로 분류한 대상지가 차지하는 비율은 A기관이 혼합림으로 분류한 대상지 중 B기관이 혼합림으로 분류한 대상지가 차지하는 비율보다 높다.

상

04 **다음 [표]는 A지역 산불피해 복구에 대한 국비 및 지방비 지원금액에 관한 자료이다. 이에 대한 설명으로 옳은 것을 고르면?**

1 2 3

[표1] A지역 산불피해 복구에 대한 지원항목별, 재원별 지원금액 (단위: 천만 원)

지원항목 \ 재원	국비	지방비	합
산림시설 복구	32,594	9,000	41,594
주택 복구	(　)	1,800	7,000
이재민 구호	2,954	532	3,486
상·하수도 복구	10,930	260	11,190
농경지 복구	1,540	340	1,880
생계안정 지원	1,320	660	1,980
기타	520	0	520
전체	55,058	(　)	(　)

[표2] A지역 산불피해 복구에 대한 부처별 국비 지원금액 (단위: 천만 원)

부처	행정안전부	산림청	국토교통부	환경부	보건복지부	그 외	전체
지원금액	2,930	33,008	(　)	9,520	350	240	55,058

① 전체 국비 지원금액은 전체 재원 대비 80% 미만이다.

② 산림청의 산림시설 복구 지원금액은 1,000억 원 이상이다.

③ 국토교통부의 지원금액은 전체 국비 지원금액의 20% 이상이다.

④ 전체 지방비 지원금액은 상·하수도 복구 국비 지원금액보다 적다.

⑤ 기타를 제외하고, 국비 지원금액 대비 지방비 지원금액 비율이 가장 높은 지원항목은 주택 복구이다.

05 다음 [표]는 2011~2015년 군 장병 1인당 1일 급식비와 조리원 충원 인원, 전년 대비 물가 상승률에 관한 자료이다. 이에 대한 설명으로 옳지 않은 것을 고르면?

1 2 3

[표] 연도별 군 장병 1인당 1일 급식비와 조리원 충원 인원, 전년 대비 물가 상승률 (단위: 원, 명, %)

구분	2011년	2012년	2013년	2014년	2015년
1인당 1일 급식비	5,820	6,155	6,432	6,848	6,984
조리원 충원 인원	1,767	1,924	2,024	2,123	2,195
전년 대비 물가 상승률	5	5	5	5	5

① 군 장병 급식비 총액의 증감률은 알 수 없다.

② 2012년 이후 조리원 충원 인원의 전년 대비 증가율은 매년 감소한다.

③ 2012년 이후 군 장병 1인당 1일 급식비의 전년 대비 증가율이 가장 작은 해는 2015년이다.

④ 2011년 대비 2015년의 군 장병 1인당 1일 급식비의 증가율은 2011년 대비 2015년의 물가 상승률과 같다.

⑤ 2011년부터 조리원이 매년 2,000명씩 빠져나갔다고 할 때, 2011년의 조리원 수보다 2015년의 조리원 수가 더 많다.

Ⅱ 수리능력

중

06 다음 [표]는 2017~2021년 갑국의 불법체류외국인 현황에 관한 자료이다. 이에 대한 [보기]의 설명 중 옳지 않은 것을 모두 고르면?

1 2 3

[표1] 연도별 체류외국인 현황

(단위: 명, %)

구분 / 연도	체류외국인	불법체류외국인	체류 유형별 구성비			
			단기체류외국인	등록외국인	외국국적동포 국내거소신고자	전체
2017년	1,797,618	208,778	54.0	45.0	1.0	100.0
2018년	1,899,519	214,168	59.8	39.7	0.5	100.0
2019년	2,049,441	208,971	63.5	36.0	0.5	100.0
2020년	2,180,498	251,041	66.6	33.0	0.4	100.0
2021년	2,367,607	355,126	74.4	25.4	0.3	100.0

※ 체류외국인은 불법체류외국인과 합법체류외국인으로 구분됨

[표2] 체류 자격별 불법체류외국인 현황

(단위: 명, %)

연도 / 체류 자격	2017년	2018년	2019년	2020년	2021년	
						구성비
사증면제	46,117	56,307	63,319	85,196	162,083	45.6
단기방문	45,746	47,373	46,041	56,331	67,157	18.9
비전문취업	52,760	49,272	45,567	46,618	47,373	13.3
관광통과	15,899	19,658	19,038	20,662	30,028	8.5
일반연수	4,816	4,425	4,687	7,209	12,613	3.6
기타	43,440	37,133	30,319	35,025	35,872	10.1
전체	208,778	214,168	208,971	251,041	355,126	100.0

※ 체류 자격은 불법체류외국인의 입국 당시 체류 자격을 의미함

[표3] 국적별 불법체류외국인 현황

(단위: 명, %)

연도 / 국적	2017년	2018년	2019년	2020년	2021년	
						구성비
A	53,689	61,943	65,647	81,129	153,485	43.2
B	79,717	76,757	65,379	75,507	85,964	24.2
C	36,338	35,987	37,410	44,371	56,950	16.0
D	16,814	17,698	19,694	25,399	30,813	8.7
기타	22,220	21,783	20,841	24,635	27,914	7.9
전체	208,778	214,168	208,971	251,041	355,126	100.0

보기

㉠ 2021년 체류 유형이 단기체류외국인인 불법체류외국인 수는 2017년의 2배 미만이다.
㉡ 체류 자격이 사증면제인 불법체류외국인의 비중은 매년 증가한다.
㉢ 체류외국인 대비 불법체류외국인 비중이 가장 낮은 해에 불법체류외국인의 수도 가장 적다.
㉣ 2019~2021년 불법체류외국인 수가 많은 상위 4개국은 동일하다.

① ㉢　② ㉠, ㉡　③ ㉢, ㉣
④ ㉠, ㉡, ㉣　⑤ ㉠, ㉢, ㉣

Ⅱ 수리능력

07 다음 [표]는 곤충 도감에 기록된 분류군별 경제적 중요도와 갑~병국의 종의 수에 관한 자료이다. 이에 대한 [보기]의 설명 중 옳은 것을 모두 고르면?

1 2 3

[표] 분류군별 경제적 중요도와 갑~병국의 종의 수 (단위: 종)

분류군	경제적 중요도	국가			전체
		갑	을	병	
무시류	C	303	462	435	11,500
고시류	C	187	307	1,031	8,600
메뚜기목	A	297	372	1,161	34,300
강도래목	C	47	163	400	2,000
다듬이벌레목	B	12	83	280	4,400
털이목	C	4	150	320	2,800
이목	C	22	32	70	500
총채벌레목	A	87	176	600	5,000
노린재목	S	1,886	2,744	11,300	90,000
풀잠자리목	A	52	160	350	6,500
딱정벌레목	S	3,658	9,992	30,000	350,000
부채벌레목	C	7	22	60	300
벌목	S	2,791	4,870	17,400	125,000
밑들이목	C	11	44	85	600
벼룩목	C	40	72	250	2,500
파리목	S	1,594	4,692	18,000	120,000
날도래목	C	202	339	975	11,000
나비목	S	3,702	5,057	11,000	150,000

※ $(\text{해당 국가의 분류군별 종 다양성})(\%) = \frac{(\text{해당 국가의 분류군별 종의 수})}{(\text{분류군별 전체 종의 수})} \times 100$

보기

㉠ 경제적 중요도가 S인 분류군 중에서 갑국의 분류군별 종 다양성이 가장 높은 분류군은 나비목이다.
㉡ 경제적 중요도가 B인 분류군의 병국에서의 분류군별 종 다양성은 을국에서의 분류군별 종 다양성보다 5%p 이상 높다.
㉢ 경제적 중요도가 C인 분류군 중에서 을국에서의 종의 수가 네 번째로 많은 분류군은 털이목이다.
㉣ 경제적 중요도가 A인 분류군 중에서 분류군별 종 다양성이 가장 높은 분류군은 세 국가 모두 동일하다.

① ㉠, ㉡ ② ㉠, ㉣ ③ ㉡, ㉢
④ ㉡, ㉣ ⑤ ㉢, ㉣

상

08 다음 [표]와 [그래프]는 갑국의 방송사별 만족도 지수, 질평가 지수, 시청자 평가 지수에 관한 자료이다. 이에 대한 [보기]의 설명 중 옳은 것을 모두 고르면?

1 2 3

[표] 방송사별 전체 및 주 시청 시간대의 만족도 지수와 질평가 지수

유형	방송사	전체 시간대 만족도 지수	전체 시간대 질평가 지수	주 시청 시간대 만족도 지수	주 시청 시간대 질평가 지수
지상파	A	7.37	7.33	(　)	7.20
	B	7.22	7.05	7.23	(　)
	C	7.14	6.97	7.11	6.93
	D	7.32	7.16	(　)	7.23
종합 편성	E	6.94	6.90	7.10	7.02
	F	7.75	7.67	(　)	7.88
	G	7.14	7.04	7.20	(　)
	H	7.03	6.95	7.08	7.00

[그래프] 방송사별 주 시청 시간대의 시청자 평가 지수

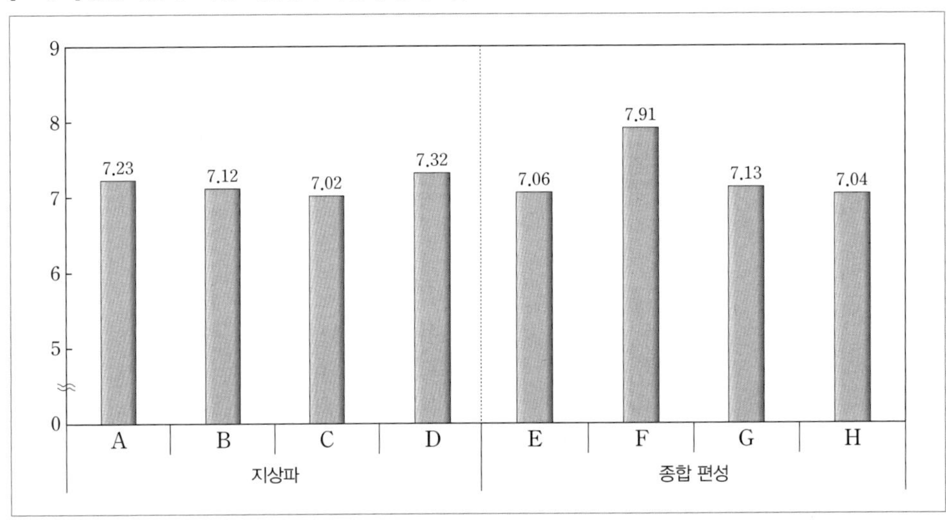

※ (전체(주 시청) 시간대 시청자 평가 지수) = $\frac{\text{(전체(주 시청) 시간대 만족도 지수)+(전체(주 시청) 시간대 질평가 지수)}}{2}$

| 보기 |

㉠ 각 지상파 방송사는 전체 시간대와 주 시청 시간대 모두 만족도 지수가 질평가 지수보다 높다.

㉡ 각 지상파 방송사의 시청자 평가 지수는 전체 시간대가 주 시청 시간대보다 높다.

㉢ 각 종합 편성 방송사의 만족도 지수와 질평가 지수 모두 주 시청 시간대가 전체 시간대보다 높다.

㉣ 만족도 지수와 시청자 평가 지수 모두 주 시청 시간대가 전체 시간대보다 높은 방송사는 5개이다.

① ㉠, ㉡　　② ㉠, ㉢　　③ ㉡, ㉣

④ ㉠, ㉢, ㉣　　⑤ ㉡, ㉢, ㉣

09 다음 [표]는 국내 건축물 내진율 현황에 관한 자료이다. 이에 대한 [보기]의 설명 중 옳은 것을 모두 고르면?

1 2 3

[표] 국내 건축물 내진율 현황

(단위: 개, %)

구분			건축물 전체	건축물 내진대상	건축물 내진확보	내진율
계			6,986,913	1,439,547	475,335	33.0
지역	서울		628,947	290,864	79,100	27.2
	부산		377,147	101,795	26,282	25.8
	대구		253,662	81,311	22,123	27.2
	인천		215,996	81,156	23,129	28.5
	광주		141,711	36,763	14,757	40.1
	대전		133,118	44,118	15,183	34.4
	울산		132,950	38,225	15,690	41.0
	세종		32,294	4,648	2,361	50.8
	경기		1,099,179	321,227	116,805	36.4
	강원		390,412	45,700	13,412	29.3
	충북		372,318	50,598	18,414	36.4
	충남		507,242	57,920	22,863	39.5
	전북		436,382	47,870	18,506	38.7
	전남		624,155	43,540	14,061	32.3
	경북		786,058	84,391	29,124	34.5
	경남		696,400	89,522	36,565	40.8
	제주		158,942	19,899	6,960	35.0
용도	주택	소계	4,568,851	806,225	314,376	39.0
		단독주택	4,168,793	445,236	143,204	32.2
		공동주택	400,058	360,989	171,172	47.4
	주택 이외	소계	2,418,062	633,322	160,959	25.4
		학교	46,324	31,638	7,336	23.2
		의료시설	6,260	5,079	2,575	50.7
		공공업무시설	42,077	15,003	2,663	17.7
		기타	2,323,401	581,602	148,385	25.5

※ (내진율)(%) = $\frac{\text{(내진확보 건축물)}}{\text{(내진대상 건축물)}} \times 100$

보기

㉠ 서울과 세종을 합친 지역의 내진율은 30% 이상이다.
㉡ 공동주택 용도를 제외한 국내 건축물의 내진율은 30% 미만이다.
㉢ 경기 지역의 내진확보 건축물 중에는 반드시 주택 용도의 내진확보 건축물이 있다.
㉣ 각 지역의 전체 건축물 중 내진대상 건축물의 비율이 가장 낮은 지역의 내진율은 국내 전역의 내진율보다 낮다.

① ㉠, ㉡ ② ㉠, ㉣ ③ ㉡, ㉢
④ ㉡, ㉣ ⑤ ㉢, ㉣

상

☑ 2022 5급 공채 PSAT 기출변형

10 다음 [표]는 2017~2021년 갑국의 재난사고 발생 및 피해 현황에 관한 자료이다. 이에 대한 [보기]의 설명 중 옳은 것을 모두 고르면?

1 2 3

[표1] 연도별 재난사고 발생 현황

(단위: 건, 명)

유형	구분 \ 연도	2017년	2018년	2019년	2020년	2021년
전체	발생 건수	14,879	24,454	17,662	15,313	12,413
	피해 인원	9,819	13,189	14,959	16,109	16,637
화재	발생 건수	1,527	1,296	1,552	1,408	1,594
	피해 인원	138	46	148	111	178
붕괴	발생 건수	2	8	2	6	14
	피해 인원	4	6	2	4	14
폭발	발생 건수	6	2	2	5	3
	피해 인원	3	1	3	1	6
도로 교통사고	발생 건수	12,805	23,115	13,960	12,098	9,581
	피해 인원	9,536	13,097	14,394	14,560	15,419
기타	발생 건수	539	33	2,146	1,796	1,221
	피해 인원	138	39	412	1,433	1,020

※ 피해 인원은 재난사고로 인해 인적피해 또는 재산피해를 본 인원임

[표2] 연도별 재난사고 피해 현황

(단위: 명, 백만 원)

연도 \ 구분	인적피해		재산피해액
	사망	부상	
2017년	234	8,352	14,629
2018년	224	10,873	20,165
2019년	222	12,435	52,654
2020년	215	14,547	20,012
2021년	292	14,637	40,981

※ 인적피해는 사망과 부상으로만 구분됨

보기

㉠ 인적피해 중 사망 비율은 2020년에 가장 낮다.
㉡ 전체 재난사고의 발생 건수당 재산피해액은 2021년에 가장 크다.
㉢ 붕괴와 폭발을 합친 발생 건수당 피해 인원은 2021년에 가장 많다.
㉣ 인적피해 없이 재산피해만 발생한 도로교통사고는 매년 있어 왔다.

① ㉠, ㉡　② ㉠, ㉢　③ ㉢, ㉣
④ ㉠, ㉡, ㉣　⑤ ㉡, ㉢, ㉣

정답과 해설 P. 80~84

상

☑ 2020 민간경력자 PSAT 기출변형

01 다음 [그림]은 갑 지역의 주민을 대상으로 육교 설치에 대한 찬성 또는 반대 의견을 세 차례 조사한 결과이다. 이에 대한 설명으로 옳지 않은 것을 고르면?

1 2 3

[그림] 갑 지역 육교 설치에 대한 1~3차 조사 결과 (단위: 명)

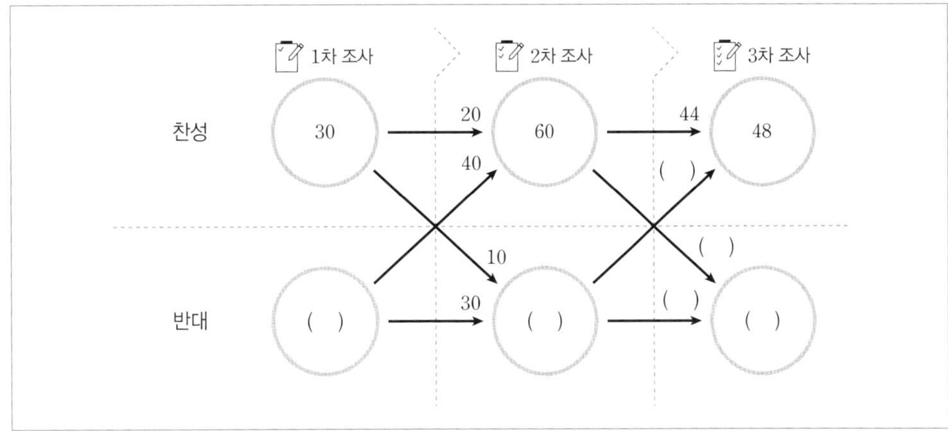

※ 1) 1~3차 조사에 응답한 사람은 모두 같고, 무응답과 복수 응답은 없음

2) 예를 들어, 찬성 (1차 조사) 30 —20→ (2차 조사) 60 은 1차 조사에서 찬성한다고 응답한 30명 중 20명이 2차 조사에서도 찬성한다고 응답하였고, 2차 조사에서 찬성한다고 응답한 사람은 총 60명임을 의미함

① 1~3차 조사에서 한 번도 의견을 바꾸지 않은 사람은 30명 이상이다.

② 2차 조사에서 찬성한다고 응답한 사람 중 3차 조사에서 반대한다고 응답한 사람은 16명이다.

③ 2차 조사에서 반대한다고 응답한 사람 중 3차 조사에서도 반대한다고 응답한 사람은 36명이다.

④ 2차 조사에서 반대한다고 응답한 사람과 3차 조사에서 반대한다고 응답한 사람의 합은 100명 미만이다.

⑤ 1차 조사에서 반대한다고 응답한 사람 중 3차 조사에서 찬성한다고 응답한 사람은 45명 이상이다.

Ⅱ 수리능력

상

☑ 2019 5급 공채 PSAT 기출변형

02 다음 [표]와 [그래프]는 2017년 지역별 인구수 및 정보탐색 시도율과 성공률에 관한 자료이다. 이에 대한 설명으로 옳은 것을 고르면?

1 2 3

[표] 지역별 인구수 및 정보탐색 시도율과 정보탐색 성공률 (단위: 명, %)

구분 / 성별 / 지역	인구수		정보탐색 시도율		정보탐색 성공률	
	남성	여성	남성	여성	남성	여성
A	5,800	4,200	35.0	39.0	90.1	91.6
B	1,000	800	28.0	30.0	92.9	95.8
C	2,500	3,000	15.0	25.0	88.0	92.0
D	4,000	3,500	37.0	40.0	91.2	92.9
E	4,800	3,200	42.0	45.0	87.3	84.7
F	6,000	6,500	20.0	33.0	81.7	93.2
G	1,200	900	35.0	28.0	95.2	95.2
H	1,400	1,600	16.0	13.0	89.3	91.3

※ 1) (정보탐색 시도율)(%) $= \frac{\text{(정보탐색 시도자 수)}}{\text{(인구수)}} \times 100$

2) (정보탐색 성공률)(%) $= \frac{\text{(정보탐색 성공자 수)}}{\text{(정보탐색 시도자 수)}} \times 100$

[그래프] 지역별 정보탐색 시도율과 정보탐색 성공률 분포 (단위: %)

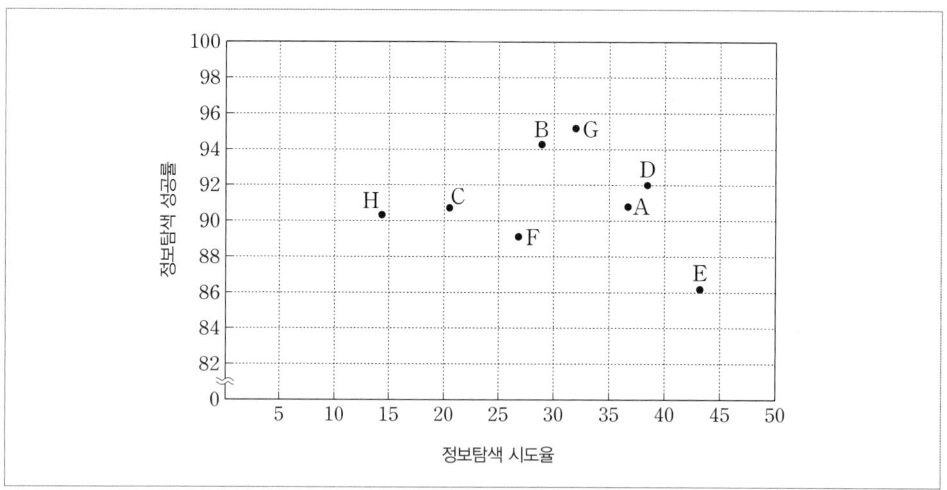

① 정보탐색 성공률 대비 정보탐색 시도율은 F가 A보다 높다.

② 인구수 대비 정보탐색 성공자 수의 비율은 B지역이 A지역보다 높다.

③ 인구수 대비 정보탐색 성공자 수의 비율이 가장 낮은 지역은 H지역이다.

④ 인구수가 가장 적은 지역과 남성 정보탐색 성공자 수가 가장 적은 지역은 동일하다.

⑤ D지역의 여성 정보탐색 성공자 수는 C지역의 여성 정보탐색 성공자 수의 2배 이상이다.

☑ 2020 5급 공채 PSAT 기출변형

03 다음 [표]는 A시 초등학생과 중학생의 6개 식품 섭취율을 조사한 자료이다. 이에 대한 설명으로 옳은 것을 고르면?

1
2
3

[표] A시 초등학생과 중학생의 6개 식품 섭취율

(단위: %)

식품	섭취 주기	초등학교			중학교		
		남학생	여학생	전체	남학생	여학생	전체
라면	주 1회 이상	77.6	71.8	74.7	89.0	89.0	89.0
탄산음료	주 1회 이상	76.6	71.6	74.1	86.0	79.5	82.1
햄버거	주 1회 이상	64.4	58.2	61.3	73.5	70.5	71.7
우유	매일	56.7	50.9	53.8	36.0	27.5	30.9
과일	매일	36.1	38.9	37.5	28.0	30.0	29.2
채소	매일	30.4	33.2	31.8	28.5	29.0	28.8

※ 1) (섭취율)(%) = $\frac{\text{(섭취한다고 응답한 학생 수)}}{\text{(응답 학생 수)}} \times 100$

2) 초등학생, 중학생 각각 2,000명을 대상으로 조사하였으며, 전체 조사 대상자는 6개 식품에 대해 모두 응답하였음

① 우유를 매일 섭취하는 중학교 여학생 수는 275명이다.

② 채소를 매일 섭취하는 여학생 수는 중학생이 초등학생보다 많다.

③ 라면을 주 1회 이상 섭취하는 중학교 남학생 수와 중학교 여학생의 수는 같다.

④ 과일을 매일 섭취하는 초등학교 남학생 중 햄버거를 주 1회 이상 섭취하는 학생 수는 4명 이하이다.

⑤ 채소를 매일 섭취하는 중학교 남학생 수와 여학생 수는 각각 과일을 매일 섭취하는 중학교 남학생 수와 여학생 수보다 적다.

상

04 다음 [그래프]와 [표]는 2016~2020년 갑국 대체육 분야의 정부 R&D 지원 규모에 관한 자료이다. 이에 대한 설명으로 옳은 것을 고르면?

1 2 3

[그래프] 대체육 분야별 정부 R&D 지원 규모 (단위: 백만 원, 건)

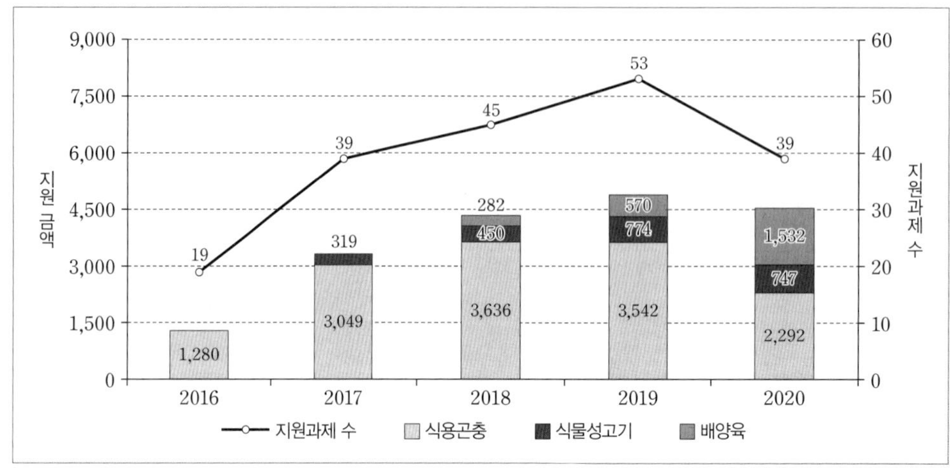

[표] 대체육 분야 연구 유형별 정부 R&D 지원 금액 (단위: 백만 원)

분야	연구 유형 \ 연도	2016년	2017년	2018년	2019년	2020년
배양육	기초연구	–	–	–	8	972
	응용연구	–	–	67	( )	0
	개발연구	–	–	215	383	( )
	기타	–	–	–	40	0
식물성고기	기초연구	–	–	–	–	100
	응용연구	–	78	130	( )	70
	개발연구	–	241	320	553	577
	기타	–	–	–	–	–
식용곤충	기초연구	( )	75	( )	209	385
	응용연구	250	1,304	1,306	1,339	89
	개발연구	836	1,523	1,864	1,915	( )
	기타	127	147	127	79	37
전체		1,280	( )	4,368	4,886	4,571

※ 1) 대체육 분야는 배양육, 식물성고기, 식용곤충으로만 구분됨
2) '–'는 지원이 시작되지 않았음을 나타내며, 식용곤충 분야는 2016년부터 지원이 시작되었음

① 전체 지원과제당 지원 금액은 2018년이 2017년보다 많지만, 2019년보다 적다.

② 배양육 분야 지원 금액에서 응용연구 지원 금액이 차지하는 비중은 2018년이 2019년보다 높다.

③ 대체육 전체 지원 금액에서 식물성고기 분야 지원 금액이 차지하는 비중은 2017년이 2018년보다 높다.

④ 개발연구 지원 금액이 지원이 시작된 이후 매년 증가한 분야의 조사 기간 동안의 응용연구 총 지원 금액은 7억 원 미만이다.

⑤ 식용곤충 분야 기초연구 지원 금액은 2018년이 2016년의 5배 이상이고, 식용곤충 분야 지원 금액에서 기초연구 지원 금액이 차지하는 비중은 2018년이 2016년보다 4%p 이상 높다.

05 다음 [표]와 [그래프]는 우리나라의 유형별 1차 에너지 생산과 최종 에너지 소비에 관한 자료이다. 이에 대한 설명으로 옳지 않은 것을 고르면?

1 2 3

[표1] 연도별 1차 에너지의 유형별 생산량 (단위: 천 TOE)

유형 연도	석탄	수력	신재생	원자력	천연가스	합계
2008년	1,289	1,196	5,198	32,456	236	40,375
2009년	1,171	1,213	5,480	31,771	498	40,133
2010년	969	1,391	6,064	31,948	539	40,911
2011년	969	1,684	6,618	33,265	451	42,987
2012년	942	1,615	8,036	31,719	436	42,748

※ 단, 국내에서 생산하는 1차 에너지 유형은 주어진 다섯 가지로만 구성됨

[그래프] 2012년 1차 에너지의 지역별 생산량 비중(TOE 기준) (단위: %)

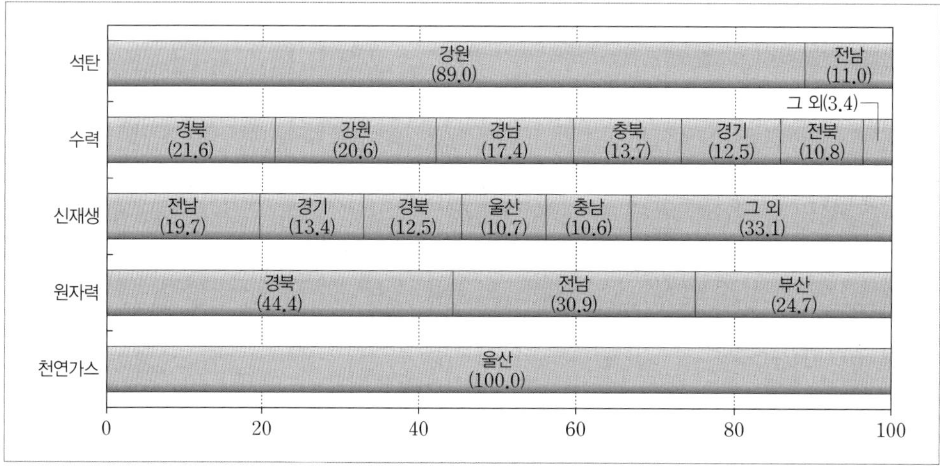

[표2] 유형별 최종 에너지 소비 추이(2008~2012년)와 지역별 최종 에너지 소비(2012년) (단위: 천 TOE)

연도·지역 \ 유형	석탄	석유제품	천연 및 도시가스	전력	열	신재생	합계
2008년	26,219	97,217	19,765	33,116	1,512	4,747	182,576
2009년	23,895	98,370	19,459	33,925	1,551	4,867	182,067
2010년	29,164	100,381	21,640	37,338	1,718	5,346	195,587
2011년	33,544	101,976	23,672	39,136	1,702	5,833	205,863
2012년	31,964	101,710	25,445	40,127	1,751	7,124	208,121
서울	118	5,863	4,793	4,062	514	218	15,568
부산	62	3,141	1,385	1,777	—	104	6,469
대구	301	1,583	970	1,286	80	214	4,434
인천	54	6,798	1,610	1,948	—	288	10,698
광주	34	993	630	699	—	47	2,403
대전	47	945	682	788	—	51	2,513
울산	451	19,357	2,860	2,525	—	336	25,529
경기	335	10,139	5,143	8,625	1,058	847	26,147
강원	1,843	1,875	312	1,368	—	644	6,042
충북	1,275	2,044	752	1,837	59	471	6,438
충남	5,812	17,184	1,454	3,826	5	143	28,424
전북	27	2,177	846	1,846	—	337	5,233
전남	11,675	21,539	975	2,450	—	2,251	38,890
경북	9,646	3,476	1,505	3,853	—	879	19,359
경남	284	3,873	1,515	2,839	35	266	8,812
제주	—	721	13	332	—	28	1,094
기타	—	2	—	66	—	—	68

※ 단, 국내에서 소비하는 최종 에너지 유형은 주어진 여섯 가지로만 구성됨

① 2008년 대비 2012년의 생산량 증감률이 가장 큰 1차 에너지 유형은 천연가스이다.

② 2012년에 1차 에너지 생산량이 최종 에너지 소비량의 합보다 많은 지역이 존재한다.

③ 2012년 수력 1차 에너지 생산량은 2012년 전남 지역의 신재생 1차 에너지 생산량보다 많다.

④ 2012년 1차 에너지를 가장 많이 생산한 지역에서는 같은 해 최종 에너지 중 석유제품을 가장 많이 소비하였다.

⑤ 2008년 대비 2012년의 소비량 증가율이 가장 큰 최종 에너지 유형과 가장 작은 유형의 차이는 45%p 이상이다.

Ⅱ 수리능력

04 복합자료

필수이론&전략

1 자료복합형 SET 유형

NCS 자료해석은 단일 그래프 또는 표가 아닌 다수의 그래프와 표가 연관성이 있는 복합적인 자료가 주어진 형태로 주로 출제되고 있으며, 단일 문제뿐만 아니라 여러 가지 문제가 세트로 구성되어 출제되고 있다. 세트 문제가 출제되는 경우, 아래의 예시처럼 선택지/보기의 정오를 판단하는 문제와 계산을 통해 결괏값을 구하는 문제가 다수 출제된다. 최근에는 추가로 주어진 자료와 연계하여 내용을 확인하는 문제와 그래프 변환 문제가 출제되고 있다. 따라서 최신 출제 경향에 맞게 대비할 필요가 있다.

[출제 형태]

다음 [그래프]와 [표]는 2018년 상반기 월별 공항별 운항 편수와 수송 현황에 관한 자료이다. 주어진 자료를 보고 질문에 답하시오.

[그래프] 2018년 상반기 월별 공항별 운항 편수 (단위: 편)

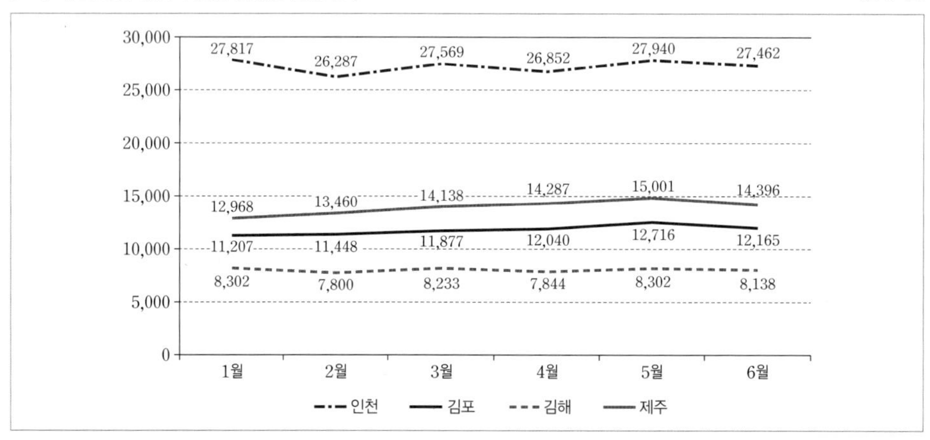

[표] 2018년 상반기 공항별 수송 현황 (단위: 명, 톤)

행정 구역	구분	1월	2월	3월	4월	5월	6월
인천	여객	4,935,831	4,658,397	4,372,300	4,491,280	4,472,014	4,700,065
	화물	275,192	246,463	297,754	288,907	284,367	296,148
김포	여객	1,801,377	1,864,354	1,862,104	2,152,960	2,188,622	2,173,802
	화물	23,345	22,516	23,167	22,348	21,241	21,192
김해	여객	1,250,464	1,189,208	1,146,811	1,204,992	1,209,052	1,238,300
	화물	15,850	15,179	15,047	14,348	14,127	14,235
제주	여객	2,089,838	2,183,531	2,208,269	2,600,734	2,645,803	2,620,979
	화물	24,517	24,348	24,561	23,699	22,830	22,702

다음 중 주어진 자료에 대한 [보기]의 설명 중 옳지 않은 것을 모두 고르면?

보기

㉠ 매월 인천을 운항하는 항공편은 제주를 운항하는 항공편의 2배 이하이다.
㉡ 김포 공항의 월평균 운항 편수는 약 14,042편이다.
㉢ 3월의 운항 편당 여객 수송률이 가장 낮은 공항은 김해 공항이다.
㉣ 제주 공항의 여객 수송 인원은 매월 증가하고 있다.
㉤ 2018년 상반기 김포의 화물 수송량은 133,809톤이다.

① ㉠, ㉡, ㉢ ② ㉠, ㉡, ㉣ ③ ㉠, ㉣, ㉤
④ ㉡, ㉢, ㉣ ⑤ ㉡, ㉣, ㉤

다음 중 김해 공항에서 운항한 비행기의 편당 화물 수송량이 가장 많은 달은 언제인지 고르면?

① 1월 ② 2월 ③ 4월 ④ 5월 ⑤ 6월

2 표 · 차트 변환 유형

NCS 자료해석에서는 주어진 표와 보고서의 내용을 바탕으로 변환된 자료의 정오를 판단하는 문제가 꾸준히 출제되고 있다. 최신 출제 경향을 보면, 주어진 자료로 작성할 수 없는 표와 그래프 또는 비율, 수치 등 계산이 다른 표와 그래프를 찾는 문제가 출제된다. 해당 유형은 복잡해 보이지만 크게 난도가 높지 않은 유형이므로 주요 사항 위주로 확인하면서 빠르게 해결하도록 한다.

[풀이 전략]

1) 선택지에 주어진 변환 자료를 먼저 살펴보며, 문제의 자료와 관련이 없는 선택지가 있는지 확인한다.
2) 선택지 자료의 제목을 먼저 살펴본 뒤, 역으로 자료에 해당하는 내용을 확인하는 방식으로 접근한다.
3) 계산이 간단한 선택지 위주로 처리하고, 복잡한 계산을 필요로 하는 선택지는 나중에 해결한다.

3 보고서 유형

보고서 유형은 대체로 단일 보고서가 아닌, 표와 그래프가 같이 주어진 형태로 출제된다. 대표적으로는 보고서의 밑줄 친 부분 중 자료와 일치하지 않는 것을 찾는 유형, 보고서의 내용과 부합하지 않는 자료를 찾는 유형, 보고서 작성에 추가로 필요한 자료를 찾는 유형이 출제된다. NCS 자료해석에서는 내용 일치 유형과 부합하지 않는 자료를 찾는 유형이 주로 출제되므로 문제를 풀면서 해당 유형에 대비하도록 한다.

[풀이 전략]

1) 표에 주어진 자료의 항목을 확인한 후, 선택지/보기를 확인한다.
2) 전체를 확인하지 않고 보고서의 내용 중 밑줄 친 부분만을 읽으면서 정오를 판단한다.
3) 보고서를 읽으면서 자료의 항목과 관련이 없거나 잘못된 내용이 나올 경우, 해당 선택지/보기를 소거한다.

중

01 다음은 중소기업의 디지털 전환 실태에 대해 설문조사한 내용을 바탕으로 만든 보도자료이다. 밑줄 친 ㉠~㉣의 내용 중 옳지 않은 것을 모두 고르면?

1 2 3

중소기업이 디지털 전환을 추진하는 과정에서 초점(목표)을 조직관리 효율화, 고부가가치화, 판로확대, 비용절감의 네 가지 중 어디에 두는지를 500개사에 대하여 설문을 통해 다음 [표]와 같이 확인하였다.

[표] 주된 고객 유형별 디지털 전환의 초점 (단위: 개사, %)

구분	제조업				서비스업			
	하도급 기업		비하도급 기업		B2B 기업		B2C 기업	
	응답 수	비중	응답 수	비중	응답 수	비중	응답 수	비중
조직관리 효율화	87	72.5	83	61.0	84	73.0	71	55.0
고부가가치화	9	7.5	7	5.1	8	7.0	8	6.2
판로확대	12	10.0	16	11.8	15	13.0	34	26.4
비용절감	12	10.0	30	22.2	8	7.0	16	12.4
전체	120	100.0	136	100.0	115	100.0	129	100.0

디지털 전환의 주된 초점은 조직관리 효율화인 것으로 나타났다. ㉠ <u>전체 응답 기업의 65.0%는 디지털 전환의 초점이 조직관리 효율화라고 응답하였으며, 이어서 비용절감, 판로확대, 고부가가치화 순이었다.</u>

업종 및 주된 고객 유형별로 구분하면, 제조업과 서비스업 모두에서 조직관리 효율화가 가장 높은 비중을 차지하였다. ㉡ <u>제조업과 서비스업에서 디지털 전환의 초점을 조직관리 효율화로 둔 비중은 각각 약 66.4%, 약 63.5%로 조직관리 효율화가 가장 높은 비중을 차지하였다.</u> 2순위에서는 차이가 발생하였는데, ㉢ <u>제조업은 비용절감이 약 16.4%로 두 번째로 많은 응답을 보인 반면, 서비스업은 판로확대가 약 20.1%로 두 번째였다.</u> 제조업을 B2B 기업 중 하도급을 수행하는 기업(이하 하도급 기업)과 B2B 기업 중 하도급을 수행하지 않는 기업과 B2C 기업(이하 비하도급 기업)의 2개 그룹으로 구분하여 살펴보면, ㉣ <u>하도급 기업에서 조직관리 효율화의 비중은 비하도급 기업에서 조직관리 효율화의 비중보다 11.5% 더 많다.</u> 서비스업을 B2B와 B2C로 구분하여 살펴보면, B2B 기업에서는 조직관리 효율화(1순위 응답)의 비중이 상대적으로 큰 반면, B2C 기업은 판로확대(2순위 응답)의 비중이 상대적으로 많았다.

① ㉠, ㉡ ② ㉠, ㉣ ③ ㉡, ㉢
④ ㉡, ㉣ ⑤ ㉢, ㉣

02 다음 [그래프]는 분기별 승용차 수출입액 및 수출입 대수 추이에 관한 자료이다. 이에 대한 [보기]의 설명 중 옳은 것을 모두 고르면?

1 2 3

[그래프1] 분기별 승용차 수출입액 추이 (단위: 백만 달러)

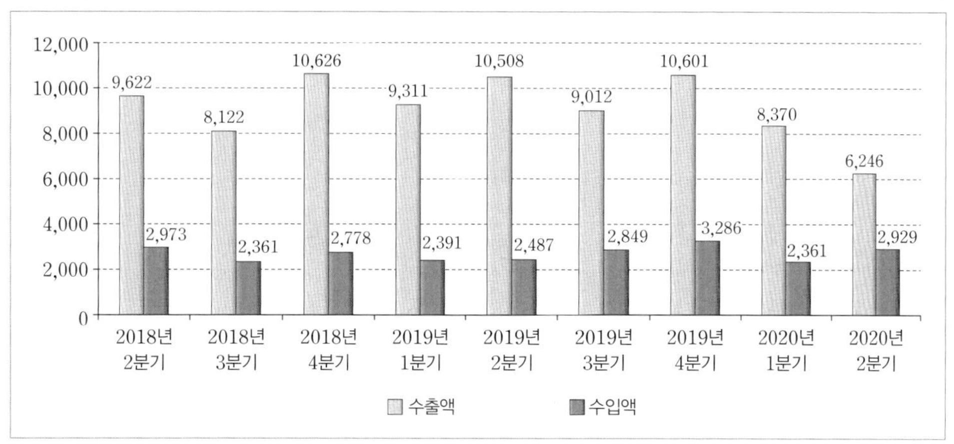

[그래프2] 분기별 승용차 수출입 대수 추이 (단위: 천 대)

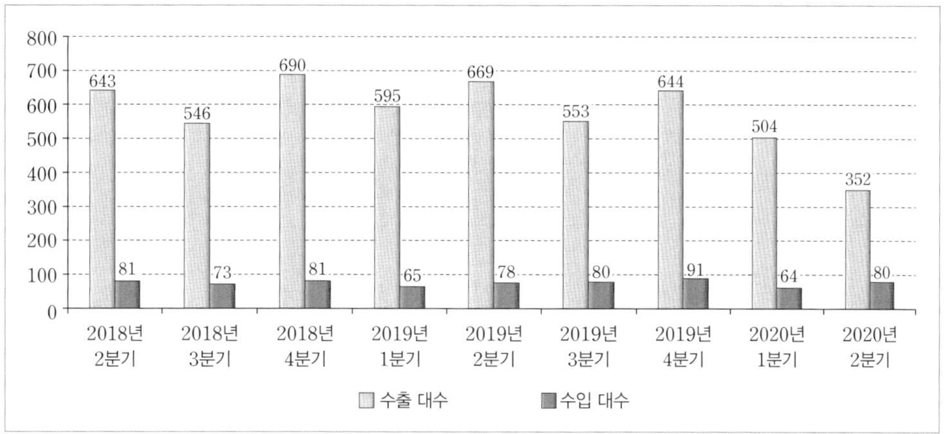

| 보기 |

㉠ 2018년 4분기의 수출 대수 1대당 수출액은 15,400달러이다.
㉡ 2019년 3분기의 수입액은 전 분기 대비 15% 이상 증가하였다.
㉢ 수입 대수 대비 수출 대수가 가장 적은 분기의 수입 대수 대비 수출 대수는 4.4대이다.
㉣ 2020년 2분기의 수입 대수 1대당 수입액은 2019년 3분기 수입 대수 1대당 수입액보다 900달러 이상 증가하였다.

① ㉠, ㉡ ② ㉡, ㉢ ③ ㉠, ㉡, ㉢
④ ㉠, ㉢, ㉣ ⑤ ㉠, ㉡, ㉢, ㉣

03 다음 [표]는 2002~2021년 국내 지역별 연평균 기온에 관한 자료이다. 주어진 자료를 바탕으로 [보고서]에서 말하는 2022년 평균 기온이 2021년보다 증가한 지역의 2022년 평균 기온을 고르면?

1 2 3

[표] 지역별 연평균 기온

(단위: ℃)

구분	강릉	거제	백령도	서귀포	서울	울릉도	흑산도
2002년	13.2	13.9	10.9	17.3	12.9	12.2	13.2
2003년	12.7	13.7	10.2	17.4	12.8	12.0	13.1
2004년	14.1	14.6	11.7	17.8	13.3	13.1	13.5
2005년	12.9	14.1	10.8	16.2	12.1	12.2	12.8
2006년	13.1	14.3	11.2	17.1	13.0	12.2	13.2
2007년	13.9	14.6	11.6	17.4	13.3	13.4	13.5
2008년	14.0	14.4	11.4	16.9	12.9	13.0	13.1
2009년	13.4	14.4	11.6	17.2	12.9	12.5	13.7
2010년	13.0	14.4	10.9	16.9	12.1	12.6	13.3
2011년	12.6	14.1	10.2	16.7	12.0	12.1	12.9
2012년	12.6	14.2	10.5	16.7	12.2	11.9	13.5
2013년	13.6	14.9	10.6	17.4	12.5	12.7	13.7
2014년	13.8	14.8	11.6	17.0	13.4	12.8	14.1
2015년	13.9	14.9	11.9	16.7	13.6	13.1	13.6
2016년	13.8	15.6	11.9	17.0	13.6	13.2	13.7
2017년	13.9	15.2	11.8	17.0	13.0	13.1	13.5
2018년	13.7	15.0	11.0	16.7	12.9	13.0	13.8
2019년	14.7	15.6	12.0	17.3	13.5	13.7	14.1
2020년	14.3	14.7	12.1	16.8	13.2	13.4	14.1
2021년	14.6	15.2	12.5	17.5	13.7	13.5	15.2

[보고서]

2021년 강릉, 거제, 백령도, 서귀포, 서울, 울릉도, 흑산도의 연평균 기온은 2002년 대비 모두 증가하였으며, 가장 크게 증가한 지역은 2.0℃ 증가한 흑산도이고, 가장 적게 증가한 지역은 0.2℃ 증가한 서귀포이다. 2002년부터 2021년까지 20년 동안의 연평균 최저 기온과 최고 기온의 차로 보면, 가장 크게 증가한 지역 역시 2.4℃ 증가한 흑산도이고, 가장 적게 증가한 지역 역시 1.6℃ 증가한 서귀포이다. 2022년 평균 기온이 2021년보다 증가한 지역의 2021년 평균 기온은 2002년 대비 1℃ 이상 증가하였고, 2021년 평균 기온이 2011년 대비 10% 이상 증가한 지역이었다. 또한 2002~2021년 기간에서 최저 연평균 기온과 최고 연평균 기온의 차가 2℃ 이하인 지역이었으며, 이 지역의 2022년 평균 기온은 전년 평균 기온 대비 약 2% 증가하였다.

① 12.8℃　② 13.8℃　③ 14.9℃
④ 15.5℃　⑤ 17.9℃

Ⅱ 수리능력

[04~05] 다음 [표]와 [그래프]는 2012~2018년 부양가족 연금 대상자 현황과 부양가족 1인당 연금액에 관한 자료이다. 주어진 자료를 보고 질문에 답하시오.

[표] 연도별 부양가족 연금 대상자 현황

(단위: 명)

구분	2012년	2013년	2014년	2015년	2016년	2017년	2018년
계	1,940,866	1,967,095	1,993,144	2,088,116	2,174,048	2,260,036	2,221,416
배우자	1,687,961	1,721,076	1,749,937	1,824,568	1,906,127	1,987,313	1,966,414
자녀 · 부모	252,905	246,019	243,207	263,548	267,921	272,723	255,002

[그래프] 연도별 부양가족(배우자, 자녀 · 부모) 1인당 연금액

(단위: 원)

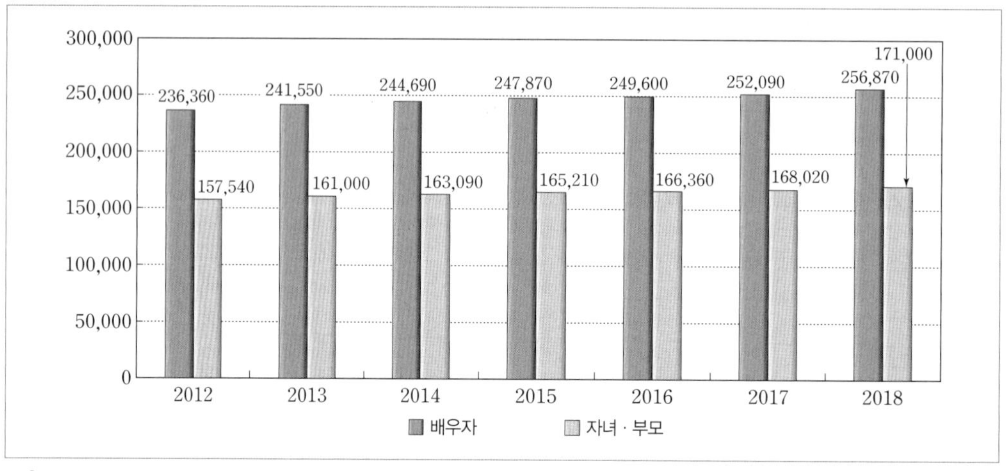

※ [부양가족 연금]

1) 연금 수급권자가 그 권리를 취득할 당시 또는 노령 · 장애연금 수급권자가 그 권리를 취득한 후, 그 자에 의하여 생계를 유지하고 있는 자에 대하여 지급하는 일종의 가족 수당 성격의 부가 급여
2) 부양가족 연금액은 평균 소득 월액이나 가입 기간과는 상관없이 동일하게 지급
3) 부양가족 연금으로 지급되는 금액은 정액으로 자녀나 부모에 대해서는 1인당 지급되는데, 여러 형제가 국민연금을 받는 경우에는 부모에 대한 부양가족 연금액은 한 사람에게만 적용되며, 부부가 연금을 각각 받는 경우에도 부모에 대한 부양가족 연금액은 부부 중 한 사람에게만 지급됨

04 주어진 자료에 대한 설명으로 옳은 것을 고르면?

1 2 3

① 2018년 자녀·부모 부양가족 연금액 총액은 약 426억 원이다.
② 부양가족 연금 대상자와 배우자 부양가족 1인당 연금액의 증감 추이는 서로 일치한다.
③ 배우자 부양가족 연금 대상자에게 지급된 부양가족 연금 총액은 2017년보다 2018년에 더 적다.
④ 배우자 부양가족 연금 대상자와 자녀·부모 부양가족 연금 대상자의 증감 추이는 서로 일치한다.
⑤ 자녀·부모 부양가족 연금 대상자가 전년 대비 가장 많이 증가한 해의 자녀·부모 부양가족 연금 총액은 430억 원 이상이다.

중

05 주어진 자료를 바탕으로 [보기]의 빈칸 ㉠, ㉡, ㉢에 들어갈 값으로 옳은 것을 고르면?

1 2 3

보기

- K의 평균 소득은 월 1,882,336원이고 국민연금 가입은 25세에 하였으며, 부양가족은 배우자와 자녀1이 있다. 2012년 K의 부양가족 연금액은 총 (㉠)원이다.
- P의 평균 소득은 월 2,319,100원이고 국민연금 가입은 32세에 하였으며, 부양가족은 아버지와 자녀1이 있다. 2018년 P의 부양가족 연금액은 총 (㉡)원이다.
- K와 P의 부양가족의 정보가 위와 동일하다고 할 때, 2015년 K와 P의 부양가족 연금액의 차이는 (㉢)원이다.

① ㉠: 236,360 ② ㉠: 472,720 ③ ㉡: 171,000
④ ㉡: 428,080 ⑤ ㉢: 82,660

02 PSAT 기출변형 Lv.1

정답과 해설 P. 87~93

하

☑ 2021 7급 공채 PSAT 기출변형

01 다음 [표]는 아프리카연합이 주도한 임무단의 평화유지 활동에 관한 자료이다. 이에 대한 [보고서]의 설명 중 옳지 않은 것을 고르면?

1 2 3

[표] 임무단의 평화유지 활동(2021년 5월 기준)

(단위: 명)

임무단	파견지	활동 기간	주요 임무	파견 규모
부룬디 임무단	부룬디	2003. 4.~2004. 6.	평화협정 이행 지원	3,128
수단 임무단	수단	2004. 10.~2007. 12.	다르푸르 지역 정전 감시	400
코모로 선거감시 지원 임무단	코모로	2006. 3.~2006. 6.	코모로 대통령 선거 감시	462
소말리아 임무단	소말리아	2007. 1.~현재	구호 활동 지원	6,000
코모로 치안 지원 임무단	코모로	2007. 5.~2008. 10.	앙주앙 섬 치안 지원	350
다르푸르 지역 임무단	수단	2007. 7.~현재	민간인 보호	6,000
우간다 임무단	우간다	2012. 3.~현재	반군 소탕작전	3,350
말리 임무단	말리	2012. 12.~2013. 7.	정부 지원	1,450
중앙아프리카 공화국 임무단	중앙아프리카 공화국	2013. 12.~2014. 9.	안정 유지	5,961

[보고서]

아프리카연합은 아프리카 지역 분쟁 해결 및 평화 구축을 위하여 2021년 5월 현재까지 9개의 임무단을 구성하고 평화유지 활동을 주도하였다. 이들의 임무는 여러 가지인데, ㉠ 파견 규모가 가장 큰 두 임무단은 구호 활동 지원과 민간인 보호를 현재까지도 맡고 있다. ㉡ 파견 규모가 가장 작은 임무단의 활동은 2008년에 종료되었으며, 섬의 치안 지원을 맡았었다.

활동 기간도 매우 다양하다. ㉢ 활동 기간이 가장 긴 임무단은 14년 이상 활동하였으나, 활동 기간이 가장 짧은 임무단은 6개월 미만으로만 활동하였다. ㉣ 한편 활동 기간이 두 번째로 긴 임무단의 파견지는 우간다이다.

현재까지 평화유지 활동을 수행 중인 임무단은 3개이다. ㉤ 이 3개 임무단만 운영된지는 6년 이상이 지났다.

① ㉠ ② ㉡ ③ ㉢ ④ ㉣ ⑤ ㉤

02 다음 [표]는 2013~2022년 갑국의 농업진흥지역 면적에 관한 자료이다. 이에 대한 [보고서]의 설명 중 옳지 않은 것을 모두 고르면?

1 2 3

[표] 연도별 갑국의 농업진흥지역 면적

(단위: 만 ha)

구분 / 연도	전체 농지	농업진흥지역		
			논	밭
2013년	180.1	91.5	76.9	14.6
2014년	175.9	81.5	71.6	9.9
2015년	171.5	80.7	71.0	9.7
2016년	173.0	80.9	71.2	9.7
2017년	169.1	81.1	71.4	9.7
2018년	167.9	81.0	71.3	9.7
2019년	164.4	78.0	67.9	10.1
2020년	162.1	77.7	67.9	9.8
2021년	159.6	77.8	68.2	9.6
2022년	158.1	77.6	68.7	8.9

[보고서]

갑국은 우량농지를 보전하고 농지이용률을 높인다는 취지로 농업진흥지역을 지정하고 있다. 그러나 ㉠2014년부터 2022년까지 매년 농업진흥지역 면적은 전체 농지 면적의 50% 이하에 그치고 있다. 또한, ㉡같은 기간 농업진흥지역 면적은 매년 감소하여, 농업기반이 취약해지는 것으로 분석된다.

㉢농업진흥지역 면적은 2013년 91.5만 ha에서 2022년 77.6만 ha로 15% 미만으로 감소했으며, 이는 같은 기간 전체 농지 면적의 감소율보다 크다. 한편, ㉣밭 면적은 조사 기간 동안 10만 ha 이상이었던 해는 햇수로 2개이며, 농업진흥지역 면적에서 밭 면적이 차지하는 비중은 2013년 이후 매년 15% 이하이다.

① ㉠, ㉡
② ㉡, ㉢
③ ㉡, ㉣
④ ㉠, ㉢, ㉣
⑤ ㉡, ㉢, ㉣

Ⅱ 수리능력

03 다음 [보고서]는 세계 전기차 현황과 전망에 관한 자료이다. 주어진 [보고서]를 바탕으로 그래프를 그렸을 때, 옳지 않은 것을 고르면?

1
2
3

[보고서]

세계 각국이 내연기관차의 배기가스 배출을 규제하고, 친환경차 도입을 위한 각종 지원 정책을 이어가면서 전기차 시장은 빠르게 성장하고 있다. '세계 전기차 전망' 보고서에 따르면, 전문가들은 2015년 1.2백만 대에 머물던 세계 전기차 누적 생산량이 2030년에는 2억 5천만 대를 넘어설 것으로 추정하고 있다. 전기차 보급에 대한 전망도 희망적이다. 2020년 5백만 대에 못 미치던 전 세계 전기차 연간 판매량이 2030년에는 2천만 대가 넘을 것으로 추정된다.

국내 역시 빠른 속도로 전기차 시장이 성장하고 있다. 정부의 친환경차 보급로드맵에 따르면, 2015년 산업 수요 대비 비중이 0.2%였던 전기차는 2019년에는 2.4%까지 비중이 늘었고, 2025년에는 산업 수요에서 차지하는 비중을 14.4%까지 올린다는 목표를 가지고 있다.

전기차 시장 규모가 빠르게 성장할 수 있었던 가장 큰 원인은 보조금 지원이며, 두 번째 원인은 전기 충전 인프라 확충을 꼽을 수 있다. 현재 전기차는 동급의 내연기관차에 비해 가격이 비싸지만, 보조금을 받아 구매하면 실구매가가 낮아진다. 국내 소비자는 2019년 3월 기준, 전기차 구매 시 지역별로 대당 최소 450만 원에서 최대 1,000만 원까지 구매 보조금을 받을 수 있다. 이는 전기차의 가격 경쟁력을 높이는 요인 중 하나이다. 충전 인프라의 확충은 전기차 보급 확대의 핵심적인 요소로, 국내 전기 충전 인프라는 2019년 3월 기준, 전국 주유소 대비 80% 수준으로 설치되어 있다.

① 세계 전기차 누적 생산량 현황과 전망

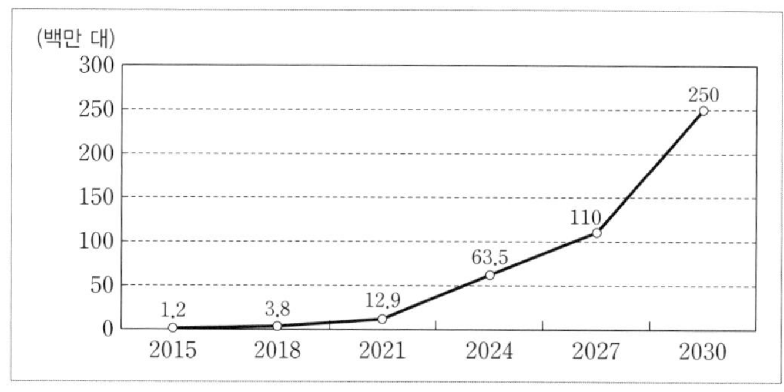

② 국내 산업 수요 대비 전기차 비중의 현황과 전망

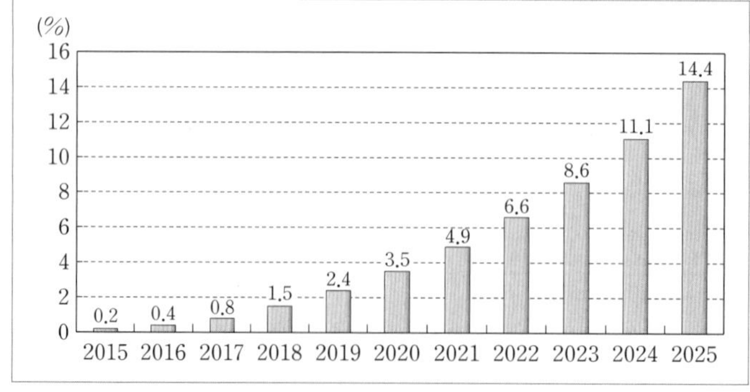

③ 2019년 3월 국내 지역별 전기차 구매 보조금 현황

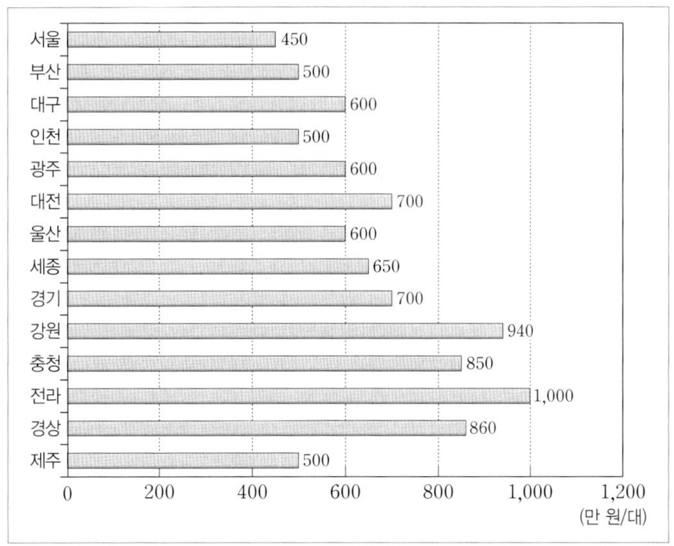

④ 전기차 시장 규모 성장 원인

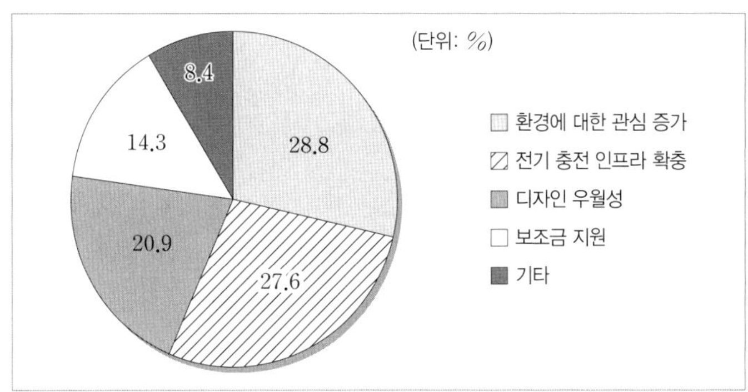

⑤ 2019년 3월 국내 주유소 및 전기 충전 인프라 현황

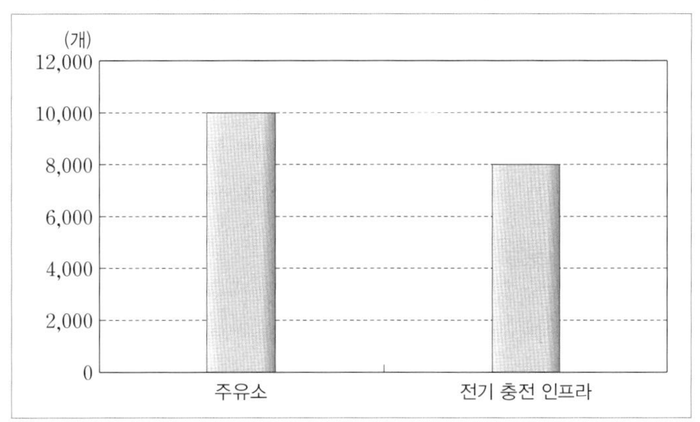

Ⅱ 수리능력

04 다음 [표]는 2018~2022년 갑국의 양자기술 분야별 정부 R&D 투자금액에 관한 자료이다. 주어진 자료를 이용하여 작성한 그래프로 옳지 않은 것을 고르면?

1 2 3

[표] 연도별 양자기술 분야별 정부 R&D 투자금액 (단위: 백만 원)

분야＼연도	2018년	2019년	2020년	2021년	2022년	합
양자컴퓨팅	61	119	200	285	558	1,223
양자내성암호	102	209	314	395	754	1,774
양자통신	110	192	289	358	723	1,672
양자센서	77	106	125	124	209	641
계	350	626	928	1,162	2,244	5,310

※ 양자기술은 양자컴퓨팅, 양자내성암호, 양자통신, 양자센서 분야로만 구분됨

① 2019~2022년 양자센서 분야 정부 R&D 투자금액의 전년 대비 증가량

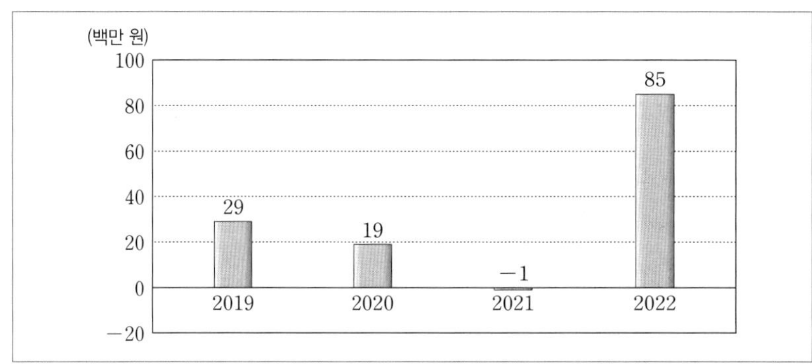

② 2018~2022년 양자기술 정부 R&D 총투자금액의 분야별 구성비

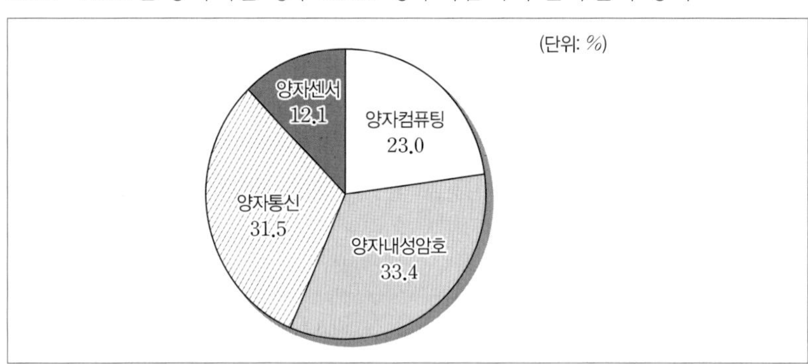

③ 2018~2022년 양자내성암호 분야 정부 R&D 투자금액 대비 양자센서 분야 정부 R&D 투자금액 비율

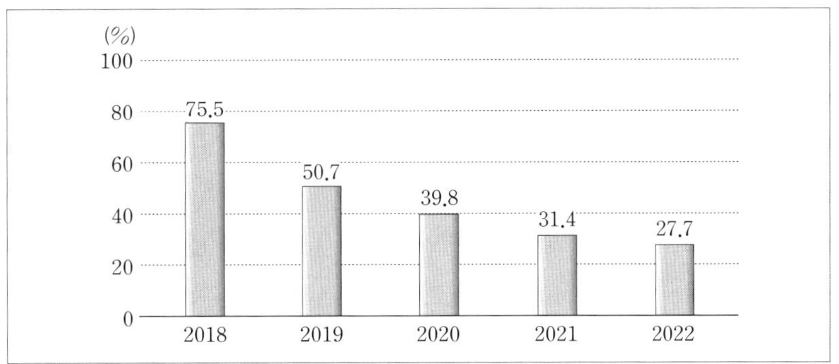

④ 2018~2022년 양자컴퓨팅, 양자통신 분야 정부 R&D 투자금액

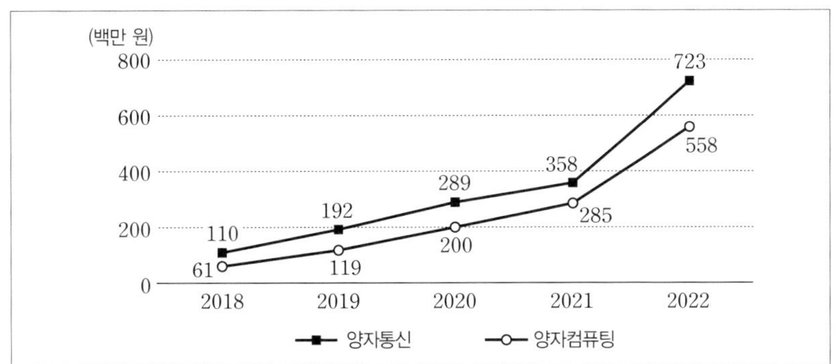

⑤ 2018~2022년 양자기술 정부 R&D 투자금액의 분야별 비중

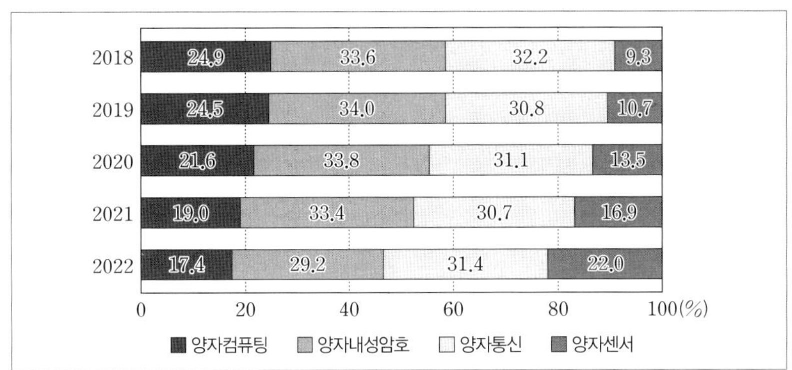

중

☑ 2019 민간경력자 PSAT 기출변형

05 다음 [표]는 2018년 행정 구역별 공동 주택의 실내 라돈 농도에 관한 자료이다. 이에 대한 [보고서]의 설명 중 옳지 않은 것을 모두 고르면?

1 2 3

[표] 2018년 행정 구역별 공동 주택 실내 라돈 농도

(단위: 호, Bq/m^3, 호)

항목 / 행정 구역	조사 대상 공동 주택 수	평균	중앙값	200Bq/m^3 초과 공동 주택 수
서울특별시	532	66.5	45.4	25
부산광역시	434	51.4	35.3	12
대구광역시	437	61.5	41.6	16
인천광역시	378	48.5	33.8	9
광주광역시	308	58.3	48.2	6
대전광역시	201	110.1	84.2	27
울산광역시	247	55.0	35.3	7
세종특별자치시	30	83.8	69.8	1
경기도	697	74.3	52.5	37
강원도	508	93.4	63.6	47
충청북도	472	86.3	57.8	32
충청남도	448	93.3	59.9	46
전라북도	576	85.7	56.7	40
전라남도	569	75.5	51.5	32
경상북도	610	72.4	48.3	34
경상남도	640	57.5	36.7	21
제주특별자치도	154	68.2	40.9	11
전국	7,241	–	–	403

[보고서]

우리나라에서는 2018년에 처음으로 공동 주택에 대한 '실내 라돈 권고 기준치'를 $200Bq/m^3$ 이하로 정하고 공동 주택의 실내 라돈 농도를 조사하였다.

이번 공동 주택 실내 라돈 농도 조사에서 ㉠ 조사 대상 공동 주택의 실내 라돈 농도 평균은 경기도가 서울특별시의 1.1배 이상이고, 대전광역시가 전라남도의 1.5배 이상이다. 한편, ㉡ 행정 구역별로 비교하였을 때, 실내 라돈 농도의 평균과 중앙값은 서로 비례 관계이며, 평균과 중앙값 두 항목 모두 대전광역시가 가장 높았다. ㉢ 조사 대상 공동 주택 중 실내 라돈 농도가 실내 라돈 권고 기준치를 초과하는 공동 주택의 비율이 5% 이상인 행정 구역은 9곳이며, ㉣ 10%를 초과한 행정 구역은 3곳으로 조사되었다.

① ㉠, ㉡　　② ㉠, ㉢　　③ ㉡, ㉣

④ ㉠, ㉡, ㉣　　⑤ ㉡, ㉢, ㉣

Ⅱ 수리능력

중

☑ 2019 5급 공채 PSAT 기출변형

06 다음 [표]는 2013~2018년 커피전문점 A~F브랜드의 매출액과 점포 수에 관한 자료이다. 주어진 자료를 이용하여 작성한 그래프로 옳지 <u>않은</u> 것을 고르면?

1 2 3

[표] 연도별 커피전문점 브랜드별 매출액과 점포 수

(단위: 억 원, 개)

구분	브랜드 \ 연도	2013년	2014년	2015년	2016년	2017년	2018년
매출액	A	1,094	1,344	1,710	2,040	2,400	2,982
	B	—	—	24	223	1,010	1,675
	C	492	679	918	1,112	1,267	1,338
	D	—	129	197	335	540	625
	E	—	155	225	873	1,082	577
	F	—	—	—	—	184	231
	전체	1,586	2,307	3,074	4,583	6,483	7,428
점포 수	A	188	233	282	316	322	395
	B	—	—	17	105	450	735
	C	81	110	150	190	208	252
	D	—	71	111	154	208	314
	E	—	130	183	218	248	366
	F	—	—	—	—	71	106
	전체	269	544	743	983	1,507	2,168

① 전체 커피전문점의 전년 대비 매출액과 점포 수 증가 폭 추이

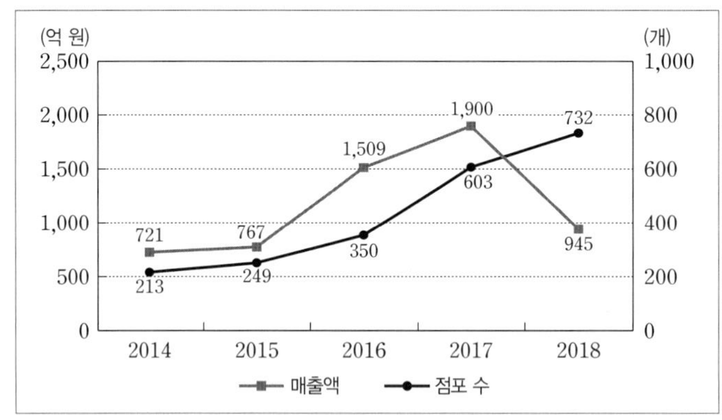

② 2018년 커피전문점 브랜드별 점포당 매출액

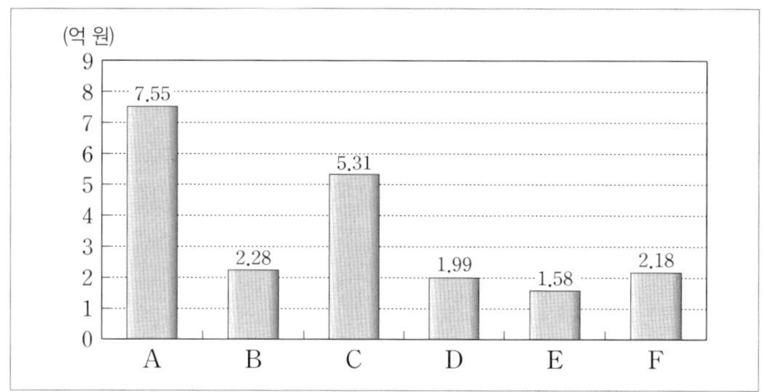

③ 2017년 매출액 기준 커피전문점 브랜드별 점유율

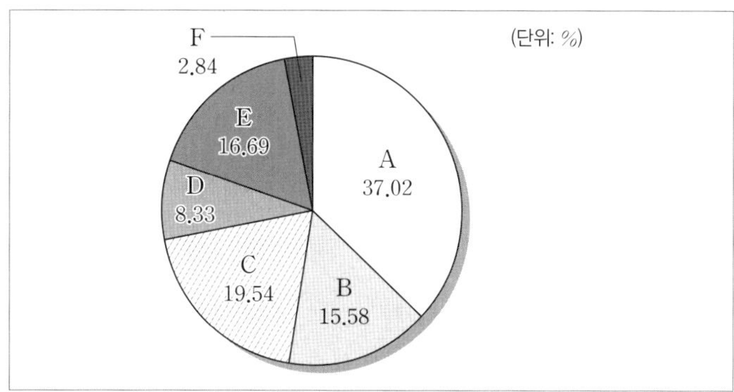

④ 2017년 대비 2018년 커피전문점 브랜드별 매출액의 증감량

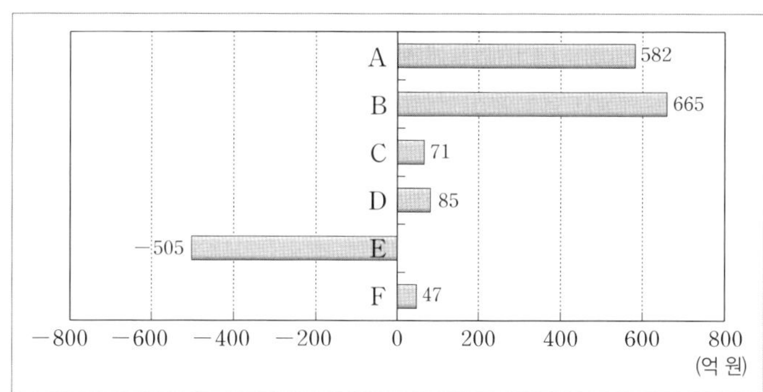

⑤ 전체 커피전문점의 연도별 점포당 매출액

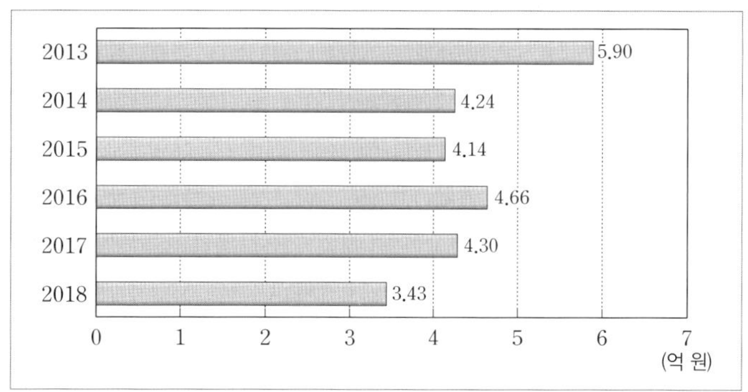

Ⅱ 수리능력

중

☑ 2020 5급 공채 PSAT 기출변형

07 다음 [표]는 A~E국의 최종 학력별 근로 형태 비율에 관한 자료이다. 갑국에 대한 [보고서]의 내용을 근거로 판단할 때, A~E국 중 갑국에 해당하는 국가를 고르면?

1 2 3

[표] A~E국 최종 학력별 근로 형태 비율

(단위: %)

최종 학력	근로 형태 \ 국가	A	B	C	D	E
중졸	전일제 근로자	35	39	31	31	31
	시간제 근로자	29	19	14	27	42
	무직자	36	42	55	42	27
고졸	전일제 근로자	46	54	42	47	49
	시간제 근로자	31	20	15	29	40
	무직자	23	26	43	24	11
대졸	전일제 근로자	57	67	59	61	55
	시간제 근로자	25	19	13	28	39
	무직자	18	14	28	11	6

[보고서]

갑국의 최종 학력별 전일제 근로자 비율은 대졸이 고졸과 중졸보다 각각 5%p, 20%p 이상 높아서, 최종 학력이 높을수록 전일제로 근무하는 근로자 비율이 높다고 볼 수 있다. 또한 갑국의 고졸과 중졸 간 전일제 근로자 비율의 차이는 18%p 미만으로 그 차이는 대졸과 중졸 간 차이보다 작다. 시간제 근로자 비율을 보면, 고졸의 경우에는 중졸과 대졸보다 높지만, 그 차이는 4%p 미만으로 시간제 근로자의 비율은 최종 학력에 따라 크게 다르지 않다. 한편 갑국의 무직자 비율은 대졸의 경우 20% 미만이며 고졸의 경우 25% 미만이지만, 중졸의 경우 30% 이상이다.

① A ② B ③ C
④ D ⑤ E

08 다음 [보고서]는 갑~무국 아동 및 청소년의 성별 스마트폰 과의존위험군에 관한 자료이고, [표]는 A~E국의 스마트폰 과의존위험군 비율에 관한 자료이다. 주어진 [보고서]의 내용을 바탕으로 A~E 중 갑국에 해당하는 국가를 고르면?

1 2 3

[보고서]

갑~무국은 전체 아동과 청소년 중 스마트폰 과의존위험군 비율을 조사하여 스마트폰 과의존위험군을 위험의 정도에 따라 고위험군과 잠재위험군으로 구분하였다. 모든 국가에서 청소년은 여자가 남자보다 고위험군과 잠재위험군 비율이 모두 높았으며, 아동의 경우, 정국을 제외한 국가에서 남자가 여자보다 모든 위험군에서 비율이 높았다.

다음으로 모든 국가에서 남자와 여자 모두 아동에 비해 청소년의 과의존위험군 비율이 높았다. 아동의 경우, 남자와 여자 각각 과의존위험군 비율이 무국을 제외한 국가에서 남자와 여자 모두 20%를 초과하였고, 청소년의 경우, 무국을 제외한 국가에서 여자의 과의존위험군 비율이 30%를 초과하였다.

아동과 청소년 간 과의존위험군 비율 차이는 모든 국가에서 남자보다 여자가 컸다. 남자의 경우, 아동과 청소년 간 비율 차이가 가장 큰 국가는 병이고, 여자의 경우, 아동과 청소년 간 비율 차이가 가장 큰 국가는 을이다.

[표] A~E국 아동 및 청소년의 성별 스마트폰 과의존위험군 비율 현황

(단위: %)

구분	성별	위험군 \ 국가	A	B	C	D	E
아동	남자	고위험	2.1	2.3	2.2	2.6	2.2
		잠재위험	20.1	20.0	20.2	21.3	21.2
	여자	고위험	2.0	2.2	1.8	2.0	2.4
		잠재위험	18.1	19.8	17.5	19.9	18.8
청소년	남자	고위험	3.1	3.3	3.2	3.6	3.2
		잠재위험	24.7	25.3	24.8	25.5	25.1
	여자	고위험	4.1	3.9	3.8	4.0	3.5
		잠재위험	28.2	28.1	25.2	27.4	27.7

① A ② B ③ C
④ D ⑤ E

[09~10] 다음 [표]는 갑국 5개 국립 대학의 세계 대학 평가에 관한 자료이다. 주어진 자료를 보고 질문에 답하시오.

[표1] 2018년 갑국 국립 대학의 세계 대학 평가 결과 (단위: 위, 점)

대학	국내 순위	세계 순위	총점	부문별 점수				
				교육	연구	산학 협력	국제화	논문 인용도
A	14	182	29.5	27.8	28.2	63.2	35.3	28.4
B	21	240	25.4	23.9	25.6	42.2	26.7	25.1
C	23	253	24.3	21.2	19.9	38.7	25.3	30.2
D	24	287	22.5	21.0	20.1	38.4	28.8	23.6
E	25	300	18.7	21.7	19.9	40.5	22.7	11.6

[표2] 2017~2018년 갑국 ○○대학의 세계 대학 평가 세부 지표별 점수 (단위: 점)

부문(가중치)	세부 지표(가중치)	세부 지표별 점수	
		2018년	2017년
교육(30)	평판도 조사(15)	2.9	1.4
	교원당 학생 수(4.5)	34.5	36.9
	학부 학위 수여자 대비 박사 학위 수여자 비율(2.25)	36.6	46.9
	교원당 박사 학위자 비율(6)	45.3	52.3
	재정 규모(2.25)	43.3	40.5
연구(30)	평판도 조사(18)	1.6	0.8
	교원당 연구비(6)	53.3	49.4
	교원당 학술논문 수(6)	41.3	39.5
산학 협력(2.5)	산업계 연구비 수입(2.5)	(가)	43.9
국제화(7.5)	외국인 학생 비율(2.5)	24.7	22.5
	외국인 교수 비율(2.5)	26.9	26.8
	학술논문 중 외국 연구자와 쓴 논문 비중(2.5)	16.6	16.4
논문 인용도(30)	논문 인용도(30)	(나)	13.1

※ 1) ○○대학은 A~E대학 중 한 대학임

2) 부문별 점수는 각 부문에 속한 세부 지표별 $\frac{(\text{세부 지표별 점수})\times(\text{세부 지표별 가중치})}{(\text{부문별 가중치})}$ 값의 합임

3) 총점은 5개 부문별 $\frac{(\text{부문별 점수})\times(\text{부문별 가중치})}{100}$ 값의 합임

4) 세부 지표별 점수는 소수점 둘째 자리에서 반올림한 값임

주어진 자료에 대한 설명으로 옳은 것을 고르면?

1 2 3

① 빈칸 (가)에 들어갈 값은 42.2이다.

② 빈칸 (나)에 들어갈 값은 30.2이다.

③ 총점은 부문별 점수의 평균으로 산정한다.

④ ○○대학의 2018년 교육 점수는 전년 대비 1점 이상 감소하였다.

⑤ 국내 순위가 두 번째로 높은 국립 대학은 4개의 부문에서 점수가 두 번째로 높다.

10 주어진 자료를 이용하여 세계 대학 평가 결과에 대한 [보고서]를 작성하였다. 주어진 [표] 이외에 [보고서] 작성을 위하여 추가로 필요한 자료가 아닌 것을 [보기]에서 모두 고르면?

1 2 3

[보고서]

최근 글로벌 대학 평가 기관이 2018년 세계 대학 평가 결과를 발표하였다. 이 평가는 전 세계 1,250개 이상의 대학을 대상으로 교육, 연구, 산학 협력, 국제화, 논문 인용도 등 총 5개 부문, 13개 세부 지표를 활용하여 수행된다.

2018년 세계 대학 평가 결과, 1~3위는 각각 F대학(을국), G대학(을국), H대학(병국)으로 전년과 동일하였으나, 4위는 I대학(병국)으로 전년 5위에서 한 단계 상승하였고, 5위는 2017년 공동 3위였던 J대학(병국)으로 나타났다. 아시아 대학 중 최고 순위는 K대학(정국)으로 전년보다 8단계 상승한 세계 22위였으며, 같은 아시아 국가인 갑국에서는 L대학이 세계 63위로 갑국 대학 중 가장 높은 순위를 차지하였다.

2018년 갑국의 5개 국립 대학 중에서는 A대학이 세계 182위, 국내 14위로 가장 순위가 높았는데, 논문 인용도를 제외한 나머지 4개 부문별 점수에서 5개 국립 대학 중 가장 높은 점수를 받았다. 한편 C대학은 연구와 산학 협력 부문에서 2017년 대비 점수가 대폭 하락하여 순위 또한 낮아졌다.

보기

㉠ 2017~2018년 아시아 대학 평가 순위

㉡ 2017~2018년 세계 대학 평가 갑국 국립 대학 순위

㉢ 2017~2018년 세계 대학 평가 순위

㉣ 2017~2018년 세계 대학 평가 C대학 세부 지표별 점수

① ㉠　② ㉠, ㉡　③ ㉠, ㉢

④ ㉡, ㉣　⑤ ㉠, ㉡, ㉣

Ⅱ 수리능력

정답과 해설 P. 93~101

중

☑ 2023 5급 공채 PSAT 기출변형

01 다음 [표]는 2022년 갑시의 시내버스 현황에 관한 자료이다. 이에 대한 [보기]의 설명 중 옳은 것을 모두 고르면?

1 2 3

[표1] 버스 종류별 노선 수 및 인가차량 현황 (단위: 개, 대)

버스 종류 \ 구분	노선 수	인가차량		
			운행차량	예비차량
간선	126	3,598	3,429	169
지선	223	3,454	3,258	196
광역	10	229	211	18
순환	1	12	10	2
심야	14	100	96	4
계	374	7,393	7,004	389

[표2] 인가차량 대수 구간별 회사 수 (단위: 개)

대수 구간	1~40대	41~80대	81~120대	121~160대	161~200대	201대 이상	합
회사	5	8	28	10	10	4	65

보기

㉠ 인가차량 중 운행차량의 비중은 심야가 가장 크다.
㉡ 노선 수 대비 예비차량 대수의 비율은 광역이 지선의 2배 이하이다.
㉢ 간선의 노선 수 대비 인가차량의 비율은 심야의 3배 이상이다.
㉣ 인가차량 대수 상위 4개 회사의 인가차량 대수 평균은 500대 이하이다.

① ㉠, ㉡　② ㉠, ㉢　③ ㉡, ㉣
④ ㉠, ㉢, ㉣　⑤ ㉡, ㉢, ㉣

02 다음 [표]는 A시의 2016~2020년 버스 유형별 노선 수와 차량 대수에 관한 자료이다. 이에 대한 [보고서]의 설명 중 옳은 것을 모두 고르면?

1 2 3

[표] 2016~2020년 버스 유형별 노선 수와 차량 대수

(단위: 개, 대)

유형 / 구분 / 연도	간선버스		지선버스		광역버스		순환버스		심야버스	
	노선 수	차량 대수	노선 수	차량 대수	노선 수	차량 대수	노선 수	차량 대수	노선 수	차량 대수
2016년	122	3,703	215	3,462	11	250	4	25	9	45
2017년	121	3,690	214	3,473	11	250	4	25	8	47
2018년	122	3,698	211	3,474	11	249	3	14	8	47
2019년	122	3,687	207	3,403	10	247	3	14	9	70
2020년	124	3,662	206	3,406	10	245	3	14	11	78

※ 버스 유형은 간선버스, 지선버스, 광역버스, 순환버스, 심야버스로만 구성됨

[보고서]

㉠ 2017~2020년 A시 버스 총 노선 수와 총 차량 대수는 각각 매년 감소하고 있으며, ㉡ 전년 대비 감소 폭은 총 노선 수와 총 차량 대수 모두 2019년이 가장 크다. 이는 A시 버스 이용객의 감소와 버스 노후화로 인한 감차가 이루어져 나타난 결과로 볼 수 있다. ㉢ 2019년 심야버스는 버스 유형 중 유일하게 전년에 비해 차량 대수가 증가하였고, 전년 대비 차량 대수 증가율은 45%를 상회하였다. 이는 심야시간 버스 이용객의 증가로 인해 나타난 것으로 볼 수 있다. ㉣ 2016~2020년 동안 노선 수 대비 차량 대수 비는 간선버스가 매년 가장 크고, 광역버스가 두 번째로 크다. 이는 간선버스가 차량 운행거리가 길고, 배차 시간이 짧다는 특성이 반영된 것으로 볼 수 있다. 마지막으로 ㉤ 2016~2020년 동안 노선 수 대비 차량 대수 비는 심야버스가 순환버스보다 매년 크다.

① ㉠, ㉡, ㉢ ② ㉠, ㉣, ㉤ ③ ㉡, ㉢, ㉣
④ ㉡, ㉢, ㉤ ⑤ ㉢, ㉣, ㉤

03 다음 [표]는 2018~2021년 갑국의 여름철 물놀이 사고 사망자에 관한 자료이다. 이를 바탕으로 작성한 [보고서]의 내용 중 옳지 않은 것은 모두 몇 개인지 고르면?

1 2 3

[표1] 연령대별 여름철 물놀이 사고 사망자 수 (단위: 명)

연도 \ 연령대	10세 미만	10대	20대	30대	40대	50대 이상
2018년	2	6	4	4	4	4
2019년	2	13	9	2	2	8
2020년	2	9	7	2	4	13
2021년	0	5	3	5	5	19

[표2] 4대 주요 발생 장소 및 원인별 여름철 물놀이 사고 사망자 수 (단위: 명)

연도 \ 구분	4대 주요 발생 장소				4대 주요 원인			
	하천	해수욕장	계곡	수영장	안전부주의	수영미숙	음주수영	급류
2018년	16	3	2	2	6	13	3	2
2019년	23	3	5	4	9	14	5	6
2020년	19	3	1	12	8	14	3	8
2021년	23	7	2	5	9	12	6	2

※ 단, 여름철 물놀이 사고 사망자의 발생 장소와 원인은 각각 한 가지로만 정함

[보고서]

물놀이 사고는 여름철인 6~8월에 집중적으로 발생한다. 연도별 사고 현황을 살펴보면, ㉠ 여름철 물놀이 사고 사망자는 2019년에 전년 대비 50% 이상 증가하였고, 이후 사망자는 매년 30명 이상이었다. ㉡ 여름철 물놀이 사고 사망자 중 4대 주요 원인에 의한 사망자가 차지하는 비율이 가장 높은 해는 2018년이고, 가장 낮은 해는 2021년이다. 한편, ㉢ 여름철 물놀이 사고 사망자 중 수영미숙에 의한 사망자가 매년 30% 이상을 차지하였는데, 그 비중은 2018년이 가장 높았다. 이에 대한 예방책이 필요한 것으로 판단된다. 또 2019년과 2020년은 급류사고로 인한 사망자가 다른 해에 비해 많았다.

사고 발생 장소를 살펴보면, ㉣ 2018년부터 2021년까지 하천에서 발생한 사고가 가장 많았고, 매년 여름철 물놀이 사고 사망자의 60% 이상이 하천에서 발생한 사고로 사망하였다. 따라서 하천에서의 사고를 예방하기 위해 물놀이 안전수칙 홍보를 강화할 필요가 있다. 여름철 물놀이 사고 사망자 수를 연령대와 장소 및 원인에 따라 세부적으로 살펴보면, ㉤ 2020년 50대 이상 사망자 중 수영장 외의 장소에서 사망한 사망자가 1명 이상이고, 2021년 안전부주의 사망자 중 30대 이상 사망자 역시 1명 이상이다.

① 없음　② 1개　③ 2개
④ 3개　⑤ 4개

중

04 다음 [그래프]와 [표]는 연도별 의약품 국내 시장 현황과 세계 지역별 의약품 시장 규모에 관한 자료이다. 이에 대한 [보기]의 설명 중 옳지 않은 것을 모두 고르면?

1 2 3

[그래프] 연도별 의약품 국내 시장 현황 (단위: 조 원)

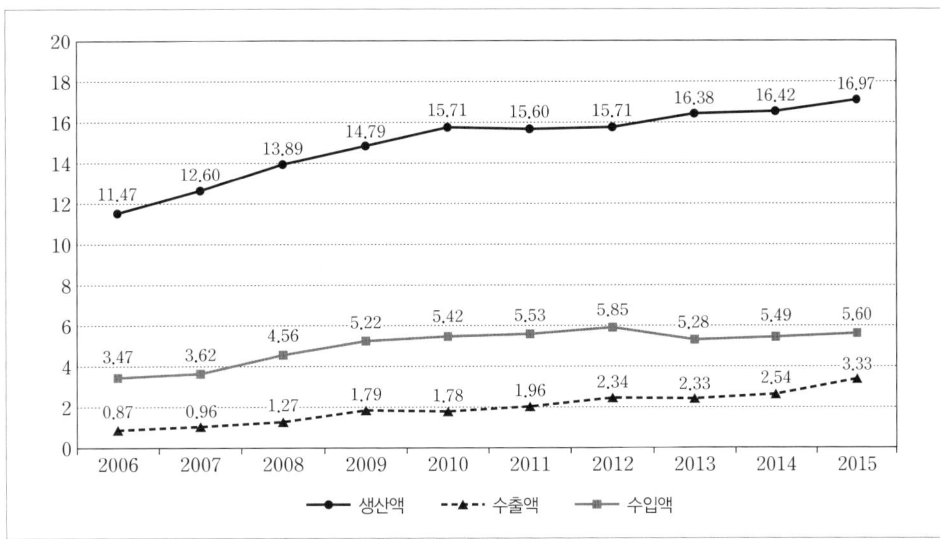

※ (국내 시장 규모)=(생산액)−(수출액)+(수입액)

[표] 연도별 세계 지역별 의약품 시장 규모 (단위: 십억 달러, %)

지역 \ 연도, 구분	2013년 시장 규모	2013년 비중	2014년 시장 규모	2014년 비중
북미	362.8	38.3	405.6	39.5
유럽	219.8	( )	228.8	22.3
아시아(일본 제외), 호주, 아프리카	182.6	19.3	199.2	19.4
일본	80.5	8.5	81.6	7.9
라틴 아메리카	64.5	( )	72.1	7.0
기타	37.4	3.9	39.9	3.9
전체	947.6	100.0	( )	100.0

| 보기 |

㉠ 2012년 의약품 국내 시장 규모에서 수출액이 차지하는 비중은 전년 대비 감소하였다.
㉡ 2007~2015년 동안 의약품 국내 시장 규모는 전년 대비 매년 증가하였다.
㉢ 2014년 세계 전체 의약품 시장 규모에서 유럽이 차지하는 비중과 라틴 아메리카가 차지하는 비중은 모두 전년 대비 감소하였다.
㉣ 2014년 세계 전체 의약품 시장 규모는 전년 대비 5% 이상 증가하였다.

① ㉠, ㉡ ② ㉠, ㉣ ③ ㉠, ㉡, ㉢
④ ㉠, ㉢, ㉣ ⑤ ㉡, ㉢, ㉣

Ⅱ 수리능력

중

05 다음 [표]는 2019년과 2020년 지역별 전체 주택 및 빈집 현황에 관한 자료이다. 이에 대한 [보고서]의 설명 중 옳은 것은 모두 몇 개인지 고르면?

1 2 3

[표] 2019년과 2020년 지역별 전체 주택 및 빈집 현황 (단위: 호, %)

지역 \ 연도/구분	2019년			2020년		
	전체 주택	빈집	빈집 비율	전체 주택	빈집	빈집 비율
서울특별시	2,953,964	93,402	3.2	3,015,371	96,629	3.2
부산광역시	1,249,757	109,651	8.8	1,275,859	113,410	8.9
대구광역시	800,340	40,721	5.1	809,802	39,069	4.8
인천광역시	1,019,365	66,695	6.5	1,032,774	65,861	6.4
광주광역시	526,161	39,625	7.5	538,275	41,585	7.7
대전광역시	492,797	29,640	6.0	496,875	26,983	5.4
울산광역시	391,596	33,114	8.5	394,634	30,241	7.7
세종특별자치시	132,257	16,437	12.4	136,887	14,385	10.5
경기도	4,354,776	278,815	6.4	4,495,115	272,358	6.1
강원도	627,376	84,382	13.4	644,023	84,106	13.1
충청북도	625,957	77,520	12.4	640,256	76,877	12.0
충청남도	850,525	107,609	12.7	865,008	106,430	12.3
전라북도	724,524	91,138	12.6	741,221	95,412	12.9
전라남도	787,816	121,767	15.5	802,043	122,103	15.2
경상북도	1,081,216	143,560	13.3	1,094,306	139,770	12.8
경상남도	1,266,739	147,173	11.6	1,296,944	150,982	11.6
제주특별자치도	241,788	36,566	15.1	246,451	35,105	14.2
전국	18,126,954	1,517,815	8.4	18,525,844	1,511,306	8.2

※ (빈집 비율)(%) $= \frac{\text{(빈집)}}{\text{(전체 주택)}} \times 100$

[보고서]

㉠ 2020년 우리나라 전체 주택 수는 전년 대비 39만 호 이상 증가하였으나, 빈집 수는 6천 호 이상 감소하여 빈집 비율은 전년 대비 0.2%p 감소하였다. 특히 ㉡ 세종특별자치시의 빈집 비율이 가장 큰 폭으로, 울산광역시가 두 번째로 큰 폭으로 감소하였다.

하지만 ㉢ 2020년에는 6개 지역에서 빈집 수가 전년 대비 증가하였고, 전년 대비 빈집 비율이 가장 큰 폭으로 증가한 지역은 전라북도였다. ㉣ 빈집 비율이 가장 높은 지역과 가장 낮은 지역의 빈집 비율 차이는 2019년에 비해 2020년에 감소하였다. 또한 ㉤ 광역시 전체의 빈집 비율 역시 2019년 대비 2020년에 감소하였다.

① 1개
② 2개
③ 3개
④ 4개
⑤ 5개

[06~07] 다음 [표]는 2019년 2월에 갑국 국민 중 표본을 추출하여 2017년과 2018년의 고용 형태와 소득 분위의 변화를 조사한 자료이다. 주어진 자료를 보고 질문에 답하시오.

[표1] 2017년에서 2018년 표본의 고용 형태 변화 비율 (단위: %)

구분		2018년		합계
		사업가	피고용자	
2017년	사업가	80	20	100
	피고용자	30	70	100

※ 단, 고용 형태는 사업가와 피고용자로만 나누어지며, 실업자는 없음

[표2] 고용 형태 변화 유형별 표본의 소득 분위 변화 (단위: %)

Ⅰ. 사업가(2017년) → 사업가(2018년)

2017년 \ 2018년	1분위	2분위	3분위	4분위	5분위	합계
1분위	40.0	35.0	10.0	10.0	5.0	100.0
2분위	10.0	55.0	25.0	5.0	5.0	100.0
3분위	5.0	15.0	45.0	25.0	10.0	100.0
4분위	5.0	5.0	20.0	45.0	25.0	100.0
5분위	0.0	0.0	5.0	15.0	80.0	100.0

Ⅱ. 사업가(2017년) → 피고용자(2018년)

2017년 \ 2018년	1분위	2분위	3분위	4분위	5분위	합계
1분위	70.0	30.0	0.0	0.0	0.0	100.0
2분위	25.0	55.0	15.0	5.0	0.0	100.0
3분위	5.0	25.0	50.0	15.0	5.0	100.0
4분위	5.0	10.0	20.0	50.0	15.0	100.0
5분위	0.0	5.0	5.0	15.0	75.0	100.0

Ⅲ. 피고용자(2017년) → 피고용자(2018년)

2017년 \ 2018년	1분위	2분위	3분위	4분위	5분위	합계
1분위	85.0	10.0	5.0	0.0	0.0	100.0
2분위	15.0	65.0	15.0	5.0	0.0	100.0
3분위	5.0	20.0	60.0	15.0	0.0	100.0
4분위	0.0	5.0	15.0	65.0	15.0	100.0
5분위	0.0	5.0	5.0	15.0	75.0	100.0

Ⅳ. 피고용자(2017년) → 사업가(2018년)

2017년 \ 2018년	1분위	2분위	3분위	4분위	5분위	합계
1분위	50.0	40.0	5.0	5.0	0.0	100.0
2분위	10.0	60.0	20.0	5.0	5.0	100.0
3분위	5.0	20.0	50.0	20.0	5.0	100.0
4분위	0.0	10.0	20.0	50.0	20.0	100.0
5분위	0.0	0.0	5.0	35.0	60.0	100.0

※ 1) '가(2017년) → 나(2018년)'는 고용 형태 변화 유형을 나타내며, 2017년 고용 형태 '가'에서 2018년 고용 형태 '나'로 변화된 것을 의미함

2) 소득 분위는 1~5분위로 구분하며, 숫자가 클수록 분위가 높음

3) 각 고용 형태 변화 유형 내에서 2017년 소득 분위별 인원은 동일함

상

06 갑국 표본의 2017년 고용 형태에서 사업가와 피고용자가 각각 5,000명일 때, 주어진 자료를 근거로 한 [보기]의 설명 중 옳은 것을 모두 고르면?

1 2 3

보기

㉠ 2018년 고용 형태가 피고용자인 사람은 4,500명이다.

㉡ 2017년 사업가에서 2018년 피고용자로 고용 형태가 변화된 사람 중에서 2018년에 소득 1분위에 속하는 사람은 3분위에 속하는 사람보다 35명 이상 더 많다.

㉢ 2017년 피고용자에서 2018년 사업가로 고용 형태가 변화된 사람 중에서 2017년 소득 2분위에서 2018년 소득 분위가 높아진 사람과 2017년 소득 4분위에서 2018년 소득 분위가 낮아진 사람은 모두 90명이다.

㉣ 동일한 표본에 대해 2017년에서 2018년 고용 형태 변화 비율과 같은 비율로 2018년에서 2019년 고용 형태가 변화된다면, 2019년 피고용자 수는 2018년에 비해 감소할 것이다.

① ㉠, ㉡ ② ㉢, ㉣ ③ ㉠, ㉡, ㉢

④ ㉠, ㉢, ㉣ ⑤ ㉡, ㉢, ㉣

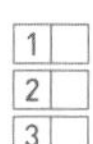

07 주어진 자료를 근거로 한 [보기]의 설명 중 옳은 것을 모두 고르면?

1
2
3

보기

㉠ 2017년 소득 1분위이면서 2018년 소득 분위가 2017년 소득 분위보다 높아진 사람의 비율은 피고용자(2017년) → 사업가(2018년) 유형이 사업가(2017년) → 피고용자(2018년) 유형보다 높다.

㉡ 2017년 소득 3분위이면서 2018년 소득 분위가 2017년 소득 분위보다 낮아진 사람의 비율은 사업가(2017년) → 사업가(2018년) 유형이 피고용자(2017년) → 피고용자(2018년) 유형보다 낮다.

㉢ 고용 형태 변화 유형 네 가지 중에서 2017년과 2018년 사이에 소득 분위가 변동되지 않은 사람의 비율이 가장 높은 유형은 사업가(2017년) → 피고용자(2018년)이다.

㉣ 고용 형태 변화 유형 네 가지 중에서 2018년에 소득 4분위인 사람의 비율이 가장 높은 유형은 피고용자(2017년) → 사업가(2018년)이다.

① ㉠, ㉢　② ㉡, ㉣　③ ㉢, ㉣
④ ㉠, ㉡, ㉢　⑤ ㉠, ㉡, ㉣

08 다음 [표]는 A~F로만 구성된 갑반 학생의 일대일 채팅방 참여 현황을 표시한 자료이다. 주어진 [표]와 [규칙]에 근거한 [보기]의 설명 중 옳은 것을 모두 고르면?

1 2 3

[표] 갑반의 일대일 채팅방 참여 현황

학생	F	E	D	C	B
A	0	1	0	0	1
B	1	1	0	1	
C	1	0	1		
D	0	1			
E	0				

※ 단, 학생들이 참여할 수 있는 모든 일대일 채팅방의 참여 여부를 '0'과 '1'로 표시함

[규칙]

- 서로 다른 두 학생이 동일한 일대일 채팅방에 참여하고 있으면 '1'로, 그 이외의 경우에는 '0'으로 나타내며, 그 값을 각 학생이 속한 행 또는 열이 만나는 곳에 표시한다.
- 학생 수가 n일 때, 학생들이 참여할 수 있는 모든 일대일 채팅방의 개수는 $\frac{n(n-1)}{2}$이다.
- $(\text{일대일 채팅방 밀도}) = \frac{(\text{학생들이 참여하고 있는 일대일 채팅방의 개수})}{(\text{학생들이 참여할 수 있는 모든 일대일 채팅방의 개수})}$

| 보기 |

㉠ 참여하고 있는 일대일 채팅방의 수가 가장 많은 학생은 B이며, B의 일대일 채팅방의 수는 5개 미만이다.
㉡ 갑반의 일대일 채팅방 밀도는 0.6 이상이다.
㉢ A는 C와 일대일 채팅방에 참여하고 있지 않지만, A는 B와, B는 C와 일대일 채팅방에 참여하고 있다.
㉣ 갑반으로 전학 온 새로운 학생 G가 C, D와만 각각 일대일 채팅방에 참여한다면, 갑반의 일대일 채팅방 밀도는 낮아진다.

① ㉠, ㉡　② ㉠, ㉢　③ ㉡, ㉣
④ ㉢, ㉣　⑤ ㉠, ㉢, ㉣

Ⅱ 수리능력

09 다음 [표]는 갑국 국세청의 행정소송 현황에 관한 자료이다. 이에 대한 [보고서]의 설명 중 옳은 것을 고르면?

1 2 3

[표1] 2017~2020년 행정소송 현황 (단위: 건)

구분 / 연도	처리대상 건수		처리완료 건수				처리미완료 건수		
	전년 이월	당년 제기	취하	각하	국가 승소	국가 패소	행정 법원	고등 법원	대법원
2017년	2,093	1,679	409	74	862	179	1,279	647	322
2018년	2,248	1,881	485	53	799	208	1,536	713	335
2019년	2,584	1,957	493	78	749	204	2,043	692	282
2020년	3,017	2,026	788	225	786	237	1,939	793	275

※ (미완료율)(%) $=\frac{\text{(처리미완료 건수)}}{\text{(처리대상 건수)}}\times 100$

[표2] 2020년 세목별 행정소송 현황 (단위: 건)

구분 / 세목	처리대상 건수		처리완료 건수				처리미완료 건수		
	전년 이월	당년 제기	취하	각하	국가 승소	국가 패소	행정 법원	고등 법원	대법원
종합소득세	305	249	85	7	103	33	227	74	25
법인세	443	347	54	6	108	44	396	123	59
부가가치세	645	405	189	13	162	42	400	183	61
양도소득세	909	447	326	170	240	39	378	167	36
상속세	84	52	14	1	28	9	50	20	14
증여세	429	282	70	12	96	49	272	157	55
기타	202	244	50	16	49	21	216	69	25

[표3] 2020년 소송가액별 행정소송 현황 (단위: 건)

구분 / 소송가액	처리대상 건수		처리완료 건수				처리미완료 건수		
	전년 이월	당년 제기	취하	각하	국가 승소	국가 패소	행정 법원	고등 법원	대법원
3억 원 미만	1,758	1,220	599	204	540	102	1,028	414	91
3억 원 이상 10억 원 미만	542	375	129	15	133	56	374	156	54
10억 원 이상	717	431	60	6	113	79	537	223	130

[보고서]

2017~2020년 갑국 국세청의 연도별 행정소송 현황을 살펴보면, 전년 이월 처리대상 건수와 당년 제기 처리대상 건수는 매년 증가하였다. 더불어 ① 2017~2020년 동안 처리미완료 건수와 미완료율 또한 매년 증가하였다. 2017~2020년 처리완료 건수 대비 국가승소 건수의 비율은 매년 감소하였는데, ② 특히 2020년에는 전년 대비 20% 이상 감소하여 가장 큰 폭으로 감소하였다.

③ 2020년에 다음 해로 이월된 처리대상 건수가 가장 많은 세목은 양도소득세였으며, 모든 세목에서 행정법원 소송 처리미완료 건수가 가장 많았다.

④ 2020년의 경우, 소송가액 3억 원 미만인 처리대상 건수가 3억 원 이상인 처리대상 건수의 1.5배 이상이다. 한편 2020년 소송가액이 높아질수록 미완료율이 증가하였으며, ⑤ 처리대상 건수 대비 국가승소 건수의 비율 또한 증가하였다.

중

10 다음 [그래프]와 [표]는 연도별 갑국 맥주 소비량 및 매출액 현황에 관한 자료이다. 이에 대한 [보고서]의 설명 중 옳지 않은 것은 모두 몇 개인지 고르면?

1 2 3

[그래프] 연도별 국산맥주 소비량 및 수입맥주 소비량 (단위: 만 kL)

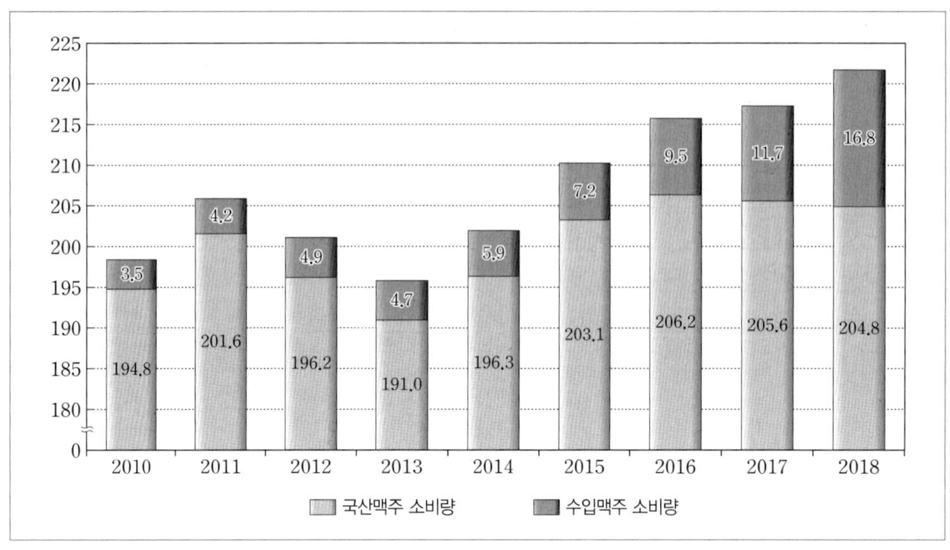

※ (맥주 소비량)(만 kL)=(국산맥주 소비량)+(수입맥주 소비량)

[표] 갑국 전체 맥주 매출액 대비 브랜드별 맥주 매출액 비중 순위 (단위: %)

순위	2017년			2018년		
	브랜드명	비중	비고	브랜드명	비중	비고
1	파아스	37.4	국산	파아스	32.3	국산
2	하이프	15.6	국산	하이프	15.4	국산
3	드로이C	7.1	국산	클라우스	8.0	국산
4	프라이	6.6	국산	프라이	4.7	국산
5	막스	6.5	국산	막스	4.3	국산
6	아사리	3.3	수입	드로이C	4.1	국산
7	하이네펜	3.2	수입	R맥주	4.0	수입
8	R맥주	3.0	수입	아사리	3.8	수입
9	호가튼	2.0	수입	하이네펜	3.4	수입
10	갓포로	1.3	수입	파울러나	1.9	수입

[보고서]

㉠ 갑국 맥주 소비량은 2013년 이후 매년 꾸준하게 증가되어, 2013년 총 195만 7천 kL였던 맥주 소비량이 2018년에는 221만 6천 kL에 이르렀다. 이는 수입맥주 소비량의 증가가 주요 원인 중 한 가지로 파악된다. ㉡ 2011년 갑국 맥주 소비량 중 2% 미만이었던 수입맥주 소비량 비중이 2018년에는 7% 이상이 되었다. ㉢ 2014~2018년 갑국 수입맥주 소비량의 전년 대비 증가율은 매년 커지고 있다.

2017년과 2018년 브랜드별 갑국 맥주 시장 매출액 비중 순위를 살펴보면, 국산맥주 브랜드가 1~5위를 차지하여 매출액 비중 순위에서 강세를 나타냈다. 그럼에도 불구하고 ㉣ 맥주 매출액 상위 10개 브랜드 중 수입맥주 브랜드가 갑국 전체 맥주 매출액에서 차지하는 비중은 2017년보다 2018년에 커졌다. 그리고 ㉤ 갑국 전체 맥주 매출액에서 상위 5개 브랜드가 차지하는 비중은 2017년에 비해 2018년에 9%p 이상 감소하였다.

① 1개 ② 2개 ③ 3개
④ 4개 ⑤ 5개

☑ 2022 5급 공채 PSAT 기출변형

[01~02] 다음 [표]는 A~J팀으로만 구성된 갑 야구리그에 관한 자료이다. 주어진 자료를 보고 질문에 답하시오.

[표1] A~J팀의 8월 15일 기준 순위 및 기록

순위	팀	전체 경기 수	승수	패수	무승부 수	승률(%)	승차	최근 연속 승패 기록	최근 10경기 기록
1	A	99	61	37	1	62.24	0.0	3패	4승 6패
2	B	91	55	34	2	61.80	1.5	1패	6승 4패
3	C	98	54	43	1	55.67	6.5	1패	4승 6패
4	D	100	49	51	0	49.00	(　)	1승	4승 6패
5	E	99	48	50	1	48.98	13.0	1패	8승 2패
6	F	97	46	51	0	47.42	14.5	1승	3승 7패
7	G	97	43	51	3	45.74	16.0	1승	6승 4패
8	H	96	43	52	1	45.26	16.5	3승	7승 3패
9	I	96	41	54	1	43.16	18.5	2승	4승 6패
10	J	95	38	55	2	40.86	20.5	2패	4승 6패

※ 1) 일자별 팀 순위 및 기록은 해당일 경기를 포함한 모든 경기 결과를 반영한 값이며, 팀 순위는 승률이 높은 순서로 정함
2) 각 팀은 최근 10일 동안 매일 한 경기씩 참여하였고, 매 경기는 시작 당일에 종료됨
3) $(\text{승률})(\%) = \frac{(\text{승수})}{(\text{승수})+(\text{패수})} \times 100$
4) $(\text{승차}) = \frac{\{(\text{1위 팀 승수})-(\text{해당 팀 승수})\}-\{(\text{1위 팀 패수})-(\text{해당 팀 패수})\}}{2}$

[표2] A~J팀의 8월 17일 기준 최근 연속 승패 기록

팀	A	B	C	D	E	F	G	H	I	J
최근 연속 승패 기록	5패	1승	1패	3승	4패	2패	3승	2패	4승	2승

※ 각 팀은 최근 2일 동안 매일 한 경기씩 참여하였고, 매 경기는 시작 당일에 종료됨

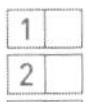 주어진 자료에 대한 설명으로 옳지 않은 것을 고르면?

1 2 3

① 8월 12일에 H팀의 승차는 19.5이다.
② 8월 5일과 8월 15일에 승차가 동일한 팀은 다섯 팀이다.
③ 8월 12일과 8월 14일 A팀의 승률 차이는 1.5%p 미만이다.
④ 8월 13일에 I팀과 J팀의 승차는 동일하다.
⑤ 8월 5일에 F팀의 승률은 D팀의 승률보다 높다.

II 수리능력

02 주어진 자료에 대한 [보기]의 설명 중 옳은 것을 모두 고르면?

1 2 3

보기

㉠ 8월 16일에 무승부인 팀이 없다면, 8월 16일 기준 G팀의 승차는 15이다.
㉡ 8월 16일에 무승부인 팀이 있다면, 8월 17일 기준 C팀의 승차는 6이다.
㉢ 8월 16일에 무승부인 팀이 없다면, 8월 16일과 8월 17일의 1위는 동일하다.
㉣ 8월 16일에 무승부인 팀이 있다면, 8월 17일 기준 승차가 음수인 팀이 있다.

① ㉠, ㉡ ② ㉠, ㉣ ③ ㉡, ㉢
④ ㉠, ㉡, ㉣ ⑤ ㉡, ㉢, ㉣

상

03 다음 [표]는 갑주무관이 해양포유류 416종을 네 가지 부류(A~D)로 나눈 후, 2022년 기준 국제자연보전연맹(IUCN) 적색 목록 지표에 따라 분류한 자료이다. 이를 근거로 작성한 [보고서]의 내용을 바탕으로 다음 중 옳지 않은 것을 고르면?

1 2 3

[표] 해양포유류의 IUCN 적색 목록 지표별 분류 현황

(단위: 종)

지표 \ 해양포유류 부류	A	B	C	D	합
절멸종(EX)	3	–	2	8	13
야생절멸종(EW)	–	–	–	2	2
심각한위기종(CR)	–	–	–	15	15
멸종위기종(EN)	(　)	1	–	48	60
취약종(VU)	7	2	8	(　)	74
위기근접종(NT)	2	–	–	38	40
관심필요종(LC)	42	(　)	1	141	186
자료부족종(DD)	2	–	–	24	26
미평가종(NE)	–	–	–	–	0
계	67	5	11	333	416

[보고서]

국제자연보전연맹(IUCN)의 적색 목록(Red List)은 지구 동식물종의 보전 상태를 나타내며, 각 동식물종의 보전 상태는 9개의 지표 중 1개로만 분류된다. 이 중 심각한위기종(CR), 멸종위기종(EN), 취약종(VU) 3개 지표 중 하나로 분류되는 동식물종을 멸종우려종(Threatened Species)이라 한다.

조사 대상 416종의 해양포유류를 '고래류', '기각류', '해달류 및 북극곰', '해우류' 네 가지 부류로 나눈 후, IUCN의 적색 목록 지표에 따라 분류해 보면, 전체 조사 대상의 약 36%가 멸종우려종에 속하고 있다. 특히, 멸종우려종 중 '고래류'가 차지하는 비중은 80% 이상이다. 또한 '해달류 및 북극곰'은 9개의 지표 중 멸종우려종 또는 관심필요종(LC)으로만 분류된 것으로 나타났다.

한편 해양포유류에 대한 과학적인 이해가 부족하여 26종은 자료부족종(DD)으로 분류되고 있다. 다만 '해달류 및 북극곰'과 '해우류'는 자료부족종(DD)으로 분류된 종이 없다.

① A는 기각류, B는 해달류 및 북극곰에 해당한다.

② C는 해우류, D는 고래류에 해당한다.

③ 각 부류의 전체 지표 중 LC의 비중이 두 번째로 높은 부류는 고래류이다.

④ 보전 상태의 기준이 변화되어 기각류의 멸종위기종 지표에 해당하는 종이 모두 심각한위기종에 해당되어도 멸종우려종의 비중은 변함없다.

⑤ 해달류 및 북극곰의 미평가종 지표에 해당하는 해양포유류가 2종 추가될 경우, 해달류 및 북극곰에 해당하는 전체 해양포유류 종수 중 멸종우려종이 차지하는 비중은 45% 이상이다.

04 다음 [그래프]는 옥외 광고의 시장 규모 및 구성비에 관한 자료이다. 이에 대한 [보고서]의 설명 중 옳은 것은 모두 몇 개인지 고르면?

1 2 3

[그래프1] 옥외 광고 시장 규모 추이

(단위: 억 원)

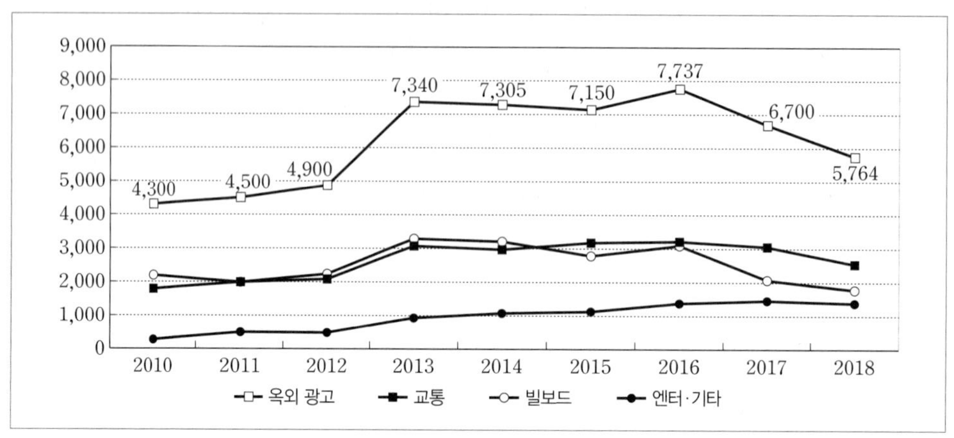

※ 단, 옥외 광고는 교통, 빌보드, 엔터·기타의 3개 분야로 구성됨

[그래프2] 2018년 옥외 광고 3개 분야 및 세부 분야 시장 구성비

(단위: %)

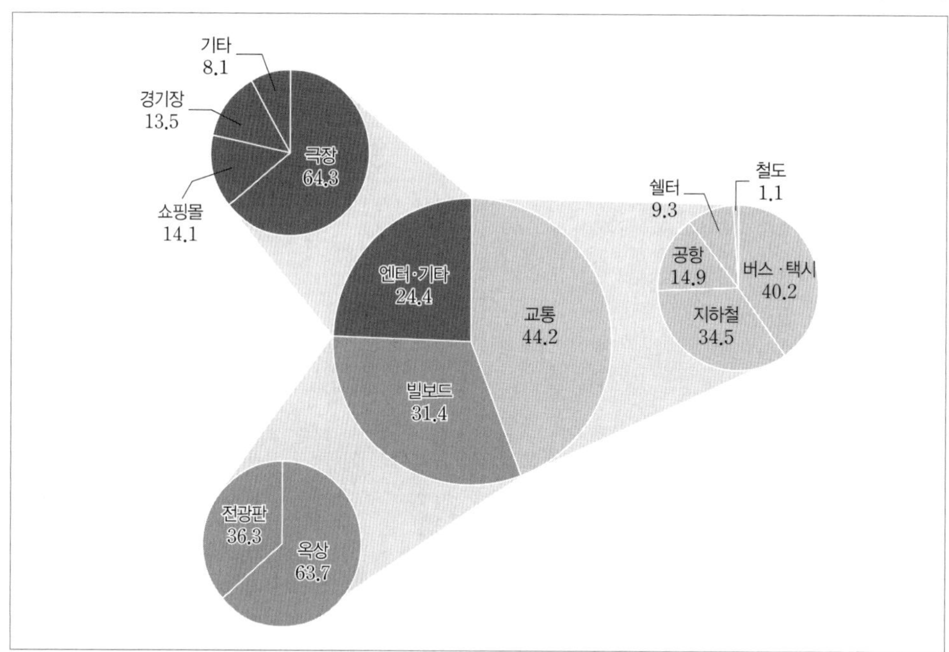

[보고서]

2010년부터 2018년까지의 옥외 광고 시장 규모 추이를 살펴보면, 2010년 4,300억 원 규모였던 옥외 광고 시장은 2016년 7,737억 원 규모까지 성장하였다. 하지만 ㉠ 2018년 옥외 광고 시장 규모는 2016년에 비해 30% 이상 감소하였다. 2018년 옥외 광고 시장 규모를 분야별로 살펴보면, ㉡ 2018년 교통 분야 시장 규모는 2,500억 원 이상으로 옥외 광고 시장에서 가장 큰 비중을 차지하고 있고, 그다음으로 빌보드가 큰 비중을 차지하고 있다. ㉢ 2018년 옥외 광고 세부 분야별 시장 규모는 옥상이 가장 크고, 그다음으로 버스·택시, 극장, 지하철 순이다. ㉣ 2018년 엔터·기타 분야의 시장 규모를 살펴보면, 극장, 쇼핑몰, 경기장을 제외한 시장 규모는 120억 원 이상이다. 그리고 ㉤ 2018년 교통 분야의 공항 시장 규모는 370억 원 이상이다.

① 1개 ② 2개 ③ 3개
④ 4개 ⑤ 5개

Ⅱ 수리능력

05 다음 [보고서]와 [표]는 2015년 갑국의 수출입 현황에 관한 자료이다. 이에 대한 설명으로 옳지 <u>않은</u> 것을 고르면?

1 2 3

[보고서]

- 2015년 갑국의 총 수출액에서 전자제품은 29.9%, 석유제품은 16.2%, 기계류는 11.2%, 농수산물은 6.3%를 차지한다.
- 2015년 갑국의 총 수입액에서 전자제품은 23.7%, 농수산물은 12.5%, 기계류는 11.2%, 플라스틱은 3.8%를 차지한다.

[표1] 갑국의 수출입액 상위 10개 국가 현황 (단위: 억 달러, %)

순위	수출			수입		
	국가명	수출액	갑국의 총 수출액에 대한 비율	국가명	수입액	갑국의 총 수입액에 대한 비율
1	싱가포르	280	14.0	중국	396	18.0
2	중국	( )	13.0	싱가포르	264	12.0
3	미국	188	9.4	미국	178	8.1
4	일본	180	9.0	일본	( )	7.3
5	태국	114	5.7	태국	121	5.5
6	홍콩	100	5.0	대만	106	4.8
7	인도	82	4.1	한국	97	4.4
8	인도네시아	76	3.8	인도네시아	86	3.9
9	호주	72	3.6	독일	70	3.2
10	한국	64	3.2	베트남	62	2.8

※ 단, 무역수지는 수출액에서 수입액을 뺀 값으로, 무역수지 값이 양수이면 흑자이고, 음수이면 적자임

[표2] 갑국의 대(對)을국 수출입액 상위 5개 품목 현황 (단위: 백만 달러, %)

순위	수출			수입		
	품목명	금액	전년 대비 증가율	품목명	금액	전년 대비 증가율
1	천연가스	2,132	33.2	농수산물	1,375	305.2
2	집적회로 반도체	999	14.5	집적회로 반도체	817	19.6
3	농수산물	861	43.0	평판 디스플레이	326	45.6
4	개별소자 반도체	382	40.6	기타정밀 화학원료	302	6.6
5	컴퓨터부품	315	14.9	합성고무	269	5.6

① 2015년 갑국의 무역수지는 적자일 것이다.

② 2015년 갑국의 전자제품 수출액은 수입액보다 많다.

③ 2014년 갑국의 대(對)을국 집적회로 반도체 수출액은 수입액보다 많다.

④ 2015년 갑국의 수출액 상위 10개 국가 중에서 2015년 갑국과의 교역에서 무역수지 흑자를 기록한 국가는 4개국이다.

⑤ 2015년 갑국의 전체 농수산물 수출액에서 을국에 대한 농수산물 수출액이 차지하는 비율은 2015년 갑국의 전체 농수산물 수입액에서 을국으로부터의 농수산물 수입액이 차지하는 비율보다 낮다.

문제해결능력

III

01 논리추론

필수이론

1 명제

(1) 명제의 정의

내용이 참인지 거짓인지를 명확하게 판단할 수 있는 문장으로, 기호로 나타낼 수 있다.

• 명제의 역, 이, 대우(기호)

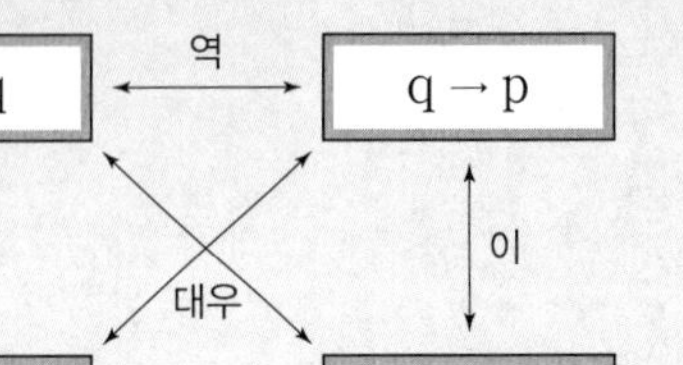

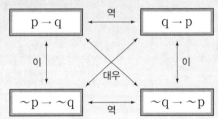

• 명제의 역, 이, 대우(집합)

명제	집합
p and q	$P \cap Q$
p or q	$P \cup Q$
~p	P^C
p → q	$P \subset Q$

(2) 정언명제

어떤 대상 또는 상황에 대해 특정 조건을 붙이지 않고 단언적으로 말하는 기본 명제

• all 개념

일반적으로 수식어가 붙지 않거나 '모든'이라는 수식어가 붙으며, "어떤 ~도 ~가 아니다."라는 표현 역시 all 개념임에 유의한다.

• some 개념

일반적으로 '어떤'이라는 수식어가 붙으며, "모든 ~가 ~인 것은 아니다."라는 표현 역시 some 개념임에 유의한다.

→ some은 all을 포함하는 개념으로, all 개념에 해당하는 명제가 참이면 some 개념에 해당하는 명제도 참이다. 반면, 반대의 경우에는 참일 수도 있고 거짓일 수도 있다.

(3) 벤다이어그램

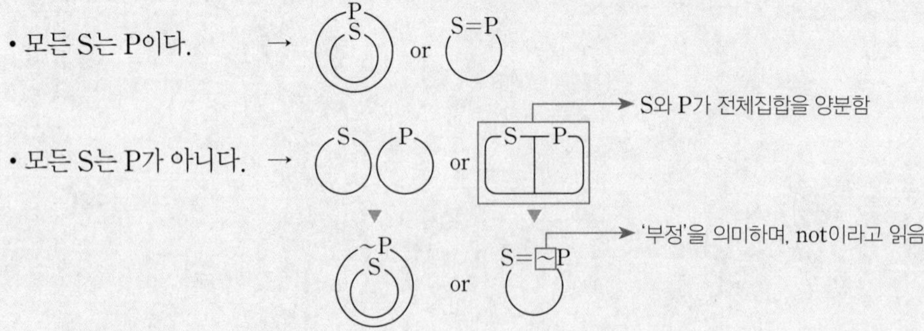

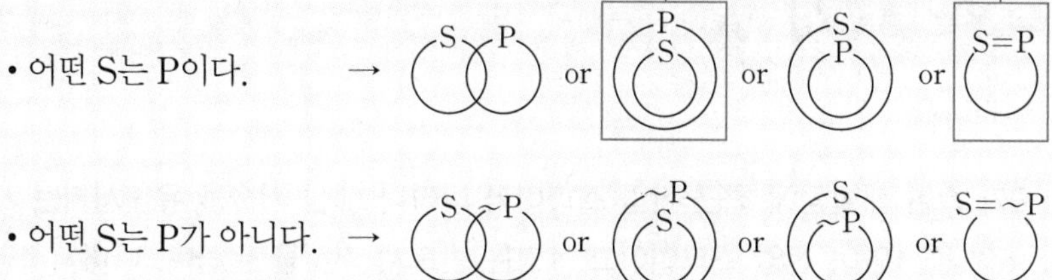

2 조건추리

(1) 참 · 거짓

참 · 거짓 유형은 문제에 주어진 진술들의 관계를 파악해 각 진술의 참과 거짓을 확인하는 유형으로 문제의 풀이법은 다음과 같다.

① 정보가 많은 진술을 참 또는 거짓으로 가정한다.

참 · 거짓 유형은 서로 반대되는 진술이 있으며, 어느 한 쪽의 진술이 참이라면 다른 쪽의 진술은 반드시 거짓이 된다. 따라서 정보가 많은 진술을 가정하면 경우의 수를 빠르게 줄일 수 있다.

② 남은 진술들을 따라가며 확인한다.

위 진술을 기준으로 남은 진술의 흐름을 따라 꼬리를 물면서 진실과 거짓을 확인한다. 논리적으로 타당하게 추론할 수 있는 진술은 참이 되고, 모순되는 진술은 거짓이 된다. 최종적으로 한 사이클이 완성되는데, 마지막까지 모순이 발견되지 않는다면 확인한 진술의 사이클은 옳은 것이 되고, 중간에 모순이 발견되었으면 틀린 것이 된다.

(2) 조건 대응

조건 대응 유형은 문제에서 여러 개의 조건을 제시하고, 조건의 관계를 파악하여 각 대상들을 대응시켜 진위를 판단하는 유형으로 문제의 풀이법은 다음과 같다.

① 확실한 조건부터 적용하기

각 대상들에 대한 대응 관계는 여러 가지 경우의 수가 존재하므로 경우의 수를 줄여나가면서 대응 관계를 찾는 것이 중요하다. 따라서 확실한 정보를 통해 알 수 있는 조건을 먼저 찾아서 적용하도록 한다.

② 시각화하여 정리하기

여러 정보가 주어지는 상황에서 만약 제대로 대응시키지 못할 경우, 오답으로 이어질 수 있다. 따라서 그림 또는 아래와 같은 표처럼 한눈에 파악할 수 있도록 정리하여 해결하도록 한다.

A	B	C	D	E	F	G
○	●	◎	◇	◆	□	■

(3) 배열 배치

배열 배치 유형의 큰 틀은 조건 대응 유형과 같으므로 조건 대응 유형의 풀이법으로 진행할 수 있다. 특히, 배열 배치 유형의 경우 시각화하여 정리하는 것이 매우 중요한데, 표 외에 수직선 형태로 정리하는 방법, 부등호를 이용하여 정리하는 방법이 있다.

참고로 원탁에 대한 문제는 한 대상을 배치하여 고정시키는 것이 먼저이며, 마주 앉은 대상을 찾아 우선 배치한 후, 순차적으로 조건을 확인하여 적용하도록 한다.

하

01 K회사의 A~E가 속한 개발팀에 최근 산업 스파이가 나타나 핵심 기술을 유출시키는 사고가 발생했다. 5명 중 1명이 산업 스파이이고, 1명은 반드시 거짓을 말하며, 나머지 4명은 반드시 참을 말할 때, 다음 [보기]의 진술을 바탕으로 산업 스파이를 고르면?

1 2 3

보기
• A: 저는 산업 스파이가 아닙니다. • B: C는 산업 스파이가 아닙니다. • C: E는 산업 스파이가 아닙니다. • D: B는 거짓을 말하고 있습니다. • E: 산업 스파이는 거짓을 말하고 있습니다.

① A ② B ③ C
④ D ⑤ E

하

02 네 명의 직원 A~D는 간단한 다과를 곁들여 회의를 하고 있다. 각 직원들은 다음 [보기]에 따라 음료 한 가지와 스낵 한 가지를 골랐다. 이때, C가 고른 다과의 조합으로 옳은 것을 고르면?

1 2 3

보기
• 음료는 홍차, 녹차, 커피 중 하나이고, 스낵은 마카롱, 초콜릿, 쿠키 중 하나이다. • 모든 음료와 스낵은 1명 이상이 골랐다. • A와 C는 같은 음료를 골랐고, A와 B는 같은 스낵을 골랐다. • 녹차를 고른 직원은 쿠키를 골랐다. • B는 커피를 골랐다. • 초콜릿을 고른 직원은 1명이다.

① 홍차, 초콜릿 ② 홍차, 쿠키 ③ 녹차, 쿠키
④ 커피, 초콜릿 ⑤ 커피, 마카롱

중

03 어느 숙박업소에서는 3월의 토요일 또는 일요일에 예약한 A~I의 9명에 관한 명단을 정리 중이다. 다음 [조건]의 내용이 모두 참일 때, [보기] 중 옳은 것은 모두 몇 개인지 고르면?

1 2 3

| 조건 |

- 3월 1일은 일요일이고, 요일마다 서로 다른 사람이 예약하였다.
- 가장 마지막으로 예약한 사람은 E이다.
- G가 예약한 다음 날 F가 예약하였다.
- I는 세 번째 토요일에 예약하였고, C는 네 번째 일요일에 예약하였다.
- D는 B보다 늦게 예약하였다.
- H가 예약한 날의 그다음 주 같은 요일에 A가 예약하였다.

| 보기 |

㉠ B는 토요일에 예약하였다.
㉡ H는 일요일에 예약하였다.
㉢ A는 3월 15일에 예약하였다.
㉣ D는 I가 예약한 날의 그다음 주 같은 요일에 예약하였다.

① 없음 ② 1개 ③ 2개
④ 3개 ⑤ 4개

중

04 S매체에서는 프로야구 10개 팀의 순위에 대해 조사하였다. 다음 [보기]를 보고 충청팀의 순위를 고르면?

1 2 3

| 보기 |

- 서울팀은 1위가 아니다.
- 울산팀은 3위이다.
- 대구팀의 순위는 3의 배수이다.
- 제주팀은 인천팀보다 성적이 좋으나 서울팀보다 성적이 좋지 않다.
- 대전팀은 충청팀보다 성적이 좋으나 강원팀보다 성적이 좋지 않다.
- 인천팀과 서울팀의 순위를 합하면 7이고, 서울팀의 성적이 더 좋다.
- 광주팀과 부산팀의 순위를 합하면 10이고, 광주팀의 성적이 더 좋다.

① 6위 ② 7위 ③ 8위
④ 9위 ⑤ 10위

중

05 S회사의 학회 참석자들이 숙소의 한 층을 사용하고자 한다. 이 숙소의 한 층은 아래 그림과 같다. 참석자들이 다음 [보기]와 같이 방 배정을 받았을 때, 이 과장이 사용하는 방을 고르면?

1 2 3

보기

엘리베이터	501	502	503	504	계단
	복도				
	505	506	507	508	

- 참석자는 유 부장, 김 차장, 양 차장, 조 과장, 이 과장, 박 대리, 한 대리, 서 사원이다.
- 유 부장은 엘리베이터 옆방을 사용한다.
- 조 과장은 계단 옆방을 사용한다.
- 한 대리와 서 사원의 방은 복도를 사이에 두고 마주 보고 있다.
- 박 대리는 서 사원의 옆방을 사용한다.
- 양 차장은 502호를 사용한다.
- 김 차장의 방 번호는 홀수이며, 3의 배수가 아니다.
- 이 과장의 방은 복도를 기준으로 유 부장의 방과 같은 쪽에 있다.
- 박 대리의 방은 계단 옆이 아니다.

① 501호 ② 503호 ③ 504호
④ 507호 ⑤ 508호

하

06 S식당에서는 신 메뉴 출시 전 고객들의 반응을 조사하였다. 다음 [보기]의 명제가 모두 참일 때, 항상 옳지 않은 것을 고르면?

1 2 3

보기

- A메뉴를 선호하는 고객은 B메뉴를 선호하지 않는다.
- B메뉴를 선호하지 않는 고객은 C메뉴를 선호하지 않고, F메뉴를 선호하는 고객은 C메뉴를 선호하지 않는다.
- D메뉴를 선호하지 않는 고객은 C메뉴를 선호한다.
- F메뉴를 선호하지 않는 고객은 G메뉴를 선호한다.
- D메뉴를 선호하는 고객은 E메뉴를 선호한다.

① A메뉴를 선호하는 고객은 E메뉴를 선호한다.
② B메뉴를 선호하는 고객은 D메뉴를 선호하지 않는다.
③ G메뉴를 선호하지 않는 고객은 D메뉴를 선호한다.
④ C메뉴를 선호하지 않는 고객은 A메뉴를 선호한다.
⑤ E메뉴를 선호하지 않는 고객은 F메뉴를 선호한다.

중

07 8명의 직원 A~H가 4명씩 서로 마주 보고 앉아 있다. 이들의 근무 부서는 기획부, 홍보부, 영업부, 재무부이고 각 부서에 2명씩 근무 중이다. 이들 8명이 다음 [보기]의 조건에 따라 앉아 있을 때, 다음 중 항상 옳지 않은 것을 고르면?

1 2 3

보기

- H는 홍보부 직원 사이에 앉아 있다.
- F는 기획부 직원의 맞은편에 앉아 있다.
- 재무부 직원은 서로 이웃해서 앉아 있다.
- 영업부 직원은 서로 마주 보고 앉아 있다.
- C는 영업부이고, B의 오른쪽에 앉아 있다.
- G의 맞은편에는 홍보부 직원 D가 앉아 있다.
- A와 G는 같은 부서이고, 각자 앉는 위치를 기준으로 가장 오른쪽에 앉아 있다.

① B는 재무부 직원이다.
② F는 기획부 직원이다.
③ H는 영업부 직원이다.
④ E는 B의 맞은편에 앉는다.
⑤ 기획부 직원과 재무부 직원은 서로 마주 보고 앉는다.

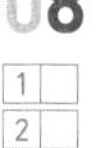

08 행정직 또는 기술직 직원 A~F 여섯 명이 자신의 직군에 대해 이야기를 나누고 있다. 행정직 직원은 반드시 참을, 기술직 직원은 반드시 거짓을 말한다고 할 때, 주어진 [보기]의 발언을 고려하여 기술직 직원을 바르게 짝지은 것을 고르면?

1 2 3

보기

- A: 나는 행정직 직원이야.
- B: 나는 C와 같은 직군이야.
- C: 기술직 직원은 2명이야.
- D: E는 기술직 직원이야.
- E: B는 나와 다른 직군이야.
- F: D는 행정직 직원이야.

① B, D　② B, E　③ D, E
④ B, C, D　⑤ B, C, E

중

09 **S회사의 A~D부서에서 향후 사업 계획에 대해 발표를 한다. 다음 [보기]의 조건을 따를 때, 항상 옳은 것을 고르면?**

1 2 3

보기

- 각 부서당 한 명씩 발표를 진행하며, 여자 직원 2명과 남자 직원 2명이 발표를 준비하고 있고, 직급은 사원 또는 대리이다.
- B부서는 A부서의 바로 앞 순서이다.
- 남자 직원의 직급은 서로 다르며, 연달아 발표를 한다.
- 직급이 낮은 직원이 먼저 발표를 한다.
- A부서는 C부서보다 늦게 발표를 한다.
- D부서는 여성 대리가 발표를 한다.

① C부서는 D부서보다 늦게 발표를 한다.
② A부서 발표자는 여성 대리이다.
③ 남성 대리는 여성 대리보다 빨리 발표한다.
④ 여성 사원은 남성 사원보다 늦게 발표한다.
⑤ C부서는 D부서 바로 앞에 발표를 한다.

중

10 **해외 전략부의 A부장, B차장, C과장, D과장, E대리, F대리, G주임, H주임이 원탁에 일정한 간격으로 둘러 앉아 회의를 하고 있다. 주어진 [보기]에 따라 원탁에 둘러 앉은 후 같은 직급인 사람들이 서로 자리를 맞바꾸어 앉았다고 할 때, 직원들의 자리 배치에 대한 설명으로 옳은 것을 고르면?**(단, 같은 직급이 없는 사람은 자리를 이동하지 않는다.)

1 2 3

보기

- 부장은 G주임의 왼쪽에 앉는다.
- B차장은 주임의 맞은편에 앉는다.
- 과장끼리는 서로 마주 보고 있고, C과장은 A부장과 이웃하지 않는다.
- E대리는 H주임과 이웃한다.
- 부장은 과장의 오른쪽에 앉는다.

① E대리는 원래 자리에서 맞은편 자리로 이동한다.
② H주임은 B차장과 이웃한다.
③ A부장 맞은편의 직원은 변하지 않았다.
④ G주임은 원래 자리에서 오른쪽으로 세 칸 이동하였다.
⑤ C과장의 왼쪽 직원은 변하지 않았다.

02 NCS 최신빈출 Lv.2

중

01 P회사에서는 부서 이동을 진행하였다. 다음 [보기]에 따라 부서를 이동하였다고 할 때, 항상 옳은 것을 고르면?

1 2 3

보기

- 영업부, 기획부, 재무부, 홍보부, 물류부, 감사부 신입사원이 영업부, 기획부, 재무부, 홍보부, 물류부, 감사부 중 한 곳으로 이동한다.
- 기존 부서와 다른 부서로 이동한다.
- 영업부 사원은 홍보부에 배정된다.
- 기획부 사원과 재무부 사원은 서로 부서를 바꾸어 배정된다.
- 영업부로 배정된 사원은 기존에 물류부가 아니다.

① 홍보부 사원은 물류부에 배정된다.
② 물류부에 배정된 사원은 기존에 홍보부가 아니다.
③ 영업부 사원이 홍보부에 배정되면 홍보부 사원은 영업부에 배정된다.
④ 물류부 사원은 감사부에 배정된다.
⑤ 재무부에 배정된 사원은 기존에 기획부가 아니다.

상

02 S세미나에서 선착순으로 볼펜, 사인펜, 색연필을 지급하고 있다. 각 펜들은 검정, 파랑, 빨강, 노랑 네 가지 색상별로 하나씩 준비되어 있다. 선착순 네 명이 이 중에서 세 가지 펜을 선택한 후에 대화를 나누고 있다. 다음 [보기]의 대화가 모두 참일 때, 옳은 것을 고르면?

1 2 3

보기

- A: 내 바로 앞에 온 사람은 모두 같은 색상의 펜을 가져갔고, 나는 모두 다른 색의 볼펜 세 자루를 가져왔어.
- B: 나는 검정색 볼펜을 가지고 있고, 내가 가지고 있는 펜 중에서 다른 사람과 겹치는 색은 없어.
- C: 나는 내 바로 앞뒤에 온 사람들과 노란색 펜의 수가 같아.
- D: 내가 가지고 있는 펜 중에 빨간색은 없고, 사인펜을 두 개 가지고 있어.

① C는 두 번째로 세미나에 입장하였다.
② A는 C와 빨간색 펜을 같은 수만큼 가지고 있다.
③ B는 색연필을 가지고 있지 않다.
④ D는 두 가지 파란색 펜을 가지고 있다.
⑤ A와 B는 같은 종류의 펜을 가지고 있지 않다.

03 A, B, C, D, E의 5명은 월요일부터 금요일까지의 요일 중 중복되지 않게 어느 한 요일을 좋아한다. 다음 [조건]을 바탕으로 할 때, [보기] 중 항상 옳지 않은 것은 모두 몇 개인지 고르면?

조건

- A는 월, 화, 수요일을 좋아하지 않는다.
- B는 월, 화, 금요일을 좋아하지 않는다.
- C는 월, 수, 목요일을 좋아하지 않는다.
- D는 수, 금요일을 좋아하지 않는다.
- E는 화, 목요일을 좋아하지 않는다.

보기

㉠ 가능한 모든 경우의 수는 4가지이다.
㉡ A가 목요일을 좋아하면, B는 수요일을 좋아한다.
㉢ A가 금요일을 좋아하면, C는 화요일을 좋아한다.
㉣ D가 월요일을 좋아하는 경우는 1가지이다.
㉤ E가 금요일을 좋아하는 경우는 1가지이다.

① 없음 ② 1개 ③ 2개
④ 3개 ⑤ 4개

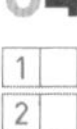

04 영업 부서에서 부장과 A과장, B과장, C대리, D대리, E대리, F사원, G사원이 원탁에 둘러 앉아 회의를 하고 있다. 부장을 빼고 한 명씩 자신의 의견을 발표하며, 순서는 다음과 같다. 가장 첫 순서는 부장의 오른쪽에 앉아 있는 직원이 하고, 과장의 발표 다음은 과장 맞은편에 있는 직원이 하고, 대리의 발표 다음은 대리 왼쪽의 직원이 하고, 사원의 발표 다음은 사원의 두 칸 오른쪽에 있는 직원이 발표를 한다. 이미 해당 위치의 직원이 부장이거나 이미 발표를 한 직원이라면, 이전 발표자를 기준으로 오른쪽에 있는 직원이 발표를 한다. 각 직원들의 위치가 다음 [보기]를 만족할 때, 마지막으로 발표를 하는 직원을 고르면?

보기

- A과장은 B과장의 한 칸 건너 왼쪽에 앉아 있다.
- C대리는 B과장과 마주 보고 있다.
- D대리의 양 옆에는 같은 직급의 직원이 있다.
- E대리는 G사원의 맞은편에 앉아 있다.
- F사원은 부장과 마주 보고 있다.
- G사원은 B과장의 바로 오른쪽에 앉아 있다.

① A과장 ② C대리 ③ D대리
④ F사원 ⑤ G사원

05 A회사에 근무하는 직원 갑, 을, 병, 정은 기획팀, 디자인팀, 총무팀, 홍보팀 중 각각 서로 다른 팀에 근무 중이다. 이들은 근속연수도 2년, 3년, 5년, 8년 중 하나로 모두 다르다. 이들 4명에 대하여 다음 [보기]와 같은 사실이 알려져 있을 때, 병이 근무하고 있는 팀과 근속연수를 바르게 나열한 것을 고르면?

| 보기 |

- 정은 근속연수가 4명 중 가장 길지도 않지만, 가장 짧지도 않다.
- 을은 디자인팀, 홍보팀에 근무하는 두 사람보다 근속연수가 길다.
- 갑과 정의 근속연수를 더하면, 을의 근속연수와 같다.
- 총무팀에 근무하는 직원은 갑과 친하지만, 정과 친하지 않다.
- 디자인팀에 근무하는 사람은 병보다 어리고, 정보다 근속연수가 길다.
- 정은 기획팀에 근무하는 사람보다 근속연수가 길다.

	근무 팀	근속연수
①	기획팀	2년
②	디자인팀	3년
③	총무팀	2년
④	총무팀	5년
⑤	홍보팀	2년

02 자료형

필수이론 & 전략

1 대표 유형

다음 [조건]을 근거로 판단할 때, [보기]에서 옳은 것을 모두 고르면?

조건

- 정부○○청사 신축 시 [화장실 위생기구 설치 기준]에 따라 위생기구(대변기 또는 소변기)를 설치하고자 한다.
- 남자 화장실에는 위생기구 수가 짝수인 경우에는 대변기와 소변기를 절반씩 나누어 설치하고, 홀수인 경우에는 대변기를 한 개 더 많게 설치한다. 여자 화장실에는 모두 대변기를 설치한다.

[화장실 위생기구 설치 기준]

기준	각 성별 사람 수(명)	위생기구 수(개)
A	1～9	1
	10～35	2
	36～55	3
	56～80	4
	81～110	5
	111～150	6
B	1～15	1
	16～40	2
	41～75	3
	76～150	4
C	1～50	2
	51～100	3
	101～150	4

보기

㉠ 남녀가 각각 60명일 때, B기준과 C기준에 따라 설치할 위생기구의 수는 동일하다.
㉡ 남자가 70명이고, 여자가 40명일 때, A기준에 따라 남자 화장실과 여자 화장실에 설치하는 대변기의 수는 동일하다.
㉢ 남자의 수에 관계없이 남자 화장실에는 소변기가 1개 이상 설치된다.
㉣ 남자가 80명, 여자가 120명 근무하는 경우, C기준에 따라 설치할 대변기의 수는 총 6개이다.

① ㉠, ㉢　② ㉠, ㉣　③ ㉡, ㉢　④ ㉡, ㉣　⑤ ㉢, ㉣

(1) 출제 유형

① 수치 자료와 조건으로 구성된 복합자료를 바탕으로 정오를 판단하는 조건제시형

② 별도의 규칙이 주어져 대상을 찾는 규칙적용형

③ 조건과 정보로 구성된 복합자료를 바탕으로 결괏값을 구하여 판단하는 계산 · 비교형

(2) 적용 이론

① 분수의 비례 · 반비례

$\frac{Y}{X}$=Z인 경우 → Y 값이 증가하면 Z 값이 증가하고, X 값이 증가하면 Z 값은 감소한다.

② 배수와 비율

A가 전년 대비 30% 증가: $A \times 1.3 \rightarrow A + (3 \times 0.1A)$

A가 전년 대비 5% 감소: $A \times 0.95 \rightarrow A - \left(\frac{1}{2} \times 0.1A\right)$

2 풀이 전략

대표 유형의 문항을 바탕으로 정확하고 빠르게 해결할 수 있는 실질적인 풀이 전략을 살펴보도록 한다.

(1) 문제의 발문&조건의 키워드 파악

- 발문
  - 옳은 보기를 찾는 문제이다.
- 조건의 키워드
  - 남자 화장실, 여자 화장실, 대변기, 소변기, 위생기구 설치 기준

(2) 선택지 구조 확인

- ①, ②에 ㉠이 수록 – 2개/①, ③, ⑤에 ㉢이 수록 – 3개
  - ㉠의 정오에 따라 정답은 ①, ② 또는 ③, ④, ⑤로 결정된다.
  - ㉢의 정오에 따라 정답은 ①, ③, ⑤ 또는 ②, ④로 결정된다.

※ [보기]가 주어진 문제는 항상 '소거법' 이용

(3) 빠르게 해결할 수 있는 보기부터 접근

- 여러 기준을 고려하지 않고 조건의 내용만으로 해결할 수 있는 ㉢부터 해결

  ㉢ 위생기구가 1개(홀수) 설치될 경우에는 대변기를 설치한다. (×)

  → ㉢은 틀린 보기이므로 선택지 ①, ③, ⑤ 소거

- 선택지 구조를 통해 해결하지 않아도 될 보기 확인

  남은 선택지 ②, ④ 모두 ㉣이 포함되어 있으므로 ㉣은 해결할 필요가 없다.

- 남은 ㉠과 ㉡ 중 고려해야 할 항목이 적은 ㉠을 해결

  ㉠ 남자와 여자가 각각 60명일 때, B기준에 따라 설치할 위생기구의 수는 3개(41~75명), C기준에 따라 설치할 위생기구의 수 역시 3개(51~100명)이다. (○)

∴ ㉠은 옳은 보기이므로 ㉡은 틀린 보기가 되어 정답은 ②이다.

정답과 해설 P. 116~121

중

01 다음은 어느 임대주택 퇴거 시 세대 점검표에 관한 자료이다. 이에 대한 설명으로 옳은 것을 고르면?

1 2 3

임대주택 퇴거 시 세대 점검표

계약일	2020. 08. 01.	입주일	2020. 10. 08.	거주 기간	18개월
		퇴거일	2022. 04. 08.	보증금	2,500만 원
건설사	△△건설		건축 연도	2017년	

구분	항목	입주 시 이상 유무	퇴거 시	
			점검 결과	원가
공통	도배지*	무	1폭 낙서	10,400원/폭
	장판*	무	–	15,000원/폭
	도어락	무	1개 파손	16,900원/개
	타일*	무	–	81,700원/폭
주방	상·하부 장	무	–	119,600원/개
	수전	무	1개 누수 발생	13,300원/개
	타일*	무	–	80,400원/폭
거실	온도조절기*	무	–	250,000원/개
	거실 조명(4개)	무	1개 고장	40,000원/개
욕실	욕조	무	–	300,000원/개
	도기류	무	–	122,500원/개
	수납장(2개)	무	1개 문 파손	94,700원/개
구분	항목	수량	분실	원가
소모성 부품	현관 열쇠	3	1	10,000원/개
	현관 출입 카드	2	–	5,000원/개
	음식물쓰레기 카드	2	1	3,000원/개

• 소모성 부품은 퇴거일에 별도로 현금 정산함 • 소모성 부품의 정산이 확인되면, 퇴거일 다음 날 남은 보증금에서 원상복구비용을 제외하고 나머지 금액을 반환함	**총 부과액**	______원

[기타 사항]
- (주요 품목(*)의 원상복구비용)=(수선비용)−(시설물경과연수)÷(수선주기)×(수선비용)
- 별도 규정이 없을 경우, 원상복구비용은 수선비용으로, 수선비용은 원가로 계산함
- 시설물경과연수는 해당 시설물의 최초 설치 시점부터 사용한 해당 시기까지의 연수를 의미함

[주요 품목 수선주기]
- 도배지, 장판: 10년
- 온도조절기, 보일러: 20년
- 타일류: 20년(단, 현관, 발코니 바닥은 25년)

① 해당 건축물의 시설물경과연수는 18개월이다.

② 공통 부분에서 임차인이 지불해야 할 원상복구비용은 27,300원이다.

③ 해당 임대주택의 임차인이 돌려받게 될 보증금은 2,500만 원이다.

④ 해당 임대주택의 임차인이 지불해야 할 원상복구비용 총액은 170,100원이다.

⑤ 해당 임대주택의 임차인이 보증금을 돌려받는 날짜는 2022년 4월 8일이다.

[02~03] 다음은 지하철 운임 안내에 관한 자료이다. 주어진 자료를 보고 질문에 답하시오.

[운임 안내]

1. 지하철만 이용 시: 지하철 운임은 수도권 전철 전 구간을 일원화하여 거리비례요금제로 책정

구분	교통카드	1회권(1회용 교통카드)
일반 (만 19세 이상)	[기본요금] 10km 이내: 1,250원 [추가요금] – 10~50km 이내: 매 5km마다 100원 추가 – 50km 초과: 매 8km마다 100원 추가	교통카드 운임에 100원 추가
청소년 (만 13~18세)	일반 교통카드 운임에서 350원을 제하고 20% 할인	일반 1회권 적용
어린이 (만 6~12세)	일반 교통카드 운임에서 350원을 제하고 50% 할인	교통카드 운임과 동일
우대	[무임 적용] – 노인(만 65세 이상), 장애인(중증 장애인 1~3등급은 동반 1인 포함), 유공자(상이 및 장해 등급 1급 동반 포함) 및 별도 지정자 – 유아: 만 6세 미만(보호자 1명당 3명까지), 4명부터 추가 1명당 어린이요금 부과	
정기권	[서울 전용] 55,000원 [거리비례용] 1~14단계(55,000~102,900원) – 충전일로부터 60회/30일 이내에 사용(만기일 또는 횟수 중 선도래 시 사용 종료) – 정기권카드 구입 비용: 2,500원	
단체권	– 20인 이상 여객이 동일한 구간, 경로를 동일한 인원이 여행하는 경우, 20명마다 1명씩 운임을 무임으로 함 – 도시철도 구간 내 사용 가능	

2. 지하철과 버스 환승 이용 시: 통합 거리비례제(통합요금)

구분	내용
기본요금	10km까지 기본요금: 환승 무료 (서울, 경기, 인천시내버스는 30km까지) 단, 이용교통수단 중 높은 기본요금 적용
추가요금	10km 초과 시 매 5km마다 100원 가산 (서울, 경기, 인천시내버스는 30km 초과 시)

※ 버스-지하철은 다인승 환승이 적용되지 않음(1인 1카드 사용)

※ 적용 대상: 서울시내버스, 경기시내버스, 인천시내버스, 지하철 간 갈아탈 경우(마을버스 포함)

※ 적용 방법: 교통카드를 이용하여 탑승 시에만 혜택 가능

- 승차 및 하차 시 교통카드 단말기에 교통카드를 접촉하여야 함. 하차 시 단말기에 교통카드를 접촉하지 않으면 무료 환승 혜택 상실(수단별 각각의 독립요금 부과)
- 선 교통수단 하차 후 30분 이내에 후 교통수단에 탑승할 경우에 통합요금 적용(30분 이후에 승차 시 독립 통행으로 간주하여 별도 요금 부과. 단, 21시~다음날 7시까지는 새벽 또는 야간 시간임을 감안하여 환승 인정 시간을 60분으로 함)

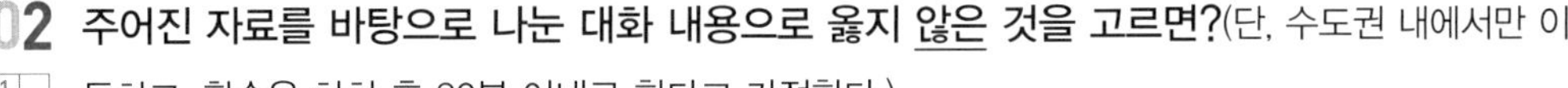

02 주어진 자료를 바탕으로 나눈 대화 내용으로 옳지 않은 것을 고르면?(단, 수도권 내에서만 이동하고, 환승은 하차 후 30분 이내로 한다고 가정한다.)

1 2 3

① 성인이 지하철로 23km를 이동하였다면, 1회권으로 1,650원을 지불해야겠군.
② 청소년이 지하철로 20km를 이동하였다면, 교통카드로 760원을 지불해야겠군.
③ 성인 부부와 6세 미만의 자녀 2명이 지하철 이용 시 성인 2명에 대한 요금만 지불하면 되겠군.
④ 정기권 충전 직후 20일 동안 40회를 사용하였다면, 남은 10일 동안 20회를 더 사용할 수 있겠군.
⑤ 성인이 지하철로 8km 이동 후 버스(기본요금 1,050원)로 환승하여 5km를 이동하였다면, 교통카드로 지불해야 할 금액은 1,350원이겠군.

중

03 다음 사례를 보고 K씨 가족이 교통카드로 지불한 총요금을 고르면?(단, K씨의 집과 ○○공원은 모두 서울에 있고, 1인 1카드를 사용한다.)

1 2 3

K씨는 지난 일요일에 아내, 고등학교 2학년인 딸, 초등학교 3학년인 아들과 함께 ○○공원에 다녀왔다. 주말에 길이 막힐 것을 고려하여 집 앞 버스 정류장에서 A마을버스를 타고 2km 떨어진 B지하철역까지 이동을 한 후, 바로 지하철을 타고 32km 떨어진 ○○공원에 도착했다. 이후 K씨 가족은 ○○공원에서 시간을 보낸 뒤, 근처 음식점에서 저녁식사를 마치고 다시 지하철을 타고 돌아와 밤 9시에 B지하철역에 도착했다. 마을버스를 타러 가던 중 K씨는 지하철역 앞에 있는 아이스크림 가게에 들러 아이들에게 아이스크림을 사 주고, 지하철역에 도착한지 40분 만에 A마을버스를 타고 집에 돌아왔다.

[A마을버스 요금표]

성인(만 19세 이상)	청소년(만 13~18세)	어린이(만 6~12세)
1,100원	700원	450원

① 10,360원 ② 10,640원 ③ 10,950원
④ 11,210원 ⑤ 11,480원

Ⅲ 문제해결능력

[04~05] 다음은 A전자의 제품 품질 보증 기간의 산정 기준에 관한 자료이다. 주어진 자료를 보고 질문에 답하시오.

[제품의 보증 기간]

- 제품 보증 기간은 소비자의 과실이 아닌 정상적인 사용 상태에서 발생한 품질, 성능, 기능의 하자에 대하여 무상 수리를 제공하는 기간이다.
- 제품의 보증 기간은 기본적으로 제품 보증서에 기입된 구입 일자를 기준으로 산정한다. 다만 제품 보증서가 없는 경우, 해당 제품 생산연월에 유통에 걸리는 기간 3개월을 더해 구입 일자를 적용하여 보증 기간을 산정한다.
- 아래의 경우는 보증 기간이 정상적인 경우의 절반$\left(\frac{1}{2}\right)$으로 단축 적용한다.

  ① 영업용 및 영업장 사용
  예) 세탁소(세탁기), PC방(컴퓨터) 등
  ② 차량, 선박 등 일반적인 사용 환경이 아닌 곳에서 사용
  ③ 제품 사용 빈도가 많은 공공장소에 설치하여 사용
  예) 공장, 기숙사 등
  ④ 영업 및 가정용 이외의 용도로 사용
- 중고품 및 정품이 아닌 제품의 경우에는 보증 기간 및 수리에 관한 책임을 지지 않는다.

[제품별 보증 기간]

구분	보증 기간	관련 제품
일반 제품	2년	계절성 제품을 제외한 전 제품
계절성 제품	3년	에어컨, 선풍기, 온풍기, 히터

[핵심 부품별 보증 기간]

부품	보증 기간
PDP패널(PDP, DID), LCD패널(LTV, LCD모니터, DID, 일체형 PC/단, 노트북은 제외), 메인보드(PC)	2년
콤프레셔(냉장고), 일반모터(세탁기), 마그네트론(전자레인지)	3년
콤프레셔(에어컨)	4년
세탁 모터(드럼세탁기, 전자동세탁기), 인버터 콤프레셔(양문형 냉장고, 에어컨, 제습기)	10년

※ 단, 영업용의 경우에는 보증 기간의 $\frac{1}{2}$ 적용

[부품 보증 기간]

• 제품을 구성하는 각 부품에 대한 품질 보증을 말하며, 그 기간은 다음과 같다.

품목	~'19. 03. 26.까지 구입 제품		'19. 03. 27. 이후 구입 제품
	부품 보유 기간	내용 연수	부품 보유 기간/내용 연수
TV, 냉장고	8년	7년	9년
에어컨, 냉온풍기	7년	7년	8년
세탁기	6년	5년	7년
전자레인지, 밥솥, 선풍기	7년	7년	8년
컴퓨터 및 주변기기	4년	4년	4년
휴대폰, 스마트폰, 카메라	4년	3년	4년

※ 단, 유상으로 수리한 경우, 수리한 날부터 1년 이내에 정상적으로 제품을 사용하는 과정에서 종전과 동일한 부품 고장이 재발한 경우에는 무상 수리 적용

[무상 수리와 유상 수리 기준]

• 무상 수리
  – 품질 보증 기간 이내에 정상적인 사용 상태에서 발생한 성능, 기능상의 고장인 경우
  – 엔지니어가 수리한 후 정상적으로 제품을 사용하는 과정에서 12개월 이내에 동일한 부품이 재고장 발생 시(단, 무상 수리 기간이 기본으로 연장 적용되는 핵심 부품은 제외/제품 구입 기준 핵심 부품의 무상 수리 기간 종료 시 유상 수리 적용)

• 유상 수리
  – 보증 기간이 경과된 제품
  – 타사 제품으로 인한 고장 발생 시
  – 사용 설명서의 주의 사항을 지키지 않아 고장 발생 시
  – 제품의 이동 및 이사로 인한 설치 변경이나 홈쇼핑 또는 온라인으로 제품 구입 후 설치 추가 요청 시
  – 당사 엔지니어 외 사람이 수리하여 고장 발생 시
  – 소모성 부품의 수명이 다한 경우(잉크, 배터리, 토너, 램프류 등)
  – 외부 충격이나 떨어뜨림 등 소비자 부주의로 인한 고장 발생 시
  – 당사의 정품 부품을 사용하지 않아 고장 발생 시
  – 제품 내부의 세척 및 이물 제거 시
  – 인터넷, 안테나 등 외부 환경 문제 시
  – 전기 용량을 틀리게 사용하여 고장 발생 시

[서비스 요금 안내]

• (부품비)+(수리비)+(출장비)
  – 부품비: 부품 교체 시 소요되는 부품 가격
  – 수리비: 유상 수리 시 부품비를 제외한 기술료
  – 출장비: 출장 수리를 요구하는 경우
    → 평일 9~18시 18,000원 청구/평일 18시 이후, 휴일 22,000원 청구

중

04 **다음 중 무상 수리를 받기 어려운 경우를 고르면?**(단, 모두 정상적인 사용 상태에서 발생한 고장이다.)

1 2 3

① 가정에서 1년 6개월 째 사용 중인 냉장고

② 기숙사에서 1년 8개월 째 사용 중인 전자레인지

③ 치킨집에서 5개월 째 사용 중인 영업용 냉장고

④ 가정에서 2년 7개월 째 사용 중인 가정용 히터

⑤ 2년 8개월 째 사용 중 스마트 링크 고장으로 A전자 엔지니어 수리 후, 8개월 뒤 동일한 부품의 재고장이 발생한 가정용 에어컨

중

05 **이 대리가 6개월 전 A전자에서 구입한 노트북의 LED가 고장이 나 A전자 서비스 센터에 방문하여 수리 의뢰를 하였더니, 현재 부품 재고가 떨어져 2주를 기다려야 한다는 답변을 받았다. 당장 노트북으로 업무를 처리해야 했던 이 대리는 A전자 서비스 센터가 아닌 사설 전파사에 맡겨 수리를 하였는데, 한 달 뒤 노트북의 LED가 다시 고장이 났다. 주어진 [조건]을 바탕으로 두 번째 고장 시 이 대리가 A전자에 재방문하여 수리를 의뢰하였을 때, A전자에서 제공하는 보상으로 가장 적절한 것을 고르면?**(단, 두 번째 고장 시에 A전자 서비스 센터에서는 LED 부품을 구비하고 있고, 이 대리는 LED 부품을 2개 교체해야 한다.)

1 2 3

| 조건 |

- 제품 구입 일자: 2020년 5월 1일
- 제품 구입 금액: 200만 원
- LED 부품 금액: 2개, 개당 13만 원
- LED 부품 교체 시 기술료: 8만 원

① 제품을 교환해 주어야 한다.

② 무상 수리를 해주어야 한다.

③ 174만 원을 환불해 주어야 한다.

④ 200만 원을 환불해 주어야 한다.

⑤ 서비스 요금 34만 원을 받고 수리를 해주어야 한다.

06 다음 [그래프]는 한국, 일본, 미국, 벨기에의 2010년, 2015년, 2020년 자동차 온실가스 배출량 기준에 관한 자료이다. 주어진 [그래프]와 [조건]에 근거하여 A~D에 해당하는 국가를 바르게 나열한 것을 고르면?

1 2 3

[그래프] 자동차 온실가스 배출량 기준 (단위: g/km)

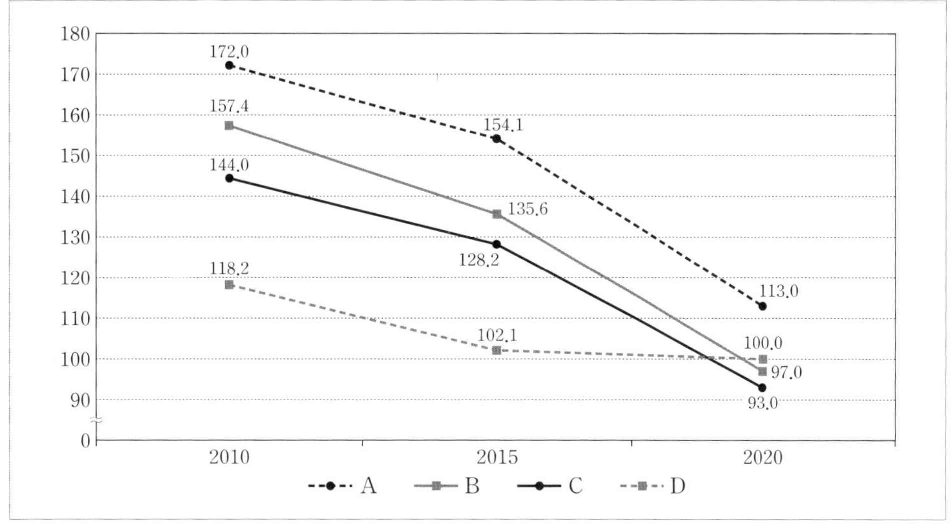

| 조건 |

- 2010년 대비 2020년 자동차 온실가스 배출량 기준 감소율은 한국이 가장 크다.
- 2015년 한국과 일본의 자동차 온실가스 배출량 기준 차이는 25g/km 이상이다.
- 2020년 자동차 온실가스 배출량 기준은 미국이 한국과 벨기에보다 높다.

	A	B	C	D
①	일본	벨기에	한국	미국
②	일본	한국	벨기에	미국
③	미국	벨기에	한국	일본
④	미국	한국	벨기에	일본
⑤	벨기에	한국	미국	일본

Ⅲ 문제해결능력

[07~08] 다음은 R공사의 인사 규정 중 민원실 상담 직원의 연봉 산정에 관한 자료이다. 주어진 자료를 보고 질문에 답하시오.

제6조(연봉의 산정) ① 상담사의 연봉은 기본 연봉, 성과 연봉 및 기타 수당의 합으로 하고, 예산의 범위 내에서 회사가 매년 따로 정한다.

② 기본 연봉은 직전 연도 기본 연봉을 기준으로 매년 인건비 상승분을 누적 가산하여 적용한다.

③ 기본 연봉의 100분의 10은 제6조에 의한 직전 연도 업적 등급에 따른 지급 계수를 적용하여 다음의 산식에 따라 산정한다.

기본 연봉 계산식: $\left(\text{기준 연봉}\times\frac{9}{10}\right)+\left(\text{기준 연봉}\times\frac{1}{10}\times\text{직전 연도 업적 등급별 기본 연봉 차등 지급 계수}\right)$

※ 단, 기준 연봉은 직전 연도 기본 연봉에 당해 인건비 상승분을 반영한 금액임

④ 업적 등급별 기본 연봉 지급 계수는 다음과 같다. 다만, 근무 성적 평가 결과가 없는 경우에는 업적 등급 지급 계수를 1로 한다.

구분	S등급	A등급	B등급	C등급	D등급
지급 계수	1+0.025	1+0.0125	1	1−0.0125	1−0.025

⑤ 회사는 확보된 지급 재원 범위 내에서 다음과 같이 업적 등급에 따른 지급 계수를 적용하여 다음의 산식에 따라 성과 연봉을 차등 지급한다.

구분	S등급	A등급	B등급	C등급	D등급
지급 계수	1.2	1.1	1	0.9	0.8

성과 연봉 계산식: $(\text{기본 연봉})\times\frac{1}{12}\times(\text{당해 연도 성과 연봉 지급률})\times(\text{직전 연도 업적 등급별 성과 연봉 차등 지급 계수})$

07 주어진 자료에 대한 설명으로 옳지 않은 것을 고르면?

1 2 3

① 성과 연봉은 매월 동일하게 지급된다.
② 경영상의 이유로 계산된 성과 연봉이 모두 지급되지 않을 수도 있다.
③ 성과 연봉은 각 등급별로 B등급을 기준으로 하여 10%씩의 차액이 발생한다.
④ 업적 등급 B등급을 받은 상담사는 인건비 상승분만큼의 기본 연봉이 상승된다.
⑤ 올해 동일한 기준 연봉을 받는 두 사람의 다음 해 기본 연봉은 적은 사람 기준으로 최대 0.25% 차이가 날 수 있다.

중

08 **다음과 같은 인사팀장의 지시를 참고하여 연봉 계산 담당자가 인사팀장에게 보고해야 할 성과 연봉의 총액을 고르면?**(단, 상담사별 기준 연봉, 기본 연봉, 성과 연봉의 만 원 단위 미만은 절사한다.)

1 2 3

인사팀장: "회계팀에서 보고받은 바로는 올해의 인건비가 직전 연도보다 5% 상승하였네. 성과 연봉은 경영진 회의에서 8%로 결정되었고, 별도의 기타 수당은 없네. 이를 참고로 아래의 상담사 네 명의 연봉을 산출하고 올해의 성과 연봉 총액을 좀 알려 주게."

구분	직전 연도 기본 연봉	직전 연도 업적 등급
K상담사	3,250만 원	S
J상담사	3,350만 원	B
M상담사	3,300만 원	C
Y상담사	3,280만 원	A

① 55만 원 ② 65만 원 ③ 75만 원
④ 85만 원 ⑤ 95만 원

09 1 2 3 **다음 [표]는 A, B, C시의 가정용 상수도요금 요율표에 관한 자료이다. A, B, C시에 사는 사람을 각각 a, b, c라고 하자. a, b, c가 매월 상수도 22m³를 사용한다고 할 때, 이에 대한 설명으로 옳은 것을 고르면?**(단, 원 단위 이하는 절사한다. 예를 들면, 계산된 상수도요금이 12,707원이면, 납부해야 하는 상수도요금은 12,700원이다.)

[표1] A시 가정용 상수도요금 요율표(2022년 1월 기준)

구분	사용량(m^3)	요금(원/m^3)	단계별 공제액
1단계	0~10 이하	800	–
2단계	10 초과 20 이하	900	400
3단계	20 초과	1,200	2,000

※ 2021년부터 매년 공제액 반영 전 요금에 대하여 전년 대비 5%씩 요금 인상, 단계별 공제액은 변동 없음

[표2] B시 가정용 상수도요금 요율표(2020년 1월 기준)

구분	사용량(m^3)	요금(원/m^3)	단계별 공제액
1단계	0~5 이하	600	–
2단계	5 초과 15 이하	800	600
3단계	15 초과	900	5,000

※ 2021년부터 매년 공제액 반영 전 요금에 대하여 전년 대비 10%씩 요금 인상, 단계별 공제액은 변동 없음

[표3] C시 가정용 상수도요금 요율표

시행 연도	요금(원/m^3)
2020년	580
2021년	660
2022년	790
2023년	900

※ 2023년 이후 요금 인상 계획 없음, 공제액 없음

① a가 2023년 1월에 납부해야 하는 상수도요금은 17,850원이다.

② b가 2020년 1월에 납부해야 하는 상수도요금은 c보다 4,540원 더 많다.

③ 2022~2025년 매월 상수도요금은 a가 가장 많이 납부해야 한다.

④ c가 2025년 1월에 납부해야 하는 상수도요금은 2020년 1월 대비 50% 미만으로 인상된 금액이다.

⑤ 2022년 a, b, c 세 사람 모두 매월 납부해야 하는 상수도요금은 15,000원 이상이다.

10 S기업에서는 신입사원 교육을 위해 버스를 대절하려고 한다. 주어진 [표]와 [조건]을 바탕으로 버스를 대절하는 데 필요한 금액과 대절해야 하는 버스의 대수를 바르게 나열한 것을 고르면?

[표1] 버스 회사별 대절 비용

업체명	탑승 인원	대당 비용(일)
A사	24인승	305,000원
	28인승	362,000원
	40인승	320,000원
	48인승	285,000원
B사	20인승	400,000원
	28인승	454,000원
	45인승	300,000원
C사	28인승	322,000원
	45인승	280,000원
	48인승	274,000원
D사	25인승	251,000원
	28인승	283,000원
	48인승	302,000원

[표2] 버스 회사별 참고 사항

업체명	비고
A사	• 2대 이상 대절 시 10% 할인
B사	• 3일 이상 대절 시 대당 5만 원 할인
C사	• 40인승 이상 2대 이상 대절 시 대당 2만 원 할인
D사	• 50만 원당 5만 원 할인

조건

신입사원 교육은 당일 오전 9시에 서울에서 출발하여 대전에서 교육을 마친 뒤, 오후 5시에 복귀하는 일정으로 진행된다. 신입사원 교육에 참여하는 직원은 신입사원 60명, 인사팀 직원 18명, 임원 4명이며, 교육을 위해 버스 대절 시 비용은 최소가 되도록 한다.

	금액	대수
①	496,000원	2대
②	496,000원	3대
③	508,000원	2대
④	508,000원	3대
⑤	513,000원	2대

정답과 해설 P. 122~129

하 ☑ 2022 7급 공채 PSAT 기출변형

01 다음 글을 근거로 판단할 때, [보기]에서 옳은 것을 모두 고르면?

1 2 3

이번 주 갑의 요일별 기본업무량은 다음과 같다.

구분	월	화	수	목	금
기본업무량	60	50	60	50	60

갑은 기본업무량을 초과하여 업무를 처리한 날에 '칭찬'을, 기본업무량 미만으로 업무를 처리한 날에 '꾸중'을 듣는다. 정확히 기본업무량만큼 업무를 처리한 날에는 칭찬도 꾸중도 듣지 않는다.

이번 주 갑은 방식1~방식3 중 하나를 선택하여 업무를 처리한다.

- 방식1: 월요일에 100의 업무량을 처리하고, 그다음 날부터는 매일 전날 대비 20 적은 업무량을 처리한다.
- 방식2: 월요일에 0의 업무량을 처리하고, 그다음 날부터는 매일 전날 대비 30 많은 업무량을 처리한다.
- 방식3: 매일 60의 업무량을 처리한다.

보기

㉠ 방식3이 꾸중을 가장 적게 듣는다.
㉡ 어느 방식을 선택하더라도 5일 동안의 총업무량은 동일하다.
㉢ 어느 방식을 선택하더라도 칭찬도 꾸중도 듣지 않는 날수는 동일하다.
㉣ 기본업무량을 가장 크게 상회하는 업무량을 처리하는 날의 처리업무량과 기본업무량의 차이는 방식1이 가장 크다.

① ㉠, ㉡　② ㉠, ㉢　③ ㉡, ㉣
④ ㉠, ㉢, ㉣　⑤ ㉡, ㉢, ㉣

02 다음 글을 근거로 판단할 때, 옳지 않은 것을 고르면?

1 2 3

• 건축물 점검기관은 점검대상 건축물의 연면적에 따라 다음과 같이 책임자와 점검자를 각각 따로 두어야 한다.

[표] 점검대상 건축물의 연면적에 따른 책임자와 점검자 수 (단위: 명)

인력 \ 연면적	3천 m^2 미만	3천 m^2 이상 1만 m^2 미만	1만 m^2 이상
책임자	1	1	1
점검자	2	3	4

※ 연면적: 한 건축물의 각층 바닥면적의 합계

• 책임자와 점검자는 다음의 교육을 받아야 한다.

1. 교육의 종류 및 시간
   가. 기본교육: 7시간(단, 책임자는 35시간)
   나. 보수교육: 7시간
2. 교육 이수 주기
   가. 기본교육: 매년 이수
   나. 보수교육: 3년마다 이수

① 연면적 4천 m^2인 건축물을 점검하는 점검기관의 책임자와 점검자가 이수해야 할 연간 교육시간의 총합은 56시간 이상이다.

② 각층 바닥면적이 5천 m^2인 2층 건축물은 책임자 1명, 점검자 3명으로 구성된 점검기관이 점검할 수 있다.

③ 연면적 2만 m^2인 건축물을 점검하는 점검기관의 점검자는 총 28시간의 기본교육을 매년 이수해야 한다.

④ 어느 건축물을 점검하는 점검기관의 연간 최소 교육시간이 49시간이라면 연간 최대 교육시간은 70시간이다.

⑤ 책임자와 점검자의 보수교육 이수 주기 및 시간은 동일하다.

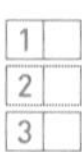

03 다음 글을 근거로 판단할 때, [보기]에서 옳지 않은 것을 모두 고르면?

1 2 3

△△부처는 직원 교육에 사용할 교재를 외부 업체에 위탁하여 제작하려 한다. 업체가 제출한 시안을 5개의 항목으로 평가하고, 평가 점수의 총합이 가장 높은 시안을 채택한다. 평가 점수의 총합이 동점일 경우, 평가 항목 중 학습 내용 점수가 가장 높은 시안을 채택한다. 5개의 업체가 제출한 A~E시안의 평가 결과는 다음 [표]와 같다.

[표] A~E시안 평가 결과 (단위: 점)

평가 항목(배점) \ 시안	A	B	C	D	E
학습 내용(30)	25	30	20	25	20
학습 체계(30)	25	(가)	30	25	20
교수법(20)	20	17	(나)	20	15
학습 평가(10)	10	10	10	5	10
학습 매체(10)	10	10	10	10	10

보기

㉠ (가)와 (나)의 점수가 20점이라면, C가 채택된다.
㉡ A와 B의 총점이 동일하다면, B가 채택된다.
㉢ 상위 2개 업체를 채택한다면, D는 반드시 채택되지 않는다.

① ㉠ ② ㉡ ③ ㉠, ㉢
④ ㉡, ㉢ ⑤ ㉠, ㉡, ㉢

04 다음 글을 근거로 판단할 때, A가 선택하지 않을 가능성이 가장 높은 날짜를 고르면?

1
2
3

A는 12월에 연말 모임을 하려고 한다. 연말 모임에 5명의 친구들(甲~戊)을 초대할 예정이며, 그 친구들이 가장 많이 올 수 있도록 날짜를 선택하려고 한다.

甲~戊의 12월 일정은 아래와 같으며, 일정이 있는 날짜에는 결혼식에 갈 수 없고 그 외의 날짜에는 결혼식에 갈 수 있다.

- 甲은 매주 월요일부터 금요일까지는 휴일에 상관없이 회사에 간다.
- 乙은 매주 화, 목, 토요일에는 세미나가 있다.
- 丙은 5일부터 17일까지 여행을 간다.
- 丁은 매주 일요일에는 강연을 한다.
- 戊는 둘째 주, 넷째 주 토요일마다 부모님 간병을 가고, 1박 2일을 보낸다.

[12월 달력]

일	월	화	수	목	금	토
					1	2
3	4	5	6	7	8	9
10	11	12	13	14	15	16
17	18	19	20	21	22	23
24	25	26	27	28	29	30
31						

① 12월 4일　② 12월 14일　③ 12월 19일
④ 12월 24일　⑤ 12월 30일

하

05 다음 [대화]와 [품질인증서 번호 부여 규칙]을 근거로 판단할 때, 을이 발급받은 품질인증서 번호를 고르면?

1
2
3

[대화]

- 갑: 안녕하세요. 품질인증서 발급을 신청하러 오셨나요?
- 을: 네. 정보·통신 분야로 예전에 품질인증서를 발급받은 적이 있어요. 연장 신청하려고요.
- 갑: 인증서 유효 기간은 발급일로부터 2년까지입니다. 선생님께선 2018년 1월 15일에 발급받으셔서 한 달 전에 이미 기간이 만료되었네요.
- 을: 그렇군요. 저희가 2019년 11월에 본사를 이전해서 주소가 바뀌었어요. 본사는 베트남에서 서울로 이전하였고, 공장은 동일하게 구미예요. 이러한 내용으로 발급해 주세요.
- 갑: 접수되었습니다. 품질인증서는 접수일로부터 3주 후에 발급됩니다.

[품질인증서 번호 부여 규칙]

품질인증서 번호는 부여 규칙 가~라에 따라 다음과 같이 ㉠~㉣란에 숫자 또는 코드가 기재된다.

㉠	㉡	㉢	㉣

가. ㉠란에 발급연도의 세 번째 숫자와 네 번째 숫자를 기재한다.

나. ㉡란에 아래의 신청 유형별 코드를 기재한다.

신청 유형	코드	신청 유형	코드
신규 신청	1A	재발급(기간 만료 후)	4B
연장 신청(기간 만료 전)	2A	재발급(양도)	5C
규격 확인 신청	3B	재발급(공장 주소 변경)	6C

※ 단, 2개 이상의 신청 유형에 해당되는 경우에는 해당 코드를 모두 기재하되, 각 코드에 포함된 숫자가 큰 코드를 먼저 기재함

다. ㉢란에 아래의 분야별 코드를 기재한다.

분야명	코드	분야명	코드
기계	AA	에너지	CC
전기 · 전자	AB	토목	CD
정보 · 통신	BB	의료 기기	DD

라. ㉣란에 아래의 지역 구분 코드를 기재한다.(단, 지역 구분 코드는 발급연도를 기준으로 공장 소재지에 따른다.)

국내	코드	국외	코드
서울, 인천, 경기	DA	아시아	FA
대전, 세종, 충남, 충북	DB	미주	FB
광주, 전남, 전북, 제주	DC	유럽	FC
부산, 울산, 경남	DD	중동	FD
대구, 경북	DE	아프리카	FE
강원	DF	기타 지역	FF

① 192AABDA

② 194BBBDE

③ 202ABBDA

④ 204BBBDE

⑤ 206CBBDE

Ⅲ 문제해결능력

06 다음 글과 [상황]을 근거로 판단할 때, 甲이 ○○약국에서 구매한 약의 총정수와 지불해야 할 약값의 총액을 고르면?

1 2 3

甲은 병원에서 받은 처방에 따라 ○○약국에서 약을 구매하려 한다. 甲이 처방받은 약은 기침약, 콧물약, 항생제, 위장약 총 4가지이며 각 약의 형태와 복용방법은 다음과 같다.

종류	형태	복용방법
기침약	알약	1일 3정 복용(매 아침, 점심, 저녁 식사 후)
콧물약	캡슐	1일 1정 복용(매 점심 식사 후)
항생제	알약	1일 2정 복용(매 아침, 저녁 식사 후)
위장약	캡슐	항생제 1정 복용 시 1정씩 함께 복용

○○약국의 약 종류와 가격은 다음과 같다.

종류	1정당 가격(원)	비고
기침약	300	같은 종류의 약을 10정 이상 구매 시, 해당 약 구매액의 10% 할인(단, 캡슐 형태의 약에 한정)
콧물약	200	
항생제	500	
위장약	700	

[상황]

甲은 병원에서 다음과 같이 처방을 받았다.

- 기침약 3일치
- 콧물약, 항생제 각 7일치
- 위장약

총정수	총액
① 40정	19,920원
② 42정	19,920원
③ 44정	19,920원
④ 42정	19,940원
⑤ 44정	19,940원

07 식물학자 K는 2017년 2월 14일 A지역에 위치한 X식물을 B지점에 파종하였다. 다음 [조건]과 [표]를 근거로 산정한 X식물의 발아 예정일로 옳은 것을 고르면?

1 2 3

| 조건 |

- A지역 기온 측정 기준점의 고도는 해발 110m이고, B지점의 고도는 해발 710m이다.
- A지역의 날씨는 지점에 관계없이 동일하나, 기온은 고도에 의해서 변한다. 지점의 고도가 10m 높아질 때마다 기온은 0.1℃씩 낮아진다.
- 발아 예정일 산정 방법
  1) 파종 후, 일 최고 기온이 3℃ 이상인 날이 연속 3일 이상 존재한다.
  2) 1)을 만족한 날 이후, 일 최고 기온이 0℃ 이하인 날이 1일 이상 존재한다.
  3) 2)를 만족한 날 이후, 일 최고 기온이 3℃ 이상인 날이 존재한다.
  4) 발아 예정일은 3)을 만족한 최초일에 6일을 더한 날이다. 단, 1)을 만족한 최초일 다음 날부터 3)을 만족한 최초일 사이에 일 최고 기온이 0℃ 이상이면서 비가 온 날이 있다면 그 날 수만큼 발아 예정일이 앞당겨진다.

[표] 2017년 A지역의 날씨 및 기온 측정 기준점의 일 최고 기온 (단위: ℃)

날짜	일 최고 기온	날씨	날짜	일 최고 기온	날씨
2월 15일	3.8	맑음	3월 6일	7.9	맑음
2월 16일	3.3	맑음	3월 7일	8.0	비
2월 17일	2.7	흐림	3월 8일	5.8	비
2월 18일	4.0	맑음	3월 9일	6.5	맑음
2월 19일	4.9	흐림	3월 10일	5.3	흐림
2월 20일	5.2	비	3월 11일	4.8	맑음
2월 21일	8.4	맑음	3월 12일	6.8	맑음
2월 22일	9.1	맑음	3월 13일	7.7	흐림
2월 23일	10.2	맑음	3월 14일	8.7	맑음
2월 24일	8.9	흐림	3월 15일	8.5	비
2월 25일	6.1	비	3월 16일	6.1	흐림
2월 26일	3.8	흐림	3월 17일	5.6	맑음
2월 27일	0.2	흐림	3월 18일	5.7	비
2월 28일	0.5	맑음	3월 19일	6.2	흐림
2월 29일	7.6	맑음	3월 20일	7.3	맑음
3월 1일	7.8	맑음	3월 21일	7.9	맑음
3월 2일	9.6	맑음	3월 22일	8.6	흐림
3월 3일	10.7	흐림	3월 23일	9.9	맑음
3월 4일	10.9	맑음	3월 24일	8.2	흐림
3월 5일	8.9	흐림	3월 25일	11.7	맑음

① 2017년 3월 7일 ② 2017년 3월 9일 ③ 2017년 3월 19일
④ 2017년 3월 27일 ⑤ 2017년 3월 29일

Ⅲ 문제해결능력

08 다음 글을 근거로 판단할 때, 변환된 암호문이 '015045599861230521'이 될 수 있는 단어를 고르면?

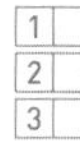

A암호화 방식은 단어를 [자모 변환표]와 [난수표]를 이용하여 암호로 변환한다.

[자모 변환표]

ㄱ	ㄲ	ㄴ	ㄷ	ㄸ	ㄹ	ㅁ	ㅂ	ㅃ	ㅅ	ㅆ	ㅇ	ㅈ	ㅉ	ㅊ	ㅋ	ㅌ	ㅍ	ㅎ	ㅏ
120	342	623	711	349	035	537	385	362	479	421	374	794	734	486	325	842	248	915	775
ㅐ	ㅑ	ㅒ	ㅓ	ㅔ	ㅕ	ㅖ	ㅗ	ㅘ	ㅙ	ㅚ	ㅛ	ㅜ	ㅝ	ㅞ	ㅟ	ㅠ	ㅡ	ㅢ	ㅣ
612	118	843	451	869	917	615	846	189	137	789	714	456	198	275	548	674	716	496	788

[난수표]

4844961121353486410560951374586251538644189 13…

- 우선 암호화하고자 하는 단어의 자모를 초성(첫 자음자)－중성(모음자)－종성(받침) 순으로 나열하되, 종성이 없는 경우 초성－중성으로만 나열한다. 예를 들어 '행복'은 'ㅎㅐㅇㅂㅗㄱ'이 된다.
- 그다음 각각의 자모를 [자모 변환표]에 따라 대응하는 세 개의 숫자로 변환한다. 예를 들어 '행복'은 '915612374385846120'으로 변환된다.
- 변환된 숫자와 [난수표]의 숫자를 가장 앞의 숫자부터 순서대로 하나씩 대응시켜 암호 숫자로 바꾼다. 이때, 암호 숫자는 그 암호 숫자와 변환된 숫자를 더했을 때, 그 결괏값의 일의 자리가 [난수표]의 대응 숫자와 일치하도록 하는 0~9까지의 숫자이다. 따라서 '행복'에 대한 암호문은 '579884848850502521'이다.

① 선약　② 성악　③ 산약
④ 선악　⑤ 산악

09 다음 [표]는 2017~2021년 갑국의 해양사고 유형별 발생 건수와 인명피해 인원에 관한 자료이다. 주어진 [표]와 [조건]을 바탕으로 A~E에 해당하는 유형을 바르게 나열한 것을 고르면?

1 2 3

[표1] 연도별 해양사고 유형별 발생 건수 (단위: 건)

연도 \ 유형	A	B	C	D	E
2017년	258	65	29	96	160
2018년	250	46	38	119	162
2019년	244	110	61	132	228
2020년	277	108	69	128	203
2021년	246	96	54	149	174

[표2] 연도별 해양사고 유형별 인명피해 인원 (단위: 명)

연도 \ 유형	A	B	C	D	E
2017년	35	20	25	3	60
2018년	19	25	1	0	52
2019년	10	19	0	16	52
2020년	8	25	2	8	79
2021년	9	27	3	3	76

※ 해양사고 유형은 안전사고, 전복, 충돌, 침몰, 화재폭발 중 하나로만 구분됨

| 조건 |

- 2017~2019년 동안 안전사고 발생 건수는 매년 증가한다.
- 2020년 해양사고 발생 건수 대비 인명피해 인원의 비율이 두 번째로 높은 유형은 전복이다.
- 해양사고 발생 건수는 매년 충돌이 전복의 2배 이상이다.
- 2017~2021년 동안 안전사고의 인명피해 인원 합은 같은 기간 동안 침몰의 인명피해 인원 합의 10배 이상이다.
- 2020년과 2021년의 해양사고 인명피해 인원 차이가 가장 큰 유형은 화재폭발이다.

	A	B	C	D	E
①	충돌	전복	침몰	화재폭발	안전사고
②	침몰	충돌	전복	안전사고	화재폭발
③	충돌	침몰	전복	화재폭발	안전사고
④	침몰	전복	안전사고	화재폭발	충돌
⑤	충돌	전복	화재폭발	침몰	안전사고

Ⅲ 문제해결능력

하

10 **다음 글과 [국내 이전비 신청 현황]을 근거로 판단할 때, 국내 이전비를 지급받는 공무원을 고르면?**

1 2 3

청사 소재지 이전에 따라 거주지를 이전하거나 현 근무지 외의 지역으로 부임의 명을 받아 거주지를 이전하는 공무원은 다음 요건에 모두 부합하는 경우, 국내 이전비를 지급받는다.

첫째, 전임지에서 신임지로 거주지를 이전하고 이사 화물도 옮겨야 한다. 다만 동일한 시(특별시, 광역시 및 특별자치시 포함)·군 및 섬(제주특별자치도 제외) 안에서 거주지를 이전하는 공무원에게는 국내 이전비를 지급하지 않는다. 둘째, 거주지와 이사 화물은 발령을 받은 후에 이전하여야 한다.

[국내 이전비 신청 현황]

공무원	전임지	신임지	발령 일자	이전 일자	이전 여부	
					거주지	이사 화물
갑	울산광역시 중구	울산광역시 북구	20. 2. 13.	20. 2. 20.	○	○
을	경기도 고양시	세종특별자치시	19. 12. 3.	19. 12. 5.	○	×
병	광주광역시	대구광역시	19. 6. 1.	19. 6. 15.	×	○
정	제주특별자치도 서귀포시	제주특별자치도 제주시	20. 1. 2.	20. 1. 13.	○	○
무	서울특별시	충청북도 청주시	19. 9. 3.	19. 9. 8.	○	○
기	부산광역시	서울특별시	20. 4. 25.	20. 4. 1.	○	○

① 갑 ② 을 ③ 병
④ 정 ⑤ 기

중

11 다음 글을 근거로 판단할 때, [보기]에서 옳은 것을 모두 고르면?

1
2
3

• 갑과 을이 다음과 같은 방식으로 농구공 던지기 놀이를 하였다.
  – 갑과 을은 각 5회씩 도전하고, 합계 점수가 더 높은 사람이 승리한다.
  – 2점 슛과 3점 슛을 자유롭게 선택하여 도전할 수 있으며, 성공하면 해당 점수를 획득한다.
  – 5회의 도전 중 4점 슛 도전이 1번 가능한데, '4점 도전'이라고 외친 후 뒤돌아서서 슛을 하여 성공하면 4점을 획득하고, 실패하면 1점을 잃는다.
• 갑과 을의 던지기 결과는 다음과 같았다.

구분	1회	2회	3회	4회	5회
갑	○	×	○	○	○
을	○	○	×	×	○

※ ○: 성공, ×: 실패

| 보기 |

㉠ 갑의 합계 점수는 8점 이상이다.
㉡ 을이 4점 슛 도전에 실패하였다면, 을은 승리할 수 없다.
㉢ 갑과 을 모두 3점 슛을 전혀 던지지 않았더라도 을은 승리할 수 있다.
㉣ 갑이 3점 슛에 2번 도전하였고 을이 승리하였다면, 을은 반드시 4점 슛에 도전하였을 것이다.

① ㉠, ㉡ ② ㉠, ㉢ ③ ㉠, ㉣
④ ㉡, ㉢ ⑤ ㉢, ㉣

12 다음 [조건]과 [상황]을 근거로 판단할 때, [보기]에서 옳지 않은 것을 모두 고르면?

1 2 3

조건

- 지방자치단체는 공립 박물관, 미술관을 설립하려는 경우, □□부로부터 설립 타당성에 관한 사전 평가(이하 '사전 평가')를 받아야 한다.
- 사전 평가는 연 2회(상반기, 하반기) 진행한다.
  - 신청 기한: 1월 31일(상반기), 7월 31일(하반기)
  - 평가 기간: 2월 1일~4월 30일(상반기)
    8월 1일~10월 31일(하반기)
- 사전 평가 결과는 '적정' 또는 '부적정'으로 판정한다.
- 지방자치단체가 동일한 공립 박물관, 미술관 설립에 대해 3회 연속으로 사전 평가를 신청하여 모두 '부적정'으로 판정받았다면, 그 박물관, 미술관 설립에 대해서는 향후 1년간 사전 평가 신청이 불가능하다.
- 사전 평가 결과 '적정'으로 판정되는 경우, 지방자치단체는 부지매입비를 제외한 건립비의 최대 40%를 국비로 지원받을 수 있다.

[상황]

다음 [표]는 지방자치단체 A~C가 설립하려는 공립 박물관, 미술관과 건립비를 정리한 자료이다.

[표] 지방자치단체 A~C의 설립 예정 공립 박물관, 미술관과 건립비 (단위: 억 원)

지방자치단체	설립 예정 공립 박물관, 미술관	건립비	
		부지매입비	건물건축비
A	갑미술관	30	70
B	을박물관	40	40
C	병박물관	10	80

보기

㉠ 갑미술관이 2019년 상반기, 2020년 상반기, 2021년 상반기에 사전 평가를 신청하여 모두 '부적정' 판정을 받았다면, A는 2022년 상반기에 갑미술관의 사전 평가 신청을 할 수 없다.

㉡ B가 2020년 상반기, 2020년 하반기, 2021년 상반기에 정미술관의 사전 평가를 신청하여 모두 '부적정' 판정을 받았다면, B는 2022년 상반기에 을박물관의 사전 평가를 신청할 수 없다.

㉢ 2022년 상반기에 병박물관의 사전 평가를 신청하여 '적정' 판정을 받았다면, C는 병박물관에 최대 32억 원을 지원해야 한다.

① ㉠ ② ㉢ ③ ㉠, ㉡
④ ㉡, ㉢ ⑤ ㉠, ㉡, ㉢

13 다음 [표]는 갑 공기업의 신규 사업 선정을 위한 2개의 사업인 A와 B의 평가에 관한 자료이다. 주어진 [표]와 [조건]에 근거한 [보기]의 설명 중 옳지 않은 것을 모두 고르면?

1 2 3

[표1] A와 B사업의 평가 항목별 원점수 (단위: 점)

구분	평가 항목	A사업	B사업
사업적 가치	경영 전략 달성 기여도	80	90
	수익 창출 기여도	80	90
공적 가치	정부 정책 지원 기여도	90	80
	사회적 편익 기여도	90	80
참여 여건	전문 인력 확보 정도	70	70
	사내 공감대 형성 정도	70	70

※ 단, 평가 항목별 원점수는 100점 만점임

[표2] 평가 항목별 가중치

구분	평가 항목	가중치
사업적 가치	경영 전략 달성 기여도	0.2
	수익 창출 기여도	0.1
공적 가치	정부 정책 지원 기여도	0.3
	사회적 편익 기여도	0.2
참여 여건	전문 인력 확보 정도	0.1
	사내 공감대 형성 정도	0.1
계		1.0

| 조건 |

- 신규 사업 선정을 위한 각 사업의 최종 점수는 평가 항목별 원점수에 해당 평가 항목의 가중치를 곱한 값을 모두 합하여 산정한다.
- A와 B사업 중 최종 점수가 더 높은 사업을 신규 사업으로 최종 선정한다.

| 보기 |

㉠ 평가 항목별 가중치가 모두 동일하다면 A사업과 B사업의 최종 점수는 동일하다.
㉡ B사업의 사업적 가치 점수는 공적 가치 점수보다 높다.
㉢ 경영 전략 달성 기여도 가중치와 사내 공감대 형성 정도 가중치를 바꾸면 최종 선정되는 신규 사업이 바뀐다.
㉣ A사업의 사회적 편익 기여도 점수와 전문 인력 확보 정도 점수가 바뀌면 A사업과 B사업의 최종 점수는 동일하다.

① ㉠, ㉡　② ㉠, ㉢　③ ㉠, ㉣
④ ㉡, ㉢　⑤ ㉡, ㉣

14 다음 [지정 기준]과 [병원별 신청 현황]을 근거로 판단할 때, [보기]에서 옳은 것을 모두 고르면?

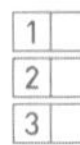

[지정 기준]

- 신청 병원 중 인력 점수, 경력 점수, 행정 처분 점수, 지역별 분포 점수의 총합이 가장 높은 병원을 산재보험 의료 기관으로 지정한다.
- 전문의 수가 2명 이하이거나, 가장 가까이 있는 기존 산재보험 의료 기관까지의 거리가 1km 미만인 병원은 지정 대상에서 제외한다.
- 각각의 점수는 다음의 항목별 배점 기준에 따라 부여한다.

항목	배점 기준
인력 점수	• 전문의 수 7명 이상: 10점
	• 전문의 수 4명 이상 6명 이하: 8점
	• 전문의 수 3명 이하: 3점
경력 점수	• 전문의 평균 임상 경력 1년당 2점(단, 평균 임상 경력이 10년 이상이면 20점)
행정 처분 점수	• 2명 이하의 의사가 행정 처분을 받은 적이 있는 경우 10점
	• 3명 이상의 의사가 행정 처분을 받은 적이 있는 경우 2점
지역별 분포 점수	• 가장 가까이 있는 기존 산재보험 의료 기관이 8km 이상 떨어져 있을 경우, 인력 점수와 경력 점수 합의 20%에 해당하는 점수
	• 가장 가까이 있는 기존 산재보험 의료 기관이 3km 이상 8km 미만 떨어져 있을 경우, 인력 점수와 경력 점수 합의 10%에 해당하는 점수
	• 가장 가까이 있는 기존 산재보험 의료 기관이 3km 미만 떨어져 있을 경우, 인력 점수와 경력 점수 합의 20%에 해당하는 점수 감점

[병원별 신청 현황]

신청 병원	전문의 수	전문의 평균 임상 경력	행정 처분을 받은 적이 있는 의사 수	가장 가까이 있는 기존 산재보험 의료 기관까지의 거리
갑	6명	7년	4명	10km
을	2명	17년	1명	8km
병	8명	5년	0명	1km
정	4명	11년	3명	2km
무	3명	12년	2명	500m

보기

㉠ 무의 전문의 수가 지금보다 1명 더 많다면, 무가 산재보험 의료 기관으로 지정된다.
㉡ 산재보험 의료 기관으로 갑이 지정된다.
㉢ 산재보험 의료 기관으로 합산 점수 상위 2곳이 선정된다면, 정은 선정되지 않는다.

① ㉡ ② ㉢ ③ ㉠, ㉢
④ ㉡, ㉢ ⑤ ㉠, ㉡, ㉢

Ⅲ 문제해결능력

15 다음 글을 근거로 판단할 때, 옳은 것을 고르면?

1
2
3

- 갑과 을은 조선 시대 왕의 계보를 외우는 놀이를 한다.
- 갑과 을은 번갈아가며 직전에 나온 왕의 다음 왕부터 순차적으로 외친다.
- 한 번에 최소 1명, 최대 3명의 왕을 외칠 수 있다.
- 갑이 제1대 왕 '태조'부터 외치면서 놀이가 시작되고, 누군가 마지막 왕인 '순종'을 외치면 놀이가 종료된다.
- '조'로 끝나는 왕 2명 이상을 한 번에 외칠 수 없다.
- 반정(反正)에 성공한 왕은 해당 반정으로 폐위(廢位)된 왕과 함께 외칠 수 없다.
  - 중종 반정: 연산군 폐위
  - 인조 반정: 광해군 폐위

[조선 시대 왕의 계보]

1	태조	10	연산군	19	숙종
2	정종	11	중종	20	경종
3	태종	12	인종	21	영조
4	세종	13	명종	22	정조
5	문종	14	선조	23	순조
6	단종	15	광해군	24	헌종
7	세조	16	인조	25	철종
8	예종	17	효종	26	고종
9	성종	18	현종	27	순종

① 갑이 '세종'을 외쳤다면, 을은 갑 전에 2명의 왕을 외쳤다.

② 갑이 '성종'까지 외쳤다면, 갑은 '인조'를 외칠 수 없다.

③ 을이 '단종'까지 외쳤다면, 갑은 '중종'을 외칠 수 없다.

④ 갑이 '순종'을 외치기 위해서는 을은 적어도 5번 외쳐야 한다.

⑤ '순종'을 외치는 사람이 이기는 게임이라면, 갑이 '영조'를 외쳤을 때 을은 갑의 선택에 관계없이 승리할 수 있다.

정답과 해설 P. 129~139

중

☑ 2023 5급 공채 PSAT 기출변형

01 다음 글과 [A부처 스크랩 후보]를 근거로 판단할 때, 옳은 것을 고르면?

1☐ 2☐ 3☐

- A부처는 당일 조간신문 및 전일 석간신문 기사(사설과 논평 포함)를 선별하여 스크랩하고 있다.
- 다음 조건들을 '조건1'부터 순서대로 적용하여 기사를 선별·배치한다. 조건을 적용할 때 먼저 적용한 조건을 위배할 수 없다.

  조건1: 제목에 '정책'이라는 단어가 포함된 기사는 다른 기사보다 앞에 배치(단, '△△정책'이 제목에 포함된 기사는 스크랩에서 제외)

  조건2: 사설과 논평은 일반기사보다 뒤에 배치

  조건3: 제목에 '규제'나 '혁신'이라는 단어가 포함된 기사는 다른 기사보다 앞에 배치

  조건4: 조간신문 기사는 석간신문 기사보다 앞에 배치

[A부처 스크랩 후보]

구분	종류	기사 제목
조간	논평	플랫폼경제의 명암
석간	일반기사	△△정책 추진계획 발표
석간	사설	네거티브 규제, 현실성 고려해야
조간	논평	◇◇정책 도입의 효과, 어디까지?
조간	일반기사	▼▼수요 증가로 기업들 화색
조간	일반기사	정부 혁신 중간평가 성적표 공개
석간	일반기사	□□산업 혁신 성장 포럼 성황리 개최
조간	논평	규제 샌드박스, 적극 확대되어야
석간	사설	★★정책 추진결과, "양호"
석간	사설	◎◎생태계는 진화 중

① '플랫폼경제의 명암'은 '◎◎생태계는 진화 중'보다 뒤에 배치된다.
② '□□산업 혁신 성장 포럼 성황리 개최'는 세 번째 기사로 배치된다.
③ '▼▼수요 증가로 기업들 화색'은 '네거티브 규제, 현실성 고려해야'보다 두 번째 앞 기사로 배치된다.
④ 마지막에 배치된 기사는 논평이다.
⑤ 사설은 일반기사보다 앞에 배치되지 않는다.

02 1 2 3 **다음 [그래프]는 갑국 6개 지방청 전체의 부동산과 자동차 압류 건수의 지방청별 구성비에 관한 자료이다. 주어진 [그래프]와 [조건]을 근거로 A와 B에 해당하는 지방청을 바르게 나열한 것을 고르면?**(단, 지방청은 동부청, 서부청, 남부청, 북부청, 남동청, 중부청으로만 구성된다.)

[그래프1] 부동산 압류 건수의 지방청별 구성비

(단위: %)

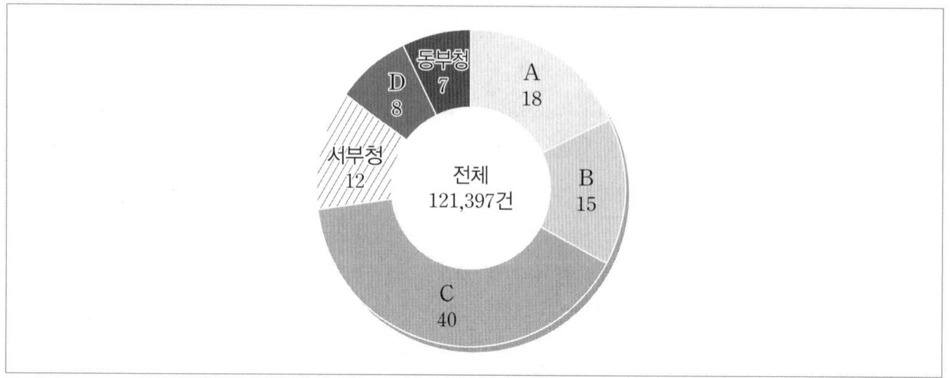

[그래프2] 자동차 압류 건수의 지방청별 구성비

(단위: %)

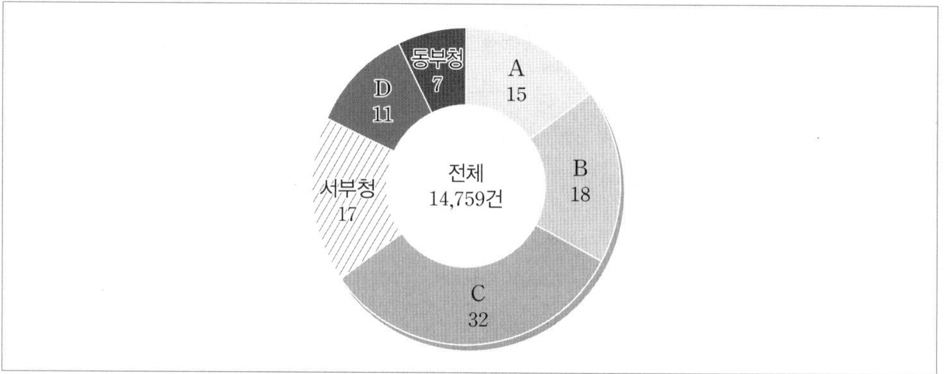

| 조건 |

- 자동차 압류 건수는 중부청이 남동청의 2배 이상이다.
- 남부청과 북부청의 부동산 압류 건수는 각각 2만 건 이하이다.
- 지방청을 부동산 압류 건수와 자동차 압류 건수가 큰 값부터 순서대로 각각 나열할 때, 순서가 동일한 지방청은 동부청, 남부청, 중부청이다.

	A	B
①	남동청	남부청
②	남동청	북부청
③	남부청	북부청
④	북부청	남부청
⑤	북부청	남동청

03 다음 글을 근거로 판단할 때, [보기]에서 옳은 것을 모두 고르면?

1 2 3

국민은 A, B 두 집단으로 구분되며, 현행 정책과 개편안에 따라 각 집단에 속한 개인이 얻는 혜택은 다음과 같다.

구분	현행 정책	개편안
A	100	90
B	50	80

정부는 다음 (가), (나), (다) 중 하나를 판단 기준으로 하여 정책을 채택하려고 한다.

(가) 국민 전체 혜택의 합이 더 큰 정책을 채택한다.

(나) 개인이 얻는 혜택이 적은 집단에 더 유리한 정책을 채택한다.

(다) A, B 두 집단 간 개인 혜택의 차이가 더 작은 정책을 채택한다.

보기

㉠ (나)를 판단 기준으로 할 경우, A와 B의 인구와 관계없이 개편안이 채택된다.

㉡ (다)를 판단 기준으로 할 경우, A인구가 B인구의 5배라면 현행 정책이 유지된다.

㉢ A인구와 B인구가 서로 같을 경우, 어떤 판단 기준을 선택하든 개편안이 채택된다.

㉣ (가)를 판단 기준으로 할 경우, A인구가 B인구의 4배보다 많아야만 현행 정책이 유지된다.

① ㉠, ㉡ ② ㉠, ㉢ ③ ㉡, ㉣

④ ㉠, ㉢, ㉣ ⑤ ㉡, ㉢, ㉣

04 다음 글과 [상황]을 근거로 판단할 때, 가원이가 A무인세탁소 사업자로부터 받을 총액을 고르면?

1 2 3

A무인세탁소의 사업자가 사업장 내 기기의 관리상 주의를 소홀히 하여 세탁물이 훼손된 경우, 아래와 같은 배상 및 환급 기준을 적용한다.

- 훼손된 세탁물에 대한 배상액은 '훼손된 세탁물의 구입가격×배상비율'로 산정한다. 배상비율은 물품의 내구연한과 사용일수에 따라 다르며 아래 [배상비율표]에 따른다.
- 물품의 사용일수는 사용개시일에 상관없이 구입일부터 세탁일까지의 일수이다.
- 사업자는 훼손된 세탁물에 대한 배상과는 별도로 고객이 지불한 이용요금 전액을 환급한다.

[배상비율표]

내구연한	배상비율			
	80%	60%	40%	20%
1년	0～44일	45～134일	135～269일	270일～
2년	0～88일	89～268일	269～538일	539일～
3년	0～133일	134～403일	404～808일	809일～

[상황]

가원이는 2023. 1. 31. A무인세탁소에서 셔츠, 조끼, 치마를 두 번에 나눠 세탁하였다. 그런데 사업자의 세탁기 관리 소홀로 인하여 세탁물 모두가 훼손되었다.

A무인세탁소의 이용요금은 세탁 1회당 9,000원이며 가원이의 세탁물 정보는 다음과 같다.

구분	내구연한	구입일	사용개시일	구입가격
셔츠	1년	2022. 10. 10.	2022. 11. 15.	5만 원
조끼	3년	2021. 2. 1.	2022. 1. 22.	6만 원
치마	2년	2022. 12. 1.	2022. 12. 10.	8만 원

① 118,000원 ② 124,000원 ③ 136,000원
④ 148,000원 ⑤ 154,000원

05 다음 글을 근거로 판단할 때, [보기]에서 옳은 것을 모두 고르면?

1 2 3

키가 서로 다른 6명의 어린이를 다음 그림과 같이 한 방향을 바라보도록 일렬로 세우려고 한다. 아래 그림은 일렬로 세운 하나의 예이다. 한 어린이(이하 갑이라 한다)의 등 뒤에 갑보다 키가 큰 어린이가 1명이라도 있으면 A방향에서 갑의 뒤통수는 보이지 않고, 1명도 없으면 A방향에서 갑의 뒤통수는 보인다. 반대로 갑의 앞에 갑보다 키가 큰 어린이가 1명이라도 있으면 B방향에서 갑의 얼굴은 보이지 않고, 1명도 없으면 B방향에서 갑의 얼굴은 보인다.

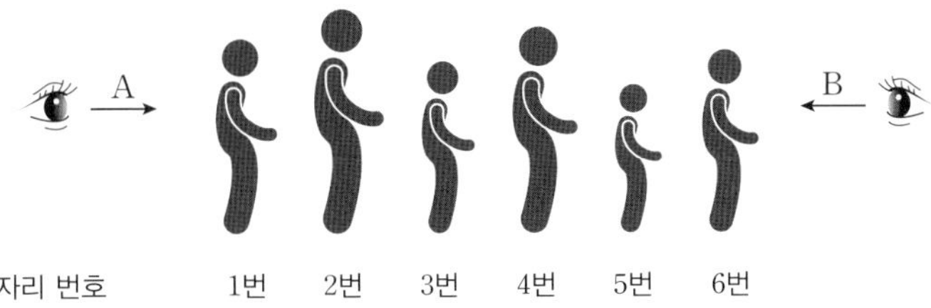

보기

㉠ A방향에서 보았을 때 모든 아이들의 뒤통수가 전부 보인다면, B방향으로 보았을 때 한 아이의 얼굴만 볼 수 있다.

㉡ 키가 두 번째로 큰 아이를 3번 자리에 세웠을 때 A방향에서 키가 네 번째로 큰 아이의 뒤통수가 보인다면, B방향에서 보았을 때 키가 두 번째로 큰 아이의 얼굴은 보이지 않는다.

㉢ A방향에서 2명의 뒤통수가 보인다면, B방향에서 보았을 때 적어도 2명의 얼굴이 보인다.

㉣ 키가 가장 큰 아이를 4번에 세웠을 때 A방향에서 키가 가장 큰 아이와 키가 세 번째로 큰 아이의 뒤통수만 보인다면, B방향에서 키가 두 번째로 큰 아이의 얼굴이 보인다.

① ㉠, ㉡　② ㉠, ㉣　③ ㉠, ㉡, ㉢
④ ㉠, ㉢, ㉣　⑤ ㉡, ㉢, ㉣

Ⅲ 문제해결능력

06 다음 [표]는 콘크리트 유형별 기준 강도 및 시험체 강도 판정 결과에 관한 자료이다. 주어진 [표]와 [판정 기준]에 근거하여 A~E유형별 강도 판정 결과를 바르게 나열한 것을 고르면?

1 2 3

[표] 콘크리트 유형별 기준 강도 및 시험체 강도 판정 결과

(단위: MPa)

구분 콘크리트 유형	기준 강도	시험체 강도				강도 판정 결과
		시험체1	시험체2	시험체3	평균	
A	24	22.8	29.0	20.8	( )	( )
B	27	26.1	25.0	28.1	( )	( )
C	35	36.9	36.8	31.6	( )	( )
D	40	36.4	36.3	47.6	( )	( )
E	45	40.3	49.4	46.8	( )	( )

※ 단, 강도 판정 결과는 합격과 불합격으로 구분됨

[판정 기준]

- 아래 조건을 모두 만족하는 경우에만 강도 판정 결과가 합격이다.
  - 시험체 강도의 평균은 기준 강도보다 높아야 한다.
  - 기준 강도가 35MPa 초과인 경우에는 각 시험체 강도가 모두 기준 강도의 90% 이상이어야 한다.
  - 기준 강도가 35MPa 이하인 경우에는 각 시험체 강도가 모두 기준 강도에서 3.5MPa을 뺀 값 이상이어야 한다.

	A	B	C	D	E
①	합격	합격	불합격	불합격	불합격
②	합격	불합격	합격	합격	불합격
③	합격	불합격	합격	불합격	합격
④	불합격	합격	합격	불합격	합격
⑤	불합격	불합격	불합격	합격	불합격

07 다음은 甲이 출전한 어느 스포츠 종목의 경기 규칙이다. 甲이 현재 두 경기를 했고, 승점 4점을 얻은 상황이라고 할 때, 이에 대한 [보기]의 설명 중 옳은 것을 모두 고르면?

1 □
2 □
3 □

[경기 규칙]

- 한 경기는 최대 3세트까지 진행되며, 한 선수가 두 세트를 이기면 그 선수가 승자가 되고 경기가 종료된다.
- 1~2세트는 15점을 먼저 득점하는 선수가 이기며, 3세트는 10점을 먼저 득점하는 선수가 이긴다.
- 단, 1~2세트는 점수가 14:14가 되면 점수가 먼저 2점 앞서거나 20점에 먼저 도달하는 선수가 이기며, 3세트는 점수가 9:9가 되면 점수가 먼저 2점 앞서거나 15점에 먼저 도달하는 선수가 이긴다.
- 경기 결과(세트 스코어)에 따른 승자와 패자의 승점은 다음과 같다.

경기 결과 (세트 스코어)	승점	
	경기 승자	경기 패자
2:0	3	0
2:1	2	1

보기

㉠ 甲이 1세트에서 14:15로 15점을 먼저 득점했다면 甲이 그 세트의 승자이다.
㉡ 甲이 현 상황에서 얻을 수 있는 점수 총합의 최솟값은 甲이 총 5개의 세트를 치르고 그 중 3개의 세트를 이겼을 때 얻을 수 있는 점수이다.
㉢ 甲이 현 상황에서 치를 수 있는 세트는 최대 6개이고, 그중 최대 5개의 세트를 이길 수 있다.
㉣ 甲이 현 상황에서 얻을 수 있는 점수 총합의 최댓값은 108점이다.

① ㉠, ㉡ ② ㉡, ㉣ ③ ㉢, ㉣
④ ㉠, ㉡, ㉢ ⑤ ㉡, ㉢, ㉣

08 다음 글과 [상황]을 근거로 판단할 때, 갑 소방서에서 폐기해야 하는 장비와 교체해야 하는 장비의 순서로 바르게 나열한 것을 고르면?

1 2 3

• [소방장비 내용연수 기준]에 따라 소방장비 구비 목록의 소방장비를 교체해야 한다. 사용연수가 내용연수 기준을 초과한 소방장비는 폐기하고, 초과하지 않은 소방장비는 내용연수가 적게 남은 것부터 교체해야 한다.

[소방장비 내용연수 기준]

구분		내용연수
소방자동차		10
소방용로봇		7
구조장비	산악용 들것	5
	구조용 안전벨트	3
방호복	특수방호복	5
	폭발물방호복	10

※ 내용연수: 소방장비의 내구성을 고려할 때, 최대 사용연수로 적절한 기준 연수

• 내용연수 기준을 초과한 소방장비의 기한을 연장하여 사용할 필요가 있는 경우에는 다음 기준에 따라 1회에 한해 연장 사용할 수 있으며, 이 경우 내용연수 기준을 초과하지 않은 것으로 본다.
  – 소방자동차: 1년(단, 특수정비를 받은 경우에는 3년까지 가능)
  – 그 밖의 소방장비: 1년
• 위의 내용연수 기준과 연장 사용 기준에도 불구하고 다음 어느 하나에 해당하는 경우에는 내용연수 기준을 초과한 것으로 본다.
  – 소방자동차의 운행거리가 12만 km를 초과한 경우
  – 실사용량이 경제적 사용량을 초과한 경우

[상황]
갑 소방서의 현재 소방장비 구비 목록은 다음과 같다.

구분	사용연수	연장사용 여부	비고
소방자동차1	11	1년 연장	• 운행거리 8만 km • 특수정비 받음
소방자동차2	12	2년 연장	• 운행거리 13만 km • 특수정비 받음
소방용로봇	8	1년 연장	–
산악용 들것	4	없음	• 경제적 사용량 1,000회 • 실사용량 800회
폭발물방호복	7	없음	• 경제적 사용량 500회 • 실사용량 600회

	폐기해야 하는 장비	교체해야 하는 장비의 순서
①	소방자동차1, 소방자동차2, 폭발물 방호복	산악용 들것 – 소방용로봇
②	소방자동차1, 소방자동차2, 폭발물 방호복	소방용로봇 – 산악용 들것
③	소방자동차1, 폭발물 방호복	소방자동차2 – 소방용로봇 – 산악용 들것
④	소방자동차2, 폭발물 방호복	소방용로봇 – 산악용 들것 – 소방자동차1
⑤	소방자동차2, 폭발물 방호복	소방자동차1 – 산악용 들것 – 소방용로봇

09 다음 글과 [조건]을 근거로 판단할 때, [보기]에서 옳은 것을 모두 고르면?

1 2 3

갑~무로 구성된 A팀은 회식을 하고자 한다. 회식 메뉴는 다음의 [메뉴 선호 순위]와 [메뉴 결정 기준]을 고려하여 정한다.

[메뉴 선호 순위]

팀원 \ 메뉴	탕수육	양고기	바닷가재	방어회	삼겹살
갑	3	2	1	4	5
을	4	3	1	5	2
병	3	1	5	4	2
정	2	1	5	3	4
무	3	5	1	4	2

[메뉴 결정 기준]

- 기준1: 1순위가 가장 많은 메뉴로 정한다.
- 기준2: 5순위가 가장 적은 메뉴로 정한다.
- 기준3: 1순위에 5점, 2순위에 4점, 3순위에 3점, 4순위에 2점, 5순위에 1점을 부여하여 각각 합산한 뒤, 점수가 가장 높은 메뉴로 정한다.
- 기준4: 기준3에 따른 합산 점수의 상위 2개 메뉴 중, 1순위가 더 많은 메뉴로 정한다.
- 기준5: 5순위가 가장 많은 메뉴를 제외하고 남은 메뉴 중, 1순위가 가장 많은 메뉴로 정한다.

조건

- 정은 바닷가재가 메뉴로 정해지면 회식에 불참한다.
- 정이 회식에 불참하면 병도 불참한다.
- 무는 양고기가 메뉴로 정해지면 회식에 불참한다.

보기

㉠ 기준1에 따르면 회식에 불참하는 직원은 2명이다.
㉡ 기준2에 따르면 모든 직원이 회식에 참석한다.
㉢ 기준3과 기준5 중 어느 것에 따르더라도 같은 메뉴가 정해진다.
㉣ 기준4에 따르면 무는 회식에 참석하지 않는다.

① ㉠, ㉡　　② ㉠, ㉢　　③ ㉠, ㉡, ㉢
④ ㉠, ㉡, ㉣　　⑤ ㉡, ㉢, ㉣

상

10 다음 [조건]을 근거로 판단할 때, [보기]에서 옳지 않은 것을 모두 고르면?

1 2 3

| 조건 |

- A와 B는 민원을 담당하는 직원으로 각자 한 번에 하나의 민원만 접수한다.
- 민원은 X민원과 Y민원 중 하나이고, 민원을 접수한 직원은 X민원 접수 시 기분이 좋아져 감정도가 10 상승하지만, Y민원 접수 시 기분이 나빠져 감정도가 20 하락한다.
- A와 B는 오늘 09:00부터 18:00까지 근무하였다.
- 09:00에 A와 B의 감정도는 100이다.
- 매시 정각 A와 B의 감정도는 5씩 상승한다.(단, 09:00, 13:00, 18:00는 제외한다.)
- 13:00에는 A와 B의 감정도가 100으로 초기화된다.
- 18:00가 되었을 때, 감정도가 50 미만인 직원에게는 1일의 월차를 부여한다.
- A와 B가 오늘 접수한 각각의 민원은 아래의 민원 등록 대장에 모두 기록되었다.

[민원 등록 대장]

접수 시각	접수한 직원	민원 종류
09:30	A	Y민원
10:00	B	X민원
11:40	A	Y민원
13:20	B	Y민원
14:10	A	Y민원
14:20	B	Y민원
15:10	A	(가)
16:10	B	Y민원
16:50	B	(나)
17:00	A	X민원
17:40	B	X민원

| 보기 |

㉠ 18:00에 A의 감정도는 15:10의 민원의 종류에 관계없이 100 이상이다.
㉡ 16:50의 민원의 종류에 관계없이 B는 월차를 부여받지 않는다.
㉢ 12:40에 A의 감정도는 75이다.

① ㉠ ② ㉡ ③ ㉢
④ ㉠, ㉡ ⑤ ㉠, ㉡, ㉢

11 다음 글과 [상황]을 근거로 판단할 때, [보기]에서 옳은 것을 모두 고르면?

1
2
3

□□부서는 매년 △△사업에 대해 사업자 자격 요건 재허가 심사를 실시한다.

• 기본심사 점수에서 가점 점수를 합하고, 감점 점수를 뺀 최종심사 점수가 80점 이상이면 '재허가', 70점 이상 80점 미만이면 '허가 정지', 70점 미만이면 '허가 취소'로 판정한다.
  - 기본심사 점수: 100점 만점으로, ㉮~㉱의 네 가지 항목(각 25점 만점) 점수의 합으로 산정한다. 단, 점수는 자연수이다.
  - 가점 점수: 가점은 ⓐ~ⓒ로 나누고, ⓐ의 경우 회당 0.5점, ⓑ의 경우 회당 1점, ⓒ의 경우 회당 2점이다. 단, 가점은 최대 10점이다.
  - 감점 점수: 과태료 부과의 경우 1회당 2점, 제재 조치의 경우 경고 1회당 3점, 주의 1회당 1.5점, 권고 1회당 0.5점으로 한다. 단, 감점은 최대 10점이다.

[상황]

2020년 사업자 A~D의 기본심사 점수 및 가점, 감점 사항은 다음과 같다.

〈기본심사 점수〉

사업자	기본심사 항목별 점수			
	㉮	㉯	㉰	㉱
A	19	20	15	(?)
B	18	21	(?)	18
C	23	18	21	16
D	20	19	17	15

〈가점 사항〉

사업자	가점 사항 항목별 횟수		
	ⓐ	ⓑ	ⓒ
A	1	0	2
B	2	1	0
C	3	0	1
D	(?)	1	2

〈감점 사항〉

사업자	감점 사항 항목별 횟수			
	과태료 부과 횟수	제재 조치 횟수		
		경고	주의	권고
A	1	0	0	4
B	2	0	3	2
C	(?)	1	2	0
D	1	2	2	1

보기

㉠ A는 ㉱ 항목의 점수에 관계없이 '재허가'를 받을 수 없다.
㉡ B의 허가가 취소되지 않으려면 B의 ㉰ 항목 점수가 20점 이상이어야 한다.
㉢ C는 과태료 부과 횟수와 무관하게 '허가 정지'이다.
㉣ D의 허가가 취소되지 않으려면 ⓐ를 최소 7회 받아야 한다.

① ㉠, ㉢ ② ㉠, ㉣ ③ ㉡, ㉢
④ ㉡, ㉣ ⑤ ㉢, ㉣

12 다음 [조건]과 [그래프]는 갑 요리 대회 참가자의 종합 점수 및 항목별 득점기여도 산정 방법과 항목별 득점 결과에 관한 자료이다. 이에 대한 [보기]의 설명 중 옳은 것을 모두 고르면?

1 2 3

조건

참가자의 종합 점수 및 항목별 득점기여도 산정 방법

- (종합 점수)=(항목별 득점)×(항목별 가중치)의 합계
- (항목별 득점기여도)=$\frac{\text{(항목별 득점)} \times \text{(항목별 가중치)}}{\text{(종합 점수)}}$

항목	가중치
맛	6
향	4
색상	4
식감	3
장식	3

[그래프] 전체 참가자의 항목별 득점 결과 (단위: 점)

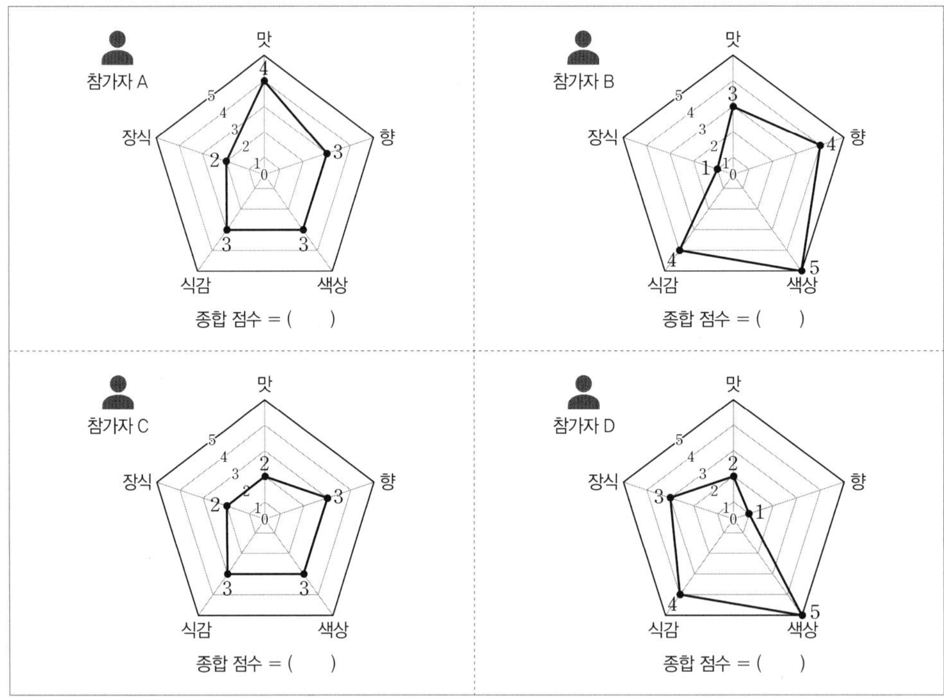

※ 단, 종합 점수가 높을수록 순위가 높으며, 종합 점수가 같을 경우에는 장식 득점이 높은 참가자의 순위가 높음

보기

㉠ 참가자 A의 맛 점수와 참가자 C의 색상 점수가 각각 1점씩 상승하면 전체 순위에 변화가 생긴다.
㉡ 참가자 C는 모든 항목에서 1점씩 더 득점해도 가장 높은 순위가 될 수 없다.
㉢ 참가자 B의 향 항목 득점기여도는 참가자 D의 식감 항목 득점기여도보다 높다.
㉣ 순위가 높은 참가자일수록 맛 항목 득점기여도가 높다.

① ㉠, ㉡　② ㉠, ㉢　③ ㉠, ㉣
④ ㉡, ㉢　⑤ ㉡, ㉣

Ⅲ 문제해결능력

13 **다음 [표]는 우리나라 7개 도시의 공원 현황을 나타낸 자료이다. 주어진 [표]와 [조건]을 바탕으로 (가)~(라)의 도시를 바르게 나열한 것을 고르면?**(단, [조건]의 내용은 7개 도시에만 적용된다.)

1 2 3

[표] 우리나라 7개 도시의 공원 현황 (단위: 개, 백만 m^2, m^2)

구분	개소	결정 면적	조성 면적	1인당 결정 면적
전국	20,389	1,020.1	412.0	22.0
서울	2,106	143.4	86.4	14.1
(가)	960	69.7	29.0	25.1
(나)	586	19.6	8.7	13.4
부산	904	54.0	17.3	16.7
(다)	619	22.2	12.3	15.5
대구	755	24.6	11.2	9.8
(라)	546	35.9	11.9	31.4

※ $(\text{활용률})(\%)=\frac{(\text{조성 면적})}{(\text{결정 면적})}\times 100$

조건

- 공원 개수가 전국 대비 3% 미만인 도시는 광주, 울산이다.
- 활용률이 40% 이상인 도시는 서울, 대구, 대전, 인천, 광주이다.
- 인구가 200만 명 이상 300만 명 미만인 도시는 대구, 인천이다.

	(가)	(나)	(다)	(라)
①	광주	인천	대전	울산
②	광주	인천	울산	대전
③	인천	광주	대전	울산
④	인천	울산	광주	대전
⑤	인천	울산	대전	광주

14 다음 글을 근거로 판단할 때, [보기]에서 옳은 것을 모두 고르면?

1
2
3

- 갑, 을, 병 세 사람은 30개 문제(1~30번)로 구성된 문제집을 푼다.
- 1회차에는 세 사람 모두 1번 문제를 풀고, 2회차부터는 직전 회차 풀이 결과에 따라 풀 문제가 다음과 같이 정해진다.
  - 직전 회차가 정답인 경우: 직전 회차의 문제 번호에 3를 곱한 번호의 문제
  - 직전 회차가 오답인 경우: 직전 회차의 문제 번호를 2로 나누어 소수점 이하를 버린 후, 1을 더한 번호의 문제
- 풀 문제의 번호가 30번을 넘어갈 경우, 30번 문제를 풀고 더 이상 문제를 풀지 않는다.
- 7회차까지 문제를 푼 결과, 한 사람이 같은 번호의 문제를 두 번 이상 푼 경우는 없었다.
- 4, 5회차를 제외한 회차별 풀이 결과는 다음과 같다.

구분	1회차	2회차	3회차	4회차	5회차	6회차	7회차
갑	○	○	×			○	×
을	○	○	○			×	○
병	○	×	○			○	×

※ ○: 정답, ×: 오답

| 보기 |

㉠ 5회차에 정답을 맞힌 사람은 없다.
㉡ 갑과 을이 4회차에 푼 문제 번호는 같다.
㉢ 세 사람이 맞힌 정답의 개수는 서로 같다.
㉣ 병은 7회차에 30번 문제를 풀었으나 맞히지 못했다.

① ㉠, ㉡　② ㉡, ㉢　③ ㉢, ㉣
④ ㉠, ㉡, ㉣　⑤ ㉠, ㉢, ㉣

Ⅲ 문제해결능력

15 다음 [표]와 [선정 절차]는 갑 사업에 지원한 A~E유치원 현황과 갑 사업의 선정 절차에 관한 자료이다. 이에 대한 [보기]의 설명 중 옳은 것을 모두 고르면?

1 2 3

[표] A~E유치원 현황

유치원	원아 수(명)	교직원 수(명)			교사 평균 경력(년)	시설 현황				통학 차량 대수(대)
		교사		사무 직원		교실		놀이터 면적(m^2)	유치원 총 면적(m^2)	
		정교사	준교사			수(개)	총 면적(m^2)			
A	132	10	2	1	4.1	5	450	2,400	3,500	3
B	160	5	0	1	4.5	7	420	200	1,300	2
C	120	4	3	0	3.1	5	420	440	1,000	1
D	170	2	10	2	4.0	7	550	300	1,500	2
E	135	4	5	1	2.9	6	550	1,000	2,500	2

※ (여유 면적)=(유치원 총 면적)−(교실 총 면적)−(놀이터 면적)

[선정 절차]

- 1단계: 아래 4개의 조건을 모두 충족하는 유치원을 예비 선정한다.
  - 교실 조건: 교실 1개당 원아 수가 25명 이하여야 한다.
  - 교사 조건: 교사 1인당 원아 수가 15명 이하여야 한다.
  - 차량 조건: 통학 차량 1대당 원아 수가 100명 이하여야 한다.
  - 여유 면적 조건: 여유 면적이 650m^2 이상이어야 한다.
- 2단계: 예비 선정된 유치원 중 교사 평균 경력이 가장 긴 유치원을 최종 선정한다.

보기

㉠ C유치원은 1단계에서 총 3개의 조건을 충족하지 못한다.
㉡ 갑 사업에 최종 선정되는 유치원은 D유치원이다.
㉢ A유치원의 내부에 교실을 하나 더 증설한다면 A유치원이 갑 사업에 최종 선정된다.
㉣ B유치원이 6명의 신입 정교사를 증원한다면 B유치원이 갑 사업에 최종 선정된다.

① ㉠, ㉡ ② ㉡, ㉢ ③ ㉢, ㉣
④ ㉠, ㉡, ㉢ ⑤ ㉠, ㉡, ㉣

정답과 해설 P. 140~145

상

☑ 2019 5급 공채 PSAT 기출변형

01 다음 [표]는 2016~2018년 갑국의 매체 A~D의 종사자 현황에 관한 자료이다. 주어진 [표]와 [조건]을 근거로 2018년 전체 종사자가 많은 매체부터 순서대로 나열한 것을 고르면?

1 2 3

[표] 연도별 매체 A~D의 종사자 현황

(단위: 명)

연도	매체 \ 구분	정규직			비정규직		
		여성	남성	소계	여성	남성	소계
2016년	A	6,530	15,824	22,354	743	1,560	2,303
	B	3,944	12,811	16,755	1,483	1,472	2,955
	C	3,947	7,194	11,141	900	1,650	2,550
	D	407	1,226	1,633	31	57	88
2017년	A	5,957	14,110	20,067	1,017	2,439	3,456
	B	2,726	11,280	14,006	1,532	1,307	2,839
	C	3,905	6,338	10,243	1,059	2,158	3,217
	D	370	1,103	1,473	41	165	206
2018년	A	6,962	17,279	24,241	966	2,459	3,425
	B	4,334	13,002	17,336	1,500	1,176	2,676
	C	6,848	10,000	16,848	1,701	2,891	4,592
	D	548	1,585	2,133	32	593	625

조건

- 2017년과 2018년 통신의 비정규직 종사자는 전년 대비 매년 증가하였다.
- 2017년 여성 종사자가 가장 많은 매체는 방송이다.
- 2018년 종이신문의 정규직 종사자 수 대비 비정규직 종사자 수의 비율은 20% 미만이다.
- 2016년에 비해 2017년에 남성 종사자가 감소하였고 여성 종사자가 증가한 매체는 인터넷신문이다.

① 통신 ─ 종이신문 ─ 인터넷신문 ─ 방송
② 통신 ─ 인터넷신문 ─ 종이신문 ─ 방송
③ 방송 ─ 종이신문 ─ 인터넷신문 ─ 통신
④ 방송 ─ 인터넷신문 ─ 종이신문 ─ 통신
⑤ 인터넷신문 ─ 방송 ─ 종이신문 ─ 통신

Ⅲ 문제해결능력

상

02 다음 [표]는 2019년 3월 사회인 축구 리그 경기일별 누적 승점에 관한 자료이다. 주어진 [표]와 [조건]에 근거한 설명으로 옳지 않은 것을 고르면?

1 2 3

[표] 경기일별 경기 후 누적 승점

(단위: 점)

경기일(요일) \ 팀	A	B	C	D	E	F
9일(토)	3	0	0	3	1	1
12일(화)	6	1	0	3	2	4
14일(목)	7	2	3	4	2	5
16일(토)	8	2	3	7	3	8
19일(화)	8	5	3	8	4	11
21일(목)	8	8	4	9	7	11
23일(토)	9	9	5	10	8	12
26일(화)	9	12	5	13	11	12
28일(목)	10	12	8	16	12	12
30일(토)	11	12	11	16	15	13

조건

- 팀별로 다른 팀과 2번씩 경기한다.
- 경기일별로 세 경기가 진행된다.
- 경기일별로 팀당 한 경기만 진행한다.
- 승리팀은 승점 3점을 얻고, 패배팀은 승점 0점을 얻는다.
- 무승부일 경우, 두 팀 모두 각각 승점 1점을 얻는다.
- 3월 30일 경기 후 누적 승점이 가장 높은 팀이 우승팀이 된다.

① A팀과 C팀은 승리한 횟수가 다르다.
② B팀과 E팀은 화요일에 패배한 적이 없다.
③ D팀은 승리한 횟수와 무승부한 횟수가 다르다.
④ 모든 팀이 같은 경기일에 무승부를 기록한 적이 있다.
⑤ 3월 30일 경기 결과가 달라져도 우승팀은 바뀌지 않는다.

03 다음 글과 [상황]을 근거로 판단할 때, [보기]에서 옳은 것을 모두 고르면?

1 2 3

A팀과 B팀은 다음과 같이 게임을 한다. A팀과 B팀은 각각 3명으로 구성되며, 왼손잡이, 오른손잡이, 양손잡이가 각 1명씩이다. 총 5라운드에 걸쳐 가위·바위·보를 하며, 규칙은 다음과 같다.

- 모든 선수는 1개 라운드 이상 출전하여야 한다.
- 왼손잡이는 가위만 내고, 오른손잡이는 보만 내며, 양손잡이는 바위만 낸다.
- 각 라운드마다 가위·바위·보를 이긴 선수의 팀이 획득하는 점수는 다음과 같다.
  - 이긴 선수가 왼손잡이인 경우: 2점
  - 이긴 선수가 오른손잡이인 경우: 0점
  - 이긴 선수가 양손잡이인 경우: 3점
- 두 팀은 1라운드를 시작하기 전에 각 라운드에 출전할 선수를 결정하여 명단을 제출한다.
- 5라운드를 마쳤을 때, 획득한 총 점수가 더 높은 팀이 게임에서 승리한다.

[상황]

다음은 3라운드를 마친 현재까지의 결과이다.

구분	1라운드	2라운드	3라운드	4라운드	5라운드
A팀	왼손잡이	왼손잡이	양손잡이		
B팀	오른손잡이	오른손잡이	오른손잡이		

※ 단, 각 라운드에서 가위·바위·보가 비긴 경우는 없음

| 보기 |

㉠ 3라운드까지 A팀이 획득한 점수와 B팀이 획득한 점수의 합은 7점이다.
㉡ A팀이 남은 라운드에 왼손잡이를 출전시키지 않는다면, A팀이 게임에서 승리한다.
㉢ B팀이 4라운드에서 양손잡이를 출전시켜 승리한다면, B팀이 게임에서 승리한다.

① ㉠　② ㉡　③ ㉠, ㉢
④ ㉡, ㉢　⑤ ㉠, ㉡, ㉢

III 문제해결능력

04 다음 글을 근거로 판단할 때, [보기]에서 옳지 않은 것을 모두 고르면?

1 2 3

- S회사는 최종 임원 면접에서 3명의 면접자 갑~병 중 평가 항목별 최종 점수의 합계가 높은 2명을 채용한다.
- 4명의 면접 위원 가~라는 문제 인식, 창의성, 잠재력으로 구성된 평가 항목을 5개 등급(최상, 상, 중, 하, 최하)으로 각각 평가하여 점수를 부여한다.
- 각 평가 항목의 등급별 점수는 다음과 같다.

구분	최상	상	중	하	최하
문제 인식	30점	25점	20점	15점	10점
창의성	30점	24점	18점	12점	6점
잠재력	40점	32점	24점	16점	8점

- 평가 항목별 최종 점수는 아래의 식에 따라 산출한다. 단, 최고 점수 또는 최저 점수가 복수인 경우에는 각각 하나씩만 차감한다.
  - 평가 항목별 최종 점수: $\frac{\text{평가 항목에 대한 점수 합계}-(\text{최고 점수}+\text{최저 점수})}{\text{면접 위원 수}-2}$
- 평가 결과는 다음과 같다.

구분	면접 위원	점수		
		문제 인식	창의성	잠재력
갑	가	최상	상	중
	나	상	상	상
	다	상	하	상
	라	(A)	중	하
을	가	상	상	상
	나	하	최상	(B)
	다	중	중	상
	라	중	상	최상
병	가	중	상	(C)
	나	상	하	최상
	다	중	중	상
	라	상	최하	최상

┤ 보기 ├

㉠ 면접 위원 라가 각 면접자들에게 문제 인식 평가 항목 점수를 다르게 부여하였다면, 갑의 문제 인식 평가 항목의 최종 점수는 25점이다.

㉡ (B)가 (C)보다 평가 등급이 높다면, 잠재력 평가 항목의 최종 점수는 을이 병보다 높지 않다.

㉢ (A)가 최상, (B)가 상, (C)가 하일 때, 합격자는 갑과 병이다.

① ㉠ ② ㉡ ③ ㉠, ㉢

④ ㉡, ㉢ ⑤ ㉠, ㉡, ㉢

상

☑ 2019 민간경력자 PSAT 기출변형

05 A기업에서는 팀별 일정이 가능한 날에 맞추어 체육 대회를 개최하였다. 다음 [그림]과 [표]는 A기업 4개팀의 체육 대회 종목별 대진표 및 중간 경기 결과와 종목별 승점 배점표에 관한 자료이다. 주어진 자료에 근거하여 남은 경기 결과에 따른 최종 대회 성적에 대한 설명으로 옳지 않은 것을 고르면?

1 2 3

[그림] A기업 체육 대회 종목별 대진표 및 중간 경기 결과

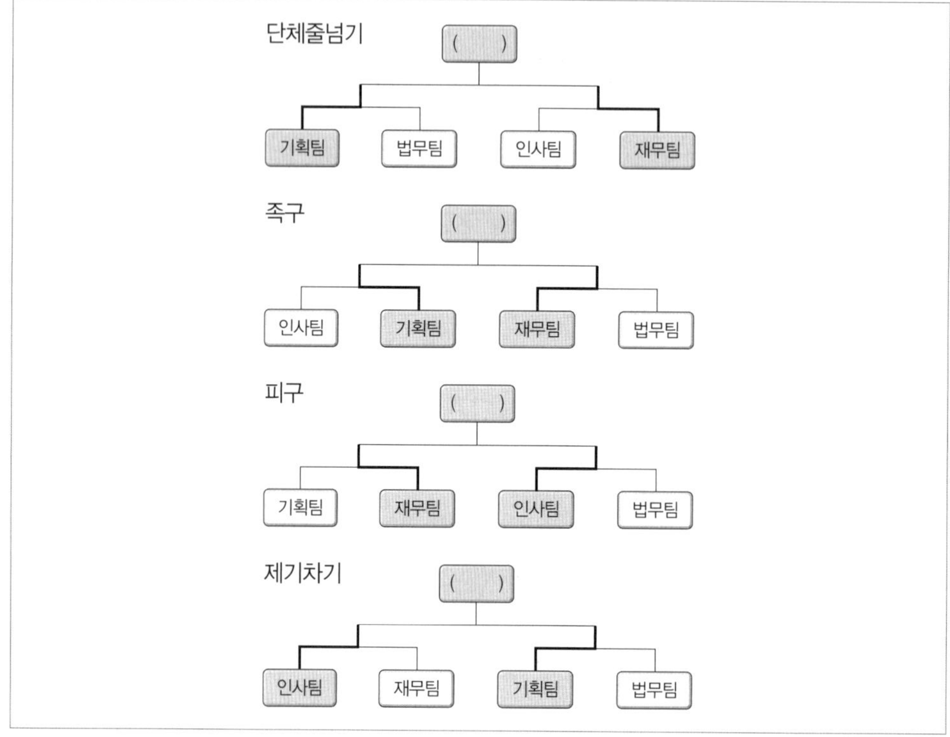

※ 단, 굵은 선과 음영( )으로 표시된 팀은 이긴 팀을 의미하며, 결승전만을 남긴 상황임

[표] 종목별 승점 배점표

(단위: 점)

종목 / 순위	단체줄넘기	족구	피구	제기차기
1위	115	90	90	60
2위	75	60	60	40
3·4위	40	30	30	20

※ 1) 최종 대회 성적은 종목별 승점 합계가 가장 높은 팀이 종합 우승, 두 번째로 높은 팀이 종합 준우승임
2) 승점 합계가 동일한 팀이 나올 경우, 단체줄넘기 종목의 순위가 높은 팀이 최종 순위가 높음
3) 모든 경기에 무승부는 없음

① 남은 경기 결과와 상관없이 법무팀은 종합 우승을 할 수 없다.

② 기획팀이 남은 경기에서 모두 지면, 재무팀이 종합 우승을 한다.

③ 재무팀이 남은 경기에서 모두 지더라도 재무팀은 종합 준우승을 한다.

④ 인사팀이 남은 경기에서 모두 이기더라도 인사팀은 종합 우승을 할 수 없다.

⑤ 재무팀이 남은 경기 중 두 종목에서 이기더라도 기획팀이 종합 우승을 할 수 없는 경우가 있다.

CHAPTER

03 지문형

필수이론&전략

1 대표 유형

NCS 문제해결능력에서는 복합자료 외에 회사 내 규칙이나 지침, 법조문, 비문학 형태의 자료를 바탕으로 해당 자료를 이해하여 정오를 판단하는 유형과 자료를 바탕으로 사례를 적용하는 유형의 문제가 계속해서 출제되고 있다.

[출제 형태]

다음 글을 근거로 판단할 때, 옳은 것을 고르면?

제○○조 ① 재산공개 대상자 및 그 이해관계인이 보유하고 있는 주식의 직무 관련성을 심사·결정하기 위하여 인사혁신처에 주식백지신탁 심사위원회(이하 '심사위원회'라 한다)를 둔다.

② 심사위원회는 위원장 1명을 포함한 9명의 위원으로 구성한다.

③ 심사위원회의 위원장 및 위원은 대통령이 임명하거나 위촉한다. 이 경우 위원 중 3명은 국회가, 3명은 대법원장이 추천하는 자를 각각 임명하거나 위촉한다.

④ 심사위원회의 위원은 다음 각 호의 어느 하나에 해당하는 자격을 갖추어야 한다.

1. 대학이나 공인된 연구 기관에서 부교수 이상의 직에 5년 이상 근무하였을 것
2. 판사, 검사 또는 변호사로 5년 이상 근무하였을 것
3. 금융 관련 분야에 5년 이상 근무하였을 것
4. 3급 이상 공무원 또는 고위공무원단에 속하는 공무원으로 3년 이상 근무하였을 것

⑤ 위원장 및 위원의 임기는 2년으로 하되, 한 차례만 연임할 수 있다. 다만, 임기가 만료된 위원은 그 후임자가 임명되거나 위촉될 때까지 해당 직무를 수행한다.

⑥ 주식의 직무 관련성은 주식 관련 정보에 관한 직접적·간접적인 접근 가능성, 영향력 행사 가능성 등을 기준으로 판단하여야 한다.

① 대통령, 국회, 대법원장이 심사위원을 각 3명씩 임명한다.
② 공인된 연구 기관에서 5년 이상 근무하면 심사위원 자격을 갖춘다.
③ 3급 이상 공무원으로 5년 이상 근무한 사람은 심사위원이 될 수 있다.
④ 심사위원의 임기가 만료되더라도 후임자가 없다면 계속해서 연임될 수 있다.
⑤ 주식백지신탁 심사위원회는 재산공개 대상자의 주식의 직무 관련성을 주식 관련 정보에 관한 직접적인 접근 가능성만 고려한다.

(1) 확인형

지문의 내용을 이해하여 선택지/보기의 옳은 것 또는 옳지 않은 것을 판단하는 유형이다.

(2) 규칙 · 지침 적용형

제도에 대한 규칙 · 지침의 내용이 주어진 지문을 바탕으로 상황에 적용하거나 정오를 판단하는 유형이다.

(3) 사례형

지문 외에 구체적인 상황이 제시되어 있는 형태로 주어진 지문을 바탕으로 사례를 해석하고 적용하는 유형이다.

2 풀이 전략

(1) 확인형

문제에서 요구하는 바를 정확히 이해하는 것이 필요하며, 지문의 중요 키워드, 주체가 무엇인지 먼저 파악하는 것이 중요하다. 선택지의 내용을 보면서 지문에서 관련된 내용이 있는 곳을 찾아가면서 해결한다.

(2) 규칙 · 지침 적용형

주어진 모든 대상을 확인하는 것보다 선택지로 주어진 항목만을 집중적으로 확인하여 계산하거나 판단하는 것이 좋다. 예외적인 조건이나 반드시 적용해야 하는 조건은 주석, 비고, 특이사항 등에 주어진 경우가 많으므로 반드시 확인한다.

(3) 사례형

지문의 내용을 바탕으로 주어진 상황에 적용 · 판단한다는 점에서 지문을 먼저 파악해야 하는 확인형과 크게 다르지 않다. 지문을 먼저 읽으면서 이해하는 것이 필요하며, 상황에서 주로 다루는 것이 무엇인지 키워드 중심으로 확인한 후, 지문에 대입하여 해결한다.

3 출제 개념

(1) 복수 요건

• A and B
A와 B 모두 충족되어야 요건의 효과가 발생한다.

• A or B
A와 B 중 하나만 충족되어도 요건의 효과가 발생한다.

(2) 기준점

• 이상/이하/이전/이후
'이(以)'가 들어간 말은 기준점을 포함하여 적용해야 한다.

• 초과/미만/과반수
기준점을 포함하지 않고 적용해야 한다.

01 NCS 최신빈출

정답과 해설 P. 145~147

하

01 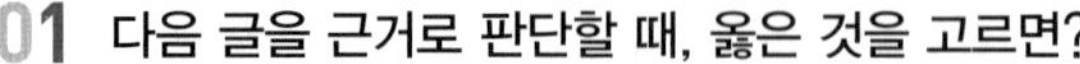

다음 글을 근거로 판단할 때, 옳은 것을 고르면?

제○○조 ① 재산공개 대상자 및 그 이해관계인이 보유하고 있는 주식의 직무 관련성을 심사·결정하기 위하여 인사혁신처에 주식백지신탁 심사위원회(이하 '심사위원회'라 한다)를 둔다.

② 심사위원회는 위원장 1명을 포함한 9명의 위원으로 구성한다.

③ 심사위원회의 위원장 및 위원은 대통령이 임명하거나 위촉한다. 이 경우 위원 중 3명은 국회가, 3명은 대법원장이 추천하는 자를 각각 임명하거나 위촉한다.

④ 심사위원회의 위원은 다음 각 호의 어느 하나에 해당하는 자격을 갖추어야 한다.

1. 대학이나 공인된 연구 기관에서 부교수 이상의 직에 5년 이상 근무하였을 것
2. 판사, 검사 또는 변호사로 5년 이상 근무하였을 것
3. 금융 관련 분야에 5년 이상 근무하였을 것
4. 3급 이상 공무원 또는 고위공무원단에 속하는 공무원으로 3년 이상 근무하였을 것

⑤ 위원장 및 위원의 임기는 2년으로 하되, 한 차례만 연임할 수 있다. 다만, 임기가 만료된 위원은 그 후임자가 임명되거나 위촉될 때까지 해당 직무를 수행한다.

⑥ 주식의 직무 관련성은 주식 관련 정보에 관한 직접적·간접적인 접근 가능성, 영향력 행사 가능성 등을 기준으로 판단하여야 한다.

① 대통령, 국회, 대법원장이 심사위원을 각 3명씩 임명한다.

② 공인된 연구 기관에서 5년 이상 근무하면 심사위원 자격을 갖춘다.

③ 3급 이상 공무원으로 5년 이상 근무한 사람은 심사위원이 될 수 있다.

④ 심사위원의 임기가 만료되더라도 후임자가 없다면 계속해서 연임될 수 있다.

⑤ 주식백지신탁 심사위원회는 재산공개 대상자의 주식의 직무 관련성을 주식 관련 정보에 관한 직접적인 접근 가능성만 고려한다.

02 **다음은 A사의 휴일 및 휴가 규정에 관한 자료이다. 이에 대한 [보기]의 설명 중 옳은 것을 모두 고르면?**

1
2
3

제26조(휴일) 다음 각 호의 하나에 해당하는 날은 휴일로 하고 이를 유급으로 한다.

1. 일요일
2. 국경일 및 법정 공휴일
3. 기타 정부 또는 회사에서 지정한 날

제27조(법정 휴가) 직원은 근로 기준법이 정하는 바에 의하여 다음과 같이 휴가를 사용할 수 있다.

1. 생리 휴가: 여직원은 청구가 있는 경우에 월 1일의 무급 생리 휴가를 부여받는다.
2. 출산 전후 휴가: 임신 중인 여직원의 경우에 출산 전후 90일의 보호 유급 휴가(한 번에 둘 이상 자녀를 임신한 경우에는 120일)를 부여하되, 출산 후에 45일(한 번에 둘 이상 자녀를 임신한 경우에는 60일) 이상이 되도록 한다. 또한, 유산 경험 등 법에서 정한 사유로 출산 전후 휴가를 청구하는 경우에 출산 전후 임의로 나누어 사용할 수 있다.

제28조(연차 유급 휴가)

① 직원이 1년 이상 출근한 경우에는 15일의 유급 휴가를 주어야 한다.
② 계속 근로 연수가 1년 미만인 직원 또는 1년간 80% 미만 출근한 직원에 대하여는 1개월간 개근 시 1일의 유급 휴가를 주어야 한다.
③ 직원의 최초 1년간의 근로에 대하여 유급 휴가를 주는 경우에는 제2항의 규정에 의한 휴가를 포함하여 15일로 하고, 직원이 제1항의 규정에 의한 휴가를 이미 사용한 경우에는 그 사용한 휴가 일수를 15일에서 공제한다.
④ 3년 이상 계속 근로한 직원에 대하여는 제1항의 규정에 의한 휴가에 최초 1년을 초과하는 계속 근로 연수 매2년에 대하여 1일을 가산한 유급 휴가를 주어야 한다. 이 경우, 가산 휴가를 포함한 총 휴가 일수는 25일을 한도로 한다.
⑤ 직원이 연차 유급 휴가를 사용하지 않을 때에는 보수 규정이 정하는 바에 따라 연차 유급 휴가 수당을 지급하여야 한다.

보기

㉠ 출산 전 50일의 출산 전후 휴가를 사용하였다면, 임신한 자녀의 수에 따라 규정 위반일 수도 있고 아닐 수도 있다.
㉡ 지난달까지 입사 후 14년 만근을 하였고 작년에 연차 유급 휴가를 이틀 사용하였다면, 남은 연차 유급 휴가 일수는 20일이다.
㉢ 처음 근로를 시작해서 11개월이 지나면 11일의 연차 유급 휴가가 누적되며, 한 달 후에는 4일이 추가된다.
㉣ 5년을 근로한 직원은 경우에 따라 최소 17일에서 최대 25일의 유급 휴가가 주어진다.

① ㉠ ② ㉠, ㉢ ③ ㉢, ㉣
④ ㉠, ㉡, ㉢ ⑤ ㉡, ㉢, ㉣

Ⅲ 문제해결능력

03 다음 글을 근거로 판단할 때, 옳지 <u>않은</u> 것을 고르면?

1 2 3

최근 환경부와 학계의 연구 결과에 의하면 우리나라 미세먼지의 고농도 발생 시의 주된 성분은 질산암모늄인 것으로 알려졌다. 질산암모늄은 일반적으로 화석연료의 연소로부터 발생되는 질소산화물(NO_X)의 영향과 농업, 축산, 공업 등으로부터 배출되는 암모니아(NH_3)의 주된 영향을 받는다고 할 수 있다. 황산화물(SO_X)이 주로 중국의 기원을 가리키는 지표물질이며, 질산암모늄과 같은 질소계열의 미세먼지는 국내영향을 의미하기 때문에 고농도 시에는 국내 배출의 영향을 받는다는 것을 알 수 있으며, 이 때문에 평소의 국내 질소계열의 오염물질 감소에 정책 우선순위를 두어야 한다.

우리나라 전국 배출 사업장(공장)의 수는 약 5만 8천 개에 이르고 있으나 자동 굴뚝측정망으로 실시간 감시가 되는 대형 사업장의 수는 전체 사업장의 10% 이하이다. 대다수를 차지하고 있는 중소 사업장의 배출량은 대형 사업장에 미치지 못하나 문제는 날로 늘어가고 있는 중소 사업장의 숫자이다. 이는 배출물질과 배출량의 파악을 갈수록 어렵게 하여 배출원 관리 문제와 미세먼지 증가를 유발할 수 있다는 점에서 이에 대한 철저한 관리 감독이 가능하도록 국가적 역량을 집중할 필요가 있다.

2000년대 이후 국내 경유 차량의 수가 크게 증가한 것도 미세먼지 관리가 어려운 이유 중 하나이다. 특히 육상 차량 중 초미세먼지 배출의 약 70%를 차지하고 있는 경유 화물차는 2009~2018년 사이 약 17%가 증가하여 현재 약 330만 대를 상회하고 있다. 이 중 약 25%를 차지하고 있는 경유차가 'Euro3' 수준의 미세먼지를 배출하고 있는데, 이러한 미세먼지와 질소산화물을 과다배출하고 있는 노후 경유차에 대한 조기 폐차 유도, 친환경차 전환 지원, 저감장치 보급과 관리감독이 여전히 시급한 상황이다.

암모니아(NH_3)는 현재 국내 가장 중요한 국내 미세먼지 발생 원인으로 받아들여지고 있다. 암모니아의 가장 주요한 배출원은 농업과 축산 분야인데 주로 비료사용과 가축 분뇨 등에 의해 대기 중에 배출되는 특성을 보이고 있으며, 비료 사용이 시작되는 이른 봄과 따뜻한 온도의 영향을 주로 받는다.

우리나라는 2000년 이후 암모니아의 농도가 정체 혹은 소폭 증가하고 있는 경향을 보이고 있다. 또한 2010년 이후 암모니아 배출에 영향을 주고 있는 가축 분뇨 발생량과 농약 및 화학비료 사용량도 줄지 않고 있는 정체 현상을 보이고 있다. 암모니아 배출량은 바람과 온·습도, 강우 등 기상 조건의 영향을 받는데 국내의 암모니아 배출량 산정은 이러한 물리적 조건을 반영하지 않고 있어 매우 불확실하다. 따라서 비료 및 가축 분뇨 등이 미세먼지의 주요 원료인 만큼 환경부뿐 아니라 농림수산식품부 차원의 적극적인 관리 정책도 시급하다고 할 수 있다.

① 가축의 분뇨 배출량 증가는 고농도 미세먼지 발생을 유발할 수 있다.

② 현재 약 82.5만 대의 경유 화물차가 'Euro3' 수준의 미세먼지를 배출하고 있다.

③ 유해 물질을 배출하는 전국의 사업장 중 실시간 감시가 가능한 사업장의 수는 계속 감소하고 있다.

④ 이른 봄에는 다른 시기보다 농업 분야에서의 미세먼지 원인 물질 배출이 더 많아진다.

⑤ 미세먼지 관리에는 원인 물질 배출량뿐 아니라 기상 조건의 변화에도 주의를 기울여야 한다.

[04~05] 다음은 농지법 규정에 관한 자료이다. 주어진 자료를 보고 질문에 답하시오.

제○○조(농업진흥 지역의 지정) ① 시 · 도지사는 농지를 효율적으로 이용하고 보전하기 위하여 농업진흥 지역을 지정한다.

② 제1항에 따른 농업진흥 지역은 다음 각 호의 용도 구역으로 구분하여 지정할 수 있다.

1. 농업진흥 구역: 농업의 진흥을 도모하여야 하는 다음 각 목의 어느 하나에 해당하는 지역으로서 농림축산식품부장관이 정하는 규모로 농지가 집단화되어 농업 목적으로 이용할 필요가 있는 지역
   가. 농지조성사업 또는 농업기반정비사업이 시행되었거나 시행 중인 지역으로서 농업용으로 이용하고 있거나 이용할 토지가 집단화되어 있는 지역
   나. 가목에 해당하는 지역 외의 지역으로서 농업용으로 이용하고 있는 토지가 집단화되어 있는 지역
2. 농업보호 구역: 농업진흥 구역의 용수원 확보, 수질 보전 등 농업 환경을 보호하기 위하여 필요한 지역

제○○조(용도 구역에서의 행위 제한) ① 농업진흥 구역에서는 농업 생산 또는 농지 개량과 직접적으로 관련된 행위로서 대통령령으로 정하는 행위 외의 토지이용 행위를 할 수 없다. 다만, 다음 각 호의 토지이용 행위는 그러하지 아니하다.

1. 대통령령으로 정하는 농수산물(농산물 · 임산물 · 축산물 · 수산물을 말한다)의 가공 · 처리 시설의 설치 및 농수산업(농업 · 임업 · 축산업 · 수산업을 말한다) 관련 시험 · 연구 시설의 설치
2. 어린이놀이터, 마을회관, 그 밖에 대통령령으로 정하는 농업인의 공동생활에 필요한 편의 시설 및 이용 시설의 설치
3. 대통령령으로 정하는 농업인 주택, 어업인 주택, 농업용 시설, 축산업용 시설 또는 어업용 시설의 설치
4. 국방 · 군사 시설의 설치
5. 하천, 제방, 그 밖에 이에 준하는 국토 보존 시설의 설치
6. 문화재의 보수 · 복원 · 이전, 매장 문화재의 발굴, 비석이나 기념탑, 그 밖에 이와 비슷한 공작물의 설치
7. 도로, 철도, 그 밖에 대통령령으로 정하는 공공시설의 설치
8. 지하자원 개발을 위한 탐사 또는 지하광물 채광(採鑛)과 광석의 선별 및 적치(積置)를 위한 장소로 사용하는 행위
9. 농어촌 소득원 개발 등 농어촌 발전에 필요한 시설로서 대통령령으로 정하는 시설의 설치

② 농업보호 구역에서는 다음 각 호 외의 토지이용 행위를 할 수 없다.

1. 제1항에 따라 허용되는 토지이용 행위
2. 농업인 소득 증대에 필요한 건축물 · 공작물, 그 밖의 시설의 설치
3. 농업인의 생활 여건을 개선하기 위하여 필요한 건축물 · 공작물, 그 밖의 시설의 설치

04 주어진 자료에 대한 설명으로 옳지 않은 것을 고르면?

1 2 3

① 농업보호 구역에는 군사 시설을 설치할 수 있다.
② 농업진흥 구역에서는 대통령령으로 정하는 토지이용 행위만 가능한 것은 아니다.
③ 농업진흥 구역에서 할 수 있는 모든 토지이용 행위는 농업보호 구역에서도 할 수 있다.
④ 농업진흥 구역으로 지정된 곳에서 문화재 출토가 예상될 경우에는 농업진흥 구역 지정이 해제된다.
⑤ 농업진흥 지역에는 용수원 확보, 수질 보전 등 농업 환경을 보호하기 위하여 필요한 지역 외의 지역도 포함된다.

05 농업보호 구역에서 할 수 있는 행위와 할 수 없는 행위에 대한 [보기]의 설명 중 옳은 것을 모두 고르면?

1 2 3

보기

㉠ 적정 면적에 대하여 골프 연습장을 설치하는 행위를 할 수 있다.
㉡ 대통령령으로 정하는 도로 등의 공공시설 설치 행위를 할 수 없다.
㉢ 적정 면적에 대하여 주말농원사업을 위한 별도의 시설을 설치하는 행위를 할 수 있다.
㉣ 적정 면적에 대하여 관광산업 개발을 위한 연구 시설을 설치하는 행위를 할 수 없다.

① ㉠, ㉡ ② ㉡, ㉢ ③ ㉢, ㉣
④ ㉠, ㉢, ㉣ ⑤ ㉡, ㉢, ㉣

02 PSAT 기출변형 Lv.1

정답과 해설 P. 148~151

하

☑ 2019 5급 공채 PSAT 기출변형

01 다음 글과 [상황]을 근거로 판단할 때, 김이 A대학을 졸업하기 위해 추가로 필요한 최소 취득 학점을 고르면?

1 2 3

> △△법 제◇◇조(학점의 인정 등) ① 전문학사학위 과정 또는 학사학위 과정을 운영하는 대학(이하 '대학'이라 한다)은 학생이 다음 각 호의 어느 하나에 해당하는 경우에 학칙으로 정하는 바에 따라 이를 해당 대학에서 학점을 취득한 것으로 인정할 수 있다.
> 1. 국내 · 외의 다른 전문학사학위 과정 또는 학사학위 과정에서 학점을 취득한 경우
> 2. 전문학사학위 과정 또는 학사학위 과정과 동등한 학력 · 학위가 인정되는 평생교육 시설에서 학점을 취득한 경우
> 3. 「병역법」에 따른 입영 또는 복무로 인하여 휴학 중인 사람이 원격 수업을 수강하여 학점을 취득한 경우
>
> ② 제1항에 따라 인정되는 학점의 범위와 기준은 다음 각 호와 같다.
> 1. 제1항 제1호에 해당하는 경우: 취득한 학점의 전부
> 2. 제1항 제2호에 해당하는 경우: 대학 졸업에 필요한 학점의 2분의 1 이내
> 3. 제1항 제3호에 해당하는 경우: 연 12학점 이내
>
> 제○○조(편입학 등) 학사학위 과정을 운영하는 대학은 다음 각 호에 해당하는 학생을 편입학 전형을 통해 선발할 수 있다.
> 1. 전문학사학위를 취득한 자
> 2. 학사학위 과정의 제2학년을 수료한 자

> [상황]
> - A대학은 학칙을 통해 학점 인정의 범위를 △△법에서 허용하는 최대 수준으로 정하고 있다.
> - 졸업에 필요한 최소 취득 학점은 A대학이 130학점, B전문대학이 68학점이다.
> - 김은 B전문대학에서 졸업에 필요한 최소 취득 학점보다 3학점을 더 수강하고 전문학사학위를 취득하였다.
> - 김은 B전문대학 졸업 후 A대학 3학년에 편입하였고, 군 복무로 인한 휴학 기간에 원격 수업을 수강하여 총 9학점을 취득하였다.
> - 김은 A대학에 복학한 이후 총 32학점을 취득하였고, 1년 동안 미국의 C대학에 교환 학생으로 파견되어 총 10학점을 취득하였다.

① 8학점 ② 11학점 ③ 13학점
④ 14학점 ⑤ 16학점

02 다음 글을 근거로 판단할 때, 옳지 않은 것을 고르면?

1 2 3

> 제○○조(정의) 이 법에서 사용하는 용어의 정의는 다음과 같다.
> 1. "천문업무"란 우주에 대한 관측업무와 그에 따른 부대업무를 말한다.
> 2. "천문역법"이란 천체운행의 계산을 통하여 산출되는 날짜와 천체의 출몰시각 등을 정하는 방법을 말한다.
> 3. "윤초"란 지구자전속도의 불규칙성으로 인하여 발생하는 세계시와 세계협정시의 차이가 1초 이내로 되도록 보정하여주는 것을 말한다.
> 4. "그레고리력"이란 1년의 길이를 365.2425일로 정하는 역법체계로서 윤년을 포함하는 양력을 말한다.
> 5. "윤년"이란 그레고리력에서 여분의 하루인 2월 29일을 추가하여 1년 동안 날짜의 수가 366일이 되는 해를 말한다.
> 6. "월력요항"이란 관공서의 공휴일, 기념일, 24절기 등의 자료를 표기한 것으로 달력 제작의 기준이 되는 자료를 말한다.
>
> 제○○조(천문역법) ① 천문역법을 통하여 계산되는 날짜는 양력인 그레고리력을 기준으로 하되, 음력을 병행하여 사용할 수 있다.
> ② 과학기술정보통신부장관은 천문역법의 원활한 관리를 위하여 윤초의 결정을 관장하는 국제기구가 결정·통보한 윤초를 언론매체나 과학기술정보통신부 인터넷 홈페이지 등을 통하여 지체 없이 발표하여야 한다.
> ③ 과학기술정보통신부장관은 한국천문연구원으로부터 필요한 자료를 제출받아 매년 6월 말까지 다음 연도의 월력요항을 작성하여 관보에 게재하여야 한다.

① 윤년을 포함하는 양력을 그레고리력이라고 한다.

② 우주에 대한 관측업무와 그에 따른 부대업무를 천문업무라고 한다.

③ 세계시와 세계협정시의 차이는 지구자전속도의 불규칙성으로 인하여 발생한다.

④ 천문역법을 통해 계산되는 날짜는 그레고리력을 기준으로 하며, 음력을 사용할 수 없다.

⑤ 과학기술정보통신부장관은 한국천문연구원으로부터 자료를 제출받아 매년 6월 말까지 다음 해의 달력 제작의 기준이 되는 자료인 월력요항을 작성하여 관보에 게재해야 한다.

03 다음 글을 근거로 판단할 때, 옳은 것을 고르면?

제○○조 ① 선박이란 수상 또는 수중에서 항행용으로 사용하거나 사용할 수 있는 배 종류를 말하며, 그 구분은 다음 각 호와 같다.
1. 기선: 기관(機關)을 사용하여 추진하는 선박과 수면비행선박(표면효과 작용을 이용하여 수면에 근접하여 비행하는 선박)
2. 범선: 돛을 사용하여 추진하는 선박
3. 부선: 자력(自力) 항행능력이 없어 다른 선박에 의하여 끌리거나 밀려서 항행되는 선박

② 소형선박이란 다음 각 호의 어느 하나에 해당하는 선박을 말한다.
1. 총톤수 20톤 미만인 기선 및 범선
2. 총톤수 100톤 미만인 부선

제○○조 ① 매매계약에 의한 선박 소유권의 이전은 계약당사자 사이의 양도합의만으로 효력이 생긴다. 다만 소형선박 소유권의 이전은 계약당사자 사이의 양도합의와 선박의 등록으로 효력이 생긴다.

② 선박의 소유자(제1항 단서의 경우에는 선박의 매수인)는 선박을 취득(제1항 단서의 경우에는 매수)한 날부터 60일 이내에 선적항을 관할하는 지방해양수산청장에게 선박의 등록을 신청하여야 한다. 이 경우 총톤수 20톤 이상인 기선과 범선 및 총톤수 100톤 이상인 부선은 선박의 등기를 한 후에 선박의 등록을 신청하여야 한다.

③ 지방해양수산청장은 제2항의 등록신청을 받으면 이를 선박원부(船舶原簿)에 등록하고, 신청인에게 선박국적증서를 발급하여야 한다.

제○○조 선박의 등기는 등기할 선박의 선적항을 관할하는 지방법원, 그 지원 또는 등기소를 관할 등기소로 한다.

① 총톤수 80톤인 기선의 소유자 A는 선박을 등록하기 전에 등기를 완료해야 한다.
② 총톤수 100톤인 부선의 소유자 B는 선박의 등기 없이도 선박의 등록 신청이 가능하다.
③ 총톤수 60톤인 기선의 소유자 C는 선박을 매수한 날부터 60일 이내에 해양수산부장관에게 선박의 등록을 신청해야 한다.
④ 총톤수 80톤인 범선의 매수인 D가 선박의 소유권을 취득하기 위해서는 매도인과 양도합의를 하고 선박의 등록까지 마쳐야만 한다.
⑤ 총톤수 200톤인 부선의 소유자 E가 선적항을 관할하는 등기소에 선박의 등기를 신청하면, 등기소는 E에게 선박국적증서를 발급해야 한다.

04 다음 글을 근거로 판단할 때, [보기]에서 옳은 것을 모두 고르면?

1
2
3

제○○조(법 적용의 기준) ① 새로운 법령 등은 법령 등에 특별한 규정이 있는 경우를 제외하고는 그 법령 등의 효력 발생 전에 완성되거나 종결된 사실관계 또는 법률관계에 대해서는 적용되지 아니한다.

② 당사자의 신청에 따른 처분은 법령 등에 특별한 규정이 있거나 처분 당시의 법령 등을 적용하기 곤란한 특별한 사정이 있는 경우를 제외하고는 처분 당시의 법령 등에 따른다.

제○○조(처분의 효력) 처분은 권한이 있는 기관이 취소 또는 철회하거나 기간의 경과 등으로 소멸되기 전까지는 유효한 것으로 통용된다. 다만, 무효인 처분은 처음부터 그 효력이 발생하지 아니한다.

제○○조(위법 또는 부당한 처분의 취소) ① 행정청은 위법 또는 부당한 처분의 전부나 일부를 소급하여 취소할 수 있다. 다만, 당사자의 신뢰를 보호할 가치가 있는 등 정당한 사유가 있는 경우에는 장래를 향하여 취소할 수 있다.

② 행정청은 제1항에 따라 당사자에게 권리나 이익을 부여하는 처분을 취소하려는 경우에는 취소로 인하여 당사자가 입게 될 불이익을 취소로 달성되는 공익과 비교·형량(衡量)하여야 한다. 다만, 다음 각 호의 어느 하나에 해당하는 경우에는 그러하지 아니하다.

1. 거짓이나 그 밖의 부정한 방법으로 처분을 받은 경우
2. 당사자가 처분의 위법성을 알고 있었거나 중대한 과실로 알지 못한 경우

| 보기 |

㉠ 처분 당시의 법령 등을 적용하기 어려운 특별한 사정이 있는 경우라도 당사자의 신청에 따른 처분은 처분 당시의 법령 등에 따른다.

㉡ 행정청은 위법한 처분의 일부를 소급하여 취소할 수 있다.

㉢ 새로운 법령 등은 법령 등에 특별한 규정이 있는 경우를 제외하고는 그 법령 등의 효력 발생 전에 종결된 법률관계에 대해서는 적용되지 않는다.

㉣ 당사자가 처분의 위법성을 중대한 과실로 알지 못했다면 처분을 취소하려는 경우에 취소로 인하여 당사자가 입게 될 불이익을 취소로 달성되는 공익과 비교하여 형량해야 한다.

① ㉠, ㉡　② ㉠, ㉣　③ ㉡, ㉢
④ ㉡, ㉣　⑤ ㉢, ㉣

05 다음 글과 [상황]을 근거로 판단할 때, [보기]에서 옳은 것을 모두 고르면?

1 2 3

제○○조(입주민대표회의 구성) ① 입주민대표회는 공동주택의 각 동별로 선출된 입주민대표자(이하 '동대표자'라 한다)들로 구성된다.

② 동대표자는 동대표자 선출공고에서 정한 각종 서류 제출 마감일(이하 '서류 제출 마감일'이라 한다)을 기준으로 해당 동에 주민등록을 마친 후 계속하여 6개월 이상 거주하고 있는 입주민 중에서 선출한다.

③ 서류 제출 마감일을 기준으로 다음 각 호의 어느 하나에 해당하는 사람은 동대표자가 될 수 없고, 이에 해당하면 그 자격을 상실한다.

1. 미성년자, 피성년후견인 또는 피한정후견인
2. 파산자
3. 금고형 또는 징역형의 실형 선고가 확정되고 그 집행이 끝나거나 집행이 면제된 날부터 2년이 지나지 아니한 사람
4. 금고형 또는 징역형의 집행유예 선고가 확정되고 그 유예기간 중에 있는 사람

④ 동대표자가 임기 중에 제2항에 따른 자격요건을 충족하지 않게 된 경우나 제3항 각 호에 따른 결격사유에 해당하게 된 경우에는 당연히 퇴임한다.

[상황]

K공동주택은 A, B, C동으로 구성되어 있고, 甲은 A동, 乙은 B동, 丙은 C동의 입주민이다.

보기

㉠ K공동주택의 입주민대표회는 A, B, C동의 동별 구분 없이 선출된 입주민대표자들로 구성된다.

㉡ 서류 제출 마감일이 2024. 2. 9.인 A동대표자의 선출에서, A동에 2023. 8. 1. 주민등록을 마쳤고 계속 거주하여 온 甲은 A동대표자로 선출될 자격이 있다.

㉢ 임기가 2024. 12. 31.까지인 C동대표자 丙에 대하여 2024. 7. 1.에 징역 6개월 집행유예 1년의 선고가 확정된다면, 丙은 C동대표자의 직에서 당연히 퇴임한다.

㉣ 선출일이 2024. 4. 30.인 B동대표자 선출의 서류 제출 마감일이 2024. 4. 16.이면, 2024. 4. 20.에 성년이 되는 乙은 B동대표자가 될 수 있다.

① ㉠, ㉡　② ㉠, ㉢　③ ㉡, ㉢
④ ㉡, ㉣　⑤ ㉢, ㉣

06 다음 글과 [상황]을 근거로 판단할 때, 옳지 않은 것을 고르면?

제○○조 ① 주택 등에서 월령 2개월 이상인 개를 기르는 경우, 그 소유자는 시장·군수·구청장에게 이를 등록하여야 한다.

② 소유자는 제1항의 개를 기르는 곳에서 벗어나게 하는 경우에는 소유자의 성명, 소유자의 전화번호, 등록번호를 표시한 인식표를 그 개에게 부착하여야 한다.

제□□조 ① 맹견의 소유자는 다음 각 호의 사항을 준수하여야 한다.

1. 소유자 없이 맹견을 기르는 곳에서 벗어나지 아니하게 할 것
2. 월령이 3개월 이상인 맹견을 동반하고 외출할 때에는 목줄과 입마개를 하거나 맹견의 탈출을 방지할 수 있는 적정한 이동 장치를 할 것

② 시장·군수·구청장은 맹견이 사람에게 신체적 피해를 주는 경우, 소유자의 동의 없이 맹견에 대하여 격리 조치 등 필요한 조치를 취할 수 있다.

③ 맹견의 소유자는 맹견의 안전한 사육 및 관리에 관하여 정기적으로 교육을 받아야 한다.

제△△조 ① 제□□조 제1항을 위반하여 사람을 사망에 이르게 한 자는 3년 이하의 징역 또는 3천만 원 이하의 벌금에 처한다.

② 제□□조 제1항을 위반하여 사람의 신체를 상해에 이르게 한 자는 2년 이하의 징역 또는 2천만 원 이하의 벌금에 처한다.

[상황]

A와 B는 맹견을 각자 자신의 주택에서 기르고 있다. A는 월령 1개월인 맹견 P의 소유자이고, B는 월령 3개월인 맹견 Q의 소유자이다.

① A가 P와 함께 외출할 때는 목줄과 입마개를 꼭 해야 할 필요는 없다.
② A가 P를 기르기 위해서는 적어도 1개월 이후에는 시장·군수·구청장에게 등록해야 한다.
③ B가 Q를 기르기 위해서는 항상 자신의 성명, 전화번호, 등록번호를 표시한 인식표를 부착해 놓아야 한다.
④ A와 B는 P와 Q를 기르기 위해 맹견의 안전한 사육 및 관리에 관하여 정기적으로 교육을 받아야 한다.
⑤ P가 A 없이 공원을 돌아다니다가 사람에게 상해를 입혔다면 A는 2년 이하의 징역 또는 2천만 원 이하의 벌금에 처한다.

Ⅲ 문제해결능력

하

07 **다음 글을 근거로 판단할 때, [보기]의 빈칸 ㉠~㉢에 들어갈 내용을 바르게 나열한 것을 고르면?**

1 2 3

1957년 제정 저작권법은 저작물의 저작재산권을 저작자가 생존하는 동안과 사망한 후 30년간 존속하는 것으로 규정하고 있었다.

이후 1987년 개정 저작권법은 저작재산권을 저작자가 생존하는 동안과 사망 후 50년간 존속하도록 개정하여 저작재산권의 보호기간(이하 '보호기간'이라 한다)을 연장하였다. 다만 1987년 저작권법이 시행된 1987. 7. 1. 이전에 1957년 저작권법에 따른 보호기간이 이미 경과한 저작물은 더 이상 보호하지 않는 것으로 규정하였다.

또한 2011년 개정 저작권법은 보호기간을 저작자 생존 기간 동안과 사망 후 70년간으로 개정하였으며, 다만 2011년 저작권법이 시행된 2013. 7. 1. 이전에 1987년 저작권법에 따른 보호기간이 이미 경과한 저작물은 더 이상 보호하지 않는 것으로 규정하였다.

한편 보호기간을 산정할 때는 저작자가 사망한 다음 해의 1월 1일을 기산일(起算日)로 한다. 예컨대 '저작물 X'를 창작한 저작자 갑이 1957. 4. 1.에 사망하였다면 저작물 X의 보호기간은 1958. 1. 1.부터 기산하여 1987년 저작권법에 의해 2007. 12. 31.까지 연장되지만, 2011년 저작권법에 따르면 보호기간이 이미 만료된 상태이다.

보기

'저작물 Y'를 창작한 저작자 을은 1961. 1. 1.에 사망하였다. 저작물 Y의 보호기간은 1957년 제정 저작권법에 따르면 (㉠)이고, 1987년 개정 저작권법에 따르면 (㉡)이며, 2011년 개정 저작권법에 따르면 (㉢)이다.

	㉠	㉡	㉢
①	1990. 1. 1.까지	2010. 1. 1.까지	이미 만료된 상태
②	1990. 12. 31.까지	2010. 12. 31.까지	이미 만료된 상태
③	1990. 12. 31.까지	2010. 12. 31.까지	2030. 12. 31.까지
④	1991. 12. 31.까지	2011. 12. 31.까지	이미 만료된 상태
⑤	1991. 12. 31.까지	2011. 12. 31.까지	2031. 12. 31.까지

 다음 글을 근거로 판단할 때, 옳은 것을 고르면?

1 2 3

제○○조 ① 각 중앙관서의 장은 그 소관 물품관리에 관한 사무를 소속 공무원에게 위임할 수 있고, 필요하면 다른 중앙관서의 소속 공무원에게 위임할 수 있다.

② 제1항에 따라 각 중앙관서의 장으로부터 물품관리에 관한 사무를 위임받은 공무원을 물품관리관이라 한다.

제○○조 ① 물품관리관은 물품수급 관리 계획에 정하여진 물품에 대하여는 그 계획의 범위에서, 그 밖의 물품에 대하여는 필요할 때마다 계약담당 공무원에게 물품의 취득에 관한 필요한 조치를 할 것을 청구하여야 한다.

② 계약담당 공무원은 제1항에 따른 청구가 있으면 예산의 범위에서 해당 물품을 취득하기 위한 필요한 조치를 하여야 한다.

제○○조 물품은 국가의 시설에 보관하여야 한다. 다만, 물품관리관이 국가의 시설에 보관하는 것이 물품의 사용이나 처분에 부적당하다고 인정하거나 그 밖에 특별한 사유가 있으면 국가 외의 자의 시설에 보관할 수 있다.

제○○조 ① 물품관리관은 물품을 출납하게 하려면 물품출납 공무원에게 출납하여야 할 물품의 분류를 명백히 하여 그 출납을 명하여야 한다.

② 물품출납 공무원은 제1항에 따른 명령이 없으면 물품을 출납할 수 없다.

제○○조 ① 물품출납 공무원은 보관 중인 물품 중 사용할 수 없거나 수선 또는 개조가 필요한 물품이 있다고 인정하면, 그 사실을 물품관리관에게 보고하여야 한다.

② 물품관리관은 제1항에 따른 보고에 의하여 수선이나 개조가 필요한 물품이 있다고 인정하면, 계약담당 공무원이나 그 밖의 관계 공무원에게 그 수선이나 개조를 위한 필요한 조치를 할 것을 청구하여야 한다.

① 물품출납 공무원은 특별한 사유가 있는 경우, 물품관리관의 명령이 없어도 물품을 출납할 수 있다.

② 물품관리관은 계약담당 공무원의 청구가 있으면 예산의 범위에서 해당 물품을 취득하기 위한 필요한 조치를 하여야 한다.

③ 물품관리관은 모든 물품에 대하여 필요할 때마다 계약담당 공무원에게 물품의 취득에 관한 필요한 조치를 할 것을 청구하여야 한다.

④ 물품관리관이 수선이나 개조가 필요한 물품이 있다고 인정하면, 계약담당 공무원 등에게 그 수선이나 개조를 위한 필요한 조치를 할 것을 청구하여야 한다.

⑤ 물품은 국가 외의 자의 시설에 보관하여야 하나 물품관리관이 국가의 시설에 보관하는 것이 물품의 사용이나 처분에 부적당하다고 인정한 경우, 국가의 시설에 보관할 수 있다.

[09~10] 다음 자료를 보고 질문에 답하시오.

향수를 만드는 데 사용되는 향료는 천연향료와 합성향료로 나눌 수 있다. 천연향료에는 꽃, 잎, 열매 등의 원료에서 추출한 식물성 향료와 사향, 용연향 등의 동물성 향료가 있다. 합성향료는 채취하기 어렵거나 소량 생산되는 천연향료의 성분을 화학적으로 합성한 것이다. 오늘날 향수의 대부분은 천연향료와 합성향료를 배합하여 만들어진다.

천연향료는 다양한 방법을 통해 얻을 수 있는데, 다음 3가지 방법이 대표적이다. 첫째, 가장 널리 쓰이는 방법은 수증기 증류법이다. 이는 향수 원료에 수증기를 통과시켜서 농축된 향의 원액인 향유를 추출하는 방법이다. 이 방법은 원료를 고온으로 처리하기 때문에 열에 약한 성분이 파괴된다는 단점이 있으나, 한꺼번에 많은 양을 값싸게 얻을 수 있다는 장점이 있다. 둘째, 압착법은 과일 껍질 등과 같은 원료를 압착해서 향유를 얻는 방법이다. 열에 비교적 강하며 물에 잘 녹지 않는 향료에는 수증기 증류법이 이용되지만, 감귤류처럼 열에 약한 것에는 압착법이 이용된다. 셋째, 흡수법은 지방과 같은 비휘발성 용매를 사용하여 향유를 추출하는 방법이다. 원료가 고가이고 향유의 함유량이 적으며 열에 약하고 물에 잘 녹는 경우에는 흡수법이 이용된다.

한편, A국에서 판매되는 향수는 EDC, EDT, EDP, Parfum으로 나뉜다. 이는 부향률, 즉 향료의 함유량 정도에 따른 구분이다. 향수는 부향률이 높을수록 향이 강하고 지속시간이 길다. 먼저 EDC(Eau De Cologne)는 부향률이 2~5%로 지속시간이 1~2시간이다. 향의 지속시간이 가장 짧고 잔향이 거의 없으며, 향이 가볍고 산뜻하다. EDT(Eau De Toilette)는 부향률이 5~15%로 3~5시간 지속되며 일반적으로 가장 많이 사용된다. EDP(Eau De Parfum)는 부향률이 15~20%로 5~8시간 지속된다. 풍부한 향을 가지고 있으며, 오랜 시간 향이 유지되는 것을 선호하는 사람들에게 알맞다. Parfum은 부향률이 20~30%로 8~10시간 지속되며, 가장 향이 강하고 오래간다.

09 

주어진 자료에 대한 설명으로 옳지 않은 것을 고르면?

① 사향과 용연향은 천연향료이다.
② 향이 가장 강한 향수는 Parfum이다.
③ 압착법과 흡수법은 열에 약한 향료에 주로 이용된다.
④ 수증기 증류법은 열에 약한 성분이 파괴된다는 단점이 있다.
⑤ 향료의 향이 강한 정도를 부향률이라고 하며, 부향률이 높으면 그 향이 오래 지속된다.

10 주어진 자료와 [보기]의 대화를 근거로 판단할 때, 향수의 향이 사라지는 시각이 빠른 사람부터 순서대로 나열한 것을 고르면?

| 보기 |

甲: 나는 부향률로 구분한 향수의 4가지 종류 중 향이 가장 약한 향수를 오늘 오후 1시에 뿌렸어.
乙: 난 甲보다 5시간 전에 향수를 뿌렸는데, 내가 뿌린 향수의 부향률은 12%야.
丙: 난 EDP라고 적혀 있는 향수를 오전 11시 30분에 뿌렸어.

① 甲 – 乙 – 丙　② 甲 – 丙 – 乙　③ 乙 – 甲 – 丙
④ 乙 – 丙 – 甲　⑤ 丙 – 甲 – 乙

정답과 해설 P. 152~155

☑ 2021 5급 공채 PSAT 기출변형

01 다음 글과 [상황]을 근거로 판단할 때, 옳은 것을 고르면?

1 2 3

질병의 확산을 예측하는 데 유용한 수치 중 하나로 '기초감염재생산지수(R_0)'가 있다. 간단히 말해 이 수치는 질병에 대한 예방 조치가 없을 때, 해당 질병에 감염된 사람 한 명이 비감염자 몇 명을 감염시킬 수 있는지를 나타낸다. 다만 이 수치는 질병의 전파 속도를 의미하지는 않는다. 예를 들어 R_0가 4라고 하면 예방 조치가 없을 때, 한 사람의 감염자가 질병에서 회복하거나 질병으로 사망하기 전까지 그 질병을 평균적으로 4명의 비감염자에게 옮긴다는 뜻이다. 한편 또 하나의 질병 통계치인 치사율은 어떤 질병에 걸린 환자 중 그 질병으로 사망하는 환자의 비율을 나타내는 것으로 R_0의 크기와 반드시 비례하지는 않는다.

예방 조치가 없을 때, R_0가 1보다 큰 질병은 전체 개체군으로 확산될 것이다. 이 수치는 때로 1보다 훨씬 클 수 있다. 스페인 독감은 3, 천연두는 6, 홍역은 무려 15였다. 전염성이 강한 질병 중 하나로 꼽히는 말라리아의 R_0는 100이 넘는다.

문제는 특정 전염병이 한 차례 어느 지역을 휩쓸고 지나간 후 관련 통계 자료를 수집·분석할 수 있는 시간이 더 흐르고 난 뒤에야, 그 질병의 R_0에 대해 믿을 만한 추정치가 나온다는 데 있다. 그렇기에 새로운 질병이 발생한 초기에는 얼마 되지 않는 자료를 바탕으로 추정을 할 수밖에 없다. R_0와 마찬가지로 치사율도 확산 초기 단계에서는 정확하게 알 수 없다.

[상황]

다음은 갑국의 최근 20년간의 데이터를 토대로 A~F질병의 R_0를 추정한 자료이다.

질병	A	B	C	D	E	F
R_0	100	15	6	3	2	0.5

① 예방 조치가 없다면, E질병의 감염자 수는 2의 제곱수 형태로 증가할 것이다.

② R_0와 치사율은 반비례하므로 예방 조치가 없을 때, 치사율은 A가 가장 낮을 것이다.

③ 예방 조치가 없다면, 같은 시간이 지났을 때, B질병의 감염자 수는 D질병 감염자 수의 5배일 것이다.

④ 새로운 전염병 G가 창궐하였을 때, R_0는 예방 조치가 시행되기 전, 초기 자료로 추정하는 것이 가장 정확하다.

⑤ 현재 F질병에 감염된 사람이 전 국민의 10%라고 할 때, 예방 조치가 없다면, F질병은 모든 국민이 감염되기 전, 감염자가 모두 F질병에서 회복하거나 사망할 것이다.

02 다음 글을 근거로 판단할 때, 입찰공고 기간을 준수한 것을 고르면?

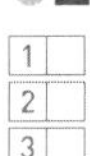

제○○조 ① 입찰공고(이하 '공고'라 한다)는 입찰서 제출마감일의 전일부터 기산(起算)하여 7일 전에 이를 행하여야 한다.

② 공사를 입찰하는 경우로서 현장설명을 실시하는 경우에는 현장설명일의 전일부터 기산하여 7일 전에 공고하여야 한다. 다만 입찰참가자격을 사전에 심사하려는 공사에 관한 입찰의 경우에는 현장설명일의 전일부터 기산하여 30일 전에 공고하여야 한다.

③ 공사를 입찰하는 경우로서 현장설명을 실시하지 아니하는 경우에는 입찰서 제출마감일의 전일부터 기산하여 다음 각 호에서 정한 기간 전에 공고하여야 한다.

1. 입찰가격이 10억 원 미만인 경우: 7일
2. 입찰가격이 10억 원 이상 50억 원 미만인 경우: 15일
3. 입찰가격이 50억 원 이상인 경우: 40일

④ 제1항부터 제3항까지의 규정에도 불구하고 다음 각 호의 어느 하나에 해당하는 경우에는 입찰서 제출마감일의 전일부터 기산하여 5일 전까지 공고할 수 있다.

1. 재공고입찰의 경우
2. 다른 국가사업과 연계되어 일정조정이 불가피한 경우
3. 긴급한 행사 또는 긴급한 재해예방·복구 등을 위하여 필요한 경우

⑤ 협상에 의해 계약을 체결하는 경우에는 제1항 및 제4항에도 불구하고 제안서 제출마감일의 전일부터 기산하여 40일 전에 공고하여야 한다. 다만, 다음 각 호의 어느 하나에 해당하는 경우에는 제안서 제출마감일의 전일부터 기산하여 10일 전까지 공고할 수 있다.

1. 제4항 각 호의 어느 하나에 해당하는 경우
2. 입찰가격이 고시금액 미만인 경우

① A부서는 현장설명을 실시하는 화장실 건설공사를 입찰하고자 제출마감일을 2021. 4. 1.로 정하고 2021. 3. 23.에 공고를 하였다.

② B부서는 현장설명 없이 30억 원에 사무실 건설공사를 입찰하고자 제출마감일을 2021. 4. 1.로 정하고 2021. 3. 18.에 공고를 하였다.

③ C부서는 산불 진압을 위한 긴급한 재해예방 목적으로 협상에 의해 헬기도입에 관한 계약을 체결하기 위해 제출마감일을 2021. 4. 1.로 정하고 2021. 3. 15.에 공고를 하였다.

④ D부서는 입찰참가자격을 사전에 심사하고 현장설명을 실시하는 신청사 건설공사 입찰가격을 30억 원에 진행하고자 현장설명일을 2021. 4. 1.로 정하고 2021. 3. 15.에 공고를 하였다.

⑤ E부서는 현장설명 없이 5억 원에 주차장 공사를 입찰하고자 2021. 4. 1.을 제출마감일로 하여 공고하였으나, 입찰자가 1개 회사밖에 없어 제출마감일을 2021. 4. 9.로 다시 정하고 2021. 4. 5.에 재공고하였다.

03 다음 글을 근거로 판단할 때, 옳지 않은 것을 고르면?

1 2 3

제○○조(정의) 이 법에서 사용하는 용어의 뜻은 다음과 같다.

1. "한부모가족"이란 모자가족 또는 부자가족을 말한다.
2. "모(母)" 또는 "부(父)"란 다음 각 목의 어느 하나에 해당하는 자로서 아동인 자녀를 양육하는 자를 말한다.
   가. 배우자와 사별 또는 이혼하거나 배우자로부터 유기된 자
   나. 정신이나 신체의 장애로 장기간 노동능력을 상실한 배우자를 가진 자
   다. 교정시설 · 치료감호시설에 입소한 배우자 또는 병역복무 중인 배우자를 가진 자
   라. 미혼자
3. "아동"이란 18세 미만(취학 중인 경우에는 22세 미만을 말하되, 병역의무를 이행하고 취학 중인 경우에는 병역의무를 이행한 기간을 가산한 연령 미만을 말한다)의 자를 말한다.

제□□조(지원대상자의 범위) ① 이 법에 따른 지원대상자는 제○○조 제1호부터 제3호까지의 규정에 해당하는 자로 한다.

② 제1항에도 불구하고 부모가 사망하거나 그 생사가 분명하지 아니한 아동을 양육하는 조부 또는 조모는 이 법에 따른 지원대상자가 된다.

제△△조(복지 급여 등) ① 국가나 지방자치단체는 지원대상자의 복지 급여 신청이 있으면 다음 각 호의 복지 급여를 실시하여야 한다.

1. 생계비
2. 아동교육지원비
3. 아동양육비

② 이 법에 따른 지원대상자가 다른 법령에 따라 지원을 받고 있는 경우에는 그 범위에서 이 법에 따른 급여를 실시하지 아니한다. 다만, 제1항 제3호의 아동양육비는 지급할 수 있다.

③ 제1항 제3호의 아동양육비를 지급할 때에 다음 각 호의 어느 하나에 해당하는 경우에는 예산의 범위에서 추가적인 복지 급여를 실시하여야 한다.

1. 미혼모나 미혼부가 5세 이하의 아동을 양육하는 경우
2. 34세 이하의 모 또는 부가 아동을 양육하는 경우

① 배우자와 이혼한 자가 12세 자녀를 양육하고 있고, 다른 법령에 따라 지원을 받고 있지 않다면 생계비를 지원받을 수 있다.

② 지원대상자가 다른 법령에 따른 지원을 받고 있더라도 아동양육비는 중복으로 지원받을 수 있다.

③ 병역의무를 12개월간 이행한 24세의 대학생 자녀를 양육하는 미혼자는 지원대상자가 될 수 없다.

④ 정신의 장애로 장기간 노동능력을 상실한 배우자를 가진 자가 자녀가 없다면 지원대상자가 아니다.

⑤ 배우자가 치료감호시설에 입소한 35세인 모(母)가 5세 이하의 아동을 양육한다면 추가적인 복지 급여를 받을 수 있다.

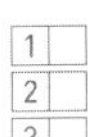 다음 글과 [상황]을 근거로 판단할 때, 옳은 것을 고르면?

1 2 3

제○○조 ① 문화재청장은 학술조사 또는 공공목적 등에 필요한 경우, 다음 각 호의 지역을 발굴할 수 있다.

1. 고도(古都) 지역
2. 수중문화재 분포 지역
3. 폐사지(廢寺址) 등 역사적 가치가 높은 지역

② 문화재청장은 제1항에 따라 발굴할 경우, 발굴의 목적, 방법, 착수 시기 및 소요 기간 등의 내용을 발굴 착수일 2주일 전까지 해당 지역의 소유자, 관리자 또는 점유자(이하 '소유자 등'이라 한다)에게 미리 알려 주어야 한다.

③ 제2항에 따른 통보를 받은 소유자 등은 그 발굴에 대하여 문화재청장에게 의견을 제출할 수 있으며, 발굴을 거부하거나 방해 또는 기피하여서는 아니 된다.

④ 문화재청장은 제1항의 발굴이 완료된 경우에는 완료된 날부터 30일 이내에 출토유물 현황 등 발굴의 결과를 소유자 등에게 알려 주어야 한다.

⑤ 국가는 제1항에 따른 발굴로 손실을 받은 자에게 그 손실을 보상하여야 한다.

⑥ 제5항에 따른 손실 보상에 관하여는 문화재청장과 손실을 받은 자가 협의하여야 하며, 보상금에 대한 합의가 성립하지 않은 때에는 관할 토지수용위원회에 재결(裁決)을 신청할 수 있다.

⑦ 문화재청장은 제1항에 따른 발굴 현장에 발굴의 목적, 조사 기관, 소요 기간 등의 내용을 알리는 안내판을 설치하여야 한다.

[상황]

문화재청장 갑은 고도(古都)에 해당하는 A지역에 대한 학술조사를 위해 2021년 3월 15일부터 A지역의 발굴에 착수하고자 한다. 을은 자기 소유의 A지역을 병에게 임대하여 현재 임차인 병이 이를 점유·사용하고 있다.

① A지역이 역사적 가치가 높지 않다면 갑은 A지역을 발굴할 수 없다.
② A지역의 발굴에 대한 통보를 받은 병은 갑에게 그 발굴에 대한 거부 의견을 제출할 수 있다.
③ 갑은 발굴의 목적, 방법, 착수 시기 및 소요 기간을 2021년 3월 1일까지 병에게만 알려도 된다.
④ 갑은 발굴이 완료된 경우, 완료된 날부터 30일 이내에 발굴의 결과를 알리는 안내판을 설치하여야 한다.
⑤ A지역과 인접한 토지 소유자인 정이 A지역의 발굴로 인해 손실을 받은 경우, 정은 보상금에 대해 을과 협의하여야 한다.

05 다음 글과 [보기]를 근거로 판단할 때, 옳지 않은 것을 고르면?

1
2
3

제○○조 ① 재외공관에 근무하는 공무원(이하 '재외공무원'이라 한다)이 공무로 일시귀국하고자 하는 경우에는 장관의 허가를 받아야 한다.

② 공관장이 아닌 재외공무원이 공무 외의 목적으로 일시귀국하려는 경우에는 공관장의 허가를, 공관장이 공무 외의 목적으로 일시귀국하려는 경우에는 장관의 허가를 받아야 한다. 다만 재외공무원 또는 그 배우자의 직계존·비속이 사망하거나 위독한 경우에는 공관장이 아닌 재외공무원은 공관장에게, 공관장은 장관에게 각각 신고하고 일시귀국할 수 있다.

③ 재외공무원이 공무 외의 목적으로 일시귀국할 수 있는 기간은 연 1회 20일 이내로 한다. 다만 다음 각 호의 어느 하나에 해당하는 경우에는 이를 일시귀국의 횟수 및 기간에 산입하지 아니한다.

1. 재외공무원의 직계존·비속이 사망하거나 위독하여 일시귀국하는 경우
2. 재외공무원 또는 그 동반가족의 치료를 위하여 일시귀국하는 경우

④ 제2항에도 불구하고 다음 각 호의 어느 하나에 해당하는 경우에는 장관의 허가를 받아야 한다.

1. 재외공무원이 연 1회 또는 20일을 초과하여 공무 외의 목적으로 일시귀국하려는 경우
2. 재외공무원이 일시귀국 후 국내 체류기간을 연장하는 경우

보기

A국 소재 대사관에는 공관장 갑을 포함하여 총 3명의 재외공무원(갑~병)이 근무하고 있다. 다음은 올해 1월부터 7월 현재까지 갑~병의 일시귀국 현황이다.

- 갑: 공무상 회의 참석을 위해 총 2회(총 25일)
- 을: 동반자녀의 관절 치료를 위해 총 1회(치료가 더 필요하여 국내 체류기간 1회 연장, 총 17일)
- 병: 직계존속의 회갑으로 총 1회(총 3일)

① 갑은 일시귀국 시 장관에게 허가를 받았을 것이다.

② 병이 자신의 혼인으로 인해 올해 추가로 일시귀국하기 위해서는 장관의 허가를 받아야 한다.

③ 갑은 배우자의 직계존속이 위독하여 올해 추가로 일시귀국하기 위해서는 장관의 허가를 받아야 한다.

④ 을이 직계존속의 회갑으로 인해 올해 3일간 추가로 일시귀국하기 위해서는 공관장의 허가를 받아야 한다.

⑤ 을이 공관장의 허가를 받아 일시귀국하였더라도 국내 체류기간을 연장하였을 때에는 장관의 허가를 받았을 것이다.

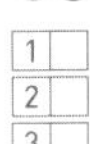

06 다음 글과 [상황]을 근거로 판단할 때, 옳은 것을 고르면?

제○○조 ① 다음 각 호의 어느 하나에 해당하는 사람은 주민등록지의 시장(특별시장, 광역시장은 제외하고 특별자치도지사는 포함한다. 이하 같다)·군수 또는 구청장에게 주민등록번호(이하 '번호'라 한다)의 변경을 신청할 수 있다.

1. 유출된 번호로 인하여 생명·신체에 위해를 입거나 입을 우려가 있다고 인정되는 사람
2. 유출된 번호로 인하여 재산에 피해를 입거나 입을 우려가 있다고 인정되는 사람
3. 성폭력 피해자, 성매매 피해자, 가정폭력 피해자로서 유출된 번호로 인하여 피해를 입거나 입을 우려가 있다고 인정되는 사람

② 제1항의 신청 또는 제5항의 이의 신청을 받은 주민등록지의 시장·군수·구청장(이하 '시장 등'이라 한다)은 △△부의 주민등록번호 변경위원회(이하 '변경위원회'라 한다)에 번호 변경 여부에 관한 결정을 청구해야 한다.

③ 주민등록지의 시장 등은 변경위원회로부터 번호 변경 인용 결정을 통보받은 경우에는 신청인의 번호를 다음 각 호의 기준에 따라 지체 없이 변경하고, 이를 신청인에게 통지해야 한다.

1. 번호의 앞 6자리(생년월일) 및 뒤 7자리 중 첫째 자리는 변경할 수 없음
2. 제1호 이외의 나머지 6자리는 임의의 숫자로 변경함

④ 제3항의 번호 변경 통지를 받은 신청인은 주민등록증, 운전면허증, 여권, 장애인등록증 등에 기재된 번호의 변경을 위해서는 그 번호의 변경을 신청해야 한다.

⑤ 주민등록지의 시장 등은 변경위원회로부터 번호 변경 기각 결정을 통보받은 경우에는 그 사실을 신청인에게 통지해야 하며, 신청인은 통지를 받은 날부터 30일 이내에 그 시장 등에게 이의 신청을 할 수 있다.

[상황]

갑은 주민등록번호 유출로 인해 재산상 피해를 입게 되자 주민등록번호 변경 신청을 하였다. 갑의 주민등록지는 A광역시 B구이고, 주민등록번호는 980101－23456□□이다.

① 갑이 주민등록번호를 변경하기 위해서는 A광역시장에게 주민등록번호의 변경을 신청해야 한다.

② 주민등록번호 변경위원회의 번호 변경 통지를 받은 신청인 갑은 B구청장에게 신분증에 기재된 번호의 변경을 통지해야 한다.

③ B구청장은 주민등록번호 변경위원회로부터 번호 변경 기각 결정을 통보받은 경우에만 그 사실을 신청인에게 통지해야 한다.

④ 주민등록번호 변경위원회의 번호 변경 인용 결정이 있더라도, 갑의 주민등록번호는 981010－25678□□으로 변경될 수 없다.

⑤ 주민등록번호 변경위원회의 번호 변경 인용 결정을 통보받은 경우에는 A광역시장은 신청인의 주민등록번호를 지체 없이 변경해야 한다.

[07~08] 다음 자료를 보고 질문에 답하시오.

석유사업의 시작은 1859년으로 거슬러 올라간다. 甲국 ○○계곡에서 석유시추 현장책임자인 A가 오랜 노력 끝에 석유시추에 성공하였고, 그날부터 A는 매일 30배럴씩 석유를 퍼 올렸다.

A의 성공을 계기로 석유에 대한 관심이 급증했다. 석유시추에 성공한 이후 1860년 말에는 70여 개의 유정이 석유를 뿜어냈고 정제시설도 15개나 들어섰다. ○○계곡의 연간 산유량은 1859년의 2천 배럴에서 10년 만에 250배가 되었다. 그러나 생산량이 늘어나면서 가격은 하락하였다. 급기야 석유가격은 A가 최초로 시추한 날의 평균가격에서 96%나 떨어져 배럴당 1.2달러에 판매되기도 하였다. 이러한 생산과잉을 해결하기 위해 수출이 시작되었다. 1880년에는 甲국의 수출량이 국내 소비량의 150%가 되었으며, 甲국에서 그해 생산된 석유의 총 가액은 3,500만 달러였다.

석유사업 확대는 연구 및 수요 증가와 밀접한 관련이 있다. 원유에서는 액화석유가스(LPG), 휘발유(가솔린), 등유, 경유(디젤), 중유 등을 생산할 수 있다. 하지만 1859년에는 등유만을 생산하였고, 부산물은 용도가 없어 내다 버렸다. 그런데 등화용으로 사용되던 등유 소비가 한계에 달하면서 새로운 시장을 개척하기 위해 부산물의 용도를 연구하기 시작하였다. 그 결과 휘발유가 석탄을 대신해서 증기기관의 동력으로 사용될 수 있음을 알게 되었다. 1886년 휘발유 자동차가 생산되면서 휘발유의 가치는 치솟았다. 1908년 자동차의 대량생산을 계기로 휘발유 사용이 극적으로 증가하였고, 1911년에는 휘발유 소비가 처음으로 등유를 앞질렀다.

1893년에는 디젤엔진의 특허가 등록되었고, 1910년경 동력 장치로 발명된 디젤엔진이 선박에 처음으로 사용되었다. 경유(디젤)가 자동차 연료로 처음 사용된 것은 1927년에 소형 연료 분사장치가 발명되면서부터이다. 한편 1912년에는 원유에서 끓는점에 따라 휘발유, 등유, 경유, 중유를 차례로 생산하는 최초의 현대식 정유공장이 세워졌으며, 액화석유가스 생산 기술이 처음으로 개발되었다.

중

07 주어진 자료에 대한 [보기]의 설명 중 옳은 것을 모두 고르면?

1 2 3

| 보기 |

㉠ 1909년에는 등유보다 휘발유의 소비량이 더 적었을 것이다.
㉡ 1869년 ○○계곡의 월 평균 산유량은 50만 배럴이다.
㉢ 경유가 처음으로 사용된 시기는 1927년이다.
㉣ 1910년에는 액화석유가스를 생산할 수 없었다.

① ㉠, ㉢　② ㉠, ㉣　③ ㉡, ㉢
④ ㉡, ㉣　⑤ ㉠, ㉡, ㉣

상

08 주어진 자료를 근거로 1880년 甲국의 석유 수출량을 고르면?(단, 배럴당 가격은 1.2달러이며, 비축 및 수입된 석유는 없다고 가정한다.)

1 2 3

① 1,700만 배럴　② 1,750만 배럴　③ 1,800만 배럴
④ 1,850만 배럴　⑤ 1,900만 배럴

정답과 해설 P. 155~156

☑ 2021 5급 공채 PSAT 기출변형

01 다음 글을 근거로 판단할 때, 옳은 것을 고르면?

1 2 3

제○○조 이 법에서 사용하는 용어의 뜻은 다음과 같다.

1. '임종 과정에 있는 환자'란 담당 의사와 해당 분야의 전문의 1명으로부터 임종 과정에 있다는 의학적 판단을 받은 자를 말한다.
2. '연명의료계획서'란 말기 환자 등의 의사에 따라 담당 의사가 환자에 대한 연명의료 중단 결정 및 호스피스에 관한 사항을 계획하여 문서(전자문서를 포함한다)로 작성한 것을 말한다.
3. '사전연명의료의향서'란 19세 이상인 사람이 자신의 연명의료 중단 결정 및 호스피스에 관한 의사를 직접 문서(전자문서를 포함한다)로 작성한 것을 말한다.
4. '연명의료 중단 결정'이란 임종 과정에 있는 환자에 대한 연명의료를 시행하지 아니하거나 중단하기로 하는 결정을 말한다.

제○○조 ① 말기 환자 등은 담당 의사에게 연명의료계획서의 작성을 요청할 수 있다.

② 의료 기관의 장은 작성된 연명의료계획서를 등록·보관하여야 한다.

제○○조 ① 연명의료 중단 결정을 원하는 환자의 의사는 다음 각 호의 어느 하나의 방법으로 확인한다.

1. 의료 기관에서 작성된 연명의료계획서가 있는 경우, 이를 환자의 의사로 본다.
2. 담당 의사가 사전연명의료의향서의 내용을 환자에게 확인하는 경우, 이를 환자의 의사로 본다.

② 제1항에 해당하지 아니하여 환자의 의사를 확인할 수 없고 환자가 의사표현을 할 수 없는 의학적 상태인 경우, 다음 각 호의 어느 하나에 해당할 때에는 해당 환자를 위한 연명의료 중단 결정이 있는 것으로 본다. 다만, 담당 의사 또는 해당 분야 전문의 1명이 환자가 연명의료 중단 결정을 원하지 아니하였다는 사실을 확인한 경우는 제외한다.

1. 미성년자인 환자의 법정 대리인(친권자에 한정한다)이 연명의료 중단 결정의 의사표시를 하고 담당 의사와 해당 분야 전문의 1명이 확인한 경우
2. 환자 가족 중 다음 각 목에 해당하는 사람(19세 이상인 사람에 한정하며, 행방 불명자 등 대통령령으로 정하는 사유에 해당하는 사람은 제외한다) 전원의 합의로 연명의료 중단 결정의 의사표시를 하고 담당 의사와 해당 분야 전문의 1명이 확인한 경우
   가. 배우자
   나. 1촌 이내의 직계 존속·비속

① 담당 의사 및 해당 분야의 전문의 1명에게 임종 과정에 있다는 의학적 판단을 받지 않은 25세 환자는 사전연명의료의향서를 작성할 수 없다.

② 임종 과정에 있는 환자의 담당 의사 또는 해당 분야의 전문의는 해당 환자의 연명의료 중단 의사에 따라 연명의료계획서를 작성할 수 있다.

③ 미성년자인 임종 과정에 있는 환자의 경우, 해당 환자의 의사와 무관하게 법정 대리인의 연명의료 중단 결정이 있는 경우 해당 환자의 연명의료 중단 결정이 있는 것으로 본다.

④ 담당 의사가 사전연명의료의향서의 내용을 환자에게 확인하지 않았다 하더라도 의료 기관에서 작성된 연명의료계획서가 있다면, 환자가 연명의료 중단 결정을 원하는 것으로 본다.

⑤ 의사표현을 할 수 없는 상태인 임종 과정에 있는 45세 환자의 부모, 배우자, 자녀가 전원 합의하여 연명의료 중단 결정의 의사표시를 했다면, 담당 의사의 소견에 무관하게 해당 환자의 연명의료 중단 결정이 있는 것으로 본다.

02 다음 글과 [상황]을 근거로 판단할 때, [보기]에서 옳은 것을 모두 고르면?

퍼스널컬러(Personal Color)란 개인의 머리카락, 눈동자, 피부색 등을 종합하여 본인에게 가장 어울리는 색상을 말한다. 퍼스널컬러는 크게 웜(Warm)톤과 쿨(Cool)톤으로 나눠지는데, 웜톤은 따스하고 부드러운 느낌의 색인 반면에 쿨톤은 차갑고 시원한 느낌의 색이다. 웜톤은 봄 타입과 가을 타입으로, 쿨톤은 여름 타입과 겨울 타입으로 세분화된다.

퍼스널컬러는 각 타입의 색상 천을 얼굴에 대봄으로써 찾을 수 있다. 가장 잘 어울리는 타입의 천을 얼굴에 댔을 때, 얼굴 빛이 화사해지고 이목구비가 또렷해 보인다. 이를 '형광등이 켜졌다'고 표현한다.

[상황]

네 명(A~D)이 퍼스널컬러를 알아보러 갔다. 각 타입(봄, 여름, 가을, 겨울)마다 색상 천은 밝은 색과 어두운 색으로 총 8장이 있다. 하나의 색상 천을 네 명에게 동시에 대보고 형광등이 켜지는지 확인하였다. 얼굴에 대보는 색상 천의 순서는 다음과 같다.

1. 첫 번째에서 네 번째까지 밝은 색 천을 대보고 다섯 번째부터 여덟 번째까지 어두운 색 천을 대본다.
2. 웜톤 천과 쿨톤 천을 교대로 대보지만, 첫 번째로 대보는 천의 톤은 알 수 없다.

진단 결과, A, B, C, D는 서로 다른 타입의 퍼스널컬러를 진단받았으며, 본인 타입의 천을 대보았을 때는 밝은 색과 어두운 색의 천 모두에서 형광등이 켜졌고, 그 외의 천을 대보았을 때는 형광등이 켜지지 않았다.

다음은 진단 후 네 명이 나눈 대화이다.

- A: 나는 세 번째 천을 댔을 때 형광등이 켜졌고, 가을 또는 겨울 타입이 아니야.
- B: 나는 쿨톤이고, 여섯 번째 천을 댔을 때 형광등이 켜지지 않았어.
- C: 나는 D와 다른 톤이고, 나한테 형광등이 켜진 색상 천 순서에 해당하는 숫자를 합해보니까 10이야.
- D: 나는 어두운 색 천을 대보았을 때, C보다 늦게 형광등이 켜졌어.

| 보기 |

㉠ A는 봄 타입이다.
㉡ C는 A와 같은 톤이다.
㉢ B는 여름 타입의 천을 댔을 때, 형광등이 켜졌다.
㉣ 형광등이 켜진 색상 천 순서에 해당하는 숫자의 합은 B가 D보다 크다.

① ㉠, ㉢　　② ㉠, ㉣　　③ ㉡, ㉣
④ ㉠, ㉡, ㉣　　⑤ ㉡, ㉢, ㉣

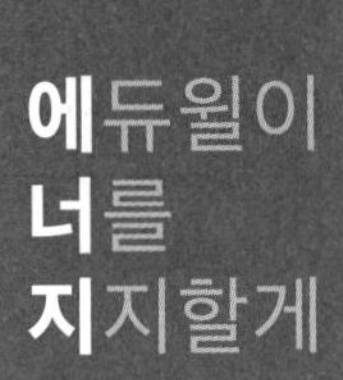

당신이 상상할 수 있다면 그것을 이룰 수 있고,
당신이 꿈꿀 수 있다면 그 꿈대로 될 수 있다.

– 윌리엄 아서 워드(William Arthur Ward)

자원관리능력

CHAPTER 01 | 시간 · 비용

CHAPTER 02 | 인적 · 물적자원

01 시간·비용

필수이론&전략

1 시간

[출제 형태]

다음 자료를 바탕으로 A사 직원들이 전시회를 처음부터 관람할 수 <u>없는</u> 요일을 고르면?

서울에 위치한 A사의 직원들은 부산에서 열리는 전시회에 참여하기 위하여 KTX 열차표를 예매하고자 한다. 예약이 가능한 KTX의 시간표와 전시회 관련 사항은 다음과 같다.

[KTX 경부선 시간표]

구분	서울 출발	부산 도착	운행 요일
KTX369	10 : 00	12 : 35	수요일, 금요일, 일요일
KTX325	09 : 30	12 : 00	화요일, 금요일, 토요일
KTX211	10 : 35	13 : 10	목요일, 일요일
KTX530	10 : 30	13 : 05	화요일, 목요일, 일요일
KTX231	10 : 40	13 : 15	월요일, 수요일, 토요일

[전시회 관련 사항]

- 전시회는 평일 오후 2시, 주말 오후 1시 30분에 시작한다.
- A사의 직원들은 아침 8시에 출근하여 1시간 동안 사전 준비 사항을 점검한 후 회사를 출발해야 하며, 회사에서 서울역까지는 50분이 소요된다. 부산 KTX역에서 전시회장까지는 40분이 소요된다.

※ A사의 직원들은 평일, 주말 상관없이 아침 8시에 출근한다.

① 월요일 ② 화요일 ③ 목요일
④ 토요일 ⑤ 일요일

(1) 출제 유형

① 요일

주어진 조건을 바탕으로 만족하는 일정에 대한 요일을 고르거나 해당 요일에 관련된 정오를 판단하는 형태

② 최소 시간

여러 장소와 경로, 이동 시간이 정리된 자료를 바탕으로 조건에 따른 최소 시간을 구하는 형태

(2) 풀이 전략

① 요일

주어진 조건을 확인하면서 만족하는 요일을 찾되, 조건이 많을 경우에는 쉽게 판단할 수 있는 조건부터 먼저 확인하여 만족하지 않는 요일을 순차적으로 소거하는 방법으로 해결한다.

② 최소 시간

제한이 많고 경우의 수가 적은 것부터 확인하며, 주어진 경로와 시간이 길 경우에는 만족할 수 없는 가능성이 높음을 적용하는 것도 좋다.

2 비용

[출제 형태]

다음 [조건]을 근거로 판단할 때, 종석이가 할인받은 금액을 고르면?

조건

- 종석이는 이번 달에 인터넷 면세점에서 가방, 영양제, 목베개를 각각 1개씩 구매한다. 각 물품의 정가와 이번 달 개별 물품의 할인율은 다음과 같다.

[물품별 정가 및 이번 달 할인율]

구분	정가	이번 달 할인율
가방	150달러	10%
영양제	100달러	30%
목베개	50달러	10%

- 이번 달 개별 물품의 할인율은 자동 적용된다.
- 이번 달 구매하는 모든 물품의 결제 금액에 대해 20%를 일괄적으로 할인받는 '이달의 할인 쿠폰'을 사용할 수 있다.
- 이번 달은 쇼핑 행사가 열려 결제해야 할 금액이 200달러를 초과할 때, '20,000원 추가 할인 쿠폰'을 사용할 수 있다.
- 할인은 '개별 물품 할인 → 이달의 할인 쿠폰 → 20,000원 추가 할인 쿠폰' 순서로 적용된다.
- 환율은 1달러당 1,000원이다.

① 100,000원 ② 104,000원 ③ 110,000원
④ 116,000원 ⑤ 120,000원

(1) 출제 유형

주어진 조건을 적용하여 비용을 계산하거나, 최소 또는 최대가 되는 경우를 찾는 형태

(2) 풀이 전략

비용을 계산하는 것이기 때문에 조건을 생략하지 않고 반드시 적용하는 것이 중요하며, 계산 과정에서 실수가 없도록 한다.

하

01 다음 자료를 바탕으로 A사 직원들이 전시회를 처음부터 관람할 수 없는 요일을 고르면?

1 2 3

서울에 위치한 A사의 직원들은 부산에서 열리는 전시회에 참여하기 위하여 KTX 열차표를 예매하고자 한다. 예약이 가능한 KTX의 시간표와 전시회 관련 사항은 다음과 같다.

[KTX 경부선 시간표]

구분	서울 출발	부산 도착	운행 요일
KTX369	10 : 00	12 : 35	수요일, 금요일, 일요일
KTX325	09 : 30	12 : 00	화요일, 금요일, 토요일
KTX211	10 : 35	13 : 10	목요일, 일요일
KTX530	10 : 30	13 : 05	화요일, 목요일, 일요일
KTX231	10 : 40	13 : 15	월요일, 수요일, 토요일

[전시회 관련 사항]

- 전시회는 평일 오후 2시, 주말 오후 1시 30분에 시작한다.
- A사의 직원들은 아침 8시에 출근하여 1시간 동안 사전 준비 사항을 점검한 후 회사를 출발해야 하며, 회사에서 서울역까지는 50분이 소요된다. 부산 KTX역에서 전시회장까지는 40분이 소요된다.

※ A사의 직원들은 평일, 주말 상관없이 아침 8시에 출근한다.

① 월요일 ② 화요일 ③ 목요일
④ 토요일 ⑤ 일요일

02 다음 [그림]과 [표]는 어느 지하철 구간의 거리와 소요시간을 나타낸 자료이다. 이에 대한 [보기]의 설명 중 옳지 않은 것의 개수를 고르면?

1 2 3

[그림] 지하철역 간 거리 (단위: km)

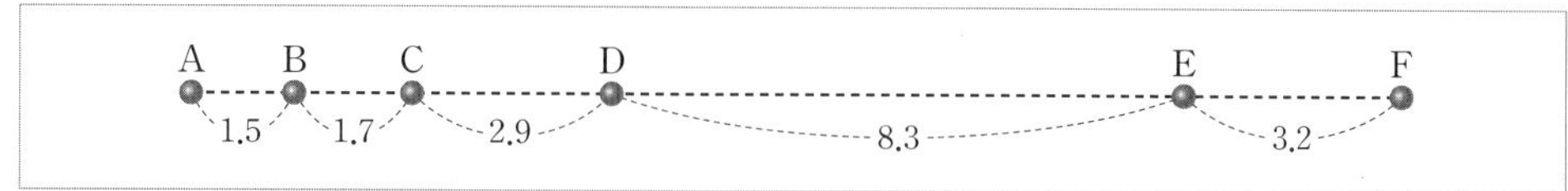

※ 상행: F → A, 하행: A → F

[표] 출발역과 도착역에 따른 소요시간

도착역 \ 출발역	A	B	C	D	E	F
A	—	1분 52초	4분 6초	7분 6초	13분 41초	16분 51초
B	1분 44초	—	1분 49초	4분 49초	11분 24초	14분 34초
C	3분 55초	1분 46초	—	2분 30초	9분 10초	12분 20초
D	6분 55초	4분 46초	2분 30초	—	6분 10초	9분 20초
E	13분 30초	11분 21초	9분 15초	6분 15초	—	2분 45초
F	19분 49초	14분 40초	12분 29초	9분 29초	2분 54초	—

※ 두 역 사이의 소요시간에는 출발역과 도착역을 제외하고 중간에 경유하는 모든 역에서의 정차시간이 포함되어 있음
예 A역에서 C역까지의 소요시간인 3분 55초는 A역에서 B역까지의 소요시간 1분 44초, B역에서의 정차시간, B역에서 C역까지의 소요시간 1분 46초가 포함된 것임

보기

㉠ 하행의 경우, C역에서의 정차시간은 30초이다.
㉡ 상행의 경우, D역에서의 정차시간은 25초이다.
㉢ 인접한 두 역 간 거리가 멀수록 두 역 간 하행의 소요시간도 길다.
㉣ 인접한 두 역 간 하행과 상행의 소요시간이 동일한 구간은 C－D 구간뿐이다.

① 0개 ② 1개 ③ 2개
④ 3개 ⑤ 4개

Ⅳ 자원관리능력

03 다음 [조건]을 근거로 판단할 때, 종석이가 할인받은 금액을 고르면?

1 2 3

조건

- 종석이는 이번 달에 인터넷 면세점에서 가방, 영양제, 목베개를 각각 1개씩 구매한다. 각 물품의 정가와 이번 달 개별 물품의 할인율은 다음과 같다.

[물품별 정가 및 이번 달 할인율]

구분	정가	이번 달 할인율
가방	150달러	10%
영양제	100달러	30%
목베개	50달러	10%

- 이번 달 개별 물품의 할인율은 자동 적용된다.
- 이번 달 구매하는 모든 물품의 결제 금액에 대해 20%를 일괄적으로 할인받는 '이달의 할인 쿠폰'을 사용할 수 있다.
- 이번 달은 쇼핑 행사가 열려 결제해야 할 금액이 200달러를 초과할 때, '20,000원 추가 할인 쿠폰'을 사용할 수 있다.
- 할인은 '개별 물품 할인 → 이달의 할인 쿠폰 → 20,000원 추가 할인 쿠폰' 순서로 적용된다.
- 환율은 1달러당 1,000원이다.

① 100,000원 ② 104,000원 ③ 110,000원
④ 116,000원 ⑤ 120,000원

04 다음 [조건]과 [표]를 이용하여 갑이 얻을 수 있는 가장 작은 총 기대 수익은 가장 큰 총 기대 수익의 몇 %인지 고르면?(단, 출판사를 통해 출판한 종이책의 정가는 20,000원을 넘을 수 없다.)

1 2 3

조건

- 자비로 종이책 출판의 경우, 도서 정가는 출판사를 통한 종이책 출판의 경우의 정가의 120%이다.
- 출판사를 통한 전자책 출판의 경우, 출판사를 통한 종이책 출판의 경우의 정가의 80%이다.
- 온라인 플랫폼을 통한 출판의 경우, 1권의 내용을 24편으로 나누며, 한 편당 가격은 자비로 종이책 출판한 경우의 도서 정가의 $\frac{1}{12}$의 가격이다.
- (총 기대 수익)=(인세 수익)×(기대 판매량)−(초기 지출 비용)

[표] 출판 형식별 비용 및 인세 수익 정보

구분	초기 지출 비용	인세 수익	기대 판매량
자비로 종이책 출판	600만 원	도서 정가의 25%	3,000권 이상
출판사를 통한 종이책 출판	0원	2,000권 초과부터 도서 정가의 10%	8,000권 이상
출판사를 통한 전자책 출판	0원	도서 정가의 5%	6,000권 이상
온라인 플랫폼을 통한 출판	등록 수수료: 편당 정가의 5%	각 권 24편 전체에서 6,000회 초과 다운로드부터 편당 정가의 20%	편당 1,000회 이상 다운로드

① 20% ② 30% ③ 40%
④ 50% ⑤ 60%

[05~06] 해외여행을 떠난 길동이 일행은 귀국일에 집결지에 모여 남는 시간에 주변 관광지를 둘러보고자 한다. 다음 [그림]과 [표]는 관광지 약도와 관광지별 관람 시간 및 1인당 입장료에 관한 자료이다. 주어진 자료를 보고 질문에 답하시오.

[그림] 관광지 약도

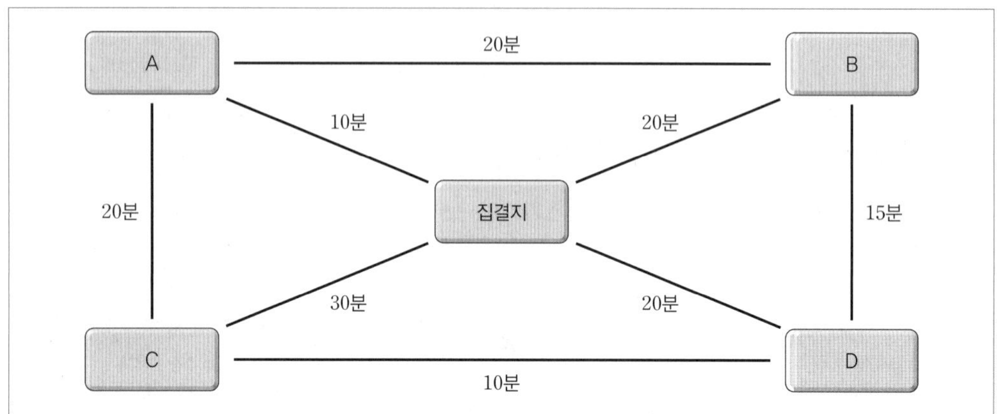

※ 약도에 주어진 시간은 이동 시간을 의미함

※ 단, 공항 도착 시간은 17:00이며, 집결지에서 공항까지는 1시간 30분이 소요됨

[표] 관광지별 관람 시간 및 1인당 입장료

관광지	관람 시간	1인당 입장료
A	30분	5,000원
B	1시간	7,000원
C	1시간 30분	8,000원
D	40분	9,000원

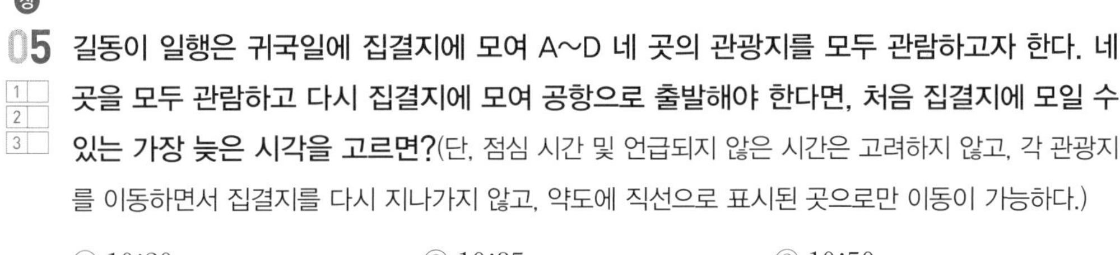

상

05 길동이 일행은 귀국일에 집결지에 모여 A~D 네 곳의 관광지를 모두 관람하고자 한다. 네 곳을 모두 관람하고 다시 집결지에 모여 공항으로 출발해야 한다면, 처음 집결지에 모일 수 있는 가장 늦은 시각을 고르면?(단, 점심 시간 및 언급되지 않은 시간은 고려하지 않고, 각 관광지를 이동하면서 집결지를 다시 지나가지 않고, 약도에 직선으로 표시된 곳으로만 이동이 가능하다.)

① 10:20　　② 10:35　　③ 10:50
④ 11:20　　⑤ 11:35

중

06 길동이 일행은 12:40에 집결지에 모였는데, 공항까지 가야 하는 시간을 감안하여 남은 시간 동안 두 곳의 관광지를 관람하고자 한다. 이때, 1인당 지불 가능한 입장료가 될 수 있는 금액을 [보기]에서 모두 고르면?(단, 점심 시간 및 언급되지 않은 시간은 고려하지 않고, 각 관광지를 이동하면서 집결지를 다시 지나가지 않고, 약도에 직선으로 표시된 곳으로만 이동이 가능하다.)

보기

㉠ 12,000원　　㉡ 13,000원　　㉢ 14,000원
㉣ 15,000원　　㉤ 16,000원　　㉥ 17,000원

① ㉠, ㉡, ㉢　　② ㉠, ㉢, ㉤　　③ ㉡, ㉤, ㉥
④ ㉠, ㉢, ㉣, ㉥　　⑤ ㉡, ㉢, ㉣, ㉤

07 1 2 3 **다음은 과학 박람회 입장료에 관한 안내문을 정리한 자료이다. 이를 바탕으로 할 때, 주어진 [상황]에서 A씨 일행이 과학 박람회 기간에 지불해야 하는 입장료 총액의 최소 금액을 고르면?**(단, [상황]에서 언급되지 않은 내용은 모두 '확인 사항'을 만족한다고 가정한다.)

1. 과학 박람회 입장료

구분		성인	청소년	어린이/경로
보통권		33,000원	25,000원	19,000원
특정일권		40,000원	30,000원	23,000원
할인권	보통권 다량 구매	31,000원	23,000원	17,000원
	평일 단체권	27,000원	17,000원	13,000원
	특정일 단체권	33,000원	25,000원	19,000원
	특별권	18,000원	14,000원	10,000원
	2일권	53,000원	40,000원	30,000원
	3일권	69,000원	53,000원	40,000원
	전 기간권	200,000원	150,000원	100,000원

※ 특정일: 5월 12~13일, 26~28일, 8월 10~12일

2. 확인 사항

- 만 4세 미만 어린이는 성인의 보호 아래 무료 입장할 수 있습니다.
- 보통권은 박람회 기간 중 평일, 토요일, 공휴일과 관계없이 하루를 택하여 입장할 수 있으며, 다만 특정일에는 입장할 수 없습니다.
- 특정일은 전 기간권이나 특별권, 특정일권을 구입한 사람만 입장할 수 있으며, 특정일권을 예매할 경우, 특정일 8일 중 하루를 정하여 아무 날이나 이용 가능하며, 특정일 이외에는 이용이 불가합니다.
- 보통권 다량 구매는 보통권을 30매 이상 구매할 경우에 할인되는 표입니다. 개인은 물론 단체로 평일, 토요일, 공휴일 어떤 날짜에도 이용할 수 있으나 특정일에는 이용할 수 없습니다.
- 평일 단체권은 보통권을 30매 이상 구매할 경우에 할인되는 표입니다. 토요일, 공휴일, 특정일에는 이용할 수 없습니다. 평일 단체권은 단체로 사용하여야 하며, 낱장으로 개인별 입장할 수 없습니다.
- 특정일 단체권은 특정일권을 30매 이상 구매할 경우에 할인되는 표입니다. 특정일 8일 중 아무 날짜에나 이용 가능합니다. 특정일 단체권은 낱장으로 사용할 수 없으며, 단체로만 입장 가능합니다.
- 특별권은 국가유공자, 하사 이하 현역군인, 전·의경, 장애인 1~4급, 장애인 1~3급의 보호자 1인, 기초생활수급 대상자가 이용할 수 있는 표로 1일권에 해당합니다. 특별권은 평일, 토요일, 공휴일은 물론, 특정일에도 모두 이용할 수 있습니다.

- 특별권은 본인 확인 절차가 필요하므로 배송 선택은 불가하며, 현장 매표소에서 신분증(국가유공자증, 복지카드, 기타 증빙자료 등)을 제시한 후 수령하셔야 합니다.
- 2일권, 3일권은 각 2일, 3일 연속으로만 입장 가능하며, 그 기간 중 평일은 물론 주말과 공휴일 모두 이용 가능하지만, 특정일은 제외됩니다. 반드시 2일 또는 3일 연속으로 사용하여야 하며, 기간을 띄어 사용할 수 없습니다.

[상황]

A씨와 아내는 5월 26일 하루 동안 과학 박람회를 관람하려고 한다. 그리고 A씨의 국가유공자인 장인과 장모(경로 우대자 2인)는 5월 23~24일(평일) 이틀 연속으로 관람하기로 하였다. 그리고 A씨의 아들(청소년 1인)과 딸(어린이 1인)은 7월 중 3일 연속으로 관람할 예정이다.

① 202,000원 ② 213,000원 ③ 223,000원
④ 240,000원 ⑤ 244,000원

IV 자원관리능력

상

08 다음은 L공사의 임 대리가 기기를 임대하기 위해 회사별 임대 비용 내역을 정리한 자료이다. 주어진 자료와 김 부장의 지시에 따라 업체를 선정한다고 할 때, 기기를 임대하게 될 업체와 총 임대 비용을 바르게 나열한 것을 고르면?

1 2 3

[기기 임대 관련 비용 내역]

1. 기본 비용(개당 단가)

구분	프린터기	복사기	팩스기	복합기	스캐너
대한상사	120,000원	140,000원	130,000원	160,000원	140,000원
한국인쇄	130,000원	140,000원	140,000원	170,000원	150,000원

2. 추가 비용(개당 단가)

1) 디자인별

구분	외형 색상			이동식 여부	
	1도	2도	3도	고정식	이동식
대한상사	10,000원	15,000원	20,000원	20,000원	50,000원
한국인쇄	5,000원	10,000원	20,000원	15,000원	40,000원

2) 사이즈별

구분	(50×70)cm	(80×110)cm	(55×140)cm
대한상사	50,000원	20,000원	25,000원
한국인쇄	50,000원	10,000원	20,000원

3) 옵션별

구분	속도 조절		유리		토너	
	불가능	가능	일반	방진	일반	고급
대한상사	15,000원	20,000원	40,000원	90,000원	30,000원	80,000원
한국인쇄	25,000원	30,000원	60,000원	90,000원	10,000원	60,000원

※ 단, 총 임대 비용이 600만 원 이상일 경우에는 대한상사는 80만 원 할인, 한국인쇄는 10%의 할인이 적용됨

[김 부장의 지시]

이번에 임대할 사무용 기기는 총 20대입니다. 복사, 프린터, 스캔뿐 아니라 다양한 기능이 포함되어 사용 가능한 제품으로 알아보세요. 임대 수량 중 절반은 120cm 이상 사이즈에 고급 토너가 장착된 이동식이어야 하고, 외형 색상은 가급적 많이 들어간 것으로 선택하세요. 나머지는 2가지 색상이 포함된 일반 토너용으로 가로, 세로 길이가 90~120cm 공간에 가급적 남는 공간이 적은 고정식으로 선택하면 됩니다. 고정식은 속도 조절이 가능한 일반 유리로 된 제품이면 좋겠고, 이동식은 속도 조절 기능은 필요하지 않지만 방진 유리 제품이어야 합니다. 대한상사와 한국인쇄 중 임대 비용이 더 저렴한 곳을 확인해서 보고해 주기를 바랍니다.

	업체	임대 비용
①	대한상사	5,858,000원
②	대한상사	6,650,000원
③	대한상사	6,705,000원
④	한국인쇄	6,030,000원
⑤	한국인쇄	6,570,000원

[09~10] H공사 엄 대리는 본사에서 출발하여 A~E 5곳을 방문하고자 한다. 다음 [그림]은 본사 및 A~E의 약도를 나타낸 자료이다. 주어진 자료를 보고 질문에 답하시오.

[그림] 본사 및 A~E 약도

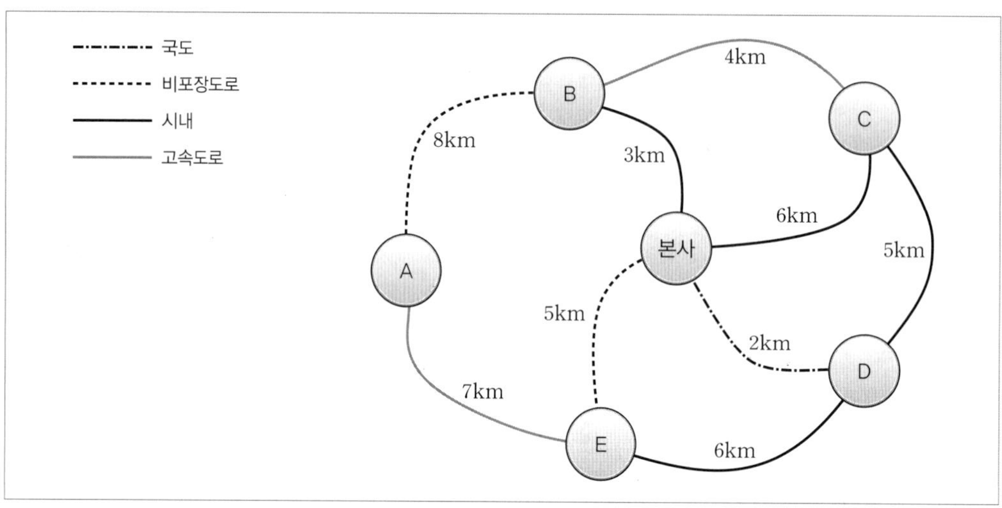

중

09 엄 대리가 A~E 5곳을 모두 방문한다고 할 때, 다음 중 최단 거리로 갈 수 있는 경로를 고르면?(단, 본사로 복귀하는 것은 고려하지 않으며, 약도에 표시된 도로로만 이동이 가능하다.)

1 2 3

① 본사 − B − A − E − D − C
② 본사 − C − B − A − E − D
③ 본사 − C − D − E − A − B
④ 본사 − D − C − B − A − E
⑤ 본사 − D − E − A − B − C

10 **주어진 [그림]과 [표]를 참고할 때, 엄 대리가 연료비를 가장 적게 들이고 A∼E 5곳을 모두 방문하였다면 다음 중 엄 대리가 이동한 경로를 고르면?**(단, 연료비의 원 단위 미만은 절사한다.)

1 2 3

[표] 도로별 연비

(단위: km/L)

국도	시내	비포장도로	고속도로
16	10	8	20

※ 연비는 1L당 이동할 수 있는 거리를 의미하고, 연료비는 1L당 1,500원임

① 본사－B－C－D－E－A
② 본사－C－D－E－A－B
③ 본사－D－C－B－A－E
④ 본사－D－E－A－B－C
⑤ 본사－E－A－B－C－D

IV 자원관리능력

정답과 해설 P. 162~170

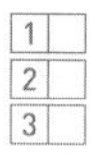

☑ 2022 7급 공채 PSAT 기출변형

01 다음 글을 근거로 판단할 때, 옳은 것을 고르면?

1 2 3

갑은 정기모임의 간식을 준비하기 위해 과일 가게에 들렀다. 갑이 산 과일의 가격과 수량은 아래와 같다. 과일 가게 사장이 준 영수증을 보니, 총 228,000원이어야 할 결제 금액이 총 237,300원이었다.

구분	사과	귤	복숭아	딸기
1상자 가격	30,700원	25,500원	14,300원	23,600원
구입 수량	2상자	3상자	3상자	2상자

① 두 과일이 각각 1상자 더 계산되었다.
② 한 과일이 1상자 더 계산되고, 다른 한 과일이 1상자 덜 계산되었다.
③ 한 과일이 1상자 더 계산되고, 다른 두 과일이 각각 1상자 덜 계산되었다.
④ 두 과일이 각각 1상자 더 계산되고, 다른 두 과일이 각각 1상자 덜 계산되었다.
⑤ 모든 과일의 1상자 가격이 백 원 단위에서 절상되어 계산된 금액보다 5,000원 이상 계산되었다.

02 다음 글과 [상황]을 근거로 판단할 때, 옳은 것을 고르면?

1 2 3

□□연구지원센터는 최대 3개의 연구팀을 선정하여 연구비를 지급하고자 한다. 선정 및 연구비 지급 기준은 아래와 같다.

- 평가 항목은 연구실적 건수, 피인용 횟수, 연구계획서 평가결과, 특허출원 건수이며, 항목별 점수는 다음과 같다.
  - 연구실적 건수: 1건당 15점
  - 피인용 횟수: 5회마다 1점
  - 연구계획서 평가결과: '우수' 25점, '보통' 20점, '미흡' 15점
  - 특허출원 건수: 1건당 3점
- 합계 점수 상위 3개 팀을 고르되, 합계 점수가 80점 미만인 팀은 3위 안에 들더라도 선정에서 제외한다.
- 선정된 연구팀에게 지급할 연구비는 다음과 같다.
  - 1위: 10억 원, 2위: 7억 원, 3위: 4억 원
  - 단, 선정된 연구팀 가운데 연구계획서 평가에서 '우수'를 받은 연구팀은 1억 원을 증액 지급하고, 특허출원이 3건 미만인 연구팀은 1억 원을 감액 지급한다.

[상황]

다음은 연구팀 A~E에 대한 평가 자료이다.

구분	연구실적 건수	피인용 횟수	연구계획서 평가결과	특허출원 건수
A	2건	45회	보통	3건
B	3건	62회	우수	4건
C	2건	98회	미흡	5건
D	4건	37회	보통	2건
E	1건	165회	우수	2건

① □□연구지원센터가 지급할 연구비 총액은 17억 원이다.
② 피인용 횟수가 두 번째로 많은 연구팀의 합계 점수는 76점이다.
③ 특허출원으로 인해 연구비가 감액되어 지급된 연구팀은 E이다.
④ 만약 연구팀 A의 연구계획서 평가결과가 '우수'라면, 연구비 1억 원을 증액하여 지급받는다.
⑤ 만약 연구팀 B의 특허출원 건수가 2건이라면, 지급될 연구비는 9억 원이다.

Ⅳ 자원관리능력

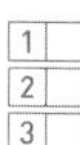

03 다음 글을 근거로 판단할 때, [보기]에서 자영업자 갑이 받는 지원금을 고르면?

- 정부는 자영업자를 지원하기 위하여 2020년 대비 2021년의 이익이 감소한 경우 이익 감소액의 10%를 자영업자에게 지원금으로 지급하기로 하였다.
- 이익은 매출액에서 변동원가와 고정원가를 뺀 금액으로, 자영업자 갑의 2020년 이익은 다음과 같다.

구분	금액	비고
매출액	8억 원	(판매량)(400,000단위)×(판매가격)(2,000원)
변동원가	6.4억 원	(판매량)(400,000단위)×(단위당 변동원가)(1,600원)
고정원가	1억 원	판매량과 관계없이 일정함
이익	0.6억 원	8억 원−6.4억 원−1억 원

| 보기 |

2021년 원자재 비용 상승으로 인해 자영업자 갑의 단위당 변동원가는 전년보다 400원 증가하였다. 이에 갑은 단위당 변동원가의 전년 대비 상승률만큼 판매 가격도 동일한 비율로 상승시켜 대응하였다. 그러자 가격을 높인 만큼 물건이 덜 팔려 2021년 판매량은 전년 대비 20% 감소하였으며, 고정원가도 인플레이션으로 인해 전년보다 1,000만 원 상승하였다.

① 0원 ② 100만 원 ③ 200만 원
④ 300만 원 ⑤ 400만 원

1 2 3

다음 [표]는 갑 건축물을 건설하기 위한 공종의 공법별 공사 기간 및 항목별 공사비에 관한 자료이다. 주어진 [표]와 [조건]에 근거하여 총 공사비를 최소화하도록 공법을 적용할 때, 총 공사 기간을 고르면?

[표] 공종의 공법별 공사 기간 및 항목별 공사비

(단위: 개월, 억 원)

공종 \ 공법 (구분)		공사 기간	항목별 공사비		
			재료비	노무비	경비
토공사	A	4	4	6	4
	B	3	7	5	3
	C	3	5	5	3
골조공사	D	12	30	20	14
	E	14	24	20	15
	F	15	24	24	16
마감공사	G	6	50	30	10
	H	7	50	24	12
	I	8	48	21	15

조건

- 공종, 공법, 항목별 공사비는 각각 주어진 세 가지, 아홉 종류, 세 항목만 있다.
- 공사는 세 가지 공종을 모두 포함하고, 공종별로 한 종류의 공법만을 적용한다.
- 항목별 공사비는 해당 공법의 공사 기간 동안 소요되는 해당 항목의 총비용이다.
- 총 공사 기간은 공종별로 적용한 공법의 공사 기간의 합이고, 총 공사비는 공종별로 적용한 공법의 항목별 공사비의 총합이다.

① 22개월 ② 23개월 ③ 24개월
④ 25개월 ⑤ 26개월

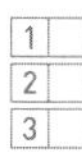

05 다음 글을 근거로 판단할 때, 甲사무관이 선택할 경로를 고르면?

1 2 3

- 甲사무관은 차를 운전하여 A부처에서 B연구소로 출장을 가려고 한다.
- 甲사무관은 회의 시작 시각까지 회의 장소에 도착하려고 한다.
- 출발 시각은 오전 11시이며, 회의 시작 시각은 당일 오후 1시 30분이다.
- 甲사무관은 A부처에서 B연구소 주차장까지 갈 경로를 다음 5가지 중에서 선택하려고 한다.

경로	주행 거리	소요시간	통행요금	피로도
최적경로	128km	1시간 32분	3,200원	4
최소시간경로	127km	1시간 19분	6,500원	1
최단거리경로	116km	1시간 37분	0원	2
무료도로경로	132km	2시간 2분	0원	3
초보자경로	129km	1시간 34분	4,100원	5

※ 피로도 수치가 작을수록 피로가 덜한 것을 의미함

- 甲사무관은 통행요금이 5,000원을 넘으면 해당 경로를 이용하지 않으며, 통행요금이 5,000원을 넘지 않으면 피로가 가장 덜한 경로를 선택한다.
- 甲사무관은 B연구소 주차장에 도착한 후, 도보 10분 거리의 음식점으로 걸어가 점심식사(30분 소요)를 마치고 다시 주차장까지 걸어온 뒤, 주차장에서 5분 걸려 회의 장소에 도착할 예정이다.

① 최적경로 ② 최소시간경로 ③ 최단거리경로
④ 무료도로경로 ⑤ 초보자경로

06 다음 글을 근거로 판단할 때, 네 번째로 보고되는 개정안을 고르면?

1
2
3

△△처에서 소관 법규 개정안 보고회를 개최하고자 한다. 보고회는 다음과 같은 기준에 따라 진행한다.

- 법규 체계 순위에 따라 법－시행령－시행규칙의 순서로 보고한다. 법규 체계 순위가 같은 개정안이 여러 개 있는 경우 소관 부서명의 가나다순으로 보고한다.
- 한 부서에서 보고해야 하는 개정안이 여럿인 경우, 해당 부서의 첫 번째 보고 이후 위 기준에도 불구하고 그 부서의 나머지 소관 개정안을 법규 체계 순위에 따라 연달아 보고한다.
- 이상의 모든 기준과 무관하게 보고자가 국장인 경우, 가장 먼저 보고한다.

보고 예정인 개정안은 다음과 같다.

구분	소관 부서	보고자
A법 개정안	예산담당관	갑 사무관
B법 개정안	기획담당관	을 과장
C법 시행령 개정안	기획담당관	을 과장
D법 시행령 개정안	국제화담당관	갑 사무관
E법 시행규칙 개정안	예산담당관	정 국장

① A법 개정안
② B법 개정안
③ C법 시행령 개정안
④ D법 시행령 개정안
⑤ E법 시행규칙 개정안

Ⅳ 자원관리능력

07 다음 글을 근거로 판단할 때, 甲주무관이 이용할 주차장을 고르면?

1 2 3

- 甲주무관은 출장 중 총 9시간(09:00~18:00) 동안 요금이 가장 저렴한 주차장 한 곳을 이용하고자 한다.
- 甲주무관의 자동차는 경차이며, 2종 저공해차량이다.
- 주차요금은 기본요금과 추가요금을 합산하여 산정하고, 할인대상인 경우 주차요금에 대하여 할인이 적용된다.
- 일 주차권이 있는 주차장의 경우, 甲은 주차요금과 일 주차권 중 더 저렴한 것을 선택한다.
- 주차장별 요금에 대한 정보는 아래와 같다.

구분	기본요금 (최초 1시간)	추가요금 (이후 30분마다)	비고
A주차장	2,500원	1,000원	–
B주차장	3,000원	1,500원	– 경차 전용 주차장 – 저공해차량 30% 할인
C주차장	3,000원	2,000원	– 경차 50% 할인 – 일 주차권 20,000원 (당일 00:00~24:00 이용 가능)
D주차장	5,000원	600원	–
E주차장	5,000원	2,500원	– 저공해차량(1, 2종) 50% 할인 – 저공해차량(3종) 20% 할인 – 17:00~익일 07:00 무료

① A주차장 ② B주차장 ③ C주차장
④ D주차장 ⑤ E주차장

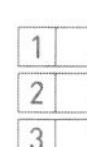

08 다음 글과 [상황]을 근거로 판단할 때, 갑~정이 받는 A시 예산 성과금의 합을 고르면?

1 2 3

A시 예산 성과금 공고문

• 제도의 취지
- 예산의 집행 방법과 제도 개선 등으로 예산을 절감하거나 수입을 증대시킨 경우, 그 일부를 기여자에게 성과금(포상금)으로 지급함으로써 예산의 효율적 사용 장려

• 지급 요건 및 대상
- 자발적 노력을 통한 제도 개선 등으로 예산을 절감하거나 세입원을 발굴하는 등 세입을 증대한 경우
- 예산 절감 및 수입 증대 발생 시기: 2020년 1월 1일~2020년 12월 31일
- A시 공무원, A시 사무를 위임(위탁) 받아 수행하는 기관의 임직원
- 예산 낭비를 신고하거나, 지출 절약이나 수입 증대에 관한 제안을 제출하여 A시의 예산 절감 및 수입 증대에 기여한 국민

• 지급 기준
- 1인당 지급액

구분	예산 절감		수입 증대
	주요 사업비	경상적 경비	
지급액	절약액의 20%	절약액의 50%	증대액의 10%

- 타 부서나 타 사업으로 확산 시, 지급액의 30%를 가산하여 지급

[상황]

• 갑: A시 사무관으로 새로운 세입원을 발굴하여 2020년 12월 31일 세입을 2억 원 증대하는 데 기여함
• 을: B시 시민으로 A시의 유사 사업 중복 진행을 신고하여 2020년 5월 9천만 원의 주요 사업비를 절약하는 데 기여함
• 병: A시의 사무를 위임받아 수행하는 C기관의 직원으로 제도 개선을 통해 2021년 3월 5일 경상적 경비 5천만 원을 절약하는 데 기여함
• 정: A시 7급 공무원으로 제도 개선을 통해 2020년 12월 P사업의 주요 사업비 6천만 원을 절약하는 데 기여함. 개선된 제도가 Q사업으로 확대 시행 중임

① 3,560만 원 ② 4,760만 원 ③ 5,360만 원
④ 6,800만 원 ⑤ 7,860만 원

IV 자원관리능력

09 다음 [조건]을 근거로 판단할 때, A가 지불해야 하는 최소 금액을 고르면?

1 2 3

| 조건 |

- A는 쉬는 날 일정에 맞추어 E놀이동산에 놀러가서 바이킹, 롤러코스터, 후룸라이드를 탑승하고, 물개쇼를 구경하려고 한다. 바이킹과 롤러코스터를 탑승한 뒤, 간식으로 핫도그를 먹고, 후룸라이드를 탑승하고 물개쇼를 구경한 뒤, 점심으로 피자를 먹었다.

[시설별 이용료 및 식비]

바이킹	롤러코스터	후룸라이드	물개쇼	핫도그	피자
5,000원	8,000원	4,000원	5,000원	4,000원	12,000원

※ 단, E놀이동산의 입장료는 20,000원임

- A가 지불해야 하는 금액은 입장료와 시설별 이용료 및 식비의 합산액이다.
- A는 소셜커머스에서 아래의 세 가지 상품 중 하나를 구입하였다.

상품	가격	혜택			
		놀이기구	쇼 관람료	식비	입장료
X티켓	30,000원	기구당 1,000원	무료	50% 할인	무료
Y티켓	20,000원	2개 무료	2,000원 할인	–	5,000원
Z티켓	35,000원	모든 놀이기구 무료	무료	50% 할인	무료

① 38,000원 ② 41,000원 ③ 43,000원
④ 45,000원 ⑤ 48,000원

10 다음 글을 근거로 판단할 때, 甲~戊 중 금요일과 토요일의 초과근무 인정시간의 합이 가장 많은 근무자와 가장 적은 근무자의 초과근무 인정시간의 차를 고르면?

1 2 3

- A기업에서는 근무자가 출근시각과 퇴근시각을 입력하면 초과근무 '실적시간'과 '인정시간'이 분 단위로 자동 계산된다.
  - 실적시간은 근무자의 일과시간(월~금, 09:00~18:00)을 제외한 근무시간을 말한다.
  - 인정시간은 실적시간에서 개인용무시간을 제외한 근무시간을 말한다. 하루 최대 인정시간은 월~금요일은 4시간이며, 토요일은 2시간이다.
  - 재택근무를 하는 경우 실적시간을 인정하지 않는다.
- A기업 근무자 甲~戊의 근무현황은 다음과 같다.

구분	금요일			토요일	
	출근시각	퇴근시각	비고	출근시각	퇴근시각
甲	08:55	20:00	–	10:30	13:30
乙	08:00	19:55	–	–	–
丙	09:00	21:30	개인용무시간 (19:00~19:30)	13:00	14:30
丁	08:30	23:30	재택근무	10:00	12:30
戊	07:00	21:30	–	–	–

① 1시간 30분　② 2시간　③ 2시간 30분
④ 3시간　⑤ 3시간 30분

11 다음 A기관 특허대리인 보수 지급 기준을 근거로 판단할 때, [보기]에서 옳은 것을 모두 고르면?

1 2 3

A기관 특허대리인 보수 지급 기준

- A기관은 특허출원을 특허대리인(이하 '대리인')에게 의뢰하고, 이에 따라 특허출원 건을 수임한 대리인에게 보수를 지급한다.
- 보수는 착수금과 사례금의 합이다.
- 착수금은 대리인이 작성한 출원서의 내용에 따라 [착수금 산정 기준]의 세부 항목을 합산하여 산정한다. 단, 세부 항목을 합산한 금액이 140만 원을 초과할 경우, 착수금은 140만 원으로 한다.

[착수금 산정 기준]

세부 항목	금액
기본료	1,200,000원
독립항 1개 초과분(1개당)	100,000원
종속항(1개당)	35,000원
명세서 20면 초과분(1면당)	9,000원
도면(1도당)	15,000원

※ 단, 독립항 1개 또는 명세서 20면 이하는 해당 항목에 대한 착수금을 산정하지 않음

- 사례금은 출원한 특허가 '등록 결정'된 경우 착수금과 동일한 금액으로 지급하고, '거절 결정'된 경우 0원으로 한다.
- 특허대리인 X, Y, Z는 A기관이 의뢰한 특허출원을 각각 한 건씩 수임하였다.

| 보기 |

㉠ X는 독립항 1개, 종속항 2개, 명세서 24면, 도면 3도로 출원서를 작성하여 특허를 출원하였고, '등록 결정' 되었다. 이때, X가 받는 사례금은 1,400,000원이다.

㉡ Y는 독립항 3개, 종속항 12개, 명세서 30면, 도면 2도로 출원서를 작성하여 특허를 출원하였고, '거절 결정' 되었다. 이때, Y는 기본료만 사례금으로 받는다.

㉢ Z는 독립항 2개, 종속항 5개, 명세서 20면, 도면 16도로 출원서를 작성하여 특허를 출원하였고, '등록 결정' 되었다. 이때, Z가 받는 사례금은 1,400,000원이다.

① ㉠ ② ㉢ ③ ㉠, ㉡
④ ㉠, ㉢ ⑤ ㉡, ㉢

12 다음 [일정]과 [조건]을 근거로 판단할 때, 옳지 않은 것을 고르면?

[일정]

전문가 6명 A~F의 회의 참여 가능 시간과 회의 장소 선호도를 반영하여 [조건]을 충족하는 회의를 월~금요일 중 개최하려 한다.

[회의 참여 가능 시간]

전문가 \ 요일	월	화	수	목	금
A	13:00~16:20	15:00~17:30	13:00~16:20	15:00~17:30	16:00~18:30
B	13:00~16:10	–	13:00~16:10	–	16:00~18:30
C	16:00~19:20	14:00~16:20	–	14:00~16:20	16:00~19:20
D	17:00~19:30	–	17:00~19:30	–	17:00~19:30
E	–	15:00~17:10	–	15:00~17:10	–
F	16:00~19:20	–	16:00~19:20	–	16:00~19:20

※ –: 참여 불가

[회의 장소 선호도]

장소 \ 전문가	A	B	C	D	E	F
가	5점	4점	5점	6점	7점	5점
나	6점	6점	8점	6점	8점	8점
다	7점	8점	5점	6점	3점	4점

조건

- 전문가 A~F 중 3명 이상이 참여할 수 있어야 회의 개최가 가능하다.
- 회의는 1시간 동안 진행되며, 회의 참여자는 회의 시작부터 종료까지 자리를 지켜야 한다.
- 회의 시간이 정해지면, 해당 일정에 참여 가능한 전문가들의 선호도를 합산하여 가장 높은 점수가 나온 곳을 회의 장소로 정한다.

① A는 매일 회의에 참여한다.
② E가 회의를 참여하면, C도 회의에 참여한다.
③ 월요일에 회의를 개최하는 경우, 회의 장소는 나이다.
④ 화요일과 목요일에는 같은 장소에서 회의를 개최한다.
⑤ 5명이 회의를 참여하는 경우, 회의는 17:00에서 17:30 사이에 시작해야 한다.

중

13 다음 [조건]과 [상황]을 근거로 판단할 때, A사가 K시에서 개최한 설명회에 지출한 총 통역 경비를 고르면?

1 2 3

조건

[통역경비 산정 기준]

통역경비는 통역료와 출장비(교통비, 이동 보상비)의 합으로 산정한다.

※ 통역료(통역사 1인당)

구분	기본요금(3시간까지)	추가요금(3시간 초과 시)
영어, 아랍어, 독일어	500,000원	100,000원/시간
베트남어, 인도네시아어	600,000원	150,000원/시간

※ 출장비(통역사 1인당)

- 교통비는 왕복으로 실비 지급
- 이동 보상비는 이동 시간당 10,000원 지급

[상황]

A사는 K시에서 설명회를 개최하였다. 통역은 영어와 독일어, 베트남어로 진행되었고, 영어 통역사 3명과 독일어 통역사 1명, 베트남어 통역사 2명이 통역하였다. 설명회에서 통역사 1인당 영어 통역은 2시간, 독일어 통역은 4시간, 베트남어 통역은 5시간 진행되었다. K시까지는 편도로 2시간이 소요되며, 개인당 교통비는 왕복 80,000원이 들었다.

① 424만 원 ② 450만 원 ③ 462만 원
④ 496만 원 ⑤ 510만 원

14 다음 글을 근거로 판단할 때, 2019년 무역 의존도가 가장 높은 국가와 가장 낮은 국가를 바르게 나열한 것을 고르면?

1 2 3

> A, B, C 세 국가는 서로 간에만 무역을 하고 있다. 2019년 세 국가의 수출액은 다음과 같다.
>
> • A의 B와 C에 대한 수출액은 각각 200억 달러와 100억 달러였다.
> • B의 A와 C에 대한 수출액은 각각 150억 달러와 100억 달러였다.
> • C의 A와 B에 대한 수출액은 각각 150억 달러와 50억 달러였다.
>
> A, B, C의 2019년 국내 총생산은 각각 1,000억 달러, 3,000억 달러, 2,000억 달러였고, 각 국가의 무역 의존도는 다음과 같이 계산한다.
>
> $$(\text{무역 의존도})=\frac{(\text{총수출액})+(\text{총수입액})}{(\text{국내 총생산})}$$

	가장 높은 국가	가장 낮은 국가
①	A	B
②	A	C
③	B	A
④	B	C
⑤	C	B

Ⅳ 자원관리능력

15 다음 [표]는 위원회 회의참석수당 지급규정에 관한 자료이다. 이를 근거로 [회의]의 (가)~(라) 중 총지급액이 가장 큰 회의와 가장 작은 회의의 총지급액 차를 고르면?

1 2 3

[표1] 위원회 회의참석수당 지급규정

(단위: 천 원/인)

구분		전체위원회		조정위원회		전문 위원회	기타 위원회
		전체회의	소위	전체회의	소위		
안건 검토비	위원장	250	200	150	100	150	100
	위원	200	150	100	50	100	50
회의참석비		회의시간이 2시간 미만인 경우 100 회의시간이 2시간 이상인 경우 200					
교통비		교통비 지급규정에 따라 정액 지급					

※ 1) 총지급액은 위원장과 위원의 회의참석수당 합임
2) (위원(장) 회의참석수당)=(위원(장) 안건검토비)+(회의참석비)+(교통비)

[표2] 교통비 지급규정

(단위: 천 원/인)

회의개최장소	1급지	2급지	3급지	4급지
교통비	10	12	16	20

※ 교통비는 회의개최장소의 등급에 따라 지급하고, 회의개최장소는 1~4급지로 구분됨

[회의]

(가) 1급지에서 개최되고 위원장 1인과 위원 2인이 참석하며, 회의시간이 3시간인 전체위원회 전체회의

(나) 2급지에서 개최되고 위원장 1인과 위원 4인이 참석하며, 회의시간이 1시간인 기타 위원회

(다) 3급지에서 개최되고 위원장 1인과 위원 3인이 참석하며, 회의시간이 4시간인 조정위원회 소위

(라) 4급지에서 개최되고 위원장 1인과 위원 2인이 참석하며, 회의시간이 2시간인 전문위원회

① 420천 원 ② 440천 원 ③ 460천 원
④ 480천 원 ⑤ 500천 원

정답과 해설 P. 170~176

중 ☑ 2023 5급 공채 PSAT 기출변형

01 다음 [표]는 2022년 '갑'부처 기금 A~E의 예산과 기금건전성 평가 결과 및 2023년 기금 예산 결정방식에 관한 자료이다. 이에 대한 설명으로 옳은 것을 고르면?

1 2 3

[표1] 2022년 기금별 예산과 기금건전성 평가 결과 (단위: 백만 원, 점)

구분 / 기금	2022년 예산	평가항목별 점수			기금건전성 총점
		사업 적정성 점수	재원구조 적정성 점수	기금존치 타당성 점수	
A	200,220	30	18	( )	76
B	34,100	24	30	13	( )
C	188,500	( )	14	15	82
D	9,251	25	17	13	( )
E	90,565	18	15	6	45

※ (기금건전성 총점)=(사업 적정성 점수)+(재원구조 적정성 점수)+(기금존치 타당성 점수)×2

[표2] 2023년 기금예산 결정방식

2022년 기금건전성 총점	2023년 예산
60점 미만	2022년 예산의 80%
60점 이상 80점 미만	2022년 예산의 100%
80점 이상	2022년 예산의 110%

① 사업 적정성 점수가 두 번째로 높은 기금은 C이다.
② 2023년 예산이 2022년 예산의 100%인 기금은 총 3개이다.
③ 기금존치 타당성 점수는 A가 D보다 낮다.
④ 2022년 기금건전성 총점이 가장 높은 기금은 2022년 예산이 가장 많다.
⑤ 2023년 A~E 예산의 합은 525,000백만 원 이상이다.

Ⅳ 자원관리능력

02 다음 [표]는 제품 A~E의 제조원가에 관한 자료이다. 제품 A~E 중 매출액이 가장 큰 제품과 두 번째로 작은 제품의 차이를 고르면?

1 2 3

[표] 제품 A~E의 고정원가, 변동원가율, 제조원가율 (단위: 원, %)

구분 제품	고정원가	변동원가율	제조원가율
A	60,000	40	25
B	36,000	60	30
C	33,000	40	30
D	50,000	20	10
E	10,000	50	10

※ 1) (제조원가) = (고정원가) + (변동원가)

2) (고정원가율)(%) = $\frac{\text{(고정원가)}}{\text{(제조원가)}} \times 100$

3) (변동원가율)(%) = $\frac{\text{(변동원가)}}{\text{(제조원가)}} \times 100$

4) (제조원가율)(%) = $\frac{\text{(제조원가)}}{\text{(매출액)}} \times 100$

① 325,000원 ② 326,000원 ③ 327,000원
④ 425,000원 ⑤ 426,000원

03 다음 [조건]과 [상황]을 근거로 판단할 때, A가 새로 읽기 시작한 350쪽의 책을 다 읽은 때를 고르면?

1 2 3

| 조건 |

- A는 특별한 일이 없는 경우, 월~금요일까지 매일 시외버스를 타고 30분씩 각각 출근과 퇴근을 하며, 밤 9시 이전에 집에 도착한다.
- A는 대중교통을 이용할 때 책을 읽는다. 단, 시내버스에서는 책을 읽지 않고, 또 밤 9시가 넘으면 어떤 대중교통을 이용해도 책을 읽지 않는다.
- A는 10분에 20쪽의 속도로 책을 읽는다. 다만 책의 1쪽부터 30쪽까지는 10분에 15쪽의 속도로 읽는다.

[상황]

A는 이번 주 월~금요일까지 출퇴근을 했는데, 화요일에는 회사 앞에서 회식이 있어 밤 8시 50분에 시외버스를 타고 30분 후에 집 근처 정류장에 내려 퇴근하였다. 수요일에는 오전 근무를 마치고 회의를 위해서 지하철로 20분 이동한 후 다시 시내버스를 30분 타고 회의 장소로 갔다. 회의가 끝난 직후 밤 9시 10분에 지하철을 40분 타고 퇴근하였다. 목요일에는 퇴근할 때, 대중교통을 이용하지 않고 동료 자가용을 이용하였다. A는 200쪽까지 읽은 280쪽의 책을 월요일 아침 출근부터 이어서 읽었고, 그 책을 다 읽은 직후 곧바로 350쪽의 새로운 책을 읽기 시작하였다.

① 수요일 퇴근 중
② 목요일 출근 중
③ 목요일 퇴근 중
④ 금요일 출근 중
⑤ 금요일 퇴근 중

04 다음 글과 지원 대상 후보 현황을 근거로 판단할 때, B, C, F, G기업의 지원금의 총합을 고르면?

1 2 3

□□부는 2021년 중소기업 광고비 지원 사업 예산 6억 원을 기업에 지원하려 하며, 지원 대상 선정 및 지원금 산정 방법은 다음과 같다.

- 2020년 총매출이 500억 원 미만인 기업만 지원하며, 우선 지원 대상 사업 분야는 백신, 비대면, 인공지능이다.
- 우선 지원 대상 사업 분야 내 또는 우선 지원 대상이 아닌 사업 분야 내에서는 (소요 광고비)×(2020년 총매출)이 작은 기업부터 먼저 선정한다.
- 지원금 상한액은 1억 2,000만 원이나, 해당 기업의 2020년 총매출이 100억 원 이하인 경우, 상한액의 2배까지 지원할 수 있다. 단, 지원금은 소요 광고비의 2분의 1을 초과할 수 없다.
- 위의 지원금 산정 방법에 따라 예산 범위 내에서 지급 가능한 최대 금액을 예산이 소진될 때까지 지원 대상 기업에 순차적으로 배정한다.

A~G기업의 현황은 다음과 같다.

[지원 대상 후보 현황]

기업	2020년 총매출	소요 광고비	사업 분야
A	600억 원	1억 원	백신
B	500억 원	2억 원	비대면
C	400억 원	3억 원	농산물
D	300억 원	4억 원	인공지능
E	200억 원	5억 원	비대면
F	100억 원	6억 원	의류
G	30억 원	4억 원	백신

① 2억 4천만 원　② 3억 6천만 원　③ 4억 4천만 원
④ 4억 8천만 원　⑤ 6억 원

중

05 다음 글과 [표]를 근거로 판단할 때, 작년 대비 올해 성과급의 변동 폭이 가장 큰 직원과 가장 작은 직원을 고르면?

1 2 3

□□시는 부서 성과 및 개인 성과에 따라 등급을 매겨 다음과 같이 직원들에게 성과급을 지급하고 있다.

- 부서 등급과 개인 등급은 각각 S, A, B, C로 나뉘고, 등급별 성과급 산정 비율은 다음과 같다.

구분	S	A	B	C
성과급 산정 비율(%)	40	20	10	0

- 작년까지는 부서 등급과 개인 등급에 따른 성과급 산정 비율의 산술평균을 연봉에 곱해 직원의 성과급을 산정해왔다.

(성과급)=(연봉)×{(부서 산정 비율+개인 산정 비율)÷2}

- 올해부터는 부서 등급과 개인 등급에 따른 성과급 산정 비율 중 더 큰 값을 연봉에 곱해 성과급을 산정하도록 개편하였다.

(성과급)=(연봉)×max{부서 산정 비율, 개인 산정 비율}
※ max{a, b}=a와 b 중 더 큰 값

[표] 작년과 올해 □□시 소속 직원 갑, 을, 병의 연봉 및 성과 등급

구분	작년			올해		
	연봉(만 원)	성과 등급		연봉(만 원)	성과 등급	
		부서	개인		부서	개인
갑	3,500	S	S	4,000	A	S
을	4,000	B	S	4,000	S	A
병	3,000	B	A	3,500	C	C

	변동 폭이 가장 큰 직원	변동 폭이 가장 작은 직원
①	갑	을
②	갑	병
③	을	갑
④	을	병
⑤	병	갑

Ⅳ 자원관리능력

06 다음 [조건]을 근거로 판단할 때, 첫째 돼지, 둘째 돼지, 셋째 돼지가 집을 지을 때, 들어간 재료 비용의 총합을 고르면?

1
2
3

조건

- 아기 돼지 삼형제는 엄마 돼지로부터 독립하여 벽돌집, 나무집, 지푸라기집 중 각각 다른 한 채씩을 선택하여 짓는다.
- 벽돌집을 지을 때에는 벽돌만 필요하지만, 나무집은 나무와 지지대가, 지푸라기집은 지푸라기와 지지대가 재료로 필요하다. 지지대에 소요되는 비용은 집의 면적과 상관없이 나무집의 경우 20만 원, 지푸라기집의 경우 5만 원이다.
- 재료의 1개당 가격 및 집의 면적 $1m^2$당 필요 개수는 다음과 같다.

구분	벽돌	나무	지푸라기
1개당 가격	6,000원	3,000원	1,000원
$1m^2$당 필요 개수	15개	20개	30개

- 첫째 돼지 집의 면적은 둘째 돼지 집의 2배이고, 셋째 돼지 집의 3배이다. 삼형제 집의 면적의 총합은 $11m^2$이다.
- 모두 집을 짓고 나니, 둘째 돼지 집을 짓는 재료 비용이 가장 많이 들었다.

① 61만 원　② 68만 원　③ 79만 원
④ 82만 원　⑤ 94만 원

07 다음 글과 [상황]을 근거로 판단할 때, 甲과 丙에게 배정되는 금액의 합을 고르면?

1
2
3

A부서는 소속 직원에게 원격지 전보에 따른 이전여비를 지원한다. A부서는 다음과 같은 지침에 따라 지원액을 배정하고자 한다.

- 지원액 배정 지침
  - 이전여비 지원 예산 총액: 180만 원
  - 심사를 통해 원격지 전보에 해당하는 신청자만 배정대상자로 함
  - 예산 한도 내에서 지원 가능한 최대의 금액 배정
  - 배정대상자 신청액의 합이 지원 예산 총액을 초과할 경우에는 각 배정대상자의 '신청액 대비 배정액 비율'이 모두 같도록 삭감하여 배정

[상황]

다음은 이전여비 지원을 신청한 A부서 직원 甲~戊의 신청액과 원격지 전보 해당 여부이다.

구분	이전여비 신청액(원)	원격지 전보 해당 여부
甲	400,000	해당
乙	700,000	해당
丙	300,000	해당
丁	400,000	해당하지 않음
戊	600,000	해당

① 500,000원 ② 540,000원 ③ 580,000원
④ 600,000원 ⑤ 630,000원

중

08 다음 [조건]을 근거로 판단할 때, 갑의 학습 점수를 고르면?

1
2
3

조건

- 갑이 소속된 기관에서는 상시학습 과목을 주기적으로 반복하여 수강하도록 하고 있다.
- 갑은 2021년 1월 15일 하루 동안 상시학습 과목을 수강하여 학습 점수를 최대화하고자 한다.
- 갑이 하루에 수강할 수 있는 최대 시간은 8시간이다.
- 2021년 1월 15일 기준, 권장 수강 주기가 지난 상시학습 과목을 수강하는 경우, 수강 시간 만큼 학습 점수로 인정한다.
- 2021년 1월 15일 기준, 권장 수강 주기 이내에 상시학습 과목을 수강하는 경우, 수강 시간의 2배를 학습 점수로 인정한다.
- 과목별 수강 시간을 다 채운 경우에 한하여 학습 점수를 인정한다.

[상시학습 과목 정보]

과목명	수강 시간	권장 수강 주기	갑의 직전 수강 일자
통일교육	2시간	12개월	2020년 2월 20일
청렴교육	2시간	9개월	2020년 4월 11일
장애인식교육	3시간	6개월	2020년 6월 7일
보안교육	3시간	3개월	2020년 9월 3일
폭력예방교육	5시간	6개월	2020년 8월 20일

① 12점 ② 13점 ③ 14점
④ 15점 ⑤ 16점

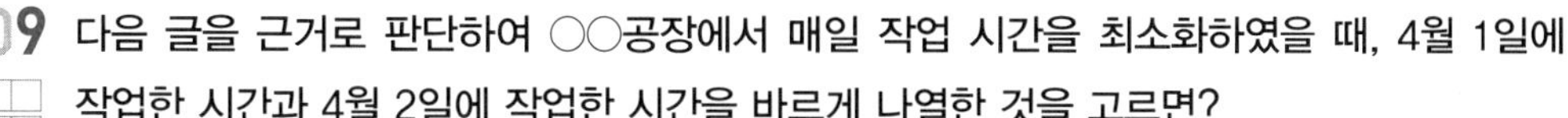

09 다음 글을 근거로 판단하여 ○○공장에서 매일 작업 시간을 최소화하였을 때, 4월 1일에 작업한 시간과 4월 2일에 작업한 시간을 바르게 나열한 것을 고르면?

1 2 3

○○공장은 작업반 A와 B로 구성되어 있고 제품 X와 제품 Y를 생산한다. 다음은 각 작업반이 1시간 동안에 생산할 수 있는 각 제품의 수량을 나타낸 자료이다. 각 작업반은 X와 Y를 동시에 생산할 수 없고, 작업 속도는 일정하다.

[작업반별 시간당 생산량]

구분	제품 X	제품 Y
작업반 A	2개	3개
작업반 B	1개	3개

○○공장은 4월 1일 오전 9시에 X 24개와 Y 18개를 주문받았으며, 4월 2일에도 같은 시간에 동일한 주문을 받았다. 당일 주문받은 물량은 당일에 모두 생산하였다.

4월 1일에는 작업 여건상 두 작업반이 같은 시간대에 동일한 종류의 제품만을 생산해야 했지만, 4월 2일에는 그러한 제약이 없었다. 두 작업반은 매일 동시에 작업을 시작하며, 작업 시간은 작업 시작 시점부터 주문받은 물량 생산 완료 시점까지의 시간을 의미한다.

	4월 1일 작업 시간	4월 2일 작업 시간
①	10시간	9시간
②	10시간	10시간
③	11시간	8시간
④	11시간	9시간
⑤	11시간	10시간

10 다음 [표]는 창호, 영희, 기원, 준희가 홍콩 여행을 하며 지출한 경비를 정리한 자료이다. 지출한 총 경비를 4명이 동일하게 분담하는 정산을 수행할 때, [그림]의 빈칸 (A), (B), (C)에 해당하는 금액을 바르게 나열한 것을 고르면?

1 2 3

[표] 여행 경비 지출 내역

구분	지출자	내역	금액	단위
숙박	창호	호텔비	400,000	원
교통	영희	왕복 비행기	1,200,000	
기타	기원	간식1	600	홍콩달러
		중식1	700	
		관광지1 입장권	500	
		석식	700	
		관광지2 입장권	1,000	
		관광지3 입장권	500	
		간식2	320	
		중식2	180	

※ 단, 환율은 1홍콩달러당 140원으로 일정하다고 가정함

[그림] 여행 경비 정산 관계도

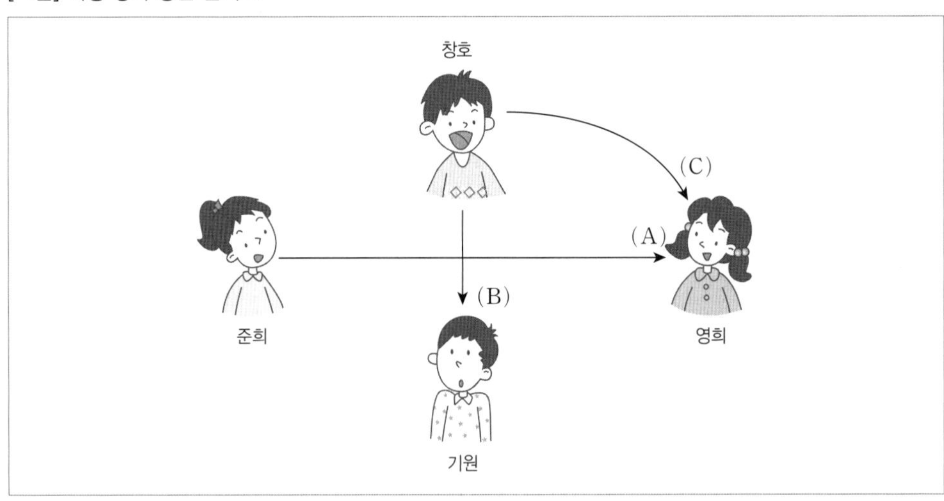

※ 단, 돈은 화살표의 방향으로 각각 1회만 이동함

	(A)	(B)	(C)
①	380,000원	50,000원	70,000원
②	380,000원	72,500원	85,000원
③	557,500원	50,000원	70,000원
④	557,500원	72,500원	85,000원
⑤	557,500원	72,500원	105,000원

04 PSAT 기출변형 Lv.3

정답과 해설 P. 176~179

상

☑ 2019 5급 공채 PSAT 기출변형

01 다음 글과 [조건]을 근거로 판단할 때, 옳은 것을 고르면?

1 2 3

A구와 B구로 이루어진 신도시 X시에는 어린이집과 복지회관이 없다. 이에 X시는 60억 원의 건축 예산을 사용하여 아래의 [건축비와 만족도] 및 [조건] 하에서 시민 만족도가 가장 높도록 어린이집과 복지회관을 신축하려고 한다.

[건축비와 만족도]

지역	시설 종류	건축비	만족도
A구	어린이집	20억 원	35점
	복지회관	15억 원	30점
B구	어린이집	15억 원	40점
	복지회관	20억 원	50점

| 조건 |

- 예산 범위 내에서 시설을 신축한다.
- 시민 만족도는 각 시설에 대한 만족도의 합으로 계산한다.
- 각 구에는 최소 1개의 시설을 신축해야 한다.
- 하나의 구에 동일 종류의 시설을 3개 이상 신축할 수 없다.
- 하나의 구에 동일 종류의 시설을 2개 신축할 경우, 그 시설 중 한 시설에 대한 만족도는 20% 하락한다.

① 5억 원의 예산이 남는다.
② X시에 신축되는 시설은 총 3개이다.
③ A구에는 복지회관만 1개가 신축될 것이다.
④ X시에 복지회관은 총 2개가 신축될 것이다.
⑤ B구에는 두 가지 종류의 시설이 모두 신축될 것이다.

Ⅳ 자원관리능력

02 다음 [조건]과 [표]는 2018~2020년 가 부서 전체 직원의 성과급에 관한 자료이다. 이를 근거로 판단할 때, 가 부서 직원 중 가장 높은 기본 연봉의 액수를 고르면?

1 2 3

조건

- 매년 각 직원의 기본 연봉은 변동 없다.
- 성과급은 전체 직원에게 각 직원의 성과 등급에 따라 매년 1회 지급한다.
- (성과급)=(기본 연봉)×(지급 비율)
- 가 부서 전체 직원의 기본 연봉을 모두 더한 값은 5억 1,000만 원이다.
- 성과 등급별 지급 비율 및 인원수는 다음과 같다.

구분 \ 성과 등급	S	A	B
지급 비율	20%	10%	5%
인원수	1명	2명	3명

[표] 2018~2020년 가 부서 전체 직원의 성과급 (단위: 백만 원)

직원 \ 연도	2018년	2019년	2020년
갑	12.0	6.0	3.0
을	5.0	20.0	5.0
병	6.0	3.0	6.0
정	8.0	8.0	16.0
무	4.5	4.5	4.5
기	6.0	6.0	12.0

① 8,000만 원 ② 1억 원 ③ 1억 2,000만 원
④ 1억 4,000만 원 ⑤ 1억 6,000만 원

03 다음 [조건]을 근거로 판단할 때, [보기]에서 옳은 것을 모두 고르면?

1 2 3

조건

- 서연이는 가전제품 A~E를 한 대씩 구매하기 위하여 다음 [표]와 같이 상점 갑, 을, 병의 가전제품 판매 가격을 알아보았다.

[표] 상점별 가전제품 판매 가격

(단위: 만 원)

구분	A	B	C	D	E
갑	150	50	50	20	20
을	130	45	60	20	10
병	140	40	50	25	15

- 서연이는 각각의 가전제품을 세 상점 중 어느 곳에서나 구매할 수 있으며, 아래의 [혜택]을 이용하여 총 구매액을 최소화하고자 한다.

[혜택]

– 갑: 200만 원 이상 구매 시 전 품목 10% 할인
– 을: A를 구매한 고객에게는 C, D를 20% 할인
– 병: C, D를 모두 구매한 고객에게는 E를 5만 원에 판매

보기

㉠ 갑에서 구매하는 가전제품은 없다.
㉡ 병에서 구매하는 가전제품은 2개이다.
㉢ D는 을에서 구매한다.
㉣ 총 구매액은 249만 원이다.

① ㉠, ㉡ ② ㉠, ㉢ ③ ㉡, ㉣
④ ㉠, ㉢, ㉣ ⑤ ㉠, ㉡, ㉢, ㉣

Ⅳ 자원관리능력

02 인적·물적자원

필수이론&전략

1 대표 유형

NCS 자원관리능력에서의 인적·물적자원은 주어진 자료에서 다루는 대상(사람, 물품)만 다를 뿐, 복합자료를 바탕으로 조건을 만족하는 대상을 선택하는 유형이나 선택지/보기의 정오를 판단하는 유형으로 유사하게 출제되고 있다.

(1) 인적자원

[출제 형태]

다음 글을 근거로 판단할 때, [보기]에서 옳은 것을 모두 고르면?

○○부의 갑 국장은 직원 연수 프로그램을 마련하기 위하여 을 주무관에게 직원 1,000명 전원을 대상으로 연수 희망 여부와 희망 지역에 대한 의견을 수렴할 것을 요청하였다. 이에 따라 을은 설문조사를 실시하였고, 갑과 을은 그 결과에 대해 다음과 같이 대화를 나누고 있다.

- 갑: 설문조사는 잘 시행되었나요?
- 을: 예. 직원 1,000명 모두 연수 희망 여부에 대해 응답하였습니다. 연수를 희망하는 응답자는 43%였으며, 남자 직원의 40%와 여자 직원의 50%가 연수를 희망하는 것으로 나타났습니다.
- 갑: 연수 희망자 전원이 희망 지역에 대해 응답하였나요?
- 을: 예. A지역과 B지역 두 곳 중에서 희망하는 지역을 선택하라고 했더니 B지역을 희망하는 비율이 약간 더 높았습니다. 그리고 연수를 희망하는 여자 직원 중 B지역 희망 비율은 연수를 희망하는 남자 직원 중 B지역 희망 비율의 2배인 80%였습니다.

| 보기 |

㉠ 전체 직원 중 남자 직원의 비율은 50%를 넘는다.
㉡ B지역 연수를 희망하는 직원 중 남자 직원의 비율은 50%를 넘는다.
㉢ A지역 연수를 희망하는 직원 중 여자 직원의 비율은 15%를 넘지 않는다.
㉣ 연수를 희망하는 직원 중 A지역을 희망하는 직원의 비율은 45%를 넘는다.

① ㉠, ㉢　② ㉠, ㉣　③ ㉡, ㉢
④ ㉠, ㉡, ㉣　⑤ ㉡, ㉢, ㉣

(2) 물적자원

[출제 형태]

다음은 지급 보험금 산정 방법과 피보험 물건의 보험 가격에 관한 자료이다. 주어진 자료를 보고, A~D건물 중 지급 보험금이 가장 많은 건물과 가장 적은 건물이 바르게 나열된 것을 고르면?(단, 지급 보험금은 십만 원 단위에서 반올림한다.)

[지급 보험금 산정 방법]

피보험 물건 유형	조건	지급 보험금
일반 물건, 창고 물건, 주택	보험 금액≥보험 가액의 80%	손해액 전액
	보험 금액<보험 가액의 80%	(손해액)×(보험 금액)÷(보험 가액의 80%)
공장 물건, 동산	보험 금액≥보험 가액	손해액 전액
	보험 금액<보험 가액	(손해액)×(보험 금액)÷(보험 가액)

[피보험 물건의 보험 금액 및 보험 가액]

피보험 물건	피보험 물건 유형	보험 금액	보험 가액	손해액
A건물	창고 물건	5천5백만 원	6천5백만 원	2천만 원
B건물	동산	8천만 원	8천4백만 원	3천만 원
C건물	주택	6천4백만 원	8천3백만 원	3천만 원
D건물	일반 물건	9천만 원	1억 3천만 원	4천만 원

	가장 많은 건물	가장 적은 건물
①	A건물	B건물
②	A건물	C건물
③	D건물	A건물
④	D건물	B건물
⑤	D건물	C건물

IV 자원관리능력

2 풀이 전략

(1) 주어진 자료를 확인하여 어떠한 조건이 있는지 먼저 확인한다.

(2) 특정한 조건의 기준에 미달하는 대상을 찾아 바로 소거한다.

(3) 조건을 만족하는 대상이 여럿 있을 경우에는 가중치 또는 점수를 바탕으로 최종 대상을 찾아야 한다. 따라서 정확한 계산을 해야 하며, 한 대상을 기준으로 하여 수치 비교로 최종 대상을 찾을 수 있다.

01 NCS 최신빈출

정답과 해설 P. 179~185

하

01 다음 [표]는 K공사가 책정한 성과등급별 성과등급 평가점수 및 성과급 지급액과 팀별, 직원별 평가점수에 관한 자료이다. 성과급 기준액은 1,000만 원이고, 성과등급 평가점수는 팀별 평가점수의 2배수와 직원별 평가점수를 합하여 계산한다고 할 때, 다음 중 옳은 것을 고르면?

[표1] 성과등급별 성과등급 평가점수 및 성과급 지급액

성과등급	성과등급 평가점수	성과급 지급액
S	27점 이상	성과급 기준액의 100%
A	22점 이상 27점 미만	성과급 기준액의 30%
B	18점 이상 22점 미만	성과급 기준액의 20%
C	18점 미만	–

[표2] 팀별 평가점수 (단위: 점)

구분	영업팀	디자인팀	개발1팀	개발2팀	개발3팀
평가점수	9	7	8	4	5

[표3] 팀별 평가점수 (단위: 점)

구분	김 대리	이 과장	박 과장	한 차장	양 차장
평가점수	7	10	5	6	9

① 5명의 직원이 모두 개발2팀이면 성과급을 받을 수 있는 직원은 없다.
② 김 대리가 디자인팀이면 김 대리가 받게 될 성과급은 500만 원이다.
③ 박 과장이 영업팀이면 박 과장은 C등급이다.
④ 한 차장이 개발1팀이면 한 차장은 A등급이다.
⑤ 양 차장이 영업팀이면 양 차장이 받게 될 성과급은 500만 원이다.

02 다음은 2022년 요양시설 평가 매뉴얼과 시설 A~D의 평가점수에 관한 자료이다. 이에 대한 [보기]의 설명 중 옳은 것을 모두 고르면?

1 2 3

[2022년 요양시설 평가 매뉴얼]

- 각 시설은 기관운영, 환경 및 안전, 수급자 권리보장, 급여제공과정, 급여제공결과의 각 항목별 총점에 따라 '우수', '양호', '보통', '미흡'으로 분류한다.
- 미흡인 항목이 한 개라도 있는 시설은 재평가를 진행한다.

평가	평가 기준
우수	항목별 총점이 만점의 80% 이상인 경우
양호	항목별 총점이 만점의 60% 이상 80% 미만인 경우
보통	항목별 총점이 만점의 50% 이상 60% 미만인 경우
미흡	'보통'의 기준을 충족하지 못한 경우

[표] 시설 A~D의 평가점수 (단위: 점)

항목(만점)	세분류(만점)	A	B	C	D
기관운영(15)	기관관리(3)	2	2	3	1
	인적자원관리(10)	8	9	10	4
	자원 활용(2)	2	2	1	2
환경 및 안전(25)	시설 및 설비관리(8)	6	5	6	3
	위생 및 감염관리(6)	5	6	5	4
	안전관리(11)	8	10	9	6
수급자 권리보장(11)	수급자 권리(4)	1	3	3	4
	수급자 존엄성(7)	3	4	6	6
급여제공과정(39)	급여개시(4)	2	2	3	4
	급여계획(4)	2	3	4	4
	급여제공(31)	24	25	28	30
급여제공결과(10)	수급자 상태(6)	4	4	5	4
	만족도 평가(4)	2	3	4	3

보기

㉠ A시설은 '우수' 평가를 받은 항목이 한 개도 없다.
㉡ 모든 항목에서 '우수' 평가를 받은 시설은 한 곳뿐이다.
㉢ 급여제공과정 항목은 A~D 네 시설이 모두 '양호' 평가를 받았다.
㉣ 재평가를 받아야 하는 시설은 한 곳이다.

① ㉡　② ㉢　③ ㉠, ㉡
④ ㉡, ㉢　⑤ ㉢, ㉣

IV 자원관리능력

03 다음 [표]는 갑국 A~E대학의 재학생 수 및 재직 교원 수와 법정 필요 교원 수 산정 기준에 관한 자료이다. 이에 근거하여 법정 필요 교원 수를 충족시키기 위해 충원해야 할 교원 수가 많은 대학부터 순서대로 나열한 것을 고르면?

1 2 3

[표1] 재학생 수 및 재직 교원 수

(단위: 명)

구분 \ 대학	A	B	C	D	E
재학생 수	900	30,000	13,300	4,200	18,000
재직 교원 수	60	2,020	650	210	1,240

[표2] 법정 필요 교원 수 산정 기준

재학생 수	법정 필요 교원 수
1,000명 미만	재학생 16명당 교원 1명
1,000명 이상 10,000명 미만	재학생 15명당 교원 1명
10,000명 이상 20,000명 미만	재학생 14명당 교원 1명
20,000명 이상	재학생 13명당 교원 1명

※ 단, 법정 필요 교원 수 계산 시 소수점 첫째 자리에서 올림

① B−C−D−A−E
② B−D−C−E−A
③ C−B−D−A−E
④ C−B−D−E−A
⑤ C−D−B−E−A

04 **다음은 지급 보험금 산정 방법과 피보험 물건의 보험 가격에 관한 자료이다. 주어진 자료를 보고, A~D건물 중 지급 보험금이 가장 많은 건물과 가장 적은 건물이 바르게 나열된 것을 고르면?**(단, 지급 보험금은 십만 원 단위에서 반올림한다.)

1 2 3

[지급 보험금 산정 방법]

피보험 물건 유형	조건	지급 보험금
일반 물건, 창고 물건, 주택	보험 금액≥보험 가액의 80%	손해액 전액
	보험 금액<보험 가액의 80%	(손해액)×(보험 금액)÷(보험 가액의 80%)
공장 물건, 동산	보험 금액≥보험 가액	손해액 전액
	보험 금액<보험 가액	(손해액)×(보험 금액)÷(보험 가액)

[피보험 물건의 보험 금액 및 보험 가액]

피보험 물건	피보험 물건 유형	보험 금액	보험 가액	손해액
A건물	창고 물건	5천5백만 원	6천5백만 원	2천만 원
B건물	동산	8천만 원	8천4백만 원	3천만 원
C건물	주택	6천4백만 원	8천3백만 원	3천만 원
D건물	일반 물건	9천만 원	1억 3천만 원	4천만 원

	가장 많은 건물	가장 적은 건물
①	A건물	B건물
②	A건물	C건물
③	D건물	A건물
④	D건물	B건물
⑤	D건물	C건물

Ⅳ 자원관리능력

[05~06] 다음은 갑 기관의 근무 평가 기준에 관한 자료이다. 주어진 자료를 보고 질문에 답하시오.

• 당해 직원의 근무 평가는 사업 실적 점수와 능력 평가 점수를 합산한 점수를 반영한다.

[사업 실적 기준표]

구분		배점	배분 방법
행사	대형	50점	• 외부인이 참여하는 세미나, 토론회 등(단, 국제 행사는 배점 50% 가산) – 대형: 200명 이상 – 중대형: 150~199명 – 중형: 100~149명 – 중소형: 50~99명 – 소형: 50명 미만
	중대형	40점	
	중형	30점	
	중소형	20점	
	소형	10점	
교육	대형	50점	• 일반 시민을 대상으로 하는 교육 • 배점 기준(교육 시간×인원) – 대형: 4,000 초과 – 중대형: 3,001~4,000 – 중형: 2,001~3,000 – 중소형: 1,001~2,000 – 소형: 1,000 이하 ※ 단, 공무원 등 특정인 대상 교육은 (교육 시간×인원)의 20% 감산
	중대형	40점	
	중형	30점	
	중소형	20점	
	소형	10점	
지원	대형	50점	• 배점 기준(지원 기간) – 대형: 8개월 초과 – 중대형: 6~8개월 – 중형: 3~5개월 – 중소형: 1~2개월 – 소형: 1회성(단, 업무 분장을 받아 지원한 경우에 한하며, 회당 배점 산정)
	중대형	40점	
	중형	30점	
	중소형	20점	
	소형	10점	

• 능력 평가의 평가자, 평가자별 평가 비율, 평가 항목 및 배점은 다음과 같으며, 25점을 만점으로 한다.

1. 연구직
   – 1차 평가: 소속부서장(30%)
   – 2차 평가: 실장(30%)
   – 3차 평가: 기관장(40%)
2. 관리직
   – 1차 평가: 소속부서장(50%)
   – 2차 평가: 기관장(50%)

업무 추진력	전문 지식	판단력	교섭력	관리 능력
5점	5점	5점	5점	5점

• 갑 기관의 직원 A~D에 대한 능력 평가 결과는 다음과 같다.

구분	업무 추진력	전문 지식	판단력	교섭력	관리 능력	직책
A	4점/3점/5점	3점/4점/4점	5점/2점/4점	2점/4점/4점	3점/5점/4점	연구직
B	5점/2점	3점/4점	4점/4점	5점/3점	2점/4점	관리직
C	3점/3점/5점	2점/3점/4점	4점/4점/2점	5점/4점/5점	3점/4점/3점	연구직
D	4점/4점	5점/5점	2점/4점	5점/2점	2점/4점	관리직

※ 단, 각 점수는 평가자 차수별 순서임

하

05 다음 중 A~D직원의 능력 평가 점수가 가장 높은 직원과 가장 낮은 직원을 순서대로 바르게 나열한 것을 고르면?

1 2 3

① A, B ② A, D ③ B, C
④ D, B ⑤ D, C

중

06 A~D직원의 사업 실적이 다음 [표]와 같을 때, 사업 실적 점수와 능력 평가 점수를 합산한 근무 평가 점수가 가장 높은 직원의 근무 평가 점수를 고르면?

1 2 3

[표] A~D직원의 사업 실적

구분	행사(참석 인원)	교육(시간, 인원)	지원(기간)
A	80명	15시간, 50명	4개월
B	120명	10시간, 120명(공무원 대상)	2개월
C	100명	20시간, 100명	1회성 2회(업무 분장 지원)
D	50명(국제 행사)	25시간, 100명(공무원 대상)	2개월

① 78점 ② 78.9점 ③ 88.1점
④ 88.5점 ⑤ 88.9점

07 김 씨는 2018년 9월 전액 현금으로만 다음 [표]와 같이 지출하였다. 만약 김 씨가 2018년 9월에 A~C 신용카드 중 하나만을 발급받아 할인 전 금액이 [표]와 동일하도록 해당 카드로만 지출하였다면, [신용카드별 할인 혜택]에 근거한 할인 후, 예상 청구액이 가장 많은 카드부터 순서대로 바르게 나열한 것을 고르면?

[표] 2018년 9월 지출 내역 (단위: 만 원)

분류	세부 항목		금액	합계
교통비	버스·지하철요금		8	20
	택시요금		2	
	KTX요금		10	
식비	외식비	평일	10	40
		주말	10	
	카페 지출액		5	
	식료품 구입비	재래시장	10	
		대형마트	5	
의류 구입비	온라인		15	30
	오프라인		15	
여가 및 자기계발비	영화 관람료(1만 원/회×2회)		2	30
	도서 구입비 (2만 원/권×1권, 1만 5천 원/권×2권, 1만 원/권×3권)		8	
	학원 수강료		20	

[신용카드별 할인 혜택]

(1) A신용카드
- 버스·지하철, KTX요금 20% 할인(단, 할인액의 한도는 월 2만 원)
- 외식비 주말 결제액 5% 할인
- 학원 수강료 10% 할인
- 최대 총 할인 한도액은 없음
- 연회비 1만 원이 발급 시 부과되어 합산됨

(2) B신용카드
- 버스·지하철, 택시요금 20% 할인(단, 할인액의 한도는 월 1만 5천 원)
- 카페 지출액 10% 할인
- 재래시장 식료품 구입비 10% 할인
- 영화 관람료 회당 2천 원 할인(월 최대 2회)
- 최대 총 할인 한도액은 월 3.5만 원
- 연회비 없음

(3) C신용카드

- 버스 · 지하철, KTX요금 10% 할인(단, 할인액의 한도는 월 1만 원)
- 온라인 의류 구입비 10% 할인
- 도서 구입비 권당 4천 원 할인(단, 권당 가격이 1만 3천 원 이상인 경우에만 적용)
- 최대 총 할인 한도액은 월 4만 원
- 연회비 없음

※ 1) 할부나 부분 청구는 없음
2) A~C신용카드는 매달 1일부터 말일까지의 사용분에 대하여 익월 청구됨

① A－B－C ② A－C－B ③ B－A－C
④ B－C－A ⑤ C－A－B

하

08 **다음 글을 근거로 판단할 때, 갑과 을이 콩을 나누기 위해 측정을 최소로 한다면 35g짜리 돌멩이는 측정에 몇 회 사용되는지 고르면?**

1 2 3

갑이 을을 도와 총 1,760g의 콩을 수확한 후, 갑은 400g의 콩을 가지고 나머지는 을이 모두 가지기로 하였다. 콩을 나눌 때 사용할 수 있는 도구는 2개의 평형 접시가 달린 양팔저울 1개, 5g짜리 돌멩이 1개, 35g짜리 돌멩이 1개뿐이다. 갑과 을은 양팔저울 1개와 돌멩이 2개만을 이용하여 콩의 무게를 측정한다. 양팔저울의 평형 접시 2개가 평형을 이룰 때, 1회의 측정이 이루어진 것으로 본다.

① 0회 ② 1회 ③ 2회
④ 3회 ⑤ 4회

[09~10] 다음은 추정가격 1,000억 원 이상인 공사로서 P주택공사의 「공사계약 종합심사낙찰제 세부심사 기준」과 K주택공사의 공사에 입찰한 참여사별 직전 공사 예정금액 및 실적액에 관한 자료이다. 주어진 자료를 보고 질문에 답하시오.

○ 입찰참여사 중 1차 심사 평점 상위 3개사에 한하여 다음 2차 심사 대상이 된다.

[표1] 공사계약 종합심사낙찰제 세부심사 기준(1차)

심사 항목	평가 요소	평점
시공경험평가	직전 공사 실적	• (평점)=(실적계수)×10 ※ (실적계수)=(실적액)÷(예정금액×5)

※ 단, 평점은 소수점 첫째 자리에서 반올림함

[표2] 공사계약 종합심사낙찰제 세부심사 기준(2차)

심사 항목		평가 요소	등급	평점
기술능력평가	당해 공사의 시공에 필요한 기술자 보유 상황	「건설기술진흥법」에 의한 특급 기술자 수	• A: 4인 이상 • B: 3인 • C: 2인	10.0 9.0 8.0
		「건설기술진흥법」에 의한 초급·중급·고급 기술자 수	• A: 26인 이상 • B: 20인 이상 26인 미만 • C: 13인 이상 20인 미만	10.0 9.0 8.0
	신기술개발·활용 실적	신기술 개발 건수	• A: 2건 이상 • B: 1건 • C: 없음	5.0 3.0 0
시공평가 결과		시공평가 점수	• A: 90점 이상 • B: 80점 이상 90점 미만 • C: 80점 미만	10.0 8.0 6.0
안전관리능력 평가		산업안전보건관리비 사용 관련 위반 건수[1]	• A: 과태료 처분 받은 사실이 없는 경우 • B: 과태료처분을 1회 받은 경우 • C: 과태료 처분을 2회 이상 받은 경우	0 −1.0 −3.0
		산업재해 발생 보고 위반 건수[2]	과태료 처분을 받은 산업재해 발생 보고 의무 위반 1건당 −0.5점씩 부여하여 최대 −5.0까지 부여	−0.5/건

※ 1) 최근 1년 동안 「산업안전보건법」 제72조에 따른 산업안전보건관리비 사용 의무를 위반하여 목적 외 사용금액이 1,000만 원을 초과하거나 사용내역서를 작성·보존하지 아니한 경우
2) 최근 1년 동안 「산업안전보건법 시행규칙」 별표1 제1호 및 제6호에 따른 산업재해발생 보고의무 위반 건수가 배분된 경우

[표3] 입찰참여사별 직전 공사 예정금액 및 실적액 (단위: 억 원)

입찰참여사	예정금액	실적액
A	5,000	7,000
B	4,000	9,000
C	6,000	5,000
D	5,000	10,000
E	16,000	22,000
F	1,000	3,000
G	5,000	5,000

중

09 주어진 자료에 대한 [보기]의 설명 중 옳은 것을 모두 고르면?

1 2 3

보기

㉠ A사와 F사 모두 직전 공사 예정금액 및 실적액은 2,000억 원이 차이나며, 시공경험평가 평점은 동일하다.

㉡ 1차 심사 기준인 시공경험평가 평점이 5점 이상인 입찰참여사는 2개사이다.

㉢ 실적계수가 가장 큰 입찰참여사의 실적계수는 실적계수가 가장 낮은 입찰참여사의 실적계수의 3배 이상이다.

㉣ 실적액이 클수록 직전 공사 실적계수가 높으며, E사의 직전 공사 실적계수가 입찰참여사 중 가장 높다.

① ㉠, ㉡ ② ㉠, ㉢ ③ ㉡, ㉢

④ ㉡, ㉣ ⑤ ㉢, ㉣

중

10 입찰참여사 중 1차 심사 평점 상위 3개사를 높은 점수 순서대로 X, Y, Z라고 할 때, 각 입찰참여사의 2차 심사 기준 항목에 대한 상세 내용은 다음 [표]와 같다. 이에 대한 설명으로 옳지 <u>않은</u> 것을 고르면?

1 2 3

[표] 입찰참여사의 2차 심사 기준 항목별 상세 내용

심사 항목		평가 요소	X	Y	Z
기술능력평가	가. 당해 공사의 시공에 필요한 기술자 보유 상황	「건설기술진흥법」에 의한 특급 기술자 수	2인	4인	4인
		「건설기술진흥법」에 의한 초급·중급·고급 기술자 수	15인	20인	25인
	나. 신기술개발·활용 실적	신기술 개발 건수	2건	1건	0건
시공평가 결과		시공평가 점수	85점	80점	90점
안전관리능력 평가		산업안전 보건관리비 사용 관련 위반 건수	0건	2건	0건
		산업재해 발생 보고 위반 건수	12건	6건	8건

① X사와 Y사의 2차 점수는 동일하다.

② 1차 심사의 평점을 소수점 첫째 자리까지 표기한다면, 1차와 2차 심사 점수의 총합은 Y사가 가장 낮다.

③ 안전관리능력 평가에서 가장 큰 실점을 한 입찰참여사는 B사이다.

④ 2차 심사 점수만으로 공사 계약 낙찰사를 결정한다면, 최종적으로 공사를 낙찰받는 입찰참여사는 B사이다.

⑤ 1차와 2차 심사 점수의 총합으로 공사 계약 낙찰사를 결정한다면, 최종적으로 공사를 낙찰받는 입찰참여사는 F사이다.

정답과 해설 P. 185~192

하

☑ 2023 7급 공채 PSAT 기출변형

01 다음 [표]는 '갑'시 공공정책 홍보사업에 입찰한 A~F홍보업체의 온라인 홍보매체 운영현황에 관한 자료이다. 이를 근거로 A~F홍보업체 중 [선정방식]에 따라 홍보업체를 고르면?

1 2 3

[표] A~F홍보업체의 온라인 홍보매체 운영현황 (단위: 만 명, 만 회)

구분 홍보업체	미디어채널 구독자 수	SNS 팔로워 수	홍보영상 조회 수	공공정책 홍보경력
A	200	0	10	유
B	120	60	30	무
C	80	50	120	유
D	100	60	50	무
E	40	100	60	무
F	85	45	100	유

[선정방식]
- 공공정책 홍보경력이 있는 홍보업체 중 인지도가 가장 높은 1곳과 공공정책 홍보경력이 없는 홍보업체 중 인지도가 가장 높은 1곳을 각각 선정함.
- (홍보업체 인지도)=(미디어채널 구독자 수×0.4)+(SNS 팔로워 수×0.4)+(홍보영상 조회 수×0.2)

① A, B ② A, D ③ B, C
④ C, E ⑤ D, F

☑ 2022 7급 공채 PSAT 기출변형

02 다음 [표]는 2021년 국가 A~D의 국내총생산, 1인당 국내총생산, 1인당 이산화탄소 배출량에 관한 자료이다. 이를 바탕으로 국가 A~D를 이산화탄소 총배출량이 가장 많은 국가부터 순서대로 바르게 나열한 것을 고르면?

1 2 3

[표] 국가별 국내총생산, 1인당 국내총생산, 1인당 이산화탄소 배출량 (단위: 달러, 톤CO_2eq.)

국가 \ 구분	국내총생산	1인당 국내총생산	1인당 이산화탄소 배출량
A	20조 4,941억	62,795	16.6
B	4조 9,709억	39,290	9.1
C	1조 6,194억	31,363	12.4
D	13조 6,082억	9,771	7.0

※ 1) $(\text{1인당 국내총생산}) = \frac{(\text{국내총생산})}{(\text{총인구})}$

2) $(\text{1인당 이산화탄소 배출량}) = \frac{(\text{이산화탄소 총배출량})}{(\text{총인구})}$

① A−C−B−D
② A−D−C−B
③ C−B−A−D
④ D−A−B−C
⑤ D−B−C−A

03 다음 [조건]과 [진술 내용]을 근거로 판단할 때, 첫 번째 사건의 가해 차량 번호와 첫 번째 사건의 목격자를 바르게 나열한 것을 고르면?

1 2 3

| 조건 |

- 어제 두 건의 교통사고가 발생하였다.
- 첫 번째 사건의 가해 차량 번호는 다음 셋 중 하나이다.
  99★2703 / 81★3325 /32★8624
- 어제 사건에 대해 진술한 목격자는 갑, 을, 병으로 3명이다. 이 중 2명의 진술은 첫 번째 사건의 가해 차량 번호에 대한 것이고, 나머지 한 명의 진술은 두 번째 사건의 가해 차량 번호에 대한 것이다.
- 첫 번째 사건의 가해 차량 번호는 두 번째 사건의 목격자 진술에 부합하지 않는다.
- 편의상 차량 번호에서 ★ 앞의 두 자리 수는 A, ★ 뒤의 네 자리 수는 B라고 한다.

[진술 내용]

- 갑: A를 구성하는 두 숫자의 곱은 B를 구성하는 네 숫자의 곱보다 작다.
- 을: B를 구성하는 네 숫자의 합은 A를 구성하는 두 숫자의 합보다 크다.
- 병: B는 A의 50배 이하이다.

	가해 차량 번호	목격자
①	99★2703	갑, 병
②	81★3325	갑, 을
③	81★3325	을, 병
④	32★8624	갑, 을
⑤	32★8624	갑, 병

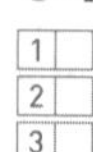

04 다음 글과 [상황]을 근거로 판단할 때, △△대회 개최지로 선정될 곳을 고르면?

1
2
3

甲위원회는 △△대회를 개최하기 위해 후보지 5곳(A~E)에 대하여 다음과 같은 세 단계의 절차를 거쳐 최종 점수가 높은 상위 2곳을 개최지로 선정하기로 하였다.

- 1단계: 인프라, 안전성, 홍보효과 항목에 대해 점수를 부여한다.
- 2단계: 안전성 점수에는 2배의 가중치를, 홍보효과 점수에는 1.5배의 가중치를 부여한 후, 각 항목별 점수를 합산한다.
- 3단계: △△대회를 2회 이상 개최한 적이 있는 곳에 대해서는 합산 점수에서 10점을 감점한다.

[상황]

- 1단계에서 부여된 각 평가 항목의 점수는 다음과 같다.

구분	A	B	C	D	E
인프라	17	11	19	29	19
안전성	16	20	17	15	11
홍보효과	18	16	24	12	22

- △△대회를 2회 이상 개최한 적이 있는 곳은 C, D이다.

① A, B　② A, C　③ B, D
④ B, E　⑤ C, D

05 **다음 글을 근거로 판단할 때, 甲~戊 중 정책자문단에 추가로 위촉되는 전문가를 고르면?**

1 2 3

- A부서는 다음 조건에 따라 정책자문단을 구성하는 중이다.
  - 정책자문단은 8명의 정책자문위원으로 구성하며, 그중 여성이 2명 이상이어야 한다.
  - 정책자문위원은 학계, 예술계, 법조계, 언론계 4개 분야의 전문가 중 위촉한다.
  - 각 분야의 전문가를 1명 이상 위촉해야 하며, 같은 분야의 전문가를 4명 이상 위촉해서는 안 된다.
- 정책자문위원 위촉 현황은 다음과 같다.

분야				성별	
학계	예술계	법조계	언론계	남성	여성
2	3	0	1	5	1

- 다음 전문가(甲~戊) 중 정책자문위원을 추가로 위촉하여 정책자문단 구성을 완료하려 한다.

전문가	분야	성별
甲	예술계	남성
乙	법조계	남성
丙	예술계	여성
丁	학계	여성
戊	언론계	남성

① 甲, 丁　　② 乙, 丙　　③ 乙, 丁

④ 丙, 戊　　⑤ 丁, 戊

06 다음 글을 근거로 판단할 때, [보기]에서 옳은 것을 모두 고르면?

1
2
3

○○부의 갑 국장은 직원 연수 프로그램을 마련하기 위하여 을 주무관에게 직원 1,000명 전원을 대상으로 연수 희망 여부와 희망 지역에 대한 의견을 수렴할 것을 요청하였다. 이에 따라 을은 설문조사를 실시하였고, 갑과 을은 그 결과에 대해 다음과 같이 대화를 나누고 있다.

- 갑: 설문조사는 잘 시행되었나요?
- 을: 예. 직원 1,000명 모두 연수 희망 여부에 대해 응답하였습니다. 연수를 희망하는 응답자는 43%였으며, 남자 직원의 40%와 여자 직원의 50%가 연수를 희망하는 것으로 나타났습니다.
- 갑: 연수 희망자 전원이 희망 지역에 대해 응답하였나요?
- 을: 예. A지역과 B지역 두 곳 중에서 희망하는 지역을 선택하라고 했더니 B지역을 희망하는 비율이 약간 더 높았습니다. 그리고 연수를 희망하는 여자 직원 중 B지역 희망 비율은 연수를 희망하는 남자 직원 중 B지역 희망 비율의 2배인 80%였습니다.

보기

㉠ 전체 직원 중 남자 직원의 비율은 50%를 넘는다.
㉡ B지역 연수를 희망하는 직원 중 남자 직원의 비율은 50%를 넘는다.
㉢ A지역 연수를 희망하는 직원 중 여자 직원의 비율은 15%를 넘지 않는다.
㉣ 연수를 희망하는 직원 중 A지역을 희망하는 직원의 비율은 45%를 넘는다.

① ㉠, ㉢　② ㉠, ㉣　③ ㉡, ㉢
④ ㉠, ㉡, ㉣　⑤ ㉡, ㉢, ㉣

 다음 글을 근거로 판단할 때, 다음 중 분반이 허용되는 강의의 수를 고르면?

2021년에 적용되는 ○○인재개발원의 분반 허용 기준은 다음과 같다.

- 분반 허용 기준
  - 일반강의: 직전 2년 수강 인원의 평균이 100명 이상이거나, 그 2년 중 1년의 수강 인원이 120명 이상
  - 토론강의: 직전 2년 수강 인원의 평균이 60명 이상이거나, 그 2년 중 1년의 수강 인원이 80명 이상
  - 영어강의: 직전 2년 수강 인원의 평균이 30명 이상이거나, 그 2년 중 1년의 수강 인원이 50명 이상
  - 실습강의: 직전 2년 수강 인원의 평균이 20명 이상
- 이상의 기준에도 불구하고 직전 연도 강의 만족도 평가 점수가 90점 이상이었던 강의는 위에서 기준으로 제시한 평균 수강 인원의 90% 이상이면 분반을 허용한다.

[A～H강의별 정보]

강의	강의 구분	2019년		2020년	
		수강 인원	강의 만족도	수강 인원	강의 만족도
A	일반강의	110명	92점	80명	88점
B	실습강의	25명	80점	18명	85점
C	실습강의	16명	86점	23명	92점
D	영어강의	40명	80점	45명	86점
E	토론강의	50명	91점	60명	94점
F	영어강의	32명	88점	20명	82점
G	영어강의	22명	86점	30명	93점
H	일반강의	60명	80점	130명	85점

① 3개 ② 4개 ③ 5개
④ 6개 ⑤ 7개

하　　　　☑ 2021 5급 공채 PSAT 기출변형

08 다음 글과 [대화]를 근거로 판단할 때, 인영이가 현장답사 대상으로 선정한 기업을 알맞게 짝지은 것을 고르면?

1 2 3

- 인영은 기업 현장답사 계획안을 작성해야 한다.
- 현장답사 할 기업을 먼저 선정해야 하는데 기업 후보를 8개 받았으며, 이 가운데에서 두 기업을 골라야 한다. 현장답사 후보 기업 관련 정보는 다음과 같다.

기업	업종	직원 수	실내/실외 여부	근접역 유무 및 역과의 거리
A	제조	100명	실내	있음, 1.5km
B	제조	80명	실외	있음, 2km
C	서비스	500명	실내	있음, 1km
D	서비스	100명	실내	없음
E	서비스	70명	실외	있음, 1.2km
F	제조	120명	실내	있음, 1km
G	제조	200명	실내	있음, 0.8km
H	서비스	150명	실외	없음

- 인영은 서연이에게 도움을 요청했고, 다음 [대화]를 바탕으로 현장답사 대상 기업을 선정하였다.

[대화]

- 인영: 서연아, 예전에 기업 현장답사 계획한 적 있었지? 나도 이번에 계획안을 작성해야 하는데, 현장답사 기업을 선정할 때 어떤 업종이 좋을까?
- 서연: 응, 했었지. 두 곳을 가야 하니 제조 기업과 서비스 기업을 한 곳씩 가는 게 좋을거야.
- 인영: 그렇구나, 기업의 위치는 어떤 곳이 좋을까?
- 서연: 다들 지하철로 이동하니 역이 있는 곳이 좋겠어. 그리고 기업의 규모도 중요할텐데, 관련한 조건은 없었어?
- 인영: 그러고 보니 이번에는 직원 수가 150명 이하인 곳이어야 해. 그런데 모든 걸 만족하는 기업이 없으면 어떡하지?
- 서연: 근접역이 없을 때는 차량 지원이 나오기 때문에 답사 대상으로 선정 가능해.
- 인영: 그렇구나, 또 고려해야 할 것은 없어?
- 서연: 답사 예정 날짜를 보니 비 예보가 있네. 그러면 실외는 안 되겠다.
- 인영: 만족하는 기업이 여러 곳이면 어디를 선정하는 게 좋을까?
- 서연: 역에 더 가까운 곳을 선정하는 게 좋을거야. 만약 둘 중 한 업종이 위 조건을 모두 만족하지 않으면, 나머지 한 업종에 해당하는 두 개의 기업을 답사해도 괜찮아.

① A, D　　② A, E　　③ A, F
④ D, E　　⑤ D, F

다음 글과 [상황]을 근거로 판단할 때, 옳지 않은 것을 고르면?

1 2 3

A국은 청년의 자산형성을 돕기 위해 비과세 혜택을 부여하는 청년자산형성적금을 운영하고 있다.

청년자산형성적금은 가입일이 속한 연도를 기준으로 직전과세년도의 근로소득과 사업소득의 합이 5,000만 원 이하인 청년이 가입할 수 있다. 단, 직전과세년도에 근로소득과 사업소득이 모두 없는 사람과 직전 2개년도 중 한 번이라도 금융소득 종합과세 대상자였던 사람은 가입할 수 없다.

청년은 19~34세인 사람을 의미한다. 단, 군복무기간은 나이를 계산할 때 포함하지 않는다. 예를 들어, 3년간 군복무를 한 36세인 사람은 군복무기간 3년을 제외하면 33세이므로 청년에 해당한다.

[상황]

이름	나이	직전과세년도 소득		최근 금융소득 종합과세 해당년도	군복무 기간
		근로소득	사업소득		
甲	20세	0원	0원	없음	없음
乙	36세	0원	5,000만 원	없음	없음
丙	29세	3,500만 원	1,000만 원	2022년	2년
丁	35세	4,500만 원	0원	2020년	2년
戊	27세	4,000만 원	1,500만 원	2021년	없음

※ 현재 시점은 2023년임

① 청년자산형성적금에 가입할 수 있는 사람은 丁뿐이다.

② 금융소득 종합과세로 인해 청년자산형성적금에 가입할 수 없는 사람은 2명이다.

③ 乙의 군복무기간이 2년이라면 청년자산형성적금에 가입할 수 있다.

④ 다른 조건을 모두 만족하더라도 근로소득이 5,000만 원 이상이라면 청년자산형성적금에 가입할 수 없다.

⑤ 戊는 청년이지만 직전과세년도 소득과 금융소득 종합과세로 인해 청년자산형성적금에 가입할 수 없다.

IV 자원관리능력

10 다음 글과 [상황]을 근거로 판단할 때, 청년미래공제에 참여 가능한 기업의 수를 고르면?

1 2 3

2022년 청년미래공제 참여기업 모집 공고문

• 목적
 – 미취업 청년의 중소기업 유입을 촉진하고, 청년 근로자의 장기근속과 자산 형성을 지원

• 참여 자격
 – 고용보험 피보험자 수가 5인 이상인 중소기업
 – 고용보험 피보험자 수가 1인 이상 5인 미만의 기업이라도 청년 기업은 참여 가능
  ※ 청년 기업: 14세 이상 39세 이하인 청년이 현재 대표이면서 사업을 개시한 날부터 7년이 지나지 않은 기업

• 참여 제한
 – 청년수당 가입유지율이 30% 미만인 기업은 참여 불가. 단, 청년수당 가입 인원이 2인 이하인 경우는 참여 가능

  ※ $(\text{청년수당 가입유지율})(\%) = \frac{(\text{청년수당 6개월 이상 가입 유지 인원})(㉡)}{(\text{청년수당 가입 인원})(㉠)} \times 100$

[상황]

2022년 현재 중소기업(A~J)에 관한 정보는 다음과 같다.

기업	고용보험 피보험자 수	대표자 나이	사업 개시 경과연수	(㉠)	(㉡)
A	4	39	8	20	12
B	5	40	8	25	7
C	6	40	7	3	1
D	10	39	6	5	2
E	2	41	2	2	2
F	9	50	7	2	0
G	16	42	4	1	1
H	4	35	5	2	0
I	16	28	3	12	3
J	5	36	8	1	0

① 2개 ② 3개 ③ 4개
④ 5개 ⑤ 6개

11 다음 글과 [상황]을 근거로 판단할 때, 옳지 않은 것을 고르면?

1 2 3

2023년 휴가지원사업 모집 공고

□사업 목적

• 직장 내 자유로운 휴가문화 조성 및 국내 여행 활성화

□참여 대상

• 중소기업 · 비영리민간단체 · 사회복지법인 · 의료법인 근로자. 단, 아래 근로자는 참여 제외

– 병 · 의원 소속 의사

– 회계법인 및 세무법인 소속 회계사 · 세무사 · 노무사

– 법무법인 소속 변호사 · 변리사

• 대표 및 임원은 참여 대상에서 제외하나, 아래의 경우는 참여 가능

– 중소기업 및 비영리민간단체의 임원

– 사회복지법인의 대표 및 임원

[상황]

甲~戊의 재직정보는 아래와 같다.

구분	직장명	직장 유형	비고
간호사 甲	A병원	의료법인	근로자
노무사 乙	B회계법인	중소기업	근로자
사회복지사 丙	C복지센터	사회복지법인	대표
회사원 丁	D물산	대기업	근로자
의사 戊	E재단	비영리민간단체	임원

① 丙은 휴가지원사업에 참여가 가능하다.

② 丁은 휴가지원사업에 참여가 불가능하다.

③ B회계법인의 임원은 휴가지원사업에 참여가 불가능하다.

④ 모든 의료법인 근로자가 휴가지원사업에 참여가 가능한 것은 아니다.

⑤ 임원의 경우, 직장 유형에 따라 휴가지원사업의 참여 가능 여부가 달라진다.

IV 자원관리능력

12 **다음 글과 [상황]을 근거로 판단할 때, A~E유치원에 실제로 배치되는 영양교사는 최소 몇 명인지 고르면?**(단, A~E유치원은 모두 급식을 위한 시설과 설비를 갖추었다.)

1 2 3

제○○조 ① 급식은 유아의 교육을 위하여 설립·운영되는 국립, 공립, 사립 유치원을 대상으로 실시한다.

② 제1항에도 불구하고 원아 수 50명 미만의 사립 유치원은 급식 대상에서 제외한다. 다만 교육감이 필요하다고 인정하는 경우 급식 대상에 포함시킬 수 있다.

③ 교육감은 제2항에 따라 급식 대상에서 제외되는 유치원의 명칭과 주소를 매년 1월말까지 공시하여야 한다.

제○○조 ① 유치원에 두는 영양교사의 배치 기준은 다음 각 호와 같다.

1. 급식을 실시할 유치원에는 영양교사 1명을 둔다.
2. 제1호에도 불구하고 같은 교육지원청의 관할 구역에 있는 원아 수가 각 200명 미만인 유치원은 2개 이내의 유치원에 순회 또는 공동으로 영양교사를 둘 수 있다.

② 교육감은 급식을 위한 시설과 설비를 갖춘 유치원 중 원아 수가 100명 미만의 유치원에 대하여 영양관리, 식생활 지도 등의 업무를 지원하기 위하여 교육지원청에 전담 직원을 둘 수 있다. 이 경우 교육지원청의 지원을 받는 유치원에는 영양교사를 둔 것으로 본다.

[상황]

현재 유치원 현황은 다음과 같다.

유치원	분류	원아 수	관할 교육지원청
A	공립	223명	갑
B	사립	152명	을
C	사립	123명	을
D	사립	74명	병
E	공립	46명	병

① 1명 ② 2명 ③ 3명
④ 4명 ⑤ 5명

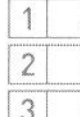

13 다음 글과 [상황]을 근거로 판단할 때, 갑관할 구역 소방서에 배치되어야 하는 소방자동차에 관한 [보기]의 설명 중 옳지 않은 것을 모두 고르면?

1 2 3

소방서에 두는 소방자동차 배치 기준

가. 소방사다리차
   1) 관할 구역에 층수가 11층 이상인 아파트가 20동 이상 있거나 11층 이상 건축물(아파트 제외)이 20개소 이상 있는 경우에는 고가사다리차를 1대 이상 배치한다.
   2) 관할 구역에 층수가 5층 이상인 아파트가 50동 이상 있거나 5층 이상 백화점, 복합상영관 등 대형 화재의 우려가 있는 건물이 있는 경우에는 굴절사다리차를 1대 이상 배치한다.
   3) 고가사다리차 또는 굴절사다리차가 배치되어 있는 119안전센터와의 거리가 20km 이내인 경우에는 배치하지 않을 수 있다.

나. 화학차(내폭화학차 또는 고성능화학차): 위험물을 저장·취급하는 제조소·옥내저장소·옥외탱크저장소·옥외저장소·암반탱크저장소 및 일반취급소(이하 '제조소 등'이라 한다)의 수에 따라 화학차를 설치한다. 관할 구역 내 제조소 등이 50개소 이상 500개소 미만인 경우는 1대를 배치한다. 500개소 이상인 경우는 2대를 배치하며, 1,000개소 이상인 경우는 다음 계산식에 따라 산출(소수점 첫째 자리에서 올림)된 수만큼 추가 배치한다.

(화학차 대수)=(제조소 등의 수−1,000)÷1,000

다. 지휘차 및 순찰차: 각각 1대 이상 배치한다.

라. 그 밖의 차량: 소방 활동을 원활하게 추진하기 위하여 소방서장이 필요하다고 판단하는 경우, 배연차, 조명차, 화재조사차, 중장비, 견인차, 진단차, 행정업무용 차량 등을 추가로 배치할 수 있다.

[상황]

갑관할 구역 내에는 소방서 한 곳이 설치되어 있으며, 이 소방서와 가장 가까운 119안전센터(을관할 구역)는 소방서로부터 25km 떨어져 있다. 이 119안전센터에는 고가사다리차는 배치되어 있지 않으나 굴절사다리차가 배치되어 있다. 갑관할 구역 내에는 층수가 11층 이상인 아파트가 30동 있고, 5층 이상 11층 미만인 아파트가 20동, 3층 백화점 건물이 하나 있으며, 위험물을 저장·취급하는 제조소 등이 1,200개소 있다.

| 보기 |

㉠ 갑관할 구역에는 굴절사다리차를 배치하지 않아도 된다.
㉡ 갑관할 구역에는 화학차를 2대 배치해야 한다.
㉢ 갑관할 구역에는 소방자동차를 최소한 7대 배치해야 한다.

① ㉠ ② ㉡ ③ ㉢
④ ㉠, ㉡ ⑤ ㉠, ㉡, ㉢

IV 자원관리능력

14 다음 글과 [상황]을 근거로 판단할 때, 갑돌이가 할 수 있는 행위를 [보기]에서 모두 고르면?

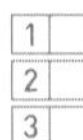

'AD카드'란 올림픽 및 패럴림픽에서 정해진 구역을 출입하거나 차량을 탑승하기 위한 권한을 증명하는 일종의 신분증이다. 모든 관계자들은 반드시 AD카드를 패용해야 해당 구역에 출입하거나 차량을 탑승할 수 있다. 다음은 AD카드에 담긴 정보에 대한 설명이다.

[AD카드 예시]

대회 구분	• 올림픽 AD카드에는 5개의 원이 겹쳐진 '오륜기'가, 패럴림픽 AD카드에는 3개의 반달이 나열된 '아지토스'가 부착된다. • 올림픽 기간 동안에는 올림픽 AD카드만이, 패럴림픽 기간 동안에는 패럴림픽 AD카드만이 유효하다. • 두 대회의 기간은 겹치지 않는다.
탑승 권한	• AD카드 소지자가 탑승 가능한 교통서비스를 나타낸다. 탑승 권한 코드는 복수로 부여될 수 있다. (아래 표 참조)
시설 입장 권한	• AD카드 소지자가 입장 가능한 시설을 나타낸다. 시설 입장 권한 코드는 복수로 부여될 수 있다. (아래 표 참조)

코드	탑승 가능 교통서비스
T1	VIP용 지정 차량
TA	선수단 셔틀버스
TM	미디어 셔틀버스

코드	입장 가능 시설
IBC	국제 방송센터
HAL	알파인 경기장
HCC	컬링센터
OFH	올림픽 패밀리 호텔
ALL	모든 시설

특수 구역 접근 권한	• AD카드 소지자가 시설 내부에서 접근 가능한 특수 구역을 나타낸다. 특수 구역 접근 권한 코드는 복수로 부여될 수 있다.

코드	접근 가능 구역
2	선수 준비 구역
4	프레스 구역
6	VIP 구역

[상황]

갑돌이는 올림픽 및 패럴림픽 관계자이다. 다음은 갑돌이가 패용한 AD카드이다.

보기

㉠ 패럴림픽 기간 동안 미디어 셔틀버스를 타고 올림픽 패밀리 호텔로 이동할 수 있다.
㉡ 패럴림픽 기간 동안 컬링센터 내부에 있는 VIP 구역에 입장할 수 있다.
㉢ 올림픽 기간 동안 올림픽 패밀리 호텔에 머물다가 알파인 경기장에 입장할 수 있다.
㉣ 올림픽 기간 동안 프레스 구역에 있다가 국제 방송센터에 입장할 수 있다.

① ㉠, ㉡　　② ㉠, ㉢　　③ ㉡, ㉣
④ ㉢, ㉣　　⑤ ㉡, ㉢, ㉣

15 다음 글과 [상황]을 근거로 판단할 때, [보기]에서 옳지 않은 것을 모두 고르면?

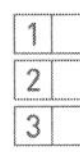

갑국은 국가 혁신 클러스터 지구를 선정하고자 한다. 산업 단지를 대상으로 [평가 기준]에 따라 점수를 부여하고 이를 합산한다. 지방자치단체(이하 '지자체')의 육성 의지가 있는 곳 중 합산 점수가 높은 4곳의 산업 단지를 국가 혁신 클러스터 지구로 선정한다.

[평가 기준]

• 산업 단지 내 기업 집적 정도

산업 단지 내 기업 수	30개 이상	10~29개	9개 이하
점수	40점	30점	20점

• 산업 단지의 산업 클러스터 연관성

업종	연관 업종	유사 업종	기타
점수	40점	20점	0점

※ 연관 업종: 자동차, 철강, 운송, 화학, IT
　유사 업종: 소재, 전기전자

• 신규 투자 기업 입주 공간 확보 가능 여부

입주 공간 확보	가능	불가
점수	20점	0점

• 합산 점수가 동일할 경우, 우선순위는 다음과 같은 순서로 정한다.
　1) 산업 클러스터 연관성 점수가 높은 산업 단지
　2) 기업 집적 정도 점수가 높은 산업 단지
　3) 신규 투자 기업의 입주 공간 확보 가능 여부 점수가 높은 산업 단지

[상황]

산업 단지 A~G에 관한 정보는 다음과 같다.

산업 단지	산업 단지 내 기업 수	업종	입주 공간 확보	지자체 육성 의지
A	58개	자동차	가능	있음
B	9개	자동차	가능	있음
C	14개	철강	가능	있음
D	10개	운송	가능	없음
E	44개	바이오	가능	있음
F	27개	화학	불가	있음
G	35개	전기전자	가능	있음

보기

㉠ B가 소재한 지역의 지자체가 육성 의지가 없을 경우에는 F가 선정된다.
㉡ E의 산업 단지 내 기업이 30개 미만이고 업종이 IT라면 E가 선정된다.
㉢ D의 산업 단지 내 기업이 30개 이상이라면 G는 선정되지 않는다.
㉣ F의 업종이 자동차라면 C는 선정되지 않는다.

① ㉠, ㉡　② ㉠, ㉢　③ ㉡, ㉢
④ ㉡, ㉣　⑤ ㉢, ㉣

정답과 해설 P. 193~199

중

☑ 2022 7급 공채 PSAT 기출변형

01 다음 글과 [상황]을 근거로 판단할 때, 올해 말 A검사국이 인사부서에 증원을 요청할 인원을 고르면?

1 2 3

농식품 품질 검사를 수행하는 A검사국은 매년 말 다음과 같은 기준에 따라 인사부서에 인력 증원을 요청한다.

- 다음 해 A검사국의 예상 검사 건수를 모두 검사하는 데 필요한 최소 직원 수에서 올해 직원 수를 뺀 인원을 증원 요청한다.
- 직원별로 한 해 동안 수행할 수 있는 최대 검사 건수는 매년 정해지는 '기준 검사 건수'에서 아래와 같이 차감하여 정해진다.
  - 국장은 '기준 검사 건수'의 100%를 차감한다.
  - 사무 처리 직원은 '기준 검사 건수'의 100%를 차감한다.
  - 국장 및 사무 처리 직원을 제외한 모든 직원은 매년 근무시간 중에 품질 검사 교육을 이수해야 하므로, '기준 검사 건수'의 10%를 차감한다.
  - 과장은 '기준 검사 건수'의 50%를 추가 차감한다.

[상황]

- 올해 A검사국에는 국장 1명, 과장 3명, 사무 처리 직원 4명을 포함하여 총 60명의 직원이 있다.
- 내년에도 국장, 과장, 사무 처리 직원의 수는 올해와 동일하다.
- 올해 '기준 검사 건수'는 80건이나, 내년부터는 검사 집중도 및 품질 향상을 위해 60건으로 하향 조정한다.
- A검사국의 올해 검사 건수는 현 직원 모두가 한 해 동안 수행할 수 있는 최대 검사 건수와 같다.
- 내년 A검사국의 예상 검사 건수는 올해 검사 건수의 120%이다.

① 28명　　② 30명　　③ 32명
④ 34명　　⑤ 36명

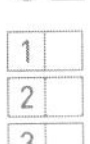

02 다음 글을 근거로 판단할 때, A와 같은 팀이 되는 2명을 고르면?

1
2
3

• △△강좌의 교수는 수강생을 3개의 팀으로 편성하려고 한다.

• 모든 수강생들에 대한 정보는 다음 표와 같다. 빈칸은 현재 알 수 없는 정보이지만, 해당 정보가 무엇이더라도 '팀 편성 규칙'에 위배되지 않도록 팀을 편성해야 한다.

구분	수강생	학년	성별	학과
팀장	A	3		수학과
	B	2	남성	통계학과
	C		여성	화학과
팀원	甲	4	남성	경영학과
	乙	4	여성	영문학과
	丙	3	남성	국문학과
	丁	3	여성	경영학과
	戊	2	여성	물리학과
	己	2	여성	기계공학과

• 팀 편성 규칙은 다음과 같다.
  – 각 팀은 팀장 1명과 팀원 2명으로 구성한다.
  – 4학년 학생 2명을 한 팀에 편성할 수 없다.
  – 동일 학과 학생을 한 팀에 편성할 수 없다.
  – 물리학과 학생과 화학과 학생은 한 팀에 편성한다.
  – 각 팀은 특정 성(性)의 수강생만으로 편성할 수 없다.
  – 丙과 丁은 한 팀에 편성할 수 없다.

① 甲, 丁　② 甲, 己　③ 乙, 丁
④ 丙, 戊　⑤ 戊, 己

03 다음 글과 [보기]를 근거로 판단할 때, 2022년에 건강검진을 받을 직원 중 검진 항목이 가장 많은 직원을 고르면?

1 2 3

A기관은 직원들을 대상으로 건강검진 프로그램을 운영하고 있다. 직원들은 각 검진 항목의 대상에 해당하는 경우 주기에 맞춰 반드시 검진을 받는다. 다만 검진주기가 2년인 검진 항목은 최초 검진 대상이 되는 해 또는 그다음 해에 검진을 받아야 한다. 예를 들어 2021년에 45세가 된 직원은 2021년 또는 2022년 중 한 번 심장 검진을 받고, 이후 2년마다 심장 검진을 받아야 한다.

[A기관 건강검진 프로그램]

검진 항목	대상	주기
위	40세 이상	2년
대장	50세 이상	1년
심장	45세 이상	2년
자궁경부	30세 이상 45세 미만 여성	2년
간	40세 이상 간암 발생 고위험군	1년

보기

A기관 직원 가~마의 2020년 건강검진 기록은 다음 [표]와 같다. 2020년 검진 이후 A기관 직원 현황과 간암 발생 고위험군 직원은 변동이 없다.

[표] 2020년 A기관 직원 건강검진 기록

구분	나이	성별	검진 항목
가	28세	여	없음
나	42세	남	위
다	44세	여	자궁경부, 간
라	48세	남	위, 심장
마	54세	여	위, 대장

※ 단, 나이는 2020년 기준 나이임

① 가 ② 나 ③ 다
④ 라 ⑤ 마

04 다음 [조건]을 근거로 판단할 때, 갑이 가질 수 있는 통합력 업무 역량의 최솟값과 추진력에 투입할 수 있는 노력의 최댓값을 바르게 나열한 것을 고르면?

1
2
3

| 조건 |

- 업무 역량은 기획력, 창의력, 추진력, 통합력의 네 가지 부문으로 나뉜다.
- 부문별 업무 역량 값을 수식으로 나타내면 다음과 같다.

(부문별 업무 역량 값) = (해당 업무 역량 재능 × 4) + (해당 업무 역량 노력 × 3)
※ 단, 재능과 노력의 값은 음이 아닌 정수이다.

- 갑의 부문별 업무 역량의 재능은 다음과 같다.

기획력	창의력	추진력	통합력
90	100	110	60

- 갑은 통합력의 업무 역량 값을 다른 어떤 부문의 값보다 크게 만들고자 한다. 단, 갑이 투입 가능한 노력은 총 100이며, 갑은 가능한 노력을 남김없이 투입한다.

	통합력 업무 역량의 최솟값	추진력에 투입할 수 있는 노력의 최댓값
①	440	15
②	440	16
③	441	14
④	441	15
⑤	441	16

Ⅳ 자원관리능력

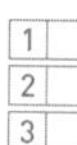

05 다음 글과 [상황]을 근거로 판단할 때, [보기]에서 옳지 않은 것을 모두 고르면?

1 2 3

[일반하역사업의 최소 등록 기준]

구분	1급지 (부산항, 인천항, 포항항, 광양항)	2급지 (여수항, 마산항, 동해·묵호항)	3급지 (1급지와 2급지를 제외한 항)
총 시설평가액	10억 원	5억 원	1억 원
자본금	3억 원	1억 원	5천만 원

- 사업자의 시설 중 본인 소유 시설평가액 총액이 등록 기준에서 정한 급지별 '총 시설평가액'의 3분의 2 이상이어야 한다.
- 사업자의 하역시설 평가액 총액은 해당 사업자의 시설평가액 총액의 3분의 2 이상이어야 한다.
- 3급지 항에 대해서는 자본금이 1억 원 이상이면 등록 기준에서 정한 급지별 '총 시설평가액'을 2분의 1로 완화한다.

[상황]

- 시설 A~F 중 하역시설은 A, B, C이다.
- 사업자 갑~정 현황은 다음과 같다.

구분	항만	자본금	시설	시설평가액	본인 소유 여부
갑	부산항	(　)	B	4억 원	○
			C	2억 원	○
			D	1억 원	×
			E	3억 원	×
을	광양항	3억 원	C	8억 원	○
			E	1억 원	×
			F	(　)	×
병	(　)	4억 원	A	1억 원	○
			C	4억 원	○
			D	3억 원	×
정	대산항	(　)	A	6천만 원	○
			B	1천만 원	×
			C	1천만 원	×
			D	1천만 원	○

| 보기 |

㉠ 갑의 자본금이 3억 원 이상이면, 갑은 일반하역사업 등록이 가능하다.
㉡ 을의 F시설 시설평가액이 1억 원 이상이면, 을은 일반하역사업 등록이 가능하다.
㉢ 병은 항만의 위치에 관계없이 일반하역사업 등록이 불가능하다.
㉣ 정은 자본금에 관계없이 일반하역사업 등록이 불가능하다.

① ㉠, ㉡ ② ㉠, ㉢ ③ ㉡, ㉣
④ ㉠, ㉡, ㉣ ⑤ ㉡, ㉢, ㉣

중

☑ 2020 5급 공채 PSAT 기출변형

06 **다음 글을 근거로 판단할 때, 1차 투표와 2차 투표에서 모두 C안에 투표한 주민 수의 최댓값을 고르면?**

1 2 3

○○마을은 새로운 사업을 추진하기 위해 주민 100명을 대상으로 투표를 실시하였다. 주민들에게 사업안 A, B, C 중 하나를 선택하도록 하였다. 사전 자료를 바탕으로 1차 투표를 한 후, 주민들끼리 토론을 거쳐 2차 투표로 최종안을 결정하였다. 1차와 2차 투표 모두 투표율은 100%였고 무효표는 없었다. 투표 결과는 다음 [표]와 같다.

[표] 투표 결과

구분	1차 투표	2차 투표
A안	35명	( )명
B안	45명	( )명
C안	20명	35명

1차 투표와 2차 투표에서 모두 A안에 투표한 주민은 25명이었고, 2차 투표에서만 A안에 투표한 주민은 5명이었다. 1차 투표와 2차 투표에서 모두 B안에 투표한 주민은 20명이었다.

① 0명 ② 5명 ③ 10명
④ 15명 ⑤ 20명

IV 자원관리능력

07 다음 글을 근거로 판단할 때, 甲의 시험과목 중 과락인 2개 과목을 바르게 짝지은 것을 고르면?

1 2 3

○○국제교육과정 중에 있는 사람은 수료시험에서 5개 과목(A~E) 평균 60점 이상을 받고 한 과목도 과락(50점 미만)이 아니어야 수료할 수 있다.

甲은 수료시험에서 5개 과목 평균 60점을 받았으나 2개 과목이 과락이어서 ○○국제교육과정을 수료하지 못했다. 甲이 돌려받은 답안지에 점수는 기재되어 있지 않았고, 각 문항에 아래와 같은 표시만 되어 있었다. 이는 국적이 서로 다른 각 과목 강사가 자신의 국가에서 사용하는 방식으로 정답 · 오답 표시만 해놓은 결과였다.

과목	문항									
	1	2	3	4	5	6	7	8	9	10
A	○	○	×	○	×	○	×	○	○	○
B	V	×	V	V	V	×	V	×	V	V
C	/	○	○	○	○	/	/	○	/	○
D	○	○	V	V	V	○	○	V	V	V
E	/	/	/	/	×	×	/	/	/	/

※ 모든 과목은 각 10문항이며, 각 문항별 배점은 10점임

① A, C
② A, E
③ B, D
④ B, E
⑤ C, D

08 다음 글을 근거로 판단할 때, 드론을 비행할 수 있는 사람 수를 고르면?

1 2 3

[드론 비행 안전 규칙]

드론을 비행하려면 다음 요건을 갖추어야 한다.

구분		기체 검사	비행 승인	사업 등록	구분		장치 신고	조종 자격
이륙 중량 25kg 초과	사업자	○	○	○	자체 중량 12kg 초과	사업자	○	○
	비사업자	○	○	×		비사업자	○	×
이륙 중량 25kg 이하	사업자	×	△	○	자체 중량 12kg 이하	사업자	○	×
	비사업자	×	△	×		비사업자	×	×

※ ○: 필요, ×: 불필요
△: 공항 또는 비행장 중심 반경 5km 이내에서는 필요

[정보]

A~G의 상황은 다음과 같다.

구분	사업자	공항 또는 비행장 중심으로부터의 거리	이륙 중량	자체 중량	기체 검사	비행 승인	사업 등록	장치 신고	조종 자격
A	○	4km	15kg	10kg	×	○	○	○	○
B	×	7km	30kg	12kg	○	×	×	×	×
C	○	8km	25kg	15kg	×	×	○	○	○
D	×	4km	20kg	16kg	×	○	×	×	×
E	×	10km	35kg	12kg	○	×	×	×	○
F	○	5km	32kg	14kg	×	○	○	○	○
G	○	3km	22kg	15kg	○	○	○	○	×

① 1명　② 2명　③ 3명
④ 4명　⑤ 5명

IV 자원관리능력

09 다음 [그림]은 갑국 국회 의원 선거의 지역별 정당 지지율에 관한 자료이다. 주어진 [그림]과 [조건]에 근거하여 선거구를 획정할 때, [보기] 중 A정당의 국회 의원이 가장 적게 선출되는 선거구 획정 방법을 고르면?

1 2 3

[그림] 국회 의원 선거의 지역별 정당 지지율 (단위: %)

가 (90:10:0)	나 (80:20:0)	다 (70:20:10)	라 (40:50:10)
마 (60:20:20)	바 (60:10:30)	사 (30:30:40)	아 (10:60:30)
자 (30:60:10)	차 (20:40:40)	카 (20:20:60)	타 (10:80:10)

※ 단, 괄호 안의 수치는 해당 지역의 각 정당 지지율(A정당 : B정당 : C정당)을 의미함

| 조건 |

- 3개 지역을 묶어서 1개의 선거구로 획정한다.
  - 지역 경계는 점선(-----)으로 표시되며, 선거구 경계는 실선(—)으로 표시된다.
  - 아래 그림은 가, 나, 바 지역이 1개의 선거구로 획정됨을 의미한다.

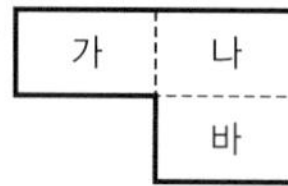

- 선거구당 1명의 국회 의원을 선출한다.
- 선거구 내 지역별 각 정당 지지율의 합이 가장 큰 정당의 후보가 국회 의원으로 선출된다.

| 보기 |

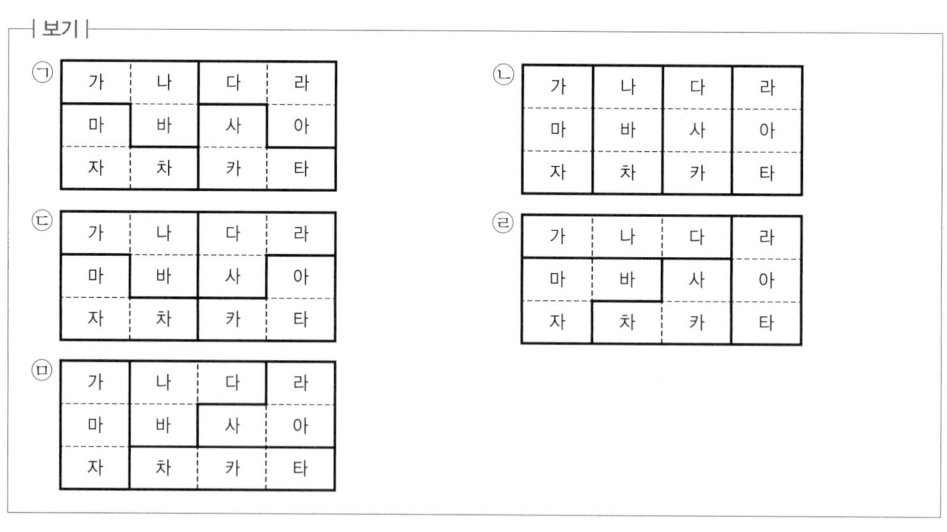

① ㉠ ② ㉡ ③ ㉢ ④ ㉣ ⑤ ㉤

10 다음 글과 [상황]을 근거로 판단할 때, 甲~戊 중 사업자로 선정되는 업체와 제안서 평가점수가 존재하는 업체 중 제안서 평가점수가 가장 낮은 업체를 순서대로 나열한 것을 고르면?

1 2 3

부처는 □□사업에 대하여 용역 입찰공고를 하고, 각 입찰업체의 제안서를 평가하여 사업자를 선정하려 한다.

- 제안서 평가점수는 입찰가격 평가점수(20점 만점)와 기술능력 평가점수(80점 만점)로 이루어진다.
- 입찰가격 평가점수는 각 입찰업체가 제시한 가격에 따라 산정한다.
- 기술능력 평가점수는 다음과 같은 방식으로 산정한다.
  - 5명의 평가위원이 평가한다.
  - 각 평가위원의 평가결과에서 최고점수와 최저점수를 제외한 나머지 3명의 점수를 산술평균하여 산정한다. 이때 최고점수가 복수인 경우 하나를 제외하며, 최저점수가 복수인 경우도 마찬가지이다.
- 기술능력 평가점수에서 만점의 85% 미만의 점수를 받은 업체는 선정에서 제외한다.
- 입찰가격 평가점수와 기술능력 평가점수를 합산한 점수가 가장 높은 업체를 선정한다. 이때 동점이 발생할 경우, 기술능력 평가점수가 가장 높은 업체를 선정한다.

[상황]

- □□사업의 입찰에 참여한 업체는 甲~戊이다.
- 각 업체의 입찰가격 평가점수는 다음과 같다.

[표1] 업체별 입찰가격 평가점수 (단위: 점)

구분	甲	乙	丙	丁	戊
평가점수	13	20	15	14	17

- 각 업체의 기술능력에 대한 평가위원 5명의 평가결과는 다음과 같다.

[표2] 업체별 기술능력에 대한 평가결과 (단위: 점)

구분	甲	乙	丙	丁	戊
A위원	68	65	73	75	65
B위원	68	73	69	70	60
C위원	68	62	69	65	60
D위원	68	65	65	65	70
E위원	72	65	69	75	75

① 乙, 甲　② 乙, 丁　③ 丙, 甲
④ 丁, 甲　⑤ 丁, 丙

IV 자원관리능력

☑ 2021 5급 공채 PSAT 기출변형

01 다음 [조건]을 근거로 판단할 때, 빈칸 ㉠~㉣에 들어갈 숫자의 합을 고르면?

1 2 3

| 조건 |

- 갑회사는 재고를 3개의 창고 A, B, C에 나누어 관리하며, 2020년 1월 1일자 재고는 A창고 150개, B창고 100개, C창고 200개였다.
- 2020년 상반기 입출고 기록은 다음과 같으며, 재고는 입고 및 출고에 의해서만 변화한다.

[입고 기록]

일자 \ 창고	A	B	C
3월 4일	50	80	0
4월 10일	30	40	10
5월 11일	30	20	0
5월 17일	(㉠)	( )	( )
5월 27일	40	30	45
6월 15일	20	10	30

[출고 기록]

일자 \ 창고	A	B	C
2월 18일	30	20	10
3월 27일	20	10	50
4월 13일	20	0	30
5월 1일	10	20	0
5월 17일	( )	(㉡)	( )
6월 10일	30	40	0

- 2020년 5월 15일 하나의 창고에 화재가 발생하여 그 창고 안에 있던 재고 전부가 불에 그을렸는데, 그 개수를 세어보니 180개였다.
- 화재 직후인 2020년 5월 16일 갑회사의 재고 중 불에 그을리지 않은 것은 (㉢)개였다.
- 화재 정리를 하고, 5월 17일에 불에 그을리지 않은 두 창고에 있던 재고를 화재가 발생한 재고로 옮겨, 세 창고 A, B, C에 있던 재고를 동일한 수로 만들었다. 재고가 3의 배수가 아니어서 나누어 떨어지지 않는 경우에 나머지는 A창고에 보관하였다.
- 갑회사는 2020년 6월 30일 상반기 장부를 정리해보니 C창고의 재고가 (㉣)개였다.

① 619 ② 639 ③ 659
④ 679 ⑤ 689

상

02 다음 [방법]은 2021년 갑국의 건물 기준시가 산정 방법이고, [표]는 건물 A~F의 기준시가를 산정하기 위한 자료이다. 이에 근거하여 A~E 중 2021년 기준시가가 F보다 높은 건물은 모두 몇 개인지 고르면?

1 2 3

[방법]

- (기준시가)=(구조지수)×(용도지수)×(경과연수별잔가율)×(건물면적)(m^2)×100,000(원/m^2)
- 구조지수

구조	지수
경량철골조	0.67
철골콘크리트조	1.00
통나무조	1.30

- 용도지수

용도	대상 건물	지수
주거용	단독주택	1.00
	아파트	1.10
상업용 및 업무용	여객자동차터미널	1.20
	청소년수련관	1.25
	관광호텔	1.50
	무도장	1.50

- (경과연수별잔가율)=1−(연상각률)×(2021−신축연도)

용도	주거용	상업용 및 업무용
연상각률	0.04	0.05

※ 단, 경과연수별잔가율 계산 결과가 0.1 미만일 경우에는 경과연수별잔가율을 0.1로 정함

[표] 건물 A~F의 구조, 대상건물, 신축연도 및 건물면적

구분 / 건물	구조	대상 건물	신축연도	건물면적
A	철골콘크리트조	아파트	2016년	125m^2
B	경량철골조	여객자동차터미널	1991년	500m^2
C	철골콘크리트조	청소년수련관	2017년	375m^2
D	통나무조	관광호텔	2001년	250m^2
E	통나무조	무도장	2002년	200m^2
F	철골콘크리트조	단독주택	2015년	150m^2

① 없음 ② 1개 ③ 2개
④ 3개 ⑤ 4개

IV 자원관리능력

PSAT형 실전모의고사

모바일 OMR 채점 서비스 활용하기

PSAT형 실전모의고사

번호	정답 체크				
01	①	②	❸	④	⑤
02	①	②	③	④	❺
03	①	②	❸	④	⑤
04	①	❷	③	④	⑤
05	❶	②	③	④	⑤
06	❶	②	③	④	⑤
07	①	②	③	❹	⑤

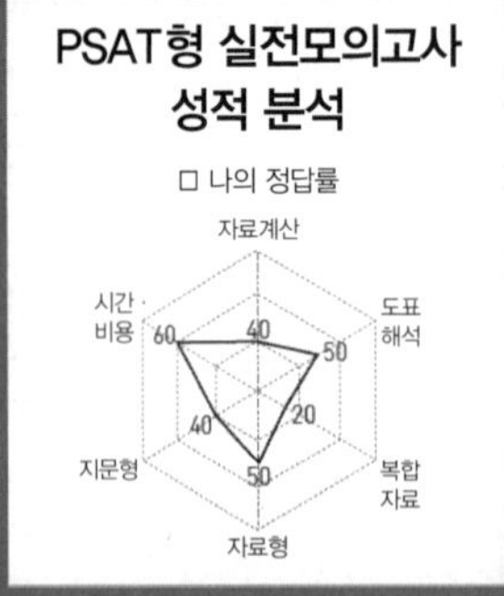

☑ [QR 코드 인식 → 모바일 OMR]에 정답 입력
☑ 실시간 정답 및 영역별 백분율 점수 위치 확인
☑ 취약 영역 및 유형 심층 분석

PSAT형 실전모의고사 1회

정답과 해설 P. 201~214

모바일 OMR
QR 코드

https://eduwill.kr/WShf

20문항/40분

☑ 2022 7급 공채 PSAT 기출변형

01 다음 [표]는 갑국의 원료 곡종별 및 등급별 가공단가와 A~C지역의 가공량에 관한 자료이다. 이에 대한 설명으로 옳은 것을 고르면?

1 2 3

[표1] 원료 곡종별 및 등급별 가공단가 (단위: 천 원/톤)

원료 곡종 \ 등급	1등급	2등급	3등급
쌀	118	109	100
현미	105	97	89
보리	65	60	55

[표2] A~C지역의 원료 곡종별 및 등급별 가공량 (단위: 톤)

지역	원료 곡종 \ 등급	1등급	2등급	3등급	합계
A	쌀	27	35	25	87
	현미	43	20	10	73
	보리	5	3	7	15
B	쌀	23	25	55	103
	현미	33	25	21	79
	보리	9	9	5	23
C	쌀	30	35	20	85
	현미	30	37	25	92
	보리	8	30	2	40
전체	쌀	80	95	100	275
	현미	106	82	56	244
	보리	22	42	14	78

※ (가공비용)=(가공단가)×(가공량)

① A지역의 3등급 쌀 가공비용은 B지역의 2등급 현미 가공비용보다 작다.

② C지역의 2등급 보리 가공비용은 A지역의 3등급 현미 가공비용보다 작다.

③ 1등급 현미 전체의 가공비용은 2등급 현미 전체 가공비용의 2배 이상이다.

④ 3등급 쌀과 3등급 보리의 가공단가가 각각 90천 원/톤, 50천 원/톤으로 변경될 경우, 지역별 가공비용 총액 감소 폭이 가장 작은 지역은 C이다.

⑤ B지역의 1등급 현미 가공량이 15톤 더 많아지고, C지역의 2등급 쌀 가공량이 10톤 더 적어질 경우, 전체 지역의 총 가공비용은 50만 원 이상 증가한다.

02 다음 [그래프]는 2019~2021년 갑국의 건설, 농림수산식품, 소재 3개 산업의 기술도입액과 기술수출액 현황에 관한 자료이다. 이에 대한 설명으로 옳지 않은 것을 고르면?

1 2 3

[그래프] 3개 산업의 기술도입액과 기술수출액 현황 (단위: 백만 달러)

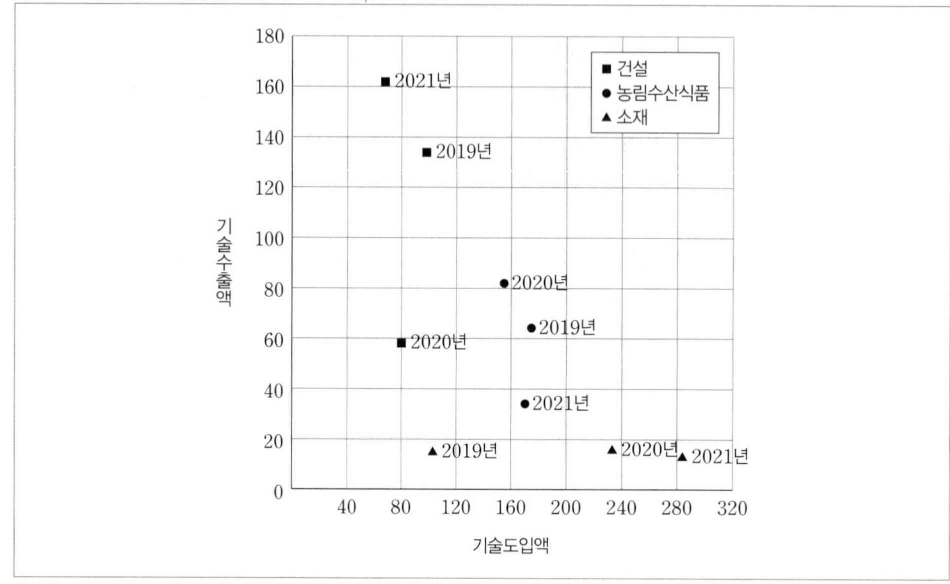

※ 1) (기술무역규모)=(기술수출액)+(기술도입액)
2) (기술무역수지)=(기술수출액)−(기술도입액)
3) (기술무역수지비)=$\frac{(\text{기술수출액})}{(\text{기술도입액})}$

① 농림수산식품 산업에서 기술무역수지비가 가장 큰 해는 2020년이고, 가장 작은 해는 2021년이다.

② 2020년 3개 산업 중 기술무역수지가 가장 큰 산업은 건설 산업이고, 가장 작은 산업은 소재 산업이다.

③ 2021년 3개 산업 중 기술무역규모가 가장 큰 산업은 소재 산업이고, 가장 작은 산업은 농림수산식품 산업이다.

④ 2019년 3개 산업의 전체 기술도입액은 3억 2천만 달러 이상이고, 2020년 3개 산업의 전체 기술도입액은 4억 8천만 달러 미만이다.

⑤ 2021년에 건설 산업의 기술도입액이 기존 대비 160백만 달러 증가하고, 농림수산식품 산업의 기술수출액이 기존 대비 60백만 달러 증가한다면, 기술무역수지비는 건설 산업이 더 작다.

03 다음 [조건]과 [상황]을 근거로 판단할 때, 빈칸 ㉠과 ㉡에 해당하는 것을 바르게 나열한 것을 고르면?

1 2 3

조건

- 행정 구역 분류코드는 다섯 자리 숫자로 구성되어 있다.
- 행정 구역 분류코드의 '처음 두 자리'는 광역자치단체인 시 · 도를 의미하는 고유한 값이다.
- '그 다음 두 자리'는 광역자치단체인 시 · 도에 속하는 기초자치단체인 시 · 군 · 구를 의미하는 고유한 값이다. 단, 광역자치단체인 시에 속하는 기초자치단체는 군 · 구이다.
- '마지막 자리'에는 해당 시 · 군 · 구가 기초자치단체인 경우 0, 기초자치단체가 아닌 경우 0이 아닌 임의의 숫자를 부여한다.
- 광역자치단체인 시에 속하는 구는 기초자치단체이며, 기초자치단체인 시에 속하는 구는 기초자치단체가 아니다.

[상황]

○○도의 △△시 ☆☆구의 행정 구역 분류코드의 첫 네 자리는 1003이다.

○○도의 △△시 □□구의 행정 구역 분류코드는 (㉠)이 될 수 있고, ○○도의 ◇◇군의 행정기초자치단체라면 (㉡)이 될 수 있다.

	㉠	㉡
①	10020	10021
②	10021	10020
③	10030	10030
④	10031	10020
⑤	10031	10030

04 다음 [표]는 1996~2015년 생명공학기술의 기술 분야별 특허 건수와 점유율에 관한 자료이다. 주어진 [표]와 [조건]에 근거하여 A~D에 해당하는 기술 분야를 바르게 나열한 것을 고르면?

1 2 3

[표] 1996~2015년 생명공학기술의 기술 분야별 특허 건수와 점유율 (단위: 건, %)

기술 분야 \ 구분	전 세계 특허 건수	미국 점유율	한국 특허 건수	한국 점유율
생물자원탐색기술	75,823	36.8	4,701	6.2
A	27,252	47.6	1,880	(　)
생물공정기술	39,215	26.1	6,274	16.0
B	170,855	45.6	7,518	(　)
생물농약개발기술	8,122	42.8	560	6.9
C	20,849	8.1	4,295	(　)
단백질체기술	68,342	35.1	3,622	5.3
D	26,495	16.8	7,127	(　)

※ (해당국의 점유율)(%)=$\frac{\text{(해당국의 특허 건수)}}{\text{(전 세계 특허 건수)}}\times 100$

| 조건 |

- 발효식품개발기술과 환경생물공학기술은 미국보다 한국의 점유율이 높다.
- 동식물세포배양기술에 대한 미국 점유율은 단백질체기술에 대한 미국 점유율보다 높다.
- 유전체기술에 대한 한국 점유율과 미국 점유율의 차이는 41%p 이상이다.
- 환경생물공학기술에 대한 한국의 점유율은 25% 이상이다.

	A	B	C	D
①	유전체기술	동식물세포배양기술	발효식품개발기술	환경생물공학기술
②	유전체기술	동식물세포배양기술	환경생물공학기술	발효식품개발기술
③	발효식품개발기술	유전체기술	동식물세포배양기술	환경생물공학기술
④	동식물세포배양기술	유전체기술	발효식품개발기술	환경생물공학기술
⑤	동식물세포배양기술	유전체기술	환경생물공학기술	발효식품개발기술

05 다음 글과 [상황]을 근거로 판단할 때, A, B, C에게 부과된 과태료의 합과 D, E, F에게 부과된 과태료의 합을 바르게 짝지은 것을 고르면?

1 2 3

제○○조 ① △△영업을 하려는 자는 시·도지사에게 기간 내에 일정한 사항을 신고해야 한다.
② 신고의무자가 부실하게 신고한 경우에는 신고하지 아니한 것으로 본다.
③ 시·도지사는 신고의무자가 기간 내에 신고하지 아니한 경우, 일정한 기간(이하 '사실조사기간'이라 한다)을 정하여 그 사실을 조사하고, 신고의무자에게 사실대로 신고할 것을 촉구하여야 한다.
④ 시·도지사는 신고의무자가 기간 내에 신고하지 아니한 경우에는 다음 각 호의 기준에 따라 과태료를 부과한다. 단, 제3항의 촉구를 받은 신고의무자가 신고하지 아니한 경우에는 다음 각 호 기준 금액의 2배를 부과한다.
1. 신고기간이 지난 후 1개월 이내: 1만 원
2. 신고기간이 지난 후 1개월 초과 6개월 이내: 3만 원
3. 신고기간이 지난 후 6개월 초과: 5만 원

제○○조 시·도지사는 과태료 처분 대상자가 다음 각 호의 어느 하나에 해당하는 경우에는 과태료를 경감하여 부과한다. 단, 둘 이상에 해당하는 경우에는 그 중 높은 경감 비율만을 한 차례 적용한다.
1. 사실조사기간 중 자진신고한 자: 2분의 1 경감
2. 「장애인복지법」상 장애인: 10분의 2 경감

[상황]

S시장은 신고기간 내에 신고를 하지 않은 A~F를 대상으로 사실조사를 실시하였고, 사실조사기간 중 자진신고를 한 C와 E를 제외한 모든 자에게 신고를 촉구하였다. 촉구를 받은 A와 D는 사실대로 신고하였지만 B, F는 부실하게 신고하였다.

대상자	신고기간 후 경과일수	특이사항
A	50일	국가유공자
B	3일	–
C	20일	–
D	190일	기초생활수급자
E	38일	「장애인복지법」상 장애인
F	25일	「장애인복지법」상 장애인

	A, B, C에게 부과된 과태료의 합	D, E, F에게 부과된 과태료의 합
①	5.2만 원	7.8만 원
②	5.2만 원	8.1만 원
③	5.5만 원	7.3만 원
④	5.5만 원	7.8만 원
⑤	5.5만 원	8.1만 원

06 다음 [표]는 2014~2018년 A기업의 직군별 사원 수 현황에 관한 자료이다. 이에 대한 설명으로 옳은 것을 고르면?

1 2 3

[표] 연도별 A기업의 직군별 사원 수 현황 (단위: 명)

연도 \ 직군	영업직	생산직	사무직
2018년	169	105	66
2017년	174	121	68
2016년	137	107	77
2015년	136	93	84
2014년	134	107	85

※ 단, 사원은 영업직, 생산직, 사무직으로만 구분됨

① 전체 사원 수는 매년 증가한다.

② 영업직 사원의 비중은 매년 증가한다.

③ 영업직 사원 수는 생산직과 사무직 사원 수의 합보다 매년 적다.

④ 전체 사원 수가 가장 적은 해의 사무직 사원의 비중은 25% 미만이다.

⑤ 생산직 사원의 비중이 30% 미만인 해의 영업직 사원과 사무직 사원 수의 차이는 60명 이상이다.

07 다음 [표]는 6개 지목으로 구성된 A지구의 토지 수용 보상비 산출 관련 정보에 관한 자료이다. 이에 대한 [보기]의 설명 중 옳은 것을 모두 고르면?

1 2 3

[표] 지목별 토지 수용 면적, 면적당 지가 및 보상 배율 (단위: m^2, 만 원/m^2)

지목	면적	면적당 지가	보상 배율	
			감정가 기준	실거래가 기준
전	50	150	1.8	3.2
답	50	100	1.8	3.0
대지	100	200	1.6	4.8
임야	100	50	2.5	6.1
공장	100	150	1.6	4.8
창고	50	100	1.6	4.8

※ 1) 총 보상비는 모든 지목별 보상비의 합임
2) (보상비)=(용지 구입비)+(지장물 보상비)
3) (용지 구입비)=(면적)×(면적당 지가)×(보상 배율)
4) 지장물 보상비는 해당 지목 용지 구입비의 20%임

| 보기 |

㉠ 공장의 감정가 기준 보상비는 임야의 실거래가 기준 보상비보다 크다.
㉡ 창고의 실거래가 기준 보상비는 전의 실거래가 기준 보상비와 같다.
㉢ 실거래가 기준 보상비가 감정가 기준 보상비의 2배 미만인 지목의 면적당 지가는 100만 원/m^2이다.
㉣ 대지의 감정가 기준 지장물 보상비는 답의 실거래가 기준 지장물 보상비의 2배 이상이다.

① ㉠, ㉢　② ㉠, ㉣　③ ㉡, ㉢
④ ㉡, ㉣　⑤ ㉠, ㉡, ㉣

V PSAT형 실전모의고사

08 다음 [그래프]와 [표]는 2014~2018년 A~C국의 GDP 및 조세부담률을 나타낸 자료이다. 이에 대한 설명으로 옳지 않은 것을 고르면?

[그래프] 연도별 A~C국의 GDP

(단위: 억 달러)

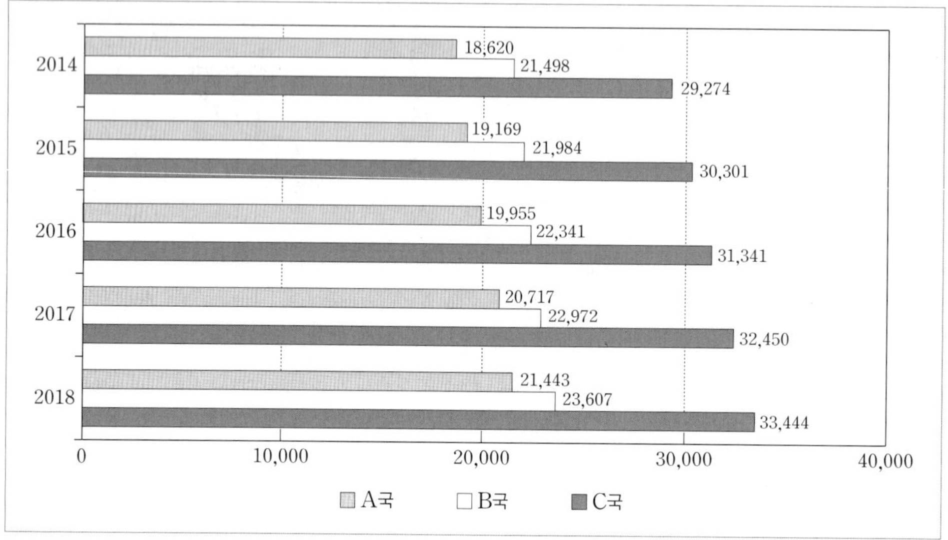

[표] 연도별 A~C국의 조세부담률

(단위: %)

연도	구분 \ 국가	A국	B국	C국
2014년	국세부담률	24.1	16.4	11.4
	지방세부담률	1.6	5.9	11.3
2015년	국세부담률	24.4	15.1	11.3
	지방세부담률	1.6	6.0	11.6
2016년	국세부담률	24.8	15.1	11.2
	지방세부담률	1.6	6.1	12.1
2017년	국세부담률	25.0	15.9	11.1
	지방세부담률	1.6	6.2	12.0
2018년	국세부담률	25.0	15.6	11.4
	지방세부담률	1.6	6.2	12.5

※ (조세부담률)=(국세부담률)+(지방세부담률)

※ (국세(지방세)부담률)(%)=$\frac{\text{(국세(지방세) 납부액)}}{\text{(GDP)}}\times 100$

① A, B, C국 모두 GDP는 매년 증가하였다.
② A, B, C국 모두 국세 납부액은 매년 증가하였다.
③ 2014~2018년 5개년의 조세부담률 평균이 가장 큰 국가는 A국이고, 가장 작은 국가는 B국이다.
④ 2015~2018년 중 A국의 전년 대비 GDP 증가액이 가장 큰 해의 B국과 C국 조세부담률 차이는 2%p 이상이다.
⑤ 2015~2018년 중 C국의 전년 대비 GDP 증가액이 가장 작은 해의 A국과 B국 조세부담률 차이는 5%p 미만이다.

09 다음 [표]는 1990년대 이후 A~E도시의 시기별 및 자본금액별 창업 건수에 관한 자료이고, [보고서]는 A~E 중 한 도시의 창업 건수에 관한 설명이다. 이를 근거로 판단할 때, 다음 중 [보고서]의 내용에 부합하는 도시에 대한 [보기]의 설명 중 옳은 것을 모두 고르면?

1 2 3

[표] A~E도시의 시기별 및 자본금액별 창업 건수

(단위: 건)

시기	1990년대		2000년대		2010년대		2020년 이후	
자본금액 / 도시	1천만 원 미만	1천만 원 이상	1천만 원 미만	1천만 원 이상	1천만 원 미만	1천만 원 이상	1천만 원 미만	1천만 원 이상
A	198	11	206	32	461	26	788	101
B	46	0	101	5	233	4	458	16
C	12	2	19	17	18	17	76	14
D	27	3	73	34	101	24	225	27
E	4	0	25	0	53	3	246	7

[보고서]

이 도시의 시기별 및 자본금액별 창업 건수는 다음과 같은 특징이 있다. 첫째, 1990년대 이후 모든 시기에서 자본금액 1천만 원 미만 창업 건수가 자본금액 1천만 원 이상 창업 건수보다 많다. 둘째, 자본금액 1천만 원 미만 창업 건수와 1천만 원 이상 창업 건수의 차이는 2010년대가 2000년대의 2배 이상이다. 셋째, 2020년 이후 전체 창업 건수는 1990년대 전체 창업 건수의 10배 이상이다. 넷째, 2020년 이후 전체 창업 건수 중 자본금액 1천만 원 이상 창업 건수의 비중은 2.5% 이상이다. 다섯째, 조사 기간 동안 자본금액 1천만 원 이상 창업 건수가 감소한 적이 있다.

| 보기 |

㉠ 1990년대 자본금액 1천만 원 미만 창업 건수가 가장 적다.
㉡ 조사 기간 동안 자본금액 1천만 원 미만 창업 건수는 계속해서 증가하였다.
㉢ 2000년대 자본금액 1천만 원 미만 창업 건수 대비 1천만 원 이상 창업 건수의 비중은 5% 이상이다.

① ㉠　② ㉡　③ ㉢
④ ㉠, ㉡　⑤ ㉡, ㉢

10 다음 글을 근거로 판단할 때, C 진로의 순위를 고르면?

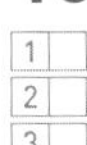

- 갑은 A, B, C, D, E 다섯 가지 진로에 대해 비용편익분석(편익－비용)을 통하여 최종 결괏값이 큰 순서대로 순위를 정하려고 한다.
- 각 진로별 예상되는 편익은 다음과 같다.
  - (편익)＝(근속연수)×(평균 연봉)
  - 연금이 있는 경우, 편익에 1.2를 곱한다.

구분	A	B	C	D	E
근속연수	25	35	30	30	20
평균 연봉	8천만 원	5천만 원	5천만 원	6천만 원	1억 원
연금 여부	없음	있음	있음	없음	없음

- 각 진로별 예상되는 비용은 다음과 같다.
  - (비용)＝(준비연수)×(연간 준비비용)×(준비난이도 계수)
  - 준비난이도 계수는 상 2.0, 중 1.5, 하 1.0으로 한다.
  - 연고지가 아닌 경우, 비용에 2억 원을 더한다.

구분	A	B	C	D	E
준비연수	2	5	3	2	4
연간 준비비용	6천만 원	2천만 원	2천만 원	4천만 원	3천만 원
준비난이도	하	상	상	중	하
연고지 여부	연고지	비연고지	연고지	연고지	비연고지

- 평판도가 1위인 경우, 비용편익분석 결괏값에 2억 원을 더하고 평판도가 5위인 경우, 비용편익분석 결괏값에 2억 원을 제한다.

구분	A	B	C	D	E
평판도	5위	3위	4위	1위	2위

- 위 결괏값이 동일한 경우, 선호도가 높을수록 순위가 높다.

구분	A	B	C	D	E
선호도	1위	4위	3위	2위	5위

① 1순위 ② 2순위 ③ 3순위
④ 4순위 ⑤ 5순위

11 다음 [조사 개요]와 [표]는 A기관 5개 지방청에 대한 외부 고객 만족도 조사 결과에 관한 자료이다. 이에 대한 설명으로 옳지 않은 것을 고르면?

1 2 3

[조사 개요]
- 조사 기간: 2019년 7월 28일~2019년 8월 8일
- 조사 방법: 전화 조사
- 조사 목적: A기관 5개 지방청 외부 고객의 주소지 관할 지방청에 대한 만족도 조사
- 응답자 수: 총 101명(조사 항목별 무응답은 없음)
- 조사 항목: 업무 만족도, 인적 만족도, 시설 만족도

[표] A기관 5개 지방청 외부 고객 만족도 조사 결과 (단위: 점)

구분 \ 조사 항목		업무 만족도	인적 만족도	시설 만족도
전체		4.12	4.29	4.20
성별	남자	4.07	4.33	4.19
	여자	4.15	4.27	4.20
연령대	30세 미만	3.82	3.83	3.70
	30세 이상 40세 미만	3.97	4.18	4.25
	40세 이상 50세 미만	4.17	4.39	4.19
	50세 이상	4.48	4.56	4.37
지방청	경인청	4.35	4.48	4.30
	동북청	4.20	4.39	4.28
	호남청	4.00	4.03	4.04
	동남청	4.19	4.39	4.30
	충청청	3.73	4.16	4.00

※ 1) 주어진 점수는 응답자의 조사 항목별 만족도의 평균이며, 점수가 높을수록 만족도가 높음(5점 만점)
2) 점수는 소수점 셋째 자리에서 반올림한 값임

① 여자는 남자보다 20명 이상 많다.
② 연령이 높아질수록 모든 조사 항목의 만족도도 높아진다.
③ 충청청은 다른 지방청에 비해 업무 만족도와 시설 만족도가 낮다.
④ 30세 이상 50세 미만은 다른 조사 항목에 비해 업무 만족도가 낮다.
⑤ 경인청은 다른 지방청에 비해 모든 조사 항목의 만족도가 같거나 높다.

12 다음 [표]는 갑 대학교 정보공학과 학생 A~I의 3개 교과목 점수에 관한 자료이다. 이에 대한 [보기]의 설명 중 옳은 것을 모두 고르면?

1 2 3

[표] 학생 A~I의 3개 교과목 점수 (단위: 점)

학생＼교과목	인공지능	빅 데이터	사물 인터넷	평균
A	(　)	85.0	77.0	74.3
B	(　)	90.0	92.0	90.0
C	71.0	71.0	(　)	71.0
D	28.0	(　)	65.0	50.0
E	39.0	63.0	82.0	61.3
F	(　)	73.0	74.0	(　)
G	35.0	(　)	50.0	45.0
H	40.0	(　)	70.0	53.3
I	65.0	61.0	(　)	70.3
평균	52.4	66.7	74.0	(　)
중앙값	45.0	63.0	74.0	64.0

※ 단, 중앙값은 학생 A~I의 성적을 크기 순으로 나열했을 때, 한가운데 위치한 값임

| 보기 |

㉠ 각 교과목에서 평균 미만의 점수를 받은 학생은 각각 5명 이상이다.

㉡ 교과목별로 점수 상위 2명에게 1등급을 부여할 때, 1등급을 받은 교과목 수가 1개 이상인 학생은 4명이다.

㉢ 학생 B의 인공지능 교과목과 빅 데이터 교과목의 점수가 서로 바뀌고, 학생 D의 빅 데이터 교과목과 사물 인터넷 교과목의 점수가 서로 바뀐다면, 빅 데이터 교과목 평균은 높아진다.

㉣ 최고 점수와 최저 점수의 차이가 가장 작은 교과목은 사물 인터넷이다.

① ㉠, ㉡　② ㉡, ㉢　③ ㉡, ㉣
④ ㉠, ㉡, ㉢　⑤ ㉠, ㉢, ㉣

13 **다음 글과 [상황]을 근거로 판단할 때, 옳은 것을 고르면?**

1□
2□
3□

□□법 제○○조(수질 검사 빈도와 수질 기준) ① 기초자치단체의 장인 시 · 군 · 구청장은 다음 각 호의 구분에 따라 지방상수도의 수질 검사를 실시하여야 한다.

1. 정수장에서의 검사
   가. 냄새, 맛, 색도, 탁도(濁度), 잔류염소에 관한 검사: 매일 1회 이상
   나. 일반세균, 대장균, 암모니아성 질소, 질산성 질소, 과망간산칼륨 소비량 및 증발 잔류물에 관한 검사: 매주 1회 이상
   단, 일반세균, 대장균을 제외한 항목 중 지난 1년간 검사를 실시한 결과, 수질 기준의 10퍼센트를 초과한 적이 없는 항목에 대하여는 매월 1회 이상
2. 수도꼭지에서의 검사
   가. 일반세균, 대장균, 잔류염소에 관한 검사: 매월 1회 이상
   나. 정수장별 수도관 노후 지역에 대한 일반세균, 대장균, 암모니아성 질소, 동, 아연, 철, 망간, 잔류염소에 관한 검사: 매월 1회 이상
3. 수돗물 급수 과정별 시설(배수지 등)에서의 검사
   일반세균, 대장균, 암모니아성 질소, 동, 수소이온 농도, 아연, 철, 잔류염소에 관한 검사: 매 분기 1회 이상

② 수질 기준은 다음과 같다.

항목	기준	항목	기준
대장균	불검출/100mL	일반세균	100CFU/mL 이하
잔류염소	4mg/L 이하	질산성 질소	10mg/L 이하

[상황]

갑 시장은 □□법 제○○조에 따라 수질 검사를 실시하고 있다. 갑시 관할의 검사 지점 A~E는 이전 검사에서 매번 수질 기준을 충족하였고, 이번 수질 검사에서 다음과 같은 결과를 보였다.

검사 지점	검사 대상	검사 결과	검사 빈도
정수장 A	잔류염소	2mg/L	매일 1회
정수장 B	질산성 질소	11mg/L	매일 1회
정수장 C	일반세균	70CFU/mL	매월 1회
수도꼭지 D	대장균	불검출/100mL	매주 1회
배수지 E	잔류염소	2mg/L	매주 1회

※ 단, 주어진 검사 대상 외의 수질 검사 빈도와 수질 기준은 모두 충족한 것으로 봄

① 수질 검사 빈도를 만족한 검사 지점은 3곳이다.
② 수질 검사 기준을 만족한 검사 지점은 4곳이다.
③ 배수지 E는 일반세균이 검출되지 않았을 것이다.
④ 수도꼭지 D는 질산성 질소가 10mg/L 이하이다.
⑤ 수도꼭지 D가 수도관 노후 지역이라면, 대장균의 검사 빈도를 더 늘려야 한다.

14 다음 [그래프]는 갑 공업단지 내 8개 업종의 업체 수와 업종별 스마트시스템 도입률 및 고도화율에 관한 자료이다. 이에 대한 설명으로 옳은 것을 고르면?

1 2 3

[그래프1] 업종별 업체 수 (단위: 개)

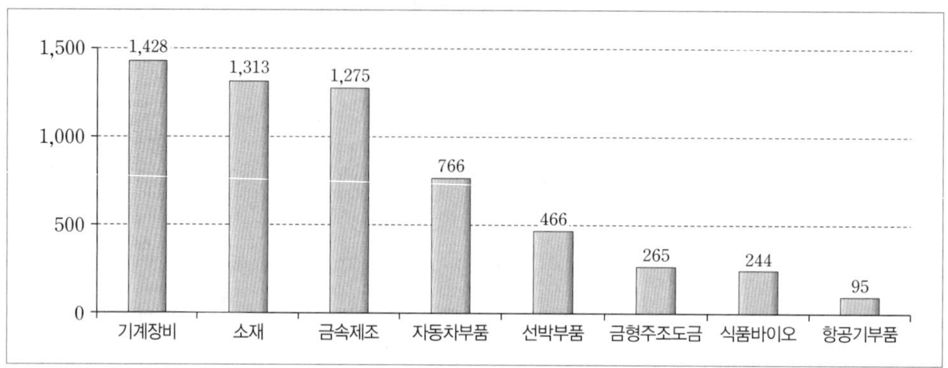

[그래프2] 업종별 스마트시스템 도입률 및 고도화율 (단위: %)

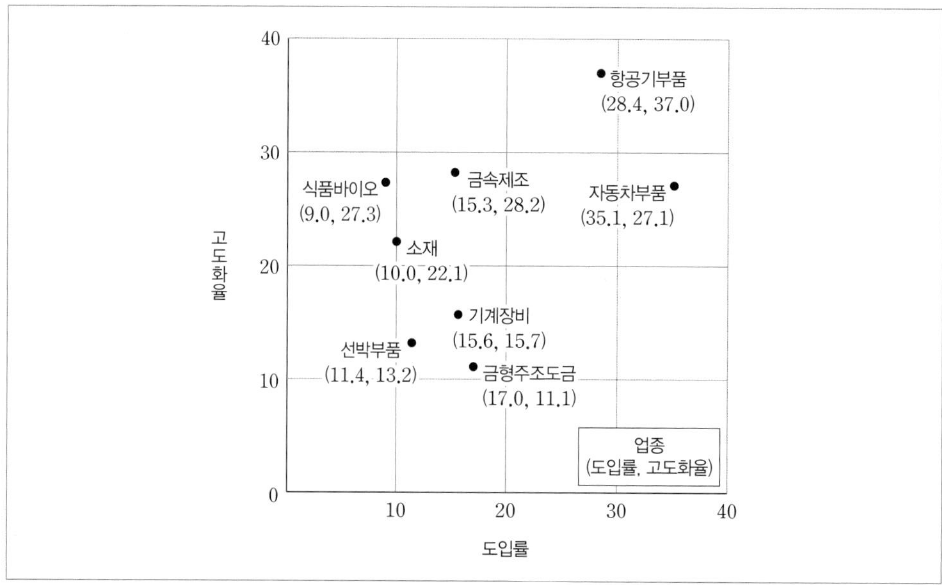

※ 1) (도입률)(%)=$\frac{\text{(업종별 스마트시스템 도입 업체 수)}}{\text{(업종별 업체 수)}}\times 100$

2) (고도화율)(%)=$\frac{\text{(업종별 스마트시스템 고도화 업체 수)}}{\text{(업종별 스마트시스템 도입 업체 수)}}\times 100$

① 스마트시스템 도입 업체 수가 가장 많은 업종은 기계장비이다.

② 도입률이 가장 높은 업종은 도입률 대비 고도화율 비율이 가장 낮다.

③ 고도화율이 가장 높은 업종은 스마트시스템 고도화 업체 수도 가장 많다.

④ 업체 수 대비 스마트시스템 고도화 업체 수가 가장 높은 업종은 자동차부품이다.

⑤ 스마트시스템 도입 업체 수가 세 번째로 많은 업종의 스마트시스템 고도화 업체 수는 50개 이상이다.

15 다음 [조건]을 근거로 판단할 때, 우수 부서에 배분한 금액과 기념품 구입 금액을 바르게 나열한 것을 고르면?

1 2 3

| 조건 |

A기관은 탁월한 업무 성과로 포상금 5,000만 원을 지급받았다. [포상금 사용 기준]은 다음과 같다.

[포상금 사용 기준]

- 포상금의 40% 이상은 반드시 각 부서에 현금으로 배분한다.
  - 전체 15개 부서를 우수 부서와 보통 부서 두 그룹으로 나누어 우수 부서에 150만 원, 보통 부서에 100만 원을 현금으로 배분한다.
  - 우수 부서는 최소한으로 선정한다.
- 포상금 중 2,900만 원은 직원 복지 시설을 확충하는 데 사용한다.
- 직원 복지 시설을 확충하고 부서별로 현금을 배분한 후, 남은 금액을 모두 사용하여 개당 1만 원의 기념품을 구입한다.

	배분 금액	기념품 구입 금액
①	1,350만 원	100만 원
②	1,350만 원	150만 원
③	1,500만 원	100만 원
④	1,500만 원	150만 원
⑤	1,650만 원	150만 원

16 **다음 [조건]과 [표]를 근거로 판단할 때, A대리가 선택하는 광고 수단의 월 광고 효과를 고르면?**(단, 광고 효과의 단위는 (회×만 명/천 원)이다.)

1 2 3

조건

- 주어진 예산은 월 3천만 원이며, A대리는 월별 광고 효과가 가장 큰 광고 수단 하나만을 선택한다.
- 광고 비용이 예산을 초과하면, 해당 광고 수단은 선택하지 않는다.
- 광고 효과는 아래와 같이 계산한다.

$$(\text{광고 효과})=(\text{총 광고 횟수})\times\frac{(\text{회당 광고 노출자 수})}{(\text{광고 비용})}$$

- 광고 수단은 한 달 단위로 선택된다.(한 달은 30일 기준으로 한다.)

[표] 광고 수단별 정보

광고 수단	광고 횟수	회당 광고 노출자 수	월 광고 비용
TV	월 3회	100만 명	30,000천 원
버스	일 1회	10만 명	20,000천 원
KTX	일 70회	1만 명	35,000천 원
지하철	일 60회	2천 명	25,000천 원
포털사이트	일 50회	5천 명	30,000천 원

① 0.015 ② 0.025 ③ 0.045
④ 0.05 ⑤ 0.06

17 다음 [표]는 2006~2012년 갑국의 문화재 국외반출 허가 및 전시 현황에 관한 자료이다. 이에 대한 설명으로 옳은 것을 고르면?

1 2 3

[표] 연도별 문화재 국외반출 허가 및 전시 현황

(단위: 건, 개)

구분	전시 건수		국외반출 허가 문화재 수량		
	국가별 전시 건수 (국가: 건수)	계	지정문화재 (문화재 종류: 개수)	비지정 문화재	계
2006년	일본: 6, 중국: 1, 영국: 1, 프랑스: 1, 호주: 1	10	국보: 3, 보물: 4, 시도지정문화재: 1	796	804
2007년	일본: 10, 미국: 5, 그리스: 1, 체코: 1, 중국: 1	18	국보: 18, 보물: 3, 시도지정문화재: 1	902	924
2008년	일본: 5, 미국: 3, 벨기에: 1, 영국: 1	10	국보: 5, 보물: 10	315	330
2009년	일본: 9, 미국: 8, 중국: 3, 이탈리아: 3, 프랑스: 2, 영국: 2, 독일: 2, 포르투갈: 1, 네덜란드: 1, 체코: 1, 러시아: 1	33	국보: 2, 보물: 13	1,399	1,414
2010년	일본: 9, 미국: 5, 영국: 2, 러시아: 2, 중국: 1, 벨기에: 1, 이탈리아: 1, 프랑스: 1, 스페인: 1, 브라질: 1	24	국보: 3, 보물: 11	1,311	1,325
2011년	미국: 3, 일본: 2, 호주: 2, 중국: 1, 타이완: 1	9	국보: 4, 보물: 12	733	749
2012년	미국: 6, 중국: 5, 일본: 5, 영국: 2, 브라질: 1, 독일: 1, 러시아: 1	21	국보: 4, 보물: 9	1,430	1,443

※ 1) 지정문화재는 국보, 보물, 시도지정문화재만으로 구성됨
2) 동일 연도에 두 번 이상 전시된 국외반출 허가 문화재는 없음

① 국가별 전시 건수의 합이 10건 이상인 국가는 일본, 미국, 영국이다.

② 2009년 이후 연도별 전시 건수가 많을수록 국외반출 허가 문화재 수량도 많다.

③ 연도별 국외반출 허가 문화재 수량 중 지정문화재 수량의 비중이 가장 큰 해는 2011년이다.

④ 2007년 이후 연도별 전시 건수 중 미국의 전시 건수 비중이 가장 작은 해에는 프랑스에서도 전시가 있었다.

⑤ 국외반출 허가 지정문화재 중 보물의 수량이 가장 많은 해는 전시 건당 국외반출 허가 문화재 수량이 가장 많은 해와 동일하다.

18 다음 [표]는 산림 경영인의 산림 경영 지원 제도 인지도에 대한 설문조사 결과 자료이다. 이에 대한 [보기]의 설명 중 옳은 것을 모두 고르면?

[표] 산림 경영인의 산림 경영 지원 제도 인지도 결과 (단위: 명, %, 점)

구분	항목	응답자 수	인지도 점수별 응답자 비율					인지도 평균 점수
			1점	2점	3점	4점	5점	
경영 주체	독림가	173	2.9	17.3	22.0	39.3	18.5	3.53
	임업후계자	292	4.5	27.1	20.9	33.9	13.7	3.25
	일반산주	353	11.0	60.9	10.5	16.4	1.1	2.36
거주지 권역	경기	57	12.3	40.4	3.5	36.8	7.0	2.86
	강원	11	6.3	20.5	11.6	43.8	17.9	3.46
	충청	193	7.8	35.2	20.2	25.9	10.9	2.97
	전라	232	6.9	44.0	20.7	20.3	8.2	2.79
	경상	224	5.4	48.2	15.2	25.9	5.4	2.78
소유 면적	2ha 미만	157	8.9	63.7	11.5	14.0	1.9	2.36
	2ha 이상 6ha 미만	166	9.0	43.4	16.9	22.9	7.8	2.77
	6ha 이상 11ha 미만	156	7.7	35.3	16.7	32.7	7.7	2.97
	11ha 이상 50ha 미만	232	4.3	30.6	17.2	36.2	11.6	3.20
	50ha 이상	107	5.6	24.3	22.4	28.0	19.6	3.32
소재지 거주 여부	소재산주	669	5.8	41.0	15.7	28.4	9.1	2.94
	부재산주	149	12.1	33.6	20.8	23.5	10.1	2.86

※ 단, 인지도 점수별 응답자 비율(인지도 평균 점수)은 소수점 둘째(셋째) 자리에서 반올림한 값임
※ 단, 응답자는 한 개의 인지도 점수만을 부여함

| 보기 |

㉠ 모든 구분에서 인지도 평균 점수가 3점 이상인 항목은 적어도 한 개 이상이다.
㉡ 거주지 권역이 경상인 지역의 4점 비율이 10%p 낮아지고, 5점 비율이 10%p 높아진다면 경상의 인지도 평균 점수는 경기보다 높아진다.
㉢ 인지도 점수를 2점 이하로 부여한 응답자 비율이 가장 높은 항목은 소유 면적 2ha 미만이다.
㉣ 인지도 점수를 3점 또는 4점으로 부여한 일반산주는 독림가보다 많다.

① ㉠, ㉡ ② ㉠, ㉣ ③ ㉡, ㉢
④ ㉡, ㉣ ⑤ ㉢, ㉣

19 다음은 2014~2018년 부동산 및 기타 재산 압류 건수 관련 정보가 일부 훼손된 서류이다. 이에 대한 [보기]의 설명 중 옳은 것을 모두 고르면?

1 2 3

2014~2018년 부동산 및 기타 재산 압류 건수

(단위: 건)

연도 \ 구분	부동산	기타 재산	전체
2014년	122,148	6,148	128,296
2015년	1 136	27,783	146,919
2016년	1 743	34,011	158,754
2017년	1 9	34,037	163,666
2018년	7	29,814	151,211

보기

㉠ 부동산 압류 건수는 매년 기타 재산 압류 건수의 4배 이상이다.

㉡ 조사 기간 동안 전체 압류 건수가 두 번째로 많은 해에 부동산 압류 건수도 두 번째로 많다.

㉢ 2019년 부동산 압류 건수가 전년 대비 30% 감소하고 기타 재산 압류 건수는 전년과 동일하다면, 전체 압류 건수의 전년 대비 감소율은 25% 미만이다.

㉣ 2019년 부동산 압류 건수가 2018년보다 5,000건 더 많다면, 2014년 대비 2019년 부동산 압류 건수의 증가율은 3.5% 이상이다.

① ㉠, ㉡ ② ㉠, ㉢ ③ ㉡, ㉢ ④ ㉡, ㉣ ⑤ ㉢, ㉣

20 다음 [그래프]와 [조건]은 A해역의 해수면 온도 변화에 따른 α지수와 E현상 및 L현상에 관한 자료이다. 이에 대한 설명으로 옳지 <u>않은</u> 것을 고르면?

1 2 3

[그래프] 기준 해수면 온도와 α지수

(단위: ℃)

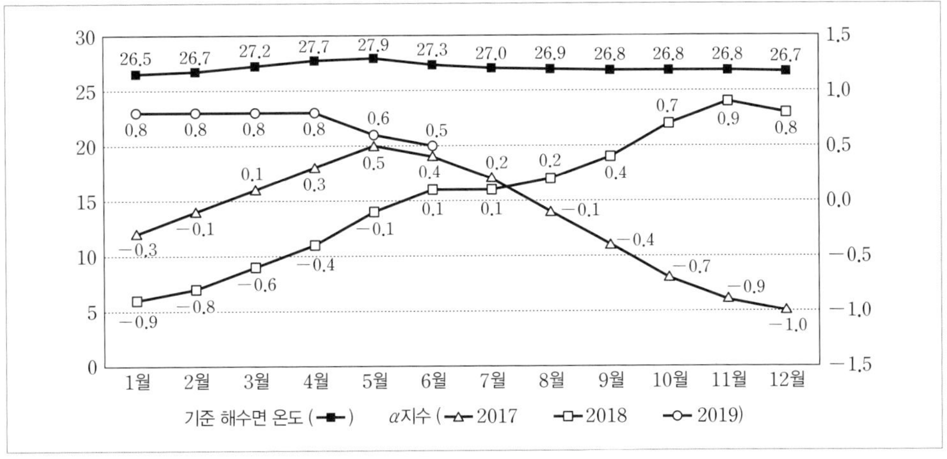

─┤ 조건 ├─

- 기준 해수면 온도는 1985~2015년의 해당 월 해수면 온도의 평균이다.
- 해수면 온도 지표는 해당 월에 관측된 해수면 온도에서 기준 해수면 온도를 뺀 값이다.
- α지수는 전월, 해당 월, 익월의 해수면 온도 지표의 평균이다.
- E현상은 α지수가 5개월 이상 계속 0.5 이상일 때, 0.5 이상인 첫 달부터 마지막 달까지 있었다고 판단한다.
- L현상은 α지수가 5개월 이상 계속 −0.5보다 낮을 때, −0.5보다 낮은 첫 달부터 마지막 달까지 있었다고 판단한다.
- E현상과 L현상은 여러 해에 걸쳐 발생한다.

① 기준 해수면 온도는 5월이 가장 높다.

② E현상은 최대 9개월 동안 지속되었다.

③ 2017년과 2018년 모두 L현상이 있었다.

④ 해수면 온도는 2019년 7월까지 관측되었다.

⑤ 2019년 2월과 3월의 해수면 온도 지표는 동일하다.

PSAT형 실전모의고사 2회

정답과 해설 P. 214~227

모바일 OMR QR 코드

https://eduwill.kr/uShf

20문항/40분

☑ 2022 7급 공채 PSAT 기출변형

01 다음 [표]는 갑국 A위원회의 24~26차 회의 심의 결과에 관한 자료이다. 이에 대한 설명으로 옳지 않은 것을 고르면?

1 2 3

[표] A위원회의 24~26차 회의 심의 결과

회차 / 동의 여부 / 위원	24		25		26	
	동의	부동의	동의	부동의	동의	부동의
기획재정부장관	○		○		○	
교육부장관	○			○	○	
과학기술정보통신부장관	○		○			○
행정안전부장관	○			○	○	
문화체육관광부장관	○			○	○	
농림축산식품부장관		○	○		○	
산업통상자원부장관		○		○		○
보건복지부장관	○		○		○	
환경부장관		○	○			○
고용노동부장관		○		○	○	
여성가족부장관	○		○		○	
국토교통부장관	○		○		○	
해양수산부장관	○		○		○	
중소벤처기업부장관		○	○			○
문화재청장	○		○		○	
산림청장	○			○	○	

※ 1) A위원회는 [표]에 제시된 16명의 위원으로만 구성됨
2) A위원회는 매 회차 개최 시 한 건의 안건만을 심의함

① 24~26차 회의의 심의 안건에 모두 동의한 위원은 6명이다.

② 심의 안건에 부동의한 위원 수는 증가하다가 감소하였다.

③ 25차 회의의 심의 안건에 부동의한 위원 중 24차와 26차 회의의 동의 여부가 다른 위원은 1명이다.

④ 전체 위원의 $\frac{2}{3}$ 이상이 동의해야 심의 안건이 의결된다면, 24~26차 회의의 심의 안건은 모두 의결되었다.

⑤ 환경부장관이 25차 회의의 심의 안건에 부동의하였고, 행정안전부장관이 26차 회의의 심의 안건에 부동의하였다고 가정할 경우, 24~26차 회의의 심의 안건에 모두 부동의한 위원은 2명이다.

02 다음 글과 [상황]을 바탕으로 □□시가 10월에 A동물보호센터에 지급한 경비의 총액이 1,882만 원이라고 할 때, A동물보호센터에서 7일 이상 보호하고 주인에게 반환된 유실동물의 마릿수를 고르면?

1□ 2□ 3□

□□시는 관할구역 내 동물보호센터에 다음과 같은 기준으로 경비를 지급하고 있다.

• 사료비

구분	무게	1일 사료 급여량	사료 가격
개	10kg 미만	300g/마리	5,000원/kg
	10kg 이상	600g/마리	5,000원/kg
고양이	–	400g/마리	5,000원/kg

• 인건비
  – 포획활동비(1일 1인당): 안전관리사 노임액(115,000원)
  – 관리비(1일 1마리당): 안전관리사 노임액(115,000원)의 100분의 20

• 주인이 유실동물을 찾아간 경우, 동물보호센터가 주인에게 보호비를 징수한다. 보호비는 보호일수와 관계없이 1마리당 100,000원이다. 단, 3일 미만 보호 시 징수하지 않으며, 7일 이상 보호 시 50%를 가산한다.

• □□시는 사료비와 인건비를 합한 금액에서 보호비를 공제한 금액을 다음 달에 경비로 지급한다.

[상황]

• □□시 소재 A동물보호센터가 9월 한 달간 관리한 동물의 일평균 마릿수는 다음과 같다.

개	10kg 미만	10마리
	10kg 이상	5마리
고양이	–	10마리

• A동물보호센터는 9월 한 달간 1인을 8일 동안 포획 활동에 투입하였다.

• A동물보호센터에서 9월 한 달간 주인에게 반환된 유실동물의 마릿수는 다음과 같다.

보호일수	1일	2일	3일	4일	5일	6일	7일 이상
마릿수	3	5	3	2	1	1	( )

① 0마리 ② 1마리 ③ 2마리
④ 3마리 ⑤ 4마리

03 다음 [표]는 갑 회사의 생산직 근로자 133명과 사무직 근로자 87명이 직무 스트레스 조사에 응답한 결과를 정리한 자료이다. 이에 대한 설명으로 옳은 것을 고르면?

1 2 3

[표1] 생산직 근로자의 직무 스트레스 수준 응답 구성비

(단위: %)

항목 \ 스트레스 수준	상위		하위	
	매우 높음	높음	낮음	매우 낮음
업무 과다	9.77	67.67	22.56	0.00
직위 불안	10.53	64.66	24.06	0.75
관계 갈등	10.53	67.67	20.30	1.50
보상 부적절	10.53	60.15	27.82	1.50

[표2] 사무직 근로자의 직무 스트레스 수준 응답 구성비

(단위: %)

항목 \ 스트레스 수준	상위		하위	
	매우 높음	높음	낮음	매우 낮음
업무 과다	10.34	67.82	20.69	1.15
직위 불안	12.64	58.62	27.59	1.15
관계 갈등	10.34	64.37	24.14	1.15
보상 부적절	10.34	64.37	20.69	4.60

① 생산직 근로자와 사무직 근로자의 직무 스트레스 수준이 하위인 비율이 가장 높은 항목은 동일하다.

② 보상 부적절 항목에서 매우 낮음으로 응답한 근로자는 사무직 근로자가 생산직 근로자의 3배 이상이다.

③ 사무직 근로자 중 직무 스트레스 수준이 상위인 비율이 동일한 항목들은 매우 낮음인 비율도 동일하다.

④ 관계 갈등 항목에서 높음으로 응답한 생산직 근로자는 매우 높음으로 응답한 생산직 근로자에 비해 약 76명 더 많다.

⑤ 업무 과다 항목에서 매우 높음으로 응답한 생산직 근로자는 직위 불안 항목에서 매우 높음으로 응답한 사무직 근로자보다 적다.

04 다음 [표]는 2018년 5~6월 A군의 휴대폰 모바일 앱별 데이터 사용량에 관한 자료이다. 이에 대한 설명으로 옳은 것을 고르면?

1 2 3

[표] 월별 휴대폰 모바일 앱별 데이터 사용량

월 / 앱 이름	5월	6월
G인터넷	5.3GB	6.7GB
HS쇼핑	1.8GB	2.1GB
톡톡	2.4GB	1.5GB
앱가게	2.0GB	1.3GB
위튜브	94.6MB	570.0MB
뮤직플레이	836.0MB	427.0MB
쉬운지도	321.0MB	337.0MB
JJ멤버십	45.2MB	240.0MB
영화예매	77.9MB	53.1MB
날씨정보	42.8MB	45.3MB
17분운동	–	27.7MB
가계부	–	14.8MB
NEC뱅크	254.0MB	9.7MB
알람	10.6MB	9.1MB
지상철	5.0MB	7.8MB
어제뉴스	2.7MB	1.8MB
S메일	29.7MB	0.8MB
JC카드	0.4MB	0.7MB
카메라	0.5MB	0.3MB
일정관리	0.3MB	0.2MB

※ 1) '–'는 해당 월에 데이터 사용량이 없음을 의미함
2) 주어진 20개의 앱 외 다른 앱의 데이터 사용량은 없음
3) 1GB(기가바이트)는 1,024MB(메가바이트)에 해당함

① G인터넷과 HS쇼핑의 5월 데이터 사용량의 합은 나머지 앱의 5월 데이터 사용량의 합보다 1GB 이상 많다.

② 5월과 6월에 모두 데이터 사용량이 있는 앱 중 5월 대비 6월 데이터 사용량 변화율이 가장 큰 앱은 S메일이다.

③ 5월과 6월에 모두 데이터 사용량이 있는 앱 중 5월 대비 6월 데이터 사용량의 증가량이 가장 큰 앱은 위튜브이다.

④ 6월에만 데이터 사용량이 있는 모든 앱의 6월 총 데이터 사용량의 10배는 뮤직플레이의 6월 데이터 사용량보다 많다.

⑤ 5월과 6월에 모두 데이터 사용량이 있는 앱 중 5월 대비 6월 데이터 사용량이 감소한 앱은 8개이고, 증가한 앱은 10개이다.

05 **다음 글과 [상황]을 근거로 판단할 때, A~E 중 드라마에 캐스팅되는 배우를 고르면?**

1 □
2 □
3 □

안녕하세요. 여러분. '열혈 군의관, 조선 시대로 가다!' 드라마 오디션에 지원해 주셔서 감사합니다. 잠시 후 오디션을 시작할 텐데요. 이번 오디션에서 캐스팅하려는 역은 20대 후반의 군의관입니다. 오디션 실시 후 오디션 점수를 기본 점수로 하고, 다음 채점 기준의 해당 점수를 기본 점수에 가감하여 최종 점수를 산출하며, 이 최종 점수가 가장 높은 사람을 캐스팅합니다.

첫째, 28세를 기준으로 나이가 많거나 적은 사람은 1세 차이당 2점씩 감점하겠습니다. 둘째, 이전에 군의관 역할을 연기해 본 경험이 있는 사람은 5점을 감점하겠습니다. 시청자들이 식상해 할 수 있을 것 같아서요. 셋째, 저희 드라마가 퓨전 사극이기 때문에, 사극에 출연해 본 경험이 있는 사람에게는 10점의 가점을 드리겠습니다. 넷째, 최종 점수가 가장 높은 사람이 여럿인 경우, 그중 기본 점수가 가장 높은 한 사람을 캐스팅하도록 하겠습니다.

[상황]

- 오디션 지원자는 총 5명이다.
- 오디션 점수는 A가 74점, B가 76점, C가 80점, D가 78점, E가 82점이다.
- 각 배우의 오디션 점수에 각자의 나이를 더한 값은 모두 같다.
- 나이가 두 번째로 적은 사람만 군의관 역할을 연기해 본 경험이 있다.
- 오디션 점수가 가장 낮은 배우만 사극에 출연한 경험이 있다.
- 나이가 가장 적은 배우는 26세이다.

① A ② B ③ C
④ D ⑤ E

06 다음 글을 근거로 판단할 때, [보기]에서 옳은 것을 모두 고르면?

1
2
3

아르키메데스는 대장장이가 만든 왕관이 순금인지 알아내기 위해 질량 1kg인 왕관을 물이 가득 찬 용기에 완전히 잠기도록 넣었을 때, 넘친 물의 부피를 측정하였다.

이 왕관은 금, 은, 구리, 철 중 1개 이상의 금속으로 만들어졌고, 금속별 밀도는 각각 $20g/cm^3$, $10g/cm^3$, $9g/cm^3$, $8g/cm^3$이다.

밀도와 질량, 부피 사이의 관계는 다음 식과 같다.

$$(\text{밀도})(g/cm^3)=\frac{(\text{질량})(g)}{(\text{부피})(cm^3)}$$

※ 단, 각 금속의 밀도, 질량, 부피 변화나 금속 간의 반응은 없고, 둘 이상의 금속을 합해 만든 왕관의 질량(또는 부피)은 각 금속의 질량(또는 부피)의 합과 같다.

보기

㉠ 이 왕관이 순금일 때, 왕관을 넣어 넘친 물의 부피가 어느 금속을 넣어 넘친 물의 부피의 2배라면 이 금속은 순은이다.

㉡ 이 왕관이 은과 철로 이루어져 있고, 아르키메데스가 순금 1kg과 이 왕관을 녹여 새로 만든 왕관을 물에 넣어 넘친 물의 부피가 $80cm^3$라면, 새로 만든 왕관에 포함되어 있는 은의 양은 금의 양의 절반 이상이다.

㉢ 이 왕관의 밀도가 $9.2g/cm^3$이고, 이 왕관이 두 개의 금속으로 이루어졌다면 왕관에 포함되어 있는 구리의 양은 900g이다.

㉣ 이 왕관이 금과 철로 이루어져 있고, 아르키메데스가 순은 250g과 이 왕관을 녹여 새로 만든 왕관을 물에 넣어 넘친 물의 부피가 $96cm^3$라면, 기존 왕관에 포함된 철의 양은 600g이다.

① ㉠, ㉡ ② ㉡, ㉣ ③ ㉢, ㉣
④ ㉠, ㉡, ㉣ ⑤ ㉡, ㉢, ㉣

07 다음 [보고서]는 2018~2021년 갑국의 생활밀접업종 현황에 관한 자료이다. 주어진 [보고서]의 내용과 부합하지 않는 것을 고르면?

1 2 3

[보고서]

생활밀접업종은 소매, 음식, 숙박, 서비스 등과 같이 일상생활과 밀접하게 관련된 재화 또는 용역을 공급하는 업종이다. 생활밀접업종 사업자 수는 2021년 현재 2,215천 명으로 2018년 대비 10% 이상 증가하였다. 2018년 대비 2021년 생활밀접업종 중 73개 업종에서 사업자 수가 증가하였는데, 이 중 스포츠시설운영업이 가장 높은 증가율을 기록하였고 펜션·게스트하우스, 애완용품점이 그 뒤를 이었다.

그러나 혼인 건수와 출생아 수가 줄어드는 사회적 현상은 관련 업종에도 직접 영향을 미친 것으로 나타났다. 산부인과 병·의원 사업자 수는 2018년 이후 매년 감소하였다. 또한, 2018년 이후 예식장과 결혼상담소의 사업자 수도 각각 매년 감소하는 것으로 나타났다.

한편 복잡한 현대 사회에서 전문직에 대한 수요는 꾸준히 증가하고 있다. 생활밀접업종을 소매, 음식, 숙박, 병·의원, 전문직, 교육, 서비스의 7개 그룹으로 분류하였을 때, 전문직 그룹의 2018년 대비 2021년 사업자 수 증가율이 17.6%로 가장 높았다.

① 생활밀접업종 사업자 수

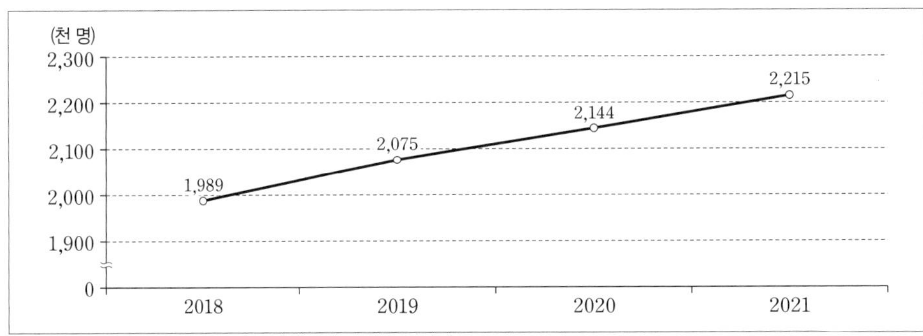

② 2018년 대비 2021년 생활밀접업종 사업자 수 증가율 상위 10개 업종

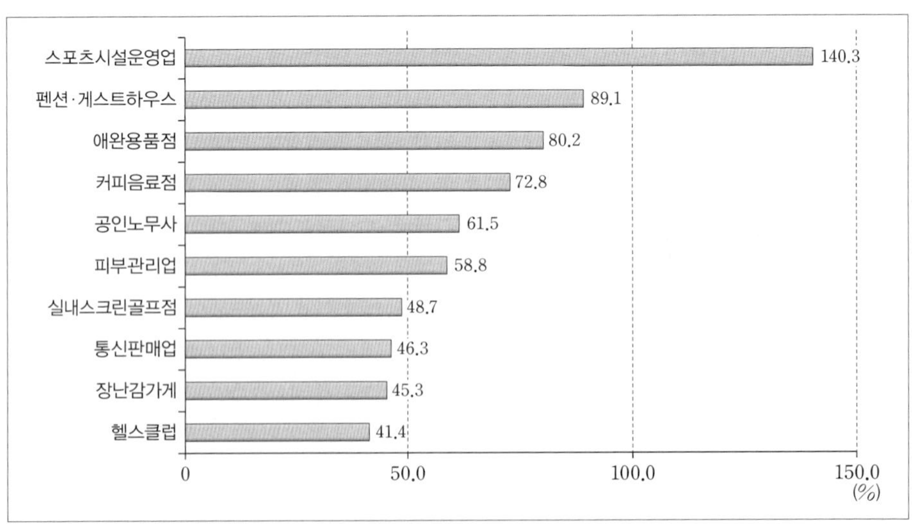

③ 주요 진료 과목별 병 · 의원 사업자 수 (단위: 명)

진료 과목 \ 연도	2018년	2019년	2020년	2021년
신경정신과	1,270	1,317	1,392	1,488
가정의학과	2,699	2,812	2,952	3,057
피부과비뇨의학과	3,267	3,393	3,521	3,639
이비인후과	2,259	2,305	2,380	2,461
안과	1,485	1,519	1,573	1,603
치과	16,424	16,879	17,217	17,621
일반외과	4,282	4,369	4,474	4,566
성형외과	1,332	1,349	1,372	1,414
내과 · 소아과	10,677	10,861	10,975	11,130
산부인과	1,726	1,713	1,686	1,663

④ 예식장 및 결혼상담소 사업자 수

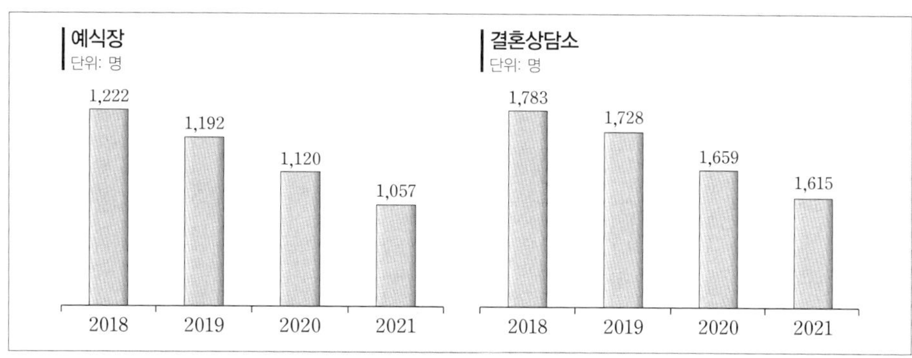

⑤ 2018년 대비 2021년 생활밀접업종의 7개 그룹별 사업자 수 증가율

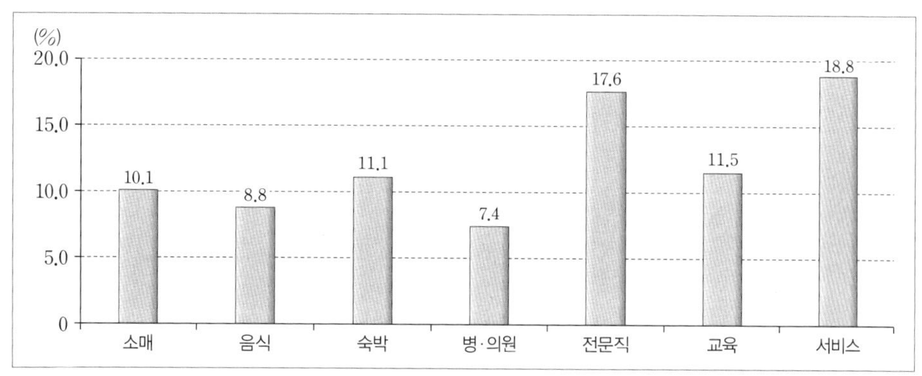

08 다음 [그래프]는 2020년 A대학 6개 계열의 학과별 남·여 졸업생 월평균 소득, 취업률을 인문 계열 기준으로 비교한 자료이다. 이에 대한 설명으로 옳은 것을 고르면?

1 2 3

[그래프] 계열별 월평균 상대 소득지수와 취업률지수

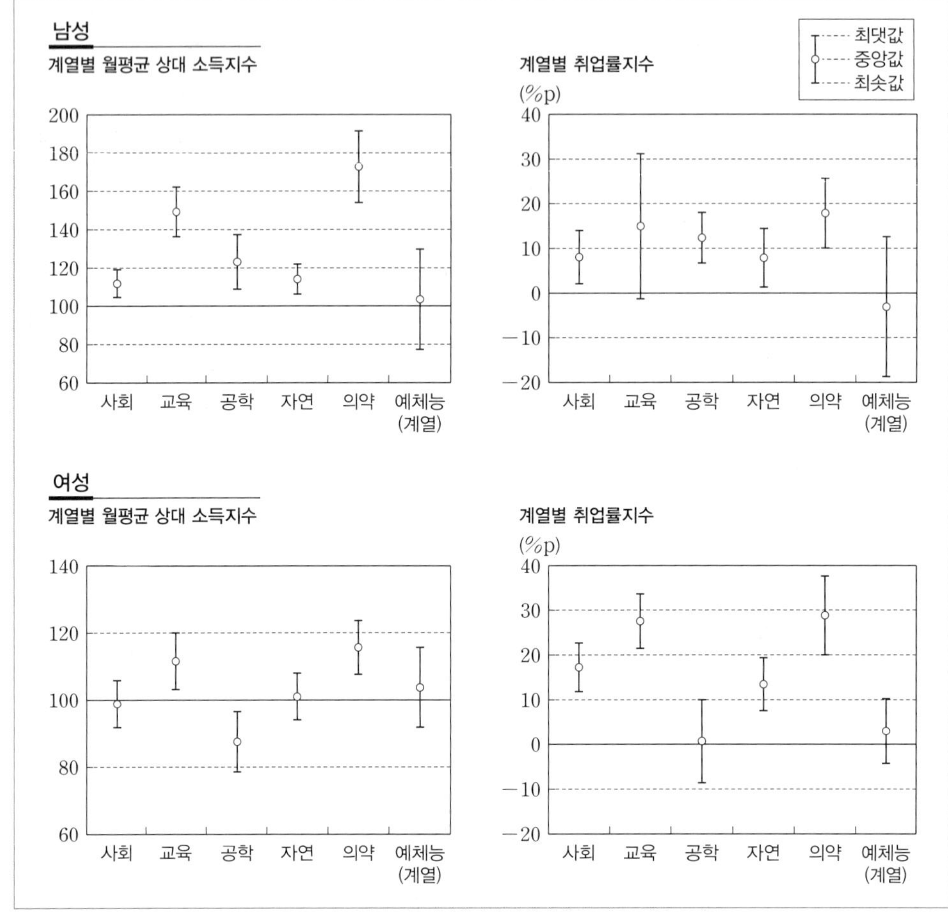

※ 1) 월평균 상대 소득지수는 학과 졸업생의 월평균 소득 값을 인문 계열의 월평균 소득 기준(100)으로 환산한 값임
2) 취업률지수(%p)는 학과의 취업률에서 인문 계열 평균 취업률을 뺀 값임
3) 계열별 월평균 상대 소득(취업률)지수는 해당 계열 소속 각 학과의 월평균 상대 소득(취업률)지수 가운데 최댓값, 중앙값, 최솟값을 그래프로 표시함

① 교육 계열 월평균 상대 소득지수의 최댓값과 최솟값의 차이는 여성이 남성보다 크다.
② 취업률이 인문 계열 평균 취업률과 차이가 가장 큰 학과가 소속된 계열은 남성과 여성이 같다.
③ 취업률이 인문 계열 평균 취업률보다 낮은 학과가 소속된 계열의 개수는 남성과 여성이 같다.
④ 인문 계열을 제외하고 계열별 월평균 상대 소득지수의 최댓값이 네 번째로 큰 계열은 남성과 여성이 같다.
⑤ 인문 계열을 제외하고 여성의 월평균 상대 소득지수의 최솟값이 두 번째로 큰 계열에 소속된 학과 중 인문 계열 평균 취업률보다 낮은 학과가 있다.

☑ 2021 5급 공채 PSAT 기출변형

09 다음 [그래프]는 A～E학교의 장학금 신청률과 수혜율에 관한 자료이다. 이에 대한 [보기]의 설명 중 옳은 것은 모두 몇 개인지 고르면?

1 2 3

[그래프] 학교별 장학금 신청률과 수혜율 (단위: %)

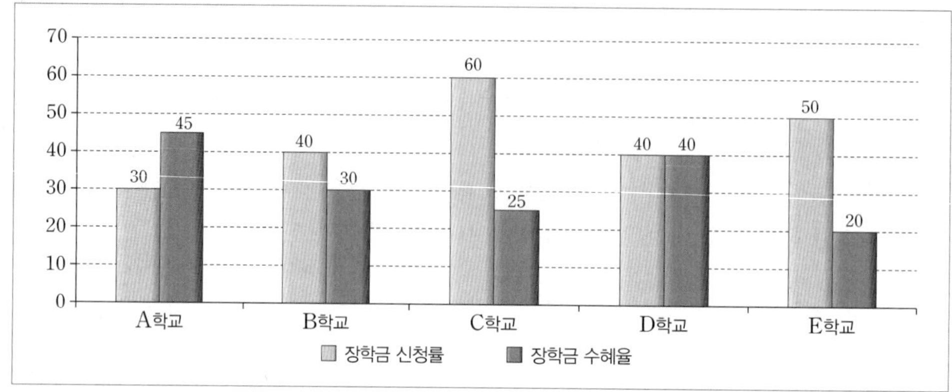

※ 1) (장학금 신청률)(%)$=\frac{(\text{장학금 신청자})}{(\text{전체 학생})}\times100$

2) (장학금 수혜율)(%)$=\frac{(\text{장학금 수혜자})}{(\text{장학금 신청자})}\times100$

| 보기 |

㉠ A~E학교의 장학금 신청자 수가 모두 동일할 경우, 전체 학생 수가 두 번째로 적은 학교는 E이다.

㉡ 장학금 수혜자가 1,500명일 경우, 장학금 신청률이 가장 높은 학교의 장학금 신청자 수는 6,000명이다.

㉢ 전체 학생 중 장학금 수혜자 비율이 가장 작은 학교부터 순서대로 나열하면 E－B－A－C－D이다.

㉣ A~E학교 중 $\frac{(\text{장학금 신청률})}{(\text{장학금 수혜율})}$이 1 미만인 학교의 장학금 수혜자 수가 가장 많다.

① 0개 ② 1개 ③ 2개
④ 3개 ⑤ 4개

10 다음 [표]와 [그래프]는 A국 게임시장에 관한 자료이다. 이에 대한 [보기]의 설명 중 옳은 것을 모두 고르면?

1 2 3

[표] 2017~2020년 A국의 플랫폼별 게임시장 규모 (단위: 억 원)

플랫폼 \ 연도	2017년	2018년	2019년	2020년
PC	149	165	171	(　)
모바일	221	244	256	301
태블릿	56	63	66	58
콘솔	86	95	78	77
기타	51	55	40	28

[그래프] 2020년 A국의 플랫폼별 게임시장 점유율 (단위: %)

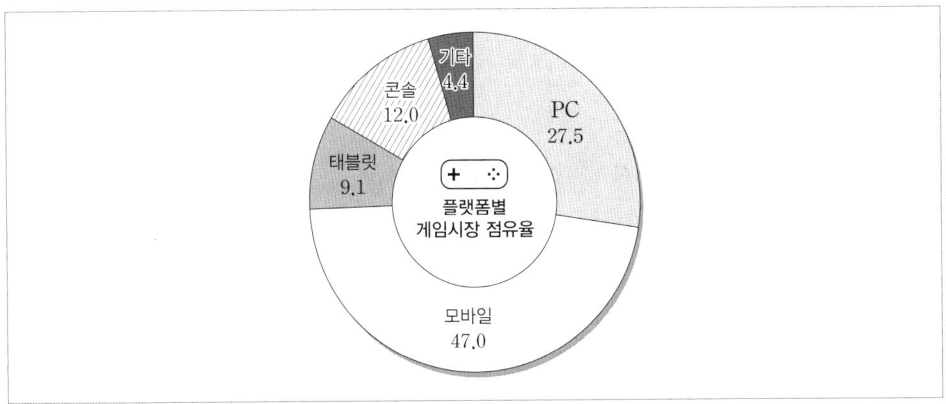

※ (플랫폼별 게임시장 점유율)(%) = $\frac{\text{(A국 해당 플랫폼의 게임시장 규모)}}{\text{(A국 게임시장 전체 규모)}} \times 100$

보기

㉠ A국 게임시장 전체 규모는 매년 증가하였다.

㉡ 2018년 PC, 태블릿, 콘솔의 게임시장 규모의 합은 A국 게임시장 전체 규모의 50% 이상이지만, 2020년은 50% 미만이다.

㉢ PC의 게임시장 규모는 2020년이 2019년보다 크지만, 점유율은 2020년이 2019년보다 낮다.

㉣ 기타를 제외하고 2017년 대비 2018년 게임시장 규모의 증가율이 가장 높은 플랫폼은 PC이다.

① ㉠, ㉡　② ㉠, ㉣　③ ㉡, ㉢
④ ㉡, ㉣　⑤ ㉢, ㉣

11 다음 [표]는 갑국 소프트웨어 A~C의 개발에 관한 자료이다. 주어진 [표]와 [조건]을 바탕으로 개발비가 가장 낮은 소프트웨어와 생산성지수가 가장 높은 소프트웨어를 고르면?

1 2 3

[표1] 소프트웨어 A~C의 기능 유형별 기능 개수

(단위: 개)

기능 유형 / 소프트웨어	내부논리 파일	외부연계 파일	외부입력	외부출력	외부조회
A	10	5	5	10	4
B	15	4	6	7	3
C	3	2	4	6	5

[표2] 기능 유형별 가중치

기능 유형	내부논리 파일	외부연계 파일	외부입력	외부출력	외부조회
가중치	7	5	4	5	3

[표3] 소프트웨어 A~C의 보정계수, 이윤 및 공수

구분 / 소프트웨어	보정계수				이윤(%)	공수
	규모계수	언어계수	품질 및 특성계수	애플리케이션 유형계수		
A	0.8	2.0	0.2	2.0	20	20
B	1.0	1.0	1.2	3.0	10	30
C	0.8	2.0	1.2	1.0	20	10

※ 단, 공수는 1인의 개발자가 1개월 동안 일하는 노력의 양(man-month)을 의미함

조건

- (개발비)=(개발원가)+(개발원가)×(이윤)
- (개발원가)=(기준원가)×(보정계수)
- (기준원가)=(기능 점수)×50만 원
- (보정계수)=(규모계수)×(언어계수)×(품질 및 특성계수)×(애플리케이션 유형계수)
- $(\text{생산성지수})=\frac{(\text{기능 점수})}{(\text{공수})}$
- 기능 점수는 각 기능 유형별 기능 개수에 해당 기능 유형별 가중치를 곱한 값의 합으로 계산된다.

	개발비가 가장 낮은	생산성지수가 가장 높은
①	A	A
②	A	C
③	B	B
④	B	C
⑤	C	A

12 다음 [표]는 갑국을 방문한 외국인 관광객을 관광객 국적에 따라 대륙별, 국가별로 정리한 자료이다. 이에 대한 [보기]의 설명 중 옳은 것은 모두 몇 개인지 고르면?

1 2 3

[표1] 갑국 방문 외국인 관광객의 대륙별 현황 (단위: 명)

대륙 \ 연도	2010년	2015년	2020년
아시아	6,749,222	10,799,355	1,918,037
북미	813,860	974,153	271,487
유럽	645,753	806,438	214,911
대양주	146,089	168,064	30,454
아프리카	33,756	46,525	14,374
기타	408,978	439,116	69,855
전체	8,797,658	13,233,651	2,519,118

[표2] 갑국 방문 외국인 관광객의 주요 국가별 현황 (단위: 명)

국가 \ 연도	2010년	2015년	2020년
일본	3,023,009	1,837,782	430,742
중국	1,875,157	5,984,170	686,430
미국	652,889	767,613	220,417

보기

㉠ 2010년 대비 2015년 외국인 관광객 증가율은 아프리카가 대양주의 2배 이상이다.
㉡ 2015년 일본과 중국 관광객의 합은 같은 해 아시아 관광객의 75% 이상이다.
㉢ 2015년 대비 2020년 북미의 관광객 감소 인원은 유럽의 관광객 감소 인원보다 12만 명 이상 많다.
㉣ 2020년 전체 외국인 관광객 중 중국 관광객이 차지하는 비중은 25% 이상이고, 미국 관광객이 차지하는 비중은 8% 미만이다.
㉤ 2015년 전체 외국인 관광객 중 중국과 미국 관광객이 차지하는 비중은 2010년 같은 관광객이 차지하는 비중의 2배 미만이다.

① 1개 ② 2개 ③ 3개
④ 4개 ⑤ 5개

13 다음 [그림]은 2020년 기준 A공제회 현황에 관한 자료이다. 이에 대한 설명으로 옳지 <u>않은</u> 것을 고르면?

1 2 3

[그림] 2020년 기준 A공제회 현황

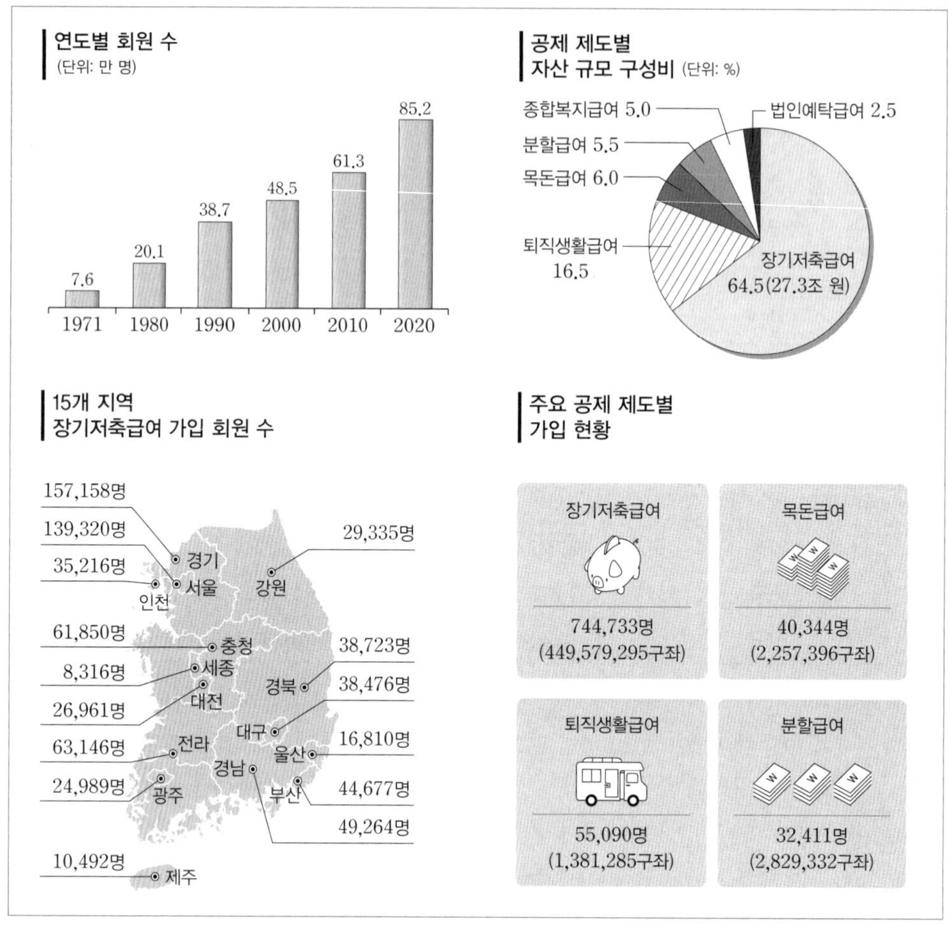

※ 공제 제도는 장기저축급여, 퇴직생활급여, 목돈급여, 분할급여, 종합복지급여, 법인예탁급여로만 구성됨
※ 모든 회원은 1개 또는 2개의 공제 제도에 가입함

① 연도별 회원 수가 이전 조사 연도 대비 가장 큰 폭으로 증가한 해는 2020년이다.

② 공제 제도 중 분할급여와 목돈급여가 차지하는 자산 규모의 합은 5조 원 미만이다.

③ 분할급여의 1인당 평균 보유 구좌 수는 퇴직생활급여의 1인당 평균 보유 구좌 수의 3배 이상이다.

④ 장기저축급여의 1인당 평균 보유 구좌 수는 목돈급여의 1인당 평균 보유 구좌 수의 10배 이상이다.

⑤ 광역시 및 세종특별자치시를 제외한 충청도, 전라도, 경상도의 장기저축급여 가입 회원 수의 합은 21만 명보다 적다.

14 교수 A~C는 주어진 [조건]을 바탕으로 학생들의 보고서를 보고 공대생 여부를 판단하는 실험을 하였다. 다음 [그림]은 각 교수가 공대생으로 판단한 학생들의 집합을 나타낸 벤다이어그램이고, [표]는 실험 결과에 따라 교수 A~C의 정확도와 재현도를 계산한 자료이다. 이에 대한 [보기]의 설명 중 옳은 것을 모두 고르면?

1 2 3

| 조건 |

- 학생은 총 150명이며, 이 중에서 100명만 공대생이다.
- 학생들은 모두 1인당 1개의 보고서를 제출하였다.
- 실험에 참가하는 교수 A~C는 150명 중 공대생의 비율을 알지 못한다.

[그림] 교수 A~C가 공대생으로 판단한 학생들의 집합

(단위: 명)

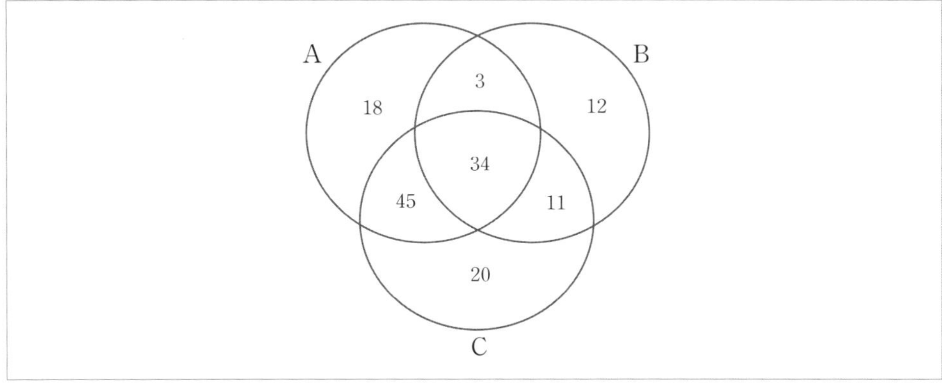

[표] 교수 A~C의 정확도와 재현도

교수	정확도	재현도
A	( )	( )
B	1	( )
C	$\frac{8}{11}$	$\frac{4}{5}$

※ 1) (정확도)=$\frac{\text{(공대생으로 판단한 학생 중에서 공대생 수)}}{\text{(공대생으로 판단한 학생 수)}}$

2) (재현도)=$\frac{\text{(공대생으로 판단한 학생 중에서 공대생 수)}}{\text{(전체 공대생 수)}}$

| 보기 |

㉠ A, B, C 세 교수 모두가 공대생이 아니라고 공통적으로 판단한 학생은 8명이다.

㉡ A, C 두 교수 모두가 공대생이라고 공통적으로 판단한 학생들 중에서 공대생의 비율은 최소 40% 이상이다.

㉢ B교수의 재현도는 $\frac{3}{5}$이다.

① ㉠　② ㉡　③ ㉢　④ ㉡, ㉢　⑤ ㉠, ㉡, ㉢

15 다음 [표]와 [보고서]는 2014~2017년 IT산업 3개(소프트웨어, 인터넷, 컴퓨터) 분야의 인수·합병 건수에 관한 자료이다. 이를 바탕으로 판단할 때, A~E국 중 갑국에 해당하는 국가의 2017년 IT산업 3개 분야 인수·합병 건수의 합을 고르면?

1 2 3

[표1] 소프트웨어 분야 인수·합병 건수

(단위: 건)

연도 \ 국가	미국	A	B	C	D	E
2014년	631	23	59	44	27	20
2015년	615	47	61	45	30	19
2016년	760	72	121	61	37	19
2017년	934	127	118	80	49	20
계	2,940	269	359	230	143	78

[표2] 인터넷 분야 인수·합병 건수

(단위: 건)

연도 \ 국가	미국	A	B	C	D	E
2014년	498	17	63	48	20	16
2015년	425	33	57	42	19	7
2016년	528	44	64	51	31	14
2017년	459	77	69	46	38	21
계	1,910	171	253	187	108	58

[표3] 컴퓨터 분야 인수·합병 건수

(단위: 건)

연도 \ 국가	미국	A	B	C	D	E
2014년	196	12	33	32	11	3
2015년	177	17	38	33	12	8
2016년	200	18	51	35	16	9
2017년	240	24	51	58	18	10
계	813	71	173	158	57	30

[보고서]

갑국의 IT산업 3개(소프트웨어, 인터넷, 컴퓨터) 분야 인수·합병 현황은 다음과 같다. 갑국의 IT산업 인수·합병 건수는 3개 분야 모두에서 매년 미국의 10% 이하에 불과했다. 또한 연도별 인수·합병 건수 증감 추이를 살펴보면, 컴퓨터 분야의 인수·합병 건수는 매년 증가하였고, 인터넷 분야 인수·합병 건수는 한 해를 제외하고 매년 증가하였다. 한편 갑국의 소프트웨어 분야에서의 미국 대비 인수·합병 건수의 비율은 2014년 대비 2017년에 감소하였다.

① 51 ② 105 ③ 184
④ 228 ⑤ 238

16 다음 [조건]과 [상황]을 근거로 판단할 때, 공기 청정기가 자동으로 꺼지는 시각을 고르면?

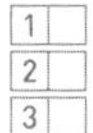

| 조건 |

- A학교 학생들은 방과 후에 자기 주도 학습을 위해 교실을 이용한다.
- 교실 안에 있는 학생 각각은 매 순간 일정한 양의 미세먼지를 발생시켜, 10분마다 5만큼의 미세먼지 양을 증가시킨다.
- 교실에 설치된 공기 청정기는 매 순간 일정한 양의 미세먼지를 제거하여, 10분마다 15만큼의 미세먼지 양을 감소시킨다.
- 미세먼지는 사람에 의해서만 발생하고, 공기 청정기에 의해서만 제거된다.
- 공기 청정기는 매 순간 미세먼지 양을 표시하며, 교실 내 미세먼지 양이 30이 되는 순간 자동으로 꺼진다.

[상황]

15시 현재, A학교의 교실에는 아무도 없었고, 켜져 있는 공기 청정기가 나타내는 교실 내 미세먼지 양은 150이었다. 16시 정각에 학생 3명이 교실에 들어와 공부를 시작하였고, 30분 후 학생 2명이 더 들어와 공부를 시작하였다. 학생들은 모두 18시 정각에 교실에서 나왔다.

① 18시 30분　② 18시 40분　③ 19시
④ 19시 20분　⑤ 19시 40분

17 다음 글을 근거로 판단할 때, 옳은 것을 고르면?

제○○조 ① 사업주는 근로자가 조부모, 부모, 배우자, 배우자의 부모, 자녀 또는 손자녀(이하 '가족'이라 한다)의 질병, 사고, 노령으로 인하여 그 가족을 돌보기 위한 휴직(이하 '가족 돌봄휴직'이라 한다)을 신청하는 경우, 이를 허용하여야 한다. 다만, 대체 인력 채용이 불가능한 경우, 정상적인 사업 운영에 중대한 지장을 초래하는 경우, 근로자 본인 외에도 조부모의 직계 비속 또는 손자녀의 직계 존속이 있는 경우에는 그러하지 아니하다.

② 사업주는 근로자가 가족(조부모 또는 손자녀의 경우, 근로자 본인 외에도 직계 비속 또는 직계 존속이 있는 경우는 제외한다)의 질병, 사고, 노령 또는 자녀의 양육으로 인하여 긴급하게 그 가족을 돌보기 위한 휴가(이하 '가족 돌봄휴가'라 한다)를 신청하는 경우, 이를 허용하여야 한다. 다만, 근로자가 청구한 시기에 가족 돌봄휴가를 주는 것이 정상적인 사업 운영에 중대한 지장을 초래하는 경우에는 근로자와 협의하여 그 시기를 변경할 수 있다.

③ 제1항 단서에 따라 사업주가 가족 돌봄휴직을 허용하지 아니하는 경우에는 해당 근로자에게 그 사유를 서면으로 통보하여야 한다.

④ 가족 돌봄휴직 및 가족 돌봄휴가의 사용 기간은 다음 각 호에 따른다.

1. 가족 돌봄휴직 기간은 연간 최장 90일로 하며, 이를 나누어 사용할 수 있을 것
2. 가족 돌봄휴가 기간은 연간 최장 10일로 하며, 일 단위로 사용할 수 있을 것. 다만 가족 돌봄휴가 기간은 가족 돌봄휴직 기간에 포함된다.
3. ○○부장관은 감염병의 확산 등을 원인으로 심각 단계의 위기경보가 발령되는 경우, 가족 돌봄휴가 기간을 연간 10일의 범위에서 연장할 수 있다.

① 가족 돌봄휴가를 10일 사용한 근로자는 가족 돌봄휴직을 추가로 사용할 수 없다.

② 감염병의 확산으로 심각 단계의 위기경보가 발령된 경우, 가족 돌봄휴가 기간은 연간 최장 100일이 된다.

③ 사업주는 부모와 함께 거주하는 근로자가 자녀의 질병을 이유로 가족 돌봄휴가를 신청하는 경우, 이를 허용하지 않아도 된다.

④ 사업주는 자녀, 손자녀와 함께 거주하는 근로자가 손녀의 사고를 이유로 가족 돌봄휴가를 신청하는 경우, 이를 허용하지 않아도 된다.

⑤ 사업주는 배우자의 부모와 자신의 부모를 함께 모시고 사는 근로자가 배우자의 부모의 노령을 이유로 가족 돌봄휴직을 신청하는 경우, 이를 반드시 허용하여야 한다.

18 다음 [그래프]와 [표]는 2017~2018년 A, B기업이 갑 자동차 회사에 납품한 엔진과 변속기에 관한 자료이다. 이에 대한 설명으로 옳지 않은 것을 고르면?

1 2 3

[그래프1] 연도별 갑 자동차 회사가 납품받은 엔진과 변속기 개수의 합 (단위: 개)

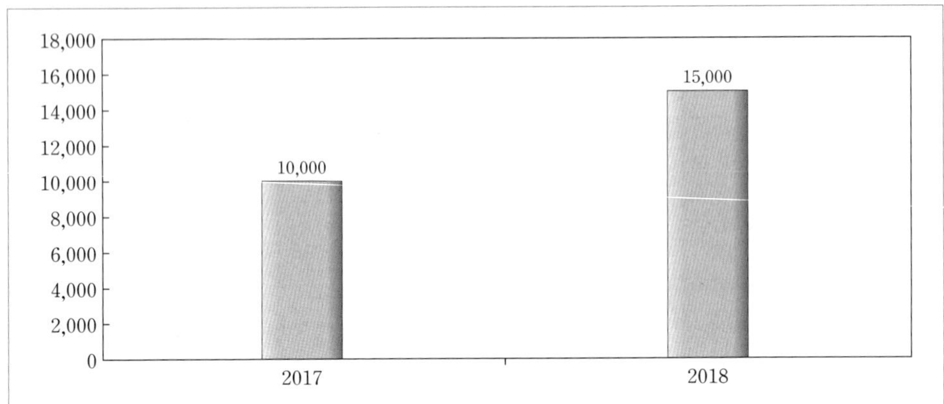

[그래프2] 2018년 기업별 엔진과 변속기 납품 개수의 합 (단위: 개)

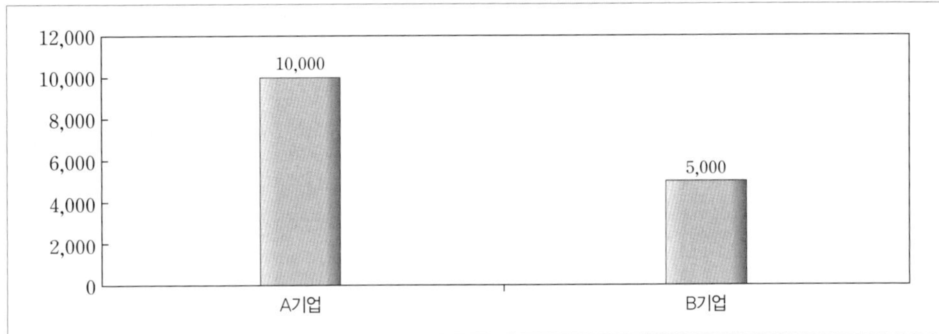

[그래프3] A기업의 연도별 엔진과 변속기 납품 개수 비율 (단위: %)

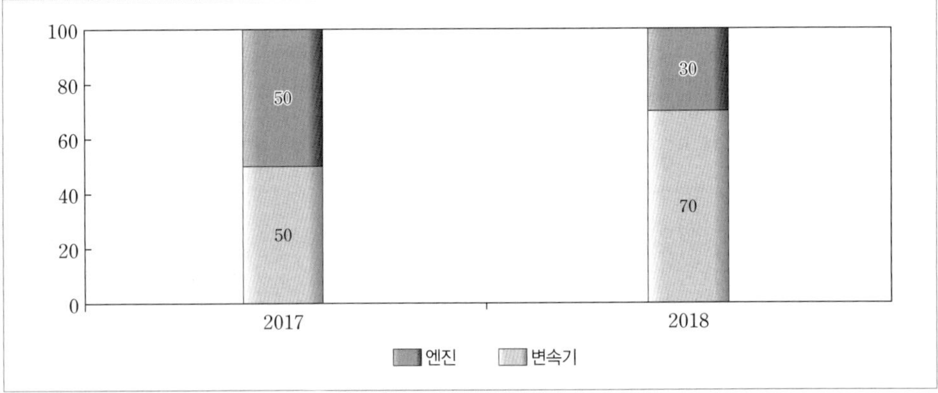

※ 1) 갑 자동차 회사는 엔진과 변속기를 2017년에는 A기업으로부터만 납품받았으며, 2018년에는 A, B 두 기업에서만 납품받았음

2) A, B기업은 갑 자동차 회사에만 납품함

3) 매년 갑 자동차 회사가 납품받는 엔진 개수는 변속기 개수와 같음

[표] A, B기업의 연도별 엔진과 변속기의 납품 단가 (단위: 만 원/개)

구분 연도	엔진	변속기
2017년	100	80
2018년	90	75

① A기업의 엔진 납품 개수는 2018년이 2017년의 60%이다.

② 2018년 B기업은 변속기 납품 개수가 엔진 납품 개수의 11% 이상이다.

③ 갑 자동차 회사가 납품받은 변속기 납품 개수는 2018년이 2017년의 2배 미만이다.

④ 2018년 A, B기업의 엔진 납품액 합은 변속기 납품액 합보다 100,000만 원 이상 많다.

⑤ 갑 자동차 회사가 납품받은 엔진과 변속기 납품액 합은 2018년이 2017년에 비해 30% 미만으로 증가하였다.

19 **다음 글을 근거로 판단할 때, [보기]에서 민원을 정해진 기간 이내에 처리한 것을 모두 고르면?**

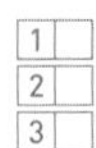

제○○조 ① 행정 기관의 장은 '질의 민원'을 접수한 경우에는 다음 각 호의 기간 이내에 처리하여야 한다.
1. 법령에 관해 설명이나 해석을 요구하는 질의 민원: 7일
2. 제도 · 절차 등에 관해 설명이나 해석을 요구하는 질의 민원: 4일
② 행정 기관의 장은 '건의 민원'을 접수한 경우에는 10일 이내에 처리하여야 한다.
③ 행정 기관의 장은 '고충 민원'을 접수한 경우에는 7일 이내에 처리하여야 한다. 단, 고충 민원의 처리를 위해 14일의 범위에서 실지 조사를 할 수 있고, 이 경우 실지 조사 기간은 처리 기간에 산입(算入)하지 아니한다.
④ 행정 기관의 장은 '기타 민원'을 접수한 경우에는 즉시 처리하여야 한다.

제○○조 ① 민원의 처리 기간을 '즉시'로 정한 경우에는 3근무 시간 이내에 처리하여야 한다.
② 민원의 처리 기간을 5일 이하로 정한 경우에는 민원의 접수 시각부터 '시간' 단위로 계산한다. 이 경우 1일은 8시간의 근무 시간을 기준으로 한다.
③ 민원의 처리 기간을 6일 이상으로 정한 경우에는 '일' 단위로 계산하고 첫날을 산입한다.
④ 공휴일과 토요일은 민원의 처리 기간과 실지 조사 기간에 산입하지 아니한다.

※ 업무 시간은 09:00~18:00임(점심시간 12:00~13:00 제외)
※ 3근무 시간: 업무 시간 내 3시간
※ 단, 현충일(6월 6일 목요일)과 일요일은 공휴일이고, 그 이외에 공휴일은 없다고 가정함

| 보기 |

㉠ A부처는 6. 3.(월) 13시에 ◇◇ 법령에 관한 해석을 요구하는 질의 민원을 접수하고, 6. 12.(수) 16시에 처리하였다.
㉡ B부처는 5. 31.(금) 9시에 고충 민원을 접수하고, 5일간 실지 조사를 하여 6. 19.(수) 9시에 처리하였다.
㉢ C부처는 6. 10.(월) 10시에 기타 민원을 접수하고, 6. 10.(월) 14시에 처리하였다.
㉣ D부처는 6. 5.(수) 15시에 △△ 절차에 관해 설명을 요구하는 질의 민원을 접수하고, 6. 11.(화) 17시에 처리하였다.

① ㉠, ㉡　② ㉠, ㉢　③ ㉢, ㉣
④ ㉠, ㉢, ㉣　⑤ ㉡, ㉢, ㉣

20 다음 [그림]은 우리나라 지역별 한옥 건설업체 수 현황에 관한 자료이다. 이에 대한 [보기]의 설명 중 옳은 것을 모두 고르면?

1 2 3

[그림] 지역별 한옥 건설업체 수 현황 (단위: 개)

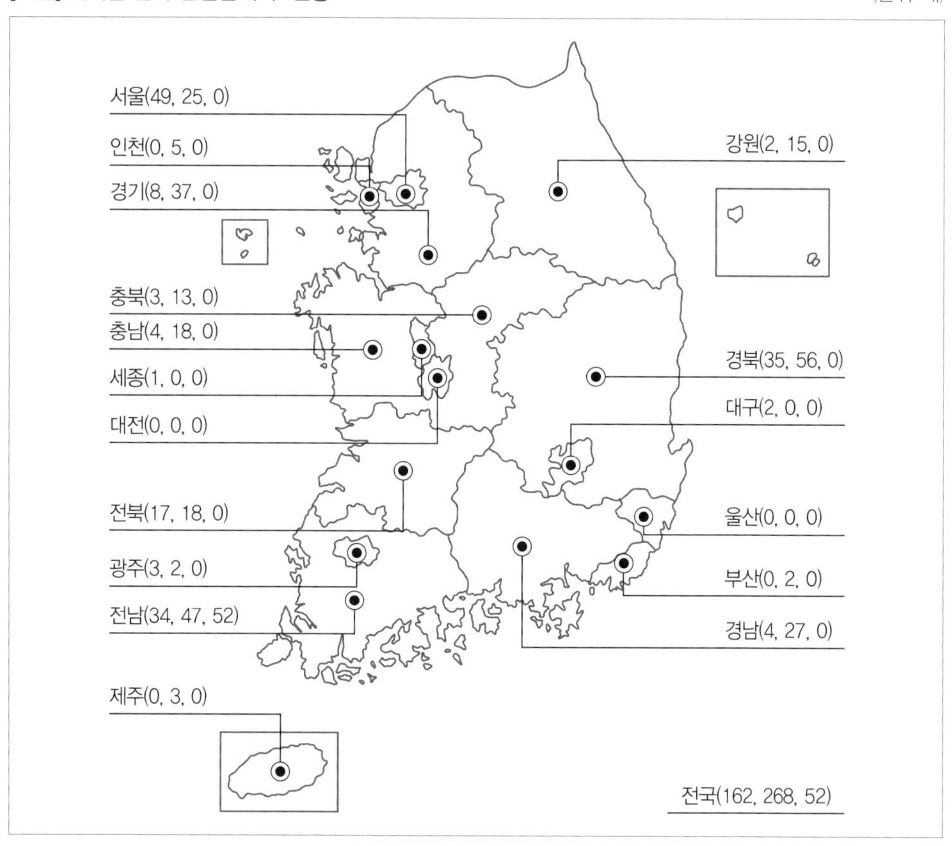

※ 단, 한옥 건설업체는 설계업체, 시공업체, 자재업체로 구분됨
※ 지역명(A, B, C)의 A, B, C는 해당 지역 한옥 건설업체의 설계업체 수, 시공업체 수, 자재업체 수를 각각 의미함
※ 수도권은 서울, 인천, 경기로 구성됨

[보기]

㉠ 모든 자재업체는 한 지역에만 존재한다.
㉡ 수도권 시공업체 중 서울 시공업체가 차지하는 비중은 전국 설계업체 중 수도권 설계업체가 차지하는 비중보다 크다.
㉢ 설계업체 수 기준 상위 네 번째 지역의 시공업체 수가 전국 시공업체 수에서 차지하는 비중은 10% 이하이다.
㉣ 설계업체 수 기준 상위 첫 번째 지역의 설계업체 수가 전국 설계업체 수에서 차지하는 비중은 시공업체 수 기준 상위 첫 번째와 네 번째 지역의 시공업체 수의 합이 전국 시공업체 수에서 차지하는 비중보다 더 크다.

① ㉠, ㉡　② ㉠, ㉢　③ ㉡, ㉣
④ ㉠, ㉡, ㉢　⑤ ㉠, ㉡, ㉣

PSAT형 실전모의고사 3회

정답과 해설 P. 227~240

모바일 OMR
QR 코드

https://eduwill.kr/mShf

20문항/40분

☑ 2022 5급 공채 PSAT 기출변형

01 다음 [그래프]는 갑국 및 글로벌 e스포츠 산업 규모에 관한 자료이다. 이에 대한 [보고서]의 설명 중 옳은 것을 모두 고르면?

1 2 3

[그래프1] 2017~2021년 갑국 e스포츠 산업 규모 (단위: 억 원)

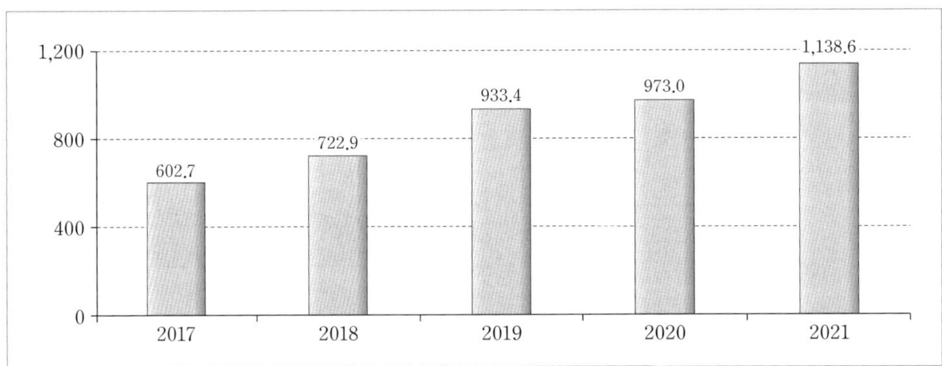

[그래프2] 2020~2021년 갑국 e스포츠 산업의 세부 항목별 규모 (단위: 억 원)

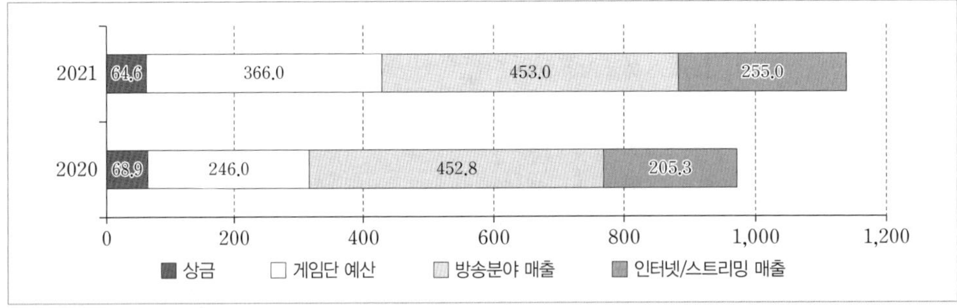

[그래프3] 2017~2021년 글로벌 e스포츠 산업 규모

(단위: 억 원)

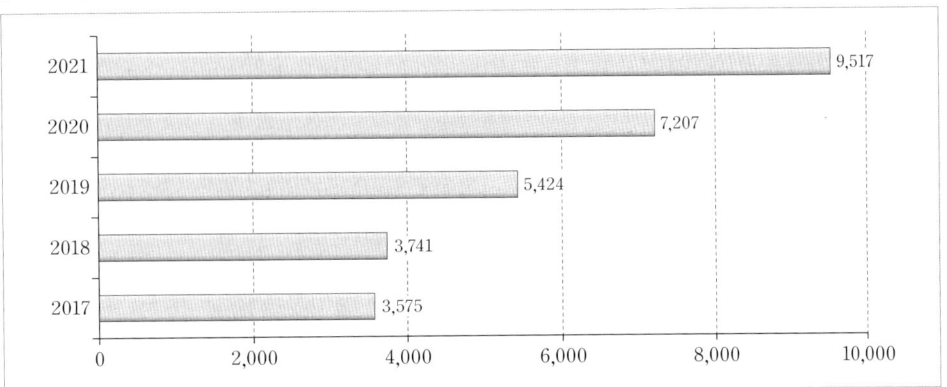

[보고서]

2021년 갑국 e스포츠 산업 규모는 1,138억 6,000만 원으로 집계되었다. ㉠ 이는 2020년 973억 원에서 15% 이상 성장한 것으로, 2018년 이후 최대 성장률이다. 세부 항목별로 살펴보면, 2021년 ㉡ 방송분야 매출이 453억 원으로 전체의 35% 이상을 차지하여 가장 비중이 높은 것으로 나타났지만, 전년 대비 성장률은 게임단 예산이 가장 높았다. ㉢ 인터넷/스트리밍 매출도 전년 대비 20% 이상 성장하였고, 유일하게 상금 규모만 축소하였다.

한편 글로벌 e스포츠 산업 규모와 갑국 e스포츠 산업 규모의 성장세를 살펴보면, ㉣ 갑국과 글로벌 모두 e스포츠 산업 규모가 2017년부터 매년 성장하였으며, 양쪽 모두 2019년에 전년 대비 성장률이 가장 높았다. 그런데 ㉤ 글로벌 e스포츠 산업 규모 대비 갑국 e스포츠 산업 규모의 비중은 2017년 이후 매년 낮아졌으며, 이는 갑국 e스포츠 산업 규모가 꾸준히 성장하고는 있으나 글로벌 e스포츠 산업 규모의 성장세에는 미치지 못하고 있기 때문이다.

① ㉠, ㉡, ㉢　② ㉠, ㉢, ㉤　③ ㉡, ㉢, ㉣
④ ㉡, ㉣, ㉤　⑤ ㉢, ㉣, ㉤

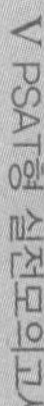

02 **다음 글과 [상황]을 근거로 판단할 때, 옳지 않은 것을 고르면?**

1
2
3

제○○조 ① 박물관에는 임원으로서 관장 1명, 상임이사 1명, 비상임이사 5명 이내, 감사 1명을 둔다.
② 감사는 비상임으로 한다.
③ 관장은 정관으로 정하는 바에 따라 □□부장관이 임면하고, 상임이사와 비상임이사 및 감사의 임면은 정관으로 정하는 바에 따른다.

제○○조 ① 관장의 임기는 3년으로 하며, 1년 단위로 연임할 수 있다.
② 이사와 감사의 임기는 2년으로 하며, 1년 단위로 연임할 수 있다.
③ 임원의 사임 등으로 인하여 선임되는 임원의 임기는 새로 시작된다.
④ 관장은 박물관을 대표하고 그 업무를 총괄하며, 소속 직원을 지휘·감독한다.
⑤ 관장이 부득이한 사유로 직무를 수행할 수 없을 때에는 상임이사가 그 직무를 대행하고, 상임이사도 직무를 수행할 수 없을 때에는 정관으로 정하는 임원이 그 직무를 대행한다.

제○○조 ① 박물관의 중요 사항을 심의·의결하기 위하여 박물관에 이사회를 둔다.
② 이사회는 의장을 포함한 이사로 구성하고 관장이 의장이 된다.
③ 이사회는 재적이사 과반수의 출석으로 개의하고, 재적이사 과반수의 찬성으로 의결한다.
④ 감사는 직무와 관련하여 필요한 경우 이사회에 출석하여 발언할 수 있다.

제○○조 ① 박물관의 임직원이나 임직원으로 재직하였던 사람은 그 직무상 알게 된 비밀을 누설하거나 도용하여서는 아니 된다.
② 제1항을 위반하여 직무상 알게 된 비밀을 누설하거나 도용한 사람은 2년 이하의 징역 또는 2천만 원 이하의 벌금에 처한다.

[상황]

△△박물관에는 임원으로 이사인 관장 A, 상임이사 B, 비상임이사 C, D, E, F와 감사 G가 있다.

① □□부장관은 A를 관장직에서 파면할 수 있다.
② 박물관 직원 H가 박물관에 재직하며 알게 된 비밀을 알린 경우, 1천만 원의 벌금형에 처할 수 있다.
③ A가 2년, B가 1년간 재직하고, A가 퇴직한 뒤 B가 관장직에 임명된다면 B의 임기는 1년이다.
④ △△박물관 정관에 "상임이사가 부득이한 사유로 직무를 수행할 수 없을 때에는 비상임이사 중 한 명이 그 직무를 대행한다."라고 규정되어 있는 경우, A와 B가 부득이한 사유로 직무를 수행할 수 없을 때는 C가 이사회의 의장이 될 수 있다.
⑤ G가 이사회에 참석하지 않더라도 이사회를 개의할 수 있다.

03 다음 [표]는 A기업 지원자의 인턴 및 해외 연수 경험과 합격 여부에 관한 자료이다. 이에 대한 [보기]의 설명 중 옳은 것을 모두 고르면?

1 2 3

[표] A기업 지원자의 인턴 및 해외 연수 경험과 합격 여부 (단위: 명, %)

인턴 경험	해외 연수 경험	합격 여부		합격률
		합격	불합격	
있음	있음	53	414	11.3
	없음	11	45	19.6
없음	있음	0	5	0.0
	없음	4	139	2.8

※ $(\text{합격률})(\%)=\frac{(\text{합격자 수})}{(\text{합격자 수})+(\text{불합격자 수})}\times 100$

※ 단, 합격률은 소수점 둘째 자리에서 반올림한 값임

| 보기 |

㉠ 인턴 경험이 있는 지원자가 인턴 경험이 없는 지원자보다 합격률이 높다.

㉡ 해외 연수 경험이 있는 지원자의 합격률이 해외 연수 경험이 없는 지원자의 합격률보다 높다.

㉢ 전체 합격률은 10% 이하이다.

㉣ 인턴 경험과 해외 연수 경험이 모두 없는 지원자와 인턴 경험이 있는 지원자 간 합격률 차이는 20%p보다 크다.

① ㉠, ㉡ ② ㉠, ㉢ ③ ㉡, ㉢
④ ㉡, ㉣ ⑤ ㉠, ㉡, ㉣

V PSAT형 실전모의고사

04 다음 [그래프]는 2020년 갑시의 교통사고에 관한 자료이다. 이에 대한 설명으로 옳지 않은 것을 고르면?

1 2 3

[그래프1] 2020년 월별 교통사고 사상자

(단위: 명)

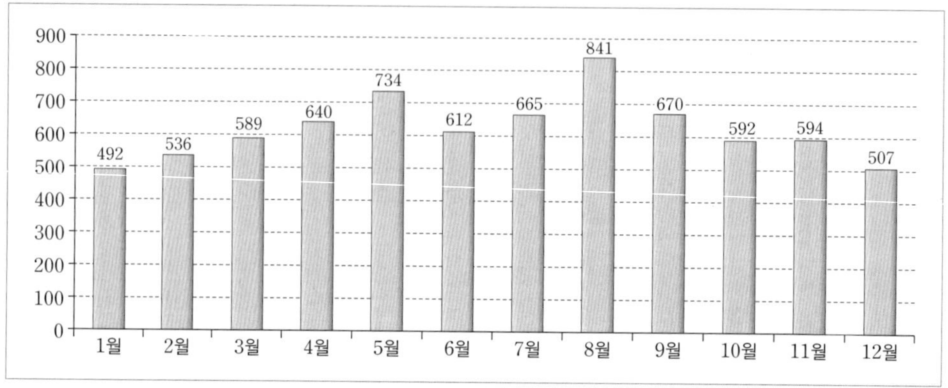

[그래프2] 2020년 월별 교통사고 건수

(단위: 건)

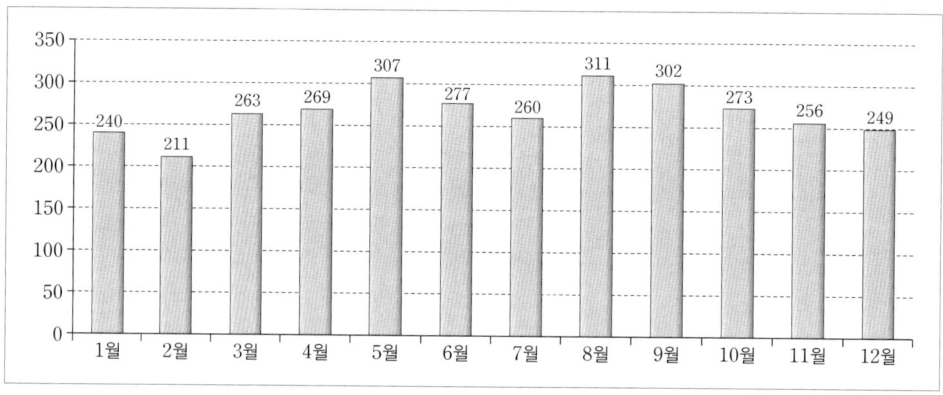

[그래프3] 2020년 교통사고 건수의 사고 원인별 구성비

(단위: %)

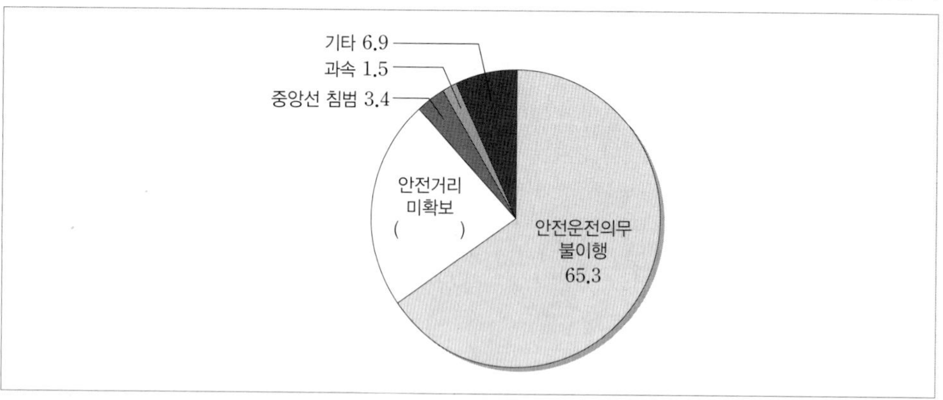

① 2020년 교통사고 건당 사상자는 2.1명 이상이다.

② 월별 교통사고 사상자가 가장 적은 달은 가장 많은 달의 60% 이하이다.

③ 월별 교통사고 건수가 두 번째로 많은 달의 교통사고 건당 사상자는 약 2.4명이다.

④ 안전거리 미확보가 사고 원인인 교통사고 건수는 중앙선 침범이 사고 원인인 교통사고 건수의 7배 이상이다.

⑤ 사고 원인이 안전운전의무 불이행인 교통사고 건수는 2,000건 이상이고, 과속인 교통사고 건수는 50건 이하이다.

05 다음 [그래프]는 2004~2017년 A국가의 엥겔계수와 엔젤계수에 관한 자료이다. 이에 대한 설명으로 옳은 것을 고르면?

1 2 3

[그래프] 2004~2017년 엥겔계수와 엔젤계수 (단위: %)

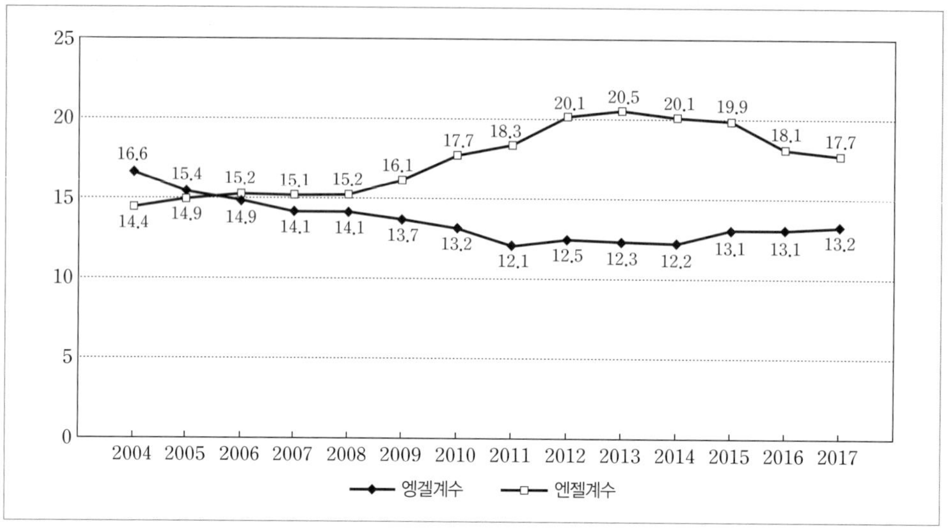

※ 1) (엥겔계수)(%)$=\frac{\text{(식료품비)}}{\text{(가계 지출액)}}\times 100$

2) (엔젤계수)(%)$=\frac{\text{(18세 미만 자녀에 대한 보육 · 교육비)}}{\text{(가계 지출액)}}\times 100$

3) 보육 · 교육비에는 식료품비가 포함되지 않음

① 2008~2012년 동안 엔젤계수의 연간 상승 폭은 매년 증가하였다.

② 2007년 이후 18세 미만 자녀에 대한 교육비는 식료품비를 매년 초과한다.

③ 2008~2011년 동안 매년 18세 미만 자녀에 대한 보육 · 교육비 대비 식료품비의 비율은 증가한다.

④ 엔젤계수가 전년 대비 가장 큰 폭으로 상승한 해에 엥겔계수는 전년 대비 가장 큰 폭으로 하락하였다.

⑤ 엥겔계수가 가장 높은 해와 가장 낮은 해의 차이보다 엔젤계수가 가장 높은 해와 가장 낮은 해의 차이가 더 크다.

06 다음 [조건]과 [상황]을 근거로 판단할 때, [보기]에서 옳지 않은 것을 모두 고르면?

1 2 3

조건

A국은 다음과 같은 원칙에 따라 소득에 대해 과세한다.

- 근로 소득자나 사업자 모두 원칙적으로 과세대상 소득의 20%를 세금으로 납부한다.
- 근로 소득자의 과세대상 소득은 근로 소득이고, 사업자의 과세대상 소득은 매출액에서 생산비용을 공제한 값이다.
- 근로 소득자의 경우, 신용카드 지출금액의 5%는 과세대상 소득에서 공제한다. 예를 들어 원래 과세대상 소득이 1천만 원인 사람이 10만 원을 신용카드로 지출하면, 이 사람의 실제 과세대상 소득은 5천 원 감소하여 999만 5천 원이 된다.
- 사업자는 신용카드로 취득한 매출액의 1%를 수수료로 카드회사에 지불한다. 수수료는 생산비용에 포함되지 않는다.
- 지역상권 활성화를 위해 2021년 한시적으로 지역상권부흥상품권을 통한 거래는 사업자의 과세대상에서 제외하기로 하였다.

[상황]

2021년 A국의 근로 소득자 갑은 가구를 제작·판매하는 사업자 을로부터 200만 원에 판매되는 식탁을 신용카드로 구입하려고 하였다. 을이 이 식탁을 제작하는 데 드는 생산비용은 170만 원이다. 그런데 을은 지역상권부흥상품권으로 자신이 판매하는 가구를 구매하는 고객에게 일부를 할인하는 행사를 진행하였고, 갑은 이 사실을 알게 되었다.

보기

㉠ 을이 3만 원을 할인한다면, 갑은 신용카드로 결제하는 것이 유리하다.
㉡ 을은 최대 8만 원을 할인할 때, 신용카드 매출에 비하여 손해를 입지 않는다.
㉢ 을이 6만 원을 할인한다면, 갑은 신용카드로 결제할 때보다 1만 원 더 이득이다.

① ㉠ ② ㉠, ㉡ ③ ㉠, ㉢
④ ㉡, ㉢ ⑤ ㉠, ㉡, ㉢

07 다음 [표]는 2017년과 2018년 갑국에서 운항하는 항공사의 운송 실적 및 피해구제 현황에 관한 자료이다. 이에 대한 설명으로 옳지 않은 것을 고르면?(단, 자료에 주어지지 않은 국적 항공사는 없다.)

1□
2□
3□

[표1] 연도별 국적항공사의 노선별 운송 실적 (단위: 천 명)

국적항공사 \ 노선 / 연도		국내선 2017년	국내선 2018년	국제선 2017년	국제선 2018년
대형 항공사	태양항공	7,989	6,957	18,925	20,052
	무지개항공	5,991	6,129	13,344	13,727
저비용 항공사	알파항공	4,106	4,457	3,004	3,610
	에어세종	0	0	821	1,717
	청렴항공	3,006	3,033	2,515	2,871
	독도항공	4,642	4,676	5,825	7,266
	참에어	3,738	3,475	4,859	5,415
	동해항공	2,935	2,873	3,278	4,128
합계		32,407	31,600	52,571	58,786

[표2] 2017년 피해 유형별 항공사의 피해구제 접수 건수 비율 (단위: %)

항공사 \ 피해 유형	취소환불 위약금	지연 결항	정보제공 미흡	수하물 지연 파손	초과 판매	기타	합계
국적항공사	57.14	22.76	5.32	6.81	0.33	7.64	100.00
외국적항공사	49.06	27.77	6.89	6.68	1.88	7.72	100.00

[표3] 2018년 피해 유형별 항공사의 피해구제 접수 건수 (단위: 건)

항공사 \ 피해 유형		취소 환불 위약금	지연 결항	정보 제공 미흡	수하물 지연 파손	초과 판매	기타	합계	전년 대비 증가
대형 항공사	태양항공	31	96	0	7	0	19	153	13
	무지개항공	20	66	0	5	0	15	106	−2
저비용 항공사	알파항공	9	9	0	1	0	4	23	−6
	에어세종	19	10	2	1	0	12	44	7
	청렴항공	12	33	3	4	0	5	57	16
	독도항공	34	25	3	9	0	27	98	−35
	참에어	33	38	0	6	0	8	85	34
	동해항공	19	32	1	10	0	10	72	9
국적항공사		177	309	9	43	0	100	638	36
외국적항공사		161	201	11	35	0	78	486	7

① 국적항공사는 총 8개이다.
② 2018년 피해 유형별 국적항공사의 피해구제 접수 건수 중 대형 항공사의 비율은 40% 이상이다.
③ 2018년 피해 유형별 항공사의 피해구제 접수 건수가 전년 대비 증가한 국적항공사의 수가 감소한 국적항공사의 수보다 많다.
④ 국내선의 2018년 운송 실적이 전년 대비 가장 큰 폭으로 떨어진 국적항공사는 국제선의 2018년 운송 실적이 전년 대비 가장 큰 폭으로 증가하였다.
⑤ 2017년 피해 유형별 항공사의 피해구제 접수 건수 비율 항목에서 기타를 제외한 나머지 5개 항목 중 외국적항공사의 비율이 국적항공사의 비율보다 높은 항목이 더 많다.

[08~09] 다음 [표]는 2014~2019년 갑 지역의 월별 기상 자료이다. 주어진 자료를 보고 질문에 답하시오.

[표1] 2014~2019년 월별 평균 기온

(단위: ℃)

연도 \ 월	1월	2월	3월	4월	5월	6월	7월	8월	9월	10월	11월	12월
2014년	−4.5	1.4	4.3	9.5	17.2	23.4	25.8	26.5	21.8	14.5	6.5	−1.3
2015년	−7.2	1.2	3.6	10.7	17.9	22.0	24.6	25.8	21.8	14.2	10.7	−0.9
2016년	−2.8	−2.0	5.1	12.3	19.7	24.1	25.4	27.1	21.0	15.3	5.5	−4.1
2017년	−3.4	−1.2	5.1	10.0	18.2	24.4	25.5	27.7	21.8	15.8	6.2	−0.2
2018년	−0.7	1.9	7.9	14.0	18.9	23.1	26.1	25.2	22.1	15.6	9.0	−2.9
2019년	−0.9	1.0	6.3	13.3	18.9	23.6	25.8	26.3	22.4	15.5	8.9	1.6

[표2] 2014~2019년 월별 강수량

(단위: mm)

연도 \ 월	1월	2월	3월	4월	5월	6월	7월	8월	9월	10월	11월	12월	합계 (연강수량)
2014년	6	55	83	63	124	128	239	599	672	26	11	16	2,022
2015년	29	29	15	110	53	405	1,131	167	26	32	56	7	2,060
2016년	9	1	47	157	8	92	449	465	212	99	68	41	1,648
2017년	7	74	27	72	132	28	676	149	139	14	47	25	1,390
2018년	22	16	7	31	63	98	208	173	88	52	42	18	818
2019년	11	23	10	81	29	99	226	73	26	82	105	29	794

[표3] 2014~2019년 월별 일조 시간

(단위: 시간)

연도 \ 월	1월	2월	3월	4월	5월	6월	7월	8월	9월	10월	11월	12월	합계 (연일조 시간)
2014년	168	141	133	166	179	203	90	97	146	195	180	158	1,856
2015년	219	167	240	202	180	171	80	94	180	215	130	196	2,074
2016년	191	225	192	213	251	232	143	159	191	235	181	194	2,407
2017년	168	187	256	213	238	224	101	218	191	250	188	184	2,418
2018년	184	164	215	213	304	185	173	151	214	240	194	196	2,433
2019년	193	180	271	216	290	258	176	207	262	240	109	178	2,580

08 다음 [표4]는 갑 지역 2020년 월별 기상 관측값의 전년 동월 대비 변화량을 나타낸 자료의 일부이다. 주어진 자료에 대한 [보기]의 설명 중 옳지 <u>않은</u> 것을 모두 고르면?

[표4] 2020년 월별 기상 관측값의 전년 동월 대비 변화량 (단위: ℃, mm, 시간)

관측 항목 \ 월	1월	2월	3월	4월	5월	6월	7월	8월	9월	10월
평균 기온	−2.3	−0.8	+0.7	+0.8	+0.7	0.0	+0.4	+1.7	+0.7	
강수량	−10	+25	+31	−4	+132	−45	+132	−6	+7	
일조 시간	+3	+15	−17	+4	−10	−28	−16	+29	−70	

보기

㉠ 2014~2020년 중 1~9월 강수량 총합이 세 번째로 큰 해는 2017년이다.

㉡ 2014~2020년 중 여름(6~8월)의 일조 시간 총합이 가장 큰 해는 2019년이다.

㉢ 2014~2020년 중 봄(3~5월)의 일조 시간 총합이 두 번째로 작은 해는 2015년이다.

㉣ 2014~2019년과 비교하였을 때, 1~9월 중 2020년의 평균 기온이 가장 높은 달은 3개월이다.

① ㉠, ㉡　② ㉠, ㉣　③ ㉡, ㉢

④ ㉡, ㉣　⑤ ㉢, ㉣

09 다음 [그래프]는 2014~2019년 중 특정 연도의 갑 지역 월별 일평균 일조 시간과 누적 강수량에 대한 자료의 일부이다. 주어진 [표]와 아래 [그래프]를 근거로 (A), (B)에 해당하는 값을 바르게 나열한 것을 고르면?

1 2 3

[그래프] 월별 일평균 일조 시간과 누적 강수량 (단위: 시간, mm)

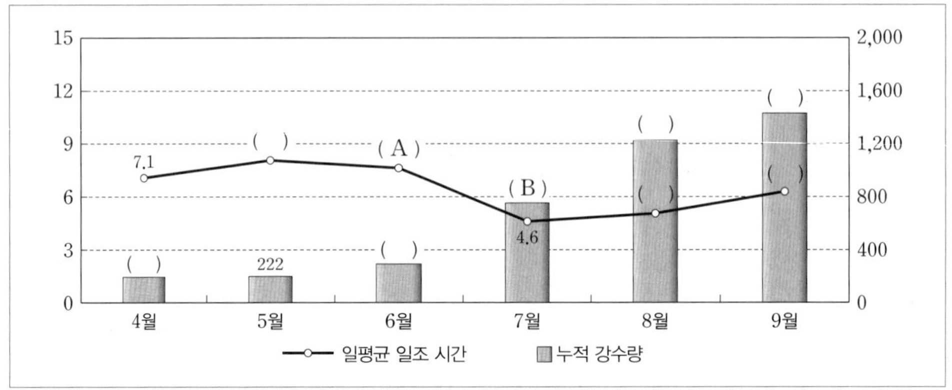

※ 일평균 일조 시간은 해당 월 일조 시간을 해당 월 날짜 수로 나눈 후, 소수점 둘째 자리에서 반올림한 값임
※ 누적 강수량은 해당 연도 1월부터 해당 월까지의 강수량을 누적한 값임

	(A)	(B)
①	7.5	763
②	7.5	779
③	7.5	794
④	7.7	763
⑤	7.7	779

10 다음 [조건]을 근거로 판단할 때, 갑과 을이 선택할 스포츠 종목을 고르면?

1 2 3

조건

- 갑과 을은 함께 스포츠 데이트를 하려고 한다. 이들이 고려하고 있는 종목은 등산, 스키, 암벽등반, 수영, 볼링이다.
- 갑과 을은 비용, 만족도, 위험도, 활동량을 기준으로 종목별 점수를 부여하고, 종목별로 두 사람의 점수를 더하여 합이 가장 높은 종목을 선택한다. 단, 동점일 때는 만족도, 비용, 활동량, 위험도 순으로 점수가 더 높은 종목을 선택한다.
- 갑과 을이 점수를 부여하는 방식은 다음과 같다.
  - 갑과 을은 비용이 적게 드는 종목부터, 만족도가 높은 종목부터 순서대로 5점에서 1점까지 1점씩 차이를 두고 부여한다.
  - 갑은 위험도가 높은 종목부터, 활동량이 많은 종목부터 순서대로 5점에서 1점까지 1점씩 차이를 두고 부여하며, 을은 그 반대로 점수를 부여한다.
  - 갑은 비용, 만족도, 위험도, 활동량 순으로 30%, 40%, 10%, 20%의 가중치를 부여하고, 을은 20%, 30%, 40%, 10%의 가중치를 부여한다.

구분	등산	스키	암벽등반	수영	볼링
비용(원)	8,000	60,000	32,000	20,000	18,000
만족도	30	80	100	20	70
위험도	40	100	80	50	60
활동량	50	100	70	90	30

① 등산 ② 스키 ③ 암벽등반
④ 수영 ⑤ 볼링

V PSAT형 실전모의고사

11 다음 [표]는 갑국의 2019년과 2020년의 대학 교원 유형별 강의 담당 학점 현황에 관한 자료이다. 이에 대한 설명으로 옳지 않은 것을 고르면?

1 2 3

[표] 교원 유형별 강의 담당 학점 현황

(단위: 학점, %)

지역 \ 연도/교원 유형			2020년 전임교원	2020년 비전임교원	2020년 강사	2019년 전임교원	2019년 비전임교원	2019년 강사
전체(196개교)		담당 학점	479,876	239,394	152,898	476,551	225,955	121,265
		비율	66.7	33.3	21.3	67.8	32.2	17.3
설립 주체	국공립(40개교)	담당 학점	108,237	62,934	47,504	107,793	59,980	42,824
		비율	63.2	36.8	27.8	64.2	35.8	25.5
	사립(156개교)	담당 학점	371,639	176,460	105,394	368,758	165,975	78,441
		비율	67.8	32.2	19.2	69.0	31.0	14.7
소재지	수도권(73개교)	담당 학점	173,383	106,403	64,019	171,439	101,864	50,696
		비율	62.0	38.0	22.9	62.7	37.3	18.5
	비수도권(123개교)	담당 학점	306,493	132,991	88,879	305,112	124,091	70,569
		비율	69.7	30.3	20.2	71.1	28.9	16.4

※ (교원 유형별 담당 학점 비율)(%) $= \frac{\text{(교원 유형별 담당 학점)}}{\text{(전임교원 담당 학점)+(비전임교원 담당 학점)}} \times 100$

① 2020년 전체 대학의 전임교원 담당 학점은 전년 대비 약 0.7% 증가하였다.

② 2020년 전체 대학의 전임교원 담당 학점 비율은 비전임교원 담당 학점 비율의 2배 이상이다.

③ 국공립 대학의 경우, 전임교원 대비 비전임교원 담당 학점 비중은 2019년보다 2020년이 더 높다.

④ 2019년 대비 2020년에 증가한 비전임교원 담당 학점은 비수도권 대학이 수도권 대학의 2배 미만이다.

⑤ 사립 대학의 경우, 비전임교원 담당 학점 중 강사 담당 학점 비중의 2019년과 2020년 간 차이는 10%p 미만이다.

12 다음 [표]는 갑국의 전기 자동차 충전요금 산정 기준과 계절별 부하 시간대에 관한 자료이다. 이에 대한 설명으로 옳은 것을 고르면?

1 2 3

[표1] 전기 자동차 충전요금 산정 기준 (단위: 원/kWh)

월 기본요금	계절 시간대	전력량 요율		
		여름 (6~8월)	봄 (3~5월) 가을 (9~10월)	겨울 (1~2월, 11~12월)
2,390원	경부하	57.6	58.7	80.7
	중간부하	145.3	70.5	128.2
	최대부하	232.5	75.4	190.8

※ 1) (월 충전요금)(원)=(월 기본요금)
+(경부하 시간대 전력량 요율×경부하 시간대 충전 전력량)
+(중간부하 시간대 전력량 요율×중간부하 시간대 충전 전력량)
+(최대부하 시간대 전력량 요율×최대부하 시간대 충전 전력량)
2) 월 충전요금은 해당 월 1일에서 말일까지의 충전 전력량을 사용하여 산정함
3) 1시간에 충전되는 전기 자동차의 전력량은 5kWh임

[표2] 계절별 부하 시간대

계절 시간대	여름 (6~8월)	봄(3~5월) 가을(9~10월)	겨울 (1~2월, 11~12월)
경부하	00:00~09:00 23:00~24:00	00:00~09:00 23:00~24:00	00:00~09:00 23:00~24:00
중간부하	09:00~10:00 12:00~13:00 17:00~23:00	09:00~10:00 12:00~13:00 17:00~23:00	09:00~10:00 12:00~17:00 20:00~22:00
최대부하	10:00~12:00 13:00~17:00	10:00~12:00 13:00~17:00	10:00~12:00 17:00~20:00 22:00~23:00

① 모든 시간대에서 봄과 가을의 전력량 요율이 가장 낮다.
② 오후 7시 30분의 전력량 요율이 가장 높은 계절은 겨울이다.
③ 중간부하 시간대의 총 시간은 2월 1일과 9월 1일이 동일하지 않다.
④ 월 100kWh를 충전하였을 때, 월 충전요금의 최댓값과 최솟값 차이는 17,000원 이하이다.
⑤ 12월 중간부하 시간대에만 100kWh를 충전한 월 충전요금은 4월 경부하 시간대에만 100kWh를 충전한 월 충전요금의 2배 이상이다.

13 다음 [표]와 [조건], [그림]은 A사의 공장에서 물류 센터까지의 수송량과 수송 비용에 관한 자료이다. 이에 대한 설명으로 옳은 것을 고르면?

1 2 3

[표] 공장에서 물류 센터까지의 수송량 (단위: 개)

공장 \ 물류 센터	서울	부산	대구	광주
구미	0	200	( )	( )
청주	300	( )	0	0
덕평	300	0	0	0

| 조건 |

- 해당 공장에서 각 물류 센터까지의 수송량의 합은 해당 공장의 최대 공급량보다 작거나 같다.
- 각 공장에서 해당 물류 센터까지의 수송량의 합은 해당 물류 센터의 최소 요구량보다 크거나 같다.
- 공장별 최대 공급량은 구미 600개, 청주 500개, 덕평 300개이다.
- 물류 센터별 최소 요구량은 서울 600개, 부산 400개, 대구 200개, 광주 150개이다.
- (수송 비용)=(수송량)×(개당 수송 비용)
- 총 수송 비용은 각 공장에서 각 물류 센터까지의 수송 비용의 합이다.

[그림] 공장에서 물류 센터까지의 개당 수송 비용 (단위: 천 원/개)

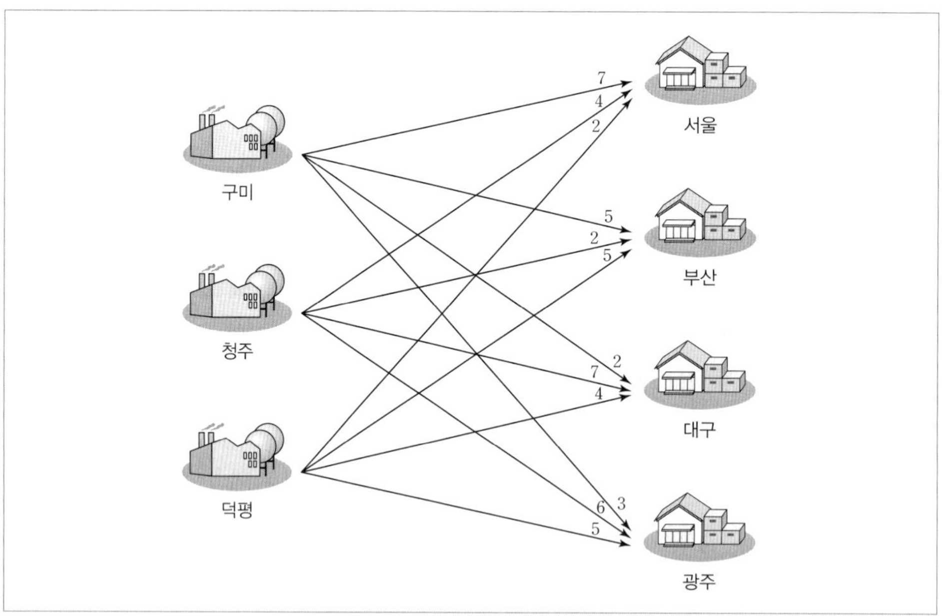

※ 예: '덕평 $\xrightarrow{2}$ 서울'은 덕평 공장에서 서울 물류 센터까지의 개당 수송 비용이 2천 원임을 의미함

① 총 수송 비용의 최소 금액은 400만 원 미만이다.

② 청주 공장에서 부산 물류 센터까지의 수송량은 150개이다.

③ 비용 절감 차원으로 총 수송 비용을 최소화할 때, 구미 공장에서 광주 물류 센터까지의 수송량은 200개이다.

④ 구미 공장의 최대 공급량이 600개에서 550개로 줄어들어도 총 수송 비용의 최소 금액은 감소하거나 증가하지 않는다.

⑤ 구미 공장에서 서울 물류 센터까지의 개당 수송 비용이 7천 원에서 9천 원으로 증가하면 총 수송 비용의 최소 금액은 증가한다.

14 다음 [그래프]는 개발원조위원회 29개 회원국 중 공적개발원조액 상위 15개국과 국민총소득 대비 공적개발원조액 비율 상위 15개국에 관한 자료이다. 이에 대한 [보기]의 설명 중 옳은 것을 모두 고르면?

1 2 3

[그래프1] 공적개발원조액 상위 15개 회원국 (단위: 십억 달러)

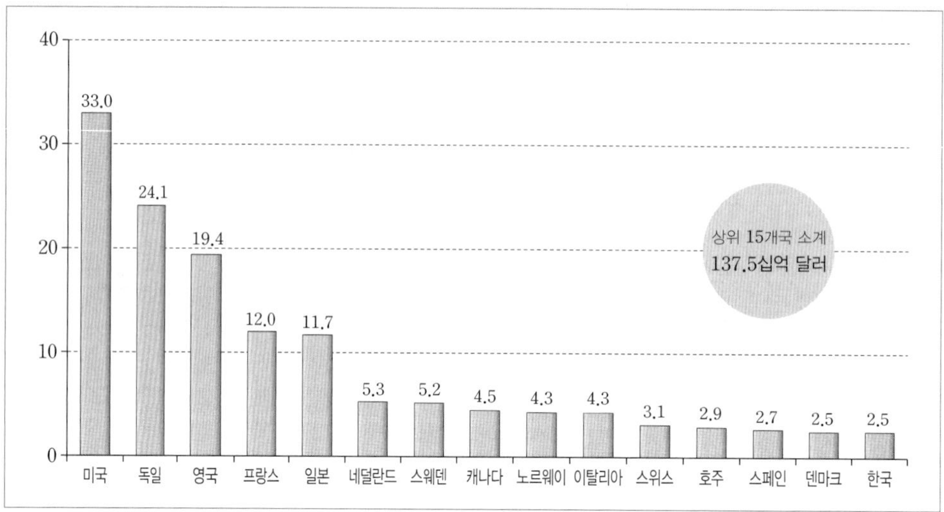

[그래프2] 국민총소득 대비 공적개발원조액 비율 상위 15개 회원국 (단위: %)

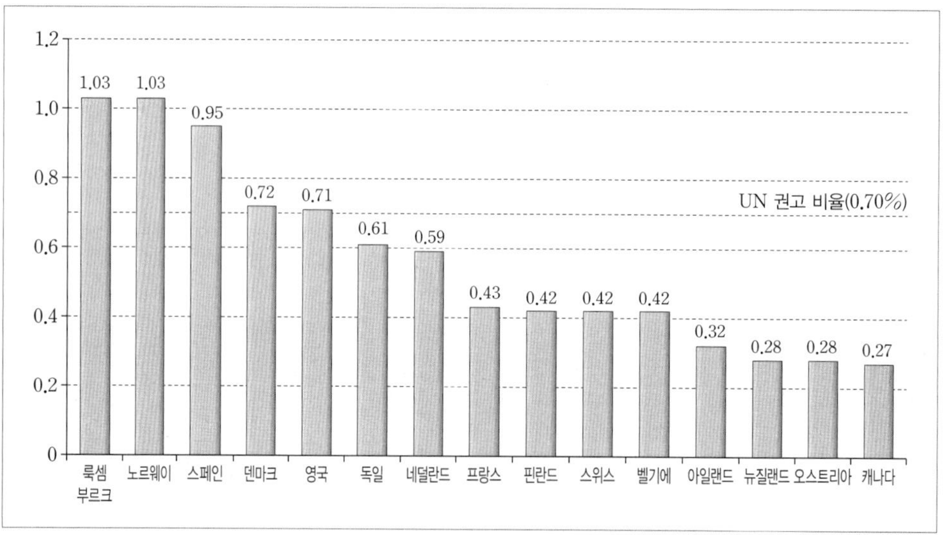

보기

㉠ 공적개발원조액 상위 15개국의 공적개발원조액 중 최상위 5개국의 공적개발원조액이 차지하는 비율은 70% 이상이다.

㉡ 주어진 자료로 국민총소득을 계산할 수 있는 국가는 9개 국가이며, 9개 국가 중 국민총소득이 가장 높은 국가는 독일이다.

㉢ 국민총소득 대비 공적개발원조액 비율 상위 15개국 중 그 비율이 UN 권고 비율보다 낮지만, 공적개발원조액 상위 15개국에는 포함되는 국가들의 공적개발원조액 평균은 100억 달러 미만이다.

① ㉠ ② ㉠, ㉡ ③ ㉠, ㉢
④ ㉡, ㉢ ⑤ ㉠, ㉡, ㉢

15 다음 [표]는 2017~2019년 갑국 A~D지역의 1인 1일당 단백질 및 식물성 단백질 섭취량과 지역별 전체 인구에 관한 자료이다. 주어진 자료를 이용하여 작성한 그래프로 옳지 않은 것을 고르면?

1 2 3

[표1] 지역별 1인 1일당 단백질 섭취량 (단위: g)

지역 \ 연도	2017년	2018년	2019년
A	50	60	75
B	100	100	110
C	100	90	80
D	50	50	50

※ 단, 단백질은 동물성 단백질과 식물성 단백질로만 구성됨

[표2] 지역별 1인 1일당 식물성 단백질 섭취량 (단위: g)

지역 \ 연도	2017년	2018년	2019년
A	25	25	25
B	10	30	50
C	20	20	20
D	10	5	5

[표3] 지역별 전체 인구 (단위: 명)

지역 \ 연도	2017년	2018년	2019년
A	1,000	1,000	1,100
B	1,000	1,000	1,000
C	800	700	600
D	100	100	100

① 2017~2019년 지역별 1인 1일당 식물성 단백질 섭취량

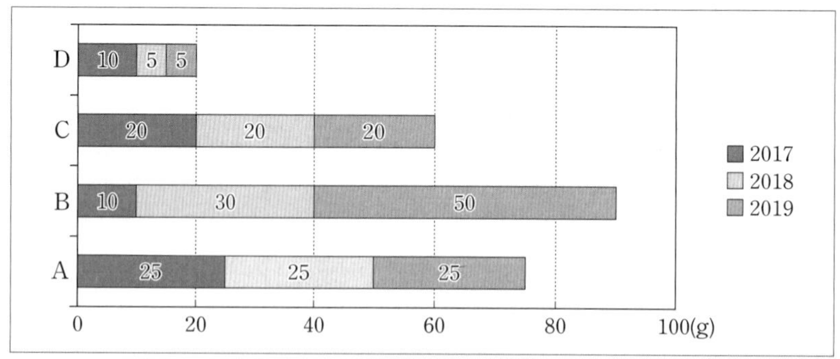

② 2019년 지역별 1일 단백질 총 섭취량

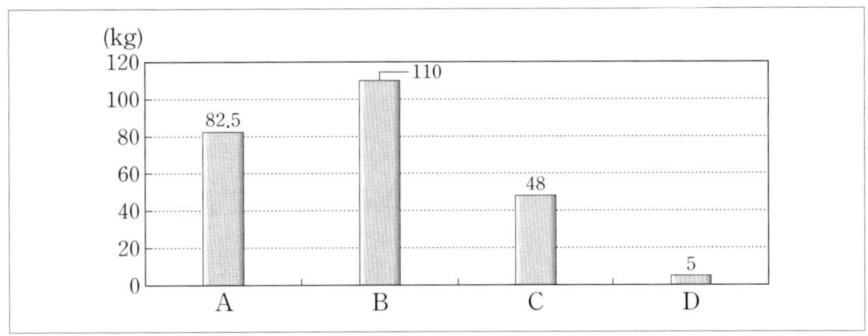

③ 2018년 지역별 1일당 단백질 섭취량 대비 동물성 단백질 섭취량 비율

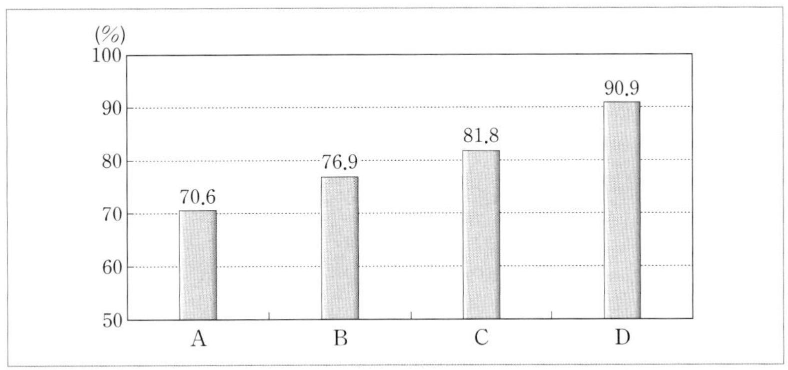

④ 2018~2019년 전년 대비 A지역과 D지역의 1인 1일당 동물성 단백질 섭취량 증감량

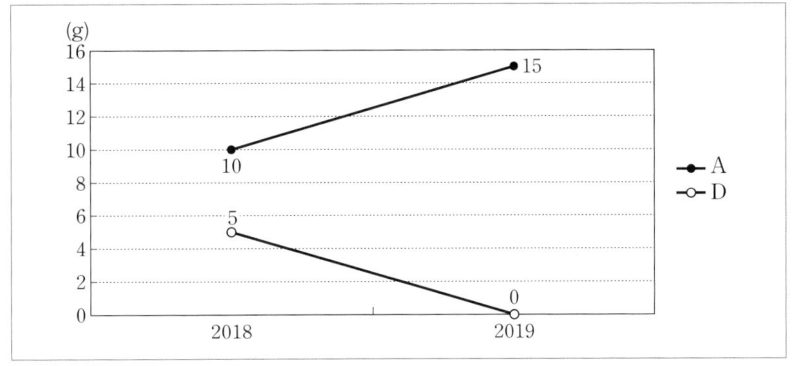

⑤ 2019년 지역별 1일당 단백질 섭취량 구성비

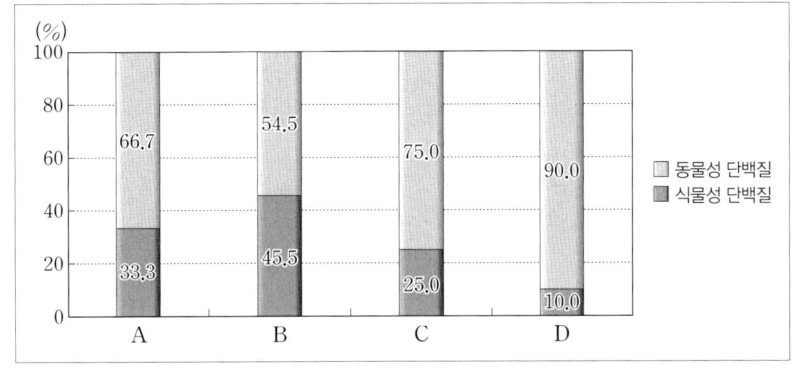

V PSAT형 실전모의고사

16 다음 [표]는 총 100회 개최된 사내 탁구대회에 매회 모두 참가한 사원 A, B, C, D의 라운드별 승률에 관한 자료이다. 주어진 [표]와 [탁구대회 운영 방식]에 근거한 [보기]의 설명 중 옳은 것을 모두 고르면?

1 2 3

[표] 사원 A, B, C, D의 사내 탁구대회 라운드별 승률 (단위: %)

라운드 / 사원	16강	8강	4강	결승
A	80.0	100.0	( )	( )
B	100.0	90.0	( )	( )
C	96.0	87.5	( )	( )
D	95.0	80.0	( )	20.0

[탁구대회 운영 방식]

- 매회 사내 탁구대회는 16강, 8강, 4강, 결승 순으로 라운드가 치러지고, 라운드별 경기 승자만 다음 라운드에 진출하며, 결승 라운드 승자가 우승한다.
- 매회 16명이 대회에 참가하고, 각 라운드에서 참가자는 한 경기만 치른다.
- 모든 경기는 참가자 1 : 1 방식으로 진행되며, 무승부는 없다.

보기

㉠ 사원 D가 4강에 진출한 횟수는 사원 C가 4강에 진출한 횟수보다 10회 이상 적다.
㉡ D가 8번 우승했다면, D의 4강 라운드 승률은 50% 이상이다.
㉢ 16강에서 A와 C 간 또는 B와 D 간 경기가 있었던 대회 수는 최대 30회이다.
㉣ 사원 A, B, C, D가 모두 4강에 진출하지 않은 대회 수는 10회 이하이다.

① ㉠, ㉡ ② ㉠, ㉢ ③ ㉡, ㉢
④ ㉡, ㉣ ⑤ ㉢, ㉣

17 다음 글을 근거로 판단할 때, 옳지 않은 것을 고르면?

1
2
3

S기업은 A~E지원자 5명을 대상으로 면접 시험을 실시하였다. 면접 시험의 평가 기준은 가치관, 열정, 표현력, 잠재력, 논증력 다섯 가지 항목이며, 각 항목 점수는 3점 만점이다. 이에 따라 5명은 항목별로 다음과 같은 점수를 받았다.

[면접 시험 결과]

구분	A	B	C	D	E
가치관	3점	2점	3점	2점	2점
열정	2점	3점	2점	2점	2점
표현력	2점	3점	2점	2점	3점
잠재력	3점	2점	2점	3점	3점
논증력	2점	2점	3점	3점	2점

종합 점수는 각 항목별 점수에 항목 가중치를 곱하여 합산하며, 종합 점수가 높은 순으로 등수를 결정하였다. 최종 결과는 다음과 같다.

[등수]

1등	B
2등	E
3등	A
4등	D
5등	C

① 열정 가중치는 가치관 가중치보다 높다.
② 열정 가중치는 잠재력 가중치보다 높다.
③ 논증력 가중치는 표현력 가중치보다 낮다.
④ 잠재력 가중치는 논증력 가중치보다 낮다.
⑤ 표현력 가중치는 가치관 가중치보다 높다.

18 다음 글과 [사업 공모 지침 수정안]을 근거로 판단할 때, [보기]에서 '관계부처 협의 결과'로 적절하지 않은 것을 모두 고르면?

1 2 3

'대학 캠퍼스 혁신파크 사업'을 담당하는 A주무관은 신청 조건과 평가 지표 및 배점을 포함한 [사업 공모 지침 수정안]을 작성하였다. 평가 지표는 I~IV의 지표와 그 하위 지표로 구성되어 있다.

[사업 공모 지침 수정안]

□ 신청 조건

최소 1만 m^2 이상의 사업 부지 확보. 단, 사업 부지에는 건축물이 없어야 한다.

□ 평가 지표 및 배점

평가 지표		배점	
		현행	수정
Ⅰ. 개발 타당성		20	25
	개발 계획의 합리성	10	10
	관련 정부 사업과의 연계 가능성	5	10
	학습 여건 보호 가능성	5	5
Ⅱ. 대학의 사업 추진 역량과 의지		10	15
	혁신파크 입주기업 지원 방안	5	5
	사업 전담 조직 및 지원 체계	5	5
	대학 내 주체 간 합의 정도	–	5
Ⅲ. 기업 유치 가능성		10	10
	기업의 참여 가능성	7	3
	참여 기업의 재무 건전성	3	7
Ⅳ. 시범 사업 조기 활성화 가능성		10	삭제
	대학 내 주체 간 합의 정도	5	이동
	부지 조기 확보 가능성	5	삭제

보기

㉠ '개발 계획의 합리성', '관련 정부 사업과의 연계 가능성' 등의 배점을 높여 개발 타당성 지표의 평가 비중을 확대한다.
㉡ '대학 내 주체 간 합의 정도'의 평가 배점을 현행과 동일하게 유지한다.
㉢ '부지 조기 확보 가능성'에 관한 평가는 더 이상 진행하지 않는다.
㉣ 기업 유치 가능성 지표의 하위 지표 평가 비중을 현행과 동일하게 유지한다.

① ㉠, ㉢ ② ㉠, ㉣ ③ ㉡, ㉢
④ ㉠, ㉢, ㉣ ⑤ ㉡, ㉢, ㉣

19 다음 글과 [상황]을 근거로 판단할 때, A의 계약 의뢰 날짜와 B의 계약 의뢰 날짜를 바르게 나열한 것을 고르면?

1 2 3

K국의 정책연구용역 계약 체결을 위한 절차는 다음과 같다.

순서	단계	소요 기간
1	계약 의뢰	1일
2	서류 검토	2일
3	입찰 공고	30일(긴급 계약의 경우 10일)
4	공고 종료 후 결과 통지	1일
5	입찰 서류 평가	10일(긴급 계약의 경우 7일)
6	우선순위 대상자와 협상	7일

※ 소요 기간은 해당 절차의 시작부터 종료까지 걸리는 기간이다. 모든 절차는 중복 없이 하루 단위로 진행되며, 주말(토, 일요일) 및 공휴일에는 진행되지 않는다.
※ 단, 4월 1일은 금요일이고, 5월 5일, 5월 8일, 6월 1일, 6월 6일은 공휴일이다.

[상황]
K국 공무원인 갑은 정책연구용역 A와 B의 계약을 6월 30일에 체결하는 것을 목표로 계약 부서에 의뢰하려 하고, 이 중 B는 긴급 계약이다. 계약은 우선순위 대상자와 협상이 끝난 날의 다음 날에 체결된다.

	A의 계약 의뢰일	B의 계약 의뢰일
①	4월 14일	5월 19일
②	4월 15일	5월 19일
③	4월 15일	5월 20일
④	4월 16일	5월 20일
⑤	4월 16일	5월 21일

20 다음 [표]는 A패스트푸드점의 메인·스낵·음료 메뉴의 영양 성분에 관한 자료이다. 이에 대한 설명으로 옳은 것을 고르면?

1 2 3

[표1] 메인 메뉴 단위당 영양 성분표

구분 메뉴	중량 (g)	열량 (kcal)	성분 함량			
			당 (g)	단백질 (g)	포화지방 (g)	나트륨 (mg)
치즈버거	114	297	7	15	7	758
햄버거	100	248	6	13	5	548
새우버거	197	395	9	15	5	882
치킨버거	163	374	6	15	5	719
불고기버거	155	399	13	16	2	760
칠리버거	228	443	7	22	5	972
베이컨버거	242	513	15	26	13	1,197
스페셜버거	213	505	8	26	12	1,059

[표2] 스낵 메뉴 단위당 영양 성분표

구분 메뉴	중량 (g)	열량 (kcal)	성분 함량			
			당 (g)	단백질 (g)	포화지방 (g)	나트륨 (mg)
감자튀김	114	352	0	4	4	181
조각치킨	68	165	0	10	3	313
치즈스틱	47	172	0	6	6	267

[표3] 음료 메뉴 단위당 영양 성분표

구분 메뉴	중량 (g)	열량 (kcal)	성분 함량			
			당 (g)	단백질 (g)	포화지방 (g)	나트륨 (mg)
콜라	425	143	34	0	0	19
커피	400	10	0	0	0	0
우유	200	130	9	6	5	100
오렌지주스	175	84	18	0	0	5

① 모든 메인 메뉴는 나트륨 함량이 당 함량의 50배 이상이다.

② 전체 메뉴 중 중량 대비 열량이 가장 높은 메뉴는 치즈버거이다.

③ 음료 메뉴 중 중량 대비 당의 비율이 가장 높은 음료가 중량 대비 열량도 가장 높다.

④ 메인 메뉴, 스낵 메뉴 및 음료 메뉴를 각각 한 단위씩 주문하여 총 열량이 500kcal 이하가 되도록 할 때 주문할 수 있는 음료 메뉴는 커피뿐이다.

⑤ 음료로 오렌지주스를 주문하고 메인 메뉴와 스낵 메뉴를 각각 한 단위씩 추가하였다면, 당과 포화지방의 총 함량 합계는 단백질의 총 함량보다 항상 높다.

PSAT형 실전모의고사 4회 고난도

정답과 해설 P. 241~258

모바일 OMR
QR 코드

https://eduwill.kr/rShf

20문항/45분

☑ 2022 5급 공채 PSAT 기출변형

01 다음 [표]는 2020년 11월 갑국의 도로 종류 및 기상 상태별 교통사고 현황에 관한 자료이다. 이에 대한 설명으로 옳은 것을 고르면?

1 2 3

[표] 2020년 11월 도로 종류 및 기상 상태별 교통사고 현황 (단위: 건, 명)

도로 종류	기상 상태 \ 구분	발생 건수	사망자 수	부상자 수
일반국도	맑음	1,442	32	2,297
	흐림	55	3	115
	비	83	6	134
	안개	24	3	38
	눈	29	0	51
	소계	( )	44	2,635
지방도	맑음	1,257	26	1,919
	흐림	56	5	( )
	비	73	2	104
	안개	14	1	18
	눈	10	0	20
	소계	( )	34	2,171
고속국도	맑음	320	10	( )
	흐림	14	1	23
	비	15	1	29
	안개	4	2	12
	눈	4	0	8
	소계	( )	14	864

※ 1) 기상 상태는 교통사고 발생 시점을 기준으로 맑음, 흐림, 비, 안개, 눈 중 한 가지로만 분류함
2) (사상자 수)=(사망자 수)+(부상자 수)

① 각 도로 종류에서 교통사고 발생 건수 대비 사망자 수 비율은 기상 상태가 안개일 때 가장 높다.

② 기상 상태가 흐림일 때 교통사고 발생 건수 대비 사상자 수 비율은 지방도, 일반국도, 고속국도 순이다.

③ 각 도로 종류에서 부상자 수 대비 사망자 수 비율은 기상 상태가 안개일 때가 맑음일 때의 3배 이상이다.

④ 교통사고 발생 건수당 사상자 수가 2명을 초과하는 기상 상태는 일반국도 한 가지, 지방도 한 가지, 고속국도 세 가지이다.

⑤ 각 도로 종류에서 기상 상태가 비일 때와 눈일 때의 교통사고 발생 건수 합은 해당 도로 종류의 전체 교통사고 발생 건수의 10% 이상이다.

02 다음 [표]는 2017년 스노보드 빅에어 월드컵 결승전에 출전한 선수 갑~정의 심사 위원별 점수에 관한 자료이다. 이에 대한 [보기]의 설명 중 옳은 것을 모두 고르면?

1 2 3

[표] 선수 갑~정의 심사 위원별 점수 (단위: 점)

선수	시기	심사 위원				평균 점수	최종 점수
		A	B	C	D		
갑	1차	88	90	89	92	89.5	( )
	2차	48	55	60	45	51.5	
	3차	95	96	92	( )	( )	
을	1차	84	85	87	88	( )	( )
	2차	28	40	41	39	( )	
	3차	81	77	78	80	( )	
병	1차	74	73	85	89	79.5	( )
	2차	89	90	88	87	88.5	
	3차	68	69	73	74	( )	
정	1차	79	82	80	85	81.0	( )
	2차	94	95	93	96	94.5	
	3차	37	45	39	41	40.0	

※ 각 시기의 평균 점수는 심사 위원 A~D의 점수 중 최고점과 최저점을 제외한 2개 점수의 평균임
※ 각 선수의 최종 점수는 각 선수의 1~3차 시기 평균 점수 중 최저점을 제외한 2개 점수의 합임

보기

㉠ 최종 점수는 정이 을보다 낮다.
㉡ 갑의 최종 점수가 가장 높다.
㉢ 심사 위원 A를 제외하고 심사 위원 B~D의 심사만을 반영한다면, 최종 점수의 순위가 바뀐다.
㉣ 정이 3차 시기에서 심사 위원 A~D에게 20점씩 더 높은 점수를 받는다면, 정의 최종 점수가 가장 높다.

① ㉠　② ㉡　③ ㉠, ㉣
④ ㉡, ㉢　⑤ ㉢, ㉣

03 다음 [표]는 갑~무 도시에 위치한 두 브랜드인 해피카페와 드림카페의 커피 전문점 분포에 관한 자료이다. 이에 대한 [보기]의 설명 중 옳은 것을 모두 고르면?

1 2 3

[표] 갑~무 도시별 커피 전문점 분포 (단위: 개)

브랜드	구분 \ 도시	갑	을	병	정	무	평균
해피카페	점포 수	( )	( )	( )	( )	( )	4
	|편차|	3	0	2	1	0	( )
드림카페	점포 수	( )	( )	( )	( )	( )	4
	|편차|	2	1	2	1	2	1.6

※ 단, |편차|는 해당 브랜드 점포 수 평균에서 각 도시의 해당 브랜드 점포 수를 뺀 값의 절댓값임

| 보기 |

㉠ 해피카페 |편차|의 평균은 드림카페 |편차|의 평균보다 작다.
㉡ 을 도시의 드림카페 점포 수와 정 도시의 드림카페 점포 수는 같다.
㉢ 갑 도시의 드림카페 점포 수와 병 도시의 드림카페 점포 수는 같다.
㉣ 무 도시에 있는 해피카페 중 1개 점포가 병 도시로 브랜드의 변경 없이 이전할 경우, 해피카페 |편차|의 평균은 변하지 않는다.

① ㉠, ㉡　② ㉠, ㉢　③ ㉢, ㉣
④ ㉠, ㉡, ㉢　⑤ ㉠, ㉡, ㉣

04 다음 [표]와 [그래프]는 갑국 8개 어종의 2020년 어획량에 관한 자료이다. 이에 대한 [보기]의 설명 중 옳지 않은 것을 모두 고르면?

1 2 3

[표] 8개 어종의 2020년 어획량 (단위: 톤)

어종	갈치	고등어	광어	멸치	오징어	전갱이	조기	참다랑어
어획량	20,666	64,609	5,453	26,473	23,703	19,769	23,696	482

[그래프] 8개 어종 2020년 어획량의 전년비 및 평년비 (단위: %)

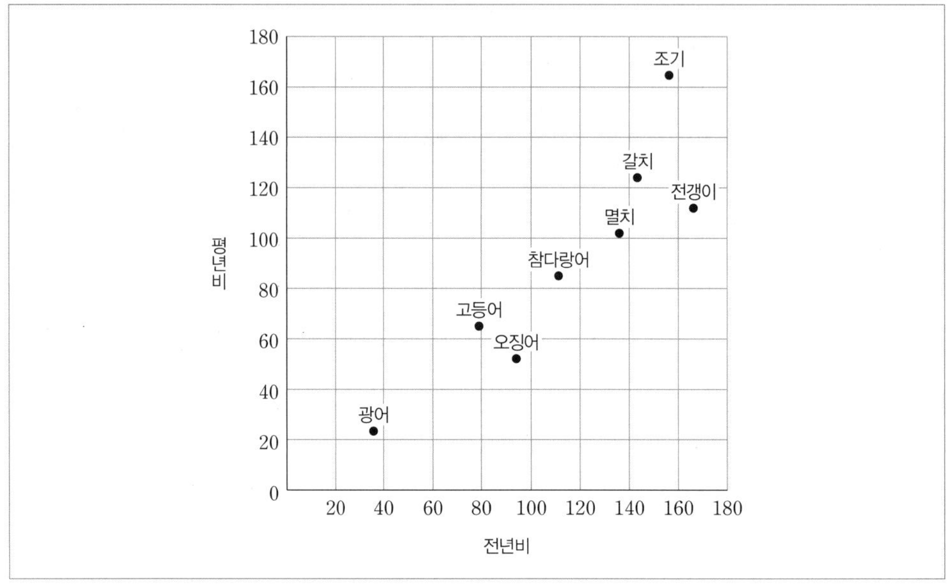

※ 1) $(\text{전년비})(\%) = \frac{(\text{2020년 어획량})}{(\text{2019년 어획량})} \times 100$

2) $(\text{평년비})(\%) = \frac{(\text{2020년 어획량})}{(\text{2011}\sim\text{2020년 연도별 어획량의 평균})} \times 100$

| 보기 |

㉠ 8개 어종 중 2019년 어획량이 가장 많은 어종은 고등어이고, 두 번째로 많은 어종은 오징어이다.

㉡ 8개 어종 각각의 2019년 어획량은 해당 어종의 2011~2020년 연도별 어획량의 평균보다 적다.

㉢ 2021년 어획량이 2020년과 동일할 경우, 2011~2021년 연도별 어획량의 평균이 2011~2020년 연도별 어획량의 평균보다 큰 어종은 모두 4개이다.

① ㉠　② ㉡　③ ㉢

④ ㉡, ㉢　⑤ ㉠, ㉡, ㉢

05 다음 [표]는 A~F행정동으로 구성된 갑시의 자치구 개편 현황 및 행정동 간 인접 현황에 관한 자료이다. 주어진 [표]와 [조건]에 근거한 설명으로 옳지 않은 것을 고르면?

1 2 3

[표1] 행정동별 인구와 개편 전 · 후 자치구 현황

(단위: 명)

행정동 \ 구분	인구	개편 전 자치구	개편 후 자치구
A	1,500	가	( )
B	2,000	( )	( )
C	1,500	나	( )
D	1,500	( )	라
E	1,000	( )	마
F	1,500	다	( )

※ 단, 자치구 개편 전 · 후 각 행정동의 인구수는 변화 없음

[표2] 행정동 간 인접 현황

행정동	A	B	C	D	E	F
A		1	0	1	0	0
B	1		1	1	1	0
C	0	1		0	1	1
D	1	1	0		1	0
E	0	1	1	1		1
F	0	0	1	0	1	

※ 단, 두 행정동이 인접하면 1, 인접하지 않으면 0임

| 조건 |

- 개편 전 자치구는 가, 나, 다 3개이고, 개편 후 자치구는 라, 마 2개이다.
- 개편 전에는 한 자치구에 2개의 행정동이 속하고, 개편 후에는 3개의 행정동이 속한다.
- 동일 자치구에 속하는 행정동은 서로 인접하고 있으며, 행정동 간 인접 여부는 [표2]에 따라 판단한다.

① 자치구 개편 후, 행정동 C와 행정동 E는 같은 자치구에 속한다.
② 행정동 D는 개편 전 자치구 가에 속하고, 개편 후 자치구 라에 속한다.
③ 자치구 개편 전, 자치구 나의 인구가 자치구 가의 인구보다 1,000명 이상 많다.
④ 자치구 개편 후, 자치구 라의 인구가 자치구 마의 인구보다 1,000명 이상 많다.
⑤ 자치구 개편 전, 행정동 B는 자치구 나에 속하고, 행정동 E는 자치구 다에 속한다.

06 다음 [표]는 소프트웨어 A~E의 제공 기능 및 가격과 사용자별 필요 기능 및 보유 소프트웨어에 관한 자료이다. 이에 대한 [보기]의 설명 중 옳은 것을 모두 고르면?

1 2 3

[표1] 소프트웨어별 제공 기능 및 가격

(단위: 원)

소프트웨어 \ 구분	기능										가격
	1	2	3	4	5	6	7	8	9	10	
A	○		○		○		○	○		○	79,000
B		○	○	○		○			○	○	62,000
C	○	○	○	○	○	○		○	○		58,000
D		○				○	○		○		54,000
E	○		○	○	○	○	○	○			68,000

※ ○: 소프트웨어가 해당 번호의 기능을 제공함을 뜻함

※ 단, 각 기능의 가격은 해당 기능을 제공하는 모든 소프트웨어에서 동일하며, 소프트웨어의 가격은 제공 기능 가격의 합임

[표2] 사용자별 필요 기능 및 보유 소프트웨어

사용자 \ 구분	기능										보유 소프트웨어
	1	2	3	4	5	6	7	8	9	10	
갑			○		○		○	○			A
을		○	○	○		○			○	○	B
병	○		○					○			(　　)

※ ○: 사용자가 해당 번호의 기능이 필요함을 뜻함

※ 단, 각 사용자는 소프트웨어 A~E 중 필요 기능을 모두 제공하는 소프트웨어 중에서 1개를 선택하여 보유함

※ 단, 각 소프트웨어는 여러 명의 사용자가 동시에 보유할 수 있음

| 보기 |

㉠ 기능 1, 5, 8의 가격의 합은 기능 10의 가격보다 4,000원 낮다.

㉡ 기능 1, 5, 8의 가격의 합은 기능 4, 6의 가격의 합보다 7,000원 낮다.

㉢ 병의 필요 기능을 모두 제공하는 소프트웨어 중 가격이 가장 낮은 것은 E이다.

㉣ 갑의 보유 소프트웨어와 병의 보유 소프트웨어로 기능 1~10을 모두 제공하려면, 병이 보유할 수 있는 소프트웨어는 C뿐이다.

① ㉠, ㉡　② ㉠, ㉣　③ ㉡, ㉢
④ ㉠, ㉡, ㉣　⑤ ㉡, ㉢, ㉣

07 다음 [표]는 A국의 인구 구조와 노령화에 관한 자료이다. 이에 대한 [보기]의 설명 중 옳은 것을 모두 고르면?

1 2 3

[표1] 인구 구조 현황 및 전망

(단위: 천 명, %)

구분	총인구	유소년 인구 (14세 이하)		생산 가능 인구 (15~64세)		노인 인구 (65세 이상)	
		인구수	구성비	인구수	구성비	인구수	구성비
2000년	47,008	9,911	21.1	33,702	71.7	3,395	7.2
2010년	49,410	7,975	( )	35,983	72.8	5,452	11.0
2016년	51,246	( )	( )	( )	( )	8,181	16.0
2020년	51,974	( )	( )	( )	( )	9,219	17.7
2030년	48,941	5,628	11.5	29,609	60.5	( )	28.0

※ 단, 2020년, 2030년은 예상치임

[표2] 노년 부양비 및 노령화 지수

구분	2000년	2010년	2016년	2020년	2030년
노년 부양비	10.1	15.2	( )	25.6	46.3
노령화 지수	34.3	68.4	119.3	135.6	243.5

※ $(\text{노년 부양비})=\frac{(\text{노인 인구})}{(\text{생산 가능 인구})}\times 100$

※ $(\text{노령화 지수})=\frac{(\text{노인 인구})}{(\text{유소년 인구})}\times 100$

보기

㉠ 2016년에는 노인 인구가 유소년 인구보다 많다.
㉡ 10년 전 대비 노인 인구의 증가율이 가장 높은 해는 2030년으로 예상된다.
㉢ 2016년의 노년 부양비는 20% 이상이다.
㉣ 주어진 5개년 동안 유소년 인구의 구성비는 꾸준히 감소할 것으로 예상된다.

① ㉠, ㉡　② ㉠, ㉢　③ ㉡, ㉣
④ ㉠, ㉢, ㉣　⑤ ㉡, ㉢, ㉣

08 다음 [보고서]와 [표]는 갑국의 부동산 투기 억제 정책과 세대 유형별 주택담보대출에 관한 자료이다. 이에 대한 [보기]의 설명 중 옳지 않은 것을 모두 고르면?

1 2 3

[보고서]

갑국 정부는 심화되는 부동산 투기를 억제하고자 2017년 8월 2일에 부동산 대책을 발표하였다. 부동산 대책에 의해 투기 지역의 주택을 구매할 때, 구매 시점부터 적용되는 세대 유형별 주택담보대출비율(LTV)과 총부채상환비율(DTI)은 2017년 8월 2일부터 [표1]과 같이 변경 적용되며, 2018년 4월 1일부터는 DTI 산출 방식이 변경 적용된다.

[표1] 세대 유형별 LTV, DTI 변경 내역

(단위: %)

구분 세대 유형	LTV		DTI	
	변경 전	변경 후	변경 전	변경 후
서민 실수요 세대	70	50	60	50
주택담보대출 미보유 세대	60	40	50	40
주택담보대출 보유 세대	50	30	40	30

※ 1) 구매하고자 하는 주택을 담보로 한 신규 주택담보대출 최대 금액은 LTV에 따른 최대 금액과 DTI에 따른 최대 금액 중 작은 금액임

2) $(\text{LTV})(\%)=\frac{(\text{신규 주택담보대출 최대 금액})}{(\text{주택 공시가격})}\times 100$

3) 2018년 3월 31일까지의 DTI 산출 방식

$(\text{DTI})(\%)=\frac{(\text{신규 주택담보대출 최대 금액의 연 원리금 상환액})+(\text{기타 대출 연 이자 상환액})}{(\text{연간 소득})}\times 100$

4) 2018년 4월 1일부터의 DTI 산출 방식

$(\text{DTI})(\%)=\frac{(\text{신규 주택담보대출 최대 금액의 연 원리금 상환액})+(\text{기 주택담보대출 연 원리금 상환액})+(\text{기타 대출 연 이자 상환액})}{(\text{연간 소득})}\times 100$

[표2] A~C세대의 신규 주택담보대출 금액 산출 근거

(단위: 만 원)

세대	세대 유형	기 주택담보대출 연 원리금 상환액	기타 대출 연 이자 상환액	연간 소득
A	서민 실수요 세대	0	500	3,000
B	주택담보대출 미보유 세대	0	0	6,000
C	주택담보대출 보유 세대	1,300	100	10,000

※ 1) 신규 주택담보대출 최대 금액의 연 원리금 상환액은 신규 주택담보대출 최대 금액의 10%임

2) 기 주택담보대출 연 원리금 상환액, 기타 대출 연 이자 상환액, 연간 소득은 변동 없음

보기

㉠ 투기 지역의 공시가격 4억 원인 주택을 2017년 12월에 구매하는 A세대가 구매 시점에 적용받는 신규 주택담보대출 최대 금액은 2억 원이다.

㉡ 투기 지역의 공시가격 4억 원인 주택을 2017년 10월에 구매하는 B세대가 2017년 5월에 구매할 때와 비교하여 구매 시점에 적용받는 신규 주택담보대출 최대 금액의 감소 폭은 1억 원 미만이다.

㉢ 투기 지역의 공시가격 5억 원인 주택을 구매하는 C세대가 2017년 10월 구매 시점에 적용받는 신규 주택담보대출 최대 금액은 2018년 10월 구매 시점에 적용받는 신규 주택담보대출 최대 금액보다 많다.

① ㉠ ② ㉡ ③ ㉠, ㉢

④ ㉡, ㉢ ⑤ ㉠, ㉡, ㉢

09 다음 [보고서]는 스마트폰을 이용한 동영상 및 방송 프로그램 시청 현황에 관한 자료이다. 주어진 [보고서]의 내용과 부합하지 <u>않는</u> 것을 고르면?

1 2 3

[보고서]

스마트폰 사용자 3,427만 명 중 월 1회 이상 동영상을 시청한 사용자는 3,246만 명이고, 동영상 시청자 중 월 1회 이상 방송 프로그램을 시청한 사용자는 2,075만 명이었다. 월평균 동영상 시청 시간은 월평균 스마트폰 이용 시간의 10% 이상이었으나, 월평균 방송 프로그램 시청 시간은 월평균 동영상 시청 시간의 10% 미만이었다.

스마트폰 사용자 중 동영상 시청자가 차지하는 비중은 모든 연령대에서 90% 이상인 반면, 스마트폰 사용자 중 방송 프로그램 시청자의 비중은 20~40대는 60%를 상회하지만, 60대 이상은 50%에 미치지 못해 연령대별 편차가 큰 것으로 나타났다.

월평균 동영상 시청 시간은 남성이 여성보다 길고, 연령대별로는 10대 이하의 시청 시간이 가장 길었다. 반면, 월평균 방송 프로그램 시청 시간은 남성이 여성보다 9분 이상 짧고, 연령대별로는 20대의 시청 시간이 가장 길었는데, 이는 시청 시간이 가장 짧은 연령대의 월평균 방송 프로그램 시청 시간의 3배 이상이다.

월평균 방송 프로그램 시청 시간을 장르별로 살펴보면, 오락이 전체의 45% 이상으로 가장 길고, 그 뒤를 이어 드라마, 스포츠, 보도 순이었다.

① 성별, 연령대별 스마트폰 사용자 중 동영상 및 방송 프로그램 시청자 비율 (단위: %)

구분	성별		연령대					
	남성	여성	10대 이하	20대	30대	40대	50대	60대 이상
동영상	94.7	94.7	97.0	95.3	95.6	95.4	93.1	92.0
방송 프로그램	59.1	62.1	52.3	68.0	67.2	65.6	56.0	44.5

② 스마트폰 사용자 중 월 1회 이상 동영상 및 방송 프로그램 시청자 비율

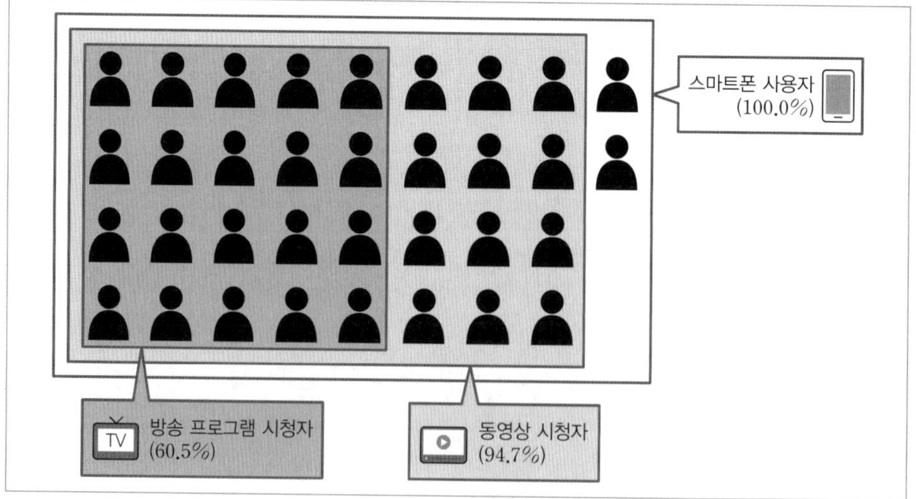

③ 스마트폰 사용자의 월평균 스마트폰 이용 시간, 동영상 및 방송 프로그램 시청 시간

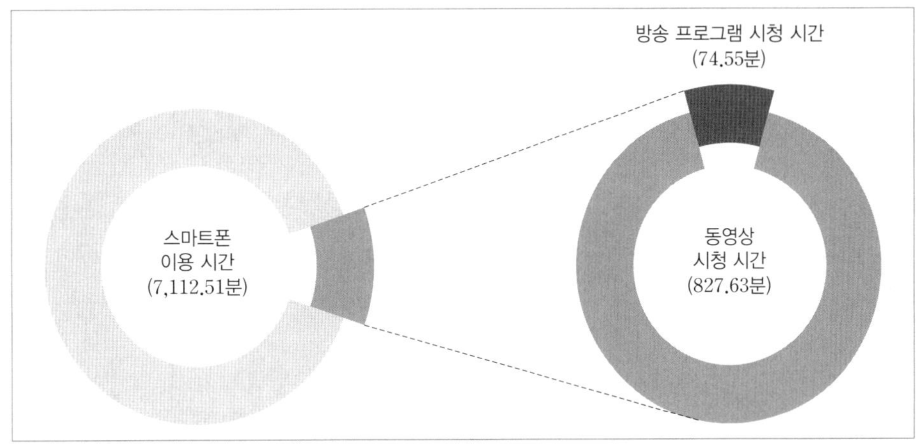

④ 성별, 연령대별 스마트폰 사용자의 동영상 및 방송 프로그램 월평균 시청 시간 (단위: 분)

구분	성별		연령대					
	남성	여성	10대 이하	20대	30대	40대	50대	60대 이상
동영상	901.0	746.4	1,917.5	1,371.2	671.0	589.0	496.4	438.0
방송 프로그램	70.0	79.6	50.7	120.5	75.5	82.9	60.1	38.6

⑤ 방송 프로그램 장르별 월평균 시청 시간

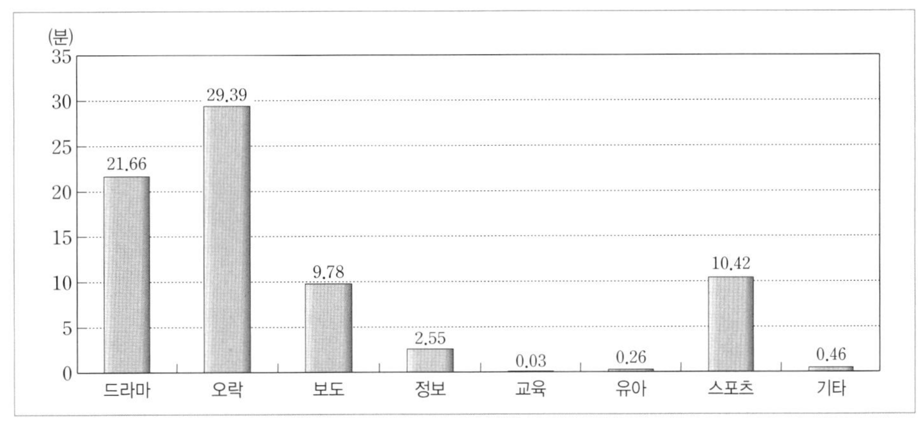

[10~11] 다음 [표]는 2018~2020년 갑국 방위산업의 매출액 및 종사자 수에 관한 자료이다. 주어진 자료를 보고 질문에 답하시오.

[표1] 2018~2020년 갑국 방위산업의 국내외 매출액 (단위: 억 원)

구분 \ 연도		2018년	2019년	2020년
총매출액		136,493	144,521	153,867
	국내 매출액	116,502	(　)	(　)
	국외 매출액	19,991	21,048	17,624

[표2] 2020년 갑국 방위산업의 기업 유형별 매출액 및 종사자 수 (단위: 억 원, 명)

기업 유형 \ 구분	총매출액			종사자 수
		국내 매출액	국외 매출액	
대기업	136,198	119,586	16,612	27,249
중소기업	17,669	16,657	1,012	5,855
전체	153,867	(　)	17,624	33,104

[표3] 2018~2020년 갑국 방위산업의 분야별 매출액 (단위: 억 원)

분야 \ 연도	2018년	2019년	2020년
항공유도	41,984	45,412	49,024
탄약	24,742	21,243	25,351
화력	20,140	20,191	21,031
함정	18,862	25,679	20,619
기동	14,027	14,877	18,270
통신전자	14,898	15,055	16,892
화생방	726	517	749
기타	1,114	1,547	1,931
전체	136,493	144,521	153,867

[표4] 2018~2020년 갑국 방위산업의 분야별 종사자 수 (단위: 명)

분야 \ 연도	2018년	2019년	2020년
A	9,651	10,133	10,108
B	6,969	6,948	6,680
C	3,996	4,537	4,523
D	3,781	3,852	4,053
E	3,988	4,016	3,543
화력	3,312	3,228	3,295
화생방	329	282	228
기타	583	726	674
전체	32,609	33,722	33,104

※ 갑국 방위산업 분야는 기타를 제외하고 항공유도, 탄약, 화력, 함정, 기동, 통신전자, 화생방으로만 구분함

10 주어진 자료에 대한 [보기]의 설명 중 옳은 것을 모두 고르면?

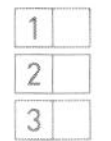

| 보기 |

㉠ 2020년 항공유도 분야 대기업 국내 매출액은 14,500억 원 이상이다.

㉡ 2020년 방위산업의 기업 유형별 종사자당 국내 매출액은 대기업이 중소기업의 2배 이상이다.

㉢ 기타를 제외하고, 2019년 대비 2020년 매출액 변화율이 가장 낮은 방위산업 분야는 함정이다.

㉣ 방위산업의 국내 매출액이 가장 작은 연도에 방위산업 총매출액 중 국외 매출액 비중이 가장 높다.

① ㉠, ㉢ ② ㉠, ㉣ ③ ㉡, ㉢

④ ㉠, ㉡, ㉣ ⑤ ㉡, ㉢, ㉣

11 주어진 자료와 다음 [보고서]를 바탕으로 항공유도에 해당하는 방위산업 분야를 [표4]의 A~E 중에서 고르면?

1 2 3

[보고서]

2018년 대비 2020년 갑국 방위산업의 총매출액은 약 12.7% 증가하였으나 방위산업 전체 종사자 수는 약 1.5% 증가하는 데 그쳤다. 기타를 제외한 7개 분야에 대해 이를 구체적으로 분석하면 다음과 같다.

2018년 대비 2020년 방위산업 분야별 매출액은 모두 증가하였으나 종사자 수는 통신전자, 함정, 항공유도 분야만 증가하고, 나머지 분야는 감소한 것으로 나타났다. 2018~2020년 동안 매출액과 종사자 수 모두 매년 증가한 방위산업 분야는 통신전자뿐이고, 탄약과 화생방 분야는 종사자 수가 매년 감소하였다. 한편 2020년 분야별 종사자당 매출액은 기동이 함정보다는 높았지만, 항공유도보다는 낮았다.

① A　② B　③ C　④ D　⑤ E

12 다음 [표]는 3D 기술 분야 특허 등록 건수 상위 10개국의 국가별 영향력지수와 기술력지수에 관한 자료이다. 이에 대한 [보기]의 설명 중 옳은 것을 모두 고르면?

1 2 3

[표] 3D 기술 분야 특허 등록 건수 상위 10개국의 국가별 영향력지수와 기술력지수 (단위: 건)

구분	특허 등록 건수	영향력지수	기술력지수
미국	500	( )	600.0
일본	269	1.0	269.0
독일	( )	0.6	45.0
한국	59	0.3	17.7
네덜란드	( )	0.8	24.0
캐나다	22	( )	30.8
이스라엘	( )	0.6	10.2
태국	14	0.1	1.4
프랑스	( )	0.3	3.9
핀란드	9	0.7	6.3

※ 1) (해당 국가의 기술력지수)=(해당 국가의 특허 등록 건수)×(해당 국가의 영향력지수)

2) $(\text{해당 국가의 영향력지수})=\frac{(\text{해당 국가의 피인용비})}{(\text{전 세계 피인용비})}$

3) $(\text{해당 국가의 피인용비})=\frac{(\text{해당 국가의 특허 피인용 건수})}{(\text{해당 국가의 특허 등록 건수})}$

4) 3D 기술 분야의 전 세계 피인용비는 10임

| 보기 |

㉠ 캐나다의 영향력지수는 미국과 태국의 영향력지수 합보다 크다.

㉡ 특허 등록 건수 상위 10개국 중 한국의 특허 피인용 건수는 다섯 번째로 많다.

㉢ 프랑스와 태국의 특허 피인용 건수의 차이는 프랑스와 핀란드의 특허 피인용 건수의 차이보다 크다.

㉣ 일본의 특허 등록 건수는 네덜란드의 특허 등록 건수의 9배 미만이다.

① ㉠, ㉡　② ㉠, ㉢　③ ㉡, ㉣

④ ㉠, ㉢, ㉣　⑤ ㉡, ㉢, ㉣

V PSAT형 실전모의고사

13 다음 [표]는 갑국 축구 국가대표팀 코치 A~F의 분야별 잠재 능력을 수치화한 자료이다. 각 코치가 맡은 모든 분야를 체크(V)로 표시할 때, 주어진 [표]와 [조건]에 부합하는 코치의 역할 배분으로 가능한 것을 고르면?

1 2 3

[표] 코치의 분야별 잠재 능력

코치＼분야	체력	전술	수비	공격
A	18	20	18	15
B	18	16	15	20
C	16	18	20	15
D	20	16	15	18
E	20	18	16	15
F	16	14	20	20

| 조건 |

- 각 코치는 반드시 하나 이상의 분야를 맡는다.
- (코치의 분야별 투입 능력)$=\frac{\text{(코치의 분야별 잠재 능력)}}{\text{(코치가 맡은 분야의 수)}}$
- 각 코치가 맡지 않은 분야의 투입 능력은 0이다.
- 각 분야별로 그 분야를 맡은 모든 코치의 분야별 투입 능력 합은 24 이상이어야 한다.

①

코치＼분야	체력	전술	수비	공격
A	V			V
B				V
C	V	V	V	
D		V	V	V
E	V			
F		V	V	

②

코치＼분야	체력	전술	수비	공격
A		V		
B		V	V	V
C	V	V		
D	V		V	V
E	V			V
F			V	

③

코치 \ 분야	체력	전술	수비	공격
A		V	V	
B				V
C	V	V		V
D		V	V	
E	V			V
F	V		V	

④

코치 \ 분야	체력	전술	수비	공격
A		V	V	
B		V		V
C			V	
D	V			V
E	V		V	V
F	V	V		

⑤

코치 \ 분야	체력	전술	수비	공격
A	V	V		V
B		V	V	
C	V			
D		V	V	
E	V			V
F			V	V

[14~15] 다음 [표]와 [그래프]는 2015~2017년 한 국가의 철강 산업의 온실가스 배출량과 철강 생산량 및 2018년 온실가스 예상 배출량에 관한 자료이다. 주어진 자료를 보고 질문에 답하시오.

[표] 업체별 연도별 온실가스 배출량

(단위: 천 톤 CO_2eq.)

구분 / 업체	배출량				예상 배출량
	2015년	2016년	2017년	3년 평균 (2015~2017년)	2018년
A	1,021	990	929	980	910
B	590	535	531	552	524
C	403	385	361	383	352
D	356	( )	236	284	257
E	280	271	265	272	241
F	168	150	135	151	132
G	102	101	100	( )	96
H	92	81	73	82	71
I	68	59	47	58	44
J	30	29	28	( )	24
기타	28	28	28	28	22
전체	3,138	2,889	( )	2,920	2,673

[그래프] 업체 A~J의 3년 평균(2015~2017년) 철강 생산량과 온실가스 배출량

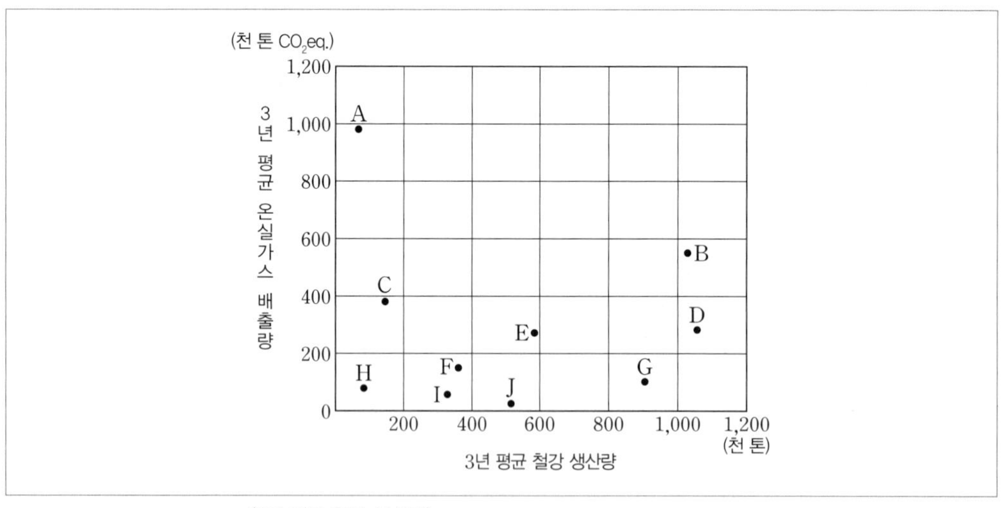

※ (온실가스 배출 효율성)$=\frac{\text{(3년 평균 철강 생산량)}}{\text{(3년 평균 온실가스 배출량)}}$

14 주어진 자료에 대한 [보기]의 설명 중 옳은 것을 모두 고르면?

1
2
3

| 보기 |

㉠ 2015~2017년 동안 매년 온실가스 배출량 기준 상위 2개 업체가 해당 연도 전체 온실가스 배출량의 50% 이상을 차지하고 있다.
㉡ 2015~2017년의 온실가스 배출 효율성이 가장 낮은 업체는 J이고, 가장 높은 업체는 A이다.
㉢ 업체 A~J의 2018년 예상 철강 생산량이 2017년과 동일하다면, 업체 A~J 각각의 2016~2018년 예상 온실가스 배출 효율성은 2015~2017년 온실가스 배출 효율성보다 높아진다.
㉣ 전년 대비 온실가스 배출량 감축분이 2016년보다 2017년이 더 큰 업체는 총 3곳이다.

① ㉠　② ㉠, ㉣　③ ㉡, ㉢
④ ㉠, ㉢, ㉣　⑤ ㉡, ㉢, ㉣

15 **주어진 자료와 [조건]을 바탕으로 온실가스 배출권 구매 희망 업체 수와 온실가스 배출권 판매 희망 업체 수, 온실가스 배출권 향후 가격 추이를 바르게 나열한 것을 고르면?**

1 2 3

| 조건 |

정부는 온실가스 배출권 거래 제도의 시행을 위하여 철강 산업 전체 업체를 온실가스 배출권 거래 제도 적용 대상 업체로 선정하였다. 2018년 온실가스 배출권 총량 2,628천 톤 CO_2eq.를 다음 [분배 규칙]에 따라 업체별로 분배하였으며, 온실가스 배출권 거래 제도의 특성은 아래와 같다.

[분배 규칙]

(업체별로 분배받는 해당 연도 온실가스 배출권)(천 톤 CO_2eq.)

$$=(\text{해당 연도 온실가스 배출권 총량})\times\frac{(\text{해당 업체의 직전 3년 평균 온실가스 배출량})}{(\text{철강 산업 전체의 직전 3년 평균 온실가스 배출량})}$$

[거래 제도 특성]

- 온실가스 배출권보다 더 많은 양의 온실가스를 배출하는 업체는 거래 시장에서 배출권 부족분을 구매해야 한다.
- 배출권보다 적은 양을 배출하는 업체는 배출권 잉여분을 시장에 판매하는 것이 가능하다.
- 배출권 시장 전체의 구매 희망량이 판매 희망량보다 많으면 배출권 가격은 상승하고, 판매 희망량이 구매 희망량보다 많으면 배출권 가격은 하락한다.

	구매 희망 업체 수	판매 희망 업체 수	향후 가격 추이
①	4곳	6곳	상승
②	4곳	6곳	하락
③	5곳	5곳	일정
④	5곳	5곳	상승
⑤	5곳	5곳	하락

16 다음 [표]는 2017~2018년 S학교 학생 식당의 메뉴별 제공 횟수 및 만족도에 관한 자료이다. 주어진 [표]와 [조건]에 근거한 설명으로 옳은 것을 고르면?

1 2 3

[표] 메뉴별 제공 횟수 및 만족도

(단위: 회, 점)

구분 / 메뉴 / 연도	제공 횟수	만족도	
	2017년	2017년	2018년
A	40	92	78
B	35	71	93
C	45	52	42
D	30	79	75
E	40	77	65
F	60	63	48
G	–	–	70
전체	250	–	–

조건

- 전체 메뉴 제공 횟수는 매년 250회로 일정하며, 2018년에는 메뉴 G만 추가되었고, 2019년에는 메뉴 H만 추가되었다.
- 각 메뉴의 다음 연도 제공 횟수는 당해 연도 만족도에 따라 다음과 같이 결정된다.

만족도	다음 연도 제공 횟수
0점 이상 50점 미만	당해 연도 제공 횟수 대비 50% 감소
50점 이상 60점 미만	당해 연도 제공 횟수 대비 20% 감소
60점 이상 70점 미만	당해 연도 제공 횟수 대비 10% 감소
70점 이상 80점 미만	당해 연도 제공 횟수와 동일
80점 이상 90점 미만	당해 연도 제공 횟수 대비 10% 증가
90점 이상 100점 이하	당해 연도 제공 횟수 대비 20% 증가

① 2018년 메뉴 G의 제공 횟수는 8회이다.
② 2019년 메뉴 H의 제공 횟수는 40회 이상이다.
③ 2019년 메뉴 E의 제공 횟수는 2018년 메뉴 C의 제공 횟수보다 많다.
④ 메뉴 A~F 중 2017년 대비 2019년 제공 횟수가 감소한 메뉴는 2개이다.
⑤ 메뉴 A~G 중 2018년과 2019년 제공 횟수의 차이가 두 번째로 큰 메뉴는 F이다.

☑ 2018 5급 공채 PSAT 기출변형

17 다음 [그림]과 [규칙]은 아마추어 야구 대회에 참가한 A~E팀이 현재까지 치른 경기의 중간 결과와 대회 규칙을 나타낸 자료이다. 이에 대한 [보기]의 설명 중 옳은 것을 모두 고르면?

1 2 3

[그림] 아마추어 야구 대회 중간 결과

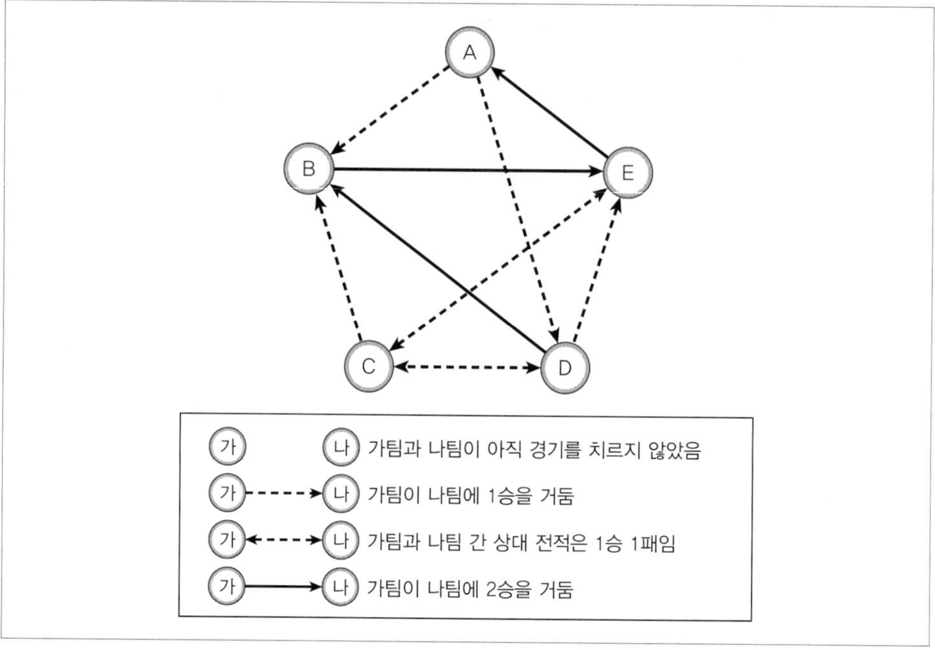

[규칙]

- 야구 대회 기간 동안 A~E팀은 자신을 제외한 모든 팀과 두 번씩 경기를 하며, 각 경기에 무승부는 없다.
- 순위는 모든 경기를 치른 후, 최종 승수 기준으로 집계한다.

보기

㉠ A팀이 남은 경기를 모두 승리한다면, 다른 팀들의 남은 경기 결과에 상관없이 A팀이 단독 1위다.

㉡ C팀이 남은 경기를 모두 승리한다면, 다른 팀들의 남은 경기 결과에 상관없이 C팀이 단독 1위다.

㉢ A팀이 남은 경기를 모두 승리하고 E팀이 남은 경기를 모두 패배한다면, D팀의 최종 승수는 5승이다.

㉣ 어떤 경우에도 B팀의 단독 1위는 불가능하다.

① ㉠, ㉡ ② ㉠, ㉢ ③ ㉡, ㉣ ④ ㉠, ㉢, ㉣ ⑤ ㉡, ㉢, ㉣

18 **다음 글을 근거로 판단할 때, A가 최대 이윤을 얻기 위해 제작한 2차 가공 목걸이와 2차 가공 반지의 개수를 바르게 나열한 것을 고르면?**(단, 원석은 정수 단위로 채굴한다.)

1 2 3

보석 가공업자인 A는 원석을 채굴하여 목걸이용 보석과 반지용 보석으로 1차 가공한다. 원석 1개를 1차 가공하면 목걸이용 보석 60개와 반지용 보석 40개가 생산된다. 이렇게 생산된 보석들은 1차 가공 직후 판매할 수 있지만, 2차 가공을 거쳐서 판매할 수도 있다. 목걸이용 보석 1개는 2차 가공을 통해 목걸이 1개로, 반지용 보석 1개는 2차 가공을 통해 반지 1개로 생산된다. A는 보석 용도별로 2차 가공 여부를 판단하는데, 2차 가공하여 판매할 때의 이윤이 2차 가공을 하지 않고 판매할 때의 이윤보다 많은 경우에만 2차 가공하여 판매한다.

[생산 단계별 비용 및 판매 가격]

- 원석 채굴: 최초에 원석 1개를 채굴할 때에는 300만 원의 비용이 들고, 두 번째 채굴 이후부터는 원석 1개당 채굴 비용이 100만 원씩 증가한다. 즉, 두 번째 원석의 채굴 비용은 400만 원이 되어 원석 2개의 총 채굴 비용은 700만 원이다.
- 1차 가공: 원석의 1차 가공 비용은 개당 250만 원이며, 목걸이용 보석은 개당 7만 원에, 반지용 보석은 개당 5만 원에 판매된다.
- 2차 가공: 목걸이용 보석의 2차 가공 비용은 개당 40만 원이며, 목걸이는 개당 50만 원에 판매된다. 반지용 보석의 2차 가공 비용은 개당 20만 원이며, 반지는 개당 15만 원에 판매된다.

	2차 가공 목걸이 개수	2차 가공 반지 개수
①	0개	80개
②	120개	0개
③	120개	80개
④	180개	0개
⑤	180개	120개

19 다음 [그래프]는 2014~2020년 연말 기준 갑국의 국가 채무 및 GDP에 관한 자료이다. 이에 대한 설명으로 옳지 않은 것을 고르면?

1 2 3

[그래프1] 연도별 GDP 대비 국가 채무 및 적자성 채무 비율 추이 (단위: %)

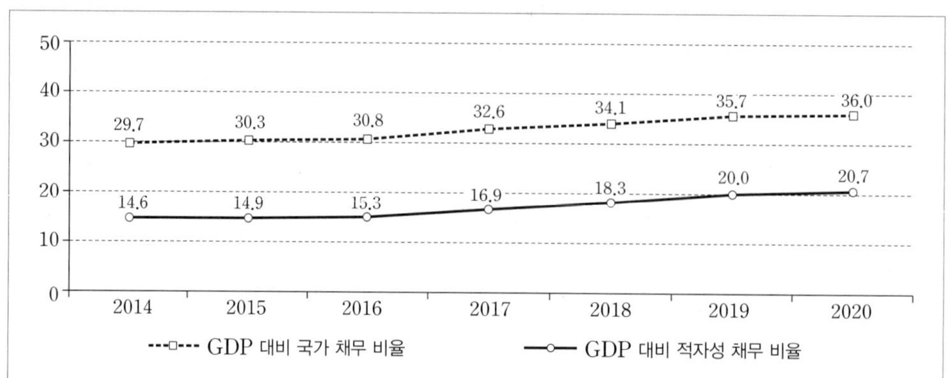

※ (국가 채무)=(적자성 채무)+(금융성 채무)

[그래프2] 연도별 GDP 추이 (단위: 조 원)

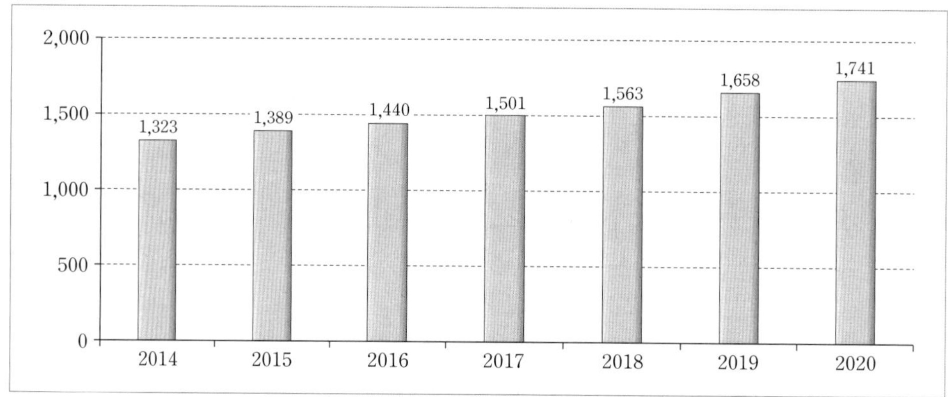

① 2020년 국가 채무는 2014년의 1.5배 이상이다.

② GDP 대비 금융성 채무 비율은 2018년까지 증가한다.

③ 조사 기간 동안 금융성 채무는 매년 국가 채무의 50% 이상이다.

④ 2019년 적자성 채무와 2017년 금융성 채무의 차이는 100조 원 미만이다.

⑤ 조사 기간 동안 적자성 채무는 매년 증가하며, 2019년부터 300조 원 이상이다.

20 다음 [표]는 5명의 응시자인 성수, 민수, 영수, 철수, 현수가 5명의 면접관으로부터 받은 점수를 정리한 자료이다. 주어진 [표]와 [조건]을 근거로 하여 (A)~(E)가 가능한 값을 고르면?

1 2 3

[표] 응시자의 면접관별 점수

(단위: 점)

응시자 \ 면접관	면접관1	면접관2	면접관3	면접관4	면접관5
가	7	5	(A)	8	10
나	9	(B)	9	(C)	7
다	10	7	5	9	9
라	(D)	5	8	8	9
마	8	5	(E)	9	7

※ 1) 각 면접관은 5점부터 10점까지의 자연수 값을 면접 점수로 부여함
2) 중앙값은 주어진 값들을 크기 순으로 나열하였을 때, 한가운데 위치한 값임. 예를 들어 주어진 값들이 9, 6, 7, 5, 6인 경우, 이를 크기 순으로 나열하면 5, 6, 6, 7, 9이므로 중앙값은 6임

| 조건 |

- 평균이 8점인 응시자는 민수와 영수뿐이다.
- 영수의 최솟값이 현수의 최솟값보다 크다.
- 중앙값이 8인 응시자는 철수뿐이다.
- 성수의 최댓값이 현수의 최댓값보다 크다.

① (A): 10 ② (B): 10 ③ (C): 7
④ (D): 6 ⑤ (E): 9

V PSAT형 실전모의고사

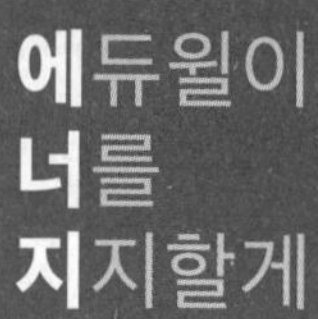

ENERGY

삶의 순간순간이
아름다운 마무리이며
새로운 시작이어야 한다.

– 법정 스님

여러분의 작은 소리
에듀윌은 크게 듣겠습니다.

본 교재에 대한 여러분의 목소리를 들려주세요.
공부하시면서 어려웠던 점, 궁금한 점,
칭찬하고 싶은 점, 개선할 점, 어떤 것이라도 좋습니다.

에듀윌은 여러분께서 나누어 주신 의견을
통해 끊임없이 발전하고 있습니다.

에듀윌 도서몰 book.eduwill.net
- 부가학습자료 및 정오표: 에듀윌 도서몰 → 도서자료실
- 교재 문의: 에듀윌 도서몰 → 문의하기 → 교재(내용, 출간) / 주문 및 배송

최신판 PSAT형 NCS 수문끝 자료해석 실전 400제

발 행 일	2024년 1월 7일 초판 | 2025년 2월 12일 2쇄
편 저 자	에듀윌 취업연구소
펴 낸 이	양형남
개발책임	김기철, 윤은영
개 발	이정은, 윤나라
펴 낸 곳	(주)에듀윌
I S B N	979-11-360-2998-0
등록번호	제25100-2002-000052호
주 소	08378 서울특별시 구로구 디지털로34길 55 코오롱싸이언스밸리 2차 3층

www.eduwill.net
대표전화 1600-6700

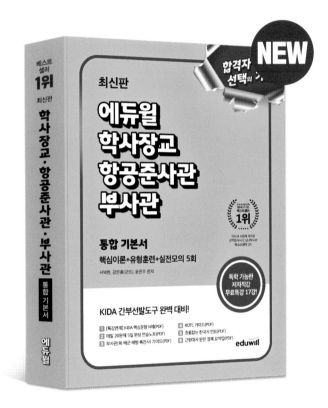

최신판

에듀윌 공기업 PSAT형 NCS 수문끝 수리·문제해결·자원관리

정답과 해설

eduwill

최신판

에듀윌 공기업 PSAT형 NCS 수문끝 수리·문제해결·자원관리

최신판

에듀윌 공기업 PSAT형 NCS 수문끝 수리·문제해결·자원관리

정답과 해설

PSAT형 NCS

1 자세한 해설

문제만 풀어서는 NCS 수리·문제해결·자원관리능력을 완벽하게 대비할 수 없습니다.

→ 수험생들이 완벽하게 이해할 수 있도록 문제의 상세한 정답풀이와 오답풀이를 제공합니다.

2 문제접근법

NCS 수리·문제해결·자원관리능력은 문제의 유형을 빠르게 확인하고 알맞게 접근하는 방법이 중요합니다.

→ 모든 문제에 실전에서 적용할 수 있는 접근 전략을 담았습니다.

3 전략풀이 TIP

NCS 수리·문제해결·자원관리능력은 시간 내에 정확하고 빠르게 푸는 것이 중요합니다.

→ 모든 문제에 실전에서 적용할 수 있는 풀이전략을 담았습니다.

차례

실력점검 TEST

수리
문제해결
자원관리

본문 P. 24~40

01	02	03	04	05	06	07	08	09	10
④	③	①	③	④	⑤	⑤	⑤	⑤	④
11	12	13	14	15					
④	③	⑤	①	④					

01 ▶ ④

| 정답풀이 |

갑이 이동한 거리와 을이 이동한 거리의 합이 3,150m가 되면 두 사람은 한 번 만나게 된다. 두 사람이 첫 번째로 만나기까지 이동한 시간을 x시간이라고 하면, 둘레의 길이는 3.15km이므로 $4x+3.5x=3.15$ → $x=0.42$(시간)이다. 0.42시간을 분으로 환산하면 $0.42\times60=25.2$(분)이다. 따라서 두 사람은 출발한 지 $25.2\times2=50.4$(분) 후에 두 번째로 만난다.

문제접근법

(1) 문제의 상황을 빠르게 파악한다. 같은 지점에서 출발한 갑, 을이 몇 분 후에 두 번째로 만나는지 묻고 있으므로, (첫 번째로 만나는 데 걸린 시간)×2로 계산하면 된다는 점을 파악한다.
(2) '시간'을 '분'으로 환산할 때 실수하지 않도록 유의한다.

전략풀이 TIP

서로 반대 방향으로 움직이는 두 물체가 움직인 거리의 합은 두 물체가 움직이는 속력의 합으로 쉽게 계산할 수 있다. 문제에서 갑은 시속 4km, 을은 시속 3.5km로 움직이므로 두 사람이 만나기까지 움직이는 거리는 시속 7.5km로 가까워짐을 알 수 있다. 이를 이용하면 두 사람이 첫 번째로 만나기까지 이동한 시간은 3.15÷7.5=0.42(시간)으로 더욱 빠르게 계산할 수 있다.

02 ▶ ③

| 정답풀이 |

전제1과 결론의 대우명제의 벤다이어그램은 각각 [그림1], [그림2]와 같다.

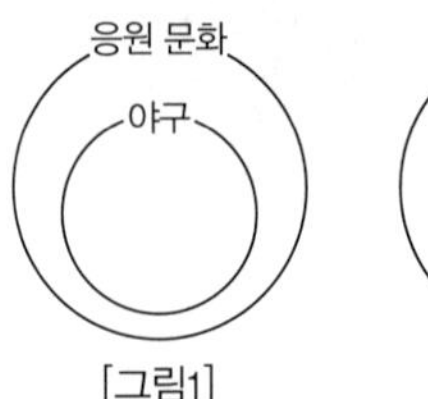

[그림1]

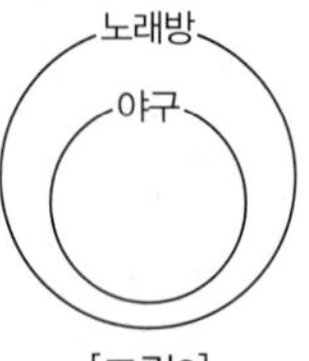

[그림2]

[그림1]의 전제에서 '노래방'이 '응원 문화'를 모두 포함하는 전제가 추가로 존재한다면 [그림2]의 결론처럼 '노래방'이 '야구'를 포함하게 된다. 즉, '응원 문화 → 노래방' 또는 대우명제인 '~노래방 → ~응원 문화'가 존재한다면 결론이 성립한다. 따라서 정답은 ③이다.

문제접근법

(1) 제시된 전제와 결론에 '어떤'과 같은 'some' 개념이 존재하는지 확인한다.
(2) 'some' 개념이 존재한다면 벤다이어그램으로, 존재하지 않는다면 삼단논법으로 접근한다.
(3) 삼단논법으로 해결 시, 기호를 사용하여 빠르게 풀이한다.

전략풀이 TIP

전제1과 결론에 모두 'some' 개념이 존재하지 않으므로 삼단논법으로 해결이 가능하다. 응원 문화를 좋아하는 사람을 '응원', 야구를 좋아하는 사람을 '야구', 노래방을 좋아하는 사람을 '노래방'으로 표시하고 전제1과 결론을 다시 쓰면 다음과 같다.

- 전제1: 야구 → 응원
- 결론: ~노래방 → ~야구

이때 결론의 대우명제는 '야구 → 노래방'이므로 전제1이 야구로 시작하여 결론이 노래방으로 끝났음을 알 수 있다. 즉, 전제2는 '응원 → 노래방'이어야 한다. 선택지에 '응원 → 노래방'이 없으므로 대우명제인 '~노래방 → ~응원'이 정답임을 알 수 있다.

03 ▶ ①

| 정답풀이 |

한 씨는 코스 A+코스 B를 6개월 등록하였으므로 총 결제금액은 330,000원이고, 이용 시작일 이후 환불을 받고자 하므로 3월 22일부터 취소일인 5월

20일까지의 이용 일수에 해당하는 금액과 총 결제 금액의 10%를 공제 후 환불받는다. 3월 22일부터 5월 20일까지는 10(3월)+30(4월)+20(5월)=60(일)이고, 코스 A+코스 B의 하루 이용 요금은 2,500원이므로 330,000−(60×2,500)−(330,000×0.1)=147,000(원)을 환불받는다.

문제접근법

(1) 한 씨의 요가 센터 등록 현황을 먼저 살핀다.
(2) 프로그램을 이용한 일수를 확인하고, 환불 규정을 살펴 환불 금액을 계산한다.

전략풀이 TIP

여러 달에 걸쳐서 날을 계산하는 경우, 달마다 며칠인지 계산을 하는 게 쉽다. 3월은 22일부터 31일까지 10일이고, 4월은 30일, 5월은 1일부터 20일까지 20일이므로 이용 일수는 10+30+20=60(일)이다.

04 ▶ ③

| 정답풀이 |

제17조 제1항에 따르면 본사 및 상시사용근로자 30인 이상 전사업소에 노사 각 1인의 고충처리위원을 두므로, 상시사용근로자가 40명인 사업소의 고충처리위원은 총 2명이다.

| 오답풀이 |

① 제3조에 따르면 사용자위원과 근로자위원의 수는 각각 최대 8명이지만 그 수가 서로 동일해야 한다는 조건은 없다.
② 제4조에 따르면 노사위원의 임기는 기본 3년이고, 연임이 가능하다.
④ 제20조에 따르면 고충처리장소는 가능한 한 위원의 사무실을 활용한다.
⑤ 제19조 제3항에 따르면 사업소 고충처리위원이 처리하기 곤란한 사항은 본사 고충처리위원에게 건의하고 본사 고충처리위원이 처리하기 곤란한 사항에 대하여는 중앙 노사협의회에 부의·처리한다.

문제접근법

(1) 자료가 긴 편이므로 선택지를 먼저 본 후 어느 조항에 관련된 내용인지 파악한다.
(2) 핵심 단어를 중심으로 선택지의 내용에 관한 정오를 확인한다.

전략풀이 TIP

이 문제와 같이 긴 자료가 주어졌을 때에는 조항의 제목만으로 선택지의 내용이 어느 조항에 나타나 있을지 빠르게 판단하고, 세부 내용을 읽어보는 것이 좋다.

05 ▶ ④

| 정답풀이 |

• (A): 1월에 징계를 받았으면 6월에 감액 지급되고, 1월에 포상을 받았으면 3월에 포상금을 지급받는다. 따라서 6월에는 징계 건만 고려하면 된다. 감봉(1~3개월)은 20% 감액이므로 300×0.2=60(만 원) 감액 지급받는다.
• (B): 7월에 받은 포상은 9월에 포상금을 지급받고, 10월에 받은 포상은 12월에 포상금을 지급받는다. 따라서 12월 급여 지급 시에는 30만 원을 더 받게 된다.

문제접근법

(1) 짧은 규정이 제시되었으므로 빠르게 훑어본다. 징계처분과 포상의 정산 주기가 다르다는 점과 2회 이상의 징계처분 또는 포상을 받았을 경우에는 하나만 적용된다는 점에 유의하며 [상황]의 내용을 확인한다.
(2) 각 상황에서 성과급 및 급여 지급 시점이 언제인지 확인하여, 해당 시점의 지급 건만 계산한다.

전략풀이 TIP

징계는 반기마다, 포상은 분기마다 정산한다는 것에 주의한다. 1월 징계는 6월, 1월 포상은 3월, 7월 포상은 9월, 10월 포상은 12월에 정산된다.

06 ▶ ⑤

| 정답풀이 |

C를 선호하는 30대 남성은 220×0.6=132(명)이고, B를 선호하는 30대 여성은 180×0.6=108(명)이므로 C를 선호하는 30대 남성은 B를 선호하는 30대 여성보다 많다.

| 오답풀이 |

① 여성의 경우 B의 선호도는 20대가 10대보다 높으므로 연령대가 높을수록 선호도가 낮다고 할 수 없다.

② 연령대별 A를 선호하는 여성의 인원수를 구하면 다음과 같다.

- 10대: $180 \times 0.15 = 27$(명)
- 20대: $160 \times 0.1 = 16$(명)
- 30대: $180 \times 0.1 = 18$(명)

따라서 A를 선호하는 10~30대 여성 중 10대의 비율은 $\frac{27}{27+16+18} \times 100 ≒ 44(\%)$이다.

③ C를 선호하는 30대 여성은 $180 \times 0.3 = 54$(명)이고, 10대 여성도 $180 \times 0.3 = 54$(명)이므로 그 수가 서로 같다.

④ A를 선호하는 20대 남성은 $160 \times 0.1 = 16$(명)이고, B를 선호하는 20대 남성은 $160 \times 0.3 = 48$(명)이므로 A를 선호하는 20대 남성은 B를 선호하는 20대 남성 수의 $\frac{16}{48} \times 100 ≒ 33.3(\%)$이다.

문제접근법

(1) [표]의 제목, 항목, 단위를 먼저 확인한다. [표1]은 인원수, [표2]는 비율을 나타내고 있으므로 두 자료를 활용하여 SNS별 선호 인원수를 계산해야 하는 선택지가 출제될 것임을 예상할 수 있다.

(2) 선택지 ①~⑤ 중 계산 없이 자료의 수치만으로 해결할 수 있는 ①을 먼저 푼다.

(3) ①은 틀린 선택지이므로 소거할 수 있고, 비교적 계산이 간단한 ③, ④, ⑤를 풀어 정답을 찾도록 한다.

전략풀이 TIP

③ 10대 여성과 30대 여성은 그 수가 180명으로 같으므로 [표2]의 비율만 비교해도 된다. C를 선호하는 30대 여성과 10대 여성은 모두 30%이므로 그 수는 서로 같다. (×)

④ A를 선호하는 20대 남성은 160명 중 10%이고, B를 선호하는 20대 남성은 160명 중 30%이므로 A를 선호하는 20대 남성은 B를 선호하는 20대 남성 수의 $\frac{10}{30} \times 100 ≒ 33.3(\%)$이다. (×)

⑤ 30대 남성은 220명이고, 30대 여성은 180명이다. 이때 C를 선호하는 30대 남성과 B를 선호하는 30대 여성의 비율이 서로 같으므로 전체 수가 더 많은 C를 선호하는 30대 남성이 B를 선호하는 30대 여성보다 더 많다. (○)

07 ▶ ⑤

| 정답풀이 |

[표]를 바탕으로 A~J에 해당하는 월을 정리하면 A: 2월, B: 3월, C: 4월, D: 1월, E: 12월, F: 5월, G: 6월, 11월, H: 7월, 9월, I: 10월, J: 8월이다. 따라서 D(1월)와 J(8월)의 평균기온 차는 $28-(-8)=36$(℃)이다.

| 오답풀이 |

① $(\text{강수일별 평균 강수량}) = \frac{(\text{강수량})}{(\text{강수일수})}$이므로 $(\text{강수일수}) = \frac{(\text{강수량})}{(\text{강수일별 평균 강수량})}$으로 구할 수 있다. 월별 강수일수를 구하면 다음과 같다.

- 1월: $\frac{6}{0.75}=8$
- 2월: $\frac{21}{3.5}=6$
- 3월: $\frac{27}{5.4}=5$
- 4월: $\frac{147}{9.8}=15$
- 5월: $\frac{33}{3}=11$
- 6월: $\frac{66}{5.5}=12$
- 7월: $\frac{210}{15}=14$
- 8월: $\frac{713}{31}=23$
- 9월: $\frac{264}{16.5}=16$
- 10월: $\frac{14}{2}=7$
- 11월: $\frac{39}{3}=13$
- 12월: $\frac{72}{9}=8$

강수일수가 세 번째로 많은 달은 4월로, 4월의 평균습도는 2월(61%), 3월(61.5%)에 이어 세 번째로 낮다.

② 강수량이 가장 많은 월은 713mm를 기록한 8월로, 8월의 평균기온이 28℃로 가장 높다.

③ [표]에서 6, 11월의 평균습도는 70% 이상 75% 미만이고, 평균기온은 10℃ 이상 15℃ 미만이므로 6월과 11월을 그래프에 나타낸 것은 G이다.

④ E(12월)의 강수일수는 8일, I(10월)의 강수일수는 7일이므로 1일 더 많다.

문제접근법

(1) [표]와 [그래프]가 의미하는 것이 무엇인지 먼저 파악한다. [표]의 주석과 [그래프]의 A~J에 관한 내용이 출제될 것임을 예상할 수 있다.

(2) [표]의 수치만으로 해결할 수 있는 ②를 먼저 풀고, 상대적으로 확인할 것이 적은 ③, ⑤ → ④ → ① 순으로 푼다.

전략풀이 TIP

① 월별 강수일수를 모두 구하려면 시간을 많이 소요하게 된다. 강수일별 평균 강수량에 20, 10과 같이 눈으로 빠르게 계산할 수 있는 정도의 큰 수를 곱해서 구해야 하는 값에 가까운 것을 찾고, 그들 중에 답을 찾는 계산을 하도록 한다.
[표]에서 (강수량)≥(강수일별 평균 강수량)×20인 달은 8월뿐이므로 강수일수가 20일 이상인 달은 8월뿐이다. 마찬가지로 (강수량)≥(강수일별 평균 강수량)×15인 달은 4월, 9월뿐이므로 강수일수가 15일 이상인 달은 4월, 9월뿐이다. 이때 147=9.8×15이므로 4월의 강수일수는 15일이고, 264>16.5×15이므로 9월의 강수일수는 15일 초과이다. 따라서 강수일수가 세 번째로 많은 달은 4월이다. (○)

08 ▶ ⑤

| 정답풀이 |

A~E의 주간 업무 일정을 정리하면 다음과 같다.

[표] A~E의 주간 업무 일정(시간대별로 업무가 있을 경우 표시)

구분	월	화	수	목	금
9:00~10:00	A, B, D	A, B, E	A, B	A, B, D	A, B
10:00~11:00	B, C, D	B, C, E	B, C	B, C, D	B, C, E
11:00~12:00	C, D	B, C	C	C, D	C
12:00~13:00	D	B		D	
13:00~14:00	D	B		D	
14:00~15:00		B		D	
15:00~16:00	A, C	B	E	D	
16:00~17:00	A, C	B		D	
17:00~18:00		B	B	D	D

교육대상 조건을 보면,

- 부장 또는 팀장 → A
- 입사 후 경력이 5년 미만인 직원 → D, E
- 직원 평가 점수 합이 12점 이하인 직원 → B, E

교육을 들어야 하는 직원은 A, B, D, E이고, 교육은 기존 주간 업무 일정에 지장을 주지 않아야 하며, 2시간 동안 진행되므로 가능한 요일과 교육 시작 시간은 ⑤이다.

문제접근법

(1) [영업팀 직원 A~E의 주간 업무 일정]을 표로 간단하게 정리한다.
(2) [조건]의 교육대상에 해당하는 직원을 찾고, (1)에서 정리한 표를 이용하여 교육을 들을 수 있는 시간을 찾는다. 이때, 교육은 2시간 동안 진행된다는 점에 유의한다.

전략풀이 TIP

줄글로 주어진 A~E의 주간 업무 일정을 표로 나타낸다. 이때 일일이 그 내역을 쓸 필요는 없고, A~E의 일정이 있는 시간을 표시하거나 없는 시간을 표시하여 하나의 표로 정리한다.

09 ▶ ⑤

| 정답풀이 |

2021년 1일 열차운행 1회당 평균 매출 실적을 구하면 다음과 같다.

- 고속열차: $\frac{3,342}{239}$≒14.0(백만 원)
- 일반열차: $\frac{930}{394}$≒2.4(백만 원)
- 광역전철: $\frac{1,991}{2,434}$≒0.8(백만 원)
- 화물열차: $\frac{808}{199}$≒4.1(백만 원)

따라서 2021년 1일 열차운행 1회당 평균 매출 실적이 두 번째로 큰 항목은 화물열차이다.

| 오답풀이 |

① 광역철도의 역간 평균 영업거리는 $\frac{643.9}{81}$≒7.9(km)이므로 약 8km이다.

② 일반열차의 1일 열차운행 횟수는 394회이고, 여객열차 전체의 1일 열차운행 횟수는 3,266−199=3,067(회)이므로 일반열차의 1일 열차운행 횟수는 여객열차 전체의 $\frac{394}{3,067}$×100≒12.8(%), 즉 약 13%를 차지한다.

③ 2019년 대비 2021년 1일 평균 매출 실적 비중을 구하면 다음과 같다.

- 총계: $\frac{7,071}{10,088} \times 100 \fallingdotseq 70(\%)$
- 고속열차: $\frac{3,342}{5,291} \times 100 \fallingdotseq 63(\%)$
- 일반열차: $\frac{930}{1,446} \times 100 \fallingdotseq 64(\%)$
- 광역전철: $\frac{1,991}{2,478} \times 100 \fallingdotseq 80.3(\%)$
- 화물열차: $\frac{808}{873} \times 100 \fallingdotseq 93(\%)$

따라서 2019년 대비 2021년 1일 평균 매출 실적 비중이 총계보다 높은 항목은 광역전철, 화물열차이다.

④ 2021년 1일 평균 수송량 대비 1일 평균 매출 실적은 $\frac{(\text{1일 평균 매출 실적})}{(\text{1일 평균 수송량})}$으로 구할 수 있다.

- 고속열차: $\frac{3,342}{11.6} \fallingdotseq 288$(백 원)
- 일반열차: $\frac{930}{12.6} \fallingdotseq 74$(백 원)
- 광역전철: $\frac{1,991}{245.5} \fallingdotseq 8$(백 원)

따라서 2021년 여객열차에서 1일 평균 수송량 대비 1일 평균 매출 실적이 가장 큰 항목은 고속열차이다.

문제접근법

(1) [표]의 제목과 항목을 먼저 확인한 후 선택지를 바로 살펴본다.
(2) 선택지 ①~⑤ 모두 계산이 필요한 내용이므로 비교적 계산이 간단한 ①, ④, ⑤를 먼저 푼다.

전략풀이 TIP

① 81×80=6,480>643.9이므로 2021년 광역철도의 역간 평균 영업거리는 80km에 크게 못 미친다. (×)

② 여객열차 전체의 1일 열차운행 횟수인 3,266−199=3,067(회)의 10%는 306.7회, 1%는 30.67회이므로 11%는 306.7+30.67=337.37(회)이다. 337.37<394이므로 2021년 일반열차의 1일 열차운행 횟수는 여객열차 전체의 11% 초과이다. (×)

③ '총계'의 2019년 대비 2021년 1일 평균 매출 실적 비중이 약 70%이므로, 항목별로 2019년 수치의 70%와 2021년 수치를 비교해 본다.

- 고속열차: 5,291×0.7=3,703.7>3,342
- 일반열차: 1,446×0.7=1,012.2>930
- 광역전철: 2,478×0.7=1,734.6<1,991
- 화물열차: 873×0.7=611.1<808

따라서 2019년 대비 2021년 1일 평균 매출 실적 비중이 총계보다 높은 항목은 광역전철, 화물열차이다. (×)

④ 일반열차와 광역전철은 고속열차보다 1일 평균 수송량은 많고, 1일 평균 매출 실적은 적으므로 1일 평균 수송량 대비 1일 평균 매출 실적은 고속열차가 가장 크다. (×)

⑤ 1일 평균 매출 수치가 1일 열차운행 횟수 수치의 몇 배인지 확인해보면, 고속열차가 10배 이상, 일반열차가 약 2배, 광역전철이 1배 미만, 화물열차가 약 4배이다. 따라서 2021년 1일 열차운행 1회당 평균 매출 실적이 두 번째로 큰 항목은 화물열차이다. (○)

10 ▶ ④

| 정답풀이 |

㉠ 서울역에서 출발한다고 할 때, 용산까지의 거리는 2.3×2=4.6(km), 대방까지의 거리는 2.3×4=9.2(km)로 모두 10km 이하이다. 따라서 운임은 1,250원으로 동일하다.

㉡ 평택에서 봉명까지의 거리는 5.2×5=26(km)이므로 운임은 1,250+400=1,650(원)이다. 서울역에서 신길까지의 거리는 2.3×5=11.5(km)이므로 운임은 1,250+100=1,350(원)이다. 따라서 평택에서 봉명까지의 운임은 서울역에서 신길까지의 운임보다 300원 비싸다.

㉣ (서울역에서 직산까지의 거리)=(서울역에서 평택까지의 거리)+(평택에서 직산까지의 거리)이므로 (2.3×32)+(5.2×2)=84(km)이다. 따라서 운임은 1,250+1,000+300=2,550(원)이다.

| 오답풀이 |

㉢ (병점에서 두정까지의 거리)=(병점에서 평택까지의 거리)+(평택에서 두정까지의 거리)이므로 (2.3×8)+(5.2×3)=18.4+15.6=34(km)이다. 따라서 운임은 1,250+500=1,750(원)이다.

💡 문제접근법

(1) [표]의 제목과 항목을 먼저 확인한다. 수도권 내 구간과 수도권 외 구간의 평균 역간거리가 다르므로, 이를 활용하는 내용이 출제될 것임을 예상할 수 있다. 이를 놓치지 않도록 노선도에 표시해 두는 것도 좋다.
(2) 또한, 구간별로 추가운임의 기준이 다른 점도 유의한다.
(3) 평택을 기준으로 수도권 내 구간과 수도권 외 구간으로 나뉘는데, ㉢, ㉣의 경우 수도권 내에서 수도권 외 지역으로 이동하는 것이므로 ㉠, ㉡을 먼저 푼다.
(4) ㉠, ㉡은 옳은 보기이므로 선택지 ②, ③, ⑤를 소거할 수 있고, 남은 선택지 구조상 ㉢은 모두 포함되어 있지 않으므로 ㉣을 풀어 정답을 찾도록 한다.

전략풀이 TIP

㉡ 평택에서 봉명까지의 거리는 26km, 서울역에서 신길까지의 거리는 11.5km인데 10km까지는 기본운임이 적용되므로 추가운임을 적용해야 하는 거리는 순서대로 16km, 1.5km이다. 10km 초과~60km 이하의 구간에서 추가운임은 5km까지 마다 100원이므로 순서대로 400원, 100원의 추가운임이 부과된다. 따라서 차이는 300원이다. (○)

11 ▶ ④

| 정답풀이 |

A~D팀이 이용계획대로 P회의장을 이용할 경우 지불해야 하는 이용요금을 구하면 다음과 같다.

- A팀: 일요일, 5타임, 기본이므로 15,000×2×8=240,000(원)이다.
- B팀: 월요일, 2타임, 확장이므로 (15,000×1.4)×2×6=252,000(원)이다.
- C팀: 수요일, 3~4타임, 기본이므로 (15,000+18,000)×2×4=264,000(원)이다.
- D팀: 1시간을 이용하지만 이용요금은 타임(2시간)당 요금으로 지불해야 한다. 금요일, 2타임, 기본이므로 16,000×2×10=320,000(원)이다.

④ C팀이 이용계획을 수요일 12:00~14:00로 변경하고, 이용횟수를 8번으로 바꾼다면 이용요금은 15,000×2×8=240,000(원)으로 줄어든다.

| 오답풀이 |

① 이용계획대로 이용할 경우, A~D팀 중 이용요금이 30만 원 이상인 팀은 D팀뿐이다.
② 이용계획대로 이용할 경우, 가장 적은 이용요금을 지불하는 팀은 A팀이다.
③ A팀이 이용계획을 일요일 4타임과 5타임으로 변경하고, 이용횟수를 4번으로 바꾼다면 이용요금은 15,000×4×4=240,000(원)으로 기존 계획과 동일하다.
⑤ D팀이 이용계획을 금요일 11:00~13:00로 변경하고, 이용횟수를 5번으로 바꾼다면 이용요금은 16,000×4×5=320,000(원)으로 기존 계획과 동일하다.

💡 문제접근법

(1) [표]와 이용계획을 바탕으로 팀별 이용요금을 계산한다.
(2) 선택지 ①~⑤ 중 ③~⑤는 기존 계획과 변경된 계획의 이용요금을 비교해야 하므로 ①~②를 먼저 푼다.
(3) 선택지 ③~⑤를 보면 정확한 값을 요구하는 것이 아니므로 수치 비교법으로 참, 거짓을 판별할 수 있는지 확인한다.

전략풀이 TIP

③ (기존)15,000×2×8=(변경)15,000×4×4 (×)
④ (기존)33,000×2×4>(변경)15,000×2×8 (○)
⑤ (기존)16,000×2×10=(변경)16,000×4×5 (×)

12 ▶ ③

| 정답풀이 |

전과범죄자 중 마약류 상용 범죄자 비율은 2019년 $\frac{4,093}{696,593}\times100≒0.59(\%)$이고, 2022년 $\frac{3,616}{588,838}\times100≒0.61(\%)$이므로 2019년 대비 2022년에 증가하였다.

| 오답풀이 |

① 2019년 대비 2022년 마약범죄자는 전과범죄자(5,716 → 6,206), 미성년범죄자(71 → 199), 외국인범죄자(1,027 → 1,678) 모두에서 증가하였다.
② [표]를 보면, 2019년과 2022년 모두 전과범죄자, 미성년범죄자, 외국인범죄자의 범죄 중 폭력범죄가 가장 많았음을 알 수 있다.

④ 2019년 대비 2022년 전과범죄자 수 감소율은 $\frac{696,593-588,838}{696,593}\times 100 ≒ 15(\%)$, 미성년범죄자 수 감소율은 $\frac{65,907-60,634}{65,907}\times 100 ≒ 8(\%)$, 외국인범죄자 수 감소율은 $\frac{36,400-30,804}{36,400}\times 100 ≒ 15(\%)$이다. 따라서 2019년 대비 2022년에 총 범죄자 수가 10% 이상 감소한 것은 전과범죄자, 외국인범죄자이다.

⑤ 2022년 전과범죄자, 미성년범죄자, 외국인범죄자의 마약류 상용 범죄자 비율을 구하면 다음과 같다.

- 전과범죄자: $\frac{3,616}{588,838}\times 100 ≒ 0.61(\%)$
- 미성년범죄자: $\frac{81}{60,634}\times 100 ≒ 0.13(\%)$
- 외국인범죄자: $\frac{908}{30,804}\times 100 ≒ 2.95(\%)$

따라서 2022년에 마약류 상용 범죄자 비율이 가장 높은 항목은 외국인범죄자이다.

문제접근법

(1) 항목이 많은 [표]가 주어진 문제로, [표]의 제목과 대항목을 먼저 파악한 후 선택지를 바로 확인한다.

(2) 선택지 ①~⑤ 중 계산 없이 해결할 수 있는 ①, ②를 먼저 푼다. ①, ② 모두 옳은 선택지이므로 소거할 수 있고, 남은 ③~⑤를 풀어 정답을 찾도록 한다.

전략풀이 TIP

③ 3,616 → 4,093은 15% 미만 증가한 반면, 588,838 → 696,593은 15% 이상 증가하였으므로 $\frac{4,093}{696,593}<\frac{3,616}{588,838}$이다. (×)

④ 2019년 전과범죄자 수의 10%는 69,659.3명으로, 696,593−69,659.3=626,933.7>588,838이므로 10% 이상 감소하였다.
2019년 미성년범죄자 수의 10%는 6,590.7명으로, 65,907−6,590.7=59,316.3<60,634이므로 10% 미만 감소하였다.
2019년 외국인범죄자 수의 10%는 3,640명으로, 36,400−3,640=32,760>30,804이므로 10% 이상 감소하였다.
따라서 2019년 대비 2022년에 총 범죄자 수가 10% 이상 감소한 것은 전과범죄자, 외국인범죄자이다. (○)

⑤ 전과범죄자, 미성년범죄자, 외국인범죄자의 2022년 수치를 보면, 전과범죄자와 미성년범죄자의 경우 마약류 상용 범죄자가 합계의 1% 미만인 반면, 외국인범죄자의 경우 1% 이상이다. 따라서 계산하지 않아도 2022년에 마약류 상용 범죄자 비율이 가장 높은 항목은 외국인범죄자임을 알 수 있다. (○)

13 ▶ ⑤

| 정답풀이 |

$(\text{종사자 1인당 매출액})=\frac{(\text{매출액})}{(\text{종사자 수})}$에서 (매출액)=(종사자 1인당 매출액)×(종사자 수)이므로 가맹점당 매출액은

$$\frac{(\text{매출액})}{(\text{가맹점 수})}=\frac{(\text{종사자 1인당 매출액})\times(\text{종사자 수})}{(\text{가맹점 수})}$$

로 구할 수 있다.

- 2022년 전국 프랜차이즈의 가맹점당 매출액

$$\frac{(92\times 416,800)+(88\times 378,000)}{106,400+108,000}$$
$$=\frac{38,345,600+33,264,000}{214,400}$$
$$=334(\text{백만 원})$$

- 2023년 전국 프랜차이즈의 가맹점당 매출액

$$\frac{(100\times 412,865)+(90\times 369,000)}{114,250+123,000}$$
$$=\frac{41,286,500+33,210,000}{237,250}$$
$$=314(\text{백만 원})$$

따라서 2023년 전국 프랜차이즈의 전년 대비 가맹점당 매출액 증가율은 $\frac{314-334}{334}\times 100 ≒ -6.0(\%)$이다.

문제접근법

(1) [그래프]와 [표]의 제목과 항목을 먼저 확인한다.

(2) 공식을 이용하여 2022년과 2023년의 가맹점당 매출액을 각각 구한다.

(3) 2023년 가맹점당 매출액의 전년 대비 증가율을 구한다.

전략풀이 TIP

2022년 전국 프랜차이즈의 가맹점당 매출액을 구하는 식 $\frac{(92\times416,800)+(88\times378,000)}{106,400+108,000}$에서 분자를

다음과 같이 변형하면 더욱 빠르게 계산할 수 있다.
(92×416,800)+(88×378,000)
={(90+2)×416,800}+{(90−2)×378,000}
=90×(416,800+378,000)
+2×(416,800−378,000)
=(90×794,800)+(2×38,800)
=71,532,000+77,600
=71,609,600

14 ▶ ①

| 정답풀이 |

A~D의 종합 유지보수 점수를 구하면 다음과 같다.

[표] A~D의 종합 유지보수 점수 (단위: 점)

시스템	유지보수 횟수	처리 건수	타 시스템 연계 정도	분산 처리	종합 유지보수 점수
A	20	20	0	10	50
B	0	10	20	20	50
C	30	20	0	20	70
D	20	20	10	10	60

A~D의 유지보수 난이도와 연간 유지보수 비용을 구하면 다음과 같다.

[표] A~D의 유지보수 난이도와 연간 유지보수 비용 (단위: 점, 만 원)

시스템	종합 유지보수 점수	유지보수 난이도	연간 유지보수 비용
A	50	$10+0.05\times50$ $=12.5$	$12.5\times40{,}000$ $\times\frac{1}{100}=5{,}000$
B	50	$10+0.05\times50$ $=12.5$	$12.5\times45{,}000$ $\times\frac{1}{100}=5{,}625$
C	70	$10+0.05\times70$ $=13.5$	$13.5\times42{,}000$ $\times\frac{1}{100}=5{,}670$
D	60	$10+0.05\times60$ $=13$	$13\times45{,}000$ $\times\frac{1}{100}=5{,}850$

연간 유지보수 비용이 가장 많은 시스템은 5,850만 원인 D이고, 가장 적은 시스템은 5,000만 원인 A이다. 즉, $a=58{,}500{,}000$, $b=50{,}000{,}000$이므로 $a-b=8{,}500{,}000$이다.

문제접근법

(1) [표1]의 기준을 [표2]에 적용하여 종합 유지보수 점수를 구한다. 그리고 유지보수 난이도, 연간 유지보수 비용을 순차적으로 구한다.
(2) 연간 유지보수 비용이 가장 많은 시스템과 가장 적은 시스템만 정확한 값을 계산하면 되므로, 수치 비교법을 활용하여 정확한 계산을 할 시스템 2개를 골라낸다.

전략풀이 TIP

i) 두 수 P, Q에 대하여 $P-Q>0$이면 $P>Q$이고, $P-Q<0$이면 $P<Q$이다.
ii) 세 수 P, Q, R에 대하여 $P\times Q+P\times R=P\times(Q+R)$, $P\times Q-P\times R=P\times(Q-R)$이 성립한다.
iii) (연간 유지보수 비용)=(유지보수 난이도)×(프로그램 개발비)×$\frac{1}{100}$이므로 다음과 같이 간단히 대소 비교를 할 수 있다.
- A: 12.5×40
- B: 12.5×45
- C: 13.5×42
- D: 13×45

편의상 (앞부분)×(뒷부분)이라고 하면, A는 앞부분과 뒷부분이 모두 B, C, D보다 작거나 같으므로 가장 작은 값이 나온다는 것을 알 수 있다.
이제 B~D 중 가장 큰 값이 나오는 것을 찾으면 되는데, B와 D를 보면 뒷부분은 같고 앞부분은 D가 크므로 B<D이다. C와 D를 비교하기 위해 D를 $13\times45=13\times42+13\times3=13\times42+39$로 표현하면, $C-D=13.5\times42-(13\times42+39)=(13.5-13)\times42-39=21-39<0$이므로 C<D이다. 따라서 D가 가장 큰 값이 나온다는 것을 알 수 있다.

15 ▶ ④

| 정답풀이 |

㉠ K씨가 기본요금만을 지불하고 택시를 이용한 횟수는 다음과 같다.
- 2007년: 초과요금 기준거리가 360m이므로 360m 미만의 초과 거리까지는 기본요금만을 지불하고 택시를 이용할 수 있다. 즉, 2007년은 4+1+2+1+1+1=10(회)이다.
- 2011년: 초과요금 기준거리가 300m이므로 300m 미만의 초과 거리까지는 기본요금만을 지불하고 택시를 이용할 수 있다. 즉, 2011년은 1+1+3=5(회)이다.

이와 같은 방법으로 나머지 3개 연도도 계산하면 2015년은 4+1=5(회), 2019년은 1+1+1=3(회), 2023년은 1+3=4(회)이다. 따라서 주어진 기간 중 K씨가 기본요금만을 지불하고 택시를 이용한 횟수는 10+5+5+3+4=27(회)이다.

㉢ 연도별 K씨가 지불한 택시요금을 구하면 다음과 같다.

- 2007년: 1,000×10+(1,000+100)×2 =12,200(원)
- 2011년: 1,400×5+(1,400+100)×3 =11,500(원)
- 2015년: 1,800×5+(1,800+100)×2 =12,800(원)
- 2019년: 2,500×3+(2,500+100)×3 +(2,500+200)×2=20,700(원)
- 2023년: 3,200×4+(3,200+100)×2 +(3,200+200)×4=33,000(원)

따라서 K씨가 지불한 택시요금이 가장 많은 해인 2023년과 가장 적은 해인 2011년의 택시요금 차이는 33,000−11,500=21,500(원)이다.

| 오답풀이 |

㉡ 2007년에 K씨가 택시를 이용한 횟수는 12회이므로, K씨가 지불한 택시요금 중에서 기본요금의 합은 1,000×12=12,000(원)이다. 2019년에 K씨가 택시를 이용한 횟수는 8회이므로, K씨가 지불한 택시요금 중에서 기본요금의 합은 2,500×8=20,000(원)이다. 따라서 2007년에 K씨가 지불한 택시요금 중에서 기본요금의 합은 2019년보다 8,000원 더 낮다.

문제접근법

(1) 2개의 [표]가 주어진 문제로 각 [표]가 무엇을 의미하는지 먼저 파악한다. [표1]의 주석의 내용은 택시요금 계산 시 반드시 알아야 할 내용이므로 놓치지 않게 유의한다.

(2) 간단한 계산으로 해결할 수 있는 ㉠, ㉡을 먼저 풀고, ㉢은 나중에 푼다.

전략풀이 TIP

㉠ 기본요금만을 지불했다면 2km 이하를 이용했거나, 2km+(초과요금 기준거리) 미만만큼 이용한 것이다. (○)

㉡ 택시를 한 번 이용했다면 반드시 한 번의 기본요금을 지불하게 된다. 따라서 [표2]의 전체 항목을 확인하면 기본요금을 몇 번 지불했는지 알 수 있다. (×)

Ⅰ 공기업 최신 기출

수리
문제해결
자원관리

CHAPTER 01 | 2023년 기출

본문 P. 46~59

01	02	03	04	05	06	07	08	09	10
③	④	③	③	①	⑤	⑤	④	③	①
11	12	13	14	15					
③	⑤	②	④	⑤					

01 ▶ ③

| 정답풀이 |

2~14단계의 정기권 운임은 (교통카드 기준 운임×44회) 금액에 15%를 할인한 금액을 10원 단위에서 반올림하여 구할 수 있다. 5단계의 정기권 운임을 공식에 따라 계산하면 1,850×44×0.85=69,190(원)이고, 10원 단위에서 반올림하면 69,200원이다.

문제접근법

(1) 문제의 발문에서 언급하는 정기권 운임에 관한 산식을 주어진 자료에서 찾는다.
(2) 단순 계산 문제이므로 빠르게 계산하여 답을 선택한다. 다만, (네 자리 수)×(두 자리 수)의 계산을 해야 하므로 분배법칙을 활용하면 더욱 빠르게 계산할 수 있다.

전략풀이 TIP

i) 분배법칙을 활용하여 (교통카드 기준 운임×44회) 금액을 계산하면, 1,850×44=1,850×(40+4)=(1,850×40)+(1,850×4)=74,000+7,400=81,400(원)이다.
ii) 81,400원의 10%는 8,140원, 5%는 4,070원이므로 15%는 8,140+4,070=12,210(원)이다. 따라서 15%를 할인한 금액은 81,400−12,210=69,190(원)이 되어 10원 단위에서 반올림하면 69,200원이다.

02 ▶ ④

| 정답풀이 |

7단계부터 13단계까지의 정기권 운임은 다음과 같다.

[표] 7~13단계의 정기권 운임 (단위: 원)

종별	(교통카드 기준 운임×44회) 금액	15%를 할인한 금액	정기권 운임
7단계	2,050×44 =90,200	90,200×0.85 =76,670	76,700
8단계	2,150×44 =94,600	94,600×0.85 =80,410	80,400
9단계	2,250×44 =99,000	99,000×0.85 =84,150	84,200
10단계	2,350×44 =103,400	103,400×0.85 =87,890	87,900
11단계	2,450×44 =107,800	107,800×0.85 =91,630	91,600
12단계	2,550×44 =112,200	112,200×0.85 =95,370	95,400
13단계	2,650×44 =116,600	116,600×0.85 =99,110	99,100

따라서 정기권 운임이 처음으로 90,000원 이상이 되는 단계는 11단계이다.

문제접근법

(1) 1~14단계의 정기권 운임을 모두 구할 필요는 없다. 선택지에 제시된 단계만 정기권 운임을 계산하여 정답을 찾도록 한다.
(2) (교통카드 기준 운임×44회) 금액에 15%를 할인한 금액이 90,000원 이상이어야 하므로, 15%를 할인하기 전 금액이 얼마 이상이어야 하는지를 먼저 구하면 더욱 빠르게 정답을 찾을 수 있다.

전략풀이 TIP

i) 정기권 운임은 (교통카드 기준 운임×44회) 금액에 15%를 할인한 금액이므로, (교통카드 기준 운임×44회) 금액이 처음으로 90,000÷0.85≒105,880(원) 이상이 되는 단계를 찾으면 된다.
ii) 선택지 ①~⑤ 중 중간 단계인 10단계의 (교통카드 기준 운임×44회) 금액을 먼저 계산한 후 105,880원 이상이면 ①, ②를 계산하고, 105,880원 미만이면 ④, ⑤를 계산하여 정답 찾는다.

iii) 10단계의 (교통카드 기준 운임×44회) 금액은 2,350×44=2,350×(40+4)=94,000+9,400=103,400(원)이다. 105,880원 미만이므로 정답은 ④ 또는 ⑤이다. 11단계의 (교통카드 기준 운임×44회) 금액을 계산해보면 2,450×44=2,450×(40+4)=98,000+9,800=107,800(원)이고, 이는 105,880원보다 크므로 정답은 ④이다.

03 ▶ ③

| 정답풀이 |

기타를 제외한 3개 항목의 소계의 평균을 기준별로 구하면 다음과 같다.

- 영업고시 기준: $\frac{36+445+45}{3}≒175$(역)
- 사업본부별 편제 기준: $\frac{300+269+80}{3}≒216$(역)

따라서 사업본부별 편제 기준이 더 높다.

| 오답풀이 |

① 신호소는 영업고시 기준 및 사업본부별 편제 기준의 구분과 관계없이 기타 항목에만 있다.

② 사업본부별 편제 기준에서 여객 및 화물 중 보통역이 차지하는 비중은 $\frac{283}{300}\times100≒94.3(\%)$이므로 95% 미만이다.

④ 간이역에서 역원이 배치되지 않은 역은 영업고시 기준이 1+175+1+120=297(역)이고, 사업본부별 편제 기준이 15+68+73+25=181(역)이므로 영업고시 기준이 더 많다.

⑤ 사업본부별 편제 기준에서 전체는 300+269+80+39=688(역)이고, 보통역은 283+198+2+2=485(역)이므로 그 비중은 $\frac{485}{688}\times100≒70.5(\%)$이다. 따라서 65% 이상이다.

문제접근법

(1) 똑같은 형태의 [표]에 기준을 달리하여 자료가 제시되어 있음을 확인한다. 이를 바탕으로 기준을 비교하며 선택지가 제시되어 있을 것을 예상할 수 있다.

(2) 선택지 ①~⑤ 중 계산 없이 자료의 수치만으로 해결할 수 있는 ①을 먼저 푼다.

(3) ①은 옳은 선택지이므로 소거할 수 있고, 비교적 계산이 간단한 ③, ④를 그다음으로 푼다.

전략풀이 TIP

① 계산 없이 자료의 수치가 어느 항목에 위치해 있는지만 확인하면 판단할 수 있다. (○)

③ 똑같이 3개 항목의 평균을 구해야 하므로 3으로 나누는 계산을 하지 않아도 된다. 기타 항목을 제외한 합계만으로 판단이 가능하며, 이때 합계의 차가 크므로 정오를 빠르게 판단할 수 있다. (×)

④ 영업고시 기준에서 '여객' 항목과 '기타' 항목만을 더하더라도 이미 사업본부별 편제 기준의 합계를 넘어선다는 것을 알 수 있다. (○)

04 ▶ ③

| 정답풀이 |

'여객 및 화물'에서 역원 배치 간이역과 조차장이 각각 2역 증가하고, '화물'에서 보통역이 3역, 역원 배치 간이역이 1역, 신호소가 1역 증가하면 전체 역 합계는 40+445+50+165=700(역)이다. 이 중 '여객 및 화물'과 '화물'의 비중을 구하면 다음과 같다.

- 여객 및 화물: $\frac{40}{700}\times100≒5.7(\%)$
- 화물: $\frac{50}{700}\times100≒7.1(\%)$

따라서 ⓐ=5.7, ⓑ=7.1이므로 ⓐ−ⓑ의 절댓값은 |5.7−7.1|=1.4이다.

문제접근법

(1) [보기]의 내용에 따라 전체 역 합계를 계산한다.

(2) '여객 및 화물' 및 '화물'에 해당하는 항목에 대해서만 비중을 구한다.

전략풀이 TIP

i) 제시된 [보기]에 사족으로 쓰인 내용이 있다. 결국 해당 내용에서 '여객 및 화물'에 해당하는 역 수가 4 증가하고, '화물'에 해당하는 역 수가 5 증가했다는 내용만 확인하면 된다.

ii) 두 항목에 대하여 비중을 구하고 절댓값을 계산하도록 한다. 절댓값을 구하라고 하였으므로 선택지 ①, ②는 정답이 될 수 없다.

05 ▶ ①

| 정답풀이 |

예약자 A~F의 대관비, 부대비용, 총비용은 다음과 같다.

[표] 예약자 A~F의 대관비, 부대비용, 총비용

예약자	대관비	부대비용	총비용
A	4×(2×12,000 +3×16,000) =288,000(원)	4×1,500 +5×5,000 =31,000(원)	319,000원
B	6×(3×10,000 +1×12,000) =252,000(원)	6×1,500 =9,000(원)	261,000원
C	3×(1×10,000 +3×12,000) =138,000(원)	3×1,500 =4,500(원)	142,500원
D	5×(1×16,000 +2×8,000) =160,000(원)	5×1,500 +3×5,000 =22,500(원)	182,500원
E	7×(3×10,000 +1×12,000) =294,000(원)	0	294,000원
F	3×(2×18,000 +4×12,000) =252,000(원)	3×1,500 =4,500(원)	256,500원

따라서 총비용이 가장 큰 예약자는 A이다.

문제접근법

(1) 주어진 자료가 요금표와 예약 내역임을 먼저 파악한 후, 예약 내역을 바로 본다.

(2) 부대비용은 대관비와 비교하면 금액이 크지 않으므로 대관비를 먼저 계산한 뒤에 그 금액이 큰 선택지만 계산하여 정답을 찾도록 한다.

전략풀이 TIP

i) 커피는 한 잔당 1,500원이고, 커피를 주문한 예약자 중 최대 이용 인원은 6명이므로 최대 1,500×6=9,000(원)의 비용이 발생한다. 마찬가지로 빔 프로젝터 대여는 시간당 5,000원이고, 빔 프로젝터를 대여한 예약자 중 최대 이용 시간은 5시간이므로 최대 5,000×5=25,000(원)의 비용이 발생한다. 따라서 부대비용은 최대 9,000+25,000=34,000(원)이다.

ii) 선택지에 제시된 예약자의 대관비를 계산하면 다음과 같다.

예약자	대관비
A	4×(2×12,000+3×16,000)=288,000(원)
B	6×(3×10,000+1×12,000)=252,000(원)
D	5×(1×16,000+2×8,000)=160,000(원)
E	7×(3×10,000+1×12,000)=294,000(원)
F	3×(2×18,000+4×12,000)=252,000(원)

i)에서 확인한 바와 같이 부대비용은 최대 34,000원인데, B, D, F의 경우 대관비에 34,000원을 더해도 A와 E의 대관비를 넘을 수 없다. 따라서 정답은 A 또는 E임을 알 수 있고, 부대비용을 계산하여 비교하면 예약자 A의 총비용이 가장 큰 것을 쉽게 알 수 있다.

06 ▶ ⑤

| 정답풀이 |

만약 B가 같은 이용 인원과 같은 시간대로 금요일에 예약을 했다면 대관비와 부대비용은 다음과 같다.

- 대관비: 6×(3×12,000+1×18,000)=324,000(원)
- 부대비용: 6×1,500=9,000(원)

따라서 대관비와 부대비용을 합친 총비용은 324,000+9,000=333,000(원)이므로 35만 원 미만이다.

| 오답풀이 |

① 대관 업체의 매출은 화요일이 319,000+294,000=613,000(원), 금요일이 142,500+256,500=399,000(원)이므로 금요일이 화요일보다 적다.

② 예약자 A와 예약자 D의 부대비용 차이는 31,000−22,500=8,500(원)이다.

③ 예약 시간이 가장 긴 예약자는 6시간인 F이고, F의 대관비와 부대비용을 합친 총비용은 256,500원이므로 27만 원 미만이다.

④ 커피를 주문한 예약자 중 대관비와 부대비용을 합친 총비용이 두 번째로 큰 예약자는 261,000원인 B이다.

문제접근법

(1) 세트 문항에서 뒤의 문제를 풀 때에는 앞서 풀이한 문제에서 활용할 수 있는 정보가 있는지 확인하는 것이 좋다.

(2) 05번 문제에서 대관비, 부대비용, 총비용을 구했으므로 해당 수치만으로 해결할 수 있는 ①~④를 확인한다.

전략풀이 TIP

⑤ 요일만 목요일에서 금요일로 변경된 것이므로 증가한 비용만 계산하면 6×(3×2,000+1×6,000)=72,000(원)이다. 따라서 총비용은 261,000+72,000=333,000(원)이다. (×)

07 ▶ ⑤

| 정답풀이 |

생산인력을 고려하였을 때, 1대당 생산 소요 시간은 다음과 같다.

- B사: $\frac{4}{7}$시간
- C사: $\frac{5}{10}=\frac{1}{2}$(시간)
- D사: $\frac{4}{5}$시간
- E사: $\frac{3}{9}=\frac{1}{3}$(시간)

1대당 생산 소요 시간이 가장 짧은 생산업체는 E사로, E사가 근무일 하루 동안 생산할 수 있는 전자교탁 대수는 $8\div\frac{1}{3}=24$(대)이다.

문제접근법

(1) 주어진 자료를 확인하여 어떠한 상황을 가정하고 있는지 먼저 파악한다.
(2) [생산업체 정보]의 1대당 생산 소요 시간은 1명이 생산했을 때의 소요 시간인 점에 유의하여 문제를 푼다.

전략풀이 TIP

[생산업체 정보]를 보면, B~D사는 생산인력 수가 1대당 생산 소요 시간의 3배 미만이고, E사는 3배이다. 따라서 생산인력을 고려하였을 때 1대당 생산 소요 시간이 가장 짧은 생산업체는 E사임을 빠르게 확인할 수 있다.

08 ▶ ④

| 정답풀이 |

먼저 B~E사가 하루 동안 생산할 수 있는 전자교탁 대수를 구하면 다음과 같다.

- B사: $8\div\frac{4}{7}=14$(대)
- C사: $8\div\frac{5}{10}=16$(대)
- D사: $8\div\frac{4}{5}=10$(대)
- E사: $8\div\frac{3}{9}=24$(대)

네 번째 조건에서 해당 요일에 생산이 가능한 업체는 모두 생산에 동원된다고 하였으므로 월~금요일에는 B~E사가, 토요일에는 B~C사가 생산에 동원됨을 알 수 있다. 요일별 하루 총 생산 대수를 구하면 다음과 같다.

- 월~금요일: 14+16+10+24=64(대)
- 토요일: 14+16=30(대)

2월 1일부터 2월 7일까지 일주일 동안 생산할 수 있는 전자교탁 대수는 64×5+30=350(대)이고, 2월 8일까지는 350+64=414(대), 2월 9일까지는 414+64=478(대)이다. 총 500대를 생산해야 하므로 2월 10일에는 500−478=22(대)만 생산하면 되는데, 비용을 가장 적게 들인다고 하였으므로 D사가 10대, C사가 12대를 생산하면 된다. 생산업체별 전자교탁 생산 대수와 생산 비용을 표로 정리하면 다음과 같다.

[표] 생산업체별 전자교탁 생산 대수와 생산 비용

구분	전자교탁 생산 대수	1대당 생산 비용	총비용
B사	14×8 =112(대)	50만 원	112×50 =5,600(만 원)
C사	16×8+12 =140(대)	40만 원	140×40 =5,600(만 원)
D사	10×7+10 =80(대)	30만 원	80×30 =2,400(만 원)
E사	24×7 =168(대)	60만 원	168×60 =10,080(만 원)

따라서 A사가 생산업체에 지급해야 하는 총비용은 5,600+5,600+2,400+10,080=23,680(만 원)이다.

문제접근법

(1) [조건]에서 해당 요일에 생산이 가능한 업체는 모두 생산에 동원된다고 하였으므로, 1대당 생산 비용이 비싸더라도 초반에는 모든 업체가 생산에 동원된다는 점을 파악한다.
(2) 07번 문제에서 구한 1대당 생산 소요 시간을 바탕으로 생산업체별 하루 생산 대수를 구하고, 이를 바탕으로 요일별 하루 총 생산 대수를 구한다.

(3) 생산 대수가 500대에 가까워질 때까지 하루 총 생산 대수를 더해간다. 마지막 날에는 부족한 대수만 생산하면 되는데, 문제의 발문에서 비용을 가장 적게 들인다고 하였으므로 1대당 생산 비용이 적은 D사-C사-B사-E사 순으로 생산 대수를 배정한다.

전략풀이 TIP

선택지를 보면 십의 자리 숫자가 모두 다르기 때문에 (전자교탁 생산 대수)×(1대당 생산 비용)을 계산할 때 뒤의 두 자리 수까지만 구해도 충분하다. 위의 [표]를 바탕으로 계산하면 00+00+00+80=80이므로 정답은 ④이다.

09 ▶ ③

| 정답풀이 |

2020년에는 건설폐기물 부문이 가장 큰 비중을 차지하지만, 그 이후 2년간은 사업장폐기물 부문이 가장 큰 비중을 차지한다.

| 오답풀이 |

① 합계의 수치가 꾸준히 증가하는 대항목은 에너지 발전량(551,482 → 575,494 → 594,069)과 온실가스 배출량(656 → 660 → 677)의 2개이다.

② 일일 폐수 방류량은 2020년에 3,999천 m^3이고, 2022년에 4,149천 m^3이므로 4,149−3,999=150(천 m^3), 즉 150,000m^3 증가하였다.

④ 온실가스 배출량 항목에서 농업 부문은 꾸준히 감소하고, 폐기물 부문은 꾸준히 증가하므로 증감 추이는 서로 반대이다.

⑤ 연도별 에너지 발전량에서 석탄 부문은 원자력 부문보다 항상 많은 발전량을 나타내고 있다. 따라서 그 비중 또한 석탄 부문이 원자력 부문보다 높다.

문제접근법

(1) [표]의 연도와 대항목만 살펴본 후 선택지를 바로 읽는다.
(2) 선택지 중 계산이 복잡한 것이 없음을 확인하고, 눈으로 해결할 수 있는 것들을 바로 처리한다.

전략풀이 TIP

선택지 ③, ⑤에서 각 부문에 관한 비중을 묻고 있지만, 분모에 해당하는 값이 서로 같으므로 비중을 계산할 필요는 없다. 해당 대항목에서 수치가 큰 부문이 더 높은 비중을 차지한다는 점을 인지한다면 계산 과정 없이 정오를 쉽게 판단할 수 있다.

10 ▶ ①

| 정답풀이 |

에너지 사용량과 온실가스 배출량의 부문별 전년 대비 증가량을 구하면 다음과 같다.

[표] 전년 대비 증가량

구분		2021년	2022년
에너지 사용량 (천 TJ)	산업 부문	6,244−6,012 =232	6,185−6,244 =−59
	건물 부문	1,621−1,698 =−77	1,714−1,621 =93
	수송 부문	1,080−1,205 =−125	1,003−1,080 =−77
	기타 부문	812−738 =74	833−812 =21
온실가스 배출량 (백만 톤 CO_2 eq.)	에너지 부문	565−570 =−5	583−565 =18
	산업공정 부문	52−48=4	51−52=−1
	농업 부문	19−21=−2	18−19=−1
	폐기물 부문	24−17=7	25−24=1

제시된 두 그래프와 수치를 비교해보면, [그래프A]에서 ⓐ는 기타 부문, ⓑ는 수송 부문, ⓒ는 건물 부문, ⓓ는 산업 부문이고 [그래프B]에서 ㉠은 산업공정 부문, ㉡은 폐기물 부문, ㉢은 에너지 부문(증가량 잘못 표시됨), ㉣은 농업 부문임을 알 수 있다. 따라서 [그래프B]의 ㉠ 부문인 산업공정 부문의 2022년 수치는 51백만 톤 CO_2 eq.이므로 50백만 톤 CO_2 eq. 이상이다.

| 오답풀이 |

② [그래프A]의 ⓓ 부문인 산업 부문의 2019년 수치는 6,012−87=5,925(천 TJ)이므로 6,000천 TJ 미만이다.

③ [그래프A]에서 ⓑ 부문은 증가량이 매년 음수이므로 실제 수치가 해마다 꾸준히 감소한다.

④ [그래프A]에서 ⓑ는 수송 부문을 나타낸다.
⑤ [그래프B]의 ㉠은 산업공정 부문, ㉡은 폐기물 부문, ㉣은 농업 부문이므로 ㉢은 에너지 부문이어야 하는데 [표]에서 전년 대비 증가량이 2021년에는 565−570=−5(백만 톤 CO_2 eq.), 2022년에는 583−565=18(백만 톤 CO_2 eq.)이므로 잘못 표기되어 있다.

문제접근법

(1) 각 그래프의 ⓐ~ⓓ와 ㉠~㉣이 어떤 부문을 나타내는 것인지를 확인해야 한다. 이때, 전체를 계산할 필요 없이 부문별로 하나씩만 선택해서 확인하면 부문을 알아낼 수 있다.
(2) 범례를 반드시 확인하여 연도가 [표]와 반대 순서로 제시되어 있음에 유의한다.

전략풀이 TIP

제시된 [표]에서 전년 대비 증가량을 계산하기 쉬운 것을 하나 선택하여 눈으로 빠르게 확인하여 ⓐ~ⓓ와 ㉠~㉣에 해당하는 부문을 밝히도록 한다.

11 ▶ ③

| 정답풀이 |

[유지보수 체계도]에서 도급업체는 보수 실행 완료 후 보수 완료에 관한 보고를 반드시 시행해야 함을 알 수 있다.

| 오답풀이 |

① [유지보수 체계도]에서 보수 실행을 도급업체가 있는 경우와 없는 경우로 나누어 진행되고 있음을 알 수 있다. 그리고 시설 유지보수에 관한 도급업체가 없는 경우 산하기관이 보수 실행을 진행하도록 제시하고 있으므로 시설 유지보수에 관한 도급업체가 없는 경우도 있다.
② [유지보수 체계도]에서 보수 방침 및 기준이 결정되면 2주(14일) 내에 보수 계획 지시가 되어야 함을 알 수 있다.
④ 도급업체 또는 산하기관이 보수를 실행하였을 때, 반드시 보수 완료를 보고해야 한다.
⑤ [유지보수 체계도] 아래의 표에 의하면 시설장비사무소는 도급업체가 없으므로 산하기관에 보수를 요청해야 한다.

문제접근법

(1) [유지보수 체계도]에 관한 내용이 많지 않으므로 내용을 가볍게 확인하고, 선택지를 확인한다.
(2) 선택지의 내용에 맞춰서 관련 자료의 필요한 부분만을 확인한다.

전략풀이 TIP

'~일 때에만', '~인 경우에만'과 같이 내용을 한정 짓는 표현이 있을 경우에는 해당 내용을 반박할 수 있는 근거가 자료에 제시되어 있는지 확인한다.

12 ▶ ⑤

| 정답풀이 |

보수 계획 지시 절차를 2023년 11월 24일부터 시작하였으므로 14일 뒤인 12월 8일에 지시가 완료되고 업무 분담이 진행된다. 보수를 실행하는 데 3주(21일)가 걸리므로 보수 실행이 완료되는 건 12월 29일이다. 그리고 보수 완료 보고는 보수 실행이 완료된 후 10일 뒤이므로 2024년 1월 8일에 보수 완료 보고가 이루어진다.

문제접근법

(1) [유지보수 체계도]에서 업무 진행에 소요되는 기간을 날짜 수로 정확하게 파악한다.
(2) [유지보수 체계도] 아래의 내용에도 기간에 대한 언급이 있으므로 빠뜨리지 않도록 유의한다.

전략풀이 TIP

i) 보수 완료 보고가 된 날짜를 묻고 있으므로, 각각의 절차가 언제 완료되는지는 중요하지 않다. 따라서 보수 계획 지시 절차가 시작된 날부터 보수 완료 보고까지 걸리는 총 일수를 구한 후, 시작 날짜에 더하여 최종 완료 날짜만 구하도록 한다.
ii) 14(보수 계획 지시)+0(보수 업무 분담)+21(보수 실행)+10(보수 완료 보고)=45(일)이므로 2023년 11월 24일부터 시작할 경우 2024년 1월 8일에 보수 완료 보고가 이루어진다.

13 ▶ ②

| 정답풀이 |

2023년 7월 18일에 보수 완료 보고가 이루어졌으므로 10일 전인 7월 8일에 보수 실행이 완료되었다. 그리고 도급업체가 보수를 실행하는 데 3주(21일)가 걸렸으므로 6월 17일에 보수 실행이 시작되었다. 이때, 2주(14일) 전인 6월 3일에 보수 계획 지시가 있었으므로 6월 5일에는 보수 계획 지시가 진행되었다.

문제접근법

12번 문제와는 반대로, 완료 날짜가 주어졌을 때 특정 날짜에 진행한 절차를 고르는 문제이다. 역으로 날짜를 파악한다는 점만 다를 뿐, 12번 문제와 유사한 방법으로 접근하면 된다.

전략풀이 TIP

i) 2023년 6월 5일과 2023년 7월 18일은 (30−5)+18=43(일) 차이가 난다. 보수 완료 보고 절차부터 거슬러 올라가면서 43일 전에 진행한 절차를 찾으면 된다.

ii) 10일(보수 완료 보고)+21(도급업체 보수 실행)+0(보수 업무 분담)=31(일)이고, 여기에 보수 계획 지시가 완료되는 기간인 14일까지 더하면 31+14=45(일)이다. 따라서 43일 전에는 보수 계획 지시가 진행되었다.

14 ▶ ④

| 정답풀이 |

각 지원자의 채점항목별 점수, 가산점, 총점을 확인해보면 다음과 같다.

[표] 각 지원자의 채점항목별 점수, 가산점, 총점 (단위: 점)

지원자	교육 사항	경력 사항	자기 소개서	가산점	총점
A	20	20	25	1.5+3 =4.5	20+20+ 25+4.5 =69.5
B	15	20	30	2.5+5 =7.5	15+20+ 30+7.5 =72.5
C	30	14	20	3+1=4	30+14+ 20+4 =68
D	25	16	15	2+5+2 =9	25+16+ 15+9 =65
E	20	18	30	1+4.5 =5.5	20+18+ 30+5.5 =73.5

따라서 서류전형에서 가장 낮은 점수를 받는 지원자는 D이다.

문제접근법

(1) 문제에서 결국 다섯 명의 점수를 모두 구해야 함을 인지한다.

(2) 항목별로 표를 그려 빠르게 총점을 계산한다.

전략풀이 TIP

i) 제시된 자료보다 문제를 먼저 확인하여 지원자별 총점을 빠르게 구할 수 있도록 해야 한다.

ii) 가산점 유의사항 중 '가산점은 최대 10점까지만 인정됨'에 해당하는 지원자가 없음을 파악하고 총점을 구하도록 한다.

15 ▶ ⑤

| 정답풀이 |

1년 이상 경력자는 A, B, D, E의 4명이다. 이들 중 컴퓨터 관련 자격증이 없는 지원자는 D이므로 A, B, E가 대상자이다. 이 3명 중 교육사항이 3개 과목 이상인 지원자는 A, E인데, 이 중 자기소개서 점수가 더 높은 지원자는 E이므로 가장 적절한 지원자는 E이다.

문제접근법

경영지원팀장의 대답에 따라 지원자 중 조건에 해당하지 않는 지원자를 지워나가는 방법으로 문제를 해결한다.

전략풀이 TIP

i) 경영지원팀에 선발될 수 있는 지원자를 찾는 상황이므로 대화 내용 중 경영지원팀장의 대답에 주목하도록 한다.

ii) 해당하지 않는 지원자를 한 명씩 지워나가는 방법을 사용하면 쉽게 찾을 수 있다.

iii) 자기소개서와 관련해서는 특정 수치가 언급된 것이 아니라, '되도록 높은'이라고 하였으므로 가장 마지막에 확인하도록 한다.

CHAPTER 02 | 2022년 기출

본문 P. 60~75

01	02	03	04	05	06	07	08	09	10
④	④	⑤	②	③	②	②	①	②	②
11	12	13	14	15					
⑤	④	⑤	⑤	⑤					

01 ▶ ④

| 정답풀이 |

전체 직원 수를 A라고 하면, 남자 직원 수는 $0.44A$, 여자 직원 수는 $0.56A$이다. 여자 직원 중 12.5%가 50대이므로 50대 여자 직원 수는 $0.56A \div 8 = 0.07A$이다. 이에 따라 나머지 $0.56A - 0.07A = 0.49A$는 20~40대 여자 직원의 합이다. 그런데 20대 여자 직원과 40대 여자 직원의 합이 19명이므로 30대 여자 직원은 $(0.49A - 19)$명이다. 30대 여자 직원이 30대 남자 직원의 3배이므로 30대 남자 직원의 수는 $(0.49A - 19) \times \frac{1}{3}$이고, 30대 남자 직원과 30대 여자 직원 수의 합은 $(0.49A - 19) + (0.49A - 19) \times \frac{1}{3} = \frac{4}{3} \times (0.49A - 19)$이다.

이때, 30대 직원은 전체의 40%이므로 $\frac{4}{3} \times (0.49A - 19) = 0.4A \rightarrow A = 100$

따라서 전체 여자 직원 수는 $100 \times 0.56 = 56$(명), 전체 남자 직원 수는 $100 \times 0.44 = 44$(명)이고, 30대 남자 직원 수는 $(0.49 \times 100 - 19) \times \frac{1}{3} = 10$(명)이므로 30대가 아닌 남자 직원 수는 $44 - 10 = 34$(명)이다. 그러므로 전체 여자 직원 수와 30대를 제외한 남자 직원 수의 합은 $56 + 34 = 90$(명)이다.

문제접근법

(1) 여자 직원 수와 남자 직원 수를 모두 알아야 하므로 두 성별 중 하나의 성별을 기준으로 식을 세워 해결한다.

(2) (전체 직원 대비 여자 직원의 비율)=1−(전체 직원 대비 남자 직원의 비율)이고, (전체 직원 대비 30대 남자의 비율)+(전체 직원 대비 30대 여자의 비율)=(전체 직원 대비 30대 비율)임을 이용한다.

전략풀이 TIP

ⅰ) 조건에 비율 즉, %가 주어졌으므로 계산하기 쉽도록 전체 직원 수를 100A라 설정한다.
ⅱ) 전체 여자 직원은 56A, 50대 여자 직원은 56A÷8=7A, (20대 여자 직원)+(40대 여자 직원)=19(명)이므로 30대 여자 직원은 49A−19이다.
ⅲ) 30대 전체 직원은 40A인데, 30대 여자 직원이 30대 남자 직원의 3배이므로 30대 여자 직원은 30A이다. 따라서 49A−19=30A → 19A=19이므로 A=1이다.

즉, 전체 직원 수는 100명임을 알 수 있다.

02 ▶ ④

| 정답풀이 |

㉠ 신원 확인과 건강검진에서 결격사유가 있으면 불합격 처리를 받을 수도 있다. 따라서 오직 서류 평가와 면접 평가 합산 점수로만 최종 합격자를 선정한다고는 볼 수 없다.

㉡ 채용 인원수가 3명이라면, 서류 평가에서 최종 합격 인원의 10배를 선발한다고 하였으므로 서류 평가 통과 인원은 30명이 된다. 그런데 '서류 평가 통과 인원이 동점자로 인해 최종 합격 인원의 10배수를 초과할 경우, 동점자를 전원 선발한다'라고 하였으므로 30명을 초과할 수도 있다.

㉣ 경력 점수는 50인 이상 단체급식조리 경력에 한하므로 정원이 45명인 기관의 근무 경력은 인정받지 못한다. 즉, 경력 점수는 0점이다.

| 오답풀이 |

㉢ 국가유공자 등의 가산점이 없다면, 서류 평가에서 받을 수 있는 점수는 자격증 점수 50점과 경력 점수 50점으로 최대 100점이다.

문제접근법

(1) 자료의 내용을 채용절차, 서류 평가, 면접 평가, 최종 합격의 순서로 나누어 살펴본다.
(2) 각 [보기]의 내용에 해당하는 항목만 살펴보아 사실 여부를 확인한다.

전략풀이 TIP

키워드를 바탕으로 [보기]의 내용을 먼저 살펴보고, 주어진 자료에서 해당하는 키워드가 있는 곳만 확인하여 문제해결 시간을 줄이도록 한다.

03 ▶ ⑤

| 정답풀이 |

서류 평가 가산점 10%는 본인이나 부모가 국가유공자인 경우에만 부여하므로, 조부가 국가유공자인 박 씨는 해당하지 않는다.

• 서류 평가 점수
  – 자격증 점수: 중식 또는 일식 조리기사 자격증 1개만 인정되어 40점
  – 경력 점수: 300명 규모의 중학교 급식조리 경력 3년 10개월만 인정되어 30점

  즉, 서류 평가 점수는 70점이다.

• 면접 평가 점수: $3\times1+2\times2+1\times2=9$(점)

따라서 박 씨의 서류 평가와 면접 평가 합산 점수는 $70+9=79$(점)이다.

문제접근법

(1) 박 씨의 정보를 '자격증', '경력', '가산점', '면접' 항목으로 나눈다.
(2) 각 항목에 따라 서류 평가 점수와 면접 평가 점수를 확인한다.

전략풀이 TIP

자격증은 점수가 가장 높은 1개만 인정되고, 경력 점수는 50인 이상 단체급식조리 경력만 인정되며, 국가유공자는 본인 또는 부모만 인정된다는 것에 주의하면서 서류 평가 점수와 면접 평가 점수를 확인한다.

04 ▶ ②

| 정답풀이 |

서류 평가에서 최종 합격 인원의 10배수를 선발하고, 동점자로 인해 10배수를 초과할 경우에는 동점자를 전원 선발한다. 따라서 최 씨의 서류 평가 점수가 70점 이상이면, 서류 평가를 통과할 수 있다. 현재 최 씨의 서류 평가 점수는 자격증 점수 30점에 경력 점수 30점을 더하여 60점이다.

㉠ 한식 조리기사 자격증을 취득하면, 자격증 점수가 30점에서 40점으로 바뀌어 서류 평가 점수가 70점이 된다.

㉤ 50인 이상 다른 기관의 단체급식조리 경력 1년이 추가되면, 총 경력은 5년 2개월이므로 경력 점수가 40점이 되어 서류 평가 점수가 70점이 된다.

따라서 서류 평가를 통과할 수 있는 것의 개수는 2개이다.

| 오답풀이 |

ⓛ 일식 조리기능사 자격증은 최 씨가 현재 보유하고 있는 양식 조리산업기사보다 점수가 낮은 자격증이므로, 서류 평가 점수는 변하지 않는다.

ⓒ 면접 평가 점수는 서류 평가 점수에 영향을 미치지 못한다.

ⓔ 현재 최 씨의 서류 평가 점수는 60점이므로, 국가유공자 가산점을 추가하면 $60\times1.1=66$(점)이다. 즉, 본인 또는 부모가 국가유공자라 하더라도 서류 평가 점수는 70점을 넘지 못한다.

문제접근법

(1) 주어진 [상황]에서 최 씨의 서류 평가 점수를 확인한다.

(2) 최 씨의 서류 평가 점수에 [보기]의 내용을 추가하였을 때, 바뀌는 점수 사항 위주로 확인한다.

전략풀이 TIP

[보기]에 주어진 내용에 따라 변화되는 서류 평가 점수를 확인해야 한다. 이때, 유효한 경력은 모두 인정되지만, 자격증은 점수가 가장 높은 1개만을 인정함에 유의해야 한다. 또한, 서류 평가 통과자를 대상으로 NCS 기반 블라인드 면접 평가를 실시하게 되므로 면접 평가는 해당하지 않는다.

05 ▶ ③

| 정답풀이 |

ⓔ 제조업의 경우 $(85+85+81)\div3\fallingdotseq83.7$이며, 비제조업의 경우 $(89+89+87)\div3\fallingdotseq88.3$이므로 4포인트 이상 낮다.

ⓜ 제조업 채산성은 2022년 4~6월의 BSI가 79, 79, 75로 매월 장기평균인 84보다 낮지만, 비제조업 채산성의 경우 2022년 4~6월의 BSI가 89, 88, 87로 매월 장기평균인 84보다 높다.

| 오답풀이 |

ⓖ $\frac{98-91}{91}\times100\fallingdotseq7.7(\%)$이므로 8% 미만으로 증가하였다.

ⓛ 인력사항 BSI는 2022년 6월이 81로 전월인 5월의 80보다 증가하였다.

ⓒ 제조업과 비제조업 모두 인력사항 장기평균이 2022년 4~6월보다 높은 것이지, 2021년 매월 해당 수치가 높은 것은 아니다.

문제접근법

(1) [보기]의 내용을 먼저 확인하여 계산이 필요한 것은 ⓖ, ⓔ뿐임을 확인한다.

(2) 계산하지 않고 눈으로 빠르게 확인 가능한 ⓛ을 먼저 푼다. ⓛ은 틀린 보기이므로 ②, ⑤를 소거할 수 있다. 남은 선택지 구조상 ⓒ, ⓜ은 풀지 않아도 되며, ⓖ, ⓔ을 풀어 정답을 찾도록 한다.

전략풀이 TIP

ⓔ 주어진 수치의 평균을 계산할 때, 가평균을 활용하면 빠르게 알 수 있다. 즉, [85, 85, 81 → 84, 84, 83]으로 하면, 평균이 83.××임을 쉽게 알 수 있다. 그리고 [89, 89, 87 → 89, 88, 88]로 하면, 평균이 88.××임을 알 수 있으므로 두 평균의 차이는 4포인트 이상이다. (○)

06 ▶ ②

| 정답풀이 |

제조업은 $0.6+0.2-0.5-1.1=-0.8$(포인트), 비제조업은 $0.6+0.0-0.7-0.4=-0.5$(포인트)이므로 옳은 설명이다.

| 오답풀이 |

① 2022년 4월의 전월 대비 지수 차가 +2.3이므로 3월의 ESI는 $105.7-2.3=103.4$(포인트)이다.

③ 전월 대비 ESI 증감 수치가 +0.4, +0.1, −0.8, −0.4이므로 이를 모두 반영하면, 2022년 3월 대비 7월 제조업 수출 전망 ESI는 0.7포인트 감소하였다.

④ 2022년 4~6월 동안 제조업 매출 BSI는 106 → 105 → 98로 매 시기 감소하였으나, 같은 기간 제조업 수출 전망 ESI는 5월에 전월 대비 0.1포인트 증가하였다.

⑤ 2022년 3월 대비 7월의 비제조업 자금사정 전망 ESI 변동 폭은 $0.6+0.0-0.7-0.4=-0.5$(포인트)이고, CSI 소비지출 전망 변동 폭 역시 $0.0+0.5-0.5-0.5=-0.5$(포인트)로 동일하다.

문제접근법

(1) 선택지에서 전반적으로 2022년 3월의 ESI에 관한 내용이 주로 언급됨을 먼저 확인한다.
(2) 선택지에서 언급된 내용에 따라 항목별로 2022년 3월 대비 ESI 수치의 증감을 확인한다.
(3) 선택지 ①~⑤ 중 ④는 [표1]과 연계하여 확인해야 하므로 가장 나중에 확인한다.

전략풀이 TIP

주어진 [표3]의 수치는 전월 대비 증감 수치를 나타내고 있다. 따라서 문제를 해결하기 전에 선택지의 내용을 먼저 살펴보았을 때, ②, ③, ⑤의 내용은 해당하는 항목의 증감 합계를 계산하여 빠르게 확인할 수 있다.

07 ▶ ②

| 정답풀이 |

역별 역내 상점 지수와 점수는 다음과 같다.

- E역: $\frac{15}{29}≒0.52$ → 3점
- F역: $\frac{11}{30}≒0.37$ → 2점
- G역: $\frac{4}{44}≒0.09$ → 1점
- H역: $\frac{38}{45}≒0.84$ → 4점
- I역: $\frac{16}{36}≒0.44$ → 3점

㉠ E역의 역내 상점 지수 점수는 3점이다.
㉢ G역의 역내 상점 지수는 0.09로 가장 낮다.
㉣ H역의 역내 상점 지수 점수는 4점으로 가장 높다.

| 오답풀이 |

㉡ F역의 역내 상점 지수는 0.37이므로 0.4보다 낮다.
㉤ I역의 역내 상점 지수 점수는 3점이다.

문제접근법

(1) 문제의 발문에서 언급하는 역내 상점 지수에 관한 산식을 주어진 자료에서 찾는다.
(2) [보기]의 내용을 확인하기 위해 빠르게 역내 상점 지수를 계산한다.

전략풀이 TIP

주어진 [보기]의 내용에서 5개 역에 대한 역내 상점 지수를 각각 다루고 있으므로, 산식을 통해 5개 역에 대하여 계산을 빠르게 하여 [보기]의 내용을 확인한다. 이때, 분수 계산을 일일이 하지 않더라도 흑자 점포 수와 전체 점포 수의 비율을 눈으로 확인하는 것만으로도 어느 정도 점수를 산정할 수 있다.

i) E역의 경우, 전체 점포 수가 흑자 점포 수의 2배보다 1 낮으므로 역내 상점 지수는 0.5를 조금 넘는 수치임을 알 수 있다.
ii) F역의 경우, 전체 점포 수가 흑자 점포 수의 3배보다 조금 낮으므로 역내 상점 지수는 0.3보다 조금 더 높은 수치임을 알 수 있다.

이와 같이 생각하면 G역의 지수가 가장 낮고, H역의 지수가 가장 높다는 것을 알 수 있다.

08 ▶ ①

| 정답풀이 |

역별 역내 상점 지수 및 이용객 증가율, 그리고 그에 따른 점수를 확인해 보면 다음과 같다.

구분		E역	F역	G역	H역	I역
역내 상점 지수		0.52	0.37	0.09	0.84	0.44
이용객 증가율		7.2%	2.1%	13.9%	21.8%	16.2%
점수	매출액	3점	2점	1점	4점	3점
	역내 상점 지수	3점	2점	1점	4점	3점
	이용객 증가율	2점	1점	3점	4점	4점
	합계	8점	5점	5점	12점	10점

따라서 A등급에 해당하는 역은 I역이다. 그리고 F역과 G역의 점수 합계가 5점으로 같은 상황이다. 이때, F역의 매출액 점수가 높으므로 C등급에 해당하는 역은 F역이다.

문제접근법

(1) 5개 역에 대하여 [표]의 수치를 통해 이용객 증가율을 구한다.
(2) 3개 항목에 대하여 점수를 구하여 합산한다.

전략풀이 TIP

07번 문제를 통해 역내 상점 지수 점수를 확인하였으므로, 이용객 증가율 점수를 빠르게 구한다. 주어진 해설처럼 표를 이용하여 비교하면 시간을 줄일 수 있다. 이때, 이용객 증가율 점수는 이용객 증가율

을 통해 산출하므로 이용객 수치를 천 명 단위에서 반올림하거나 되도록 간단한 수치가 되도록 하여 구하면, 시간을 줄이면서 증가율 수치가 크게 변하지 않음을 알 수 있다.

- E역: $\frac{412-385}{385}\times100≒7(\%)$
- F역: $\frac{322-316}{316}\times100≒2(\%)$
- G역: $\frac{200-175}{175}\times100≒14(\%)$
- H역: $\frac{773-634}{634}\times100≒22(\%)$
- I역: $\frac{284-245}{245}\times100≒16(\%)$

즉, 위 수치만으로도 이용객 증가율 점수를 확인하기에 충분하다.

09 ▶ ②

| 정답풀이 |

재무팀의 모든 직원은 올해 매월 만근하였으므로, 각자 12일의 연차가 발생한 상태이다. 따라서 재무팀 직원들의 유급휴가비는 다음과 같다.

- 김 부장: (12−7)×5=25(만 원)
- 나 과장: (12−5)×4=28(만 원)
- 정 대리: (12−3)×3=27(만 원)
- 박 대리: (12−2)×3=30(만 원)
- 신 사원: (12−0)×2=24(만 원)

따라서 유급휴가비가 30만 원을 넘는 사람은 아무도 없다.

| 오답풀이 |

① 금액이 가장 낮은 팀원은 신 사원이다.
③ 가장 많은 금액을 받는 팀원은 박 대리이다.
④ 정 대리는 박 대리, 나 과장에 이어 팀 내에서 세 번째로 많은 금액을 받게 된다.
⑤ 내년 초에 신 사원이 받게 될 유급휴가비는 24만 원이므로 25만 원 미만이다.

문제접근법

(1) 연차 사용일에 따른 유급휴가비 산출에 관한 문제임을 확인한다.
(2) 자료에서 특별히 주의해야 할 내용이 없으므로 각 팀에 대하여 비용 계산을 빠르게 한다.

전략풀이 TIP

직급에 따라 잔여 연차 1일당 산정되는 유급휴가비가 다르므로, 각각의 직급에 대하여 계산한다. 이때, 특별히 주의해야 하는 내용이 없고 암산으로도 계산 가능한 수준이므로, 산출되는 유급휴가비만 이름 옆에 따로 기재하며 비교하여도 충분하다.

10 ▶ ②

| 정답풀이 |

재무팀 직원들의 유급휴가비 총액은 25+28+27+30+24=134(만 원)이다. 인사팀 직원들의 유급휴가비는 다음과 같다.

- 주 부장: (12−4)×5=40(만 원)
- 차 과장: (12−6)×4=24(만 원)
- 전 과장: (12−5)×4=28(만 원)
- 이 대리: (12−2)×3=30(만 원)
- 성 사원: (12−4)×2=16(만 원)

즉, 인사팀 직원들의 유급휴가비 총액은 40+24+28+30+16=138(만 원)이다. 따라서 유급휴가비의 팀별 총액의 차이는 138−134=4(만 원)이다.

문제접근법

(1) 인사팀 직원들의 유급휴가비를 각각 계산하여 총액을 구한다.
(2) 09번 문제에서 계산한 재무팀 직원의 금액을 더하여 두 팀별 유급휴가비 총액의 차이를 계산한다.

전략풀이 TIP

단순한 연산 계산에 해당하므로 잔여 연차 일수만 정확하게 계산하면, 유급휴가비를 계산하는 데 큰 어려움은 없다. 따라서 암산으로 빠르게 확인하고 팀별 유급휴가비 총액을 비교한다.

11 ▶ ⑤

| 정답풀이 |

2019~2021년 동안 중소벤처기업의 국내 특허 출원 건수가 전년 대비 가장 많이 증가한 해는 57,438−50,493=6,945(건) 증가한 2020년이고, 2020년 국내 상표 출원 건수도 전년 대비 83,548−66,154=17,394(건) 증가하여 가장 많이 증가하였다. 2019년 대비 2020년 국내 상표 출원 건수의 증가율은 $\frac{83,548-66,154}{66,154}\times100≒26.3(\%)$로 25% 이상이다.

| 오답풀이 |

① 2019~2021년 외국인의 국내 상표 출원 건수 평균은 $\frac{31,352+27,719+30,138}{3}≒29,736$(건)으로 연 30,000건 미만이다.

② 2019년과 2020년에 기타를 제외한 5개 항목의 국내 특허 출원 건수의 평균은 순서대로 각각 $\frac{218,975-13,352}{5}≒41,125$(건), $\frac{226,759-13,988}{5}≒42,554$(건)이므로 2020년에는 42,000건 이상이다.

③ 2019~2021년 동안 전년 대비 국내 특허 출원 건수와 국내 상표 출원 건수의 증감 추이가 동일한 항목은 중소벤처기업(증가－증가－증가)이 유일하다.

④ 2019~2021년 동안 개인의 국내 특허 출원 건수와 상표 출원 건수가 전년 대비 모두 증가한 해는 2019년, 2020년으로 햇수로 2개이다.

문제접근법

(1) 발문을 통해 확인해야 하는 자료가 무엇인지 확인한다. [표1]과 [표2]에 대한 문제로 [표3]은 확인할 필요가 없다.
(2) 선택지 ①~⑤ 중 자료의 수치만으로 해결할 수 있는 ③, ④를 먼저 푼다.
(3) ③, ④ 모두 틀린 선택지이므로 소거할 수 있고, 남은 ①, ②, ⑤는 직접 계산할 필요 없이 수치 비교를 통해 해결하여 정답을 찾도록 한다.

전략풀이 TIP

① (31,352－30,000)＋(27,719－30,000)＋(30,138－30,000)<0이므로 30,000건 미만이다. (×)
② 5×42,000＝210,000이며, 218,975－13,352<210,000이고, 226,759－13,988>210,000이다. (×)
⑤ 66,154의 25%, 즉 $\frac{1}{4}$은 약 16,500이다. 66,154＋16,500<83,548이므로 25% 이상이다. (○)

12 ▶ ④

| 정답풀이 |

전체 국내 디자인 출원 건수 중 개인이 차지하는 비중은 2019년 $\frac{29,279}{65,039}\times100≒45.0(\%)$, 2020년 $\frac{30,591}{67,583}\times100≒45.3(\%)$, 2021년 $\frac{28,784}{64,787}\times100≒44.4(\%)$이므로 2020년에는 전년 대비 증가하였으나, 2021년에는 전년 대비 감소하였다.

| 오답풀이 |

① 2018~2021년 전체 국내 디자인 출원 건수의 연간 평균은 $\frac{63,680+65,039+67,583+64,787}{4}≒65,272$(건)으로 65,000건 이상이다.

② 2019년 대기업의 디자인 출원 건수는 전년 대비 $\frac{3,992-3,502}{3,502}\times100≒14.0(\%)$ 증가하였고, 2020년에는 전년 대비 $\frac{4,422-3,992}{3,992}\times100≒10.8(\%)$ 증가하였다. 따라서 모두 전년 대비 10% 이상 증가하였다.

③ 주어진 자료의 수치를 통해 2019~2021년 동안 대학/공공연의 국내 상표 출원 건수는 매년 국내 디자인 출원 건수보다 많음을 알 수 있다.

⑤ 2018~2021년 중소벤처기업의 국내 특허 출원 건수와 디자인 출원 건수의 합은 2018년 46,652＋21,345＝67,997(건), 2019년 50,493＋22,272＝72,765(건), 2020년 57,438＋23,621＝81,059(건), 2021년 62,843＋23,187＝86,030(건)이다. 상표 출원 건수가 더 많은 해는 2020년과 2021년이므로 햇수로 2개이다.

문제접근법

(1) 3개의 자료를 모두 확인해야 하는 문제이다. 선택지 ①~⑤ 중 계산 없이 자료의 수치만으로 해결할 수 있는 ③을 먼저 푼다.
(2) ③은 옳은 선택지이므로 소거할 수 있고, 비교적 계산이 간단한 ②, ⑤, ①, ④ 순서로 푼다.
(3) 선택지 ②, ④는 분수 비교, 증가 폭, ①, ⑤는 어림셈으로 확인하여 정답을 찾도록 한다.

전략풀이 TIP

① (63,680－65,000)＋(65,039－65,000)＋(67,583－65,000)＋(64,787－65,000)>0이므로 65,000건 이상이다. (○)
② 3,502＋350＝3,852<3,992, 3,992＋400＝4,392<4,422이므로 10% 이상 증가하였다. (○)
④ 전체 67,583 → 64,787은 5% 미만 감소한 반면, 개인 30,591 → 28,784는 5% 이상 감소하였으므로 2021년에는 전년 대비 감소하였다. (×)

⑤ 2020년 국내 특허 출원 건수와 디자인 출원 건수의 합은 약 81,000건, 2021년은 약 86,000건으로 해당 연도의 국내 상표 출원 건수보다 적다. (○)

13 ▶ ⑤

| 정답풀이 |

커피 및 기타 비알코올 음료점업의 비중은

2018년 $\frac{17,615}{210,099}\times100≒8.4(\%)$,

2019년 $\frac{18,350}{215,188}\times100≒8.5(\%)$,

2020년 $\frac{18,350+2,992}{215,188+19,684}\times100≒9.1(\%)$이다.

따라서 2019년에는 전년 대비 8.5－8.4＝0.1(%p)로 0.1%p 이상 증가하였지만, 2020년에는 전년 대비 9.1－8.5＝0.6(%p)로 0.7%p 미만으로 증가하였다.

| 오답풀이 |

① 치킨전문점의 비중은 2019년이 $\frac{25,687}{215,188}\times100$ ≒11.9(%)이고, 2020년이 $\frac{25,687+1,616}{215,188+19,684}$ ×100≒11.6(%)로 2019년 대비 감소하였다.

② 전년 대비 2020년 생맥주 및 기타 주점업의 증가 폭을 알아야 해당 업종의 증감 현황을 알 수 있다. (E)는 2020년 전년 대비 증가 폭의 합계인 19,684에서 (E)를 제외한 나머지 업종의 전년 대비 증가 폭 합인 19,712를 뺀 값이다. 이에 따라 (E)는 19,684－19,712＝－28로 음수이므로 2020년 생맥주 및 기타 주점업의 가맹점 수는 전년 대비 감소하였다. 따라서 2019~2020년 가맹점 수가 전년 대비 매년 감소한 업종은 문구용품 및 회화용품 소매업, 생맥주 및 기타 주점업으로 2개이다.

③ 2020년 자동차 전문 수리업의 비중은 $\frac{7,044-1,550}{215,188+19,684}\times100≒2.3(\%)$, 의약품 및 의료용품 소매업의 비중은 $\frac{3,836+236}{215,188+19,684}$ ×100≒1.7(%)이다. 따라서 (D)에 들어갈 값이 (A)에 들어갈 값보다 크다.

④ (G)에 들어갈 값은 $\frac{91}{3,169}\times100≒2.9(\%)$이고, (J)에 들어갈 값은 $\frac{-112}{4,832}\times100≒-2.3(\%)$이다. 따라서 2020년 가맹점 수의 전년 대비 증감률은 안경 및 렌즈 소매업이 가정용 세탁업보다 높다.

문제접근법

(1) 발문을 통해 확인해야 하는 자료가 무엇인지 확인한다. [표]에 대한 문제이므로 [그래프]는 확인할 필요가 없다.

(2) 선택지 ①~⑤ 중 정확한 계산이 필요한 ②와 비교 항목이 3개인 ⑤ 이외의 선택지 ①, ③, ④를 먼저 푼다.

(3) ①, ③, ④ 모두 옳은 선택지이므로 소거할 수 있고, 남은 ②, ⑤ 중 대소 비교를 통해 확인할 수 있는 ⑤를 풀어 정답을 찾도록 한다.

전략풀이 TIP

① 2019년 대비 전체 가맹점 수의 증가율보다 치킨전문점 가맹점 수의 증가율이 더 작으므로 (1,616/25,687<1,968/21,519) 비중은 감소하였다. (○)

③ 2020년 전국 가맹점 수는 동일(분모)하므로 각 업종의 가맹점 수(분자)를 바탕으로 비교한다. 자동차 전문 수리업 가맹점 수 약 5,500개>의약품 및 의료용품 소매업 가맹점 수 약 4,000개이므로 비중은 자동차 전문 수리업이 더 높다. (○)

④ 증감률이므로 부호에 관계없이 수치의 크기만 확인하며, 2.9>|−2.3|이다. (○)

⑤ $\frac{18,350+2,992}{215,188+19,684}\times100<\frac{18,400+3,000}{215,000+19,000}$ ×100≒9.15(%)이므로 9.15−8.5=0.65(%p) <0.7%p이다. (×)

14 ▶ ⑤

| 정답풀이 |

2019년 대비 2020년 체인화 편의점의 매출액 감소 폭은 23,198,015－22,878,757＝319,258(백만 원)이고, 자동차 전문 수리업 매출액 감소 폭은 3,334,833－2,970,136＝364,697(백만 원)이므로 합은 319,258＋364,697＝683,955(백만 원)이다. 따라서 7,000억 원 미만이다.

| 오답풀이 |

① 2019년 대비 2020년 매출액이 증가한 업종은 문구용품 및 회화용품 소매업, 의약품 및 의료용품 소매업, 제과점업, 피자, 햄버거, 샌드위치 및 유사 음식점업, 치킨전문점, 김밥, 기타

간이음식점 및 포장 판매점, 기타 프랜차이즈로 총 7개이다.

② 2019년과 2020년 매출액 1~5위는 체인화 편의점, 한식 음식점업, 기타 프랜차이즈, 치킨 전문점, 의약품 및 의료용품 소매업으로 동일하지만, 6위는 2019년이 커피 및 기타 비알코올 음료점업, 2020년이 피자, 햄버거, 샌드위치 및 유사 음식점업으로 동일하지 않다.

③ 한식 음식점업의 매출액 비중은 2019년 $\frac{9,455,563}{74,619,821} \times 100 \fallingdotseq 12.7(\%)$에서 2020년 $\frac{8,939,579}{74,260,003} \times 100 \fallingdotseq 12.0(\%)$로 전년 대비 감소하였다.

④ 2020년 피자, 햄버거, 샌드위치 및 유사 음식점업의 매출액 비중은 $\frac{4,087,331}{74,260,003} \times 100 \fallingdotseq 5.5(\%)$이고, 가맹점 수 비중은 6.0%이므로 매출액 비중이 더 낮다.

문제접근법

(1) 발문을 통해 확인해야 하는 자료가 무엇인지 확인한다. 이 문제의 경우, 3개의 자료를 모두 확인해야 한다.
(2) 선택지 ①~⑤ 중 계산 없이 자료의 수치만으로 해결할 수 있는 ①, ②를 먼저 푼다.
(3) ①, ② 모두 옳은 선택지이므로 소거할 수 있고, 남은 ③~⑤ 중 분수 비교를 통해 대소 관계를 확인할 수 있는 ③, ④를 풀어 정답을 찾도록 한다.

전략풀이 TIP

③ 8,939,579 → 9,455,563은 5% 이상 증가한 반면, 74,260,003 → 74,619,821은 5% 미만 증가하였으므로 $\frac{9,455,563}{74,619,821} > \frac{8,939,579}{74,260,003}$이다. (○)
④ $74,260,003 \times 0.06 \fallingdotseq 74,260,000 \times 0.06 = 4,455,600 > 4,087,331$이므로 $\frac{4,087,331}{74,260,003} \times 100 < 6\%$이다. (○)

15 ▶ ⑤

| 정답풀이 |

E씨는 50대이고, 골다공증검사를 받으므로 54세 여성이다. 여성의 경우, 40세부터 4년 주기로 이상지질혈증검사를 받으므로 40세, 44세, 48세, 52세, 56세, …에 검사를 받는다. 따라서 54세에는 이상지질혈증검사를 받지 않는다.

| 오답풀이 |

① A씨는 60대이고, 노인신체기능검사를 받는다. 노인신체기능검사는 66세에 진행하고, 인지기능장애검사도 66세에 진행하므로 A씨의 검진 항목에는 인지기능장애검사도 있다. 하지만 생활습관평가는 60세에 진행하므로 검진 항목에 생활습관평가는 없다.

② B씨는 B형간염검사를 하므로 보균자 및 면역자가 아니고, 40세이다. 40세에 치면세균막검사를 하므로 B씨의 검진 항목에는 치면세균막검사도 있다.

③ C씨는 20대이고, 정신건강검사(우울증)를 받으므로 20세이다. 이상지질혈증의 경우, 남성은 24세부터, 여성은 40세부터 4년 주기로 검사를 진행하는데, C씨가 남성이므로 4년 뒤인 24세에 검사를 받을 수 있다.

④ D씨는 60대 의료급여수급권자로, 만약 20~64세 의료급여수급권자로서 일반 건강검진을 받는다면 54세, 66세 여성을 대상으로 하는 골다공증을 검진받을 수 없다. 따라서 D씨는 66세 이상의 의료급여수급권자로 66세에 받을 수 있는 노인신체기능검사를 받을 수 있다.

문제접근법

(1) 발문을 통해 5명의 대상자에 대해 확인하는 문제임을 확인한다. 각 대상자에 대한 항목 사항만 확인하면 되므로, 안내문을 모두 확인할 필요 없이 선택지의 내용에 주어진 검사 항목에 해당하는 사항만 빠르게 확인한다.
(2) 대상자 중 D~E의 검진 항목은 '골다공증'으로 공통된 항목이므로 선택지 ④, ⑤를 먼저 푼다.

전략풀이 TIP

③ 20대, 남성, 이상지질혈증검사라는 키워드가 이미 주어졌으므로 24세에 받을 수 있음을 바로 알 수 있다. (○)
④ 60대 여성이고, 골다공증과 노인신체기능검사를 받을 수 있는 나이가 동일하다. (○)

본문 P. 76~85									
01	02	03	04	05	06	07	08	09	10
⑤	①	④	②	③	④	②	④	⑤	④

01 ▶ ⑤

| 정답풀이 |

KTX와 새마을의 경우, 전년 대비 미구입자의 수가 가장 크게 변동한 시기는 각각 698−426=272(천 명), 612−389=223(천 명) 감소한 2015년이지만, 무궁화 열차의 경우, 532−252=280(천 명) 증가한 2014년이다.

| 오답풀이 |

① 부정승차자의 전년 대비 증감 추이는 전체와 승차권 위조 모두 2015년까지 매년 증가하다가 2015년 이후 매년 감소하는 동일한 추이를 보이고 있다.

② 승차권 위조가 아닌 부정할인자의 비율이 가장 낮으면, 승차권 위조인 부정할인자의 비율이 가장 높을 것이다. 2015년 부정할인자의 전체 대비 승차권 위조의 비율은 $\frac{81}{1,327}\times100≒6.1(\%)$로 가장 높으므로, 2015년에 승차권 위조가 아닌 부정할인자의 비율이 가장 낮다.

③ 2011~2018년 동안 미구입자와 부정할인자 모두 KTX, 새마을, 무궁화 순으로 많다. (부정승차자)=(미구입자)+(부정할인자)이므로 부정승차자 역시 KTX, 새마을, 무궁화 순으로 많다.

④ 철도별 2011년 대비 2018년 부정할인자 수의 증가율은 다음과 같다.

- KTX: $\frac{432-322}{322}\times100≒34.2(\%)$
- 새마을: $\frac{405-302}{302}\times100≒34.1(\%)$
- 무궁화: $\frac{317-219}{219}\times100≒44.7(\%)$

따라서 증가율이 가장 큰 열차는 무궁화 열차이다.

문제접근법

(1) 복합자료를 바탕으로 하는 세트 문항으로 각 [표]가 무엇을 의미하는지 먼저 파악하고, [표1]의 주석도 확인한다. 이후 문제의 발문과 주어진 자료를 바탕으로 선택지를 풀면서 활용해야 할 자료가 무엇인지 확인한다.

(2) 선택지 ①~⑤ 중 계산 없이 자료의 수치만으로 해결할 수 있는 ①, ③을 먼저 푼다. ①, ③ 모두 옳은 선택지이므로 소거할 수 있고, 남은 ②, ④, ⑤는 분수 비교와 수치 비교를 이용하여 해결한다.

전략풀이 TIP

② 2015년에만 (전체)<(승차권 위조)×20이므로 전체 대비 승차권 위조의 비율이 가장 높다. (○)

④ $\frac{110}{322}$, $\frac{103}{302}$, $\frac{98}{219}$의 분모와 분자를 비교해보면, $\frac{98}{219}$의 경우에만 분자가 분모의 40%인 값보다 크므로 무궁화 열차의 증가율인 $\frac{98}{219}$이 가장 크다. (○)

⑤ 모든 연도를 확인할 필요 없이 비교적 변동폭이 큰 2013~2015년만 확인하면 되는데, 무궁화 열차의 경우에 2014년을 기준으로 2013년 수치보다 2015년 수치가 더 크므로 2015년보다 2014년에서 전년 대비 더 많이 변동하였다. (×)

02 ▶ ①

| 정답풀이 |

2015~2018년 철도별 부정승차자 인원을 정리하면 다음과 같다.

[표] 연도별 철도별 부정승차자 인원 (단위: 천 명)

구분	KTX	새마을	무궁화
2015년	915	848	656
2016년	943	908	561
2017년	974	853	561
2018년	822	773	522

㉠은 2016년 새마을 부정승차자이므로 908이고, ㉡은 2018년 무궁화 열차 부정승차자이므로 522이다. 따라서 빈칸 ㉠, ㉡에 들어갈 값의 합은 908+522=1,430이다.

문제접근법

(1) 세트 문항 중 수치를 계산하는 문제로 기존의 자료(주석 포함)와 새롭게 주어진 [그래프]를 확인한다.

(2) 다른 항목은 볼 필요 없이 ㉠과 ㉡에 해당하는 2016년 새마을 부정승차자와 2018년 무궁화 열차 부정승차자를 구하기 위한 항목의 수치를 확인하여 계산한다.

전략풀이 TIP

선택지 ①~⑤의 수치를 보면, 천의 자리와 백의 자리인 '14'는 모두 동일하므로, 십의 자리와 일의 자리만을 계산한 결괏값이 포함된 선택지가 정답이 된다. ㉠은 10+98=108이고, ㉡은 5+17=22이므로 ㉠+㉡은 108+22=130이다. 따라서 '30'이 포함된 ①을 정답으로 선택할 수 있다.

03 ▶ ④

| 정답풀이 |

참가 인원이 총 18명이므로 수용 인원이 15명과 10명인 D타입과 E타입은 제외할 수 있다. 또한 개별난방과 취사가 가능해야 하므로 취사가 불가능한 C타입 역시 제외할 수 있다. 따라서 남은 A타입과 B타입 모두 팀장의 지시사항을 충족하는데 이 중 비용이 더 저렴한 B타입을 예약해야 한다는 것을 알 수 있다. 그러므로 입금해야 할 대여료 예약금은 B타입의 대여료 300,000원의 20%인 300,000×0.2=60,000(원)이다.

문제접근법

(1) 주어진 자료가 객실 정보와 환불 규정에 대한 내용임을 먼저 파악한 후, [팀장의 지시]를 바로 본다.
(2) 객실 예약에 대한 문제이므로 환불 규정은 볼 필요가 없다. 지시 내용을 순차적으로 확인하면서 조건을 만족하지 않는 객실을 제외하고, 남은 객실만을 계산하여 해결한다.

전략풀이 TIP

남은 A타입과 B타입 중 B타입이 더 저렴하므로 B타입을 예약하며, B타입의 대여료는 300,000원이고 대여료 예약금은 (대여료)×0.2이다. 0을 제외한 숫자 3과 2의 곱은 6이므로 정답을 ④로 선택할 수 있다.

04 ▶ ②

| 정답풀이 |

예약일은 어제이므로 월요일이 되며, 환불 요청일은 화요일이고, 사용 예정일은 금요일이다. 따라서 사용 예정일 전 3일 이내에 해당되어, 선 입금액의 50%가 환불된다. 또한 환불 요청일에 관계없이 환불 수수료 1,000원이 별도 부과된다는 규정에 따라 선 입금액의 50%에서 환불 수수료 1,000원을 차감한 금액이 환불된다. 한편 천재지변은 강풍, 태풍, 호우주의보 발령 시를 의미하는데 많은 양의 비는 아니라고 하였으므로 천재지변에 해당하지 않는다.

문제접근법

(1) 주어진 질문과 답변은 환불에 대한 내용이므로 환불 규정만을 확인한다.
(2) 질문의 내용을 순차적으로 읽으면서 중간 중간에 선택지를 확인하여 반드시 될 수 없는 내용이 포함되어 있는 선택지를 소거하면서 해결할 수 있다.

전략풀이 TIP

어떠한 경우에도 환불 수수료는 발생한다. 예약자의 문의사항을 보면, 많은 양의 비는 아니므로 천재지변에 해당하지 않으며, 사용 예정일인 금요일 전 기준으로 3일 이내인 화요일에 환불을 요청하였다. 현재까지의 내용을 바탕으로 선택지를 확인하면, ②만 만족한다.

05 ▶ ③

| 정답풀이 |

㉢ [그래프2]를 통해 5천 원권의 위조지폐 발견 수량이 가장 많이 감소하였다는 것을 알 수 있다.
㉣ [그래프3]을 보면, 2016년에는 유통 은행권 백만 장당 0.3장의 위조지폐가 발견되었으므로 유통 은행권 2,000만 장에서 평균 20×0.3=6(장)의 위조지폐가 발견되었다.
㉤ [그래프4]는 유통 은행권 백만 장당 위조지폐 발견 수량을 나타내는 자료로 국가별 전체 유통 은행권에서 발견된 위조지폐의 수량은 정확히 알 수 없다. 하지만 위조지폐가 발견될 확률은 [그래프4]의 수치를 바탕으로 판단할 수 있다. 18.6>14.8(=7.4×2)이므로 호주가 캐나다의 2배 이상이라는 것을 알 수 있다.

그러므로 [보기]의 설명 중 옳은 것은 모두 3개이다.

| 오답풀이 |

㉠ 2012년은 전년 대비 10,053−8,628=1,425(장) 감소하였으나, 2016년은 전년 대비 3,293−1,373=1,920(장) 감소하였으므로 위조지폐 수의 변동량은 2016년이 더 많다.

㉡ 2012년에는 5만 원권의 위조지폐 발견 수량이 전년 대비 증가하였고, 2014년에는 만 원권과 5만 원권의 위조지폐 발견 수량이 전년 대비 증가하였다.

문제접근법

(1) 4개의 [그래프]가 주어진 문제로 각 [그래프]의 제목을 위주로 확인한 후, [보기]를 본다.

(2) [보기]의 정오 개수를 물어보는 문제의 경우, 소거법을 이용하여 해결할 수 없다. 따라서 주어진 [보기]를 순차적으로 풀되, 계산 없이 해결할 수 있는 내용은 빠르게 확인해 넘어가면서 근사치 계산 및 수치 비교를 이용하여 정답을 찾도록 한다.

전략풀이 TIP

㉠, ㉡ [그래프1]의 높이 차이와 [그래프2]의 증감 추이로 판별한다. (×)

㉢ [그래프2]의 증감 추이로 판별한다. (○)

06 ▶ ④

| 정답풀이 |

해당 자료에 주어진 수치를 바탕으로 2014~2016년 우리나라의 권종별 위조지폐 발견 수량을 구하면 다음과 같다.

- 2014년: 50+998+1,693+1,609=4,350(장)
- 2015년: 15+774+835+2,169=3,793(장)
- 2016년: 25+662+767+19=1,473(장)

위의 값과 [그래프1]의 값을 비교했을 때 서로 다르므로 옳지 않다.

| 오답풀이 |

① 2012~2016년 위조지폐 발견 수량의 전년 대비 증가 폭은 다음과 같다.

- 2012년: 8,628−10,053=−1,425(장)
- 2013년: 3,588−8,628=−5,040(장)
- 2014년: 3,907−3,588=319(장)
- 2015년: 3,293−3,907=−614(장)
- 2016년: 1,373−3,293=−1,920(장)

위의 값과 그래프의 값을 비교했을 때 서로 같으므로 옳다.

② 2011~2016년 우리나라의 유통 은행권 2,520만 장당 위조지폐 발견 수량은 다음과 같다.

- 2011년: 2.6×25.2=65.52(장)
- 2012년: 2.2×25.2=55.44(장)
- 2013년: 0.9×25.2=22.68(장)
- 2014년: 0.9×25.2=22.68(장)
- 2015년: 0.7×25.2=17.64(장)
- 2016년: 0.3×25.2=7.56(장)

위의 값과 그래프의 값을 비교했을 때 서로 같으므로 옳다.

③ 주어진 [그래프4]의 값과 표의 값을 비교했을 때 서로 같으므로 옳다.

⑤ 2012~2016년 위조지폐 발견 수량 증가율은 다음과 같다.

- 2012년: $\frac{8,628-10,053}{10,053}\times100 \fallingdotseq -14.2(\%)$
- 2013년: $\frac{3,588-8,628}{8,628}\times100 \fallingdotseq -58.4(\%)$
- 2014년: $\frac{3,907-3,588}{3,588}\times100 \fallingdotseq 8.9(\%)$
- 2015년: $\frac{3,293-3,907}{3,907}\times100 \fallingdotseq -15.7(\%)$
- 2016년: $\frac{1,373-3,293}{3,293}\times100 \fallingdotseq -58.3(\%)$

위의 값과 표의 값을 비교했을 때 서로 같으므로 옳다.

문제접근법

(1) 적절하지 않은 근거 자료를 찾는 문제로 자료변환 문제와 해결하는 방법은 같다. 각 자료가 무엇인지 선택지의 내용(자료 제목)을 보고 먼저 파악한다.

(2) 자료를 확인할 때, 수치 비교/대조 → (+, −) 사칙연산 → (×, ÷) 사칙연산으로 해결할 수 있는 자료 순으로 확인한다.

(3) 선택지 ③ → ①, ④ → ②, ⑤ 순으로 풀어 정답을 찾도록 한다.

전략풀이 TIP

④ 계산하기 전 주어진 수치를 바탕으로 권종별 위조지폐 추이를 [그래프2]와 비교할 수 있는데, [그래프2]에서는 5천 원권이 2015년에 감소하였다가 2016년에 증가하였는데, ④의 그래프에서는 2014~2016년 동안 계속 감소하고 있다. (×)

07 ▶ ②

| 정답풀이 |

본부 기준 매출 목표와 올해 매출 및 등급을 정리하면 다음과 같다.

[표] 팀별 매출 목표와 올해 매출 및 등급 (단위: 만 원, %)

구분	매출 목표	올해 매출	달성률	등급
영업 1팀	6,500	6,000	92.3	B
영업 2팀	5,300	4,500	84.9	C
영업 3팀	7,500	8,000	106.7	A
영업 4팀	6,000	6,000	100.0	A
영업 5팀	6,000	6,000	100.0	A

따라서 올해 매출의 등급이 가장 낮은 팀은 영업 2팀이다.

문제접근법

(1) 복합자료를 바탕으로 하는 세트 문항으로 자료에 주어진 내용을 큰 틀로 정리된 키워드를 중점으로 파악한다. 이후 문제의 발문을 확인하여 주어진 자료에서 사용해야 할 내용이 무엇인지 확인한다.

(2) 등급이 가장 낮은 팀을 찾는 문제로 대소 관계를 판별하여 풀 수 있다. 따라서 분수 비교를 통해 해결한다.

전략풀이 TIP

i) $\frac{\text{(올해 매출)}}{\text{(본부 기준 매출 목표)}}\times 100$의 값을 바탕으로 등급을 알 수 있는데, 영업 3팀, 4팀, 5팀의 경우에는 올해 매출이 본부 기준 매출 목표 이상이므로 제외할 수 있다.

ii) 영업 1팀의 $\frac{6,000}{6,500}$과 영업 2팀의 $\frac{4,500}{5,300}$을 비교해보면, 영업 1팀의 분모와 분자 간 차이는 500이고, 영업 2팀의 분모와 분자 간 차이는 800으로 2팀이 더 클 뿐만 아니라, 분모와 분자의 수치가 더 작으므로 $\frac{6,000}{6,500}>\frac{4,500}{5,300}$이다.

따라서 영업 2팀의 등급이 가장 낮다.

08 ▶ ④

| 정답풀이 |

주어진 [조건]에 따라 정리하면 다음과 같다.

[표] 항목별 점수 및 총점 (단위: 점)

구분	본부 기준 목표치	팀 기준 목표치	전년 대비 매출	합계
영업 1팀	0	0(9.1%)	0	0
영업 2팀	0	0(12.5%)	0	0
영업 3팀	3	1(23.1%)	5	9
영업 4팀	3	1(33.3%)	5	9
영업 5팀	3	1(20.0%)	4	8

따라서 영업 3팀과 영업 4팀이 가장 높은 합계 점수를 받았으나, 전년 대비 매출 증가율은 영업 3팀이 $\frac{1,500}{6,500}\times 100 ≒ 23.1(\%)$이고, 영업 4팀이 $\frac{1,500}{4,500}\times 100 ≒ 33.3(\%)$로 영업 4팀이 더 높으므로 성과급을 받는 팀은 영업 4팀이다.

문제접근법

(1) 문제에서 물어보는 것이 무엇인지 발문을 통해 확인한 후, [조건]을 바로 본다.

(2) 총점(결괏값)을 바탕으로 팀을 찾는 문제이기 때문에 [조건]을 순차적으로 확인하면서 각 팀별로 항목의 점수를 보기 쉽게 정리하여 해결한다.

전략풀이 TIP

i) 영업 1팀, 2팀은 첫 번째 조건과 세 번째 조건을 모두 만족하지 않으므로 점수 합계가 가장 높을 수 없다.

ii) 첫 번째 조건과 세 번째 조건만을 고려한 영업 3팀의 점수 합계는 8점, 영업 4팀은 8점, 영업 5팀은 7점이다. 남은 두 번째 조건인 팀 기준 목표치 점수의 배점은 1점이므로 영업 3팀과 4팀 중 어느 한 팀이라도 만족하면 영업 5팀은 제외된다. 영업 3팀과 4팀이 팀 기준 목표치를 달성하였는지 확인해보면, 두 팀 모두 달성하였다는 것을 알 수 있다. 따라서 영업 5팀은 제외된다.

iii) 영업 3팀과 4팀의 점수 합계는 9점으로 동일하므로 두 팀의 전년 대비 매출 증가율을 확인해야 한다. 두 팀 모두 전년 대비 매출 증가액이 1,500만 원으로 동일하지만, 영업 4팀의 전년 매출이 더 낮으므로 영업 3팀보다 증가율이 더 높다.

따라서 성과급을 받는 팀은 영업 4팀이 된다.

09 ▶ ⑤

| 정답풀이 |

제출 서류 원본은 서류심사 합격자가 아닌 최종 합격자에 한해 최종 합격 시 제출해야 한다고 명시되어 있다. 한편 서류 합격 시 경력증명서 원본을 제출하라는 안내는 없다.

| 오답풀이 |

① 포트폴리오를 제외한 제출 서류는 블라인드 처리 후 PDF 파일로 작업하여 이메일로 제출해야 한다.

② 제출 서류 원본은 최종 합격자에 한하여 최종 합격 시 제출해야 한다.

③ 업무와 관련한 포트폴리오를 제출할 때에는 입사 지원 시 labcareer.com에 업로드해야 한다.

④ 블라인드 미처리한 서류 제출자는 서류전형에서 탈락하므로 불이익을 받을 수 있다.

문제접근법

(1) 채용공고문이 주어진 문제로 공고문의 상위 항목만 살펴본 후, 선택지를 바로 읽는다.

(2) 선택지를 순차적으로 보면서 물어보는 키워드에 해당하는 것을 채용공고문에서 찾아 확인하는 방법으로 해결한다.

전략풀이 TIP

공고, 규정과 같은 자료가 주어진 문제는 예외적인 사항과 제한 등에 대한 내용이 포함된 선택지가 출제될 가능성이 매우 높다. 따라서 자료에서 이와 같은 내용을 주의 깊게 확인하면서 문제를 풀어야 한다.

10 ▶ ④

| 정답풀이 |

색상이 빨간색인 생산 코드는 RE로 RE에 해당하는 상품의 개수는 7개이다. 색상이 흰색인 생산 코드는 WH로 WH에 해당하는 상품의 개수는 4개이므로 빨간색 상품의 개수가 더 많다. 색상이 빨간색인 상품을 보면, 생산 코드 중 SC－RE－100－KRC－2007과 SC－RE－160－AMC－2010은 2020년에 생산된 상품으로 2019년 이전에 생산되지 않았다.

| 오답풀이 |

① 2020년 이후에 생산된 상품은 맨 마지막 네 자리 수 중에서 앞 두 자리가 20 이상인 상품을 찾으면 된다. 따라서 2020년 이후에 생산된 상품의 개수는 총 12개이다.

② 2018년 9월에 생산된 상품의 생산 코드는 'JA－GE－082－AMA－1809'이다. 생산 코드의 생산 개수가 '082'이므로 80개 이상이라고 할 수 있다.

③ 2016년에 생산된 상품 4개의 의류 종류는 바지, 재킷, 저지, 티셔츠로 카디건에 해당하는 상품은 없다.

⑤ 2020년 7월에 생산된 상품의 생산 국가 도시 코드는 KRC로 생산 국가는 한국이다. 따라서 한국이 아닌 국가에서 생산된 상품의 개수는 총 17개이다.

문제접근법

(1) 주어진 자료가 무엇을 의미하는지 항목을 위주로 먼저 파악한 후, 선택지를 본다.

(2) 계산을 요구하지 않고 주어진 자료의 항목을 확인하여 적용하는 문제로, 비교적 물어보는 내용이 적어 빠르게 해결할 수 있는 ①~③을 먼저 푼다. ①~③ 중 정답이 나오지 않았다면, 남은 ④, ⑤를 풀어 정답을 찾도록 한다.

전략풀이 TIP

① '이후'는 해당 연도를 포함한다는 것에 주의한다. (○)

④ 빨간색인 상품 중 제조 연월의 맨 앞자리가 2인 상품이 있다. '이전'은 '이후'와 마찬가지로 해당 연도를 포함한다는 것에 주의한다. (×)

Ⅱ 수리능력

CHAPTER 01 | 응용수리

01 | NCS 최신빈출 Lv.1 본문 P. 90~93

01	02	03	04	05	06	07	08	09	10
③	①	③	②	⑤	②	③	①	②	①

01 ▶ ③

| 정답풀이 |

비커 A에 담긴 소금물의 양을 xg, 추가로 넣은 물의 양을 yg이라고 하면, 두 비커에 있는 소금물을 섞은 뒤 추가로 물을 넣었더니 농도가 22%인 소금물 100g이 되었으므로 다음과 같은 식이 성립한다.

$x+20+y=100$

$\frac{0.3x+0.2\times20}{x+20+y}\times100=22$

$\rightarrow\frac{0.3x+4}{100}\times100=22$

$\rightarrow0.3x+4=22$

$\therefore x=60$

따라서 $x+20+y=100$이므로 $y=20$이다.

문제접근법

(1) 문제 상황에 제시된 내용 중 문제 풀이에 필요한 수치를 미지수로 설정하여 정리한다.
(2) 미지수를 이용하여 방정식을 세운다.
(3) 계산 실수에 주의하며 방정식을 해결한다.

전략풀이 TIP

비커 B에는 소금이 20×0.2=4(g) 들어 있고, 농도가 22%인 소금물 100g에는 소금이 100×0.22=22(g) 들어 있으므로 비커 A에는 소금이 22−4=18(g) 들어 있다. 이에 따라 비커 A의 소금물의 양은 18÷0.3=60(g)이므로 추가로 넣은 물의 양은 100−60−20=20(g)임을 쉽게 알 수 있다.

02 ▶ ①

| 정답풀이 |

작년 남자 직원 수를 x명, 여자 직원 수를 y명이라고 하면, 올해 남자 직원 수는 25%, 여자 직원 수는 20% 증가하여 전체 직원 수가 총 113명 증가했고, 올해 전체 직원 수가 612명이므로 다음과 같은 식이 성립한다.

$$\begin{cases}0.25x+0.2y=113 \cdots ㉠\\1.25x+1.2y=612 \cdots ㉡\end{cases}$$

㉡−㉠×5를 하면 $0.2y=47$이므로 $y=235$이고, 이를 위의 식 중 하나에 대입하면 $x=264$이다. 따라서 올해 남자 직원 수는 264×1.25=330(명)이고, 여자 직원 수는 235×1.2=282(명)이므로 차는 330−282=48(명)이다.

문제접근법

(1) 올해의 직원 수 변화를 작년의 직원 수를 기준으로 설명하고 있으므로 작년의 남자 직원 수와 여자 직원 수를 각각 미지수로 설정한다.
(2) 작년이 아닌 올해의 남자 직원 수와 여자 직원 수의 차를 묻고 있음에 유의하여 답을 찾는다.

전략풀이 TIP

문제에서 구하고자 하는 것은 올해 남자 직원 수와 여자 직원 수인데, 이는 1.25x와 1.2y이다. 풀이 과정에서 0.2y=47임을 구했으므로 1.2y=47×6=282(명), 1.25y=612−282=330(명)임을 쉽게 알 수 있다.

03 ▶ ③

| 정답풀이 |

팀원은 7명이고, 월요일부터 일요일까지는 7일이므로 팀원 모두 일주일에 한 번씩 당직을 선다. 여자끼리는 같은 주에 연속으로 당직을 서지 않으므로 가능한 경우를 정리하면 다음과 같다.

구분	월	화	수	목	금	토	일
1	여		여		여		
2	여		여			여	
3	여		여				여
4	여			여		여	
5	여			여			여

6	여				여		여
7		여		여		여	
8		여		여			여
9		여			여		여
10			여		여		여

위의 각 경우에서 팀원들이 당직을 서는 경우의 수를 구하면 $3!\times4!=144$(가지)이므로, 전체 경우의 수는 $144\times10=1,440$(가지)이다.

문제접근법

(1) 여자끼리는 같은 주에 연속으로 당직을 서지 않으므로, 성별만 고려하여 일주일의 당직표를 정리한다.
(2) 성별만 고려한 당직표에 팀원들을 배정하여 총 경우의 수를 구한다.

전략풀이 TIP

여사건을 이용하면 쉽게 계산할 수 있는데, 7명을 나열하는 경우의 수에서 여자가 적어도 2명이 연속하는 경우를 제외하면 된다. 여자 3명 중 2명을 순서대로 선택하여 한 명으로 생각하고 6명을 나열하면 ${}_3P_2\times6!$인데, (A)/(BC), (AB)/(C)와 같이 여자 세 명이 모두 연속으로 나열되는 경우는 두 번 중복되므로 세 명이 모두 연속으로 나열되는 경우를 더해줘야 한다. 이 경우의 수는 ${}_3P_3\times5!$이다. 따라서 7명을 나열하는 경우의 수는 7!이므로 구하고자 하는 경우의 수는 $7!-{}_3P_2\times6!+{}_3P_3\times5!=\{(7\times6)-(3\times2\times6)+(3\times2\times1)\}\times5!=(42-36+6)\times120=1,440$(가지)이다.

04 ▶ ②

| 정답풀이 |

전체 경우의 수는 10개의 공 중에서 임의로 3개를 뽑는 것으로 ${}_{10}C_3=\frac{10\times9\times8}{3\times2\times1}=120$(가지)이다.

임의로 뽑은 3개의 공은 서로 같지 않은 수이며, 가장 큰 수가 4라고 하였으므로 나머지 1, 2, 3 중에서 남은 2개를 뽑을 수 있다. 따라서 1, 2, 3 중에서 2개의 공을 뽑는 경우는 ${}_3C_2=3$(가지)이다.

한편 4를 포함하여 뽑은 3개의 수는 모두 같은 수가 2개씩 적힌 공 중에서 하나를 뽑은 것이므로 ${}_2C_1=2$(가지)이다. 따라서 조건에 따라 공을 뽑는 경우를 정리하면, $3\times2\times2\times2=24$(가지)이다.

그러므로 10개의 공이 들어 있는 주머니에서 문제의 조건에 따라 3개의 공을 꺼내는 확률은 $\frac{24}{120}=\frac{1}{5}$이다.

문제접근법

(1) 전체 10개 중에서 3개를 임의로 동시에 꺼내는 경우의 수를 구한다.
(2) 서로 다른 수를 뽑으며 가장 큰 수는 4이므로 뽑을 수 있는 숫자는 1, 2, 3이다.
(3) 같은 수가 적힌 공이 2개씩 들어 있으므로 각 수에 2개의 공 중에서 하나를 뽑아 선택하는 조건을 추가해야 한다.

전략풀이 TIP

조합은 n개 중에서 r개를 뽑는 방법으로 순서에 상관없이 임의로 뽑는다.
예) 신입사원 대표 2명을 뽑을 때, A사원, B사원을 뽑은 경우
: B사원, A사원을 뽑아도 순서와 상관없이 같다.

05 ▶ ⑤

| 정답풀이 |

남자 직원의 수를 n명이라 하면, 설문 조사에서 '매우 만족'으로 답한 남자 직원의 수는 $\frac{3}{5}n$명이다.

또, 여자 직원의 수는 $(320-n)$명이므로 설문 조사에서 '매우 만족'으로 답한 여자 직원의 수는 $\frac{1}{2}(320-n)=\left(160-\frac{1}{2}n\right)$(명)이다.

따라서 설문 조사에서 '매우 만족'이라고 답한 직원은 모두 $\frac{3}{5}n+160-\frac{1}{2}n=\left(\frac{1}{10}n+160\right)$(명)이므로

$$p_1=\frac{\frac{3}{5}n}{\frac{1}{10}n+160},\ p_2=\frac{160-\frac{1}{2}n}{\frac{1}{10}n+160}\text{이다.}$$

이때, $p_1=2p_2$이므로

$$\frac{\frac{3}{5}n}{\frac{1}{10}n+160}=2\times\frac{160-\frac{1}{2}n}{\frac{1}{10}n+160}$$

양변에 $\frac{1}{10}n+160$을 곱하여 정리하면

$\frac{3}{5}n=320-n \rightarrow 8n=1,600$

$\therefore n=200$

따라서 이 회사에 근무 중인 남자 직원의 수는 200명이다.

문제접근법

(1) 남자 직원 수에 대한 미지수를 설정하고, 여자 직원 수와 '매우 만족'으로 답한 직원 수를 설정한 미지수로 표현한 후, 확률을 계산한다.
(2) 발문의 확률 수치와 선택지에 주어진 수치를 바탕으로 하여 해결할 수도 있다.

전략풀이 TIP

전체 남자 직원의 60%가 '매우 만족'이라고 답하였고, 전체 여자 직원의 50%가 '매우 만족'이라고 답하였는데, 해당 집단에서 남자 직원일 확률은 여자 직원일 확률의 2배이므로, 전체 남자 직원의 수가 여자 직원의 수보다 많을 수밖에 없다. 따라서 선택지 ①~③은 정답이 될 수 없다.

④ '매우 만족'이라고 답한 남자 직원 수는 180×0.6=108(명)이고, 여자 직원 수는 (320−180)×0.5=70(명)이다. 이 경우에는 $P_1=2P_2$가 성립하지 않는다. (×)

06 ▶ ②

| 정답풀이 |

두 코스의 길이를 각각 S_A, S_B라고 하면, 총 코스의 길이는 $S_A+S_B=14$(km)로 나타낼 수 있다. A코스와 B코스에 각각 걸린 시간을 T_A, T_B라고 하며, 코스를 올라가고 내려오는 데 걸린 시간은 총 6시간이다(산 정상에서의 휴식 시간 30분 제외).

- A코스로 올라갈 때의 속도: 1.5km/h
- B코스로 내려올 때의 속도: 4km/h

위의 내용과 $(\text{시간})=\frac{(\text{거리})}{(\text{속력})}$를 바탕으로 식을 정리하면 다음과 같다.

$$\frac{S_A}{1.5(\text{km/h})}+\frac{S_B}{4(\text{km/h})}=6(\text{h})$$

$\rightarrow 4S_A+1.5S_B=36$

총 코스의 길이 식과 연립하면, 다음과 같이 정리할 수 있다.

$$\begin{cases} S_A+S_B=14 \\ 4S_A+1.5S_B=36 \end{cases}$$

$\therefore S_A=6,\ S_B=8$

따라서 A코스의 길이는 6km이다.

문제접근법

(1) 문제에서 구해야 하는 값을 먼저 미지수로 정한다. 코스의 길이를 구하는 문제이므로 각 코스의 길이를 S_A, S_B로 정한다.
(2) 두 개의 미지수를 정했다면, 조건을 파악하여 두 개의 식을 찾는다. 문제에서는 두 코스 길이의 합(14km)과 두 코스를 이동할 때 소요된 시간(6시간)이 제시되어 있다.
(3) 조건에 따라 정리한 식을 연립하여 계산한다.

전략풀이 TIP

속도, 시간, 거리를 활용하는 문제는 아래의 식을 알고 있어야 한다.

$(\text{속력})=\frac{(\text{거리})}{(\text{시간})}$, $(\text{시간})=\frac{(\text{거리})}{(\text{속력})}$, (거리)=(속력)×(시간)

$$\begin{cases} T_A+T_B=6 \\ 1.5T_A+4T_B=14 \end{cases}$$

위 연립방정식을 바탕으로도 해결할 수 있다.

07 ▶ ③

| 정답풀이 |

오늘 최대 400mg의 카페인을 섭취할 수 있는데 현재 200mg을 섭취하였으므로 앞으로 최대 200mg을 더 섭취할 수 있다. 핸드드립 커피를 기준으로 생각해본다. 핸드드립 커피는 최대 2잔(150mg)까지 섭취할 수 있다. 만약 핸드드립 커피를 2잔(150mg) 섭취한 경우, 마실 수 있는 카페인 양이 50mg 남으므로 인스턴트 커피를 1잔(50mg) 이하로 섭취할 수 있다. 즉, (인스턴트 커피, 핸드드립 커피)=(0, 2), (1, 2)의 경우가 가능하다. 만약 핸드드립 커피를 1잔(75mg) 섭취한 경우, 마실 수 있는 카페인 양이 125mg 남으므로 인스턴트 커피를 2잔(100mg) 이하로 섭취할 수 있다. 즉, (인스턴트 커피, 핸드드립 커피)=(0, 1), (1, 1), (2, 1)의 경우가 가능하다. 만약 핸드드립 커피를 0잔(0mg) 섭취한 경우, 마실 수 있는 카페인 양이 200mg 남으므로 인스턴트 커피를 4잔(200mg) 이하로 섭취할 수 있다. 즉, (인스턴트 커피, 핸드드립 커피)=(0, 0), (1, 0), (2, 0), (3, 0), (4, 0)의 경우가 가능하다. 따라서 가능한 경우의 수는 총 2+3+5=10(가지)이다.

문제접근법

(1) 문제의 발문을 통해 구해야 하는 것이 무엇인지 확인하고, 조건 역시 확인한다.
(2) 인스턴트 커피와 핸드드립 커피에 대한 미지수를 각각 설정한 후, [보기]의 조건을 순차적으로 확인하여 가능한 경우를 찾는다.

전략풀이 TIP

인스턴트 커피를 x잔, 핸드드립 커피를 y잔이라 하면, 50x+75y≤200의 부등식이 성립하며, 이를 간단하게 정리하면 2x+3y≤8이다. y의 값에 따라 여러 경우의 수를 더 빠르게 찾을 수 있으므로 y=0일 때, y=1일 때, y=2일 때, 가능한 x의 값을 순차적으로 찾는다.

08 ▶ ①

| 정답풀이 |

작년 사무직 직원을 $6x$명이라 하면, 기술직 직원은 $5x$명이다. 올해 채용한 기술직 직원을 y명이라 하면, 사무직은 $(6x+y)$명, 기술직은 $(5x+y)$명이 되어 $(6x+y):(5x+y)=8:7$이 된다.
즉, $40x+8y=42x+7y \rightarrow y=2x$가 된다. 따라서 사무직은 $8x$명, 기술직은 $7x$명이다. 작년의 총 직원 수가 500명 이하이므로 $11x \le 500 \rightarrow 2x \le \frac{1,000}{11}$이 되고, 올해의 총 직원 수가 600명 이상이므로 $600 \le 15x \rightarrow 80 \le 2x$가 된다. 즉, $80 \le 2x \le \frac{1,000}{11} \rightarrow 80 \le y \le 90.9\cdots$이므로 올해 채용한 기술직 직원은 80명 이상 90명 이하이다.
따라서 $a=80$, $b=90$이므로 $b-a=90-80=10$이다.

문제접근법

(1) 작년 기준 6:5의 비를 바탕으로 사무직 직원과 기술직 직원을 하나의 미지수로 설정하고, 올해 기준 8:7의 비를 바탕으로 다른 하나의 미지수를 설정한다.
(2) 각 미지수에 대한 관계를 정리한 후, 문제에서 물어보는 값을 풀어 해결한다.

전략풀이 TIP

위 해설을 통해 y=2x임을 알 수 있다. 한편, x와 y 모두 직원 수에 대한 미지수이므로 자연수여야 한다. 만약 y가 홀수일 경우, x는 자연수가 될 수 없으므로 x에 대한 부등식을 세우면, 위와 같은 모순을 고려하지 않아도 된다. 40≤x≤45.$\dot{4}\dot{5}$이므로, x가 가능한 값은 최소 40이고, 최대 45이다. 따라서 y의 최솟값은 80이 되고, 최댓값은 90이 된다.

09 ▶ ②

| 정답풀이 |

3월 15일을 기준으로 A교육만 이수한 신입사원을 a명, B교육만 이수한 신입사원을 b명, A교육과 B교육을 이수한 신입사원을 c명이라고 하자. 모든 신입사원들이 한 교육 이상을 이수하였으므로 $a+b+c=80$이 되고, 두 교육 중 한 교육만 이수한 신입사원은 두 교육을 모두 이수한 신입사원보다 10명이 적으므로 $a+b+10=c$가 된다. 첫 번째 식을 정리하면, $a+b=80-c$이고, 두 번째 식을 정리하면, $a+b=c-10$이므로 $80-c=c-10 \rightarrow c=45$이다. $c=45$를 $a+b=c-10$에 대입하면, $a+b=35$가 된다. 또한 B교육을 이수한 신입사원은 A교육만 이수한 신입사원의 3배이므로 $b+c=3a \rightarrow b+45=3a \rightarrow 3a-b=45$가 되고, $a+b=35$와 $3a-b=45$를 합하면, $4a=80 \rightarrow a=20$이다. 따라서 앞으로 B교육을 이수해야 하는 신입사원은 현재 A교육만 이수한 신입사원과 같으므로 20명이다.

문제접근법

(1) 집합에 대한 문제로 전체 집합을 먼저 확인하고, 합집합과 교집합이 되는 대상을 그다음으로 확인한다.
(2) 발문의 내용을 바탕으로 미지수를 설정한 후, 주어진 조건을 활용하여 해결한다.

전략풀이 TIP

다음과 같이 벤다이어그램으로 정리할 수 있다.

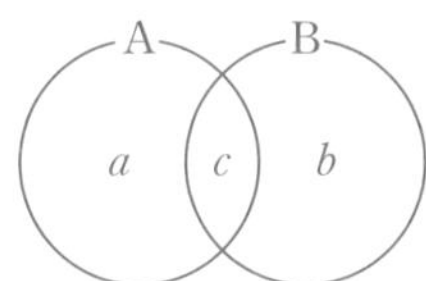

1) a+b+c=80
2) a+b=c−10
3) b+c=3a

3) 식을 1)에 대입하여 정리하면, a=20이고, a는 A 교육만 이수한 신입사원 수이므로 앞으로 B교육을 이수해야 하는 신입사원이라고 할 수 있다.

10 ▶ ①

| 정답풀이 |

2명이 2차 시험을 치른다는 것은 5명 중 3명이 1차 시험에 통과하는 것이고, 1명이 3차 시험을 치른다는 것은 2차 시험을 친 2명 중 1명이 통과하는 것이다. 이를 바탕으로 각각의 확률을 구하면 다음과 같다.

5명 중 3명이 1차 시험에 통과할 확률은

${}_5C_3\times\left(\frac{3}{5}\times\frac{3}{5}\times\frac{3}{5}\right)\times\left(\frac{2}{5}\times\frac{2}{5}\right)=\frac{3^3\times2^3}{5^4}$이다.

2명 중 1명이 2차 시험에 통과할 확률은

${}_2C_1\times\frac{5}{6}\times\frac{1}{6}=\frac{5}{2\times3^2}$이다.

따라서 5명 중 3명이 1차 시험에 통과하고, 남은 2명 중 1명이 2차 시험에 통과할 확률은

$\frac{3^3\times2^3}{5^4}\times\frac{5}{2\times3^2}=\frac{3\times2^2}{5^3}=\frac{12}{125}$이다.

문제접근법

(1) 각 차수별 시험을 통과한 인원, 통과하지 않은 인원을 먼저 구한다.
(2) 각 차수의 대상 인원을 바탕으로 통과할 확률을 계산한 후, 곱하여 최종 확률을 구한다.

전략풀이 TIP

3차 시험을 통과할 확률은 고려할 필요가 없으며, 1차 시험에 통과할 확률과 2차 시험에 통과할 확률은 동시에 일어나므로 곱의 법칙에 따라 각 경우의 확률을 곱한다.

02 | NCS 최신빈출 Lv.2

본문 P. 94~95

01	02	03	04	05
⑤	②	⑤	⑤	④

01 ▶ ⑤

| 정답풀이 |

서로 다른 주사위 2개를 동시에 던질 때 나오는 모든 경우의 수는 $6\times6=36$(가지)이다.

이제, 서로 다른 두 주사위를 던져서 나온 눈의 수의 합이 짝수인 사건을 A, 적어도 하나의 눈의 수가 4인 사건을 B라 하자.

눈의 수의 합이 짝수인 경우는 (짝수)+(짝수) 또는 (홀수)+(홀수)일 때이므로, 그 경우의 수는 $3\times3+3\times3=18$(가지)이다.

즉, $P(A)=\frac{18}{36}=\frac{1}{2}$이다.

적어도 하나의 눈의 수가 4인 사건의 여사건은 4가 하나도 나오지 않는 사건이므로 그 경우의 수는 $5\times5=25$(가지)이다.

즉, $P(B)=1-\frac{25}{36}=\frac{11}{36}$이다.

한편 $A\cap B=\{(2,\ 4),\ (4,\ 2),\ (4,\ 4),\ (4,\ 6),\ (6,\ 4)\}$이므로 $P(A\cap B)=\frac{5}{36}$이다.

따라서 $P(A\cup B)=\frac{1}{2}+\frac{11}{36}-\frac{5}{36}=\frac{2}{3}$이다.

문제접근법

(1) 주사위 2개를 동시에 던져서 나오는 모든 경우의 수를 먼저 구한다.
(2) 문제에서 주어진 각 사건에 해당하는 경우를 확인하고, 중복되는 경우 역시 확인하여 확률을 구한다.

전략풀이 TIP

"적어도 ~인"이라는 표현이 나오는 사건에 대하여 경우의 수 또는 확률을 구할 때, 여사건의 경우의 수 또는 확률을 구하는 것이 빠르다. 예를 들어 서로 다른 동전 10개를 동시에 던질 때 뒷면이 적어도 하나 나오는 경우의 수를 구할 때, 뒷면이 1개 나오는 경우, 뒷면이 2개 나오는 경우, 뒷면이 3개 나오는 경우, … 등을 전부 구하는 것보다 전체 경우의 수에서 뒷면이 하나도 나오지 않는 경우의 수를 빼는 것이 훨씬 빠르게 구할 수 있다.

02 ▶ ②

| 정답풀이 |

월요일에 비가 왔을 때 목요일에 비가 올 확률은 다음과 같은 네 가지 경우의 확률의 합으로 구할 수 있다.

1) 화요일 비○, 수요일 비○, 목요일 비○

$\frac{1}{3}\times\frac{1}{3}\times\frac{1}{3}=\frac{1}{27}$

2) 화요일 비○, 수요일 비×, 목요일 비○

$\frac{1}{3}\times\left(1-\frac{1}{3}\right)\times\frac{2}{5}=\frac{1}{3}\times\frac{2}{3}\times\frac{2}{5}=\frac{4}{45}$

3) 화요일 비×, 수요일 비○, 목요일 비○

$\left(1-\frac{1}{3}\right)\times\frac{2}{5}\times\frac{1}{3}=\frac{2}{3}\times\frac{2}{5}\times\frac{1}{3}=\frac{4}{45}$

4) 화요일 비×, 수요일 비×, 목요일 비○

$\left(1-\frac{1}{3}\right)\times\left(1-\frac{2}{5}\right)\times\frac{2}{5}=\frac{2}{3}\times\frac{3}{5}\times\frac{2}{5}=\frac{4}{25}$

따라서 월요일에 비가 왔을 때, 같은 주 목요일에 비가 올 확률은 $\frac{1}{27}+\frac{4}{45}+\frac{4}{45}+\frac{4}{25}=\frac{253}{675}$이다.

문제접근법

(1) 화요일과 수요일에 비가 오는지, 오지 않는지에 따라 경우를 나눈다.
(2) 각 경우가 발생할 확률을 계산한다.
(3) 각 경우는 동시에 일어나지 않으므로 합의 법칙에 따라 확률을 더하여 구한다.

전략풀이 TIP

네 가지 경우의 확률을 구하는 식을 보면 분모가 3과 5의 곱으로만 구성되어 있음을 알 수 있고, 최종적으로 구해야 하는 값은 이 네 가지 경우의 확률의 합이다. 따라서 다음과 같이 분수를 계산하지 않고 인수의 곱으로만 나타내 두는 것이 나중에 통분하기에 더 수월하다.

1) 화요일 비○, 수요일 비○, 목요일 비○

$\frac{1}{3}\times\frac{1}{3}\times\frac{1}{3}=\frac{1}{3^3}$

2) 화요일 비○, 수요일 비×, 목요일 비○

$\frac{1}{3}\times\left(1-\frac{1}{3}\right)\times\frac{2}{5}=\frac{1}{3}\times\frac{2}{3}\times\frac{2}{5}=\frac{2^2}{3^2\times5}$

3) 화요일 비×, 수요일 비○, 목요일 비○

$\left(1-\frac{1}{3}\right)\times\frac{2}{5}\times\frac{1}{3}=\frac{2}{3}\times\frac{2}{5}\times\frac{1}{3}=\frac{2^2}{3^2\times5}$

4) 화요일 비×, 수요일 비×, 목요일 비○

$\left(1-\frac{1}{3}\right)\times\left(1-\frac{2}{5}\right)\times\frac{2}{5}=\frac{2}{3}\times\frac{3}{5}\times\frac{2}{5}=\frac{2^2}{5^2}$

따라서 월요일에 비가 왔을 때, 같은 주 목요일에 비가 올 확률은 $\frac{1}{3^3}+\frac{2^2}{3^2\times5}+\frac{2^2}{3^2\times5}+\frac{2^2}{5^2}=$
$\frac{5^2+(2^2\times3\times5)+(2^2\times3\times5)+(2^2\times3^3)}{3^3\times5^2}=\frac{253}{675}$이다.

03 ▶ ⑤

| 정답풀이 |

만약 은지와 은경이가 반대로 달린다면 은지와 은경이가 달린 거리의 합이 600m가 될 때, 은지와 은경이가 만나게 된다. 은지가 5m/s, 은경이가 7m/s로 달린다면 둘 사이의 거리는 12m/s의 속력으로 가까워진다. 따라서 $\frac{600(\text{m})}{12(\text{m/s})}=50$(초) 뒤에 처음으로 만나게 된다. 서로 만난 지점을 출발점이라 생각하면 또 다시 600m만큼 간 뒤에 만나므로 이로부터 50초 뒤에 두 번째로 만나고, 두 번째 만남 50초 뒤에 세 번째로 만나게 될 것이다. 따라서 150초 뒤에 세 번째로 만난다. 은지가 간 거리로 생각해 보면, 은지는 150초 뒤에 $5\times150=750$(m)를 간 것이다. 즉, 트랙 한 바퀴(600m)를 다 돌고, 150m를 더 간 다음 세 번째로 은경이를 만나는 것이다. 따라서 은지와 은경이가 세 번째로 만나는 지점은 은지가 출발점으로부터 150m 떨어져 있는 것이므로 x는 150이다.

은지와 은경이가 같은 방향으로 달린다면 은경이는 매초 2m만큼 은지와 멀어진다. 따라서 은지와 600m만큼 떨어졌을 때, 처음으로 만나게 된다. 매초 2m만큼 멀어지므로 300초가 지났을 때, 은지와 처음으로 만난다. 이후 300초가 지나면 두 번째로 만나게 되고, 또 300초가 지나면 은지와 세 번째로 만나게 된다. 따라서 총 900초를 달렸을 때 은지와 세 번째로 만나게 된다. 은경이가 7m/s의 속력으로 900초를 달리면 총 $900\times7=6,300$(m)를 달린 셈이 된다. 따라서 트랙을 열 바퀴(6,000m) 돌고, 300m를 더 간 다음 세 번째로 은지를 만나는 것이다. 은지와 은경이가 세 번째로 만나는 지점은 은경이가 출발점으로부터 300m 떨어져 있는 것이므로 y는 300이다. 그러므로 $x+y=150+300=450$이다.

문제접근법

(1) 같은 운동장을 돌고 있으므로 운동장 둘레를 바탕으로 각 경우에서 처음으로 만나는 지점을 확인한다.

(2) 처음 만나는 지점의 시간을 바탕으로 세 번째로 만나는 지점을 계산하여 x와 y의 값을 구한다.

전략풀이 TIP

다음과 같이 그림으로 표현하여 정리하면, 문제의 내용을 보다 쉽게 이해하여 해결할 수 있다.

1) 반대 방향

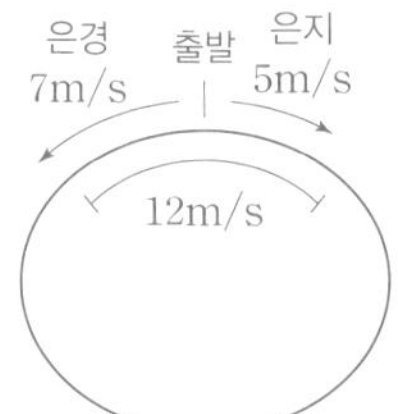

2) 같은 방향

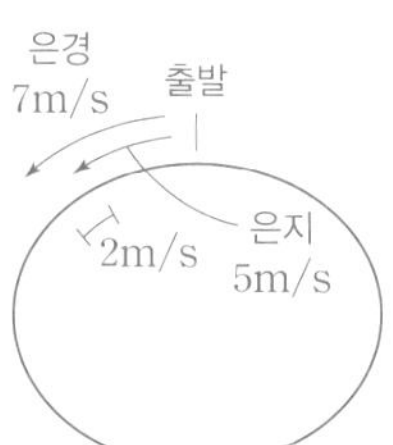

반대 방향으로 갈 경우, 12m/s 속력으로 트랙을 도는 것과 같고, 같은 방향으로 갈 경우, 2m/s 속력으로 트랙을 도는 것과 같다.

04 ▶ ⑤

| 정답풀이 |

오전 8시에서 오후 12시 30분까지 4시간 30분 동안 빠져나간 택시의 대수는 90대이다. 즉, 270분 동안 90대가 빠져나갔으므로 3분에 1대씩 빠진다. 오전 8시에서 오후 2시까지의 시간은 6시간(360분)이므로 총 120대가 빠져나간다. 따라서 남은 택시의 대수는 $200-120=80$(대)여야 하는데, 오후 1시부터 오후 2시까지 일정 시간 간격으로 택시가 한 대씩 들어와 96대가 된다. x분마다 1대씩 택시가 들어온다면 1시간 동안 들어온 택시는 $\frac{60}{x}+1=16$(대)이다. $\frac{60}{x}=15$이므로 $x=4$이다. 오후 2시에 남은 택시의 대수인 96대를 기준으로 오후 2시 10분까지 총 3대의 택시가 빠지고, 총 2대의 택시가 들어오므로 오후 2시 10분에 택시 정류소에 남아 있는 택시는 95대이다.

문제접근법

(1) 택시가 한 대씩 빠져나가는 시간을 먼저 구한다.
(2) (1)에서 구한 시간을 바탕으로 택시가 들어오는 것을 고려하기 전 오후 2시 기준으로 빠져나간 택시 대수를 구한 다음, 택시가 한 대씩 들어오는 시간을 미지수로 설정하여 발문의 조건에 맞추어 식을 세워 해결한다.

전략풀이 TIP

오후 1시부터 4분마다 한 대씩 택시가 들어온다고 했을 때, 오후 1시부터 오후 1시 8분까지 들어온 택시의 수는 $\frac{8}{4}=2$(대)가 아니라 오후 1시에 들어온 택시 한 대를 포함한 $\frac{8}{4}+1=3$(대)이다.

따라서 1시간 동안 들어온 택시는 $\frac{60}{x}$대가 아니라 $\left(\frac{60}{x}+1\right)$대임에 유의한다.

05 ▶ ④

| 정답풀이 |

재무팀과 인사팀이 경기를 하게 되는 경우는 1차전에서 경기를 하는 경우, 준결승전에서 경기를 하는 경우, 결승전에서 경기를 하는 경우로 총 세 가지가 있다.

1) 1차전에서 경기를 하는 경우

인사팀이 B조이므로 재무팀 또한 B조가 되어야 한다. A, B, C, D 조의 한 자리에 이미 재무팀이 아닌 팀이 배정되어 있으므로 재무팀은 남은 네 개 자리 중 B조의 자리에 배치되어야 한다. 남은 네 개 자리 중 네 개 부서가 배치되는 경우의 수는 4!이고, 재무팀을 B조에 고정한 후 나머지 세 개 부서가 배치되는 경우의 수는 3!이므로 확률은 $\frac{3!}{4!}=\frac{1}{4}$이다.

2) 준결승전에서 경기를 하는 경우

인사팀이 B조이므로 재무팀은 A조가 되어야 한다. 마찬가지로 재무팀이 A조에 배치될 확률은 $\frac{3!}{4!}=\frac{1}{4}$이다. 이때 인사팀과 재무팀이 모두 이겨야 하므로 각각의 확률이 $\frac{1}{2}$이다. 따라서 인사팀과 재무팀이 준결승전에서 경기를 하는 경우는 $\frac{1}{2}\times\frac{1}{2}\times\frac{1}{4}=\frac{1}{16}$이다.

Ⅱ 수리능력

3) 결승전에서 경기를 하는 경우

재무팀이 C조 또는 D조가 되어야 한다. 이때의 확률이 각각 $\frac{1}{4}$이므로 C조 또는 D조가 될 확률은 $\frac{1}{4}+\frac{1}{4}=\frac{1}{2}$이다. 이때, 인사팀과 재무팀이 두 번을 이겨야 결승전에서 붙을 수 있다. 두 번 이길 확률이 각각 $\frac{1}{2}\times\frac{1}{2}=\frac{1}{4}$이므로 재무팀이 C조 또는 D조에 배치되고, 두 부서가 각각 두 번씩 이길 확률은 $\frac{1}{4}\times\frac{1}{4}\times\frac{1}{2}=\frac{1}{32}$이다.

따라서 재무팀과 인사팀이 경기를 하게 될 확률은 $\frac{1}{4}+\frac{1}{16}+\frac{1}{32}=\frac{8+2+1}{32}=\frac{11}{32}$이다.

문제접근법

(1) [보기]의 대진표 현황을 확인하며, 토너먼트 구조를 파악한다.
(2) 각 부서의 승리 확률을 확인하고, 재무팀과 인사팀이 경기를 하게 되는 여러 경우를 나누어 각 경우에 대한 확률을 계산한다.
(3) 각 경우는 동시에 일어나지 않으므로 합의 법칙에 따라 확률을 더하여 구한다.

전략풀이 TIP

A조, B조, C조, D조 모두 한 부서가 배정되어 있으므로 각 조 모두 한 자리씩 비게 된다. 따라서 남은 자리에 4개 부서를 배치할 경우의 수는 4!=24(가지)이다. 한편, 재무팀은 A~D조 상관없이 어느 한 조에 고정으로 배정된다면, 남은 부서는 3개가 되므로 3개 부서를 배치할 경우의 수는 3!=6(가지)이다. 따라서 A조, B조, C조, D조에 각각 재무팀이 배정될 확률은 $\frac{6}{24}=\frac{1}{4}$이고, 각 경우에 따라 승리 확률 $\frac{1}{2}$을 적용하여 최종 확률을 구할 수 있다.

CHAPTER 02 | 자료계산

01 | NCS 최신빈출

본문 P. 98~103

01	02	03	04	05
④	⑤	③	③	①

01 ▶ ④

| 정답풀이 |

㉠ 수면제 A의 평균 숙면 시간은 $\frac{5.0+4.0+6.0+5.0+5.0}{5}=5.0$(시간)이고, 수면제 D의 평균 숙면 시간은 $\frac{6.0+4.0+5.0+5.0+6.0}{5}=5.2$(시간)이다. 따라서 평균 숙면 시간이 짧은 수면제부터 순서대로 나열하면 B, A, D, C 순이다.

㉢ 환자 병, 정, 무의 수면제 B와 수면제 D의 숙면 시간 차이는 0, 갑은 2.0시간으로 환자 을의 차이에 따라 숙면 시간 차이가 가장 큰 환자를 확인할 수 있다. 수면제 B에서 환자 을의 숙면 시간은 $(4.8\times5)-(4.0+5.0+5.0+6.0)=4.0$(시간)이다. 따라서 환자 을의 수면제 B와 수면제 D의 숙면 시간 차이는 0이므로, 숙면 시간 차이가 가장 큰 환자는 2.0시간인 갑이다.

㉣ 수면제 C에서 환자 무의 숙면 시간은 6.0시간이다. 수면제 C에서 환자 을과 환자 무의 숙면 시간 차이는 $6.0-5.0=1.0$(시간)이고, 수면제 B에서 환자 을과 환자 무의 숙면 시간 차이는 $6.0-4.0=2.0$(시간)이다. 따라서 숙면 시간 차이는 수면제 B가 더 크다.

| 오답풀이 |

㉡ 수면제 C에서 환자 무의 숙면 시간은 $(5.6\times5)-(6.0+5.0+4.0+7.0)=6.0$(시간)이다. 따라서 수면제 C의 평균 숙면 시간인 5.6시간보다 숙면 시간이 긴 환자는 갑(6.0시간), 정(7.0시간), 무(6.0시간)로 3명이다.

문제접근법

(1) [표]가 무엇을 의미하는지 먼저 파악한 후, [보기]를 본다. 빈칸의 경우에는 [보기]를 풀면서 필요한 경우에만 계산한다.
(2) ㉠은 틀린 보기이고, ㉡은 옳은 보기이므로 선택지 ①, ③, ⑤를 소거할 수 있다. 남은 선택지 구

조상 모두 ⓒ이 포함되어 있으므로 ⓓ을 풀어 정답을 찾도록 한다.

전략풀이 TIP

ㄱ 수면제 A의 평균 숙면 시간을 구할 때 갑, 정, 무의 숙면 시간은 5.0시간, 을과 병의 숙면 시간 합은 10.0시간으로 평균 5.0시간이므로 전체 평균 숙면 시간은 5.0시간이다. C와 D를 비교할 때, C의 평균 숙면 시간인 5.6을 기준으로 수면제 D에서의 환자별 숙면 시간에 5.6을 뺀 값의 합이 (+)인지 (−)인지 확인한다. 결괏값은 (−)이므로 D의 숙면 시간이 더 짧다. (×)

ㄹ 평균 숙면 시간을 바탕으로 수면제 C에서 환자 무의 숙면 시간을 구하면 6.0시간으로 수면제 B에서의 환자 무의 숙면 시간과 동일하다. 수면제 B를 보면, 환자 을을 제외한 수면제 B에서의 숙면 시간을 합하면 20.0시간인데 평균은 4.8시간이므로 환자 을의 숙면 시간은 5.0시간보다 짧다. (×)

02 ▶ ⑤

| 정답풀이 |

전체 에너지원별 수입액에서 원유가 차지하는 비중은 2014년에 $\frac{4,136}{6,797}\times100≒60.9(\%)$이고, 2015년에는 $\frac{3,793}{6,503}\times100≒58.3(\%)$이므로 2014년이 더 크다.

| 오답풀이 |

① • (A)=4,144−(62+0+132+1,274)=2,676
  • (B)=3,893−(66+16+100+1,251)=2,460
  • (C)=3,637−(72+27+93+1,231)=2,214
  • (D)=4,157−(68+32+101+1,294)=2,662
  따라서 (A)−(D)−(B)−(C) 순이다.

② 천연가스의 경우, 2014년부터 2019년까지 매년 수입액이 증가하였다.

③ 2015년 대비 2018년 우라늄의 수입액 증가율은 $\frac{97-80}{80}\times100=21.25(\%)$이다. 따라서 20% 이상이다.

④ (B)=2,460이므로 2017년 전체 전력 생산량 중 원자력이 차지하는 비중은 $\frac{2,460}{3,893}\times100≒63.2(\%)$이다. 따라서 60% 이상이다.

문제접근법

(1) 2개의 [표]가 주어진 문제로 각 [표]가 무엇을 의미하는지 먼저 파악한다. 그다음 선택지를 본다.
(2) 선택지 ①~⑤ 중 자료의 수치만으로 해결할 수 있는 ②를 먼저 푼다. ②는 틀린 선택지이므로 소거할 수 있고, ①, ④는 빈칸의 수치를 알아야 풀 수 있으므로 ③, ⑤를 그다음으로 풀어 정답을 찾도록 한다.

전략풀이 TIP

③ 2015년 대비 2018년 우라늄의 수입액 증가율은 $\frac{17}{80}$로 $\frac{17}{80}>\frac{16}{80}(=20\%)$이므로 20%를 초과한다. (×)

⑤ 2014년 $\frac{4,136}{6,797}$과 2015년 $\frac{3,793}{6,503}$을 비교해보면, 분모 6,503 → 6,797은 5% 미만 증가한 반면, 분자 3,793 → 4,136은 약 10% 증가하였으므로 $\frac{4,136}{6,797}>\frac{3,793}{6,503}$이다. (○)

03 ▶ ③

| 정답풀이 |

과목별 석차와 이수 인원을 바탕으로 석차 백분율과 과목별 등급을 구하면 다음과 같다.

[표] 과목별 석차 백분율 및 등급 (단위: 등, 명, %)

과목 \ 구분	석차	이수 인원	석차 백분율	등급
국어	220	400	55.00	5
영어	56	400	14.00	3
수학	27	400	6.75	2
사회	156	270	57.78	5
과학	63	130	48.46	5

평균 등급(M)

$=\frac{(5\times4)+(3\times4)+(2\times8)+(5\times3)+(5\times3)}{4+4+8+3+3}$

$=\frac{78}{22}≒3.55$

따라서 재현이의 5개 과목 평균 등급 M은 3.55이므로 평균 등급의 범위는 3 ≤ M < 4이다.

💡 문제접근법

(1) 문제에서 구하고자 하는 것이 무엇인지 먼저 확인한 후, [표]와 [평균 등급 산출 공식]을 본다.
(2) 결괏값을 구하는 것이 아닌, 등급의 범위를 찾는 문제로 과목별 등급을 빠르게 구하는 것이 문제의 주요 포인트이다. 따라서 각 과목이 어느 등급에 해당하는지만 확인하는 방법으로 해결한다.

전략풀이 TIP

ⅰ) 영어의 경우, $\frac{56}{400}$ 대신 $\frac{55}{400}$를 이용하면 14%가 약간 안 된다.

ⅱ) 사회의 경우, $\frac{156}{270}$은 50%는 확실히 넘는다는 것을 알 수 있으므로 60%가 넘는지 확인한다. $\frac{162}{270}$=0.6이고 156은 162보다 작으므로 사회의 석차 백분율은 60% 미만이 되어 5등급이다.

ⅲ) 과학의 경우, 130의 절반은 65이므로 $\frac{63}{130}$은 50%가 약간 안 된다.

ⅳ) 마지막으로 $\frac{78}{22}$을 계산할 때, 3은 넘고 4에는 못 미친다는 것만 확인한다.

04 ▶ ③

| 정답풀이 |

2010년 심야 시간대에 발생한 총 범죄 발생 건수를 x건이라고 하면, 2010년 심야 시간대에 발생한 특별법범 발생 건수는 $0.4x$건이다. 2009년 심야 시간대에 발생한 폭력범 발생 건수는 $(838,368\times0.5\times0.23)$건이고, 해당 건수의 2.5배가 $0.4x$이므로 $0.4x=2.5\times(838,368\times0.5\times0.23)$이다. 방정식을 정리하면, x=602,577이다. 따라서 2010년 심야 시간대에 발생한 총 범죄 발생 건수는 602,577건이다.

💡 문제접근법

(1) 문제에서 구하고자 하는 것이 무엇인지 먼저 확인한 후, [표1], [표2], [그래프]의 항목을 확인한다.
(2) 대상이 되는 항목을 미지수로 설정한 후, 항목을 기준으로 다른 항목을 미지수로 표현하여 관련된 방정식을 순차적으로 푼다.

전략풀이 TIP

다음과 같이 그림을 그려서 생각하면 문제에서 주어진 내용을 더 직관적으로 이해한 후, 방정식을 세울 수 있다.(①: 2009년 심야 시간 총 범죄, ②: 2010년 심야 시간 총 범죄)

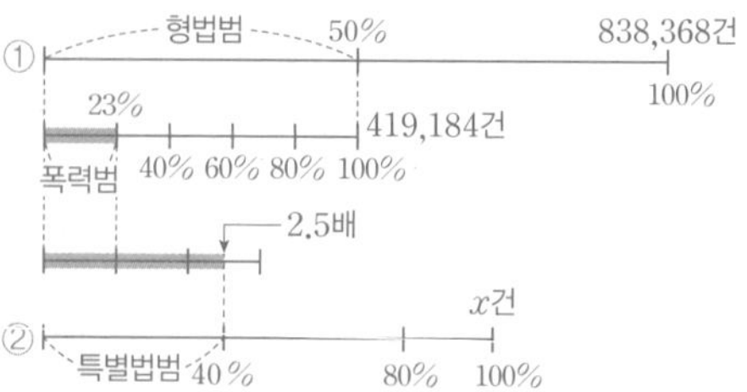

또한, $0.4x=2.5\times(838,368\times0.5\times0.23)$과 같은 복잡한 소수의 곱을 계산할 때는 분수로 바꿔서 계산하면 빠르게 해결할 수 있다.

즉, $\frac{4}{10}\times x=\frac{25}{10}\times838,368\times\frac{5}{10}\times\frac{23}{100}$에서 x를 중심으로 정리하면, $x=419,184\times\frac{23}{16}=26,199\times23=602,577$이다.

05 ▶ ①

| 정답풀이 |

구매하고자 하는 TV는 원래 가격에서 60%를 할인하므로 3,786.30×0.4=1,514.52(달러)이다.
배송 대행지의 주소는 플로리다 주에 있으므로 플로리다 주의 주 판매세와 지방 판매세가 추가된다.
플로리다 주의 주 판매세는 6.00%이고, 지방 판매세는 1.08%이므로 총 7.08%이다.
따라서 최종 구매 금액에 1,514.52×0.0708≒107.23(달러)의 세금이 추가된다.
그러므로 최종 결제 금액은 1,514.52+107.23=1,621.75(달러)이고, 11월 25일 원 달러 환율은 1,390원이므로 환산하면 1,621.75×1,390=2,254,232.5(원), 즉 원 단위 미만을 절사하면 2,254,232원이다.

💡 문제접근법

(1) TV의 할인 후 금액을 먼저 계산한다.
(2) 구매지 주소를 기준으로 주 판매세와 지방 판매세가 추가됨을 확인한다.
(3) 할인 후 금액에 (주 판매세)+(지방 판매세)에 대한 금액을 추가한다.
(4) 최종 가격을 원화로 계산한다.

전략풀이 TIP

전체 식을 연결하면, 3,786.30×0.4×1.0708×1,390≒2,254,229.740이므로 선택지 ①~⑤ 중 가장 가까운 수치가 주어진 ①을 정답으로 선택할 수 있다.

02 I PSAT 기출변형 Lv.1									본문 P. 104~114
01	02	03	04	05	06	07	08	09	10
②	⑤	①	④	①	③	④	①	①	①

01 ▶ ②

| 정답풀이 |

4월 6일 진료환자 수와 4월 7일 진료의사 수를 구하면 다음과 같다.

- 4월 6일 진료환자 수: 26×38=988(명)
- 4월 7일 진료의사 수: 143−(23+26+25+30+15+4)=20(명)

따라서 조사 기간 중 진료의사 수가 세 번째로 적은 날은 20명인 4월 7일이고, 진료환자 수가 가장 많은 날은 1,050명인 4월 9일이다. 4월 7일의 진료의사 1인당 진료환자 수는 $\frac{580}{20}$=29(명)이고, 4월 9일의 진료의사 1인당 진료환자 수는 35명이므로 진료의사 1인당 진료환자 수의 차이는 35−29=6(명)이다.

문제접근법

(1) 문제에서 물어보는 내용과 [표]가 무엇을 의미하는지를 먼저 파악한다.
(2) [표] 안의 모든 괄호의 값을 정확하게 구할 필요 없이, 필요한 괄호의 값을 주어진 [표]의 수치끼리 비교할 수 있을 정도로만 어림값으로 빠르게 구한다.
(3) 해당하는 날의 진료의사 1인당 진료환자 수만을 정확하게 구하여 정답을 찾도록 한다.

전략풀이 TIP

진료의사 수와 진료환자 수의 경우, 정확한 값을 구할 필요 없이 대소 비교가 가능한 정도의 계산만 하도록 한다.

- 진료의사 수: 4월 5~6일의 인원은 약 50명, 4월 8~9일의 인원은 55명, 4월 10~11일의 인원은 약 20명이다. 따라서 4월 7일의 인원은 약 20명임을 알 수 있다.
- 진료환자 수: 4월 6일의 진료환자 수는 (26×38)명으로 25×40=1,000(명)보다 적다. 따라서 진료환자 수가 가장 많은 날이 아님을 알 수 있다.

Ⅱ 수리능력

02 ▶ ⑤

| 정답풀이 |

농산물별 수입량을 구하면 다음과 같다.

- 콩: 2,593+105,340+246,117=354,050(톤)
- 건고추: 2,483+78,437+86,097=167,017(톤)
- 땅콩: 2,260+8,219+26,146=36,625(톤)
- 참깨: 2,024+12,986+76,812=91,822(톤)
- 팥: 2,020+7,102+42,418=51,540(톤)

농산물별 육로수입량 비중을 구하면 다음과 같다.

- 콩: $\frac{2,593}{354,050}\times 100 \fallingdotseq 0.73(\%)$
- 건고추: $\frac{2,483}{167,017}\times 100 \fallingdotseq 1.49(\%)$
- 땅콩: $\frac{2,260}{36,625}\times 100 \fallingdotseq 6.17(\%)$
- 참깨: $\frac{2,024}{91,822}\times 100 \fallingdotseq 2.2(\%)$
- 팥: $\frac{2,020}{51,540}\times 100 \fallingdotseq 3.92(\%)$

따라서 육로수입량 비중이 두 번째로 큰 농산물은 팥이고, 두 번째로 작은 농산물은 건고추이다.

문제접근법

(1) [표]의 항목을 확인한 후, 주석의 식을 반드시 확인한다.

(2) 주석의 식에서 분모와 분자가 의미하는 것을 파악한 후 대소 비교를 하여 정답을 찾도록 한다.

전략풀이 TIP

ⅰ) 콩과 건고추의 비교: 콩과 건고추의 육로수입량은 비슷하지만 해상과 항공수입량은 콩이 훨씬 더 많으므로 콩의 육로수입량 비중이 건고추보다 작음을 알 수 있다.

ⅱ) 땅콩, 참깨, 팥의 비교: 참깨와 팥을 비교해보면, 육로수입량은 거의 같지만 해상과 항공수입량은 참깨가 훨씬 더 많으므로 팥의 육로수입량 비중이 참깨보다 큼을 알 수 있다. 땅콩과 팥을 비교해보면, 육로수입량은 땅콩이 더 많지만 전체 수입량은 땅콩이 더 적으므로 분수 비교를 통해 팥의 육로수입량 비중이 땅콩보다 작음을 알 수 있다.

03 ▶ ①

| 정답풀이 |

- (A): (15세 이상 인구)=(경제활동인구)+(비경제활동인구)이므로 2020년 7월 15세 이상 인구는 296+1.5=297.5(만 명)이고, 2020년 7월 경제활동인구는 175.7−3=172.7(만 명)이다. 따라서 2020년 7월 비경제활동인구는 297.5−172.7=124.8(만 명)이다. 그러므로 (A)는 120.3−124.8=−4.5(만 명), 즉 −4만 5천이다.
- (B): (경제활동인구)=(취업자)+(실업자)이므로 2021년 7월 취업자는 175.7−6.1=169.6(만 명)이다. 따라서 (B)는 169만 6천이다.
- (C): (경제활동인구)=(취업자)+(실업자)에 따라 2020년 7월 취업자는 169.6−4.2=165.4(만 명)이다. 2020년 7월 경제활동인구는 172.7만 명이므로 2020년 7월 실업자는 172.7−165.4=7.3(만 명)이다. 따라서 (C)는 6.1−7.3=−1.2(만 명), 즉 −1만 2천이다.

10(A)는 −45만, 3(C)는 −3만 6천이므로 10(A)+(B)+3(C)는 −45+169.6−3.6=121만이다.

문제접근법

(1) 간단한 [그림]이 주어진 단순 계산 문제로 [그림]이 의미하는 것이 무엇인지, 주어진 수치를 중심으로 먼저 파악한다.

(2) 선택지 ①~⑤를 보면, 백의 자리와 십의 자리 숫자는 같지만, 일의 자리 숫자가 서로 다르므로 일의 자리만 계산하여 결괏값이 포함된 선택지를 정답으로 고른다.

전략풀이 TIP

2020년 7월 비경제활동인구와 실업자를 구할 필요 없이 인구 증감량을 통해 (A)와 (C)의 값을 구할 수 있다. (A)는 −1.5−3=−4.5이고, (C)는 3−4.2=−1.2이다. (B)는 (경제활동인구)=(취업자)+(실업자) 식을 통해 구할 수 있으며, 그 값은 175.7−6.1=169.6이다. 10(A)는 −45, 3(C)는 −3.6이므로 소수점 아래의 값은 상쇄되며, 일의 자리 값만 계산하면 −5+9−3=1이다. 따라서 1이 포함된 선택지 ①이 정답이다.

04 ▶ ④

| 정답풀이 |

(소득교역조건지수) $= \frac{\text{(순상품교역조건지수)}}{100} \times$ (수출물량지수)이다. 이를 바탕으로 6월과 9월의 소득교역조건지수를 구하면 다음과 같다.

- 6월: $\frac{91.94}{100} \times 113.73 \fallingdotseq 104.56$
- 9월: $\frac{91.79}{100} \times 110.60 \fallingdotseq 101.52$

7월의 소득교역조건지수는 95.59이고, 8월은 98.75이므로 7월－8월－9월－6월 순이다.

문제접근법

(1) [표]가 의미하는 것이 무엇인지만 파악하고, [표] 주석의 식이 무엇인지 확인한다.
(2) 6~9월에 대한 숫자 계산을 하는 문제인데, 7월과 8월은 이미 수치가 주어져 있으므로 6월, 9월만 계산한다.
(3) 계산이 복잡해 보이지만 결국 순상품교역조건지수와 수출물량지수의 곱셈에 불과한 문제임을 확인한다.

전략풀이 TIP

6월과 9월 모두 순상품교역조건지수가 100과 9 차이도 나지 않는 반면, 수출물량지수는 100과 10 이상 차이가 나므로 곱셈의 결과가 100 이상임을 알 수 있다. 따라서 6월, 9월의 소득교역조건지수가 7월, 8월보다 크므로 ③ 또는 ④가 정답이다. 한편 순상품교역조건지수와 수출물량지수 모두 6월이 9월보다 크므로, 7월－8월－9월－6월 순이다.

05 ▶ ①

| 정답풀이 |

주어진 자료의 빈칸을 구하여 정리하면 다음과 같다.

[표] 이사 전후 주택 규모 조사 결과 (단위: 가구)

이사 후 \ 이사 전	소형	중형	대형	합
소형	15	10	(5)	30
중형	(0)	30	10	(40)
대형	5	10	15	(30)
계	(20)	(50)	(30)	100

㉠ 이사 전후 주택 규모가 달라진 가구 수는 10+5+0+10+5+10=40(가구)이므로 전체 가구 수의 $\frac{40}{100} \times 100 = 40(\%)$이다.

㉡ 이사 후 주택 규모가 커진 가구 수는 5+10=15(가구)이고, 이사 후 주택 규모가 작아진 가구 수는 10+5+10=25(가구)이므로 이사 후 주택 규모가 커진 가구 수가 더 적다.

| 오답풀이 |

㉢ 이사 전 주택 규모가 대형인 가구 수는 30가구이고, 이사 후 주택 규모가 대형인 가구 수 역시 30가구이므로 서로 같다.

㉣ 이사 전 소형에서 이사 후 중형으로 달라진 가구 수는 0가구이고, 이사 전 대형에서 이사 후 소형으로 달라진 가구 수는 5가구이므로 그 차이는 5가구이다.

문제접근법

(1) [표]에 빈칸이 주어진 문제로 먼저 항목을 확인한다. 보통의 경우에는 [보기]를 먼저 확인하지만, 빈칸의 값을 구하는 과정이 간단하므로 계산한 후, [보기]를 본다.
(2) 빈칸의 값을 구한 수치와 기존의 수치를 바탕으로 바로 해결할 수 있는 보기 ㉢, ㉣을 먼저 푼다. ㉢, ㉣ 모두 옳은 보기이므로 ㉠, ㉡을 확인할 필요 없이 정답을 ①로 선택할 수 있다.

전략풀이 TIP

㉠ 이사 전후 주택 규모가 변함없는 가구 수는 [표]의 행과 열이 만나는 수치로 해당 가구 수는 15+30+15=60(가구)이다. 따라서 이사 전후 주택 규모가 달라진 가구 수는 100−60=40(가구)이다. (×)

06 ▶ ③

| 정답풀이 |

가~라팀의 H, F, M, C의 빈도는 다음과 같다.

- 가: H=3, F=1, M=1, C=7
- 나: H=4, F=4, M=0, C=4
- 다: H=2, F=1, M=2, C=7
- 라: H=1, F=0, M=3, C=8

가~라팀의 정확도와 임계성공지수는 다음과 같다.

- 가: 정확도 $= \frac{3+7}{3+1+1+7} = \frac{5}{6}$

Ⅱ 수리능력

임계성공지수$=\frac{3}{3+1+1}=\frac{3}{5}$

- 나: 정확도$=\frac{4+4}{4+4+4}=\frac{2}{3}$

  임계성공지수$=\frac{4}{4+4}=\frac{1}{2}$

- 다: 정확도$=\frac{2+7}{2+1+2+7}=\frac{3}{4}$

  임계성공지수$=\frac{2}{2+1+2}=\frac{2}{5}$

- 라: 정확도$=\frac{1+8}{1+3+8}=\frac{3}{4}$

  임계성공지수$=\frac{1}{1+3}=\frac{1}{4}$

따라서 정확도가 가장 낮은 팀은 나팀으로 a의 값은 $\frac{2}{3}$이고, 임계성공지수가 가장 높은 팀은 가팀으로 b의 값은 $\frac{3}{5}$이다. 그러므로 $a \times b=\frac{2}{3}\times\frac{3}{5}=\frac{2}{5}$이다.

문제접근법

(1) 결괏값을 구하는, [표]와 [조건]이 주어진 문제로 우선 [표]가 의미하는 것이 무엇인지 파악한 후, 바로 [조건]을 본다.
(2) [조건]의 식의 구조를 이해하여 계산하지 않아도 되는, 수치 비교만으로 해결할 수 있는 경우의 수를 줄여나간 뒤, 필요한 값만을 계산하여 푼다.

전략풀이 TIP

가~라팀의 정확도와 임계성공지수를 모두 구할 필요 없이, 주어진 정확도와 임계성공지수의 식을 바탕으로 정확도가 가장 낮은 팀과 임계성공지수가 가장 높은 팀을 찾을 수 있다. 정확도의 식 $\frac{H+C}{H+F+M+C}$에서 분모는 H+F+M+C이므로, 가~라팀 모두 12로 동일하다는 것을 알 수 있다. 따라서 정확도가 가장 낮은 팀은 H+C가 가장 낮은 팀이며, 나팀의 H+C가 8로 가장 낮다. 임계성공지수의 식 $\frac{H}{H+F+M}$에서 분모는 H+F+M으로 정확도와 달리 팀마다 각각 다른 값을 가진다. 따라서 정확도처럼 한 번에 가장 낮거나 높은 팀을 알기는 어려우나, 식의 구조를 통해 분자 H의 값에 따라 임계성공지수의 값이 영향을 많이 받을 수 있다는 것을 알 수 있다. 또한, C의 값이 크면 상대적으로 분모(H+F+M)의 값이 작다는 것을 알 수 있다. 라팀의 경우에는 H가 1이므로 임계성공지수가 가장 높은 팀일 가능성은 매우 낮다. 따라서 라팀을 제외하고 남은 가~다팀의 임계성공지수를 확인하면, 임계성공지수가 가장 높은 팀은 가팀이라는 것을 알 수 있다. 나팀의 정확도를 구하면 $\frac{2}{3}$이고, 가팀의 임계성공지수를 구하면 $\frac{3}{5}$이므로 $a \times b=\frac{2}{5}$이다.

07 ▶ ④

| 정답풀이 |

- 재정자립도가 E보다 높은 지역은 A, C, F이다. A, C, F의 재정자립도는 각각 83.8, 65.7, 69.5이다. E의 재정자립도는 A, C, F보다 낮아야 하고, 나머지 지역보다는 높아야 하므로 58.5보다 높고 65.7보다 낮아야 한다. 따라서 선택지 ⑤를 소거할 수 있다.
- 시가화 면적 비율이 가장 낮은 지역은 주택 노후화율이 가장 높은 지역이다.
  주택 노후화율이 가장 높은 지역은 33.7%인 I이므로, I의 시가화 면적 비율이 가장 낮아야 한다. I를 제외한 지역 중 시가화 면적 비율이 가장 낮은 지역은 20.7%인 E이므로 20.7보다 낮아야 한다. 따라서 ①~④ 중 선택지 ①을 소거할 수 있다.
- 10만 명당 문화시설 수가 가장 적은 지역은 10만 명당 체육시설 수가 네 번째로 많은 지역이다.
  10만 명당 문화시설 수가 가장 적은 지역은 3.1개인 B이다. B를 제외한 지역의 10만 명당 체육시설 수가 많은 지역을 순서대로 나열하면, E(133.8)−D(128.0)−I(119.2)−F(114.0)이다. B가 네 번째로 많아야 하므로 114.0보다 높고 119.2보다 낮아야 한다. 따라서 ②~④ 중 선택지 ②를 소거할 수 있다.
- 주택 보급률이 도로 포장률보다 낮은 지역은 B, C, D, F이다.
  C의 경우, 주택 보급률이 도로 포장률보다 낮아야 하므로 도로 포장률은 92.2보다 높아야 한다. 선택지 ③~④ 모두 이를 만족한다. H의 경우, 주택 보급률이 도로 포장률보다 높아야 하므로 주택 보급률은 92.5보다 높아야 한다. 따라서 ③~④ 중 선택지 ③을 소거할 수 있다.

그러므로 정답은 ④이다.

문제접근법

(1) [표]와 [정보]를 바탕으로 가능한 수치를 찾는 문제로 우선 [표]가 무엇을 의미하는지 확인한 후, 바로 [정보]를 읽는다.

(2) [정보]의 내용을 순차적으로 확인하는 것보다 간단하고 빠르게 판별할 수 있는 내용을 우선 확인하여 경우의 수를 좁혀 나간다.
(3) 만족하지 않는 선택지를 소거하면서, 남는 선택지들의 구조를 이용해 수치를 대입하여 정답을 찾도록 한다.

전략풀이 TIP

i) 4개의 정보 중 간단한 내용으로 빠르게 판별할 수 있는 첫 번째, 네 번째 정보를 먼저 확인한다. 첫 번째 정보에서 C의 재정자립도가 65.7인데, 선택지 ⑤의 경우에는 65.8로 제시되어 있으므로 만족하지 않는다. 따라서 선택지 ⑤를 소거할 수 있다. 네 번째 정보에서 C의 도로 포장률은 92.2보다 높아야 하므로 선택지 ②를 소거할 수 있고, H의 주택 보급률은 92.5보다 높아야 하므로 선택지 ③을 소거할 수 있다.
ii) 세 번째 정보보다 비교적 간단한 두 번째 정보를 확인한다. 주택 노후화율이 가장 높은 지역은 I이므로 I의 시가화 면적 비율이 가장 낮아야 한다. E의 시가화 면적 비율은 20.7로, I는 20.7보다 낮아야 하는데, 선택지 ①의 경우에는 20.9로 제시되어 있으므로 만족하지 않는다. 따라서 남은 선택지 ④가 정답이다.

08 ▶ ①

| 정답풀이 |

㉠ 주어진 자료를 통해 신소재 산업 분야를 제외한 게임, 미디어, 식품 분야의 중요도 상위 2개 직무 역량은 모두 문제해결능력과 직업윤리임을 알 수 있다.
㉡ 산업 분야별 직무 역량 중요도의 최댓값과 최솟값 차이는 다음과 같다.
- 신소재: 4.58−3.97=0.61(점)
- 게임: 4.66−3.78=0.88(점)
- 미디어: 4.59−3.68=0.91(점)
- 식품: 4.50−3.88=0.62(점)

직무 역량 중요도의 최댓값과 최솟값 차이가 가장 큰 분야는 미디어이며, 미디어의 자원관리능력 중요도 점수는 3.93점으로 4점 미만이다.

| 오답풀이 |

㉢ 신소재, 게임, 식품 분야는 조직이해능력의 중요도가 가장 낮지만, 미디어 분야는 기술능력의 중요도가 3.68점으로 가장 낮다.
㉣ 4개 산업 분야 내 10개의 직무 역량 중에서 문제해결능력과 직업윤리의 점수가 다른 직무 역량에 비해 높으므로, 두 직무 역량 중요도의 평균을 구하여 대소 관계를 파악한다. 문제해결능력과 직업윤리 중요도의 평균은 다음과 같다.
- 문제해결능력: $\frac{4.58+4.52+4.45+4.50}{4} \fallingdotseq 4.51$
- 직업윤리: $\frac{4.44+4.66+4.59+4.39}{4} = 4.52$

따라서 4개 산업 분야 직무 역량 중요도의 평균값이 가장 높은 직무 역량은 직업윤리이다.

문제접근법

(1) [표]의 항목을 바탕으로 [표]가 의미하는 것이 무엇인지 먼저 파악한 후, [보기]의 내용을 살펴본다.
(2) ㉠~㉣ 중 계산 없이 자료의 수치만으로 해결할 수 있는 ㉠, ㉢을 먼저 푼다. ㉠은 옳은 보기이고 ㉢은 틀린 보기이므로 선택지 ②, ③, ⑤를 소거할 수 있다. 남은 선택지 구조상 ㉡은 풀지 않아도 되며, ㉣을 풀어 정답을 찾도록 한다.

전략풀이 TIP

㉣ 4개 산업 분야를 보면, 다른 직무 역량에 비해 문제해결능력과 직업윤리의 중요도 점수가 높으므로, 두 역량의 중요도 점수를 비교한다. 평균을 구할 필요 없이 각 산업 분야 내 두 역량의 중요도 점수 차를 구하여 음수가 되는지, 양수가 되는지 판단하도록 한다. 문제해결능력을 기준으로, 정수는 모두 4로 같으므로 정수 부분을 제외하고 소수점을 기준으로 해결하면, 신소재 분야부터 순서대로 58−44=14, 52−66=−14, 45−59=−14, 50−39=11이다. 해당 값을 모두 더하면 14−14−14+11=−3으로 음수가 되므로, 문제해결능력보다 직업윤리의 평균이 더 높다. (×)

09 ▶ ①

| 정답풀이 |

중앙회 분과실행위원회 중 현장 인원수 및 50대 이상 인원수는 다음과 같다.
- 현장: 85×0.71≒60(명)
- 50대: 85×0.53≒45(명)
- 60대: 85×0.21≒18(명)

현장 인원수는 60명, 50대 이상 인원수는 45+18=63(명)이므로 현장 인원수가 더 적다.

| 오답풀이 |

② 지회 운영위원회 중 남성 인원수 및 40대 인원수는 다음과 같다.
- 남성: 212×0.86≒182(명)
- 40대: 212×0.07≒15(명)

따라서 둘의 합은 182+15=197(명)으로 200명 미만이다.

③ 중앙회 상임위원회 중 여성 인원수 및 50대, 70대 인원수는 다음과 같다.
- 여성: 18×0.28≒5(명)
- 50대: 18×0.11≒2(명)
- 70대: 18×0.17≒3(명)

50대, 70대 인원수를 합하면 2+3=5(명)으로 여성 인원수와 같다.

④ 지회 분과실행위원회 중 60대 인원수 및 중앙회 분과실행위원회 중 현장 인원수는 다음과 같다.
- 지회 60대: 390×0.17≒66(명)
- 중앙회 현장: 85×0.71≒60(명)

따라서 지회 분과실행위원회 중 60대 인원수가 더 많다.

⑤ 관리운영비의 64%는 309×0.64=197.76(억 원)이고, 여성 임직원 수는 305×0.56≒171(명)이다. 평균 관리운영비는 $\frac{197.76}{171}$≒1.16(억 원)이므로 1.1억 원 이상이다.

문제접근법

(1) 다양한 자료가 포함된 [그림]이 주어진 자료로, [그림] 안의 각 자료의 항목과 단위를 먼저 확인하고, 선택지를 살펴본다.

(2) 선택지 ①~⑤를 풀 때, 선택지 내용에 제시되어 있는 키워드가 포함된 자료를 먼저 찾아, 해당 자료만을 바탕으로 해결한다.

전략풀이 TIP

① 현장은 전체 85명의 71%, 50대 이상은 전체 85명의 53+21=74(%)이므로 인원수를 계산하지 않아도 현장 인원수가 더 적다는 것을 알 수 있다. 물론 50대 이상의 인원수를 구할 때는 두 집단을 각자 반올림한 후, 더하는 방식이 정석이기 때문에, 비율을 먼저 더한 후에 반올림하면 1명 정도의 오차가 발생할 수도 있다. 그러나 74−71=3(%p)의 차이가 난다면 85×0.03=2.55(명) 정도의 차이가 있다는 뜻이므로, 1명 정도의 오차를 감안하더라도 현장 인원수가 확실히 적다. (×)

10 ▶ ①

| 정답풀이 |

㉠ 도입처가 서울대공원인 반달가슴곰의 생존율은 $\frac{6}{7}$×100≒85.7(%)이고, 자연 출산 반달가슴곰의 생존율은 $\frac{41}{46}$×100≒89.1(%)로 도입처가 서울대공원인 반달가슴곰의 생존율이 더 낮다.

㉢ 도입을 통한 반달가슴곰의 폐사율은 $\frac{15}{41}$×100≒36.6(%)이고, 전체 반달가슴곰의 폐사율은 $\frac{21}{95}$×100≒22.1(%)로 도입을 통한 반달가슴곰의 폐사율이 더 높다.

| 오답풀이 |

㉡ 도입처가 북한인 반달가슴곰의 폐사 원인 중 올무가 없다면 1개체가 농약, 3개체가 기타로 폐사하였을 수 있다. 따라서 폐사 원인 중 자연사가 없을 수 있다.

㉣ 출산을 통한 반달가슴곰의 자연 적응률은 $\frac{43}{54}$×100≒79.6(%)이고, 도입을 통한 반달가슴곰의 자연 적응률은 $\frac{12}{41}$×100≒29.3(%)이다. 29.3×3=87.9>79.6이므로 3배 미만이다.

문제접근법

(1) [표]의 항목과 주석의 식을 먼저 확인한다. 이 문제의 경우 주석의 식이 3개 주어져 있으므로, 각 식의 중요 키워드를 중점으로 확인한다.

(2) ㉠~㉣ 중 비교적 간단한 ㉡을 먼저 푼다. ㉡은 틀린 보기이므로 선택지 ②, ⑤를 소거할 수 있고, 남은 선택지 구조상 ㉢이 모두 포함되어 있으므로 ㉠, ㉣을 풀어 정답을 찾도록 한다.

전략풀이 TIP

㉠ 도입처가 서울대공원인 반달가슴곰의 생존율은 $\frac{6}{7}$, 자연 출산 반달가슴곰의 생존율은 $\frac{41}{46}$이다. 만약 도입처가 서울대공원인 반달가슴곰의 생존율이 더 높다면, $\frac{(\text{서울대공원 반달가슴곰 생존율})}{(\text{자연 출산 반달가슴곰 생존율})}$>1이 될

것이고, 더 낮다면 $\frac{(서울대공원\ 반달가슴곰\ 생존율)}{(자연\ 출산\ 반달가슴곰\ 생존율)}$ <1이 될 것이다. 즉, $\frac{6}{7} \div \frac{41}{46} = \frac{6}{7} \times \frac{46}{41} = \frac{46 \times 6}{41 \times 7}$이 1보다 큰지 작은지 확인한다. 46×6=276이고 41×7=287이므로, 분자<분모가 되어 1보다 작다. (○)

㉢ 도입을 통한 반달가슴곰의 폐사율은 $\frac{15}{41}$이고, 전체 반달가슴곰의 폐사율은 $\frac{21}{95}$이다. $\frac{15}{41}$의 분모와 분자에 2를 곱하면 $\frac{30}{82}$이다. 분자는 21보다 크지만, 분모는 95보다 작으므로 $\frac{30}{82} > \frac{21}{95}$이다. 즉, $\frac{15}{41} > \frac{21}{95}$이다. (○)

㉣ 출산을 통한 반달가슴곰의 자연 적응률은 약 80%이고, 도입을 통한 반달가슴곰의 자연 적응률은 약 29%이다. 따라서 29×3>80이다. (×)

03 | PSAT 기출변형 Lv.2 본문 P. 115~126

01	02	03	04	05	06	07	08	09	10
③	⑤	②	②	③	②	④	②	④	④

01 ▶ ③

| 정답풀이 |

(GDP 대비 연구개발 총지출액 비율)(%)=(GDP 대비 연구개발 세액감면액 비율)÷(연구개발 총지출액 대비 연구개발 세액감면액 비율)×100으로 구할 수 있다. A국과 B국의 GDP 대비 연구개발 총지출액 비율을 구하면 다음과 같다.

- A국: $\frac{0.2}{4.97} \times 100 ≒ 4.02$(%)
- B국: $\frac{0.07}{2.85} \times 100 ≒ 2.46$(%)

따라서 GDP 대비 연구개발 총지출액 비율은 A국이 B국보다 높다.

| 오답풀이 |

① (GDP)=(연구개발 세액감면액)÷(GDP 대비 연구개발 세액감면액 비율)×100으로 구할 수 있다. C국과 E국의 GDP를 구하면 다음과 같다.
- C국: $\frac{2,104}{0.13} \times 100 ≒ 1,618,462$(백만 달러)
- E국: $\frac{6,547}{0.13} \times 100 ≒ 5,036,154$(백만 달러)

따라서 GDP는 C국이 E국보다 작다.

② (연구개발 총지출액)=(연구개발 세액감면액)÷(연구개발 총지출액 대비 연구개발 세액감면액 비율)×100으로 구할 수 있다. A~E국의 연구개발 총지출액을 구하면 다음과 같다.
- A국: $\frac{3,613}{4.97} \times 100 ≒ 72,696$(백만 달러)
- B국: $\frac{12,567}{2.85} \times 100 ≒ 440,947$(백만 달러)
- C국: $\frac{2,104}{8.15} \times 100 ≒ 25,816$(백만 달러)
- D국: $\frac{4,316}{10.62} \times 100 ≒ 40,640$(백만 달러)
- E국: $\frac{6,547}{4.14} \times 100 ≒ 158,140$(백만 달러)

따라서 연구개발 총지출액이 가장 큰 국가는 B국이다.

④ 연구개발 세액감면액이 가장 작은 국가는 C국

이다. C국의 연구개발 총지출액은 약 25,816백만 달러로 25,000백만 달러 이상이다.

⑤ ①에서 구하지 않은 A국, B국, D국의 GDP를 구하면 다음과 같다.

- A국: $\frac{3,613}{0.2} \times 100 = 1,806,500$(백만 달러)
- B국: $\frac{12,567}{0.07} \times 100 ≒ 17,952,857$(백만 달러)
- D국: $\frac{4,316}{0.16} \times 100 = 2,697,500$(백만 달러)

GDP가 가장 큰 국가는 약 17,952,857백만 달러인 B국이고, 가장 작은 국가는 약 1,618,462백만 달러인 C국이다. 따라서 두 국가의 연구개발 총지출액 대비 연구개발 세액감면액 비율의 차는 8.15−2.85=5.3(%p)이다.

문제접근법

(1) [표]의 항목을 바탕으로 [표]가 의미하는 것이 무엇인지 먼저 파악한 후, 선택지의 내용을 살펴본다.

(2) 선택지 ①~⑤ 중 두 국가만을 비교하여 해결할 수 있는 ①, ③을 먼저 풀어 정답을 찾도록 한다.

(3) ①, ③ 중 정답이 있을 경우에는 해당 선택지를 선택하고 다음 문제로 넘어가며, 정답이 없을 경우에는 남은 선택지 중 계산이 비교적 간단한 ④를 그다음으로 풀고, 모든 국가를 확인해야 하는 ②, ⑤를 나중에 풀도록 한다.

전략풀이 TIP

① $\frac{2,104}{0.13}$와 $\frac{6,547}{0.13}$을 비교해보면, 분모는 같지만 분자는 2,104<6,547이므로 $\frac{2,104}{0.13} < \frac{6,547}{0.13}$이다. (○)

② 연구개발 총지출액 대비 연구개발 세액감면액 비율은 B국이 가장 낮지만, 연구개발 세액감면액은 B국이 가장 크므로 연구개발 총지출액이 가장 큰 국가는 B국이다. (○)

③ $\frac{0.2}{4.97}$와 $\frac{0.07}{2.85}$의 분모, 분자를 비교해보면, 0.07 → 0.2는 약 3배이지만 2.85 → 4.97은 2배에 못 미치므로 $\frac{0.2}{4.97} > \frac{0.07}{2.85}$이다. (×)

④ 연구개발 총지출액이 25,000백만 달러라고 가정하면, 25,000×0.0815<25,000×0.082≒2,050이므로 2,104보다 작다. 따라서 C국의 연구개발 총지출액은 25,000백만 달러보다 많다. (○)

02 ▶ ⑤

| 정답풀이 |

국제 원유 가격 변동으로 인해 L당 휘발유가 100원 상승하고, 경유가 200원 상승할 경우 L당 휘발유는 1,800원이 되고, 경유는 1,700원이 된다. 이를 바탕으로 을의 B → D 구간 주행 연료비를 구하면 (3+4)×1,800=12,600(원)이고, 병의 C → E 구간 주행 연료비는 (3+1.5)×1,700=7,650(원)이다. 따라서 주행 연료비의 차이는 12,600−7,650=4,950(원)이므로 5,000원 미만으로 높다.

| 오답풀이 |

① 갑~병의 전체 구간 주행 시간을 구하면 다음과 같다.

- 갑: $\frac{100}{100}+\frac{50}{90}+\frac{70}{100}+\frac{20}{100} ≒ 1+0.556+0.7+0.2=2.456$(시간)
- 을: $\frac{100}{100}+\frac{50}{100}+\frac{70}{90}+\frac{20}{110} ≒ 1+0.5+0.778+0.182=2.46$(시간)
- 병: $\frac{100}{110}+\frac{50}{90}+\frac{70}{100}+\frac{20}{100} ≒ 0.909+0.556+0.7+0.2=2.365$(시간)

따라서 전체 구간 주행 시간은 을이 가장 길고, 병이 가장 짧다.

② 갑~병의 전체 연료 소모량은 순서대로 7+4+5+2=18(L), 5+3+4+1.5=13.5(L), 3.5+2+3+1.5=10(L)이다. 이를 바탕으로 갑~병의 전체 구간 주행 연료비를 구하면 다음과 같다.

- 갑: 18×1,000=18,000(원)
- 을: 13.5×1,700=22,950(원)
- 병: 10×1,500=15,000(원)

따라서 전체 구간 주행 연료비는 을이 가장 많고, 병이 가장 적다.

③ 갑~병의 전체 구간 주행 연비를 구하면 다음과 같다.

- 갑: $\frac{240}{18} ≒ 13.3$(km/L)
- 을: $\frac{240}{13.5} ≒ 17.8$(km/L)
- 병: $\frac{240}{10} = 24$(km/L)

따라서 전체 구간 주행 연비는 병이 가장 높고, 갑이 가장 낮다.

④ 갑의 A → B 구간 주행 연비는 $\frac{100}{7} ≒ 14.3$

(km/L)이고, 을의 B → C 구간 주행 연비는 $\frac{50}{3}$≒16.7(km/L)이므로 갑의 A → B 구간 주행 연비가 더 낮다.

문제접근법

(1) [표]가 주어진 문제로 [표]가 의미하는 것이 무엇인지 확인하고, [표] 주석의 식을 바탕으로 하는 내용이 반드시 출제되므로 확인한다.
(2) 선택지 ①~⑤ 중 분수 비교법, 수치 비교법으로 해결할 수 있는 ①~④를 먼저 풀어 정답을 찾도록 한다.(특히 사칙연산 없이 주어진 자료의 수치만으로 바로 해결할 수 있는 ④를 가장 먼저 해결한다.)

전략풀이 TIP

① 갑&병 → $\frac{100}{100}+\left(\frac{50}{90}+\frac{70}{100}+\frac{20}{100}\right)>\frac{100}{110}+\left(\frac{50}{90}+\frac{70}{100}+\frac{20}{100}\right)$이므로 병이 더 짧다.
을&병 → 분수의 구조를 보면, 을의 분자의 값이 비교적 큰 분수의 분모의 값이 작고, 분자의 값이 비교적 작은 분수의 분모의 값이 크다. 따라서 전체 분수의 합은 을>병이다.
그러므로 구간 주행 시간은 병이 가장 짧다. (○)
② 을의 전체 연료 소모량과 연료비 모두 병보다 많으므로 을은 병보다 많다. 갑과 비교하면, 18×1,000<13×1,500<13.5×1,700이므로 을이 가장 많다. (○)
③ 전체 주행 거리는 240km로 모두 같고, 연료 소모량과 주행 연비는 반비례 관계이다. 갑의 연료 소모량이 18로 가장 많고, 병의 연료 소모량이 10으로 가장 적으므로 주행 연비는 병이 가장 높고, 갑이 가장 낮다. (○)
④ $\frac{100}{7}<\frac{100}{6}\left(=\frac{50}{3}\right)$이므로 갑의 A → B 구간 주행 연비가 더 낮다. (○)

03 ▶ ②

| 정답풀이 |

㉠ 호텔 A~D의 객실 수입은 다음과 같다.
- A: 1,600×40=64,000(만 원)
- B: 2,100×30=63,000(만 원)
- C: 1,000×20=20,000(만 원)
- D: 990×10=9,900(만 원)

객실 수입이 가장 많은 호텔은 A이지만, 판매 가능 객실 수가 두 번째로 많은 호텔은 3,000개인 B이다.

㉢ 호텔 A~D의 판매 가능 객실당 객실 수입은 다음과 같다.
- A: $\frac{64,000}{3,500}$≒18(만 원)
- B: $\frac{63,000}{3,000}$=21(만 원)
- C: $\frac{20,000}{1,250}$=16(만 원)
- D: $\frac{9,900}{1,100}$=9(만 원)

따라서 판매 가능 객실당 객실 수입이 가장 적은 호텔은 D이다.

| 오답풀이 |

㉡ 호텔 C와 호텔 D의 객실 판매율은 다음과 같다.
- C: $\frac{1,000}{1,250}$×100=80(%)
- D: $\frac{990}{1,100}$×100=90(%)

따라서 객실 판매율은 호텔 C가 호텔 D보다 낮지만, 객실 수입은 호텔 C(20,000만 원)가 호텔 D(9,900만 원)보다 많다.

㉣ ㉡에서 호텔 C와 호텔 D의 객실 판매율을 구하였으므로, 호텔 A와 호텔 B의 객실 판매율을 구하면 다음과 같다.
- A: $\frac{1,600}{3,500}$×100≒45.7(%)
- B: $\frac{2,100}{3,000}$×100=70(%)

객실 판매율은 D−C−B−A 순이고 판매 가능 객실 수는 A−B−C−D 순이므로, 판매 가능 객실 수가 많은 호텔일수록 객실 판매율이 낮다.

문제접근법

(1) [표]가 의미하는 것이 무엇인지 먼저 파악한다. 주석에 2개의 식이 주어져 있으므로 반드시 확인한다. 두 식의 구조를 파악하여 관계를 확인하는 것도 필요하다.
(2) ㉠은 틀린 보기이므로 소거할 수 있고, 남은 ㉡~㉣ 중 ㉢이 푸는 데 가장 복잡하므로 ㉡, ㉣을 풀어 정답을 찾도록 한다.

전략풀이 TIP

㉠ 호텔 B는 호텔 C와 D보다 판매 객실 수와 평균 객실 요금 모두 많으므로, 객실 수입을 계산할 필요 없이 호텔 B의 객실 수입이 많다. 호텔 A의 1,600×40과 호텔 B의 2,100×30을 비교하면, 16×4>21×3이므로 호텔 A의 객실 수입이 가장 많다. 하지만 판매 가능 객실 수가 두 번째로 많은 호텔은 B이다. (×)

㉡ 판매 객실 수와 평균 객실 요금 모두 호텔 C가 호텔 D보다 많으므로, 객실 수입 역시 호텔 C가 더 많다. 객실 판매율 $\frac{1,000}{1,250}$과 $\frac{990}{1,100}$을 보면, 분자는 990 → 1,000으로 10% 미만으로 증가한 반면, 분모는 1,100 → 1,250으로 10% 이상 증가하였으므로, $\frac{1,000}{1,250}<\frac{990}{1,100}$이다. (○)

04 ▸ ②

| 정답풀이 |

㉠ 범죄율은 인구 10만 명당 범죄자 수를 의미하므로 전체 성인 인구를 x라 하면, x:(성인 범죄자 수)=10만:(범죄율)의 비례식이 성립한다. 이를 정리하면, $x=\frac{10만\times(성인\ 범죄자\ 수)}{(범죄율)}$이므로 2017년과 2021년의 전체 성인 인구는 다음과 같다.

- 2017년: $\frac{10만\times953,064}{2,245}$≒4,245(만 명)
- 2021년: $\frac{10만\times878,917}{2,044}$≒4,300(만 명)

따라서 2021년의 전체 성인 인구가 더 많다.

㉣ 범죄율과 발생지수는 비례 관계이다. 따라서 성인 범죄 발생지수가 가장 낮은 해는 성인 범죄 범죄율이 2,044로 가장 낮은 2021년이다. 한편 2019년 소년 범죄자 비율은 $\frac{61,162}{61,162+920,760}\times100$≒6.2(%)이므로 소년 범죄자 비율도 2021년에 가장 낮다.

| 오답풀이 |

㉡ 범죄율과 발생지수는 비례 관계이다. 따라서 소년 범죄 발생지수가 가장 높은 해는 소년 범죄 범죄율이 1,249로 가장 높은 2020년이다.

㉢ $\frac{(63,145+953,064)-(54,205+878,917)}{63,145+953,064}\times100$≒8.2(%)이므로 10% 미만으로 감소하였다.

문제접근법

(1) [표]가 의미하는 것이 무엇인지만 파악하고, [표] 주석의 내용을 확인한 후에 [보기]의 내용을 확인한다.

(2) ㉠~㉣ 중 계산이 필요한 ㉠, ㉢, ㉣보다 발생지수 개념을 이해하면 간단한 해결할 수 있는 ㉡을 먼저 푼다.

(3) ㉡이 틀린 보기이므로 선택지 ③, ④, ⑤를 소거할 수 있고, 남은 선택지 ①, ②는 ㉠이 모두 포함되어 있으므로 ㉢ 또는 ㉣을 풀어 정답을 찾도록 한다.

전략풀이 TIP

㉠ $\frac{953,064}{2,245}$와 $\frac{878,917}{2,044}$을 비교하면, 2,044×1.1≒2,245이지만 878,917×1.1>953,064이므로 $\frac{953,064}{2,245}<\frac{878,917}{2,044}$이다. (○)

㉢ 2017년 전체 범죄자 수는 63,145+953,064=1,016,209(명)인데, 여기서 10%가 줄어들면 대략 915,000명이다. 그런데 2021년 전체 범죄자 수는 54,205+878,917=933,122(명)이므로 10% 미만으로 감소하였다. (×)

㉣ 2019년 전체 범죄자 수는 100만 명이 채 되지 않는데, 100만 명이라고 가정해도 소년 범죄자 비율은 6.1%이다. 따라서 2019년 소년 범죄자 비율은 6.1% 이상이며, 5.8%가 가장 낮은 수치이다. (○)

05 ▸ ③

| 정답풀이 |

㉡ 사립 대학의 2020년 수용가능 인원은 354,749−102,025=252,724(명)이다. 따라서 전년 대비 252,724−251,261=1,463(명) 증가하여 1,300명 이상 증가하였다. 한편, 사립 대학의 2020년 수용가능 인원을 수용률을 이용하여 1,202,368×0.21≒252,497(명)으로 구할 수도 있으나, 이는 오차가 발생할 수 있는 방법이다. 1명 단위까지 정확하게 계산할 수 있는 방법이 엄연히 존재하면 해당 방법을 이용해야 한다.

㉢ 국공립 대학 40개교 중에서 카드납부가 가능한 대학은 37개교이므로 카드납부가 불가능한 대학은 40−37=3(개교)뿐이다. 따라서 현금 분할납부가 가능한 국공립 대학 34개교 중 적어도 34−3=31(개교)는 반드시 카드납부도 가능할

수밖에 없으므로, 카드납부와 현금 분할납부가 모두 가능한 국공립 대학은 반드시 존재한다.

| 오답풀이 |

㉠ 수도권 대학의 2019년 수용률은 $\frac{119,940}{676,479}\times 100 \fallingdotseq 17.7(\%)$이다. 수도권 대학의 2020년 수용률은 18.2%이므로 전년보다 높다.

㉣ 카드납부가 가능한 직영 기숙사를 운영하는 대학은 27개교, 현금 분할납부가 가능한 직영 기숙사를 운영하는 대학은 43개교이다. 그런데 카드납부와 현금 분할납부가 모두 가능한 직영 기숙사를 운영하는 대학도 존재할 수 있고, 둘 다 불가능한 직영 기숙사를 운영하는 대학도 존재할 수 있으므로 직영 기숙사를 운영하는 전체 대학의 수가 70개교라고 단언할 수 없다. 따라서 문제에서 묻는 비율은 주어진 정보만으로는 알 수 없다.

문제접근법

(1) 2개의 [표]가 의미하는 것이 무엇인지 파악하고, 자료의 항목이 많으므로 이를 중점으로 확인하며, 주석의 식과 내용도 확인해야 한다.

(2) 보기 ㉠은 대소 비교를 통해 해결할 수 있는데, ㉠은 틀린 보기이므로 선택지 ①, ②를 소거할 수 있다. 남은 ㉡~㉣ 중 ㉢, ㉣은 계산을 하지 않아도 진위를 판단할 수 있으므로 ㉢, ㉣을 풀어 정답을 찾도록 한다.

전략풀이 TIP

㉠ $\frac{122,099}{672,055}$와 $\frac{119,940}{676,479}$의 대소 비교를 해야 한다. 그런데 $\frac{122,099}{672,055}$의 분자는 $\frac{119,940}{676,479}$보다 크지만, 분모는 더 작으므로 $\frac{122,099}{672,055}>\frac{119,940}{676,479}$이다. (×)

06 ▶ ②

| 정답풀이 |

연도별 전체 급속충전기 수 대비 다중이용시설 급속충전기 수의 비율을 구하면 다음과 같다.

- 2019년: $\frac{2,606}{5,390}\times 100 \fallingdotseq 48.3(\%)$
- 2020년: $\frac{5,438}{9,988}\times 100 \fallingdotseq 54.4(\%)$
- 2021년: $\frac{8,858}{15,003}\times 100 \fallingdotseq 59.0(\%)$

따라서 매년 증가한다.

| 오답풀이 |

① 2019년 휴게소 급속충전기 수는 2,606−(807+125+757+272+79+64+27)=475(대)이다. 따라서 문화시설(757대)의 급속충전기 수보다 적다.

③ 2020년과 2021년 공공시설 급속충전기 수를 구하면 다음과 같다.

- 2020년: 4,550−(898+303+102+499)=2,748(대)
- 2021년: 6,145−(1,275+375+221+522)=3,752(대)

연도별 주차전용시설과 쇼핑몰 급속충전기 수의 합을 구하면 다음과 같다.

- 2019년: 565+807=1,372(대)
- 2020년: 898+1,701=2,599(대)
- 2021년: 1,275+2,701=3,976(대)

2021년의 경우, 공공시설 급속충전기 수가 주차전용시설과 쇼핑몰 급속충전기 수의 합보다 적다.

④ 2019년 공동주택과 2021년 주유소의 급속충전기 수를 구하면 다음과 같다.

- 2019년 공동주택: 2,784−(1,595+565+119+476)=29(대)
- 2021년 주유소: 8,858−(2,701+2,099+1,646+604+227+378+152)=1,051(대)

기타를 제외한 장소 중 2019년 대비 2021년 급속충전기 수가 상대적으로 급격하게 증가한 주유소, 공동주택의 증가율을 비교해보면, 주유소는 $\frac{1,051-125}{125}\times 100 \fallingdotseq 741(\%)$, 공동주택은 $\frac{221-29}{29}\times 100 \fallingdotseq 662(\%)$이므로 주유소가 더 크다. 따라서 증가율이 가장 큰 장소는 주유소이다.

⑤ 다중이용시설과 일반시설 급속충전기 수의 2020년 대비 2021년 증가율을 구하면 다음과 같다.

- 다중이용시설: $\frac{8,858-5,438}{5,438}\times 100 \fallingdotseq 62.9(\%)$
- 일반시설: $\frac{6,145-4,550}{4,550}\times 100 \fallingdotseq 35.1(\%)$

35.1×1.5=52.65<62.9이므로 1.5배 이상이다.

💡 문제접근법

(1) 단일 [표]가 주어진 문제이지만, 빈칸이 주어졌으므로 [표]가 의미하는 것이 무엇인지 먼저 파악하되, 빈칸은 선택지를 풀면서 필요한 경우에만 계산한다.

(2) 선택지 ①~⑤ 모두 계산이 필요한 내용으로 시간이 비교적 오래 걸린다. 따라서 필요한 계산만 하되, 분수 비교, 수치 비교를 통해 정오를 판단하는 방법으로 접근하여 정답을 찾도록 한다.

전략풀이 TIP

② $\frac{2,606}{5,390}$(2019년)의 분자는 분모의 절반 미만이지만, $\frac{5,438}{9,988}$(2020년)과 $\frac{8,858}{15,003}$(2021년)은 절반 이상이므로 2019년이 가장 작다. 9,988 → 15,003은 약 1.5배 정도 증가한 반면, 5,438 → 8,858은 1.5배 이상(5,438의 절반은 약 2,700으로 둘의 합은 약 8,100) 증가하였으므로 $\frac{5,438}{9,988} < \frac{8,858}{15,003}$이다. (○)

07 ▶ ④

| 정답풀이 |

(전체 인구)=(유선 통신 가입자)+(무선 통신 가입자)−(유·무선 통신 동시 가입자)+(미 가입자)이다.

C국의 2013년 무선 통신 가입자는 7,700만 명이고, 인구 100명당 무선 통신 가입자가 77명이므로 전체 인구는 10,000만 명이다. C국의 유·무선 통신 동시 가입자 수를 x라 하면, 전체 인구를 기준으로 $10,000=3,200+7,700-x+700$의 식을 세울 수 있다. 위 식을 풀어 x를 구하면, $x=1,600$이다. 따라서 C국의 유·무선 통신 동시 가입자는 1,600만 명이다.

| 오답풀이 |

① 2013년 D국의 전체 인구는 1,100+1,300−500+100=2,000(만 명)이고, D국의 2013년 대비 2016년 인구 비율이 1.5이므로 2016년 전체 인구는 2,000×1.5=3,000(만 명)이다.
2016년 미 가입자 수를 x라 하면, $x=3,000-1,100-2,500+800=200$이다. 따라서 2016년 미 가입자는 200만 명이다.

② 2013년 B국의 유선 통신만 가입한 인구수는 1,900−300=1,600(만 명)이고, 무선 통신만 가입한 인구수는 3,000−300=2,700(만 명)으로 합은 1,600+2,700=4,300(만 명)이다.
2013년 D국의 유선 통신만 가입한 인구수는 1,100−500=600(만 명)이고, 무선 통신만 가입한 인구수는 1,300−500=800(만 명)으로 합은 600+800=1,400(만 명)이다.
$1,400\times3=4,200<4,300$이므로 2013년 유선 통신만 가입한 인구와 무선 통신만 가입한 인구의 합은 B국이 D국의 3배 이상이다.

③ B국의 2013년 대비 2016년 무선 통신 가입자 수의 비율이 1.5이므로, 2016년 무선 통신 가입자 수는 3,000×1.5=4,500(만 명)이다. 따라서 2016년 전체 인구는 1,400+4,500−100+200=6,000(만 명)이다.

⑤ A국의 유선 통신 가입자 수를 x라 하면, 전체 인구는 $x+4,100-700+200=x+3,600$(만 명)이다. 인구 100명당 유선 통신 가입자가 40명이라 하였으므로 $0.4\times(x+3,600)=x$임을 알 수 있다. 위 식을 풀어 x를 구하면, $0.6x=1,440$ → $x=2,400$이다. A국의 유선 통신 가입자는 2,400만 명이고, C국의 유선 통신 가입자는 3,200만 명이므로 둘의 차이는 800만 명이다.

💡 문제접근법

(1) [표]의 항목과 주석의 내용을 먼저 확인한다. 이 문제의 경우에는 주석의 내용을 통해 집합의 개념이 사용된 문제임을 파악할 수 있다.

(2) 집합의 개념이 적용된 문제의 경우에는 벤다이어그램을 먼저 그린 뒤, 해결한다.

전략풀이 TIP

다음과 같은 벤다이어그램이 성립한다.

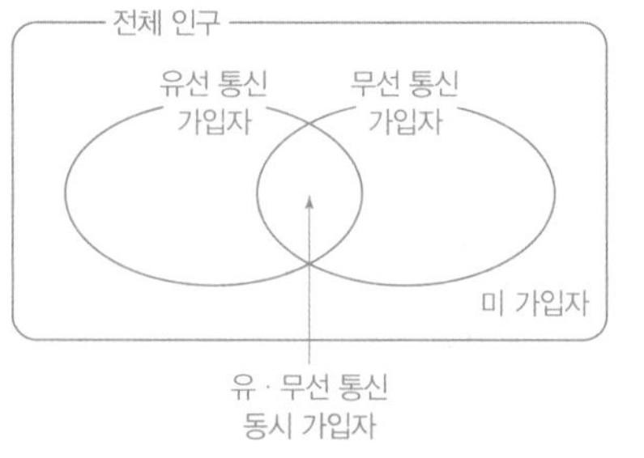

선택지 ①~⑤ 모두 위의 벤다이어그램만 파악한다면, 비교적 복잡하지 않은 계산으로 해결할 수 있다.

②에서 각 국가의 (유선 통신만 가입한 인구)+(무선 통신만 가입한 인구)는 합집합에서 교집합을 뺀 경우로, 각 국가의 (유선 통신 가입자)+(무선 통신 가입자)−(2×유 · 무선 통신 동시 가입자)이다.

08 ▶ ②

| 정답풀이 |

인천과 부산, 전국의 2015년 근로장려금을 신청한 가구의 가구당 근로장려금 신청 금액은 다음과 같다.

- 인천: $\frac{72+39}{105+40}=\frac{111}{145}\fallingdotseq0.77$(백만 원)
- 부산: $\frac{88+35}{126+37}=\frac{123}{163}\fallingdotseq0.75$(백만 원)
- 전국: $\frac{1,155+599}{1,695+608}=\frac{1,754}{2,303}\fallingdotseq0.76$(백만 원)

인천은 전국보다 많지만 부산은 전국보다 적다.

| 오답풀이 |

① 2011~2014년 동안 장려금을 신청한 가구 수와 금액은 다음과 같다.

[표] 장려금 신청 가구 수와 금액 (단위: 천 가구, 십억 원)

구분	2011년	2012년	2013년	2014년
가구 수	2,892	3,096	3,131	3,811
금액	3,085	3,259	3,485	3,681

따라서 가구 수와 금액은 매년 증가하였다.

③ 2015년 자녀장려금만 신청한 가구 수는 1,114천 가구이고, 자녀장려금만 신청한 가구 중 경기 지역 가구 수는 282천 가구, 광주 지역 가구 수는 43천 가구로 차지하는 비중은 각각 $\frac{282}{1,114}\times100\fallingdotseq25.3(\%)$, $\frac{43}{1,114}\times100\fallingdotseq3.9(\%)$이다. 따라서 둘의 차이는 $25.3-3.9=21.4(\%p)$로 20%p 이상이다.

④ 연도별 근로장려금과 자녀장려금을 모두 신청한 가구의 가구당 장려금 총 신청 금액은 다음과 같다.

[표] 연도별 가구당 장려금 총 신청 금액 (단위: 백만 원)

구분	2011년	2012년	2013년	2014년	2015년
총 신청 금액	1.96	2.38	1.98	1.72	1.73

따라서 가구당 장려금 총 신청 금액이 가장 많은 연도는 2012년이고, 가장 적은 연도는 2014년이다.

⑤ 2015년 지역별 근로장려금과 자녀장려금을 모두 신청한 가구의 가구당 근로장려금 신청 금액은 모두 1백만 원에 가깝지만, 근로장려금만 신청한 가구의 가구당 근로장려금 신청 금액은 모두 0.8백만 원 이하이다.

문제접근법

(1) 비교적 항목이 많고, 자료가 많이 긴 2개의 [표]가 주어진 문제로 항목을 위주로 각 [표]가 의미하는 것이 무엇인지 먼저 파악한다. 특히 행의 항목이 같은 경우에는 열의 항목을 중점으로 확인해야 한다.

(2) 선택지 ①~⑤ 모두 비교적 복잡한 계산이 필요한 내용으로 다소 시간이 걸린다. 특히 ②는 분수 비교를 하기에는 증감률의 차이가 미미하므로 가장 나중에 풀고, 다른 선택지를 먼저 풀어 정답을 찾도록 한다.

전략풀이 TIP

① 증가 폭이 상대적으로 큰 근로장려금만 신청한 가구 수와 자녀장려금만 신청한 가구 수 위주로 기준을 잡아 증가하였는지 확인한다. (○)

③ 경기 지역 가구 수와 광주 지역 가구 수의 차이는 약 240으로 1,114의 20% 정도인 223보다 크므로, 차이가 20%p 이상이다. (○)

⑤ 근로장려금만 신청한 가구의 가구당 근로장려금 신청 금액을 보면, 분모와 분자 간 비율 차이가 크므로 1보다 훨씬 작다. (○)

09 ▶ ④

| 정답풀이 |

2020년 전체 산불 건수는 620건이고, 입산자 실화의 산불 건수는 $620-(49+65+75+9+1+54+150)=217$(건)이다. 따라서 전체 산불 건수 중 입산자 실화가 원인인 산불 건수의 비율은 $\frac{217}{620}\times100=35(\%)$이다.

| 오답풀이 |

① 2016년 가해자 검거 건수는 $1,973-(131+73+137+167+240+305+231+239+246)=204$(건)이다. 따라서 2016년 검거율은 $\frac{204}{391}\times100\fallingdotseq52.2(\%)$이므로 51% 이상이다.

② 2011~2020년 연평균 산불 건수는 (277+197+296+492+623+391+692+496+653+620)÷10≒474(건)이다. 따라서 500건 미만이다.

③ 논밭두렁 소각의 검거율은 $\frac{45}{49}\times100≒91.8(\%)$이고, 성묘객 실화의 검거율은 $\frac{6}{9}\times100≒66.7(\%)$이다. 성묘객 실화의 산불 건수(9건)가 논밭두렁 소각의 산불 건수(49건)보다 적고, 검거율 역시 성묘객 실화가 더 낮으므로 옳지 않다.

⑤ 산불 건수가 가장 많은 연도는 692건인 2017년이고, 2017년 검거율은 $\frac{305}{692}\times100≒44.1(\%)$이다. 산불 건수가 가장 적은 연도는 197건인 2012년이고, 2012년 검거율은 $\frac{73}{197}\times100≒37.1(\%)$이다. 따라서 2017년 검거율이 2012년 검거율보다 높다.

문제접근법

(1) 2개의 [표]가 주어진 문제로 각 [표]의 항목과 [표2]의 주석의 내용을 먼저 확인한다. 특히 주석 3)의 식을 바탕으로 하는 내용이 반드시 출제되므로 주의 깊게 살펴본다.

(2) 선택지 ①~⑤ 중 분수 비교법으로 빠르게 해결할 수 있는 ③, ⑤를 먼저 푼다. ③, ⑤ 모두 틀린 선택지이므로 소거할 수 있고, 남은 ①, ②, ④를 풀어 정답을 찾도록 한다.(해당 선택지 모두 계산이 필요한 내용으로 시간이 다소 걸린다.)

전략풀이 TIP

② 2011~2020년 산불 건수의 총합이 5,000건 이상인지만 확인하여 대소 비교를 할 수 있다. (×)

③ 모든 산불 원인을 비교할 필요 없이 논밭두렁 소각과 성묘객 실화 원인만을 비교하여 판별할 수 있다. $\frac{45}{49}$와 $\frac{6}{9}$을 보면, 분모와 분자의 수치는 $\frac{45}{49}$가 훨씬 크지만, 분모와 분자의 차이는 각각 4, 3으로 그 차이는 매우 작으므로 $\frac{45}{49}>\frac{6}{9}$이다. (×)

⑤ $\frac{305}{692}$와 $\frac{73}{197}$을 비교해보면, 73×4<305이지만 197×4>692이므로 $\frac{305}{692}>\frac{73}{197}$이다. (×)

10 ▶ ④

| 정답풀이 |

㉠ 무더위 쉼터가 100개 이상인 도시는 C, D, E이다. C~E 중 인구수가 가장 많은 도시는 89만 명인 C이며, C의 인구수는 전체 인구수의 $\frac{89}{417}\times100≒21.3(\%)$로 20% 이상을 차지한다.

㉢ 온열 질환자 수가 가장 적은 도시는 10명인 F이다. 도시 A~F의 인구수 대비 무더위 쉼터 수를 구하면 다음과 같다.

- A: $\frac{92}{100}=0.92$(개/만 명)
- B: $\frac{90}{53}≒1.7$(개/만 명)
- C: $\frac{120}{89}≒1.35$(개/만 명)
- D: $\frac{100}{70}≒1.43$(개/만 명)
- E: $\frac{110}{80}≒1.38$(개/만 명)
- F: $\frac{85}{25}=3.4$(개/만 명)

인구수 대비 무더위 쉼터 수가 가장 많은 도시는 F이므로, 온열 질환자 수가 가장 적은 도시와 동일하다.

㉣ 전체 도시의 폭염 주의보 발령 일수의 평균은 $\frac{90+30+50+49+75+24}{6}=53$(일)이다. 폭염 주의보 발령 일수가 53일보다 많은 도시는 A, E이며, 도시 A와 E의 무더위 쉼터 수는 각각 92개, 110개이다. A와 E의 무더위 쉼터 수 평균은 $\frac{92+110}{2}=101$(개)로 100개 이상이다.

| 오답풀이 |

㉡ 도시 C와 E를 비교해보면, 도시 C의 인구수는 89만 명, E의 인구수는 80만 명으로 도시 C의 인구수가 더 많다. 하지만 도시 C의 온열 질환자 수는 34명, E의 온열 질환자 수는 52명으로 도시 E의 온열 질환자 수가 더 많다.

문제접근법

(1) 주석이 없는 [표]가 주어진 문제로 [표]가 무엇을 의미하는지 먼저 파악한 후, [보기]를 본다.

(2) ㉠~㉣ 중 계산 없이 해결할 수 있는 ㉡을 먼저 푼다. ㉡은 틀린 보기이므로 선택지 ①, ③, ⑤를 소거할 수 있고, 남은 선택지 구조상 ㉠, ㉢이 포

함되어 있으므로 ㉣만을 풀어 정답을 찾도록 한다.

전략풀이 TIP

㉣ 전체 도시의 폭염 주의보 발령 일수의 합을 어림셈으로 하면 320일로 평균은 50일이 조금 넘으며, 도시 A와 E만 평균보다 많음을 알 수 있다. (92−100)+(110−100)=2>0이므로 평균은 100개 이상이다. (○)

04	PSAT 기출변형 Lv.3			본문 P. 127~131
01	02	03	04	05
④	④	④	④	④

01 ▶ ④

| 정답풀이 |

2017년과 2018년 불기소 인원의 차이는 23,889−19,039=4,850(명)이고, 2014년과 2017년 불기소 인원의 차이는 19,449−19,039=410(명)이다. 따라서 10배 이상이다.

| 오답풀이 |

① 2016년 불기소 인원은 28,593−12,287=16,306(명)이고, 정식재판 기소 인원은 12,287−10,050=2,237(명)이다. 2,237×7=15,659(명)이므로 16,306>15,659이다. 따라서 7배 이상이다.

② 2018년 기소 인원은 3,513+10,750=14,263(명)으로 2014년보다 증가하였다. 2014년과 2018년 기소율을 구하면 다음과 같다.

- 2014년: $\frac{14,205}{33,654}\times 100 \fallingdotseq 42.2(\%)$
- 2018년: $\frac{14,263}{38,152}\times 100 \fallingdotseq 37.4(\%)$

따라서 기소율은 2014년에 비해 감소하였다.

③ 2015년 이후 처리 인원이 전년 대비 증가한 연도는 2016~2018년이다. 2015~2018년의 불기소 인원은 각각 15,435명, 16,306명, 19,039명, 23,889명으로 매년 증가한다.(불기소 인원=처리 인원−기소 인원이고, 기소 인원=정식재판 기소 인원+약식재판 기소 인원이다.)

⑤ 정식재판 기소 인원과 약식재판 기소 인원의 합은 기소 인원이므로, 선택지의 내용은 기소율에 대한 내용이라고 할 수 있다. 2014~2018년 기소율은 다음과 같다.

[표] 연도별 기소율 (단위: %)

구분	2014년	2015년	2016년	2017년	2018년
기소율	42.2	41.5	43.0	38.8	37.4

따라서 매년 50% 미만이다.

문제접근법

(1) [표]의 항목과 주석의 내용을 먼저 확인한다. 특히 주석 3)의 식을 바탕으로 하는 내용이 반드시

Ⅱ 수리능력

출제되므로 주의 깊게 살펴본다.

(2) 선택지 ①~⑤ 모두 계산이 필요한 내용이지만, 정확한 값을 찾는 것이 아닌 대소 비교에 대한 내용이므로 수치 비교와 분수 비교를 바탕으로 순차적으로 풀어 정답을 찾도록 한다.

전략풀이 TIP

① 2016년 정식재판 기소 인원은 약 2,200명이고, 불기소 인원은 16,000명을 약간 넘는다. 2,200의 7배는 16,000 미만이다. (○)

② 2014년 기소율인 $\frac{14,205}{33,654}$와 2018년 기소율인 $\frac{14,263}{38,152}$을 비교해보면, 분자 14,205 → 14,263은 1% 미만 증가한 반면, 분모 33,654 → 38,152는 10% 이상 증가하였으므로 $\frac{14,205}{33,654} > \frac{14,263}{38,152}$이다. (○)

④ 2017년과 2018년 불기소 인원의 차이는 약 4,800명이고, 2014년과 2017년 불기소 인원의 차이는 410명으로 10배 이상 차이난다. (×)

⑤ 2014~2018년 모두 (기소 인원)×2<(처리 인원)이다. (○)

02 ▶ ④

| 정답풀이 |

의료 기관의 입원 진료비 중 본인부담 금액이 모두 포함되는 경우에 공단부담 금액은 최소가 된다. 연도별 최소 공단부담 금액은 다음과 같다.

- 2013년: 158,365−116,727=41,638(억 원)
- 2014년: 160,791−121,246=39,545(억 원)
- 2015년: 178,911−128,308=50,603(억 원)
- 2016년: 190,426−136,350=54,076(억 원)
- 2017년: 207,214−146,145=61,069(억 원)

2014년에는 약 3조 9천억 원 정도로 4조 원 미만이다.

| 오답풀이 |

① 2016년 A국의 건강보험 진료비의 전년 대비 증가율은 $\frac{544,250-509,552}{509,552}\times100 \fallingdotseq 6.8(\%)$이다. 2016년 C국의 건강보험 진료비의 전년 대비 증가율은 12.1%이므로 A국이 더 작다.

② 2012년 B국의 건강보험 진료비를 x라 하면, 2013년 B국의 건강보험 진료비는 $1.163x$, 2014년 B국의 건강보험 진료비는 $1.163x\times1.036=1.204868x$이다. B국의 2012년 대비 2014년 건강보험 진료비의 비율은 $\frac{1.204868x}{x}=1.204868$이므로 1.2 이상이다.

③ [표1] 또는 [표2]를 통해 A국의 건강보험 진료비는 2017년에 579,593억 원으로 가장 많다는 것을 알 수 있다. 남은 B~E국의 경우, 정확한 진료비를 알 수 없지만, [표3]의 증가율을 통해 대소 관계를 파악할 수 있다. B~D국의 경우, 매년 증가율이 양수이므로 2017년에 가장 많다는 것을 알 수 있다. E국의 경우, 2014년에 2013년 대비 약간 감소하였지만, 2015~2017년 동안 감소한 비율보다 증가한 비율의 수치가 더 크므로, 진료비를 미지수로 설정해 비율을 직접 계산할 필요 없이 2017년에 가장 많다는 것을 알 수 있다. 따라서 A~E국 모두 2017년에 건강보험 진료비가 가장 많다.

⑤ 2014년과 2015년의 약국 직접조제 진료비는 전년 대비 감소하였고, 2016년의 약국 직접조제 진료비는 2015년과 동일한데, 2014~2016년의 전체 진료비가 전년 대비 증가하였으므로 2016년까지 약국의 직접조제 진료비가 차지하는 비중은 감소한다는 것을 알 수 있다. 2016년과 2017년의 비중을 구하면 다음과 같다.

- 2016년: $\frac{66}{544,250}\times100 \fallingdotseq 0.0121(\%)$
- 2017년: $\frac{69}{579,593}\times100 \fallingdotseq 0.0119(\%)$

2017년 비중은 전년 대비 감소하였으므로 2014~2017년 동안 약국의 직접조제 진료비가 차지하는 비중은 전년 대비 매년 감소한다.

문제접근법

(1) 3개의 [표]가 주어진 문제로 복합적으로 연계된 내용의 선택지가 출제될 가능성이 높다. 따라서 각 자료의 제목과 항목을 먼저 확인한 후, 바로 선택지를 본다.

(2) 선택지 ①~⑤ 중 ②는 다소 복잡한 계산이 필요한 내용이므로 가장 나중에 풀고, 남은 선택지를 먼저 풀되 대부분 대소 관계에 대한 내용이므로 수치 비교와 분수 비교를 활용하여 해결한다.

전략풀이 TIP

① $\frac{34,698}{509,552}$에서 34,698은 509,552의 10% 정도인 50,955보다 작으므로 10% 미만이다. (○)

④ 교집합 개념이 적용된 선택지로 본인부담 금액

이 모두 의료 기관의 입원 진료비에 포함되어 있을 경우에 최소가 된다는 것만 파악한다면 쉽게 풀 수 있다. 일의 자리까지 모두 계산할 필요 없이 어림셈으로 앞의 세 자리 수끼리의 차이를 구하면, 2014년에는 4조 원 미만이다. (×)

⑤ 2016년과 2017년만 대소를 확인하면 되는데 $\frac{66}{544,250}$과 $\frac{69}{579,593}$의 분자와 분모를 비교해 보면, 분자는 66 → 69로 약 5% 정도 증가한 반면, 분모는 544,250 → 579,593으로 5% 이상 증가하였으므로 $\frac{66}{544,250} > \frac{69}{579,593}$이다. (○)

03 ▶ ④

| 정답풀이 |

㉡ ㉠에서 구한 값을 바탕으로 판단할 때 2018년 C의 가맹점 수는 763개로 800개 미만이고, D의 가맹점 수는 420개로 400개 이상이다.

㉣ 2018년 기업별 폐점 수 대비 신규개점 수의 비율을 구하면 다음과 같다.

- A: $\frac{249}{11} \times 100 ≒ 2,264(\%)$
- B: $\frac{101}{27} \times 100 ≒ 374(\%)$
- C: $\frac{157}{24} \times 100 ≒ 654(\%)$
- D: $\frac{93}{55} \times 100 ≒ 169(\%)$
- E: $\frac{131}{4} \times 100 = 3,275(\%)$

따라서 비율이 가장 높은 기업은 E이다. 기업 E의 2019년 폐점 수 대비 신규개점 수는 $\frac{149}{8}$ ≒19(개)로 20개 미만이다.

| 오답풀이 |

㉠ 2018년 기업 A~E의 가맹점 수는 [표1]을 이용해서 구할 수 있다.

- A: 2018년 가맹점 수를 a라 하면, $31.1 = \frac{390}{a+390} \times 100$의 식이 성립한다. 이를 정리하면, $31.1a = 26,871 \rightarrow a ≒ 864$
- B: 2018년 가맹점 수를 b라 하면, $9.5 = \frac{89}{b+89} \times 100$의 식이 성립한다. 이를 정리하면, $9.5b = 8,054.5 \rightarrow b ≒ 848$
- C: 2018년 가맹점 수를 c라 하면, $12.6 = \frac{110}{c+110} \times 100$의 식이 성립한다. 이를 정리하면, $12.6c = 9,614 \rightarrow c ≒ 763$
- D: 2018년 가맹점 수를 d라 하면, $35.7 = \frac{233}{d+233} \times 100$의 식이 성립한다. 이를 정리하면, $35.7d = 14,981.9 \rightarrow d ≒ 420$
- E: 2018년 가맹점 수를 e라 하면, $27.3 = \frac{149}{e+149} \times 100$의 식이 성립한다. 이를 정리하면, $27.3e = 10,832.3 \rightarrow e ≒ 397$

이를 바탕으로 2019년과 2020년 기업 A~E의 가맹점 수를 구하면 다음과 같다.

[2019년]

- A: 864+390−12=1,242(개)
- B: 848+89−53=884(개)
- C: 763+110−39=834(개)
- D: 420+233−25=628(개)
- E: 397+149−8=538(개)

[2020년]

- A: 1,242+357−21=1,578(개)
- B: 884+75−140=819(개)
- C: 834+50−70=814(개)
- D: 628+204−64=768(개)
- E: 538+129−33=634(개)

따라서 2019년에 비해 2020년 가맹점 수가 감소한 기업은 B와 C이다.

㉢ 2020년 가맹점 수는 E가 634개로 가장 적고, A가 1,578개로 가장 많다.

문제접근법

(1) 2개의 [표]가 주어진 문제로 [표]가 의미하는 것이 무엇인지 먼저 파악한다. 이 문제의 경우 자료는 복잡하지 않지만, [표] 주석의 식을 이해하지 못하면 해결하는 데 어려움이 있으므로 식의 구조를 반드시 이해해야 한다.

(2) ㉠~㉣ 중 자료의 수치만으로 해결할 수 있는 ㉠, ㉣을 먼저 푼다. ㉠은 옳은 보기이고 ㉣은 틀린 보기이므로 선택지 ①, ②, ③을 소거할 수 있다. 남은 ㉡, ㉢ 중 기준 값이 제시되어 대소 관계를 판별할 수 있는 ㉡을 풀어 정답을 찾도록 한다.

전략풀이 TIP

㉠ 2020년 신규개점 수보다 폐점 수가 많으면 2019년 대비 가맹점 수가 감소한 것이 된다. 신규개점 수보다 폐점 수가 많은 기업은 B, C이다. (○)

㉡ 2018년 C의 가맹점 수가 800개 미만이면, 800개일 때의 2019년 신규개점률이 12.6%보다 낮을 것이다. 만약 가맹점 수가 800개이면, 2019년 신규개점률은 $\frac{110}{800+110}\times100=\frac{110}{910}\times100\fallingdotseq12.1(\%)$로 12.6%보다 낮다. 따라서 2018년 C의 가맹점 수는 800개 미만이다. 이와 같은 방법으로 확인하면, D의 가맹점 수는 400개 이상이다. (×)

㉣ (폐점 수)×10<(신규개점 수)인 기업은 A, E이다. $\frac{249}{11}<\frac{262}{8}\left(=\frac{131}{4}\right)$이므로 비율이 가장 높은 기업은 E이다. 기업 E의 2019년 폐점 수는 8개로 20배는 160개인데 신규개점 수는 149개이므로 폐점 수 대비 신규개점 수는 20개 미만이다. (×)

04 ▶ ④

| 정답풀이 |

A: 1라운드에 1발, 3라운드에 2발, 4라운드에 3발을 적중시켰다. 참가자별로 1발만 적중시킨 라운드 횟수가 2회 이하이므로 2라운드나 5라운드 중 한 라운드에만 1발을 적중시킬 수 있다. 그런데 5라운드에는 이미 B가 1회 적중시켰는데, 각 라운드마다 참가자들의 적중 횟수가 동일하지 않으므로 5라운드에서 A는 1발만 적중시킬 수 없다. 2라운드에서는 B, C가 각각 4발, 5발을 적중시켰으므로 2라운드에 A가 1발을 적중시킬 수 있다. 따라서 A가 2라운드에 1발, 5라운드에 2발을 적중시키면 최소가 된다. 따라서 최소가 되는 총 적중 횟수는 1+1+2+3+2=9(회)이다.

B: 1라운드에 5발, 2라운드에 4발, 4라운드에 1발, 5라운드에 1발을 적중시켰다. 이미 두 라운드에서 1발을 적중시켰으므로 3라운드에서 1발을 초과해서 적중한다. 3라운드에서는 A가 2발을 적중시켰으므로 B가 2발을 적중할 수 없고 최소 3발을 적중해야 한다. 따라서 최소가 되는 총 적중 횟수는 5+4+3+1+1=14(회)이다.

C: 2라운드에 5발, 3라운드에 4발, 5라운드에 5발을 적중시켰다. 최대 5발까지 적중 가능한데 1라운드에서는 B가 이미 5발을 적중시켰으므로 C는 최대 4발을 적중시킬 수 있다. 4라운드에서는 최대 5발을 적중시킬 수 있다. 따라서 최대가 되는 총 적중 횟수는 4+5+4+5+5=23(회)이다.

그러므로 A의 총 적중 횟수의 최솟값과 B의 총 적중 횟수의 최솟값과 C의 총 적중 횟수의 최댓값의 합은 9+14+23=46이다.

문제접근법

(1) [표]와 [조건]이 주어진 문제로 자료의 길이는 짧지만, 결괏값을 구하는 것이 아닌 [조건]에 따라 경우를 생각해야 하는 다소 난도가 높은 문제이다. [표]의 제목을 통해 의미하는 것을 먼저 확인하고, [조건]을 바로 본다.

(2) [조건]의 내용을 바탕으로 순차적으로 대입하여 여러 경우를 확인한 후, 문제에서 만족하는 경우를 찾아 해결한다.

전략풀이 TIP

구하고자 하는 값이 총 적중 횟수이므로 일단 빈칸을 제외한 라운드별 적중 횟수를 옆에 써 놓는다. 두 번째 조건에서 라운드별 적중 횟수는 최소 1발, 최대 5발이고, 세 번째 조건에서 참가자별로 1발만 적중시킨 라운드 횟수가 2회 이하이고, 네 번째 조건에서 각 참가자들의 적중 횟수는 동일하지 않다. 이를 바탕으로 빈칸에 들어갈 수 있는 가능한 적중 횟수를 구하여 정리하면 다음과 같다.

라운드 참가자	1	2	3	4	5
A	1발	(1~3발)	2발	3발	(2~4발)
B	5발	4발	(3, 5발)	1발	1발
C	(2~4발)	5발	4발	(2, 4, 5발)	5발

A의 총 적중 횟수가 최소가 되려면 2라운드에서 1발, 5라운드에서 2발을 적중해야 하고, B의 총 적중 횟수가 최소가 되려면 3라운드에서 3발을 적중해야 하고, C의 총 적중 횟수가 최대가 되려면 1라운드에서 4발, 4라운드에서 5발을 적중해야 한다. 따라서 총합은 (1+1+2+3+2)+(5+4+3+1+1)+(4+5+4+5+5)=46이다.

05 ▶ ④

| 정답풀이 |

갑, 을, 병의 출근 1회당 대중교통요금, 기본 마일리지, 추가 마일리지, 마일리지 적용 거리는 다음과 같다.

구분	출근 1회당 대중교통요금	기본 마일리지	추가 마일리지	마일리지 적용 거리 (최대 800m)
갑	3,200원	450원	200원	800m
을	2,300원	350원	0원	800m
병	1,800원	250원	100원	600m

따라서 회사 지원액을 고려하지 않은 월간 출근 교통비는 다음과 같다.

- 갑: $\{3,200-(450+200)\times1\}\times15=38,250$(원)
- 을: $\{2,300-(350+0)\times1\}\times22=42,900$(원)
- 병: $\left\{1,800-(250+100)\times\frac{3}{4}\right\}\times22=33,825$(원)

여기서 회사 지원액을 빼면 다음과 같다.

- 갑: $38,250-15\times500\times1.2=29,250$(원)
- 을: $42,900-(10,000+2\times500)\times1.5=26,400$(원)
- 병: $33,825-22\times200=29,425$(원)

따라서 월간 출근 교통비를 가장 많이 지출하는 직장인(병)과 가장 적게 지출하는 직장인(을)의 교통비 금액 차이는 $29,425-26,400=3,025$(원)이다.

문제접근법

(1) 일반적인 자료해석 문제와 비교해 많은 내용이 포함된 [그림]과 [조건]이 주어진 문제로 자료를 이해하는 데 시간이 많이 걸리고, 결괏값을 구해야 하는 고난도 문제이다.

(2) [조건]을 바탕으로 지원액을 고려하지 않은 갑~병의 사항을 항목별로 정리하여 계산하는 것이 먼저이며, 그다음 추가로 적용해야 하는 [조건]을 순차적으로 반영하여 해결한다.

(3) 실제로 상당히 많은 계산을 요구하는 문제이므로 실전에서는 다른 문제들을 푼 뒤, 마지막에 해결하는 것을 권장한다.

전략풀이 TIP

병의 월간 출근 교통비를 계산할 때, $(250+100)\times\frac{3}{4}$이 한 덩어리이므로 먼저 계산한 후에 1,800에서 빼야 한다는 것을 명심해야 한다.

CHAPTER 03 | 도표해석

01 | NCS 최신빈출 본문 P. 134~140

01	02	03	04	05
①	④	③	①	⑤

01 ▶ ①

| 정답풀이 |

2040년 65세 이상 인구는 $5,019\times0.344\fallingdotseq1,726.5$(만 명)이고, 2070년은 $3,766\times0.447\fallingdotseq1,683.4$(만 명)이므로 2070년에는 2040년 대비 감소하였다.

| 오답풀이 |

② 1980년 생산연령인구는 $3,812\times0.622\fallingdotseq2,371.1$(만 명)이고, 2040년에는 $5,019\times0.568\fallingdotseq2,850.8$(만 명)이다. 따라서 생산연령인구는 1980년 대비 2040년에 $\frac{2,850.8-2,371.1}{2,371.1}\times100\fallingdotseq20.2(\%)$ 증가하였다.

③ 조사 기간 중 2000년부터 2070년까지 사망자 수의 평균은 $(25+31+53+74+70)\div5=50.6$(만 명)이고, 출생아 수의 평균은 $(63+27+29+18+20)\div5=31.4$(만 명)이다. 따라서 $50.6-31.4=19.2$(만 명) 높다.

④ [그래프1]에 제시된 인구성장률이 전년 대비 자료라면, 1979년 총인구는 $3,812\div1.0154\fallingdotseq3,754.2$(만 명)이고, 2069년 총인구는 $3,766\div0.9876\fallingdotseq3,813.3$(만 명)이다. 따라서 2069년 총인구는 1979년 총인구보다 $3,813.3-3,754.2=59.1$(만 명) 더 많다.

⑤ 2020년 출생아 수는 27만 명이고, 2070년 출생아 수는 20만 명으로 예측된다. $27\times0.741\fallingdotseq20$(만 명)이므로 2020년 대비 2070년의 출생아 수는 약 74.1% 수준으로 감소하였다. 그리고 2020년 사망자 수는 31만 명이고, 2070년 사망자 수는 70만 명으로 예측되므로 $70\div31\fallingdotseq2.26$(배) 수준으로 증가하였다.

문제접근법

(1) [그래프]를 먼저 확인하고, [그래프] 사이의 관련성을 파악한다.

(2) 선택지를 살펴보고, [그래프]를 눈으로 확인하여 정오를 판단할 수 있는 것을 찾는다. 해당 문제

에서는 눈으로 해결할 수 있는 내용은 없고, 모든 선택지를 확인해야 하는 상황이다.

(3) 계산할 때, '이상', '미만'으로 정오를 판단해야 하는 선택지는 적당한 근사치로 계산한다.

전략풀이 TIP

① 1960년부터 2020년까지는 총인구가 꾸준히 증가하고, 65세 이상 인구의 비율 또한 꾸준히 높아진다. 따라서 인구수를 계산하지 않아도 증가하고 있음을 알 수 있다. 그리고 2040년에는 2020년과 총인구에서 큰 차이가 없지만, 65세 이상 인구 비중이 2020년 대비 2배 이상 증가하였으므로 65세 이상 인구수도 증가하였다고 볼 수 있다. 따라서 2040년 대비 2070년 65세 이상의 인구만 확인한다. (×)

02 ▶ ④

| 정답풀이 |

A사업을 통해 발생한 수익은 연도별로 각각 6,849억 원, 6,899억 원, 6,892억 원이고, B, C, D사업을 통해 발생한 수익의 합의 2배는 연도별로 각각 2,718×2=5,436(억 원), 2,894×2=5,788(억 원), 3,432×2=6,864(억 원)이다. 따라서 매년 2배 이상 많다는 것을 알 수 있다.

| 오답풀이 |

① W회사의 매출액이 제시되어 있지 않으므로 알 수 없다.

② $\dfrac{(\text{순이익률})}{(\text{영업 이익률})}=\dfrac{\dfrac{(\text{순이익})}{(\text{매출액})}\times 100}{\dfrac{(\text{영업 이익})}{(\text{매출액})}\times 100}$

$=\dfrac{(\text{순이익})}{(\text{영업 이익})}$으로 나타낼 수 있다.

2018~ 2020년 순이익과 영업 이익을 비교해보면, 매년 영업 이익보다 순이익이 더 적으므로 영업 이익률 대비 순이익률은 매년 1보다 작다.

③ 2018년 총자산에서 부채가 차지하는 비중은 $\dfrac{9,476-7,006}{9,476}\times 100=\dfrac{2,470}{9,476}\times 100 \fallingdotseq 26(\%)$이고, 자기자본에서 자본금이 차지하는 비중은 $\dfrac{2,914}{7,006}\times 100 \fallingdotseq 42(\%)$이다. 따라서 총자산에서 부채가 차지하는 비중은 자기자본에서 자본금이 차지하는 비중보다 낮다.

⑤ 2019년에 전년 대비 수익이 증가한 사업 분야는 A, B, D사업이다. 그러나 A사업의 경우, 2020년에는 전년 대비 7억 원이 감소하였다.

문제접근법

(1) [표]가 무엇을 의미하는지 먼저 파악한다. [표] 주석에 3개의 식이 주어져 있으므로 반드시 확인하고, 분모와 분자 간 식 관계를 확인하는 것도 좋다.

(2) 선택지 ①~⑤ 중 계산 없이 해결할 수 있는 ①, ②, ⑤를 먼저 푼다. ①, ②, ⑤ 모두 틀린 선택지이므로 소거할 수 있고, 남은 ③, ④를 분수 비교와 어림셈을 이용하여 풀어 정답을 찾도록 한다.

전략풀이 TIP

② [표] 주석의 식을 통해 $\dfrac{(\text{순이익})}{(\text{영업 이익})}$을 도출한다. 수치 비교를 통해 영업 이익률 대비 순이익률은 매년 1보다 작다는 것을 알 수 있다. (×)

③ $\dfrac{2,470}{9,476}$과 $\dfrac{2,914}{7,006}$를 비교해보면, 분모는 $\dfrac{2,470}{9,476}$이 더 크지만, 분자는 더 작으므로 $\dfrac{2,470}{9,476}<\dfrac{2,914}{7,006}$이다. (×)

03 ▶ ③

| 정답풀이 |

㉡ 연도별 관광 수지를 구하면 다음과 같다.

- 2012년: 13,201−16,495=−3,294(백만 달러)
- 2013년: 14,288−17,341=−3,053(백만 달러)
- 2014년: 17,336−19,470=−2,134(백만 달러)
- 2015년: 14,676−21,528=−6,852(백만 달러)
- 2016년: 16,754−23,689=−6,935(백만 달러)
- 2017년: 13,264−27,960=−14,696(백만 달러)
- 2018년: 18,462−31,528=−13,066(백만 달러)
- 2019년: 20,745−29,261=−8,516(백만 달러)
- 2020년: 10,436−13,450=−3,014(백만 달러)

따라서 전년 대비 흑자를 보인 해는 2013년, 2014년, 2018년, 2019년, 2020년으로 5개이다.

㉢ 방한 외래 관광객 수와 국민 해외 관광객 수의 차이가 가장 큰 해는 28,696−15,347=13,349(천 명)인 2018년이다.

| 오답풀이 |

㉠ 조사 기간 동안 관광 수지가 가장 낮은 해는 13,264−27,960=−14,696(백만 달러)인 2017년이다.

㉣ 2019년 대비 2020년 방한 외래 관광객 수와 국민 해외 관광객 수의 감소율을 구하면 다음과 같다.

- 방한 외래: $\frac{17,503-2,519}{17,503}\times 100 \fallingdotseq 85.6(\%)$
- 국민 해외: $\frac{28,714-4,276}{28,714}\times 100 \fallingdotseq 85.1(\%)$

따라서 모두 85% 이상 감소하였다.

문제접근법

(1) [그래프]와 [표]가 무엇을 의미하는지 먼저 파악한다. [그래프] 주석의 식은 반드시 확인한다.

(2) ㉠~㉣ 중 계산 없이 [그래프]의 폭으로 해결할 수 있는 ㉠, ㉡을 먼저 푼다. ㉠은 옳은 보기이고, ㉡은 틀린 보기이므로 선택지 ①, ②, ⑤를 소거할 수 있다. 남은 ㉢, ㉣ 중 하나의 보기를 풀어 정답을 찾도록 한다.

전략풀이 TIP

㉠ [그래프]에서 관광 수입과 관광 지출 간 차이가 확연히 큰 해는 2017년과 2018년으로 두 해의 관광 지출과 관광 수입 수치의 차이를 비교한다. (○)

㉢ [표]의 수치를 보면, 방한 외래 관광객과 국민 해외 관광객의 차이가 12,000 이상인 해는 2017년과 2018년이므로 두 해의 차이만 비교한다. (×)

04 ▶ ①

| 정답풀이 |

㉠ 빈칸 (A)~(D)의 값을 각각 구하면 다음과 같다.

- (A): $\frac{168,481-160,152}{160,152}\times 100 \fallingdotseq 5.2(\%)$
- (B): $\frac{189,800}{4,103,172}\times 100 \fallingdotseq 4.6(\%)$
- (C): $\frac{1,132,049-1,073,828}{1,073,828}\times 100 \fallingdotseq 5.4(\%)$
- (D): $\frac{624,739-594,173}{594,173}\times 100 \fallingdotseq 5.1(\%)$

따라서 빈칸 (A)~(D)의 값 중 가장 큰 것은 (C)이다.

㉣ 조직 형태별로 2021년 대비 2022년 종사자 수 증가율을 구하면 다음과 같다.

- 개인사업체:
  $\frac{8,413,151-8,272,436}{8,272,436}\times 100 \fallingdotseq 1.7(\%)$
- 회사법인:
  $\frac{10,022,163-9,934,168}{9,934,168}\times 100 \fallingdotseq 0.9(\%)$
- 회사이외법인:
  $\frac{3,546,321-3,366,656}{3,366,656}\times 100 \fallingdotseq 5.3(\%)$

따라서 조직 형태별로 구분할 때, 회사이외법인이 2021년 대비 2022년 종사자 수 증가율이 두 번째로 높다.

| 오답풀이 |

㉡ 2021년 도소매업과 숙박·음식점업의 1개 사업체당 종사자 수를 구하면 다음과 같다.

- 도소매업:
  3,250,867÷1,027,109≒3.17(명)
- 숙박·음식점업:
  2,326,716÷766,315≒3.04(명)

따라서 2021년 1개 사업체당 종사자 수는 도소매업보다 숙박·음식점업이 더 적다.

㉢ 2021년 대비 2022년 사업체 수 증가량을 구하면 다음과 같다.

- 제조업: 440,766−437,024=3,742(개)
- 건설업: 146,293−142,840=3,453(개)
- 도소매업:
  1,028,323−1,027,109=1,214(개)
- 운수업: 409,288−400,282=9,006(개)
- 숙박·음식점업:
  785,706−766,315=19,391(개)
- 부동산업: 168,481−160,152=8,329(개)
- 전문·과학·기술업:
  118,129−112,301=5,828(개)
- 교육서비스업:
  193,790−189,800=3,990(개)
- 보건·사회복지업:
  150,659−147,452=3,207(개)
- 사업시설·지원업:
  73,282−70,542=2,740(개)

따라서 2021년 대비 2022년에 5,000개 이상 사업체 수가 증가한 산업의 수는 4개이다.

문제접근법

(1) 3개의 [표]가 주어진 문제로 각 [표]의 항목을 먼저 확인한다. 항목이 같은 경우에는 [표]의 제목을 중점으로 살펴본다.

(2) ㉠~㉣ 중 ㉠은 구성비 또는 증가율을 네 번 계산해야 하므로 가장 나중에 푼다.

전략풀이 TIP

㉢ 2021년 사업체 수에 5,000을 더한 값이 2022년 사업체 수보다 큰지 작은지 확인하여 해결한다. (×)

05 ▶ ⑤

| 정답풀이 |

㉠ (A)$=\frac{104.6}{111.8}\times100≒93.6$이므로 (A)$<100$이다.

2017년 노동 투입량 지수는 $\frac{109.4\times102}{100}≒111.6$이므로 (B)$=\frac{112}{111.6}\times100≒100.4$이다. 따라서 (B)$>100$이다.

㉡ 2015년 노동 생산성 지수가 91.4이고, 노동 투입량 지수가 110.6이므로 $91.4=\frac{(C)}{110.6}\times100$

$\rightarrow$ (C)$=\frac{91.4\times110.6}{100}≒101.1$

2019년 노동 생산성 지수가 102.4이고, 노동 투입량 지수가 121.4이므로

$102.4=\frac{(D)}{121.4}\times100$

$\rightarrow$ (D)$=\frac{102.4\times121.4}{100}≒124.3$

따라서 (C)$+23<$(D)가 성립한다.

㉢ 4년 주기로 근로 시간 지수와 근로자 수 지수가 일정한 추세의 증감으로 2020년까지 반복되었다면, 2015년 대비 2016년의 근로 시간 지수는 $104-105=-1$로 1이 감소했으므로 2020년 근로 시간 지수는 $107-1=106$이고, 2015년 대비 2016년의 근로자 수 지수는 $107.5-105.3=2.2$로 2.2가 증가했으므로 2020년 근로자 수 지수는 $113.5+2.2=115.7$이다. 따라서 2020년 노동 투입량 지수는 $\frac{115.7\times106}{100}≒122.6$이고, 2020년 노동 생산성 지수인 (E)는 $\frac{127.1}{122.6}\times100≒103.7$이다.

문제접근법

(1) [표]가 무엇을 의미하는지 먼저 파악한다. [표] 주석에 2개의 식이 주어져 있으므로 반드시 확인하고, 분모와 분자 간 식 관계를 확인하는 것도 좋다.

(2) ㉠~㉢ 모두 빈칸 (A)~(E)에 대한 내용이다. ㉢은 결괏값, ㉠, ㉡은 대소 관계를 비교하는 내용이므로 순차적으로 풀어 정답을 찾도록 한다.

전략풀이 TIP

㉠ (A)는 산출량 지수(104.6)<노동 투입량 지수(111.8)이므로 계산하지 않아도 (A)<100임을 알 수 있다. (B) 식을 정리하면, $\frac{112\times100}{109.4\times102}\times100$으로 분자와 분모를 비교해보면, 100 → 102는 2% 증가한 반면, 109.4 → 112는 2% 이상 증가하였으므로 109.4×102<112×100이다. 따라서 (B)>100임을 알 수 있다. (○)

02 I PSAT 기출변형 Lv.1								본문 P. 141~154	
01	02	03	04	05	06	07	08	09	10
④	⑤	④	④	④	②	③	⑤	④	④

01 ▶ ④

| 정답풀이 |

영향도와 발생 가능성 지수의 차이가 가장 큰 글로벌 리스크는 영향도가 가장 높고 발생 가능성 지수가 가장 낮은 대량 살상 무기로, 대량 살상 무기의 영향도 대비 발생 가능성 지수의 비는 가장 작다.

| 오답풀이 |

① 에너지가격 충격의 영향도는 3보다 크고, 발생 가능성 지수는 3이므로 영향도 대비 발생 가능성 지수의 비는 1 이하이다.

② 원점을 기준으로 기울기$\left(=\frac{\text{영향도}}{\text{발생 가능성 지수}}\right)$가 1인 직선을 우상향으로 그린 뒤, 환경적 리스크에 해당하는 항목들이 직선 아래에 위치해 있는지 확인한다. 모든 환경적 리스크는 직선 아래에 위치해 있으므로, 모든 환경적 리스크의 발생 가능성 지수 대비 영향도의 비는 1 이하임을 알 수 있다.

③ [그래프]를 통해 모든 환경적 리스크는 영향도(3.48↑)와 발생 가능성 지수(3.42↑)가 각각의 전체 평균 이상임을 알 수 있다.

⑤ 영향도와 발생 가능성 지수가 각각의 전체 평균 이하인 경제적 리스크의 수는 6개이고, 영향도나 발생 가능성 지수가 각각의 전체 평균 이상인 경제적 리스크의 수는 3개이다.

문제접근법

(1) 정확한 수치가 별도로 주어지지 않은 [그래프]로 결괏값을 계산하는 내용은 출제되지 않음을 인지하고, [그래프]의 항목과 x축, y축, 그리고 범례를 중점으로 확인한다.

(2) 선택지 ①~⑤ 모두 계산 없이 주어진 자료만으로 해결할 수 있는 내용으로 순차적으로 풀되, [그래프]의 기울기, 비례·반비례 관계를 이용하여 푼다.

전략풀이 TIP

그래프의 기울기는 $\frac{\text{(영향도)}}{\text{(발생 가능성 지수)}}$로 $\frac{\text{(영향도)}}{\text{(발생 가능성 지수)}}=1$인 경우는 y=x 그래프 선상에 위치해 있다. 그리고 $\frac{\text{(영향도)}}{\text{(발생 가능성 지수)}}$와 $\frac{\text{(발생 가능성 지수)}}{\text{(영향도)}}$는 역의 관계라는 것에 주의하며, 둘은 서로 반비례한다.

④ 대량 살상 무기는 영향도가 가장 큰 반면 발생 가능성 지수가 가장 작으므로 $\frac{\text{(발생 가능성 지수)}}{\text{(영향도)}}$는 가장 작다. (×)

02 ▶ ⑤

| 정답풀이 |

㉡ 5개 토지 이용 유형의 2010년, 2020년 구획 개수는 다음과 같다.

[표] 토지 이용 유형별 구획 개수 (단위: 개)

구분	도시	수계	산림	농지	나지
2010년	6	7	8	7	8
2020년	12	6	7	7	4

따라서 2020년 면적이 2010년보다 넓은 유형은 도시 1개이고, 좁은 유형은 수계, 산림, 나지 3개이다. 그러므로 넓은 유형의 수가 좁은 유형의 수보다 적다.

㉢ 5개 토지 이용 유형 중 수계만이 가로, 세로 방향으로 모두 연결되어 있다. 대각선 방향으로 인접했을 때는 연결된 것으로 볼 수 없다는 점에 유의해야 한다.

㉣ 2010년에 산림이었던 구획이 2020년에도 산림으로 남은 비율은 $\frac{5}{8}$이고, 2010년에 나지였던 구획이 2020년에는 다른 유형으로 변경된 비율은 $\frac{6}{8}$이므로 옳다.

| 오답풀이 |

㉠ 2010년에 농지였던 구획은 2020년에 농지, 도시, 나지로 총 3가지 유형이 되었다.

문제접근법

(1) [정보]의 내용을 먼저 확인한 뒤, [그림]이 의미하는 것이 무엇인지 파악한다. 별도의 수치가 주어지지 않았으므로 계산하여 해결하는 내용은 아님을 인지한다.

Ⅱ 수리능력

(2) ㉠은 틀린 보기이므로 선택지 ①, ④를 소거할 수 있고, 남은 선택지 구조상 ㉣이 모두 포함되어 있으므로 ㉡, ㉢을 풀어 정답을 찾도록 한다.

전략풀이 TIP

㉣ 2010년에 산림이었던 구획과 나지였던 구획의 개수는 같으므로 2020년에 대한 사항만 확인한다. (○)

03 ▶ ④

| 정답풀이 |

1종 면허 남자 응시자 수는 4,149+23,133+909=28,191(명)이고, 2종 면허 남자 응시자 수는 25,047+1,753+1,339=28,139(명)이다. 따라서 1종 면허 남자 응시자 수가 더 많다.

| 오답풀이 |

① 2종 보통 면허 합격률은 $\frac{26,289}{39,312}\times100 \fallingdotseq 66.9$(%)이다. 따라서 2종 보통 면허 불합격률은 100−66.9=33.1(%)이므로 30% 이상이다.

② 1종 면허 응시자 수는 4,199+24,388+920=29,507(명)이고, 2종 면허 응시자 수는 39,312+1,758+1,399=42,469(명)이다. 1종 면허 응시자 수의 2배는 29,507×2=59,014(명)이므로 2종 면허 응시자 수는 1종 면허 응시자 수의 2배 미만이다.

③ 전체 응시자의 합격률은 $\frac{44,012}{71,976}\times100 \fallingdotseq 61.1$(%)이고, 전체 남자 응시자의 합격률은 $\frac{33,150}{56,330}\times100 \fallingdotseq 58.8$(%)이다. 따라서 전체 응시자의 합격률이 더 높다.

⑤ 여자의 1종 대형 면허 합격률은 $\frac{4}{50}\times100=8$(%)이고, 여자의 2종 소형 면허 합격률은 $\frac{1}{5}\times100=20$(%)이다. 따라서 여자의 1종 대형 면허 합격률이 더 낮다.

문제접근법

(1) [표]의 항목과 세부항목별 구성을 먼저 확인하고, 주석의 식을 파악한다. [표]에 주어진 빈칸의 경우에는 선택지의 내용을 확인하면서 필요한 경우에만 구한다.

(2) 선택지 ①~⑤ 중 분수 비교로 해결할 수 있는 ③, ⑤를 먼저 푼다. ③, ⑤ 모두 옳은 선택지이므로 소거할 수 있고, 남은 ①, ②, ④ 중 비교적 정확한 값을 구해야 하는 ④ 대신에 ①, ②를 먼저 풀어 정답을 찾는다.

전략풀이 TIP

① 여사건 개념으로 2종 보통 면허 합격률이 70% 이하인지만 확인하면 되므로 39,312의 70%가 26,289보다 큰지 작은지 확인한다. 39,312×0.7=27,518.4>26,289이다. (○)

③ $\frac{44,012}{71,976}$와 $\frac{33,150}{56,330}$의 분모, 분자를 비교해보면, 56,330 → 71,976은 30% 미만 증가하였지만 33,150 → 44,012는 30% 넘게 증가하였으므로 $\frac{44,012}{71,976}>\frac{33,150}{56,330}$이다. (○)

⑤ $\frac{4}{50}$의 분모는 분자의 10배 이상이지만, $\frac{1}{5}$의 분모는 분자의 5배이므로 $\frac{4}{50}<\frac{1}{5}$이다. (○)

04 ▶ ④

| 정답풀이 |

㉠ 국어 평균 점수는 (90+85+60+95+75)÷5=81(점)이고, 수학 평균 점수는 (75+70+85+100+100)÷5=86(점)이다. 따라서 국어 평균 점수는 80점 이상이고, 수학 평균 점수와의 차이는 86−81=5(점)이다.

㉢ 갑~무의 각 과목별 0.4, 0.2, 0.4의 가중치를 적용한 점수의 합을 구하면 다음과 같다.

- 갑: (90×0.4)+(90×0.2)+(75×0.4)=84(점)
- 을: (85×0.4)+(85×0.2)+(70×0.4)=79(점)
- 병: (60×0.4)+(100×0.2)+(85×0.4)=78(점)
- 정: (95×0.4)+(65×0.2)+(100×0.4)=91(점)
- 무: (75×0.4)+(100×0.2)+(100×0.4) =90(점)

따라서 점수의 합이 가장 큰 학생은 정이다.

㉣ 병의 성별이 남자일 경우, 갑~무의 성별 수학 평균 점수를 구하면 다음과 같다.

- 남학생: (75+85+100)÷3≒87(점)
- 여학생: (70+100)÷2=85(점)

병의 성별이 여자일 경우, 갑~무의 성별 수학 평균 점수를 구하면 다음과 같다.

- 남학생: (75+100)÷2=87.5(점)
- 여학생: (70+85+100)÷3=85(점)

따라서 병의 성별에 상관없이 갑~무의 성별 수학 평균 점수는 남학생이 여학생보다 더 높다는 것을 알 수 있다.

| 오답풀이 |

㉡ 갑~무의 3개 과목 평균 점수를 구하면 다음과 같다.

- 갑: (90+90+75)÷3=85(점)
- 을: (85+85+70)÷3=80(점)
- 병: (60+100+85)÷3≒82(점)
- 정: (95+65+100)÷3≒87(점)
- 무: (75+100+100)÷3≒92(점)

3개 과목 평균 점수가 두 번째로 높은 학생은 약 87점인 정이고, 가장 낮은 학생은 80점인 을이다. 두 평균 점수의 차이는 약 87−80=7(점)이므로 10점 미만이다.

문제접근법

(1) 간단한 [표]가 주어진 문제로 [표]가 의미하는 것이 무엇인지 파악한다. 빈칸이 주어졌지만 다른 문제와 다르게 수치에 대한 빈칸이 아니므로 경우를 확인해야 함을 인지하고 [보기]를 본다.

(2) ㉠~㉣ 중 비교적 간단하게 해결할 수 있는 ㉠을 먼저 푼다. ㉠은 옳은 보기이므로 선택지 ③, ⑤를 소거할 수 있고, 남은 선택지 구조상 ㉡이 포함되어 있지 않으므로 ㉢, ㉣을 풀어 정답을 찾도록 한다.

전략풀이 TIP

㉠ 갑~무의 국어 점수의 합은 405점으로 80×5=400(점)보다 높으므로 80점 이상이다. 그리고 국어 점수를 기준으로 갑~무의 수학 점수와의 차이를 보면, 순서대로 +15, +15, −25, −5, −25이다. 15+15−25−5−25=−25(점)이므로 국어 평균 점수와 수학 평균 점수의 차이는 5점이다. (○)

㉢ 국어, 수학의 가중치는 영어의 가중치의 2배이므로, 국어 점수 : 영어 점수 : 수학 점수 =2:1:2=1:0.5:1로 생각할 수 있다. 이를 바탕으로 갑의 점수의 합을 구하면 90+(90÷2)+75=210(점)이다. 남은 을~무를 어림산하면, 을과 병은 200 미만으로 제외할 수 있고, 국어 점수와 수학 점수가 비교적 높은 정, 무의 점수를 계산하여 비교한다. (○)

㉣ 병을 제외한 갑, 을, 정, 무의 남학생 수학 평균 점수는 87.5점이고, 여학생 수학 평균 점수는 85점이다. 병의 수학 점수가 85점이므로 병이 여학생이라면 수학 평균 점수는 그대로 85점이 될 것이고, 병이 남학생이라면 수학 평균 점수는 85점과 87.5점 사이일 것이다. (○)

05 ▶ ④

| 정답풀이 |

갑, 을, 병의 총점을 구하면 다음과 같다.

- 갑: 6+15+17=38(점)
- 을: 8+6+25=39(점)
- 병: 10+12+10=32(점)

따라서 우선순위는 을−갑−병 순이다.

편익:피해액:재해발생위험도의 점수를 3:5:2의 비율로 적용할 경우, 갑, 을, 병의 총점을 구하면 다음과 같다.

- 갑: 6×0.3+15×0.5+17×0.2=12.7(점)
- 을: 8×0.3+6×0.5+25×0.2=10.4(점)
- 병: 10×0.3+12×0.5+10×0.2=11(점)

따라서 우선순위는 갑−병−을 순이므로 기존 우선순위와 다르다.

| 오답풀이 |

① 우선순위는 을−갑−병 순이고, 재해발생위험도 점수는 을(25점)−갑(17점)−병(10점) 순이므로 순위는 같다.

② 갑~병의 피해액 점수와 재해발생위험도 점수의 합은 갑이 15+17=32(점), 을이 6+25=31(점), 병이 12+10=22(점)이므로 갑 지역이 가장 크다.

③ 갑 지역의 편익 등급이 B로 변경되면, 총점은 8+15+17=40(점)이 되므로 을의 총점인 39점보다 높다. 따라서 우선순위가 가장 높은 지역이 된다.

⑤ 우선순위가 가장 높은 지역인 을과 가장 낮은 지역인 병의 피해액 점수 차이는 12−6=6(점)이고, 재해발생위험도 점수 차이는 25−10=15(점)이므로 피해액 점수 차이가 더 작다.

문제접근법

(1) 2개의 간단한 [표]가 주어진 문제로 각 [표]가 의미하는 것이 무엇인지 항목 위주로 파악한다.

(2) 선택지 ①~⑤ 중 우선순위를 알지 않아도 바로 해결할 수 있는 ②를 먼저 푼다. 한편 우선순위를 구하는 데 어렵지 않으므로 ①, ③, ⑤를 그다음으로 풀어 정답을 찾도록 한다.

전략풀이 TIP

② 갑의 피해액과 재해발생위험도 등급은 병보다 모두 높다. 갑과 을을 비교하면, 피해액 점수는 갑 지역이 9점 더 높고, 재해발생위험도 점수는 갑 지역이 8점 더 낮으므로 점수의 합은 갑 지역이 더 크다. (○)

③ 갑 지역의 편익 등급이 B로 변경되면, 한 등급이 상승한 것이 되므로 총점은 2점 더 높아진다. (○)

④ 재해발생위험도를 1로 설정하면, 편익은 1.5, 피해액은 2.5로 기존 편익 점수에 1.5, 기존 피해액 점수에 2.5를 곱하여 비교한다. (×)

⑤ 을과 병의 피해액 등급과 재해발생위험도 등급은 모두 두 단계가 차이나는데 등급당 배점 차이는 재해발생위험도가 더 크므로 피해액 점수 차이가 더 작다. (○)

06 ▶ ②

| 정답풀이 |

[표]의 빈칸에 들어갈 값을 계산하면 다음과 같다.

- 2018년 전체: 32,235+38,976+7,718+1,636 =80,565(ha)
- 2019년 솔잎혹파리: 69,812−(29,325+6,380 +1,576)=32,531(ha)
- 2020년 솔껍질깍지벌레: 63,446−(29,332+ 27,530+1,560)=5,024(ha)
- 2022년 참나무시들음병: 58,451−(32,627+ 20,840+3,497)=1,487(ha)

㉢ 조사 기간 중 세 번째로 솔껍질깍지벌레 발생면적이 넓은 해는 5,024ha인 2020년이다. 2020년 참나무시들음병 발생면적은 1,560ha로 해당 면적의 20배는 1,560×20=31,200(ha)이다. 2019년 솔잎혹파리 발생면적은 32,531ha이므로 20배 이상이다.

| 오답풀이 |

㉠ 2019~2022년 동안 발생면적이 매년 감소한 병해충은 솔껍질깍지벌레뿐이므로 한 종류이다.

㉡ 2018년 전체 병해충 발생면적은 80,565ha로 전년 대비 증가하였다.

㉣ 전년 대비 2022년 참나무시들음병의 발생면적 증가율은 $\frac{1{,}487-1{,}240}{1{,}240}\times100 ≒ 19.9(\%)$이고, 흰불나방의 발생면적 증가율은 $\frac{32{,}627-28{,}522}{28{,}522}\times100 ≒ 14.4(\%)$이다. 따라서 참나무시들음병의 증가율이 흰불나방보다 높다.

문제접근법

(1) [표]의 항목을 먼저 확인한 후 [보기]의 내용을 살펴본다. [표]에 주어진 빈칸의 경우에는 [보기]의 내용을 확인하면서 필요한 경우에만 구한다.

(2) ㉠~㉣ 중 어림셈으로 바로 정오를 확인할 수 있는 ㉡을 먼저 푼다. ㉡은 틀린 보기이므로 선택지 ③을 소거할 수 있다. 남은 보기 중 하나의 빈칸의 값(참나무시들음병)만 구하면 해결할 수 있는 ㉣을 그다음으로 푼다.

(3) ㉣ 역시 틀린 보기이므로 선택지 ④, ⑤를 소거할 수 있고, 남은 선택지 구조상 ㉠, ㉢ 중 하나의 보기만을 풀어 정답을 찾도록 한다.

전략풀이 TIP

㉠ 흰불나방과 솔잎혹파리는 주어진 수치만으로 대상에서 제외할 수 있으며, 솔껍질깍지벌레와 참나무시들음병은 빈칸의 값을 어림셈하여 증감을 확인한다. (×)

㉡ 2018년에 흰불나방과 솔잎혹파리의 발생면적 합은 70,000ha 이상이고, 솔껍질깍지벌레와 참나무시들음병의 발생면적 합은 8,000ha 이상이다. 따라서 전체 병해충 발생면적은 78,000ha 이상이므로 2017년 대비 증가하였다. (×)

㉢ 1,560×20<1,600×20=32,000<32,531이므로 20배 이상이다. (○)

㉣ $\frac{247}{1{,}240}$과 $\frac{4{,}105}{28{,}522}$에서 $\frac{247}{1{,}240}$의 분자는 분모의 약 20% 정도이지만, $\frac{4{,}105}{28{,}522}$의 분자는 분모의 20% 값인 약 5,700보다 현저히 작다. 따라서 $\frac{247}{1{,}240} > \frac{4{,}105}{28{,}522}$이다. (×)

07 ▶ ③

| 정답풀이 |

㉠ $(\text{고령 인구 비율})=\frac{(\text{고령 인구})}{(\text{인구})}\times100$이므로 $(\text{인구})=\frac{(\text{고령 인구})}{(\text{고령 인구 비율})}\times100$으로 구할 수 있다. 이를 이용하여 2019년과 2045년 서울의 인구를 구하면 다음과 같다.

- 2019년: $\frac{1{,}430}{14.5}\times100 ≒ 9{,}862.1$(천 명)
- 2045년: $\frac{2{,}980}{35.3}\times100 ≒ 8{,}441.9$(천 명)

따라서 2045년 서울의 인구는 2019년보다 적다.

㉣ 2019년 고령 인구 비율이 가장 높은 지역은 22.3%인 전남이다. 전남의 2035년 고령 인구는

전국 고령 인구 대비 $\frac{630}{15,237} \times 100 \fallingdotseq 4.1(\%)$로 5% 미만이다.

| 오답풀이 |

㉡ 2045년 고령 인구 비율이 40% 미만인 도는 경기, 충북, 충남, 경남 4곳이다. 제주는 도가 아닌 특별자치도이므로 제외한다.

㉢ 2025년 고령 인구 비율 하위 3개 지역은 세종, 경기, 울산이지만, 2035년과 2045년은 세종, 경기, 제주로 동일하지 않다.

문제접근법

(1) [그래프]와 [표]가 의미하는 것이 무엇인지 먼저 파악하고, 자료 간 중복되는 키워드와 항목이 무엇인지 확인한다. [그래프] 주석의 식 또한 확인한다.

(2) ㉠~㉣ 중 계산 없이 자료의 수치만으로 해결할 수 있는 ㉡, ㉢을 먼저 푼다. ㉡, ㉢ 모두 틀린 보기이므로 정답을 ③으로 선택할 수 있다.

전략풀이 TIP

㉠ $\frac{1,430}{14.5}$과 $\frac{2,980}{35.3}$의 대소 비교를 해야 하는데, $\frac{1,430}{14.5}$은 거의 100에 가까운 수치이지만 $\frac{2,980}{35.3}$은 100과는 거리가 있는 수치이므로, $\frac{1,430}{14.5} > \frac{2,980}{35.3}$이다. (○)

㉣ $\frac{630}{15,237}$의 분자에 2를 곱한 1,260이 분모의 10%인 1,523.7보다 작으므로 5% 미만이다. (○)

08 ▶ ⑤

| 정답풀이 |

기초 수준 미달 학생 비율은 100−(400점 이상 누적 학생 비율)이다. 이를 통해 400점 이상의 누적 학생 비율이 낮을수록, 기초 수준 미달의 학생 비율이 높다는 것을 알 수 있다. 따라서 기초 수준 미달의 학생 비율이 가장 높은 국가는 400점 이상 누적 학생 비율이 가장 낮은 국가와 같으므로 이에 해당하는 국가는 91%인 F국이다.

| 오답풀이 |

① [표]를 통해 2018년 갑국의 평균 점수는 606점임을 알 수 있다. 갑국의 2014년 평균 점수는 남학생과 여학생의 가중평균으로 구해야 한다. 하지만 남학생 수와 여학생 수를 모르기 때문에 정확한 값을 알 수 없고, 평균의 범위만 알 수 있다. 2014년의 평균 점수는 여학생 평균 점수인 610점에서 남학생 평균 점수인 616점 사이에 있을 것이다. 따라서 2018년 평균 점수는 2014년의 평균 점수가 최저치일 경우인 610점보다 낮기 때문에 2018년은 2014년보다 낮다.

② 우수 수준 학생 비율은 (550점 이상 누적 학생 비율)−(625점 이상 누적 학생 비율)이다. B국과 E국의 우수 수준의 학생 비율은 다음과 같다.

- B국: 72−42=30(%)
- E국: 46−14=32(%)

따라서 E국이 B국보다 높다.

③ [표]에서 H국의 경우, I국보다 수월 수준의 학생 비율은 낮지만, 평균 점수는 I국보다 높으므로 비례하다고 볼 수 없다.

④ 2014년의 갑국 남학생과 여학생의 평균 점수 차이는 616−610=6(점)이고, 1998년은 588−571=17(점)이다. 17점의 절반은 8.5점으로 6점보다 높다.

문제접근법

(1) [그래프]와 [표]가 의미하는 것이 무엇인지 먼저 파악하고, 각 자료의 항목과 주석의 내용을 확인한 후, 선택지를 본다.

(2) 선택지 ①~⑤ 중 계산 없이 자료의 수치만으로 해결할 수 있는 ③을 먼저 푼다. ③은 틀린 선택지이므로 소거할 수 있고, 남은 ①, ②, ④, ⑤를 대소 관계를 판별할 수 있을 정도의 계산을 바탕으로 풀어 정답을 찾도록 한다.

전략풀이 TIP

① 남학생과 여학생의 평균 점수 모두 2014년이 더 높다. (×)

④ 그래프에서 남학생과 여학생 사이의 간격에 선을 그어 해당 선의 길이를 통해 판단할 수 있다. (×)

⑤ 여사건을 생각하여 400점 이상 누적 학생 비율이 가장 낮은 국가를 찾으면 된다. (○)

09 ▶ ④

| 정답풀이 |

탈모 증상 경험자 중 탈모 증상 완화 시도 방법으로 미용실 탈모 관리를 받았다고 한 응답자의 수는 남성이 214×0.042≒9(명)이고, 여성이 115×0.113≒13(명)이다. 따라서 여성이 더 많다.

| 오답풀이 |

① [표1]을 통해 남녀 모두 연령대가 높을수록 탈모 증상 경험자의 비율이 높아진다는 것을 알 수 있다.

② [표2]를 통해 연령대가 낮을수록 탈모 증상 완화를 시도하지 않은 응답자의 비율이 낮다는 것을 알 수 있다. 따라서 탈모 증상 완화를 시도한 응답자의 비율은 높다고 할 수 있다.

③ 탈모 증상이 심각하다고 한 응답자 150명 중 부모의 탈모 경험이 없다고 한 응답자 93명이 모두 포함될 경우, 부모의 탈모 경험이 있다고 한 응답자가 최소가 된다. 따라서 부모의 탈모 경험이 있다고 한 응답자는 150−93=57(명) 이상이라고 할 수 있다.

⑤ 탈모 증상 경험자 중 50대 응답자의 비율은 $\frac{77}{329}$×100≒23.4(%)로 20% 이상이고, 부모의 탈모 경험이 있다고 한 응답자의 비율은 $\frac{236}{329}$×100≒71.7(%)로 70% 이상이다.

문제접근법

(1) 2개의 [표]가 주어진 자료로 [표]가 무엇을 의미하는지 먼저 파악한다. [표]의 항목이 많은 자료로 각 [표]의 항목을 중점적으로 확인한 후 선택지를 본다.

(2) 선택지 ①~⑤ 중 주어진 자료의 수치만으로 해결할 수 있는 ①, ②를 먼저 푼다. ①, ② 모두 옳은 선택지이므로 소거할 수 있고, 남은 ③~⑤를 풀어 정답을 찾도록 한다.

전략풀이 TIP

④ 214×0.042와 115×0.113에서 115 → 214의 증가율보다 0.042 → 0.113의 증가율이 더 크므로, 214×0.042<115×0.113이다. (×)

⑤ 전체 329명의 20%는 10%(≒33명)의 2배인 약 66명이고, 70%는 10%의 7배인 약 231명으로 각 항목별 응답자 수와 비교해 대소 관계를 파악한다. (○)

10 ▶ ④

| 정답풀이 |

대한민국 국적의 5위를 기록한 선수의 수영 기록은 1:20:19, 독일 국적의 8위를 기록한 선수의 달리기 기록은 3:36:46, 영국 국적의 9위를 기록한 선수의 종합 기록은 9:48:07, 중국 국적의 10위를 기록한 선수의 자전거 기록은 5:16:09이다.
종합 기록 순위 10위인 선수는 중국 선수로 수영 기록은 1:02:28로 4위이다. 한편 10명의 선수의 수영 기록과 T1 기록의 합산 기록은 다음과 같다.

- 러시아(1위): 0:51:01
- 브라질(2위): 1:00:11
- 대한민국(3위): 1:08:22
- 대한민국(4위): 1:10:07
- 대한민국(5위): 1:23:39
- 일본(6위): 0:55:29
- 러시아(7위): 1:12:27
- 독일(8위): 1:07:42
- 영국(9위): 1:10:38
- 중국(10위): 1:05:57

위 기록 역시 중국 선수가 4위이므로 순위는 서로 같다.

| 오답풀이 |

① 달리기 기록 상위 3명의 국적은 순서대로 대한민국(3:17:22), 대한민국(3:17:24), 일본(3:20:10)이다. 따라서 상위 3명 중 대한민국 국적인 선수는 2명이다.

② 자전거 기록 하위 3명은 대한민국(5:11:01), 중국(5:16:09), 일본(5:25:59) 국적의 선수이다. 이에 해당하는 선수의 T1 기록 순위는 순서대로 6위(0:03:33), 5위(0:03:29), 4위(0:03:28)이다. 따라서 모두 7위 안에 든다.

③ 수영 기록이 한 시간 이하인 선수는 러시아(0:48:18), 브라질(0:57:44), 일본(0:52:01) 국적의 선수이고, 세 선수의 T2 기록은 순서대로 0:02:47, 0:01:48, 0:02:56으로 모두 3분 미만이다.

⑤ 종합 기록 순위 2~10위인 선수 중 종합 기록 순위가 한 단계 더 높은 선수와의 종합 기록 차이가 1분 미만인 선수는 일본(44초), 러시아(32초), 중국(11초) 선수로 3명뿐이다.

문제접근법

(1) '시간'이라는 수치가 주어진 [표]로 선택지 내용을 한번 살펴보면, 기록을 알아야 해결할 수 있는 내용이 대부분이므로 빈칸에 해당하는 기록을 먼저 확인하는 것이 필요하다.
(2) 철인3종경기 기록을 모두 알 경우, 해당 수치만으로 해결할 수 있는 선택지 ①~③을 먼저 풀고, 정답이 나오지 않을 경우에는 비교적 빠르게 해결할 수 있는 선택지 ⑤를 풀어 정답을 찾도록 한다.

전략풀이 TIP

정확한 기록이 필요한 경우가 아니면 비교할 수 있을 정도(시:분까지만)로만 계산하며, 기록을 계산할 때, 시:분:초의 값을 모두 더한 뒤, 시간 단위를 환산하면 더욱 빠르게 구할 수 있다.
예를 들어 영국의 종합 기록을 구할 경우, 1:07:01+0:03:37+5:07:07+0:03:55+3:26:27=9:46:127로 127초를 분으로 환산하면 2분 7초이다. 이를 반영하면 9:48:07이다.
⑤ '분' 차이가 2 이상인 경우는 바로 건너뛰고, '분' 차이가 0인 경우는 해당함을 바로 인지하면서 확인한다. (○)

03 | PSAT 기출변형 Lv.2 본문 P. 155~168

01	02	03	04	05	06	07	08	09	10
①	①	④	②	④	⑤	②	④	④	①

01 ▶ ①

| 정답풀이 |

㉠ B유형은 1학기와 2학기의 장학생 수, 장학금 총액이 동일하고, A, C, D, E유형은 모두 1학기에 비해 2학기에 장학금 수, 장학금 총액이 감소하였다. 따라서 2019년에 모든 장학금 유형에서 2학기 장학생 수와 장학금 총액은 1학기 장학생 수와 장학금 총액 이하라고 할 수 있다.

㉡ 2017년 1학기의 유형별 장학생 1인당 장학금은 다음과 같다.

- A유형: $\frac{404}{112}≒3.61$(백만 원)
- B유형: $\frac{78}{22}≒3.55$(백만 원)
- C유형: $\frac{230}{66}≒3.48$(백만 원)
- D유형: $\frac{963}{543}≒1.77$(백만 원)
- E유형: $\frac{2,181}{2,004}≒1.09$(백만 원)

따라서 A−B−C−D−E 순이다.
2019년 2학기의 유형별 장학생 1인당 장학금은 다음과 같다.

- A유형: $\frac{372}{104}≒3.58$(백만 원)
- B유형: $\frac{70}{20}=3.5$(백만 원)
- C유형: $\frac{419}{122}≒3.43$(백만 원)
- D유형: $\frac{1,039}{584}≒1.78$(백만 원)
- E유형: $\frac{1,904}{1,767}≒1.08$(백만 원)

따라서 A−B−C−D−E 순이다.
그러므로 2017년 1학기와 2019년 2학기의 유형별 장학생 1인당 장학금 순위는 A−B−C−D−E로 동일하다.

| 오답풀이 |

㉢ A유형은 2017년 1학기와 2018년 2학기가 112명으로 동일하다. C유형, D유형, E유형은 2019년 1학기가 가장 많다. 따라서 A유형은 나머지 유형과 장학생 수가 가장 많은 학기가 동

Ⅱ 수리능력

일하지 않다.

ⓔ 유형별 2018년 1학기 대비 2학기 장학금 총액의 증가량은 다음과 같다.

- A유형: 404－391＝13(백만 원)
- B유형: 70－74＝－4(백만 원)
- C유형: 355－273＝82(백만 원)
- D유형: 1,216－989＝227(백만 원)
- E유형: 2,243－2,025＝218(백만 원)

따라서 2018년 1학기에 비해 2학기 장학금 총액이 가장 많이 증가한 장학금 유형은 D유형이고, 1학기와 2학기 장학금 총액 차이는 2억 2천 7백만 원이다.

문제접근법

(1) 주어진 [표]를 항목 위주로 확인한 다음, [보기]의 내용을 본다.

(2) ㉠~ⓔ 중 계산 없이 해결할 수 있는 ㉠, ㉢을 먼저 푼다. ㉠은 옳은 보기이고, ㉢은 틀린 보기이므로 선택지 ②, ④, ⑤를 소거할 수 있다. 남은 보기 ㉡, ⓔ 중 비교적 간단한 계산으로 해결할 수 있는 ⓔ을 풀어 정답을 찾도록 한다.

전략풀이 TIP

㉡ 2017년 1학기에 A, B, C유형은 장학금 총액이 장학생 수의 3배를 넘고, D유형은 2배에 약간 못 미치고, E유형은 1배를 조금 넘는다. A, B, C를 더 구체적으로 계산하면, A유형이 $\frac{404}{112}≒3.61$, B유형이 $\frac{78}{22}≒3.55$, C유형이 $\frac{230}{66}≒3.48$로 A−B−C−D−E 순이다. 2019년 2학기 역시 A, B, C유형은 3배를 넘고, D유형은 2배에 약간 못 미치고, E유형은 1배를 조금 넘는다. A, B, C를 더 구체적으로 계산하면, A유형이 $\frac{372}{104}≒3.58$, B유형이 $\frac{70}{20}=3.5$, C유형이 $\frac{419}{122}≒3.43$으로 A−B−C−D−E 순이다. (○)

ⓔ 대략적인 값을 비교해보면, A유형은 약 10, B유형은 −4, C유형은 약 80, D유형은 약 220, E유형은 약 220 정도 증가하였다. 따라서 D와 E만 더 구체적으로 계산하면, D유형은 1,216−989=227(백만 원)이고, E유형은 2,243−2,025=218(백만 원)이므로 D유형의 장학금 총액이 2억 2천7백만 원으로 가장 많이 증가하였다. (×)

02 ▶ ①

| 정답풀이 |

㉠ 근무 3개월 차 직원별 상표심사 목표조정계수는 다음과 같다.

- 최연중: 0.4
- 권순용: 0.3
- 정민하: 0.6×0.7＝0.42
- 안필성: 0.3×0.7＝0.21

목표점수는 모두 동일하게 150을 곱하여 계산하므로 높은 순으로 나열하면, 정민하, 최연중, 권순용, 안필성 순임을 알 수 있다.

㉡ 정민하의 상표심사 목표조정계수는 일반직 5·6급&자격증 유 항목에서 0.7을 곱한 것이고, 최연중의 상표심사 목표조정계수는 일반직 5·6급&자격증 무 항목이다. 근무 월수별로 둘의 차이를 비교해보면, 3개월 차에서만 0.6×0.7＝0.42＞0.4로 정민하의 상표심사 목표조정계수가 최연중보다 크다는 것을 알 수 있다. 목표점수는 모두 동일하게 150을 곱하여 계산하므로, 상표심사 목표점수도 3개월 차에서만 정민하가 최연중보다 높다는 것을 알 수 있다.

| 오답풀이 |

㉢ 5개월 차에서 6개월 차로 넘어갈 때, 정민하의 상표심사 목표조정계수는 0.9×0.7＝0.63에서 1.0×0.7＝0.7로 증가하므로 증가율은 $\frac{0.7-0.63}{0.63}\times100≒11.1(\%)$이고, 최연중의 상표심사 목표조정계수는 0.8에서 0.9로 증가하므로 증가율은 $\frac{0.9-0.8}{0.8}\times100=12.5(\%)$이다. 따라서 최연중의 목표조정계수의 증가율이 더 크므로 목표점수의 증가율도 더 크다.

ⓔ 정민하가 교육을 이수한다면 상표심사 목표조정계수는 일반직 5·6급&자격증 유 항목이고, 안필성이 교육을 이수한다면 상표심사 목표조정계수는 경채 5·6급 항목이다. 둘의 차이는 1~2개월 차에는 0.1, 3~4개월 차에는 0.3, 5개월 차에는 0.4, 6개월 차에는 0.5, 7개월 차 이후에는 차이가 없다. 상표심사 목표점수는 목표조정계수에 150을 곱한 값이므로, 1~2개월 차에는 둘의 차이가 15점, 3~4개월 차에는 45점, 5개월 차에는 60점, 6개월 차에는 75점이다. 따라서 5~6개월 차에 목표점수 차이가 50점 이상 난다는 것을 알 수 있다.

문제접근법

(1) 2개의 [표]가 주어진 문제로 각 [표]가 의미하는 것이 무엇인지 파악한다. 항목의 내용을 중점으로 확인하며, [표1]의 주석에 주어진 식은 반드시 확인한다.(보통 식에 상수가 주어진 경우에는 대소 비교 시 식 구조상 생략할 수 있다.)

(2) ㉠, ㉡ 모두 옳은 보기이므로 선택지 ②, ③, ⑤를 소거할 수 있고, 남은 선택지 구조상 ㉣은 포함되어 있지 않으므로 ㉢을 풀어 정답을 찾도록 한다.

전략풀이 TIP

㉠ [표1] 주석의 식을 보면, 목표점수는 목표조정계수에 150을 곱한 값이므로 150을 전부 곱하지 않고, 상표심사 목표조정계수만을 구하여 비교한다. (○)

㉢ 정민하의 목표조정계수 증가율은 (×100 생략) $\frac{0.07}{0.63}$, 최연중의 목표조정계수 증가율은 $\frac{0.1}{0.8}$이다. $\frac{0.07}{0.63}$은 $\frac{1}{9}$, $\frac{0.1}{0.8}$은 $\frac{1}{8}$로 $\frac{1}{9}$과 $\frac{1}{8}$을 비교하면, 분모가 9가 더 크므로 정민하의 목표조정계수의 증가율이 더 작다. (×)

03 ▶ ④

| 정답풀이 |

A기관이 산림 지역으로 분류한 대상지는 6,505+4,175+4,790=15,470(개소)이고, 이 중 B기관이 침엽수림으로 분류한 대상지는 5,230+125+120=5,475(개소)이다. 따라서 A기관이 산림 지역으로 분류한 대상지 중 B기관이 침엽수림으로 분류한 대상지는 $\frac{5,475}{15,470}\times100≒35.4(\%)$로 30% 이상이다.

| 오답풀이 |

① 두 기관이 서로 같은 세부 분류로 분류한 대상지는 840+315+5,230+3,680+4,160+281=14,506(개소)이므로, 전체 17,301개소의 $\frac{14,506}{17,301}\times100≒83.8(\%)$이다. 따라서 80% 이상이다.

② B기관이 밭으로 분류한 대상지는 총 460개소이고, 이 중 A기관이 산림 지역으로 분류한 대상지는 50+25+30=105(개소)이다. 따라서 B기관이 밭으로 분류한 대상지 중 A기관이 산림 지역으로 분류한 대상지의 비율은 $\frac{105}{460}\times100≒22.8(\%)$로 25% 미만이다.

③ 두 기관 모두 농업 지역으로 분류한 대상지는 840+50+25+315=1,230(개소)이고, B기관이 농업 지역으로 분류한 대상지는 1,095+460=1,555(개소)이다. 따라서 두 기관이 모두 농업 지역으로 분류한 대상지는 B기관이 농업 지역으로 분류한 대상지의 $\frac{1,230}{1,555}\times100≒79.1(\%)$로 80% 미만이다.

⑤ A기관이 하천으로 분류한 대상지는 341개소이고, 이 중 B기관이 하천으로 분류한 대상지는 281개소이므로, A기관이 하천으로 분류한 대상지 중 B기관이 하천으로 분류한 대상지가 차지하는 비율은 $\frac{281}{341}\times100≒82.4(\%)$이다.
A기관이 혼합림으로 분류한 대상지는 4,790개소이고, 이 중 B기관이 혼합림으로 분류한 대상지는 4,160개소이므로, A기관이 혼합림으로 분류한 대상지 중 B기관이 혼합림으로 분류한 대상지가 차지하는 비율은 $\frac{4,160}{4,790}\times100≒86.8(\%)$이다. 따라서 A기관이 하천으로 분류한 대상지 중 B기관이 하천으로 분류한 대상지가 차지하는 비율이 더 낮다.

문제접근법

(1) [표]가 무엇을 의미하는지 먼저 파악한다. 이 문제의 [표]는 행과 열의 항목 내 소항목이 모두 주어져 있어 이를 중점으로 확인한다.

(2) 선택지 ①~⑤ 중 분수 비교로 해결할 수 있는 ⑤를 먼저 푼다. ⑤는 틀린 선택지이므로 소거할 수 있고, 남은 선택지 중 비교적 간단한 계산으로 해결할 수 있는 ②, ④를 그다음으로 풀어 정답을 찾도록 한다.

전략풀이 TIP

① 많은 수를 더해야 하므로 백의 자리까지만 먼저 계산해보면 8+3+52+36+41+2=142(백 개소)이다. 17,301의 80%는 약 13,840인데 백의 자리까지만 더하였을 때의 결괏값이 13,840을 초과하므로, 두 기관이 서로 같은 세부 분류로 분류한 대상지는 전체의 80%를 초과한다. (×)

② 25%는 (×0.25)보다 (÷4)를 하는 것이 빠르다. B기관이 밭으로 분류한 대상지는 460개소이고, 이 중 25%는 460÷4=115(개소)이다. B기관이

Ⅱ 수리능력

받으로 분류한 대상지 중 A기관이 산림 지역으로 분류한 대상지는 50+25+30=105(개소)로 115개소보다 적다. 따라서 25% 미만이다. (×)
④ A기관이 산림 지역으로 분류한 대상지는 15,470개소이고, 이 중 30%는 15,470×0.3=4,641(개소)이다. A기관이 산림 지역으로 분류한 대상지 중 B기관이 침엽수림으로 분류한 대상지는 5,000개소 이상이므로 30% 이상이다. (○)
⑤ A기관이 하천으로 분류한 대상지 중 B기관이 하천으로 분류한 대상지가 차지하는 비율은 $\frac{281}{341}$, A기관이 혼합림으로 분류한 대상지 중 B기관이 혼합림으로 분류한 대상지가 차지하는 비율은 $\frac{4,160}{4,790}$이다. $\frac{281}{341}$에서 분모와 분자의 차이는 60으로 분모 341의 15% 이상이지만, $\frac{4,160}{4,790}$에서 분모와 분자의 차이는 630으로 분모 4,790의 15% 미만이다. 따라서 $\frac{281}{341}<\frac{4,160}{4,790}$이다. (×)

04 ▶ ②

| 정답풀이 |

산림청에서 산림시설 복구 이외의 모든 항목을 지원할 경우, 산림시설 복구 지원금액이 최소가 된다. 산림시설 복구 이외의 모든 항목의 지원금액이 55,058−32,594=22,464(천만 원)이므로, 산림청의 산림시설 복구 지원금액은 최소 33,008−22,464=10,544(천만 원)=1,054.4(억 원)이다. 따라서 산림청의 산림시설 복구 지원금액은 1,000억 원 이상이다.

| 오답풀이 |

① 전체 재원 지원금액은 41,594+7,000+3,486+11,190+1,880+1,980+520=67,650(천만 원)이다. 전체 재원 대비 전체 국비 지원금액의 비중은 $\frac{55,058}{67,650}\times100≒81.4(\%)$로 80% 이상이다.
③ 국토교통부의 지원금액은 55,058−(2,930+33,008+9,520+350+240)=9,010(천만 원)이다. 따라서 전체 국비 지원금액의 $\frac{9,010}{55,058}\times100≒16.4(\%)$이므로 20% 미만이다.
④ 전체 지방비 지원금액은 9,000+1,800+532+260+340+660=12,592(천만 원)이다. 상·하수도 복구 국비 지원금액은 10,930천만 원이므로 전체 지방비 지원금액이 더 많다.
⑤ 주택 복구 국비 지원금액은 7,000−1,800=5,200(천만 원)이다. 지원항목 중 (지방비)×3>(국비)인 항목은 주택 복구와 생계안정 지원뿐이므로 두 항목의 비율을 구하여 비교해 본다.
- 주택 복구: $\frac{1,800}{5,200}\times100≒34.6(\%)$
- 생계안정 지원: $\frac{660}{1,320}\times100=50(\%)$

따라서 국비 지원금액 대비 지방비 지원금액 비율이 가장 높은 지원항목은 생계안정 지원이다.

문제접근법

(1) [표]가 무엇을 의미하는지 항목 위주로 파악한다.
(2) 선택지 ①~⑤ 모두 계산이 필요하며, 두 자료를 연계하여 해결해야 하는 선택지는 비교적 적으므로 순차적으로 선택지의 내용을 확인하면서 대소 비교를 할 수 있을 정도의 어림셈으로 풀어 정답을 찾도록 한다.

전략풀이 TIP

① 55,058÷0.8=68,822.5이므로 전체 재원 지원금액을 어림셈하여 68,822.5보다 큰지 작은지 확인한다. (×)
② 교집합 개념이 필요한 선택지로, 대상에 포함되는 경우가 최소가 될 때의 값을 구한다. (○)
③ 55,058의 20%는 약 11,000이므로 국토교통부의 지원금액을 어림셈하여 11,000보다 큰지 작은지 확인한다. (×)
④ 산림시설 복구, 주택 복구, 이재민 구호의 지원금액만 더해도 11,000이 넘으므로 상·하수도 복구 국비 지원금액이 더 적다. (×)
⑤ 생계안정 지원의 경우, 국비 지원금액 대비 지방비 지원금액 비율이 50%인데, 다른 지원항목의 경우 지방비가 국비의 절반에 크게 못 미치므로 비율이 가장 높은 지원항목은 생계안정 지원이다. (×)

05 ▶ ④

| 정답풀이 |

2011년 대비 2015년의 군 장병 1인당 1일 급식비의 증가율은 $\frac{6,984-5,820}{5,820}\times100=20(\%)$이다.
전년 대비 물가 상승률은 2011년부터 계속 5%이므로, 2011년부터 2015년까지 4년간의 물가 상승률은 $(1.05)^4 \fallingdotseq 1.2155$이므로 약 21.55%이다. 따라서 둘은 같지 않다. 참고로 4년간 물가 상승률이 계속 5%였으므로, 4년간의 물가 상승률은 매년 물가 상승률 5%의 단순 합인 20%보다 높다는 것을 알 수 있다. 따라서 $(1.05)^4$을 계산하지 않아도 같지 않다는 것을 알 수 있다.

| 오답풀이 |

① 군 장병 1인당 1일 급식비는 매년 증가하지만 군 장병 수를 알 수 없으므로, 군 장병 급식비 총액의 증감률은 알 수 없다.

② 2012년 이후 조리원 충원 인원의 전년 대비 증가량은 2012년이 1,924－1,767＝157(명), 2013년이 2,024－1,924＝100(명), 2014년이 2,123－2,024＝99(명), 2015년이 2,195－2,123＝72(명)으로 꾸준히 감소하고 있다. 조리원 충원 인원의 전년 대비 증가율은 $\frac{(\text{전년 대비 증가량})}{(\text{전년 충원 인원})}$인데 충원 인원 자체는 매년 증가하지만, 전년 대비 증가량은 매년 감소하므로 증가율은 매년 감소한다는 것을 알 수 있다.

③ 계산할 필요 없이 눈대중으로만 보아도 2015년의 군 장병 1인당 1일 급식비의 증가량이 가장 작다는 것을 알 수 있다. 2015년에는 증가량이 가장 작을 뿐만 아니라 직전 연도의 1인당 1일 급식비도 가장 높기 때문에 전년 대비 증가율이 가장 작은 해는 2015년임을 알 수 있다.

⑤ 2011년부터 조리원이 매년 2,000명씩 빠져나갔다면, 2011년에는 조리원이 2,000－1,767＝233(명) 감소하고, 2012년에는 2,000－1,924＝76(명) 감소하여 총 233＋76＝309(명) 감소한다. 그러나 2013년의 증가 인원은 제쳐두더라도 2014년과 2015년에만 123＋195＝318(명) 증가하였으므로, 2011년의 조리원 수보다 2015년의 조리원 수가 더 많다는 것을 알 수 있다.

문제접근법

(1) [표]가 무엇을 의미하는지 먼저 파악한 후, 선택지의 내용을 살펴본다.

(2) 선택지 ①~⑤ 중 자료만으로 알 수 없는 내용인 ①은 옳은 선택지이므로 바로 소거할 수 있다. 남은 ②~⑤는 대소 비교 및 수치 비교를 바탕으로 풀어 정답을 찾도록 한다.

전략풀이 TIP

② 해가 갈수록 조리원 충원 인원(분모)수는 증가하지만, 전년 대비 조리원 충원 인원의 증가 인원 수(분자)는 점점 감소하고 있으므로 증가율이 감소한다. (○)

③ 다른 해는 250원 이상 증가하였는데 2015년에는 140원 정도 증가하였으므로, 상승 폭이 가장 적어 증가율을 계산하지 않아도 가장 작다. (○)

④ 4년간 물가 상승률이 계속 5%였으므로, 4년간의 물가 상승률은 매년 물가 상승률 5%의 단순 합인 20%보다 높을 것이다. (×)

06 ▶ ⑤

| 정답풀이 |

㉠ 체류 유형이 단기체류외국인인 불법체류외국인의 수는 2021년에 355,126×0.744≒264,214(명)이고, 2017년에 208,778×0.54≒112,740(명)이다. 따라서 2021년 단기체류외국인인 불법체류외국인 수는 2017년의 2배 이상이다.

㉢ 체류외국인 대비 불법체류외국인 비중은 다음과 같다.

- 2017년: $\frac{208,778}{1,797,618} \times 100 \fallingdotseq 11.6(\%)$
- 2018년: $\frac{214,168}{1,899,519} \times 100 \fallingdotseq 11.3(\%)$
- 2019년: $\frac{208,971}{2,049,441} \times 100 \fallingdotseq 10.2(\%)$
- 2020년: $\frac{251,041}{2,180,498} \times 100 \fallingdotseq 11.5(\%)$
- 2021년: $\frac{355,126}{2,367,607} \times 100 \fallingdotseq 15.0(\%)$

따라서 2019년이 가장 낮지만 불법체류외국인의 수가 가장 적은 해는 2017년이다.

㉣ 2020년과 2021년은 A~D국의 불법체류외국인 수가 기타보다 많으므로 상위 4개국이 A~D국이다. 2019년에는 D국의 불법체류외국인 수가 기타보다 적으므로 기타 국가 중 D국보다 불법체류외국인 수가 많은 국가가 존재할 수 있다. 따라서 2019년에 D국이 상위 4개국에 포함되는지 알 수 없다.

| 오답풀이 |

㉡ 체류 자격이 사증면제인 불법체류외국인의 비중은 다음과 같다.

- 2017년: $\frac{46,117}{208,778} \times 100 \fallingdotseq 22.1(\%)$

Ⅱ 수리능력

- 2018년: $\frac{56,307}{214,168}\times 100 ≒ 26.3(\%)$
- 2019년: $\frac{63,319}{208,971}\times 100 ≒ 30.3(\%)$
- 2020년: $\frac{85,196}{251,041}\times 100 ≒ 33.9(\%)$
- 2021년: 45.6%

따라서 체류 자격이 사증면제인 불법체류외국인의 비중은 매년 증가한다.

문제접근법

(1) ㉠~㉣ 중 계산 없이 해결할 수 있는 ㉣부터 푼다. ㉣은 틀린 보기이므로 선택지 ①, ②를 소거할 수 있다.
(2) 남은 선택지 ③, ④, ⑤의 구조상 어떤 보기를 먼저 확인하여도 최대 2개의 보기만 확인하면 되므로 ㉠, ㉡, ㉢ 중 계산이 간단한 보기부터 해결한다.
(3) 보기 ㉢의 경우, 불법체류외국인 수가 가장 적은 2017년을 기준으로 계산한다면, 정확한 계산을 하지 않아도 틀린 보기임을 알 수 있다.

전략풀이 TIP

㉡ 2018년 불법체류외국인 수는 2017년 대비 10% 미만으로 증가하였지만, 체류 자격이 사증면제인 불법체류외국인 수는 10% 이상 증가하였다. 2019년은 불법체류외국인 수가 2018년 대비 감소하였지만, 체류 자격이 사증면제인 불법체류외국인 수는 증가하였으므로 2018년과 2019년 비중은 전년 대비 증가하였다. (○)
㉢ 2017년보다 해당 비중이 더 낮은 해가 있는지만 확인한다. 2019년의 경우, 불법체류외국인 수가 2017년보다 1% 미만으로 많은데 체류외국인 수는 2017년보다 10% 이상 많으므로 체류외국인 대비 불법체류외국인 비중은 2019년이 2017년보다 낮다. (×)

07 ▶ ②

| 정답풀이 |

㉠ 경제적 중요도가 S인 분류군은 노린재목, 딱정벌레목, 벌목, 파리목, 나비목이다. 5개 분류군의 갑국의 분류군별 종 다양성은 다음과 같다.

- 노린재목: $\frac{1,886}{90,000}\times 100 ≒ 2.1(\%)$
- 딱정벌레목: $\frac{3,658}{350,000}\times 100 ≒ 1.05(\%)$
- 벌목: $\frac{2,791}{125,000}\times 100 ≒ 2.23(\%)$
- 파리목: $\frac{1,594}{120,000}\times 100 ≒ 1.33(\%)$
- 나비목: $\frac{3,702}{150,000}\times 100 ≒ 2.47(\%)$

따라서 경제적 중요도가 S인 분류군 중에서 갑국의 분류군별 종 다양성이 가장 높은 분류군은 나비목이다.

㉣ 국가별 경제적 중요도가 A인 분류군의 분류군별 종 다양성은 다음과 같다.

[갑국]

- 메뚜기목: $\frac{297}{34,300}\times 100 ≒ 0.87(\%)$
- 총채벌레목: $\frac{87}{5,000}\times 100 = 1.74(\%)$
- 풀잠자리목: $\frac{52}{6,500}\times 100 = 0.8(\%)$

[을국]

- 메뚜기목: $\frac{372}{34,300}\times 100 ≒ 1.08(\%)$
- 총채벌레목: $\frac{176}{5,000}\times 100 = 3.52(\%)$
- 풀잠자리목: $\frac{160}{6,500}\times 100 ≒ 2.46(\%)$

[병국]

- 메뚜기목: $\frac{1,161}{34,300}\times 100 ≒ 3.38(\%)$
- 총채벌레목: $\frac{600}{5,000}\times 100 = 12(\%)$
- 풀잠자리목: $\frac{350}{6,500}\times 100 ≒ 5.38(\%)$

따라서 세 국가 모두 분류군별 종 다양성이 가장 높은 분류군은 총채벌레목으로 동일하다.

| 오답풀이 |

㉡ 경제적 중요도가 B인 분류군은 다듬이벌레목이다. 다듬이벌레목의 병국에서의 분류군별 종 다양성은 $\frac{280}{4,400}\times 100 ≒ 6.36(\%)$이고, 을국에서의 분류군별 종 다양성은 $\frac{83}{4,400}\times 100 ≒ 1.89(\%)$이므로 $6.36-1.89=4.47(\%p)$ 더 높다. 따라서 5%p 미만이다.

㉢ 을국에서 경제적 중요도가 C인 분류군의 종의 수 순위는 무시류(462종), 날도래목(339종), 고시류(307종), 강도래목(163종), 털이목(150종) 순이므로, 을국에서 종의 수가 네 번째로 많은

분류군은 강도래목이다.

문제접근법

(1) [표]가 무엇을 의미하는지 먼저 파악한다. 이 문제의 [표]는 항목이 많고, 항목 내 소항목이 주어져 있어 이를 중점으로 확인한다. 주석에 식이 주어졌으므로 반드시 확인한다.
(2) ㉠~㉣ 중 계산 없이 해결할 수 있는 ㉢을 먼저 푼다. ㉢은 틀린 보기이므로 선택지 ③, ⑤를 소거할 수 있다. 남은 보기 ㉠, ㉡, ㉣ 중 비교적 간단한 ㉡을 풀어 정답을 찾도록 한다.

전략풀이 TIP

㉠ 나비목을 기준으로 다른 분류군과 분수 비교법을 통해 종 다양성을 비교해본다. 나비목의 분모와 분자를 각각 5로 나누고 노린재목의 분모와 분자를 각각 3으로 나누면, 분모가 30,000으로 동일하고 노린재목의 분자는 600대, 나비목의 분자는 700대이다. 따라서 나비목의 종 다양성이 더 높다. 딱정벌레목은 나비목보다 분모가 크고, 분자는 작으므로 나비목의 종 다양성이 더 높다. 나비목의 분모는 벌목 분모의 1.2배이지만, 분자는 1.2배를 훨씬 넘으므로 나비목의 종 다양성이 더 높다. 나비목의 분자는 파리목 분자의 2배 이상인데, 분모는 2배가 되지 않으므로 나비목의 종 다양성이 더 높다. 따라서 나비목의 종 다양성이 가장 높다.(○)

㉡ 분모가 동일하므로 같은 분류군의 분류군별 종 다양성 차이를 계산할 때, $\frac{280-83}{4,400}\times100$으로 구하는 것이 빠르다. 만약 $\frac{280-83}{4,400}\times100>5$라면, 즉, $280-83>4,400\times0.05$라면 구하고자 하는 값이 5%p보다 클 것이고, $280-83<4,400\times0.05$라면 구하고자 하는 값이 5%p보다 작을 것이다. $280-83=197$이고, $4,400\times0.05=220$이므로 5%p보다 작다. (×)

㉣ 모든 국가에서의 총채벌레목은 풀잠자리목에 비해 분모는 작고 분자는 크다. 메뚜기목은 총채벌레목에 비해 분모는 6배 이상이지만, 분자는 6배에 한참 못미친다. 따라서 세 국가 모두 총채벌레목의 종 다양성이 가장 높다. (○)

08 ▶ ④

| 정답풀이 |

㉠ [표]를 통해 각 지상파 방송사는 전체 시간대에서 만족도 지수가 질평가 지수보다 높다는 것을 알 수 있다. 주 시청 시간대의 경우, C는 (만족도 지수)>(질평가 지수)를 확인할 수 있고, 남은 A, B, D는 괄호의 값을 바탕으로 대소 관계를 확인할 수 있다. A와 D의 만족도 지수는 각각 $(7.23\times2)-7.20=7.26$, $(7.32\times2)-7.23=7.41$이고, B의 질평가 지수는 $(7.12\times2)-7.23=7.01$이다. 해당 수치를 바탕으로 만족도 지수와 질평가 지수를 비교해보면, A, B, D 모두 주 시청 시간대에서 만족도 지수가 질평가 지수보다 높다는 것을 알 수 있다.

㉢ [표]를 통해 E, H의 경우, 전체 시간대보다 주 시청 시간대에 만족도 지수와 질평가 지수 모두 높다는 것을 알 수 있다. F의 주 시청 시간대의 만족도 지수를 구하면, $(7.91\times2)-7.88=7.94$이고, G의 주 시청 시간대의 질평가 지수를 구하면, $(7.13\times2)-7.20=7.06$이다. 따라서 F와 G 역시 주 시청 시간대에 만족도 지수와 질평가 지수 모두 높다는 것을 알 수 있다.

㉣ 우선 만족도 지수부터 확인한다. 주 시청 시간대의 만족도 지수가 전체 시간대보다 높은 방송사는 B, D, E, F, G, H이다. 6개 방송사 중 주 시청 시간대의 시청자 평가 지수가 전체 시간대보다 높은 방송사는 B를 제외한 D, E, F, G, H로 총 5개이다.

| 오답풀이 |

㉡ D의 경우, 전체 시간대의 시청자 평가 지수는 $\frac{7.32+7.16}{2}=7.24$로 주 시청 시간대의 시청자 평가 지수인 7.32보다 낮다.

문제접근법

(1) [그래프]와 [표]가 의미하는 것이 무엇인지 먼저 파악하고, [그래프] 주석의 식을 확인한다. [표]에 주어진 빈칸은 [보기]의 내용을 먼저 확인하면서 필요한 경우에만 계산한다.
(2) [그래프] 주석의 식 구조를 바탕으로 각 항목의 대소 관계를 파악할 수 있으며, 이를 바탕으로 [보기]를 푼다. ㉠은 옳은 보기이고, ㉡은 틀린 보기이므로 선택지 ①, ③, ⑤를 소거할 수 있고, 남은 선택지 구조상 ㉢이 모두 포함되어 있으므로 ㉣을 풀어 정답을 찾도록 한다.

전략풀이 TIP

[그래프] 주석의 식을 보면, 시청자 평가 지수는 만족도 지수와 질평가 지수의 평균임을 알 수 있다. 만족도 지수를 A, 질평가 지수를 B라 하면, A와 B의 평균은 반드시 A와 B 사이에 있다. 전체 시간대에서는 (질평가 지수)<(만족도 지수)이므로, 시청자 평가 지수와의 관계는 (질평가 지수)<(시청자 평가 지수)<(만족도 지수)임을 알 수 있다. 이러한 사실을 파악한다면, 주어진 [보기]를 모두 계산하지 않아도 해결할 수 있다.

㉠ 각 지상파 방송사의 주 시청 시간대의 시청자 평가 지수는 질평가 지수보다 높고, 만족도 지수보다 낮다. (○)

㉡ D를 보면, 전체 시간대에서 만족도 지수는 7.32, 질평가 지수는 7.16으로 시청자 평가 지수는 7.16~7.32 사이에 있을 것이다. D의 주 시청 시간대의 시청자 평가 지수는 7.32이므로 전체 시간대의 시청자 평가 지수가 더 낮다. (×)

09 ▶ ④

| 정답풀이 |

㉡ 공동주택 용도를 제외한 국내 건축물의 내진율은 $\frac{475,335-171,172}{1,439,547-360,989}\times 100 \fallingdotseq 28.2(\%)$이다. 따라서 30% 미만이다.

㉣ 각 지역의 전체 건축물 중 내진대상 건축물의 비율이 가장 낮은 지역은 $\frac{43,540}{624,155}\times 100 \fallingdotseq 7(\%)$인 전남이다. 전남의 내진율은 32.3%로 국내 전역의 내진율인 33%보다 낮다.

| 오답풀이 |

㉠ 서울과 세종을 합친 지역의 내진율은 $\frac{79,100+2,361}{290,864+4,648}\times 100 \fallingdotseq 27.6(\%)$이다. 따라서 30% 미만이다.

㉢ 경기 지역의 내진확보 건축물은 116,805개이므로 경기 지역이 아닌 내진확보 건축물은 475,335−116,805=358,530(개)이다. 주택 용도의 내진확보 건축물 314,376개 전체가 경기 지역이 아닌 내진확보 건축물 358,530개 안에 속할 수 있으므로, 경기 지역의 내진확보 건축물 중에는 반드시 주택 용도의 내진확보 건축물이 있다고 단언할 수는 없다.

문제접근법

(1) 항목이 많이 주어진 [표]로 의미하는 것이 무엇인지 파악하고, 항목을 중점적으로 살펴본다. 주석에 식이 주어졌으므로 반드시 확인한다.

(2) ㉠~㉣ 모두 계산이 필요하지만 결괏값을 구하는 것이 아닌, 대소 비교를 하는 내용이므로 순차적으로 확인하면서 수치 비교와 분수 비교, 가중평균의 개념을 이용하여 푼다.

전략풀이 TIP

㉠ 서울과 세종을 합친 지역의 내진율은 서울 지역 내진율과 세종 지역 내진율의 가중평균으로 구할 수 있다. 그런데 서울 지역의 내진대상 건축물 290,864개는 세종 지역의 4,648개보다 50배 이상 많으므로, 세종 지역이 미치는 영향은 거의 없다고 볼 수 있다. 계산의 편의를 위해 50배라고 가정하면, 가중평균은 $\frac{50}{51}\times 27.2+\frac{1}{51}\times 50.8$인데, 굳이 계산하지 않아도 30을 넘지 못한다는 것을 알 수 있다. 그런데 실제로는 50배 이상이므로 가중평균은 서울 지역의 내진율인 27.2%에 훨씬 더 가까운 숫자일 것이다. 따라서 30% 미만이다. (×)

㉡ 천의 자리 미만을 모두 버리고 어림셈을 해보면, $\frac{475-171}{1,439-360}\times 100=\frac{304}{1,079}\times 100$이다. 1,079의 10%는 108보다 근소하게 작으므로 30%는 324보다 근소하게 작을 것이다. 324>304이므로 구하고자 하는 내진율은 30% 미만이다. (○)

㉣ 전남 지역만 전체와 내진대상 간 차이가 10배 이상이므로 전남 지역의 비율이 가장 낮다. (○)

10 ▶ ①

| 정답풀이 |

㉠ 인적피해 중 사망 비율은 다음과 같다.

- 2017년: $\frac{234}{234+8,352}\times 100 \fallingdotseq 2.7(\%)$
- 2018년: $\frac{224}{224+10,873}\times 100 \fallingdotseq 2.0(\%)$
- 2019년: $\frac{222}{222+12,435}\times 100 \fallingdotseq 1.8(\%)$
- 2020년: $\frac{215}{215+14,547}\times 100 \fallingdotseq 1.5(\%)$
- 2021년: $\frac{292}{292+14,637}\times 100 \fallingdotseq 2.0(\%)$

따라서 2020년에 가장 낮다.

㉡ 전체 재난사고의 발생 건수당 재산피해액은 다음과 같다.

- 2017년: $\frac{14,629}{14,879}$≒0.98(백만 원)
- 2018년: $\frac{20,165}{24,454}$≒0.82(백만 원)
- 2019년: $\frac{52,654}{17,662}$≒2.98(백만 원)
- 2020년: $\frac{20,012}{15,313}$≒1.31(백만 원)
- 2021년: $\frac{40,981}{12,413}$≒3.30(백만 원)

따라서 2021년에 가장 크다.

| 오답풀이 |

㉢ 붕괴와 폭발을 합친 발생 건수당 피해 인원은 다음과 같다.

- 2017년: $\frac{4+3}{2+6}$=0.875(명)
- 2018년: $\frac{6+1}{8+2}$=0.7(명)
- 2019년: $\frac{2+3}{2+2}$=1.25(명)
- 2020년: $\frac{4+1}{6+5}$≒0.45(명)
- 2021년: $\frac{14+6}{14+3}$≒1.18(명)

따라서 2019년에 가장 많다.

㉣ 2017년의 경우, 도로교통사고 피해 인원은 9,536명, 전체 인적피해는 234+8,352=8,586(명)이다. 따라서 전체 인적피해가 모두 도로교통사고에서 발생했다 하더라도 최소한 9,536−8,586=950(명)은 인적피해 없이 재산피해만 발생한 사람이다. 동일한 원리로 도로교통사고 피해 인원이 전체 인적피해보다 많은 2018년, 2019년, 2021년에도 인적피해 없이 재산피해만 발생한 사람이 반드시 존재한다. 그러나 2020년에는 도로교통사고 피해 인원이 14,560명, 전체 인적피해는 215+14,547=14,762(명)으로 전체 인적피해가 더 많다. 따라서 도로교통사고 피해 인원 전부가 인적피해에 해당할 여지가 있으므로 2020년에는 인적피해 없이 재산피해만 발생한 도로교통사고가 있다고 단언할 수 없다.

문제접근법

(1) [표]가 의미하는 것이 무엇인지만 파악하고, [표] 주석의 내용을 확인한 후 [보기]의 내용을 본다.

(2) 보기 ㉠, ㉡의 경우, 네~다섯 자릿수의 나눗셈 계산을 연도별로 모두 해야 하므로, 비교적 계산이 간단한 ㉢, ㉣을 먼저 푼다.

(3) 보기 ㉢, ㉣이 모두 틀린 보기이므로 선택지 ②~⑤를 소거하고 남은 ①이 정답이다.

전략풀이 TIP

㉠ 2020년 사망이 가장 적고, 전체 인적피해는 2021년에 이어 두 번째로 많으므로 2020년과 2021년만 비교하면 된다. 그런데 2020년과 2021년은 사망 차이가 크지만 전체 인적피해 차이는 비교적 크지 않으므로 2020년의 사망 비율이 가장 낮다. (○)

㉡ 2021년 발생 건수당 재산피해액이 유일하게 3백만 원을 넘기므로 2021년에 가장 크다. (○)

㉢ 발생 건수당 피해인원이 1보다 많은 2019년의 $\frac{5}{4}$와 2021년의 $\frac{20}{17}$만 비교하면 된다. $\frac{5}{4}=\frac{20}{16}>\frac{20}{17}$이므로 2019년에 가장 많다. (×)

Ⅱ 수리능력

04 | PSAT 기출변형 Lv.3

본문 P. 169~175

01	02	03	04	05
⑤	③	②	⑤	④

01 ▶ ⑤

| 정답풀이 |

조사별로 반대한다고 응답한 사람을 먼저 구하면, 1차 조사에서 반대한다고 응답한 사람은 40+30=70(명), 2차 조사에서 반대한다고 응답한 사람은 10+30=40(명)이고, 3차 조사에서 반대한다고 응답한 사람은 36+16=52(명)이다.

1차 조사에서 반대한다고 응답한 사람 70명 중 40명이 2차 조사에서 찬성, 30명이 2차 조사에서 반대라고 응답하였다. 2차 조사에서 찬성한다고 응답한 60명 중 44명이 3차 조사에서도 찬성한다고 응답하였는데, 이 중 20명이 1차 조사에서 찬성한다고 응답한 사람일 경우, 1차 조사에서 반대한다고 응답한 사람은 최소가 되며, 이때의 인원수는 44−20=24(명)이다. 마찬가지로 2차 조사에서 반대한다고 응답한 40명 중 4명이 3차 조사에서 찬성한다고 응답하였는데, 4명 모두 1차 조사에서 찬성한다고 응답한 사람일 경우, 1차 조사에서 반대한다고 응답한 사람은 최소가 되며, 이때의 인원수는 0명이다. 따라서 1차 조사에서 반대한다고 응답한 사람 중 3차 조사에서 찬성한다고 응답한 사람은 최소 24명으로 45명 이상일 수 없다.

| 오답풀이 |

① 1차 조사에서 찬성한다고 응답한 사람 중 20명이 2차 조사에서도 찬성을 하였다. 2차 조사에서 찬성한다고 응답한 사람 중 3차 조사에서도 찬성한다고 응답한 사람은 44명인데, 이 중 40명이 1차 조사에서 반대한다고 응답한 사람일 경우, 1~3차 조사에서 모두 찬성한다고 응답한 사람은 최소가 되며, 이때의 인원수는 44−40=4(명)이다. 마찬가지로 1차 조사에서 반대한다고 응답한 사람 중 30명이 2차 조사에서도 반대를 하였다. 2차 조사에서 반대한다고 응답한 사람 중 3차 조사에서도 반대한다고 응답한 사람은 52−16=36(명)인데, 이 중 10명이 1차 조사에서 찬성한다고 응답한 사람일 경우, 1~3차 조사에서 모두 반대한다고 응답한 사람은 최소가 되며, 이때의 인원수는 36−10=26(명)이다. 따라서 1~3차 조사에서 한 번도 의견을 바꾸지 않은 사람은 최소 4+26 =30(명)으로 30명 이상이라고 할 수 있다.

② 2차 조사에서 찬성한다고 응답한 사람 중 3차 조사에서 반대한다고 응답한 사람은 60−44=16(명)이다.

③ 2차 조사에서 반대한다고 응답한 사람 중 3차 조사에서도 반대한다고 응답한 사람은 40−4=36(명)이다.

④ 2차 조사에서 반대한다고 응답한 사람과 3차 조사에서 반대한다고 응답한 사람의 합은 40+52=92(명)으로 100명 미만이다.

문제접근법

(1) 일반적이지 않은 [그림]이 주어진 문제로 [그림]이 무엇을 의미하는지 먼저 파악한다. 파악할 때, 경우에 따른 최소·최대에 대한 내용이 주가 되고, 집합의 개념이 적용되었음을 인지한다. 주석의 내용을 반드시 확인하고, 선택지를 본다.

(2) 선택지 ①~⑤ 중 비교적 쉽게 해결할 수 있는 ②~④를 먼저 푼다. ②~④ 모두 옳은 선택지이므로 소거할 수 있고, 남은 ①, ⑤ 중 하나의 선택지를 풀어 정답을 찾도록 한다.

전략풀이 TIP

①과 ⑤는 집합에서 여러 경우를 고려하는 교집합 개념을 적용해야 하는 내용으로 푸는 데 시간이 오래 걸린다. 1차 조사의 찬성과 반대의 경우를 모두 고려해야 하는 ①보다 반대의 경우만을 고려해야 하는 ⑤를 푸는 것이 보다 빠르게 정답을 찾을 수 있는 방법이다.

02 ▶ ③

| 정답풀이 |

[그래프]를 통해 E와 F를 제외한 나머지 지역은 모두 정보탐색 시도율과 성공률이 H보다 높다는 것을 알 수 있다. 따라서 E와 F만을 비교하도록 한다. 정보탐색 시도율과 정보탐색 성공률의 곱이 E지역은 45↓×87↓=3,915↓이고, F지역은 25↑×88↑=2,200↑이다. ↑와 ↓는 근사치를 나타내는 표시이므로, 이를 통해 E지역이 F지역보다 높다는 것을 알 수 있다. 이를 바탕으로 H지역과 F지역을 비교해본다. H지역의 정보탐색 시도율과 정보탐색 성공률의 곱은 15↓×91↓=1,365↓이다. F지역의 근사치인 2,200은 1,350보다 훨씬 크므로

H지역의 인구수 대비 정보탐색 성공자 수의 비율이 가장 낮다는 것을 알 수 있다.

| 오답풀이 |

① 정보탐색 시도율 대비 정보탐색 성공률은 [그래프]의 기울기임을 알 수 있다. 기울기는 F가 A보다 가파르지만, 정보탐색 성공률 대비 정보탐색 시도율은 기울기의 역수이므로 F가 A보다 낮다는 것을 알 수 있다.

② 인구수 대비 정보탐색 성공자 수의 비율은 $\frac{(\text{정보탐색 성공자 수})}{(\text{인구수})} \times 100$이므로, 정보탐색 시도율과 정보탐색 성공률의 곱에 비례함을 알 수 있다. 정보탐색 시도율과 정보탐색 성공률의 곱이 B지역은 30↓×95↓=2,850↓이고, A지역은 35↑×90↑=3,150↑이므로 인구수 대비 정보탐색 성공자 수의 비율은 B지역이 A지역보다 더 낮다.

④ 인구수가 가장 적은 지역은 1,000+800=1,800(명)인 B지역이다. [표] 주석의 식을 통해 $(\text{인구수}) = \frac{(\text{정보탐색 성공자 수}) \times 100}{(\text{정보탐색 성공률}) \times (\text{정보탐색 시도율})} \times 100$임을 알 수 있으며, 해당 식을 바탕으로 (인구수×정보탐색 성공률×정보탐색 시도율)∝(정보탐색 성공자 수)임을 알 수 있다. B지역의 남성 정보탐색 성공자 수는 1,000×0.929×0.28×k=260.12k(k는 비례 상수)인 반면, H지역의 남성 정보탐색 성공자 수는 1,400×0.893×0.16×k=200.032k로 B지역보다 적다. 따라서 인구수가 가장 적은 지역과 남성 정보탐색 성공자 수가 가장 적은 지역은 다르다.

⑤ D지역의 여성 정보탐색 성공자 수는 3,500×0.929×0.4×k=1,300.6k이고, C지역의 여성 정보탐색 성공자 수는 3,000×0.92×0.25×k=690k이다. 690k×2=1,380k로 1,300.6k보다 크므로 2배 미만이다.

문제접근법

(1) [표]와 [그래프]가 주어진 문제로 각 자료가 무엇을 의미하는지 먼저 파악한다. 특히 [그래프]는 x축과 y축의 의미를 주의 깊게 확인한다. [표] 주석에 주어진 2개의 식은 반드시 확인하되, 두 식 간의 관계와 식 구조를 통해 비례, 반비례 관계가 되는 항목을 확인한다.

(2) 선택지 ①~⑤ 모두 결괏값을 구하는 내용은 아니지만, 여러 경우를 고려하면서 자료를 복합적으로 적용하여 해결하는 내용으로 난도가 높은 문제이다. 순차적으로 확인하면서 최소화할 수 있는 경우로 좁혀 나가면서 풀도록 한다.

전략풀이 TIP

[표] 주석의 식을 바탕으로 단순 계산을 하는 것이 아닌 비례 관계를 파악하여 해결하는 것이 중요하다. $\frac{(\text{정보탐색 성공자 수})}{(\text{인구수})}$∝(정보탐색 시도율×정보탐색 성공률)과 (인구수×정보탐색 성공률×정보탐색 시도율)∝(정보탐색 성공자 수)의 비례 관계를 이용하면, 복잡하게 계산할 필요 없이 수치 비교로 선택지의 내용을 해결할 수 있다. 참고로 정보탐색 시도율을 x, 정보탐색 성공률을 y, $\frac{(\text{정보탐색 성공자 수})}{(\text{인구수})}$를 k라 두면, xy=k의 식이 성립하고, 이를 그래프 식으로 표현하면 $y=\frac{k}{x}$의 분수함수로 나타낼 수 있다. k가 커질수록 그래프는 원점에서 멀어지고 외곽에 가까워지는 성질을 이용하여 해결할 수도 있다.

03 ▶ ②

| 정답풀이 |

초등학교의 채소 섭취율을 보면, 전체 섭취율은 31.8%로 남학생 섭취율 30.4%와 여학생 섭취율 33.2%의 평균과 같다. 따라서 남학생과 여학생 응답자 수는 모두 1,000명이고, 채소를 매일 섭취하는 초등학교 여학생 수는 332명이다. 채소를 매일 섭취하는 중학교 여학생 수는 1,200×0.29=348(명)이므로 중학생이 초등학생보다 많다.

| 오답풀이 |

① 우유를 매일 섭취하는 중학교 여학생 수가 275명이라면, 응답한 전체 중학교 여학생 수는 1,000명이어야 한다. 여학생 수가 1,000명일 경우에는 남학생 수 역시 1,000명이 되어 전체 우유 섭취율은 남학생 우유 섭취율과 여학생 우유 섭취율의 평균이 되어야 하는데, 같지 않으므로 가중평균이 적용되었다고 볼 수 있다.(평균인 31.75%보다 전체 섭취율이 더 낮으므로 여학생 수가 더 많다고 판단할 수 있다.) 즉, 여학생 수와 남학생 수는 같지 않다. 전체 중학교 남학생 수를 a, 전체 중학교 여학생 수를 b라 하면, $a+b=2{,}000$과 $0.36a+0.275b=618$ 식이 성립한다. 두 식을 연립하면 $a=800$, $b=1{,}200$이다. 따라서 전체 중학교 남학생 수는

Ⅱ 수리능력

800명이고, 전체 중학교 여학생 수는 1,200명이다. 그러므로 우유를 매일 섭취하는 중학교 여학생 수는 1,200×0.275=330(명)이다.

③ 중학교 남학생과 여학생의 섭취율은 같지만, 전체 중학교 남학생 수는 800명이고, 여학생 수는 1,200명으로 같지 않다. 따라서 라면을 주 1회 이상 섭취하는 중학교 남학생 수와 여학생 수 역시 같지 않다.

④ 모든 식품의 초등학교 남학생 섭취율과 여학생 섭취율의 평균은 전체 섭취율과 같으므로, 초등학교 남학생과 여학생 수는 모두 1,000명이다. 과일을 매일 섭취한다고 응답한 초등학교 남학생 수는 361명이고, 햄버거를 주 1회 이상 섭취한다고 응답한 초등학교 남학생 수는 644명이다. 해당 남학생 수의 합은 361+644=1,005(명)이므로 최소 5명은 과일을 매일 섭취하면서 햄버거를 주 1회 이상 섭취한다고 할 수 있다.

⑤ 모집단(전체 중학교 남학생 수 800명, 여학생 수 1,200명)은 같으므로, 섭취율을 통해 식품별 학생 수의 대소 관계를 비교할 수 있다. 여학생의 과일 섭취율은 30%이고, 채소 섭취율은 29%로 채소를 매일 섭취하는 여학생 수가 더 적다. 반면 남학생의 경우에는 과일 섭취율은 28%이고, 채소 섭취율은 28.5%이므로 채소를 매일 섭취하는 중학교 남학생 수가 더 많다는 것을 알 수 있다.

문제접근법

(1) [표]가 주어진 문제로 [표]가 의미하는 것이 무엇인지 파악한다. [표] 주석에 하나의 식과 내용이 주어졌는데, 주석은 반드시 확인하며, 주석의 내용을 통해 평균의 개념을 적용해야 함을 인지한다.

(2) 선택지 ①~⑤ 중 비교적 쉽게 해결할 수 있는 ③, ⑤를 먼저 푼다. ③, ⑤ 모두 틀린 선택지이므로 소거할 수 있고, 남은 ①, ②, ④ 중 중학교 학생 수와 관련된 ①, ②를 그다음으로 풀어 정답을 찾도록 한다.

전략풀이 TIP

이 문제는 가중평균 개념을 적용하여 자료의 수치를 해석하는 문제이다. 주석 2)를 통해 응답한 전체 초등학교와 중학교 학생 수는 각각 2,000명임을 알 수 있으며, 초등학교의 경우에는 섭취율 수치 $\left(\frac{\text{남학생 섭취율}+\text{여학생 섭취율}}{2}=\text{전체 섭취율}\right)$를 통해 초등학교 남학생 수와 여학생 수는 모두 1,000명임을 알 수 있다. 반면, 중학교의 경우에는 산술평균이 아닌 가중평균이 적용되었는데, 단순평균과 비교해 전체 섭취율이 여학생 섭취율 수치에 영향을 많이 받으므로, 여학생 수가 더 많다는 것을 알 수 있다. 그리고 중학교 남학생 수와 여학생 수를 구할 때, 수치가 비교적 간단한 과일을 이용하여 해결한다.

04 ▶ ⑤

| 정답풀이 |

2016년 식용곤충 분야 기초연구 지원 금액은 1,280−(250+836+127)=67(백만 원)이고, 2018년 지원 금액은 3,636−(1,306+1,864+127)=339(백만 원)이다. 67백만 원의 5배는 335백만 원으로 339백만 원보다 낮으므로 2018년이 2016년의 5배 이상이다. 식용곤충 분야 지원 금액에서 기초연구 지원 금액이 차지하는 비중은 2016년은 $\frac{67}{1,280}\times100≒5.2(\%)$이고, 2018년은 $\frac{339}{3,636}\times100≒9.3(\%)$이다. 따라서 비중의 차이는 9.3−5.2=4.1(%p)이므로 4%p 이상 높다.

| 오답풀이 |

① 2017년 전체 지원 금액은 319+3,049=3,368(백만 원)이다. 2017~2019년 전체 지원과제당 지원 금액을 구하면 다음과 같다.

- 2017년: $\frac{3,368}{39}≒86.4$(백만 원)
- 2018년: $\frac{4,368}{45}≒97.1$(백만 원)
- 2019년: $\frac{4,886}{53}≒92.2$(백만 원)

따라서 전체 지원과제당 지원 금액은 2018년이 2017년과 2019년보다 많다.

② 2019년 배양육 분야의 응용연구 지원 금액은 570−(8+383+40)=139(백만 원)이다. 2018년과 2019년 배양육 분야 지원 금액에서 응용연구 지원 금액이 차지하는 비중을 구하면 다음과 같다.

- 2018년: $\frac{67}{282}\times100≒23.8(\%)$
- 2019년: $\frac{139}{570}\times100≒24.4(\%)$

따라서 비중은 2018년이 2019년보다 낮다.

③ 2017년과 2018년 대체육 전체 지원 금액에서

식물성고기 분야 지원 금액이 차지하는 비중을 구하면 다음과 같다.

- 2017년: $\frac{319}{3,368} \times 100 ≒ 9.5(\%)$
- 2018년: $\frac{450}{4,368} \times 100 ≒ 10.3(\%)$

따라서 비중은 2017년이 2018년보다 낮다.

④ 2020년 배양육 분야 개발연구 지원 금액은 1,532－972＝560(백만 원)이고, 식용곤충 분야 개발연구 지원 금액은 2,292－(385＋89＋37)＝1,781(백만 원)이다. 배양육 분야와 식물성고기 분야에서는 개발연구 지원 금액이 지원이 시작된 이후 매년 증가하였지만, 식용곤충 분야의 경우에는 2020년에 2019년 대비 감소하였다. 한편 식물성고기 분야의 2019년 응용연구 지원 금액은 774－553＝221(백만 원)이다. 따라서 조사 기간 동안 배양육 분야와 식물성고기 분야의 응용연구 총 지원 금액은 67＋139＋78＋130＋221＋70＝705(백만 원), 즉 7억 5백만 원이다. 따라서 7억 원 이상이다.

문제접근법

(1) 분량이 많은 [표]와 [그래프], 빈칸까지 주어진 문제로 자료 간 복합적으로 연계되어 해결할 수 있는 내용이 출제될 가능성이 높다. 각 자료가 의미하는 것이 무엇인지, 특히 관련성이 있는 항목을 중점으로 확인한다.

(2) 비교적 많은 계산을 요구하는 내용이 많으므로 계산 과정이 반드시 필요한 선택지 ④~⑤보다 분수 간 수치 비교로 해결할 수 있는 ①~③을 먼저 푼다.

전략풀이 TIP

② $\frac{67}{282}=\frac{134}{564}$로 $\frac{139}{570}$와 비교하면, 분모는 6, 분자는 5 차이나므로 그 차이가 미미하다. 하지만 분모의 값이 분자의 값보다 훨씬 크므로 증가율은 분자가 더 크다. $\frac{67}{282}=\frac{134}{564}<\frac{139}{570}$이므로 2018년의 비중이 더 낮다. (×)

05 ▸ ④

| 정답풀이 |

[표1]의 2012년 1차 에너지의 유형별 생산량을 보면, 원자력이 다른 유형보다 압도적으로 많으므로 원자력을 생산하는 지역을 확인하도록 한다. 원자력 생산량의 1·2위는 각각 경북과 전남으로 둘 중 하나가 1차 에너지를 가장 많이 생산한 지역이라고 할 수 있다. 경북과 전남의 원자력 생산량은 각각 31,719×0.444≒14,083(천 TOE), 31,719×0.309≒9,801(천 TOE)로 4,000천 TOE 이상 차이난다. 신재생의 경우, 원자력 생산량보다 적지만 다른 유형과 비교하였을 때 두 번째로 크므로 확인하도록 한다. 경북과 전남의 신재생 생산량은 각각 8,036×0.125≒1,005(천 TOE), 8,036×0.197≒1,583(천 TOE)로 600천 TOE 미만 차이난다. 따라서 2012년 1차 에너지를 가장 많이 생산한 지역은 경북이지만, 경북에서는 석유제품이 아닌 석탄을 9,646천 TOE로 가장 많이 소비하였다.

| 오답풀이 |

① 2008년 대비 2012년의 1차 에너지 유형별 생산량 증감률은 다음과 같다.

[표] 유형별 생산량 증감률 (단위: %)

구분	석탄	수력	신재생	원자력	천연가스
증감률	26.9 (감소)	35.0	54.6	2.3 (감소)	84.7

따라서 증감률이 가장 큰 1차 에너지 유형은 천연가스이다.

② 1차 에너지 생산량이 가장 많은 유형은 원자력이고, 원자력을 생산하는 지역은 경북, 전남, 부산이다. [표2]를 통해 경북과 전남의 최종 에너지 소비량의 합은 높지만, 그에 비해 부산은 상대적으로 낮다는 것을 알 수 있다. 부산의 원자력 생산량을 구하면 31,719×0.247≒7,835(천 TOE)로 최종 에너지 소비량인 6,469천 TOE를 훨씬 초과한다. 따라서 해당 지역(부산)이 존재한다고 볼 수 있다.

③ 2012년 수력 1차 에너지 생산량은 1,615천 TOE이고, 2012년 전남 지역의 신재생 1차 에너지 생산량은 8,036×0.197≒1,583(천 TOE)이다. 따라서 2012년 수력 1차 에너지 생산량이 더 많다.

⑤ 2008년 대비 2012년의 최종 에너지 유형별 소비량 증가율은 다음과 같다.

Ⅱ 수리능력

[표] 최종 에너지 유형별 소비량 증가율 (단위: %)

구분	석탄	석유 제품	천연 및 도시 가스	전력	열	신재생
증가율	21.9	4.6	28.7	21.2	15.8	50.1

따라서 2008년 대비 2012년의 소비량 증가율이 가장 큰 최종 에너지 유형은 신재생으로 50.1%이고, 가장 작은 유형은 석유제품으로 4.6%이다. 이 둘의 차이는 50.1−4.6=45.5(%p)로 45%p 이상이다.

문제접근법

(1) 2개의 [표]와 [그래프]가 주어진 문제로 일반적인 자료해석 문제와 형태는 비슷하지만, 각 자료의 항목과 수치가 굉장히 많고 복합적으로 주어진 문제로 선택지의 내용을 해결하는 데 시간이 많이 걸리는 고난도 문제이다.

(2) 선택지 ①~⑤ 모두 계산이 필요하며, 하나의 자료만을 이용하여 해결할 수 있는 내용은 소수이므로 순차적으로 확인하면서 생략해도 되는 수치나 어림셈, 분수 및 수치 비교 방법으로 풀어 정답을 찾도록 한다.

전략풀이 TIP

① 증가율이 아닌 증감률이므로 감소하는 경우도 모두 생각한다. 계산할 필요 없이 [표1]의 수치를 보면, 2008년을 기준으로 신재생과 천연가스의 생산량 변동 폭이 다른 유형과 비교해 크다. 2008년 신재생 생산량은 천연가스 생산량의 20배보다 많지만, 2012년에는 더 적기 때문에 천연가스 변동 폭이 가장 크다. 따라서 증감률이 가장 큰 1차 에너지 유형은 천연가스이다. (○)

③ 전남 지역의 신재생 1차 에너지 생산량 비중이 약 20%로 신재생 생산량의 $\frac{1}{5}$인 1,607 정도이다. 수력의 생산량이 1,615로 더 많으며, 실제로 전남 지역의 생산량 비중은 20%보다 약간 작으므로 수력 1차 에너지 생산량이 더 많다. (○)

④ 1차 에너지를 가장 많이 생산한 지역은 원자력을 생산하는 지역이 주축일 것이며, 그다음으로 신재생이 좌우한다. 원자력 생산량 비중을 보면, 경북과 전남의 차이가 10%p 이상이지만, 신재생의 차이는 7%p 정도로 더 적으므로 1차 에너지를 가장 많이 생산한 지역은 경북임을 알 수 있다. 하지만 경북에서는 석탄을 가장 많이 소비하였다. (×)

CHAPTER 04 | 복합자료

01 | NCS 최신빈출 본문 P. 178~183

01	02	03	04	05
②	④	②	⑤	⑤

01 ▶ ②

| 정답풀이 |

㉠ 전체 응답 기업의 $\frac{87+83+84+71}{500}\times100=$ 65(%)는 디지털 전환의 초점이 조직관리 효율화라고 응답하였으며, 이어서 판로확대(12+16+15+34=77개사), 비용절감(12+30+8+16=66개사), 고부가가치화(9+7+8+8=32개사) 순이었다.

㉣ 하도급 기업에서 조직관리 효율화의 비중은 72.5%이고, 비하도급 기업에서 조직관리 효율화의 비중은 61%이므로 72.5−61=11.5(%p) 더 많다.

| 오답풀이 |

㉡ 제조업과 서비스업에서 디지털 전환의 초점을 조직관리 효율화로 둔 비중은 각각 $\frac{87+83}{120+136}$ $\times100≒66.4(\%)$, $\frac{84+71}{115+129}\times100≒63.5(\%)$로 조직관리 효율화가 가장 높은 비중을 차지하였다.

㉢ 제조업은 비용절감이 $\frac{12+30}{120+136}\times100≒16.4$(%)로 두 번째로 많은 응답을 보인 반면, 서비스업은 판로확대가 $\frac{15+34}{115+129}\times100≒20.1(\%)$로 두 번째였다.

문제접근법

(1) 밑줄 친 부분의 내용을 중점으로 확인하면서 필요한 항목에 대해서만 [표]의 내용과 비교한다.

(2) ㉣을 먼저 확인하면, 틀린 내용이므로 선택지 ①, ③을 소거할 수 있고, 남은 내용을 풀어 정답을 찾도록 한다.

전략풀이 TIP

㉣ %와 %p의 차이를 반드시 구분한다. 비중의 차이에 대한 단위는 %p이므로 11.5%가 아닌 11.5%p이다. (×)

02 ▶ ④

| 정답풀이 |

㉠ 2018년 4분기 수출액은 10,626백만 달러이고, 수출 대수는 690천 대이다. 따라서 2018년 4분기의 수출 대수 1대당 수출액은 $\frac{10,626\text{백만}}{690\text{천}}$ =15,400(달러)이다.

㉢ 수입 대수 대비 수출 대수가 가장 적은 분기는 2020년 2분기이고, 이때의 수입 대수 대비 수출 대수는 $\frac{352\text{천}}{80\text{천}}$=4.4(대)이다.

㉣ 2020년 2분기와 2019년 3분기 모두 수입 대수는 80천 대이고, 2020년 2분기 수입액은 2,929백만 달러, 2019년 3분기 수입액은 2,849백만 달러이므로 수입액은 2020년 2분기가 2019년 3분기보다 2,929−2,849=80(백만 달러) 더 많다. 이때, 수입 대수 1대당 수입액은 $\frac{(\text{수입액})}{(\text{수입 대수})}$이고, 분모는 80천 대로 같으므로 수입 대수 1대당 수입액은 $\frac{80\text{백만}}{80\text{천}}$=1,000(달러) 많다. 즉, 900달러 이상 증가하였다.

| 오답풀이 |

㉡ 2019년 2분기 수입액은 2,487백만 달러이고, 3분기 수입액은 2,849백만 달러이다. 따라서 전 분기 대비 증가율은 $\frac{2,849-2,487}{2,487}\times100≒$ 14.6(%)로 15% 미만이다.

문제접근법

(1) 복합자료를 바탕으로 하는 세트 문항으로 각 [그래프]가 무엇을 의미하는지 먼저 파악한다. 이후 문제의 발문과 주어진 자료를 바탕으로 [보기]를 풀면서 활용해야 할 자료가 무엇인지 확인한다.
(2) ㉠~㉣ 중 ㉣은 비교적 복잡하므로 ㉠, ㉡, ㉢을 먼저 푼다. ㉠은 옳은 보기이고, ㉡은 틀린 보기이므로 남은 ㉢, ㉣을 풀 필요 없이 정답을 ④로 선택할 수 있다.

전략풀이 TIP

㉡ 2,487의 10%는 248 정도이고, 5%는 124이다. 따라서 15%는 248+124=372 정도인데 2,487+372=2,859>2,849이므로 증가율은 15% 미만이다. (×)

03 ▶ ②

| 정답풀이 |

[보고서]에서 말하는 2022년 평균 기온이 2021년보다 증가한 지역을 순차적으로 확인하여 찾는다.

[1] 2021년 평균 기온은 2002년 대비 1℃ 이상 증가하였다. → 서울, 서귀포 제외

[2] 2021년 평균 기온이 2011년 대비 10% 이상 증가하였다. → 거제, 서귀포 제외

[3] 2002~2021년 기간에서 최저 연평균 기온과 최고 연평균 기온의 차가 2℃ 이하였다. → 강릉, 백령도, 흑산도 제외

구분	강릉	거제	백령도	서귀포	서울	울릉도	흑산도
[1]				제외	제외		
[2]		제외		×	×		
[3]	제외	×	제외	×	×		제외

따라서 해당 지역은 울릉도이고, 이 지역의 2022년 평균 기온이 전년 평균 기온 대비 약 2% 증가하였으므로 13.5×1.02=13.77(℃), 즉 13.8℃이다.

문제접근법

(1) 주어진 [보고서]의 내용을 먼저 파악한다.
(2) [표]를 바탕으로 2022년 평균 기온이 2021년보다 증가한 지역을 확인한다. 이때, 다음의 항목으로 나누어 찾는다.
 - 2021년 평균 기온은 2002년 대비 1℃ 이상 증가
 - 2021년 평균 기온이 2011년 대비 10% 이상 증가
 - 최저 연평균 기온과 최고 연평균 기온의 차가 2℃ 이하

전략풀이 TIP

ⅰ) [보고서]에 주어진 내용을 조건으로 보고 어림셈을 이용하여 조건에 맞지 않는 지역을 순차적으로 소거한다.
ⅱ) 2021년 평균 기온이 2011년 대비 10% 이상 증가한 지역은 (2011년 평균 기온)+(2011년 평균 기온×0.1)<(2021년 평균 기온)으로 찾는다.

04 ▶ ⑤

| 정답풀이 |

자녀·부모 부양가족 연금 대상자가 전년 대비 가장 많이 증가한 해는 2015년이다. 2015년 자녀·부모 부양가족 연금 총액은 263,548×165,210=43,540,765,080(원)으로 430억 원 이상이다.

| 오답풀이 |

① 2018년 자녀·부모 부양가족 연금 대상자는 255,002명이고, 1인당 연금액은 171,000원이므로 연금액 총액은 255,002×171,000≒436(억 원)이다.

② 부양가족 연금 대상자는 2017년까지 증가하다가 2018년에 감소하였지만, 배우자 부양가족 1인당 연금액은 2018년까지 증가하였으므로 증감 추이는 서로 일치하지 않는다.

③ 2017년과 2018년에 배우자 부양가족 연금 대상자에게 지급된 부양가족 연금 총액은 다음과 같다.
- 2017년: 1,987,313×252,090≒5,010(억 원)
- 2018년: 1,966,414×256,870≒5,051(억 원)

따라서 2018년에 더 많다.

④ 배우자 부양가족 연금 대상자는 2017년까지 증가하다가 2018년에 감소하였지만, 자녀·부모 부양가족 연금 대상자는 2013년, 2014년, 2018년에 감소하였으므로 증감 추이는 서로 일치하지 않는다.

문제접근법

(1) 복합자료를 바탕으로 하는 세트 문항으로 [표]와 [그래프]가 무엇을 의미하는지 먼저 파악하고, [그래프]의 주석도 확인한다. 이후 문제의 발문과 주어진 자료를 바탕으로 선택지를 풀면서 활용해야 할 자료가 무엇인지 확인한다.

(2) 선택지 ①~⑤ 중 계산 없이 해결할 수 있는 ②, ④를 먼저 푼다. ②, ④는 모두 틀린 선택지이므로 소거할 수 있고, 남은 ①, ③, ⑤ 중 정확한 결괏값 없이 수치 비교로 해결할 수 있는 ③, ⑤를 풀어 정답을 찾도록 한다.

전략풀이 TIP

③ 1,987,313×252,090과 1,966,414×256,870을 비교해보면, 1,966,414 → 1,987,313의 증가율은 1% 정도인 반면, 252,090 → 256,870의 증가율은 1%를 훨씬 상회(2%에 약간 못 미치는)하므로, 1,987,313×252,090<1,966,414×256,870이다. (×)

⑤ 263,548×165,210>261,000×165,000≒43,070,000,000이므로 430억 원 이상이다. (○)

05 ▶ ⑤

| 정답풀이 |

부양가족 연금액은 평균 소득 월액이나 가입 기간과는 상관없이 동일하게 지급되고, 부양가족 연금으로 지급되는 금액은 정액으로 자녀나 부모에 대해서는 1인당 지급된다.

2012년 K의 부양가족 연금액은 배우자+자녀1이므로, 총 236,360+157,540=393,900(원)이다. 따라서 ㉠은 393,900이다.

2018년 P의 부양가족 연금액은 부모+자녀1이므로, 총 171,000×2=342,000(원)이다. 따라서 ㉡은 342,000이다.

2015년 K의 부양가족 연금액은 247,870+165,210=413,080(원)이고, P의 부양가족 연금액은 165,210×2=330,420(원)이므로, 부양가족 연금액의 차이는 413,080−330,420=82,660(원)이다. 따라서 ㉢은 82,660이다.

문제접근법

(1) 세트 문항 중 수치를 계산하는 문제로 우선 기존에 주어진 자료가 무엇을 의미하는지 다시 한번 확인한 후, [보기]의 내용을 읽는다.

(2) K와 P 모두 여러 형제가 있거나, 부부 모두 연금을 받는 경우가 아닌, 일반적인 부양가족 연금 지급에 대한 경우이므로 [그래프]에서 정보에 맞는 부양가족 1인당 연금액 수치를 찾아 계산한다.

전략풀이 TIP

㉠은 236,360+157,540으로 약 390,000이고, ㉡은 171,000의 2배이므로 342,000이다. ㉢의 경우, 구할 때 165,210이 소거되기 때문에 247,870−165,210으로 계산할 수 있다.

02	PSAT 기출변형 Lv.1							본문 P. 184~197	
01	02	03	04	05	06	07	08	09	10
④	⑤	④	⑤	④	①	④	④	④	②

01 ▶ ④

| 정답풀이 |

활동 기간이 가장 긴 임무단은 '소말리아 임무단'이고, 두 번째로 긴 임무단은 '다르푸르 지역 임무단'이다. '다르푸르 지역 임무단'의 파견지는 우간다가 아닌 수단이다.

| 오답풀이 |

① 파견 규모가 가장 큰 두 임무단은 규모 6,000명의 '소말리아 임무단'과 '다르푸르 지역 임무단'이다. 이들의 주요 임무는 '구호 활동 지원', '민간인 보호'이며, 둘 다 현재까지 활동하고 있다.

② 파견 규모가 가장 작은 임무단은 규모 350명의 '코모로 치안 지원 임무단'이다. 이들의 활동은 2008년 10월에 종료되었으며, 주요 임무는 '앙주앙 섬 치안 지원'이었다.

③ 활동 기간이 가장 긴 임무단은 '소말리아 임무단'으로 2021년 5월 기준으로 14년 4개월 동안 활동하였다. 한편 활동 기간이 가장 짧은 임무단은 '코모로 선거감시 지원 임무단'으로 3개월만 활동하였다.

⑤ 2014년 9월에 '중앙아프리카 공화국 임무단'이 활동을 끝내면서 현재 '소말리아 임무단', '다르푸르 지역 임무단', '우간다 임무단' 3개 임무단만 평화유지 활동을 수행 중이다. 이 3개 임무단만 활동한 기간은 2021년 5월 기준으로 6년 8개월이 되었다.

문제접근법

(1) [표]의 제목과 항목을 먼저 확인한 후, [보고서]의 밑줄 친 내용을 바로 읽는다.

(2) 밑줄 친 내용을 보면, 계산이 필요한 내용은 없으므로 순차적으로 [표]의 내용에 적용하면서 해결한다.

전략풀이 TIP

밑줄 친 ⓒ, ⓜ에서 활동 기간을 따질 때, 개월 수까지 정확하게 파악할 필요는 없으므로 햇수 위주로만 파악하면 간단하다. 예를 들어 '소말리아 임무단'의 경우, 2007년 1월에 14년을 더하면 2021년 1월이고, 현재는 2021년 5월이므로 이들의 활동 기간이 14년 이상이라는 것을 알 수 있다. '중앙아프리카 공화국 임무단'이 활동을 끝낸 시기부터 현재까지의 기간을 따지는 경우도 마찬가지이다. 2014년 9월에 6년을 더하면 2020년 9월이고, 현재는 2021년 5월이므로 6년 이상 지났다는 것을 알 수 있다.

02 ▶ ⑤

| 정답풀이 |

ⓛ 2015~2017년, 2020~2021년 기간 동안 농업진흥지역 면적은 증가한다.

ⓒ 농업진흥지역 면적은 2013년 대비 2022년에 $\frac{91.5-77.6}{91.5}\times100\fallingdotseq15.2(\%)$ 감소했다. 따라서 15% 이상 감소했다.

ⓔ 조사 기간 동안 밭 면적이 10만 ha 이상이었던 해는 14.6만 ha인 2013년, 10.1만 ha인 2019년으로 햇수로 2개이다. 한편 2013년의 경우, 농업진흥지역 면적에서 밭 면적이 차지하는 비중은 $\frac{14.6}{91.5}\times100\fallingdotseq16(\%)$로 15%를 넘는다.

| 오답풀이 |

ⓖ 2014~2022년 동안 매년 농업진흥지역 면적의 2배보다 전체 농지 면적이 더 넓다(농업진흥지역 면적×2<전체 농지 면적). 따라서 농업진흥지역 면적은 전체 농지 면적의 50% 이하이다.

문제접근법

(1) [표]의 제목과 항목을 먼저 확인한 후, [보고서]의 밑줄 친 내용을 바로 읽는다.

(2) ⓖ~ⓔ 중 자료의 수치만으로 바로 확인할 수 있는 ⓛ을 먼저 푼다. ⓛ은 틀린 보기이므로 선택지 ④를 소거할 수 있다.

(3) 남은 ⓖ, ⓒ, ⓔ 중 정확한 결괏값 없이 수치 비교로 해결할 수 있는 ⓖ을 그다음으로 푼 후, ⓒ, ⓔ을 풀어 정답을 찾도록 한다.

전략풀이 TIP

ⓒ, ⓔ 91.5의 15%는 91.5×0.15=13.725로 13.9(=91.5−77.6)와 14.6보다 작다. (×)

Ⅱ 수리능력

03 ▶ ④

| 정답풀이 |

전기차 시장 규모가 빠르게 성장할 수 있었던 가장 큰 원인은 보조금 지원이고, 두 번째 원인은 전기 충전 인프라 확충이다. 그런데 ④의 그래프에서는 가장 큰 원인이 환경에 대한 관심 증가, 두 번째 원인이 전기 충전 인프라 확충으로 표기되어 있으므로 옳지 않다.

| 오답풀이 |

① 세계 전기차 누적 생산량은 2015년에 1.2백만 대, 2030년에 2억 5천만 대(=250백만 대)이다.

② 국내 산업 수요 대비 전기차 비중은 2015년 0.2%, 2019년 2.4%, 2025년 14.4%이다.

③ 국내 소비자는 2019년 3월 기준, 전기차 구매 시 지역별로 대당 최소 450만 원에서 최대 1,000만 원까지 구매 보조금을 받을 수 있다. ③의 그래프에서도 구매 보조금이 최소 450만 원(서울), 최대 1,000만 원(전라)으로 표기되어 있으므로 옳다.

⑤ 국내 전기 충전 인프라는 2019년 3월 기준, 전국 주유소 대비 80% 수준으로 설치되어 있다. ⑤의 그래프에서도 주유소는 10,000개, 전기 충전 인프라는 8,000개로, 주유소 대비 전기 충전 인프라가 80% 수준으로 표기되어 있으므로 옳다.

문제접근법

(1) [보고서]의 내용을 확인하되, 수치가 주어진 내용을 위주로 확인한다.

(2) [보고서]의 문단별 서술된 내용과 관련된 선택지가 골고루 출제되므로 한 문단을 읽었으면, 선택지를 확인하여 풀도록 한다.

전략풀이 TIP

선택지 ①~⑤에 주어진 그래프의 제목을 먼저 확인하고, 해당 내용이 있는 부분을 [보고서]에서 발췌독하는 방법으로 풀면, [보고서] 전문을 읽지 않아도 문제를 빠르게 해결할 수 있다.

04 ▶ ⑤

| 정답풀이 |

2018~2022년 양자기술 정부 R&D 투자금액의 분야별 비중을 구하면 다음과 같다.

[2018년]

- 양자컴퓨팅: $\frac{61}{350}\times100≒17.4(\%)$
- 양자내성암호: $\frac{102}{350}\times100≒29.1(\%)$
- 양자통신: $\frac{110}{350}\times100≒31.4(\%)$
- 양자센서: $\frac{77}{350}\times100=22.0(\%)$

[2019년]

- 양자컴퓨팅: $\frac{119}{626}\times100≒19.0(\%)$
- 양자내성암호: $\frac{209}{626}\times100≒33.4(\%)$
- 양자통신: $\frac{192}{626}\times100≒30.7(\%)$
- 양자센서: $\frac{106}{626}\times100≒16.9(\%)$

[2020년]

- 양자컴퓨팅: $\frac{200}{928}\times100≒21.6(\%)$
- 양자내성암호: $\frac{314}{928}\times100≒33.8(\%)$
- 양자통신: $\frac{289}{928}\times100≒31.1(\%)$
- 양자센서: $\frac{125}{928}\times100≒13.5(\%)$

[2021년]

- 양자컴퓨팅: $\frac{285}{1,162}\times100≒24.5(\%)$
- 양자내성암호: $\frac{395}{1,162}\times100≒34.0(\%)$
- 양자통신: $\frac{358}{1,162}\times100≒30.8(\%)$
- 양자센서: $\frac{124}{1,162}\times100≒10.7(\%)$

[2022년]

- 양자컴퓨팅: $\frac{558}{2,244}\times100≒24.9(\%)$
- 양자내성암호: $\frac{754}{2,244}\times100≒33.6(\%)$
- 양자통신: $\frac{723}{2,244}\times100≒32.2(\%)$
- 양자센서: $\frac{209}{2,244}\times100≒9.3(\%)$

위의 값과 그래프의 값을 비교했을 때 서로 다르므로 옳지 않다.

| 오답풀이 |

① 2019~2022년 양자센서 분야 정부 R&D 투자금액의 전년 대비 증가량을 구하면 다음과 같다.

- 2019년: 106−77=29(백만 원)
- 2020년: 125−106=19(백만 원)
- 2021년: 124−125=−1(백만 원)
- 2022년: 209−124=85(백만 원)

위의 값과 그래프의 값을 비교했을 때 서로 같으므로 옳다.

② 2018~2022년 양자기술 정부 R&D 총투자금액의 분야별 구성비를 구하면 다음과 같다.

- 양자컴퓨팅: $\frac{1,223}{5,310}\times100≒23.0(\%)$
- 양자내성암호: $\frac{1,774}{5,310}\times100≒33.4(\%)$
- 양자통신: $\frac{1,672}{5,310}\times100≒31.5(\%)$
- 양자센서: $\frac{641}{5,310}\times100≒12.1(\%)$

위의 값과 그래프의 값을 비교했을 때 서로 같으므로 옳다.

③ 2018~2022년 양자내성암호 분야 정부 R&D 투자금액 대비 양자센서 분야 정부 R&D 투자금액 비율을 구하면 다음과 같다.

- 2018년: $\frac{77}{102}\times100≒75.5(\%)$
- 2019년: $\frac{106}{209}\times100≒50.7(\%)$
- 2020년: $\frac{125}{314}\times100≒39.8(\%)$
- 2021년: $\frac{124}{395}\times100≒31.4(\%)$
- 2022년: $\frac{209}{754}\times100≒27.7(\%)$

위의 값과 그래프의 값을 비교했을 때 서로 같으므로 옳다.

④ 주어진 [표]의 값과 그래프의 값을 비교했을 때 서로 같으므로 옳다.

문제접근법

(1) 주어진 [표]를 바탕으로 그래프로 변환하는 자료 변환 문제이다. 각 그래프가 의미하는 것이 무엇인지 선택지의 내용(그래프 제목)을 보고 먼저 파악한다.

(2) 그래프를 확인할 때, 수치 대조 → (+, −) 사칙연산 → (×, ÷) 사칙연산으로 해결할 수 있는 그래프 순으로 확인한다.

(3) 선택지 ④ → ① → ②, ③, ⑤ 순으로 풀어 정답을 찾도록 한다.

전략풀이 TIP

⑤ 그래프의 수치를 보면, 2018년 비중은 (양자내성암호)>(양자통신)>(양자컴퓨팅)>(양자센서) 순이다. 한편 해당 연도의 양자기술 총투자금액(분모의 값)은 동일하므로 비중을 구할 필요 없이 분자에 해당하는 각 분야의 투자금액으로 비중의 대소 관계를 비교할 수 있다. 주어진 [표]에서의 2018년 투자금액 수치는 (양자통신)>(양자내성암호)>(양자센서)>(양자컴퓨팅) 순으로 동일하지 않다. (×)

05 ▶ ④

| 정답풀이 |

㉠ 서울특별시의 실내 라돈 농도 평균은 66.5Bq/m^{3}로 해당 값의 1.1배는 66.5×1.1=73.15(Bq/m^3)이다. 경기도의 평균은 74.3Bq/m^{3}이므로, 서울특별시의 1.1배 이상이다. 전라남도의 평균은 75.5Bq/m^{3}로 해당 값의 1.5배는 75.5×1.5=113.25(Bq/m^3)이다. 대전광역시의 평균은 110.1Bq/m^{3}이므로 전라남도의 1.5배 미만이다.

㉡ 세종특별자치시와 강원도를 비교해보면, 평균은 강원도가 더 높지만, 중앙값은 세종특별자치시가 더 높으므로 비례 관계라고 할 수 없다.

㉣ 200Bq/m^3 초과 공동 주택 수가 조사 대상 공동 주택 수의 10%를 초과한 행정 구역은 대전광역시, 충청남도로 총 2곳이다.

| 오답풀이 |

㉢ 실내 라돈 권고 기준치를 초과하는 공동 주택은 200Bq/m^{3}를 초과하는 공동 주택 수를 의미한다. 200Bq/m^3 초과 공동 주택 수가 조사 대상 공동 주택 수의 5% 이상인 곳은 대전광역시, 경기도, 강원도, 충청북도, 충청남도, 전라북도, 전라남도, 경상북도, 제주특별자치도로 총 9곳이다.

문제접근법

(1) [표]가 무엇을 의미하는지 제목과 항목을 보면서 파악한 후, [보고서]의 밑줄 친 내용을 바로 읽는다.

(2) ㉠, ㉡은 틀린 보기이므로 선택지 ②, ③, ⑤를 소거할 수 있고, 남은 선택지 구조상 ㉢이 포함되어 있지 않으므로 남은 ㉣을 풀어 정답을 찾도록 한다.

전략풀이 TIP

㉠ 1.1배는 (1+0.1)이다. 서울특별시의 평균인 66.5의 0.1배는 6.65로 서울특별시 평균의 1.1배는 66.5+6.65=73.15(Bq/m^3)이다. 마찬가지로 1.5배는 (1+0.5)라 할 수 있고, 0.5는 절반을 의미하므로 전라남도의 평균의 1.5배는 75.5+37.75=113.25(Bq/m^3)이다. (×)

㉢ 5% 이상이면 조사 대상 공동 주택 수와 200Bq/m^3 초과 공동 주택 수의 비가 20:1↑이므로, 조사 대상 공동 주택 수가 200Bq/m^3 초과 공동 주택 수의 20배 이하인지 확인한다. (○)

㉣ 10%가 기준이므로 200Bq/m^3 초과 공동 주택 수의 값에 0을 붙인 값이 조사 대상 공동 주택 수보다 큰 행정 구역을 찾는다. (×)

06 ▶ ①

| 정답풀이 |

전체 커피전문점의 연도별 전년 대비 매출액과 점포 수 증가 폭은 다음과 같다.

[표] 전년 대비 매출액과 점포 수 증가 폭 (단위: 억 원, 개)

구분	2014년	2015년	2016년	2017년	2018년
매출액	721	767	1,509	1,900	945
점포 수	275	199	240	524	661

위 [표]의 값과 그래프의 값을 비교했을 때 매출액은 같지만, 점포 수는 다르므로 옳지 않다.

| 오답풀이 |

② 2018년 A~F브랜드의 점포당 매출액은 다음과 같다.

- A: $\frac{2,982}{395}$≒7.55(억 원)
- B: $\frac{1,675}{735}$≒2.28(억 원)
- C: $\frac{1,338}{252}$≒5.31(억 원)
- D: $\frac{625}{314}$≒1.99(억 원)
- E: $\frac{577}{366}$≒1.58(억 원)
- F: $\frac{231}{106}$≒2.18(억 원)

위의 값과 그래프의 값을 비교했을 때 서로 같으므로 옳다.

③ 2017년 매출액 기준 A~F브랜드의 점유율은 다음과 같다.

- A: $\frac{2,400}{6,483}\times100$≒37.02(%)
- B: $\frac{1,010}{6,483}\times100$≒15.58(%)
- C: $\frac{1,267}{6,483}\times100$≒19.54(%)
- D: $\frac{540}{6,483}\times100$≒8.33(%)
- E: $\frac{1,082}{6,483}\times100$≒16.69(%)
- F: $\frac{184}{6,483}\times100$≒2.84(%)

위의 값과 그래프의 값을 비교했을 때 서로 같으므로 옳다.

④ 2017년 대비 2018년 커피전문점 A~F브랜드의 매출액 증감량은 다음과 같다.

- A: 2,982−2,400=582(억 원)
- B: 1,675−1,010=665(억 원)
- C: 1,338−1,267=71(억 원)
- D: 625−540=85(억 원)
- E: 577−1,082=−505(억 원)
- F: 231−184=47(억 원)

위의 값과 그래프의 값을 비교했을 때 서로 같으므로 옳다.

⑤ 전체 커피전문점의 연도별 점포당 매출액은 다음과 같다.

- 2013년: $\frac{1,586}{269}$≒5.90(억 원)
- 2014년: $\frac{2,307}{544}$≒4.24(억 원)
- 2015년: $\frac{3,074}{743}$≒4.14(억 원)
- 2016년: $\frac{4,583}{983}$≒4.66(억 원)
- 2017년: $\frac{6,483}{1,507}$≒4.30(억 원)
- 2018년: $\frac{7,428}{2,168}$≒3.43(억 원)

위의 값과 그래프의 값을 비교했을 때 서로 같으므로 옳다.

문제접근법

(1) 주어진 [표]를 바탕으로 그래프로 변환하는 자료 변환 문제로 각 그래프가 무엇인지 선택지의 내용(자료 제목)을 보고 먼저 파악한다.

(2) 자료를 확인할 때, 수치 비교/대조 → (+, −) 사칙연산 → (×, ÷) 사칙연산으로 해결할 수 있는 자료 순으로 확인한다.

(3) 선택지 ①, ④ → ②, ③, ⑤ 순으로 풀어 정답을 찾도록 한다.

전략풀이 TIP

① 매출액보다 점포 수의 수치가 더 작으므로 2014년의 전년 대비 점포 수를 계산하면, 213이 아닌 275이다. (×)

07 ▶ ④

| 정답풀이 |

[보고서]의 첫 번째~세 번째 줄의 내용을 바탕으로 A~E국을 확인하면, A~E국의 전일제 근로자의 대졸과 고졸, 대졸과 중졸, 고졸과 중졸 간 비율의 차이는 다음과 같다.

- A국: 57−46=11(%p), 57−35=22(%p)
  46−35=11(%p)
- B국: 67−54=13(%p), 67−39=28(%p)
  54−39=15(%p)
- C국: 59−42=17(%p), 59−31=28(%p)
  42−31=11(%p)
- D국: 61−47=14(%p), 61−31=30(%p)
  47−31=16(%p)
- E국: 55−49=6(%p), 55−31=24(%p)
  49−31=18(%p)

E국의 경우에는 고졸과 중졸 간 전일제 근로자 비율의 차이가 18%p로 [보고서]의 세 번째 줄의 내용을 만족하지 못한다.

[보고서]의 네 번째~다섯 번째 줄의 내용을 바탕으로 A~D국을 확인하면, B~D국은 만족하지만 A국의 경우에는 고졸과 대졸 간 시간제 근로자 비율의 차이가 31−25=6(%p)로 만족하지 못한다.

마지막 근거인 [보고서]의 여섯 번째~일곱 번째 줄의 내용을 바탕으로 남은 B~D국을 확인하면, C국의 대졸 무직자 비율은 28%로 20% 이상이고, B국의 고졸 무직자 비율은 26%로 25% 이상이므로 B국과 C국은 만족하지 못한다. 남은 D국은 해당 내용을 모두 만족하므로 갑국에 해당하는 국가는 D이다.

문제접근법

(1) 우선 [표]가 무엇을 의미하는지 먼저 파악한 후, 바로 [보고서]를 확인한다.

(2) [보고서]의 내용을 보면, '%p의 수치 결괏값', '%의 수치 비교'의 2가지로 나뉘는데, 계산 없이 수치 비교로 해결할 수 있는 마지막 조건을 먼저 확인한다.

(3) 마지막 조건의 내용을 통해 제외할 수 있는 국가를 소거하고, 그다음으로 남은 조건 중 시간제 근로자에 대한 내용이 포함된 조건을 확인하여 정답을 찾도록 한다.

전략풀이 TIP

i) C국의 대졸 무직자 비율은 28%로 20% 이상이고, B국의 고졸 무직자 비율은 26%로 25% 이상, E국의 중졸 무직자 비율은 27%로 30% 미만이다. 따라서 갑국은 A국과 D국 중 하나로 좁혀진다.

ii) 전일제 근로자와 달리 시간제 근로자에 대한 내용은 4%p 미만의 한 가지뿐이므로 시간제 근로자에 대한 내용을 먼저 해결한다. D국은 4%p 미만을 만족하지만, A국은 4%p 미만을 만족하지 못하므로 A국을 소거할 수 있고, 남은 D국이 갑국이 된다.

08 ▶ ④

| 정답풀이 |

아동의 경우, E국에서 남자의 고위험군이 여자의 고위험군 비율보다 낮다. 따라서 E국은 정국이다. C국의 경우, 여자 아동의 과의존위험군 비율이 19.3%로 20%를 초과하지 않는다. 따라서 C국은 무국이다. A, B, D국의 남자 아동과 남자 청소년 간 과의존위험군 비율 차이는 A국이 5.6%p, B국이 6.3%p, D국이 5.2%p이다. 따라서 B국이 병국이다. A, D국의 여자 아동과 여자 청소년 간 과의존위험군 비율 차이는 A국이 12.2%p, D국이 9.5%p이다. 그러므로 A국이 을국이고, D국이 갑국이다.

문제접근법

(1) 모든 국가에 대한 내용은 갑국을 찾는 데 도움이 되지 않으므로 을~무국에 대한 내용만 확인한다.

(2) 간단한 계산으로 확인할 수 있는 국가를 먼저 제외한다. 정국의 경우, 계산을 하지 않아도 쉽게 찾아낼 수 있다.

(3) 남자 아동의 잠재위험군 비율이 20%를 초과하므로 모든 국가에서 과의존위험군 비율이 20%를 초과한다. 따라서 무국을 찾기 위해서는 여자 아동의 잠재위험군 비율 또는 여자 청소년의 잠재위험군 비율만 확인하면 된다. 여자 아동의 고위험군 비율과 잠재위험군 비율 모두 C국이 가장 낮으므로 계산을 하지 않아도 C국이 무국이다.

(4) 남은 A, B, D 세 개국에 대하여 성별 아동과 청소년 간 과의존위험군 비율 차이를 계산하여 갑국을 찾도록 한다.

전략풀이 TIP

C, E국을 먼저 제외한 뒤 A, B, D국만 남았을 때, 눈대중으로 차이를 계산해 본다. 과의존위험군 비율을 구한 뒤 계산을 하는 것보다 잠재위험군과 고위험군 각각의 차이를 비교하면 계산을 빠르게 할 수 있다.
여자 청소년의 경우, A국이 B국, D국에 비해 잠재위험군과 고위험군 비율이 모두 더 높고, 여자 아동의 경우, A국이 B국, D국에 비해 잠재위험군과 고위험군 비율이 같거나 더 낮다. 따라서 정확히 계산을 하지 않아도 A국이 을국임을 알 수 있다.
B국과 D국의 남자 청소년과 남자 아동의 고위험군 차이는 모두 1.0%p 차이이다. 잠재위험군 차이는 B국이 5.3%p, D국이 4.2%p이므로 남자 아동과 남자 청소년 간 과의존위험군 비율 차이가 가장 큰 국가는 B국으로 병국이다.

09 ▶ ④

| 정답풀이 |

○○대학(E대학)의 2017년 교육 점수는

$$\frac{1.4\times15+36.9\times4.5+46.9\times2.25+52.3\times6+40.5\times2.25}{30}$$

$=23.25$(점)이고, 2018년 교육 점수는 21.7점이다. 따라서 2017년 대비 2018년 교육 점수는 $23.25-21.7=1.55$(점)으로 1점 이상 감소하였다.

| 오답풀이 |

①, ② 연구 부문 점수를 구하면 $\frac{1.6\times18+53.3\times6+41.3\times6}{30}=19.88$(점)이다. 따라서 이에 해당하는 대학은 C 또는 E이다. 국제화 부문 점수를 구하면 $\frac{24.7\times2.5+26.9\times2.5+16.6\times2.5}{7.5}\fallingdotseq22.7$(점)이다. 따라서 ○○대학은 E이므로 빈칸 (가)에 들어갈 값은 40.5이고, 빈칸 (나)에 들어갈 값은 11.6이다.

③ [표2] 주석 3)을 통해 총점은 부문별 점수에 부문별 가중치를 곱한 값을 100으로 나눈 값들의 합으로 산정한다는 것을 알 수 있다.

⑤ 국내 순위가 두 번째로 높은 대학은 B대학이다. B대학은 교육, 연구, 산학 협력의 3개의 부문에서 점수가 두 번째로 높다.

문제접근법

(1) 복합자료를 바탕으로 하는 세트 문항으로 각 [표]가 무엇을 의미하는지 먼저 파악하고, [표2]의 주석은 반드시 확인한다. 이후 문제의 발문과 주어진 자료를 바탕으로 선택지를 풀면서 활용해야 할 [표]가 무엇인지 확인한다.
(2) 선택지 ①~⑤ 중 계산 없이 해결할 수 있는 ③, ⑤를 먼저 푼다. ③, ⑤는 모두 틀린 선택지이므로 소거할 수 있고, 남은 ①, ②, ④는 ○○대학을 알면 쉽게 확인할 수 있으므로 ○○대학을 구하여 정답을 찾도록 한다.

전략풀이 TIP

○○대학을 구하기 위해서는 교육 부문, 연구 부문, 국제화 부문의 점수를 계산해야 한다. 이때, 연구 부문의 점수는 C와 E가 동일하지만, 교육 부문과 국제화 부문의 점수는 모든 대학이 다르므로 교육 부문 또는 국제화 부문의 점수를 구해야 한다. 한편 교육 부문의 점수는 계산이 매우 복잡하므로, 국제화 부문의 점수를 이용하는 것이 빠르다. 국제화 부문 점수에서 모든 세부 지표별 가중치가 2.5로 동일하므로, (외국인 학생 비율+외국인 교수 비율+학술논문 중 외국 연구자와 쓴 논문 비중)$\times\frac{2.5}{7.5}\left(=\frac{1}{3}\right)$로 나타낼 수 있다.
따라서 국제화 부문의 점수는 $\frac{24.7+26.9+16.6}{3}$ $\fallingdotseq22.7$이므로 ○○대학은 E대학이다.

10 ▶ ②

| 정답풀이 |

㉠ [보고서]는 세계 대학 평가 순위에 대한 내용이므로 아시아 대학 평가 순위는 추가로 필요한 자료가 아니다.

㉡ [보고서]의 세 번째 문단에서 2018년 갑국의 국립 대학 순위에 대해 나와 있는데, 해당 내용은 [표1]에 나와 있으므로 추가로 필요한 자료가 아니다.

| 오답풀이 |

㉢ [보고서]의 두 번째 문단을 설명하기 위해 필요한 자료이다.

㉣ [보고서]의 세 번째 문단 중 C대학에 대한 내용을 설명하기 위해 필요한 자료이다.

💡 문제접근법

(1) 세트 문항 중 추가로 필요한 자료를 찾는 문제로 우선 기존에 주어진 자료가 무엇을 의미하는지 다시 한번 확인한 후 [보고서]를 읽는다.
(2) [보고서]의 내용과 [보기]의 키워드를 확인하여 대조하면서 문제를 풀어 정답을 찾도록 한다.

전략풀이 TIP

[보고서] 작성을 위하여 추가로 필요한 자료를 찾는 문제는 이미 주어진 자료를 [보기]에 넣어 오답을 유도하는 경우가 많다. 따라서 [보고서]를 확인하면서 필요한 자료를 찾기 전에 이미 [표1]과 [표2]에서 주어진 내용이 있는지 확인한다. 이에 해당하는 보기는 ㉡인데, [표1]에는 2018년의 자료만 제시되어 있으므로 2017년의 자료가 필요한지 확인한다. [보고서]의 두 번째 문단을 설명하기 위해 ㉢이 반드시 필요한데, 이 자료가 있을 경우 ㉡ 자료가 없어도 [보고서]의 내용을 작성할 수 있다.

03 | PSAT 기출변형 Lv.2

본문 P. 198~211

01	02	03	04	05	06	07	08	09	10
④	③	②	③	④	④	⑤	⑤	②	③

01 ▶ ④

| 정답풀이 |

㉠ 버스 종류별 인가차량 대비 운행차량 비중을 구하면 다음과 같다.

- 간선: $\frac{3,429}{3,598}\times 100 ≒ 95.3(\%)$
- 지선: $\frac{3,258}{3,454}\times 100 ≒ 94.3(\%)$
- 광역: $\frac{211}{229}\times 100 ≒ 92.1(\%)$
- 순환: $\frac{10}{12}\times 100 ≒ 83.3(\%)$
- 심야: $\frac{96}{100}\times 100 = 96(\%)$

따라서 인가차량 중 운행차량의 비중은 심야가 가장 크다.

㉢ 간선과 심야의 노선 수 대비 인가차량의 비율을 구하면 다음과 같다.

- 간선: $\frac{3,598}{126} ≒ 28.6$
- 심야: $\frac{100}{14} ≒ 7.14$

7.14의 3배는 21.42로 28.6보다 작으므로 간선의 노선 수 대비 인가차량의 비율은 심야의 3배 이상이다.

㉣ 인가차량 대수가 상위 4개인 회사는 '201대 이상' 구간에 포함된 회사이다. 해당 회사에서 인가차량 대수가 최대인 경우는 '201대 이상' 구간을 제외한 구간에 포함된 회사들이 각 구간별로 최소 대수의 인가차량을 소유하고 있는 경우이다. 이 경우의 상위 4개 회사의 총 인가차량 대수는 $7,393-(1\times 5+41\times 8+81\times 28+121\times 10+161\times 10)=1,972$(대)이다. 따라서 인가차량 대수 평균은 $\frac{1,972}{4}=493$(대)로 500대 이하이다.

| 오답풀이 |

㉡ 광역과 지선의 노선 수 대비 예비차량 대수의 비율을 구하면 다음과 같다.

- 광역: $\frac{18}{10}=1.8$
- 지선: $\frac{196}{223} ≒ 0.88$

Ⅱ 수리능력

0.88의 2배는 1.76으로 1.8보다 작으므로 노선 수 대비 예비차량 대수의 비율은 광역이 지선의 2배를 넘는다.

문제접근법

(1) 2개의 [표]가 주어진 문제로 각 자료의 제목과 항목을 먼저 확인한다. 하나의 자료만으로 해결할 수 있는 내용의 보기와 두 자료를 연계하여 해결할 수 있는 보기가 모두 출제될 가능성이 높으므로 이에 유의하여 [보기]의 내용을 본다.

(2) ㉠~㉣ 중 두 대상만 확인하여 해결할 수 있는 ㉡, ㉢을 먼저 푼다. ㉡은 틀린 보기이므로 선택지 ①, ③, ⑤를 소거할 수 있고, 남은 선택지 ②, ④는 ㉠, ㉢을 모두 포함하고 있으므로 확인할 필요 없이 ㉣을 풀어 정답을 찾도록 한다.

전략풀이 TIP

㉡ $\frac{196}{223}$의 2배는 $\frac{392}{223}$로 $\frac{18}{10}\left(=\frac{396}{220}\right)>\frac{392}{223}$이다. (×)

㉢ $\frac{100}{14}$의 3배는 $\frac{300}{14}$으로 $\frac{3,598}{126}>\frac{300}{14}$ $\left(=\frac{3,000}{140}\right)$이다. (○)

㉣ 집합의 최대·최소 개념을 이용하는 보기이다. 정확한 값을 구할 필요 없이 어림셈으로 하면 총 인가차량 대수는 2,000대 미만이므로 인가차량 대수 평균은 500대보다 작다. (○)

02 ▶ ③

| 정답풀이 |

㉡ 총 노선 수의 전년 대비 감소 폭은 2019년에 355−351=4(개)로 가장 크고, 총 차량 대수의 전년 대비 감소 폭 역시 2019년에 7,482−7,421=61(대)로 가장 크다.

㉢ 2019년 심야버스는 유일하게 전년 대비 70−47=23(대) 증가하였고, 전년 대비 차량 대수 증가율은 $\frac{70-47}{47}\times100≒49(\%)$로 45%를 상회한다.

㉣ 2016~2020년 버스 유형별 노선 수 대비 차량 대수 비를 구하면 다음과 같다.

[표] 연도별 버스 유형별 노선 수 대비 차량 대수 비

구분	간선버스	지선버스	광역버스	순환버스	심야버스
2016년	30.4	16.1	22.7	6.3	5
2017년	30.5	16.2	22.7	6.3	5.9
2018년	30.3	16.5	22.6	4.7	5.9
2019년	30.2	16.4	24.7	4.7	7.8
2020년	29.5	16.5	24.5	4.7	7.1

따라서 2016~2020년 동안 노선 수 대비 차량 대수 비는 간선버스가 매년 가장 크고, 광역버스가 두 번째로 크다.

| 오답풀이 |

㉠ 2017~2020년 A시 버스 총 노선 수와 총 차량 대수를 구하면 다음과 같다.

[총 노선 수]

- 2017년: 121+214+11+4+8=358(개)
- 2018년: 122+211+11+3+8=355(개)
- 2019년: 122+207+10+3+9=351(개)
- 2020년: 124+206+10+3+11=354(개)

[총 차량 대수]

- 2017년: 3,690+3,473+250+25+47 =7,485(대)
- 2018년: 3,698+3,474+249+14+47 =7,482(대)
- 2019년: 3,687+3,403+247+14+70 =7,421(대)
- 2020년: 3,662+3,406+245+14+78 =7,405(대)

총 차량 대수는 매년 감소하지만, 총 노선 수의 경우, 2020년에는 전년 대비 증가하였다.

㉤ 노선 수 대비 차량 대수 비는 2016~2017년에는 순환버스가 심야버스보다 크고, 2018~2020년에는 심야버스가 순환버스보다 크다.

문제접근법

(1) [표]의 제목과 항목, 주석을 먼저 확인한 후, [보고서]의 밑줄 친 내용을 바로 읽는다.

(2) ㉠은 틀린 보기이므로 선택지 ①, ②를 소거할 수 있고, 남은 선택지 구조상 ㉢이 모두 포함되어 있으므로 풀지 않아도 된다.

(3) 보기 ㉡, ㉣, ㉤ 중 두 가지 버스 유형만 확인하면 해결할 수 있는 ㉤을 그다음으로 풀어 정답을 찾도록 한다.

전략풀이 TIP

㉠ 노선 수가 증가한 버스 유형이 감소한 버스 유형보다 많은 구간인 2019~2020년을 보면, 간선버스와 심야버스 모두 2개씩 증가, 지선버스는 1개 감소하였고, 남은 두 버스 유형은 동일하므로 전체 노선 수는 증가하였다. (×)

㉤ 2016~2017년에 심야버스의 노선 수는 순환버스의 노선 수의 2배 이상이지만, 차량 대수는 2배 미만이므로 노선 수 대비 차량 대수는 순환버스가 더 크다. (×)

03 ▶ ②

| 정답풀이 |

㉣ 2018~2021년 동안 하천에서 발생한 사고 사망자는 순서대로 16명, 23명, 19명, 23명으로 가장 많다. 연도별 여름철 물놀이 사고 사망자 중 하천에서 발생한 사망자의 비율을 구하면 다음과 같다.

- 2018년: $\frac{16}{24}\times100≒66.7(\%)$
- 2019년: $\frac{23}{36}\times100≒63.9(\%)$
- 2020년: $\frac{19}{37}\times100≒51.4(\%)$
- 2021년: $\frac{23}{37}\times100≒62.2(\%)$

2020년의 경우, 비율이 약 51.4%로 60% 미만이다.

그러므로 [보고서]의 내용 중 옳지 않은 것은 1개이다.

| 오답풀이 |

㉠ 2018년 여름철 물놀이 사고 사망자는 $2+6+4+4+4+4=24$(명), 2019년 사망자는 $2+13+9+2+2+8=36$(명), 2020년 사망자는 $2+9+7+2+4+13=37$(명), 2021년 사망자는 $0+5+3+5+5+19=37$(명)으로 2019년 이후 매년 30명 이상이다. 한편 2019년 사망자는 2018년 대비 $\frac{36-24}{24}\times100=50(\%)$ 증가하였으므로 50% 이상에 포함된다.

㉡ 연도별 4대 주요 원인에 의한 사망자는 2018년 $6+13+3+2=24$(명), 2019년 $9+14+5+6=34$(명), 2020년 $8+14+3+8=33$(명), 2021년 $9+12+6+2=29$(명)이다. 연도별 여름철 물놀이 사고 사망자 중 4대 주요 원인에 의한 사망자가 차지하는 비율을 구하면 다음과 같다.

- 2018년: $\frac{24}{24}\times100=100(\%)$
- 2019년: $\frac{34}{36}\times100≒94.4(\%)$
- 2020년: $\frac{33}{37}\times100≒89.2(\%)$
- 2021년: $\frac{29}{37}\times100≒78.4(\%)$

따라서 비율이 가장 높은 해는 2018년이고, 가장 낮은 해는 2021년이다.

㉢ 연도별 여름철 물놀이 사고 사망자 중 수영미숙에 의한 사망자의 비율을 구하면 다음과 같다.

- 2018년: $\frac{13}{24}\times100≒54.2(\%)$
- 2019년: $\frac{14}{36}\times100≒38.9(\%)$
- 2020년: $\frac{14}{37}\times100≒37.8(\%)$
- 2021년: $\frac{12}{37}\times100≒32.4(\%)$

따라서 매년 30% 이상을 차지하며, 비중은 2018년이 약 54.2%로 가장 높다.

㉤ 2020년 50대 이상 사망자는 13명이고, 수영장에서 사망한 사망자는 12명이다. 수영장에서 사망한 사망자 12명이 모두 50대 이상 사망자일 때, 수영장 외의 장소에서 사망한 50대 사망자는 최소가 되며, 이때의 사망자는 1명이다. 따라서 2020년 50대 이상 사망자 중 수영장 외의 장소에서 사망한 사망자는 1명 이상이다.
2021년 30대 미만의 여름철 물놀이 사고 사망자는 $5+3=8$(명)이다. 한편, 2021년 안전부주의에 의한 사망자는 9명으로 해당 9명에 30대 미만의 사망자 8명이 모두 포함될 경우 30대 이상이 최소가 되며, 이때의 30대 이상 사망자는 1명이다. 따라서 2021년 안전부주의 사망자 중 30대 이상 사망자는 1명 이상이다.

문제접근법

(1) 2개의 [표]의 제목, 항목, 단위를 빠르게 확인한 후, [보고서]의 밑줄 친 내용만을 바로 읽는다.

(2) 정오 개수를 물어보는 문제의 경우, 소거법을 이용하여 해결할 수 없다. 따라서 주어진 내용을 순차적으로 풀되, 빨리 풀기 위해 근사치 계산 및 수치 비교, 분수 비교를 이용하여 정답을 찾도록 한다.

전략풀이 TIP

㉠ 24명에서 36명으로, 즉 12명 증가하였으므로 절반에 해당하는 인원이 증가하였다. (○)

㉡ 2019~2021년을 보면, $\frac{34}{36}$, $\frac{33}{37}$, $\frac{29}{37}$에서 분모는 37이 가장 크지만, 분자는 29가 가장 작으므로 $\frac{29}{37}$의 값이 가장 작다. (○)

㉢ 2018년에만 (분자)×2>(분모)이므로 가장 크고, 2019~2020년은 (분자)×3>(분모)이므로 비중은 30% 이상이다. 또한 2021년에는 (분자)×3이 36으로 분모의 값인 37과 그 차이가 미미하므로 비중은 약 33% 정도이다. (○)

㉣ 2020년의 경우, $\frac{19}{37}$에서 19×2=38로 분모의 37과 그 차이가 미미하다. 따라서 비중은 50%를 약간 넘는 정도이다. (×)

㉤ 교집합 및 여사건 개념을 적용하여 해결하는 내용으로 교집합이 최대일 경우를 확인한다. (○)

04 ▶ ③

| 정답풀이 |

㉠ 2011년 의약품 국내 시장 규모는 15.60−1.96+5.53=19.17(조 원)이고, 2012년은 15.71−2.34+5.85=19.22(조 원)이다. 2011년과 2012년의 의약품 국내 시장 규모에서 수출액이 차지하는 비중은 각각 $\frac{1.96}{19.17}\times100≒10.22(\%)$, $\frac{2.34}{19.22}\times100≒12.17(\%)$이다. 따라서 전년 대비 증가하였다.

㉡ 2006~2015년 의약품 국내 시장 규모는 다음과 같다.

[표] 연도별 의약품 국내 시장 규모 (단위: 조 원)

구분	2006년	2007년	2008년	2009년	2010년	2011년	2012년	2013년	2014년	2015년
국내 시장 규모	14.07	15.26	17.18	18.22	19.35	19.17	19.22	19.33	19.37	19.24

2011년과 2015년에는 전년 대비 감소하였다.

㉢ 유럽을 먼저 보면, 2013년 세계 전체 의약품 시장 규모에서 유럽이 차지하는 비중은 $\frac{219.8}{947.6}\times100≒23.2(\%)$이다. 2014년 비중은 22.3%이므로, 유럽이 차지하는 비중은 전년 대비 감소하였다. 라틴 아메리카의 경우에는 2013년 세계 전체 의약품 시장 규모에서 차지하는 비중은 $\frac{64.5}{947.6}\times100≒6.8(\%)$이고, 2014년은 7.0%이므로 전년 대비 증가하였다.

| 오답풀이 |

㉣ 2013년 세계 전체 의약품 시장 규모는 947.6십억 달러이고, 2014년은 405.6+228.8+199.2+81.6+72.1+39.9=1,027.2(십억 달러)이다. 전년 대비 증가율은 $\frac{1,027.2-947.6}{947.6}\times100≒8.4(\%)$로 5% 이상 증가하였다.

문제접근법

(1) [그래프]와 [표]의 항목과 주석의 식을 먼저 확인한 후, [보기]의 내용을 본다. 빈칸은 해당 값이 필요한 경우에만 계산하여 구한다.
(2) 선택지 ①~⑤의 구조를 보면, ⑤를 제외한 선택지에 모두 ㉠이 포함되어 있다. 이를 통해 ㉠이 틀린 보기일 가능성이 매우 높다고 판단할 수 있다. 이를 바탕으로 [보기]를 푼다.
(3) ㉠, ㉡ 모두 틀린 보기이므로 선택지 ②, ④, ⑤를 소거할 수 있고, 남은 선택지 구조상 ㉣이 포함되어 있지 않으므로 ㉢을 풀어 정답을 찾도록 한다.

전략풀이 TIP

㉠ 연도별 국내 시장 규모와 수출액을 보면, 2011년의 경우 19.17의 10%는 대략 1.92로 1.96과 큰 차이가 없지만, 2012년의 경우 19.22의 10%는 대략 1.92로 분자 2.34와 큰 차이가 난다. 따라서 2012년의 비중이 더 높다. (×)

㉡ 2011년의 경우에는 생산액이 전년 대비 감소하였고, 수출액과 수입액이 일정 폭 이상 증가하였고, 2015년의 경우에는 수출액의 폭이 다소 높게 증가하였으므로 해당 연도를 계산하여 해결한다. (×)

㉢ 유럽과 라틴 아메리카 둘 중 하나의 비중을 구한 후, 100에서 나머지 비중을 합한 값을 빼면 남은 하나를 알 수 있다. 유럽보다 라틴 아메리카의 시장 규모가 작아 계산하기 쉬우므로 라틴 아메리카를 먼저 계산하면, 7% 미만이다. (×)

05 ▶ ④

| 정답풀이 |

㉠ 2020년 우리나라 전체 주택 수는 전년 대비 18,525,844－18,126,954＝398,890(호)로 39만 호 이상 증가하였으나, 빈집 수는 1,517,815－1,511,306＝6,509(호)로 6천 호 이상 감소하여 빈집 비율은 전년 대비 8.4－8.2＝0.2(%p) 감소하였다.

㉢ 2019년 대비 2020년에 빈집 수가 증가한 지역은 서울특별시, 부산광역시, 광주광역시, 전라북도, 전라남도, 경상남도로 6개이고, 전년 대비 빈집 비율이 가장 큰 폭으로 증가한 지역은 12.9－12.6＝0.3(%p)인 전라북도이다.

㉣ 2019년 빈집 비율이 가장 높은 지역은 15.5%인 전라남도이고, 빈집 비율이 가장 낮은 지역은 3.2%인 서울특별시이다. 2020년 빈집 비율이 가장 높은 지역은 15.2%인 전라남도이고, 빈집 비율이 가장 낮은 지역은 3.2%인 서울특별시이다. 따라서 2019년 빈집 비율의 차이는 15.5－3.2＝12.3(%p)이고, 2020년 빈집 비율의 차이는 15.2－3.2＝12(%p)이므로 2019년 대비 2020년에 감소하였다.

㉤ 2019년과 2020년 광역시 전체의 빈집 비율은 다음과 같다.

- 2019년: $\frac{109,651+40,721+66,695+39,625+29,640+33,114}{1,249,757+800,340+1,019,365+526,161+492,797+391,596}$ $\times 100 \fallingdotseq 7.13(\%)$
- 2020년: $\frac{113,410+39,069+65,861+41,585+26,983+30,241}{1,275,859+809,802+1,032,774+538,275+496,875+394,634}$ $\times 100 \fallingdotseq 6.97(\%)$

따라서 광역시 전체의 빈집 비율은 2019년 대비 2020년에 감소하였다.

그러므로 [보고서]의 설명 중 옳은 것은 모두 4개이다.

| 오답풀이 |

㉡ 세종특별자치시의 빈집 비율은 2019년 대비 2020년에 12.4－10.5＝1.9(%p)로 가장 큰 폭으로, 제주특별자치도의 빈집 비율은 15.1－14.2＝0.9(%p)로 두 번째로 큰 폭으로 감소하였다. 한편 울산광역시는 8.5－7.7＝0.8(%p)로 세 번째로 큰 폭으로 감소한 지역이다.

문제접근법

(1) [표]의 제목, 항목과 주석의 식을 빠르게 확인한 후, [보고서]를 바로 읽는다.

(2) 정오 개수를 물어보는 문제의 경우, 소거법을 이용하여 해결할 수 없다. 따라서 주어진 내용을 순차적으로 풀되, 근사치 계산 및 수치 비교, 분수 비교를 이용하여 정답을 찾도록 한다.

전략풀이 TIP

㉠ 18,126,954+390,000<18,525,844이고, 1,511,306+6,000<1,517,815이며, 8.4−8.2＝0.2(%p)이다. (○)

㉡ 비교적 감소 폭이 큰 지역인 대전광역시, 울산광역시, 세종특별자치시, 제주특별자치도의 2019년과 2020년 비율의 차이를 확인한다. (×)

㉤ 6대 광역시의 전체 주택 모두 2019년보다 2020년에 더 많다. 빈집 수를 비교해보면, 2019년 대비 2020년에 부산광역시는 약 4,000호 증가, 대구광역시는 약 1,700호 감소, 인천광역시는 약 1,000호 감소, 광주광역시는 약 2,000호 증가, 대전광역시는 약 2,600호 감소, 울산광역시는 약 3,000호 감소한다. 따라서 6대 광역시의 전체 빈집 수는 2019년 대비 2020년에 약 2,300호 감소한 것이 된다. 전체 주택 수는 2020년이 더 많지만, 빈집 수는 2019년이 더 많으므로 광역시 전체의 빈집 비율은 2019년이 더 높다. (○)

06 ▶ ④

| 정답풀이 |

㉠ 고용 형태가 2017년 사업가에서 2018년 피고용자로 변화한 비율은 20%, 2017년 피고용자에서 2018년 피고용자로 변화한 비율은 70%이다. 2017년 고용 형태에서 사업가와 피고용자가 각각 5,000명이므로, 2018년 고용 형태가 피고용자인 사람 수를 구하면 (5,000×0.2)+(5,000×0.7)＝4,500(명)이다.

㉢ 2017년 피고용자에서 2018년 사업가로 고용 형태가 변화된 사람은 5,000×0.3＝1,500(명)이다. 피고용자(2017년) → 사업가(2018년)에서 2017년 소득 2분위에서 2018년에 소득 분위가 높아진 비율은 20.0+5.0+5.0＝30.0(%)이다. 2017년 2분위 사람 수는 300명이므로 2018년 소득 분위가 높아진 사람은 300×0.3＝90(명)이다. 2017년 소득 4분위에서 2018년에 소득 분위가 낮아진 비율은 10.0+20.0＝30.0(%)이다. 2017년 4분위 사람 수 역시 300명이므로 2018년에 소득 분위가 낮아진 사람은 300×0.3＝90(명)이다.

Ⅱ 수리능력

㉣ 2017년에서 2018년에 고용 형태가 [표1]의 비율로 변화한다면 2018년 사업가 수는 5,000×(0.8+0.3)=5,500(명)이고, 피고용자 수는 5,000×(0.2+0.7)=4,500(명)이다. 2018년에서 2019년에 같은 비율로 고용 형태가 변화된다면 2019년 피고용자의 수는 (5,500×0.2)+(4,500×0.7)=4,250(명)이다. 따라서 2019년 피고용자 수는 2018년에 비해 감소할 것이다.

| 오답풀이 |

㉡ 2017년 사업가에서 2018년 피고용자로 고용형태가 변화된 사람은 5,000×0.2=1,000(명)이다. 소득 분위는 총 5개의 분위로 나뉘어져 있으므로, 각 분위당 사람 수는 200명이라 할 수 있다. 이를 바탕으로 2018년에 소득 1분위에 속하는 사람 수를 구하면 200×(0.7+0.25+0.05+0.05)=210(명)이고, 소득 3분위에 속하는 사람 수는 200×(0.15+0.5+0.2+0.05)=180(명)이다. 이 둘의 차이는 210−180=30(명)으로 35명 미만이다.

문제접근법

(1) 이 문제의 경우, 복합자료를 바탕으로 하는 세트 문항으로 다른 문항과 비교해 자료가 굉장히 많은 문제로 자료를 파악하는 데 시간이 다소 걸린다. 각 [표]가 무엇을 의미하는지 먼저 파악하되, 특히 [표2]의 네 자료의 제목을 확인하여 차이점이 무엇인지 확인하고 주석의 내용도 반드시 확인한다.

(2) 이후 문제의 발문과 주어진 자료를 바탕으로 [보기]를 풀면서 활용해야 할 자료의 내용이 무엇인지 확인한다.

(3) 2017년 고용 형태별 모집단이 모두 5,000명으로 동일하다는 것을 파악하는 것이 중요하다. 이를 바탕으로 보기 ㉠~㉣을 푼다.

(4) ㉠은 옳은 보기이고, ㉡은 틀린 보기이므로 ㉢, ㉣을 풀지 않아도 정답을 ④로 선택할 수 있다.

전략풀이 TIP

㉠ 2018년 고용 형태가 피고용자인 비율은 90%로 10% 감소하였다. 5,000의 10%는 500이므로 5,000−500=4,500이 된다. (○)

㉣ [표1]에서 사업가에서 피고용자로 변화한 비율은 20%이지만 피고용자에서 사업가로 변화한 비율은 30%이므로, 계산할 필요 없이 해가 갈수록 피고용자 수는 감소한다. (○)

07 ▶ ⑤

| 정답풀이 |

㉠ 피고용자(2017년) → 사업가(2018년) 유형에서 2017년 소득 1분위이면서 2018년 소득 분위가 2017년 소득 분위보다 높아진 사람의 비율은 40.0+5.0+5.0=50.0(%)이고, 사업가(2017년) → 피고용자(2018년) 유형에서의 비율은 30.0%이다. 따라서 피고용자(2017년) → 사업가(2018년) 유형이 더 높다.

㉡ 사업가(2017년) → 사업가(2018년) 유형에서 2017년 소득 3분위이면서 2018년 소득 분위가 2017년 소득 분위보다 낮은 사람의 비율은 5.0+15.0=20.0(%)이고, 피고용자(2017년) → 피고용자(2018년) 유형에서의 비율은 5.0+20.0=25.0(%)이다. 따라서 사업가(2017년) → 사업가(2018년) 유형이 더 낮다.

㉣ 고용 형태 변화 유형별 2018년 소득 4분위인 사람의 비율은 다음과 같다.

Ⅰ. 사업가(2017년) → 사업가(2018년)
10.0+5.0+25.0+45.0+15.0=100(%)

Ⅱ. 사업가(2017년) → 피고용자(2018년)
5.0+15.0+50.0+15.0=85(%)

Ⅲ. 피고용자(2017년) → 피고용자(2018년)
5.0+15.0+65.0+15.0=100(%)

Ⅳ. 피고용자(2017년) → 사업가(2018년)
5.0+5.0+20.0+50.0+35.0=115(%)

따라서 2018년에 소득 4분위인 사람의 비율이 가장 높은 유형은 피고용자(2017년) → 사업가(2018년)이다.

| 오답풀이 |

㉢ 고용 형태 변화 유형별 소득 분위가 변동되지 않은 사람의 비율은 다음과 같다.

Ⅰ. 사업가(2017년) → 사업가(2018년)
40.0+55.0+45.0+45.0+80.0=265(%)

Ⅱ. 사업가(2017년) → 피고용자(2018년)
70.0+55.0+50.0+50.0+75.0=300(%)

Ⅲ. 피고용자(2017년) → 피고용자(2018년)
85.0+65.0+60.0+65.0+75.0=350(%)

Ⅳ. 피고용자(2017년) → 사업가(2018년)
50.0+60.0+50.0+50.0+60.0=270(%)

따라서 2017년과 2018년 사이에 소득 분위가 변동되지 않은 사람의 비율이 가장 높은 유형은 피고용자(2017년) → 피고용자(2018년)이다.

💡 문제접근법

(1) 세트 문항 중 06번 문제와 같은 [보기]의 정오 판단 문제로 앞서 파악하였던 [표]를 바탕으로 [보기]의 내용을 확인한다.
(2) ㉠, ㉡ 모두 옳은 보기이므로 선택지 ①~③을 소거할 수 있고, 남은 ㉢과 ㉣ 중 비교적 빠르게 해결할 수 있는 ㉣을 풀어 정답을 찾도록 한다.

전략풀이 TIP

㉠ 여사건을 이용한다. 2017년 소득 1분위이면서 2018년에 소득 1분위인 비율은 피고용자(2017년) → 사업가(2018년) 유형의 경우에는 50.0%, 사업가(2017년) → 피고용자(2018년) 유형의 경우에는 70.0%로 사업가(2017년) → 피고용자(2018년) 유형이 더 높다. 따라서 반대의 경우는 피고용자(2017년) → 사업가(2018년) 유형이 더 높다. (○)

㉡ 2017년 소득 3분위이면서 2018년 소득 1분위의 비율은 같지만, 소득 2분위의 비율은 사업가(2017년) → 사업가(2018년) 유형이 더 낮으므로 총 비율은 더 낮다. (○)

㉢ 사업가(2017년) → 피고용자(2018년)의 소득 분위별 변동되지 않은 사람의 비율의 합은 300%로 평균 60%임을 알 수 있다. 다른 유형을 모두 더할 필요 없이 60% 기준으로 대소 비교를 하면, 피고용자(2017년) → 피고용자(2018년) 유형에서는 소득 분위별 비율이 모두 60% 이상이므로, 가장 높은 유형임을 알 수 있다. (×)

08 ▶ ⑤

| 정답풀이 |

㉠ [표]에서 학생 A~F가 참여하고 있는 일대일 채팅방의 수를 구하면 각각 2개, 4개, 3개, 2개, 3개, 2개이다. 따라서 참여하고 있는 일대일 채팅방의 수가 가장 많은 학생은 B이며, B의 일대일 채팅방의 수는 4개로 5개 미만이다.

㉢ [표]에서 A와 C가 만나는 칸의 값은 0이고, A와 B, B와 C가 만나는 칸의 값은 1이므로 옳은 설명이다.

㉣ 갑반으로 G가 새로 전학 올 경우에 갑반 학생 수는 총 7명이 된다. 이때, 갑반 학생들이 참여할 수 있는 모든 일대일 채팅방의 개수는 $\frac{7\times6}{2}=21$(개)이다. G가 C, D와만 일대일 채팅방에 참여한다고 하였으므로 실제로 학생들이 참여하고 있는 일대일 채팅방의 개수는 8+2=10(개)이다. 따라서 일대일 채팅방의 밀도는 $\frac{10}{21}$이 되며, 기존 6명이었을 때의 밀도인 $\frac{8}{15}$과 비교하면 $\frac{10}{21}<\frac{8}{15}$이다. 그러므로 갑반의 일대일 채팅방 밀도는 낮아진다.

| 오답풀이 |

㉡ 갑반은 A~F학생으로만 구성되어 있다. 따라서 갑반 학생 수는 총 6명이므로, 주어진 [규칙]을 통해 갑반 학생들이 참여할 수 있는 모든 일대일 채팅방의 개수는 $\frac{6\times5}{2}=15$(개)임을 알 수 있다. 이 중에서 실제로 학생들이 참여하고 있는 일대일 채팅방의 개수는 8개이므로 일대일 채팅방의 밀도는 $\frac{8}{15}$이며, 이를 소수로 환산하면 약 0.53이다. 따라서 일대일 채팅방 밀도는 0.6 미만이다.

💡 문제접근법

(1) [표]가 의미하는 것이 무엇인지 먼저 파악한다. [규칙]은 주어진 [보기]에서 적용해야 하는 내용이 나올 경우에 확인한다.
(2) [규칙]을 바탕으로 계산해야 하는 ㉡, ㉣보다 자료의 수치만으로 해결할 수 있는 ㉠, ㉢을 먼저 푼다.
(3) ㉠, ㉢이 모두 옳은 보기이므로 선택지 ①, ③, ④를 소거할 수 있다. 남은 선택지 구조상 ㉡은 포함되어 있지 않으므로 ㉣을 풀어 정답을 찾도록 한다.

전략풀이 TIP

㉣ i) X자 곱셈법을 통해 $\frac{10}{21}$과 $\frac{8}{15}$을 비교하면, 150<168이므로 $\frac{10}{21}<\frac{8}{15}$이다.

ii) $\frac{10}{21}$은 (분모)>(분자)×2이지만, $\frac{8}{15}$은 (분모)<(분자)×2이므로 $\frac{10}{21}<\frac{8}{15}$이다. (○)

Ⅱ 수리능력

09 ▶ ②

| 정답풀이 |

처리완료 건수는 2017년 409+74+862+179=1,524(건), 2018년 485+53+799+208=1,545(건), 2019년 493+78+749+204=1,524(건), 2020년 788+225+786+237=2,036(건)이다. 처리완료 건수 대비 국가승소 건수의 비율은 2017년 $\frac{862}{1,524}\times 100 ≒ 56.6(\%)$, 2018년 $\frac{799}{1,545}\times 100 ≒ 51.7(\%)$, 2019년 $\frac{749}{1,524}\times 100 ≒ 49.1(\%)$, 2020년 $\frac{786}{2,036}\times 100 ≒ 38.6(\%)$이므로 매년 감소하였다. 2018년, 2019년은 전년 대비 10% 미만으로 감소하였으나 2020년은 $\frac{49.1-38.6}{49.1}\times 100 ≒ 21.4(\%)$로 가장 큰 폭으로 감소하였다.

| 오답풀이 |

① 당해 처리미완료 건수는 다음 해 전년 이월 처리대상 건수와 동일하다. 따라서 2017년 처리미완료 건수는 2,248건, 2018년 처리미완료 건수는 2,584건, 2019년 처리미완료 건수는 3,017건이다. 2020년 처리미완료 건수는 1,939+793+275=3,007(건)으로 전년 대비 감소하였다.

③ 부가가치세의 경우, 모든 법원 소송에서 다른 세목보다 처리미완료 건수가 많다. 따라서 2020년에 다음 해로 이월된 처리대상 건수가 가장 많은 세목은 부가가치세이다.

④ 3억 원 미만의 처리대상 건수는 1,758+1,220=2,978(건), 3억 원 이상의 처리대상 건수는 (542+375)+(717+431)=2,065(건)이다. 2,978÷2,065≒1.44이므로 소송가액 3억 원 미만인 처리대상 건수가 3억 원 이상인 처리대상 건수의 1.5배 미만이다.

⑤ 3억 원 미만의 처리대상 건수는 1,758+1,220=2,978(건), 3억 원 이상 10억 원 미만의 처리대상 건수는 542+375=917(건), 10억 원 이상의 처리대상 건수는 717+431=1,148(건)이다. 따라서 처리대상 건수 대비 국가승소 건수의 비율은 3억 원 미만이 $\frac{540}{2,978}\times 100 ≒ 18.1(\%)$, 3억 원 이상 10억 원 미만이 $\frac{133}{917}\times 100 ≒ 14.5(\%)$, 10억 원 이상이 $\frac{113}{1,148}\times 100 ≒ 9.8(\%)$이다. 따라서 소송가액이 높아질수록 처리대상 건수 대비 국가승소 건수의 비율은 감소한다.

문제접근법

(1) 3개의 [표]의 제목, 항목, 단위를 확인한 후, [보고서]의 밑줄 친 내용만을 바로 읽는다.
(2) 당해 처리미완료 건수는 다음 해 전년 이월 처리대상 건수와 동일하다는 것을 이용하면, [표1]에 대한 내용을 보다 빠르게 해결할 수 있다.
(3) 선택지 ①~⑤ 중 자료의 수치와 비교적 간단한 계산으로 해결할 수 있는 ①, ③, ⑤를 먼저 푼다.
(4) 남은 선택지 ②와 ⑤ 중 ⑤의 경우, 3개 소송가액별 처리대상 건수와 처리대상 건수 대비 국가승소 건수의 비율만 확인하면 되므로 ⑤를 풀어 정답을 찾도록 한다.

전략풀이 TIP

① 2017~2019년 처리미완료 건수는 2018~2020년 전년 이월 처리대상 건수로 확인한다. (×)
② %와 %p를 혼동하지 않는다. 49.1%와 38.6%는 49.1−38.6=10.5(%p) 차이이고, $\frac{49.1-38.6}{49.1}\times 100 ≒ 21.4(\%)$ 차이이다. (○)
③ 모든 세목의 처리미완료 건수를 계산하지 않더라도 모든 법원 소송에서의 부가가치세 처리미완료 건수가 다른 세목보다 많다. (×)
④ 2,065×1.5=3,097.5>2,978이므로 3억 원 미만인 처리대상 건수가 3억 원 이상인 처리대상 건수의 1.5배 미만이다. (×)
⑤ 10억 원 이상의 처리대상 건수가 3억 원 이상 10억 원 미만의 처리대상 건수보다 많은데 국가승소 건수는 더 적으므로 처리대상 건수 대비 국가승소 건수의 비율은 3억 원 이상 10억 원 미만이 10억 원 이상보다 더 많다. (×)

10 ▶ ③

| 정답풀이 |

㉡ 2011년 갑국 맥주 소비량은 4.2+201.6=205.8(만 kL)이고, 2018년은 16.8+204.8=221.6(만 kL)이다. 2011년 수입맥주 소비량 비중은 $\frac{4.2}{205.8}\times 100 ≒ 2.04(\%)$로 2% 이상이고, 2018년 수입맥주 소비량 비중은 $\frac{16.8}{221.6}\times 100 ≒ 7.58(\%)$로 7% 이상이다. 따라서 옳지 않은 설명이다.

㉢ 2014~2018년 갑국 수입맥주 소비량의 전년 대비 증가율은 다음과 같다.

[표] 수입맥주 소비량의 전년 대비 증가율 (단위: %)

구분	2014년	2015년	2016년	2017년	2018년
증가율	25.53	22.03	31.94	23.16	43.59

갑국 수입맥주 소비량의 전년 대비 증가율은 감소와 증가를 반복하고 있다. 따라서 옳지 않은 설명이다.

㉤ 2017년과 2018년의 갑국 전체 맥주 매출액에서 상위 5개 브랜드가 차지하는 비중은 다음과 같다.

- 2017년: 37.4+15.6+7.1+6.6+6.5=73.2(%)
- 2018년: 32.3+15.4+8.0+4.7+4.3=64.7(%)

2017년에 비해 2018년에 73.2−64.7=8.5(%p) 감소하였으므로 9%p 미만이다. 따라서 옳지 않은 설명이다.

그러므로 [보고서]의 설명 중 옳지 않은 것은 모두 3개이다.

| 오답풀이 |

㉠ [그래프]의 높이를 통해 2013년 이후 맥주 소비량은 매년 꾸준하게 증가됨을 알 수 있다.

㉣ 2017년과 2018년의 갑국 전체 맥주 매출액에서 수입맥주 브랜드가 차지하는 비중은 다음과 같다.

- 2017년: 3.3+3.2+3.0+2.0+1.3=12.8(%)
- 2018년: 4.0+3.8+3.4+1.9=13.1(%)

따라서 비중은 2017년보다 2018년에 크다는 것을 알 수 있다.

문제접근법

(1) [표]와 [그래프]의 제목, 항목과 주석의 식을 빠르게 확인한 후, [보고서]를 바로 읽는다.

(2) 정오 개수를 물어보는 문제의 경우, 소거법을 이용하여 해결할 수 없다. 따라서 주어진 내용을 순차적으로 풀되, 근사치 계산 및 수치 비교, 분수 비교를 이용하여 정답을 찾도록 한다.

전략풀이 TIP

㉡ 2011년의 갑국 맥주 소비량은 205.8이고, 수입맥주 소비량은 4.2이다. 맥주 소비량의 1%는 약 2.06이고, 2%는 2.06의 2배인 4.12이다. 2.06은 실제 1%보다 약간 큰 값이지만 해당 값의 2배인 4.12는 4.2보다 작으므로 2% 이상이다. (×)

㉢ [그래프]의 2016년과 2017년의 수입맥주 소비량 값을 보면, 2016년보다 2017년의 수입맥주 소비량 증가 폭이 더 작다는 것을 알 수 있다. 게다가 증가율을 계산할 때 분모가 되는 수입맥주 소비량 값이 2015년이 2016년보다 더 작으므로, 2017년의 증가율이 2016년보다 더 작다. (×)

㉤ 각 순위별 비중의 차를 먼저 구한 뒤, 더하는 방법으로 더 빠르게 해결할 수 있다. (×)

04 | PSAT 기출변형 Lv.3

본문 P. 212~219

01	02	03	04	05
⑤	①	⑤	③	⑤

01 ▶ ⑤

| 정답풀이 |

F팀은 8월 15일 기준 최근 10경기 동안 3승 7패이므로 8월 5일 기준 승수는 $46-3=43$(회)이고, 패수는 $51-7=44$(회)이다. 따라서 승률은 $\frac{43}{43+44}\times100≒49.4(\%)$이다. D팀은 8월 15일 기준 최근 10경기 동안 4승 6패이므로 8월 5일 기준 승수는 $49-4=45$(회), 패수는 $51-6=45$(회)이다. 따라서 승률은 $\frac{45}{45+45}\times100=50(\%)$이다. 그러므로 8월 5일에 F팀의 승률은 D팀의 승률보다 낮다.

| 오답풀이 |

① 8월 15일에 A팀이 1위이고, 최근 연속 승패 기록이 3패이므로 8월 12일에 1위 팀도 A팀이다. 8월 12일에 A팀의 승수는 61승, 패수는 34패이고, H팀의 승수는 40승, 패수는 52패이다. 따라서 8월 12일에 H팀의 승차는 $\frac{(61-40)-(34-52)}{2}=19.5$이다.

② F팀을 제외한 팀은 최근 10경기에 A팀과 승수가 같거나 더 많으므로 8월 5일에 1위가 될 수 없다. F팀의 경우, 8월 5일에 승패는 43승 44패이고, A팀의 경우, 8월 5일에 승패는 57승 31패이다. 즉, A팀이 F팀보다 승수가 많고, 패수가 적으므로 8월 5일에도 A팀이 1위 팀이다. 따라서 8월 5일의 승차도 A팀을 기준으로 계산하는데 최근 10경기 동안 A팀과 승패 기록이 동일한 팀은 C, D, I, J 네 팀이므로 A팀을 포함해 총 다섯 팀의 승차가 8월 5일과 8월 15일에 동일하다.

③ 8월 12일에 A팀의 승패는 61승 34패이고, 8월 14일에 A팀의 승패는 61승 36패이다. 따라서 8월 12일 A팀의 승률은 $\frac{61}{61+34}\times100≒64.21(\%)$이고, 8월 14일 A팀의 승률은 $\frac{61}{61+36}\times100≒62.89(\%)$이다. 따라서 8월 12일과 8월 14일의 A팀 승률 차이는 $64.21-62.89=1.32(\%p)$로 1.5%p 미만이다.

④ 8월 13일에 A팀의 승패는 61승 35패이고, I팀의 승패는 39승 54패이고, J팀의 승패는 38승 53패이다. 따라서 I팀의 승차는 $\frac{(61-39)-(35-54)}{2}=20.5$이고, J팀의 승차는 $\frac{(61-38)-(35-53)}{2}=20.5$로 동일하다.

문제접근법

(1) A팀이 현재 1위이고, 최근 연속 승패 기록, 최근 10경기 기록에 따라 8월 12~14일, 8월 5일에도 A팀이 1위이다.
(2) 승차를 계산하지 않아도 해결할 수 있는 내용인 선택지 ②를 먼저 푼다.
(3) 승차 식을 변형하면, {(1위 팀 승수)−(1위 팀 패수)−(해당 팀 승수)+(해당 팀 패수)}÷2이다. (1위 팀 승수)−(1위 팀 패수)는 고정된 값이므로 두 팀의 승차의 대소를 비교할 경우에는 (해당 팀 패수)−(해당 팀 승수)로만 계산이 가능하다. 선택지 ④는 정확한 승차를 계산하지 않아도 해결할 수 있으므로 푼다. 남은 선택지 ①, ③, ⑤ 중 비교적 간단한 ①, ⑤를 풀어 정답을 찾도록 한다.

전략풀이 TIP

1위 팀은 8월 5일, 8월 12~15일에 A팀으로 동일하다. 따라서 A팀과 승패가 동일하면 승차가 변하지 않고, A팀이 1승, 해당 팀이 1패를 하면 승차가 1 증가하고, A팀이 1패, 해당 팀이 1승을 하면 승차가 1 감소한다.

① 8월 13~15일 동안 A팀이 3패, H팀이 3승 하였으므로 8월 12일에 승차는 8월 15일보다 3이 증가한다. 따라서 승차는 16.5+3=19.5이다. (○)
② A팀과 승패 기록이 동일한 팀은 C, D, I, J 네 팀이므로 A팀을 포함해 총 다섯 팀의 승차가 8월 5일과 8월 15일에 동일하다. (○)
④ 8월 13일을 기준으로 (해당 팀 패수)−(해당 팀 승수)가 I팀과 J팀 모두 15이다. 따라서 8월 13일 I팀과 J팀의 승차는 동일하다. (○)
⑤ 8월 5일 기준 F팀의 (승수)+(패수)는 87회이고, D팀의 (승수)+(패수)는 90회이다. D팀의 승수는 (승수)+(패수)의 절반이고, F팀은 절반 미만이므로 F팀의 승률은 D팀의 승률보다 낮다. (×)

02 ▶ ①

| 정답풀이 |

㉠ B팀과 C팀을 제외하고는 연속 2승 이상 또는 연속 2패 이상이었으므로 8월 16일에 무승부인 경기가 없다면, B팀은 8월 16일에 1패, 8월 17일에 1승, C팀은 8월 16일에 1승, 8월 17일에 1패하였다. 8월 16일 기준 A팀의 승패는 61승 38패, B팀의 승패는 55승 35패이므로 A팀의 승률은 $\frac{61}{61+38}\times100≒61.6(\%)$, B팀의 승률은 $\frac{55}{55+35}\times100≒61.1(\%)$이다. 따라서 A팀이 1위이고, 8월 16일에 무승부인 팀이 없다면, A팀이 1위이다. 8월 16일 기준 G팀의 승패는 44승 51패이므로 G팀의 승차는 $\frac{(61-44)-(38-51)}{2}=15$이다.

㉡ 8월 16일에 무승부인 팀이 있다면, 8월 17일 기준 A팀의 승패는 61승 39패, B팀의 승패는 56승 34패이므로 A팀의 승률은 $\frac{61}{61+39}\times100=61.0(\%)$, B팀의 승률은 $\frac{56}{56+34}\times100≒62.2(\%)$이다. 따라서 B팀이 1위이다. 8월 17일 기준 C팀의 승패는 54승 44패이므로 C팀의 승차는 $\frac{(56-54)-(34-44)}{2}=6$이다.

| 오답풀이 |

㉢ 8월 16일에 무승부인 팀이 없다면, ㉠을 통해 8월 16일 기준 1위는 A팀이다. 8월 17일 기준 A팀의 승패는 61승 39패, B팀의 승패는 56승 35패이다. 따라서 8월 17일 A팀의 승률은 $\frac{61}{61+39}\times100=61.0(\%)$이고, B팀의 승률은 $\frac{56}{56+35}\times100≒61.5(\%)$이다. 따라서 8월 17일 기준 1위는 B팀이므로 8월 16일과 8월 17일의 1위는 다르다.

㉣ 8월 16일에 무승부인 팀이 있다면, 8월 17일 기준 B팀이 1위이다. {(1위 팀 승수)−(해당 팀 승수)}−{(1위 팀 패수)−(해당 팀 패수)}={(1위 팀 승수)−(1위 팀 패수)}−{(해당 팀 승수)−(해당 팀 패수)}가 음수라면 승차가 음수이다. (1위 팀 승수)−(1위 팀 패수)는 56−34=22로 고정되어 있으므로 (해당 팀 승수)−(해당 팀 패수)가 22 초과인 팀이 있는지 확인하면 된다. D~J는 승수가 패수 이하이고, C팀은 54−44=10, A팀은 61−39=22이다. 따라서 (해당 팀 승수)−(해당 팀 패수)가 22를 초과하는 팀이 없으므로 8월 16일에 무승부인 팀이 있을 때, 8월 17일 기준 승차가 음수인 팀은 없다.

문제접근법

(1) 8월 16일에 무승부일 수 있는 팀은 B팀과 C팀뿐임을 먼저 파악한다.
(2) 승차를 구하기 위해서는 1위 팀을 먼저 구해야 하는데 8월 15일 기준 순위가 3위인 C팀부터는 A팀과 승률 차이가 많이 나므로 1위가 될 수 있는 팀은 A팀 또는 B팀이다. 따라서 8월 16일에 무승부가 있을 때와 없을 때 8월 16일과 17일의 A팀과 B팀의 승률을 먼저 계산한다.
(3) (2)에서 1위 팀을 알아냈다면 보기 ㉢을 먼저 푼다. ㉢은 틀린 보기이므로 선택지 ③, ⑤를 소거할 수 있고, 선택지 구조상 ㉠은 포함되어 있으므로 남은 보기 ㉡, ㉣을 풀어 정답을 찾도록 한다.

전략풀이 TIP

㉣ (해당 팀 승수)−(해당 팀 패수)가 (1위 팀 승수)−(1위 팀 패수)를 초과하는 팀이 존재하는지 확인한다. D팀부터는 B팀보다 승수가 적고, 패수가 많으므로 계산을 하지 않아도 되고, C팀은 ㉡을 통해 확인하였으므로 A팀만 확인한다. A팀이 B팀과 값이 동일하다. (×)

03 ▶ ⑤

| 정답풀이 |

A의 멸종위기종 지표에 해당하는 종수는 60−48−1=11(종), B의 관심필요종 지표에 해당하는 종수는 186−141−1−42=2(종), D의 취약종 지표에 해당하는 종수는 74−8−2−7=57(종)이다. 한편 [보고서]의 첫 번째 문단을 통해 (심각한위기종)+(멸종위기종)+(취약종)=(멸종우려종)임을 알 수 있고, [보고서]의 두 번째 문단의 '멸종우려종 중 '고래류'가 차지하는 비중은 80% 이상이다.'를 통해 D가 고래류임을 알 수 있다. 그리고 같은 문단의 '또한 '해달류 및 북극곰'은 9개의 지표 중 멸종우려종 또는 관심필요종(LC)으로만 분류된 것으로 나타났다.'를 통해 B가 해달류 및 북극곰임을 알 수 있다. 마지막으로 [보고서]의 세 번째 문단의

'다만 '해달류 및 북극곰'과 '해우류'는 자료부족종(DD)으로 분류된 종이 없다.'를 통해 C는 해우류이고, 남은 A가 기각류임을 알 수 있다.

⑤의 내용에서 해달류 및 북극곰의 미평가종 지표에 해당하는 해양포유류가 2종 추가될 경우, 해달류 및 북극곰에 해당하는 전체 해양포유류 종수는 5+2=7(종)이 되며, 이때 멸종우려종이 차지하는 비중은 $\frac{1+2}{7}\times 100 \fallingdotseq 43(\%)$로 45% 미만이다.

| 오답풀이 |

①, ② A는 기각류, B는 해달류 및 북극곰, C는 해우류, D는 고래류에 해당한다.

③ LC는 관심필요종이며, 각 부류의 전체 지표 중 관심필요종의 비중을 구하면 다음과 같다.

- 기각류: $\frac{42}{67}\times 100 \fallingdotseq 62.7(\%)$
- 해달류 및 북극곰: $\frac{2}{5}\times 100 = 40(\%)$
- 해우류: $\frac{1}{11}\times 100 \fallingdotseq 9.1(\%)$
- 고래류: $\frac{141}{333}\times 100 \fallingdotseq 42.3(\%)$

따라서 비중이 두 번째로 높은 부류는 고래류이다.

④ 멸종우려종은 심각한위기종, 멸종위기종, 취약종 3개 지표 중 하나로 분류되는 동식물종이므로, 멸종위기종에서 심각한위기종으로 분류되어도 멸종우려종 비중은 변함없다.

문제접근법

(1) [보고서]의 내용을 바탕으로 [표]의 각 항목을 파악하여 내용을 확인하는 문항으로 흔하지 않은 유형의 문제이다. [표]의 항목을 확인한 뒤, 바로 [보고서]를 읽도록 하며, 항목을 알 수 있는 내용만을 확인한다.

(2) 빈칸의 경우, 빈칸의 값이 필요한 경우에만 계산한다. 선택지 ①~⑤ 중 [보고서]의 앞 내용만으로 해결할 수 있는 ④를 먼저 푼다.

(3) 각 항목을 파악하면서 바로 확인할 수 있는 선택지를 풀며, ③ → ①, ② → ⑤의 순서로 푼다.

전략풀이 TIP

비교적 수치가 간단한 A의 멸종위기종과 B의 관심필요종을 구하면 각각 11종, 2종이다. 멸종우려종에 해당하는 종수가 A~C에 비해 D가 압도적으로 많으므로 D가 고래류이다. 남은 A~C를 찾기 전 고래류에 대한 내용인 ③을 확인한다.

③ B의 관심필요종은 2종이며, A의 LC 비중은 50% 이상이고, C의 LC 비중은 10% 미만이므로 A와 C는 제외할 수 있다. 남은 B와 비교해보면, $\frac{2}{5}=\frac{140}{350}<\frac{141}{333}$이므로 D, 즉 고래류의 LC의 비중이 두 번째로 높다. (○)

보고서의 내용에서 멸종우려종 또는 관심필요종으로만 분류된 것은 B뿐이므로 B는 해달류 및 북극곰임을 알 수 있고, 자료부족종으로 분류된 종이 없는 것은 B, C이므로 C는 해우류, 남은 A는 기각류이다.

⑤ $\frac{3}{7}=\frac{9}{21}<\frac{9}{20}(=45\%)$이므로 45% 미만이다. (×)

04 ▶ ③

| 정답풀이 |

㉡ [그래프1]을 통해 2018년 교통 분야 시장 규모는 2,500억 원이 넘는다는 것을 알 수 있고, [그래프2]를 통해 옥외 광고 시장에서 교통(44.2%)이 가장 큰 비중을 차지하고 있다는 것을 알 수 있다. 마찬가지로 [그래프1]과 [그래프2]를 통해 빌보드가 교통 다음으로 큰 비중을 차지하고 있다는 것을 알 수 있다.

㉢ 2018년 옥외 광고 세부 분야별 시장 규모는 옥상이 $5{,}764\times 0.314\times 0.637 \fallingdotseq 1{,}153$(억 원)으로 가장 크고, 그다음으로 버스·택시 $5{,}764\times 0.442\times 0.402 \fallingdotseq 1{,}024$(억 원), 극장 $5{,}764\times 0.244\times 0.643 \fallingdotseq 904$(억 원), 지하철 $5{,}764\times 0.442\times 0.345 \fallingdotseq 879$(억 원) 순이다.

㉤ 2018년 교통 분야의 공항 시장 규모는 $5{,}764\times 0.442\times 0.149 \fallingdotseq 380$(억 원)으로 370억 원 이상이다.

그러므로 [보고서]의 설명 중 옳은 것은 모두 3개이다.

| 오답풀이 |

㉠ 2018년 옥외 광고 시장 규모는 2016년에 비해 $\frac{7{,}737-5{,}764}{7{,}737}\times 100 \fallingdotseq 25.5(\%)$로 30% 미만으로 감소하였다.

㉣ 2018년 극장, 쇼핑몰, 경기장을 제외한 엔터·기타 분야의 시장 규모는 $5{,}764\times 0.244\times 0.081 \fallingdotseq 114$(억 원)으로 120억 원 미만이다.

문제접근법

(1) [그래프]의 제목, 항목과 주석의 내용을 빠르게 확인한 후, [보고서]의 밑줄 친 내용을 바로 읽는다. 이 문제의 경우에는 [그래프]의 항목과 수치가 많이 주어져 있으므로 각 항목이 의미하는 것이 무엇인지 중점으로 확인한다.

(2) 정오 개수를 물어보는 문제의 경우, 소거법을 이용하여 해결할 수 없다. 따라서 주어진 내용을 순차적으로 풀되, 근사치 계산 및 수치 비교, 분수 비교를 이용하여 정답을 찾도록 한다.

전략풀이 TIP

㉠ 7,737의 30%는 2,000을 훨씬 상회하지만, 2016년과 2018년 옥외 광고 시장 규모의 차이는 2,000 미만이므로 30% 미만으로 감소하였다. (×)

㉢ 계산 없이 공통된 부분(5,764)은 생략하고, 각 분야 내 세부 분야의 구성비 수치만으로 대소 비교를 할 수 있다. 세부 분야인 옥상, 버스 · 택시, 극장, 지하철을 순서대로 나열하면, 31.4×63.7, 44.2×40.2, 24.4×64.3, 44.2×34.5이다. 44.2가 공통된 부분인 경우에는 44.2×40.2>44.2×34.5임을 쉽게 알 수 있고, 31.4×63.7과 24.4×64.3을 보면, 곱하기(×) 왼쪽 수치의 변화가 더 크므로, 31.4×63.7>24.4×64.3임을 알 수 있다. 31.4×63.7과 44.2×40.2를 보면, 곱하기(×) 오른쪽 수치의 변화가 더 크므로, 31.4×63.7>44.2×40.2임을 알 수 있다. 같은 방법으로 44.2×40.2와 64.3×24.4(24.4×64.3)를 보면, 44.2×40.2>64.3×24.4이고, 24.4×64.3>44.2×34.5이므로 시장 규모를 큰 순서대로 나열하면, 옥상, 버스 · 택시, 극장, 지하철 순이다. (○)

㉣ 5,764×0.244×0.081<5,764×0.25×0.08=5,764×0.02<5,800×0.02=116이므로 2018년 극장, 쇼핑몰, 경기장을 제외한 엔터 · 기타 분야의 시장 규모는 120억 원 미만이다. (×)

㉤ 5,764×0.442×0.149>5,700×0.44×0.15이다. (○)

05 ▶ ⑤

| 정답풀이 |

2015년 갑국의 전체 농수산물 수출액은 2,000×0.063=126(억 달러)이므로 을국에 대한 농수산물 수출액이 차지하는 비율은 $\frac{861}{12,600}\times100\fallingdotseq6.8$(%)이다. 2015년 갑국의 전체 농수산물 수입액은 2,200×0.125=275(억 달러)이므로 을국으로부터의 농수산물 수입액이 차지하는 비율은 $\frac{1,375}{27,500}\times100=5.0$(%)이다. 따라서 농수산물 수출액이 차지하는 비율이 더 높다.

| 오답풀이 |

① 비교적 계산하기 쉬운 국가를 선택하여 갑국의 총수출액과 총수입액을 구할 수 있다. 2015년 갑국의 총수출액은 100×20=2,000(억 달러)이다.(홍콩의 수출액은 100억 달러이고 총수출액에 대한 비율은 5.0%이므로 다음과 같이 구할 수 있다.) 2015년 갑국의 총수입액은 $\frac{396\times100}{18}=2,200$(억 달러)이다. (무역수지)=(수출액)−(수입액)이므로, 갑국의 무역수지는 2,000−2,200=−200(억 달러)로 적자이다.

② 2015년 갑국의 전자제품 수출액은 2,000×0.299=598(억 달러)이고, 수입액은 2,200×0.237=521.4(억 달러)이므로 전자제품 수출액이 더 많다.

③ 2014년 갑국의 대(對)을국 집적회로 반도체 수출액과 수입액은 다음과 같다.
- 수출액: $\frac{999}{1.145}\fallingdotseq872$(백만 달러)
- 수입액: $\frac{817}{1.196}\fallingdotseq683$(백만 달러)

따라서 2014년 갑국의 대(對)을국 집적회로 반도체 수출액은 수입액보다 많다.

④ (무역수지)=(수출액)−(수입액)으로 해당 값이 양수이면 무역수지는 흑자이다. [표1]은 갑국 기준이므로, 국가별 갑국과의 교역의 무역수지를 구할 때는 반대가 되어야 한다. 따라서 [표1]의 (수출액)−(수입액)<0인 국가를 찾으면 된다. 중국 수출액은 싱가포르보다 낮은 비중을 차지하므로, 280억 달러 미만일 것이다. 따라서 (수출액)−(수입액)<0이 되고, 일본 수입액은 미국보다 낮은 비중을 차지하므로 178억 달러 미만일 것이다. 일본은 (수출액)−(수입액)>0이 되고, 남은 국가들을 비교해보면, (수출액)−

Ⅱ 수리능력

(수입액) < 0인 국가는 중국, 태국, 인도네시아, 한국으로 4개국이다.

문제접근법

(1) 조건 형태의 [보고서]와 2개의 [표]가 바탕이 된 복합자료가 주어진 문제로 우선 [표]가 무엇을 의미하는지 먼저 파악한 후, 주석의 내용과 [보고서]의 내용을 확인한다. 이후 선택지의 내용을 보면서 적용해야 할 자료를 확인하여 해결한다.
(2) 선택지 ①~⑤는 함정이 있거나 여러 자료의 내용이 복합적으로 연계된 내용이 다수이므로 시간이 오래 걸린다. 이 중 ③, ④는 자료의 수치를 바탕으로 수치 비교, 분수 비교로 그나마 빠르게 해결할 수 있는 선택지이므로 먼저 풀도록 한다.

전략풀이 TIP

① 수출액 비율과 수입액 비율이 3.2%로 같은 국가들이 있는데 수출액의 경우 64억 달러이고, 수입액의 경우 70억 달러이므로 수입액이 더 많다. 따라서 무역수지는 적자이다. (○)
② 23.7의 1.1배는 약 26으로 29.9보다 작으므로 수출액이 수입액보다 더 많다. (○)
③ 전년 대비 증가율은 수입액이 더 큰 반면, 2015년의 금액은 수출액이 더 크므로 2014년의 수출액이 더 크다. (○)
⑤ ①에서 같은 비율인 3.2%에 해당하는 수출액과 수입액을 보면 각각 64억 달러, 70억 달러로 수입액이 수출액의 약 1.1배이다. 이를 통해 총수입액은 총수출액의 약 1.1배임을 알 수 있다. 총수출액을 100이라 하면, 총수입액은 110이 될 것이고, 농수산물의 수출액은 6.3, 농수산물의 수입액은 12.5×1.1=13.75가 될 것이다. 이를 바탕으로 갑국의 전체 농수산물 수출액에서 을국에 대한 농수산물 수출액이 차지하는 비율을 $\frac{861}{6.3}$이라 하고, 전체 농수산물 수입액에서 을국으로부터의 농수산물 수입액이 차지하는 비율을 $\frac{1,375}{13.75}$라 할 수 있다. $\frac{1,375}{13.75}$의 분자는 분모의 100배인데, $\frac{861}{6.3}$에서 분자는 분모의 100배 이상이므로 $\frac{861}{6.3} > \frac{1,375}{13.75}$이다. (×)

Ⅲ 문제해결능력

CHAPTER 01 | 논리추론

01 | NCS 최신빈출 Lv.1

본문 P. 224~228

01	02	03	04	05	06	07	08	09	10
④	①	④	⑤	③	⑤	②	②	③	②

01 ▶ ④

| 정답풀이 |

우선 A가 거짓을 말한다면, 나머지 사람은 모두 참을 말해야 하는데 D는 B가 거짓을 말하고 있다고 하였으므로 모순이다.
B가 거짓을 말한다면, C가 산업 스파이여야 하는데 E의 말에 따라 산업 스파이는 거짓을 말하고 있어야 하므로 모순이다.
C가 거짓을 말한다면, E는 산업 스파이면서 참을 말하므로 E의 말에 모순이다.
D가 거짓을 말한다면, 나머지 사람은 모두 참을 말하므로 A, C, E는 산업 스파이가 아니고, E의 말에 따라 산업 스파이는 거짓을 말하고 있으므로 D가 산업 스파이이다.
E가 거짓을 말한다면, 나머지 사람은 모두 참을 말해야 하는데 D는 B가 거짓을 말하고 있다고 하였으므로 모순이다.
따라서 거짓을 말한 사람은 D, 산업 스파이도 D이다.

문제접근법

(1) 경우를 하나씩 따져볼지, 서로 모순되는 의견이 있지는 않은지 확인한다.
(2) 모순되는 의견이 없다면 경우를 하나씩 확인하여 모순인 경우는 제외한다.
(3) 빠뜨린 경우는 없는지 확인하여 정답을 찾는다.

전략풀이 TIP

서로 반대되는 진술이 있는지 확인해보면 D의 말에 따라 B와 D는 서로 반대될 수밖에 없는 관계이다. 이에 따라 둘 중 한 명은 반드시 거짓을 말하므로 나머지 A, C, E는 모두 참을 말한다. E의 말에 따라 B 또는 D가 산업 스파이인데, B는 C가 산업 스파이가 아니라고 하였으므로 참을 말하며, 이에 따라 D는 거짓을 말하는 산업 스파이임을 쉽게 알 수 있다.

02 ▶ ①

| 정답풀이 |

만약 A와 C가 녹차를 고른다면, A와 C는 쿠키를 고른다. 따라서 B도 쿠키를 고른다. 이때, 모든 스낵을 1명 이상이 골랐다는 [보기]의 조건에 위배되므로 A와 C는 녹차를 고르지 않는다.

만약 A와 C가 커피를 고른다면 A, B, C는 커피를 고른다. 이때, 모든 음료를 1명 이상이 골랐다는 [보기]의 조건에 위배되므로 A와 C는 커피를 고르지 않는다.

만약 A와 C가 홍차를 고른다면 B는 커피를 고르므로 D는 녹차를 고른다. 따라서 D는 쿠키를 고른다. 만약 A가 쿠키를 고른다면 B도 쿠키를 고르므로 모든 스낵을 1명 이상이 고른다는 [보기]의 조건에 위배된다. 만약 A가 초콜릿을 고른다면 B도 초콜릿을 고르므로 초콜릿을 고른 직원이 1명이라는 [보기]의 조건에 위배된다. 따라서 A와 B는 마카롱을 고르고, C는 초콜릿, D는 쿠키를 고른다.

그러므로 A는 홍차와 마카롱, B는 커피와 마카롱, C는 홍차와 초콜릿, D는 녹차와 쿠키를 고른다.

문제접근법

(1) 문제의 발문을 통해 고려해야 하는 대상과 물어보는 내용을 먼저 확인한 후, [보기]의 조건을 본다.

(2) [보기]의 조건 중 경우의 수를 좁혀나갈 수 있는 조건부터 확인한다. 이 문제에서는 세 번째 조건과 다섯 번째 조건이 이에 해당한다. 따라서 해당 조건을 기준으로 하여 해결한다.

전략풀이 TIP

선택지 구조를 이용한다. 만약 C가 커피를 골랐다면, A, B, C 모두 커피를 고르게 되므로 모순이다. 따라서 선택지 ④, ⑤를 소거할 수 있다. 만약 C가 녹차를 골랐다면, A, B, C 모두 쿠키를 고르게 되므로 모순이다. 따라서 선택지 ③을 소거할 수 있다. 남은 선택지 ①, ② 구조를 통해 C는 초콜릿, 쿠키 중 하나를 골랐다는 것을 알 수 있는데, C가 쿠키를 골랐다면, D는 쿠키, A, B는 같은 스낵을 고르므로 모순이다. 따라서 C는 초콜릿을 골랐음을 알 수 있다.

03 ▶ ④

| 정답풀이 |

3월 1일이 일요일이므로 3월 8일, 3월 15일, 3월 22일, 3월 29일이 일요일이고, 3월 7일, 3월 14일, 3월 21일, 3월 28일이 토요일이다. 마지막으로 예약한 사람이 E이므로 E는 3월 29일에 예약하였다. I는 세 번째 토요일에 예약하였으므로 3월 21일에 예약하였고, C는 네 번째 일요일에 예약하였으므로 3월 22일에 예약하였다. 이를 정리하면 다음과 같다.

토요일	일요일
–	3월 1일
3월 7일	3월 8일
3월 14일	3월 15일
3월 21일: I	3월 22일: C
3월 28일	3월 29일: E

G가 예약한 다음 날 F가 예약하였으므로 G가 3월 7일, F가 3월 8일에 예약하였거나 G가 3월 14일, F가 3월 15일에 예약하였다. 만약 G가 3월 7일, F가 3월 8일에 예약하였다면 H와 A가 같은 요일 앞뒤 주로 예약할 수가 없다. 따라서 G는 3월 14일, F는 3월 15일에 예약하였고, H가 3월 1일, A가 3월 8일에 예약하였으므로 정리하면 다음과 같다.

토요일	일요일
–	3월 1일: H
3월 7일	3월 8일: A
3월 14일: G	3월 15일: F
3월 21일: I	3월 22일: C
3월 28일	3월 29일: E

이때, D는 B보다 늦게 예약하였으므로 D가 3월 28일, B가 3월 7일에 예약하였다. 따라서 최종적으로 정리하면 다음과 같다.

토요일	일요일
–	3월 1일: H
3월 7일: B	3월 8일: A
3월 14일: G	3월 15일: F
3월 21일: I	3월 22일: C
3월 28일: D	3월 29일: E

㉠ B는 토요일에 예약하였다.

㉡ H는 일요일에 예약하였다.

㉣ D는 I가 예약한 날(21일)의 그다음 주 같은 요일에 예약하였다.

따라서 [보기] 중 옳은 것은 모두 3개이다.

| 오답풀이 |

㉢ A는 3월 8일에 예약하였다.

문제접근법

(1) 토요일과 일요일만 나타내는 표를 작성한다.

(2) 표에 날짜를 표기한 후, 주어진 [조건]의 내용을 바탕으로 예약자를 찾는다.

전략풀이 TIP

주어진 [조건]에서 확실하게 제시된 정보를 먼저 찾아 대입하여 경우의 수를 줄여 나간다.

04 ▶ ⑤

| 정답풀이 |

여섯 번째 보기를 보면, 인천팀과 서울팀의 순위 합은 7이다. 즉, 두 팀이 가능한 순위는 1위/6위 & 2위/5위 & 3위/4위이다. 두 번째 보기에서 이미 울산팀이 3위인 것이 정해졌으므로 두 팀은 1위와 6위 또는 2위와 5위이다. 서울팀의 성적이 더 좋고, 1위는 아니라고 했으므로 서울팀이 2위, 인천팀이 5위이다.

1	2	3	4	5	6	7	8	9	10
	서울	울산		인천					

네 번째 보기를 보면, 제주팀의 성적은 인천팀과 서울팀 사이이다. 즉, 제주팀은 4위이다. 일곱 번째 보기를 보면, 광주팀과 부산팀의 순위 합은 10이다. 즉, 두 팀이 가능한 순위는 1위/9위 & 2위/8위 & 3위/7위 & 4위/6위이다. 2, 3, 4위는 이미 정해졌으므로 두 팀은 1위와 9위이다. 광주팀의 성적이 더 좋으므로 광주팀이 1위, 부산팀이 9위이다.

1	2	3	4	5	6	7	8	9	10
광주	서울	울산	제주	인천				부산	

세 번째 보기를 보면, 대구팀의 순위는 3의 배수이므로 6위이다. 다섯 번째 보기를 보면, 대전팀의 순위는 충청팀과 강원팀 사이이다. 세 팀의 순위는 강원팀, 대전팀, 충청팀 순이므로 남은 세 자리에 세 팀을 배치하면 순위표는 다음과 같다.

1	2	3	4	5	6	7	8	9	10
광주	서울	울산	제주	인천	대구	강원	대전	부산	충청

따라서 충청팀의 순위는 10위이다.

문제접근법

(1) 문제의 발문을 통해 물어보는 대상을 먼저 확인한 후, [보기]의 조건을 본다.

(2) [보기]의 조건 중 경우의 수를 좁혀나갈 수 있는 조건부터 확인한다. 이 문제에서는 두 번째 조건과 여섯 번째 조건이 이에 해당한다. 따라서 해당 조건을 기준으로 하여 해결한다.

전략풀이 TIP

선택지를 통해 충청팀은 6~10위 중 하나임을 알 수 있으므로 1~5위를 전부 구할 필요가 없다. 한편 9위가 부산팀임을 알았다면, 충청팀의 순위를 바로 확인할 수 있다. 두 번째 보기의 내용을 보면, 울산팀이 3위이므로 세 번째 보기의 내용을 통해 대구팀은 6위임을 알 수 있다. 6~10위 중 남은 순위는 7위, 8위, 10위인데, 대전팀, 충청팀, 강원팀의 순서는 강원팀–대전팀–충청팀이므로 충청팀은 10위이다.

05 ▶ ③

| 정답풀이 |

한 대리와 서 사원의 방은 복도를 사이에 두고 마주 보고 있다. 양 차장은 502호를 사용하고, 유 부장과 조 과장은 각각 엘리베이터 옆, 계단 옆방을 하나씩 사용한다. 따라서 한 대리와 서 사원의 방은 각각 503호와 507호 중 하나라고 할 수 있다. 서 사원이 503호를 사용한다고 가정하면, 서 사원의 옆방을 사용하는 박 대리가 504호를 사용해야 한다. 하지만 박 대리의 방은 계단 옆이 아니라고 했으므로 한 대리의 방은 503호, 서 사원의 방은 507호이며, 박 대리의 방은 506호이다.

<table>
<tr><td rowspan="3">엘리베이터</td><td>501</td><td>502
(양 차장)</td><td>503
(한 대리)</td><td>504</td><td rowspan="3">계단</td></tr>
<tr><td colspan="4">복도</td></tr>
<tr><td>505</td><td>506
(박 대리)</td><td>507
(서 사원)</td><td>508</td></tr>
</table>

김 차장의 방 번호는 홀수이면서 3의 배수가 아니라고 하였다. 501호는 3의 배수이므로 김 차장의 방은 505호이다. 엘리베이터 옆방은 501호 하나가

남게 되므로 유 부장의 방은 501호이다. 유 부장과 이 과장은 복도를 기준으로 같은 쪽에 있으므로 이 과장의 방은 504호이고, 조 과장의 방은 508호이다.

엘리베이터	501 (유 부장)	502 (양 차장)	503 (한 대리)	504 (이 과장)	계단
	복도				
	505 (김 차장)	506 (박 대리)	507 (서 사원)	508 (조 과장)	

문제접근법

(1) [보기]의 그림을 한번 살펴본 후, [보기]의 조건을 본다.
(2) [보기]의 조건 중 경우의 수를 좁혀나갈 수 있는 조건부터 확인한다. 이 문제에서는 확실하게 주어진 여섯 번째 조건과 경우를 제한할 수 있는 두 번째~세 번째 조건이 이에 해당한다. 따라서 해당 조건을 기준으로 하여 해결한다.

전략풀이 TIP

한 대리와 서 사원의 방은 각각 503호와 507호이므로 선택지 ②, ④를 소거할 수 있고, 남은 홀수 방은 501호와 505호인데, 501은 3의 배수이므로 501호는 유 부장의 방임을 알 수 있다. 따라서 선택지 ①을 소거할 수 있고, 이 과장에 대한 조건은 유 부장과 관련이 있는데, 유 부장과 같은 라인이므로 이 과장의 방은 508호가 아닌 504호임을 알 수 있다.

06 ▶ ⑤

| 정답풀이 |

A메뉴를 선호하는 고객은 B메뉴를 선호하지 않는다. B메뉴를 선호하지 않는 고객은 C메뉴를 선호하지 않고, F메뉴를 선호하는 고객은 C메뉴를 선호하지 않으므로 A → B×→ C×, F → C×의 관계가 성립한다. D메뉴를 선호하지 않는 고객은 C메뉴를 선호하므로 C메뉴를 선호하지 않는 고객은 D메뉴를 선호한다. D메뉴를 선호하는 고객은 E메뉴를 선호한다. 따라서 A → B×→ C×→ D → E, F → C×→ D → E의 관계가 성립한다. F메뉴를 선호하지 않는 고객은 G메뉴를 선호하므로 G메뉴를 선호하지 않는 고객은 F메뉴를 선호한다. 따라서 최종적으로 A → B×→ C×→ D → E, G×→ F → C×→ D → E의 관계가 성립한다. F → E이므로 대우 관계에 의해 E× → F×가 되고, 부정인 E× → F는 항상 거짓이다.

| 오답풀이 |

① A와 E는 A → E의 관계이다. 따라서 항상 참이다.
② B와 D는 B×→ D의 관계이다. 따라서 이인 B → D×는 참인지 거짓인지 알 수 없다.
③ D와 G는 G×→ D의 관계이다. 따라서 항상 참이다.
④ A와 C는 A → C×의 관계이다. 따라서 역인 C× → A는 참인지 거짓인지 알 수 없다.

문제접근법

(1) 명제 문제로, [보기]의 명제를 기호화한다.
(2) 명제가 참이면 대우 명제는 반드시 참이고, 명제가 거짓이면 대우 명제는 반드시 거짓임을 이용하여 기호화한 명제를 연결해서 해결한다.

전략풀이 TIP

이와 역의 명제의 경우에는 참, 거짓을 판단할 수 없다. 한편 이 문제에서는 명제를 기호화하여 연결하면, A → B× → C× → D → E, G× → F → C× → D → E가 성립한다.

07 ▶ ②

| 정답풀이 |

A와 G가 같은 부서이고, 각자 앉는 위치를 기준으로 가장 오른쪽에 앉아 있다. 즉, A와 G는 서로 마주 보거나 이웃하지 않으므로 영업부와 재무부는 아니고, 홍보부 직원은 H의 양옆에 앉아 있다고 하였으므로 홍보부도 아니다. 따라서 A와 G는 기획부이고 다음과 같이 두 가지 경우가 가능하다.

A 기획부			
			G 기획부

G 기획부			
			A 기획부

G의 맞은편에 홍보부 직원 D가 앉아 있고, F는 기획부 직원의 맞은편에 앉아 있으며, 홍보부 직원 사이에 H가 앉아 있다. 영업부 직원이 서로 마주 보고 앉으려면 H는 영업부이고, 맞은편에 영업부 직원이 앉는다. 따라서 F는 홍보부 또는 영업부가 아니므로 재무부이다. 재무부 직원은 서로 이웃하여 앉으므로 다음 두 가지 경우가 가능하다.

Ⅲ 문제해결능력

A 기획부	홍보부	H 영업부	D 홍보부
F 재무부	재무부	영업부	G 기획부

G 기획부	영업부	재무부	F 재무부
D 홍보부	H 영업부	홍보부	A 기획부

C는 영업부이고, B의 오른쪽에 앉아 있으므로 남은 E는 홍보부이다. 따라서 다음의 두 가지 경우가 가능하다.

A 기획부	E 홍보부	H 영업부	D 홍보부
F 재무부	B 재무부	C 영업부	G 기획부

G 기획부	C 영업부	B 재무부	F 재무부
D 홍보부	H 영업부	E 홍보부	A 기획부

따라서 F는 재무부 직원이므로 항상 옳지 않다.

문제접근법

(1) 8명의 직원이 4명씩 서로 마주 보고 앉아있다고 하였으므로 4×2로 구성된 표를 그린다.
(2) 주어진 [보기]의 조건에 맞게 표를 채워 나간다. 이때, 사람과 부서를 같이 적으면서 비교한다.

전략풀이 TIP

i) 한 가지 경우로 앉은 자리가 정확하게 확정되는 것이 아닐 수 있으므로 가능한 모든 경우를 고려해야 한다.
ii) 모든 경우에 대하여 표의 모든 칸을 채우지 않더라도 선택지에서 정오 여부가 확인 가능한 내용들을 소거하면서 문제를 해결한다.

08 ▸ ②

| 정답풀이 |

E가 기술직 직원이라고 한 D의 발언은 E가 거짓을 말하고 있다는 발언과 동일하다. 따라서 D의 말이 참이면 E의 말은 거짓이고, D의 말이 거짓이면 E의 말은 참이 되므로 D를 기준으로 참, 거짓을 따져본다.
만약 D의 말이 참이라면 E의 말은 거짓이므로 E는 기술직 직원이고, B 또한 기술직 직원이다. D의 말이 참이라면 D가 행정직 직원이므로 F의 말도 참이고, F는 행정직 직원이다. B가 기술직 직원이므로 C는 B와 다른 직군이다. 따라서 C는 행정직 직원이다. 그러므로 C의 말이 참이 되고, 기술직 직원이 B, E 2명이므로 A는 행정직 직원이다. A의 말도 참이므로 모순이 생기지 않는다. 이때, B, E가 기술직 직원, A, C, D, F가 행정직 직원이다.
만약 D의 말이 거짓이라면 E의 말은 참이다. D가 거짓을 말하므로 D는 기술직 직원, E는 행정직 직원이고, E의 발언에 따라 B는 기술직 직원이다. B가 기술직 직원이므로 B의 말은 거짓이고, C는 행정직 직원이다. D가 기술직 직원이므로 D가 행정직 직원이라고 발언한 F의 발언은 거짓이고, F는 기술직 직원이다. C가 행정직 직원이므로 C의 발언은 참이고, 기술직 직원은 2명이다. 그런데 이때 적어도 B, D, F 3명이 기술직 직원이므로 모순이 생긴다. 따라서 D의 말은 거짓이 아닌 참이다.

문제접근법

(1) 참·거짓 문제로 참을 말하는 조건과 거짓을 말하는 조건이 무엇인지 먼저 확인한 후, 물어보는 대상을 확인한다.
(2) 서로 상반되는 발언을 하는 대상을 기준으로 참 또는 거짓을 가정한 다음, 각 경우를 순차적으로 확인하면서 모순이 발생하는지 확인하여 해결한다.

전략풀이 TIP

선택지 ①~⑤를 보면, ③을 제외한 선택지 모두 B가 포함되어 있다. 따라서 B가 기술직 직원임을 가정한 후, 문제를 풀 수 있다. B가 기술직 직원이라면, C의 말은 참이 되므로 C는 행정직 직원이 되고, 이때 기술직 직원은 2명이므로 선택지 ④, ⑤를 소거할 수 있다. 남은 선택지 ①, ②를 보면, D와 E 중 하나이므로 둘의 경우를 확인해본다.
i) 만약 D가 기술직 직원이라면, D가 행정직 직원이라는 F의 말은 거짓이므로 F는 기술직 직원이 된다. 이 경우에는 기술직 직원이 2명이라는 조건에 모순이므로 성립하지 않는다.
ii) E가 기술직 직원이라면, [보기]의 발언 모두 성립하므로 기술직 직원은 B, E가 된다.

09 ▸ ③

| 정답풀이 |

유추 가능한 조건부터 먼저 확인한다. 세 번째와 네 번째 조건에서 남자 직원의 직급이 서로 다르며 연달아 발표를 하고, 직급이 낮은 직원이 먼저 발표를 한다고 주어져 있다. 따라서 남성 사원－남성 대리 순서로 발표를 한다는 것을 알 수 있다. 두 번째와 다섯 번째 조건에서 B부서는 A부서 바로 앞의 순서이고, A부서는 C부서보다 늦게 발표를 한다고 주어져 있다. 즉, D－C－B－A 또는 C－D－B－A 또는 C－B－A－D 순서로 발표를 한다. D부서는 여성 대리가 발표를 한다고 되어 있고, 직급이 대리라면 사원보다 늦게 발표를 할 것이므로 D는 가장 첫 순서가 아니다. 따라서 주어진 [보기]의 조건에 따라 가능한 순서는 C－D－B－A 또는 C－B－A－D이다.

1) C－D－B－A 순서인 경우

남성 사원－남성 대리가 연달아 발표할 수 있는 경우는 다음과 같다.

C	D	B	A
	여성 대리	남성 사원	남성 대리

이때, 남성 사원이 여성 대리보다 늦게 발표를 하므로 직급이 낮은 직원이 먼저 발표를 한다는 조건에 위배된다.

2) C－B－A－D 순서인 경우

아래와 같이 두 가지 경우가 가능하다.

C	B	A	D
여성 사원	남성 사원	남성 대리	여성 대리

C	B	A	D
남성 사원	남성 대리	여성 대리	여성 대리

따라서 남성 대리는 항상 여성 대리보다 빨리 발표한다.

참고로 아래의 경우는 직급이 낮은 사람이 먼저 발표한다는 조건에 위배되므로 불가능하다.

C	B	A	D
남성 사원	남성 대리	여성 사원	여성 대리

문제접근법

(1) '항상' 옳은 것을 물어보는 문제이다. 우선 [보기]의 조건을 바탕으로 여러 경우의 수를 찾는다.

(2) 경우의 수를 확인하면서 중간에 선택지의 내용을 살펴보며, 만족하는 내용이 있는 선택지를 소거하면서 문제를 해결한다. 모든 경우의 결과가 나오지 않았는데 소거법으로 정답이 도출된다면, 확인하지 않고 넘어가도 된다.

전략풀이 TIP

두 번째와 다섯 번째 조건을 통해 C－B－A－D, C－D－B－A, D－C－B－A가 가능하다. 따라서 선택지 ①, ⑤를 소거할 수 있다. 한편 C－B－A－D를 보면, 세 번째와 마지막 조건을 통해 ○－남성 사원－남성 대리－여성 대리가 가능한데, 선택지 ②, ④의 내용은 이를 만족하지 않으므로 소거할 수 있다. 따라서 남은 ③을 정답으로 선택할 수 있다.

10 ▶ ②

| 정답풀이 |

부장은 G주임의 왼쪽에 앉고, 과장의 오른쪽에 앉는다. 또한 과장끼리는 서로 마주 보고 있고, C과장은 A부장과 이웃하지 않으므로 자리 배치는 다음과 같다.

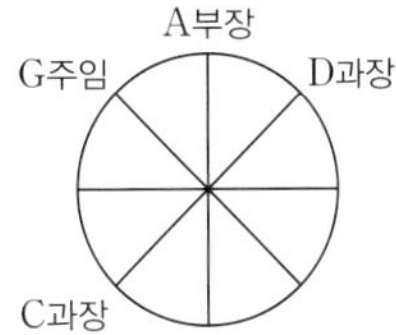

이때, B차장은 주임의 맞은편에 앉는다는 [보기]의 조건을 고려하여, 만약 B차장이 G주임의 맞은편에 앉으면 남은 세 자리는 모두 이웃하지 않기 때문에 E대리와 H주임이 서로 이웃한다는 [보기]의 조건에 위배된다. 따라서 B차장과 H주임이 마주보면서 H주임과 E대리가 이웃하려면 자리 배치는 다음과 같다.

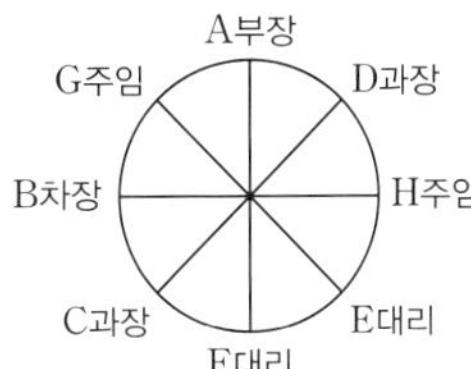

마지막으로 같은 직급인 사람들이 서로 자리를 맞바꾼 뒤, 최종 자리 배치는 다음과 같다.

따라서 H주임은 B차장과 이웃하여 앉는다.

Ⅲ 문제해결능력

💡 문제접근법

(1) 문제의 발문을 통해 고려해야 하는 조건과 물어보는 내용을 먼저 확인한 후, [보기]를 본다.
(2) 원탁 문제의 경우, 간단하게 직선을 사용하여 그리고 한 대상을 기준으로 잡은 뒤, 확실한 조건이 주어진 대상과 마주 보고 앉는 대상을 먼저 배치한 다음, 순차적으로 조건을 적용하여 해결한다.

전략풀이 TIP

부장 직급은 1명뿐이므로 부장을 대상으로 기준을 잡은 뒤, 관련된 조건부터 적용하여 해결한다.

02 | NCS 최신빈출 Lv.2

본문 P. 229~231

01	02	03	04	05
④	④	②	⑤	①

01 ▶ ④

| 정답풀이 |

[보기] 중 확실하게 주어진 정보를 우선 확인해본다.

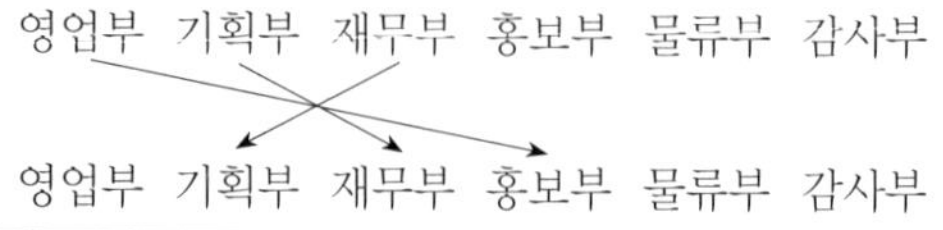

영업부 기획부 재무부 홍보부 물류부 감사부

영업부 기획부 재무부 홍보부 물류부 감사부

영업부로 배정된 사원은 기존에 물류부가 아니므로 홍보부 또는 감사부이다. 홍보부 사원이 영업부에 배정되었다면 물류부 사원은 물류부에 배정될 수 없으므로 감사부에 배정된다. 따라서 감사부 사원은 물류부에 배정된다.

영업부 기획부 재무부 홍보부 물류부 감사부

영업부 기획부 재무부 홍보부 물류부 감사부

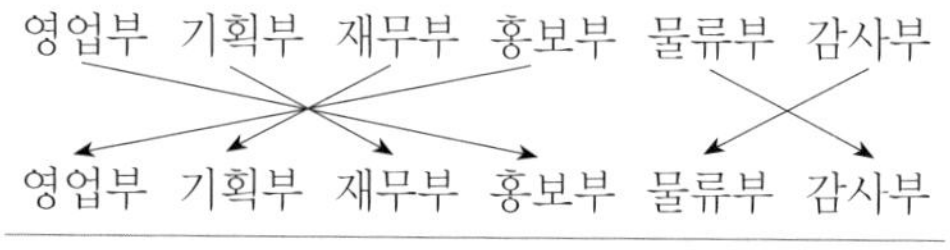

감사부 사원이 영업부에 배정되었다면 물류부 사원은 물류부에 배정될 수 없으므로 감사부에 배정된다. 따라서 홍보부 사원은 물류부에 배정된다.

영업부 기획부 재무부 홍보부 물류부 감사부

영업부 기획부 재무부 홍보부 물류부 감사부

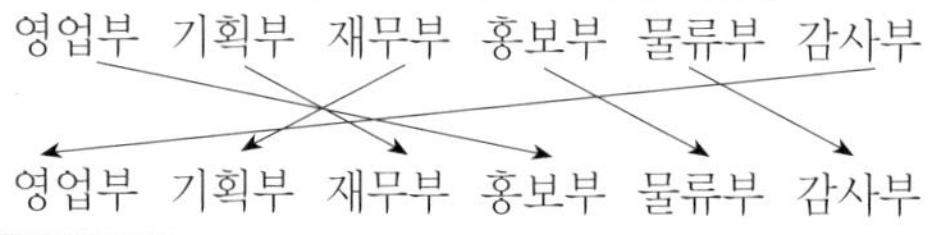

그러므로 물류부 사원은 항상 감사부에 배정된다.

| 오답풀이 |

① 홍보부 사원은 영업부 또는 물류부에 배정된다.
② 물류부에 배정된 사원은 기존에 홍보부 또는 감사부이다.
③ 영업부 사원이 홍보부에 배정되면 홍보부 사원은 영업부 또는 물류부에 배정된다.
⑤ 재무부에 배정된 사원은 기존에 기획부이다.

💡 문제접근법

(1) '항상' 옳은 것을 물어보는 문제이다. 우선 [보기]의 조건을 바탕으로 여러 경우의 수를 찾는다.
(2) 경우의 수를 확인하면서 중간에 선택지의 내용을 살펴보며, 만족하는 내용이 있는 선택지를 소거하면서 문제를 해결한다.

전략풀이 TIP

i) 세 번째 보기와 네 번째 보기의 내용을 통해 영업부 → 홍보부, 기획부 → 재무부, 재무부 → 기획부임을 알 수 있다. 따라서 선택지 ⑤를 소거할 수 있다.

ii) 두 번째 보기와 마지막 보기의 내용을 통해 홍보부 → 영업부의 경우, 감사부 → 영업부의 경우 상관없이 물류부 → 감사부임을 알 수 있다. 따라서 나머지 부서의 현황을 확인할 필요 없이 정답을 ④로 선택할 수 있다.

02 ▶ ④

| 정답풀이 |

A는 가장 일찍 오지 않았고, C 역시 가장 일찍 오지도 않았으며, 가장 늦게 오지도 않았다. A 앞의 사람이 모두 같은 색의 펜을 가지고 갔으므로 A 앞의 사람은 전부 다른 종류의 펜을 가지고 있다. 또한 A는 볼펜을 세 가지 색을 가지고 갔으므로 남은 볼펜 하나는 A 바로 앞의 사람이 가지고 갔을 것이다. 이때, B가 검정 볼펜을 가지고 갔다고 했으므로 B가 A 바로 앞의 사람이고, B가 검정 볼펜, 검정 사인펜, 검정 색연필을 가지고 갔다는 것을 알 수 있다. 따라서 A가 가지고 간 색은 노란색, 파란색, 빨간색이다. C는 자신의 바로 앞뒤에 온 사람과 노란색 펜의 수가 같다. 따라서 C의 앞뒤에 있는 사람은 노란색 펜을 가지고 있어야 한다. 이를 바탕으로 A~D의 순서는 B−A−C−D임을 알 수 있다. 노란색 펜은 A, C, D가 하나씩 나누어 가졌다. 남은 펜은 빨간색 사인펜과 색연필, 파란색 사인펜과 색연필이다. 이때, D가 자신은 빨간색이 없다고 하였으므로 D는 파란색 사인펜과 색연필을 가지고 갔음을 알 수 있다. 또한 D는 사인펜을 두 개 가지고 있으므로 D가 가지고 있는 노란색 펜은 사인펜임을 알 수 있다. 그러므로 입장 순서와 가지고 있는 펜을 정리하면 다음과 같다.

B	A	C	D
검정 볼펜 검정 사인펜 검정 색연필	노란 볼펜 빨간 볼펜 파란 볼펜	노란 색연필 빨간 색연필 빨간 사인펜	노란 사인펜 파란 사인펜 파란 색연필

문제접근법

(1) 문제의 발문을 통해 물어보는 내용을 먼저 확인한 후, [보기]를 본다.

(2) 경우의 수를 찾으면서 중간에 선택지의 내용을 살펴보며, 모순이 되는 내용이 있는 선택지를 소거하면서 문제를 해결한다. 이 문제에서는 순서와 펜의 종류, 2가지 대상을 모두 고려해야 하기 때문에 순서를 기준으로 잡아서 [보기]의 조건을 적용한다.

전략풀이 TIP

i) C의 대화를 통해 C는 두 번째 또는 세 번째 순서이고, C의 바로 앞뒤에는 B가 오지 않는다는 것을 알 수 있으며, C를 포함한 앞뒤의 사람은 모두 노란색 펜을 1개씩 가지고 있음을 알 수 있다.

ii) A의 대화를 통해 A의 바로 앞은 B임을 알 수 있고, A는 파란색, 빨간색, 노란색 볼펜을 가지고 있음을 알 수 있다.

iii) B의 대화를 통해 B는 모두 검은색 펜을 가지고 있으며, 볼펜, 사인펜, 색연필을 1개씩 가지고 있음을 알 수 있다.

따라서 순서는 B−A−C−D임을 알 수 있고, 여기까지의 내용을 바탕으로 선택지를 보면, ①, ③, ⑤를 소거할 수 있다. 그리고 남은 D의 대화를 통해 D는 파란색 사인펜과 파란색 색연필을 가지고 있음을 알 수 있다. 따라서 정답을 ④로 선택할 수 있다.

03 ▶ ②

| 정답풀이 |

A~E의 다섯 명이 좋아하지 않는 요일이 제시되어 있으므로 다음과 같이 표를 만들어 좋아하지 않는 날을 모두 표시하면 다음과 같다.

구분	월	화	수	목	금
A	×	×	×		
B	×	×			×
C	×		×	×	
D			×		×
E		×		×	

i) A가 목요일을 좋아하는 경우
다음과 같이 채워진다.

구분	월	화	수	목	금
A	×	×	×	○	×
B	×	×	○	×	×
C	×		×	×	

Ⅲ 문제해결능력

D			×	×	×
E		×	×	×	

이때, C는 화요일 또는 금요일을 좋아하게 되며, 가능한 경우는 다음과 같다.

구분	월	화	수	목	금
A	×	×	×	○	×
B	×	×	○	×	×
C	×	○	×	×	×
D	○	×	×	×	×
E	×	×	×	×	○

구분	월	화	수	목	금
A	×	×	×	○	×
B	×	×	○	×	×
C	×	×	×	×	○
D	×	○	×	×	×
E	○	×	×	×	×

ⅱ) A가 금요일을 좋아하는 경우
다음과 같이 채워진다.

구분	월	화	수	목	금
A	×	×	×	×	○
B	×	×			×
C	×	○	×	×	×
D		×	×		×
E		×		×	×

이때, B는 수요일 또는 목요일을 좋아하게 되며, 가능한 경우는 다음과 같다.

구분	월	화	수	목	금
A	×	×	×	×	○
B	×	×	○	×	×
C	×	○	×	×	×
D	×	×	×	○	×
E	○	×	×	×	×

구분	월	화	수	목	금
A	×	×	×	×	○
B	×	×	×	○	×
C	×	○	×	×	×
D	○	×	×	×	×
E	×	×	○	×	×

㉣ ⅰ)의 첫 번째 경우와 ⅱ)의 두 번째 경우에 의해 D가 월요일을 좋아하는 경우의 수는 2가지이다.

따라서 [보기] 중 항상 옳지 않은 것은 1개이다.

| 오답풀이 |

㉠ 가능한 모든 경우의 수는 4가지이다.

㉡ ⅰ)의 경우에서 A가 목요일을 좋아하면, B는 수요일을 좋아한다.

㉢ ⅱ)의 경우에서 A가 금요일을 좋아하면, C는 화요일을 좋아한다.

㉤ E가 금요일을 좋아하는 경우는 ⅰ)의 첫 번째 경우밖에 없다.

문제접근법

(1) 표를 작성하여 주어진 [조건]을 읽고, 좋아하지 않는 요일을 표기한다.

(2) 한 가지로 정해질 수 없는 상황이므로 가능한 모든 경우에 대하여 정리한다.

전략풀이 TIP

[보기]의 정오 개수를 확인하는 문제로 소거법 없이 모든 보기를 봐야 하며, 경우에 따라 만족하는 경우가 하나라도 있으면, '항상' 옳지 않은 보기에 해당하지 않는다.

04 ▶ ⑤

| 정답풀이 |

[보기]에 B과장에 관한 조건이 가장 많이 나왔으므로 B과장을 기준으로 위치를 확인해 본다. 이때, E대리는 G사원의 맞은편에 앉아 있다.

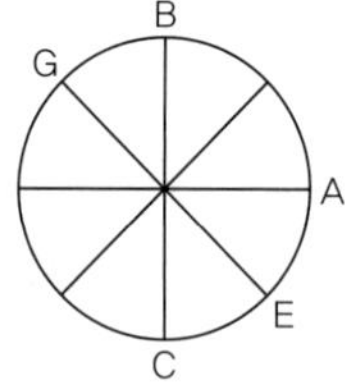

부장과 F사원은 서로 마주 보고 있으므로 가능한 경우는 다음과 같다.

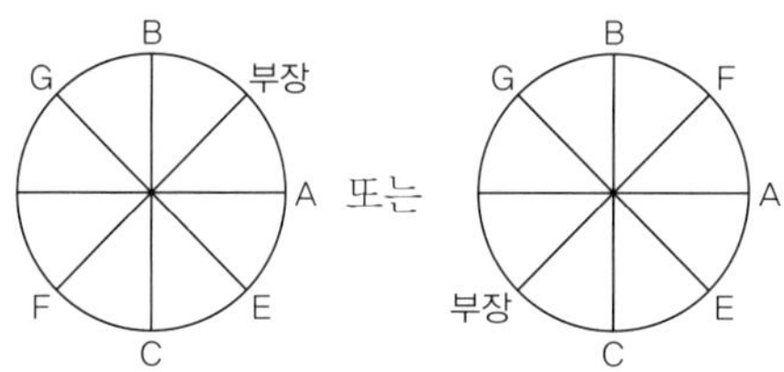

두 번째 경우는 D대리의 양 옆에 같은 직급의 직원이 앉아 있다는 [보기]의 조건에 위배되므로 첫 번째 경우가 옳다.

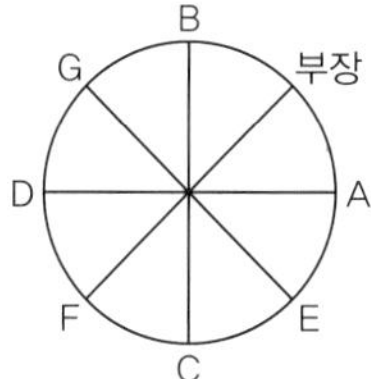

발표의 가장 처음은 부장 오른쪽인 B과장부터 시작한다. B과장 발표 후에는 맞은편에 있는 C대리가 발표를 한다. C대리 다음에는 C대리 왼쪽의 F사원이 발표를 하고, 그다음에는 F사원의 두 칸 오른쪽의 E대리가 발표를 한다. E대리 다음에는 C대리 발표이지만 이미 C대리는 발표를 했으므로 E대리 오른쪽의 A과장이 발표를 한다. A과장이 발표를 한 다음에는 맞은편에 있는 D대리가 발표를 하고, 그다음은 D대리 왼쪽의 G사원이 발표를 한다.

따라서 발표 순서는 B－C－F－E－A－D－G가 되어 마지막으로 발표를 하는 직원은 G사원이다.

문제접근법

(1) 문제의 발문을 통해 고려해야 하는 조건과 물어보는 내용을 먼저 확인한 후, [보기]를 본다.
(2) 원탁 문제의 경우, 간단하게 직선을 사용하여 그리고 한 대상을 기준으로 잡은 뒤, 확실한 조건이 주어진 대상과 마주 보고 앉는 대상을 먼저 배치한 다음, 순차적으로 조건을 적용하여 해결한다.

전략풀이 TIP

이 문제의 경우에는 원탁 배치뿐만 아니라 배치된 원탁을 바탕으로 별도의 순서를 확인하는 문제로 얼핏 보면 복잡해 보일 수 있지만, 원탁 배치만 잘 확인한다면, 어렵지 않게 풀 수 있다. 주어진 조건 중 B과장의 조건이 가장 많으므로 B과장을 고정한 후, 확실한 대상과 마주 보고 앉는 대상을 배치하여 순차적으로 해결한다.

05 ▶ ①

| 정답풀이 |

[보기]의 첫 번째와 두 번째 조건에 의해 정의 근속연수는 2년, 8년이 아니고, 을은 디자인팀, 홍보팀에 근무하지 않으므로 다음과 같이 정리할 수 있다.

구분	기획팀	디자인팀	총무팀	홍보팀	2년	3년	5년	8년
갑								
을		×		×	×	×		
병								
정					×			×

세 번째와 네 번째 조건에 의해 갑과 정의 근속연수는 8년이 아니고, 둘 다 총무팀에 근무하지 않으므로 다음과 같이 정리할 수 있다.

구분	기획팀	디자인팀	총무팀	홍보팀	2년	3년	5년	8년
갑			×					×
을		×		×	×	×		
병								
정			×		×			×

다섯 번째 조건에 의해 병과 정은 디자인팀에 근무하지 않으므로 디자인팀에 근무하는 사람은 갑이다. 또한 여섯 번째 조건에 의해 정은 기획팀에 근무하지 않으므로 홍보팀에 근무함을 알 수 있다. 이에 따라 다음과 같이 정리할 수 있다.

구분	기획팀	디자인팀	총무팀	홍보팀	2년	3년	5년	8년
갑	×	○	×	×				×
을		×		×	×	×		
병		×		×				
정	×	×	×	○	×			×

이때, 세 번째와 다섯 번째 조건에 의해 디자인팀에서 근무하는 갑은 정보다 근속연수가 길고, 갑과 정의 근속연수를 더하면 을의 근속연수가 나온다. 또한 여섯 번째 조건에 의해 정은 기획팀에 근무하는 사람보다 근속연수가 길다. 따라서 갑의 근속연수는 5년, 정의 근속연수는 3년, 을의 근속연수는 8년이다. 이에 따라 다음과 같이 정리할 수 있다.

구분	기획팀	디자인팀	총무팀	홍보팀	2년	3년	5년	8년
갑	×	○	×	×	×	×	○	×
을		×		×	×	×	×	○
병		×		×	○	×	×	×
정	×	×	×	○	×	○	×	×

그런데 정보다 근속연수가 짧은 사람은 병밖에 없으므로 여섯 번째 조건에 의해 병이 기획팀에 근무하고 남은 을이 총무팀에 근무함을 알 수 있다.

문제접근법

(1) 근무 팀과 근속연수를 동시에 확인할 수 있도록 표로 정리한다.
(2) 주어진 [보기]의 조건에 의거하여 ○와 ×를 표에 채워 넣는다.
(3) 겹치는 곳이 없으므로 표를 채울 때 ○가 있는 곳의 가로 줄과 세로 줄을 모두 ×로 표시한다.

전략풀이 TIP

i) 조건의 내용에서 누구와 친하다거나 누구보다 나이가 어리다는 것은 결국 다른 사람임을 의미한다.
ii) 표를 마지막까지 모두 채우지 않더라도 정답만 확실시되면 다른 부분을 확인할 필요가 없다.

CHAPTER 02 | 자료형

01 | NCS 최신빈출 본문 P. 234~245

01	02	03	04	05	06	07	08	09	10
④	②	②	②	⑤	④	⑤	⑤	⑤	③

01 ▶ ④

| 정답풀이 |

해당 시설물에 임차인이 거주하는 동안 훼손된 항목은 도배지, 도어락, 수전, 거실 조명 4개 중 1개, 수납장 2개 중 1개이다. 이 중 도배지는 주요 품목이므로 [기타 사항]의 산식에 따라 원상복구비용을 부담해야 한다. 도배지 1폭의 수선비용은 10,400원이고, 해당 시설물의 경과 연수는 해당 시설물이 건축된 2017년부터 임차인이 퇴거하는 2022년까지 5년, 도배지의 수선주기는 10년이므로 원상복구비용은 10,400－5÷10×10,400＝5,200(원)이다. 따라서 도배지의 수선비용과 다른 훼손된 시설물의 원상복구비용을 합한 총금액은 5,200＋16,900＋13,300＋40,000＋94,700＝170,100(원)이다.

| 오답풀이 |

① 시설물경과연수는 해당 시설물의 최초 설치 시점에서부터 사용한 해당 시기까지의 연수를 의미한다. 해당 임대주택의 최초 설치 시점은 건축 연도인 2017년이므로 임차인의 퇴거일인 2022년까지의 시설물경과연수는 5년, 즉 60개월이다.
② 공통 부분에서 훼손이 있는 항목은 도배지와 도어락이다. 도어락 1개의 수선비용은 16,900원이고, 도배지 1폭의 원상복구비용은 10,400－5÷10×10,400＝5,200(원)이다. 따라서 공통 부분에서의 원상복구비용은 16,900＋5,200＝22,100(원)이다.
③ 보증금 반환 규정에 따라 임차인은 사용기간 중의 훼손된 시설물에 대한 원상복구비용을 제외한 나머지 금액을 돌려받는다. 소모성 부품의 경우, 퇴거 당일 현금으로 정산하므로 포함되지 않는다. 따라서 임차인은 시설물의 원상복구비용인 170,100원을 보증금 25,000,000원에서 제외한 나머지 금액인 24,829,900원을 돌려받게 된다.
⑤ 해당 고지에 따르면, 소모성 부품의 정산이 확인되면 보증금에서 원상복구비용을 제외한 금

액을 퇴거일 다음 날에 반환한다고 명시되어 있다. 따라서 임차인은 퇴거일인 2022년 4월 8일의 다음 날인 4월 9일에 보증금을 돌려받는다.

문제접근법

(1) 선택지의 내용을 먼저 확인하여 계산하지 않고 정오를 판단할 수 있는 것을 파악한다.
(2) 계산하지 않고 해결 가능한 선택지인 ①, ⑤의 정오를 먼저 판단하고, 정답이 없으면 나머지 선택지를 확인한다.

전략풀이 TIP

퇴거 시 이상이 있는 항목에 대해서만 확인한다. 그리고 기타 사항의 산식을 통해 원상복구비용을 알 수 있으므로 선택지 ②, ③, ④를 계산할 때 빠르게 해결할 수 있도록 한다.

02 ▶ ②

| 정답풀이 |

(1,250+200−350)×0.8=880(원)을 지불해야 한다.

| 오답풀이 |

① 1,250(기본요금)+300(추가요금)+100(1회권)=1,650(원)을 지불해야 한다.
③ 보호자 1명당 유아(만 6세 미만) 3명까지는 무임 승차할 수 있으므로, 성인 2명에 대한 요금만 지불하면 된다.
④ 정기권은 충전일로부터 30일 동안 60회를 사용할 수 있으므로, 남은 10일 동안 20회를 더 사용할 수 있다.
⑤ 환승 시 기본요금은 이용교통수단 중 높은 기본요금을 적용하므로 1,250원이다. 지하철과 버스 환승 시에는 통합 거리비례제를 적용하여야 한다. 총 8+5=13(km)를 이동하였으므로 100원의 추가요금이 발생하여 1,250+100=1,350(원)을 지불해야 한다.

문제접근법

(1) 복합자료를 바탕으로 하는 세트 문항으로 [운임 안내] 자료를 먼저 확인한다. 이후 문제의 발문과 주어진 자료를 바탕으로 선택지를 풀면서 해결하는 데 필요한 내용을 찾는다.
(2) 선택지 ①~⑤ 중 계산 없이 해결할 수 있는 ③, ④를 먼저 푼다. ③, ④는 모두 옳은 선택지이므로 소거할 수 있고, 남은 ①, ②, ⑤ 중 환승 조건이 없는 ①, ②를 풀어 정답을 찾도록 한다.

전략풀이 TIP

② 일반 교통카드 운임을 구하면 1,450원으로 여기서 350원을 빼면 1,100원이다. 1,000원의 80%는 800원이므로 1,100원의 80%는 800원보다 많다. (×)

03 ▶ ②

| 정답풀이 |

집에서 OO공원에 갈 때는 마을버스로 이동한 후, 바로 지하철을 탔으므로 환승을 했다는 것을 알 수 있다. 지하철과 버스 환승 시에는 통합 거리비례제를 적용한다.
성인, 청소년, 어린이 모두 지하철 기본요금이 마을버스 요금보다 높으므로 이용교통수단 중 높은 기본요금을 적용하는 규정에 따라 지하철 기본요금으로 계산해야 한다.
따라서 K씨 가족이 총 34km를 이동하는 데 지불한 요금은 다음과 같다.
성인: 1,250(기본요금)+500(추가요금)=1,750(원)
청소년: (1,750(성인요금)−350)×0.8=1,120(원)
어린이: (1,750(성인요금)−350)×0.5=700(원)
→ (1,750×2)+1,120+700=5,320(원)
또한 집으로 돌아올 때도 환승 할인이 적용되므로 (21시부터 다음날 7시까지는 새벽 또는 야간 시간임을 감안하여 환승 인정 시간을 60분으로 함) OO공원에 갈 때의 요금과 동일하다.
따라서 K씨 가족이 교통카드로 지불한 총요금은 5,320×2=10,640(원)이다.

문제접근법

(1) 세트 문항 중 요금을 계산하는 문제로 우선 기존 자료의 내용을 다시 한번 확인한 후, 사례를 읽는다.
(2) 환승을 한 사례이므로 통합 거리비례제(통합요금)를 적용해야 한다. 이러한 사항을 바탕으로 자료의 내용을 적용하여 요금을 구한다.

전략풀이 TIP

청소년과 어린이요금은 할인을 적용하기 전, 요금이 1,400원으로 동일하므로 청소년요금과 어린이요금의 합은 1,400×(0.8+0.5)=1,400×1.3=1,820(원)으로 계산할 수 있다. ○○공원에 갈 때 K씨 가족이 지불한 요금은 5,320원인데, 집으로 올 때도 환승이 적용되므로 갈 때의 요금과 같다. 한편 선택지 ①~⑤ 모두 십의 자리 수가 다른데, 20×2=40을 나타낸 선택지는 ②뿐이므로 정답을 ②로 선택할 수 있다.

04 ▶ ②

| 정답풀이 |

기숙사와 같이 제품 사용 빈도가 많은 공공장소에 설치하여 사용하는 경우, 보증 기간이 절반으로 단축된다. 전자레인지(일반 제품)의 보증 기간은 2년이므로, 기숙사에 설치된 전자레인지의 보증 기간은 1년이다. 따라서 기숙사에서 1년 8개월 째 사용 중인 전자레인지는 무상 수리를 받기 어렵다.

| 오답풀이 |

① 가정에서 사용하는 냉장고(일반 제품)의 보증 기간은 2년이고, 1년 6개월 째 사용 중이므로 무상 수리 대상이다.

③ 치킨집은 영업장이므로 냉장고(일반 제품)의 보증 기간은 기존 보증 기간(2년)의 절반인 1년이다. 5개월 째 사용 중이므로 무상 수리 대상이다.

④ 히터(계절성 제품)의 보증 기간은 3년이고, 가정에서의 정상적인 사용 상태에서 고장이 발생하였으므로 2년 7개월 째 사용 중인 가정용 히터는 무상 수리 대상이다.

⑤ 에어컨(계절성 제품)의 보증 기간은 3년이고, 정상적인 사용 상태에서 핵심 부품이 아닌 부품의 고장으로 A전자 엔지니어 수리 후, 12개월 이내 동일한 부품의 재고장이 발생하였으므로 무상 수리 대상이다.

문제접근법

(1) 자료에 주어진 내용을 큰 틀로 정리된 키워드를 중점으로 파악한다. 이후 문제의 발문과 주어진 자료를 바탕으로 선택지를 풀면서 주어진 자료에서 사용해야 할 내용이 무엇인지 확인한다.

(2) 제품의 무상 수리 대상을 찾는 문제로 [제품의 보증 기간]과 [제품별 보증 기간]의 내용을 중점으로 확인하여 해결한다. 예외 또는 추가로 적용해야 하는 조건은 반드시 빠뜨리지 않고 적용한다.

전략풀이 TIP

상황별 제품별 보증 기간을 확인하는 것이 중요하다. 선택지 ①~④와 달리 ⑤의 경우에는 보증 기간뿐 아니라, 무상 수리에 대한 조건이 추가되었으므로, ①~④를 먼저 푸는 것이 좋다.

05 ▶ ⑤

| 정답풀이 |

이 대리가 A전자에서 구입한 노트북은 유상 수리 기준 중 당사 엔지니어 외 사람이 수리하여 고장 발생 시에 해당하고, 제품(2년) 및 부품(4년) 보증 기간 이내이며 수리가 가능한 경우이다. 따라서 유상 수리를 해야 한다. 서비스 요금은 (부품비)+(수리비)+(출장비)이다. 부품비는 2×13=26(만 원)이고, LED 부품 교체 시 기술료가 8만 원이므로 수리비는 8만 원이다. 직접 서비스 센터에 방문하였다고 하였으므로 출장비는 발생하지 않는다. 따라서 A전자는 서비스 요금 26+8=34(만 원)을 받고 노트북 수리를 해주어야 한다.

문제접근법

(1) 발문이 길게 주어진 문제의 경우에는 발문 안에 문제를 해결해야 할 사항이 주어지는 경우가 많으므로 발문을 읽으면서 내용을 반드시 이해하고, 중요 키워드를 표시한다.

(2) [조건]을 읽은 후, 주어진 자료의 보증 기간을 바탕으로 보증 기간 이내인지 아닌지 확인한 다음, 해결한다.

전략풀이 TIP

발문의 내용을 바탕으로 유상 수리를 해야 하는 것만 확인된다면 바로 정답을 찾을 수 있다. 보증 기간 및 발문의 'A전자 서비스 센터가 아닌 사설 전파사에 맡겨 수리를 하였는데, 한 달 뒤 노트북의 LED가 다시 고장이 났다.'를 통해 유상 수리를 해야 함을 알 수 있다. 선택지 ①~④는 이 대리가 서비스 요금을 지불한 상황이 아니지만, ⑤는 서비스 요금을 지불한 상황이므로 정답을 ⑤로 선택할 수 있다.

06 ▶ ④

| 정답풀이 |

- 첫 번째 조건: A~D의 2010년 대비 2020년 자동차 온실가스 배출량 기준 감소율은 다음과 같다.

  A: $\frac{172.0-113.0}{172.0}\times 100 \fallingdotseq 34.3(\%)$

  B: $\frac{157.4-97.0}{157.4}\times 100 \fallingdotseq 38.4(\%)$

  C: $\frac{144.0-93.0}{144.0}\times 100 \fallingdotseq 35.4(\%)$

  D: $\frac{118.2-100.0}{118.2}\times 100 \fallingdotseq 15.4(\%)$

  2010년 대비 2020년 자동차 온실가스 배출량 기준 감소율이 가장 큰 국가는 B이므로 한국은 B이다. 따라서 선택지 ①, ③을 소거할 수 있다.
- 두 번째 조건: 2015년 한국의 자동차 온실가스 배출량 기준은 135.6g/km이고, 일본과의 차이가 25g/km 이상이므로 A~D 중 D만이 이에 해당한다. 따라서 일본은 D이므로 선택지 ②를 소거할 수 있다.
- 세 번째 조건: 2020년 자동차 온실가스 배출량 기준이 한국(B)보다 높은 것은 A와 D인데 D는 일본이므로 A는 미국이 된다. 따라서 남은 C는 벨기에가 되므로 정답은 ④이다.

문제접근법

(1) [그래프]와 [조건]이 주어진 문제로 [그래프]의 제목을 먼저 확인하고, 바로 [조건]을 읽는다.
(2) 주어진 [조건] 중 확실하게 찾을 수 있는 첫 번째 조건을 먼저 확인한다.
(3) B가 한국이므로 선택지 ①, ③을 소거할 수 있고, 남은 두 조건은 쉽게 해결할 수 있으므로 순차적으로 확인하여 해결한다.

전략풀이 TIP

첫 번째 조건에서 감소율은 사칙연산 중 뺄셈을 하여 감소 폭을 알아야 하기 때문에 감소율보다는 역으로 증가하는 비율(=증가율의 역)을 확인한다. 역으로 증가하는 비율은 감소율과 비례하므로, 구체적인 수치를 계산할 필요 없이 대소 관계로 파악할 수 있다. D의 경우, 그래프의 기울기와 폭이 A~C에 비해 작으므로 D는 제외하고 A~C만 생각한다. A~C를 비교하면, A는 $\frac{172.0}{113.0}$, B는 $\frac{157.4}{97.0}$, C는 $\frac{144.0}{93.0}$이다. $\frac{157.4}{97.0}$와 $\frac{144.0}{93.0}$을 비교해보면, 분모는 5% 미만 증가한 반면, 분자는 약 10% 가량 증가하였으므로 $\frac{144.0}{93.0}<\frac{157.4}{97.0}$임을 알 수 있다. $\frac{157.4}{97.0}$와 $\frac{172.0}{113.0}$을 비교해보면, 분모는 10%를 상회한 만큼 증가한 반면, 분자는 10% 미만으로 증가하였으므로 $\frac{157.4}{97.0}>\frac{172.0}{113.0}$임을 알 수 있다. 따라서 $\frac{157.4}{97.0}$가 가장 크다는 것을 알 수 있고, B가 한국이 된다.

07 ▶ ⑤

| 정답풀이 |

업적 등급별 기본 연봉 지급 계수는 각 등급별로 0.0125 차이가 나므로 두 사람이 S등급과 D등급을 각각 받게 되면, 기본 연봉은 최대 0.25%가 아닌 0.5%의 차이가 나게 된다.

| 오답풀이 |

① 성과 연봉 계산식의 (기본 연봉)$\times\frac{1}{12}$을 통해 매월 동일하게 지급된다고 볼 수 있다.
② 제6조 제1항의 '예산의 범위 내에서', 제6조 제5항의 '확보된 지급 재원 범위 내에서'를 통해 경영상의 이유로 계산된 성과 연봉이 모두 지급되지 않는 경우가 발생할 수 있다는 것을 알 수 있다.
③ 지급 계수가 B등급을 기준으로 0.1씩 차이나므로 성과 연봉은 B등급을 기준으로 10%씩의 차액이 발생한다는 것을 알 수 있다.
④ 업적 등급이 B등급이면 지급 계수가 1이므로 기준 연봉과 기본 연봉의 차이는 인건비 상승분뿐이다.

문제접근법

(1) 복합자료를 바탕으로 하는 세트 문항으로 연봉 산정 조항을 먼저 확인한다. 이후 문제의 발문과 주어진 자료를 바탕으로 선택지를 풀면서 해결하는 데 필요한 내용을 찾는다.
(2) 선택지 ①~⑤ 모두 계산이 필요하지 않은 내용이며, ①, ②는 지급 계수에 대한 내용이 아니므로 쉽게 해결할 수 있다. 따라서 ①, ②를 먼저 푼다.
(3) ①, ② 모두 옳은 선택지이므로 소거할 수 있고, 남은 ③~⑤는 등급별 지급 계수를 적용하면서 풀어 정답을 찾도록 한다.

전략풀이 TIP

⑤ 갑, 을 두 사람의 기준 연봉이 100이라고 가정하면, S등급을 받은 갑은 $90+10\times1.025=100.25$이고, D등급을 받은 을은 $90+10\times0.975=99.75$이므로 $\frac{100.25-99.75}{99.75}\times100\fallingdotseq0.5(\%)$의 차이가 난다. (×)

08 ▶ ⑤

| 정답풀이 |

주어진 자료의 산식을 바탕으로 상담사 네 명의 기본 연봉과 성과 연봉을 구하면 다음과 같다.

[K상담사]

- 기준 연봉: $3,250\times1.05\fallingdotseq3,412$(만 원)
- 기본 연봉: $\left(3,412\times\frac{9}{10}\right)+\left(3,412\times\frac{1}{10}\times1.025\right)\fallingdotseq3,420$(만 원)
- 성과 연봉: $3,420\times\frac{1}{12}\times0.08\times1.2\fallingdotseq27$(만 원)

[J상담사]

- 기준 연봉: $3,350\times1.05\fallingdotseq3,517$(만 원)
- 기본 연봉: $\left(3,517\times\frac{9}{10}\right)+\left(3,517\times\frac{1}{10}\times1\right)=3,517$(만 원)
- 성과 연봉: $3,517\times\frac{1}{12}\times0.08\times1\fallingdotseq23$(만 원)

[M상담사]

- 기준 연봉: $3,300\times1.05=3,465$(만 원)
- 기본 연봉: $\left(3,465\times\frac{9}{10}\right)+\left(3,465\times\frac{1}{10}\times0.9875\right)\fallingdotseq3,460$(만 원)
- 성과 연봉: $3,460\times\frac{1}{12}\times0.08\times0.9\fallingdotseq20$(만 원)

[Y상담사]

- 기준 연봉: $3,280\times1.05=3,444$(만 원)
- 기본 연봉: $\left(3,444\times\frac{9}{10}\right)+\left(3,444\times\frac{1}{10}\times1.0125\right)\fallingdotseq3,448$(만 원)
- 성과 연봉: $3,448\times\frac{1}{12}\times0.08\times1.1\fallingdotseq25$(만 원)

따라서 성과 연봉의 총액은 $27+23+20+25=95$(만 원)이다.

문제접근법

(1) 세트 문항 중 연봉을 계산하는 문제로 우선 기존 자료의 내용을 다시 한번 확인한 후, 지시사항을 읽는다.

(2) 기준 연봉이 가장 기초가 되는 것이므로 각 상담사의 기준 연봉을 먼저 계산한 뒤, 성과 연봉을 구한다.

전략풀이 TIP

M상담사의 직전 연도 업적 등급은 C로 지급 계수는 1보다 작지만, 다른 상담사들의 직전 연도 등급은 S, A, B로 M상담사를 포함한 상담사들의 지급 계수의 평균은 1보다 클 것이다. 따라서 상담사 4명의 성과 연봉 총액은 기준 연봉을 바탕으로 하여 지급 계수를 1로 반영한 성과 연봉의 총액보다 많을 것이다. 지급 계수를 1로 반영한 성과 연봉의 총액은 $(3,412+3,517+3,465+3,444)\times\frac{1}{12}\times0.08\times1\fallingdotseq92$(만 원)이다. 따라서 선택지 ①~⑤의 값 중 92보다 큰 값은 ⑤뿐이므로 정답을 ⑤로 선택할 수 있다.

09 ▶ ⑤

| 정답풀이 |

2022년 a, b, c 세 사람이 납부해야 하는 상수도요금은 다음과 같다.

- a: $(800\times10+900\times10+1,200\times2)-(400+2,000)=17,000$(원)
- b: $(600\times5+800\times10+900\times7)\times1.1\times1.1-(600+5,000)=15,333$(원)이므로 15,330원
- c: $790\times22=17,380$(원)

따라서 2022년 a, b, c 세 사람 모두 매월 납부해야 하는 상수도요금은 15,000원 이상이다.

| 오답풀이 |

① a가 2023년 1월에 납부해야 하는 상수도요금은 $(800\times10+900\times10+1,200\times2)\times1.05-(400+2,000)=17,970$(원)이다.

② b가 2020년 1월에 납부해야 하는 상수도요금은 $(600\times5+800\times10+900\times7)-(600+5,000)=11,700$(원)이고, c가 2020년 1월에 납부해야 하는 상수도요금은 $580\times22=12,760$(원)이므로 $12,760-11,700=1,060$(원) 더 적다.

③ 2022년의 경우, c가 17,380원으로 가장 많이 납부해야 한다.

④ c가 2025년 1월에 납부해야 하는 상수도요금은 $900\times22=19,800$(원)이고, 2020년 1월에 납부해야 하는 상수도요금은 $580\times22=12,760$(원)

이므로 $\frac{19,800-12,760}{12,760}\times100 \fallingdotseq 55(\%)$ 인상된 금액이다.

문제접근법

(1) a~c가 월 상수도를 22m³ 사용할 때의 요금을 구해야 함을 확인한다.
(2) 상대적으로 계산량이 적은 ①, ④부터 순서대로 요금을 계산한다.

전략풀이 TIP

작년 요금이 x원이고, 올해 요금이 전년 대비 $r\%$ 증가하였다면, 올해 요금은 $x\times\left(1+\frac{r}{100}\right)$원이다.

10 ▶ ③

| 정답풀이 |

신입사원 교육에 참여하는 직원 수는 총 60+18+4=82(명)이다. 버스 대절 대수가 증가할수록 비용이 크게 증가하기 때문에 버스를 최소한의 대수가 되도록 해야 한다. 이를 위해서는 45인승 또는 48인승 버스를 대절해야 한다. A사의 48인승 버스를 1일, 2대 대절하면 285,000×2×0.9=513,000(원)이다. B사의 45인승 버스를 1일, 2대 대절하면 300,000×2=600,000(원)이다. C사의 45인승 버스와 48인승 버스 중 48인승 버스가 더 저렴하므로 48인승 버스만 대절하도록 한다. C사의 48인승 버스를 1일, 2대 대절하면 (274,000×2)−(2×20,000)=508,000(원)이다. D사의 48인승 버스를 1일, 2대 대절하면 302,000×2−50,000=554,000(원)이다.

따라서 버스를 가장 저렴하게 대절하기 위해서는 C사의 48인승 버스를 2대 대절해야 하고, 이때의 대절 비용은 508,000원이다.

문제접근법

(1) 문제에서 물어보는 것이 무엇인지 확인하고 각 [표]의 항목을 확인한 다음, [조건]을 읽는다.
(2) 최소가 되는 비용을 찾는 것으로 우선 [조건]의 내용을 통해 직원 수를 구하여 탑승 인원별 가능한 버스의 대수를 확인한다. 그다음 할인 사항을 적용하여 해결한다.

전략풀이 TIP

직원 수를 통해 각 회사별로 45인승 또는 48인승 버스를 2대 대절해야 비용이 최소가 됨을 알 수 있다.

ⅰ) A사의 경우, 2대 이상 대절 시 10%를 할인하므로 48인승 대당 가격이 285,000×0.9=256,500(원)이다.
ⅱ) B사의 경우, 당일 일정이므로 할인을 받지 않고, 45인승 대당 가격이 300,000원이다.
ⅲ) C사의 경우, 48인승이 더 저렴하므로 48인승만 확인한다. C사는 2대 이상 대절 시 대당 2만 원을 할인하므로 대당 가격이 254,000원이다.
ⅳ) D사의 경우, 48인승 2대를 대절하면 50만 원이 넘으므로, 2대 대절하여 5만 원을 할인받으면 대당 가격으로는 2만 5천 원을 할인받는 것과 같다고 할 수 있다. 따라서 D사는 대당 277,000원이다.

그러므로 대당 가격이 가장 저렴한 업체는 C사이며 대당 가격은 254,000원이고, 총 2대를 대절하므로 대절 비용은 254,000×2=508,000(원)이다.

02 | PSAT 기출변형 Lv.1

본문 P. 246~262

01	02	03	04	05	06	07	08	09	10
①	②	③	②	④	③	④	①	①	④
11	12	13	14	15					
⑤	⑤	④	④	④					

01 ▶ ①

| 정답풀이 |

방식1~3에 따른 처리업무량을 정리하면 다음과 같다.

구분	월	화	수	목	금
기본업무량	60	50	60	50	60
방식1	100 (칭찬)	80 (칭찬)	60(－)	40 (꾸중)	20 (꾸중)
방식2	0 (꾸중)	30 (꾸중)	60(－)	90 (칭찬)	120 (칭찬)
방식3	60(－)	60 (칭찬)	60(－)	60 (칭찬)	60(－)

㉠ 방식3은 꾸중을 듣지 않으므로 가장 적게 꾸중을 듣는다.

㉡ 어느 방식을 선택하더라도 5일 동안의 총업무량은 300으로 동일하다.

| 오답풀이 |

㉢ 칭찬도 꾸중도 듣지 않는 날수는 방식3이 3일로 가장 많다.

㉣ 방식1은 월요일에 100－60＝40으로 가장 크게 차이가 난다. 방식2는 금요일에 120－60＝60으로 가장 크게 차이가 난다. 방식3은 화요일과 목요일에 60－50＝10으로 가장 크게 차이가 난다. 따라서 방식2의 차이가 가장 크다.

문제접근법

(1) 방식1~3의 내용을 먼저 확인하고, 각 방식의 요일별 처리업무량을 표시한다.

(2) 칭찬을 듣는 날과 꾸중을 듣는 날을 표시한 후, 문제를 푼다.

전략풀이 TIP

보기 ㉠, ㉡이 옳은 시점에서 선택지 구조상 ㉢, ㉣은 확인할 필요 없이 ①을 정답으로 선택할 수 있다.

02 ▶ ②

| 정답풀이 |

각층 바닥면적이 5천 m^2인 2층 건축물의 연면적은 1만 m^2이므로 책임자 1명, 점검자 4명으로 구성된 점검기관이 점검할 수 있다.

| 오답풀이 |

① 연면적 4천 m^2인 건축물을 점검하는 점검기관의 책임자는 1명, 점검자는 3명이므로 이수해야 할 연간 교육시간은 기본교육에서 책임자가 35시간, 점검자가 3×7＝21(시간)이다. 이때 보수교육은 3년마다 이수해야 하므로 연간 교육시간의 총합은 최소 35＋21＝56(시간) 이상이다.

③ 연면적 2만 m^2인 건축물을 점검하는 점검기관의 점검자는 4명이므로 총 4×7＝28(시간)의 기본교육을 매년 이수해야 한다.

④ 어느 건축물을 점검하는 점검기관의 연간 최소 교육시간이 49시간이라면 책임자 1명을 제외한 점검자가 $\frac{49-35}{7}$＝2(명)이므로 이 건축물의 연면적은 3천 m^2 미만이다. 즉 연간 최대 교육시간은 기본교육이 49시간, 보수교육이 7×3＝21(시간)이므로 총 49＋21＝70(시간)이다.

⑤ 책임자와 점검자의 보수교육 이수 주기는 3년, 시간은 7시간으로 동일하다.

문제접근법

(1) 길지 않은 자료가 주어진 문제로, 자료를 대략적으로 빠르게 훑어본 후 선택지를 확인한다.

(2) 선택지 ①~⑤ 중 계산 없이 해결할 수 있는 ⑤를 먼저 푼다. ⑤는 옳은 선택지이므로 소거할 수 있고, 남은 ①~④ 중 계산이 비교적 간단한 ①~③을 풀어 정답을 찾도록 한다.

전략풀이 TIP

제시된 자료의 양이 적으므로 핵심이 되는 단어와 조건을 빠르게 파악할 수 있다. 이 문제에서 핵심이 되는 단어는 책임자/점검자, 연면적/바닥면적, 기본교육/보수교육이고, 조건은 연면적별 인원, 교육별 시간, 교육별 이수 주기로 구분할 수 있다. 이렇게 정리한 뒤 선택지에 접근하면 단어를 헷갈리지 않으면서 문제를 정확하게 해결할 수 있다.

03 ▶ ③

| 정답풀이 |

A~E의 총합을 구하면 다음과 같다.

- A: 25+25+20+10+10=90(점)
- B: 30+(가)+17+10+10=(67+(가))(점)
- C: 20+30+(나)+10+10=(70+(나))(점)
- D: 25+25+20+5+10=85(점)
- E: 20+20+15+10+10=75(점)

㉠ 만약 (가)와 (나)가 20점이라면 B가 87점, C가 90점이다. A와 C가 동점인데 A의 학습 내용 점수가 25점으로 더 높으므로 (가)와 (나)의 점수가 20점이어도 A가 채택된다.

㉢ B의 총합이 85점 미만, C의 총합이 85점 이하라면 A와 D가 채택된다.

| 오답풀이 |

㉡ A와 B의 총점이 동일하다면, B의 학습 내용 점수가 30점으로 더 높으므로 B가 채택된다.

문제접근법

(1) 글에서 시안을 채택하는 기준을 확인하고, [표]의 항목을 확인한 후 바로 [보기]를 읽는다.

(2) A~E시안의 총합을 구한 뒤, 보기 ㉠~㉢의 내용에 맞게 적용하여 해결한다.

전략풀이 TIP

학습 매체 점수는 모두 동일하여 총점에 영향을 주지 않으므로 합산하지 않아도 된다. 학습 평가 점수 또한 D를 제외하고 모두 10점으로 동일하므로, A, B, C, E는 학습 평가 점수를 합산하지 않고, D만 (학습 내용)+(학습 체계)+(교수법)−5로 계산한다. 이와 같은 방법으로 정리하여 해결한다.

- A: 25+25+20=70(점)
- B: 30+(가)+17=(47+(가))(점)
- C: 20+30+(나)=(50+(나))(점)
- D: 25+25+20−5=65(점)
- E: 20+20+15=55(점)

04 ▶ ②

| 정답풀이 |

친구들의 참석 불가능한 날을 달력에 표기하면 다음과 같다.

일	월	화	수	목	금	토
					1 甲	2 乙
3 丁	4 甲	5 甲, 乙, 丙	6 甲, 丙	7 甲, 乙, 丙	8 甲, 丙	9 乙, 丙, 戊
10 丙, 丁, 戊	11 甲, 丙	12 甲, 乙, 丙	13 甲, 丙	14 甲, 乙, 丙	15 甲, 丙	16 乙, 丙
17 丙, 丁	18 甲	19 甲, 乙	20 甲	21 甲, 乙	22 甲	23 乙, 戊
24 丁, 戊	25 甲	26 甲, 乙	27 甲	28 甲, 乙	29 甲	30 乙
31 丁						

A는 친구들이 가장 많이 올 수 있도록 날짜를 선택하려고 하는데, 12월 14일은 甲, 乙, 丙 세 명이 참석할 수 없으므로 A가 선택하지 않을 가능성이 가장 높다.

| 오답풀이 |

① 12월 4일은 甲 한 명이 참석할 수 없다.
③ 12월 19일은 甲, 乙 두 명이 참석할 수 없다.
④ 12월 24일은 丁, 戊 두 명이 참석할 수 없다.
⑤ 12월 30일은 乙 한 명이 참석할 수 없다.

문제접근법

(1) 甲~戊의 일정을 확인하여 달력에 甲~戊가 참석 불가능한 날을 표기한다.

(2) 참석 불가능한 사람이 가장 많은 날짜를 정답으로 선택한다.

전략풀이 TIP

선택지에 제시된 5개의 날짜에 대해서만 확인하면 더욱 빠르게 답을 찾을 수 있다.

- 12월 4일: 월요일이므로, 회사에 가는 甲은 참석할 수 없다.
- 12월 14일: 목요일이므로, 회사에 가는 甲, 세미나가 있는 乙, 여행을 가는 丙은 참석할 수 없다.
- 12월 19일: 화요일이므로, 회사에 가는 甲, 세미나가 있는 乙은 참석할 수 없다.
- 12월 24일: 일요일이므로, 강연을 하는 丁, 간병을 가는 戊는 참석할 수 없다.
- 12월 30일: 토요일이므로, 세미나가 있는 乙은 참석할 수 없다.

05 ▶ ④

| 정답풀이 |

㉠ 발급연도의 세 번째 숫자와 네 번째 숫자를 기재한다. 2018년 1월 15일에 발급받았는데 유효기간이 2년이고, 한 달 전에 기간이 만료되었으므로 현재는 2020년 2월임을 알 수 있다. 따라서 ㉠에는 20이 들어가야 한다.

㉡ 신청 유형별 코드를 기재한다. 연장 신청을 하러 왔지만 이미 기간이 만료되었다. 또한 공장은 그대로이고, 본사만 이전한 것이므로 재발급 중 기간 만료 후에 해당하는 4B이다. 따라서 ㉡에는 4B가 들어가야 한다.

㉢ 분야별 코드를 기재한다. 정보·통신 분야이므로 BB이다. 따라서 ㉢에는 BB가 들어가야 한다.

㉣ 지역 구분 코드를 기재한다. 공장은 구미에 있으므로 경북(DE)이다. 따라서 ㉣에는 DE가 들어가야 한다.

그러므로 을이 발급받은 품질인증서 번호는 204BBBDE이므로 정답은 ④이다.

문제접근법

(1) [품질인증서 번호 부여 규칙]이 어떤 것이 있는지 한번 살펴본 후, [대화]의 내용을 본다.

(2) [대화]의 내용을 확인할 때, 모두 확인하는 것보다 각 규칙 란에 들어갈 정보만 하나씩 확인하며, 가장 간단한 정보인 ㉢란부터 확인하여 해결한다.

전략풀이 TIP

가장 간단한 정보는 ㉢의 분야별 코드로 정보·통신이라고 하였으므로 BB가 들어가야 한다. 선택지 구조상 남은 선택지를 2개로 추릴 수 있는 항목은 신청 유형별 코드이다. 신청 유형에 대하여 상호 간에 여러 내용이 오갔지만, 결론은 기간이 만료되었다는 것과 공장 주소는 그대로라는 것이다. 따라서 코드는 4B가 된다. 2018년 1월에 발급받았는데 유효기간인 2년이 지나 한 달 전 만료되었으므로 2020년에 발급받는 것이 된다. 따라서 ㉠에 들어갈 값은 20이다.

06 ▶ ③

| 정답풀이 |

甲은 기침약 3일치, 콧물약과 항생제 각 7일치를 처방받았다. 이때 위장약은 항생제 1정 복용 시 1정씩 함께 복용하므로 위장약과 항생제의 구매 정수는 같다. 주어진 자료를 바탕으로 약 종류별 구매 정수와 구매 금액을 정리하면 다음과 같다.

[표] 약 종류별 구매 정수와 구매 금액 (단위: 정, 원)

구분	구매 정수	구매 금액	비고
기침약	3×3=9	9×300=2,700	–
콧물약	7×1=7	7×200=1,400	–
항생제	7×2=14	14×500=7,000	–
위장약	14	14×700×0.9 =8,820	10% 할인
총합	44	19,920	

따라서 총정수는 44정, 총액은 19,920원이다.

문제접근법

(1) 약의 종류별 특징을 확인한다.

(2) [상황]을 바탕으로 약의 종류별 구매 정수와 구매 금액을 계산한다.

(3) 비고에 제시된 할인 조건을 적용할 수 있는 약이 있는지 확인한다.

전략풀이 TIP

10% 할인이 가능한 약은 위장약뿐이므로 총액의 십 원 단위는 위장약 구매 금액의 십 원 단위와 같음을 알 수 있다. 이를 바탕으로 정답은 ①, ②, ③ 중 하나이며, 총정수가 44정이므로 정답은 ③임을 쉽게 알 수 있다.

07 ▶ ④

| 정답풀이 |

[조건]에서 A지역에 비해 B지점의 고도는 710−110=600(m) 더 높으므로 B지점의 기온은 A지역의 기온보다 6℃ 더 낮게 나타난다. 따라서 발아 예정일을 산정할 때 A지역의 기온에서 6℃를 빼야 한다. 이때, [표]를 바탕으로 발아 예정일 산정 방법 1)을 만족하는 날은 3월 2~4일이다. 발아 예정일 산정 방법 2)를 만족한 날은 3월 8일이고, 3)을 만족한 날은 3월 23일이다. 이를 바탕으로 발아 예정일 산정 방법의 4)의 첫 번째 내용을 반영하면 발아 예정일은 3월 29일이다. 하지만 뒤의 추가 내용에 주의해야 한다. 4)의 추가 내용을 반영하면, 3월 5~23일 사이에서 일 최고 기온이 0℃ 이상이면서 비가 온 날은 3월 7일과 15일로 총 이틀 있으

므로, 발아 예정일은 기존 3월 29일에서 이틀 앞당겨진 3월 27일이 된다.

문제접근법

(1) [표]의 항목을 먼저 확인한 후, 바로 [조건]을 읽는다.

(2) 이 문제의 경우, 각 항목별 대상을 찾는 문제가 아니므로 [조건]을 순차적으로 확인하고 적용하면서 풀도록 한다.

전략풀이 TIP

이 문제의 [조건]에서 발아 예정일 산정 방법 4)의 내용에 따라 정답이 결정되므로 반드시 빠뜨리지 않고 확인한다.

08 ▶ ①

| 정답풀이 |

(암호문의 숫자)+(자모 변환표 숫자)=(난수표 숫자)이므로 (자모 변환표 숫자)=(난수표 숫자)−(암호문의 숫자)이다. 즉, 1의 자리만 생각했을 때, 자모 변환표 숫자를 정리하면 다음과 같다.

난수표 숫자	4	8	4	4	9	6	1	1	2	1	3	5	3	4	8	6	4	1
암호문 숫자	0	1	5	0	4	5	5	9	9	8	6	1	2	3	0	5	2	1
자모 변환표 숫자	4	7	9	4	5	1	6	2	3	3	7	4	1	1	8	1	2	0

479에 해당하는 자모는 ㅅ, 451에 해당하는 자모는 ㅓ, 623에 해당하는 자모는 ㄴ, 374에 해당하는 자모는 ㅇ, 118에 해당하는 자모는 ㅑ, 120에 해당하는 자모는 ㄱ이므로 암호문으로 변환하였을 때, '015045599861230521'이 되는 단어는 선약이다.

문제접근법

(1) 암호문 작성법을 정확히 알아야 해결할 수 있으므로 예시 순서대로 암호화 해본다.

(2) '행복'에 대한 정확한 암호문을 아는 것은 중요하지 않으므로 ㅎ을 기준으로 암호화하는 법을 이해하고, ㅐ, ㅇ, ㅂ, ㅗ, ㄱ 중 하나의 글자에 대한 예시만 확인하지 않고, 직접 암호화 해보며 제대로 이해했는지 확인한다.

전략풀이 TIP

공통된 글자는 자모 변환을 하지 않고 넘어간다. 주어진 모든 단어가 ㅅ을 포함하고 있으므로 015에 대한 글자를 확인하지 않아도 된다. 다음 045를 자모 변환표 숫자로 바꿔보면 451로 'ㅓ'이므로 정답은 선약, 성악, 선악 중 하나이다.

ⅰ) 성악이라면 세 번째 수가 행복과 같아야 하는데 주어진 암호문의 세 번째 수는 599, 행복 암호문의 세 번째 수는 848이므로 성악이 될 수 없다.

ⅱ) 남은 '선약'과 '선악'이 정답이 될 수 있으며, 다섯 번째 수인 230을 자모 변환표 숫자로 바꿔보면, 118로 'ㅑ'이므로 정답은 '선약'이다.

09 ▶ ①

| 정답풀이 |

- 첫 번째 조건: 2017~2019년 동안 발생 건수가 매년 증가한 유형은 C, D, E로, 안전사고는 C, D, E 중 하나임을 알 수 있다.
- 두 번째 조건: 2020년 해양사고 발생 건수 대비 인명피해 인원의 비율을 구하면 다음과 같다.

  A: $\frac{8}{277}\times 100 \fallingdotseq 2.9(\%)$

  B: $\frac{25}{108}\times 100 \fallingdotseq 23.1(\%)$

  C: $\frac{2}{69}\times 100 \fallingdotseq 2.9(\%)$

  D: $\frac{8}{128}\times 100 = 6.25(\%)$

  E: $\frac{79}{203}\times 100 \fallingdotseq 38.9(\%)$

  비율이 두 번째로 높은 유형은 B이므로 B는 전복임을 알 수 있다.
- 세 번째 조건: 매년 충돌 유형의 해양사고 발생 건수가 전복의 2배 이상인데, B가 전복이므로 이를 만족하는 유형은 A뿐이다. 따라서 A는 충돌임을 알 수 있다.
- 네 번째 조건: 2017~2021년 동안의 해양사고 유형별 인명피해 인원 합을 구하면 다음과 같다(A는 충돌, B는 전복임을 확인했으므로 제외한다.).

  C: $25+1+0+2+3=31$(명)

  D: $3+0+16+8+3=30$(명)

  E: $60+52+52+79+76=319$(명)

  안전사고와 침몰은 C, D, E 중 하나인데, 위에서 구한 인명피해 인원 합을 통해 E는 안전사고임을 알 수 있다.
- 다섯 번째 조건: 2020년과 2021년의 해양사고 인명피해 인원 차이가 가장 큰 유형은 $8-3=5$(명)인 D이므로 D는 화재폭발임을 알 수 있다.

따라서 남은 C는 침몰임을 알 수 있다.
그러므로 A~E에 해당하는 유형을 순서대로 나열하면 충돌－전복－침몰－화재폭발－안전사고이다.

문제접근법

(1) 2개의 [표]와 [조건]이 주어진 문제로 [표]의 제목과 항목을 먼저 확인하고, [조건]을 읽는다.
(2) 주어진 [조건] 중 계산 없이 해결할 수 있는 첫 번째 조건과 하나의 대상을 확실하게 알 수 있는 두 번째 조건, 다섯 번째 조건을 먼저 확인한다.
(3) 첫 번째 조건으로는 소거할 수 있는 선택지가 없고, 두 번째 조건과 다섯 번째 조건을 통해 선택지 ②, ③, ⑤를 소거할 수 있다.
(4) 남은 선택지 ①, ④를 세 번째 조건에 대입하여 만족하는 것이 있는지 확인한다.

전략풀이 TIP

i) 두 번째 조건: 정확한 값을 구할 필요 없이 유형 A~E의 분수를 비교해보면, B, E유형이 분모 대비 분자의 수치가 크다는 것을 알 수 있다. $\frac{25}{108}$와 $\frac{79}{203}$를 비교해보면, 108 → 203은 2배 미만이지만 25 → 79는 2배 이상이므로 $\frac{25}{108}<\frac{79}{203}$임을 알 수 있다.
ii) 네 번째 조건: '10배 이상'의 키워드를 바탕으로 [표2]의 수치를 보면, E가 안전사고임을 바로 파악할 수 있다.

10 ▶ ④

| 정답풀이 |

각 공무원마다 부합하지 않는 요건을 찾아서 제외한다.

- 갑: 동일한 시에서 거주지를 이전하였으므로 국내 이전비를 지급받지 않는다.
- 을: 이사 화물을 이전하지 않았으므로 국내 이전비를 지급받지 않는다.
- 병: 거주지를 이전하지 않았으므로 국내 이전비를 지급받지 않는다.
- 정: 동일한 섬 안에서 이전하였지만, 제주특별자치도는 제외되므로 국내 이전비 지급 요건에 해당한다. 발령 이후에 이전하였고, 거주지와 이사 화물을 모두 이전하였으므로 국내 이전비를 지급받는다.
- 무: 다른 시로 이전하였고 발령 이후에 이전하였으며, 거주지와 이사 화물을 모두 이전하였으므로 국내 이전비를 지급받는다.
- 기: 발령 이전에 이전하였으므로 국내 이전비를 지급받지 않는다.

따라서 국내 이전비를 지급받는 공무원은 정과 무인데, 무는 선택지에 없으므로 정답은 정인 ④이다.

문제접근법

(1) [국내 이전비 신청 현황]의 항목을 한번 살펴본 후, 바로 글을 읽는다.
(2) 글을 읽으면서 조건의 내용을 하나씩 확인하면서(예외 조건 포함) 만족하지 않는 공무원을 순차적으로 소거하여 해결한다.

전략풀이 TIP

선택지에 주어지지 않은 공무원은 확인하지 않아도 된다. 정은 동일한 섬 안에서 이전하였지만, 제주특별자치도이므로 국내 이전비 지급 요건에 해당한다. 이 외의 다른 요건을 모두 만족한다.

11 ▶ ⑤

| 정답풀이 |

ⓒ 3점 슛을 던지지 않았다면, 갑의 최소 점수는 1, 3, 4, 5회 동안 2점 슛을 던져 8점을 획득하고, 2회에 4점 슛을 던져 1점을 잃었을 때 얻는 7점이다. 한편 을의 최대 점수는 2점 슛 2번을 성공시키고 4점 슛을 1번 성공시켰을 때 얻는 8점이다. 따라서 을은 승리할 수 있다.
ⓔ 갑이 3점 슛에 2번 도전하였다면, 갑의 최소 점수는 3점 슛을 1번 실패하고 4점 슛을 시도하지 않았을 때 얻는 9점이다. 또는 3점 슛을 2번 성공하고 4점 슛을 실패했을 때 얻는 9점이다. 이때, 을은 3점 슛 3번을 성공시켜서는 절대로 승리할 수 없으며, 비기는 것이 고작이다. 따라서 을은 반드시 4점 슛에 도전하였을 것이다.

| 오답풀이 |

ⓐ 갑의 최소 점수는 1, 3, 4, 5회 동안 2점 슛을 던져 8점을 획득하고, 2회에 4점 슛을 던져 1점을 잃었을 때 얻는 7점이다.

㉡ 을이 4점 슛 도전에 실패하였어도, 3점 슛을 3번 성공시키면 8점을 얻을 수 있다. 갑의 최소 점수는 7점이므로 을이 승리할 가능성이 아예 없는 것은 아니다.

문제접근법

(1) 글을 읽고 득점 체계에 대해 파악한다.
(2) 갑과 을의 던지기 결과 자료는 건너뛴다. 이 단계에서부터 경우의 수를 따질 필요는 없다.
(3) [보기]의 내용들을 확인하며, 각 상황에서의 경우의 수를 따진다.

전략풀이 TIP

모든 경우의 수를 따질 필요는 없으며, 최선의 경우와 최악의 경우, 양 극단만을 생각하면 된다.

12 ▶ ⑤

| 정답풀이 |

㉠ 2020년 하반기에 사전 평가를 신청한 것이 아니므로 3회 연속으로 사전 평가를 신청하여 '부적정' 판정을 받은 것이 아니다. 따라서 2022년 상반기에 사전 평가를 신청할 수 있으므로 옳지 않은 설명이다.

㉡ B가 동일한 공립 박물관, 미술관에 대해 사전 평가를 신청한 것이 아니므로 2022년 상반기에 정미술관이 아닌 을박물관의 사전 평가를 신청할 수 있으므로 옳지 않은 설명이다.

㉢ 지방자치단체가 공립 박물관, 미술관에 지원을 하는 것이 아니라 국가에서 지방자치단체에게 부지매입비를 제외한 건립비를 지원하는 것이므로 옳지 않은 설명이다. 참고로 C는 부지매입비를 제외한 건립비를 최대 $80 \times 0.4 = 32$(억 원)을 국비로 지원받을 수 있다.

문제접근법

(1) [조건]의 내용을 먼저 읽어 지원금을 받을 수 있는 경우와 지원 방식, 사전 평가에 대해 이해한다.
(2) [상황]의 [표]를 대략 살펴본 후, 바로 보기 ㉠~㉢을 읽어 순차적으로 푼다.(계산 과정이 거의 없는 내용으로 빠르게 해결할 수 있다.)

전략풀이 TIP

문장이 긴 경우, 함정을 발견하기 어려울 수 있으므로 문제를 해결할 수 있는 핵심 용어를 먼저 파악하여 보기 쉽게 표시하는 것이 좋다.

13 ▶ ④

| 정답풀이 |

A와 B사업의 최종 점수를 구하면 다음과 같다.

- A: $80 \times (0.2+0.1) + 90 \times (0.3+0.2) + 70 \times (0.1+0.1) = 83$(점)
- B: $90 \times (0.2+0.1) + 80 \times (0.3+0.2) + 70 \times (0.1+0.1) = 81$(점)

A사업의 최종 점수가 더 높으므로 갑 공기업은 A사업을 신규 사업으로 최종 선정한다.

㉡ B사업의 사업적 가치 점수는 $90 \times (0.2+0.1) = 27$(점)이고, 공적 가치 점수는 $80 \times (0.3+0.2) = 40$(점)으로 공적 가치 점수가 더 높다.

㉢ 경영 전략 달성 기여도 가중치와 사내 공감대 형성 정도 가중치를 바꾼 후의 최종 점수는 다음과 같다.

- A: $80 \times (0.1+0.1) + 90 \times (0.3+0.2) + 70 \times (0.1+0.2) = 82$(점)
- B: $90 \times (0.1+0.1) + 80 \times (0.3+0.2) + 70 \times (0.1+0.2) = 79$(점)

따라서 최종 선정되는 신규 사업은 A사업으로 동일하다.

| 오답풀이 |

㉠ 평가 항목별 가중치가 모두 동일하다면 A사업과 B사업의 최종 점수는 $80+80+90+90+70+70 = 90+90+80+80+70+70 = 480$(점)으로 동일하다.

㉣ A사업의 사회적 편익 기여도 점수와 전문 인력 확보 정도 점수가 바뀌면 A사업의 최종 점수는 $80 \times (0.2+0.1) + 90 \times (0.3+0.1) + 70 \times (0.2+0.1) = 81$(점)이므로 B사업과 동일하다.

문제접근법

(1) 2개의 [표]와 [조건]이 주어진 문제로 각 [표]가 무엇을 의미하는지 먼저 파악하고, [조건]을 바로 본다.
(2) [조건]의 내용을 이해하였으면, [보기]의 내용을 확인한다. ㉠은 옳은 보기이므로 선택지 ①, ②, ③을 소거할 수 있고, 남은 선택지 구조상 ㉡은

모두 포함되어 있으므로 ㉢, ㉣ 중 하나의 보기만을 풀어 정답을 찾도록 한다.

전략풀이 TIP

참여 여건 점수는 A사업과 B사업이 동일하므로, 사업적 가치와 공적 가치 점수만 구하면 된다. 각 사업별로 구분이 같은 경우, 점수가 동일하므로 가중치를 더하여 계산한다. 즉, A사업의 점수는 (8×3)+(9×5)=69(점)이고, B사업의 점수는 (9×3)+(8×5)=67(점)이므로 A사업이 최종 선정된다.

㉠ 70점, 80점, 90점이 모두 2개씩 있다. (○)

㉢ 경영 전략 달성 기여도 가중치와 사내 공감대 형성 정도 가중치를 바꾸어도 두 사업 모두 참여 여건 점수가 70점으로 동일하므로, 사업적 가치 점수와 공적 가치 점수만 계산하면 된다. A사업은 (8×2)+(9×5)=61(점)이고, B사업은 (9×2)+(8×5)=58(점)이므로 기존과 같이 A사업이 신규 사업으로 선정된다. (×)

14 ▶ ④

| 정답풀이 |

각 신청 병원별 점수를 정리하면 다음과 같다.

신청 병원	인력 점수	경력 점수	행정 처분 점수	지역별 분포 점수	총점	순위
갑	8	14	2	(8+14)×0.2 =4.4	28.4	1
을	3(제외)	20	10	(3+20)×0.2 =4.6	37.6	제외
병	10	10	10	−(10+10)× 0.2=−4	26	2
정	8	20	2	−(8+20)× 0.2=−5.6	24.4	3
무	3	20	10	−(3+20)× 0.2=−4.6 (제외)	28.4	제외

㉡ 갑이 1위이므로 산재보험 의료 기관으로 지정된다.

㉢ 정은 3위이므로 선정되지 않는다.

| 오답풀이 |

㉠ 무는 가장 가까이 있는 기존 산재보험 의료 기관까지의 거리가 500m로 1km 미만이므로, 지정 대상에서 제외한다. 따라서 전문의 수에 관계없이 제외된다.

문제접근법

(1) [지정 기준]과 [병원별 신청 현황]을 대조하면서 신청 병원별 점수를 정리한다.

(2) 점수를 정리하면서 제외되는 기준을 반드시 확인하여 대상이 되는 병원은 소거한다.

전략풀이 TIP

을은 전문의 수가 2명 이하이므로 지정 대상에서 제외되고, 무는 가장 가까이 있는 기존 산재보험 의료 기관까지의 거리가 500m로 1km 미만이므로 지정 대상에서 제외된다. 따라서 을과 무를 제외한 총점 순위는 갑, 병, 정 순이다.

15 ▶ ④

| 정답풀이 |

갑과 을이 자기 차례에서 최대한 길게 외쳐야 한다. 자료의 내용을 만족하면서 외치면 다음과 같다.

갑1: '태조, 정종, 태종' → 을1: '세종, 문종, 단종' → 갑2: '세조, 예종, 성종' → 을2: '연산군' → 갑3: '중종, 인종, 명종' → 을3: '선조, 광해군' → 갑4: '인조, 효종, 현종' → 을4: '숙종, 경종, 영조' → 갑5: '정조' → 을5: '순조, 헌종, 철종' → 갑6: '고종, 순종'

따라서 갑이 '순종'을 외치기 위해서는 을은 적어도 5번 외쳐야 한다.

| 오답풀이 |

① 갑이 '태조', '정종'을 외쳤다면, 을은 '태종'만 외친 후, 갑이 '세종'을 외칠 수 있다.

② 갑이 '성종'까지 외치면, 을은 '연산군'만 외칠 수 있다. 만약 갑이 '중종', '인종', '명종'을 외쳤다면, 을은 '선조', '광해군'을 외칠 수 있고, 갑은 '인조'를 외칠 수 있다.

③ 을이 '단종'까지 외치고, 갑과 을이 왕을 한 명씩 번갈아 외치면, 갑은 '중종'을 외칠 수 있다.

⑤ 갑이 '영조'를 외치면, 을은 '정조'만 외쳐야 한다. 만약 갑이 다시 '순조'만 외친다면 을은 길어야 '고종'까지만 외칠 수 있으므로 갑이 승리할 수 있다.

문제접근법

(1) [조선 시대 왕의 계보]의 내용을 한번 살펴본 후, 바로 글의 조건을 읽는다.

(2) 선택지는 왕의 계보에 따른 왕의 외침에 대한 내용으로 외쳐야 하는 왕이 적은 경우의 선택지부터 푼다. ① → ③ → ⑤ → ② → ④ 순서로 해결한다.

전략풀이 TIP

외칠 때 1~3명, '조'로 끝나는 왕 2명 이상을 한 번에 외칠 수 없고, 반정-폐위 왕을 함께 외칠 수 없다는 조건만 잘 고려하여 적용한다면, 어렵지 않게 해결할 수 있다.

03 | PSAT 기출변형 Lv.2

본문 P. 263~280

01	02	03	04	05	06	07	08	09	10
③	②	②	③	②	②	②	④	③	①
11	12	13	14	15					
①	②	③	③	①					

01 ▶ ③

| 정답풀이 |

1) 조건1에 따라 제목에 '정책'이라는 단어가 포함된 기사는 1을 표기한다. 이때 '△△정책'이 제목에 포함된 기사는 ×를 표기하고, 그 외의 기사에는 2를 표기한다.
2) 1)의 표기 오른쪽에 조건2에 따라 일반기사는 3, 사설과 논평은 4를 표기한다.
3) 2)의 표기 오른쪽에 조건3에 따라 제목에 '규제'나 '혁신'이라는 단어가 포함된 기사는 5를 표기하고 그 외의 기사에는 6을 표기한다.
4) 3)의 표기 오른쪽에 조건4에 따라 조간신문 기사는 7, 석간신문 기사는 8을 표기한다.

표기한 숫자를 사전식 배열 순서로 배치 순서를 정하면 다음과 같다.

구분	종류	기사 제목	표기	배치 순서
조간	논평	플랫폼경제의 명암	2467	8
석간	일반기사	△△정책 추진계획 발표	×	×
석간	사설	네거티브 규제, 현실성 고려해야	2458	7
조간	논평	◇◇정책 도입의 효과, 어디까지?	1467	1
조간	일반기사	▼▼수요 증가로 기업들 화색	2367	5
조간	일반기사	정부 혁신 중간평가 성적표 공개	2357	3
석간	일반기사	□□산업 혁신 성장 포럼 성황리 개최	2358	4
조간	논평	규제 샌드박스, 적극 확대되어야	2457	6
석간	사설	★★정책 추진결과, "양호"	1468	2
석간	사설	◎◎생태계는 진화 중	2468	9

③ '▼▼수요 증가로 기업들 화색'은 다섯 번째 기사로 배치되므로, 일곱 번째 기사로 배치되는 '네거티브 규제, 현실성 고려해야'보다 두 번째 앞 기사로 배치된다.

| 오답풀이 |

① '플랫폼경제의 명암'은 여덟 번째 기사로 배치되므로, 아홉 번째 기사로 배치되는 '◎◎생태계는 진화 중'보다 앞에 배치된다.

② '□□산업 혁신 성장 포럼 성황리 개최'는 네 번째 기사로 배치된다.

④ 마지막에 배치된 기사는 '◎◎생태계는 진화 중'으로 사설이다.

⑤ '★★정책 추진결과, "양호"'는 사설이지만 제목에 '정책'이라는 단어가 포함되어 두 번째 기사로 배치되므로, 일반기사보다 앞에 배치된다.

문제접근법

(1) 조건에 따라 기사가 배치되는 순서를 간단하게 표기할 방법을 찾는다.

(2) 기사가 배치되는 순서를 찾아 선택지의 참, 거짓을 판별한다.

전략풀이 TIP

불규칙하게 나열되어 있는 내용을 숫자나 알파벳으로 대치하여 순서를 정하면 간단하게 논리적으로 정리할 수 있다.

02 ▶ ②

| 정답풀이 |

첫 번째 조건을 보면, [그래프2]는 비율을 나타낸 자료인데 자동차 압류 건수라는 모집단이 같으므로 비율로도 관계를 알 수 있다. 비율 간 2배 이상이 되는 관계를 확인해보면, C가 A 또는 D의 2배 이상이다. 따라서 C가 중부청이고, A 또는 D가 남동청이다.

두 번째 조건을 바탕으로 C를 제외한 A, B, D의 부동산 압류 건수를 구하면 다음과 같다.

- A: 121,397×0.18≒21,851(건)
- B: 121,397×0.15≒18,210(건)
- D: 121,397×0.08≒9,712(건)

따라서 B와 D가 남부청 또는 북부청이다.

세 번째 조건을 바탕으로 부동산 압류 건수를 큰 값부터 순서대로 나열하면, C−A−B−서부청−D−동부청 순이고, 자동차 압류 건수를 큰 값부터 순서대로 나열하면, C−B−서부청−A−D−동부청 순이다.

따라서 순서가 동일한 지방청은 C, D, 동부청인데 이것이 동부청, 남부청, 중부청이므로 C와 D가 남부청 또는 중부청이다. C가 중부청이므로 D가 남부청이고, 첫 번째 조건을 통해 A가 남동청, 두 번째 조건을 통해 B가 북부청임을 알 수 있다.

문제접근법

(1) 2개의 [그래프]와 [조건]이 주어진 문제로 [그래프]의 제목과 항목을 먼저 확인하고, 바로 [조건]을 읽는다.

(2) 주어진 [조건] 중 계산 없이 해결할 수 있는 첫 번째와 세 번째 조건을 먼저 확인한다.

(3) 첫 번째와 세 번째 조건을 통해 선택지 ①, ③, ④를 소거할 수 있고, 정답은 ②, ⑤ 중 하나이다. 선택지 구조와 남은 두 번째 조건을 확인하여 정답을 찾도록 한다.

전략풀이 TIP

i) 첫 번째·세 번째 조건: 자동차 압류 건수의 배수 관계는 비율로 확인할 수 있으며, C는 중부청, A 또는 D가 남동청임을 알 수 있다. C가 중부청임을 알았고, 동부청은 이미 주어진 값이므로 세 번째 조건을 확인하면, 남부청에 해당하는 지방청을 알 수 있다. 큰 값부터 순서대로 나열하면 순서가 동일한 지방청은 C, D, 동부청인데, C가 중부청이므로 D가 남부청이다.

ii) 두 번째 조건: [그래프1]에서 남은 A와 B 중 A의 부동산 압류 건수가 2만 건 이하라면, B도 2만 건 이하가 될 것이므로 북부청을 정확히 가려낼 수 없다. 따라서 출제 의도상 B가 북부청일 것이고, 남은 A가 남동청일 것이다.

※ 만약 두 번째 조건부터 확인하였다면 확실히 2만 건을 초과하는 C를 제외하고, 남은 A, B, D 중 비율이 가장 높은 A의 부동산 압류 건수를 계산해보면, A의 부동산 압류 건수가 2만 건을 초과한다. B도 2만 건을 초과하면 두 번째 조건이 성립하지 않으므로, B, D가 2만 건 이하가 될 것이다. 따라서 B와 D가 남부청 또는 북부청이고, A와 C가 남동청 또는 중부청임을 알 수 있다.

03 ▶ ②

| 정답풀이 |

㉠ (나)를 판단 기준으로 할 경우, 혜택이 더 적은 B집단 개인의 혜택은 현행 정책을 채택하면 50이고, 개편안을 채택하면 80이므로 개편안을 채택한다. 즉, A와 B의 인구와 관계없이 개편안이 채택된다.

㉢ A인구와 B인구가 서로 같으면서 (가)를 판단 기준으로 할 경우, 현행 정책을 채택하면 혜택의 합은 150이고, 개편안을 채택하면 혜택의 합은 170이므로 개편안을 채택한다. (나)와 (다)는 인구와 관계없이 개편안을 채택하므로, 어떤 판단 기준을 선택하든 개편안이 채택된다.

| 오답풀이 |

㉡ (다)를 판단 기준으로 할 경우, A, B 두 집단 간 '개인' 혜택의 차이가 더 작은 정책을 채택한다. 현행 정책을 채택하면 혜택의 차이가 50이고, 개편안을 채택하면 혜택의 차이가 10이므로 개편안을 채택한다. 즉, A와 B의 인구와 관계없이 개편안이 채택된다.

㉣ A집단의 인구 비율을 x, B집단의 인구 비율을 $(1-x)$라 하자. 이때, (가)를 판단 기준으로 할 경우, 현행 정책의 혜택의 합은 $100x+50(1-x)=50x+50$이고, 개편안의 혜택의 합은 $90x+80(1-x)=10x+80$이다. 따라서 현행 정책이 유지되려면 다음을 만족해야 한다.

$50x+50>10x+80 \rightarrow 40x>30$

$\therefore x>0.75$

따라서 A인구가 두 집단 합산 인구의 75%보다 많아야만 현행 정책이 유지된다. A인구가 75%일 때, B인구는 25%로 3배 꼴이다. 즉, A인구가 B인구의 3배보다 많으면 현행 정책이 유지된다.

문제접근법

(1) [표]의 수치는 일단 건너뛰고, (가), (나), (다) 기준의 내용을 확인한다.
(2) ㉠~㉣ 중 계산이 필요한 ㉣보다 쉽게 판단할 수 있는 ㉠, ㉡, ㉢을 먼저 푼다.

전략풀이 TIP

㉣ 해당 보기에서 물어보는 것은 "A인구가 B인구의 4배보다 '많으면' 현행 정책이 유지되는가?"가 아니라 "A인구가 B인구의 4배보다 '많아야만' 현행 정책이 유지되는가?"임에 유의해야 한다. 만약 4배보다 많지 않은데도 현행 정책이 유지되는 경우가 있다면 ㉣은 틀린 보기이다. 즉, ㉣은 주어진 '4배'라는 숫자에 얽매이지 않고 현행 정책이 유지되는 완벽한 경계를 찾아야 하는 문제이다. (×)

04 ▶ ③

| 정답풀이 |

제시된 [상황]을 바탕으로 세탁물별 사용일수, 배상비율, 훼손된 세탁물에 대한 배상액을 구하면 다음과 같다.

[표] 세탁물별 사용일수, 배상비율, 훼손된 세탁물에 대한 배상액

구분	내구연한	사용일수	배상비율	구입가격	배상받을 금액
셔츠	1년	22+30+31+31=114(일)	60%	5만 원	50,000×0.6=30,000(원)
조끼	3년	365×2=730(일)	40%	6만 원	60,000×0.4=24,000(원)
치마	2년	31+31=62(일)	80%	8만 원	80,000×0.8=64,000(원)

사업자는 훼손된 세탁물에 대한 배상과는 별도로 고객이 지불한 이용요금 전액을 환급해야 하므로 두 번의 이용요금인 9,000×2=18,000(원)도 환급해야 한다. 따라서 가원이가 A무인세탁소 사업자로부터 받을 총액은 30,000+24,000+64,000+18,000=136,000(원)이다.

문제접근법

(1) 배상 및 환급 기준과 [배상비율표]의 내용을 확인한다.
(2) [상황]을 바탕으로 세탁 횟수, 세탁물의 사용일수를 확인한다.
(3) 가원이가 A무인세탁소 사업자로부터 받을 총액을 구한다. 이때, 무인세탁소 이용요금도 환급받을 수 있음에 유의한다.

전략풀이 TIP

배상비율을 구하기 위해서는 사용일수가 [배상비율표]의 어느 범위에 들어가는지만 확인하면 되므로, 대략적인 사용일수를 우선 구해본다(이 사용일수가 배상비율의 경계에 가까울 때에만 상세히 계산).

• 셔츠: 2022. 10. 10.부터 2023. 1. 31.까지는 3

개월+20일 정도이므로 약 90+20=110(일)이다. [배상비율표]의 내구연한 1년에서 배상비율 60%의 사용일수 범위가 45~134일이므로, 구체적으로 계산하지 않아도 배상비율 60%임을 알 수 있다.

- 치마: 2022. 12. 1.부터 2023. 1. 31.까지는 2개월이므로 약 30×2=60(일)이다. [배상비율표]의 내구연한 2년에서 배상비율 80%의 사용일수 범위가 0~88일이므로, 구체적으로 계산하지 않아도 배상비율 80%임을 알 수 있다.

05 ▶ ②

| 정답풀이 |

㉠ A방향에서 보았을 때 모든 아이들의 뒤통수가 전부 보인다면 1번에서 6번까지 키가 가장 작은 아이부터 키가 가장 큰 아이 순으로 서 있다는 것이다. 즉, 6번에 키가 가장 큰 아이가 서 있으므로 B방향에서 보았을 때 키가 가장 큰 아이의 얼굴만 볼 수 있다.

㉣ 키가 가장 큰 아이가 4번에 있을 때 A방향에서 키가 가장 큰 아이와 키가 세 번째로 큰 아이의 뒤통수만 보인다면 1번, 2번, 3번 자리에 키가 두 번째로 큰 아이는 오지 않는다는 것을 알 수 있다. 따라서 키가 두 번째로 큰 아이는 5번 또는 6번에 설 것이고, 키가 가장 큰 아이는 4번에 서 있으므로 5번, 6번 중 나머지 자리에 키가 몇 번째로 큰 아이가 오든지 상관없이 B방향에서 보았을 때 키가 두 번째로 큰 아이의 얼굴이 보인다.

| 오답풀이 |

㉡ 키가 두 번째로 큰 아이를 3번 자리에 세웠을 때 A방향에서 키가 두 번째로 큰 아이의 뒤통수가 보인다는 조건이 없다. 즉, 키가 네 번째로 큰 아이의 뒤통수만 보이면 되므로 1번에 키가 네 번째로 큰 아이가 오고, 2번에 키가 가장 큰 아이가 오는 경우에도 해당 조건을 만족한다. 따라서 이 경우에는 B방향에서 보았을 때 키가 두 번째로 큰 아이의 얼굴이 보인다.

㉢ 만약 1번 자리에 키가 두 번째로 큰 아이, 6번 자리에 키가 가장 큰 아이가 온다면 B방향에서 보았을 때 키가 가장 큰 아이의 얼굴만 보인다.

문제접근법

(1) 이 문제는 [보기]의 내용을 적용하여 각 경우의 상황을 판단하는 내용의 문제로 우선 글을 읽고 내용을 파악한다.

(2) ㉠~㉣을 풀면서 다른 경우는 생각하지 않고, 각 보기에서 주어진 경우만을 적용하여 해결한다.

전략풀이 TIP

㉠~㉣ 모두 한번에 정오를 판별할 수 있는 보기가 없으므로 선택지를 많이 소거할 수 있는 보기를 먼저 확인한다. 우선 ㉡의 경우, ㉡이 옳은 보기라면 다음으로 ㉢을 확인하고, ㉢이 옳은 보기이면 ㉠과 ㉣ 중 하나를 확인한다. 만약 ㉡이 틀린 보기라면 ㉢만 확인하여 정답을 찾을 수 있다. 이를 바탕으로 ㉡을 먼저 확인하여 해결한다.

06 ▶ ②

| 정답풀이 |

1) A유형

시험체 강도의 평균은 (22.8+29.0+20.8)÷3=24.2(MPa)로 기준 강도보다 높다. A유형의 기준 강도는 24MPa로 35MPa 이하이므로 세 번째 [판정 기준]이 적용된다. 각 시험체 강도가 기준 강도에서 3.5MPa을 뺀 20.5MPa보다 모두 높으므로 강도 판정 결과는 합격이다.

2) B유형

시험체 강도의 평균은 (26.1+25.0+28.1)÷3=26.4(MPa)로 기준 강도보다 낮다. 첫 번째 [판정 기준]을 만족하지 못하므로 강도 판정 결과는 불합격이다.

3) C유형

시험체 강도의 평균은 (36.9+36.8+31.6)÷3=35.1(MPa)로 기준 강도보다 높다. C유형의 기준 강도는 35MPa로 35MPa 이하이므로 세 번째 [판정 기준]이 적용된다. 각 시험체 강도가 기준 강도에서 3.5MPa을 뺀 31.5MPa보다 모두 높으므로 강도 판정 결과는 합격이다.

4) D유형

시험체 강도의 평균은 (36.4+36.3+47.6)÷3=40.1(MPa)로 기준 강도보다 높다. D유형의 기준 강도는 40MPa로 35MPa 초과이므로 두 번째 [판정 기준]이 적용된다. 각 시험체 강도가 기준 강도의 90%인 36MPa보다 모두 높으므로 강도 판정 결과는 합격이다.

5) E유형

시험체 강도의 평균은 (40.3+49.4+46.8)÷3=45.5(MPa)로 기준 강도보다 높다. E유형의 기준 강도는 45MPa로 35MPa 초과이므로 두 번째 [판정 기준]이 적용된다. 기준 강도의 90%는 40.5MPa인데 시험체1의 경우, 강도가 40.3MPa로 40.5MPa보다 낮다. 두 번째 [판정 기준]을 만족하지 못하므로 강도 판정 결과는 불합격이다.

따라서 A유형−합격, B유형−불합격, C유형−합격, D유형−합격, E유형−불합격이다.

문제접근법

(1) [표]가 무엇을 의미하는지 먼저 파악한 후, [판정 기준]을 본다. [표]의 빈칸은 [판정 기준]의 조건을 확인하면서 필요한 경우에 계산한다.
(2) [판정 기준] 중 평균을 알아야 하는 첫 번째 기준보다 주어진 기준 강도의 조건으로 확인할 수 있는 두 번째와 세 번째 기준을 먼저 확인한다.
(3) D유형은 합격이고, E유형은 불합격이므로 선택지 ①, ③, ④를 소거할 수 있고, 남은 선택지 구조를 고려해 A유형과 C유형을 확인하여 정답을 찾도록 한다.

전략풀이 TIP

A유형과 C유형은 모두 세 번째 판정 기준을 만족하므로 첫 번째 판정 기준에 따라 판정 결과가 결정된다. A유형의 전체적인 수치가 더 작으므로, C유형보다는 A유형의 시험체 강도의 평균을 구한다. 22.8+29.0+20.8=72.6으로 24×3=72보다 크다. 따라서 A유형의 시험체 강도의 평균은 기준 강도보다 높으므로 A유형의 강도 판정 결과는 합격이다.

07 ▶ ②

| 정답풀이 |

한 경기는 최대 3세트까지 진행되는데 甲이 현재 두 경기를 하여 승점 4점을 얻었다면 甲은 한 경기에서 2:0으로 이기고, 다른 한 경기에서 2:1로 졌거나 또는 두 경기 모두 2:1로 이긴 것이다. 이때 경기를 2:0으로 이기는 것은 세트 결과가 '승−승−×'로 2개의 세트를 연달아 이기고 3세트 없이 그 경기는 종료되는 것이고, 경기를 2:1로 지는 것은 세트 결과가 '승−패−패'이거나 '패−승−패'로 진행된 것이다. 또, 경기를 2:1로 이기는 것은 세트 결과가 '승−패−승'이거나 '패−승−승'으로 진행된 것이다.

ⓛ 각각의 경우에서 甲이 얻을 수 있는 점수 총합의 최솟값을 구하면 다음과 같다.

1) 한 경기에서 2:0으로 이기고, 다른 한 경기에서 2:1로 진 경우

2:0으로 이기려면 1~2세트에서 각각 15점을 득점하면 되고, 2:1로 지려면 1~2세트 중 한 세트에서는 15점을 득점하고 다른 세트에서는 0점을 득점하며 3세트에서는 0점을 득점하면 된다. 따라서 甲이 얻을 수 있는 점수 총합의 최솟값은 15+15+15+0+0=45(점)이다.

2) 두 경기 모두 2:1로 이긴 경우

2:1로 이기려면 1~2세트 중 한 세트에서는 15점을 득점하고 다른 세트에서는 0점을 득점하며 3세트에서는 10점을 득점하면 된다. 따라서 甲이 얻을 수 있는 점수 총합의 최솟값은 (15+0+10)×2=50(점)이다.

따라서 甲이 현 상황에서 얻을 수 있는 점수 총합의 최솟값(45점)은 甲이 총 5개의 세트를 치르고 그중 3개의 세트를 이겼을 때 얻을 수 있는 점수이다.

ⓔ 각각의 경우에서 甲이 얻을 수 있는 점수 총합의 최댓값을 구하면 다음과 같다.

1) 한 경기에서 2:0으로 이기고, 다른 한 경기에서 2:1로 진 경우

2:0으로 이기려면 1~2세트에서 각각 20점(최대로 얻을 수 있는 점수)을 득점하면 되고, 2:1로 지려면 1~2세트 중 한 세트에서는 20점을 득점하고 다른 세트에서는 19점(상대방이 20점으로 이길 때 甲의 최대 점수)을 득점하며 3세트에서는 14점(상대방이 15점으로 이길 때 甲의 최대 점수)을 득점하면 된다. 따라서 甲이 얻을 수 있는 점수 총합의 최댓값은 20+20+20+19+14=93(점)이다.

2) 두 경기 모두 2:1로 이긴 경우

2:1로 이기려면 1~2세트 중 한 세트에서는 20점을 득점하고 다른 세트에서는 19점을 득점하며 3세트에서는 15점을 득점하면 된다. 따라서 甲이 얻을 수 있는 점수 총합의 최댓값은 (20+19+15)×2=108(점)이다.

따라서 甲이 현 상황에서 얻을 수 있는 점수 총합의 최댓값은 108점이다.

| 오답풀이 |

㉠ 甲이 1세트에서 14:15로 15점을 먼저 득점했다면 이전 점수는 14:14였던 것이므로 세트의 승자가 되려면 2점을 앞서거나 20점에 먼저 도달해야 한다. 따라서 이 결과만으로는 甲이 그 세트의 승자라고 할 수 없다.

㉢ 甲이 두 경기 모두 2:1로 이겼을 때가 가장 많은 세트를 치른 경우이다. 따라서 甲이 현 상황에서 치를 수 있는 세트는 최대 6개이고, 그중 4개의 세트를 이길 수 있다.

문제접근법

(1) [경기 규칙]을 확인하여 甲의 현 상황에 맞는 가능한 경기 결과를 알아낸다.
(2) 계산 없이 [경기 규칙]만으로 해결할 수 있는 ㉠을 먼저 푼다. ㉠은 틀린 보기이므로 ①, ④를 소거할 수 있고, 남은 선택지 구조상 ㉣이 모두 포함되어 있으므로 ㉡, ㉢을 확인한다. 이때, (1)에서 알아낸 '가능한 경기 결과'로 빠르게 확인할 수 있는 ㉢을 먼저 푼다.

전략풀이 TIP

3개의 세트가 한 경기이지만 1~2세트를 이기면 3세트 없이 경기가 종료되는 것은 종종 사용되는 함정이므로 주의한다. 또한, 세트별 종료되는 점수가 다를 수 있음도 반드시 기억해야 한다.

08 ▶ ④

| 정답풀이 |

- 소방자동차1은 특수정비를 받았고, 1년 연장 사용하였으므로 남은 내용연수가 2년이다.
- 소방자동차2는 특수정비를 받았고, 2년 연장 사용하였지만, 운행거리가 12만 km를 초과하였으므로 폐기 대상이다.
- 소방용로봇은 1년 연장 사용하였으므로 남은 내용연수가 없다.
- 산악용 들것은 4년 사용하였으므로 남은 내용연수가 1년이다.
- 폭발물방호복은 내용연수가 3년 남았지만, 실사용량이 경제적 사용량을 초과하였으므로 폐기 대상이다.

따라서 폐기해야 하는 장비는 소방자동차2와 폭발물 방호복이고, 교체해야 하는 장비의 순서는 소방용로봇 – 산악용 들것 – 소방자동차1 순이다.

문제접근법

(1) 내용연수 기준과 연장 사용 기준에도 불구하고, 내용연수 기준을 초과한 항목에 해당하는 것을 우선 대상에서 제외한다.
(2) 나머지 장비의 남은 내용연수를 계산한다.

전략풀이 TIP

소방자동차1은 폐기 대상이 아니지만 소방자동차2, 폭발물 방호복은 내용연수에 관계없이 폐기 대상이므로 우선 제외한다. 남은 선택지 구조상 산악용 들것의 순서는 동일하므로 소방용로봇과 소방자동차1의 남은 내용연수만 계산한다.

09 ▶ ③

| 정답풀이 |

㉠ 1순위가 가장 많은 메뉴는 바닷가재(3개)이므로 기준1에 따르면 바닷가재가 메뉴로 정해진다. 바닷가재가 메뉴로 정해지면 정이 회식에 불참하고, 정이 회식에 불참하면 병도 불참하므로 기준1에 따르면 회식에 불참하는 직원은 2명이다.

㉡ 5순위가 가장 적은 메뉴는 탕수육(0개)이므로 기준2에 따르면 탕수육이 메뉴로 정해진다. 탕수육이 메뉴로 정해졌을 때 회식에 불참하는 직원이 없으므로 모든 직원이 회식에 참석한다.

㉢ 기준3에 따르면 탕수육은 3+2+3+4+3=15(점), 양고기는 4+3+5+5+1=18(점), 바닷가재는 5+5+1+1+5=17(점), 방어회는 2+1+2+3+2=10(점), 삼겹살은 1+4+4+2+4=15(점)이므로 양고기가 메뉴로 정해진다. 기준5에 따르면 5순위가 가장 많은 바닷가재가 제외되고, 남은 메뉴 중 1순위가 가장 많은 양고기가 메뉴로 정해진다. 따라서 기준3과 기준5 중 어느 것에 따르더라도 양고기가 메뉴로 정해진다.

| 오답풀이 |

㉣ 기준3을 보면, 합산 점수 상위 2개 메뉴는 양고기와 바닷가재이다. 이 중 1순위가 더 많은 메뉴는 바닷가재이므로 기준4에 따르면 바닷가재가 메뉴로 정해진다. 무는 양고기가 메뉴로 정해졌을 때 회식에 불참하므로 바닷가재로 정해지면 회식에 참석한다.

문제접근법

(1) 글의 여러 가지 사항과 [조건]이 주어진 문제이다. 보통의 [조건]과 다르게 명제 형태의 내용이므로 [조건]보다 글에 주어진 [메뉴 선호 순위]와 [메뉴 결정 기준]을 먼저 확인한다.
(2) 기준1~5 중 계산 없이 해결할 수 있는 기준1, 기준2, 기준5를 먼저 확인한다. 그다음으로 기준3을 확인하고 남은 기준4를 확인한다.
(3) 기준을 확인하면서 중간에 해결할 수 있는 보기를 푼다. ㉠, ㉡은 모두 옳은 보기이므로 선택지 ②, ⑤를 소거할 수 있다. 남은 ㉢, ㉣을 풀어 정답을 찾도록 한다.

전략풀이 TIP

기준1, 기준2, 기준5를 먼저 확인하였을 때 기준1은 바닷가재, 기준2는 탕수육, 기준5는 양고기이다. 기준4의 경우에는 기준3을 먼저 계산해야 하므로, 기준3을 먼저 확인한다. 기준3에 따르면, 각 순위별 점수는 (6−순위)와 동일하다. 따라서 총점이 가장 높은 메뉴는 곧 순위의 합산이 가장 낮은 메뉴이므로, 순위를 점수로 환산하지 않고 순위를 더한다. 모든 메뉴의 순위를 더하지 않더라도 양고기 또는 바닷가재의 순위의 합이 가장 낮다는 것을 짐작할 수 있으므로, 양고기와 바닷가재만 더해본다. 이 경우, 양고기의 순위의 합이 가장 낮으므로 기준3에 따르면 메뉴가 양고기로 정해진다. 양고기와 바닷가재 중 바닷가재의 1순위가 더 많으므로, 기준4에 따르면 메뉴가 바닷가재로 정해진다.

10 ▶ ①

| 정답풀이 |

13:00에 감정도가 100으로 초기화되므로 13:00 이후의 감정도만 확인하면 된다. 그리고 17:40의 감정도는 18:00의 감정도가 동일하다.

15:00까지의 감정도는 (가), (나)의 민원의 종류에 상관없이 동일하므로 이때까지의 감정도를 우선 구하면 다음과 같다.

구분	A	B
13:20	100	80
14:00	105	85
14:10	85	85
14:20	85	65
15:00	90	70

이를 바탕으로 (가) 또는 (나)가 X민원 또는 Y민원일 경우를 나누어 정리하면 다음과 같다.

1) (가)=X민원, (나)=X민원인 경우

구분	A	B
15:10	100	70
16:00	105	75
16:10	105	55
16:50	105	65
17:00	120	70
17:40	120	80

2) (가)=X민원, (나)=Y민원인 경우

구분	A	B
15:10	100	70
16:00	105	75
16:10	105	55
16:50	105	35
17:00	120	40
17:40	120	50

3) (가)=Y민원, (나)=X민원인 경우

구분	A	B
15:10	70	70
16:00	75	75
16:10	75	55
16:50	75	65
17:00	90	70
17:40	90	80

4) (가)=Y민원, (나)=Y민원인 경우

구분	A	B
15:10	70	70
16:00	75	75
16:10	75	55
16:50	75	35
17:00	90	40
17:40	90	50

㉠ 17:40의 감정도는 18:00의 감정도와 동일한데 (가)가 Y민원일 경우, 17:40에 A의 감정도는 90으로 100 미만이다.

| 오답풀이 |

㉡ 16:50의 민원의 종류에 관계없이 18:00에 B의 감정도는 50 이상이므로 월차를 부여받지 않는다.

㉢ A의 감정도가 09:30에 −20, 11:40에 −20이 되고, 10:00, 11:00, 12:00에 각각 +5가 된다. 따라서 12:40에 A의 감정도는 100−20−20+5+5+5=75이다.

문제접근법

(1) 많은 내용의 [조건]이 주어진 문제로 우선 [민원 등록 대장]의 항목을 먼저 확인한 후, [조건]의 내용을 본다.

(2) [조건]의 내용은 모두 [보기]의 내용을 해결하는 데 쓰이며, 특히 13:00에 감정도가 100으로 초기화된다는 것을 중점으로 13:00 전후로 감정도의 변화를 나누어 계산한다.

(3) ㉠~㉢ 중 ㉢만 13:00 이전에 대한 내용으로 먼저 푼다. ㉢은 옳은 보기이므로 선택지 ③, ⑤를 소거할 수 있고, 남은 ㉠, ㉡을 풀어 정답을 찾도록 한다.

전략풀이 TIP

문제에서 13:00 이전의 감정도의 경우, A만 물어보고 있으므로 A만 계산하고, 13:00 이후의 감정도는 A와 B 모두 구한다. 감정도는 정각에 5가 증가하고, X민원은 10이 증가, Y민원은 20이 감소한다. 13:00 이후에는 (가)와 (나)를 제외하고 A와 B의 감정도를 구한 뒤, (가)가 X인 경우는 A의 감정도를 +10, Y인 경우는 A의 감정도를 −20을 하고, (나)가 X인 경우는 B의 감정도를 +10, Y인 경우는 B의 감정도를 −20을 한다. 13:00 이전에 A의 감정도는 09:30, 10:00, 11:00, 11:40, 12:00에 변화하고, 100−20+5+5−20+5=75가 된다.

13:00 이후에 (가)를 제외하고 A의 감정도는 14:00, 14:10, 15:00, 16:00, 17:00에 변화한다. 18:00에 A의 감정도는 100+5−20+5+5+15=110이다. 따라서 (가)가 X민원인 경우에는 18:00의 감정도가 120이고, Y민원인 경우에는 감정도가 90이다. 13:00 이후에 (나)를 제외하고 B의 감정도는 13:20, 14:00, 14:20, 15:00, 16:00, 16:10, 17:00, 17:40에 변화한다. 18:00에 B의 감정도는 100−20+5−20+5+5−20+5+10=70이다. (나)가 X민원인 경우에는 18:00의 감정도가 80이고, Y민원인 경우에는 감정도가 50이다.

11 ▶ ①

| 정답풀이 |

㉠ ㉣ 항목을 제외한 A의 점수는 (19+20+15)+(0.5+2×2)−(2+4×0.5)=54.5(점)이다. ㉣ 항목은 최대 25점으로 25점을 합해도, 79.5점이므로 80점 미만이 되어 '재허가'를 받을 수 없다.

㉢ 과태료 부과 횟수를 제외한 C의 점수는 (23+18+21+16)+(3×0.5+2×1)−(3+2×1.5)=75.5(점)이다. 감점은 최대 10점이고, 현재 3+(2×1.5)=6(점) 감점되었다. 따라서 과태료 부과에 따라 감점은 최대 4점이 더 가능하므로 C의 점수는 최저 71.5점이고, 최고 75.5점이다. 70점 이상 80점 미만이므로 과태료 부과 횟수와 무관하게 '허가 정지'이다.

| 오답풀이 |

㉡ ㉰ 항목을 제외한 B의 점수는 (18+21+18)+(2×0.5+1)−(2×2+3×1.5+2×0.5)=49.5(점)이다. B의 허가가 취소되지 않으려면 70점 이상이 되어야 하므로 70−49.5=20.5(점) 이상이어야 한다. 따라서 B의 ㉰ 항목 점수는 21점 이상이어야 한다.

㉣ D는 감점이 총 2+(3×2)+(2×1.5)+0.5=11.5(점)인데 감점은 최대 10점이므로 10점이 감점된다. 따라서 ⓐ를 제외한 D의 점수는 (20+19+17+15)+(1+2×2)−10=66(점)이다. 가점은 최대 10점이고, 현재 1+2×2=5(점) 가점되었으므로 가점을 5점 더 받을 수 있다. D가 '허가 취소'를 받지 않으려면 70점 이상이어야 하므로 ⓐ에 대한 가점이 적어도 70−66=4(점) 이상이 되어야 한다. 따라서 D가 ⓐ를 최소 8회 받아야 한다.

문제접근법

(1) [상황]의 〈기본심사 점수〉, 〈가점 사항〉, 〈감점 사항〉의 항목과 수치를 살펴본 후, 글의 내용을 확인한다.

(2) 각 점수의 기준을 바탕으로 사업자 A~D의 점수를 정리한 다음, ㉠~㉣을 순차적으로 해결한다.

전략풀이 TIP

빈칸 값을 제외한 A~D의 점수를 먼저 구한 뒤, 기본심사 점수의 범위, 가점과 감점의 최댓값을 고려해서 가능한 점수의 범위를 계산한다.

12 ▶ ②

| 정답풀이 |

㉠ 참가자 A~D의 종합 점수는 다음과 같다.

[표] 참가자 A~D의 종합 점수 (단위: 점)

구분	참가자 A	참가자 B	참가자 C	참가자 D
종합 점수	(4×6)+(3×4)+(3×4)+(3×3)+(2×3)=63	(3×6)+(4×4)+(5×4)+(4×3)+(1×3)=69	(2×6)+(3×4)+(3×4)+(3×3)+(2×3)=51	(2×6)+(1×4)+(5×4)+(4×3)+(3×3)=57

전체 순위는 참가자 B－참가자 A－참가자 D－참가자 C의 순이다. 참가자 A의 맛 점수와 참가자 C의 색상 점수가 각각 1점씩 상승하면 참가자 A의 종합 점수는 63+6=69(점)이고, 참가자 C의 종합 점수는 51+4=55(점)이다. 해당 사항을 적용하면, 참가자 A와 참가자 B의 종합 점수가 같게 된다. 둘 중 장식 득점을 비교하면, 참가자 A가 더 높으므로 참가자 B보다 순위가 높게 된다. 따라서 순위가 역전되므로 전체 순위에 변화가 생긴다.

㉢ 참가자 B의 향 항목 득점기여도는 $\frac{16}{69}$≒0.23, 참가자 D의 식감 항목 득점기여도는 $\frac{12}{57}$≒0.21이다. 따라서 참가자 B의 향 항목 득점기여도는 참가자 D의 식감 항목 득점기여도보다 높다.

| 오답풀이 |

㉡ 참가자 C의 기존 종합 점수는 51점으로 모든 항목에서 1점씩 더 득점하면 총 6+4+4+3+3=20(점)이 더 추가된다. 따라서 해당 사항을 적용한 참가자 C의 종합 점수는 51+20=71(점)이다. 이는 기존에 가장 높은 점수인 참가자 B의 종합 점수인 69점보다 높게 되므로 가장 높은 순위가 된다.

㉣ 참가자 A~D의 맛 항목 득점기여도는 다음과 같다.

[표] 참가자 A~D의 맛 항목 득점기여도

구분	참가자 A	참가자 B	참가자 C	참가자 D
맛 항목 득점 기여도	$\frac{24}{63}$≒0.38	$\frac{18}{69}$≒0.26	$\frac{12}{51}$≒0.24	$\frac{12}{57}$≒0.21

참가자 B의 순위는 참가자 A보다 높지만, 맛 항목 득점기여도는 참가자 A보다 낮다.

문제접근법

(1) [조건]과 [그래프]가 주어진 문제로 [그래프]의 제목과 주석, 항목을 확인하고, 참가자 A~D에 대한 내용임을 먼저 파악한다. 그다음으로 [조건]의 두 식을 확인한 후, [보기]를 본다.

(2) ㉠은 옳은 보기이고, ㉡은 틀린 보기이므로 선택지 ①, ④, ⑤를 소거할 수 있다. 남은 ㉢과 ㉣ 중 하나의 항목에 대한 내용으로 비교적 빠르게 해결할 수 있는 ㉣을 풀어 정답을 찾도록 한다.

전략풀이 TIP

종합 점수와 항목별 득점기여도 모두 항목별 가중치가 필요하므로 주어진 가중치 3, 4, 6의 수치 중 하나를 기준으로 잡아 간단하게 한다. 가장 큰 수인 6을 1로 설정하면, 3은 $\frac{1}{2}$, 4는 $\frac{2}{3}$가 된다. 이를 바탕으로 참가자 A~D의 종합 점수를 계산해보면, 순서대로 10.5, 11.5, 8.5, 9.5이다.

㉠ 참가자 A의 맛 점수가 1점 상승하면 종합 점수는 10.5+1=11.5(점)으로 참가자 B와 같은데 장식 득점은 참가자 A가 더 높으므로 순위에 변화가 생긴다. (○)

㉡ 참가자 C의 모든 항목이 1점씩 상승하면 $\left(2+\frac{4}{3}\right)$점이 높아져 종합 점수는 $\left(10.5+\frac{4}{3}\right)$점이 된다. $\frac{4}{3}$>1이므로 참가자 B의 종합 점수보다 높게 된다. (×)

㉣ 동일한 항목의 가중치는 같으므로 생략할 수 있다. 참가자 A와 B를 비교해보면, 종합 점수는 참가자 B가 더 높지만, 맛 항목 득점은 참가자 A가 더 높으므로 계산하지 않아도 참가자 A의 맛 항목 득점기여도가 더 높다. (×)

13 ▶ ③

| 정답풀이 |

• 첫 번째 조건: 전국 대비 각 도시별 공원 개수의 비중은 다음과 같다.

서울	(가)	(나)	부산	(다)	대구	(라)
10.3%	4.7%	2.9%	4.4%	3.0%	3.7%	2.7%

따라서 (나), (라)는 각각 광주 또는 울산이 될 수 있다.

• 두 번째 조건: 각 도시의 활용률은 다음과 같다.

서울	(가)	(나)	부산	(다)	대구	(라)
60.3%	41.6%	44.4%	32.0%	55.4%	45.5%	33.1%

따라서 (가), (나), (다)는 각각 대전 또는 인천 또는 광주가 될 수 있다. 그러므로 첫 번째 조건과

Ⅲ 문제해결능력

두 번째 조건에 모두 속하는 (나)가 광주이고, (라)는 울산이 된다.

• 세 번째 조건: (1인당 결정 면적)

$=\frac{(\text{결정 면적})\times 1,000,000}{(\text{인구})}$이므로

$(\text{인구})=\frac{(\text{결정 면적})\times 1,000,000}{(\text{1인당 결정 면적})}$으로 구할 수 있다. 이를 통해 각 도시의 인구를 구하면 다음과 같다.

서울	10,170,213명
(가)	2,776,892명
(나)	1,462,687명
부산	3,233,533명
(다)	1,432,258명
대구	2,510,204명
(라)	1,143,312명

따라서 (가)는 인천이다. (가)가 인천이고, (나)가 광주이므로 (다)는 대전이다.

정리하면 (가) – 인천, (나) – 광주, (다) – 대전, (라) – 울산이다. 그러므로 정답은 ③이다.

문제접근법

(1) [표]와 [조건]을 바탕으로 각 항목에 해당하는 대상을 찾는 문제로 [표]의 항목과 주석을 빠르게 확인한 후, [조건]의 내용을 본다.

(2) [조건] 중 비교적 적은 경우를 고려하면서 빠르게 해결할 수 있는 첫 번째 조건을 먼저 확인한다. 이후 대상에서 제외할 수 있는 것을 확인하며, 선택지를 순차적으로 소거하면서 선택지 구조를 이용하여 정답을 찾도록 한다.

전략풀이 TIP

ⅰ) 첫 번째 조건에서 공원 개수가 전국 대비 3% 미만인 도시로 광주, 울산 2곳을 언급했으므로, 공원 개수가 가장 적은 (나)와 (라)가 각각 광주 또는 울산이다.

ⅱ) 두 번째 조건에서 이미 공개된 서울, 대구를 제외한 대전, 인천, 광주 3개 도시가 (가)~(라)이므로 (가)~(라) 중 활용률이 40% 미만인 도시는 1곳뿐이다. (가)~(라) 중에서 (라)의 활용률이 $\frac{11.9}{35.9}\times 100$으로 매우 낮아 보이는데, 실제로 분자 11.9에 3을 곱하면 대략 36으로 분모 35.9와 비슷해진다. 즉, (라)의 활용률은 33.3%에 근접하여 확실히 40% 미만이다. 따라서 활용률이 40% 이상인 도시는 (가), (나), (다)이다.

ⅲ) 첫 번째 조건과 두 번째 조건을 통해 (나)가 광주임을 알 수 있으므로, 세 번째 조건을 확인하지 않더라도 정답을 ③으로 선택할 수 있다.

14 ▶ ③

| 정답풀이 |

각 회차에서 푼 문제 번호 및 정답 여부를 정리하면 다음과 같다.

구분	1회차	2회차	3회차	4회차	5회차	6회차	7회차
갑	1번 (○)	3번 (○)	9번 (×)	5번 (○)	15번 (×)	8번 (○)	24번 (×)
을	1번 (○)	3번 (○)	9번 (○)	27번 (×)	14번 (×)	8번 (×)	5번 (○)
병	1번 (○)	3번 (×)	2번 (○)	6번 (○)	18번 (×)	10번 (○)	30번 (×)
				6번 (×)	4번 (○)	12번 (○)	30번 (×)

갑의 경우, 4회차가 오답이면 5회차 문제가 3번이 되는데, 이는 2회차 문제와 같으므로 4회차가 오답일 수 없다. 또한 5회차가 정답이면 6회차 문제가 30번이 되는데, 그러면 7회차 문제가 존재할 수 없으므로 5회차가 정답일 수 없다.

을의 경우, 4회차가 정답이면 5회차 문제가 30번이 되는데, 그러면 6회차와 7회차 문제가 존재할 수 없으므로 4회차가 정답일 수 없다. 이는 5회차에서도 마찬가지이므로 5회차도 정답일 수 없다.

병의 경우, 4회차는 정답과 오답 모두 될 수 있다. 그런데 4회차가 정답이면 5회차는 반드시 오답이어야 하고, 4회차가 오답이면 5회차는 반드시 정답이어야 한다.

ⓒ 세 사람은 각각 4문제씩 맞혔다.

ⓔ 병은 어떤 경우에도 반드시 7회차에 30번 문제를 풀게 되며, 맞히지는 못한다.

| 오답풀이 |

㉠ 5회차에 병이 정답을 맞힐 수도 있다.

㉡ 갑은 4회차에 5번을 풀었고, 을은 4회차에 27번을 풀었다.

문제접근법

(1) 글을 읽고 번호 체계에 대해 먼저 파악한다.

(2) ㉠~ⓒ 중 진위를 가장 먼저 파악할 수 있는 ㉡을 푼다.

(3) ㉡이 틀린 보기이므로 선택지 ①, ②, ④를 소거할 수 있다. 남은 선택지 ③, ⑤는 ㉢, ㉣이 모두 포함되어 있으므로 보기 ㉠을 풀어 정답을 찾도록 한다.

전략풀이 TIP

㉠ 5회차에 갑, 을, 병 모두 정답을 맞혔다고 가정했을 때, 1명이라도 끝까지 모순이 발생하지 않는 경우가 생긴다면 옳지 않다. (×)

15 ▶ ①

| 정답풀이 |

㉠ C유치원은 교실 수가 5개이므로, 5×25=125(명)으로 최대 125명까지 원아를 받을 수 있다. C유치원의 현재 원아 수는 120명이므로 교실 조건을 충족한다. 그러나 교사 수는 7명으로 7×15=105(명)으로 현재 원아 수인 120명에 미치지 못하므로 교사 조건은 충족하지 못한다. 또한 통학 차량이 1대로 1대당 원아 수가 120명이므로 차량 조건도 충족하지 못한다. 마지막으로 여유 면적은 1,000−420−440이므로 계산하지 않더라도 650m^2 이상이 아니라는 것을 알 수 있다. 따라서 C유치원은 교사 조건, 차량 조건, 여유 면적 조건인 총 3개의 조건을 충족하지 못한다.

㉡ A유치원은 교실 수가 5개이므로 5×25=125(명)으로 최대 125명까지 원아를 받을 수 있다. 그러나 A유치원의 원아 수는 132명이므로 이를 초과하여 교실 조건을 충족하지 못한다. B유치원은 교사 수가 5명이므로 5×15=75(명)의 원아만을 받을 수 있지만, 원아 수가 160명이므로 교사 조건을 충족하지 못한다. C유치원은 ㉠ 해설처럼 총 3개의 조건을 충족하지 못하며, D, E유치원은 모든 조건을 충족시키는데 이 중 D의 교사 평균 경력이 4년으로 E보다 더 길다. 따라서 갑 사업에 최종 선정되는 유치원은 D유치원이다.

| 오답풀이 |

㉢ A유치원의 내부에 교실을 하나 더 증설하여 교실 수가 6개가 된다면, 6×25=150(명)까지 원아를 받을 수 있다. A유치원의 원아 수는 132명이므로 기존에 충족하지 못했던 교실 조건을 충족할 수 있게 된다. 그러나 기존 여유 면적이 3,500−2,400−450=650(m^2)로 유치원 내부에 교실을 하나 더 증설할 경우에는 여유 면적 조건을 충족할 수 없다. 따라서 여전히 D유치원이 최종 선정된다.

㉣ B유치원이 6명의 신입 정교사를 증원한다면 교사 수가 11명이 되어 11×15=165(명)까지 원아를 받을 수 있다. B유치원의 원아 수는 160명이므로, 기존에 충족하지 못했던 교사 조건을 충족할 수 있게 된다. 그러나 새로 충원되는 교사들은 모두 경력 0년의 신입이므로, 교사 평균 경력이 낮아지게 된다. 기존 교사 5명의 평균 경력이 4.5년이었으므로, 5명보다 많은 수의 경력 0년인 교사가 충원된다면 평균 경력은 4.5년의 절반 이하로 떨어지게 된다. 따라서 B유치원이 1단계는 통과할 수 있지만, 2단계에서는 D유치원에 밀려 최종 선정되지 못한다.

문제접근법

(1) [표]가 무엇을 의미하는지 먼저 파악하며, 주석의 식은 반드시 확인한다. 이후 [선정 절차]를 본다.
(2) [선정 절차]는 단계별로 있는데 1단계를 만족해야 2단계로 넘어갈 수 있으므로 1단계를 중점적으로 확인하면서 [보기]를 푼다.
(3) ㉠~㉣ 중 비교적 간단한 ㉠을 먼저 푼다. ㉠은 옳은 보기이므로 선택지 ②, ③을 소거할 수 있고, 남은 선택지 구조상 ㉡은 모두 포함되어 있으므로 ㉢, ㉣을 풀어 정답을 찾도록 한다.

전략풀이 TIP

㉠ C유치원을 기준으로 4개의 조건들을 확인하면, 3개의 조건을 충족하지 못한다. (○)
㉢, ㉣ 보기 ㉡에 따라 갑 사업에 최종 선정되는 유치원은 D유치원이다. 따라서 모든 유치원을 확인할 필요 없이 A, B유치원을 D유치원과 비교하면서 해결한다. (×)

04 ǀ PSAT 기출변형 Lv.3					본문 P. 281~287
01	02	03	04	05	
④	③	④	③	③	

01 ▶ ④

| 정답풀이 |

- 첫 번째 조건: 2017년과 2018년 비정규직 종사자가 전년 대비 증가한 매체는 C, D로 통신은 C, D 중 하나임을 알 수 있다.
- 두 번째 조건: 2017년 매체별 여성 종사자 수는 다음과 같다.
  A: 5,957+1,017=6,974(명)
  B: 2,726+1,532=4,258(명)
  C: 3,905+1,059=4,964(명)
  D: 370+41=411(명)
  매체 A의 여성 종사자가 가장 많으므로 매체 A는 방송임을 알 수 있다.
- 세 번째 조건: 2018년 매체별 정규직 종사자 수 대비 비정규직 종사자 수의 비율은 다음과 같다.
  A: $\frac{3,425}{24,241}\times100≒14.1(\%)$
  B: $\frac{2,676}{17,336}\times100≒15.4(\%)$
  C: $\frac{4,592}{16,848}\times100≒27.3(\%)$
  D: $\frac{625}{2,133}\times100≒29.3(\%)$
  매체 A와 B의 비율이 20% 미만으로 종이신문의 후보가 될 수 있는데, 매체 A는 방송이므로 매체 B는 종이신문임을 알 수 있다.
- 네 번째 조건: 2016년에 비해 2017년에 남성 종사자가 감소하였고 여성 종사자가 증가한 매체는 C가 유일하므로, 매체 C는 인터넷신문임을 알 수 있다. 따라서 남은 매체 D는 통신임을 알 수 있다.

2018년 전체 종사자가 많은 매체부터 순서대로 나열하면, 매체 A－매체 C－매체 B－매체 D이며, 위에서 구한 매체를 대입하면 방송－인터넷신문－종이신문－통신이다.

문제접근법

(1) [표]와 [조건]을 바탕으로 각 항목에 해당하는 대상을 찾아 순서대로 나열하는 문제로, 우선 각 항목을 찾는 것이 먼저이다. [표]가 무엇을 의미하는지 파악한 후, [조건]의 내용을 본다.

(2) [조건] 중 가장 빠르게 매체 A~D 중 하나를 찾을 수 있는 두 번째 조건을 먼저 확인한다.

(3) 두 번째 조건을 해결하면 선택지 ①, ②, ⑤를 소거할 수 있고, 남은 선택지 구조상 매체 D는 통신임을 알 수 있다. 정답을 결정지을 수 있는 세 번째 조건과 네 번째 조건을 해결하여 정답을 찾도록 한다.

전략풀이 TIP

2018년 전체 종사자가 많은 매체부터 순서대로 나열하면, 매체 A－매체 C－매체 B－매체 D이다. 이를 바탕으로 조건을 하나씩 해결하면서 대입하여 틀린 선택지를 순차적으로 소거한다.

i) 두 번째 조건: 2017년 여성 종사자는 정규직 여성과 비정규직 여성의 합인데 매체 A의 정규직 여성이 타 매체보다 훨씬 많고, 비정규직 여성 또한 타 매체와 비교해 낮지 않으므로 여성 종사자가 가장 많은 매체는 A로 방송임을 알 수 있다. 따라서 매체 A의 2018년 전체 종사자가 가장 많으며, 선택지 내용을 통해 매체 D는 통신임을 알 수 있다.

ii) 세 번째 조건: 비율 20%는 (10×2)%이므로, 직접 계산하지 않고 분모와 분자 수치 비교를 통해 20% 기준으로 높은지 낮은지 빠르게 파악할 수 있다. 매체 B를 예로 들면, $\frac{2,676}{17,336}$에서 17,336의 10%는 약 1,734이고 해당 수치의 2배는 약 3,500으로 분자 2,675를 훨씬 상회한다. 따라서 $\frac{2,676}{17,336}$은 20% 미만임을 알 수 있다. 매체 A와 B의 비율이 20% 미만인데 매체 A는 방송이므로 매체 B는 종이신문임을 알 수 있다. 따라서 종이신문이 세 번째 순서로 오게 된다.

02 ▶ ③

| 정답풀이 |

주어진 [표]와 [조건]을 바탕으로 경기일별 진행 현황을 정리하면 다음과 같다.

팀 / 경기일(요일)	A	B	C	D	E	F
9일(토)	B 또는 C와 경기(승)	A 또는 D와 경기(패)	A 또는 D와 경기(패)	B 또는 C와 경기(승)	F와 경기(무)	E와 경기(무)
12일(화)	C 또는 D와 경기(승)	E와 경기(무)	A 또는 F와 경기(패)	A 또는 F와 경기(패)	B와 경기(무)	C 또는 D와 경기(승)

14일(목)	B 또는 D 또는 F와 경기(무)	A 또는 D 또는 F와 경기(무)	E와 경기(승)	A 또는 B 또는 F와 경기(무)	C와 경기(패)	A 또는 B 또는 D와 경기(무)
16일(토)	E와 경기(무)	D 또는 F와 경기(패)	D 또는 F와 경기(패)	B 또는 C와 경기(승)	A와 경기(무)	B 또는 C와 경기(승)
19일(화)	B 또는 F와 경기(패)	A 또는 C와 경기(승)	B 또는 F와 경기(패)	E와 경기(무)	D와 경기(무)	A 또는 C와 경기(승)
21일(목)	B 또는 E와 경기(패)	A 또는 F와 경기(승)	D와 경기(무)	C와 경기(무)	A 또는 F와 경기(승)	B 또는 E와 경기(패)
23일(토)	모두 무승부					
26일(화)	B 또는 D 또는 E와 경기(패)	A 또는 C 또는 F와 경기(승)	B 또는 D 또는 E와 경기(패)	A 또는 C 또는 F와 경기(승)	A 또는 C 또는 F와 경기(승)	B 또는 D 또는 E와 경기(패)
28일(목)	E와 경기(무)	C 또는 D와 경기(패)	B 또는 F와 경기(승)	B 또는 F와 경기(승)	A와 경기(무)	C 또는 D와 경기(패)
30일(토)	F와 경기(무)	C 또는 E와 경기(패)	B 또는 D와 경기(승)	C 또는 E와 경기(패)	B 또는 D와 경기(승)	A와 경기(무)

D팀이 승리한 횟수는 9일(토), 16일(토), 26일(화), 28일(목)로 4회이고, 무승부한 횟수는 14일(목), 19일(화), 21일(목), 23일(토)로 4회이므로 횟수가 같다.

| 오답풀이 |

① A팀이 승리한 횟수는 9일(토), 12일(화)로 2회이고, C팀이 승리한 횟수는 14일(목), 28일(목), 30일(토)로 3회이므로 승리한 횟수가 다르다.

② B팀은 화요일인 12일, 19일, 26일에 각각 무승부, 승리, 승리하였고, E팀은 무승부, 무승부, 승리하였으므로 두 팀 모두 화요일에 패배한 적이 없다.

④ 모든 팀은 23일(토)에 무승부를 기록하였다.

⑤ 28일(목) 기준 누적 승점이 가장 높은 팀은 D팀으로 16점이다. 30일(토)에 D팀은 패배하여 누적 승점이 16점으로 28일(목)과 비교해 증가하지 않았는데, A~F팀 중에서 누적 승점이 가장 높다. 따라서 경기 결과가 달라져도 우승팀은 D팀으로 바뀌지 않는다.

문제접근법

(1) [표]와 [조건]이 주어진 문제로 [표]가 무엇을 의미하는지 먼저 파악한다. 그다음 [조건]을 바로 읽는다.

(2) 이 문제는 [조건]을 바탕으로 각 팀의 승·패·무의 여러 경우를 고려해야 하므로 푸는 데 시간이 오래 걸리고 난도가 높은 문제이다. 선택지 ①, ②, ④는 두 항목(①−A팀, C팀/②−B팀, E팀/④−A~F팀) 이상을 확인해야 한다. 반면 ③, ⑤는 한 항목(③−D팀/⑤−30일 또는 D팀)만 확인하면 되므로 ③, ⑤를 먼저 풀도록 한다.

전략풀이 TIP

주어진 [표]의 수치는 누적 승점이므로, 전 경기일과의 승점 차이가 3점이면 승리, 1점이면 무승부, 0점이면 패배이다.

③ D팀이 승리한 횟수는 9일(토), 16일(토), 26일(화), 28일(목)로 4회이고, 무승부한 횟수는 14일(목), 19일(화), 21일(목), 23일(토)로 4회로 횟수가 같다. (×)

⑤ 30일(토)에 D는 패배했음에도 불구하고, 누적 점수가 가장 높으므로 30일(토)의 경기 결과에 상관없이 우승팀임을 알 수 있다. (○)

03 ▶ ④

| 정답풀이 |

㉡ 모든 선수는 1개 라운드 이상 출전하여야 한다. 따라서 A팀이 남은 라운드에서 왼손잡이를 출전시키지 않는다면, 오른손잡이를 적어도 한 번 출전시켜야 하므로 오른손잡이, 양손잡이 혹은 오른손잡이, 오른손잡이를 출전시킨다. B팀은 현재까지 오른손잡이만 출전하였으므로 남은 라운드에서 양손잡이 한 번, 왼손잡이를 한 번 출전시켜야 한다.

만약 A팀이 오른손잡이, 양손잡이를 출전시킨다면 같은 라운드에 비기는 경우는 없으므로, A팀이 양손잡이를 출전시킨 라운드에 B팀은 왼손잡이를 출전시켜야 하고, A팀이 오른손잡이를 출전시킨 라운드에 B팀은 양손잡이를 출전시켜야 한다. A팀이 양손잡이, B팀이 왼손잡이라면 A팀이 승리하고, A팀이 오른손잡이, B팀이 양손잡이라면 A팀이 승리한다. 따라서 A팀이 3+0=3(점)을 더 획득하므로 A팀이 승리한다.

만약 A팀이 오른손잡이, 오른손잡이를 출전시킨다면 B팀이 한 번은 양손잡이, 한 번은 왼손잡이를 출전시키므로, 한 번은 A팀이 오른손잡이로 승리하고, 한 번은 B팀이 왼손잡이로 승리한다. 이 경우 A팀은 0점을 더 획득하고, B팀은 2점을 획득한다. 따라서 A팀은 총점이 4점, B팀은 총점이 2점이므로 A팀이 승리한다. 그러므로 A팀이 남은 라운드에서 왼손잡이를 출전시키지 않는다면, A팀이 승리한다.

ⓒ B팀이 4라운드에서 양손잡이를 출전시켜 승리한다면 A팀이 4라운드에서 왼손잡이를 출전시킨 것이다. A팀에서 오른손잡이가 아직 출전하지 않았으므로 5라운드에 오른손잡이가 출전해야 하고, B팀에서 왼손잡이가 아직 출전하지 않았으므로 5라운드에서 왼손잡이가 출전해야 한다. 즉, 5라운드에서 A팀이 오른손잡이, B팀이 왼손잡이이므로 B팀이 승리한다. 따라서 A팀의 총점은 2+2=4(점)이고, B팀의 총점은 0+3+2=5(점)이므로 B팀이 승리한다.

| 오답풀이 |

ⓐ 1라운드에서 A팀이 2점, 2라운드에서 A팀이 2점, 3라운드에서 B팀이 0점을 획득하므로 총점수의 합은 4점이다.

문제접근법

(1) [상황]에 주어진 표의 항목을 살펴본 후, 글의 내용을 바로 읽는다.
(2) 1~3라운드의 결과는 이미 주어져 있으므로 결과에 대한 사항을 글의 내용을 바탕으로 먼저 정리하고, ⓐ~ⓒ의 내용을 보면서 글에서 사용될 조건을 찾아 적용한다.
(3) ⓐ은 이미 주어진 상황에 대한 내용이므로 먼저 푼다. ⓐ은 틀린 보기이므로 선택지 ①, ③, ⑤를 소거할 수 있고, 남은 선택지 구조상 ⓑ이 모두 포함되어 있으므로 ⓒ을 풀어 정답을 찾도록 한다.

전략풀이 TIP

ⓒ 문제의 조건을 잘 확인해야 한다. 각 팀에 왼손잡이, 오른손잡이, 양손잡이가 한 명씩 있고, 모두 출전하여야 하므로 B팀은 양손잡이, 왼손잡이가 출전해야 한다. A팀에서는 오른손잡이가 출전해야 하는데, 4라운드에서 출전하지 않았으므로 5라운드에서 출전해야 한다. 따라서 5라운드에서 B팀이 승리하였으므로 총점은 5점이 되어 최종 승리는 B팀이 된다. (○)

04 ▶ ③

| 정답풀이 |

ⓐ 라가 을에게 부여한 문제 인식 점수는 중이고, 병에게 부여한 문제 인식 점수는 상이다. 따라서 갑에게 최상, 하, 최하 중 하나를 부여할 것이다. 만약 최상을 부여하였다면, 갑의 문제 인식 점수 중 최상과 상이 하나씩 차감되므로 최상과 상이 남는다. 따라서 이때의 최종 점수는 $\frac{30+25}{2}=27.5$(점)이다. 하, 최하 중 하나가 부여되었다면 최상과 (A)가 차감되므로 상이 두 개 남는다. 따라서 이때의 최종 점수는 $\frac{25+25}{2}=25$(점)이다. 즉, 갑의 문제 인식 평가 항목의 최종 점수는 25점이 아닌 27.5점인 경우가 있다.

ⓒ (A)가 최상일 때, 갑의 문제 인식 점수는 최상과 상이 남고, 창의성 점수와 잠재력 점수는 상과 중이 남는다. 따라서 평가 항목별 최종 점수의 합은 $\frac{(30+25)+(24+18)+(32+24)}{2}=76.5$(점)이다.
(B)가 상일 때, 을의 문제 인식 점수는 중이 2개 남고, 창의성 점수와 잠재력 점수는 상이 2개 남는다. 따라서 평가 항목별 최종 점수의 합은 $\frac{(20+20)+(24+24)+(32+32)}{2}=76$(점)이다.
(C)가 하일 때, 병의 문제 인식 점수는 상과 중이 남고, 창의성 점수는 중과 하가 남고, 잠재력 점수는 최상과 상이 남는다. 따라서 평가 항목별 최종 점수의 합은 $\frac{(25+20)+(18+12)+(40+32)}{2}=73.5$(점)이다.
따라서 합격자는 갑과 을이다.

| 오답풀이 |

ⓑ (B)에 최상이 들어가는 경우에 을의 잠재력 점수 중 최상과 상이 하나씩 차감되므로 최상과 상이 남는다. 따라서 이때의 을의 최종 점수는 $\frac{40+32}{2}=36$(점)이다. (C)에는 상 이하의 점수가 들어가야 하고, 이때 최상과 (C)에 들어가는 점수가 차감되어 최상과 상이 남는다. 따라서 이때의 병의 최종 점수는 $\frac{40+32}{2}=36$(점)이다. 만약 (B)에 상이 들어가는 경우에 을의 잠재력 점수 중 최상과 상이 하나씩 차감되므로 을의 최종 점수는 $\frac{32+32}{2}=32$(점)이다. (C)에는 중 이하의 점수가 들어가므로 최상과 (C)에

들어가는 점수가 차감되어 최상과 상이 남으므로 병의 최종 점수는 36점이다. (B)에 중 이하의 점수가 들어가는 경우에 최상과 (B)에 들어가는 점수가 차감되어 상이 2개 남는다. 따라서 이때의 을의 최종 점수는 $\frac{32+32}{2}=32$(점)이다. (C)에는 하 이하의 점수가 들어가므로 최상과 (C)에 들어가는 점수가 차감되어 최상과 상이 남으므로 병의 최종 점수는 36점이 된다. 즉, 병의 잠재력 점수는 항상 36점이고, 을의 잠재력 점수는 36점 또는 32점이므로 (B)가 (C)보다 평가 등급이 높을 때, 잠재력 평가 항목의 최종 점수는 을이 병보다 높은 경우가 없다.

문제접근법

(1) 일반적인 NCS 문제와 다르게 표와 식을 포함한 많은 내용의 조건으로 구성된 복합자료로 자료를 이해하고 적용하는 데 시간이 많이 걸리는 난도 높은 문제이다. 우선 평가 항목의 등급별 점수와 식을 먼저 확인한 후, 주어진 평가 결과를 본다.
(2) 여러 경우를 고려해야 하는 문제로 확실하게 주어진 내용을 기준으로 하여 점수를 먼저 확인하기 좋게 정리한 후, [보기]를 본다.
(3) ㉠~㉢ 중 ㉢은 갑, 을, 병에게 면접 위원 가~라가 부여한 세 항목 점수를 모두 계산해야 되는 내용으로 시간이 오래 걸린다. 따라서 ㉢을 가장 나중에 풀도록 하며, ㉠, ㉡ 중 경우의 수가 더 적은 ㉠부터 풀어 정답을 찾도록 한다.

전략풀이 TIP

평가 항목별 최종 점수 식에서 면접 위원 수가 4명이므로, 분모는 항상 4−2=2가 된다. 또한 분자는 (최고 점수+두 번째 점수+세 번째 점수+최저 점수)−(최고 점수+최저 점수)이므로, 분자를 (두 번째 점수)+(세 번째 점수)로 계산하는 것이 빠르다. 또한 단순히 두 면접자의 평가 점수를 비교하는 경우에는 분모가 동일하므로 분자(두 번째 점수와 세 번째 점수의 합)만 계산하면 되고, 같은 항목인 경우에는 점수로 계산하지 않고 등급만 비교해도 된다.

㉠ (A)의 값이 최상인 경우에는 문제 인식 점수는 $\frac{최상+상}{2}$이고, 상 이하인 경우에는 문제 인식 점수는 $\frac{상+상}{2}$이다. 라가 다른 면접자에게 최상을 부여하지 않았으므로 갑의 문제 인식 점수는 $\frac{최상+상}{2}$과 $\frac{상+상}{2}$ 두 가지 형태가 나올 수 있다. (×)

㉡ (C)가 (B)보다 작은 값이므로 (C)는 최상이 올 수 없다. 따라서 (C)에는 상 이하의 값이 올 것이고, 이 경우 반드시 최상 하나와 (C)가 차감되어 병의 점수는 항상 $\frac{최상+상}{2}$이다. 을의 경우에는 (B)에 최상이 오면, $\frac{최상+상}{2}$이 되고, 상 이하의 점수가 오면 $\frac{상+상}{2}$이 된다. 따라서 을의 점수는 항상 병의 점수보다 높지 않다. (○)

㉢ 모든 항목의 최고 점수, 최저 점수를 소거한다. 이때, 각 평가 점수의 합을 구할 때, 분모가 2로 동일하므로 분자만 구해도 된다. 따라서 갑의 점수는 (30+25)+(24+18)+(32+24)=153(점), 을의 점수는 (20+20)+(24+24)+(32+32)=152(점), 병의 점수는 (25+20)+(18+12)+(40+32)=147(점)이므로 총점이 높은 갑과 을이 합격한다. (×)

05 ▶ ③

| 정답풀이 |

재무팀이 남은 경기에서 모두 지는 경우, 각 팀별·종목별 승점은 다음과 같다.

순위 \ 종목	단체 줄넘기	족구	피구	제기차기
1위	기획팀(115)	기획팀(90)	인사팀(90)	기획팀 또는 인사팀(60)
2위	재무팀(75)	재무팀(60)	재무팀(60)	인사팀 또는 기획팀(40)
3·4위	법무팀, 인사팀(40)	인사팀, 법무팀(30)	기획팀, 법무팀(30)	재무팀, 법무팀(20)

이때, 재무팀의 승점 합계는 75+60+60+20=215(점)이 되고, 법무팀의 경우 모두 3·4위이므로 승점 합계는 40+30+30+20=120(점)으로 최소가 된다. 1위와 2위가 정해지지 않은 제기차기 종목을 제외한 기획팀의 승점 합계는 115+90+30=235(점), 인사팀의 승점 합계는 40+30+90=160(점)이다. 인사팀이 제기차기 종목에서 1위를 하면 승점 합계는 160+60=220(점), 기획팀은 235+40=275(점)이 되고, 2위를 하면 인사팀의 승점 합계는 160+40=200(점), 기획팀은 235+60=295(점)이 된다. 인사팀이 제기차기 종목에서 2위를 할 경우의 승점 합계(200점)는 재무팀의 승점 합계(215점)보다 낮지만, 1위를 할 경우

Ⅲ 문제해결능력

의 승점 합계(220점)는 재무팀의 승점 합계(215점)보다 높으므로 인사팀이 제기차기에서 1위 할 때에는 재무팀은 종합 준우승을 할 수 없다.

| 오답풀이 |

① [그림]에서와 같이 법무팀은 네 종목 모두 3·4위이므로 승점 합계는 40+30+30+20=120(점)이다. 네 종목 중 단체줄넘기의 배점표가 가장 크므로 해당 종목의 순위를 보면, 기획팀과 재무팀이 1위, 2위를 나눠서 할 것이다. 그리고 족구 역시 기획팀과 재무팀이 1위, 2위를 나눠서 할 것이므로 단체줄넘기와 족구의 승점이 최소가 될 경우는 같은 팀이 모두 해당 종목에서 2위를 할 때이다. 이 경우에 두 종목의 승점 합계는 75+60=135(점)이 되어 120점을 초과한다. 따라서 법무팀은 1위를 할 수 없으므로 종합 우승이 불가능하다.

② 기획팀이 남은 경기에서 모두 지는 경우, 각 팀별·종목별 승점은 다음과 같다.

종목 순위	단체 줄넘기	족구	피구	제기차기
1위	재무팀 (115)	재무팀 (90)	재무팀 또는 인사팀(90)	인사팀(60)
2위	기획팀 (75)	기획팀 (60)	인사팀 또는 재무팀(60)	기획팀(40)
3·4위	법무팀, 인사팀(40)	인사팀, 법무팀(30)	기획팀, 법무팀(30)	재무팀, 법무팀(20)

이때, 기획팀의 승점 합계는 75+60+30+40=205(점)이 되고, 법무팀의 경우 모두 3·4위이므로 승점 합계는 40+30+30+20=120(점)으로 최소가 된다. 1위와 2위가 정해지지 않은 피구 종목을 제외한 재무팀의 승점 합계는 115+90+20=225(점), 인사팀의 승점 합계는 40+30+60=130(점)이다. 재무팀이 피구 종목에서 1위를 하면 승점 합계는 225+90=315(점)이 되고, 피구 종목에서 2위를 하면 승점 합계는 225+60=285(점)이 된다. 인사팀이 피구 종목에서 1위를 해도 승점 합계는 130+90=220(점)이 되어 어느 경우에서도 재무팀의 승점 합계가 가장 높으므로 종합 우승을 한다.

④ 인사팀이 남은 경기에서 모두 이기는 경우, 각 팀별·종목별 승점은 다음과 같다.

종목 순위	단체 줄넘기	족구	피구	제기차기
1위	기획팀 또는 재무팀 (115)	기획팀 또는 재무팀(90)	인사팀(90)	인사팀(60)
2위	재무팀 또는 기획팀(75)	재무팀 또는 기획팀(60)	재무팀(60)	기획팀(40)
3·4위	법무팀, 인사팀(40)	인사팀, 법무팀(30)	기획팀, 법무팀(30)	재무팀, 법무팀(20)

이때, 인사팀의 승점 합계는 40+30+90+60=220(점)이 되고, 법무팀의 경우 모두 3·4위이므로 승점 합계는 40+30+30+20=120(점)으로 최소가 된다. 1위와 2위가 정해지지 않은 단체줄넘기와 족구 종목을 제외한 기획팀의 승점 합계는 30+40=70(점), 재무팀의 승점 합계는 60+20=80(점)이다. 인사팀이 종합 우승을 하기 위해서는 기획팀과 재무팀의 단체줄넘기와 족구 종목의 승점 합계가 각각 150점, 140점 미만이어야 한다. 하지만 해당 경우는 존재하지 않으므로 인사팀의 승점 합계가 가장 높을 수 없다. 따라서 인사팀이 남은 경기에서 모두 이기더라도 인사팀은 종합 우승을 할 수 없다.

⑤ 재무팀이 남은 경기 중 두 종목에서 이기는 경우들 중에서 승점 배점이 가장 높은 단체줄넘기에서 재무팀이 기획팀에 지고, 남은 족구와 피구에서 1위를 하는 경우가 있다. 이때, 재무팀의 승점 합계는 75+90+90+20=275(점)이고, 제기차기에서 기획팀이 1위를 할 경우에 기획팀의 승점 합계가 최대가 되며, 승점 합계는 115+60+30+60=265(점)이다. 이 경우에는 재무팀의 승점 합계가 기획팀의 승점 합계보다 높으므로 기획팀이 종합 우승을 할 수 없다.

문제접근법

(1) 토너먼트 형식의 [그림]이 주어진 문제로 우선 [표]의 항목과 주석의 내용을 확인한 후, [그림]을 보면서 무엇을 의미하는지 파악한다.
(2) 종목별 여러 경우의 수를 고려해야 하는 문제로 시간이 굉장히 많이 걸리는 유형의 문제이다. 여러 가지 경우에서 고려하지 않아도 되는 경우는 제외하고, 최소한의 경우만을 추려 선택지를 순차적으로 풀도록 한다.

전략풀이 TIP

[그림]에서 법무팀을 보면, 모든 종목에서 3·4위이므로 승점 합계는 최소가 되고, 종합 우승이나 준우승을 할 수 없다. 선택지 ②~⑤를 풀 때, 법무팀은 고려하지 않고, 나머지 팀을 바탕으로 경우의 수를 나누어 확인한다.

CHAPTER 03 | 지문형

01 | NCS 최신빈출 본문 P. 290~295

01	02	03	04	05
③	②	③	④	③

01 ▶ ③

| 정답풀이 |

3급 이상 공무원으로 3년 이상 근무한 사람은 심사위원 자격이 되므로, 5년 이상 근무한 사람도 심사위원 자격이 된다.

| 오답풀이 |

① 대통령이 9명의 심사위원을 임명하되, 국회, 대법원장이 심사위원을 각 3명씩 추천한다.
② 공인된 연구 기관에서 5년 이상 근무하였더라도 부교수 이상의 직에 근무한 것이 아니면 심사위원 자격을 갖추지 못한다.
④ 심사위원은 연임을 한 차례만 할 수 있고, 후임자가 없는 경우, 후임자가 임명될 때까지 직무를 수행한다.
⑤ 주식백지신탁 심사위원회는 재산공개 대상자의 주식의 직무 관련성을 주식 관련 정보에 관한 직접적·간접적인 접근 가능성, 영향력 행사 가능성 등을 기준으로 판단한다.

문제접근법

(1) 조항을 한번 살펴보며 중요 키워드가 무엇인지 파악한다.
(2) 선택지 내용에서 필요한 내용만을 확인하고, 관련 키워드가 있는 조항을 찾아 해결한다.

전략풀이 TIP

①에서는 임명권자에 관한 내용, ②, ③에서는 심사위원 자격, ④에서는 임기, 연임에 관한 내용, ⑤에서는 주식 직무 관련성에 관한 내용을 규정의 조항에서 찾는다.

02 ▶ ②

| 정답풀이 |

㉠ 임신한 자녀가 한 명일 경우, 총 90일의 출산 전후 휴가(보호 유급 휴가) 중 '출산 후 45일 이상'이라는 규정에 의해 출산 전 최대 45일만 사용이 가능하므로 규정에 위반된다. 그러나 임신한 자녀가 2명 이상일 경우, 출산 전후 휴가가 총 120일 되며, 이 중 60일 이상을 출산 후에 사용하면 되는 것이므로 출산 전 50일을 사용하는 것은 규정에 위반되지 않는다.

㉢ 11개월이 지나면 1개월에 1일씩 모두 11일의 연차 유급 휴가가 누적되어 있으며, 한 달이 지난 12개월이 되면 제28조 제1항과 제3항의 규정에 따라 이미 누적되어 있는 11일을 포함하여 총 15일의 연차 유급 휴가가 주어진다. 따라서 한 달 후에는 4일이 추가된다.

| 오답풀이 |

㉡ 입사 후 14년 만근을 하였을 경우, 15년이 되지 않았으므로 총 연차 유급 휴가의 일수는 13년의 경우와 동일한 21일이 된다. 따라서 작년에 이틀을 사용하였다면, 잔여 일수는 21−2=19(일)이다.

㉣ 제28조 제4항의 규정은 1년 근로 시 15일, 3년 근로 시 16일, 5년 근로 시 17일, 7년 근로 시 18일의 유급 휴가가 주어지며, 근로 연수에 관계없이 유급 휴가의 최대 일수는 25일이라는 것을 의미한다. 따라서 5년을 근로한 직원은 어떠한 경우에도 25일의 유급 휴가가 주어질 수 없다.

문제접근법

(1) 조항을 읽으면서 두 종류의 휴가에 대한 내용임을 파악한 후, [보기]를 푼다.
(2) ㉠은 옳은 보기이므로 선택지 ③, ⑤를 소거할 수 있고, 남은 선택지 구조상 ㉣은 포함되어 있지 않으므로 ㉡, ㉢을 풀어 정답을 찾도록 한다.

전략풀이 TIP

보기 ㉠~㉣ 중 ㉠은 출산 전후 휴가에 대한 내용이고, ㉡~㉣은 연차 유급 휴가에 대한 내용이므로 비교적 해결하기 쉬운 ㉠을 먼저 푸는 것이 좋다.

03 ▶ ③

| 정답풀이 |

두 번째 문단에서 실시간 감시가 가능한 사업장은 대형 사업장이며, 실시간 감시가 어려운 중소 사업장 수가 늘어가고 있다고 설명하고 있다. 따라서 실시간 감시가 가능한 대형 사업장의 수가 계속 감소하는지에 대한 것은 알 수 없다.

| 오답풀이 |

① 네 번째 문단에서 가축의 분뇨 배출은 미세먼지의 주 원인 중 하나인 암모니아 배출량을 증가시켜 고농도 미세먼지의 발생을 유발할 수 있다는 것을 알 수 있다.

② 세 번째 문단에서 약 330만 대의 25%, 즉 약 82.5만 대가 'Euro3' 수준의 미세먼지를 배출하고 있다고 하였다.

④ 네 번째 문단에서 이른 봄이 가축 분뇨에 의한 암모니아 배출량이 많아지는 시기인 것을 알 수 있다.

⑤ 마지막 문단에서 온·습도, 강우 등 기상 조건의 영향으로 암모니아 배출량이 달라진다고 하였으므로 올바른 설명이다.

문제접근법

(1) 선택지의 내용을 눈으로 간략하게 살펴본 후, 중요 키워드에 표시한다.
(2) 각 중요 키워드가 포함된 문단을 살펴본다.

전략풀이 TIP

② 선택지의 중요 키워드는 'Euro3'이다. 이와 같이 작은따옴표나 큰따옴표로 언급된 부분은 상대적으로 지문에서 찾기가 수월하다. 'Euro3'에 대한 내용이 언급되는 세 번째 문단을 확인하여 정오를 판단한다. (○)

04 ▶ ④

| 정답풀이 |

농업진흥 구역으로 지정된 곳에서 문화재 출토가 예상될 경우에 농업진흥 구역 지정이 해제되는 것이 아니며, 매장 문화재의 발굴을 위한 공작물의 설치가 가능하다.

| 오답풀이 |

① 제○○조(용도 구역에서의 행위 제한) 제1항 제

4호를 보면, 국방·군사 시설의 설치를 할 수 있는데, 제2항 제1호를 통해 농업보호 구역에서는 제1항에 따라 허용되는 토지이용 행위를 할 수 있다. 따라서 농업보호 구역에는 군사 시설을 설치할 수 있다.

② 농업진흥 구역에서는 농업 생산 또는 농지 개량과 직접적으로 관련된 행위로서 대통령령으로 정하는 행위 외의 토지이용 행위를 할 수 없지만, 별도로 규정된 9개 호의 행위는 가능하다고 명시되어 있다.

③ 농업진흥 구역에서 할 수 있는 모든 토지이용 행위에는 제○○조(용도 구역에서의 행위 제한) 제2항 제1호의 '제1항에 따라 허용되는 토지이용 행위'가 포함된다. 이는 곧 농업진흥 구역에서 할 수 있는 모든 토지이용 행위는 농업보호 구역에서도 할 수 있음을 의미한다.

⑤ 농업진흥 지역은 농업진흥 구역과 농업보호 구역으로 구분되는데, 농업보호 구역은 농업진흥 구역의 용수원 확보, 수질 보전 등 농업 환경을 보호하기 위하여 필요한 지역으로 명시되어 있다. 따라서 농업진흥 지역은 용수원 확보, 수질 보전 등 농업 환경을 보호하기 위하여 필요한 지역 외의 지역도 포함된다고 볼 수 있다.

문제접근법

(1) 규정을 바탕으로 하는 세트 문항으로 규정의 조항을 한번 살펴보며 중요 키워드가 무엇인지 파악한다. 이후 문제의 발문과 주어진 규정을 바탕으로 선택지를 풀면서 관련 키워드가 있는 부분을 찾아 해결한다.

(2) 선택지 ①~⑤ 중 ⑤를 제외한 ①~④는 농업진흥 구역과 농업보호 구역에 대한 내용이므로 제○○조(용도 구역에서의 행위 제한)의 조항을 바탕으로 먼저 풀어 정답을 찾도록 한다.

전략풀이 TIP

④ 문화재 발굴은 토지이용 행위에 해당하므로, 농업진흥 구역 지정이 해제된다는 내용은 옳지 않다. (×)

05 ▶ ③

| 정답풀이 |

㉢ 주말농원사업을 위한 별도의 시설은 농업인 소득 증대에 필요한 시설이므로 농업보호 구역에 설치할 수 있다.

㉣ 관광산업의 경우, 농수산업에 포함되지 않으므로 연구 시설을 설치할 수 없다.

| 오답풀이 |

㉠ 골프 연습장은 농업인의 소득 증대에 필요하거나 농업인의 생활 여건을 개선하기 위해 필요한 건축물·공작물, 그 밖의 시설이 아니므로 농업보호 구역에 설치할 수 없다.

㉡ 대통령령으로 정하는 도로, 철도 등의 공공시설은 '제1항에 따라 허용되는 토지이용 행위'에 해당되므로 농업보호 구역에 설치할 수 있다.

문제접근법

(1) 제○○조(용도 구역에서의 행위 제한) 제2항에 대한 내용으로 다른 조항을 확인할 필요 없이 해당 조항만 확인한다.

(2) ㉠, ㉡ 모두 틀린 보기이므로 ㉢, ㉣을 풀지 않고도 정답을 ③으로 선택할 수 있다.

전략풀이 TIP

㉠ 골프 연습장은 농업인과 관계없으므로 설치를 할 수 없다. (×)

㉡ 제1항 제7호에 대한 사항으로 설치를 할 수 있다. (×)

02 ┃ PSAT 기출변형 Lv.1								본문 P. 296~305	
01	02	03	04	05	06	07	08	09	10
①	④	①	③	③	③	④	④	⑤	③

01 ▶ ①

| 정답풀이 |

A대학은 최소 130학점이 필요하다. 김은 B전문대학에서 총 68+3=71(학점)을 취득하였고, 군복무 기간에 9학점을 취득하였다. 또한 복학 이후 32학점을 취득하였고, 교환 학생을 통해 10학점을 취득하였다. 따라서 남은 학점은 130−71−9−32−10=8(학점)이다.

문제접근법

(1) 조항을 읽으면서 학위 과정과 학점에 대한 내용을 대략적으로 파악한 후, [상황]을 본다.
(2) [상황]을 순차적으로 확인하면서 관련된 조항의 내용을 바로 찾아 적용하여 학점을 구한다.

전략풀이 TIP

김이 전문대학에서 취득한 학점, 군 복무 시 취득한 학점, 미국 대학에 교환 학생으로 파견되어 취득한 학점 모두 인정된다. 따라서 130(졸업에 필요한 최소 취득 학점)−71(전문대학 취득 학점)−9(군 복무 시 취득 학점)−32(복학 이후 취득 학점)−10(교환 학생 시 취득 학점)=8(학점)이다.

02 ▶ ④

| 정답풀이 |

제○○조(천문역법) 제1항을 보면, 천문역법을 통하여 계산되는 날짜는 양력인 그레고리력을 기준으로 하되, 음력을 병행하여 사용할 수 있다고 되어 있다.

| 오답풀이 |

① 제○○조(정의) 제4호를 보면, 그레고리력이란 1년의 길이를 365.2425일로 정하는 역법체계로서 윤년을 포함하는 양력을 말한다고 되어 있다.
② 제○○조(정의) 제1호를 보면, 천문업무란 우주에 대한 관측업무와 그에 따른 부대업무를 말한다고 되어 있다.
③ 제○○조(정의) 제3호를 보면, 지구자전속도의 불규칙성으로 인하여 세계시와 세계협정시의 차이가 발생한다는 것을 알 수 있다.
⑤ 제○○조(천문역법) 제3항을 보면, 과학기술정보통신부장관은 한국천문연구원으로부터 필요한 자료를 제출받아 매년 6월 말까지 다음 연도의 월력요항을 작성하여 관보에 게재하여야 한다고 되어 있다. 여기서 말하는 월력요항은 제○○조(정의) 제6호를 통해 달력 제작의 기준이 되는 자료라는 것을 알 수 있다.

문제접근법

(1) 규정을 빠르게 훑어보며 중요 키워드가 무엇인지 파악한다.
(2) 선택지의 키워드와 동일한 키워드가 등장하는 규정만을 확인하여 빠르게 해결한다.

전략풀이 TIP

i) 주어진 규정의 제○○조(정의) 제1호~제6호는 모두 단어의 정의를 언급하고 있으므로 정의와 관련된 선택지가 있는지 확인한다. ①은 '그레고리력', ②는 '천문업무'에 대한 정의를 묻고 있으므로 제○○조(정의) 부분을 확인하여 옳고 그름을 판단한다.
ii) 선택지 ③~⑤는 각각 '지구자전속도', '천문역법', '한국천문연구원, 월력요항' 등의 단어가 제시되어 있으므로 해당 단어가 규정의 어느 부분에 있는지 파악하여 문제를 해결한다.

03 ▶ ①

| 정답풀이 |

총톤수 20톤 이상인 기선이므로 선박의 등기를 한 후에 선박의 등록을 신청해야 한다.

| 오답풀이 |

② 총톤수 100톤 이상인 부선이므로 선박의 등기를 한 후에 선박의 등록을 신청해야 한다.
③ 해양수산부장관이 아닌 선적항을 관할하는 지방해양수산청장에게 등록을 신청해야 한다.
④ 소형선박이 아니므로 양도합의로도 충분하다.
⑤ 선박국적증서는 등기가 아닌 등록을 했을 때 발급된다.

문제접근법

(1) 조항을 읽으며, 소형선박인 경우와 아닌 경우의 차이점을 구분한다.
(2) 등록과 등기를 구분한다.

전략풀이 TIP

기선, 범선, 부선의 구분은 문제를 풀 때, 전혀 사용되지 않으므로 무시한다.

04 ▶ ③

| 정답풀이 |

㉡ 제○○조(위법 또는 부당한 처분의 취소) 제1항을 보면, 행정청은 위법 또는 부당한 처분의 전부나 일부를 소급하여 취소할 수 있다고 되어 있다.

㉢ 제○○조(법 적용의 기준) 제1항을 보면, 새로운 법령 등은 법령 등에 특별한 규정이 있는 경우를 제외하고는 그 법령 등의 효력 발생 전에 완성되거나 종결된 사실관계 또는 법률관계에 대해서는 적용되지 않는다고 되어 있다.

| 오답풀이 |

㉠ 제○○조(법 적용의 기준) 제2항을 보면, 당사자의 신청에 따른 처분은 법령 등에 특별한 규정이 있거나 처분 당시의 법령 등을 적용하기 곤란한 특별한 사정이 있는 경우를 제외하고는 처분 당시의 법령 등에 따른다고 되어 있다. 따라서 처분 당시의 법령 등을 적용하기 어려운 특별한 사정이 있는 경우, 당사자의 신청에 따른 처분은 처분 당시의 법령 등에 따르지 않을 수도 있다.

㉣ 제○○조(위법 또는 부당한 처분의 취소) 제2항을 보면, 처분을 취소하려는 경우에는 취소로 인하여 당사자가 입게 될 불이익을 취소로 달성되는 공익과 비교·형량하여야 하나, 만약 당사자가 처분의 위법성을 알고 있었거나 중대한 과실로 알지 못한 경우에는 그러하지 아니하다고 되어 있다.

문제접근법

(1) [보기]의 내용과 법령을 비교할 때에는, [보기]에서 언급된 중요 키워드가 등장하는 부분을 집중적으로 살펴본다.
(2) 법령 관련 문제에서는 보통 '~인 경우를 제외하고는', '다만, ~' 등 예외가 발생하는 상황에 대한 선택지/보기를 제시하는 경우가 많으므로, 법령 확인 시 이에 유의하도록 한다.

전략풀이 TIP

법령 관련 문제에서는 법령 내용을 고르게 활용하여 선택지/보기를 제시하는 경우가 많다. 즉, 선택지/보기 1개의 옳고 그름을 판단하는 데 이용한 법령은 다른 선택지/보기에서 이용되지 않을 확률이 높으므로 이를 이용하면 문제 풀이 시간을 단축할 수 있다.

05 ▶ ③

| 정답풀이 |

㉡ 제2항에서 동대표자는 동대표자 선출공고에서 정한 각종 서류 제출 마감일을 기준으로 해당 동에 주민등록을 마친 후 계속하여 6개월 이상 거주하고 있는 입주민 중에 선출한다고 하였다. 따라서 A동에 2023. 8. 1. 주민등록을 마친 甲은 2024. 2. 9.까지 6개월 이상 거주하게 되므로 A동대표자로 선출될 자격이 있다.

㉢ 제4항에서 동대표자가 임기 중에 제3항 각 호에 따른 결격사유에 해당하게 된 경우에는 당연히 퇴임한다고 하였다. 丙은 임기 중에 제3항 제4호의 결격사유에 해당하게 되므로 당연히 퇴임한다.

| 오답풀이 |

㉠ 제1항에서 입주민대표회는 공동주택의 각 동별로 선출된 입주민대표자들로 구성된다고 하였다.

㉣ 제3항 제1호에서 서류 제출 마감일을 기준으로 미성년자는 동대표자가 될 수 없다고 하였다. 따라서 서류 제출 마감일인 2024. 4. 16.에 乙은 미성년자이므로 B동대표자가 될 수 없다.

문제접근법

(1) 조항과 [상황]을 살펴보며 중요 키워드가 무엇인지 파악한다.
(2) ㉠~㉣ 중 날짜가 언급되지 않아 비교적 간단하게 해결할 수 있는 ㉠을 먼저 푼다. ㉠은 틀린 보기이므로 선택지 ①, ②를 소거할 수 있고, 남은 ㉡~㉣ 중 제시된 두 날짜 사이의 '기간'을 확인

하지 않아도 되는 ㉢, ㉣을 풀어 정답을 찾도록 한다.

전략풀이 TIP

주어진 조항에서 자격 여부를 판단하는 기준이 되는 시점은 '서류 제출 마감일'이므로, '선출일' 등을 함께 제시하는 보기에서 함정에 빠지지 않도록 유의한다.

06 ▶ ③

| 정답풀이 |

제○○조 제2항에 따르면 제1항의 개(월령 2개월 이상의 개)를 기르는 곳에서 벗어나는 경우에 인식표를 부착해야 한다고 되어 있다. 따라서 항상 인식표를 부착해 놓아야 한다는 내용은 옳지 않다.

| 오답풀이 |

① 월령이 3개월 이상인 맹견을 동반하고 외출할 때에는 목줄과 입마개를 하거나 맹견의 탈출을 방지할 수 있는 적정한 이동 장치를 해야 하는데, P는 월령이 1개월이므로 꼭 해야 할 필요는 없다.
② P가 월령 1개월이고, 월령 2개월 이상의 맹견은 시장·군수·구청장에게 등록해야 하므로 A가 P를 기르기 위해서는 적어도 1개월 이후 시장·군수·구청장에게 등록해야 한다.
④ 제□□조 제3항을 통해 맹견의 소유자는 맹견의 안전한 사육 및 관리에 관하여 정기적으로 교육을 받아야 한다는 것을 알 수 있다.
⑤ 제□□조 제1항 제1호에 따르면 소유자 없이 맹견을 기르는 곳에서 벗어나게 하면 안 된다. 즉, P가 A 없이 공원을 돌아다니다가 사람에게 상해를 입혔다면, 이는 제□□조 제1항 제1호를 위반한 것이므로, A는 제△△조 제2항에 따라 2년 이하의 징역 또는 2천만 원 이하의 벌금에 처한다.

문제접근법

(1) 조항을 읽으면서 적용 대상과 예외 단서를 잘 확인한다.
(2) 선택지의 내용을 보면서 관련 키워드가 있는 조항을 확인하면서 해결한다.

전략풀이 TIP

P와 Q 중 P가 예외 되는 법이 더 많으므로 P에 대한 선택지를 먼저 푼다.

①, ②, ④ P는 월령 1개월이므로 제○○조, 제□□조 제1항 제2호를 적용받지 않는다. (○)
③ 제○○조 제2항에 따르면 제1항의 개(월령 2개월 이상인 개)를 기르는 곳에서 벗어나게 하는 경우라는 예외 단서가 붙어 있다. 따라서 항상 성립하는 것은 아니다. (×)

07 ▶ ④

| 정답풀이 |

저작자가 사망한 다음 해인 1962. 1. 1.을 기산일로 한다. 저작물 Y의 보호기간은 1957년 제정 저작권법에 따르면, 30년까지인 1991. 12. 31.까지이다. 이는 1987. 7. 1. 이후이므로 1987년 개정 저작권법에 따르면 50년까지인 2011. 12. 31.까지 보호된다. 그러나 이는 2013. 7. 1. 이전이므로 2011년 개정 저작권법에 따르면 이미 만료된 상태이다.

문제접근법

(1) 글을 읽으며, 저작권법별 저작재산권 존속연도와 개정 저작권법 시행일을 먼저 확인한다.
(2) 기산일 및 예시를 확인한다.
(3) 확인한 내용을 바탕으로 [보기]의 빈칸을 유추한다.

전략풀이 TIP

예시를 통해 30년간 저작재산권이 존속되는 경우, 기산일을 기준으로 연도에 30을 더한 후 하루를 되돌리는 방식으로 날짜를 구할 수 있음을 알 수 있다. 또한 1987년 개정 저작권법은 시행일이 동일한 연도지만, 2011년 개정 저작권법은 시행일이 2013년임에 유의해야 한다.

08 ▶ ④

| 정답풀이 |

물품관리관이 물품출납 공무원의 보고에 의하여 수선이나 개조가 필요한 물품이 있다고 인정하면, 계약담당 공무원이나 그 밖의 관계 공무원에게 그 수선이나 개조를 위한 필요한 조치를 할 것을 청구하여야 한다.

| 오답풀이 |

① 물품출납 공무원은 물품관리관의 명령이 있어야 물품을 출납할 수 있다.
② 계약담당 공무원과 물품관리관의 역할이 바뀌었으므로 옳지 않다.
③ 물품관리관은 물품수급 관리 계획에 정하여진 물품 외의 물품에 대하여는 필요할 때마다 계약담당 공무원에게 물품의 취득에 관한 필요한 조치를 할 것을 청구하여야 한다.
⑤ 물품은 국가의 시설에 보관하여야 하나 물품관리관의 인정 하에 국가 외의 자의 시설에 보관할 수도 있다.

문제접근법

(1) 조항을 한번 살펴보며 중요 키워드가 무엇인지 파악한다.
(2) 선택지의 내용을 확인한 후, 해당하는 조항을 찾아 일치하는지 확인한다.

전략풀이 TIP

중앙관서의 장, 물품관리관, 계약담당 공무원, 물품출납 공무원의 업무를 구분할 수 있어야 한다.

09 ▶ ⑤

| 정답풀이 |

세 번째 문단에서 부향률은 향료의 함유량 정도에 따른 구분이고, 부향률이 높을수록 향이 강하고 지속시간이 긴 것이라고 하였다.

| 오답풀이 |

① 첫 번째 문단에서 천연향료에는 사향, 용연향 등의 동물성 향료가 있다고 하였다.
② 세 번째 문단의 마지막 문장에서 Parfum은 가장 향이 강하고 오래간다고 하였다.
③ 두 번째 문단에서 압착법은 감귤류처럼 열에 약한 것에 이용되며, 흡수법은 원료가 고가이고 향유의 함유량이 적으며 열에 약하고 물에 잘 녹는 경우에 이용된다고 하였다.
④ 두 번째 문단에서 수증기 증류법은 원료를 고온으로 처리하기 때문에 열에 약한 성분이 파괴된다는 단점이 있다고 하였다.

문제접근법

(1) 선택지를 빠르게 훑어보며 키워드를 파악한다.
(2) 키워드가 등장하는 부분을 확인하여 정답을 찾는다.

전략풀이 TIP

각 문단의 첫 번째 문장을 읽어보면 해당 문단에서 어떤 내용이 전개될지를 대략 예상할 수 있다. 따라서 선택지의 내용이 전개될 것으로 예상되는 문단만을 확인하여 빠르게 답을 찾도록 한다.

10 ▶ ③

| 정답풀이 |

세 번째 문단의 내용과 대화를 바탕으로 甲, 乙, 丙이 뿌린 향수의 종류, 지속시간, 향이 사라지는 시간을 정리하면 다음과 같다.

[표] 甲, 乙, 丙이 뿌린 향수의 종류, 지속시간, 향이 사라지는 시간

구분	뿌린 향수	지속 시간	뿌린 시간	향이 사라지는 시간
甲	EDC	1~2 시간	오후 1시	오후 2~3시
乙	EDT	3~5 시간	오전 8시	오전 11시 ~오후 1시
丙	EDP	5~8 시간	오전 11시 30분	오후 4시 30분 ~7시 30분

따라서 향수의 향이 사라지는 시각이 빠른 사람부터 순서대로 나열하면 乙 – 甲 – 丙이다.

문제접근법

(1) 문제의 발문을 통해 향수의 지속시간을 활용하는 문제임을 이해하고, 주어진 자료의 세 번째 문단이 활용될 것임을 파악한다.
(2) '향의 지속시간'이 아닌, '향이 사라지는 시각'을 비교해야 한다는 점에 유의하여 문제를 푼다.

전략풀이 TIP

EDC(2~5%, 1~2시간), EDT(5~15%, 3~5시간), EDP(15~20%, 5~8시간), Parfum(20~30%, 8~10시간)과 같이 자료의 내용을 요약한 뒤 [보기]의 내용과 비교하면 자료를 다시 보지 않고 빠르게 문제를 해결할 수 있다.

03 | PSAT 기출변형 Lv.2

본문 P. 306~313

01	02	03	04	05	06	07	08
⑤	③	⑤	③	③	④	②	②

01 ▶ ⑤

| 정답풀이 |

R_0란 예방 조치가 없을 때, 한 사람의 감염자가 질병에서 회복하거나 질병으로 사망하기 전까지 그 질병을 평균적으로 옮기는 사람의 수를 말한다. 예방 조치가 없을 때, R_0가 1보다 크다면 전체 개체군으로 확산될 것이다. F는 R_0가 1보다 작으므로 새롭게 감염되는 사람의 수가 계속 줄어들 것이다. 따라서 모든 국민이 감염되기 전, 감염자가 모두 F 질병에서 회복하거나 사망할 것이다.

| 오답풀이 |

① E질병 감염자가 회복되거나 사망하지 않는다고 가정할 때, 1명 → 1명+2명 → 1명+2명+4명 → 1명+2명+4명+8명으로 늘어난다. 한편, 감염자가 다른 사람에게 질병을 옮기자마자 회복되거나 사망한다고 할 수 없으므로, E질병의 감염자 수가 어떻게 증가하는지는 알 수 없다. 한편 E질병에 새로 감염되는 사람은 2의 제곱수 형태로 증가할 것이다.

② R_0와 치사율은 서로 반드시 비례하지는 않고, R_0만으로 치사율을 알 수 없으므로 반비례한다는 설명 또한 옳지 않다.

③ R_0만으로 전파 속도를 알 수 없다. 따라서 같은 시간이 지났을 때, B질병과 D질병의 감염자 수는 알 수 없다.

④ 특정 전염병이 한 차례 어느 지역을 휩쓸고 지나간 후 관련 통계 자료를 수집·분석할 수 있는 시간이 더 흐르고 난 뒤에야, 그 질병의 R_0에 대해 믿을 만한 추정치가 나온다. 따라서 초기 자료로 추정하는 것이 가장 정확하다는 설명은 옳지 않다.

문제접근법

(1) 글을 읽으면서 주어진 주요 키워드가 무엇인지 파악한다.
(2) 주요 키워드에 대해 이해하였으면, 선택지의 내용과 [상황]을 번갈아 가며 확인하면서 해결한다.

전략풀이 TIP

상황에 주어진 질병별 R_0 값보다 글의 내용을 잘 이해하는 것이 더 중요한 문제이다. 선택지 ①, ②, ③, ④ 모두 R_0(기초감염재생산지수)에 대해 잘못 이해한 내용이므로 각 질병의 R_0 수치를 확인하지 않아도 틀린 선택지임을 알 수 있다.

02 ▶ ③

| 정답풀이 |

협상에 의해 계약을 체결하는 경우이지만 제4항 3호에 해당하는 경우이므로 2021. 4. 1.의 전일인 2021. 3. 31.부터 기산하여 10일 전인 2021. 3. 21.에는 공고를 해야 한다. 그 전에 공고를 하였으므로 문제없다.

| 오답풀이 |

① 제출마감일이 아닌 현장설명일의 전일부터 기산하여 7일 전에 공고하여야 한다. 현장설명일이 주어져 있지 않으므로 알 수 없다.

② 2021. 4. 1.의 전일인 2021. 3. 31.부터 기산하여 15일 전인 2021. 3. 16.에는 공고를 해야 한다.

④ 입찰참가자격을 사전에 심사하고 현장설명을 실시하는 경우이므로 입찰가격과 관계없이 현장설명일의 전일부터 기산하여 30일 전에 공고하여야 한다. 따라서 2021. 4. 1.의 전일인 2021. 3. 31.부터 기산하여 30일 전인 2021. 3. 1.에는 공고를 해야 한다.

⑤ 재공고입찰이므로 2021. 4. 9.의 전일인 2021. 4. 8.부터 기산하여 5일 전인 2021. 4. 3.에는 공고를 해야 한다.

문제접근법

(1) 조항을 읽으면서 조항에 주어진 조건과 그에 따른 공고 날짜를 적어둔다.
(2) 선택지별로 하나씩 확인한다.

전략풀이 TIP

'기산하다'의 뜻은 "일정한 때나 장소를 기점으로 잡아서 계산을 시작하다."이다. 따라서 제출마감일 또는 현장설명일의 하루 전날에서 각 경우에 해당하는 날짜를 빼면 공고해야 하는 날짜를 구할 수 있다.

03 ▶ ⑤

| 정답풀이 |

제△△조(복지 급여 등) 제3항의 제1호와 제2호에 모두 해당되지 않으므로 추가적인 복지 급여를 받을 수 없다.

| 오답풀이 |

① 제○○조(정의)에 따르면, 배우자와 이혼한 자가 18세 미만의 자녀를 양육할 경우에 한부모가족에 해당됨을 알 수 있고, 제□□조(지원대상자의 범위) 제1항에 따라 지원대상자임을 알 수 있다. 따라서 다른 법령에 따라 지원을 받고 있지 않다면 제△△조(복지 급여 등)에 따라 생계비를 지원받을 수 있다.

② 제△△조(복지 급여 등) 제2항에 따르면, 지원대상자가 다른 법령에 따라 지원을 받고 있더라도 아동양육비는 지급받을 수 있다.

③ 제○○조(정의) 제3호에 따르면, 취학 중인 경우에는 22세 미만을 말하되, 병역의무를 이행하고 취학 중인 경우에는 병역의무를 이행한 기간을 가산한 연령 미만을 말한다고 하였다. 선택지의 자녀는 병역의무를 12개월간 이행하였으므로 23세 미만이어야 지원대상자가 될 수 있다.

④ 제○○조(정의)에 따르면, 자녀가 없을 경우 한부모가족에 해당되지 않으므로 지원대상자가 될 수 없다.

문제접근법

(1) 조항을 빠르게 훑어보면서 중요 키워드를 파악한다.

(2) 선택지의 내용에 해당하는 법령을 찾아 문제를 해결한다. 이때 선택지의 키워드를 빠르게 파악하여 법령에 해당 키워드가 어느 부분에 있는지 신속하게 찾는 것이 중요하다.

전략풀이 TIP

제○○조(정의)를 보면, 한부모가족이 성립하는 조건에 대해 나와 있다. 따라서 선택지별로 지원 가능 여부를 확인하기 위해서는 한부모가족의 조건을 만족하는지를 우선적으로 살펴봐야 한다.

04 ▶ ③

| 정답풀이 |

문화재청장은 발굴의 목적, 방법, 착수 시기 및 소요 기간 등의 내용을 발굴 착수일 2주일 전까지 해당 지역의 소유자, 관리자 또는 점유자에게 미리 알려 주어야 한다. 소유자, 관리자, 점유자 모두에게 알려야 하는 것이 아니라 소유자 또는 점유자에게 알리는 것이므로 병에게만 알려도 된다.

| 오답풀이 |

① 학술조사에 필요한 경우, 각 호의 지역을 발굴할 수 있는데 고도 지역도 발굴 가능 지역에 포함되므로 A지역을 발굴할 수 있다.

② 병은 발굴에 대하여 문화재청장에게 의견을 제출할 수 있으나, 발굴을 거부하거나 방해 또는 기피하여서는 안 된다.

④ 갑은 발굴 시 발굴 현장에 발굴의 목적, 조사 기관, 소요 기간 등의 내용을 알리는 안내판을 설치하여야 하고, 발굴이 완료된 경우에는 완료된 날부터 30일 이내에 발굴의 결과를 소유자 등에게 알려야 한다.

⑤ 손실 보상에 관하여는 문화재청장과 손실을 받은 자가 협의하여야 하므로, 정은 갑과 협의하여야 한다.

문제접근법

(1) 조항을 한번 살펴보며 중요 키워드가 무엇인지 파악한다.

(2) 조항을 완벽하게 이해하고 [상황]의 내용을 본 후 선택지로 넘어가면, 풀이 시간이 오래 걸리므로 선택지의 내용을 먼저 확인하면서 키워드를 대조하여 풀도록 한다.

전략풀이 TIP

문화재청장의 역할, 발굴 목적과 방법, 착수 시기, 소요 기간 등에 대한 내용과 예외 사항을 확인하고 이해하는 것이 중요하다.

05 ▶ ③

| 정답풀이 |

갑은 현재 공무상 일시귀국만 해온 상태이다. 따라서 제4항 제1호와는 무관하며, 제2항에 의거하여 장관에게 신고만 하고 일시귀국 할 수 있다.

| 오답풀이 |

① 공무로 일시귀국하고자 하는 경우에는 장관의 허가를 받아야 한다.

② 병은 이미 공무 외의 목적으로 연 1회 일시귀국하였으므로, 추가로 공무 외의 목적으로 일시귀국하기 위해선 제4항 1호에 의거해 장관의 허가를 받아야 한다.

④ 을은 현재 동반가족의 치료를 위해 일시귀국만 한 상태이므로, 제3항 제2호에 따라 공무 외의 목적으로 일시귀국 횟수를 채운 상태는 아니다. 따라서 회갑이라는 공무 외의 목적으로 일시귀국하기 위해서는 제4항 제1호와는 무관하게 제2항에 의거하여 공관장의 허가를 받으면 된다.

⑤ 제4항 제2호에 의거하여 장관의 허가를 받아야 한다.

문제접근법

(1) 조항을 읽으며 장관에게 허가를 받아야 하는 경우와 공관장에게 허가를 받아야 하는 경우를 구분한다.

(2) 허가와 신고를 구분한 후, 문제를 푼다.

전략풀이 TIP

공무 외의 목적으로 일시귀국하는 것은 횟수 제한이 있으므로, 현재 갑, 을, 병이 해당 횟수를 사용하였는지를 우선으로 확인해야 실수를 줄일 수 있다.

06 ▶ ④

| 정답풀이 |

주민등록번호는 번호의 앞 6자리(생년월일) 및 뒤 7자리 중 첫째 자리는 변경할 수 없다. 따라서 앞 6자리가 980101에서 981010으로 변경될 수 없다.

| 오답풀이 |

① 갑이 주민등록번호를 변경하기 위해서는 B구청장에게 주민등록번호의 변경을 신청해야 한다.

② 갑이 주민등록번호 변경 통지를 받으면 신분증에 기재된 번호의 변경을 신청해야 한다.

③ B구청장은 주민등록번호 변경위원회로부터 번호 변경 기각 결정을 통보받은 경우뿐 아니라 번호 변경 인용 결정을 통보받은 경우에도 신청인의 번호를 기준에 따라 지체 없이 변경하고, 이를 신청인에게 통지해야 한다.

⑤ B구청장은 주민등록번호 변경위원회의 번호 변경 인용 결정을 통보받은 경우에 신청인의 주민등록번호를 기준에 따라 지체 없이 변경해야 한다.

문제접근법

(1) 이 문제는 [상황]의 내용이 짧고 파악하기 쉬우므로 [상황]을 먼저 확인한 후, 선택지를 본다.

(2) 선택지의 내용을 확인하면서 관련 키워드가 있는 조항을 찾아 읽으며 해결한다.

전략풀이 TIP

특별시장, 광역시장은 '주민등록지의 시장'에 해당하지 않는다. 따라서 A광역시장이라는 단어가 나오는 선택지는 내용을 별도로 확인하지 않아도 소거할 수 있다.

07 ▶ ②

| 정답풀이 |

㉠ 세 번째 문단에서 1911년에 휘발유 소비가 처음으로 등유를 앞질렀다고 하였으므로 그 이전인 1909년에는 등유보다 휘발유의 소비량이 더 적었음을 알 수 있다.

㉣ 네 번째 문단에서 액화석유가스 생산 기술은 1912년에 처음으로 개발되었다고 하였으므로 그 이전인 1910년에는 액화석유가스를 생산할 수 없었음을 알 수 있다.

| 오답풀이 |

㉡ 두 번째 문단에서 ○○계곡의 연간 산유량은 1859년의 2천 배럴에서 10년 만에 250배가 되었다고 하였으므로 $2,000 \times 250 = 500,000$(배럴)이 되었음을 알 수 있다. 따라서 월 평균 산유량은 $500,000 \div 12 \fallingdotseq 41,667$(배럴)이다.

㉢ 네 번째 문단에서 1910년경 동력 장치로 발명된 디젤엔진이 선박에 처음으로 사용되었다고 하였으므로 1927년 이전부터 경유(디젤)가 사용되었음을 알 수 있다.

문제접근법

(1) [보기]를 먼저 확인하여, 자료를 읽을 때 어떤 내용을 확인해야 하는지 파악한다.

(2) 모든 보기에 연도가 제시되어 있음에 주목하여 자료를 읽을 때에도 연도를 중점적으로 파악한다.

전략풀이 TIP

모든 보기에 연도가 제시되어 있으므로, 자료를 읽을 때 연도에 표시를 하며 읽으면 [보기]의 정오를 더욱 빠르게 판단할 수 있다.

08 ▶ ②

| 정답풀이 |

두 번째 문단에서 1880년에는 甲국의 석유 수출량이 국내 소비량의 150%가 되었으며, 그해 생산된 석유의 총 가액은 3,500만 달러였다고 하였다. 국내 소비량의 총액을 a만 달러라고 하면 수출량의 총액은 $1.5a$이므로 $a+1.5a=2.5a=3,500$이다. 이를 계산하면 $a=1,400$이므로 석유 수출량의 총액은 $1.5a=1.5\times1,400=2,100$(만 달러)이다. 배럴당 가격은 1.2달러이므로 석유 수출량은 $2,100\div1.2=1,750$(만 배럴)이다.

문제접근법

(1) 주어진 자료에서 문제를 해결하기 위한 정보가 어느 부분에 있는지 파악한다.
(2) 자료의 내용을 적용하여 식을 세우고 값을 구한다.
(3) '단, ~'으로 제시된 내용은 답을 도출하는 데 반드시 필요한 정보인 경우가 대부분이므로 놓치지 않도록 유의한다.

전략풀이 TIP

문제에 제시된 키워드를 자료에서 빠르게 찾는 것이 중요하다. 문제에서 '1880년'이라는 시기를 제시하고 있으므로 '1880년'이 언급된 두 번째 문단에서 문제 해결에 필요한 정보를 제시하고 있을 것임을 예상할 수 있다.

04 ㅣ PSAT 기출변형 Lv.3		본문 P. 314~316
01	02	
④	②	

01 ▶ ④

| 정답풀이 |

연명의료 중단 결정을 원하는 환자의 의사는 의료기관에서 작성된 연명의료계획서가 있는 경우이거나 담당 의사가 사전연명의료의향서의 내용을 환자에게 확인하는 경우에 환자의 의사로 본다. 따라서 담당 의사가 사전연명의료의향서의 내용을 환자에게 확인하지 않았더라도 연명의료계획서가 있으면, 환자가 연명의료 중단 결정을 원하는 것으로 볼 수 있다.

| 오답풀이 |

① '사전연명의료의향서'란 19세 이상인 사람이 자신의 연명의료 중단 결정 및 호스피스에 관한 의사를 직접 문서(전자문서를 포함한다)로 작성한 것을 말하는 것으로 '사전연명의료의향서'를 작성하기 위하여 임종 과정에 있다는 의학적 판단을 받아야 한다는 전제는 없다.
② 임종 과정에 있는 환자의 담당 의사는 '연명의료계획서'를 작성할 수 있지만, 환자의 담당 의사가 아닌 해당 분야의 전문의는 이를 작성할 수 없다.
③ 미성년자인 환자가 의사표현을 할 수 없는 의학적 상태라면 옳은 설명이다. 하지만 미성년자인 환자가 의사표현을 할 수 있고, 이를 담당 의사 또는 해당 분야 전문의 1명에게 알렸다면, 해당 환자가 연명의료 중단 결정을 원하지 않는 것으로 본다.
⑤ 19세 이상의 환자가 의사표현을 할 수 없을 때, 환자의 배우자, 1촌 이내의 직계 존속·비속이 전원 합의로 연명의료 중단 결정의 의사표시를 하고, 담당 의사와 해당 분야 전문의 1명이 확인한 경우에 해당 환자의 연명의료 중단 결정이 있는 것으로 본다.

문제접근법

(1) 조항을 한번 살펴보며 중요 키워드가 무엇인지 파악한다.
(2) 이 문제에서는 '연명의료계획서'와 '사전연명의료의향서'를 구분하여 이해하는 것과 상황에 따

른 '연명의료 중단 결정'의 경우를 파악하는 것이 중요하다.

(3) 선택지의 내용을 확인하면서 관련된 키워드가 있는 조항을 찾아서 본다.

전략풀이 TIP

정오 판단 문제의 경우, 되는 것을 되지 않는다고 하는 경우나 예외적인 상황을 고려하지 않거나 주어를 바꾸어 선택지를 구성하는 경우가 많다. 따라서 선택지에서 주어와 '하더라도', '임에도 불구하고', '만', '전부' 등을 중심으로 주어진 규정의 조항과 비교하면서 해결한다.

02 ▶ ②

| 정답풀이 |

만약 A가 쿨톤이라면 A와 B가 모두 쿨톤이므로 C와 D는 웜톤이 되어야 한다. 이 경우 C의 발언에 모순이 생기므로 옳지 않다. 따라서 A는 웜톤이다. A가 웜톤이고, 세 번째 천을 댔을 때 형광등이 켜졌으므로 웜톤－쿨톤 순으로 천을 댄다. 또한 A는 웜톤이고 가을 타입이 아니므로 봄 타입이다. B는 쿨톤이고, 여섯 번째 천을 댔을 때 형광등이 켜지지 않았으므로 여덟 번째 천을 댔을 때 형광등이 켜진다. 형광등이 켜진 색상 천 순서의 숫자를 합해 10이 되려면 (2－8), (3－7), (4－6) 조합이 가능한데, 여덟 번째는 B, 세 번째는 A가 켜졌으므로 C는 네 번째와 여섯 번째에서 형광등이 켜진다. 따라서 C는 쿨톤이고, D는 웜톤이다. C가 밝은 색 천 중 네 번째 천에서 형광등이 켜졌으므로 B는 두 번째에서 켜진다. A가 밝은 색 천 중 세 번째 천에서 형광등이 켜졌으므로 D는 첫 번째에서 켜진다. C가 어두운 색 천 중 두 번째 천에서 형광등이 켜졌으므로 D는 세 번째에서 형광등이 켜지고, A는 첫 번째에서 형광등이 켜진다. 따라서 형광등이 켜진 순서는 D－B－A－C－A－C－D－B이다. 그러므로 형광등이 켜진 색상 천 순서에 해당하는 숫자의 합은 B가 2＋8＝10, D가 1＋7＝8로 B가 D보다 크다.

㉠ A는 봄 타입이다.

㉣ B가 10으로 8인 D보다 크다.

| 오답풀이 |

㉡ C는 쿨톤이므로 웜톤인 A와 같은 톤이 아니다.

㉢ B와 C가 쿨톤이지만, 타입은 알 수 없다.

문제접근법

(1) 웜톤과 쿨톤에 해당하는 계절에 대해 먼저 파악한다.

(2) 천을 대는 순서에 대한 내용을 확인한다.

(3) 확실하게 고정된 정보인 'A가 세 번째에서 형광등이 켜진 것'과 'B가 쿨톤인 것'을 시작으로 문제를 푼다.

전략풀이 TIP

확실히 알 수 있는 정보는 B가 쿨톤이라는 것이다. C가 쿨톤일 때와 웜톤일 때 가능한 A, D 조합을 찾으면, A, D의 톤에 대해 알 수 있다. A의 톤을 알아낸다면, A가 세 번째에서 형광등이 켜졌다고 하였으므로 웜톤과 쿨톤 중 어떤 톤의 천이 먼저 주어졌는지 알 수 있다. 이를 파악한 다음, C가 켜질 수 있는 천 순서의 조합을 확인한다.

Ⅳ 자원관리능력

CHAPTER 01 | 시간 · 비용

01 | NCS 최신빈출 본문 P. 322~333

01	02	03	04	05	06	07	08	09	10
④	②	①	③	②	②	③	⑤	④	①

01 ▶ ④

| 정답풀이 |

회사에서 출발하여 전시회장까지의 소요시간과 KTX 시간표를 확인해 본다.

8시에 출근 후 1시간 동안 준비 사항을 점검하고, 서울역까지 50분 소요되므로 서울역 도착 시간은 9시 50분이다. 따라서 9시 30분에 출발하는 KTX325 열차는 이용할 수 없다. 한편 평일의 경우, 전시회가 14시에 시작하며, 부산 KTX역에서 전시회장까지 40분이 소요되므로, 부산 KTX역에 늦어도 13시 20분까지는 도착해야 한다. 주말의 경우, 이보다 30분 빠른 12시 50분까지 부산 KTX역에 도착해야 한다. 토요일에는 KTX325를 제외하면 KTX231뿐인데, 부산 도착 시간이 13시 15분이므로 12시 50분 이후가 된다. 따라서 토요일에는 A사 직원들이 전시회를 처음부터 관람할 수 없다.

문제접근법

(1) [전시회 관련 사항]을 먼저 확인하여 서울역 도착 시간을 먼저 구한다.

(2) 주어진 시간표를 바탕으로 각 경우별 도착 시간을 확인하되, 평일과 주말로 나누어 해결한다.

전략풀이 TIP

서울역에 도착하는 시간이 9시 50분이므로 KTX325는 이용할 수 없고, 주말(13시 30분)에는 평일(14시)보다 전시회가 더 빨리 시작하므로, 주말을 먼저 확인한다. 토요일과 일요일 중 운행 요일이 적고 KTX325에 포함되는 요일인 토요일을 먼저 보면, KTX231의 부산 도착 시간은 13시 15분이며, 전시회장까지 40분이 소요되므로 13시 55분에 전시회장에 도착하게 된다. 따라서 토요일에는 전시회 일정을 맞출 수 없다.

02 ▶ ②

| 정답풀이 |

㉡ (E역에서 C역까지의 소요시간)=(E역에서 D역까지의 소요시간)+(D역에서의 정차시간)+(D역에서 C역까지의 소요시간)이다. 따라서 상행의 경우, D역에서의 정차시간은 9분 10초−(2분 30초+6분 10초)=30(초)이다.

따라서 옳지 않은 것의 개수는 1개이다.

| 오답풀이 |

㉠ (B역에서 D역까지의 소요시간)=(B역에서 C역까지의 소요시간)+(C역에서의 정차시간)+(C역에서 D역까지의 소요시간)이다. 따라서 하행의 경우, C역에서의 정차시간은 4분 46초−(1분 46초+2분 30초)=30(초)이다.

㉢ 인접한 두 역 간 거리가 먼 순서대로 나열하면 D−E(8.3km), E−F(3.2km), C−D(2.9km), B−C(1.7km), A−B(1.5km)이다. 그리고 두 역 간 하행의 소요시간이 긴 순서대로 나열하면 D−E(6분 15초), E−F(2분 54초), C−D(2분 30초), B−C(1분 46초), A−B(1분 44초)이다. 이때, 두 순서가 일치하므로 인접한 두 역 간 거리가 멀수록 두 역 간 하행의 소요시간도 길다.

㉣ 하행 · 상행 소요시간이 A−B는 1분 44초, 1분 52초, B−C는 1분 46초, 1분 49초, C−D는 2분 30초, 2분 30초, D−E는 6분 15초, 6분 10초, E−F는 2분 54초, 2분 45초이다. 따라서 인접한 두 역 간 하행과 상행의 소요시간이 동일한 구간은 C−D 구간뿐이다.

문제접근법

(1) 제시된 자료가 무엇을 나타내는지 먼저 확인한다.

(2) 보기 ㉠, ㉡에서 정차시간을 확인하기 위해서는 해당 역의 앞뒤 구간에 대해서 소요시간을 확인하면 된다는 것을 인지해야 한다.

전략풀이 TIP

[표]에서 출발역과 도착역이 같은 부분을 지나가는 우하향 대각선을 그렸을 때, 대각선 아래쪽은 하행,

위쪽은 상행임을 파악한다.

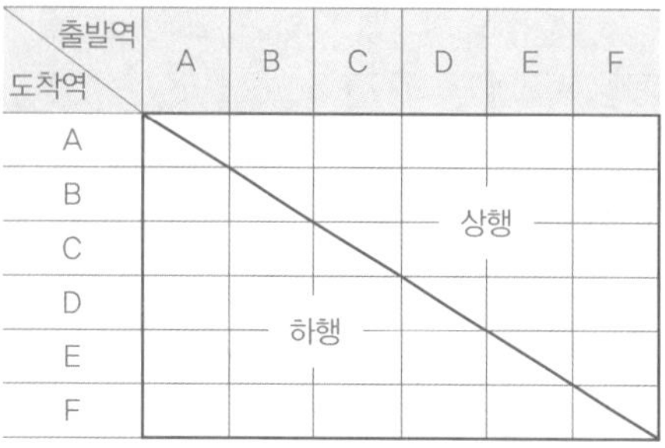

도착역 \ 출발역	A	B	C	D	E	F
A						
B						
C				상행		
D						
E			하행			
F						

03 ▶ ①

| 정답풀이 |

가방의 개별 물품 할인율이 10%이므로 가격은 150×0.9=135(달러)이다. 영양제의 개별 물품 할인율이 30%이므로 가격은 100×0.7=70(달러)이다. 목베개의 개별 물품 할인율이 10%이므로 가격은 50×0.9=45(달러)이다.

전체 가격은 135+70+45=250(달러)이고, 20%를 추가로 할인받으므로 250×0.8=200(달러)이다. 결제해야 할 금액이 200달러를 초과할 때, '20,000원 추가 할인 쿠폰'을 사용할 수 있는데 200달러이므로 할인 쿠폰을 사용할 수 없다.

따라서 최종 결제 금액은 200달러이다. 정가가 150+100+50=300(달러)이므로 할인받은 금액은 300−200=100(달러)이다. 1달러당 1,000원이므로 환율을 적용하면, 100×1,000=100,000(원)이다.

문제접근법

(1) [물품별 정가 및 이번 달 할인율]의 항목별 내용을 한번 살펴본 후, [조건]을 본다.
(2) 금액을 구하는 문제로 [조건]의 내용에 맞게 순차적으로 적용하면서 계산한다.

전략풀이 TIP

가방과 목베개는 이번 달 할인율이 10%로 동일하므로 (가방)+(목베개)=200(달러)로 한번에 계산할 수 있다.

04 ▶ ③

| 정답풀이 |

출판사를 통해 출판한 종이책의 정가를 x원이라고 하자.

1) 자비로 출판한 종이책의 정가는 x원의 120%이므로 $1.2x$원이고, 이때의 인세는 도서 정가의 25%이므로 $1.2x\times0.25=0.3x$(원)이다. 또한 기대 판매량은 3,000권 이상이므로 인세 수익은 $0.3x\times3,000=900x$(원) 이상이지만, 초기 비용이 600만 원 소요되므로 총 기대 수익은 $(900x-6,000,000)$원 이상이다.
2) 출판사를 통해 출판한 종이책의 정가는 x원이고, 이때의 인세는 도서 정가의 10%이므로 $x\times0.1=0.1x$(원)이다. 또한 기대 판매량은 8,000권 이상이지만 인세는 2,000권 초과부터 받을 수 있고, 초기 비용은 0원 소요되므로 총 기대 수익은 $0.1x\times(8,000-2,000)=600x$(원) 이상이다.
3) 출판사를 통해 출판한 전자책의 정가는 x원의 80%이므로 $0.8x$원이고, 이때의 인세는 도서 정가의 5%이므로 $0.8x\times0.05=0.04x$(원)이다. 또한 기대 판매량은 6,000권 이상이고, 초기 비용은 0원 소요되므로 총 기대 수익은 $0.04x\times6,000=240x$(원) 이상이다.
4) 온라인 플랫폼을 통해 출판한 도서의 편당 정가는 $1.2x\times\frac{1}{12}=0.1x$(원)이고, 이때의 인세는 편당 정가의 20%이므로 $0.1x\times0.2=0.02x$(원)이다. 또한 기대 판매량은 편당 1,000회 다운로드인데 총 24편이므로 전체 기대 판매량은 24,000회 이상이지만, 인세 수익은 각 권 24편 전체에서 6,000회 초과 다운로드부터 발생한다. 이때, 초기 비용은 편당 등록 수수료가 발생하며, 편당 정가의 5%이므로 $0.1x\times0.05=0.005x$(원) 소요된다. 따라서 총 기대 수익은 $(0.02x-0.005x)\times(24,000-6,000)=270x$(원) 이상이다.

즉, 총 기대 수익이 가장 작은 것은 출판사를 통해 전자책을 출판할 경우로 이때의 총 기대 수익은 $240x$원이고, x가 20,000을 초과할 수 없으므로 총 기대 수익이 가장 큰 것은 출판사를 통해 종이책을 출판할 경우로 이때의 총 기대 수익은 $600x$원이다.

따라서 갑이 얻을 수 있는 가장 작은 총 기대 수익은 가장 큰 총 기대 수익의 $\frac{240x}{600x}\times100=40(\%)$이다.

💡 문제접근법

(1) 출판사를 통해 출판한 종이책의 정가를 x원으로 설정한다.
(2) 설정된 미지수 x를 이용하여 출판 형식별로 출판할 때의 정가, 기대 수익 등을 나타내어 식으로 표현한 후, 기대 수익을 비교한다.

전략풀이 TIP

i) 문제에서 출판 형식별로 기대 수익을 비교하여야 함을 확인하고, 주어진 조건에서 '총 기대 수익'을 구하는 산식을 확인한다.
ii) 기준점(미지수 선정)을 잡고 각각의 출판 형식별로 기대 수익을 구하여 비교해야 하므로, 단순 계산을 빠르게 하여 각각의 기대 수익을 확인한다.

05 ▶ ②

| 정답풀이 |
공항 도착 시간이 17:00이며, 집결지부터 공항까지 1시간 30분이 소요되므로, 관광을 마치고 다시 집결지에 모이는 시간은 늦어도 15:30이 되어야 한다. 또한 네 곳을 모두 관광하기 위해서는 네 관광지의 관람 시간이 모두 포함되어야 하므로 30분+1시간+1시간 30분+40분=3시간 40분을 감안해야 한다. 따라서 오후 3시 30분(15:30)으로부터 3시간 40분 전인 오전 11시 50분을 기준으로, 가장 이동 시간이 짧은 경우의 시간을 빼면 된다.
한편 집결지를 거치지 않고 이동이 가능한 경우의 수는 다음과 같이 8가지가 있으며, 이 중 동일한 경로의 역순인 경우를 제외하고 남은 4가지 경우의 이동 시간을 구하면 다음과 같다.

1) 집결지－A－B－D－C－집결지
 10＋20＋15＋10＋30＝85(분)＝1시간 25분
2) 집결지－A－C－D－B－집결지
 10＋20＋10＋15＋20＝75(분)＝1시간 15분
3) 집결지－B－A－C－D－집결지
 20＋20＋20＋10＋20＝90(분)＝1시간 30분
4) 집결지－B－D－C－A－집결지
 → 2)와 동일한 경로
5) 집결지－C－A－B－D－집결지
 30＋20＋20＋15＋20＝105(분)＝1시간 45분
6) 집결지－C－D－B－A－집결지
 → 1)과 동일한 경로
7) 집결지－D－B－A－C－집결지
 → 5)와 동일한 경로
8) 집결지－D－C－A－B－집결지
 → 3)과 동일한 경로

따라서 이동 시간이 가장 짧은 경우는 1시간 15분이 소요되는 집결지－A－C－D－B－집결지의 2) 경로이다. 그러므로 처음 집결지에 모일 수 있는 가장 늦은 시각은 오전 11시 50분을 기준으로 1시간 15분 전인 10시 35분(10:35)이다.

💡 문제접근법

(1) [그림]의 관광지 약도의 구성과 [표]의 항목을 확인한 후, 문제의 발문을 읽는다.
(2) 발문에 주어진 조건을 표시한다. 이 문제는 이동 경로를 확인해야 하는 문제로 가능한 경우의 수를 먼저 파악하다.
(3) 확인된 경우의 수 중 역순으로 동일한 경로가 발생하는 경우는 반드시 있으므로 각 경로를 모두 계산할 필요 없이 서로 다른 경로만 찾은 후, 계산한다.

전략풀이 TIP

이 문제에서의 이동 경로 중 '집결지－C'의 이동 시간이 가장 길기 때문에 해당 경로가 포함된 경우는 이동 시간이 가장 짧을 가능성이 매우 낮다.

06 ▶ ②

| 정답풀이 |
12:40에 모였으므로 출발해야 하는 시간인 15:30까지는 2시간 50분의 관광 시간이 남아 있다.
집결지에서 출발하여 관광을 마치기 전까지 집결지를 다시 거치지 않으면서 두 곳을 관광하는 방법별 관람 및 이동 시간과 입장료는 다음과 같다.

1) A－B: 10＋30＋20＋60＋20＝140(분)
 ＝2시간 20분, 입장료: 12,000원
2) A－C: 10＋30＋20＋90＋30＝180(분)
 ＝3시간, 입장료: 13,000원
3) B－D: 20＋60＋15＋40＋20＝155(분)
 ＝2시간 35분, 입장료: 16,000원
4) C－D: 30＋90＋10＋40＋20＝190(분)
 ＝3시간 10분, 입장료: 17,000원
5) A－D(B 또는 C지점 통과): 10＋30＋20＋15＋40＋20＝135(분)＝2시간 15분(A－B－D)
 10＋30＋20＋10＋40＋20＝130(분)

=2시간 10분(A−C−D), 입장료: 14,000원

6) B−C(A 또는 D지점 통과): 20+60+20+20+90+30=240(분)=4시간(B−A−C)

20+60+15+10+90+30=225(분)

=3시간 45분(B−D−C), 입장료: 15,000원

따라서 2시간 50분 동안 관광지를 관람할 수 있는 방법은 A−B, B−D, A−D의 3가지가 되며, 이 때의 1인당 지불 가능한 입장료는 각각 12,000원, 16,000원, 14,000원이다.

문제접근법

(1) 발문을 통해 기준이 되는 시간을 먼저 확인한다.

(2) 조건에 따라 이동할 수 있는 경로를 찾은 다음, 그에 따른 관람 및 이동 시간과 입장료를 계산한다.

전략풀이 TIP

두 곳의 관광지를 관람하는 경우의 수는 A−B, A−C, A−D, B−C, B−D, C−D로 6가지이다. 관광지 중 C의 경우에는 집결지 간 이동 시간이 30분이고, 관람 시간이 1시간 30분이므로 해당 시간만으로도 2시간이 소요된다. 따라서 총 2시간 50분의 관광 시간 중 남은 한 곳으로 이동해서 관람한 후 집결지로 오는 데 50분 이하의 시간이 소요되어야 한다. 하지만 해당 사항을 만족하는 관광지는 없으므로 C의 경우는 제외할 수 있다. C가 포함된 입장료 금액은 13,000원(A−C), 15,000원(B−C), 17,000원(C−D)이므로 해당 가격이 포함된 선택지를 소거하면 정답을 ②로 선택할 수 있다.

07 ▶ ③

| 정답풀이 |

- A씨와 아내(성인 2인):
  5월 26일 하루 관람 → 성인 2인 특정일권을 구매해야 하므로 40,000×2=80,000(원)이다.
- A씨의 장인과 장모(경로 우대자 2인):
  5월 23~24일 이틀 연속 관람 → 특별권 2매와 경로 우대자 평일 2일권 1매를 구매해야 하므로 10,000×2+30,000×1=50,000(원)이다.
- A씨의 아들(청소년 1인)과 딸(어린이 1인):
  7월 중 3일 연속 관람 → 청소년 3일권과 어린이 3일권을 구매해야 하므로 53,000+40,000=93,000(원)이다.

따라서 입장료 총액의 최소 금액은 80,000+50,000+93,000=223,000(원)이다.

문제접근법

(1) [상황]의 내용을 먼저 살펴본 후, 자료에서 해당 내용과 관련 있는 부분을 중심으로 파악한다.

(2) [상황]과 무관한 내용에는 따로 표시하여 헷갈리지 않도록 한 뒤, 해결할 수 있도록 한다.

(3) 관람일이 특정일에 해당하는 지에 유의하며, 문제를 해결한다.

전략풀이 TIP

i) 주어진 상황은 소규모의 가족에 관한 내용을 다루고 있으므로, 자료에서 단체할인권에 관한 내용은 모두 무시해도 된다.

ii) 하루, 이틀, 사흘간 과학 박람회를 관람하므로 전 기간권에 대해서도 신경 쓰지 않아도 된다.

iii) A씨의 장인이 국가유공자임에 유의한다.

08 ▶ ⑤

| 정답풀이 |

임대해야 할 사무용 기기는 다양한 기능이 포함되어 사용 가능한 제품인 복합기로 총 20대이다. 20대 중 절반인 10대는 120cm 이상 사이즈인 (55×140)cm 사이즈에 고급 토너가 장착된 이동식이고, 외형 색상은 3도, 속도 조절 불가능, 방진 유리가 적용된 제품이다. 나머지 10대는 가로, 세로 길이가 90~120cm 공간에 가급적 남는 공간이 적은 (80×110)cm 사이즈에 일반 토너가 장착된 고정식이고, 외형 색상은 2도, 속도 조절 가능, 일반 유리가 적용된 제품이다. 이를 바탕으로 두 업체의 임대 비용을 구하면 다음과 같다.

- 대한상사: (160,000×20)+(20,000+50,000+25,000+15,000+90,000+80,000)×10+(15,000+20,000+20,000+20,000+40,000+30,000)×10=7,450,000(원)으로 총 임대 비용이 600만 원 이상이므로 80만 원 할인이 적용된다. 따라서 임대 비용은 7,450,000−800,000=6,650,000(원)이다.
- 한국인쇄: (170,000×20)+(20,000+40,000+20,000+25,000+90,000+60,000)×10+(10,000+15,000+10,000+30,000+60,000+10,000)×10=7,300,000(원)으로 총 임대 비용이 600만 원 이상이므로 10% 할인이 적용된다.

따라서 임대 비용은 7,300,000×0.9=6,570,000(원)이다.

그러므로 기기를 임대하게 될 업체는 한국인쇄이고, 총 임대 비용은 6,570,000원이다.

문제접근법

(1) [기기 임대 관련 비용 내역]은 기본 비용과 추가 비용의 두 가지로 구성되어 있음을 확인한 후, [김 부장의 지시]를 바로 읽는다.
(2) 이 문제의 경우에는 자료의 내용이 많고 조건이 많으므로 각 경우에 해당하는 조건을 반드시 표시하면서 자료에 맞게 적용하여 해결한다.

전략풀이 TIP

업체별 단가는 다르지만 구성은 같으므로, 한 업체의 할인 전 임대 비용을 구하면, 다른 업체의 할인 전 임대 비용은 단가 차이의 결괏값을 바탕으로 구할 수 있다.

ⅰ) 대한상사를 기준으로 한국인쇄의 단가 차이를 보면, 복합기는 10,000원 더 높으므로 기본 비용은 총 200,000원 높을 것이다. 마찬가지로 추가 비용의 단가 차이를 통해 추가 비용은 총 350,000원 낮을 것이다.
ⅱ) 한국인쇄의 할인 전 임대 비용은 대한상사의 할인 전 임대 비용보다 150,000원 낮을 것이다.

위 사항을 바탕으로 최종 임대 비용을 구한 뒤 정리하면, 한국인쇄가 대한상사보다 더 저렴하고 임대 비용은 6,570,000원이다.

09 ▶ ④

| 정답풀이 |

다음 경로별 거리를 구하면 다음과 같다.

1) 본사−B−A−E−D−C
   3+8+7+6+5=29(km)
2) 본사−C−B−A−E−D
   6+4+8+7+6=31(km)
3) 본사−C−D−E−A−B
   6+5+6+7+8=32(km)
4) 본사−D−C−B−A−E
   2+5+4+8+7=26(km)
5) 본사−D−E−A−B−C
   2+6+7+8+4=27(km)

따라서 4) 경로로 이동할 경우, 최단 거리로 이동한 것이 되며, 이때의 거리는 26km이다.

문제접근법

(1) [그림]의 약도의 구성을 먼저 확인한 후, 문제의 발문을 읽는다.
(2) 주어진 선택지의 경로 중에서 최단 거리를 찾는 문제이므로 다섯 가지의 경로만을 기준으로 확인한다.
(3) 각 경우의 경로에서 중복되는 경로끼리 비교하여 최단 거리의 경로를 찾는다.

전략풀이 TIP

④, ⑤의 경우, D−C/D−E의 경로만 다르고 나머지 경로는 같으므로, 해당 경로의 거리를 바탕으로 비교한다. D−C의 경로가 D−E의 경로보다 더 짧으므로 ④의 경로가 더 짧을 것이다. 마찬가지로 ②, ③의 경우, ②의 경로가 더 짧으며, 본사에서 B, D로 가는 경로에 비해 C로 가는 경로가 길기 때문에 ②의 경우는 ①, ④와 비교해 최단 거리로 갈 수 있는 경로의 가능성이 매우 적음을 알 수 있다. 남은 ①, ④의 경로를 비교하면, ④의 경로가 더 짧으므로 정답을 ④로 선택할 수 있다.

10 ▶ ①

| 정답풀이 |

$(\text{연료비})=\frac{(\text{이동 거리})}{(\text{연비})}\times 1{,}500$ 식을 바탕으로 경로별 연료비를 구하면 다음과 같다.

1) 본사−B−C−D−E−A
   (0.3+0.2+0.5+0.6+0.35)×1,500
   =2,925(원)
2) 본사−C−D−E−A−B
   (0.6+0.5+0.6+0.35+1)×1,500
   =4,575(원)
3) 본사−D−C−B−A−E
   (0.125+0.5+0.2+1+0.35)×1,500
   =3,262.5(원)≒3,262(원)
4) 본사−D−E−A−B−C
   (0.125+0.6+0.35+1+0.2)×1,500
   =3,412.5(원)≒3,412(원)
5) 본사−E−A−B−C−D
   (0.625+0.35+1+0.2+0.5)×1,500
   =4,012.5(원)≒4,012(원)

따라서 1) 경로로 이동할 경우, 연료비를 가장 적게 들이고 이동한 것이 되며, 이때의 연료비는 2,925원이다.

문제접근법

(1) 연료비가 무엇인지, 어떠한 방식으로 구해야 하는지 먼저 확인한다.
(2) 주어진 선택지의 경로만을 고려하며, 구간별 거리와 [표]의 도로별 연비를 바탕으로 각 경로의 값을 대소 비교하여 해결한다.

전략풀이 TIP

1L당 연료비는 1,500원으로 모두 동일하므로 생략하고 비교할 수 있다. ②의 경우, 다른 선택지의 경로보다 이동 거리가 많이 기므로 상대적으로 연료비 역시 많이 나올 가능성이 높다. 한편 ③, ④를 비교해보면, 도로별 경로의 거리는 시내만 다른데, 시내로 이동한 거리는 ④의 경로가 더 기므로 ③의 연료비가 더 적을 것이다. ①, ⑤를 비교해보면, 고속도로로 이동한 거리는 같아 제외할 수 있고, 남은 경로의 거리는 ①의 경우에는 시내 14km, ⑤의 경우에는 시내 5km, 비포장도로 13km이다. 시내에서의 연비는 비포장도로보다 높고, 도로에 상관없이 이동한 거리는 ⑤의 경로가 더 기므로 ①의 연료비가 더 적을 것이다. 따라서 남은 ①, ③을 위와 같은 방법으로 비교하여 해결한다.

02 I PSAT 기출변형 Lv.1									본문 P. 334~348
01	02	03	04	05	06	07	08	09	10
②	①	②	④	①	③	④	③	②	③
11	12	13	14	15					
②	①	③	①	①					

01 ▶ ②

| 정답풀이 |

영수증상 결제 금액과 실 결제 금액의 차이는 237,300－228,000＝9,300(원)이다.
한 과일이 1상자 더 계산되고, 다른 한 과일이 1상자 덜 계산될 경우, 각 과일 1상자 가격의 차이에 해당한다. 복숭아와 딸기 1상자 가격의 차이는 23,600－14,300＝9,300(원)으로 위 금액의 차이와 일치한다. 따라서 딸기 1상자 더 계산되고, 복숭아 1상자 덜 계산되었다면, 결제 금액은 기존보다 9,300원 증가하여 총 237,300원이 될 것이다.

| 오답풀이 |

① 과일 1상자 가격은 최소 14,000원을 넘으므로 두 과일이 각각 1상자 더 계산될 경우, 최소 28,000원 넘게 결제되어야 한다. 하지만 금액의 차이는 9,300원으로 10,000원 미만이므로 성립하지 않는다.

③ 결제 금액이 가장 최소가 되는 경우는 사과 1상자 더 계산되고, 복숭아와 딸기 1상자가 덜 계산된 경우이다. 이때의 결제 금액은 228,000＋30,700－14,300－23,600＝220,800(원)으로 기존 결제 금액보다 낮게 된다. 따라서 성립하지 않는다.

④ 두 과일의 1상자씩 가격의 합은 다음과 같은 6가지 경우가 있다.
- 사과＋귤: 30,700＋25,500＝56,200(원)
- 사과＋복숭아: 30,700＋14,300＝45,000(원)
- 사과＋딸기: 30,700＋23,600＝54,300(원)
- 귤＋복숭아: 25,500＋14,300＝39,800(원)
- 귤＋딸기: 25,500＋23,600＝49,100(원)
- 복숭아＋딸기: 14,300＋23,600＝37,900(원)

(첫 번째 경우/여섯 번째 경우), (두 번째 경우/다섯 번째 경우), (세 번째 경우/네 번째 경우)가 성립하므로 각 결제 금액의 차이는 순서대로 18,300원, 4,100원, 14,500원이다. 따라서 9,300원에 해당하는 경우가 없으므로 성립하지 않는다.

⑤ 과일 1상자 가격이 백 원 단위에서 절상될 경우, 각 1상자 가격은 순서대로 31,000원, 26,000원, 15,000원, 24,000원이다. 따라서 총 결제 금액은 31,000×2+26,000×3+15,000×3+24,000×2=233,000(원)으로 이보다 5,000원 더 많은 금액은 238,000원이다. 따라서 제시된 결제 금액은 237,300원보다 많으므로 5,000원 미만으로 계산되었다.

문제접근법

(1) 글의 내용에서 금액과 과일별 1상자 가격을 먼저 확인하고, 선택지로 바로 넘어간다.
(2) 선택지 ①~⑤ 중 경우를 확인할 필요 없이 정오를 판단할 수 있는 ①, ③을 먼저 푼다.
(3) ①, ③은 틀린 선택지이므로 소거할 수 있고, 남은 ②, ④, ⑤ 중 비교적 간단한 경우인 ②를 풀어 정답을 찾도록 한다.

전략풀이 TIP

①, ③ 어떠한 경우에도 결제 금액의 차이가 10,000원 미만이 되거나 결제 금액이 높아질 수 없다. (×)
② 1상자 가격을 보았을 때, 그 차이가 10,000원 가까이 차이나는 과일은 복숭아와 딸기, 귤과 복숭아이다. 이 중 복숭아와 딸기 1상자 가격의 차이는 9,300원으로 성립하는 경우가 있다. (○)
④ 실 결제 금액이 증가하는 경우, 모두 금액을 정확하게 계산하지 않아도 10,000원을 훨씬 넘거나 못 미친다. (×)

02 ▶ ①

| 정답풀이 |

연구팀별 합계 점수를 구하면 다음과 같다.

구분	A	B	C	D	E
연구실적 건수	30점	45점	30점	60점	15점
피인용 횟수	9점	12점	19점	7점	33점
연구계획서 평가결과	20점	25점	15점	20점	25점
특허출원 건수	9점	12점	15점	6점	6점
합계 점수	68점	94점	79점	93점	79점

이에 따라 합계 점수 상위 3개 팀은 1위: B, 2위: D, 3위: C 또는 E인데, C와 E는 합계 점수가 80점 미만이므로 선정에서 제외한다. 선정된 연구팀 가운데 연구계획서 평가에서 '우수'를 받은 B는 1억 원을 증액 지급하고, 특허출원이 3건 미만인 D는 1억 원을 감액 지급하므로, □□연구지원센터가 지급할 연구비 총액은 (10+1)+(7−1)=17(억 원)이다.

| 오답풀이 |

② 피인용 횟수가 두 번째로 많은 연구팀인 C의 합계 점수는 79점이다.
③ 특허출원으로 인해 연구비가 감액되어 지급된 연구팀은 D이다.
④ 만약 연구팀 A의 연구계획서 평가결과가 '우수'라면, 합계 점수가 68+5=73(점)이므로 3위 안에 들지 않아 연구비가 지급되지 않는다. 이에 따라 연구계획서 평가결과가 '우수'이더라도 연구비 지급 대상이 아니므로 1억 원의 연구비를 증액하여 지급받을 수 없다.
⑤ 만약 연구팀 B의 특허출원 건수가 2건이라면, 합계 점수는 94−6=88(점)이 되어 2위의 연구비를 받게 되는데, 연구계획서 평가에서 '우수'를 받았으므로 1억 원이 증액되고, 특허출원이 3건 미만이므로 1억 원이 감액된다. 따라서 7+1−1=7(억 원)이 지급된다.

문제접근법

(1) 주어진 글의 선정 및 연구비 지급 기준을 빠르게 훑어본 후 특이사항이 있는지 확인한다. 이 문제에서는 합계 점수가 80점 미만인 팀은 선정에서 제외한다는 점, 평가 결과에 따라 연구비가 증액 또는 감액될 수 있다는 점 등을 반드시 파악해야 한다.
(2) 연구팀별로 각 평가 항목에 대한 점수를 구한 후, 합계 점수를 구한다.

전략풀이 TIP

[상황]에 팀별 평가 자료가 정리되어 있으므로, 이 자료 옆에 항목별 점수를 적으면 알아보기 쉽게 점수를 정리할 수 있다. 또한 이러한 정리를 바탕으로 실수를 최소화할 수 있다.

03 ▶ ②

| 정답풀이 |

2021년 단위당 변동원가는 1,600원에서 400원 상승한 2,000원이며, 전년 대비 $\frac{2,000-1,600}{1,600}\times 100=25(\%)$ 증가하였다. 따라서 2021년 판매 가격은 25% 증가한 2,000×1.25=2,500(원)이다. 또한 2021년 판매량은 20% 감소한 400,000×0.8=320,000(단위)이고, 고정원가는 1,000만 원 상승한 100,000,000+10,000,000=110,000,000(원)이다. 따라서 2021년 이익은 320,000×(2,500−2,000)−110,000,000=50,000,000(원)=0.5(억 원)이다.

이익 감소액의 10%만큼 지원금으로 지급하므로 자영업자 갑이 받는 지원금은 (0.6−0.5)×0.1=0.01(억 원)=100(만 원)이다.

문제접근법

(1) 글을 보고 이익산출 방법을 먼저 확인한다.
(2) [보기]의 내용을 확인하여 이익을 계산한다.

전략풀이 TIP

단위가 클 때는 만 단위를 생략하여 계산하면, 조금 더 편하다.

04 ▶ ④

| 정답풀이 |

공종별 적용한 공법의 항목별 공사비의 합은 다음과 같다.

[토공사]
- A: 4+6+4=14(억 원)
- B: 7+5+3=15(억 원)
- C: 5+5+3=13(억 원)

[골조공사]
- D: 30+20+14=64(억 원)
- E: 24+20+15=59(억 원)
- F: 24+24+16=64(억 원)

[마감공사]
- G: 50+30+10=90(억 원)
- H: 50+24+12=86(억 원)
- I: 48+21+15=84(억 원)

토공사의 경우에는 C공법, 골조공사의 경우에는 E공법, 마감공사의 경우에는 I공법의 공사비가 최소이므로 공종별 해당 공법을 적용하면 총 공사비가 최소가 된다. 따라서 해당 공법을 적용할 때, 총 공사 기간은 3+14+8=25(개월)이다.

문제접근법

(1) 문제에서 구하고자 하는 내용이 무엇인지 먼저 확인한 후, [표]의 제목과 항목을 확인한다.
(2) [표]를 확인하였으면, [조건]을 바로 읽으면서 해결해야 할 내용을 [표]에 적용한다.
(3) 공사비를 구하는 것이 아닌, 공사 기간을 구하는 문제이므로 공사비를 직접 계산할 필요 없이 공법별 공사비의 합의 대소 관계만 파악하여 해결할 수 있다.

전략풀이 TIP

i) 토공사를 보면, 공법 B와 C의 노무비와 경비는 같지만, 재료비는 C가 더 적으므로 B>C임을 알 수 있다. A와 C를 비교하면, 재료비와 노무비 합은 같지만, 경비는 C가 더 적으므로 C의 공사비의 합이 가장 적다.
ii) 골조공사를 보면, E와 F의 재료비는 같지만, 노무비와 경비는 F가 더 많으므로 E<F임을 알 수 있다. D와 E를 비교하면, 노무비는 같고 경비는 E가 1억 원 더 많지만, 재료비는 E가 6억 원 더 적으므로 E의 공사비의 합이 가장 적다.
iii) 마감공사 역시 같은 방법으로 대소 관계를 파악하면, I의 공사비의 합이 가장 적다.

따라서 총 공사비를 최소화하도록 공법을 적용할 때, 총 공사 기간은 3+14+8=25(개월)이다.

05 ▶ ①

| 정답풀이 |

甲사무관의 출발 시각은 오전 11시이고, 회의 시작 시각은 당일 오후 1시 30분이므로 2시간 30분 내에 회의 장소에 도착해야 한다. 이때 甲사무관은 B연구소 주차장에 도착한 후, 도보 10분 거리의 음식점으로 걸어가 점심식사(30분 소요)를 마치고 다시 주차장까지 걸어온 뒤, 주차장에서 5분 걸려 회의 장소에 도착할 예정이므로 처음 주차장에 도착했을 때부터 회의 장소에 도착할 때까지 소요되는 시간은 10+30+10+5=55(분)이다. 이에 따라 A부처에서 B연구소 주차장까지 소요시간은 2시간 30분에서 55분을 제외한 1시간 35분 이내여야 한다.

통행요금이 5,000원을 넘으면 해당 경로를 이용하

지 않으므로 '최소시간경로'는 이용하지 않는다. 나머지 경로 중 소요시간이 1시간 35분 이내인 경로는 '최적경로'와 '초보자경로'인데, 둘 중 피로도가 덜한 경로는 '최적경로'이다. 따라서 甲사무관이 선택할 경로는 '최적경로'이다.

문제접근법

(1) 문제 상황을 읽고, 출발 시각으로부터 몇 시간 이내에 회의 장소에 도착해야 하는지 파악한다.
(2) B연구소 주차장 → 음식점 → B연구소 주차장 → 회의 장소로 이동하는 시간을 구하여, A부처에서 B연구소 주차장까지 몇 시간 이내에 도착해야 하는지 파악한다.
(3) 회의 시작 시각 전에 도착하고, 통행요금이 5,000원을 넘지 않는 경로 중 피로가 가장 덜한 경로를 선택한다.

전략풀이 TIP

B연구소 주차장 → 음식점 → B연구소 주차장 → 회의 장소로 이동하는 시간만 실수 없이 계산한다면 쉽게 풀 수 있는 문제이다.
마지막 조건의 이동 경로를 순서대로 따라가며 소요시간을 계산하면 10(주차장 → 음식점)+30(점심식사)+10(음식점 → 주차장)+5(주차장 → 회의 장소)=55(분)이므로, 2시간 30분−55분=1시간 35분 이내에 B연구소 주차장까지 갈 수 있는 경로 중 통행요금이 5,000원을 넘지 않으면서 피로도 수치가 작은 경로를 선택한다.

06 ▶ ③

| 정답풀이 |

보고자가 국장인 E법 시행규칙 개정안이 가장 먼저 보고된다. 그다음 같은 예산담당관 소관인 A법 개정안이 보고된다. 남은 개정안 중 가장 상위 체계인 B법 개정안이 세 번째로 보고되고, 같은 기획담당관 소관인 C법 시행령 개정안이 네 번째로 보고된다. 마지막으로 D법 시행령 개정안이 보고된다. 따라서 네 번째로 보고되는 개정안은 C법 시행령 개정안이다.

문제접근법

(1) 보고 체계를 보며, 우선순위를 확인한다.
(2) 우선순위 위주로 줄을 세우면서 배치가 완료된 개정안은 표시한다.

전략풀이 TIP

기본 보고의 순서는 법규 체계 및 가나다순이지만, 예외적 상황(국장, 동일 소관 부서)을 염두하면서 문제를 푼다.

07 ▶ ④

| 정답풀이 |

甲주무관은 출장 중 총 9시간(09:00~18:00) 동안 요금이 가장 저렴한 주차장을 이용하므로 주어진 내용을 바탕으로 주차장별 요금을 정리하면 다음과 같다.

구분	기본요금 +추가요금	할인 여부	최종요금
A주차장	2,500+1,000×16 =18,500(원)	–	18,500원
B주차장	3,000+1,500×16 =27,000(원)	30% 할인	18,900원
C주차장	3,000+2,000×16 =35,000(원)	50% 할인 (일 주차권 보다 저렴함)	17,500원
D주차장	5,000+600×16 =14,600(원)	–	14,600원
E주차장	5,000+2,500×14 =40,000(원) (17:00~18:00 무료)	50% 할인	20,000원

따라서 甲주무관이 이용할 주차장은 D주차장이다.

문제접근법

(1) 주어진 글을 바탕으로 甲주무관이 주차장을 이용하는 시간, 자동차의 정보 등을 파악한다.
(2) 주차장별 주차요금 계산 시 비고의 내용을 빠뜨리지 않도록 유의한다.

전략풀이 TIP

ⅰ) A주차장과 C주차장의 비교
- 기본요금: 2,500>3,000×0.5
- 추가요금: 1,000=2,000×0.5

기본요금은 A주차장이 더 비싸고 추가요금은 동일하므로, A주차장은 가장 저렴한 주차장이 아니다.

Ⅳ 자원관리능력

ⅱ) B주차장과 C주차장의 비교
- 기본요금: 3,000×0.7>3,000×0.5
- 추가요금: 1,500×0.7>2,000×0.5

기본요금과 추가요금 모두 B주차장이 더 비싸므로, B주차장은 가장 저렴한 주차장이 아니다.

이와 같이 기본요금과 추가요금을 비교하여, 구체적인 계산을 해야 하는 주차장의 수를 줄인다면 보다 빠르게 해결할 수 있다.

08 ▶ ③

| 정답풀이 |

- 갑: A시 공무원이고, 2020년에 세입을 2억 원 증대하였으므로 지급액은 2억 원×0.1=2,000(만 원)이다.
- 을: 예산 낭비를 신고한 국민이므로 B시 시민이어도 A시 예산 성과금을 받을 수 있다. 9천만 원의 주요 사업비를 절약하였으므로 지급액은 9,000×0.2=1,800(만 원)이다.
- 병: 2020년 1월 1일~2020년 12월 31일 동안의 예산 절감 및 수입 증대 발생 시기가 아니므로 A시 예산 성과금을 지급받지 않는다.
- 정: A시 공무원이고, 제도 개선으로 2020년에 주요 사업비 6천만 원을 절약하였고, 개선된 제도가 타 사업으로 확산되었으므로, 절약액의 20%에 30%를 가산하여 지급받는다. 따라서 지급액은 (6,000×0.2)×1.3=1,560(만 원)이다.

따라서 갑~정이 받는 A시 예산 성과금의 합은 2,000+1,800+1,560=5,360(만 원)이다.

문제접근법

(1) 글의 지급 요건 및 대상과 지급 기준을 확인한 후, 바로 [상황]을 본다.
(2) [상황]의 갑~정이 받는 예산 성과금을 계산하기 전에 지급 대상이 맞는지, 지급 대상 시기가 맞는지 먼저 확인하고 풀도록 한다.

전략풀이 TIP

예산 성과금이 지급된다면 신분에 관계없이 1인당 지급액은 예산 절감 형태 및 수입 증대액에 따라 달라지므로, 각 대상이 어떤 예산을 얼마 절감하였는지 혹은 얼마 증대하였는지 위주로 계산한다.

09 ▶ ②

| 정답풀이 |

- X티켓: 놀이기구를 3개 탑승하였으므로 3,000원, 식비가 총 16,000원이므로 8,000원을 지불한다. 따라서 30,000+3,000+8,000=41,000(원)이다.
- Y티켓: 놀이기구 2개가 무료이므로 바이킹, 롤러코스터를 할인받고, 후룸라이드를 지불하는 것이 최소인 경우이다. 쇼 관람료가 3,000원, 식비가 16,000원이고, 입장료가 5,000원이므로 비용은 20,000+4,000+3,000+16,000+5,000=48,000(원)이다.
- Z티켓: 식비만 50%를 지불한다. 따라서 35,000+8,000=43,000(원)이다.

그러므로 X티켓을 구입하는 것이 가장 저렴하며 이때, A가 지불해야 하는 금액은 41,000원이다.

문제접근법

(1) [조건]의 내용을 살펴보면서 지불해야 하는 금액을 구하는 방법을 먼저 파악한다.
(2) 각 티켓별로 적용되는 [조건]을 순차적으로 확인하여 해결한다. X~Z티켓 중 Z티켓이 상대적으로 가장 간단하므로 먼저 계산한다.

전략풀이 TIP

ⅰ) Z티켓의 경우, 식비만 0.5×16,000=8,000(원) 더 지불하므로 35,000+8,000=43,000(원)이다.
ⅱ) X티켓의 경우, 놀이기구를 제외하고 혜택이 Z티켓과 동일하다. Z티켓보다 놀이기구를 3,000원 덜 혜택 받으므로 티켓 값에서 추가로 지불해야 하는 금액은 3,000+8,000=11,000(원)이다. 따라서 30,000+11,000=41,000(원)을 지불해야 한다.
ⅲ) Y티켓의 경우, 식비를 할인받지 않으므로 식비와 입장료를 합하면 이미 21,000원이 된다. 즉, 티켓 값과 더하면 41,000원 이상이 되므로 X티켓보다 지불해야 하는 금액이 더 많다.

따라서 3개의 티켓 중 X티켓이 가장 저렴하다.

10 ▶ ③

| 정답풀이 |

실적시간은 근무자의 일과시간(월~금, 09:00~18:00)을 제외한 근무시간을 말하고, 인정시간은 실적시간에서 개인용무시간을 제외한 근무시간을 말한다. 또한, 하루 최대 인정시간은 월~금요일이 4시간이고, 토요일은 2시간이며, 재택근무를 하는 경우 실적시간을 인정하지 않는다. 이를 바탕으로 근무자별 금요일과 토요일의 인정시간을 계산하면 다음과 같다.

구분	금요일		토요일	초과근무 인정시간
	출근시각과 퇴근시각의 차	인정시간	인정시간	
甲	11시간 5분	2시간 5분	2시간(최대)	4시간 5분
乙	11시간 55분	2시간 55분	–	2시간 55분
丙	12시간 30분	3시간	1시간 30분	4시간 30분
丁	15시간	–	2시간(최대)	2시간
戊	14시간 30분	4시간(최대)	–	4시간

따라서 금요일과 토요일의 초과근무 인정시간의 합이 가장 많은 근무자인 丙과 가장 적은 근무자인 丁의 초과근무 인정시간의 차는 2시간 30분이다.

문제접근법

(1) 주어진 글에서 '실적시간'과 '인정시간'이 무엇을 의미하는지 파악한다.
(2) '하루 최대 인정시간'과 '재택근무' 등의 사항에 유의하여 인정시간을 구한다.

전략풀이 TIP

甲~戊 모두 일과시간 전에 출근, 일과시간 후에 퇴근하므로 (실적시간)=(출근시각과 퇴근시각의 차)−9시간(일과시간)으로 구할 수 있다.

11 ▶ ②

| 정답풀이 |

㉢ Z는 '등록 결정' 되었으므로 사례금을 받고, 사례금은 착수금과 동일하다. 독립항 2개인 경우, 초과분이 1개이므로 착수금은 100,000원이다. 종속항 5개의 착수금은 $5\times35,000=175,000$(원)이다. 명세서가 20면이면 착수금을 산정하지 않는다. 도면 16도의 착수금은 $16\times15,000=240,000$(원)이다. 따라서 총 착수금은 $1,200,000+100,000+175,000+240,000=1,715,000$(원)인데 세부 항목을 합산한 금액이 140만 원을 초과할 경우, 착수금은 140만 원으로 하므로 착수금은 1,400,000원이다. 그러므로 Z가 받는 사례금은 1,400,000원이다.

| 오답풀이 |

㉠ X는 '등록 결정' 되었으므로 사례금을 받고, 사례금은 착수금과 동일하다. 독립항이 1개라면 착수금을 산정하지 않는다. 종속항 2개의 착수금은 $2\times35,000=70,000$(원)이다. 명세서가 24면인 경우, 20면 초과분이 4면이므로 착수금은 $4\times9,000=36,000$(원)이다. 도면 3도의 착수금은 $3\times15,000=45,000$(원)이다. 따라서 총 착수금은 $1,200,000+70,000+36,000+45,000=1,351,000$(원)이므로 X가 받는 사례금은 1,351,000원이다.

㉡ Y는 '거절 결정' 되었으므로 사례금을 받지 않는다.

문제접근법

(1) 보수 지급 기준의 내용을 먼저 확인한다. [착수금 산정 기준]과 주석의 내용, 예외 조건은 반드시 확인한 후, [보기]를 본다.
(2) ㉠~㉢ 중 ㉡은 예외 조건인 '거절 결정'에 해당하므로 계산하지 않아도 틀린 보기임을 알 수 있다. 따라서 선택지 ③, ⑤를 소거할 수 있고, 남은 ㉠, ㉢을 풀어 정답을 찾도록 한다.

전략풀이 TIP

기본료는 120만 원으로 동일하므로 남은 세부 항목의 착수금의 합이 20만 원 이상이면, 140만 원만 지급한다.

i) X의 경우, 종속항 2개, 명세서 4면, 도면 3도에 대한 착수금만 지급하므로 20만 원 미만이다. 따라서 X가 받는 사례금은 140만 원 미만이다.
ii) Z의 경우, 독립항과 종속항만 계산해도 20만 원을 초과하므로 착수금은 140만 원이다. 따라서 Z가 받는 사례금은 140만 원이다.

12 ▶ ①

| 정답풀이 |

수요일에는 3명 이상이 겹치는 시간이 없다. 따라서 수요일에는 회의를 개최하지 못하므로 A는 매일 회의에 참여할 수 없다.

| 오답풀이 |

② E가 회의에 참여할 수 있는 요일은 화요일, 목요일밖에 없는데 해당 요일 모두 E를 포함한 C가 참여하므로 옳은 설명이다. 참고로 ④의 해설에서 화요일과 목요일에 회의를 개최할 수 있는 것을 확인할 수 있고, 이때 참여하는 전문가는 A, C, E이다.

③ 월요일에는 C, D, F의 시간이 17:00~19:20에 겹친다. 따라서 월요일에 회의를 개최하는 경우, C, D, F의 합산 점수가 가장 높은 장소인 나에서 회의를 한다.

④ 화요일에는 A, C, E가 15:00~16:20에 회의를 참여할 수 있고, 목요일에도 A, C, E가 15:00~16:20에 회의를 참여할 수 있다. 즉, 참여하는 전문가가 동일하므로 화요일과 목요일에는 같은 장소에서 회의를 개최한다.

⑤ 5명이 회의를 참석하려면 적어도 5명이 해당 요일에 회의 참여가 가능해야 한다. 월요일에는 3명만 참여 가능한 것을 확인하였으므로 금요일만 확인하면 된다. 금요일의 경우, 17:00~18:30에 회의를 개최할 수 있다. 회의는 1시간 동안 진행되므로 빠르면 17:00, 늦어도 17:30에 회의를 시작해야 한다.

문제접근법

(1) [회의 참여 가능 시간]과 [회의 장소 선호도]를 먼저 살펴본 후, 바로 [조건]을 본다.
(2) [조건]에는 일정 기준이 바탕이 되는 내용이 주어졌으므로 선택지 ①~⑤의 내용을 순차적으로 확인하면서 각 경우에 대한 사항을 주어진 자료에 대입하여 해결한다.

전략풀이 TIP

만약 월요일, 화요일, 목요일 중 한 요일에 회의를 개최하지 않는다면 ①은 틀린 선택지이고, ③ 또는 ④도 틀린 선택지가 되므로 모순이 생긴다. 따라서 월요일, 화요일, 목요일에는 반드시 회의를 개최해야 하므로 수요일, 금요일만 확인하면 된다. 수요일의 경우, 겹치는 시간대가 없으므로 회의를 개최하지 않는다. 따라서 정답을 ①로 선택할 수 있다.

② E는 화요일, 목요일에만 회의에 참여 가능하므로 ④를 통해 옳은 내용임을 알 수 있다. (○)

④ ①을 통해 화요일, 목요일에 회의를 개최해야 한다는 것을 알았고, 해당 요일에 가능한 전문가가 A, C, E이므로 회의 장소 또한 동일하다. (○)

13 ▶ ③

| 정답풀이 |

영어 통역사는 1인당 통역료 50만 원, 교통비 8만 원, 이동 보상비 $2 \times 2 = 4$(만 원)이므로 통역경비는 총 $50 + 8 + 4 = 62$(만 원)이다. 영어 통역사는 3명이므로 $3 \times 62 = 186$(만 원)이다.

독일어 통역사는 1명으로 1인당 통역료 $50 + 10 = 60$(만 원), 교통비 8만 원, 이동 보상비 4만 원이므로 통역경비는 총 $60 + 8 + 4 = 72$(만 원)이다.

베트남어 통역사는 1인당 통역료 $60 + (2 \times 15) = 90$(만 원), 교통비 8만 원, 이동 보상비 4만 원이므로 통역경비는 총 $90 + 8 + 4 = 102$(만 원)이다. 베트남어 통역사는 2명이므로 $2 \times 102 = 204$(만 원)이다.

따라서 A사가 K시에서 개최한 설명회에 지출한 총 통역경비는 $186 + 72 + 204 = 462$(만 원)이다.

문제접근법

(1) [통역경비 산정 기준]을 통역료와 출장비를 중점으로 확인한 후, 바로 [상황]의 내용을 본다.
(2) [상황]을 확인하면서 통역료에 해당하는 내용과 출장비에 해당하는 내용을 구분해 정리하여 해결한다. 출장비는 모든 통역사에 대해 동일하므로 마지막에 (전체 통역사 수)×(출장비)를 더해서 계산한다.

전략풀이 TIP

ⅰ) 영어 통역사의 통역료는 50만 원이고, 총 3명이므로 통역료는 150만 원이다. 독일어 통역사의 통역료는 기본 50만 원에 추가 10만 원을 더한 60만 원이다. 베트남어 통역사의 통역료는 기본 60만 원에 추가 $2 \times 15 = 30$(만 원)을 더한 90만 원이고, 총 2명이므로 통역료는 180만 원이다. 따라서 총 통역료는 $150 + 60 + 180 = 390$(만 원)이다.

ⅱ) 교통비는 인당 왕복 8만 원이고, 이동 보상비는 편도 2시간, 왕복 4시간이므로 총 4만 원이다. 따라서 출장비는 12만 원이고 총 6명이므로 총 출장비는 $12 \times 6 = 72$(만 원)이다.

그러므로 총 통역경비는 $390 + 72 = 462$(만 원)이다.

14 ▶ ①

| 정답풀이 |

- A: 총수출액은 200+100=300(억 달러)이다. 총수입액은 A에 대한 B의 수출액과 A에 대한 C의 수출액의 합과 같으므로 150+150=300(억 달러)이다. 국내 총생산이 1,000억 달러이므로 무역 의존도는 $\frac{300+300}{1,000}=0.6$이다.
- B: 총수출액은 150+100=250(억 달러)이다. 총수입액은 B에 대한 A의 수출액과 B에 대한 C의 수출액의 합과 같으므로 200+50=250(억 달러)이다. 국내 총생산이 3,000억 달러이므로 무역 의존도는 $\frac{250+250}{3,000}≒0.17$이다.
- C: 총수출액은 150+50=200(억 달러)이다. 총수입액은 C에 대한 A의 수출액과 C에 대한 B의 수출액의 합과 같으므로 100+100=200(억 달러)이다. 국내 총생산이 2,000억 달러이므로 무역 의존도는 $\frac{200+200}{2,000}=0.2$이다.

따라서 무역 의존도가 가장 높은 국가는 A이고, 가장 낮은 국가는 B이다.

문제접근법

(1) 무역 의존도에 대한 문제이므로 글에서 무역 의존도 식을 먼저 확인한다.
(2) A~C국가의 국내 총생산의 수치를 확인하고, 각 국가의 총수출액 → 총수입액 순으로 계산한다.
(3) 무역 의존도의 결괏값을 구하는 문제가 아닌, 대소 관계를 판별하는 문제이므로 분수 비교법을 이용하여 해결한다.

전략풀이 TIP

A$\left(\frac{600}{1,000}\right)$는 B$\left(\frac{500}{3,000}\right)$, C$\left(\frac{400}{2,000}\right)$와 비교하여 분모는 가장 작지만, 분자는 가장 크므로 무역 의존도가 가장 높다. B와 C를 보면, C의 분자는 분모의 0.2배이지만, B의 분자는 분모의 0.2배보다 작다. 즉, C보다 B의 무역 의존도가 더 낮으므로 B의 무역 의존도가 가장 낮다.

15 ▶ ①

| 정답풀이 |

[회의]에 제시된 내용을 표로 정리하면 다음과 같다.

구분	회의 개최 장소	위원장 수	위원 수	회의 시간	회의 종류
(가)	1급지	1인	2인	3시간	전체위원회 전체회의
(나)	2급지	1인	4인	1시간	기타 위원회
(다)	3급지	1인	3인	4시간	조정위원회 소위
(라)	4급지	1인	2인	2시간	전문위원회

(위원(장) 회의참석수당)=(위원(장) 안건검토비)+(회의참석비)+(교통비)이므로 위의 표와 [표1]의 내용을 활용하여 (가)~(라)의 회의참석수당을 구하면 다음과 같다.

구분	총 인원	안건 검토비	회의 참석비	교통비	총지급액
(가)	3인	250+200 ×2=650 (천 원)	200×3 =600 (천 원)	10×3 =30 (천 원)	1,280천 원
(나)	5인	100+50 ×4=300 (천 원)	100×5 =500 (천 원)	12×5 =60 (천 원)	860천 원
(다)	4인	100+50 ×3=250 (천 원)	200×4 =800 (천 원)	16×4 =64 (천 원)	1,114천 원
(라)	3인	150+100 ×2=350 (천 원)	200×3 =600 (천 원)	20×3 =60 (천 원)	1,010천 원

따라서 총지급액이 가장 큰 회의인 (가)와 가장 작은 회의인 (나)의 총지급액 차는 1,280−860=420(천 원)이다.

문제접근법

(1) 주어진 [표]를 항목 위주로 확인하고, [표] 주석의 내용을 확인한 후에 [회의]의 내용을 본다.
(2) [회의]에 제시된 (가)~(라)의 정보를 바탕으로 안건검토비, 회의참석비, 교통비를 구한 후 총지급액을 계산하여 정답을 찾는다.

전략풀이 TIP

(가)~(라)의 안건검토비, 회의참석비, 교통비를 구하면 다음과 같다.

구분	안건검토비	회의참석비	교통비
(가)	650천 원	600천 원	30천 원
(나)	300천 원	500천 원	60천 원
(다)	250천 원	800천 원	64천 원
(라)	350천 원	600천 원	60천 원

(가)~(라) 모두의 구체적인 값을 구해보지 않아도 총지급액이 1,200천 원 이상인 것은 (가)뿐이고, 1,000천 원 이하인 것은 (나)뿐이므로 (가)의 총지급액이 가장 크고, (나)의 총지급액이 가장 작다는 것을 알 수 있다. 따라서 (가)와 (나)의 차를 구하면, (650−300)+(600−500)+(30−60)=350+100−30=420(천 원)이다.

03 | PSAT 기출변형 Lv.2

본문 P. 349~358

01	02	03	04	05	06	07	08	09	10
⑤	④	⑤	②	③	③	⑤	③	⑤	④

01 ▶ ⑤

| 정답풀이 |

[표1]에서 기금건전성 총점이 비어 있는 B와 D의 점수를 계산하면 다음과 같다.

- B: 24+30+13×2=80(점)
- D: 25+17+13×2=68(점)

이를 바탕으로 2023년 예산을 계산하면 다음과 같다.

[표] 기금별 2023년 예산 (단위: 백만 원)

구분	2022년 예산	2023년 기금예산 결정방식	2023년 예산
A	200,220	2022년 예산의 100%	200,220
B	34,100	2022년 예산의 110%	37,510
C	188,500	2022년 예산의 110%	207,350
D	9,251	2022년 예산의 100%	9,251
E	90,565	2022년 예산의 80%	72,452

따라서 2023년 A~E 예산의 합은 200,220+37,510+207,350+9,251+72,452=526,783(백만 원)으로 525,000백만 원 이상이다.

| 오답풀이 |

① C의 사업 적정성 점수는 82−(14+15×2)=38(점)이므로, 사업 적정성 점수가 두 번째로 높은 기금은 A이다.

② 2023년 예산이 2022년 예산의 100%인 기금은 2022년 기금건전성 총점이 60점 이상 80점 미만인 기금이다. 기금건전성 총점이 60점 이상 80점 미만인 기금은 A, D뿐이므로 총 2개이다.

③ A의 기금존치 타당성 점수는 $\frac{76-(30+18)}{2}$=14(점)이므로 A가 D(13점)보다 높다.

④ 2022년 기금건전성 총점이 가장 높은 기금은 82점인 C이지만 예산이 가장 많은 기금은 200,220백만 원인 A이다.

문제접근법

(1) [표]의 제목과 항목, 주석을 먼저 확인한 후 선택지의 내용을 살펴본다.

(2) 선택지를 풀기 위해서는 결국 [표1]의 빈칸을 모두 구해야 하므로, 주석의 내용을 바탕으로 빈칸에 들어갈 수치를 계산한다.
(3) 2023년의 예산을 계산해야 하는 ⑤ 대신, 빈칸의 값만 알면 빠르게 정오를 판단할 수 있는 ①~④를 풀어 정답을 찾도록 한다.

전략풀이 TIP

⑤ 2023년 예산을 계산할 때, B와 C는 2022년 예산의 110%이므로 두 예산을 합하여 2023년 예산을 계산하면 풀이 시간을 단축할 수 있다.
- B와 C의 2023년 예산의 합: (34,100+188,500)×1.1=244,860(백만 원)

따라서 2023년 A~E 예산의 합은 200,220+244,860+9,251+72,452=526,783(백만 원)이다. (○)

02 ▶ ④

| 정답풀이 |

(제조원가)=(고정원가)+(변동원가)이므로

$$(\text{고정원가율})+(\text{변동원가율})=\frac{(\text{고정원가})}{(\text{제조원가})}\times 100+\frac{(\text{변동원가})}{(\text{제조원가})}\times 100=\frac{(\text{고정원가})+(\text{변동원가})}{(\text{제조원가})}\times 100=\frac{(\text{제조원가})}{(\text{제조원가})}\times 100=100(\%)$$

이다. 이를 바탕으로 제품 A~E의 고정원가율을 구하면, 순서대로 60%, 40%, 60%, 80%, 50%이다. 따라서 제품 A~E의 제조원가를 구하면 다음과 같다.

- A: 60,000÷0.6=100,000(원)
- B: 36,000÷0.4=90,000(원)
- C: 33,000÷0.6=55,000(원)
- D: 50,000÷0.8=62,500(원)
- E: 10,000÷0.5=20,000(원)

제조원가를 바탕으로 제품 A~E의 매출액을 구하면 다음과 같다.

- A: 100,000÷0.25=400,000(원)
- B: 90,000÷0.3=300,000(원)
- C: 55,000÷0.3≒183,333(원)
- D: 62,500÷0.1=625,000(원)
- E: 20,000÷0.1=200,000(원)

따라서 매출액이 가장 큰 제품은 D이고, 두 번째로 작은 제품은 E이므로 매출액의 차이는 625,000−200,000=425,000(원)이다.

문제접근법

(1) [표]에 주어진 항목과 단위를 확인하고, 주석의 식을 반드시 확인한 후, 문제를 푼다.
(2) 주석의 식 구조를 살펴보면서 연결될 수 있는 식이 있는지 확인한다.
(3) 주석의 1)~3)을 통해 (고정원가율)+(변동원가율)=100이고, 2), 4)를 통해 (고정원가율)×(제조원가율)은 $\frac{(\text{고정원가})}{(\text{매출액})}$에 비례한다는 것을 알 수 있다. 이를 바탕으로 문제를 푼다.

전략풀이 TIP

i) $(\text{매출액})\propto\frac{(\text{고정원가})}{(\text{고정원가율})\times(\text{제조원가율})}$을 바탕으로 제품 A~E를 구하면 다음과 같다(대소 비교하는 문제로 자료의 수치를 반영함).
- A: $\frac{60,000}{60\times 25}=\frac{1,000}{25}$ • B: $\frac{36,000}{40\times 30}=\frac{1,200}{40}$
- C: $\frac{33,000}{60\times 30}=\frac{1,100}{60}$ • D: $\frac{50,000}{80\times 10}=\frac{5,000}{80}$
- E: $\frac{10,000}{50\times 10}=\frac{1,000}{50}$

제품 D의 경우, 다른 제품에 비해 분모 대비 분자의 값이 많이 크므로 매출액이 가장 큰 제품이다. 제품 E의 경우, 제품 A와 B보다 분자는 같거나 작지만, 분모는 크므로 매출액이 작다. 따라서 제품 C와 E를 비교한다.

ii) 1,100×50<1,000×60이므로 제품 E의 매출액이 더 크다. 제품 D의 매출액은 $\frac{5,000}{80}\times 10,000$=625,000(원)이고, 제품 E의 매출액은 $\frac{1,000}{50}\times 10,000$=200,000(원)이므로 그 차이는 425,000원이다.

03 ▶ ⑤

| 정답풀이 |

A가 책을 읽는 시간은 다음과 같다.

- 월요일: 출퇴근 30분씩 총 60분
- 화요일: 출근 30분, 퇴근 10분 총 40분
- 수요일: 출근 30분, 지하철 20분 총 50분
- 목요일: 출근 30분
- 금요일: 출퇴근 30분씩 총 60분

10분에 20쪽의 속도로 책을 읽으므로 남은 80쪽을 마저 읽는 데에는 40분이 걸린다. 따라서 월요일에 20분의 시간이 남은 상태에서 350쪽의 새로운 책을 읽기 시작한다. 책의 1쪽부터 30쪽까지는 10분에 15쪽의 속도로 책을 읽으므로, 월요일 20분

Ⅳ 자원관리능력

동안에는 30쪽의 책을 읽고 320쪽이 남는다.

남은 320쪽을 모두 읽는 데 걸리는 시간은 $\frac{320}{20}\times 10=160$(분)이다. 따라서 화요일부터 목요일까지 $40+50+30=120$(분)을 사용하고, 금요일 출근 시간에 30분, 금요일 퇴근 시간에 10분을 사용하면 새로 읽기 시작한 350쪽의 책을 다 읽을 수 있다. 따라서 정답은 ⑤이다.

문제접근법

(1) [조건]을 읽어 문제가 어떤 구조인지 파악한다.
(2) [상황]을 읽으며, 문제를 풀 때 필요한 정보를 표시하여 해결한다.

전략풀이 TIP

밤 9시 이후, 시내버스, 대중교통이 아닌 것 등 책을 읽지 않는 예외적인 상황에 유의해야 한다.

04 ▶ ②

| 정답풀이 |

A와 B기업은 2020년 총매출이 500억 원 이상이므로 지원금을 받지 못한다. 남은 기업 중 우선 지원 대상 사업 분야 기업은 D, E, G이고, 각 기업의 (소요 광고비)×(2020년 총매출)은 다음과 같다.

- D: $4\times300=1,200$
- E: $5\times200=1,000$
- G: $4\times30=120$

따라서 G, E, D 순으로 지원받는다. G는 2020년 총매출이 100억 원 이하이므로 2억 4,000만 원까지 지원 가능하지만, 소요 광고비 4억 원의 절반인 2억 원을 초과할 수 없으므로 최대 2억 원을 지원받는다. D와 E는 총매출이 100억 원을 초과하므로 1억 2천만 원을 지원받는다. 따라서 우선 지원 대상 사업 분야의 지원금의 총합은 $2+1.2+1.2=4.4$(억 원)이다.

우선 지원 대상 사업이 아닌 사업 분야의 기업은 C, F이고, 각 기업의 (소요 광고비)×(2020년 총매출)은 다음과 같다.

- C: $3\times400=1,200$
- F: $6\times100=600$

따라서 F, C 순으로 지원받는다. 남은 예산은 $6-4.4=1.6$(억 원)이고, F는 2020년 총매출이 100억 원 이하이므로 2억 4천만 원까지 지원 가능하다. 이는 소요 광고비 6억 원의 절반인 3억 원을 초과하지 않으므로 최대 2억 4천만 원을 지원받는데, 남은 예산이 1억 6천만 원이므로 F에게 1억 6천만 원을 지급한다. 남은 C는 지원금을 받지 못한다.

따라서 B, C는 지원받지 않고, F는 1억 6천만 원을 지원받고, G는 2억 원을 지원받으므로 B, C, F, G기업의 지원금의 총합은 $2+1.6=3.6$(억 원)으로 3억 6천만 원이다.

문제접근법

(1) [지원 대상 후보 현황]의 항목을 먼저 확인한 후, 글의 내용을 본다.
(2) 글에서 첫 번째 내용을 확인한 후, 제외될 수 있는 대상을 소거한다.
(3) 남은 내용을 확인하면서 각 기업의 지원금을 계산한다.

전략풀이 TIP

지원을 받을 수 있는 조건과 최대 지원액 조건을 구분한다. 특히 지원금을 구할 때 지원 사업 예산이 6억 원으로 한정되어 있음에 주의한다.

05 ▶ ③

| 정답풀이 |

갑, 을, 병의 작년과 올해 성과급을 구하면 다음과 같다.

구분	작년	올해
갑	$3,500\times\{(0.4+0.4)\div2\}$ =1,400(만 원)	$4,000\times\max\{0.2, 0.4\}$ =1,600(만 원)
을	$4,000\times\{(0.1+0.4)\div2\}$ =1,000(만 원)	$4,000\times\max\{0.4, 0.2\}$ =1,600(만 원)
병	$3,000\times\{(0.1+0.2)\div2\}$ =450(만 원)	$3,500\times\max\{0, 0\}$ =0(원)

따라서 성과급의 변동 폭이 가장 큰 직원은 600만 원 증가한 을이고, 가장 작은 직원은 200만 원 증가한 갑이다.

문제접근법

(1) 작년과 올해의 성과급 지급 방식 차이를 먼저 파악한다.
(2) 갑, 을, 병의 작년과 올해 성과급을 계산한다.

전략풀이 TIP

변동 폭은 절댓값이므로 450만 원 감소한 병의 변동 폭이 갑보다 크다는 것에 주의해야 한다.

06 ▶ ③

| 정답풀이 |

첫째 돼지 집의 면적이 둘째 돼지 집의 2배, 셋째 돼지 집의 3배이므로 6의 배수이다. 즉, 첫째 돼지의 집의 면적을 6a라 하면, 둘째 돼지의 집의 면적은 3a, 셋째 돼지의 집의 면적은 2a이다. 따라서 $6a+3a+2a=11m^2$이므로 $a=1(m^2)$이다. 즉, 첫째 돼지 집의 면적은 $6m^2$, 둘째 돼지의 집의 면적은 $3m^2$, 셋째 돼지의 집의 면적은 $2m^2$이다.

(첫째, 둘째, 셋째)=(벽돌, 나무, 지푸라기)라면 재료 비용은 다음과 같다.

- 벽돌: 6,000×15×6=540,000(원)
- 나무: 3,000×20×3+200,000=380,000(원)
- 지푸라기: 1,000×30×2+50,000=110,000(원)

(첫째, 둘째, 셋째)=(벽돌, 지푸라기, 나무)라면 재료 비용은 다음과 같다.

- 벽돌: 540,000원
- 지푸라기: 1,000×30×3+50,000=140,000(원)
- 나무: 3,000×20×2+200,000=320,000(원)

(첫째, 둘째, 셋째)=(나무, 벽돌, 지푸라기)라면 재료 비용은 다음과 같다.

- 나무: 3,000×20×6+200,000=560,000(원)
- 벽돌: 6,000×15×3=270,000(원)
- 지푸라기: 110,000원

(첫째, 둘째, 셋째)=(나무, 지푸라기, 벽돌)이라면 재료 비용은 다음과 같다.

- 나무: 560,000원
- 지푸라기: 140,000원
- 벽돌: 6,000×15×2=180,000(원)

(첫째, 둘째, 셋째)=(지푸라기, 벽돌, 나무)라면 재료 비용은 다음과 같다.

- 지푸라기: 1,000×30×6+50,000=230,000(원)
- 벽돌: 270,000원
- 나무: 320,000원

(첫째, 둘째, 셋째)=(지푸라기, 나무, 벽돌)이라면 재료 비용은 다음과 같다.

- 지푸라기: 230,000원
- 나무: 380,000원
- 벽돌: 180,000원

따라서 둘째 돼지 집의 재료 비용이 가장 많이 드는 경우는 (첫째, 둘째, 셋째)=(지푸라기, 나무, 벽돌)일 때이고, 이때의 재료 비용은 총 230,000+380,000+180,000=790,000(원)=79(만 원)이다.

문제접근법

(1) [조건]의 내용을 확인하면서 먼저 알아야 할 돼지 집의 면적을 계산한다.
(2) 돼지 집의 면적을 바탕으로 여러 경우를 나누어 정리한다.
(3) 각 경우의 재료 비용을 구한 다음, 조건을 만족하는 경우를 찾는다.

전략풀이 TIP

다음과 같이 표로 정리하면 계산이 편리하다. 이때, 셋째 돼지만 구한 뒤, 면적을 바탕으로 둘째 돼지는 (×1.5), 첫째 돼지는 (×3)을 계산한다. 특히 나무와 지푸라기의 지지대 가격은 면적에 상관없이 동일하다는 것에 유의한다. 그리고 계산하기 쉽도록 원 단위를 만 원 단위로 바꾸어 생각한다.

구분	벽돌	나무	지푸라기
셋째($2m^2$)	0.6×15×2 =18(만 원)	(0.3×20×2)+20 =12+20 =32(만 원)	(0.1×30×2)+5 =6+5 =11(만 원)
둘째($3m^2$)	18×1.5 =27(만 원)	(12×1.5)+20 =38(만 원)	(6×1.5)+5 =14(만 원)
첫째($6m^2$)	18×3 =54(만 원)	(12×3)+20 =56(만 원)	(6×3)+5 =23(만 원)

둘째 돼지가 벽돌집이라면 첫째 또는 셋째가 나무집일 때 둘째 돼지보다 비싸므로 옳지 않다. 둘째 돼지가 나무집이라면 첫째가 지푸라기, 셋째가 벽돌일 때 모두 둘째보다 저렴하다. 둘째 돼지가 지푸라기 집이라면 첫째와 셋째가 어느 집이든 둘째 돼지보다 비싸므로 옳지 않다. 따라서 첫째는 지푸라기집, 둘째는 나무집, 셋째는 벽돌집이다.

07 ▶ ⑤

| 정답풀이 |

이전여비 지원 예산 총액은 180만 원이고, 원격지 전보에 해당하는 신청자만 배정대상자이므로 丁은 배정대상자가 아니다. 이때 배정대상자의 이전여비 신청액의 합은 40+70+30+60=200(만 원)이므로 이전여비 지원 예산 총액인 180만 원을 초

Ⅳ 자원관리능력

과한다. 이에 따라 각 배정대상자의 '신청액 대비 배정액 비율'이 모두 같도록 삭감하여 배정해야 한다. 즉, 배정대상자의 이전여비 신청액의 합에서 각자의 이전여비 신청액이 차지하는 비율만큼 이전여비 지원 예산 총액에서 배정받을 수 있다. 이를 계산하면 다음과 같다.

구분	배정대상자의 이전여비 신청액의 합 대비 이전여비 신청액 비율	배정액
甲	$\frac{40}{200}\times100=20(\%)$	180×0.2=36(만 원)
乙	$\frac{70}{200}\times100=35(\%)$	180×0.35=63(만 원)
丙	$\frac{30}{200}\times100=15(\%)$	180×0.15=27(만 원)
戊	$\frac{60}{200}\times100=30(\%)$	180×0.3=54(만 원)

따라서 甲과 丙에게 배정되는 금액의 합은 36+27=63(만 원)이다

문제접근법

(1) 비교적 짧은 자료가 주어진 문제로, '지원액 배정 지침'을 꼼꼼히 확인한다.
(2) 배정대상자 신청액의 합이 지원 예산 총액을 초과하는지 확인한다.
(3) 만약 초과한다면, 甲과 丙에게 배정되는 금액의 합을 구하면 되므로 $180\times\frac{\text{甲과 丙의 이전여비 신청액}}{\text{배정대상자의 이전여비 신청액의 합}}$으로 한 번에 계산하여 정답을 찾도록 한다.

전략풀이 TIP

이 문제의 풀이 포인트는 '신청액 대비 배정액 비율'이 모두 같도록 삭감하여 배정하는 부분을 계산하는 것이다. 이 조건이 무엇을 의미하는지 빠르게 파악하는 것이 중요한데, 결국 신청액 대비 배정액 비율이 모두 같다는 것은 삭감되는 비율이 같다는 것이다. 즉, 배정대상자의 신청액의 합에서 삭감되는 비율만큼 각자의 이전여비 신청액이 삭감된다는 것과 같은 것이다. 배정대상자의 신청액의 합은 200만 원이고, 이전여비 지원 예산 총액은 180만 원이므로 삭감되는 비율은 $\frac{200-180}{200}\times100=10$(%)이다. 이에 따라 각자의 이전여비 신청액도 10%씩 삭감되어 금액이 배정되므로 甲과 丙에게 배정되는 금액의 합은 (40+30)×0.9=63(만 원)임을 쉽게 알 수 있다.

08 ▶ ③

| 정답풀이 |

권장 수강 주기를 고려한 과목별 권장 수강 일자는 다음과 같다.

- 통일교육: 2021년 2월 20일
- 청렴교육: 2021년 1월 11일
- 장애인식교육: 2020년 12월 7일
- 보안교육: 2020년 12월 3일
- 폭력예방교육: 2021년 2월 20일

따라서 2021년 1월 15일 기준, 권장 수강주기 이내인 과목은 통일교육, 폭력예방교육이고, 권장 수강 주기가 지난 과목은 청렴교육, 장애인식교육, 보안교육이다. 따라서 과목별 학습 점수는 통일교육 4점, 청렴교육 2점, 장애인식교육 3점, 보안교육 3점, 폭력예방교육 10점이다.

만약 폭력예방교육을 수강하지 않는다면 8시간 이내로 듣기 위해 통일교육, 청렴교육, 장애인식교육, 보안교육 중 세 과목을 수강해야 하는데 통일교육, 장애인식교육, 보안교육을 수강할 경우, 학습 점수가 최대가 되며, 이때의 학습 점수는 4+3+3=10(점)이다.

만약 폭력예방교육을 수강한다면 나머지 네 과목 중 한 과목을 추가로 수강할 수 있는데 통일교육을 수강할 경우, 학습 점수가 최대가 되며, 이때의 학습 점수는 10+4=14(점)이다.

그러므로 갑의 학습 점수는 14점이다.

문제접근법

(1) [상시학습 과목 정보]의 항목을 먼저 확인한 뒤, [조건]을 바로 읽는다.
(2) 과목별 권장 수강 일자를 구한 다음, [조건]의 내용을 순차적으로 확인하면서 수강 여부에 따른 학습 점수를 계산하여 정리한다.

전략풀이 TIP

각 과목들의 학습 점수를 구한 뒤, 학습 점수가 높은 순에서 낮은 순으로 정렬한다. 수강 시간이 2시간인 과목이 2개, 3시간인 과목이 2개, 5시간인 과목이 1개이므로 과목은 5시간인 과목을 듣는 경우에는 총 2개, 듣지 않는 경우에는 총 3개를 수강할 수 있다는 것을 고려하여 각 경우의 학습 점수를 계산한다.

09 ▶ ⑤

| 정답풀이 |

4월 1일에 작업반 A와 B가 같은 시간대에 동일한 종류의 제품을 생산해야 한다. 즉, 작업반 A, B가 함께 일을 하는 것과 마찬가지이므로 작업반 A, B는 1시간 동안에 X를 3개, Y를 6개 생산한다. 따라서 X를 24개 생산하기 위해서는 8시간을 일하고, Y를 18개 생산하기 위해서는 3시간을 일해야 한다. 그러므로 4월 1일에는 총 11시간을 작업한다.
4월 2일에는 작업반 A와 B가 다른 제품을 생산해도 된다. 작업반 B는 X를 생산하는 데 작업반 A보다 시간이 2배 걸리므로 최대한 X를 생산하지 않는 것이 유리하다. 그러므로 작업반 A가 X를 생산하는 동안 작업반 B는 Y를 생산한다. 작업반 B가 Y를 18개 생산하는 데 6시간이 걸리고, 이때 작업반 A는 X를 12개 생산한다. 남은 X가 12개이므로 이후 작업반 A와 B가 동시에 작업하면 4시간이 걸린다. 그러므로 4월 2일에는 총 10시간을 작업한다.

문제접근법

(1) 문제에서 구하고자 하는 내용이 무엇인지 먼저 확인한 후, 글의 내용을 본다.
(2) 글의 내용을 이해한 후, [작업반별 시간당 생산량] 자료를 바탕으로 일자별 작업한 시간을 계산한다.
(3) 4월 1일은 작업반 A, B의 작업 방법이 주어져 있으므로 4월 1일에 대한 시간을 먼저 계산한 다음, 선택지 구조를 고려하면서 4월 1일에 대한 시간을 계산한다.

전략풀이 TIP

4월 2일의 경우에는 경우의 수를 나누어 풀어야 하는데, 모든 경우를 따지기보다 각 제품의 생산 속도가 빠른 작업반이 그 제품 생산을 담당하였을 때의 속도를 중심으로 계산한다. 작업반 A, B 모두 Y 생산 시 3시간으로 가장 빠르다. 그런데 작업반 A, B가 동시에 일하는 경우는 4월 1일의 경우에는 사전에 구하였으므로 따로 일하는 경우를 구한다. 작업반 A와 B가 따로 일한다고 하였을 때, X 생산 시 작업반 B의 속도가 작업반 A보다 느리고, Y 생산 시 작업반 A와 B의 속도가 동일하다. 따라서 작업반 A는 X, 작업반 B는 Y를 먼저 생산하는 것이 유리하다. 이 경우에 작업반 B가 Y 생산을 먼저 완료하므로 Y 생산 완료 후에는 작업반 A와 B가 동시에 작업을 하는 것이 유리하다. 따라서 4월 2일의 작업 시간은 10시간이다.

10 ▶ ④

| 정답풀이 |

창호는 400,000원, 영희는 1,200,000원, 기원이는 600+700+500+700+1,000+500+320+180=4,500(홍콩달러)를 지출하였다. 1홍콩달러당 140원으로 환산 가능하므로 기원이가 지불한 여행경비를 원으로 환산하면, 4,500×140=630,000(원)이다. 따라서 총 지출한 여행 경비는 400,000+1,200,000+630,000=2,230,000(원)이다. 총 경비를 4명이 동일하게 분담한다고 하였으므로, 1인당 2,230,000÷4=557,500(원)씩 부담해야 한다.
[그림]을 통해 준희는 영희에게, 창호는 기원이와 영희에게 정산을 하기 위해 금액을 지불해야 한다는 것을 알 수 있다.
준희는 여행 경비를 지출하지 않았으므로 영희에게 동일하게 분담하는 금액인 557,500원을 정산해야 한다. 따라서 (A)는 557,500원이다.
(B)는 창호가 기원이에게 정산한 금액이다. 기원이는 기타 비용으로 총 630,000원을 지출하였으므로 창호는 기원이에게 630,000−557,500=72,500(원)을 정산해야 한다. 따라서 (B)는 72,500원이다.
영희는 준희에게 (A) 금액을, 창호에게 (C) 금액을 받았다. 영희의 여행 경비 지출액은 1,200,000원이고 준희에게 557,500원을 받았으므로 557,500=1,200,000−557,500−(C) 식이 성립한다.
해당 식을 바탕으로 (C)를 구하면, (C)=1,200,000−557,500−557,500=85,000(원)이다. 따라서 (C)는 85,000원이다.

문제접근법

(1) 문제에서 구하고자 하는 내용이 무엇인지 먼저 확인한다.
(2) [표]의 항목을 확인한 후, [그림]의 정산 관계를 파악한다.
(3) '기원이의 환율 계산'과 '4명의 동일 분담액'이 문제의 중요 포인트이므로 이를 먼저 계산한 후에 순차적으로 해결한다.

Ⅳ 자원관리능력

전략풀이 TIP

동일 분담액과 그림을 바탕으로 정산액을 구한다. 그림의 (A), (B), (C) 중에서 가장 쉽게 해결할 수 있는 (A)를 먼저 구한다. 준희는 여행 경비를 지출하지 않았고, 영희에게만 정산액을 지출하였으므로 (A)는 동일 분담액인 557,500원과 같다. 따라서 선택지 ①, ②를 소거할 수 있다. (B)는 기원이가 지출한 내역과 동일 분담액의 차이이고, (C)는 영희가 지출한 내역에 (A)와 동일 분담액 합의 차이이므로 (B)=630,000−557,500, (C)=1,200,000−(557,500+557,500)이다. (B)는 50,000보다 크고, (C)는 100,000보다 작으므로 정답은 ④이다.

04 ǀ PSAT 기출변형 Lv.3			본문 P. 359~361
01	02	03	
④	③	②	

01 ▶ ④

ǀ 정답풀이 ǀ

B구 시설에 대한 만족도가 더 높지만, A구에도 시설을 신축해야 한다. A구의 시설 중 만족도가 더 높은 것은 어린이집이다.

A구에 어린이집을 1개 신축한다면 예산은 40억 원이 남는다. 남은 예산은 B구에 이용하는 것이 더 유리하다. B구에 어린이집과 복지회관을 1개씩 짓는다면 예산은 5억 원이 남고, 총 시민 만족도는 35+40+50=125(점)이다. B구에 복지회관을 2개 짓는다면 예산은 모두 소요되고, 총 시민 만족도는 35+50+(0.8×50)=125(점)이다.

A구에 복지회관을 1개 신축한다면 예산은 45억 원이 남는다. 남은 예산으로는 B구에 복지회관을 2개 짓거나, 복지회관을 1개, 어린이집을 1개 짓거나, B구에 어린이집을 2개 짓고, A구에 추가로 복지회관을 1개 지을 수 있다. 만약 남은 예산으로 B구에 복지회관을 2개 지었거나 복지회관을 1개, 어린이집을 1개 지으면, 만족도는 A구에 어린이집을 1개 신축할 때보다 5점이 낮은 120점이다. 만약 A구에 복지회관을 2개, B구에 어린이집을 2개 신축한다면 만족도는 30+(0.8×30)+40+(0.8×40)=126(점)이다.

따라서 A구에 복지회관을 2개, B구에 어린이집을 2개 신축할 때 시민 만족도가 126점으로 가장 높고, 건축비는 총 (15×2)+(15×2)=60(억 원)이므로 예산은 모두 사용된다.

문제접근법

(1) 글에서 수치가 주어진 내용인 '60억 원 예산'과 [건축비와 만족도] 항목을 먼저 확인한 후, [조건]을 본다.

(2) [조건]을 보면, 여러 가지 경우에 대해 복합적으로 고려해야 하므로 시간이 많이 걸리는 난이도 높은 문제임을 알 수 있다. 시설에 따른 만족도를 중점으로 경우를 확인하되, 예산의 초과 유무는 반드시 확인한다.

전략풀이 TIP

시설을 3개 지었을 때, 가장 만족도가 높은 조합은 A구에 어린이집 1개, B구에 어린이집, 복지회관 1개씩 또는 복지회관을 2개 신축하는 조합이다. 이 때 만족도는 125점이다. 이 조합들이 맞다고 생각한 후, 선택지에 하나씩 적용해본다. A구에 어린이집 1개, B구에 어린이집, 복지회관 1개씩 조합이라면 ①, ②, ⑤가 옳은 선택지이므로 모순이고, A구에 어린이집 1개, B구에 복지회관 2개 조합이라면 ②, ④가 옳은 선택지이므로 모순이다. 따라서 시설을 3개 신축하는 경우에는 모두 모순이 생기므로 시설을 4개 신축하는 경우를 생각해본다. 시설을 4개 신축할 때 가능한 조합은 A구에 복지회관 2개, B구에 어린이집 2개를 신축하는 조합이다. 이때, 시민 만족도는 126점이고, ④만 옳은 선택지이므로 모순이 생기지 않는다.

02 ▶ ③

| 정답풀이 |

갑의 경우, 2018~2020년 성과급은 매년 다르다. (성과급)=(기본 연봉)×(지급 비율)이고, 기본 연봉은 변동이 없으므로 갑의 성과 등급은 2018년에 S, 2019년에 A, 2020년에 B이다. 한편 을은 2018년의 성과급과 2019년 성과급은 4배 차이난다. 두 성과 등급의 지급 비율이 4배인 경우는 성과 등급이 S와 B인 경우뿐이므로, 을의 성과 등급은 2019년에 S, 2018년과 2020년에는 B이다. 병의 성과 등급은 S, A, S 또는 A, B, A가 가능한데, 2018년에는 이미 갑이 성과 등급 S를 받았으므로 S, A, S는 불가능하다. 따라서 병의 성과 등급은 연도별로 각각 A, B, A이다. 갑, 을, 병의 결과를 정리하면 다음과 같다.

연도 / 직원	2018년	2019년	2020년
갑	S	A	B
을	B	S	B
병	A	B	A
정			
무			
기			

2020년에는 성과 등급 S가 아직 없으므로 정 또는 기가 S를 받았을 것이다(무가 S를 받았다면 2018년, 2019년에도 S를 받았을 것이므로 모순임).

만약 정이 2020년에 성과 등급 S를 받았다고 가정한다면 다음과 같은 결과를 얻을 수 있다.

연도 / 직원	2018년	2019년	2020년
갑	S	A	B
을	B	S	B
병	A	B	A
정	A	A	S
무	B	B	B
기	B	B	A

이때, 각 직원의 기본 연봉을 구해보면 다음과 같다(2018년을 기준으로 하였지만, 2019년 또는 2020년을 기준으로 잡아도 동일한 결과가 나옴).

- 갑: $\frac{12}{0.2}$=60(백만 원)=6,000(만 원)
- 을: $\frac{5}{0.05}$=100(백만 원)=1(억 원)
- 병: $\frac{6}{0.1}$=60(백만 원)=6,000(만 원)
- 정: $\frac{8}{0.1}$=80(백만 원)=8,000(만 원)
- 무: $\frac{4.5}{0.05}$=90(백만 원)=9,000(만 원)
- 기: $\frac{6}{0.05}$=120(백만 원)=1억 2,000(만 원)

전체 직원의 기본 연봉을 모두 더한 값은 6,000+10,000+6,000+8,000+9,000+12,000=51,000(만 원)=5억 1,000(만 원)이므로 모순이 발생하지 않는다. 따라서 가장 높은 기본 연봉은 기가 받고 있는 1억 2,000만 원이다.

만약 기가 2020년에 성과 등급 S를 받았다고 가정한다면 다음과 같은 결과를 얻을 수 있다.

연도 / 직원	2018년	2019년	2020년
갑	S	A	B
을	B	S	B
병	A	B	A
정	B	B	A
무	B	B	B
기	A	A	S

갑, 을, 병, 무의 기본 연봉은 전에 구한 것과 동일하고, 정과 기의 기본 연봉만 다음과 같이 변한다.

- 정: $\frac{8}{0.05}$=160(백만 원)=1억 6,000(만 원)

Ⅳ 자원관리능력

• 기: $\frac{6}{0.1}$=60(백만 원)=6,000(만 원)

따라서 전체 직원의 기본 연봉을 모두 더한 값은 6,000+10,000+6,000+16,000+9,000+6,000 =53,000(만 원)=5억 3,000(만 원)이므로 가 부서 전체 직원의 기본 연봉을 모두 더한 값인 5억 1,000만 원을 만족하지 않는다. 그러므로 기가 2020년에 성과 등급 S를 받은 경우는 존재하지 않는다.

문제접근법

(1) [표]의 항목을 먼저 확인한 후, [조건]을 바로 읽는다. [조건]에서 성과급을 구하는 식과 성과 등급별 지급 비율 및 인원수 수치가 중요하므로 이를 중점적으로 확인한다.

(2) 갑~병의 성과 등급을 구하면 한 가지 경우밖에 없으며, 정의 성과 등급에 따라 경우가 나뉘므로 각 경우에 따른 나머지 직원의 성과 등급을 구하여 [조건]을 만족하는지 확인한다.

전략풀이 TIP

여러 경우 중 한 가지를 먼저 확인하여 풀었는데 아무런 모순이 발견되지 않았다면, 굳이 다른 경우를 확인할 필요가 없다. 정답을 도출한 후, 바로 다른 문제로 넘어간다.

03 ▶ ②

| 정답풀이 |

각 제품별로 가장 저렴한 상점에서 구매한다면 A는 을, B는 병, C는 갑 또는 병, D는 갑 또는 을, E는 을에서 구매하고, 이때의 총 구매액은 130+40+50+20+10=250(만 원)이다.

갑에서 혜택을 받기 위해서는 반드시 A를 갑에서 구매해야 하고, 적어도 A와 B 또는 A와 C를 구매해야 한다. A와 C를 구매하는 경우에는 을과 병의 혜택을 모두 받지 못하므로 갑에서 A와 C를 함께 구매하지 않는다. 만약 갑에서 A와 B를 구매한다면 전 품목 10% 할인을 받는데, 나머지 C, D, E를 구매 시 갑에서는 9만 원을 할인받고, 을에서는 할인을 받지 못하고, 병에서는 10만 원을 할인받는다. 따라서 갑에서 A와 B를 구매한다면 C, D, E를 병에서 구매할 때 가장 저렴하고, 이때의 구매액은 (150+50)×0.9+(50+25+5)=260(만 원)이다.

을에서 혜택을 받기 위해서는 A를 을에서 구매해야 한다. 이 경우에는 갑에서는 할인 혜택을 받지 못한다. A를 을에서 구매하면 C, D를 20% 할인받는다. 만약 C, D를 갑에서 구매하면 70만 원이고, 을에서 구매하면 64만 원이므로 C, D는 갑에서 구매하지 않는다. 병에서 구매하면 75만 원인데 병에서 C, D를 구매하면 E를 5만 원에 판매하므로, C, D, E를 구매하였을 때 80만 원이 된다. E는 을이 가장 저렴하고, C, D, E를 을에서 구매한다면 74만 원이다. 즉, 병에서 E를 할인받아 C, D, E를 구매하는 것보다 을에서 C, D를 할인받고, E를 정상 금액에 구매하는 것이 더 저렴하다. 따라서 A, C, D, E를 을에서 구매하고, B는 가장 저렴한 병에서 구매한다. 이때의 구매액은 130+40+(80×0.8)+10=244(만 원)이다.

병에서 혜택을 받기 위해서는 C, D, E를 병에서 구매해야 한다. 그런데 위에서 C, D, E를 을에서 구매하는 것이 더 저렴하다는 것을 확인하였으므로 병에서는 할인 혜택을 받지 않는다.

따라서 가장 저렴한 경우는 갑에서는 가전제품을 구매하지 않고 을에서 A, C, D, E를 구매하며, 병에서 B를 구매하는 경우로 총 구매액은 244만 원이다.

㉠ 갑에서 구매하는 가전제품은 없다.

㉢ D는 을에서 구매한다.

| 오답풀이 |

㉡ 병에서 구매하는 가전제품은 B로 1개이다.

㉣ 총 구매액은 244만 원이다.

문제접근법

(1) [조건]을 바탕으로 가능한 경우를 찾은 후, [보기]를 푸는 문제로 [조건]을 해결하는 것이 우선이다. 따라서 [조건]의 내용을 먼저 본다.

(2) 경우의 수가 여러 가지이므로 가능한 경우의 수를 최대한 줄여야 한다. 따라서 처음부터 계산을 하기보다는 혜택을 기준으로 혜택을 받았을 때와 받지 않았을 때의 가격을 비교하여 해결한다.

전략풀이 TIP

ⅰ) 갑에서 혜택을 받으려면 A를 갑에서 구매해야 한다. 갑에서 A를 구매하고, 200만 원 이상 구매하였을 때, 각 가전제품들은 10% 할인되어 각각 135만 원, 45만 원, 45만 원, 18만 원, 18만 원이 된다. 이때, A, B, E는 10%를 할인받아도 다른 상점의 가격보다 높다. 가장 저렴한 상

점과 A, B, E 차이의 합이 18만 원이고, C, D 차이의 합이 7만 원이므로 10%를 할인받는다 하더라도 각 상점별로 저렴한 가전제품을 고르는 것보다 비싸다. 따라서 갑에서는 혜택을 받지 않는다.

ii) 을에서 혜택을 받으려면 A를 을에서 구매해야 한다. A의 가격은 을이 가장 저렴하고, A에 대한 병의 혜택은 없으므로 병에서 A를 구매할 필요는 없다. 을에서 A를 구매하면 C, D에 대해 할인 혜택이 발생한다. 따라서 B는 할인 혜택을 받지 않으므로, 가장 저렴한 병에서 구매한다. 만약 C, D를 을에서 구매하면 E는 가장 저렴한 을에서 구매하고, C, D를 병에서 구매하면 할인을 받아 E도 병에서 구매하는 것이 가장 저렴하다. 따라서 C, D, E를 모두 을에서 구매하였을 때와 모두 병에서 구매하였을 때의 금액을 비교해보면, 모두 을에서 구매한 것이 저렴하다.

그러므로 A, C, D, E를 을에서 구매하고, B를 병에서 구매한다.

CHAPTER 02 | 인적 · 물적자원

01 | NCS 최신빈출

본문 P. 364~374

01	02	03	04	05	06	07	08	09	10
④	①	④	③	①	④	③	②	③	④

01 ▶ ④

| 정답풀이 |

(성과등급 평가점수)=(팀별 평가점수)×2+(직원별 평가점수)이므로, (팀별 평가점수)×2를 계산하면 다음과 같다.

[표] 팀별 평가점수×2 (단위: 점)

구분	영업팀	디자인팀	개발1팀	개발2팀	개발3팀
평가점수 ×2	18	14	16	8	10

따라서 한 차장이 개발1팀이면 한 차장의 성과등급 평가점수는 16+6=22(점)이므로 A등급이다.

| 오답풀이 |

① 5명의 직원이 모두 개발2팀이면 성과등급 평가점수는 다음과 같다.
- 김 대리: 8+7=15(점)
- 이 과장: 8+10=18(점)
- 박 과장: 8+5=13(점)
- 한 차장: 8+6=14(점)
- 양 차장: 8+9=17(점)

따라서 이 과장은 성과급을 받을 수 있다.

② 김 대리가 디자인팀이면 김 대리의 성과등급 평가점수는 14+7=21(점)이므로 B등급에 해당된다. 따라서 김 대리가 받게 될 성과급은 1,000×0.2=200(만 원)이다.

③ 박 과장이 영업팀이면 박 과장의 성과등급 평가점수는 18+5=23(점)이므로 A등급이다.

⑤ 양 차장이 영업팀이면 양 차장의 성과등급 평가점수는 18+9=27(점)이므로 S등급에 해당된다. 따라서 양 차장이 받게 될 성과급은 1,000만 원이다.

문제접근법

(1) 발문을 통해 성과급 기준액과 성과등급 평가점수 계산방법을 먼저 확인한다.
(2) 성과등급 평가점수만 계산하면 해결할 수 있는 ①, ③, ④를 먼저 푼다.

> 전략풀이 TIP
>
> ① (성과등급 평가점수)=(팀별 평가점수)×2+(직원별 평가점수)이므로, 직원별 평가점수가 가장 높은 이 과장이 성과급을 받을 수 없다면 나머지 4명의 직원들도 성과급을 받을 수 없다는 것을 알 수 있다. 따라서 이 과장의 경우만 확인해 보면 된다. (×)

02 ▶ ①

| 정답풀이 |

항목별로 평가의 기준 점수를 구하면 다음과 같다.

항목	만점	'우수' 기준 점수	'양호' 기준 점수	'보통' 기준 점수
기관운영	15	12	9	7.5
환경 및 안전	25	20	15	12.5
수급자 권리보장	11	8.8	6.6	5.5
급여제공과정	39	31.2	23.4	19.5
급여제공결과	10	8	6	5

시설 A~D의 항목별 총점과 평가 결과를 정리하면 다음과 같다.

항목	만점	A	B	C	D
기관운영	15	12 (우수)	13 (우수)	14 (우수)	7 (미흡)
환경 및 안전	25	19 (양호)	21 (우수)	20 (우수)	13 (보통)
수급자 권리보장	11	4 (미흡)	7 (양호)	9 (우수)	10 (우수)
급여제공과정	39	28 (양호)	30 (양호)	35 (우수)	38 (우수)
급여제공결과	10	6 (양호)	7 (양호)	9 (우수)	7 (양호)

㉡ 모든 항목에서 '우수' 평가를 받은 시설은 C 한 곳뿐이다.

| 오답풀이 |

㉠ A시설은 기관운영 항목에서 '우수' 평가를 받았다.

㉢ 급여제공과정 항목에서 '양호' 평가를 받은 시설은 A와 B 두 곳뿐이다.

㉣ 재평가를 받아야 하는 시설은 '미흡' 평가를 받은 항목이 한 개라도 있는 시설이다. 따라서 수급자 권리보장 항목에서 '미흡' 평가를 받은 A와 기관운영 항목에서 '미흡' 평가를 받은 D 두 곳이 재평가를 받아야 한다.

> 문제접근법
>
> (1) 매뉴얼의 내용과 [표]의 제목 및 항목을 먼저 확인한다.
> (2) 항목별로 우수, 양호, 보통, 미흡의 점수 범위를 계산한다.
> (3) 시설 A~D의 항목별 총점을 계산하여 평가 결과를 확인한다.

> 전략풀이 TIP
>
> ㉠ '우수' 평가를 받으려면 항목별 총점이 만점의 80% 이상이어야 하므로, 항목별 총점이 만점과 큰 차이가 나지 않아야 한다. 이 점을 바탕으로 A시설의 항목별 총점을 계산해보면, 기관운영에서 12점을 받아 만점과 큰 차이가 나지 않는다는 것을 확인할 수 있다. 구체적으로 계산해보면, 15×0.8=12(점)이므로 '우수' 평가를 받는다는 것을 알 수 있다. (×)
>
> ㉡, ㉢ 만약 ㉡이 옳은 보기라면, 한 곳의 시설은 급여제공과정 항목에서 '우수' 평가를 받으므로 ㉢은 옳지 않은 보기이다. 따라서 ㉡과 ㉢ 둘 다 옳은 보기일 수는 없다.

03 ▶ ④

| 정답풀이 |

[표1]의 재학생 수 및 재직 교원 수와 [표2]의 법정 필요 교원 수 산정 기준을 바탕으로 대학별 법정 필요 교원 수를 정리하면 다음과 같다.

[표] 대학별 법정 필요 교원 수 (단위: 명)

구분	A	B	C	D	E
재학생 수	900	30,000	13,300	4,200	18,000
재직 교원 수	60	2,020	650	210	1,240
법정 필요 교원 수	900 ÷16 ≒57	30,000 ÷13 ≒2,308	13,300 ÷14 =950	4,200 ÷15 =280	18,000 ÷14 ≒1,286

위에서 정리한 내용을 바탕으로 대학별 충원해야 할 교원 수를 구하면 다음과 같다.

- A대학: 0명
- B대학: 2,308−2,020=288(명)
- C대학: 950−650=300(명)

• D대학: 280−210=70(명)
• E대학: 1,286−1,240=46(명)

따라서 법정 필요 교원 수를 충족시키기 위해 충원해야 할 교원 수가 많은 대학부터 순서대로 나열하면 C−B−D−E−A이다.

문제접근법

(1) 문제를 읽고 무엇을 구해야 하는 내용인지 먼저 확인한 후, 각 [표]가 무엇을 의미하는지 파악한다.
(2) [표1]을 바탕으로 대학별 법정 필요 교원 수를 먼저 확인하면 되는데, A대학은 정확하게 계산하지 않아도 이미 교원 수가 충분함을 확인할 수 있다. 따라서 선택지 구조를 고려하면서 B~E대학을 대소 비교하여 해결한다.

전략풀이 TIP

B와 C의 충원 교원 수를 비교해보면, C의 충원 교원 수는 300명인데, B의 충원 교원 수는 300명 미만이므로 선택지 ①, ②를 소거할 수 있다. 남은 선택지 ③, ④, ⑤의 구조를 바탕으로 A와 E의 충원 교원 수를 비교해본다. A와 E의 재학생 수의 기준은 16명, 14명이므로 어림 잡아 15명으로 설정한 후, 재학생 수에 나누어주면 각각 60명, 1,200명이다. A의 재직 교원 수의 차이가 0으로 압도적으로 적으므로, A가 E보다 충원 교원 수가 더 적다. 따라서 선택지 ③을 소거할 수 있다. 마지막으로 ④와 ⑤ 중 정답을 찾기 위해 B와 D를 비교해본다. B의 충원 교원 수는 200명이 넘는 반면, D의 충원 교원 수는 100명 미만이므로 B가 D보다 많다.

04 ▶ ③

| 정답풀이 |

지급 보험금 산정 방법에 따라 A~D건물의 지급 보험금을 구하면 다음과 같다.

• A건물: 보험 금액은 5천5백만 원이고, 보험 가액의 80%는 6.5×0.8=5.2(천만 원)이므로 보험 금액≥보험 가액의 80%에 해당된다. 따라서 지급 보험금은 손해액 전액인 2천만 원이다.
• B건물: 보험 금액은 8천만 원이고, 보험 가액은 8천4백만 원이므로 보험 금액<보험 가액에 해당된다. 따라서 지급 보험금은 3×8÷8.4≒2.9(천만 원)이다.
• C건물: 보험 금액은 6천4백만 원이고, 보험 가액의 80%는 8.3×0.8=6.64(천만 원)이므로 보험 금액<보험 가액의 80%에 해당된다. 따라서 지급 보험금은 3×6.4÷6.64≒2.9(천만 원)이다.
• D건물: 보험 금액은 9천만 원이고, 보험 가액의 80%는 13×0.8=10.4(천만 원)이므로 보험 금액<보험 가액의 80%에 해당된다. 따라서 지급 보험금은 4×9÷10.4≒3.5(천만 원)이다.

그러므로 지급 보험금이 가장 많은 건물은 D건물이고, 가장 적은 건물은 A건물이다.

문제접근법

(1) 문제를 읽고 무엇을 구해야 하는 내용인지 먼저 확인한 후, 자료를 본다.
(2) 선택지 구조를 통해 지급 보험금이 가장 많은 건물은 A건물과 D건물 중 하나임을 알 수 있으므로 두 건물의 지급 보험금을 자료의 산식을 바탕으로 계산하여 비교한다.
(3) (2)에서 결과가 나왔다면 소거법을 이용하여 그 다음에 알아야 할 대상을 구한다.

전략풀이 TIP

ⅰ) A건물의 경우에는 지급 보험금이 2천만 원이고, D건물의 경우에는 지급 보험금이 (4×9÷10.4)천만 원인데, 계산 없이 수치 비교를 통해 (4×9÷10.4)는 2보다 크다는 것을 알 수 있다. 따라서 선택지 ①, ②를 소거할 수 있다.
ⅱ) A건물과 남은 B건물, C건물의 지급 보험금을 비교해보면, B건물과 C건물 모두 해당 조건을 적용한 지급 보험금 식을 계산할 필요 없이 대소 비교를 통해 2천만 원보다 많다는 것을 알 수 있다.

05 ▶ ①

| 정답풀이 |

주어진 기준에 따라 직원들의 항목별 능력 평가 점수를 정리하면 다음과 같다.

[표] 직원별 항목별 능력 평가 점수 (단위: 점)

구분	업무 추진력	전문 지식	판단력	교섭력	관리 능력
A	1.2+0.9+2 =4.1	0.9+1.2+1.6 =3.7	1.5+0.6+1.6 =3.7	0.6+1.2+1.6 =3.4	0.9+1.5+1.6 =4
B	(5+2)÷2 =3.5	(3+4)÷2 =3.5	(4+4)÷2 =4	(5+3)÷2 =4	(2+4)÷2 =3
C	0.9+0.9+2 =3.8	0.6+0.9+1.6 =3.1	1.2+1.2+0.8 =3.2	1.5+1.2+2 =4.7	0.9+1.2+1.2 =3.3

D	(4+4)÷2 =4	(5+5)÷2 =5	(2+4)÷2 =3	(5+2)÷2 =3.5	(2+4)÷2 =3

A~D의 총 능력 평가 점수를 구하면 다음과 같다.

- A: 4.1+3.7+3.7+3.4+4=18.9(점)
- B: 3.5+3.5+4+4+3=18(점)
- C: 3.8+3.1+3.2+4.7+3.3=18.1(점)
- D: 4+5+3+3.5+3=18.5(점)

따라서 능력 평가 점수가 가장 높은 직원은 A이고, 가장 낮은 직원은 B이다.

문제접근법

(1) 문제를 읽고 직원의 능력 평가 점수에 대한 내용임을 확인한다.

(2) 주어진 자료를 모두 볼 필요 없이 능력 평가에 대한 기준과 직원별 점수만을 확인하여 해결한다.

전략풀이 TIP

연구직의 경우, 1차 평가와 2차 평가의 비율은 30%로 같으므로 두 평가의 점수를 아래와 같이 평균으로 생각할 수 있고, 평가 비율을 반영하기 전 평가 점수의 합을 정리하면 다음과 같다.

- A(연구직): 3.5/5+3.5/4+3.5/4+3/4+4/4 =17.5/21
- B(관리직): 5/2+3/4+4/4+5/3+2/4=19/17
- C(연구직): 3/5+2.5/4+4/2+4.5/5+3.5/3 =17.5/19
- D(관리직): 4/4+5/5+2/4+5/2+2/4=18/19

위 식을 통해 A>C, D>B임을 알 수 있고, A의 점수 17.5/21을 평가 비율을 적용한 능력 평가 점수를 구하면, (17.5×0.6)+(21×0.4)=18.9로 D의 점수인 18.5보다 높다는 것을 알 수 있다. 따라서 A의 점수가 가장 높으므로 정답은 ①과 ② 중 하나인데, B가 D보다 낮으므로 정답을 ①로 선택할 수 있다.

06 ▶ ④

| 정답풀이 |

A~D직원의 근무 평가 점수를 구하면 다음과 같다.

- A: 행사 참석 인원이 80명이므로 중소형 20점, 교육은 15시간×50명=750이므로 소형 10점, 지원은 4개월이므로 중형 30점이다. 따라서 최종 근무 평가 점수는 사업 실적 점수 60점과 능력 평가 점수 18.9점을 합한 60+18.9=78.9(점)이다.
- B: 행사 참석 인원이 120명이므로 중형 30점, 교육은 10시간×120명=1,200에 공무원 대상 20% 감산하여 적용한 960이므로 소형 10점, 지원은 2개월이므로 중소형 20점이다. 따라서 최종 근무 평가 점수는 사업 실적 점수 60점과 능력 평가 점수 18점을 합한 60+18=78(점)이다.
- C: 행사 참석 인원이 100명이므로 중형 30점, 교육은 20시간×100명=2,000이므로 중소형 20점, 지원은 업무 분장 지원의 1회성 2회이므로 소형 2회 20점이다. 따라서 최종 근무 평가 점수는 사업 실적 점수 70점과 능력 평가 점수 18.1점을 합한 70+18.1=88.1(점)이다.
- D: 행사 참석 인원이 50명이므로 중소형 20점에 국제 행사 50% 가산하여 적용한 30점, 교육은 25시간×100명=2,500에 공무원 대상 20% 감산하여 적용한 2,000이므로 중소형 20점, 지원은 2개월이므로 중소형 20점이다. 따라서 최종 근무 평가 점수는 사업 실적 점수 70점과 능력 평가 점수 18.5점을 합한 70+18.5=88.5(점)이다.

그러므로 사업 실적 점수와 능력 평가 점수를 합산한 근무 평가 점수가 가장 높은 직원은 D이며, D의 근무 평가 점수는 88.5점이다.

문제접근법

(1) 앞서 풀었던 05번과 연계되어 있는 문제로 새롭게 알아야 할 사업 실적 점수를 구한다.

(2) 근무 평가 점수가 가장 높은 직원을 찾아야 하므로, 직원 간의 점수 폭을 비교하면서 해당 직원을 찾는다.

전략풀이 TIP

근무 평가 점수는 사업 실적 점수와 능력 평가 점수의 합인데, 05번에서 구한 A~D의 능력 평가 점수는 18~18.9점 구간에 분포해 있으므로, 점수 간 차이는 1점 미만이다. A~D의 사업 실적 점수를 구하면, A와 B는 60점이고, C와 D는 70점으로 그 차이는 10점이다. 따라서 A와 B의 근무 평가 점수를 구할 필요 없이 C와 D의 근무 평가 점수보다 낮음을 알 수 있다. 한편, 능력 평가 점수는 D가 C보다 높으므로 D의 근무 평가 점수가 가장 높다는 것을 알 수 있다. D의 근무 평가 점수를 구하면 88.5점이다.

07 ▶ ③

| 정답풀이 |

각 신용카드별 할인액을 표로 정리하면 다음과 같다(단, 연회비는 할인을 받는 금액이 아니라 김 씨가 지출해야 하는 금액이므로 (−) 부호로 표시하였음).

[표] 신용카드별 할인액 (단위: 만 원)

구분	A신용카드	B신용카드	C신용카드
교통비	2.0(한도액)	1.5(한도액)	1.0(한도액)
식비	10×0.05 =0.5	카페 : 5×0.1=0.5 재래시장 : 10×0.1=1.0	0
의류 구입비	0	0	15×0.1=1.5
여가 및 자기 계발비	20×0.1=2.0	0.2×2=0.4	0.4×3=1.2
연회비	−1.0	0	0
합계	3.5	3.4	3.7

따라서 예상 청구액이 가장 많은(=할인액이 가장 적은) 카드부터 순서대로 나열하면 B−A−C이다.

문제접근법

(1) 문제를 읽고 대상의 순서 나열에 대한 내용임을 확인한다. 각 신용카드의 혜택을 순차적으로 확인하면서 혜택의 대상이 되는 항목들을 [표]에서 역으로 찾는다.

(2) 예상 청구액과 할인액은 반대의 개념이며, 예상 청구액보다 할인액을 구하는 것이 더 간단하므로 할인액을 기준으로 하여 해결한다.

전략풀이 TIP

ⅰ) 연회비의 경우에는 지출해야 할 비용으로 할인액과는 반대가 되므로 주의한다.

ⅱ) 한도액이 제시된 항목의 카드가 있는 지 확인한다.

ⅲ) 예상 청구액이 가장 많다는 것은 반대로 할인액이 가장 적다는 것을 의미한다.

08 ▶ ②

| 정답풀이 |

1,760g을 콩을 반으로 나누어 양팔저울의 양 쪽에 올린다. 양팔저울이 평형을 이루면 880g의 콩을 얻는다. 마찬가지로 880g의 콩을 반으로 나누어 양팔저울의 양 쪽에 올리면 440g의 콩을 얻는다. 양팔저울의 한 쪽에 5g짜리 돌멩이, 35g짜리 돌멩이를 올리고, 반대 쪽에 440g의 콩 중 일부를 올리면 40g의 콩을 얻는다. 즉, 440g 중 40g만큼을 제거할 수 있으므로 400g의 콩을 얻게 된다. 따라서 측정을 최소로 한다면 35g짜리 돌멩이는 1회 사용된다.

문제접근법

(1) 글을 읽으면서 조건의 내용을 순차적으로 반영하여 해결한다.

(2) 글에서 주어지지 않은 조건은 고려할 필요가 없다.

전략풀이 TIP

글에서 측정 시 반드시 돌멩이를 사용하라는 조건이 없다. 주어진 콩이 1,760g이고, 측정하고자 하는 콩이 400g, 돌멩이가 각각 5g, 35g으로 총 40g이다. 돌멩이 40g으로 400g을 측정하기 위해서는 측정 횟수가 많이 필요하므로 콩의 양을 줄이는 것이 우선이다. 따라서 콩만을 이용하여 콩을 440g으로 줄인 뒤, 돌멩이를 이용하여 40g을 측정해 400g의 콩을 얻는 것이 측정을 최소로 하는 방법이라고 할 수 있다. 이때, 35g짜리 돌멩이는 1회 사용되었다.

09 ▶ ③

| 정답풀이 |

입찰참여사	실적계수×10	평점
A	$\frac{7,000}{5,000\times5}\times10=\frac{7}{5}\times2=2.8$	3
B	$\frac{9,000}{4,000\times5}\times10=\frac{9}{4}\times2=4.5$	5
C	$\frac{5,000}{6,000\times5}\times10=\frac{5}{6}\times2\fallingdotseq1.7$	2
D	$\frac{10,000}{5,000\times5}\times10=\frac{10}{5}\times2=4$	4
E	$\frac{22,000}{16,000\times5}\times10=\frac{22}{16}\times2=2.75$	3
F	$\frac{3,000}{1,000\times5}\times10=\frac{3}{1}\times2=6$	6
G	$\frac{5,000}{5,000\times5}\times10=\frac{5}{5}\times2=2$	2

㉡ 1차 심사 기준인 시공경험평가 평점이 5점 이상인 입찰참여사는 B사와 F사로 2개사이다.
㉢ 실적계수가 가장 큰 입찰참여사인 F의 실적계수는 0.6이고, 실적계수가 가장 낮은 입찰참여사인 C의 실적계수는 0.17이므로 3배 이상이다.

| 오답풀이 |

㉠ A사와 F사 모두 직전 공사 예정금액 및 실적액은 2,000억 원이 차이나지만, 시공경험평가 평점은 F사가 높다.
㉣ 직전 공사 실적계수는 실적액 뿐 아니라 예정금액을 모두 반영하여 결정되므로 실적액이 클수록 실적계수가 높다고 할 수 없다. 실적액이 가장 큰 입찰참여사는 E사이고, 직전 공사 실적계수가 가장 높은 입찰참여사는 F사이다.

문제접근법

(1) 연계 자료이므로 해당 문항에서 [보기]의 내용을 먼저 살펴본다.
(2) ㉠~㉣의 모든 내용은 주어진 [표3]을 이용하여 실적계수를 통한 평점을 구해야 함을 확인한다.
(3) 7개 회사에 대하여 실적계수 및 평점을 빠르게 구하여 비교한다.

전략풀이 TIP

식의 계산에서 반복되는 계산은 간단하게 정리하여 푼다.

- A사: $\frac{7,000}{5,000\times5}\times10 \rightarrow \frac{7}{5\times5}\times10 \rightarrow \frac{7}{5}\times2$
- B사: $\frac{9,000}{4,000\times5}\times10 \rightarrow \frac{9}{4\times5}\times10 \rightarrow \frac{9}{4}\times2$

이와 같이 직전 공사 예정금액 및 실적액에서 1,000을 모두 약분하고, 분모에 곱한 5와 분자에 곱한 10을 약분하여 2만 곱하는 방법으로 모든 계산을 빠르게 하도록 한다.

10 ▶ ④

| 정답풀이 |

1차 심사 평점 상위 3개사는 점수가 높은 순서대로 F, B, D사이다. 즉, X=F, Y=B, Z=D이다. F, B, D사의 2차 심사 점수와 전체 총점은 다음과 같다.

심사 항목		평가 요소	X=F	Y=B	Z=D
기술 능력 평가	가. 당해 공사의 시공에 필요한 기술자 보유 상황	「건설기술 진흥법」에 의한 특급 기술자 수	8	10	10
		「건설기술 진흥법」에 의한 초급·중급·고급 기술자 수	8	9	9
	나. 신기술개발·활용 실적	신기술 개발 건수	5	3	0
시공평가 결과		시공평가 점수	8	8	10
안전관리능력 평가		산업안전보건관리비 사용 관련 위반 건수	0	−3	0
		산업재해 발생 보고 위반 건수	−5	−3	−4
2차 점수			24	24	25
1차 점수			6	5	4
1차+2차 총점			30	29	29

2차 심사 점수만으로 공사 계약 낙찰사를 결정한다면 최종적으로 공사를 낙찰받는 입찰참여사는 D사이다.

| 오답풀이 |

① X사와 Y사의 2차 점수는 24점으로 동일하다.
② F, B, D사의 1차 심사의 평점을 소수점 첫째 자리까지 표기한다면 각각 6점, 4.5점, 4점이므로 1차와 2차 심사 점수의 총합은 B사, 즉 Y사가 28.5점으로 가장 낮다.
③ 안전관리능력 평가에서 가장 큰 실점을 한 입찰참여사는 6점을 실점한 Y사, 즉 B사이다.
⑤ 1차와 2차 심사 점수의 총합으로 공사 계약 낙찰사를 결정한다면, 최종적으로 공사를 낙찰받는 입찰참여사는 X사, 즉 F사이다.

문제접근법

(1) 주어진 자료의 내용을 [표2]와 비교한다.
(2) [표2]에 제시된 기준을 바탕으로 평점을 확인한다.

> 전략풀이 TIP
>
> 각각의 항목에 대하여 주어진 [표2]의 내용과 비교하여 빠르게 평점을 확인해야 한다. 따라서 해당 문항에 제시된 표의 칸 안에 점수를 바로 써 넣어 평점 및 총점을 계산하면 빠르고 편하게 구할 수 있다.

02 | PSAT 기출변형 Lv.1

본문 P.375~391

01	02	03	04	05	06	07	08	09	10
①	④	④	②	③	②	③	⑤	④	⑤
11	**12**	**13**	**14**	**15**					
③	②	④	③	⑤					

01 ▶ ①

| 정답풀이 |

[표]와 [선정방식]의 식을 바탕으로 홍보업체 인지도를 구하면 다음과 같다.

구분	홍보업체 인지도	공공정책 홍보경력
A	200×0.4+0×0.4+10×0.2=82	유
B	120×0.4+60×0.4+30×0.2=78	무
C	80×0.4+50×0.4+120×0.2=76	유
D	100×0.4+60×0.4+50×0.2=74	무
E	40×0.4+100×0.4+60×0.2=68	무
F	85×0.4+45×0.4+100×0.2=72	유

이에 따라 공공정책 홍보경력이 있는 홍보업체인 A, C, F 중 인지도가 가장 높은 홍보업체는 A이고, 공공정책 홍보경력이 없는 홍보업체인 B, D, E 중 인지도가 가장 높은 홍보업체는 B이다. 따라서 [선정방식]에 따라 홍보업체를 고르면 A, B이다.

> 문제접근법
>
> (1) [표]의 제목과 항목을 빠르게 훑어본 후, [선정방식]을 확인한다.
>
> (2) 홍보업체 A~F의 인지도를 계산하여, 공공정책 홍보경력 유무에 따라 인지도가 가장 높은 곳을 찾는다.

> 전략풀이 TIP
>
> i) 홍보업체 인지도를 구하는 식을 {(미디어채널 구독자 수+SNS 팔로워 수)×0.4}+(홍보영상 조회 수×0.2)로 변형하여 계산하면 더욱 빠르게 값을 구할 수 있다. 또한, 이와 같이 변형할 경우 [표]의 수치만으로 인지도를 계산하지 않아도 되는 홍보업체를 골라낼 수 있다.
>
> ii) 공공정책 홍보경력이 있는 홍보업체 A, C, F 중 C와 F의 온라인 홍보매체 운영현황을 보면, '미

디어채널 구독자 수+SNS 팔로워 수'가 C는 80+50=130, F는 85+45=130으로 동일함을 알 수 있다. 따라서 홍보영상 조회 수가 더 적은 F는 홍보업체 인지도를 계산하지 않아도 된다.

02 ▶ ④

| 정답풀이 |

(1인당 국내총생산)$=\frac{(국내총생산)}{(총인구)}$ 식을 바탕으로 국가 A~D의 총인구를 구하면 다음과 같다.

- A: $\frac{20조\ 4,941억}{62,795}$≒326,365,156(명)
- B: $\frac{4조\ 9,709억}{39,290}$≒126,518,198(명)
- C: $\frac{1조\ 6,194억}{31,363}$≒51,634,091(명)
- D: $\frac{13조\ 6,082억}{9,771}$≒1,392,713,131(명)

(1인당 이산화탄소 배출량)
$=\frac{(이산화탄소\ 총배출량)}{(총인구)}$ 식을 바탕으로 국가 A~D의 이산화탄소 총배출량을 구하면 다음과 같다.

- A: 16.6×326,365,156
  =5,417,661,589.6(톤CO_2eq.)
- B: 9.1×126,518,198
  =1,151,315,601.8(톤CO_2eq.)
- C: 12.4×51,634,091
  =640,262,728.4(톤CO_2eq.)
- D: 7.0×1,392,713,131
  =9,748,991,917(톤CO_2eq.)

따라서 이산화탄소 총배출량이 가장 많은 국가부터 순서대로 나열하면, D−A−B−C이다.

문제접근법

(1) [표]의 항목과 단위를 먼저 확인하고, 주석의 식을 확인하여 의미하는 바를 파악한다.
(2) 결괏값을 구하는 것이 아닌, 대소 관계를 판별하는 문제이므로 주석의 식 구조를 이용하여 분수 간 수치 비교를 통해 문제를 푼다.

전략풀이 TIP

표 주석의 1), 2) 식을 바탕으로 국가 A~D의 이산화탄소 총배출량을 정리하면 다음과 같다(수치끼리의 비교로 단위 모두 생략).

- A: $\frac{204,941}{62,795}$×16.6≒$\frac{205}{63}$×16.6
- B: $\frac{49,709}{39,290}$×9.1≒$\frac{50}{39}$×9.1
- C: $\frac{16,194}{31,363}$×12.4≒$\frac{16}{31}$×12.4
- D: $\frac{136,082}{9,771}$×7.0≒$\frac{136}{10}$×7.0

D의 경우, 1인당 이산화탄소 배출량이 다른 국가와 비교하여 가장 작지만, 분수의 값이 10 이상으로 다른 분수보다 최소 4배 이상 크므로 D의 값이 가장 크다. 따라서 정답은 ④, ⑤ 중 하나이다.
선택지 구조상 A와 B에 따라 정답이 결정되는데 $\frac{205}{63}$×16.6과 $\frac{50}{39}$×9.1를 비교해보면, 분수와 곱하기(×) 오른쪽 수치 모두 A가 크므로 A의 값이 B보다 더 크다. 따라서 정답을 ④로 선택할 수 있다.

03 ▶ ④

| 정답풀이 |

갑~병의 진술을 정리하면 다음과 같다.

- 갑: 99★2703은 A를 구성하는 두 숫자의 곱이 B를 구성하는 네 숫자의 곱보다 크고, 81★3325와 32★8624는 A를 구성하는 두 숫자의 곱이 B를 구성하는 네 숫자의 곱보다 작다. 따라서 갑은 81★3325 또는 32★8624를 목격하였다.
- 을: 99★2703는 B를 구성하는 네 숫자의 합이 A를 구성하는 두 숫자의 합보다 작고, 81★3325와 32★8624는 B를 구성하는 네 숫자의 합이 A를 구성하는 두 숫자의 합보다 크다. 따라서 을은 81★3325 또는 32★8624를 목격하였다.
- 병: 99의 50배는 4,950, 81의 50배는 4,050이고, 32의 50배는 1,600이다. 따라서 병은 99★2703 또는 81★3325를 목격하였다.

따라서 99★2703은 병의 진술에만 맞고, 81★3325는 모든 목격자의 진술에 맞고, 32★8624는 갑과 을의 진술에 맞다. 첫 번째 사건의 가해 차량 번호는 두 번째 사건의 목격자 진술에 부합하지 않는데, 81★3325는 모든 목격자의 진술에 부합하므로 첫 번째 사건의 가해 차량이 아니고, 99★2703은 병의 진술에만 부합하므로 첫 번째 사건의 가해 차량이 아니다. 따라서 2명의 목격자 갑과 을의 진술에 부합하는 32★8624가 첫 번째 사건의 가해 차량 번호이다.

문제접근법

(1) [조건]의 내용을 먼저 확인한 후, [진술 내용]을 본다.

(2) 대상을 찾는 문제이므로 [진술 내용]의 조건을 순서대로 확인할 필요 없이 가장 간단한 조건인 병의 진술부터 확인한다.
(3) 갑의 진술에 따라 선택지가 추려지므로 갑의 진술을 확인하여 정답을 찾도록 한다.

전략풀이 TIP

i) 병의 진술을 보면, 병은 99★2703 또는 81★3325를 목격하였다. 따라서 선택지 ⑤를 소거할 수 있다.
ii) 갑의 진술을 보면, 갑은 81★3325 또는 32★8624를 목격하였다. 따라서 선택지 ①을 소거할 수 있다. 또한 갑이 81★3325를 목격하였으므로 첫 번째 사건의 목격자로 갑이 빠진 선택지 ③ 역시 소거할 수 있다.
iii) 81★3325가 첫 번째 사건의 가해 차량 번호라면, 현재 기준으로 갑과 병이 목격하였으므로 첫 번째 사건의 목격자로 갑과 병이 와야 하는데 이에 해당하는 선택지가 없다. 따라서 선택지 ②가 소거되므로 남은 ④를 정답으로 선택할 수 있다.

04 ▶ ②

| 정답풀이 |

세 단계의 절차를 거친 후보지의 최종 점수는 다음과 같다.

구분	A	B	C	D	E
인프라	17	11	19	29	19
안전성	16×2 =32	20×2 =40	17×2 =34	15×2 =30	11×2 =22
홍보 효과	18×1.5 =27	16×1.5 =24	24×1.5 =36	12×1.5 =18	22×1.5 =33
최종 점수	76	75	89−10 =79	77−10 =67	74

따라서 △△대회 개최지로 선정될 곳은 A, C이다.

문제접근법

(1) [상황]에 제시된 각 평가 항목의 점수에 가중치를 부여한다. 이때, 1.5배의 계산은 '점수의 절반을 더한다'로 생각하면 더욱 쉽게 계산할 수 있다.
(2) 각 항목별 점수를 합산한 후, △△대회를 2회 이상 개최한 후보지는 10점을 감점한다.

전략풀이 TIP

(홍보효과 점수)×1.5를 계산하는 것보다 (홍보효과 점수)+(홍보효과 점수의 절반)을 계산하는 것이 더 간단한 방법이다.

- A: 18+9=27
- B: 16+8=24
- C: 24+12=36
- D: 12+6=18
- E: 22+11=33

05 ▶ ③

| 정답풀이 |

주어진 글의 조건과 정책자문위원 위촉 현황을 바탕으로 추가로 위촉해야 하는 정책자문위원 2명의 조건을 정리하면 다음과 같다.

- 여성이 2명 이상이어야 하는데 현재 여성이 1명뿐이므로, 여성 1명 이상을 추가로 위촉해야 한다.
- 각 분야의 전문가를 1명 이상 위촉해야 하는데 현재 법조계 분야의 전문가가 없으므로, 법조계 분야 전문가를 추가로 위촉해야 한다.
- 같은 분야의 전문가를 4명 이상 위촉해서는 안 되므로, 예술계 분야의 전문가는 더 이상 위촉할 수 없으며 학계 분야의 전문가 2명을 위촉하는 것도 불가능하다.

이를 바탕으로 甲~戊의 분야와 성별을 살펴보면, 법조계 분야의 전문가는 乙뿐이므로 乙은 반드시 추가로 위촉해야 한다. 그리고 예술계 분야의 전문가인 甲, 丙을 제외하면 여성이 丁뿐이므로 丁도 위촉해야 한다. 따라서 甲~戊 중 정책자문단에 추가로 위촉되는 전문가는 乙, 丁이다.

문제접근법

(1) 주어진 글의 조건을 바탕으로 반드시 위촉해야 하는 전문가의 조건과, 더 이상 위촉해서는 안 되는 전문가의 조건을 파악한다.
(2) 더 이상 위촉해서는 안 되는 전문가를 소거한 후, 나머지 중 반드시 위촉해야 하는 전문가를 찾는다.

전략풀이 TIP

주어진 글의 조건을 보면 법조계 전문가가 최소 1명 필요한 것을 알 수 있는데 甲~戊 중 법조계 전문가는 乙뿐이므로 乙이 포함된 선택지 ②, ③ 중 조건을 만족하는 구성을 찾는다.

Ⅳ 자원관리능력

06 ▶ ②

| 정답풀이 |

남자 직원의 수를 x, 여자 직원의 수를 y라 하면, 다음 연립방정식이 성립한다.

$$\begin{cases} x+y=1,000 \\ 0.4x+0.5y=430 \end{cases}$$

이를 풀면, $x=700$, $y=300$이다. 따라서 연수를 희망하는 여자 직원은 $300\times0.5=150$(명)이고, 이 중에서 B지역을 희망하는 여자 직원은 $150\times0.8=120$(명), A지역을 희망하는 여자 직원은 $150-120=30$(명)이다. 한편 연수를 희망하는 남자 직원은 $700\times0.4=280$(명)인데, 이 중에서 B지역을 희망하는 남자 직원은 $280\times0.4=112$(명), A지역을 희망하는 남자 직원은 $280-112=168$(명)이다.

㉠ 전체 직원 중 남자 직원의 비율은 70%이므로 50%를 넘는다.

㉣ 연수를 희망하는 직원 중 A지역을 희망하는 직원의 비율은 $\frac{30+168}{430}\times100≒46.0(\%)$이므로 45%를 넘는다.

| 오답풀이 |

㉡ B지역 연수를 희망하는 직원 중 남자 직원의 비율은 $\frac{112}{120+112}\times100≒48.3(\%)$로 50%를 넘지 않는다.

㉢ A지역 연수를 희망하는 직원 중 여자 직원의 비율은 $\frac{30}{30+168}\times100≒15.2(\%)$로 15%를 넘는다.

문제접근법

(1) 갑과 을의 대화를 바탕으로 연립방정식을 세운다.
(2) ㉠~㉣ 중 기준이 50%로 계산 없이 해결 가능한 ㉠, ㉡을 먼저 푼다.
(3) ㉠은 옳은 보기이고, ㉡은 틀린 보기이므로 선택지 ③, ④, ⑤를 소거할 수 있다. 남은 ㉢ 또는 ㉣을 풀어 정답을 찾도록 한다.

전략풀이 TIP

㉡ 남자 직원이 112명, 여자 직원이 120명으로 남자 직원이 더 적으므로 50% 미만이다. (×)

㉢ $\frac{30}{198}>\frac{30}{200}=\frac{15}{100}$이므로 15%를 넘는다. (×)

07 ▶ ③

| 정답풀이 |

- A: 일반강의이고, 직전 2년 수강 인원의 평균이 95명이고, 2년 중 1년의 수강 인원이 많은 인원은 110명이다. 2020년 강의 만족도가 90점 미만이므로 90% 기준을 적용받지 못한다. 따라서 분반을 허용하지 않는다.
- B: 실습강의이고, 직전 2년 수강 인원의 평균이 21.5명이므로 20명 이상이다. 따라서 분반을 허용한다.
- C: 실습강의이고, 직전 2년 수강 인원의 평균이 19.5명이고, 2020년 강의 만족도가 92점으로 90점 이상이다. 따라서 직전 2년 수강 인원의 평균이 $20\times0.9=18$(명) 이상이면 분반을 허용하는데 19.5명이므로 분반을 허용한다.
- D: 영어강의이고, 직전 2년 수강 인원의 평균이 42.5명이므로 30명 이상이다. 따라서 분반을 허용한다.
- E: 토론강의이고, 직전 2년 수강 인원의 평균이 55명이고, 2020년 강의 만족도가 94점으로 90점 이상이다. 따라서 직전 2년 수강 인원의 평균이 $60\times0.9=54$(명) 이상이면 분반을 허용하는데 55명이므로 분반을 허용한다.
- F: 영어강의이고, 직전 2년 수강 인원의 평균이 26명이고, 2년 중 1년의 수강 인원이 많은 인원은 32명이다. 2020년 강의 만족도가 90점 미만이므로 90% 기준을 적용받지 못한다. 따라서 분반을 허용하지 않는다.
- G: 영어강의이고, 직전 2년 수강 인원의 평균이 26명이고, 2년 중 1년의 수강 인원이 많은 인원은 30명이다. 2020년 강의 만족도가 93점으로 90점 이상이므로 직전 2년 수강 인원의 평균이 $30\times0.9=27$(명) 이상이면 분반을 허용하는데 이에 못 미치므로 분반을 허용하지 않는다.
- H: 일반강의이고, 직전 2년 수강 인원의 평균이 95명으로 100명 미만이지만, 2020년 수강 인원이 130명으로 120명 이상이므로 분반을 허용한다.

따라서 분반이 허용되는 강의의 수는 5개이다.

문제접근법

(1) 글의 분반 허용 기준이 무엇인지 한번 살펴본 후, 각 강의별 정보를 확인한다.
(2) 강의별 정보의 각 항목과 관련된 허용 기준을 찾아 확인하며, 제외되는 대상을 소거하면서 해결한다.

전략풀이 TIP

강의 만족도는 수강 인원의 평균이 기준에 못 미칠 때만 확인한다. 직전 2년 수강 인원의 평균을 구하기 전에 2년 중 1년의 수강 인원이 기준을 만족하는지 먼저 확인한다.
H는 2020년 수강 인원이 120명 이상이므로 다른 조건을 확인하지 않아도 분반이 허용됨을 알 수 있다. 한편 H를 제외하고 수강 인원의 평균이 기준을 만족하지 않는 강의는 A, C, E, F, G이다. 이 중 2020년 강의 만족도가 90점 미만인 강의는 A, F이므로 A, F는 분반이 허용되지 않는다. C, E, G의 분반 허용 기준을 다시 확인하면, C는 18명, E는 54명, G는 27명이다. 따라서 기준을 만족하는 강의는 C, E이므로 총 8개 강의 중 3개 강의 A, F, G가 분반이 허용되지 않고, 나머지 5개의 강의가 분반이 허용된다.

08 ▶ ⑤

| 정답풀이 |

C, G는 직원 수가 150명을 초과하므로 제외하고, B, E, H는 실외이므로 제외한다. 남은 기업은 A, D, F이고, 이 중 서비스업은 D뿐인데 조건을 모두 만족하므로 D를 현장답사 대상으로 선정한다. 한편 제조업인 A, F는 모두 역이 있는데 F가 역과의 거리가 더 가까우므로 F를 현장답사 대상으로 선정한다. 따라서 선정 기업은 D, F이다.

문제접근법

(1) 기업 관련 정보를 항목별로 먼저 확인한 후, [대화]를 본다.
(2) [대화]를 읽되, 제조업과 서비스업으로 나누어 조건이 제시되는 내용을 중점으로 확인하여 제외할 수 있는 대상을 순차적으로 소거한다.

전략풀이 TIP

조건에서 위배되는 기업을 소거한 뒤, 남은 기업 중 역에 더 가까운 기업을 선정한다. 이때, D는 근접역이 없지만 차량 지원이 나온다고 하였으므로 답사 대상으로 선정 가능하다.

09 ▶ ④

| 정답풀이 |

근로소득이 5,000만 원이고 사업소득이 0원이라면 근로소득과 사업소득의 합이 5,000만 원이 되어 5,000만 원 이하이므로 다른 조건을 모두 만족한다면 청년자산형성적금에 가입할 수 있다.

| 오답풀이 |

① 甲은 직전과세년도에 근로소득과 사업소득이 모두 없고, 乙은 청년이 아니며, 丙은 직전년도 금융소득 종합과세 대상자였고, 戊는 직전과세년도 소득이 5,000만원 초과 및 2년 전 금융소득 종합과세 대상자였으므로 청년자산형성적금에 가입할 수 없다. 반면에 丁은 모든 조건을 만족하므로 청년자산형성적금에 가입할 수 있는 사람은 丁뿐이다.
② 금융소득 종합과세로 인해 청년자산형성적금에 가입할 수 없는 사람은 丙과 戊로 총 2명이다.
③ 乙의 군복무기간이 2년이라면 나이를 계산할 때 군복무기간 2년을 제외하므로 34세여서 청년에 해당한다. 그 외의 다른 조건도 모두 만족하므로 청년자산형성적금에 가입할 수 있다.
⑤ 戊는 27세로 청년이지만, 직전과세년도 소득이 5,000만 원을 넘고 직전 2개년도 중 1개년도에서 금융소득 종합과세 대상자였으므로 청년자산형성적금에 가입할 수 없다.

문제접근법

(1) 주어진 글을 읽으며 가입 조건을 만족하는지의 여부를 빠르게 판단할 수 있는지를 확인한다.
(2) 가입 조건 모두 [상황]에 대입했을 때 눈으로 빠르게 확인할 수 있는 것들이므로, 표에서 조건을 만족하는 부분에 동그라미 등의 표시를 한 후 선택지를 푼다.
(3) 군복무기간은 나이를 계산할 때 포함하지 않으므로, 군복무기간이 있는 사람은 나이 항목 옆에 군복무기간을 제외한 나이를 적어두면 실수를 줄일 수 있다.

전략풀이 TIP

이 문제는 청년자산형성적금에 가입할 수 있는지가 문제 풀이의 중요한 포인트이다. 청년자산형성적금에 가입할 수 있는 조건이 [상황]에 어떻게 제시되어 있는지 파악하고 제시된 사람별로 어느 이유로 인해 가입이 불가능한지 주어진 표에 체크하면서

Ⅳ 자원관리능력

선택지를 판단하면 실수를 줄이고 정확한 풀이가 가능하다.

10 ▶ ⑤

| 정답풀이 |

A~J기업을 확인하면 다음과 같다.

- A: 대표자 나이가 39세로 청년 기업이지만, 사업 개시 경과연수가 8년이므로 참여가 불가능하다.
- B: 고용보험 피보험자 수가 5인 이상인 중소기업이지만, 청년수당 가입유지율이 28%로 30% 미만이므로 참여가 불가능하다.
- C: 고용보험 피보험자 수가 5인 이상인 중소기업이고, 청년수당 가입유지율이 33%이므로 참여가 가능하다.
- D: 고용보험 피보험자 수가 5인 이상인 중소기업이고, 청년수당 가입유지율이 40%이므로 참여가 가능하다.
- E: 고용보험 피보험자 수가 2인이고, 대표자 나이가 41세이므로 참여가 불가능하다.
- F: 고용보험 피보험자 수가 5인 이상인 중소기업이고, 청년수당 가입유지율이 0%이지만 청년수당 가입 인원이 2인 이하이므로 참여가 가능하다.
- G: 고용보험 피보험자 수가 5인 이상인 중소기업이고, 청년수당 가입유지율이 100%이므로 참여가 가능하다.
- H: 고용보험 피보험자 수가 4인인 청년 기업이고, 사업 개시 경과연수가 5년이므로 참여 자격을 갖추었다. 청년수당 가입유지율이 0%이지만, 청년수당 가입 인원이 2인 이하이므로 참여가 가능하다.
- I: 고용보험 피보험자 수가 5인 이상인 중소기업이지만, 청년수당 가입유지율이 25%로 30% 미만이므로 참여가 불가능하다.
- J: 고용보험 피보험자 수가 5인 이상인 중소기업이고, 청년수당 가입유지율이 0%이지만 청년수당 가입 인원이 2인 이하이므로 참여가 가능하다.

따라서 청년미래공제에 참여 가능한 기업은 C, D, F, G, H, J로 6개이다.

문제접근법

(1) 참여 불가능한 조건이 무엇인지 먼저 확인한다.
(2) 참여 불가능한 조건이지만, 참여할 수 있는 예외 조건을 확인한다.
(3) 각 중소기업별로 참여 불가능한 조건이 있는지 확인하여 제외할 수 있는 기업을 소거한다.

전략풀이 TIP

항목별로 참여가 불가능한 기업은 제외하면서 확인한다.

i) 대표자 나이와 사업 개시 경과연수는 고용보험 피보험자 수가 5인 미만인 경우에만 해당한다. 따라서 A, E, H만 확인해보면, A는 사업 개시 경과연수, E는 대표자 나이 때문에 참여 자격이 없다.
ii) A, E를 제외하고, ㉠이 2인 이하인 중소기업은 모두 참여 가능하다. 이에 해당하는 기업은 F, G, H, J이다. 나머지 B, C, D, I에 대해서 계산하면, B, I는 청년수당 가입유지율이 30% 미만이므로 참여가 불가능하다.

11 ▶ ③

| 정답풀이 |

중소기업의 임원은 휴가지원사업에 참여가 가능한데, B회계법인은 직장 유형이 중소기업이므로 B회계법인의 임원은 휴가지원사업에 참여가 가능하다.

| 오답풀이 |

① 사회복지법인의 대표 및 임원은 휴가지원사업에 참여가 가능하므로 丙은 휴가지원사업에 참여가 가능하다.
② 휴가지원사업의 참여 대상은 중소기업·비영리민간단체·사회복지법인·의료법인 근로자이므로 대기업의 근로자인 丁은 휴가지원사업에 참여가 불가능하다.
④ 의료법인 근로자는 휴가지원사업에 참여가 가능하나, 이 중 병·의원 소속 의사는 휴가지원사업에 참여가 불가능하므로 모든 의료법인 근로자가 휴가지원사업에 참여가 가능한 것은 아니다.
⑤ 임원의 경우, 기본적으로 휴가지원사업에 참여가 불가능하지만, 중소기업 및 비영리민간단체의 임원이거나 사회복지법인의 임원이라면 휴가지원사업에 참여가 가능하다.

💡 문제접근법

(1) 주어진 글과 [상황]에 어떤 정보가 제시되어 있는지 간략하게 살펴본 후 선택지를 확인한다.
(2) 선택지 ①~⑤ 중 ①~③은 글과 [상황]을 모두 확인해야 해결할 수 있는 선택지이고, ④~⑤는 글만 확인해도 해결할 수 있는 선택지이므로 ④~⑤를 먼저 푼다.

전략풀이 TIP

[상황]에 5명의 재직정보가 제시되어 있으나 선택지에서는 이 중 2명에 대한 내용만 묻고 있으므로 해당되는 2명만 참여 가능 여부를 판단하여 풀이 시간을 단축한다.

12 ▶ ②

| 정답풀이 |

A는 갑교육청에 있는 유일한 공립 유치원이다. 따라서 영양교사를 1명 배치해야 한다.

B와 C는 을교육청에 있는 유치원으로, 원아 수가 50명 이상 200명 미만의 사립 유치원이다. 따라서 이 두 유치원에 1명의 영양교사를 배치할 수 있다.

D는 병교육청에 있는 50명 이상 100명 미만의 사립 유치원이고, E는 병교육청에 있는 50명 미만의 공립 유치원이다. 따라서 D와 E는 모두 급식 대상이다. D와 E는 모두 급식을 위한 시설과 설비를 갖추었고, 원아 수가 100명 미만이므로 교육지원청의 지원을 받을 수 있다. 이 경우, 영양교사를 둔 것으로 보므로 영양교사를 추가로 배치하지 않아도 된다.

따라서 A~E유치원에 실제로 배치되는 영양교사는 최소 2명이다.

💡 문제접근법

(1) 조항을 읽으면서 사립 유치원에 대한 사항을 먼저 확인하고, 배치 기준을 본다.
(2) [상황]의 유치원별 항목을 순차적으로 확인하여 관련된 조항을 찾아 만족하는 대상을 찾는다.

전략풀이 TIP

각 유치원마다 기본적으로 영양교사가 1명 배치된다고 생각한 뒤, 영양교사가 배치되지 않는 기준에 해당하는 유치원을 제외한다.

13 ▶ ④

| 정답풀이 |

㉠ 갑관할 구역의 소방서와 가장 가까운 119안전센터와의 거리가 20km를 초과하므로 해당 119안전센터에 보유하고 있는 고가사다리차, 굴절사다리차 수는 갑관할 구역의 소방서에 영향을 주지 않는다. 층수가 11층 이상인 아파트가 20동 이상 있으므로 고가사다리차를 최소한 1개 배치해야 한다. 또한 층수가 5층 이상인 아파트는 20+30=50(동) 있으므로 굴절사다리차도 최소한 1개 배치해야 한다.

㉡ 화학차는 제조소 등이 500개소 이상인 경우, 2대를 배치하며 1,000개소 이상인 경우, (제조소 등의 수−1,000)÷1,000 계산식에 따라 추가로 배치한다. (1,200−1,000)÷1,000=0.2이고, 소수점 첫째 자리에서 올림하면 1대이다. 즉, 1대를 추가하여 화학차를 총 3대 배치해야 한다.

| 오답풀이 |

㉢ 갑관할 구역에는 최소한 고가사다리차 1대, 굴절사다리차 1대, 화학차 3대, 지휘차 1대, 순찰차 1대를 배치해야 하므로, 소방자동차를 최소한 7대 배치해야 한다.

💡 문제접근법

(1) 배치 기준에 주어진 소방자동차의 목차를 먼저 확인한 후, [상황]을 본다.
(2) [상황]을 보면서 문장이 끝날 때마다 포함된 키워드와 관련된 내용을 배치 기준에서 찾아 확인한다.

전략풀이 TIP

㉢ 전체 소방자동차의 최소 대수를 물어보고 있으므로, [보기]와 자료의 내용을 비교하면서 문제를 풀기보다 처음부터 각 소방자동차별로 필요한 최소 대수를 계산한 뒤 푼다. (○)

14 ▶ ③

| 정답풀이 |

㉡ 패럴림픽 기간 동안 시설 입장 권한 코드는 ALL이므로 모든 시설에 입장 가능하고, 특수구역 접근 권한 코드는 2, 6이므로 선수 준비구역과 VIP 구역에 입장할 수 있다.

㉣ 올림픽 기간 동안 특수 구역 접근 권한 코드는 4, 6이므로 프레스 구역과 VIP 구역에 입장할 수 있고, 시설 입장 권한 코드는 IBC, HCC, OFH이므로 국제 방송센터에 입장할 수 있다.

| 오답풀이 |

㉠ 패럴림픽 기간 동안 탑승 권한 코드는 T1, TA이므로 미디어 셔틀버스를 이용할 수 없다. 시설 입장 권한 코드는 ALL이므로 모든 시설에 입장 가능하다.

㉢ 올림픽 기간 동안 시설 입장 권한 코드는 IBC, HCC, OFH이므로 올림픽 패밀리 호텔은 입장 가능하지만, 알파인 경기장에 입장할 수 없다.

문제접근법

(1) [AD카드 예시]와 각 항목의 정보를 확인한 후, [상황]을 본다.

(2) 주어진 자료가 길기 때문에 [상황]의 카드에 해당하는 정보를 적은 후, [보기]를 풀도록 한다.

전략풀이 TIP

카드 위에 해당하는 서비스 및 시설과 구역을 다음과 같이 간단하게 표시하여 카드만 빠르게 확인하는 것이 좋다.

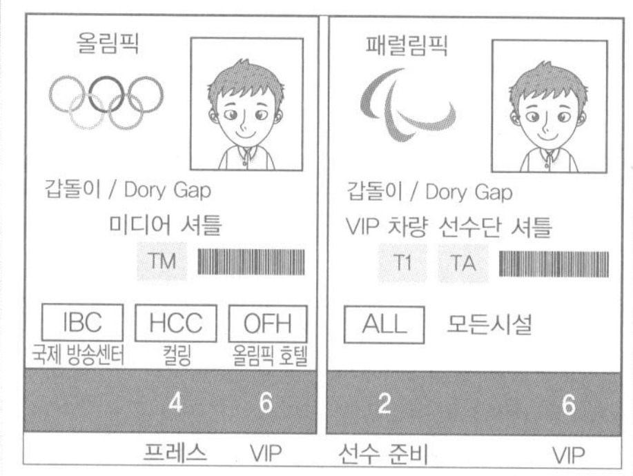

㉠~㉣ 중 올림픽 카드와 맞지 않는 내용은 ㉢의 알파인 경기장이고, 패럴림픽 카드와 맞지 않는 내용은 ㉠의 미디어 셔틀버스이다.

15 ▶ ⑤

| 정답풀이 |

각 산업 단지의 총점을 계산하고, 우선순위에 따라 순위를 정하면 다음과 같다.

산업 단지	기업 집적 정도 점수	산업 클러스터 연관성 점수	입주 공간 확보 점수	지자체 육성 의지	총점	순위
A	40	40	20	있음	100	1
B	20	40	20	있음	80	3
C	30	40	20	있음	90	2
D	30	40	20	없음	90	×
E	40	0	20	있음	60	6
F	30	40	0	있음	70	5
G	40	20	20	있음	80	4

㉢ D는 지자체 육성 의지가 없으므로 점수에 관계없이 D는 항상 선정되지 않는다. 따라서 D의 점수는 다른 산업 단지의 순위에 영향을 주지 않는다.

㉣ 자동차와 화학 모두 연관 업종으로 산업 클러스터 연관성 점수가 40점이고, 현재 F의 업종이 화학이므로 업종이 자동차로 변경되더라도 순위에 영향을 주지 않는다.

| 오답풀이 |

㉠ B가 소재한 지역의 지자체가 육성 의지가 없을 경우에는 현재 순위가 5등인 F가 선정된다.

㉡ E의 산업 단지 내 기업이 30개 미만이고 업종이 IT라면 총점은 90점 또는 80점이 된다. 총점이 90점일 경우에는 C와 같은 순위로 선정된다. 총점이 80점일 경우에는 총점이 동일한 B, E, G 중 산업 클러스터 연관성 점수가 높은 산업 단지는 B와 E이므로 B와 E가 선정된다. 따라서 모든 경우에 E가 선정된다.

문제접근법

(1) [평가 기준]을 먼저 확인한 뒤, [상황]을 본다.

(2) 각 산업 단지별로 항목별 관련된 [평가 기준]을 적용하면서 총점과 순위를 확인한다.

(3) ㉠~㉣ 중 비교적 간단한 ㉠, ㉢을 먼저 푼다. ㉠은 옳은 보기이고, ㉢은 틀린 보기이므로 선택지 ①, ②, ④를 소거할 수 있다. 남은 ㉡, ㉣ 중 해결하기 쉬운 ㉣을 풀어 정답을 찾도록 한다.

전략풀이 TIP

㉠ 순위가 5등인 산업 단지를 확인하면 F이다. (○)

㉣ 화학과 자동차 점수가 동일하므로 전체 순위에 영향을 주지 않는다. (×)

03 ㅣ PSAT 기출변형 Lv.2									본문 P. 392~401
01	02	03	04	05	06	07	08	09	10
③	②	④	⑤	④	④	⑤	②	①	④

01 ▶ ③

| 정답풀이 |

직원별로 한 해 동안 수행할 수 있는 최대 검사 건수는 매년 정해지는 '기준 검사 건수'에서 직원별 차감률에 따라 달라진다. 올해 '기준 검사 건수'는 80건이므로 올해 직원별 최대 검사 건수는 다음과 같다.

[표] 올해 직원별 최대 검사 건수

구분	차감률	최대 검사 건수
국장	100%	80−(80×1)=0(건)
과장	10+50 =60(%)	80−(80×0.6)=32(건)
사무 처리 직원	100%	80−(80×1)=0(건)
그 외 모든 직원	10%	80−(80×0.1)=72(건)

이를 바탕으로 올해 검사 건수를 계산하면, 과장이 3×32=96(건), 그 외 모든 직원이 (60−1−3−4)×72=3,744(건)이므로 총 96+3,744=3,840(건)이다. 이에 따라 내년 A검사국의 예상 검사 건수는 올해 검사 건수의 120%인 3,840×1.2=4,608(건)이다.

한편 내년부터는 '기준 검사 건수'가 60건으로 하향 조정되므로 내년 직원별 최대 검사 건수는 다음과 같다.

[표] 내년 직원별 최대 검사 건수

구분	차감률	최대 검사 건수
국장	100%	60−(60×1)=0(건)
과장	10+50 =60(%)	60−(60×0.6)=24(건)
사무 처리 직원	100%	60−(60×1)=0(건)
그 외 모든 직원	10%	60−(60×0.1)=54(건)

이때 최대 검사 건수는 과장보다 그 외 모든 직원이 더 많으므로, 내년에 필요한 최소 직원 수를 구하려면 증원을 요청할 인력은 모두 그 외 모든 직원이어야 한다. 과장의 내년 검사 건수는 3×24=72(건)이므로 내년에 그 외 모든 직원의 검사 건수는 4,608−72=4,536(건)이고, 이를 모두 검사하기 위한 그 외 모든 직원의 수는 4,536÷54=84(명)이다. 따라서 올해 말 A검사국이 인사부서에 증원을 요청할 인원은 84−52=32(명)이다.

문제접근법

(1) 글과 [상황]을 바탕으로 올해 검사 건수를 계산한다. 이때, '기준 검사 건수'의 100%를 차감한다는 것은 검사 건수가 0건이라는 의미이다.
(2) 올해 검사 건수를 바탕으로 내년 예상 검사 건수를 구한 후, 현 직원이 수행할 수 있는 최대 검사 건수를 계산하여 증원된 인원이 얼마만큼의 검사를 수행해야 하는지 파악한다.

전략풀이 TIP

ⅰ) 주어진 글을 보면, 국장과 사무 처리 직원은 '기준 검사 건수'의 100%를 차감한다고 하였으므로 검사 건수가 0임을 알 수 있다. 그리고 그 외 모든 직원은 '기준 검사 건수'의 10%를 차감한다고 하였으므로 90%만 수행할 수 있음을 알 수 있고, 과장은 50%를 추가 차감한다고 하였으므로 총 60%가 차감되어 40%만 수행할 수 있음을 알 수 있다. 따라서 올해 직원별 최대 검사 건수는 다음과 같은 방식으로도 계산할 수 있다.
- 그 외 모든 직원: 80×0.9=72(건)
- 과장: 80×0.4=32(건)

ⅱ) 올해 검사 건수인 3,840건의 120%는 3,840×1.2로 계산할 수 있지만, 3,840의 $\frac{1}{10}$은 384이므로 3,840+(384+384)=3,840+768=4,608(건)과 같이 덧셈 계산으로 바꾸어 계산할 수도 있다.

02 ▶ ②

| 정답풀이 |

각 팀은 팀장 1명과 팀원 2명으로 구성하므로 각 팀의 팀장은 A, B, C이다. 그리고 물리학과 학생과 화학과 학생은 한 팀에 편성하므로 C와 戊는 한 팀이다. 이때 각 팀은 특정 성(性)의 수강생만으로 편성할 수 없으므로 팀장이 C인 팀에는 남성 1명이 편성되어야 하는데 만약 甲이 같은 팀이라면 C가 4학년일 경우, '팀 편성 규칙'에 위배되므로 남자 1명은 丙이어야 한다. 이에 따라 팀장이 C인 팀의 팀원은 丙, 戊이다.

남은 팀원 4명 중 남성인 甲이 B와 같은 팀이라면, 팀장이 A인 팀이 모두 여성이 될 수 있으므로 甲은 A와 같은 팀이다. 이때 4학년 학생 2명을 한 팀에 편성할 수 없으므로 乙은 B와 같은 팀이고, 동

Ⅳ 자원관리능력

일 학과 학생을 한 팀에 편성할 수 없으므로 丁은 B와 같은 팀이어야 한다. 마지막으로 己는 A와 같은 팀이다.
따라서 A와 같은 팀이 되는 2명은 甲, 己이다.

문제접근법

(1) 주어진 규칙 중 직관적이고 쉬운 규칙부터 하나씩 적용한다.
(2) 경우의 수를 하나씩 정리하면서 규칙에 위배되는 경우를 순차적으로 제외하여 정답을 찾는다.

전략풀이 TIP

선택지를 대입하여 규칙에 위배되는 것이 있는지 확인하면 더욱 빠르게 해결할 수 있다.
① 甲과 丁은 동일 학과 학생이므로 같은 팀이 될 수 없다. (×)
③ 乙과 丁은 모두 여성이므로 A의 성별에 따라 규칙에 위배될 수도 있다. (×)
④ 戊는 물리학과이므로 화학과인 C와 같은 팀에 편성되어야 한다. (×)
⑤ 戊와 己는 모두 여성이므로 A의 성별에 따라 규칙에 위배될 수도 있다. (×)

03 ▶ ④

| 정답풀이 |

가~마의 검진 항목은 다음과 같다.

- 가: 2022년에는 30세가 되어 자궁경부 검진 대상이 된다. 그런데 자궁경부 검진은 2년 주기이므로 2022년에 검진을 받을 수도, 받지 않을 수도 있다. → 0~1개
- 나: 2022년에는 44세가 되어 위 검진 대상이다. 위 검진은 2년 주기이고, 2020년에 검진을 받았으므로 2022년에도 위 검진을 받아야 한다.
→ 1개
- 다: 2022년에는 46세가 되어 위, 심장, 간 검진 대상이다. 유일하게 2020년에 간 검진을 받았으므로 간암 발생 고위험군이었으며, 간암 발생 고위험군 직원 변동이 없으므로 2022년에도 유일하게 간 검진 대상이다. 반면 자궁경부는 나이를 넘겨 검진 대상이 아니다. 2년 주기인 위 검진을 2020년에 받지 않았으므로 2021년에 받았을 것이다. 따라서 2022년에는 위 검진을 받지 않아도 된다. 또한 심장 검진도 2년 주기인데 2021년에 검진을 받았다면 2022년에는 검진을 받지 않아도 되며, 2021년에 검진을 받지 않았다면 2022년에 검진을 받아야 한다. 결론적으로 간 검진은 반드시 받아야 하며, 심장 검진은 받을 수도, 받지 않을 수도 있다. → 1~2개
- 라: 2022년에는 50세가 되어 위, 대장, 심장 검진 대상이다. 대장 검진은 1년 주기이므로 반드시 받아야 하고, 위와 심장은 2020년에 검진을 받았으므로 2022년에도 검진을 받아야 한다.
→ 3개
- 마: 2022년에는 56세가 되어 위, 대장, 심장 검진 대상이다. 대장 검진은 1년 주기이므로 반드시 받아야 하고, 위는 2020년에 검진을 받았으므로 2022년에도 검진을 받아야 한다. 심장은 2020년에 검진을 받지 않았으므로 2021년에 검진을 받고, 2022년에는 검진을 받을 필요가 없다. → 2개

따라서 검진 항목이 가장 많은 직원은 라이다.

문제접근법

(1) 검진 항목과 대상(나이, 성별, 간암), 주기를 먼저 확인한다.
(2) 2년 후의 나이에 유의하며, 직원 가부터 하나씩 해당되는 검진 항목을 기록한다.

전략풀이 TIP

검진 대상에서 가장 광범위한 기준은 나이인데, 가는 다른 직원에 비해 나이가 너무 어리므로 검진 항목이 가장 많은 직원이 될 수 없다. 따라서 바로 제외하고 직원 나~마만 따져 봐도 무방하다.

04 ▶ ⑤

| 정답풀이 |

노력을 투입하기 전 부문별 업무 역량 값은 기획력 360, 창의력 400, 추진력 440, 통합력 240이다. 노력은 1이 투입될 때마다 업무 역량이 3 증가한다. 통합력이 다른 어떤 부문의 값보다 커지려면 가장 큰 값인 추진력보다 커져야 하므로 최소한 441이 되어야 한다. 즉, 201만큼 더 증가해야 하므로 노력이 201÷3=67 투입된 것이다. 노력이 33만큼 남았으므로 나머지 부문의 업무 역량이 합해서 99만큼 커질 수 있다. 추진력에 노력을 투입하면 통합력 업무 역량보다 높아지므로 추진력에 투입하지 않는다. 창의력의 업무 역량이 39, 기획력의 업무 역량이 60만큼 커지면 기획력이 420, 창

의력이 439로 통합력보다 낮다. 따라서 통합력의 업무 역량 값이 다른 업무 역량 값보다 클 때, 통합력 업무 역량의 최솟값은 441이다.
한편 99만큼의 업무 역량을 통합력보다 추진력에 1이라도 더 많이 투입하면 [조건]에 위배된다. 따라서 추진력에는 99를 절반으로 나눈 값만큼을 최대로 투입할 수 있으며, 이에 해당하는 값은 49.5이다. 그런데 업무 역량은 3의 배수씩 커질 수 있으므로 추진력의 업무 역량은 최대 48만큼 커질 수 있다. 따라서 추진력에는 최대 48÷3=16만큼의 노력이 투입 가능하다.

문제접근법

(1) [조건]의 부문별 업무 역량 재능의 항목을 먼저 확인한 후, 나머지 내용을 본다.
(2) 부문별 업무 역량 값의 식과 [조건]의 내용을 바탕으로 수치를 찾는 문제로 여러 경우를 고려하여 직접 계산하는 것도 좋지만, 선택지에 주어진 수치를 이용해 역 대입하여 해결하는 방법도 좋다.

전략풀이 TIP

i) 선택지에 주어진 부문의 업무 역량 값에서 (해당 업무 역량 재능×4)의 값을 제외한 값은 (해당 업무 역량 노력×3)이므로 3의 배수가 되어야 한다. 따라서 이에 해당하는 값은 441이다.
ii) 추진력에 투입할 수 있는 노력을 14, 15, 16 중 가운데 값인 15라고 하면, 나머지 100−15=85는 통합력에 투입해야 한다. 통합력에 85, 추진력에 15를 투입하면, 통합력의 업무 역량은 (4×60)+(3×85)=495, 추진력의 업무 역량은 (4×110)+(3×15)=485가 된다. 이때, 통합력과 추진력의 차이가 10이므로, 통합력의 업무 역량 중 3을 추진력에 투입해도 통합력이 추진력보다 높다. 따라서 추진력에 업무 역량 노력을 1만큼 더 투입할 수 있다. 그러므로 추진력에 투입할 수 있는 노력의 최댓값은 16이다.

05 ▶ ④

| 정답풀이 |

㉠ 갑의 자본금이 3억 원 이상이면, 자본금 기준을 만족하지만 시설평가액이 총 4+2+1+3=10(억 원)이고, 이 중 하역시설 평가액 총액이 6억 원으로 시설평가액 총액의 3분의 2(66%) 미만이므로 자본금에 관계 없이 갑은 일반하역사업 등록이 불가능하다.
㉡ 을은 자본금 기준을 만족하고, F시설 시설평가액이 1억 원 이상이면 총 시설평가액이 10억 원 이상이므로 총 시설평가액 기준도 만족한다. 그런데 F의 시설평가액이 너무 커지는 경우(예: 11억 원이 되는 경우), 본인 소유 시설평가액 총액 비율과 하역시설 평가액 총액 비중이 총 시설평가액의 3분의 2 미만이 되므로 반드시 일반하역사업 등록이 가능한 것은 아니다.
㉣ 정의 자본금이 1억 원 미만이면 총 시설평가액이 1억 원 이상이어야 하고, 1억 원 이상이면 총 시설평가액이 5천만 원 이상이어야 한다. 총 시설평가액이 9천만 원이고, 본인 소유 시설평가액과 하역시설 평가액 총액이 시설평가액 총액의 3분의 2 이상이므로, 정의 자본금이 1억 원 이상이면 일반하역사업 등록이 가능하다.

| 오답풀이 |

㉢ 병의 총 시설평가액이 8억 원이고, 이 중 본인 소유 시설평가액이 5억 원이므로 62.5%이다. 따라서 3분의 2(≒67%) 이상이 아니므로 병은 항만의 위치에 관계없이 일반하역사업 등록이 불가능하다.

문제접근법

(1) 보기 ㉢, ㉣을 보면, '빈칸에 관계없이'라고 주어져 있으므로 빈칸을 제외하고, 나머지 기준은 충족하는지 확인한다.
(2) ㉢은 본인 소유 시설평가액 비중 때문에 항만의 위치에 관계없이 일반하역사업 등록이 불가능하므로 옳은 보기이다. 따라서 선택지 ②, ⑤를 소거할 수 있다.
(3) 남은 선택지 구조상 ㉡은 모두 포함되어 있으므로 ㉠, ㉣을 풀어 정답을 찾도록 한다.

전략풀이 TIP

주어진 빈칸에 가능한 경우를 모두 대입해서 생각하지 않고, 빈칸을 제외한 항목이 조건을 충족하는지 먼저 확인한다. 만약 조건을 충족하지 않으면, 빈칸에 관계없이 일반하역사업 등록이 불가능하다.

06 ▶ ④

| 정답풀이 |

1차와 2차 모두 A안에 투표한 주민이 25명이고, 2차 투표에서만 A안에 투표한 주민이 5명이므로 2차 투표에서 A안에 투표한 주민의 수는 25+5

=30(명)이다. 따라서 2차 투표에서 B안에 투표한 주민 수는 100−30−35=35(명)이다. 1차에서 A안에 투표한 35명 중 2차에도 A안에 투표한 주민은 25명이므로 1차에만 A안에 투표한 주민은 10명이고, 1차에서 B안에 투표한 45명 중 2차에도 B안에 투표한 주민은 20명이므로 1차에만 B안에 투표한 주민은 25명이다. 2차에서 A안에 투표한 주민 30명 중 25명이 1차에서 A안에 투표하였으므로, 나머지 5명은 1차에서 다른 안에 투표하였다. 2차에서 B안에 투표한 주민 35명 중 20명이 1차에서 B안에 투표하였으므로, 나머지 15명은 1차에서 다른 안에 투표하였다. 즉, 1차에서만 B안에 투표한 주민 25명 중 5명이 모두 2차에서 A안에 투표한다 하더라도 나머지 20명은 반드시 C안에 투표해야 한다. 1차에서 A안에 투표한 주민 중 10명은 모두 2차에서 B안에 투표하는 것이 가능하다. 따라서 2차에 C안에 투표한 주민이 35명이므로, 1차와 2차 모두 C안에 투표한 주민은 1차에 B안, 2차에 C안을 투표한 사람 20명을 제외하고 최대 15명이 될 수 있다.

문제접근법

(1) [표]가 의미하는 것이 무엇인지 먼저 확인한 후, 글의 내용을 본다.
(2) '100명 대상', '무효표 X'를 바탕으로 [표] 아래의 내용을 중점으로 여러 상황을 확인하여 해결한다.

전략풀이 TIP

빈칸을 먼저 채운 뒤, 1차에서만 A안을 투표한 주민의 투표수가 B안으로 얼마나 포함될 수 있고, 1차에서만 B안을 투표한 주민의 투표수가 A안으로 얼마나 포함될 수 있는지 확인하여 계산하면 쉽게 해결할 수 있다.

07 ▶ ⑤

| 정답풀이 |

모든 과목은 각 10문항이며, 문항별 배점은 10점이다. 이때, 과목별 채점 표시는 모두 다르므로 과목별로 보았을 때 어느 표시가 '정답' 표시라면 다른 표시는 '오답' 표시이다. 이를 바탕으로 하나의 표시를 '정답' 표시라고 가정하고 점수를 계산하면 다음과 같다.

구분	'정답' 표시	점수(점)	반대일 경우의 점수(점)
A	○	70	30
B	V	70	30
C	/	40	60
D	○	40	60
E	/	80	20

甲은 5개 과목 평균 60점을 받았으므로 시험과목의 총점은 60×5=300(점)인데, 여기서 2개 과목이 과락이었으므로 다음과 같이 경우를 나눠볼 수 있다.

1) A, B가 과락일 경우
   시험과목의 총점이 30+30+60+60+80=260(점)이므로 300점 미만이다.
2) A와 B 중 1개 과목, C와 D 중 1개 과목이 과락일 경우
   시험과목의 총점이 70+30+60+40+80=280(점)이므로 300점 미만이다.
3) C, D가 과락일 경우
   시험과목의 총점이 70+70+40+40+80=300(점)이므로 조건을 만족한다.
4) A와 B 중 1개 과목, E가 과락일 경우
   시험과목의 총점이 70+30+60+60+20=240(점)이므로 300점 미만이다.
5) C와 D 중 1개 과목, E가 과락일 경우
   시험과목의 총점이 70+70+60+40+20=260(점)이므로 300점 미만이다.

따라서 甲의 시험과목 중 과락인 2개 과목은 C, D이다.

문제접근법

(1) 과목별로 하나의 표시를 '정답' 표시라고 가정하고, 이때의 점수를 계산한다.
(2) 2개 과목이 과락인 모든 경우의 수에 대하여 평균을 계산한다. 5개 과목의 평균이 60점이므로 총점이 300점이라는 것을 활용하면 더욱 빠르게 판단할 수 있다.

전략풀이 TIP

ⅰ) 5개 과목 평균 60점을 받았으므로 시험과목의 총점은 300점인데, 이를 만족하는 점수 조합을 찾기 위해 시험과목별로 높은 점수를 모두 더한 뒤 어떤 2개 과목을 낮은 점수로 바꿀지 선택하면 쉽게 답을 구할 수 있다.

5개 과목별 높은 점수를 모두 더하면 70+70+60+60+80=340(점)인데 300점을 만들기 위해서는 40점을 감소시켜야 한다. 2개 과목을 낮은 점수로 바꿔서 40점을 감소시켜야 하므로 과락인 과목은 C, D임을 알 수 있다.

ii) 다른 방법으로, 선택지를 대입하여 총점이 300점이 나오는 선택지가 무엇인지 확인하는 방법도 있다. 예를 들어 선택지 ①의 경우, A, C는 낮은 점수를 선택하고 B, D, E는 높은 점수를 선택하면 총점은 30+70+40+60+80=280(점)이므로 정답이 아니다.

08 ▶ ②

| 정답풀이 |

- A: 사업자이고, 이륙 중량 25kg 이하, 자체 중량 12kg 이하, 공항 또는 비행장 중심 반경 5km 이내이므로 비행 승인과 사업 등록, 장치 신고 자격이 필요하다. 해당 요건을 모두 만족하였으므로 드론을 비행할 수 있다.
- B: 비사업자이고, 이륙 중량 25kg 초과, 자체 중량 12kg 이하이므로 기체 검사, 비행 승인이 필요하다. 하지만 비행 승인을 받지 않았으므로 드론을 비행할 수 없다.
- C: 사업자이고, 이륙 중량 25kg 이하, 자체 중량 12kg 초과, 공항 또는 비행장 중심 반경 5km 초과이므로 사업 등록, 장치 신고, 조종 자격이 필요하다. 해당 요건을 모두 만족하였으므로 드론을 비행할 수 있다.
- D: 비사업자이고, 이륙 중량 25kg 이하, 자체 중량 12kg 초과, 공항 또는 비행장 중심 반경 5km 이내이므로 비행 승인, 장치 신고가 필요하다. 하지만 장치 신고를 하지 않았으므로 드론을 비행할 수 없다.
- E: 비사업자이고, 이륙 중량 25kg 초과, 자체 중량 12kg 이하이므로 기체 검사, 비행 승인이 필요하다. 하지만 비행 승인을 받지 않았으므로 드론을 비행할 수 없다.
- F: 사업자이고, 이륙 중량 25kg 초과, 자체 중량 12kg 초과이므로 기체 검사, 비행 승인, 사업 등록, 장치 신고, 조종 자격 모두 필요하다. 하지만 기체 검사를 받지 않았으므로 드론을 비행할 수 없다.
- G: 사업자이고, 이륙 중량 25kg 이하, 자체 중량 12kg 초과, 공항 또는 비행장 중심 반경 5km 이내이므로 비행 승인, 사업 등록, 장치 신고, 조종 자격이 필요하다. 하지만 조종 자격이 없으므로 드론을 비행할 수 없다.

따라서 드론을 비행할 수 있는 사람은 A, C로 총 2명이다.

문제접근법

(1) [드론 비행 안전 규칙]을 먼저 확인하며, 주석의 내용도 반드시 확인한다.

(2) 규칙을 바탕으로 [정보]의 인원별 각 항목을 확인할 때, 모든 규칙을 만족하는지 확인하는 것보다 규칙을 만족하지 않는 것이 있는지 확인한 후, 소거해 나가는 방법으로 문제를 푼다.

전략풀이 TIP

i) 이륙 중량이 25kg을 초과하면 사업자, 비사업자 무관하게 기체 검사, 비행 승인이 모두 필요하다. B, E, F는 기체 검사 또는 비행 승인을 받지 않았으므로 규칙을 만족하지 않는다.

ii) 이륙 중량이 25kg 이하이고, 공항 또는 비행장 중심 반경 5km 이내이면 비행 승인이 필요하다. 나머지 A, C, D, G 중 비행 승인을 받지 않은 사람은 C인데 반경 5km를 초과하므로 비행 승인이 필요하지 않다. A, C, D, G 중 사업자는 사업 등록을 모두 하였고, 자체 중량이 12kg 이하인 사람 중 비사업자만 장치 신고를 안해도 된다. A, C, D, G 중 장치 신고를 하지 않은 사람은 D이고, D는 자체 중량인 12kg를 초과하므로 규칙을 만족하지 않는다. 자체 중량이 12kg 초과이고, 사업자인 사람은 조종 자격이 필요하다. 남은 A, C, G 중 조종 자격이 없는 사람은 G이고, G의 자체 중량은 12kg을 초과하므로 규칙을 만족하지 않는다.

따라서 모든 규칙을 만족하는 사람은 A, C이다.

09 ▶ ①

| 정답풀이 |

㉠ 선거구의 경계를 바탕으로 각 선거구는 가-나-바, 마-자-차, 다-라-아, 사-카-타이다. 선거구당 각 정당 지지율의 합은 다음과 같다.

가-나-바: (90:10:0)+(80:20:0)+(60:10:30)=(230:40:30)

마-자-차: (60:20:20)+(30:60:10)+(20:40:40)=(110:120:70)

다-라-아: (70:20:10)+(40:50:10)+(10:60:30)=(120:130:50)

Ⅳ 자원관리능력

사-카-타: (30:30:40)+(20:20:60)+(10:80:10)=(60:130:110)
따라서 가-나-바 선거구에서 총 1명의 A정당 국회 의원이 선출된다.

㉡ 선거구의 경계를 바탕으로 각 선거구는 가-마-자, 나-바-차, 다-사-카, 라-아-타이다. 선거구당 각 정당 지지율의 합은 다음과 같다.
가-마-자: (90:10:0)+(60:20:20)+(30:60:10)=(180:90:30)
나-바-차: (80:20:0)+(60:10:30)+(20:40:40)=(160:70:70)
다-사-카: (70:20:10)+(30:30:40)+(20:20:60)=(120:70:110)
라-아-타: (40:50:10)+(10:60:30)+(10:80:10)=(60:190:50)
따라서 가-마-자, 나-바-차, 다-사-카 선거구에서 총 3명의 A정당 국회 의원이 선출된다.

㉢ 선거구의 경계를 바탕으로 각 선거구는 가-나-바, 마-자-차, 다-라-사, 아-카-타이다. 선거구당 각 정당 지지율의 합은 다음과 같다.
가-나-바: (90:10:0)+(80:20:0)+(60:10:30)=(230:40:30)
마-자-차: (60:20:20)+(30:60:10)+(20:40:40)=(110:120:70)
다-라-사: (70:20:10)+(40:50:10)+(30:30:40)=(140:100:60)
아-카-타: (10:60:30)+(20:20:60)+(10:80:10)=(40:160:100)
따라서 가-나-바, 다-라-사 선거구에서 총 2명의 A정당 국회 의원이 선출된다.

㉣ 선거구의 경계를 바탕으로 각 선거구는 가-나-다, 마-바-자, 사-차-카, 라-아-타이다. 선가구당 각 정당 지지율의 합은 다음과 같다.
가-나-다: (90:10:0)+(80:20:0)+(70:20:10)=(240:50:10)
마-바-자: (60:20:20)+(60:10:30)+(30:60:10)=(150:90:60)
사-차-카: (30:30:40)+(20:40:40)+(20:20:60)=(70:90:140)
라-아-타: (40:50:10)+(10:60:30)+(10:80:10)=(60:190:50)
따라서 가-나-다, 마-바-자 선거구에서 총 2명의 A정당 국회 의원이 선출된다.

㉤ 선거구의 경계를 바탕으로 각 선거구는 가-마-자, 나-다-바, 라-사-아, 차-카-타이다. 선거구당 각 정당 지지율의 합은 다음과 같다.
가-마-자: (90:10:0)+(60:20:20)+(30:60:10)=(180:90:30)
나-다-바: (80:20:0)+(70:20:10)+(60:10:30)=(210:50:40)
라-사-아: (40:50:10)+(30:30:40)+(10:60:30)=(80:140:80)
차-카-타: (20:40:40)+(20:20:60)+(10:80:10)=(50:140:110)
따라서 가-마-자, 나-다-바 선거구에서 총 2명의 A정당 국회 의원이 선출 된다.

그러므로 A정당의 국회 의원이 가장 적게 선출되는 선거구 획정 방법은 ㉠이다.

문제접근법

(1) [그림]이 무엇을 의미하는지 먼저 확인한 후, [조건]을 보면서 내용을 이해한다.
(2) 각 보기별로 정당 지지율을 확인하되, 선거구를 이루는 3개 지역의 총 정당 지지율의 합은 300임을 고려하면서 푼다.

전략풀이 TIP

한 선거구에서 1위를 하려면, 선거구 내에서 특정 정당 지지율의 합이 최소 100을 넘어야 한다. 따라서 주어진 [보기]에서 각 선거구별 A정당의 정당 지지율 합이 100 미만인 지역은 국회 의원이 선출되지 않으므로 해당 지역은 소거할 수 있다. 그리고 A정당 지지율의 합이 200을 초과할 경우, 남은 정당 지지율의 합은 100 미만이므로 전부 계산할 필요 없이 해당 지역에서 A정당의 국회 의원이 선출된다는 것을 알 수 있다.

10 ▶ ④

| 정답풀이 |

주어진 글과 [상황]을 바탕으로 각 업체의 제안서 평가점수를 계산하면 다음과 같다. 이때, 기술능력 평가점수에서 만점(80점)의 85% 미만의 점수를 받은 업체는 선정에서 제외하므로 $80\times0.85=68$(점) 미만의 점수를 받은 업체는 제외한다.

[표] 업체별 제안서 평가점수 (단위: 점)

구분	입찰 가격 평가 점수	기술능력 평가점수			제안서 평가 점수
		최고 점수	최저 점수	산술 평균	
甲	13	72	68	68	81
乙	20	73	62	65(제외)	–
丙	15	73	65	69	84
丁	14	75	65	70	84
戊	17	75	60	65(제외)	–

입찰가격 평가점수와 기술능력 평가점수를 합산한 점수가 가장 높은 업체는 丙과 丁 두 곳이므로 두 업체 중 기술능력 평가점수가 더 높은 업체인 丁이 사업자로 선정된다.
따라서 사업자로 선정되는 업체와 제안서 평가점수가 존재하는 업체 중 제안서 평가점수가 가장 낮은 업체를 순서대로 나열하면 丁, 甲이다.

문제접근법

(1) 문제에서 구하고자 하는 것과 주어진 자료에서 핵심이 되는 정보를 확인한다.
(2) 각 업체의 기술능력에 대한 평가위원 5명의 평가결과를 바탕으로 기술능력 평가점수를 계산한다. 이때, 선정될 수 없는 업체는 제외한다.
(3) 제안서 평가점수를 계산하여 문제에서 구하고자 하는 것을 순차적으로 찾는다.

전략풀이 TIP

조건에 따라 총점이 높은 업체를 선정하는 문제의 경우, 총점이 높더라도 선정에서 제외되는 조건이 있는 경우가 많다. 이 문제에서도 제안서 평가점수를 계산하면 乙의 점수가 가장 높지만 기술능력 평가점수에서 만점의 85% 이상을 얻지 못하여 선정될 수 없다. 총점을 빠르게 계산하는 것도 중요하지만 조건을 꼼꼼히 파악하여 실수를 줄이는 것도 중요하다.

04 | PSAT 기출변형 Lv.3

본문 P. 402~403

01	02
④	②

01 ▶ ④

| 정답풀이 |

5월 15일 전까지 A창고에는 50+30+30=110(개)가 입고되고, 30+20+20+10=80(개)가 출고되었으므로, 5월 15일 화재 전 A창고의 재고는 150+110−80=180(개)이다.
B창고에는 80+40+20=140(개)가 입고되고, 20+10+20=50(개)가 출고되었으므로, 5월 15일 화재 전 B창고의 재고는 100+140−50=190(개)이다.
C창고에는 10개가 입고되고 10+50+30=90(개)가 출고되었으므로, 5월 15일 화재 전 C창고의 재고는 200+10−90=120(개)이다. 따라서 화재가 발생한 창고는 A창고이다.
B창고와 C창고의 재고를 합하면 190+120=310(개)이므로 ㉢은 310이다. 310을 3으로 나누면 몫이 103이고, 나머지가 1이다. 따라서 A창고에 103+1=104(개), B창고와 C창고에 103개를 둔다. A창고에는 5월 17일에 104개가 입고되었고, B창고에서 190−103=87(개)가 출고되었으므로 ㉠은 104, ㉡은 87이다. 5월 17일 이후 A창고에 40+20=60(개)가 입고되었고, 30개가 출고되었으므로 6월 30일 A창고의 재고는 104+60−30=134(개)이다. B창고에 30+10=40(개)가 입고되었고, 40개가 출고되었으므로 B창고의 재고는 103개이다. C창고에는 45+30=75(개)가 입고되었고, 출고된 것은 없으므로 C창고의 재고는 103+75=178(개)이다. 따라서 ㉣은 178이다.
그러므로 빈칸 ㉠~㉣에 들어갈 숫자의 합은 104+87+310+178=679이다.

문제접근법

(1) 결괏값을 구하는 문제이므로 [조건]의 내용을 순차적으로 확인한다.
(2) 이 문제는 시간이 많이 걸리는 문제로 난이도가 높다. 한번에 결괏값을 구하기 보다 각 [조건]의 내용이 끝난 다음, [입고 기록]과 [출고 기록]의 변동 사항을 계산하면서 해결한다.

전략풀이 TIP

재고를 알아야 하는데 입고된만큼 재고가 (+)되고, 화재가 발생하거나 출고된만큼 재고가 (−)가 된다. 따라서 특정 일의 재고는 해당일이 되기 전의 재고에 (입고량)−(출고량)을 더하면 재고를 구할 수 있다.

02 ▶ ②

| 정답풀이 |

건물 A~F의 경과연수별잔가율을 구하면 다음과 같다.

- A: 1−0.04×(2021−2016)=0.8
  주거용(아파트)
- B: 1−0.05×(2021−1991)=−0.5 → 0.1
  상업용 및 업무용(여객자동차터미널)
- C: 1−0.05×(2021−2017)=0.8
  상업용 및 업무용(청소년수련관)
- D: 1−0.05×(2021−2001)=0 → 0.1
  상업용 및 업무용(관광호텔)
- E: 1−0.05×(2021−2002)=0.05 → 0.1
  상업용 및 업무용(무도장)
- F: 1−0.04×(2021−2015)=0.76
  주거용(단독주택)

이를 바탕으로 건물 A~F의 기준시가를 구하면 다음과 같다.

- A: 1.00×1.10×0.8×125×100,000
  =11,000,000(원)
- B: 0.67×1.20×0.1×500×100,000
  =4,020,000(원)
- C: 1.00×1.25×0.8×375×100,000
  =37,500,000(원)
- D: 1.30×1.50×0.1×250×100,000
  =4,875,000(원)
- E: 1.30×1.50×0.1×200×100,000
  =3,900,000(원)
- F: 1.00×1.00×0.76×150×100,000
  =11,400,000(원)

따라서 2021년 기준시가가 11,400,000원인 F보다 높은 건물은 37,500,000원인 C뿐이다.

문제접근법

(1) 기준시가와 관련된 항목이 무엇인지 먼저 확인한 후, [표]를 확인한다.
(2) 기준시가를 구하기 전, 건물별 경과연수별잔가율을 확인한다.
(3) 기준시가 식을 바탕으로 각 건물에 해당하는 항목의 값의 크기를 비교해 대소 관계를 확인하는 방법으로 해결한다.

전략풀이 TIP

ⅰ) (경과연수별잔가율)=1−(연상각률)×(2021−신축연도)의 식에서 연상각률이 0.04일 경우, (2021−신축연도)의 값이 23 이상, 즉 신축연도가 1998년 이전일 때 경과연수별잔가율은 0.1이고, 연상각률이 0.05일 경우, (2021−신축연도)의 값이 18 이상, 즉 신축연도가 2003년 이전일 때 경과연수별잔가율은 0.1이다.
건물 B, D, E는 연상각률이 0.05이고 신축연도가 2003년 이전이므로 정확한 값을 구할 필요없이 경과연수별잔가율은 0.1이다. 남은 건물 A, C, F는 위 사항에 해당하지 않으므로 경과연수별잔가율을 구한다.

ⅱ) 기준시가 식에서 100,000원/m^2은 건물 A~F 모두 동일하게 적용되므로 생략할 수 있다. 구조지수와 용도지수의 경우, 건물별로 차이가 있지만 그 수치 간 차이는 최대 2배 미만이다. 그러나 경과연수별잔가율의 경우에는 건물 A, C, F는 각각 0.8, 0.8, 0.76으로 0.1인 건물 B, D, E와 비교해 8배 정도 차이난다. 또한 건물면적의 경우에는 최대 4배 이하로 차이나므로 수치 간 비교를 통해 건물 B, D, E는 건물 F보다 기준시가가 낮다는 것을 알 수 있다. 따라서 건물 F와 건물 A, C만을 비교한다.

ⅲ) 건물 C는 구조지수, 용도지수, 경과연수별잔가율, 건물면적 수치가 F 이상이므로 건물 C의 기준시가가 더 높다. 남은 건물 A와 비교할 때, 구조지수는 1.00으로 같으므로 생략하고 남은 수치를 계산한다. 결괏값이 건물 A보다 F가 더 크므로 건물 F의 기준시가가 더 높다. 따라서 건물 C만이 F보다 더 높다.

Ⅴ PSAT형 실전모의고사

CHAPTER 01 | 실전모의고사 1회

본문 P. 406~429

01	02	03	04	05	06	07	08	09	10
④	⑤	④	④	⑤	③	④	②	②	④
11	**12**	**13**	**14**	**15**	**16**	**17**	**18**	**19**	**20**
②	②	②	⑤	③	②	④	③	③	⑤

01 ▶ ④

| 정답풀이 |

3등급 쌀과 3등급 보리의 가공단가가 각각 90천 원/톤, 50천 원/톤으로 변경될 경우, 지역별 가공비용 총액 감소 폭을 구하면 다음과 같다.

- A: (10×25)+(5×7)=285(천 원)
- B: (10×55)+(5×5)=575(천 원)
- C: (10×20)+(5×2)=210(천 원)

따라서 감소 폭이 가장 작은 지역은 C이다.

| 오답풀이 |

① A지역의 3등급 쌀 가공비용은 100×25=2,500(천 원)이고, B지역의 2등급 현미 가공비용은 97×25=2,425(천 원)이므로 A지역의 3등급 쌀 가공비용이 더 크다.

② C지역의 2등급 보리 가공비용은 60×30=1,800(천 원)이고, A지역의 3등급 현미 가공비용은 89×10=890(천 원)이므로 C지역의 2등급 보리 가공비용이 더 크다.

③ 1등급 현미 전체 가공비용은 105×106=11,130(천 원)이고, 2등급 현미 전체 가공비용은 97×82=7,954(천 원)이다. 7,954×2=15,908>11,130이므로 2배 미만이다.

⑤ B지역의 1등급 현미 가공량이 15톤 더 많아지면, 가공비용은 105×15=1,575(천 원) 증가하고, C지역의 2등급 쌀 가공량이 10톤 더 적어지면, 가공비용은 109×10=1,090(천 원) 감소한다. 따라서 전체 지역의 총 가공비용은 1,575−1,090=485(천 원) 증가하므로 50만 원 미만으로 증가한다.

문제접근법

(1) 2개의 [표]가 주어진 문제로 각 [표]가 의미하는 것이 무엇인지 먼저 파악한다. [표] 주석에 주어진 식을 바탕으로 구성된 내용이 반드시 출제되므로 확인한다.
(2) 선택지 ①~⑤ 중 비교적 구체적인 값을 알아야 하는 ⑤를 가장 마지막에 푼다.
(3) 대소 관계를 물어보는 내용의 경우, 판별을 할 수 있을 정도의 계산과 수치 비교로 해결한다. ①~④ 중 옳은 선택지가 있으면 정답으로 선택하고 넘어간다.

전략풀이 TIP

① (×25)은 동일하지만, 100>97이므로 A지역의 3등급 쌀 가공비용이 더 크다. (×)
③ 105×106과 97×82×2=97×164를 비교하면, 105×106<97×164이다. (×)
④ 가공단가의 감소 폭은 세 지역 모두 동일하게 적용되므로, 가공량만으로 감소 폭의 대소 관계를 판별할 수 있다. C지역의 3등급 쌀과 보리의 가공량이 가장 적으므로 가공비용 총액 감소 폭이 가장 작다. (○)
⑤ 1,090+500=1,590>1,575이므로 50만 원 미만으로 증가하였다. (×)

02 ▶ ⑤

| 정답풀이 |

2021년 건설 산업의 기술도입액이 기존 대비 160백만 달러 증가한다면, 기술도입액은 80+160=240(백만 달러)보다 약간 작게 될 것이고, 농림수산식품 산업의 기술수출액이 기존 대비 60백만 달러 증가한다면, 기술수출액은 40+60=100(백만 달러)보다 약간 작게 될 것이다. 이때, 건설 산업의 기술무역수지비는 $\frac{160}{240\downarrow}$≒0.67↑이고, 농림수산식품 산업의 기술무역수지비는 $\frac{100\downarrow}{160\uparrow}$=0.625↓이다. 따라서 기술무역수지비는 건설 산업이 더 크다.

| 오답풀이 |

① (기술무역수지비)=$\frac{(기술수출액)}{(기술도입액)}$이므로 기술무역수지비는 [그래프]의 기울기임을 알 수 있다. 원점과 농림수산식품 산업의 연도별 지점 간 기울기의 크기는 2020년>2019년>2021년

이므로 기술무역수지비가 가장 큰 해는 2020년이고, 가장 작은 해는 2021년이다.

② (기술무역수지)=(기술수출액)−(기술도입액)이므로 2020년 건설의 기술무역수지는 약 60−80=−20(백만 달러), 농림수산식품은 약 80−160=−80(백만 달러), 소재는 약 20−240=−220(백만 달러)이다. 따라서 기술무역수지가 가장 큰 산업은 건설 산업이고, 가장 작은 산업은 소재 산업이다.

③ (기술무역규모)=(기술수출액)+(기술도입액)이므로 2021년 건설의 기술무역수지는 약 160+80=240(백만 달러), 농림수산식품은 40+160=200(백만 달러), 소재는 20+280=300(백만 달러)이다. 따라서 기술무역규모가 가장 큰 산업은 소재 산업이고, 가장 작은 산업은 농림수산식품 산업이다.

④ 2019년 건설과 소재 산업의 기술도입액은 80백만 달러 이상이고, 농림수산식품 산업의 기술도입액은 160백만 달러 이상임을 알 수 있다. 따라서 3개 산업의 전체 기술도입액은 80+80+160=320(백만 달러) 즉, 3억 2천만 달러 이상임을 알 수 있다. 2020년 건설 산업의 기술도입액은 약 80백만 달러이고, 농림수산식품 산업의 기술도입액은 160백만 달러 미만, 소재 산업의 기술도입액은 240백만 달러 미만임을 알 수 있다. 따라서 3개 산업의 전체 기술도입액은 80+160+240=480(백만 달러) 즉, 4억 8천만 달러 미만임을 알 수 있다.

문제접근법

(1) [그래프]의 x축과 y축이 의미하는 것이 무엇인지 먼저 파악한다. [그래프] 주석에 주어진 식을 바탕으로 구성된 내용이 반드시 출제되므로 확인한다.

(2) 선택지 ①~⑤을 보면, ②~④는 덧셈/뺄셈, ①, ⑤는 나눗셈이 필요한 내용이다. 보통의 경우, 덧셈/뺄셈으로 해결할 수 있는 선택지를 먼저 푸는데, [그래프] 주석 3)의 식 구조를 파악하면 기술무역수지비에 대한 내용인 ①, ⑤를 먼저 풀 수 있다.

(3) ①은 옳지만, ⑤는 틀린 선택지이므로 ②~④를 확인할 필요 없이 ⑤를 정답으로 선택할 수 있다.

전략풀이 TIP

① (기술무역수지비)=$\frac{(\text{기술수출액})}{(\text{기술도입액})}$이므로 그래프의 기울기이다. 원점과 각 연도에 해당하는 지점을 연결한 직선의 기울기를 비교하면, 2020년이 가장 크고, 2021년이 가장 작다. (○)

⑤ 조건이 반영된 지점을 표시한 후, 해당 지점과 원점을 연결한 직선의 기울기를 비교한다. 건설 산업의 기울기가 더 크므로 기술무역수지비는 건설 산업이 더 크다. (×)

03 ▶ ④

| 정답풀이 |

○○도의 △△시 ☆☆구와 ○○도의 △△시 □□구는 광역자치단체인 도, 기초자치단체인 시가 동일하므로 앞 네 자리가 1003으로 동일하다. 기초자치단체인 시에 속하는 구는 기초자치단체가 아니므로 마지막 자리에 0이 아닌 수가 와야 한다. 따라서 주어진 선택지 중 10031이 가능하다.

○○도의 △△시 ☆☆구와 ○○도의 ◇◇군은 광역자치단체인 도가 동일하고, 기초자치단체가 다르다. 따라서 앞 두 자리는 10으로 동일하고, 그 다음 두 자리는 다르다. 광역자치단체의 도에 속하는 군은 기초자치단체이므로 마지막 자리에 0이 와야 한다. 주어진 선택지 중 10020이 가능하다. 그러므로 정답은 ④이다.

문제접근법

(1) [상황]의 각 경우를 [조건]의 내용에 대입하여 비교한다.

(2) ㉠에 해당하는 경우를 먼저 찾아 해당하지 않는 선택지를 소거한 후, 남은 선택지 구조를 통해 모든 사항을 확인할 필요 없이 차이가 있는 사항만을 확인한다.

전략풀이 TIP

간단한 것 한 가지를 먼저 비교하도록 한다. ○○도의 △△시 ☆☆구와 ○○도의 △△시 □□구는 광역자치단체, 기초자치단체가 같으므로 앞 네 자리가 같고, ○○도의 ◇◇군은 광역자치단체만 같으므로 앞 두 자리만 같다. 따라서 이에 해당하는 경우는 ④뿐이므로 정답을 ④로 선택할 수 있다.

04 ▶ ④

| 정답풀이 |

A~D의 한국 점유율은 A: $\frac{1,880}{27,252}\times100≒6.9(\%)$, B: $\frac{7,518}{170,855}\times100≒4.4(\%)$, C: $\frac{4,295}{20,849}\times100≒20.6(\%)$, D: $\frac{7,127}{26,495}\times100≒26.9(\%)$이다.

첫 번째 [조건]을 통해 C와 D가 각각 발효식품개발기술과 환경생물공학기술 중 하나임을 알 수 있으므로 선택지 ③을 소거할 수 있다.

두 번째 [조건]을 보면, 단백질체기술에 대한 미국 점유율은 35.1%로 A~D 중 미국 점유율이 35.1%보다 높은 기술 분야는 A와 B이다. 따라서 동식물세포배양기술은 A와 B 중 하나임을 알 수 있다.

세 번째 [조건]을 통해 A~D 중 한국 점유율과 미국 점유율의 차이가 41%p 이상인 기술 분야는 B가 45.6−4.4=41.2(%p)로 유일하다는 것을 알 수 있다. 따라서 B는 유전체기술이고, A는 동식물세포배양기술임을 알 수 있으므로, 선택지 ①, ②를 소거할 수 있다.

네 번째 [조건]을 보면, 환경생물공학기술에 대한 한국의 점유율은 25% 이상으로 A~D 중 25% 이상인 기술 분야는 D임을 알 수 있다. 따라서 D는 환경생물공학기술이고, C는 발효식품개발기술이다.

문제접근법

(1) [표]와 [조건]이 주어진 문제로 [표]의 항목, 주석을 먼저 확인하고, 바로 [조건]을 읽는다.
(2) [조건]을 순차적으로 확인하는 것보다 같은 내용에 대한 [조건]을 우선 확인하여 정답을 좁혀 나간다.
(3) 첫 번째와 네 번째 [조건]을 통해 정답은 ①, ④ 중 하나임을 알 수 있고, 남은 조건 중 세 번째 [조건]을 확인하여 정답을 찾도록 한다.

전략풀이 TIP

i) 첫 번째 조건을 보면, C의 한국 특허 건수는 4,295건으로 20,849의 20% 정도인 4,170보다 크고, D의 한국 특허 건수는 7,127건으로 26,495의 20% 정도인 5,300을 훨씬 상회하므로, C와 D는 발효식품개발기술과 환경생물공학기술에 속한다.

ii) 네 번째 조건을 보면, A~D 중 한국의 점유율이 25% 이상인 기술 분야는 10%에 못 미치는 A와 B, 20% 정도인 C가 아닌 D임을 알 수 있다.

iii) 세 번째 조건을 보면, 한국 점유율과 미국 점유율의 차이가 41%p 이상인 기술 분야는 A와 B 중 하나이다. A를 먼저 확인해보면, A의 미국 점유율은 47.6%로 한국 점유율은 47.6−41=6.6(%) 이하여야 한다. 6.6%는 $\frac{66\%}{10}$이므로 $\frac{1}{10}\times\frac{2}{3}(≒66.7\%)=\frac{1}{15}$로 나타낼 수 있다. $\frac{1}{15}$과 $\frac{1,880}{27,252}$을 비교해보면 1,880×15=28,200이므로, $\frac{1}{15}<\frac{1,880}{27,252}$임을 알 수 있다. 따라서 $\frac{1,880}{27,252}$은 6.6%보다 크므로 A는 유전체기술이 될 수 없다.

05 ▶ ⑤

| 정답풀이 |

A~F에게 부과된 과태료를 정리하면 다음과 같다.

- A: 신고기간이 지난 후 경과일수가 1개월 초과 6개월 이내이므로 3만 원을 부과한다. 국가유공자인 경우, 과태료 경감이 적용되지 않는다.
- B: 신고기간이 지난 후 경과일수가 1개월 이내이므로 1만 원을 부과하지만, 신고를 제대로 하지 않았으므로 2배인 2만 원이 부과된다.
- C: 신고기간이 지난 후 경과일수가 1개월 이내이므로 1만 원을 부과하지만, 사실조사기간 중 자진신고를 하였으므로 2분의 1이 경감되어 5천 원이 부과된다.
- D: 신고기간이 지난 후 경과일수가 6개월을 초과하였으므로 5만 원을 부과한다. 기초생활수급자인 경우, 과태료 경감이 적용되지 않는다.
- E: 신고기간이 지난 후 경과일수가 1개월 초과 6개월 이내이므로 3만 원을 부과하지만, 사실조사기간 중 자진신고(2분의 1 경감)를 하였고 「장애인복지법」상 장애인(10분의 2 경감)이다. 둘 중 경감 비율이 높은 2분의 1이 경감되어 1만 5천 원이 부과된다.
- F: 신고기간이 지난 후 경과일수가 1개월 이내이므로 1만 원을 부과하지만, 신고를 제대로 하지 않았으므로 2배인 2만 원이 부과된다. F는 「장애인복지법」상 장애인이므로 10분의 2가 경감되어 1만 6천 원이 부과된다.

따라서 A, B, C에게 부과된 과태료의 합은 3+2+0.5=5.5(만 원)이고, D, E, F에게 부과된 과태료의 합은 5+1.5 +1.6=8.1(만 원)이다.

문제접근법

(1) 과태료 부과 기준, 가산 기준, 경감 기준을 먼저 확인한다.
(2) 그다음으로 과태료 가산 기준과 경감 기준에 해당하는 대상자를 확인하여 표시한다.
(3) 각 대상자별로 과태료를 계산하여 해결한다.

전략풀이 TIP

과태료 경감 기준에 해당하지 않는 사람은 과태료가 만 원 단위로 부과된다. 따라서 과태료 경감 기준에 해당하는 사람의 천 원 단위만 합하면 정답을 찾을 수 있다.

i) A~C 중 과태료 경감 기준에 해당하는 사람은 C인데, C는 사실조사기간에 자진신고를 하여 경감이 되므로 천 원 단위가 5이다. 따라서 A~C의 과태료 합의 천 원 단위는 5가 되므로 5.5만 원이다.

ii) D~F 중 과태료 경감 기준에 해당하는 사람은 E와 F이다. E는 「장애인복지법」상 장애인이고, 사실조사기간 중 자진신고하였으므로 2분의 1 경감이 적용되어 천 원 단위가 5이다. F는 「장애인복지법」상 장애인이지만 부실하게 신고하였으므로 20%가 경감되고, 2배가 부과되므로 천 원 단위가 6이다. 따라서 D~F의 과태료 합의 천 원 단위는 1이 되므로 8.1만 원이다.

06 ▶ ③

| 정답풀이 |

2014~2018년 생산직과 사무직 사원 수의 합은 다음과 같다.

- 2014년: 107+85=192(명)
- 2015년: 93+84=177(명)
- 2016년: 107+77=184(명)
- 2017년: 121+68=189(명)
- 2018년: 105+66=171(명)

따라서 영업직 사원 수는 생산직과 사무직 사원 수의 합보다 매년 적다.

| 오답풀이 |

① 2014~2018년 전체 사원 수는 다음과 같다.

- 2014년: 134+107+85=326(명)
- 2015년: 136+93+84=313(명)
- 2016년: 137+107+77=321(명)
- 2017년: 174+121+68=363(명)
- 2018년: 169+105+66=340(명)

2015년과 2018년에는 전년 대비 사원 수가 감소하였다.

② 2014~2018년 영업직 사원의 비중은 다음과 같다.

- 2014년: $\frac{134}{326}\times100 ≒ 41.1(\%)$
- 2015년: $\frac{136}{313}\times100 ≒ 43.5(\%)$
- 2016년: $\frac{137}{321}\times100 ≒ 42.7(\%)$
- 2017년: $\frac{174}{363}\times100 ≒ 47.9(\%)$
- 2018년: $\frac{169}{340}\times100 ≒ 49.7(\%)$

2016년에는 전년 대비 영업직 사원의 비중이 감소하였다.

④ 전체 사원 수가 가장 적은 해는 313명인 2015년이며, 2015년 사무직 사원의 비중은 $\frac{84}{313}\times100 ≒ 26.8(\%)$이다. 따라서 25% 이상이다.

⑤ 2014~2018년 생산직 사원의 비중은 다음과 같다.

- 2014년: $\frac{107}{326}\times100 ≒ 32.8(\%)$
- 2015년: $\frac{93}{313}\times100 ≒ 29.7(\%)$
- 2016년: $\frac{107}{321}\times100 ≒ 33.3(\%)$
- 2017년: $\frac{121}{363}\times100 ≒ 33.3(\%)$
- 2018년: $\frac{105}{340}\times100 ≒ 30.9(\%)$

생산직 사원의 비중이 30% 미만인 해는 2015년이며, 2015년 영업직 사원과 사무직 사원 수의 차이는 136−84=52(명)이다. 따라서 60명 미만이다.

문제접근법

(1) 간단한 [표]가 주어진 문제로 [표]의 항목을 먼저 확인한 뒤, 선택지의 내용을 살펴본다.
(2) 선택지 ①~⑤를 보면, 모두 계산이 필요한 내용이며 특히 전체 사원 수를 알아야 해결할 수 있으므로 전체 사원 수를 구한 뒤 선택지를 푼다. 대소 관계에 대한 내용일 경우, 분수 비교법을 바탕으로 해결한다.

전략풀이 TIP

② 2015년과 2016년 영업직 사원의 비중인 $\frac{136}{313}$과 $\frac{137}{321}$를 비교하면, 분모는 8이 증가하여 1% 이상 증가하였지만, 분자는 1이 증가하여 1% 미만 증가하였으므로 $\frac{136}{313}>\frac{137}{321}$이다. (×)

③ 2014~2017년의 경우에는 일의 자리까지 확인하지 않아도 백의 자리와 십의 자리의 합을 통해 영업직 사원 수보다 생산직과 사무직 사원 수의 합이 많다는 것을 알 수 있다. (○)

④ $\frac{84}{313}$에서 84×4>313이므로 25% 이상이다. (×)

⑤ 2016년과 2017년에는 (분자)×3=(분모)이므로 제외할 수 있고, 남은 연도는 30%(=$\frac{90}{300}$)를 기준으로 분수 비교를 통해 비중이 30% 미만인 해를 찾을 수 있다. (×)

07 ▶ ④

| 정답풀이 |

ⓛ 창고의 실거래가 기준 용지 구입비는 50×100×4.8=24,000(만 원), 지장물 보상비는 24,000×0.2=4,800(만 원), 보상비는 24,000+4,800=28,800(만 원)이다.
전의 실거래가 기준 용지 구입비는 50×150×3.2=24,000(만 원), 지장물 보상비는 24,000×0.2=4,800(만 원), 보상비는 24,000+4,800=28,800(만 원)이다.
따라서 창고와 전의 실거래가 기준 보상비는 같다.

ⓡ 대지의 감정가 기준 용지 구입비는 100×200×1.6=32,000(만 원), 지장물 보상비는 32,000×0.2=6,400(만 원)이다.
답의 실거래가 기준 용지 구입비는 50×100×3.0=15,000(만 원), 지장물 보상비는 15,000×0.2=3,000(만 원)이다.
따라서 대지의 감정가 기준 지장물 보상비는 답의 실거래가 기준 지장물 보상비의 2배 이상이다.

| 오답풀이 |

ⓖ 공장의 감정가 기준 용지 구입비는 100×150×1.6=24,000(만 원), 지장물 보상비는 24,000×0.2=4,800(만 원), 보상비는 24,000+4,800=28,800(만 원)이다.
임야의 실거래가 기준 용지 구입비는 100×50×6.1=30,500(만 원), 지장물 보상비는 30,500×0.2=6,100(만 원), 보상비는 30,500+6,100=36,600(만 원)이다.
따라서 임야의 실거래가 기준 보상비가 공장의 감정가 기준 보상비보다 크다.

ⓒ 실거래가 기준 보상비가 감정가 기준 보상비의 2배 미만인 지목은 전과 답이다. 답의 면적당 지가는 100만 원/m^2이지만, 전의 면적당 지가는 150만 원/m^2이다.

문제접근법

(1) [표]의 항목과 주석의 내용을 먼저 확인한다. 특히 주석의 식과 관련된 내용이 반드시 출제되므로 주의 깊게 살펴본다.
(2) ⓖ~ⓡ 중 계산 과정 없이 해결할 수 있는 ⓒ을 먼저 푼다.
(3) ⓒ은 틀린 보기이므로 선택지 ①, ③을 소거할 수 있고, 남은 선택지 ②, ④, ⑤ 구조상 ⓡ이 포함되어 있으므로 ⓖ, ⓛ을 풀어 정답을 찾도록 한다.

전략풀이 TIP

지장물 보상비는 0.2×(용지 구입비)이고, 보상비는 (용지 구입비)+(지장물 보상비)이므로 (용지 구입비)+(0.2×용지 구입비)=1.2×(용지 구입비)로 나타낼 수 있다. 즉, 보상비의 정확한 값을 물어보는 것이 아닌, 보상비의 대소 비교나 비율을 구하는 경우에는 용지 구입비를 비교하면 된다. 또한 용지 구입비의 정확한 값을 물어보는 것이 아니라면 면적, 면적당 지가, 보상 배율의 수치를 비교하여 대소 관계를 파악할 수 있다.

ⓖ 공장의 감정가 기준 용지 구입비는 100×150×1.6이고, 임야의 실거래가 기준 용지 구입비는 100×50×6.1이다. 이때, 면적은 동일하고, 면적당 지가는 공장이 임야의 3배이고, 보상 배율은 임야가 공장의 3배를 초과한다. 따라서 임야의 실거래가 기준 보상비가 공장의 감정가 기준 보상비보다 크다. (×)

ⓛ 창고의 실거래가 기준 용지 구입비는 50×100×4.8이고, 전의 실거래가 기준 용지 구입비는 50×150×3.2이다. 즉, 면적은 동일하고, 면적당 지가는 전이 창고의 1.5배, 보상 배율은 창고가 전의 1.5배이다. (○)

ⓒ 실거래가 기준 보상 배율이 감정가 기준 보상 배율의 2배 미만을 만족하는 지목은 전과 답이다.

V PSAT형 실전모의고사

전의 경우, 면적당 지가가 150만 원/m^2이다. (×)

08 ▶ ②

| 정답풀이 |

$(\text{국세부담률}) = \frac{(\text{국세 납부액})}{\text{GDP}} \times 100$이므로

$(\text{국세 납부액}) = \frac{(\text{국세부담률})}{100} \times \text{GDP}$이다. 이를 이용하여 A~C국의 국세 납부액을 구하면 다음과 같다.

[표] A~C국의 국세 납부액 (단위: 억 달러)

구분	A국	B국	C국
2014년	4,487	3,526	3,337
2015년	4,677	3,320	3,424
2016년	4,949	3,373	3,510
2017년	5,179	3,653	3,602
2018년	5,361	3,683	3,813

B국의 국세 납부액은 2014~2015년 사이에 감소하였다.

| 오답풀이 |

① [그래프]의 수치를 통해 확인할 수 있다.

③ A~C국의 조세부담률 평균은 다음과 같다.

- A국: $\frac{25.7+26+26.4+26.6+26.6}{5} = 26.26(\%)$
- B국: $\frac{22.3+21.1+21.2+22.1+21.8}{5} = 21.7(\%)$
- C국: $\frac{22.7+22.9+23.3+23.1+23.9}{5} = 23.18(\%)$

따라서 평균이 가장 큰 국가는 A국이고, 가장 작은 국가는 B국이다.

④ A국의 전년 대비 GDP 증가액은 다음과 같다.

[표] A국의 전년 대비 GDP 증가액 (단위: 억 달러)

2015년	2016년	2017년	2018년
549	786	762	726

따라서 전년 대비 GDP 증가액이 가장 큰 해는 2016년이다. 2016년의 B국과 C국 조세부담률 차이는 $|15.1+6.1-(11.2+12.1)| = 2.1(\%p)$로 2%p 이상이다.

⑤ C국의 전년 대비 GDP 증가액은 다음과 같다.

[표] C국의 전년 대비 GDP 증가액 (단위: 억 달러)

2015년	2016년	2017년	2018년
1,027	1,040	1,109	994

따라서 전년 대비 GDP 증가액이 가장 작은 해는 2018년이다. 2018년의 A국과 B국 조세부담률 차이는 $|25+1.6-(15.6+6.2)| = 4.8(\%p)$로 5%p 미만이다.

문제접근법

(1) [그래프]와 [표]가 주어진 복합자료로 해당 자료가 의미하는 것이 무엇인지 먼저 파악한다. [그래프] 주석에 주어진 식을 이용하여 해결하는 내용이 반드시 출제되므로 확인한다.

(2) 선택지 ①~⑤ 중 자료의 수치만으로 해결할 수 있는 ①을 먼저 푼 뒤, ①이 정답이 아니라면 남은 ②~⑤를 풀어 정답을 찾도록 한다.

전략풀이 TIP

② $(\text{국세 납부액}) = \frac{(\text{국세부담률})}{100} \times \text{GDP}$인데, A국의 국세부담률은 매년 증가하거나 전년 수준을 유지하고, GDP는 매년 증가하고 있으므로 A국의 국세 납부액도 매년 증가함을 알 수 있다. 그런데 B국의 2014~2015년을 보면, 국세부담률은 큰 폭으로 감소하고 GDP는 증가하였으므로 좀 더 면밀히 살펴볼 필요가 있다. 여기서 21,498×16.4와 21,984×15.1의 대소 비교를 해야 하는데, 21,498과 21,984의 차이는 500에 살짝 미치지 못하는 수준으로, 21,498의 1%가 대략 215임을 고려하면 약 2~3% 정도 차이가 난다. 반면 16.4와 15.1의 차이는 1.3으로 16.4의 10%가 대략 1.6임을 고려하면 확실히 5% 이상 차이가 난다고 볼 수 있다. 따라서 21,498×16.4>21,984×15.1이므로 2014~2015년 사이에 B국의 국세 납부액은 감소하였다. (×)

③ 조세부담률의 수치가 매년 A국>C국>B국이므로 평균을 계산하지 않더라도 평균 역시 A국>C국>B국이다. (○)

09 ▶ ②

| 정답풀이 |

[보고서]의 내용을 순차적으로 확인하면 다음과 같다.

- 첫째: A~E도시 모두 1990년대 이후 모든 시기에서 자본금액 1천만 원 미만 창업 건수가 자본금액 1천만 원 이상 창업 건수보다 많다.
- 둘째: 도시별 2000년대와 2010년대의 자본금액 1천만 원 미만 창업 건수와 1천만 원 이상 창업 건수의 차이를 구하면 다음과 같다.

  [2000년대]
  - A도시: 206−32=174(건)
  - B도시: 101−5=96(건)
  - C도시: 19−17=2(건)
  - D도시: 73−34=39(건)
  - E도시: 25−0=25(건)

  [2010년대]
  - A도시: 461−26=435(건)
  - B도시: 233−4=229(건)
  - C도시: 18−17=1(건)
  - D도시: 101−24=77(건)
  - E도시: 53−3=50(건)

  C도시의 경우, 2000년대의 창업 건수가 더 많고, D도시의 경우, 39×2=78>77으로 2010년대의 창업 건수의 차이가 2000년대의 2배 미만이므로 만족하지 않음을 알 수 있다.
- 셋째: A도시의 경우, 1990년대 전체 창업 건수는 198+11=209(건)이고, 2020년 이후 전체 창업 건수는 788+101=889(건)이므로 10배 미만이다. 따라서 만족하지 않음을 알 수 있다.
- 넷째: 남은 B도시와 E도시의 2020년 이후 전체 창업 건수 중 자본금액 1천만 원 이상 창업 건수의 비중을 구하면 다음과 같다.
  - B도시: $\frac{16}{458+16}\times100 \fallingdotseq 3.4(\%)$
  - E도시: $\frac{7}{246+7}\times100 \fallingdotseq 2.8(\%)$

  따라서 B도시와 E도시 모두 창업 건수의 비중이 2.5% 이상이다.
- 다섯째: E도시의 경우, 조사 기간 동안 자본금액 1천만 원 이상 창업 건수가 0건 → 0건 → 3건 → 7건으로 감소한 적이 없이 동일하거나 증가하였다. 따라서 [보고서]의 내용에 부합하는 도시는 B도시이다.

㉡ 조사 기간 동안 자본금액 1천만 원 미만 창업 건수는 46건 → 101건 → 233건 → 458건으로 계속해서 증가하였다.

| 오답풀이 |

㉠ 1990년대 자본금액 1천만 원 미만 창업 건수가 46건으로 두 번째로 많다.

㉢ 2000년대 자본금액 1천만원 미만 창업 건수 대비 1천만 원 이상 창업 건수의 비중은 $\frac{5}{101}\times100 \fallingdotseq 4.95(\%)$로 5% 미만이다.

문제접근법

(1) [표]가 무엇을 의미하는 지 먼저 파악한 뒤, 바로 [보고서]를 확인한다.
(2) [보고서]의 내용 중 계산 없이 해결할 수 있는 조건인 첫째, 다섯째 내용을 먼저 확인한다.
(3) 첫째, 다섯째 내용을 통해 제외할 수 있는 도시를 소거한 후, 남은 3개의 조건 중 비교적 쉽게 해결할 수 있는 셋째 내용을 다음으로 확인한다.
(4) 첫째, 셋째, 다섯째 조건의 내용을 통해 B도시임을 알 수 있다. 보기 ㉠~㉢ 중 주어진 자료의 수치로 빠르게 해결할 수 있는 ㉠, ㉡을 먼저 푼 뒤, ㉢을 풀어 정답을 찾도록 한다.

전략풀이 TIP

i) 첫째 모두 만족
ii) 셋째 A도시의 1990년대 전체 창업 건수는 약 210건으로 10배는 2,100건이다. 2020년 이후 전체 창업 건수는 1,000건 미만이므로 2,100건에 훨씬 못 미친다. C도시는 1990년대 14건으로 10배는 140건인데, 2020년 이후 전체 창업 건수는 90건으로 140건에 훨씬 못 미친다. D도시는 30건으로 10배는 300건인데 2020년 이후 전체 창업 건수는 약 250건으로 300건에 못 미친다.
→ A도시, C도시, D도시 제외
iii) 다섯째 E도시 제외

㉢ $\frac{5}{101}<\frac{5}{100}$(=5%)이므로 5% 미만이다. (×)

10 ▶ ④

| 정답풀이 |

각 진로별 예상되는 (편익)−(비용)+(평판도)에 따른 가감액을 정리하면 다음과 같다.

(단위: 천만 원)

구분	A	B	C	D	E
편익	25×8 =200	35×5× 1.2=210	30×5× 1.2=180	30×6 =180	20×10 =200

비용	2×6 =12	5×2×2 +20=40	3×2×2 =12	2×4× 1.5=12	4×3+ 20=32
평판도	−20	0	0	20	0
결괏값	168	170	168	188	168

따라서 D가 1위, B가 2위이고, A, C, E의 선호도 순위가 A, C, E 순이므로 A가 3위, C가 4위 E가 5위이다.

문제접근법

(1) 편익과 비용, 최종값과 순위를 계산하는 식을 먼저 확인한다.

(2) 각 식에 주어진 값을 대입하여 순위를 확인하며, 마지막 조건까지 잊지 않고 적용한다.

전략풀이 TIP

우선 편익, 비용, 평판도 값만 계산하도록 한다. C와 D는 편익, 비용 값이 동일한데 D는 평판도가 1위이므로 C보다 순위가 높을 것이다. A와 E는 편익이 동일하고, −(비용)+(평판도)에 의해 32천만 원이 제외되므로 값이 같을 것이다. 따라서 A, B, C의 결괏값만 정확히 계산하면, C의 순위를 알 수 있다.

11 ▶ ②

| 정답풀이 |

업무 만족도와 인적 만족도는 연령이 높아질수록 조사 항목의 만족도가 높아지지만, 시설 만족도는 30세 이상 40세 미만(4.25점)이 40세 이상 50세 미만(4.19점)보다 높다.

| 오답풀이 |

① 여자의 비율을 x라 하면, 남자의 비율은 $(1-x)$이다. 업무 만족도를 기준으로 계산하면,

$4.15x+4.07(1-x)=4.12$

$\rightarrow 4.15x-4.07x+4.07=4.12$

$\rightarrow 0.08x=0.05$

따라서 $x=\frac{5}{8}$이다. 응답자 수가 총 101명이므로 여자와 남자의 응답자 수 차이는

$101\times(\frac{5}{8}-\frac{3}{8})≒25$(명)으로 20명 이상 많다.

참고로 인적 만족도를 기준으로 동일하게 계산하면 $x=\frac{2}{3}$이다. 따라서 이 경우에도 응답자 수의 차이는 $101\times(\frac{2}{3}-\frac{1}{3})≒34$(명)으로 20명 이상 많다.

③ 충청청은 업무 만족도가 3.73점, 시설 만족도가 4.00점으로 다른 지방청에 비해 낮다.

④ 30세 이상 40세 미만과 40세 이상 50세 미만 모두 다른 조사 항목에 비해 업무 만족도가 가장 낮으므로, 30세 이상 50세 미만은 업무 만족도가 가장 낮다.

⑤ 경인청은 업무 만족도, 인적 만족도에서는 다른 지방청에 비해 높고, 시설 만족도에서는 동남청만 동일하고 다른 지방청보다 높다.

문제접근법

(1) [표] 이외에 [조사 개요]라는 정보가 주어진 문제로 [표]의 항목과 선택지 내용을 먼저 살펴본 후, [조사 개요]에서 필요한 내용이 무엇인지 확인한다.

(2) [조사 개요]의 응답자 수 이외에는 중요하지 않은 내용이므로 바로 선택지로 넘어간다.

(3) 선택지 ①~⑤ 중 ①을 제외한 선택지는 모두 자료의 수치를 비교하여 해결할 수 있으므로 ②~⑤를 먼저 풀어 정답을 찾도록 한다.

전략풀이 TIP

① 업무 만족도를 보면, 남자와 전체의 만족도 차이가 0.05점, 여자와 전체의 만족도 차이가 0.03점이다. 따라서 여자와 남자의 비율은 5:3이다. 인적 만족도에서는 남자와 전체의 만족도 차이가 0.04점, 여자와 전체의 만족도 차이가 0.02점이므로, 여자와 남자의 비율은 2:1이다. 업무 만족도에 따르면, 남자와 여자의 응답자 수 차이는 $\frac{5-3}{8}\times101≒25$(명)이고, 인적 만족도에 따르면 남자와 여자의 응답자 수 차이는 $\frac{2-1}{3}\times101≒34$(명)이므로 20명 이상이다. (○)

12 ▶ ②

| 정답풀이 |

ⓛ 인공지능의 경우, 상위 2명은 B, C이고 빅 데이터는 A, B, 사물 인터넷은 B, I이다. 따라서 1등급을 받은 교과목 수가 1개 이상인 학생은 A, B, C, I로 4명이다.

ⓒ 학생 B의 인공지능 교과목과 빅 데이터 교과목의 점수가 서로 바뀐다면, 빅 데이터 교과목의 총점은 90.0−88.0=2(점)이 낮아진다. 학생

D의 빅 데이터 교과목 점수는 (50.0×3)−65.0−28.0=57(점)이고, 학생 D의 사물 인터넷 교과목 점수는 65점이므로 빅 데이터 교과목과 사물 인터넷 교과목의 점수가 서로 바뀐다면, 빅 데이터 교과목의 총점은 65.0−57.0=8(점)이 높아진다. 따라서 빅 데이터 교과목의 총점은 8−2=6(점)이 높아지므로, 빅 데이터 교과목 평균은 높아질 것이다.

| 오답풀이 |

㉠ 학생 A의 인공지능 점수는 (74.3×3)−85.0−77.0=60.9(점)이고, 학생 B의 인공지능 점수는 (90.0×3)−90.0−92.0=88(점)이다. 인공지능의 중앙값을 통해 학생 F의 인공지능 점수는 45점임을 알 수 있으며, 인공지능 교과목에서 평균 미만의 점수를 받은 학생은 D, E, F, G, H로 5명임을 알 수 있다. 빅 데이터의 경우에는 D, E, G, H, I로 5명이지만, 사물 인터넷의 경우에는 C, D, G, H로 4명이다.

㉣ 최고 점수와 최저 점수의 차이가 가장 작은 교과목은 90.0(학생 B)−49.9(학생 H)=40.1(점)인 빅 데이터이다.

문제접근법

(1) [표]에 빈칸이 주어진 문제로 빈칸을 모두 구할 필요 없이 [보기]의 내용을 먼저 확인한다. 풀면서 빈칸의 값이 필요한 경우에만 계산하여 구하며, 수치 간의 차이를 비교하여 해결한다.

(2) ㉠은 틀린 보기이므로 선택지 ①, ④, ⑤를 소거할 수 있고, 남은 선택지 ②, ③ 구조상 ㉡이 포함되어 있으므로 ㉢, ㉣ 중 하나만을 풀어 정답을 찾도록 한다.

전략풀이 TIP

㉠ 사물 인터넷 교과목을 보면, 학생 C의 평균과 인공지능, 빅 데이터 점수는 모두 71점이므로, 사물 인터넷 역시 71점이다. 학생 I를 보면, 인공지능 점수는 평균보다 약 5점, 빅 데이터 점수는 약 9점 낮으므로, 사물 인터넷 점수는 반대로 평균보다 14점 정도 높을 것이다. 사물 인터넷 교과목에서 평균 미만의 점수를 받은 학생은 4명이다. (×)

㉢ 학생 B의 인공지능 교과목 점수는 88점으로 빅 데이터보다 2점 낮다. 학생 D의 인공지능 교과목 점수는 평균보다 22점 낮고, 사물 인터넷 교과목 점수는 평균보다 15점 높으므로 빅 데이터 교과목 점수는 평균보다 7점 높다. 학생 D의 빅 데이터 교과목 점수는 57점인데, 이는 학생 B의 |인공지능−빅 데이터|의 결괏값보다 학생 D의 |빅 데이터−사물 인터넷|의 결괏값이 더 크므로, 빅 데이터 교과목 총점은 더 높아질 것이다. 따라서 빅 데이터 교과목 평균이 높아진다. (○)

㉣ 인공지능 교과목은 3개의 교과목 중 학생 간 점수 차이가 가장 크므로 제외할 수 있다. (×)

13 ▶ ②

| 정답풀이 |

검사 지점 A~E의 결과를 정리하면 다음과 같다.

- A: 정수장에서 잔류염소의 수질 검사 빈도는 매일 1회 이상이고, 수질 기준은 4mg/L 이하이다. 따라서 수질 검사 빈도와 수질 검사 기준을 모두 충족한다.
- B: 정수장에서 질산성 질소의 수질 검사 빈도는 매주 1회 이상이고, 지난 1년간 검사를 실시하여 수질 기준의 10퍼센트를 초과한 적이 없으면 매월 1회 이상이며, 수질 기준은 10mg/L 이하이다. 매일 1회 이상 검사한다면 수질 검사 빈도를 충족하지만 수질은 11mg/L이므로 수질 검사 기준을 충족하지 못한다.
- C: 정수장에서 일반세균의 수질 검사 빈도는 매주 1회 이상이다. 일반세균의 경우, 지난 1년간 검사를 실시하여 수질 기준의 10퍼센트를 초과한 적이 없더라도 매주 1회 이상 검사해야 한다. 따라서 수질 검사 빈도를 충족하지 못한다. 한편 일반세균의 수질 기준은 100CFU/mL 이하이므로 수질 검사 기준은 충족한다.
- D: 수도꼭지에서 대장균의 수질 검사 빈도는 매월 1회 이상이고, 수질 기준은 불검출/100mL이다. 매주 1회 이상 검사한다면 매월 1회 이상을 만족하므로 수질 검사 빈도와 수질 검사 기준을 모두 충족한다.
- E: 배수지에서 잔류염소의 수질 검사 빈도는 매 분기 1회 이상이고, 수질 기준은 4mg/L 이하이다. 매주 1회 이상 검사한다면 매 분기 1회 이상을 만족하므로 수질 검사 빈도와 수질 검사 기준을 모두 충족한다.

수질 검사 기준을 만족한 검사 지점은 A, C, D, E 4곳이다.

| 오답풀이 |

① 수질 검사 빈도를 만족한 검사 지점은 A, B, D, E 4곳이다.

③ 일반세균의 수질 검사 기준은 100CFU/mL 이하이므로 배수지 E에서 일반세균이 검출되더라도 수질 기준을 만족하는 경우가 있다. 따라서 배수지 E에서 일반세균이 반드시 검출되지 않았다고 할 수 없다.

④ 수도꼭지에서는 질산성 질소를 검사하지 않는다. 따라서 D는 질산성 질소가 10mg/L를 초과하더라도 수질 기준을 만족하므로 수도꼭지 D에서 질산성 질소가 반드시 10mg/L 이하라고 할 수 없다.

⑤ 대장균의 검사 빈도는 일반 수도꼭지와 수도관 노후 지역에 대해 모두 매월 1회 이상이므로 검사 빈도를 더 늘리지 않아도 된다.

문제접근법

(1) 글의 내용 중 중요 키워드 위주로 살펴본 후, [상황]의 각 항목을 확인한다.
(2) 선택지를 풀 때, [상황]과 선택지 내용에 해당하는 키워드를 글에서 찾아 대입하면서 푼다.
(3) 선택지 ③~⑤의 경우, 정수장, 수도꼭지, 배수지의 수질 검사 기준에 관한 내용만 읽으면, 정답 여부를 알 수 있으므로 먼저 푼 다음, ①~② 를 풀어 정답을 찾도록 한다.

전략풀이 TIP

수질 검사 기준의 경우, 검사 지점에 관계없이 그 기준이 모두 동일하므로 수질 검사 빈도를 하나씩 대조해야 하는 ①보다 수질 검사 기준을 확인하면 되는 ②를 푸는 것이 좋다.

14 ▶ ⑤

| 정답풀이 |

스마트시스템 도입 업체 수가 세 번째로 많은 업종은 약 195개인 금속제조이다. 금속제조의 스마트시스템 고도화 업체 수는 195×0.282≒55(개)로 50개 이상이다.

| 오답풀이 |

① 업종별 스마트시스템 도입 업체 수를 구하면 다음과 같다.
- 기계장비: 1,428×0.156≒223(개)
- 소재: 1,313×0.1≒131(개)
- 금속제조: 1,275×0.153≒195(개)
- 자동차부품: 766×0.351≒269(개)
- 선박부품: 466×0.114≒53(개)
- 금형주조도금: 265×0.17≒45(개)
- 식품바이오: 244×0.09≒22(개)
- 항공기부품: 95×0.284≒27(개)

따라서 스마트시스템 도입 업체 수가 가장 많은 업종은 자동차부품이다.

② 도입률이 가장 높은 업종은 35.1%인 자동차부품이다. 자동차부품의 도입률 대비 고도화율 비율은 $\frac{27.1}{35.1}\times 100 \fallingdotseq 77.2(\%)$로 $\frac{11.1}{17.0}\times 100 \fallingdotseq$ 65.3(%)인 금형주조도금보다 높다.

③ 고도화율이 가장 높은 업종은 37%인 항공기부품이다. 항공기부품의 스마트시스템 고도화 업체 수는 27×0.37≒10(개)이지만, 자동차부품의 스마트시스템 고도화 업체 수는 269×0.271≒73(개)이므로 가장 많지 않다.

④ [그래프] 주석 1), 2) 식을 통해 업체 수 대비 스마트시스템 고도화 업체 수는 (도입률)×(고도화율)임을 알 수 있다. 비교적 도입률과 고도화율이 높은 항공기부품과 자동차부품의 (도입률)×(고도화율)을 구하면 다음과 같다(수치 비교를 위해 단위는 생략).
- 항공기부품: 28.4×37=1,050.8
- 자동차부품: 35.1×27.1=951.21

따라서 업체 수 대비 스마트시스템 고도화 업체 수가 가장 높은 업종은 항공기부품이다.

문제접근법

(1) 2개의 [그래프]가 주어진 문제로 각 [그래프]가 의미하는 것이 무엇인지 먼저 파악한다. 특히 [그래프2] 주석에 주어진 식을 바탕으로 구성된 내용이 반드시 출제되므로 확인한다.
(2) 선택지 ①~⑤ 중 업체 수를 구할 필요 없이 해결할 수 있는 ②, ④를 먼저 푼다.
(3) 선택지 ②, ④ 모두 틀린 선택지이므로 소거할 수 있고, 남은 선택지 ①, ③, ⑤는 ① → ⑤ → ③ 순서로 풀어 정답을 찾도록 한다.

전략풀이 TIP

① 스마트시스템 도입 업체 수는 비교적 업체 수가 많거나 도입률이 높은 기계장비, 소재, 금속제조, 자동차부품이 많을 것이다. 기계장비는 소재, 금속제조보다 업체 수와 도입률 모두 커 도입 업체 수 역시 많을 것이므로 기계장비와 자동차부품을 비교한다. 1,428×0.156과 766×0.351에서 766 → 1,428은 2배 미만 증가한 반면, 0.156

→ 0.351은 2배 이상 증가하였으므로 1,428×0.156<766×0.351이다. 따라서 자동차부품이 가장 많다. (×)

② 도입률 대비 고도화율 비율은 $\frac{(고도화율)}{(도입률)}$로 그래프2의 기울기이다. 자동차부품과 금형주조도금의 기울기를 비교하면, 금형주조도금이 더 낮다. (×)

④ (도입률)×(고도화율)은 그래프2의 원점과 해당 지점을 대각선으로 하는 직사각형의 넓이이다. 직사각형의 넓이가 비교적 큰 항공기부품과 자동차부품의 넓이를 비교하면, (자동차부품)<(항공기부품)이다. (×)

⑤ 스마트시스템 도입 업체 수가 세 번째로 많은 업종은 소재와 금속제조 중 하나인데, 1,313×0.1<1,275×0.153이므로 금속제조이다. 금속제조의 스마트시스템 고도화 업체 수는 195×0.282>190×0.28≒53이므로 50개 이상이다. (○)

15 ▶ ③

| 정답풀이 |

5,000만 원 중 2,900만 원은 직원 복지 시설을 확충하는 데 사용하므로 2,100만 원을 각 부서에 현금으로 배분하거나 기념품을 구입한다. 포상금의 40% 이상을 현금으로 배분해야 하므로 5,000×0.4=2,000(만 원) 이상을 현금으로 배분해야 한다. 전체 부서가 15개이므로 우수 부서가 x개라면, 보통 부서는 $(15-x)$개이다. 부서들에 배분한 현금이 2,000만 원 이상이므로 $150x+100(15-x)\geq 2{,}000 \rightarrow 50x+1{,}500\geq 2{,}000 \rightarrow x\geq 10$이다. 우수 부서는 최소한으로 선정하므로 우수 부서는 10개, 보통 부서는 5개가 된다.

따라서 우수 부서에 배분한 금액은 10×150=1,500(만 원), 보통 부서에 배분한 금액은 5×100=500(만 원)이고, 남은 금액은 2,100−1,500−500=100(만 원)이다. 남은 금액을 모두 사용하므로 기념품 구입 금액은 100만 원이다.

문제접근법

(1) 포상금 가격을 먼저 확인한 뒤, 포상금 사용 기준을 순차적으로 적용하여 해결한다.

(2) 선택지 구조를 바탕으로 불가능한 경우를 소거하면서 풀 수 있다.

전략풀이 TIP

5,000만 원 중 최소 2,000만 원을 부서에 배분해야 한다. 만약 우수 부서 배분 금액이 1,350만 원이라면 우수 부서는 9개이고, 보통 부서가 6개이므로 보통 부서 배분 금액은 600만 원이다. 따라서 총 배분 금액이 1,950만 원이므로 조건을 만족하지 않는다. 만약 우수 부서 배분 금액이 1,500만 원이라면 우수 부서는 10개이고, 보통 부서가 5개이므로 보통 부서 배분 금액은 500만 원이다. 따라서 총 배분 금액이 2,000만 원이다. 우수 부서 배분 금액이 1,650만 원이라면 우수 부서는 11개이고, 보통 부서가 4개이므로 보통 부서 배분 금액이 400만 원이다. 따라서 총 배분 금액이 2,050만 원이다. 우수 부서는 최소한으로 선정되어야 하므로 우수 부서는 10개가 된다. 우수 부서가 10개일 때, 우수 부서 배분 금액은 1,500만 원이고, 이때의 기념품 구입 금액은 100만 원이다.

16 ▶ ②

| 정답풀이 |

KTX의 월 광고 비용은 3천만 원을 초과하므로 KTX의 광고 효과는 계산하지 않아도 된다.

KTX를 제외한 나머지 광고 수단의 광고 효과를 구하면 다음과 같다.

- TV: $3\times\frac{100}{30{,}000}=0.01$
- 버스: $30\times1\times\frac{10}{20{,}000}=0.015$
- 지하철: $30\times60\times\frac{0.2}{25{,}000}=0.0144$
- 포털사이트: $30\times50\times\frac{0.5}{30{,}000}=0.025$

따라서 이 중 가장 광고 효과가 큰 수단은 포털사이트이므로 A대리는 포털사이트를 선택한다. 이때, 포털사이트의 광고 효과는 0.025(회×만 명/천 원)이다.

문제접근법

(1) [조건]의 내용을 만족하지 않는 항목이 무엇인지 먼저 확인하여 소거한다.

(2) 주어진 식을 바탕으로 만족하는 항목의 광고 효과를 계산하여 해결한다.

전략풀이 TIP

선택지에 주어진 값의 숫자 배열이 모두 다르므로 정확한 값을 계산할 필요 없이 해당 조합의 숫자가 나오는지 확인하면 된다. 즉, 월 광고 비용을 맨 앞 두 자릿수만 넣어서 계산을 하도록 한다. TV는 $3\times\frac{100}{30}=10$, 버스는 $30\times\frac{10}{20}=\frac{300}{20}=15$, 지하철은 $30\times60\times\frac{0.2}{25}=14.4$, 포털사이트는 $30\times50\times\frac{0.5}{30}=\frac{750}{30}=25$이다. 따라서 가장 큰 값은 포털사이트이고, 선택지 ①~⑤ 중 숫자의 조합이 25인 것은 ②뿐이다.

17 ▶ ④

| 정답풀이 |

2007년 이후 연도별 전시 건수 중 미국의 전시 건수 비중은 다음과 같다.

2007년: $\frac{5}{18}\fallingdotseq0.28$, 2008년: $\frac{3}{10}=0.3$

2009년: $\frac{8}{33}\fallingdotseq0.24$, 2010년: $\frac{5}{24}\fallingdotseq0.21$

2011년: $\frac{3}{9}\fallingdotseq0.33$, 2012년: $\frac{6}{21}\fallingdotseq0.29$

따라서 연도별 전시 건수 중 미국 전시 건수 비중이 가장 작은 해는 2010년이다. 2010년에는 프랑스에서도 1건의 전시가 있었다.

| 오답풀이 |

① 국가별 전시 건수의 합이 10건 이상인 국가는 일본, 미국 외에 $1+1+3+1+1+5=12$(건)인 중국이 국가별 전시 건수의 합이 10건 이상이다. 하지만 영국은 $1+1+2+2+2=8$(건)으로 10건 미만이다.

② 2010년과 2012년을 비교해보면, 전시 건수는 2010년이 3건 더 많지만, 국외반출 허가 문화재 수량은 2012년이 118개 더 많다.

③ 연도별 국외반출 허가 문화재 수량 중 지정문화재 수량의 비중을 구하면 다음과 같다.

2006년: $\frac{8}{804}\fallingdotseq0.01$, 2007년: $\frac{22}{924}\fallingdotseq0.024$,

2008년: $\frac{15}{330}\fallingdotseq0.045$, 2009년: $\frac{15}{1,414}\fallingdotseq0.011$,

2010년: $\frac{14}{1,325}\fallingdotseq0.011$, 2011년: $\frac{16}{749}\fallingdotseq0.021$,

2012년: $\frac{13}{1,443}\fallingdotseq0.009$

따라서 국외반출 허가 문화재 수량 중 지정문화재 수량의 비중이 가장 큰 해는 2008년이다.

⑤ 국외반출 허가 지정문화재 중 보물의 수량이 가장 많은 해는 13건인 2009년이지만, 전시 건당 국외반출 허가 문화재 수량이 가장 많은 해는 $\frac{749}{9}\fallingdotseq83.2$인 2011년으로 동일하지 않다.

문제접근법

(1) 주어진 수치가 많은 [표]가 주어진 문제로 수치가 의미하는 것이 무엇인지 먼저 파악한 후, 선택지를 본다.

(2) 전시 건수보다 국외반출 허가 문화재 수량의 수치가 더 복잡하므로 전시 건수에 대한 내용의 선택지를 먼저 푸는 것이 좋다.

(3) 선택지 ①~⑤ 중 빠르게 해결할 수 있는 ②를 먼저 풀고, ③은 비교적 시간이 오래 걸리므로 가장 나중에 푼다. 수치 비교 및 분수 비교를 이용하여 ② → ①, ④, ⑤ → ③ 순서로 풀어 정답을 찾도록 한다.

전략풀이 TIP

① 일본과 미국은 얼핏 봐도 10건 이상이므로, 영국의 전시 건수 합을 구하여 확인한다. (×)

④ (미국의 전시 건수×4)<(전체 전시 건수)를 만족하는 연도는 2009년과 2010년인데, 분수 비교를 통해 2010년의 비중이 더 작음을 알 수 있다. 2010년에는 프랑스의 전시 건수가 1건 있다. (○)

18 ▶ ③

| 정답풀이 |

㉡ 거주지 권역이 경상인 지역의 4점 비율이 15.9%이고 5점 비율이 15.4%라면, 인지도 평균 점수는 $(1\times0.054)+(2\times0.482)+(3\times0.152)+(4\times0.159)+(5\times0.154)=2.88$(점)이다. 따라서 경기의 2.86점보다 높아진다.

㉢ 인지도 점수를 2점 이하로 부여한 응답자 비율은 소유 면적 2ha 미만이 $8.9+63.7=72.6$(%)로 가장 높다.

| 오답풀이 |

㉠ 소재지 거주 여부의 경우, 소재산주와 부재산주 모두 3점 미만이다.

㉣ 인지도 점수를 3점 또는 4점으로 부여한 독림가는 $173\times(0.22+0.393)\fallingdotseq106$(명)이고, 일반산주는 $353\times(0.105+0.164)\fallingdotseq95$(명)이므로 독림가가 일반산주보다 많다.

문제접근법

(1) [표]의 항목과 단위를 확인하고 바로 선택지를 본다. 표 주석에는 식이 주어지지 않고, 별도의 조건은 없으므로 간단히 확인하고 넘어간다.
(2) ㉠~㉣ 중 계산 없이 해결할 수 있는 ㉠을 먼저 푼다. ㉠은 틀린 보기이므로 선택지 ①, ②를 소거할 수 있고, 남은 ㉡~㉣ 중 간단한 계산으로 해결할 수 있는 ㉢을 풀고, 그다음으로 ㉣을 풀어 정답을 찾도록 한다.

전략풀이 TIP

㉡ 1점, 2점, 3점에 대한 점수는 동일하므로, 경상의 인지도 평균 점수에 4점의 비율이 10%일 때의 점수를 빼고, 5점의 비율이 10%일 때의 점수를 더하면 결괏값을 구할 수 있다. 인지도 점수 4점 비율이 10%p 낮아지고, 인지도 점수 5점 비율이 10%p 높아졌을 때, 경상의 인지도 평균 점수는 2.78−(4×0.1)+(5×0.1)=2.78+0.1=2.88(점)이므로 경기의 2.86점보다 높다. (○)
㉢ 인지도 점수 1점 비율은 모두 12% 미만인데 비해 인지도 점수 2점 비율을 보면, 일반산주와 2ha 미만이 60% 이상으로 다른 항목에 비해 적어도 12%p 이상 차이가 난다. 따라서 일반산주 또는 2ha 미만의 2점 이하 응답자 비율이 가장 높을 것이다. 두 항목만 계산해보면, 2ha 미만의 비율이 가장 높다. (○)
㉣ 일반산주 응답자 수는 독림가 응답자 수의 2배를 조금 상회한다. 인지도 점수 3점 비율은 독림가가 일반산주의 2배를 조금 상회하지만, 인지도 점수 4점 비율은 2.4배 가량으로 2배와 다소 차이가 난다. (×)

19 ▶ ③

| 정답풀이 |

주어진 서류를 바탕으로 2015~2018년 부동산 압류 건수를 구하면 다음과 같다.

- 2015년: 146,919−27,783=119,136(건)
- 2016년: 158,754−34,011=124,743(건)
- 2017년: 163,666−34,037=129,629(건)
- 2018년: 151,211−29,814=121,397(건)

㉡ 전체 압류 건수가 두 번째로 많은 해는 2016년이며, 2016년에 부동산 압류 건수는 124,743건으로 두 번째로 많다.
㉢ 2019년 부동산 압류 건수가 전년 대비 30% 감소한다면, 2019년 부동산 압류 건수는 121,397×0.7≒84,978(건)이다. 기타 재산 압류 건수는 2018년과 동일하므로 29,814건이며, 전체 압류 건수는 84,978+29,814=114,792(건)이다. 따라서 2018년 대비 2019년 전체 압류 건수의 감소율은 $\frac{151,211-114,792}{151,211}\times 100 ≒ 24.1(\%)$로 25% 미만이다.

| 오답풀이 |

㉠ 2016~2017년에는 기타 재산 압류 건수의 4배가 각각 34,011×4=136,044(건), 34,037×4=136,148(건)이므로 2016~2017년 부동산 압류 건수는 기타 재산 압류 건수의 4배 미만이다.
㉣ 2019년 부동산 압류 건수가 2018년보다 5,000건 더 많다면, 2019년 부동산 압류 건수는 121,397+5,000=126,397(건)이다. 따라서 2014년 대비 2019년 부동산 압류 건수의 증가율은 $\frac{126,397-122,148}{122,148}\times 100 ≒ 3.48(\%)$로 3.5% 미만이다.

문제접근법

(1) 수치가 일부 주어지지 않은 자료로, 자료의 항목을 확인하면서 주어지지 않은 수치를 바탕으로 해결해야 하는 내용이 출제됨을 파악한다.
(2) [보기]의 내용을 확인하면 ㉠~㉣ 모두 계산이 필요한 내용이다. 이 중 비교적 간단한 ㉠, ㉡을 먼저 푼다. ㉠은 틀린 보기이고, ㉡은 옳은 보기이므로 선택지 ①, ②, ⑤를 소거할 수 있다.
(3) 남은 보기 ㉢, ㉣ 중 비교적 쉬운 ㉣을 풀어 정답을 찾도록 한다.

전략풀이 TIP

㉠ 기준이 되는 것이 (부동산 압류 건수)≥4×(기타 재산 압류 건수)이며, (부동산 압류 건수)+(기타 재산 압류 건수)=(전체 압류 건수)이므로 (전체 압류 건수)÷5≥(기타 재산 압류 건수)를 만족하는지 확인한다. (×)
㉡ 2016년의 부동산 압류 건수인 약 125,000건을 기준으로 다른 연도와 비교하면, 2016년과 2017년의 기타 재산 압류 건수는 거의 동일하지만, 전체 압류 건수는 2017년이 훨씬 많으므로 부동산 압류 건수는 2017년보다 적다. 따라서 2014년을 포함한 남은 2015년, 2018년보다 많은지 적은지 확인한다. (○)

20 ▶ ⑤

| 정답풀이 |

2018년 12월부터 2019년 4월까지 α지수의 값이 계속 0.8이긴 하지만, 이것이 곧 2019년 2월과 3월의 해수면 온도 지표가 동일하다는 뜻은 아니다. 예를 들어 2018년 11월부터 2019년 5월까지 해수면 온도 지표가 순서대로 0.7, 0.8, 0.9, 0.7, 0.8, 0.9, 0.7인 경우, 2018년 12월부터 2019년 4월까지 α지수의 값은 모두 0.8이 될 수 있다. 따라서 2019년 2월과 3월의 해수면 온도 지표가 반드시 동일하다고 할 수 없다.

| 오답풀이 |

① 기준 해수면 온도는 5월에 27.9℃로 가장 높다.
② E현상은 2018년 10월부터 2019년 6월까지 최대 9개월 동안 지속되었다.
③ 2017년 10월부터 2018년 3월까지 α지수가 −0.5보다 낮다. 따라서 2017년과 2018년에 걸쳐 L현상이 있었다.
④ 2019년 α지수는 6월까지 주어져 있다. 2019년 6월의 α지수는 2019년 5월, 6월, 7월의 해수면 온도 지표의 평균이므로, 2019년 7월의 해수면 온도까지 관측되었을 것이다.

문제접근법

(1) [그래프] 이외에 별도의 [조건]이 주어진 문제로 [그래프]의 범례가 무엇인지만 바로 확인한 후, [조건]의 내용을 확인한다.
(2) 계산 없이 자료의 내용을 이해하였는지 판단하는 내용의 문제로 [조건]의 중요 키워드를 먼저 확인하고 이해한 후, 선택지를 순차적으로 푼다.

전략풀이 TIP

다양한 개념이 주어진 자료는 자료의 해석뿐 아니라, 개념을 제대로 이해하였는지에 관한 내용들이 많이 출제되므로, 정보를 반드시 꼼꼼히 읽어보고 문제를 해결해야 한다.

CHAPTER 02 | 실전모의고사 2회

본문 P. 430~455

01	02	03	04	05	06	07	08	09	10
④	②	④	①	⑤	②	⑤	③	④	③
11	12	13	14	15	16	17	18	19	20
②	②	⑤	④	①	④	④	⑤	④	④

01 ▶ ④

| 정답풀이 |

전체 위원의 $\frac{2}{3}$ 이상이 동의해야 심의 안건이 의결된다면, $16\times\frac{2}{3}\doteqdot 10.7$ 즉, 11명 이상이 동의해야 한다. 24차에는 11명, 25차에는 10명, 26차에는 12명이 동의하였으므로 25차에는 의결되지 않았다.

| 오답풀이 |

① 24~26차 회의의 심의 안건에 모두 동의한 위원은 기획재정부장관, 보건복지부장관, 여성가족부장관, 국토교통부장관, 해양수산부장관, 문화재청장으로 총 6명이다.
② 심의 안건에 부동의한 위원 수는 24차에는 5명, 25차에는 6명, 26차에는 4명으로 증가하다가 감소하였다.
③ 25차 회의의 심의 안건에 부동의한 위원은 교육부장관, 행정안전부장관, 문화체육관광부장관, 산업통상자원부장관, 고용노동부장관, 산림청장이다. 이에 해당하는 위원 중 고용노동부장관을 제외한 나머지 위원은 모두 24차와 26차 회의의 동의 여부가 동의 또는 부동의로 모두 같다.
⑤ 환경부장관이 25차 회의의 심의 안건에 부동의하였고, 행정안전부장관이 26차 회의의 심의 안건에 부동의하였다고 가정할 경우, 24~26차 회의의 심의 안건에 모두 부동의한 위원은 산업통상자원부장관, 환경부장관으로 총 2명이다.

문제접근법

(1) [표]가 주어진 문제로 [표]가 의미하는 것이 무엇인지 먼저 파악한다. 수치가 주어지지 않은 자료이므로 행과 열의 항목이 무엇인지 파악하는 것이 중요하다.

(2) 복잡한 계산 없이 주어진 자료의 내용만으로 빠르게 해결할 수 있는 문제로 선택지 ①~⑤ 중 계산이 일부 필요한 ④를 가장 마지막에 풀고, 나머지 선택지를 먼저 풀어 정답을 찾도록 한다.

전략풀이 TIP

①, ② 동의, 부동의란에 표시된 ○를 회차별로 확인하면서 ○ 개수 확인 및 조건에 만족하지 않는 위원을 소거한다. (○)

③, ⑤ 선택지의 내용 중 먼저 제시된 내용을 확인하여 적용한 후, 다음의 내용을 확인하여 조건을 만족하는 위원을 찾는다. (○)

④ ②에서 구한 회차별 부동의한 위원 수를 바탕으로 여사건을 이용하여 해결한다. 전체 위원의 $\frac{2}{3}$ 이상, 즉 11명 이상이 동의해야 안건이 의결되므로 부동의한 위원 수가 5명이 넘을 경우, 의결되지 않는다. 25차에는 심의 안건에 부동의한 위원 수가 6명이므로 5명을 넘는다. (×)

02 ▶ ②

| 정답풀이 |

사료 가격은 모든 동물이 g당 5원이다. 따라서 1일 사료비는 (300×10+600×5+400×10)×5=50,000(원)이고, 9월은 30일이므로 총 사료비는 30×50,000=1,500,000(원)=150(만 원)이다.

포획 활동에 8일간 1인이 투입되었으므로 포획 활동비는 115,000×8=920,000(원)=92(만 원)이다. 일평균 관리한 동물의 마릿수는 총 25마리이므로 관리비는 30×25×115,000×0.2=17,250,000(원)=1,725(만 원)이다.

보호비는 보호일수가 3일 미만일 경우에는 징수하지 않으므로 보호일수가 1일, 2일일 때는 주인에게 보호비를 징수하지 않는다. 보호일수가 3~6일일 때, 주인이 찾아간 유실동물은 총 7마리이고, 보호일수와 관계없이 보호비를 100,000원씩 징수하므로 총 70만 원을 징수한다. 보호일수가 7일 이상인 경우에는 50%를 가산하므로 150,000원씩 징수하고, 보호일수가 7일 이상의 동물의 마릿수가 x마리라면, $15x$만 원을 징수한다. 150+92+1,725−70−$15x$=1,882 → $15x$=15이므로 x=1이다.

따라서 7일 이상 보호하고 주인에게 반환된 유실동물의 마릿수는 1마리이다.

문제접근법

(1) 경비 총액을 구하는 방법을 먼저 확인한다.

(2) 보호비 징수 시 보호일수에 따라 보호비가 다르게 책정되므로 일수에 따른 보호비를 확인하여 계산한다.

전략풀이 TIP

경비는 원 단위로 제시되어 있는데 모두 천 원 이상 단위이므로, 만 원 단위로 환산하여 계산하면 보다 빠르게 계산을 할 수 있다.

03 ▶ ④

| 정답풀이 |

관계 갈등 항목에서 높음으로 응답한 생산직 근로자는 133×0.6767≒90(명)이고, 매우 높음으로 응답한 생산직 근로자는 133×0.1053≒14(명)이므로 약 90−14=76(명) 더 많다.

| 오답풀이 |

① 생산직 근로자의 직무 스트레스 수준이 하위인 비율이 가장 높은 항목은 보상 부적절이고, 사무직 근로자는 직위 불안이므로 동일하지 않다.

② 보상 부적절 항목에서 매우 낮음으로 응답한 사무직 근로자는 87×0.046≒4(명)이고, 생산직 근로자는 133×0.015≒2(명)이므로 3배 미만이다.

③ 사무직 근로자 중 직무 스트레스 수준이 상위인 비율이 동일한 항목은 관계 갈등과 보상 부적절이고, 이들의 매우 낮음 비율은 각각 1.15%, 4.60%로 동일하지 않다.

⑤ 업무 과다 항목에서 매우 높음으로 응답한 생산직 근로자는 133×0.0977≒13(명)이고, 직위 불안 항목에서 매우 높음으로 응답한 사무직 근로자는 87×0.1264≒11(명)이므로 생산직 근로자가 더 많다.

문제접근법

(1) 2개의 [표]가 의미하는 것이 무엇인지 파악하고, 자료의 항목이 같은 경우에는 [표]의 제목을 중점으로 확인한다.

(2) 선택지 ①~⑤ 중 자료의 수치만으로 해결할 수 있는 ①, ③을 먼저 푼다. ①, ③ 모두 틀린 선택지이므로 소거할 수 있고, 남은 ②, ④, ⑤ 중 비율로 확인 가능한 ②를 풀어 정답을 찾도록 한다.

전략풀이 TIP

② 생산직 근로자 수는 사무직 근로자의 약 1.5배이고, 보상 부적절에 매우 낮음으로 답한 비율은 사무직이 생산직의 약 3배이다. 따라서 보상 부적절 항목에서 매우 낮음으로 답한 응답자 수는 사무직 근로자가 생산직 근로자의 3배가 될 수 없다. (×)

⑤ 생산직 근로자 수가 사무직 근로자 수의 약 1.5배이지만, 사무직 근로자 중 직위 불안에 매우 높음으로 답한 비율이 생산직 근로자 중 업무 과다에 매우 높음으로 답한 비율의 1.5배가 되지 않는다. (×)

04 ▶ ①

| 정답풀이 |

G인터넷과 HS쇼핑의 5월 데이터 사용량의 합은 5.3+1.8=7.1(GB)이고, 둘을 제외한 나머지 앱의 5월 데이터 사용량의 합은 (2.4+2.0)GB+(94.6+836.0+321.0+45.2+77.9+42.8+254.0+10.6+5.0+2.7+29.7+0.4+0.5+0.3)MB=4.4(GB)+1,720.7(MB)이다. 1,720.7MB는 약 1.68GB로 4.4(GB)+1,720.7(MB)≒4.4+1.68=6.08(GB)이다. 6.08+1=7.08(GB)이므로 G인터넷과 HS쇼핑의 5월 데이터 사용량의 합이 나머지 앱의 5월 데이터 사용량의 합보다 1GB 이상 더 많다고 할 수 있다.

| 오답풀이 |

② S메일 사용량 변화율은 $\frac{29.7-0.8}{29.7}\times100≒97.3(\%)$로 100% 미만인 반면, 위튜브는 $\frac{570.0-94.6}{94.6}\times100≒502.5(\%)$로 100%를 훨씬 상회하므로 데이터 사용량 변화율이 가장 큰 앱은 S메일이 될 수 없다.

③ 5월과 6월에 모두 데이터 사용량이 있는 앱 중 5월 대비 6월 데이터 사용량이 증가한 앱은 G인터넷, HS쇼핑, 위튜브, 쉬운지도, JJ멤버십, 날씨정보, 지상철, JC카드이다. 위튜브의 경우 데이터 사용량의 증가량은 570.0−94.6=475.4(MB)인데, 이는 1GB보다 작은 수치이다. G인터넷의 증가량은 6.7−5.3=1.4(GB)로 1GB 이상 증가하였으므로 데이터 사용량의 증가량이 가장 큰 앱은 위튜브가 될 수 없다.

④ 6월에만 데이터 사용량이 있는 앱은 17분운동, 가계부로 해당 앱의 총 데이터 사용량은 27.7+14.8=42.5(MB)로 해당 사용량의 10배는 425.0MB이다. 뮤직플레이의 6월 데이터 사용량은 427.0MB이므로, 총 데이터 사용량의 10배는 뮤직플레이의 6월 데이터 사용량보다 적다.

⑤ 전체 20개 앱 중 17분운동과 가계부를 제외한 18개 중에서 5월 대비 6월 데이터 사용량이 감소한 앱은 10개이고, 증가한 앱은 8개이다.

문제접근법

(1) 많은 수치와 서로 다른 단위가 주어진 [표]로 단위 내용에 대한 주석을 반드시 확인하며, 항상 단위에 주의한다.

(2) 선택지 ①~⑤ 중 자료의 수치만으로 해결할 수 있는 ⑤를 먼저 푼다. ⑤는 틀린 선택지이므로 소거할 수 있고, 남은 ①~④ 중 가장 복잡한 ①을 나중에 풀며, ②~④를 그다음으로 풀어 정답을 찾도록 한다.

전략풀이 TIP

② S메일의 사용량 변화율은 $\frac{28.9}{29.7}$로 28.9<29.7이므로 100% 미만인데, 위튜브나 JJ멤버십의 경우, 5월 데이터 사용량보다 6월 사용량이 훨씬 많으며, 실제로 두 앱의 6월 데이터 사용량은 5월보다 5배 이상 많으므로 변화율은 100%를 훨씬 상회한다. (×)

③ 위튜브를 먼저 보면, 500MB 보다 약간 덜 증가하였음을 알 수 있다. 한편, 1GB는 1,000MB 이상인데, G인터넷의 경우는 사용량의 증가량이 1GB보다 더 많으므로 위튜브 앱의 사용량의 증가량이 가장 크다고 할 수 없다. (×)

05 ▶ ⑤

| 정답풀이 |

오디션 점수와 나이의 합이 동일하므로 오디션 점수가 가장 높은 사람이 나이가 가장 어리다고 할 수 있다. 따라서 E가 26세로 가장 어리고, A는 34세, B는 32세, C는 28세, D는 30세이다. 이를 바탕으로 오디션 점수, 나이, 군의관 경험, 사극 경험에 따른 점수를 정리하면 다음과 같다.

구분	오디션 점수	나이 점수	군의관 경험	사극 경험	총점
A	74점	−12	0	+10	72점
B	76점	−8	0	0	68점
C	80점	0	−5	0	75점
D	78점	−4	0	0	74점
E	82점	−4	0	0	78점

E의 총점이 78점으로 가장 높으므로 드라마에 캐스팅되는 배우는 E이다.

문제접근법

(1) 글에서 조건이 포함된 내용의 문장을 먼저 확인한다.
(2) 여러 조건 중 가장 많이 언급된 나이를 기준으로 해결한다.

전략풀이 TIP

오디션 점수가 두 번째로 높은 사람이 나이가 두 번째로 적으므로 C가 군의관 경험을 해보았고, 군의관 경험에 따른 점수는 75점이다. 오디션 점수가 가장 낮은 사람이 사극 경험이 있으므로 A가 사극 경험을 해보았고, 사극 경험에 따른 점수는 84점이다. 따라서 나이를 제외한 점수는 A가 84점, B가 76점, C가 75점, D가 78점, E가 82점이다. C가 28세이고, E가 26세이므로 E는 4점이 깎인다. 그러므로 E의 점수는 78점이다. 이때, C는 나이 점수가 깎이지 않더라도 E보다 점수가 낮고, B, D는 4점 이상 깎이므로 항상 E보다 점수가 낮을 수밖에 없다. 마지막으로 A의 점수에 나이 점수를 합하면, 84−12=72(점)으로 E보다 낮으므로 E가 캐스팅된다.

06 ▶ ②

| 정답풀이 |

순금을 1kg 넣었을 때 넘치는 물의 부피는 1,000÷20=50(cm^3), 순은은 1,000÷10=100(cm^3), 순구리는 1,000÷9≒111.1(cm^3), 순철은 1,000÷8=125(cm^3)이다.

㉡ 원래 왕관에 들어 있던 은의 양을 $x$kg, 철의 양을 $(1-x)$kg이라고 하면, 이 왕관을 물에 넣었을 때 넘치는 물의 부피는 $100x+125(1-x)=(125-25x)$(cm^3)이다. 순금을 1kg 더 넣으면 이 왕관과 순금의 질량비가 1:1이므로 부피는 $(125-25x)\times0.5+50\times0.5=80$(cm^3)이다. 위 식을 정리하면,
$87.5-12.5x=80 \rightarrow 12.5x=7.5$
$\therefore x=0.6$
즉, 이 왕관에 은이 0.6kg이 있고, 금은 1kg이 있으므로 은의 양은 금의 양의 절반 이상이다.

㉣ 원래 왕관에 들어 있던 금의 양을 $x$kg, 철의 양을 $(1-x)$kg이라고 하면, 이 왕관을 물에 넣었을 때 넘치는 물의 부피는 $50x+125(1-x)=(125-75x)$(cm^3)이다. 순은을 250g 더 넣으면 이 왕관과 순은의 질량비가 4:1이므로 부피는 $(125-75x)\times0.8+100\times0.2=96$(cm^3)이다. 위 식을 정리하면,
$120-60x=96 \rightarrow 60x=24$
$\therefore x=0.4$
즉, 이 왕관에 금이 0.4kg 있으므로 철은 0.6kg 즉, 600g 포함되어 있다.

| 오답풀이 |

㉠ 순금을 넣었을 때 넘친 물의 부피가 2배라면 순금의 밀도는 이 금속의 절반이다. 즉, 이 금속의 밀도는 40g/cm^{3}이므로 순은이 아니다.

㉢ 밀도만으로 주어진 왕관이 어떤 두 금속으로 이루어져 있는지 알 수 없으므로 구리가 얼마나 포함되어 있는지도 알 수 없다.

문제접근법

(1) 글의 중요 키워드인 질량, 부피, 밀도를 중심으로 확인하며, 식과 주석의 내용은 반드시 확인한다.
(2) [보기]의 내용을 보면, ㉠~㉣ 중 ㉠, ㉢은 계산 없이 해결할 수 있으므로 먼저 푼다.
(3) ㉠, ㉢ 모두 틀린 보기이므로 ㉡, ㉣을 확인하지 않아도 정답을 ②로 선택할 수 있다.

전략풀이 TIP

㉢ 자료에서 이 왕관이 반드시 금을 포함한다는 조건은 없으므로 왕관이 두 개의 금속으로 이루어졌다고 해서 금과 어떤 금속으로 이루어져 있다고 생각하면 안 된다. 따라서 두 금속이 금과 은이거나 구리와 철이 아닌 이상 어떤 조합으로도 해당 밀도를 만들어낼 수 있기 때문에 구리의 양은 알 수 없다. (×)

07 ▶ ⑤

| 정답풀이 |

[보고서]의 마지막 문장에서 전문직 그룹의 2018년 대비 2021년 사업자 수 증가율이 17.6%로 가장 높았다고 언급되어 있다. 그런데 ⑤에서는 서비스의 증가율이 18.8%로 더 높으므로 [보고서]의 내용과 부합하지 않는다.

| 오답풀이 |

① 생활밀접업종 사업자 수는 2021년 현재 2,215천 명으로 2018년 1,989천 명 대비 $\frac{2,215-1,989}{1,989} \fallingdotseq 11.4(\%)$ 증가하였다.

② 2018년 대비 2021년 생활밀접업종 사업자 수 증가율 1, 2, 3위는 각각 스포츠시설운영업, 펜션·게스트하우스, 애완용품점이다.

③ 산부인과 병·의원 사업자 수는 2018년 이후 2021년까지 1,726명 → 1,713명 → 1,686명 → 1,663명으로 매년 감소하였다.

④ 예식장 및 결혼상담소 사업자 수도 2018년 이후 각각 매년 감소하였다.

문제접근법

(1) 주어진 [보고서]를 바로 읽는다.

(2) 선택지 ①~⑤ 중 숫자가 등장하는 [보고서]의 문장과 관련된 선택지가 있는지 확인한다.

(3) 숫자가 없더라도 증가·감소 또는 최대·최소에 대한 문장과 관련된 선택지가 있는지 확인한다.

전략풀이 TIP

보고서와 자료 비교 문제는 운이 따르지 않을 경우, 많은 계산을 해야 할 수도 있으므로 시간관리 차원에서 표시해 두었다가 나중에 푸는 것을 권장한다. 그러나 해당 문제는 보고서에 숫자가 많이 등장하지 않으므로 푸는 것도 나쁘지 않다. 참고로 선택지 ①을 제외한 나머지 선택지는 계산 없이 수치와 보고서 내용을 비교하여 해결할 수 있으므로 ①은 나중에 확인한다.

08 ▶ ③

| 정답풀이 |

남성의 경우, 취업률이 인문 계열 평균 취업률보다 낮은 학과가 소속된 계열은 교육, 예체능으로 2개이고, 여성의 경우, 공학, 예체능으로 2개이다. 따라서 소속된 계열의 개수는 남성과 여성이 서로 같다.

| 오답풀이 |

① 여성의 교육 계열 월평균 상대 소득지수의 최댓값과 최솟값의 차이는 20 미만이지만, 남성은 20을 초과한다. 따라서 교육 계열 월평균 상대 소득지수의 최댓값과 최솟값의 차이는 남성이 더 크다.

② 남성의 경우, 취업률이 인문 계열 평균 취업률과 차이가 가장 큰 학과가 소속된 계열은 교육이고, 여성의 경우, 의약이다. 따라서 소속된 계열은 남성과 여성이 서로 다르다.

④ 인문 계열을 제외한 남성의 계열별 월평균 상대 소득지수의 최댓값이 네 번째로 큰 계열은 예체능이고, 여성은 자연이다. 따라서 서로 다르다.

⑤ 인문 계열을 제외한 여성의 월평균 상대 소득지수의 최솟값이 두 번째로 큰 계열은 교육이다. 여성의 교육 계열의 취업률지수를 보면, 최솟값이 20%p을 초과하므로(취업률지수>0) 교육 계열에 소속된 학과의 취업률 모두 인문 계열 평균 취업률보다 높다.

문제접근법

(1) 수치가 별도로 주어지지 않은 [그래프]로 결괏값을 계산하는 내용은 출제되지 않음을 인지하고, [그래프]의 항목과 x축, y축을 중점으로 확인한다.

(2) 선택지 ①~⑤ 모두 쉽게 해결할 수 있으므로 축의 위치와 폭을 확인하면서 순차적으로 풀어 정답을 찾도록 한다.

전략풀이 TIP

① 그래프 y축의 수치를 확인하지 않고 폭 높이만으로 차이를 확인하면, 틀릴 수 있으므로 수치를 먼저 확인한다. (×)

09 ▶ ④

| 정답풀이 |

㉠ $(\text{장학금 신청률})=\frac{(\text{장학금 신청자})}{(\text{전체 학생})}\times 100$의 식을 통해 장학금 신청자 수가 모두 동일할 경우, 전체 학생 수가 적을수록 장학금 신청률이 높다는 것을 알 수 있다. 따라서 E학교의 장학금 신

청률이 50%로 두 번째로 높으므로, 전체 학생 수는 A~E학교 중 두 번째로 적다.

ⓑ 장학금 신청률이 가장 높은 학교는 60%인 C이며, C학교의 장학금 수혜율은 25%이다. 따라서 C학교의 장학금 신청자 수는 1,500×100÷25=6,000(명)이다.

ⓒ [그래프] 주석의 식을 통해 전체 학생 중 장학금 수혜자 비율은 (장학금 신청률)×(장학금 수혜율)÷100임을 알 수 있다. 이를 바탕으로 A~E학교의 비율을 구하면 다음과 같다.

- A: 0.3×0.45×100=13.5(%)
- B: 0.4×0.3×100=12(%)
- C: 0.6×0.25×100=15(%)
- D: 0.4×0.4×100=16(%)
- E: 0.5×0.2×100=10(%)

따라서 전체 학생 중 장학금 수혜자 비율이 가장 작은 학교부터 순서대로 나열하면 E−B−A−C−D이다.

그러므로 [보기]의 설명 중 옳은 것은 모두 3개이다.

| 오답풀이 |

ⓓ (장학금 신청률)<(장학금 수혜율)일 경우, $\frac{(\text{장학금 신청률})}{(\text{장학금 수혜율})}$이 1 미만이다. 따라서 A~E학교 중 이에 해당하는 학교는 A학교이다. A학교의 장학금 수혜율은 45%로 A~E학교 중 가장 높지만, 각 학교의 장학금 신청자 수를 알 수 없으므로 장학금 수혜자 수가 가장 많은지 알 수 없다.

문제접근법

(1) [그래프]가 의미하는 것이 무엇인지 먼저 파악한다. 주석에 2개의 식이 주어져 있으므로 반드시 확인한다. 두 식의 구조를 파악하여 관계를 확인하는 것도 좋다.

(2) [보기]의 정오 개수를 물어보는 문제로 소거법을 이용하여 해결할 수 없다. 따라서 [보기]를 순차적으로 풀되, 대소 관계를 물어보는 내용일 경우에는 수치 비교 또는 분수 비교로 해결하여 정답을 찾도록 한다.

전략풀이 TIP

ⓐ 그래프 주석 1)에서 장학금 신청률과 전체 학생은 반비례 관계임을 이용하여 해결한다. (○)

ⓒ 전체 학생 중 장학금 수혜자 비율이 (장학금 신청률)×(장학금 수혜율)임을 바탕으로 대소 비교를 통해 해결한다(÷100 생략). 예를 들어 D학교는 40×40이고, B학교는 40×30이므로 D학교가 더 크다. C학교는 60×25이고, E학교는 50×20이므로 C학교가 더 크다. C학교 60×25와 D학교 40×40을 비교해보면, 40 → 60은 1.5배 증가하였지만 25 → 40은 1.5배 이상 증가하였으므로 60×25<40×40이다. (○)

10 ▶ ③

| 정답풀이 |

ⓑ 2018년 PC, 태블릿, 콘솔의 게임시장 규모의 합이 게임시장 전체 규모 대비 차지하는 비중은 $\frac{165+63+95}{622}\times100\fallingdotseq52(\%)$이므로 50% 이상이지만, 2020년 PC, 태블릿, 콘솔의 게임시장 점유율의 합은 27.5+9.1+12.0=48.6(%)이므로 50% 미만이다.

ⓒ 2020년 PC의 게임시장 규모는 176억 원이고, 2019년 PC의 게임시장 점유율을 구하면 $\frac{171}{611}\times100\fallingdotseq28.0(\%)$이다.
2019년 PC의 게임시장 규모는 171억 원이므로 2020년이 2019년보다 크지만, 2020년 PC의 게임시장 점유율은 27.5%이므로 2019년보다 낮다.

| 오답풀이 |

ⓐ 2020년 PC의 게임시장 규모를 x라 하면, $\frac{x}{x+464}\times100=27.5(\%)$ 식이 성립한다. 식을 정리하면, $x=176$이다. 따라서 2020년 게임시장 전체 규모는 176+464=640(억 원)이다. 한편 2017~2019년 게임시장 전체 규모를 구하면 다음과 같다.

- 2017년: 149+221+56+86+51=563(억 원)
- 2018년: 165+244+63+95+55=622(억 원)
- 2019년: 171+256+66+78+40=611(억 원)

2019년 게임시장 전체 규모는 전년 대비 감소하였으므로, A국 게임시장 전체 규모는 매년 증가하였다고 볼 수 없다.

ⓓ 기타를 제외하고 2017년 대비 2018년 플랫폼별 게임시장 규모의 증가율을 구하면 다음과 같다.

- PC: $\frac{165-149}{149}\times100\fallingdotseq10.7(\%)$
- 모바일: $\frac{244-221}{221}\times100\fallingdotseq10.4(\%)$

• 태블릿: $\frac{63-56}{56}\times100=12.5(\%)$

• 콘솔: $\frac{95-86}{86}\times100\fallingdotseq10.5(\%)$

따라서 2017년 대비 2018년 게임시장 규모의 증가율이 가장 높은 플랫폼은 태블릿이다.

문제접근법

(1) [표]와 [그래프]가 의미하는 것이 무엇인지 먼저 파악하고, 자료 간 중복되는 키워드와 항목이 무엇인지 확인한다. [그래프] 주석의 식 또한 확인한다.

(2) ㉠~㉣ 모두 계산이 일부 필요한 내용이지만, 정확한 값을 구하는 것이 아니므로 수치 비교와 분수 비교를 바탕으로 푼다.

(3) ㉠은 틀린 보기이고 ㉡은 옳은 보기이므로 선택지 ①, ②, ⑤를 소거할 수 있고, 남은 ㉢, ㉣ 중 분수 비교법으로 빠르게 해결할 수 있는 ㉣을 풀어 정답을 찾도록 한다.

전략풀이 TIP

㉠ 주어진 자료의 수치를 바탕으로 플랫폼별 게임시장 규모가 상대적으로 작게 증가한 반면, 크게 감소한 구간에 해당하는 연도를 찾아 해결한다. (×)

㉡ 2018년 모바일, 기타의 게임시장 규모의 합은 약 300억 원이고, PC, 태블릿, 콘솔의 게임시장 규모의 합은 300억 원을 초과하므로 비중이 50% 이상이다. 2020년의 경우, 모바일과 기타의 게임시장 점유율이 50%을 초과하므로 나머지 게임시장의 점유율은 50% 미만이다. (○)

㉣ PC의 증가율인 $\frac{16}{149}$과 태블릿의 증가율인 $\frac{7}{56}$의 분모, 분자의 증가율을 비교한다. $\frac{8}{74}\left(\frac{16}{149}=\frac{8}{74.5}<\frac{8}{74}\right)$과 $\frac{7}{56}$을 보면, 분자는 20% 미만 증가한 반면 분모는 20%보다 훨씬 많이 증가하였으므로 $\frac{7}{56}>\frac{8}{74}\left(>\frac{16}{149}\right)$이다. (×)

11 ▸ ②

| 정답풀이 |

A~C의 보정계수, 기능 점수, 기준원가, 개발원가, 개발비, 생산성지수를 구하면 다음과 같다.

구분	보정계수	기능점수	기준원가	개발원가	개발비	생산성지수
A	0.64	177	8,850만 원	5,664만 원	6,796.8만 원	8.85
B	3.60	193	9,650만 원	34,740만 원	38,214만 원	6.43
C	1.92	92	4,600만 원	8,832만 원	10,598.4만 원	9.20

따라서 개발비가 가장 낮은 소프트웨어는 A이고, 생산성지수가 가장 높은 소프트웨어는 C이다.

문제접근법

(1) [표]가 의미하는 것이 무엇인지만 파악하고 [조건]을 확인한다.

(2) 가장 기초가 되는 단위가 보정계수와 기능 점수임을 파악한다.

(3) 그 후 기준원가, 개발원가, 개발비, 생산성지수 순으로 값을 구한다.

전략풀이 TIP

개발비는 보정계수와 기능 점수의 곱에 비례하므로 보정계수와 기능 점수의 곱으로 대소 비교를 할 수 있다.

i) A와 B
0.64×177<3.60×193이므로 A<B

ii) B와 C
1.92×92<3.60×193이므로 C<B

iii) A와 C
0.64×177과 1.92×92에서 1.92는 0.64의 2배 이상이지만, 177은 92의 2배 미만이므로 A<C

12 ▸ ②

| 정답풀이 |

㉠ 아프리카와 대양주의 2010년 대비 2015년 외국인 관광객 증가율을 구하면 다음과 같다.

• 아프리카: $\frac{46,525-33,756}{33,756}\times100\fallingdotseq37.8(\%)$

• 대양주: $\frac{168,064-146,089}{146,089}\times100\fallingdotseq15.0(\%)$

대양주 증가율의 2배는 30%이므로 37.8%보다 작다. 따라서 아프리카가 대양주의 2배 이상이다.

㉤ 2010년과 2015년 전체 외국인 관광객 중 중국과 미국 관광객이 차지하는 비중을 구하면 다음과 같다.

- 2010년: $\frac{1,875,157+652,889}{8,797,658}\times100≒28.7(\%)$
- 2015년: $\frac{5,984,170+767,613}{13,233,651}\times100≒51.0(\%)$

28.7×2=57.4>51.0이므로 2015년 비중은 2010년 비중의 2배 미만이다.

그러므로 [보기]의 설명 중 옳은 것은 모두 2개이다.

| 오답풀이 |

㉡ 2015년 일본과 중국 관광객의 합은 1,837,782+5,984,170=7,821,952(명)이다. 2015년 아시아 관광객 대비 해당 관광객의 비율은 $\frac{7,821,952}{10,799,355}\times100≒72.4(\%)$이므로 75% 미만이다.

㉢ 북미와 유럽의 2015년 대비 2020년 외국인 관광객 감소 폭을 구하면 다음과 같다.

- 북미: 974,153−271,487=702,666(명)
- 유럽: 806,438−214,911=591,527(명)

감소 폭의 차이는 702,666−591,527=111,139(명)이므로 12만 명 미만이다.

㉣ 2020년 전체 외국인 관광객 중 중국 관광객이 차지하는 비중은 $\frac{686,430}{2,519,118}\times100≒27.2(\%)$이므로 25% 이상이고, 미국 관광객이 차지하는 비중은 $\frac{220,417}{2,519,118}\times100≒8.7(\%)$이므로 8% 이상이다.

문제접근법

(1) 2개의 [표]가 주어진 문제로 각 [표]가 의미하는 것이 무엇인지 먼저 파악한다. 주석이 주어지지 않은 자료이므로 수치를 중심으로 확인한다.

(2) [보기]의 정오 개수를 물어보는 문제로 소거법을 이용하여 해결할 수 없다. 따라서 [보기]를 순차적으로 풀되, 대소 관계를 물어보는 내용일 경우에는 수치 비교 또는 분수 비교로 해결하여 정답을 찾도록 한다.

전략풀이 TIP

㉠ 아프리카의 증가율은 약 $\frac{46-33}{33}=\frac{13}{33}$, 대양주의 증가율은 약 $\frac{168-146}{146}=\frac{22}{146}$이다. $\frac{22}{146}$의 2배는 $\frac{44}{146}=\frac{22}{73}$이다. $\frac{13}{33}$과 $\frac{22}{73}$를 비교해보면, 분자는 2배 미만으로 증가한 반면, 분모는 2배 이상으로 증가하였으므로 $\frac{13}{33}>\frac{22}{73}$이다. (○)

㉡ 일본과 중국 관광객의 합은 약 780만 명이고, 아시아 관광객은 약 1,080만 명으로 이의 75%는 810만 명이다. (×)

㉢ 2015년 유럽 관광객에 12만 명을 추가하면 926,438명으로 북미 관광객보다 5만 명 미만 적다. 한편 2020년 북미 관광객은 유럽보다 5만 명 이상 많으므로 감소 폭의 차이는 12만 명 미만이다. (×)

㉣ 2,519,118×0.25<2,600,000×0.25=650,000<686,430이므로 25% 이상이고, 2,519,118×0.08<2,600,000×0.08=208,000<220,417이므로 8% 이상이다. (×)

㉤ 2010년은 중국과 미국 관광객의 합이 전체 외국인 관광객의 $\frac{1}{4}$보다 비교적 차이가 있게 많지만, 2015년은 중국과 미국 관광객의 합이 전체 외국인 관광객의 $\frac{1}{2}$ 수준이므로 2010년 비중의 2배는 2015년 비중보다 클 것이다. (○)

13 ▶ ⑤

| 정답풀이 |

61,850+63,146+38,723+49,264=212,983(명)이므로 21만 명보다 많다.

| 오답풀이 |

① 이전 조사 연도 대비 회원 수 증가 폭은 다음과 같다.

[표] 이전 조사 연도 대비 회원 수 증가 폭 (단위: 만 명)

구분	1971년	1980년	1990년	2000년	2010년	2020년
회원 수	7.6	20.1	38.7	48.5	61.3	85.2
증가 폭	−	12.5	18.6	9.8	12.8	23.9

따라서 이전 조사 연도 대비 회원 수가 가장 큰 폭으로 증가한 해는 2020년이다.

② 장기저축급여 27.3조 원이 전체에서 차지하는 비율이 64.5%이므로 전체 자산 규모는 $\frac{27.3}{0.645}$≒42.3(조 원)이다. 공제 제도 중 분할급여와 목돈급여가 차지하는 자산 규모의 비율은 6+5.5=11.5(%)이므로, 둘의 자산 규모 합은 42.3×0.115≒4.9(조 원)으로 5조 원 미만이다.

③ 분할급여와 퇴직생활급여의 1인당 평균 보유 구좌 수는 다음과 같다.

- 분할급여: $\frac{2,829,332}{32,411}≒87.3$

• 퇴직생활급여: $\frac{1,381,285}{55,090}≒25.1$

25.1×3=75.3이므로 3배 이상이다.

④ 장기저축급여와 목돈급여의 1인당 평균 보유 구좌 수는 다음과 같다.

• 장기저축급여: $\frac{449,579,295}{744,733}≒603.7$

• 목돈급여: $\frac{2,257,396}{40,344}≒56$

56×10=560이므로 10배 이상이다.

문제접근법

(1) 다량의 자료가 주어진 문제로 각 자료에서 다루고 있는 내용이 무엇인지 먼저 파악한다.

(2) 선택지에서 다루고 있는 내용과 관련된 자료를 찾은 뒤, 해결한다. 선택지 ②는 정확한 계산이 필요하므로 가장 마지막에 푼다.

전략풀이 TIP

③ $\frac{1,381,285}{55,090}$에 3을 곱한 값과 $\frac{2,829,332}{32,411}$의 대소 비교를 한다. 분자 1,381,285에 3을 곱하면 대략 4,100,000인데, 2,829,332와 4,100,000은 대략 1,300,000 정도 차이 난다. 1,300,000은 2,829,332의 절반에 미치지 못한다. 한편, 분모 55,090과 32,411은 대략 23,000 정도 차이 난다. 23,000은 32,411의 절반 이상이다. 따라서 $3\times\frac{1,381,285}{55,090}<\frac{2,829,332}{32,411}$이다. (○)

④ $\frac{2,257,396}{40,344}$에 10을 곱한 값과 $\frac{449,579,295}{744,733}$의 대소 비교를 한다. $\frac{2,257,396}{40,344}$에 10을 곱하면 $\frac{22,573,960}{40,344}$인데, 분자 449,579,295는 22,573,960의 대략 20배이지만, 분모 744,733은 40,344의 20배에 미치지 못한다. 따라서 $10\times\frac{2,257,396}{40,344}<\frac{449,579,295}{744,733}$이다. (○)

14 ▶ ④

| 정답풀이 |

㉡ 주어진 [그림]을 통해 교수 A, C 모두가 공대생이라고 공통적으로 판단한 학생들 수는 45+34=79(명)이다. 교수 A~C 중 교수 B, C의 정확도를 통해 교수 B, C의 공대생으로 판단한 학생 중에서 공대생 수를 구할 수 있다.
교수 C의 정확도는 $\frac{8}{11}$이다.

(정확도)

$=\frac{(\text{공대생으로 판단한 학생 중에서 공대생 수})}{(\text{공대생으로 판단한 학생 수})}$

식을 바탕으로 교수 C의 공대생으로 판단한 학생 중에서 공대생 수를 정리하면,

$\frac{8}{11}$×(공대생으로 판단한 학생 수)이다.

교수 C의 공대생으로 판단한 학생 수는 45+34+11+20=110(명)이므로 $\frac{8}{11}\times110=80$(명)이다. 교수 B의 정확도는 1이므로, 공대생으로 판단한 학생 수와 공대생으로 판단한 학생 중에서의 공대생 수가 서로 같다. 교수 B의 공대생으로 판단한 학생 수는 3+12+34+11=60(명)이므로 공대생으로 판단한 학생 중에서 공대생 수는 60명이다. 따라서 교수 A, C 모두가 공대생이라고 공통적으로 판단한 학생들 45명과 34명 중에서 34명이 B집합 안에 포함된다. 따라서 총 79명 중 최소 34명 이상이 실제 공대생이라 할 수 있다. 그러므로 A, C 두 교수 모두가 공대생이라고 공통적으로 판단한 학생들 중에서 공대생의 비율은 최소 $\frac{34}{79}\times100≒$43.04(%) 이상이다.

㉢ 교수 B의 공대생으로 판단한 학생 중에서 공대생 수는 60명이고, 전체 공대생 수는 100명이다. 따라서 B교수의 재현도는 $\frac{60}{100}=\frac{3}{5}$이다.

| 오답풀이 |

㉠ 주어진 [그림]의 벤다이어그램을 통해 교수 A~C가 공대생으로 판단한 학생들의 수를 구하면 18+3+34+45+12+11+20=143(명)이다. 따라서 A, B, C 세 교수 모두가 공대생이 아니라고 공통적으로 판단한 학생은 150−143=7(명)이다.

문제접근법

(1) [조건], [표], [그림]의 복합자료가 주어진 문제로 어려운 난도에 속한다. 우선 [조건]을 확인하고 [표]의 주석의 식을 통해 [표]의 항목이 무엇을 의미하는지 파악한다.

(2) 보기 ㉠~㉢을 보면, ㉡~㉢과 달리 ㉠은 [그림]의 수치만으로 해결할 수 있으므로 먼저 푼다.

(3) ㉠은 틀린 보기이므로 선택지 ①, ⑤를 소거할 수 있고, 남은 ㉡, ㉢을 풀어 정답을 찾도록 한다.

전략풀이 TIP

ⓛ, ⓒ B의 정확도가 핵심으로, 의미를 파악하는 것이 중요하다. B의 정확도가 1이라는 것은 공대생으로 판단한 학생들 모두가 실제 공대생이라는 뜻이다. B의 정확도가 1이므로 보다 쉽게 '공대생으로 판단한 학생 중에서 공대생 수'를 확인할 수 있다. (○)

15 ▶ ①

| 정답풀이 |

A~E 국가 중 소프트웨어, 인터넷, 컴퓨터의 3개 분야에서 IT산업 인수·합병 건수가 미국의 10%를 초과하는 국가는 다음과 같다.

- 소프트웨어: A국(2017년), B국(2016~2017년)
- 인터넷: A국(2017년), B국(2014~2017년), C국(2017년)
- 컴퓨터: B국(2014~2017년), C국(2014~2017년)

따라서 IT산업 인수·합병 건수가 3개 분야 모두에서 매년 미국의 10% 이하인 국가는 D국, E국이다.
D국과 E국의 연도별 인수·합병 건수 증감 추이를 보면, 두 국가 모두 컴퓨터 분야의 인수·합병 건수는 매년 증가하였고, 인터넷 분야 인수·합병 건수는 두 국가 모두 2015년에만 전년 대비 감소하였고, 나머지 해는 모두 증가하였다.
D국과 E국의 소프트웨어 분야에서의 2014년과 2017년 미국 대비 인수·합병 건수의 비율은 다음과 같다.

[D국]

- 2014년: $\frac{27}{631} \times 100 ≒ 4.28(\%)$
- 2017년: $\frac{49}{934} \times 100 ≒ 5.25(\%)$

[E국]

- 2014년: $\frac{20}{631} \times 100 ≒ 3.17(\%)$
- 2017년: $\frac{20}{934} \times 100 ≒ 2.14(\%)$

D국은 2014년 대비 2017년에 미국 대비 인수·합병 건수의 비율이 증가하였지만 E국은 감소하였다. 따라서 A~E국 중 갑국은 E국이다.
그러므로 E국의 2017년 IT산업 3개 분야 인수·합병 건수의 합은 20+21+10=51이다.

문제접근법

(1) 각 [표]의 제목과 항목을 먼저 확인한 뒤, [보고서]를 바로 읽는다.
(2) 수치 비교, 분수 비교를 통해 [보고서]의 조건을 만족하지 않는 대상을 순차적으로 소거하면서 해결한다.

전략풀이 TIP

i) 첫 번째 조건인 '미국의 10%'를 바탕으로 각 국가의 수치에 '0'을 붙인 값이 미국의 수치를 초과하는지 확인한다. 예를 들어 C국의 2017년 인터넷 분야 인수·합병 건수는 46인데 '0'을 붙인 값인 460이 미국의 459보다 크므로 미국의 10%를 초과함을 확인할 수 있다. 매년 미국의 10% 이하를 만족하는 국가는 D국과 E국이다.

ii) 마지막 조건 비율의 증가와 감소만 파악하면 되므로, 분수 비교법으로 판단할 수 있다. D국의 $\frac{27}{631}$과 $\frac{49}{934}$를 비교해보면, 49는 27에 27의 절반 정도인 14를 더한 값인 41보다 크지만, 934는 631에 631의 절반 정도인 315를 더한 값인 946보다 작으므로 분모의 증가율보다 분자의 증가율이 더 크다. 따라서 $\frac{27}{631} < \frac{49}{934}$이고, E국의 $\frac{20}{631}$과 $\frac{20}{934}$을 비교해보면, 분자는 같지만 분모는 934가 더 크므로 $\frac{20}{631} > \frac{20}{934}$이다. 그러므로 갑국은 E국이다.

16 ▶ ④

| 정답풀이 |

15시부터 학생들이 나가는 18시까지 총 3시간(180분) 동안 공기 청정기에 의해 제거되는 미세먼지의 양은 18×15=270이다.
16시 정각에 들어온 학생 3명이 18시까지 총 2시간(120분) 동안 발생시키는 미세먼지의 양은 3×12×5=180이다.
16시 30분에 들어온 학생 2명이 18시까지 총 1시간 30분(90분) 동안 발생시키는 미세먼지의 양은 2×9×5=90이다.
따라서 미세먼지가 150이 있었는데 18시까지 공기 청정기에 의해 270이 제거되고, 학생 3명이 180, 학생 2명이 90을 발생시키므로 18시의 미세먼지의 양은 150−270+180+90=150이다. 미세먼지 양이 30이 되는 순간 자동으로 꺼지므로 미세먼지가 120 사라지면 꺼진다. $\frac{120}{15}$=8이므로 18시 기준 80분 뒤인 19시 20분에 공기 청정기가 자동으로 꺼진다.

문제접근법

(1) [조건]에서 수치가 포함된 내용 위주로 먼저 확인한다.
(2) [상황]을 읽으면서 적용해야 할 [조건]의 내용을 그때그때 찾아서 반영하여 해결한다.

전략풀이 TIP

16시에 학생 3명이 들어오기 전까지 사라지는 미세먼지의 양은 15×6=90이므로 16시 미세먼지의 양은 60이다. 학생 3명이 들어온 이후 학생 3명이 발생시키는 미세먼지의 양이 10분에 3×5=15이고, 공기 청정기가 제거하는 미세먼지의 양이 10분에 15이므로 16시 30분에 학생 2명이 더 들어오기 전까지는 미세먼지의 양이 60으로 고정된다. 학생 2명이 더 들어오면 10분에 2×5=10만큼의 미세먼지를 더 발생시키므로 1시간 30분(90분) 동안 90만큼의 미세먼지를 발생시킨다. 따라서 18시에 교실의 미세먼지 양은 60+90=150이다.
미세먼지의 양이 120 사라질 때 공기 청정기가 자동으로 꺼지고, $\frac{120}{15}$=8이므로 80분 뒤인 19시 20분에 공기 청정기가 자동으로 꺼진다.

17 ▶ ④

| 정답풀이 |

사업주는 근로자가 조부모 또는 손자녀의 가족 돌봄휴가를 신청하였을 때, 근로자 본인 외에도 직계비속 또는 직계 존속이 있는 경우에는 가족 돌봄휴가를 허용하지 않아도 되는데 근로자가 자녀, 손자녀와 함께 거주하므로 가족 돌봄휴가를 허용하지 않아도 된다.

| 오답풀이 |

① 가족 돌봄휴직은 연간 최장 90일이고, 그중 가족 돌봄휴가는 연간 최장 10일이다. 따라서 가족 돌봄휴가를 10일 사용했더라도 가족 돌봄휴직을 최장 80일 더 사용할 수 있다.
② 가족 돌봄휴가는 연간 최장 10일인데, 감염병의 확산으로 심각 단계의 위기경보가 발령된 경우, 가족 돌봄휴가 기간은 연간 10일의 범위에서 연장할 수 있으므로 연간 최장 20일이 된다.
③ 부모와 함께 거주하는 근로자가 자녀의 질병을 이유로 가족 돌봄휴가를 신청하는 경우, 이를 허용해야 하며, 별도의 경우에는 근로자와 협의하여 시기를 변경할 수 있다.
⑤ 대체 인력 채용이 불가능한 경우, 정상적인 사업 운영에 중대한 지장을 초래하는 경우에는 사업주는 근로자의 가족 돌봄휴직을 허용하지 않을 수 있다.

문제접근법

(1) 규정에서 '가족 돌봄휴직'과 '가족 돌봄휴가'를 정의한 내용을 먼저 확인한 후, 선택지로 넘어간다.
(2) 선택지에서 다루는 내용이 포함된 규정의 조항을 키워드를 중심으로 대조하면서 확인한다.

전략풀이 TIP

비슷한 용어의 경우, 헷갈릴 수 있으므로 '휴직'인지 '휴가'인지 정확히 파악해야 한다. 또한, '다만' 뒤에 제시된 내용이 선택지에서 함정으로 나오는 경우가 많으므로 예외적인 사항을 잘 확인해야 한다.

18 ▶ ⑤

| 정답풀이 |

2017년 갑 자동차 회사가 납품받은 엔진과 변속기는 모두 A기업으로부터 납품받았으므로, A기업의 엔진과 변속기 납품 개수를 파악하는 것이 먼저이다. A기업의 엔진과 변속기 납품 개수는 모두 5,000개이므로 납품액 합은 (5,000×100)+(5,000×80)=900,000(만 원)이다. 2018년 갑 자동차 회사가 납품받은 엔진과 변속기는 A기업과 B기업으로부터 납품받았으며, A기업의 엔진과 변속기 납품 개수는 각각 3,000개, 7,000개이고, B기업의 엔진과 변속기 납품 개수는 각각 4,500개, 500개이다. 따라서 2018년 납품액 합은 (3,000+4,500)×90+(7,000+500)×75=1,237,500(만 원)이다.

2018년에는 2017년 대비 $\frac{1,237,500-900,000}{900,000}$×100=37.5(%) 증가하였으므로 30% 이상 증가하였다.

| 오답풀이 |

① 2017년 A기업의 엔진 납품 개수는 10,000×0.5=5,000(개)이고, 2018년 엔진 납품 개수는 10,000×0.3=3,000(개)이다. 따라서 2018년 A기업의 엔진 납품 개수는 2017년의 $\frac{3,000}{5,000}\times100=60(\%)$이다.

② 2018년 A기업의 엔진 납품 개수는 3,000개이고, 변속기 납품 개수는 7,000개이다. 2018년 B기업의 엔진 납품 개수를 x, 변속기 납품 개수를 y라 하면, $x+y=5,000$ 식이 성립하고 [그래프3] 주석 3)을 통해 납품받는 엔진 개수는 변속기 개수와 같으므로, $x+3,000=y+7,000$ 식이 성립한다. 두 식을 연립하면 $x=4,500$, $y=500$이므로, 2018년 B기업의 엔진 납품 개수는 4,500개이고, 변속기 납품 개수는 500개이다. 따라서 2018년 B기업은 변속기 납품 개수가 엔진 납품 개수의 $\frac{500}{4,500}\times100\fallingdotseq11.1(\%)$로 11% 이상이다.

③ 2017년 갑 자동차 회사가 납품받은 변속기 납품 개수는 5,000개이고, 2018년 납품받은 변속기 납품 개수는 7,000+500=7,500(개)이다. 따라서 2018년이 2017년의 2배 미만이다.

④ 2018년 A, B기업의 엔진 납품액 합은 (3,000+4,500)×90=675,000(만 원)이고, 변속기 납품액 합은 (7,000+500)×75=562,500(만 원)이다. 둘의 차이는 675,000−562,500=112,500(만 원)이므로 엔진 납품액 합이 100,000만 원 이상 많다.

문제접근법

(1) 3개의 [그래프]와 [표]로 총 4개의 자료가 주어진 문제로 복합적으로 연계된 내용의 선택지가 출제될 가능성이 높다. 따라서 각 자료의 제목을 확인하고, 주석의 내용 역시 반드시 확인한다.

(2) 선택지 ①~⑤ 모두 계산 과정이 필요하지만, 모두 대소 관계에 대한 내용이므로 수치 비교와 분수 비교를 활용하여 해결한다.

전략풀이 TIP

① A기업의 전체 납품 개수는 10,000개로 동일하므로 납품 개수 비율로 확인할 수 있다. 2017년 엔진의 납품 개수는 50%, 2018년은 30%이므로 $\frac{30}{50}=0.6$이다. (○)

② $\frac{500}{4,500}=\frac{1}{9}$이므로 11% 이상이다. (○)

④ 납품받는 엔진 개수와 변속기 개수는 7,500개로 같고 납품 단가만 다르므로, 납품 단가의 차이에 7,500을 곱한 수가 100,000 이상인지 확인한다. (○)

⑤ 연도별 납품받는 엔진 개수와 변속기 개수는 같으므로 2017년 평균 납품 단가는 90만 원/개, 2018년은 82.5만 원/개라 볼 수 있다. 2017년 전체 납품 개수는 10,000개, 2018년은 15,000개로 10,000:15,000=2:3의 비이다. 2×90=180, 3×82.5=247.5이고 180의 $\frac{1}{3}$(≒33.3%)은 60인데 180+60=240<247.5이므로 30% 이상 증가하였다. (×)

19 ▶ ④

| 정답풀이 |

㉠ 질의 민원 중 법령에 관한 해석을 요구하는 질의 민원은 7일 이내에 답변해야 한다. 민원 처리 기간이 6일 이상이므로 일 단위로 계산하면 된다. 첫날도 산입하므로 토요일, 공휴일을 제외하고 7일을 구하면, 6월 3일(월), 4일(화), 5일(수), 7일(금), 10일(월), 11일(화), 12일(수)이다. 따라서 12일(수)까지 민원을 처리하여야 하므로 정해진 기간 이내에 처리한 것이 된다.

㉢ 기타 민원은 즉시 처리해야 하므로 3근무 시간 이내에 처리해야 한다. 12시부터 13시까지는 점심시간이므로, 10시에 접수된 기타 민원은 점심시간 1시간을 포함하여 4시간 이내에 처리하여야 한다. 따라서 14시에 처리한 경우는 정해진 기간 이내에 처리한 것이 된다.

㉣ 질의 민원 중 절차에 관해 설명을 요구하는 질의 민원은 4일 이내에 답변해야 한다. 민원 처리 기간이 5일 이하이므로 시간 단위로 계산하고, 1일은 8시간의 근무 시간을 기준으로 한다. D부처는 15시 기준으로 근무 시간 8시간 후는 그다음날 15시이다. 따라서 토요일, 공휴일을 제외하고, 4일을 구하면 6월 7일(금) 15시, 10일(월) 15시, 11일(화) 15시, 12일(수) 15시이다. 따라서 6월 11일 화요일 17시에 처리하였다면 정해진 기간 이내에 처리한 것이 된다.

| 오답풀이 |

㉡ 고충 민원은 접수한 경우 7일 이내에 처리하여야 하고, 14일의 범위에서 실지 조사를 할 수

Ⅴ PSAT형 실전모의고사

있는데 실지 조사 기간은 처리 기간에 산입하지 않는다. 5월 31일(금)에 고충 민원을 접수하였다면 토요일과 공휴일을 제외하고 7일을 구하면, 5월 31일(금), 6월 3일(월), 4일(화), 5일(수), 7일(금), 10일(월), 11일(화)이다. 그런데 5일을 실지 조사하였으므로 12일(수), 13일(목), 14일(금), 17일(월), 18일(화)까지 처리 기간을 미룰 수 있다. 따라서 6월 19일(수)에 처리한 경우에는 정해진 기간 내에 처리하지 못한 것이 된다.

문제접근법

(1) 규정에서 다루는 것은 민원으로 '질의 민원', '건의 민원', '고충 민원'의 처리 기간을 먼저 확인한 후, [보기]로 넘어간다.
(2) [보기]를 풀 때, 주석을 확인하고 다루는 내용이 포함된 민원 처리 기간의 조항을 대입하여 해결한다.
(3) ㉠~㉣ 중 가장 간단한 ㉢을 먼저 푼다. 그다음으로 ㉠을 푼 후, 소거법에 따른 남은 선택지의 구조를 고려하여 나머지 보기를 풀어 정답을 찾도록 한다.

전략풀이 TIP

날짜 계산 문제의 경우에는 간단하게 달력을 그려서 푸는 것이 가장 쉽다. 달력을 그릴 때에는 [보기]에 주어진 기간인 6월 1~19일까지만 그리도록 한다. 달력을 그린 뒤, 현충일(6월 6일), 토요일, 일요일에 한눈에 보일 수 있게 X 표시하고, 나머지 요일에 대해서만 계산한다.

㉢ 3근무 시간 내이고, 점심시간이 중간에 포함되어 있으므로 4시간 이내에 답변하면 된다. (○)

20 ▶ ④

| 정답풀이 |

㉠ 자재업체 52개 모두 전남 지역에만 존재한다.

㉡ 수도권 시공업체 중 서울 시공업체가 차지하는 비중은 $\frac{25}{25+5+37}=\frac{25}{67}$이고, 전국 설계업체 중 수도권 설계업체가 차지하는 비중은 $\frac{49+8}{162}=\frac{57}{162}$이다. 두 분수를 직접 나누어 계산해도 되지만, 분자의 배율(25 → 57)과 분모의 배율(67 → 162) 비교를 통해 분수의 대소 비교를 할 수 있다. 분자의 배율이 더 크다면 $\frac{57}{162}$이 더 클 것이고, 분모의 배율이 더 크다면 $\frac{25}{67}$가 더 클 것이다. 분자의 배율은 $\frac{57}{25}=\frac{50}{25}+\frac{7}{25}=2+\frac{7}{25}$이고, 분모의 배율은 $\frac{162}{67}=\frac{134}{67}+\frac{28}{67}=2+\frac{28}{67}$이다. $\frac{7}{25}$은 7에 3배를 해도 25보다 작지만, $\frac{28}{67}$은 28에 3배를 하면 67보다 크므로 분모의 배율 $\frac{162}{67}$가 더 크다는 것을 알 수 있다. 따라서 $\frac{25}{67}$가 더 크므로 수도권 시공업체 중 서울 시공업체가 차지하는 비중이 더 크다는 것을 알 수 있다.

㉢ 설계업체 수 기준 상위 네 번째 지역은 전북이다. 전북의 시공업체 수 18개가 전국 시공업체 수에서 차지하는 비중은 $\frac{18}{268}\times100≒6.7(\%)$이므로 10% 이하이다.

| 오답풀이 |

㉣ 설계업체 수 기준 상위 첫 번째 지역인 서울의 설계업체 수가 전국 설계업체 수에서 차지하는 비중은 $\frac{49}{162}$이고, 시공업체 수 기준 상위 첫 번째와 네 번째 지역인 경북과 경남의 시공업체 수의 합이 전국 시공업체 수에서 차지하는 비중은 $\frac{56+27}{268}=\frac{83}{268}$이다. 이때, 주의할 사항은 두 수의 차이가 대단히 작기 때문에 섣불리 어림셈을 하면 안 된다. 실제로 계산을 해보면 $\frac{49}{162}\times100≒30.25(\%)$이고, $\frac{83}{268}\times100≒30.97(\%)$이므로 $\frac{83}{268}$가 더 크다. 만약 $\frac{49}{162}$와 $\frac{83}{268}$을 $\frac{5}{16}$와 $\frac{8}{27}$로 근사하여 계산하면, 반대의 결과가 나오므로 주의하도록 한다.

문제접근법

(1) 특정 수치의 [그림]이 주어진 문제로 [그림]이 의미하는 것이 무엇인지 먼저 파악하고, 주석의 내용도 확인한다.
(2) ㉠~㉣ 중 자료의 수치만으로 빠르게 해결할 수 있는 ㉠과 하나의 분수만의 수치 비교만으로 해결할 수 있는 ㉢을 먼저 푼다.

(3) ㉠, ㉢ 모두 옳은 보기이므로 선택지 ①, ③, ⑤를 소거할 수 있고, 남은 선택지 ②, ④ 모두 ㉣이 포함되어 있지 않으므로 ㉡을 풀어 정답을 찾도록 한다.

전략풀이 TIP

㉢ $\frac{18}{268}$에서 18은 268의 10%인 26.8보다 작다. (○)

CHAPTER 03 | 실전모의고사 3회

본문 P. 456~483

01	02	03	04	05	06	07	08	09	10
③	③	①	④	⑤	③	④	②	④	①
11	12	13	14	15	16	17	18	19	20
⑤	②	④	⑤	③	④	④	②	②	⑤

01 ▶ ③

| 정답풀이 |

㉡ 2021년 방송분야 매출은 전체의 $\frac{453.0}{1,138.6}\times 100 \fallingdotseq 39.8(\%)$로 35% 이상을 차지하여 가장 비중이 높다. 한편 4개 세부 항목의 전년 대비 성장률은 다음과 같다.

- 상금: $\frac{64.6-68.9}{68.9}\times 100 \fallingdotseq -6.2(\%)$
- 게임단 예산: $\frac{366.0-246.0}{246.0}\times 100 \fallingdotseq 48.8(\%)$
- 방송분야 매출: $\frac{453.0-452.8}{452.8}\times 100 \fallingdotseq 0.04(\%)$
- 인터넷/스트리밍 매출: $\frac{255.0-205.3}{205.3}\times 100 \fallingdotseq 24.2(\%)$

따라서 전년 대비 성장률이 가장 높은 세부 항목은 게임단 예산이 맞다.

㉢ 인터넷/스트리밍 매출의 전년 대비 성장률은 약 24.2%로 20% 이상 성장하였고, 상금만 유일하게 68.9억 원 → 64.6억 원으로 전년 대비 감소하였다.

㉣ 갑국과 글로벌 모두 e스포츠 산업 규모가 2017년부터 매년 성장하였으며, 그 성장률은 다음과 같다.

구분	갑국	글로벌
2018년	19.9%	4.6%
2019년	29.1%	45.0%
2020년	4.2%	32.9%
2021년	17.0%	32.1%

따라서 양쪽 모두 2019년에 전년 대비 성장률이 가장 높았다.

| 오답풀이 |

㉠ 2018~2021년의 갑국 e스포츠 산업 규모 성장률은 다음과 같다.

• 2018년: $\frac{722.9-602.7}{602.7}\times 100 \fallingdotseq 19.9(\%)$

• 2019년: $\frac{933.4-722.9}{722.9}\times 100 \fallingdotseq 29.1(\%)$

• 2020년: $\frac{973.0-933.4}{933.4}\times 100 \fallingdotseq 4.2(\%)$

• 2021년: $\frac{1,138.6-973.0}{973.0}\times 100 \fallingdotseq 17.0(\%)$

따라서 2020년 973억 원에서 15% 이상 성장한 것은 맞지만, 2018년 이후 최대 성장률은 아니다.

㉤ 글로벌 e스포츠 산업 규모 대비 갑국 e스포츠 산업 규모의 비중은 다음과 같다.

• 2017년: $\frac{602.7}{3,575}\times 100 \fallingdotseq 16.9(\%)$

• 2018년: $\frac{722.9}{3,741}\times 100 \fallingdotseq 19.3(\%)$

• 2019년: $\frac{933.4}{5,424}\times 100 \fallingdotseq 17.2(\%)$

• 2020년: $\frac{973.0}{7,207}\times 100 \fallingdotseq 13.5(\%)$

• 2021년: $\frac{1,138.6}{9,517}\times 100 \fallingdotseq 12.0(\%)$

따라서 2017년에서 2018년으로 넘어갈 때 비중이 높아졌다가, 그 후로 계속해서 비중이 낮아졌다.

문제접근법

(1) [그래프]가 의미하는 것이 무엇인지만 파악하고, 바로 [보고서]의 밑줄 친 ㉠부터 확인한다.

(2) ㉠, ㉣, ㉤은 증가율을 연도별로 다 확인해야 하므로, 비교적 간단한 ㉡, ㉢을 먼저 푼다.

(3) ㉡, ㉢이 모두 옳은 내용이므로 선택지 ②, ④, ⑤를 소거할 수 있다. 남은 선택지 ①, ③은 ㉤이 포함되어 있지 않으므로 ㉠ 또는 ㉣을 풀어 정답을 찾도록 한다.

전략풀이 TIP

㉠ 973보다 큰 1,000의 15%에 해당하는 150이 증가하여도 973+150=1,123<1,138.6이므로 973에서 15% 증가한 수는 당연히 1,138.6보다 작다. 따라서 15% 이상 증가하였다.

증가율 대소 비교는 증가율이 매우 낮은 2020년을 제외한 2018년, 2019년, 2021년을 모두 비교해 봐야 한다. 그런데 2019년은 전년 대비 200 이상 증가하였지만, 2021년에는 200 미만으로 증가하였고, 분모는 2019년이 더 작으므로 2019년의 증가율이 더 높다. (×)

㉡ 1,138.6의 30%는 대략 340 정도이고, 453과 340 사이에는 110 정도의 차이가 있으므로 5%를 추가하여도 453에는 미치지 못한다. 따라서 35% 이상이다.

전년 대비 성장률은 게임단 예산 $\frac{366-246}{246}=\left(\frac{366}{246}-1\right)$과 인터넷/스트리밍 매출 $\frac{255-205.3}{205.3}=\left(\frac{255}{205.3}-1\right)$만 비교하면 되는데, 205.3×1.2≒246이지만 255×1.2<366이므로 $\frac{255}{205.3}<\frac{366}{246}$이다. (○)

㉤ 2017년과 2018년의 비중은 각각 $\frac{602.7}{3,575}$, $\frac{722.9}{3,741}$인데, 3,575×1.1>3,741이지만 602.7×1.1<722.9이므로 $\frac{602.7}{3,575}<\frac{722.9}{3,741}$이다. (×)

02 ▶ ③

| 정답풀이 |

A와 B의 남은 임기는 1년이지만 B가 새로 선임되었으므로 임기는 새로 시작된다. 따라서 B의 임기는 3년이다.

| 오답풀이 |

① 관장은 정관으로 정하는 바에 따라 □□부장관이 임면한다고 하였으므로 관장의 임명과 파면 권한은 □□부장관에게 있다.

② 박물관의 임원 또는 직원으로 재직한 사람은 그 직무상 알게 된 비밀을 누설하거나 도용하여서는 아니되고, 이를 위반할 경우 2년 이하의 징역 또는 2천만 원 이하의 벌금에 처한다고 하였으므로 옳은 설명이다.

④ 관장이 부득이한 사유로 직무를 수행할 수 없을 때에는 상임이사가 그 직무를 대행하고, 상임이사도 직무를 수행할 수 없을 때에는 정관에 정하는 바에 따라 비상임이사가 그 직무를 대행한다. 이사회의 의장은 관장이고, 관장과 상임이사가 직무를 수행할 수 없으므로 비상임이사 중 한 명이 이사회의 의장이 될 수 있다.

⑤ G는 감사이고, 감사는 비상임이다. 감사는 직무와 관련하여 필요한 경우 이사회에 출석하여

발언할 수 있다고 하였으므로 G가 반드시 참석해야 하는 것은 아님을 알 수 있다.

문제접근법

(1) 법령은 외워야만 풀 수 있는 것이 아닌, 내용을 이해한 후 적용하여 풀도록 출제된다. 따라서 먼저 법령의 내용을 가볍게 확인한 뒤, [상황]과 선택지의 내용부터 확인한다.
(2) 선택지에서 핵심 키워드를 파악하여 해당 내용이 있는 법령을 확인한다.

전략풀이 TIP

③ 관장이 새로 선출되었을 때 임기가 중요하므로 우선 관장이 새로 선출되었을 때 임기가 어떻게 되는지 확인한다. 관장이 새로 선출되면 임기를 새로 시작한다고 하였으므로 A와 B가 현재 얼마나 재직하였는지는 중요하지 않다. (×)
⑤ G는 감사이므로 이사회에서 감사의 출석에 관한 법령을 확인한다. (○)

03 ▶ ①

| 정답풀이 |

㉠ 인턴 경험이 있는 지원자의 합격률은 11.3%와 19.6% 사이의 값이고, 인턴 경험이 없는 지원자의 합격률은 0%와 2.8% 사이의 값이다. 따라서 인턴 경험이 있는 지원자의 합격률이 더 높다.

㉡ 해외 연수 경험이 있는 지원자의 합격률은 11.3%와 0% 사이의 값인데 11.3%에 해당하는 사람이 훨씬 많으므로, 11.3%에 매우 가까울 것이라고 생각할 수 있다. 해외 연수 경험이 없는 지원자의 합격률은 2.8%와 19.6% 사이의 값인데 2.8%에 해당하는 사람이 더 많으므로, 19.6과 2.8의 중앙값인 11.2%보다 낮을 것이다. 따라서 해외 연수 경험이 있는 지원자의 합격률이 더 높다.
실제로 해외 연수 경험이 있는 지원자의 합격률을 구하면 $\frac{53}{53+414+5}\times 100 \fallingdotseq 11.2(\%)$이고, 해외 연수 경험이 없는 지원자의 합격률을 구하면 $\frac{11+4}{11+45+4+139}\times 100 \fallingdotseq 7.5(\%)$로 해외 연수 경험이 있는 지원자의 합격률이 더 높다.

| 오답풀이 |

㉢ 전체 합격률은

$$\frac{53+11+4}{53+11+4+414+45+5+139}\times 100$$

$=\frac{68}{671}\times 100 \fallingdotseq 10.1(\%)$이므로 10% 이상이다.

㉣ 인턴 경험과 해외 연수 경험이 모두 없는 지원자의 합격률은 2.8%이고, 인턴 경험이 있는 지원자의 합격률은 11.3%와 19.6% 사이의 값이므로, 둘의 차이는 20%p보다 클 수 없다.

문제접근법

(1) [표]의 항목과 주석의 내용을 먼저 확인한다. 특히 주석의 식과 관련된 내용이 반드시 출제되므로 주의 깊게 살펴본다.
(2) 가중평균의 개념이 적용된 내용의 보기로 구성되어 있어, 해당 개념을 알고 있다면 계산 없이 해결할 수 있다.
(3) ㉠, ㉡은 옳은 보기이므로 선택지 ②, ③, ④를 소거할 수 있고, 남은 선택지 ①, ⑤ 구조상 ㉢이 포함되어 있지 않으므로 ㉣을 풀어 정답을 찾도록 한다.

전략풀이 TIP

㉢ $\frac{68}{671}$의 분모 671의 10%는 67.1로 68보다 작으므로 10% 이상이다. (×)

04 ▶ ④

| 정답풀이 |

사고 원인 중 안전거리 미확보의 구성비는 100−(6.9+1.5+3.4+65.3)=22.9(%)이다. 안전거리 미확보와 중앙선 침범 모두 2020년에 발생한 교통사고 건수를 바탕으로 하였으므로, 비율로 7배 이상인지 판별할 수 있다. 중앙선 침범의 구성비는 3.4%이므로 해당 구성비의 7배는 3.4×7=23.8(%)이다. 23.8%>22.9%이므로 7배 미만이다.

| 오답풀이 |

① 2020년 교통사고 사상자 수는 492+536+589+640+734+612+665+841+670+592+594+507=7,472(명)이고, 교통사고 건수는 240+211+263+269+307+277+260+311+302+273+256+249=3,218(건)이다.
따라서 2020년 교통사고 건당 사상자는

$\frac{7,472}{3,218}$≒2.3(명)으로 2.1명 이상이다.

② 월별 교통사고 사상자 수가 가장 적은 달은 492명인 1월이고, 가장 많은 달은 841명인 8월로 가장 적은 달의 사상자 수는 가장 많은 달의 $\frac{492}{841}$×100≒59(%)이다. 따라서 60% 이하이다.

③ 월별 교통사고 건수가 두 번째로 많은 달은 307건인 5월이다. 5월의 교통사고 건당 사상자는 $\frac{734}{307}$≒2.4(명)이다.

⑤ 사고 원인이 안전운전의무 불이행인 교통사고 건수는 3,218×0.653≒2,101(건)이므로 2,000건 이상이다. 사고 원인이 과속인 교통사고 건수는 3,218×0.015≒48(건)이므로 50건 이하이다.

문제접근법

(1) 3개의 [그래프]가 주어진 문제로 각 [그래프]의 항목과 단위를 먼저 확인한 뒤, 선택지의 내용을 살펴본다.

(2) 선택지 ①~⑤ 중 전체 교통사고 건수를 알아야 해결할 수 있는 ①, ⑤는 마지막에 풀고, ②~④를 먼저 풀어 정답을 찾도록 한다.

전략풀이 TIP

② $\frac{492}{841}$에서 분모 841의 10%는 약 84이고, 60%는 84×6=504로 492보다 크다. 따라서 $\frac{492}{841}$×100은 60%보다 작다. (○)

④ 안전운전의무 불이행과 안전거리 미확보 사고 원인을 제외한 남은 사고 원인의 구성비는 약 12%이다. 안전운전의무 불이행이 65.3%로 100−12−65=23>100−12−65.3=22.7이 성립하므로 안전거리 미확보의 구성비는 23% 미만임을 알 수 있다. 한편, 3.4의 7배는 23.8%로 안전거리 미확보의 구성비보다 크므로 7배 미만이다. (×)

05 ▶ ⑤

| 정답풀이 |

엥겔계수가 가장 높은 해는 2004년의 16.6%이고, 가장 낮은 해는 2011년의 12.1%이다. 이 둘의 차이는 16.6−12.1=4.5(%p)이다. 엔젤계수가 가장 높은 해는 2013년의 20.5%이고, 가장 낮은 해는 2004년의 14.4%이다. 이 둘의 차이는 20.5−14.4=6.1(%p)이다. 따라서 엥겔계수가 가장 높은 해와 가장 낮은 해의 차이보다 엔젤계수가 가장 높은 해와 가장 낮은 해의 차이가 더 크다.

| 오답풀이 |

① [그래프]를 통해 2008~2012년 동안 엔젤계수는 매년 증가하고 있다는 것을 알 수 있다. 그러나 연간 상승 폭은 2010년에서 2011년으로 갈 때 감소하였다.

② 엥겔계수와 엔젤계수의 분모 모두 가계 지출액으로 동일하다. 또한 [그래프] 주석 3)을 보아 보육·교육비에는 식료품비가 포함되지 않으므로, 2007년 이후 18세 미만 자녀에 대한 보육·교육비는 식료품비를 매년 초과한다. 하지만 보육비를 제외한 교육비가 식료품비를 초과하는지 알 수 없다.

③ 엥겔계수와 엔젤계수는 분모가 모두 가계 지출액이므로 18세 미만 자녀에 대한 보육·교육비 대비 식료품비의 비율은 엔젤계수 대비 엥겔계수의 비율임을 알 수 있다. [그래프]를 보면, 2008~2011년 동안 엔젤계수는 계속 증가하고, 엥겔계수는 계속 감소하고 있으므로 2008~2011년 동안 비율은 감소한다.

④ 엔젤계수가 전년 대비 가장 큰 폭으로 상승한 해는 20.1−18.3=1.8(%p) 상승한 2012년이다. 하지만 2012년의 엥겔계수는 전년 대비 12.5−12.1=0.4(%p) 상승하였다.

문제접근법

(1) [그래프]의 항목과 주석의 내용을 먼저 확인한다. 특히 주석의 식을 이해해야 하고, 관계를 활용한 내용이 반드시 출제되므로 주의 깊게 살펴본다.

(2) 수치가 많이 주어진 경우에는 차이와 비율에 대한 내용이 대부분이다. 구체적인 결괏값이 필요한 경우가 아니라면, 눈으로 대조하여 확인하거나 수치 비교로 선택지를 푼다.

전략풀이 TIP

① 그래프의 기울기를 바탕으로 확인할 수 있는데 2010~2011년 구간의 기울기가 그 전보다 완만해졌다. (×)

⑤ 가장 높은 해와 가장 낮은 해를 찾아 직선을 그어 만나는 지점의 높이(길이)로 어느 계수의 차이가 더 큰지 직관적으로 알 수 있다. (○)

06 ▶ ③

| 정답풀이 |

갑의 소득이 X만 원이라면, 신용카드로 200만 원을 지출할 때, 200×0.05=10(만 원)이 과세대상 소득에서 공제된다. 따라서 과세대상 소득은 (X−10)만 원이 되고, 이 중 20%를 세금으로 납부하므로 (0.2X−2)만 원을 납부한다. 즉, 신용카드로 200만 원을 지출할 시 2만 원이 이득이므로 지역상권부흥상품권으로 거래 시 더 큰 이득을 보기 위해서는 할인액이 2만 원보다 커야 한다.

을의 과세대상 소득은 200−170=30(만 원)이고, 세금은 30×0.2=6(만 원)이다. 신용카드 매출액이 200만 원이라면 수수료는 200×0.01=2(만 원)이다. 따라서 신용카드로 결제할 때 드는 세금과 수수료의 합은 총 8만 원이고, 할인액이 8만 원보다 적은 경우에 을이 이득이다.

㉠ 을이 3만 원을 할인한다면, 갑은 지역상권부흥상품권으로 결제하는 것이 유리하다.

㉢ 을이 6만 원을 할인한다면, 갑은 신용카드로 결제할 때보다 4만원 더 이득이다.

| 오답풀이 |

㉡ 신용카드 매출로 을이 지불하는 비용이 8만 원이므로 최대 8만 원을 할인할 때, 신용카드 매출에 비하여 손해를 입지 않는다.

문제접근법

(1) 갑이 신용카드로 납부하였을 때, 갑이 얻게 되는 이득을 구한다.
(2) 갑이 신용카드로 납부하였을 때, 을이 지불해야 하는 수수료를 구한다.
(3) 갑은 이득보다 할인액이 더 클 때, 지역상권부흥상품권으로 결제할 것이고, 을은 할인액을 세금과 수수료의 합보다 더 낮게 책정할 것이다.

전략풀이 TIP

신용카드 납부 시 과세대상 소득에서 공제되는 금액이 납부액의 5%, 세율이 20%이므로 신용카드를 사용할 때 얻게 되는 이득은 신용카드 납부액의 1%일 것이다.

07 ▶ ④

| 정답풀이 |

국내선의 2018년 운송 실적이 전년 대비 가장 큰 폭으로 떨어진 국적항공사는 |6,957−7,989|=1,032(천 명)이 감소한 태양항공이다. 그런데 국제선의 2018년 운송 실적이 전년 대비 가장 큰 폭으로 증가한 국적항공사는 7,266−5,825=1,441(천 명) 증가한 독도항공이다.

| 오답풀이 |

① 국적항공사는 태양항공, 무지개항공, 알파항공, 에어세종, 청렴항공, 독도항공, 참에어, 동해항공으로 총 8개이다.

② $\frac{153+106}{638}\times100≒40.6(\%)$로 40% 이상이다.

③ 피해구제 접수 건수가 전년 대비 증가한 국적항공사는 태양항공, 에어세종, 청렴항공, 참에어, 동해항공 총 5개로, 전년 대비 감소한 무지개항공, 알파항공, 독도항공 3개보다 그 수가 더 많다.

⑤ 외국적항공사의 비율이 더 높은 항목은 지연 결항, 정보제공 미흡, 초과 판매 3개로, 국적항공사의 비율이 더 높은 취소환불 위약금, 수하물 지연 파손 2개 항목보다 더 많다.

문제접근법

(1) [표]의 항목을 바탕으로 [표]가 의미하는 것이 무엇인지 먼저 파악한 후, 선택지의 내용을 살펴본다.
(2) 선택지 ①~⑤ 중 계산 없이 자료의 수치만으로 해결할 수 있는 ①, ③, ⑤를 먼저 푼다. ①, ③, ⑤ 모두 옳은 선택지이므로 소거할 수 있고, 남은 선택지 ②, ④를 풀어 정답을 찾도록 한다.

전략풀이 TIP

② $\frac{259}{638}\times100$이 40% 이상인지를 판단할 때, 나눗셈이 아닌 곱셈을 활용하면 시간을 단축시킬 수 있다. 638×0.4=255.2로 259보다 작으므로 40% 이상이다. (○)

08 ▶ ②

| 정답풀이 |

㉠ 2020년 1~9월의 강수량 및 총합은 다음과 같다.

[표] 2020년 1~9월 강수량 및 총합 (단위: mm)

구분	1월	2월	3월	4월	5월	6월	7월	8월	9월	총합
강수량	1	48	41	77	161	54	358	67	33	840

한편 2014~2019년 1~9월의 강수량 총합은 다음과 같다.

[표] 2014~2019년 1~9월 강수량 총합 (단위: mm)

구분	2014년	2015년	2016년	2017년	2018년	2019년
총합	1,969	1,965	1,440	1,304	706	578

따라서 1~9월 강수량 총합이 세 번째로 큰 해는 2016년이다.

㉣ 2020년 1~9월의 평균 기온은 다음과 같다.

[표] 2020년 1~9월 평균 기온 (단위: ℃)

구분	1월	2월	3월	4월	5월	6월	7월	8월	9월
평균 기온	−3.2	0.2	7.0	14.1	19.6	23.6	26.2	28.0	23.1

따라서 2020년의 평균 기온이 가장 높은 달은 4월, 7월, 8월, 9월로 4개월이다.

| 오답풀이 |

㉡ 2020년 6~8월의 일조 시간 및 총합은 다음과 같다.

[표] 2020년 6~8월 일조 시간 및 총합 (단위: 시간)

구분	6월	7월	8월	총합
일조 시간	230	160	236	626

한편 2014~2019년 6~8월의 일조 시간 총합은 다음과 같다.

[표] 2014~2019년 6~8월 일조 시간 총합 (단위: 시간)

구분	2014년	2015년	2016년	2017년	2018년	2019년
총합	390	345	534	543	509	641

따라서 여름의 일조 시간 총합이 가장 큰 해는 2019년이다.

㉢ 2020년 3~5월의 일조 시간 및 총합은 다음과 같다.

[표] 2020년 3~5월 일조 시간 및 총합 (단위: 시간)

구분	3월	4월	5월	총합
일조 시간	254	220	280	754

한편 2014~2019년 3~5월의 일조 시간 총합은 다음과 같다.

[표] 2014~2019년 3~5월 일조 시간 총합 (단위: 시간)

구분	2014년	2015년	2016년	2017년	2018년	2019년
총합	478	622	656	707	732	777

따라서 봄의 일조 시간 총합이 두 번째로 작은 해는 2015년이다.

문제접근법

(1) 복합자료를 바탕으로 하는 세트 문항으로 각 [표]가 무엇을 의미하는지 먼저 파악한다. 이후 문제의 발문과 주어진 자료를 바탕으로 [보기]를 풀면서 활용해야 할 [표]가 무엇인지 확인한다.

(2) ㉠은 틀린 보기이므로 선택지 ③~⑤를 소거할 수 있고, 남은 선택지 ①, ② 구조상 ㉢은 확인하지 않아도 된다. 남은 ㉡, ㉣ 중 비교적 간단한 ㉡을 풀어 정답을 찾도록 한다.

전략풀이 TIP

㉠ 2014~2019년 중에서 2019년의 연강수량이 가장 적고, 10~12월을 제외한 1~9월의 총합만 따지더라도 2019년이 3위 안에 들어갈 것으로 보이진 않는다. 표4를 보면, 2020년의 1~9월 강수량 총합은 2019년보다 250~300mm 정도 크지만, 마찬가지로 3위 안에 들어가기엔 역부족이다. 따라서 굳이 2020년의 강수량을 계산하지 않더라도 강수량 총합이 세 번째로 큰 해를 구하는 데에는 지장이 없다. 표2를 보면, 1~9월의 강수량 총합 1위와 2위는 2014년 또는 2015년이 될 것으로 보이며, 3위는 2016년 또는 2017년이 될 것으로 보이므로 이 두 해만 비교하면 된다. 두 해의 연강수량은 대략 250mm 정도 차이가 나는데, 10~12월의 차이의 합계가 250mm에는 미치지 못하므로 2016년의 1~9월 강수량 총합이 더 크다. (×)

㉡ 6~8월의 일조 시간 총합이 가장 큰 해를 찾아야 하는데 표4를 보면, 2020년 6~8월의 일조 시간 총합은 2019년보다 반드시 작다. 따라서 굳이 2020년의 일조 시간을 계산할 필요가 없고 표3을 보면, 6~8월의 일조 시간 총합이 가장 큰 해는 2019년임을 알 수 있다. (○)

09 ▶ ④

| 정답풀이 |

4월은 30일이므로 4월 일조 시간이 $7.1 \times 30=213$(시간)인 연도를 찾아보면 2016년, 2017년, 2018년이다. 7월은 31일이므로 7월 일조 시간이 $4.6 \times 31=142.6$(시간)에 가장 가까운 연도를 찾아보면 2016년이다. 따라서 [그래프]는 2016년에 대한 내용이다.

6월은 30일이므로 (A)$=232 \div 30 \fallingdotseq 7.7$(시간)이고, (B)$=9+1+47+157+8+92+449=763$(mm)이다. 따라서 정답은 ④이다.

문제접근법

(1) 세트 문항 중 결괏값을 찾는 자료계산 유형으로, 주어진 문제의 자료 항목을 확인하여 활용해야 할 [표]가 무엇인지 먼저 파악한다.

(2) 선택지를 보면, (A)는 7.5와 7.7 중 하나임을 알 수 있고, 선택지 구조와 소거법을 이용하여 정답을 찾도록 한다.

전략풀이 TIP

선택지에서 주어진 (B)의 수치를 보면, 일의 자리 숫자가 모두 다르므로(같은 경우는 모든 숫자가 같음) 덧셈을 할 때, 일의 자리만 더하여 확인하면, 더욱 빠르게 문제를 해결할 수 있다.

10 ▶ ①

| 정답풀이 |

갑이 부여한 종목별 점수는 다음과 같다.

구분	등산	스키	암벽등반	수영	볼링
비용(원)	5×0.3 $=1.5$	1×0.3 $=0.3$	2×0.3 $=0.6$	3×0.3 $=0.9$	4×0.3 $=1.2$
만족도	2×0.4 $=0.8$	4×0.4 $=1.6$	5×0.4 $=2$	1×0.4 $=0.4$	3×0.4 $=1.2$
위험도	1×0.1 $=0.1$	5×0.1 $=0.5$	4×0.1 $=0.4$	2×0.1 $=0.2$	3×0.1 $=0.3$
활동량	2×0.2 $=0.4$	5×0.2 $=1$	3×0.2 $=0.6$	4×0.2 $=0.8$	1×0.2 $=0.2$
총점	2.8	3.4	3.6	2.3	2.9

을이 부여한 종목별 점수는 다음과 같다.

구분	등산	스키	암벽등반	수영	볼링
비용(원)	5×0.2 $=1$	1×0.2 $=0.2$	2×0.2 $=0.4$	3×0.2 $=0.6$	4×0.2 $=0.8$
만족도	2×0.3 $=0.6$	4×0.3 $=1.2$	5×0.3 $=1.5$	1×0.3 $=0.3$	3×0.3 $=0.9$
위험도	5×0.4 $=2$	1×0.4 $=0.4$	2×0.4 $=0.8$	4×0.4 $=1.6$	3×0.4 $=1.2$
활동량	4×0.1 $=0.4$	1×0.1 $=0.1$	3×0.1 $=0.3$	2×0.1 $=0.2$	5×0.1 $=0.5$
총점	4	1.9	3	2.7	3.4

따라서 종목별 합은 등산 6.8점, 스키 5.3점, 암벽등반 6.6점, 수영 5.0점, 볼링 6.3점이므로 등산이 가장 높다.

문제접근법

(1) 갑이 부여한 종목별 점수를 구한다.

(2) 을이 부여한 종목별 점수를 구한다.

(3) 두 값의 합이 가장 큰 종목을 찾는다.

전략풀이 TIP

최종적으로 구하는 것은 갑과 을이 부여한 점수의 합이다. 따라서 갑과 을의 점수를 각각 구하지 않고, 비용과 만족도는 가중치를 곱하기 전 갑과 을이 부여한 점수가 동일하므로 비용은 (점수)×0.5, 만족도는 (점수)×0.7로 계산한다.

11 ▶ ⑤

| 정답풀이 |

2019년과 2020년 사립 대학의 비전임교원 담당 학점 중 강사 담당 학점 비중을 구하면 다음과 같다.

- 2019년: $\frac{78,441}{165,975} \times 100 \fallingdotseq 47.3(\%)$
- 2020년: $\frac{105,394}{176,460} \times 100 \fallingdotseq 59.7(\%)$

따라서 두 해의 비중의 차이는 $59.7-47.3=12.4(\%p)$이므로 10%p 이상이다.

| 오답풀이 |

① 2020년 전체 대학의 전임교원 담당 학점은 전년 대비 $\frac{479,876-476,551}{476,551} \times 100 \fallingdotseq 0.7(\%)$ 증가하였다. 참고로 2020년 전체 대학의 전임교원

담당 학점은 전년 대비 67.8−66.7=1.1(%p) 감소하였다. %와 %p 단위에 주의하도록 한다.

② 2020년 전체 대학의 전임교원 담당 학점 비율은 66.7%이고, 비전임교원 담당 학점 비율은 33.3%이다. 33.3×2=66.6(%)<66.7%이므로 2배 이상이다.

③ 2019년과 2020년 국공립 대학의 전임교원 대비 비전임교원 담당 학점 비중을 구하면 다음과 같다.

- 2019년: $\frac{59,980}{107,793}\times 100 \fallingdotseq 55.6(\%)$
- 2020년: $\frac{62,934}{108,237}\times 100 \fallingdotseq 58.1(\%)$

따라서 전임교원 대비 비전임교원 담당 학점 비중은 2020년이 더 높다.

④ 수도권 대학과 비수도권 대학의 2019년 대비 2020년에 증가한 비전임교원 담당 학점을 구하면 다음과 같다.

- 수도권 대학: 106,403−101,864
=4,539(학점)
- 비수도권 대학: 132,991−124,091
=8,900(학점)

4,539학점의 2배는 9,078학점이므로 8,900학점보다 많다. 따라서 비수도권 대학이 수도권 대학의 2배 미만이다.

문제접근법

(1) [표]의 항목을 바탕으로 [표]가 의미하는 것이 무엇인지 먼저 파악한다. 주석의 식은 비율에 대한 내용인데, 이미 [표]에 비율의 수치가 주어져 있으므로 깊게 살펴볼 필요는 없다.

(2) 선택지 ①~⑤ 중 비교적 간단한 계산으로 해결할 수 있는 ②, ④를 먼저 푼다. ②, ④는 모두 옳은 선택지이므로 소거할 수 있고, 남은 ①, ③, ⑤ 중 분수 비교법으로 해결할 수 있는 ③을 그 다음으로 풀어 정답을 찾도록 한다.

전략풀이 TIP

③ $\frac{59,980}{107,793}$과 $\frac{62,934}{108,237}$를 비교해보면, 분모와 분자 중 분모의 수치가 훨씬 크며, 분모의 경우에는 107,793 → 108,237로 500 정도 증가하였지만, 분자의 경우에는 59,980 → 62,934로 3,000 정도 증가하였으므로 분자의 증가율이 더 높다. 따라서 $\frac{59,980}{107,793}<\frac{62,934}{108,237}$이다. (○)

⑤ 2019년의 비중인 $\frac{78,441}{165,975}$의 경우, (분자×2)의 값인 156,882보다 분모의 값이 약 10,000 정도로 차이가 나게 더 크므로 50% 미만임을 바로 알 수 있고, 2020년의 비중인 $\frac{105,394}{176,460}$의 경우, $\frac{105}{176}\times 100 \fallingdotseq 59.7(\%)$이므로 $\frac{105,394}{176,460}$ 역시 60%에 근접한다는 것을 알 수 있다. 따라서 두 비중의 차이는 10%p 이상이다. (×)

12 ▶ ②

| 정답풀이 |

오후 7시 30분 여름의 부하 시간대는 중간부하, 봄과 가을은 중간부하, 겨울은 최대부하이다. 이를 바탕으로 계절별 시간대의 전력량 요율을 확인하면, 각각 145.3원/kWh, 70.5원/kWh, 190.8원/kWh이다. 따라서 오후 7시 30분의 전력량 요율이 가장 높은 계절은 겨울이다.

| 오답풀이 |

① 경부하 시간대에서는 여름(6~8월)이 57.6원/kWh로 가장 낮다.

③ 2월 1일은 겨울에 해당하므로 중간부하 시간대의 총 시간은 1+5+2=8(시간)이고, 9월 1일은 가을에 해당하므로 중간부하 시간대의 총 시간은 1+1+6=8(시간)이다. 따라서 해당 날짜의 중간부하 시간대의 총 시간은 동일하다.

④ 전력량 요율의 최댓값과 최솟값 차이가 가장 큰 계절은 여름(232.5−57.6=174.9)이다. 이를 바탕으로 월 충전요금의 최댓값과 최솟값 차이를 구하면, 174.9×100=17,490(원)이다. 따라서 17,000원 이상이다.

⑤ 12월은 겨울로 중간부하 시간대에만 100kWh를 충전한 월 충전요금은 2,390+(128.2×100)=15,210(원)이다. 4월은 봄으로 경부하 시간대에만 100kWh를 충전한 월 충전요금은 2,390+(58.7×100)=8,260(원)이다. 8,260원의 2배는 16,520원이므로 15,210원보다 높다. 따라서 2배 미만이다.

문제접근법

(1) [표]의 항목을 바탕으로 [표]가 의미하는 것이 무엇인지 먼저 파악한다. [표1] 주석의 식과 내용은 많은 정보가 담겨 있으며, 관련된 내용이 반드시 출제되므로 주의 깊게 살펴본다.

(2) 선택지 ①~⑤ 중 복잡한 계산 과정이 필요 없는 ①~③을 먼저 푼다. ①, ③은 틀린 선택지이고, ②는 옳은 선택지이므로 정답을 ②로 선택할 수 있다.

전략풀이 TIP

④ 월 충전요금의 최댓값과 최솟값의 차이 모두 월 기본요금이 기본적으로 포함되므로 소거된다. 따라서 전력량 요율과 충전 전력량만을 생각하여 푼다. (×)

⑤ 월 충전요금에 월 기본요금이 포함되므로 각 시간대별로 충전요금을 구할 때, 기본요금을 빠뜨리지 않고 반드시 더하도록 한다. (×)

13 ▶ ④

| 정답풀이 |

주어진 [조건]의 최대 공급량과 최소 요구량을 포함하여 공장에서 물류 센터까지의 수송량을 정리하면 다음과 같다.

[표] 공장에서 물류 센터까지의 수송량 (단위: 개)

공장 \ 물류센터	서울	부산	대구	광주	최대 공급량
구미	0	200	( )	( )	600 이하
청주	300	( )	0	0	500 이하
덕평	300	0	0	0	300 이하
최소 요구량	600 이상	400 이상	200 이상	150 이상	

구미 공장에서 대구 물류 센터까지의 수송량을 x, 광주 물류 센터까지의 수송량을 y, 청주 공장에서 부산 물류 센터까지의 수송량을 z라 하면 다음과 같은 식이 성립한다.

1) $x\geq200$, $y\geq150$, $200+x+y\leq600$

2) $200+z\geq400$, $300+z\leq500$

1) 식을 통해 $x\geq200$, $y\geq150$, $x+y\leq400$, 2) 식을 통해 $z=200$임을 알 수 있다.

$x=200$, $y=150$일 때, 총 수송 비용은 최소 금액이 된다. 이때, 구미 공장의 총 수송량은 $0+200+200+150=550$(개)이므로 구미 공장의 최대 공급량이 600개에서 550개로 줄어들어도 총 수송 비용의 최소 금액에는 영향을 미치지 않는다.

| 오답풀이 |

① 총 수송 비용의 최소 금액은 수송량 x, y가 최소일 때이다. $x\geq200$, $y\geq150$이므로 x의 최솟값은 200이고, y의 최솟값은 150이며, 이때의 수송 비용을 구하면 다음과 같다.
(구미 공장의 총 수송 비용)$=(200\times5)+(200\times2)+(150\times3)=1,850$(천 원)
(청주 공장의 총 수송 비용)$=(300\times4)+(200\times2)=1,600$(천 원)
(덕평 공장의 총 수송 비용)$=300\times2=600$(천 원)
따라서 총 수송 비용의 최소 금액은 $1,850+1,600+600=4,050$(천 원)$=405$(만 원)이므로 400만 원 이상이다.

② 청주 공장에서 부산 물류 센터까지의 수송량 z는 200이므로 200개이다.

③ 청주 공장과 덕평 공장의 물류 센터별 수송량은 고정값이므로, 해당 공장들의 총 수송 비용 역시 고정값이다. 따라서 구미 공장의 총 수송 비용만을 고려하여 최소가 되는 값을 찾도록 한다. 구미 공장에서 대구 물류 센터까지 개당 수송 비용은 2천 원/개, 광주 물류 센터까지 개당 수송 비용은 3천 원/개이므로, 개당 수송 비용이 더 높은 광주 물류 센터에 최소 요구량을 만족하는 수송량을 보내야한다. 이에 해당하는 수송량은 y이고, $y\geq150$을 만족하므로 y의 최솟값은 150이다. 따라서 구미 공장에서 광주 물류 센터까지의 수송량이 150개일 때, 총 수송 비용이 최소가 된다.

⑤ [표]를 통해 구미 공장에서 서울 물류 센터까지의 수송량이 0임을 알 수 있다. 따라서 개당 수송 비용이 7천 원에서 9천 원으로 증가하여도 총 수송 비용의 최소 금액은 증가하지 않는다.

문제접근법

(1) [표], [조건], [그림]의 세 복합자료가 주어진 문제로 [표]와 [그림]이 무엇을 의미하는지 파악하고, [조건]을 확인한다.

(2) [조건]을 통해 [표]의 빈칸의 범위를 먼저 찾은 뒤, 선택지 ①~⑤의 내용을 보면, ②는 나머지 선택지와 다른 내용이고, 빠르게 해결할 수 있으므로 먼저 푼다.

(3) ②는 틀린 선택지이므로 소거할 수 있다. ⑤를 그다음으로 푼 후, 남은 선택지를 풀어 정답을 찾도록 한다.

전략풀이 TIP

수송량이 0이면 수송 비용도 0이므로 생략해도 된다.
④ 총 수송 비용의 최소 금액에 관한 내용이므로 최소일 경우를 찾는다면, 각 선택지 내용에 적용하여 해당 경우를 만족하는지 확인한다. (○)

14 ▶ ⑤

| 정답풀이 |

㉠ 공적개발원조액 상위 15개국 소계가 137.5십억 달러이므로 최상위 5개국의 비율은

$\frac{33+24.1+19.4+12+11.7}{137.5}\times 100 ≒ 72.9(\%)$

이다. 따라서 70% 이상이다.

㉡ 국민총소득은

$\frac{(\text{공적개발원조액})}{(\text{국민총소득 대비 공적개발원조액 비율})}\times 100$

으로 계산할 수 있다. 따라서 [그래프1]과 [그래프2]에 모두 등장하는 9개 국가만 국민총소득을 계산할 수 있으며, 그 결과는 다음과 같다.

- 독일: $\frac{24.1}{0.0061}$≒3,950.8(십억 달러)
- 영국: $\frac{19.4}{0.0071}$≒2,732.4(십억 달러)
- 프랑스: $\frac{12}{0.0043}$≒2,790.7(십억 달러)
- 네덜란드: $\frac{5.3}{0.0059}$≒898.3(십억 달러)
- 캐나다: $\frac{4.5}{0.0027}$≒1,666.7(십억 달러)
- 노르웨이: $\frac{4.3}{0.0103}$≒417.5(십억 달러)
- 스위스: $\frac{3.1}{0.0042}$≒738.1(십억 달러)
- 스페인: $\frac{2.7}{0.0095}$≒284.2(십억 달러)
- 덴마크: $\frac{2.5}{0.0072}$≒347.2(십억 달러)

따라서 9개 국가 중 국민총소득이 가장 높은 국가는 3조 9,508억 달러의 독일이다.

㉢ 독일, 네덜란드, 프랑스, 스위스, 캐나다 5개국이 해당한다. 5개 국가의 공적개발원조액 평균은

$\frac{24.1+5.3+12+3.1+4.5}{5}=9.8$(십억 달러)

=98(억 달러)이므로 100억 달러 미만이다.

문제접근법

(1) 2개의 [그래프]가 주어진 문제로 [그래프]가 무엇을 의미하는지 먼저 파악한다. 특히, 각 [그래프]의 막대그래프 수치 외에 주어진 항목과 수치를 바탕으로 해결하는 내용이 반드시 출제되므로 주의 깊게 살펴본다.
(2) ㉠~㉢ 모두 계산이 필요한 내용으로 순차적으로 풀어 정답을 찾도록 한다.

전략풀이 TIP

㉠ 공적개발원조액 상위 15개국의 소계는 137.5이므로, 70%는 137.5×0.7=96.25이다. 상위 5개국의 합은 33+24.1+19.4+12+11.7=100.2이므로, 상위 5개국이 차지하는 비율은 70% 이상이다. (○)

㉡ 9개 국가를 찾아내는 것은 쉽지만, 국민총소득이 가장 높은 국가가 독일인지는 한눈에 파악하기 어렵다. 우선 독일과 영국을 비교해보면, $\frac{24.1}{0.0061}$과 $\frac{19.4}{0.0071}$인데, 독일이 분자는 더 크고 분모는 더 작으므로 독일이 더 크다. 한편 독일과 프랑스를 비교해보면, $\frac{24.1}{0.0061}$과 $\frac{12}{0.0043}$인데, $\frac{12}{0.0043}$의 분자와 분모에 2를 곱하여 확인하면 독일이 더 크다는 것을 알 수 있다. 이 두 가지 방식으로 독일과 다른 모든 국가들을 비교해보면, 독일의 국민총소득이 가장 높다는 것을 확인할 수 있다. (○)

15 ▶ ③

| 정답풀이 |

지역별 1일당 단백질 섭취량 대비 동물성 단백질 섭취량 비율은 지역별 1인 1일당 단백질 섭취량 대비 동물성 단백질 섭취량 비율과 동일하다. 2018년 지역별 1인 1일당 동물성 단백질 섭취량은 다음과 같다.

A: 60−25=35(g), B: 100−30=70(g)
C: 90−20=70(g), D: 50−5=45(g)

이를 바탕으로 2018년 지역별 1일당 단백질 섭취량 대비 동물성 단백질 섭취량 비율은 다음과 같다.

[표] 단백질 섭취량 대비 동물성 단백질 섭취량 비율 (단위: %)

구분	A	B	C	D
비율	58.3	70.0	77.8	90.0

위 [표]의 값과 그래프의 값을 비교했을 때 서로 다

르므로 옳지 않다.

| 오답풀이 |

① 주어진 [표2]의 값과 그래프의 값을 비교했을 때 서로 같으므로 옳다.

② 1일 단백질 총 섭취량은 (1인 1일당 단백질 섭취량)×(전체 인구)로 구할 수 있다.
2019년 지역별 1일 단백질 총 섭취량은 다음과 같다.
- A: 75×1,100=82,500(g)=82.5(kg)
- B: 110×1,000=110,000(g)=110(kg)
- C: 80×600=48,000(g)=48(kg)
- D: 50×100=5,000(g)=5(kg)

위의 값과 그래프의 값을 비교했을 때 서로 같으므로 옳다.

④ 연도별 두 지역의 1인 1일당 동물성 단백질 섭취량은 다음과 같다.
[2017년]
A: 50−25=25(g), D: 50−10=40(g)
[2018년]
A: 60−25=35(g), D: 50−5=45(g)
[2019년]
A: 75−25=50(g), D: 50−5=45(g)
2018~2019년 전년 대비 A지역과 D지역의 1인 1일당 동물성 단백질 섭취량 증감량은 다음과 같다.

[표] 전년 대비 동물성 단백질 섭취량 증감량 (단위: g)

구분	2018년	2019년
A	35−25=10	50−35=15
D	45−40=5	45−45=0

위 [표]의 값과 그래프의 값을 비교했을 때 서로 같으므로 옳다.

⑤ 2019년 지역별 1일당 단백질 섭취량 구성비는 1인 1일당 단백질 섭취량 구성비와 동일하다.
2019년 지역별 1인 1일당 동물성 단백질 섭취량은 다음과 같다.
A: 75−25=50(g), B: 110−50=60(g)
C: 80−20=60(g), D: 50−5=45(g)
2019년 지역별 1일당 단백질 섭취량 구성비는 다음과 같다.

[표] 2019년 지역별 1일당 단백질 섭취량 구성비 (단위: %)

구분	A	B	C	D
동물성	66.7	54.5	75.0	90.0
식물성	33.3	45.5	25.0	10.0

위 [표]의 값과 그래프의 값을 비교했을 때 서로 같으므로 옳다.

문제접근법

(1) 주어진 자료를 바탕으로 그래프로 변환하는 자료변환 문제로 각 그래프가 의미하는 것이 무엇인지 선택지의 내용(그래프 제목)을 보고 먼저 파악한다.

(2) 그래프를 확인할 때, 수치 대조 → (+, −) 사칙연산 → (×, ÷) 사칙연산으로 해결할 수 있는 그래프 순으로 확인한다.

(3) 선택지 ① → ④ → ② → ③, ⑤ 순으로 풀어 정답을 찾도록 한다.

전략풀이 TIP

③ 1일당 단백질 섭취량에 대한 내용으로 얼핏 보면, 인구수를 통해 1일당 단백질 섭취량을 구해야 할 것 같아 복잡해 보이지만, 두 선택지 모두 비율에 대한 내용이므로, 1인 1일당 비율과 1일당 비율이 동일하다는 사실을 바탕으로 '1인 1일당'을 기준으로 해결한다. (동물성 단백질 섭취량 비율)+(식물성 단백질 섭취량 비율)=100이므로, 식물성 단백질 섭취량 비율을 구한 뒤, 100에서 빼도록 한다. 2018년 A지역의 1일당 단백질 섭취량 대비 식물성 단백질 섭취량 비율은 $\frac{25}{60}\times100 \fallingdotseq 41.7(\%)$이므로, 동물성 단백질 섭취량 비율은 100−41.7=58.3(%)이다. 하지만 그래프에서는 70.6%로 다르게 표기되어 있다. (×)

16 ▶ ④

| 정답풀이 |

㉡ D가 4강에 진출한 횟수는 76회이다. D가 8번 우승하고, 결승 라운드 승률이 20%이므로 결승에 진출한 횟수는 8÷0.2=40(회)이다. 즉, 4강 경기 76회 중 40회를 승리한 것이므로 D의 4강 라운드 승률은 50% 이상이다.

㉣ 사원 A가 4강에 100−100×0.8×1=20(회), 사원 B가 4강에 100−100×1×0.9=10(회), 사원 C가 4강에 100−84=16(회), 사원 D가 4강에 100−76=24(회) 진출하지 않았다. 네 명의 사원이 모두 4강에 진출하지 않은 대회가 11회 이상이라면, 사원 B가 4강에 진출하지 않은 대회가 11회 이상이 되어야 하므로 모순이

다. 따라서 네 명의 사원이 모두 4강에 진출하지 않은 대회 수는 최대 10회이다.

| 오답풀이 |

㉠ 사원 D가 4강에 진출한 횟수는 100×0.95×0.8=76(회)이고, 사원 C가 4강에 진출한 횟수는 100×0.96×0.875=84(회)이므로 8회 적다.

㉢ A는 16강에서 20회, B는 16강에서 0회, C는 16강에서 4회, D는 16강에서 5회 패배하였다. 만약 A와 C가 16강에서 25회 이상 경기를 한다면, A 또는 C가 패배한 경기 수가 25회 이상이 되어야 하므로 옳지 않다. 따라서 A와 C는 16강에서 최대 24회 경기를 하였다. 만약 B와 D가 16강에서 6회 이상 경기를 한다면 B 또는 D가 패배한 경기 수가 6회 이상이 되어야 하므로 옳지 않다. 따라서 B와 D는 16강에서 최대 5회 경기를 하였고, 16강에서 A와 C 간 또는 B와 D 간 경기가 있었던 대회 수는 최대 24+5=29(회)이다.

문제접근법

(1) 사원 A, B, C, D의 8강 진출 경기 수, 4강 진출 경기 수를 우선 확인한 후, 운영 방식에 따라 각 상황을 확인한다.

(2) (1)의 계산을 통해 보기 ㉠, ㉢, ㉣을 해결할 수 있다. ㉠, ㉢은 틀린 보기이고, ㉣은 옳은 보기이므로 ㉡을 풀지 않아도 정답을 ④로 선택할 수 있다.

전략풀이 TIP

교집합과 합집합의 개념을 적용할 수 있어야 한다.

㉢ 16강에서 'A 또는 C가 패배한 경기 수' 또는 'B 또는 D가 패배한 경기 수'이므로 A 또는 B 또는 C 또는 D가 16강에서 패배한 경기의 합집합이 된다. 합집합의 수가 최대가 되기 위해서는 해당 집합이 교집합이 없어야 하므로 A, B, C, D가 16강에서 패배한 경기 수의 합이 된다. (×)

㉣ 사원 A, B, C, D가 모두 4강에 진출하지 않은 대회 수는 사원 A, B, C, D가 8강에서 패배한 대회의 교집합의 개수이다. 교집합의 최댓값은 네 집합 중 가장 작은 집합의 값과 동일하므로 B가 4강에 진출하지 않은 대회 수인 10회가 된다. (○)

17 ▶ ④

| 정답풀이 |

1등(B)과 2등(E)을 비교해보면, 열정과 잠재력 항목의 점수만 다르다. B는 열정 항목이 3점, 잠재력 항목이 2점이고, E는 열정 항목이 2점, 잠재력 항목이 3점이다. B의 점수가 E보다 높으므로 열정 가중치>잠재력 가중치이다.

2등(E)과 3등(A)을 비교해보면, 가치관과 표현력 항목의 점수만 다르다. E는 가치관 항목이 2점, 표현력 항목이 3점이고, A는 가치관 항목이 3점, 표현력 항목이 2점이다. E의 점수가 A보다 높으므로 표현력 가중치>가치관 가중치이다.

3등(A)과 4등(D)을 비교해보면, 가치관과 논증력 항목의 점수만 다르다. A는 가치관 항목이 3점, 논증력 항목이 2점이고, D는 가치관 항목이 2점, 논증력 항목이 3점이다. A의 점수가 D보다 높으므로 가치관 가중치>논증력 가중치이다.

4등(D)과 5등(C)을 비교해보면, 가치관과 잠재력 항목의 점수만 다르다. D는 가치관 항목이 2점, 잠재력 항목이 3점이고, C는 가치관 항목이 3점, 잠재력 항목이 2점이다. D의 점수가 C보다 높으므로 잠재력 가중치>가치관 가중치이다.

따라서 항목별 가중치는 열정>잠재력>가치관>논증력이고, 표현력>가치관>논증력 순이다.

그러므로 잠재력 가중치는 논증력 가중치보다 높다.

| 오답풀이 |

① 가중치는 열정>가치관이므로 옳은 설명이다.

② 가중치는 열정>잠재력이므로 옳은 설명이다.

③ 가중치는 표현력>논증력이므로 옳은 설명이다.

⑤ 가중치는 표현력>가치관이므로 옳은 설명이다.

문제접근법

(1) 주어진 글에서 [면접 시험 결과]의 점수와 [등수]를 먼저 확인한다.

(2) 각 항목의 점수는 모두 2점 또는 3점이므로 가중치에 따라 등수가 결정된다. 따라서 1등과 2등, 2등과 3등, 3등과 4등, 4등과 5등을 순차적으로 비교해서 각 항목의 가중치의 대소 관계를 확인한다.

전략풀이 TIP

1등과 2등은 열정>잠재력, 2등과 3등은 표현력>가치관, 3등과 4등은 가치관>논증력, 4등과 5등은 잠재력>가치관이므로, 가중치의 관계를 정리하면 열정 > 잠재력 > 가치관 > 논증력이고, 표현력 > 가치관 > 논증력이다.

18 ▶ ②

| 정답풀이 |

㉠ '개발 계획의 합리성'의 배점은 높이지 않았으므로 옳지 않다.

㉣ 기업 유치 가능성 지표의 하위 지표는 '기업의 참여 가능성'과 '참여 기업의 재무 건전성'이다. 이 지표들의 배점은 현행 7점, 3점에서 3점, 7점으로 수정되었으므로 평가 비중은 동일하지 않다.

| 오답풀이 |

㉡ '대학 내 주체 간 합의 정도'는 현행 시범 사업 조기 활성화 가능성 지표에서 대학의 사업 추진 역량과 의지 지표로 이동하였는데 평가 배점이 5점으로 같으므로 현행과 동일하게 유지된다.

㉢ '부지 조기 확보 가능성'에 관한 평가는 현행 5점에서 수정 후 삭제되었으므로, 더 이상 진행하지 않음을 알 수 있다.

문제접근법

(1) 주어진 자료에서 평가 지표의 항목을 빠르게 살펴본 뒤, 바로 [보기]의 내용을 보면서 관련 항목을 확인한다.

(2) ㉠은 틀린 보기이고, ㉢은 옳은 보기이므로 ㉡, ㉣을 풀지 않아도 정답을 ②로 선택할 수 있다.

전략풀이 TIP

평가 지표의 배점 중에서 변경된 부분에 밑줄이나 ○ 등을 보기 쉽게 표시하면, 보기의 내용을 확인하면서 한눈에 파악하기 수월하다.

19 ▶ ②

| 정답풀이 |

긴급 계약이 아닌 경우에는 총 1+2+30+1+10+7=51(일)이 소요된다. 4월 1일이 금요일이므로 29+31+30=90(일) 뒤인 6월 30일이 목요일이고, 6월 1일이 수요일이다. 따라서 6월의 경우에는 마지막 주에는 3일, 세 번째~네 번째 주에는 5일 업무를 수행할 수 있고, 두 번째 주에는 6월 6일을 제외한 4일, 첫 번째 주에는 6월 1일을 제외한 2일 업무를 수행할 수 있다. 따라서 총 2+4+5+5+3=19(일) 업무를 수행할 수 있다. 5월 31일은 화요일이고, 5월 1일, 5월 8일은 일요일이다. 따라서 5월의 경우에는 마지막 주에는 2일, 두 번째~네 번째 주에는 5일 업무를 수행할 수 있고, 첫 번째 주에는 5월 5일을 제외한 4일 업무를 수행할 수 있다. 따라서 총 4+5+5+5+2=21(일) 업무를 수행할 수 있다. 5월과 6월에 총 19+21=40(일) 업무를 수행하므로 4월에 11일 업무를 더 수행해야 한다. 4월 30일은 토요일이므로 마지막 주와 네 번째 주에 각각 5일, 세 번째 주 금요일에 1일 업무를 수행하면, 업무를 11일 수행할 수 있다. 즉, 정책연구용역 A는 4월 세 번째 주 금요일인 4월 15일에 계약 의뢰를 한다.

긴급 계약인 경우에는 기존보다 입찰 공고가 20일, 입찰 서류 평가가 3일 더 짧으므로 총 소요 기간은 51−23=28(일)이다. 6월에 19일 업무를 수행하므로 5월에 9일 업무를 더 수행해야 한다. 5월 마지막 주에 2일, 네 번째 주에 5일 업무를 수행하고, 세 번째 주에 2일 업무를 수행하면 업무를 9일 수행할 수 있다. 즉, 정책연구용역 B는 5월 세 번째 주 목요일인 5월 19일에 계약 의뢰를 한다.

따라서 정답은 ②이다.

문제접근법

(1) 날짜를 계산하는 문제로 주어진 자료의 단계별 소요 기간을 먼저 확인한다. 주석이 주어진 경우에는 관련 내용이 필요하게 되므로 반드시 확인한다.

(2) [상황]을 확인하여 역으로 날짜를 계산하며, 계약 체결은 협상 다음 날이므로 6월 30일이 아닌 6월 29일까지만 계산한다.

(3) 선택지에 명시된 의뢰일 바탕으로 계산하고, B의 기간이 더 짧으므로 B를 먼저 계산하며 선택지 구조를 이용하여 정답을 찾도록 한다.

전략풀이 TIP

4월 첫째 주부터 각 주에 공휴일을 제외하고 일을 수행할 수 있는 날이 며칠인지 정리하면 4월 1일(1일), 4월 4~8일(5일), 4월 11~15일(5일), 4월 18~22일(5일), 4월 25~29일(5일), 5월 2~6일(4일), 5월 9~13일(5일), 5월 16~20일(5일), 5월 23~27일(5일), 5월 30~31일(2일), 6월 1~3일(2일), 6월 6~10일(4일), 6월 13~17일(5일), 6월 20~24일(5일), 6월 27~29일(3일)이다. 일반 계

약은 51일, 긴급 계약은 28일이 소요되므로 6월 마지막 주를 기준으로 역으로 확인하면서 업무 수행일을 더한다. 둘 중 기간이 더 짧은 B를 기준으로 5월 19일, 20일, 21일 중 가운데 날인 5월 20일을 기준으로 28일 뒤가 며칠인지 계산한다. 만약 해당일이 6월 30일이라면 하루 더 빠른 날인 5월 19일이 계약 의뢰일이고, 해당일이 6월 28일이라면 하루 더 느린 날인 5월 21일이 계약 의뢰일이고, 해당일이 6월 29일이라면 5월 20일이 계약 의뢰일이다. B의 계약 의뢰일은 5월 19일이므로 정답은 ①, ② 중 하나가 되며, 4월 14일 또는 15일을 기준으로 51일 뒤가 며칠인지 계산한다. A의 계약 의뢰일은 4월 15일이다.

20 ▶ ⑤

| 정답풀이 |

메인 메뉴 중 단백질−(당+포화지방) 수치가 가장 높은 메뉴는 칠리버거로 22−(7+5)=10(g)이다. 스낵 메뉴에서는 조각치킨이 10−3=7(g)으로 가장 높다. 오렌지주스는 당만 18g이 있으므로, 메인 메뉴와 스낵 메뉴에서 단백질−(당+포화지방)의 수치가 가장 높은 조합이라 하더라도 당과 포화지방의 총 함량 합계가 단백질의 총 함량보다 항상 더 높을 수밖에 없다.

| 오답풀이 |

① 1g=1,000mg이다. 나트륨의 단위는 mg이고 당의 단위는 g이므로 50배 이상일 수 없다.

② 감자튀김과 치즈스틱의 중량 대비 열량은 3kcal/g이 넘어가는데, 메인 메뉴 중에는 중량 대비 열량이 3kcal/g이 넘어가는 메뉴가 없으므로, 중량 대비 열량이 가장 높은 메뉴는 메인 메뉴에 없다.

③ 음료 메뉴 중 중량 대비 당의 비율이 가장 높은 음료는 유일하게 10% 이상인 오렌지주스이다. 오렌지주스의 중량 대비 열량은 $\frac{84}{175}$kcal/g이다. 그러나 오렌지주스의 열량 84에 2를 곱하면 168로 175에 미치지 못하기 때문에 중량 대비 열량은 0.5kcal/g을 넘기지 못한다. 반면 우유는 중량 대비 열량이 0.5kcal/g을 넘으므로 중량 대비 열량이 가장 높은 음료는 우유이다.

④ 단위당 열량이 가장 낮은 햄버거와 조각치킨을 시킨다면 남은 열량은 500−(248+165)=87(kcal)로 커피 외에 오렌지주스도 주문할 수 있다.

문제접근법

(1) 3개의 [표]가 주어진 문제로 각 [표]가 무엇을 의미하는지 먼저 파악한다. [표]의 항목별 단위가 여러 개로 다르게 제시되어 있는데, 단위에 대한 내용이 출제될 수 있으므로 주의 깊게 살펴본다.

(2) 선택지 ①~⑤를 풀 때, 정확한 값을 구하는 것이 아니라면 분수 비교법, 수치 비교법을 이용하여 해결한다.

전략풀이 TIP

③ $\frac{84}{175}\times2=\frac{168}{175}<1<\frac{130}{200}\times2=\frac{260}{200}$이다. (×)

CHAPTER 04 | 실전모의고사 4회 고난도

본문 P. 484~509

01	02	03	04	05	06	07	08	09	10
③	②	①	②	③	②	④	③	⑤	②
11	12	13	14	15	16	17	18	19	20
③	④	④	②	④	②	④	④	③	④

01 ▶ ③

| 정답풀이 |

고속국도의 기상 상태가 맑음일 때의 부상자 수는 864−(23+29+12+8)=792(명)이다. 이를 바탕으로 도로 종류별 맑음과 안개일 때의 부상자 수 대비 사망자 수 비율을 구하면 다음과 같다.

[일반국도]

- 맑음: $\frac{32}{2,297} \times 100 \fallingdotseq 1.4(\%)$
- 안개: $\frac{3}{38} \times 100 \fallingdotseq 7.9(\%)$

→ $1.4 \times 3 = 4.2 < 7.9$

[지방도]

- 맑음: $\frac{26}{1,919} \times 100 \fallingdotseq 1.4(\%)$
- 안개: $\frac{1}{18} \times 100 \fallingdotseq 5.6(\%)$

→ $1.4 \times 3 = 4.2 < 5.6$

[고속국도]

- 맑음: $\frac{10}{792} \times 100 \fallingdotseq 1.3(\%)$
- 안개: $\frac{2}{12} \times 100 \fallingdotseq 16.7(\%)$

→ $1.3 \times 3 = 3.9 < 16.7$

따라서 모든 도로의 부상자 수 대비 사망자 수 비율은 기상 상태가 안개일 때가 맑음일 때의 3배 이상이다.

| 오답풀이 |

① 일반국도와 고속국도의 경우, 교통사고 발생 건수 대비 사망자 수 비율은 기상 상태가 안개일 때가 가장 높지만, 지방도의 경우, 흐림의 비율$\left(\frac{5}{56} \times 100 \fallingdotseq 8.9(\%)\right)$이 안개의 비율$\left(\frac{1}{14} \times 100 \fallingdotseq 7.1(\%)\right)$보다 높다.

② 도로 종류별 기상 상태가 흐림일 때 교통사고 발생 건수 대비 사상자 수 비율을 구하면 다음과 같다.

- 일반국도: $\frac{3+115}{55} \times 100 \fallingdotseq 214.5(\%)$
- 지방도: $\frac{5+110}{56} \times 100 \fallingdotseq 205.4(\%)$
- 고속국도: $\frac{1+23}{14} \times 100 \fallingdotseq 171.4(\%)$

따라서 비율은 일반국도, 지방도, 고속국도 순이다.

④ 지방도의 기상 상태가 흐림일 때의 부상자 수는 2,171−(1,919+104+18+20)=110(명)이다. 일반국도에서 교통사고 발생 건수당 사상자 수가 2명을 초과하는 기상 상태는 흐림(55×2<3+115), 지방도는 흐림(56×2<5+110), 고속국도는 맑음(320×2<10+792), 안개(4×2<2+12)로 각각 한 가지, 한 가지, 두 가지이다.

⑤ 도로 종류별 전체 교통사고 발생 건수와 기상 상태가 비일 때와 눈일 때의 교통사고 발생 건수 합을 각각 구하면 다음과 같다.

- 일반국도:
  1,442+55+83+24+29=1,633(건) /
  83+29=112(건)
- 지방도:
  1,257+56+73+14+10=1,410(건) /
  73+10=83(건)
- 고속국도:
  320+14+15+4+4=357(건) /
  15+4=19(건)

따라서 모든 도로의 비율은 10% 미만이다.

문제접근법

(1) [표]가 주어진 문제로 [표]가 의미하는 것이 무엇인지 먼저 파악한다. [표] 주석에 주어진 식이 바탕이 되는 내용이 반드시 출제되므로 확인한다. 또한 [표]에 빈칸이 주어졌는데, 빈칸을 먼저 구하지 말고 선택지를 풀면서 필요한 경우의 빈칸만을 구한다.

(2) 선택지 ①~⑤는 모두 계산이 필요한 내용으로 시간이 비교적 오래 걸린다. 따라서 분수 비교, 수치 비교를 통해 정오를 판단하는 방법으로 접근하여 정답을 찾도록 한다.

전략풀이 TIP

① 발생 건수 대비 사망자 수 비율을 10%를 기준으

로 하여 기상 상태별로 확인한다. 지방도를 보면, 흐림일 때는 10%에 비교적 근접한 반면, 안개는 10%에 근접하지 않는다. 참고로 $\frac{5}{56} > \frac{5}{70}$ $\left(=\frac{1}{14}\right)$의 방법으로도 해결할 수 있다. (×)

② $\frac{118}{55}$과 $\frac{115}{56}$를 비교하면, 분자는 118>115이지만, 분모는 55<56이므로 $\frac{118}{55} > \frac{115}{56}$이다. (×)

③ 비율을 비교하기 전 사망자 수의 3배를 한 뒤, 분수 비교를 통해 비율의 대소 관계를 판단한다. (○)

⑤ 모든 도로의 기상 상태가 비일 때와 눈일 때의 교통사고 발생 건수 합은 맑음일 때의 교통사고 발생 건수의 10% 미만이므로 전체 교통사고 발생 건수를 확인할 필요 없이 그 비율은 10% 미만임을 알 수 있다. (×)

02 ▶ ②

| 정답풀이 |

㉡ 병의 최종 점수는 79.5+88.5=168(점)이다. 병의 3차 평균 점수는 79.5점보다 높을 수 없으므로 구할 필요가 없다. 한편, 갑의 최종 점수는 3차 시기 심사 위원 D의 점수에 따라 변동되는데, 최저점은 제외되므로 3차 시기의 평균 점수가 90점대인 것은 확실하다. 따라서 정의 최종 점수 175.5점보다 갑의 최종 점수가 반드시 높으므로, 정확한 값을 구하지 않더라도 갑의 최종 점수가 가장 높다는 것을 알 수 있다.

| 오답풀이 |

㉠ 을의 1차 평균 점수는 86점이고, 3차 평균 점수는 79점이다. 2차 점수는 1차와 3차 점수에 비해 매우 낮으므로 2차 평균 점수는 구할 필요가 없다. 따라서 을의 최종 점수는 86+79=165(점)이고, 정의 최종 점수는 81+94.5=175.5(점)이므로 정의 최종 점수가 을보다 높다.

㉢ 기존 최종 점수와 순위는 다음과 같다.

구분	갑	을	병	정
최종 점수	180점 이상	165점	168점	175.5점
순위	1위	4위	3위	2위

한편, 심사 위원 A가 빠진 후의 최종 점수와 순위는 다음과 같다.

구분	갑	을	병	정
최종 점수	180점 이상	165점	173점	177점
순위	1위	4위	3위	2위

따라서 순위는 바뀌지 않는다.

㉣ 정의 3차 시기 평균 점수가 20점 높아져도 최종 점수 산정에 포함되지 않으므로, 갑의 최종 점수가 여전히 가장 높다.

문제접근법

(1) [표]에 빈칸이 주어진 문제로 빈칸을 모두 구할 필요 없이 [보기]의 내용을 먼저 확인한다. 풀면서 빈칸의 값이 필요한 경우에만 계산하여 구하며, 그렇지 않은 경우에는 수치 간의 차이를 비교하여 해결한다.

(2) ㉠은 틀린 보기이고 ㉡은 옳은 보기이므로 선택지 ①, ③, ⑤를 소거할 수 있고, 남은 선택지 ②, ④ 구조상 ㉣이 포함되어 있지 않으므로 ㉢만을 풀어 정답을 찾도록 한다.

전략풀이 TIP

㉠ 을의 경우에 2차 시기 때 점수가 대체적으로 많이 낮으므로 2차 시기의 평균 점수는 구할 필요가 없다. 또한 평균 점수를 직접 구할 필요 없이 A~D 심사 위원별로 을의 1·3차 시기와 정의 1·2차 시기의 점수를 눈대중으로 비교하면, 정의 점수가 대체적으로 높다는 것을 알 수 있다. (×)

㉡ ㉠에서 정이 을보다 최종 점수가 높다고 확인하였으므로 을은 제외하고 생각한다. 병의 최종 점수는 170점이 되지 않기 때문에 병 역시 제외할 수 있으므로 남은 갑과 정을 비교한다. 위 해설처럼 갑의 3차 시기를 살펴보면, 평균 점수가 90점대임을 바로 알 수 있으므로, 갑의 최종 점수는 아무리 못해도 179.5점을 넘는다. (○)

03 ▶ ①

| 정답풀이 |

각 브랜드의 |편차|에서 절댓값을 적용하기 전, 값들의 합은 반드시 0이 된다는 성질을 이용하면 문제에 더욱 쉽게 접근할 수 있다.(점포 수의 평균을 $\bar{x}$, 각 도시의 절댓값을 적용하기 전, 편차의 값을 각각 k_1, k_2, k_3, k_4, k_5라고 하면

$$\frac{(\bar{x}+k_1)+(\bar{x}+k_2)+(\bar{x}+k_3)+(\bar{x}+k_4)+(\bar{x}+k_5)}{5}$$

$=\bar{x}$이므로 반드시 $k_1+k_2+k_3+k_4+k_5=0$이 성립함을 알 수 있다.) 따라서 해피카페의 편차는 (+3, 0, −2, −1, 0) 또는 (−3, 0, +2, +1, 0)의 경우가 가능하다. 한편 드림카페는 |편차|가 2인 도시 세 곳과 |편차|가 1인 도시 두 곳이 존재하므로, 우선 순서와 상관없이 가능한 경우의 수를 따져보면 (+2, +2, −2, −1, −1)의 경우와 (+2, −2, −2, +1, +1)의 경우가 가능하다. 즉, 드림카페의 편차로 가능한 경우를 정리하면 다음과 같다.

갑	을	병	정	무	비고
+2	−1	+2	−1	−2	(+2, +2, −2, −1, −1)
+2	−1	−2	−1	+2	
−2	−1	+2	−1	+2	
+2	+1	−2	+1	−2	(+2, −2, −2, +1, +1)
−2	+1	+2	+1	−2	
−2	+1	−2	+1	+2	

㉠ 해피카페 |편차|의 평균은 $\frac{3+2+1}{5}=1.2$로 드림카페 |편차|의 평균인 1.6보다 작다.

㉡ 드림카페에서 을 도시와 정 도시의 절댓값을 적용하기 전, 편차는 +1 또는 −1로 항상 동일한 값이므로 을 도시와 정 도시의 드림카페 점포 수는 같다.

| 오답풀이 |

㉢ 드림카페에서 갑 도시와 병 도시의 절댓값을 적용하기 전, 편차는 둘 다 +2 또는 −2로 같을 수도 있지만, 각각 +2와 −2, 또는 −2와 +2로 다를 수도 있다.

㉣ 무 도시에 있는 해피카페 중 1개 점포가 병 도시로 브랜드의 변경 없이 이전할 경우, 해피카페의 무 도시의 |편차|는 반드시 0에서 1이 되어 1만큼 증가한다. 해피카페의 병 도시의 절댓값을 적용하기 전 편차가 −2라면, 점포 이전 시 병 도시의 |편차|는 1이 되어 1만큼 감소하므로 |편차|의 평균은 변하지 않을 것이다. 그러나 해피카페의 병 도시의 절댓값을 적용하기 전 편차가 +2라면, 점포 이전 시 병 도시의 |편차|는 3이 되어 1만큼 증가하므로 |편차|의 평균이 증가할 수 있다.

문제접근법

(1) 일반적인 자료해석 유형과 다르게 |편차|의 개념이 적용된 문제로 빈칸이 하나의 값만이 될 수 없다. 따라서 여러 경우의 수를 먼저 확인한다.

(2) ㉠~㉣ 중 ㉠은 단순 평균 문제로 빠르게 해결할 수 있으므로 가장 먼저 확인한다. ㉠은 옳은 보기이므로 선택지 ③을 소거할 수 있고, 선택지 구조를 고려하면서 남은 ㉡~㉣을 풀어 정답을 찾도록 한다.

전략풀이 TIP

각 수치들의 |편차|에서 절댓값 전의 값들의 합은 0이 된다는 성질을 이용하여 보기의 내용에서 각각의 경우를 따져본 다음, 하나씩 적용하여 해결한다.

04 ▶ ②

| 정답풀이 |

㉡ [그래프] 주석 1), 2) 식을 통해 $\frac{\text{(평년비)}}{\text{(전년비)}}=\frac{\text{(2019년 어획량)}}{\text{(2011~2020년 연도별 어획량의 평균)}}$임을 알 수 있다. $\frac{\text{(평년비)}}{\text{(전년비)}}<1$ 즉, (평년비)<(전년비)인 어종은 (2019년 어획량)<(2011~2020년 연도별 어획량의 평균)이므로 [그래프]를 통해 이에 해당하는 어종을 찾도록 한다. 조기를 제외한 7개 어종은 (평년비)<(전년비)이지만, 조기의 경우에는 평년비가 160%보다 크고, 전년비가 160%보다 작으므로 (평년비)>(전년비)이다.

| 오답풀이 |

㉠ (전년비)(%)$=\frac{\text{(2020년 어획량)}}{\text{(2019년 어획량)}}\times 100$ 식을 통해 전년비가 100%보다 크면, (2020년 어획량)>(2019년 어획량)이고 100%보다 작으면, (2020년 어획량)<(2019년 어획량)임을 알 수 있다. 8개 어종 중 2020년 어획량이 비교적 많은 갈치, 고등어, 멸치, 오징어, 조기 중 고등어, 오징어를 제외한 어종은 전년비가 100%보다 크므로 2020년 어획량이 더 많음을 알 수 있다. 한편, 고등어는 위에 나열한 어종 중 2020년 어획량이 가장 많은데, 전년비는 가장 작으므로 2019년 어획량 역시 가장 많음을 알 수 있고, 오징어의 2019년 어획량은 23,703톤보다

많음을 알 수 있다. 한편, 갈치, 멸치, 조기 중 멸치를 제외하고 모두 오징어의 어획량보다 적고, 전년비가 100%보다 크므로 2019년 어획량은 오징어보다 적을 것이다. 멸치의 2019년 어획량은 약 26,473÷1.3=20,364(톤)으로 오징어의 2019년 어획량보다 작다. 따라서 2019년 어획량이 두 번째로 많은 어종은 오징어임을 알 수 있다.

㉢ 평년비가 100%보다 크면, (2020년 어획량)>(2011~2020년 연도별 어획량의 평균)임을 알 수 있다. 또한 평년비가 100%보다 클 때, 만약 2021년 어획량이 2020년 어획량과 동일하다면, (2021년 어획량)>(2011~2020년 연도별 어획량의 평균)이므로 2021년 어획량이 포함된 2011~2021년 연도별 어획량의 평균은 2011~2020년 연도별 어획량의 평균보다 클 것이다. 따라서 이를 만족하는 어종은 평년비가 100%보다 큰 멸치, 갈치, 전갱이, 조기로 총 4개이다.

문제접근법

(1) [표]와 [그래프]가 주어진 문제로 각 자료가 의미하는 것이 무엇인지 먼저 파악한다. [그래프] 주석에 주어진 식이 바탕이 되는 내용이 반드시 출제되므로 확인한다.

(2) ㉠~㉢의 내용을 보면, 수치를 바탕으로 결괏값을 구하여 정오를 판단하는 것이 아니라 [그래프] 주석의 식 구조를 이용하여 정오를 판단하는 내용이다. 따라서 주석의 식을 이해하는 것이 먼저이다.

(3) ㉠은 옳은 보기이므로 선택지 ①, ⑤를 소거할 수 있고, ㉡은 틀린 보기이므로 선택지 ③을 소거할 수 있다. 따라서 남은 ㉢을 풀어 정답을 찾도록 한다.

전략풀이 TIP

㉠ 전년비가 100보다 작으면 (2019년 어획량)>(2020년 어획량)임을 알 수 있는데, 고등어가 이에 해당하면서 2020년 어획량이 다른 어종에 비해 압도적으로 많으므로 2019년 어획량이 가장 많다. 오징어 역시 전년비가 100보다 작으므로 2019년 어획량이 더 많음을 알 수 있다. 고등어를 제외하고 오징어와 2020년 어획량이 비슷한 어종은 갈치, 멸치, 전갱이, 조기가 있는데 네 종 모두 전년비가 100보다 크므로 2019년 어획량이 2020년 어획량보다 더 작음을 알 수 있다. 한편, 멸치를 제외한 나머지 세 종은 오징어보다 2020년 어획량이 작으므로 2019년 어획량 역시 더 작음을 알 수 있다. 그래프를 통해 2020년 멸치의 어획량은 2019년 어획량의 1.3배 이상임을 알 수 있는데, 이는 오징어의 2020년 어획량보다 작으므로 오징어의 2019년 어획량보다 작다. (○)

㉡ $\frac{\text{(2019년 어획량)}}{\text{(2011~2020년 연도별 어획량의 평균)}}$은 $\frac{\text{(평년비)}}{\text{(전년비)}}$이므로 원점을 기준으로 기울기가 1인 직선을 그어 직선보다 위에 위치해 있는 어종이 있는지 확인한다. 조기가 이에 해당한다. (×)

㉢ (평년비)= $\frac{\text{(2020년 어획량)}}{\text{(2011~2020년 연도별 어획량의 평균)}}$ 식으로 판단한다. (2021년 어획량)=(2020년 어획량)이므로 2020년 어획량이 2011~2020년 연도별 어획량의 평균보다 큰 어종일 경우, 더 큰 수치가 포함된 2011~2021년 연도별 어획량의 평균이 기존의 평균보다 더 클 것이다. 따라서 평년비가 100보다 큰 어종은 모두 4개이다. (○)

05 ▶ ③

| 정답풀이 |

[표2]를 바탕으로 행정동 간 인접 현황을 나타내면 다음과 같다.

A	B	C
D	E	F

[표1]을 통해 개편 전 자치구 현황은 다음과 같으며, [조건]을 바탕으로 각 행정동별 속하는 자치구를 찾도록 한다.

[개편 전 자치구]

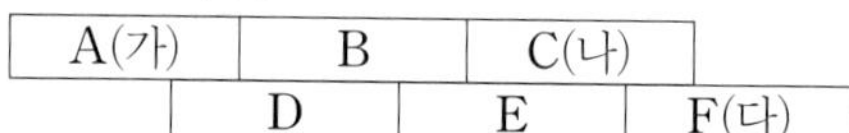

A(가)	B	C(나)
D	E	F(다)

동일 자치구에 속하는 행정동은 서로 인접하고 있어야 하고, 개편 전에는 한 자치구에 2개의 행정동이 속하므로 행정동 F와 인접한 행정동 E는 자치구 다에 속한다.

A(가)	B	C(나)
D	E(다)	F(다)

행정동 C는 행정동 B와 D 중 B와 인접하고 있으므로 행정동 B가 자치구 나, 행정동 D가 자치구 가에 속한다.

A(가)	B(나)	C(나)
D(가)	E(다)	F(다)

마찬가지로 [조건]을 바탕으로 개편 후 자치구의 각 행정동별 속하는 자치구를 찾도록 한다.

[개편 후 자치구]

A	B	C	
	D(라)	E(마)	F

개편 후에는 한 자치구에 3개의 행정동이 속하며 위의 개편 후 자치구를 보면, 행정동 D는 행정동 A, B, E와 인접한다. 행정동 E의 경우 자치구 마이므로 남은 행정동 A, B는 자치구 라에 속한다. 따라서 남은 행정동 C와 F는 자치구 마에 속한다.

A(라)	B(라)	C(마)	
	D(라)	E(마)	F(마)

자치구 개편 전, 자치구 가에 속하는 행정동은 A, D이고, 자치구 나에 속하는 행정동은 B, C이다. 자치구 가의 인구는 1,500+1,500=3,000(명)이고, 자치구 나의 인구는 2,000+1,500=3,500(명)이다. 자치구 나의 인구가 자치구 가의 인구보다 3,500−3,000=500(명) 많으므로 1,000명 미만이다.

| 오답풀이 |

① 자치구 개편 후, 행정동 C와 행정동 E는 자치구 마로 같은 자치구에 속한다는 것을 알 수 있다.
② 행정동 D는 개편 전 자치구 가에 속하고, 개편 후 자치구 라에 속한다는 것을 알 수 있다.
④ 자치구 개편 후 자치구 라에 속하는 행정동은 A, B, D이고, 자치구 마에 속하는 행정동은 C, E, F이다. 자치구 라의 인구는 1,500+2,000+1,500=5,000(명)이고, 자치구 마의 인구는 1,500+1,000+1,500=4,000(명)이다. 자치구 라의 인구가 자치구 마의 인구보다 5,000−4,000=1,000(명) 많으므로 1,000명 이상 많다고 할 수 있다.
⑤ 자치구 개편 전, 행정동 B는 자치구 나에 속하고, 행정동 E는 자치구 다에 속한다는 것을 알 수 있다.

문제접근법

(1) [표]와 [조건]이 주어진 문제로 [표]가 무엇을 의미하는 지 먼저 파악한 뒤, 바로 [조건]을 읽는다.
(2) [조건]을 기준으로 [표]의 수치를 적용하여 개편 전과 개편 후의 자치구를 매칭하는데 가장 인접 구간이 많은 행정동 B, E를 기준으로 잡은 뒤, 남은 행정동을 연결하는 방법으로 해결하면 빠르게 매칭할 수 있다.
(3) 선택지 ①~⑤ 중 계산 없이 해결할 수 있는 ①, ②, ⑤를 먼저 푼다. 세 선택지 모두 옳은 선택지이므로 소거할 수 있고, 남은 ③, ④ 중 간단한 ③을 풀어 정답을 찾도록 한다.

전략풀이 TIP

③ 자치구 가의 인구는 (1,500+1,500)명이고, 자치구 나의 인구는 (2,000+1,500)명이므로 둘의 차이는 (2,000−1,500)명이 되어 1,000명 미만이다. (×)

06 ▶ ②

| 정답풀이 |

㉠ 편의상 기능 1의 가격을 ①, 기능 2의 가격을 ②, … 기능 10의 가격을 ⑩이라 하자. 우선 A와 B를 동시에 구매하면 기능 1부터 기능 10까지 완비할 수 있다. 이때, 3과 10이 중복되므로 가격을 계산해보면 ①+②+…+⑩+③+⑩=79,000+62,000=141,000(원)이다.
한편 ㉠에서 물어보는 내용이 기능 1, 5, 8이고, A와 C는 서로 겹치는 기능이 1, 3, 5, 8이므로 A와 C를 주목할 필요가 있다. A와 C를 동시에 구매하였을 때의 가격은 ①+②+…+⑩+①+③+⑤+⑧=79,000+58,000=137,000(원)이다. ①+②+…+⑩+③+⑩에서 ①+②+…+⑩+①+③+⑤+⑧을 빼면, ⑩−(①+⑤+⑧)=141,000−137,000=4,000(원)이 되므로 기능 1, 5, 8의 가격의 합은 기능 10의 가격보다 4,000원 낮다.
㉣ 병의 필요 기능을 모두 제공하는 소프트웨어는 A, C, E이다. 갑의 보유 소프트웨어는 기능 1, 3, 5, 7, 8, 10을 제공하므로 병의 보유 소프트웨어는 기능 2, 4, 6, 9를 반드시 제공해야 한다. 따라서 가능한 소프트웨어는 C뿐이다.

| 오답풀이 |

㉡ 기능 4, 6에 대해 물어보고 있으므로 4와 7을 추출할 수 있는 A와 D, 6과 7을 추출할 수 있는 D와 E에 주목할 필요가 있다.
A와 D를 동시에 구매하였을 때의 가격은 ①+②+…+⑩−④+⑦=79,000+54,000=133,000(원)이고, D와 E를 동시에 구매하였을 때의 가격은 ①+②+…+⑩+⑥+⑦−⑩=54,000+68,000=122,000(원)이다.
①+②+…+⑩−④+⑦에서 ①+②+…+⑩+⑥+⑦−⑩을 빼면, ⑩−(④+⑥)=133,000−122,000=11,000(원)이다.
따라서 기능 4, 6의 가격의 합은 기능 10의 가격보다 11,000원 낮다. ㉠에서 기능 1, 5, 8의

가격의 합이 기능 10의 가격보다 4,000원 낮다는 것을 확인하였으므로 기능 1, 5, 8의 가격의 합은 기능 4, 6의 가격의 합보다 7,000원 낮지 않고 오히려 7,000원 더 높다.

ⓒ 병의 필요 기능을 모두 제공하는 소프트웨어 중 가격이 가장 낮은 것은 C이다.

문제접근법

(1) 2개의 [표]가 주어진 문제로 단순 계산이 아닌 상황에 따라 조건을 파악한 후, 계산해야 하는 난도 높은 문제이다. 복합적으로 연계된 내용의 보기가 출제될 가능성이 높으므로 각 자료의 제목을 확인하고, 주석의 내용 역시 반드시 확인한다.

(2) ㉠~㉣ 중 주어진 자료만을 분석하여 해결할 수 있는 ⓒ, ㉣을 먼저 푼다. ⓒ은 틀린 보기이고, ㉣은 옳은 보기이므로 선택지 ①, ③, ⑤를 소거할 수 있다. 남은 선택지 구조상 ②, ④ 모두 ㉠을 포함하고 있으므로 ㉠의 내용을 바탕으로 ㉡을 풀어 정답을 찾도록 한다.

전략풀이 TIP

㉡ ㉠의 내용을 통해 기능 1, 5, 8의 가격의 합은 기능 10의 가격보다 4,000원 낮다. 풀 때 기능 4, 6에 중점을 두되, 기능 10을 고려하면, 상황에 맞는 조건을 더욱 쉽게 파악할 수 있다. (×)

07 ▶ ④

| 정답풀이 |

㉠ 2016년의 노령화 지수가 100 이상이므로 2016년의 노인 인구가 유소년 인구보다 많다.

ⓒ 노령화 지수를 이용하여 유소년 인구를 구할 수 있다. 이때, 인구수를 이용해도 되고 구성비를 이용해도 되는데, 조금 더 계산이 간단해 보이는 구성비를 이용하도록 한다. 2016년 유소년 인구의 구성비를 x라 하면, $\frac{16}{x}\times100=119.3$의 식이 성립한다. 따라서 $x=\frac{16}{1.193}$인데 계산을 단순화하기 위해 1.193을 1.2로 바꿔 계산하면 $x\fallingdotseq13.33$을 얻을 수 있다. 따라서 2016년 생산 가능 인구의 구성비는 $100-16-13.33=70.67(\%)$이다.

그러므로 2016년의 노년 부양비는 $\frac{16}{70.67}\times100$인데, 노인 인구 구성비가 16%일 때 노년 부양비가 20% 이상이 되기 위해서는 생산 가능 인구의 구성비가 $16\times5=80$ 이하가 나와야 한다. 생산 가능 인구의 구성비가 70.67%이므로 2016년 노년 부양비는 20% 이상임을 알 수 있다.

㉣ 2010년 유소년 인구의 구성비는 $100-72.8-11=16.2(\%)$이다. ⓒ 해설을 통해 2016년 유소년 인구의 구성비는 약 13.33%임을 알 수 있다. ⓒ 해설과 같은 방식으로 2020년의 유소년 인구 구성비를 구하면 $\frac{17.7}{1.356}$인데, 계산을 단순화하기 위해 $\frac{18}{1.4}$로 계산하면 약 12.86%임을 알 수 있다. 2016년의 유소년 인구 구성비와 차이가 미미하므로 만약을 위해 두 수치 모두 정확히 계산하면, 2016년 유소년 인구 구성비는 $\frac{16}{1.193}\fallingdotseq13.41(\%)$이고, 2020년 유소년 인구 구성비는 $\frac{17.7}{1.356}\fallingdotseq13.05(\%)$이다. 따라서 주어진 5개년 동안 유소년 인구의 구성비는 꾸준히 감소할 것으로 예상된다.

| 오답풀이 |

㉡ 2030년의 노인 인구수는 $48,941-5,628-29,609=13,704$(천 명)이다. 2030년의 10년 전 대비 노인 인구 증가율을 구하면 $\frac{13,704-9,219}{9,219}\times100$인데, 간단히 $\frac{137-92}{92}\times100$이라 설정한 후, 계산하면 약 48.91%이다. 2010년의 10년 전 대비 노인 인구 증가율은 $\frac{5,452-3,395}{3,395}\times100$인데 간단히 $\frac{55-34}{34}\times100$이라 설정한 후, 계산하면 약 61.76%이다.(간단히 설정한 수치를 바탕으로 한 결괏값들의 차이가 매우 크기 때문에 대소 관계를 판단하는데 있어 이상은 없다.) 따라서 2030년보다 2010년의 10년 전 대비 노인 인구의 증가율이 더 높다는 것을 알 수 있다.

문제접근법

(1) 각 [표]의 항목을 먼저 확인하며, 특히 [표2] 주석에 2개의 식이 주어져 있으므로 반드시 확인한다. 두 식의 구조를 파악하여 관계를 확인하는 것도 좋다.

(2) ㉠~㉣ 중 주석의 식을 통해 바로 확인할 수 있는 ㉠을 먼저 푼다. ㉠은 옳은 보기이므로 선택지 ③, ⑤를 소거할 수 있다. 그다음으로 ㉡

은 틀린 보기이므로 선택지 ①을 소거할 수 있고, 남은 ②, ④ 모두 ⓒ이 포함되어 있으므로 ⓔ을 풀어 정답을 찾도록 한다.

전략풀이 TIP

ⓔ 2016년 유소년 인구의 구성비는 $\frac{16}{119.3}\times100$으로, 분모 119.3을 120으로 설정한 뒤(차이가 매우 미미하므로 결괏값에 큰 영향은 없음), 구성비를 구하면 15%보다 작다. 따라서 2016년 유소년 인구의 구성비는 2010년보다 작다. 2016년 $\frac{16}{119.3}\times100$과 2020년 $\frac{17.7}{135.6}\times100$에서 (×100)은 생략하고 비교해보면, 분자는 16 → 17.7로 10% 정도 증가한 반면, 분모는 119.3 → 135.6으로 10% 넘게 증가하였으므로 $\frac{16}{119.3}>\frac{17.7}{135.6}$임을 알 수 있다. 그리고 2020년 유소년 인구의 구성비는 $\frac{17.7}{135.6}\times100>\frac{17}{136}\times100=12.5$이므로 2030년보다 크다. (○)

08 ▶ ③

| 정답풀이 |

㉠ A세대는 서민 실수요 세대이고 2017년 12월에 구매하므로 변경 적용된 주택담보대출비율(LTV)을 확인하도록 한다.

$$(\text{LTV})=\frac{(\text{신규 주택담보대출 최대 금액})}{(\text{주택 공시가격})}\times100$$

이므로, (신규 주택담보대출 최대 금액)=(주택 공시가격)×$\frac{(\text{LTV})}{100}$이다. 주택 공시가격이 4억 원이므로 LTV에 따른 신규 주택담보대출 최대 금액은 4×0.5=2(억 원)이다.

총부채상환비율(DTI)의 산출 방식은 변경 후 2018년 3월 31일까지의 산출 방식이 적용되므로, [표1] 주석 3) 식을 이용하도록 한다. 신규 주택담보대출 최대 금액을 a만 원이라 하면,

$$(\text{DTI})=\frac{(\text{신규 주택담보대출 최대 금액의 연 원리금 상환액})+(\text{기타 대출 연 이자 상환액})}{(\text{연간 소득})}\times100$$

식을 통해 $50=\frac{0.1a+500}{3{,}000}\times100$ 식을 도출할 수 있다. $1{,}500=0.1a+500 \rightarrow a=10{,}000$임을 알 수 있으며, DTI에 따른 신규 주택담보대출 최대 금액은 1억 원이다. 따라서 [표1] 주석 1)의 내용을 통해 A세대가 구매 시점에 적용받는 신규 주택담보대출 최대 금액은 1억 원임을 알 수 있다.

㉢ C세대가 투기 지역의 공시가격 5억 원인 주택을 2018년 10월에 구매할 경우, LTV에 따른 신규 주택담보대출 최대 금액은 1.5억 원이고, DTI에 따른 신규 주택담보대출 최대 금액은 1.6억 원(2018년 4월 이후이므로 주석 4) 식 적용)이므로, 2018년 10월 구매 시점에 적용 받는 신규 주택담보대출 최대 금액은 1.5억 원이다. 2017년 10월에 구매할 경우, LTV에 따른 신규 주택담보대출 최대 금액은 1.5억 원이고, DTI에 따른 신규 주택담보대출 최대 금액은 2.9억 원(2018년 4월 이전이므로 주석 3) 식 적용)이므로, 2017년 10월 구매 시점에 적용 받는 신규 주택담보대출 최대 금액은 1.5억 원이다. 따라서 두 시점에 적용받는 신규 주택담보대출 최대 금액은 1.5억 원으로 같다.

| 오답풀이 |

㉡ B세대가 투기 지역의 공시가격 4억 원인 주택을 2017년 10월에 구매할 경우, 변경 후가 적용되며 LTV에 따른 신규 주택담보대출 최대 금액은 1.6억 원이고, DTI에 따른 신규 주택담보대출 최대 금액은 2.4억 원이므로, 2017년 10월 구매 시점에 적용 받는 신규 주택담보대출 최대 금액은 1.6억 원이다. 2017년 5월에 구매할 경우, 변경 전이 적용되며 LTV에 따른 신규 주택담보대출 최대 금액은 2.4억 원이고, DTI에 따른 신규 주택담보대출 최대 금액은 3억 원이므로, 2017년 5월 구매 시점에 적용 받는 신규 주택담보대출 최대 금액은 2.4억 원이다. 따라서 신규 주택담보대출 최대 금액의 감소 폭은 2.4−1.6=0.8(억 원)으로 1억 원 미만이다.

문제접근법

(1) [보고서]와 [표], [표] 주석의 내용 모두 복합적으로 적용되는 고난도 문제로, 시간이 오래 걸리는 문제이다. 제한된 시간 안에서 풀어야 하는 경우에는 건너뛰고 다른 문제를 먼저 푸는 것도 방법이다.

(2) 이 문제의 보기 ㉠~㉢ 모두 주어진 자료들을 활용하여 해결하는 내용으로 순차적으로 확인한다. 특히, 이러한 유형의 경우에는 대부분 ㉠이 가장 간단하고 쉽게 출제되므로 먼저 푼다.

전략풀이 TIP

㉠ LTV 식을 통해 LTV에 따른 신규 주택담보대출 최대 금액이 2억 원임을 알 수 있다. DTI 식을 통해 0.1x+500 =1,500임을 알 수 있는데, x에 20,000을 대입하면 1,500보다 훨씬 크므로, x는 2억 원 미만이다. (×)

㉡ 표1 주석의 식을 바탕으로 두 시점 모두 DTI보다 LTV의 값이 더 작다는 것이 파악되면, LTV의 차이만 구하면 된다. 변경 전과 변경 후 차이는 20%p이므로 신규 주택담보대출 최대 금액의 감소 폭은 1억 원보다 작다. (○)

㉢ 2017년 10월과 2018년 10월 모두 LTV 적용은 동일하므로 최대 금액은 같을 것이다. 따라서 두 시점 중 한 시점의 LTV 기준 최대 금액만 구하면 된다. 그리고 2018년 4월 1일부터 적용되는 DTI 산출 방식과 이전의 산출 방식을 비교해보면, 4월 1일 이후의 산출 방식의 분자에 기 주택담보대출 연 원리금 상환액이 추가되므로, 4월 1일 이전보다 최대 금액이 낮다는 것을 알 수 있다. 따라서 2018년 10월 기준 DTI에 따른 최대 금액을 구한 후, 해당 값이 LTV에 따른 최대 금액보다 큰지 작은지 판단하면 된다. (×)

09 ▶ ⑤

| 정답풀이 |

장르별 월평균 시청 시간은 오락(29.39분)－드라마(21.66분)－스포츠(10.42분)－보도(9.78분) 순으로 [보고서]의 내용을 만족한다.

전체 월평균 시청 시간은 21.66＋29.39＋9.78＋2.55＋0.03＋0.26＋10.42＋0.46＝74.55(분)으로 전체 월평균 시청 시간 중 오락의 시청 시간이 차지하는 비중은 $\frac{29.39}{74.55}\times100≒39.4(\%)$이다. 따라서 45% 이상이라는 [보고서]의 내용을 만족하지 않는다.

| 오답풀이 |

① 주어진 자료의 수치는 [보고서]의 두 번째 문단의 내용을 만족한다.

② 스마트폰 사용자 중 월 1회 이상 동영상을 시청한 사용자의 비율은 $\frac{3,246}{3,427}\times100≒94.7(\%)$이고, 월 1회 이상 방송 프로그램을 시청한 사용자의 비율은 $\frac{2,075}{3,427}\times100≒60.5(\%)$이다.

③ 스마트폰 사용자의 월평균 스마트폰 이용 시간 대비 월평균 동영상 시청 시간 비율은 $\frac{827.63}{7,112.51}\times100≒11.64(\%)$로 10% 이상이고, 월평균 동영상 시청 시간 대비 월평균 방송 프로그램 시청 시간 비율은 $\frac{74.55}{827.63}\times100≒9.01(\%)$로 10% 미만이다.

④ 주어진 자료의 수치는 [보고서]의 세 번째 문단의 내용인 '월평균 동영상 시청 시간은 남성이 여성보다 길고, 연령대별로는 10대 이하의 시청 시간이 가장 길었다.'를 만족한다. 월평균 방송 프로그램 시청 시간은 남성이 여성보다 79.6－70.0＝9.6(분) 짧고, 20대의 월평균 방송 프로그램 시청 시간(120.5분)은 시청 시간이 가장 짧은 연령대인 60대 이상의 월평균 방송 프로그램 시청 시간인 38.6분의 3배인 115.8분 이상이다.

문제접근법

(1) 주어진 [보고서]를 바탕으로 그래프, 표, 그림 등의 자료 형태로 변환하는 자료변환 문제로 각 자료가 무엇을 의미하는지 선택지의 내용(자료 제목)을 보고 먼저 파악한다.

(2) 자료를 확인할 때, 수치 비교/대조 → (+, −) 사칙연산 → (×, ÷) 사칙연산으로 해결할 수 있는 자료 순으로 확인한다.

(3) 선택지 ① → ④ → ③ → ⑤ → ② 순으로 풀어 정답을 찾도록 한다.

전략풀이 TIP

③ 10%는 0.1과 같으므로 실제로 비율을 구할 필요 없이 10%를 기준으로 대소 관계를 확인한다. (○)

⑤ 월평균 시청 시간의 순서는 보고서의 내용에 부합하므로, 전체 시청 시간 대비 오락 시청 시간의 비중만 확인하면 된다. 오락의 시청 시간을 30분, 전체 시청 시간 대비 오락의 비중을 45%라 하였을 때, 전체 시청 시간은 $\frac{30}{0.45}=\frac{600}{9}$(분)으로 70분에 미치지 못한다. 하지만 ⑤의 오락, 드라마, 스포츠, 보도의 네 장르의 시청 시간 합만으로도 70분이 넘는다. (×)

10 ▶ ②

| 정답풀이 |

㉠ 2020년 갑국 방위산업 총매출액 153,867억 원 중 대기업 국내 매출액을 제외한 대기업 국외 매출액, 중소기업 국내·외 매출액의 합은 16,612+16,657+1,012=34,281(억 원)이다. 2020년 항공유도 분야 매출액은 49,024억 원인데, 대기업 국내 매출액을 제외한 34,281억 원이 모두 항공유도 분야 매출액이라 하더라도 49,024−34,281=14,743(억 원)의 항공유도 분야 매출액은 대기업 국내 매출액이 된다. 2020년 항공유도 분야 대기업 국내 매출액이 14,743억 원 아래로 떨어질 수 없으므로 14,500억 원 이상으로 볼 수 있다.

㉣ 2019년, 2020년 방위산업의 국내 매출액은 각각 144,521−21,048=123,473(억 원), 153,867−17,624=136,243(억 원)이다. 따라서 국내 매출액이 가장 작은 해는 116,502억 원인 2018년이다. 한편 총매출액 중 국외 매출액 비중은 다음과 같다.

- 2018년: $\frac{19,991}{136,493}\times100≒14.65(\%)$
- 2019년: $\frac{21,048}{144,521}\times100≒14.56(\%)$
- 2020년: $\frac{17,624}{153,867}\times100≒11.45(\%)$

따라서 2018년에 국내 매출액이 가장 작고 국외 매출액 비중은 가장 높다.

| 오답풀이 |

㉡ 2020년 방위산업의 기업 유형별 종사자당 국내 매출액은 다음과 같다.

- 대기업: $\frac{119,586}{27,249}≒4.39$
- 중소기업: $\frac{16,657}{5,855}≒2.84$

따라서 대기업이 중소기업의 2배 미만이다.

㉢ 2019년 대비 2020년 매출액은 유일하게 함정만 감소하였다. 그러나 함정 분야의 변화율은 $\left|\frac{20,619-25,679}{25,679}\times100\right|≒19.7(\%)$로 높은 편이며, 변화율이 가장 낮은 분야는 $\frac{21,031-20,191}{20,191}\times100≒4.2(\%)$ 변화한 화력 분야이다.

문제접근법

(1) [표]가 의미하는 것이 무엇인지만 파악하고, 보기의 내용을 바로 확인한다.
(2) 보기 ㉣은 두 번의 빨셈 후에 분수 3개의 대소 비교를 해야 하므로, 비교적 계산이 간단한 ㉠, ㉡, ㉢을 먼저 푼다.
(3) 보기 ㉠이 옳고 ㉡, ㉢은 틀린 보기이므로 선택지 ①, ③, ④, ⑤를 소거하고 남은 ②를 정답으로 선택할 수 있다.

전략풀이 TIP

㉡ $\frac{119,586}{27,249}$과 $\frac{16,657}{5,855}\times2=\frac{33,314}{5,855}$의 대소 비교를 해보면, 27,249×5>119,586이지만 5,855×5<33,314이므로 $\frac{119,586}{27,249}<\frac{33,314}{5,855}$이다. (×)

11 ▶ ③

| 정답풀이 |

2018년 대비 2020년 종사자 수가 증가한 통신전자, 함정, 항공유도 분야는 A, C, D이다. 그런데 A, C, D 중 2018~2020년 동안 종사자 수가 매년 증가한 것은 D이므로 D가 통신전자이고, 항공유도는 A 또는 C가 된다.

한편 탄약과 화생방 분야는 종사자 수가 매년 감소하였으므로 B가 탄약이며, 마지막으로 남은 기동은 E이다. 따라서 2020년 기동의 종사자당 매출액은 $\frac{18,270}{3,543}≒5.2$(억 원/명)이다. 만약 항공유도가 A라면, 2020년 항공유도의 종사자당 매출액은 $\frac{49,024}{10,108}≒4.9$(억 원/명)이므로 [보고서]의 내용을 만족하지 못한다. 따라서 항공유도는 C이다.

문제접근법

(1) [표4]가 의미하는 것이 무엇인지만 파악하고, [보고서]의 내용을 바로 확인한다.
(2) [보고서]를 확인하면서 정답이 될 수 없는 항목들을 하나씩 소거하며 문제를 해결한다.

전략풀이 TIP

마지막으로 A, C가 남았을 때, 항공유도의 종사자당 매출액이 기동보다 높다고 하였으므로 반드시 종사자 수가 더 적은 C가 정답이 될 수밖에 없다.

12 ▶ ④

| 정답풀이 |

㉠ (해당 국가의 기술력지수)=(해당 국가의 특허 등록 건수)×(해당 국가의 영향력지수) 식을 바탕으로 (해당 국가의 영향력지수) $=\frac{(\text{해당 국가의 기술력지수})}{(\text{해당 국가의 특허 등록 건수})}$를 도출할 수 있다. 이를 바탕으로 캐나다와 미국의 영향력지수를 구하면 다음과 같다.

- 캐나다: $\frac{30.8}{22}=1.4$
- 미국: $\frac{600.0}{500}=1.2$

미국과 태국의 영향력지수 합은 1.2+0.1=1.3이므로, 캐나다의 영향력지수가 더 크다.

㉢ 프랑스의 특허 등록 건수는 $\frac{3.9}{0.3}$=13(건)이며, 이를 바탕으로 프랑스와 태국, 핀란드의 특허 피인용 건수를 구하면 다음과 같다(㉡ 오답풀이와 동일).

- 프랑스: 0.3×10×13=39(건)
- 태국: 0.1×10×14=14(건)
- 핀란드: 0.7×10×9=63(건)

프랑스와 태국의 특허 피인용 건수의 차이는 39−14=25(건), 프랑스와 핀란드의 특허 피인용 건수의 차이는 63−39=24(건)으로 프랑스와 태국의 특허 피인용 건수의 차이가 더 크다.

㉣ 네덜란드의 특허 등록 건수는 30건이고, 일본의 특허 등록 건수는 269건이다. 30건의 9배는 270건이므로 269건보다 많다. 따라서 일본의 특허 등록 건수는 네덜란드의 특허 등록 건수의 9배 미만이다.

| 오답풀이 |

㉡ (해당 국가의 특허 등록 건수) $=\frac{(\text{해당 국가의 기술력지수})}{(\text{해당 국가의 영향력지수})}$ 식을 바탕으로 독일, 네덜란드, 이스라엘, 프랑스의 특허 등록 건수를 구하면, 각각 75건, 30건, 17건, 13건이다. (해당 국가의 피인용비)=(해당 국가의 영향력지수)×(전 세계 피인용비)이고, (해당 국가의 특허 피인용 건수)=(해당 국가의 피인용비)×(해당 국가의 특허 등록 건수)이므로, 해당 국가의 특허 피인용 건수는 (해당 국가의 영향력지수)×(전 세계 피인용비)×(해당 국가의 특허 등록 건수)임을 알 수 있다. 이를 바탕으로 특허 등록 건수 상위 10개국의 특허 피인용 건수를 구하면 다음과 같다.

- 미국: 1.2×10×500=6,000(건)
- 일본: 1.0×10×269=2,690(건)
- 독일: 0.6×10×75=450(건)
- 한국: 0.3×10×59=177(건)
- 네덜란드: 0.8×10×30=240(건)
- 캐나다: 1.4×10×22=308(건)
- 이스라엘: 0.6×10×17=102(건)
- 태국: 0.1×10×14=14(건)
- 프랑스: 0.3×10×13=39(건)
- 핀란드: 0.7×10×9=63(건)

따라서 한국의 특허 피인용 건수는 여섯 번째로 많다.

문제접근법

(1) [표]의 항목과 주석을 먼저 확인한다. 특히 주석에 3개의 식이 있는 만큼 식 구조를 활용한 내용이 반드시 출제되므로 주의 깊게 살펴본다. 빈칸의 경우에는 빈칸을 모두 구할 필요 없이 [보기]의 내용을 먼저 확인한다.

(2) ㉠~㉣ 중 주석 1)의 식을 이용하여 비교적 간단하게 해결할 수 있는 ㉠, ㉣을 먼저 푼다. ㉠, ㉣ 모두 옳은 보기이므로 정답을 ④로 선택할 수 있다.

전략풀이 TIP

㉡ 표 주석 2), 3), 4)의 식을 통해 (해당 국가의 특허 피인용 건수)=(해당 국가의 영향력지수)×(전 세계 피인용비)×(해당 국가의 특허 등록 건수)임을 알 수 있는데, 전 세계 피인용비는 모두 10으로 같으므로 생략해도 무방하다. 특허 피인용 건수는 영향력지수와 특허 등록 건수의 곱에 비례하다고 볼 수 있는데, 미국과 일본의 특허 등록 건수는 타 국가에 비해 매우 많다. 태국과 프랑스, 핀란드는 종합적으로 비교하였을 때, 특허 등록 건수와 영향력지수가 타 국가에 비해 비교적 낮으므로, 해당 국가는 제외하고 비례 관계를 바탕으로 한국을 포함한 남은 5개 국가만의 수치를 비교한다. 예를 들어 이스라엘의 특허 피인용 건수는 17×0.6에 비례하고, 한국은 59×0.3에 비례하는데 17×0.6은 34×0.3과 같으며, 이는 59×0.3보다 작으므로 이스라엘의 특허 피인용 건수가 더 적다는 것을 알 수 있다. 위와 같은 수치 비교 방법을 바탕으로 순위를 비교해보면, 한국은 여섯 번째이다. (×)

13 ▶ ④

| 정답풀이 |

코치 \ 분야	체력	전술	수비	공격
A	0	10	9	0
B	0	8	0	10
C	0	0	20	0
D	10	0	0	9
E	6.67	0	5.33	5
F	8	7	0	0
투입 능력 합	24.67	25	34.33	24

주어진 [조건]을 모두 만족하므로 옳다.

| 오답풀이 |

①

코치 \ 분야	체력	전술	수비	공격
A	9	0	0	7.5
B	0	0	0	20
C	5.33	6	6.67	0
D	0	5.33	5	6
E	20	0	0	0
F	0	7	10	0
투입 능력 합	34.33	18.33	21.67	33.5

전술과 수비 분야에서 투입 능력 합이 24 미만이므로 옳지 않다.

②

코치 \ 분야	체력	전술	수비	공격
A	0	20	0	0
B	0	5.33	5	6.67
C	8	9	0	0
D	6.67	0	5	6
E	10	0	0	7.5
F	0	0	20	0
투입 능력 합	24.67	34.33	30	20.17

공격 분야에서 투입 능력 합이 24 미만이므로 옳지 않다.

③

코치 \ 분야	체력	전술	수비	공격
A	0	10	9	0
B	0	0	0	20
C	5.33	6	0	5
D	0	8	7.5	0
E	10	0	0	7.5
F	8	0	10	0
투입 능력 합	23.33	24	26.5	32.5

체력 분야에서 투입 능력 합이 24 미만이므로 옳지 않다.

⑤

코치 \ 분야	체력	전술	수비	공격
A	6	6.67	0	5
B	0	8	7.5	0
C	16	0	0	0
D	0	8	7.5	0
E	10	0	0	7.5
F	0	0	10	10
투입 능력 합	32	22.67	25	22.5

전술과 공격 분야에서 투입 능력 합이 24 미만이므로 옳지 않다.

문제접근법

(1) [표]와 [조건]이 바탕이 되지만, 정오 판단 또는 결괏값을 계산하는 일반적인 자료해석 유형과는 다른 문제이다. 하지만 [조건]이 주어진 경우에는 항상 [조건]의 내용을 확인하는 것이 먼저이다.

(2) 선택지 ①~⑤를 살펴보면, [조건]의 첫 번째 내용은 모두 만족한다는 것을 알 수 있고, 두 번째 식과 세 번째 내용을 바탕으로 해결하며, 어림값 또는 대소 비교를 바탕으로 만족하지 않는 항목이 있는 선택지를 빠르게 소거하면서 푼다.

전략풀이 TIP

표에 주어진 수치 중 1, 2, 3으로 모두 나누어 떨어지는 수는 18이 유일하다. 18을 1로 가정하면 코치의 분야별 투입 능력은 1, $\frac{1}{2}$, $\frac{1}{3}$ 중 하나이고, 세 번째 조건에서 투입 능력 합은 24 이상이어야 하므로,

분수의 합이 $\frac{24}{18}=\frac{4}{3}$ 이상이어야 함을 알 수 있다.

① 전술 분야의 잠재 능력은 각각 18, 16, 14이므로, 모두 18일 경우보다 작을 것이다. 따라서 18을 1로 가정한 뒤, 코치가 맡은 분야의 수를 각각 나눠주면 $\frac{1}{3}+\frac{1}{3}+\frac{1}{2}$보다 작을 것이다. $\frac{1}{3}+\frac{1}{3}+\frac{1}{2}<\frac{4}{3}$이므로 전술 분야에서 24 미만이다. (×)

② 공격 분야의 잠재 능력은 각각 20, 18, 15이므로, 모두 18일 경우보다 작을 것이다. ①과 마찬가지로 해당 분야는 $\frac{1}{3}+\frac{1}{3}+\frac{1}{2}$보다 작으므로 공격 분야에서 24 미만이다. (×)

③ 체력 분야에서 16, 20, 16으로 모두 18일 경우보다 작을 것이다. 해당 분야는 $\frac{1}{3}+\frac{1}{2}+\frac{1}{2}$보다 작고 $\frac{1}{3}+\frac{1}{2}+\frac{1}{2}=\frac{4}{3}$이므로, 체력 분야에서 24 미만이다. (×)

④ 모든 분야에서 $\frac{4}{3}$ 이상을 만족한다. (○)

14 ▶ ②

| 정답풀이 |

3년 평균을 이용하여 2016년 업체 D의 온실가스 배출량을 구하면 (284×3)−356−236=260(천 톤 CO_2eq.)이다. 마찬가지로 2017년의 전체 온실가스 배출량도 3년 평균을 이용하여 구하면 (2,920×3)−3,138−2,889=2,733(천 톤 CO_2eq.)이다.

㉠ 2015~2017년 온실가스 배출량 기준 상위 2개 업체는 A, B이다. 2015년 업체 A, B의 배출량 합은 1,600이 넘으므로 2배를 하면 전체 3,138보다 크다. 2016년 업체 A, B의 배출량 합은 1,500이 넘으므로 2배를 하면 전체 2,889보다 크다. 2017년 업체 A, B의 배출량 합은 1,400이 넘으므로 2배를 하면 전체 2,733보다 크다. 따라서 상위 2개 업체는 2015~2017년 모두 전체 배출량의 50% 이상을 차지한다.

㉣ 3년간 모든 업체의 온실가스 배출량이 감소하고 있으므로, 3개년 온실가스 배출량의 가운데 값인 2016년의 온실가스 배출량이 3년 평균보다 크다면, 2017년과 2016년의 차이가 2016년과 2015년의 차이보다 더 크게 된다.

직관적으로 보면, 2015년과 2017년의 값의 평균이 바로 2016년과 2015년의 배출량 차이와 2017년과 2016년의 배출량 차이가 같아지는 지점이 된다. 만약 2016년의 배출량이 이 값보다 크다면(=2015년에 더 가깝다면 또는 2017년과 2016년의 배출량 차이가 2016년과 2015년의 배출량 차이보다 크다면) 3년 평균 배출량도 커지게 되는데, 평균이므로 그 커지는 폭은 2016년 배출량과 기존 평균의 차이보다는 작을 수밖에 없다. 따라서 2016년의 배출량이 3년 평균보다 더 크게 된다. 이를 알기 쉽게 그림으로 나타내면 다음과 같다.

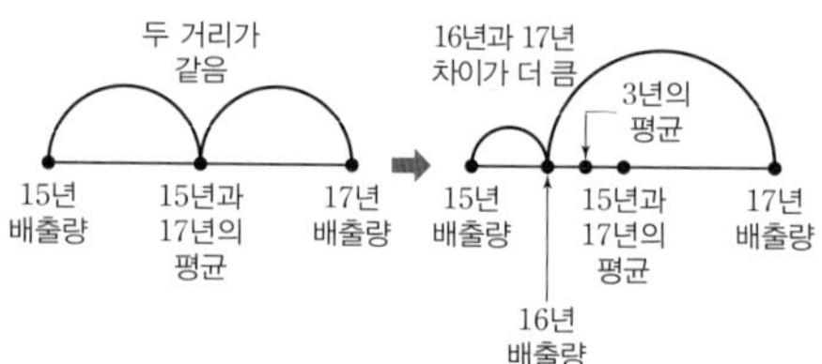

수학적으로 살펴보면 2016년의 배출량을 a, 2015년의 배출량을 a+k, 2017년의 배출량을 a−k−t라 할 때, 2016년과 2017년의 차이가 2015년과 2016년의 차이보다 t만큼 더 크게 된다. 이때, 3년 평균을 구해보면 $\frac{3a-t}{3}=a-\frac{t}{3}$가 되어 2016년의 온실가스 배출량이 3년 평균보다 크다는 것을 알 수 있다.

이러한 성질을 이용하여 전년 대비 온실가스 배출량 감축분이 2016년보다 2017년이 더 큰 업체를 살펴보면, A, C, I 3곳임을 알 수 있다.(업체 G와 J의 3년 평균을 구해보면, 2016년과 같으므로 해당되지 않는다.)

| 오답풀이 |

㉡ 온실가스 배출 효율성은 주어진 [그래프]에서 원점과 각 업체 지점을 이은 직선의 기울기의 역수이다. 따라서 온실가스 배출 효율성이 가장 낮은 업체는 A이고, 가장 높은 업체는 J이다.

㉢ 2016~2018년 예상 온실가스 배출 효율성을 구할 때는 2015년의 데이터가 빠지고 2018년의 데이터가 편입된다. 업체 A~J는 모두 2018년의 예상 배출량이 2015년의 배출량보다 낮으므로, 예상 온실가스 배출 효율성 식의 분모는 기존보다 감소하게 된다. 그러나 새롭게 추가되는 2018년의 예상 철강 생산량이 2015년의 철강 생산량보다 훨씬 낮을 수 있으므로, 예상 온실가스 배출 효율성 식의 분자가 더 크게 감소할 가능성이 있다. 따라서 2016~2018년 예상 온실가스 배출 효율성이 2015~2017년 온실가스 배출 효율성보다 높아지는지는 알 수 없다. 만약 업체 A~J의 2018년 예상 철강 생산량이 2015년과 동일하다면 공식의 분자가 변하지 않

게 되므로, 온실가스 배출 효율성은 반드시 높아지게 될 것이다.

문제접근법

(1) 복합자료를 바탕으로 하는 세트 문항으로 [표]와 [그래프]가 무엇을 의미하는지 먼저 파악하며 주석의 식도 확인한다. 이후 문제의 발문과 주어진 자료를 바탕으로 [보기]를 풀면서 활용해야 할 자료가 무엇인지 확인한다. 빈칸의 경우에는 보기의 내용을 확인하면서 빈칸의 값이 필요한 경우에만 계산한다.

(2) ㉠은 옳은 보기이므로 선택지 ③, ⑤를 소거할 수 있고, 남은 선택지 ①, ②, ④ 모두 ㉡이 포함되어 있지 않으므로 ㉢, ㉣을 풀어 정답을 찾도록 한다.

전략풀이 TIP

㉠ 필요한 빈칸의 값은 2016년 D의 배출량과 2017년 전체 배출량이다. D의 경우에 3년 평균이 300이 안되므로, 2016년 D의 배출량은 B의 535보다 훨씬 작다는 것을 알 수 있어 계산하지 않아도 된다. 남은 2017년 전체 배출량을 구한 뒤 해결한다. (○)

㉣ 위 해설처럼 평균의 개념을 이용하면 직관적으로 빠르게 해결할 수 있다. (○)

15 ▶ ④

| 정답풀이 |

$$(\text{해당 연도 온실가스 배출권 총량})\times\frac{(\text{해당 업체의 직전 3년 평균 온실가스 배출량})}{(\text{철강 산업 전체의 직전 3년 평균 온실가스 배출량})}=(\text{해당 업체의 직전 3년 평균 온실가스 배출량})\times\frac{(\text{해당 연도 온실가스 배출권 총량})}{(\text{철강 산업 전체의 직전 3년 평균 온실가스 배출량})}$$

으로 식을 바꿔 나타낼 수 있다.

$\frac{(\text{해당 연도 온실가스 배출권 총량})}{(\text{철강 산업 전체의 직전 3년 평균 온실가스 배출량})}=\frac{2,628}{2,920}=0.9$이므로 각 업체가 분배받는 배출권은 (해당 업체의 직전 3년 평균 온실가스 배출량)$\times 0.9$이다.

따라서 업체 A는 (980−98)천 톤 CO_2eq.만큼의 배출권을 분배받으며, 이는 업체 A의 2018년 예상 배출량인 910보다 적으므로 업체 A는 거래 시장에서 배출권을 구매해야 한다. 동일한 방법으로 업체 B~J의 배출권 구매 또는 판매 여부를 조사하면, 배출권 구매 희망 업체는 A, B, C, D, G로 5곳이고, 판매 희망 업체는 E, F, H, I, J로 5곳이다.

한편 분배된 전체 온실가스 배출권 총량은 2,628천 톤 CO_2eq.인데 2018년 전체 예상 배출량은 2,673천 톤 CO_2eq.으로 분배된 배출권 총량보다 더 많으므로, 각 업체의 배출권 구매 희망량과 판매 희망량을 모두 집계하여 상쇄시키면 구매 희망량이 더 많다는 것을 짐작할 수 있다. 따라서 향후 배출권 가격은 상승하게 된다.

문제접근법

(1) 세트 문항 중 항목별 대상을 찾는 유형으로, 주어진 문제의 [조건]에서 활용해야 하는 내용이 무엇인지 먼저 파악한다.

(2) [조건]의 [분배 규칙]의 식 구조를 이해하여 풀이에 알맞게 변형하는 것이 주요 포인트이며, 식 구조를 바탕으로 복합자료의 수치를 확인하면서 푼다.

전략풀이 TIP

$(\text{해당 연도 온실가스 배출권 총량})\times\frac{(\text{해당 업체의 직전 3년 평균 온실가스 배출량})}{(\text{철강 산업 전체의 직전 3년 평균 온실가스 배출량})}$을 $(\text{해당 업체의 직전 3년 평균 온실가스 배출량})\times\frac{(\text{해당 연도 온실가스 배출권 총량})}{(\text{철강 산업 전체의 직전 3년 평균 온실가스 배출량})}$으로 나타낼 수 있다.

(각 업체가 분배받는 온실가스 배출권)
=(해당 업체의 직전 3년 평균 온실가스 배출량)$\times$0.9의 식에서 0.9는 (1−0.1)이므로 각 업체별 직전 3년 평균 온실가스 배출량에서 0.1을 곱한 값을 빼면 되는데, 정확한 결괏값을 구할 필요 없이 대소 관계를 판별할 수 있을 정도로만 계산하여 수치 비교를 한다.

16 ▶ ②

| 정답풀이 |

메뉴 A~H의 연도별 제공 횟수를 정리하면 다음과 같다.

[표] 메뉴 A~H의 연도별 제공 횟수 (단위: 회)

구분	2017년	2018년		2019년	
	제공 횟수	전년 대비 증감률	제공 횟수	전년 대비 증감률	제공 횟수
A	40	20% 증가	40×1.2 =48	동일	48
B	35	동일	35	20% 증가	35×1.2 =42
C	45	20% 감소	45×0.8 =36	50% 감소	36×0.5 =18
D	30	동일	30	동일	30
E	40	동일	40	10% 감소	40×0.9 =36
F	60	10% 감소	60×0.9 =54	50% 감소	54×0.5 =27
G	–	–	250– 243=7	동일	7
H	–	–	–	–	250– 208=42
전체	250		250		250

위 [표]에서 2019년 메뉴 A~G의 제공 횟수를 더하면 48+42+18+30+36+27+7=208(회)이다. 전체 메뉴 제공 횟수는 매년 250회로 일정하므로, 2019년에 추가된 메뉴 H의 제공 횟수는 250−208=42(회)로 40회 이상이다.

| 오답풀이 |

① 2018년 메뉴 A~F의 제공 횟수를 더하면 48+35+36+30+40+54=243(회)이다. 전체 메뉴 제공 횟수는 매년 250회로 일정하므로, 2018년에 추가된 메뉴 G의 제공 횟수는 250−243=7(회)이다.

③ 2019년 메뉴 E의 제공 횟수는 36회, 2018년 메뉴 C의 제공 횟수는 36회로 서로 같다.

④ 메뉴 A~F 중 2017년 대비 2019년 제공 횟수가 감소한 메뉴는 C, E, F로 3개이다.

⑤ 메뉴 A~G 중 2018년과 2019년의 제공 횟수가 같은 메뉴는 A, D, G이다. 남은 메뉴 B, C, E, F의 제공 횟수 차이는 다음과 같다.
- 메뉴 B: 42−35=7(회)
- 메뉴 C: 36−18=18(회)
- 메뉴 E: 40−36=4(회)
- 메뉴 F: 54−27=27(회)

따라서 2018년과 2019년 제공 횟수의 차이가 두 번째로 큰 메뉴는 C이다.

문제접근법

(1) [표]가 의미하는 것이 무엇인지 먼저 파악한 후, [조건]을 바로 확인한다. 특히 이 문제는 [조건]에 추가 자료가 주어져 있으므로 자료의 항목별 기준을 주의 깊게 확인한다.

(2) 이 문제는 연도별 메뉴의 횟수를 알아야 해결할 수 있는 문제로, 비교적 시간이 오래 걸리는 문제이다. 선택지 ①~⑤ 중 증감 현황만 파악하여 해결할 수 있는 ④를 먼저 푼 뒤, 나머지 선택지를 풀어 정답을 찾도록 한다.

전략풀이 TIP

①, ②처럼 해당 연도의 메뉴별 제공 횟수를 알고 있어야 내용을 확인할 수 있는 선택지가 출제되기 때문에, 위 해설처럼 표로 보기 쉽게 정리한 후, 선택지를 푸는 것이 보다 정확하게 해결할 수 있는 방법이다.

17 ▶ ④

| 정답풀이 |

각 팀의 현재 상황을 표로 정리하면 다음과 같다.

팀	상대팀	경기 결과	남은 경기 수
A (2승 2패)	B	1승	1
	C		2
	D	1승	1
	E	2패	

팀	상대팀	경기 결과	남은 경기 수
B (2승 4패)	A	1패	1
	C	1패	1
	D	2패	
	E	2승	

팀	상대팀	경기 결과	남은 경기 수
C (3승 2패)	A		2
	B	1승	1
	D	1승 1패	
	E	1승 1패	

팀	상대팀	경기 결과	남은 경기 수
D (4승 2패)	A	1패	1
	B	2승	
	C	1승 1패	
	E	1승	1

팀	상대팀	경기 결과	남은 경기 수
E (3승 4패)	A	2승	
	B	2패	
	C	1승 1패	
	D	1패	1

㉠ A팀이 남은 경기를 모두 승리한다면, 6승 2패가 된다. A팀 외에 현재 2패를 기록 중인 팀은 C팀과 D팀이 있는데, 모두 A팀과 남은 경기가 있으므로 C팀과 D팀은 A팀에게 패배하면(A팀은 남은 경기를 모두 승리하므로) 3패 이상을 기록하게 된다. 따라서 A팀을 제외한 모든 팀이 3패 이상을 기록하므로 다른 팀들의 남은 경기 결과에 상관없이 A팀이 단독 1위를 하게된다.

㉢ D팀은 현재 4승이고 A팀, E팀과의 경기가 각각 1경기씩 남아있으므로, A팀에게 지고 E팀에게 이긴다면 최종 승수는 5승이 된다.

㉣ B팀은 현재 4패 중인데, 자신을 제외한 4개의 팀과 2번씩 경기를 하므로 팀당 총 경기 횟수는 8경기이다. 따라서 B팀이 남은 경기를 모두 이긴다면 결과는 4승 4패인데, 이미 D팀이 4승 2패이므로 B팀의 단독 1위는 불가능하다.

| 오답풀이 |

㉡ C팀이 남은 경기를 모두 승리한다면, 6승 2패가 된다. C팀을 제외하고 현재 2패를 기록 중인 팀은 A팀과 D팀이 있는데, A팀은 C팀과 남은 경기가 있어 A팀은 C팀에게 패배하여 3패 이상을 기록하게 된다. 그러나 D팀은 C팀과 남은 경기가 없으므로 D팀이 남은 경기를 모두 승리한다면, C팀과 같이 6승 2패가 될 수 있다. 따라서 이 경우 C팀이 단독 1위를 할 수 없다.

문제접근법

(1) [표], [그래프]가 아닌 [그림]이 주어진 문제로 [그림]이 무엇을 의미하는지 먼저 파악하고, [규칙]을 본다.

(2) [규칙]에서 필요한 내용을 확인한 후, [보기]의 내용과 접목시켜 순차적으로 해결한다. ㉠은 옳은 보기이고, ㉡은 틀린 보기이므로 선택지 ①, ③, ⑤를 소거할 수 있다. 남은 선택지 ②, ④ 모두 ㉢이 포함되어 있으므로 ㉣을 풀어 정답을 찾도록 한다.

전략풀이 TIP

남은 경기의 승패 가능성을 빠르게 확인할 수 있도록 해설처럼 각 팀별 상대팀과의 경기 결과와 남은 경기 수를 정리한 후, 정리한 내용을 바탕으로 주어진 [보기]를 해결한다.

18 ▶ ④

| 정답풀이 |

목걸이용 보석을 1차 가공하였을 때, 개당 7만 원의 이익을 얻을 수 있다. 목걸이용 보석을 2차 가공하면 비용이 추가로 40만 원이 들고, 50만 원에 판매되므로 2차 가공 시에는 개당 10만 원의 이익을 얻는 것과 같다. 따라서 목걸이용 보석은 2차 가공하여 판매하는 것이 이득이다.

반지용 보석을 1차 가공하였을 때, 개당 5만 원의 이익을 얻을 수 있다. 반지용 보석을 2차 가공하면 비용이 추가로 20만 원이 들고, 15만 원에 판매되므로 2차 가공 시에는 개당 5만 원의 손해를 보는 것과 같다. 따라서 반지용 보석은 1차 가공하여 판매하는 것이 이득이다.

원석을 n개 채굴하여 1차 가공하였을 때, 개당 가공 비용이 250만 원이므로 250n만 원의 가공 비용이 든다. 목걸이용 보석은 2차 가공까지 하므로 원석 n개를 채굴하여 목걸이용 보석 60개를 얻으면 2,400n만 원의 가공 비용이 더 든다. 따라서 원석 n개를 채굴하여 목걸이용 보석을 2차 가공, 반지용 보석을 1차 가공하였을 때 채굴 비용을 제외하고, 가공 비용은 총 2,650n만 원이 든다. 목걸이는 50만 원에 판매하고, 총 60n개를 생산하므로 총 3,000n만 원의 이익을 얻고, 반지는 5만 원에 판매하고, 총 40n개를 생산하므로 200n만 원의 이익을 얻는다. 따라서 원석을 n개 채굴하였을 때, 채굴 비용을 제외하고 총 3,000n+200n−2,400n−250n=550n(만 원)의 이익을 얻는다. 원석을 1개 채굴할 때 300만 원이고, 채굴을 할수록 비용이 100만 원씩 증가한다. 채굴 비용이 300만 원, 400만 원, 500만 원일 때는 (550만 원−n개째 채굴 비용)의 값이 양수이지만, 600만 원 이상일 때는 (550만 원－n개째 채굴 비용)의 값이 음수이다. 따라서 최대 이윤을 얻기 위해서는 채굴 비용이 최대 500만 원이어야 한다. 즉, 원석을 3개 채굴하였을 때 최대 이윤을 얻으므로 2차 가공 목걸이의 개수는 3×60＝180(개)이고, 반지는 2차 가공하지 않으므로 2차 가공 반지의 개수는 0개이다.

문제접근법

(1) 여러 내용의 조건이 포함된 글이 주어진 문제로 내용을 읽되, 숫자를 기준으로 하여 키워드 위주로 확인한다.

(2) 이 문제에서 중요한 포인트는 목걸이와 보석을 어떤 형태로 판매할 것인지이다. 해당 사항과 선택지 구조를 바탕으로 문제를 푼다.

전략풀이 TIP

i) 목걸이를 1차 가공하였을 시에는 이익이 7만 원이지만, 2차 가공하였을 시에는 비용을 제외하고도 10만 원의 이익을 얻을 수 있으므로 목걸이는 2차 가공을 해야 한다. 반지는 1차 가공 시 이익이 5만 원이지만, 2차 가공하였을 시 이익이 −5만 원이 되므로 반지는 1차 가공만 한다. 따라서 문제에서 2차 가공 반지 개수가 0인 것만 정답이다.

ii) 원석을 몇 개 채굴해야 하는지 계산하는 것으로 계산식으로 (550n−채굴 비용)이라는 식을 얻어 원석 3개를 채굴하는 것이 가장 유리하다는 것을 아는 것이 문제를 빠르게 해결할 수 있는 방법이지만, 이를 구하지 못하였다면 선택지를 통해 2차 가공 목걸이의 개수가 120개 또는 180개임을 이용하여 원석을 2개 채굴하였을 때 이윤과 원석을 3개 채굴하였을 때 이윤을 비교하면 된다. 원석을 2개 채굴하였을 시 판매 금액은 (2차 가공 목걸이 120개 판매 금액)+(1차 가공 반지 80개 판매 금액)=(120×50)+(80×5)=6,400(만 원)이다. 이때, 채굴 비용이 300+400=700(만 원)이고, 원석 1차 가공 비용이 2×250=500(만 원), 목걸이 120개의 2차 가공 비용이 120×40=4,800(만 원)이다. 따라서 이윤은 6,400−700−500−4,800=400(만 원)이다. 원석을 3개 채굴하였을 시 판매 금액은 (2차 가공 목걸이 180개 판매 금액)+(1차 가공 반지 120개 판매 금액)=(180×50)+(120×5)=9,600(만 원)이다. 이때, 채굴 비용이 300+400+500=1,200(만 원)이고, 원석 1차 가공 비용이 3×250=750(만 원), 목걸이 180개의 2차 가공 비용이 180×40=7,200(만 원)이다. 따라서 이윤은 9,600−1,200−750−7,200=450(만 원)이다. 즉, 원석을 3개 채굴하였을 때 (2차 가공 목걸이 개수가 180개일 때) 이윤이 더 크다.

19 ▶ ③

| 정답풀이 |

(국가 채무)＝(적자성 채무)＋(금융성 채무)의 식과 [그래프1]의 비율을 바탕으로 국가 채무 대비 금융성 채무의 비율이 50% 이상인지 미만인지 확인할 수 있다.

금융성 채무의 비율이 50% 이상이라면 (GDP 대비 적자성 채무 비율)＜(GDP 대비 금융성 채무 비율)이 성립하므로, 연도별 비율의 대소 관계를 확인하도록 한다. 2014년 14.6%＜15.1%, 2015년 14.9%＜15.4%, 2016년 15.3%＜15.5%, 2017년 16.9%＞15.7%, 2018년 18.3%＞15.8%, 2019년 20.0%＞15.7%, 2020년 20.7%＞15.3%로 2016년까지는 GDP 대비 금융성 채무 비율이 높지만, 2017년부터는 GDP 대비 적자성 채무 비율이 높으므로 2014~2016년 동안에만 금융성 채무가 국가 채무의 50% 이상이다.

| 오답풀이 |

① 2014년과 2020년 국가 채무를 구하면 다음과 같다.
- 2014년: 1,323×0.297≒392.9(조 원)
- 2020년: 1,741×0.36≒626.8(조 원)

2020년 국가 채무는 2014년 대비 $\frac{626.8}{392.9}$≒1.6(배)이므로 1.5배 이상이다.

② (국가 채무)＝(적자성 채무)＋(금융성 채무)이고, [그래프1]의 비율은 각 연도의 GDP에 대한 비율이므로 각 연도의 GDP 대비 금융성 채무 비율은 (GDP 대비 국가 채무 비율)－(GDP 대비 적자성 채무 비율)로 구할 수 있다. 2014~2020년 GDP 대비 금융성 채무 비율은 순서대로 15.1%, 15.4%, 15.5%, 15.7%, 15.8%, 15.7%, 15.3%이므로 GDP 대비 금융성 채무 비율은 2018년까지 증가한 후, 감소한다.

④ 2017년 금융성 채무는 1,501×0.157≒235.7(조 원)이고, 2019년 적자성 채무는 1,658×0.2＝331.6(조 원)이므로 그 차이는 331.6－235.7＝95.9(조 원)이다. 따라서 100조 원 미만이다.

⑤ 2014~2020년 적자성 채무를 구하면 다음과 같다.

- 2014년: 1,323×0.146≒193.2(조 원)
- 2015년: 1,389×0.149≒207(조 원)
- 2016년: 1,440×0.153≒220.3(조 원)
- 2017년: 1,501×0.169≒253.7(조 원)
- 2018년: 1,563×0.183≒286(조 원)
- 2019년: 1,658×0.2=331.6(조 원)
- 2020년: 1,741×0.207≒360.4(조 원)

따라서 적자성 채무는 2014~2020년 동안 매년 증가하며, 2019년부터 300조 원 이상이다.

문제접근법

(1) 2개의 [그래프]가 의미하는 것이 무엇인지 파악하고, [그래프1]의 주석의 식도 반드시 확인한다.
(2) 선택지 ①~⑤ 중 [그래프1]의 비율과 주석의 식을 이해하여 비교적 간단하게 해결할 수 있는 ②, ③을 먼저 푼다. ③은 틀린 선택지이므로 정답을 ③으로 선택할 수 있다.

전략풀이 TIP

① 1,323×0.297<1,330×0.3=399이고, 399의 1.5배는 600보다 작다. 1,740×0.35=609<1,741×0.36이므로 1,323×0.297×1.5<1,741×0.36이다. (○)
② GDP 대비 금융성 채무 비율은 (GDP 대비 국가채무 비율)−(GDP 대비 적자성 채무 비율)이므로 연도별 비율을 구하여 해결한다. (○)
⑤ 그래프1과 그래프2의 수치 모두 매년 증가하고 있으므로, 적자성 채무는 매년 증가함을 알 수 있다. 그리고 2014~2016년의 경우, GDP가 1,500조 원 미만이고 비율 또한 20% 미만이며, 2017년의 경우, GDP는 1,501조 원으로 1,500조 원 정도이지만 비율은 16.9%로 20%에 한참 못 미치므로 계산할 필요 없이 2014~2017년 적자성 채무는 300조 원 미만임을 알 수 있다. 2019~2020년의 경우, GDP는 1,500조 원 이상이고 비율 역시 20% 이상이므로 적자성 채무는 300조 원 이상이다. 따라서 2018년의 적자성 채무만 확인한다. (○)

20 ▶ ④

| 정답풀이 |

우선 다부터 확인한다. 다는 평균이 8점이므로 민수 또는 영수이다. 영수의 최솟값이 현수의 최솟값보다 크다고 하였는데, 면접 점수가 5점 이상 10점 이하이므로 5점보다 작은 값이 나올 수 없다. 따라서 최솟값이 5인 가, 다, 라, 마는 영수일 수 없으므로 나가 영수가 되고 다가 민수가 된다. 영수는 평균이 8점이다. 평균이 8점이라면 총점이 40점이 되어야 하므로, 9+9+7+(B)+(C)=40 → (B)+(C)=15이다. 영수의 최솟값은 5가 될 수 없으므로 (B), (C)는 5점, 10점이 될 수 없다. 만약 (B), (C)가 7점, 8점인 경우에는 영수의 중앙값이 8이 되는데, 중앙값이 8인 응시자는 철수뿐이라고 하였으므로 7점, 8점도 될 수 없다. 따라서 (B), (C)는 6점 또는 9점이다. 가, 라, 마의 중앙값을 구해보면, 가는 중앙값으로 7 또는 8이 가능하고, 라는 8이고 마는 7 또는 8이 가능하다. 따라서 라가 철수이다. 철수의 평균은 8점이 될 수 없으므로, (D)+5+8+8+9≠40 → (D)≠10이다. 남은 가 또는 마가 성수 또는 현수이다. 성수의 최댓값이 현수의 최댓값보다 크다고 하였는데, 가의 최댓값은 반드시 10점이고, 마의 최댓값은 9점 또는 10점이므로 가가 성수가 되고 마가 현수가 된다. 성수의 평균은 8점이 될 수 없으므로, 7+5+(A)+8+10≠40 → (A)≠10이고, 중앙값이 8이 되면 성립하지 않으므로 (A)는 8점, 9점도 될 수 없다. 현수의 평균은 8점이 될 수 없으므로, 8+5+(E)+9+7≠40 → (E)≠11이고(최대 10점이므로 성립 ×), 중앙값이 8이 되면 성립하지 않으므로 (E)는 8점, 9점, 10점이 될 수 없다.
따라서 (D)는 10점을 제외한 5~9점이 가능하므로 6점이 될 수 있다.

| 오답풀이 |

① (A): 가는 성수이고, (A)가 10점이면 평균이 8점이 된다. 평균이 8점인 응시자는 민수와 영수뿐이므로 (A)는 10점이 될 수 없다.
② (B): 나는 영수이고, (B)가 10점이면 (C)가 5점이 된다. 영수의 최솟값이 5가 되면, 현수의 최솟값보다 클 수 없으므로 (B)는 10점이 될 수 없다.
③ (C): 나는 영수이고, (C)가 7점이면 (B)가 8점이 된다. 이 경우 영수의 중앙값이 8이 되는데, 중앙값이 8인 응시자는 철수뿐이므로 (C)는 7점이 될 수 없다.
⑤ (E): 마는 현수이고, (E)가 9점이면 중앙값이 8이 되는데, 중앙값이 8인 응시자는 철수뿐이므로 (E)는 9점이 될 수 없다.

문제접근법

(1) [표]와 [조건]이 주어진 문제로 결괏값을 구하는 것이 아닌, 각 수치의 경우를 확인해야 하는 난도가 높은 문제이다. 우선 [표]의 항목과 주석을 확인한 뒤, 바로 [조건]의 내용을 확인한다.
(2) [표]의 행에서 빈칸이 없는 '다'를 먼저 확인하고, [조건]의 내용과 선택지에 제시된 수치를 이용하여 정답이 될 수 있는 경우를 찾는다.

전략풀이 TIP

다는 중앙값이 8이 아니므로 철수가 아니고, 평균이 8점이므로 민수 또는 영수이다. 다가 영수이려면 최솟값이 6 이상이어야 하는데, 최솟값이 5이므로 민수이다. 최솟값이 5가 아닌 응시자는 나뿐이므로 나는 영수이다. 여기까지 구한 뒤, 선택지에 주어진 (A), (B), (C), (D), (E) 값을 대입해본다. 가는 민수와 영수가 아닌데 (A)가 10점일 경우, 평균이 8점이 되므로 성립하지 않는다. 나는 영수이고 (B)가 10점일 경우, (C)가 5점이 되는데 영수의 최솟값은 5가 아니므로 성립하지 않는다. (C)가 7점일 경우에는 (B)가 8점이 되는데 중앙값이 8이므로 성립하지 않는다. (D)가 6점일 경우에는 평균이 8점이 아니고, 중앙값은 8이다. 이때, (D)에 어떤 값을 대입해도 중앙값이 8이므로 라가 철수이고, (D)는 6점이 될 수 있다. (E)가 9점일 경우에는 평균이 8점은 아니지만, 중앙값이 8이므로 성립하지 않는다.

MEMO

eduwill

정답과 해설

최신판

에듀윌 공기업 PSAT형 NCS 수문끝 수리·문제해결·자원관리

고객의 꿈, 직원의 꿈, 지역사회의 꿈을 실현한다

에듀윌 도서몰
book.eduwill.net

• 부가학습자료 및 정오표: 에듀윌 도서몰 > 도서자료실
• 교재 문의: 에듀윌 도서몰 > 문의하기 > 교재(내용, 출간) / 주문 및 배송